終極之典

中古喪葬制度研究

吳麗娛 著

上冊

中華書局

圖書在版編目(CIP)數據

終極之典:中古喪葬制度研究/吳麗娛著. —北京:中華
書局,2012. 12(2020. 9 重印)
(中華學術文庫)
ISBN 978 - 7 - 101 - 09051 - 2

Ⅰ. 終… Ⅱ. 吳… Ⅲ. 葬俗－風俗習慣－研究－中
國－中古 Ⅳ. K892. 22

中國版本圖書館 CIP 數據核字(2012)第 278449 號

書　　名	終極之典──中古喪葬制度研究(全二冊)
著　　者	吳麗娛
叢 書 名	中華學術文庫
責任編輯	李　靜
出版發行	中華書局
	(北京市豐臺區太平橋西里 38 號　100073)
	http://www. zhbc. com. cn
	E-mail:zhbc@ zhbc. com. cn
印　　刷	北京瑞古冠中印刷廠
版　　次	2012 年 12 月北京第 1 版
	2020 年 9 月北京第 2 次印刷
規　　格	開本/880×1230 毫米　1/32
	印張 30½　字數 720 千字
印　　數	3001－5000 冊
國際書號	ISBN 978 - 7 - 101 - 09051 - 2
定　　價	148.00 元

中華學術文庫

出版説明

"中華學術文庫"收録中國傳統人文學術高水平的研究著作，範圍爲史學、哲學、宗教、社會、民族、語言、文學、藝術及考古、出土文獻等領域。文庫崇尚樸實嚴謹，力避浮泛陳言，既重視以文獻學爲基礎的實證研究，亦强調現代視角和問題意識，方法不拘一格，風格兼收並蓄。以期接續學術傳統，彰顯學術精神，鼓勵學術創新，開闢學術新境。

"中華學術文庫"面向海内外學術界徵稿，實行學術委員會評鑒制度。由學術委員會提名兩位同行專家進行書面評審，經專家評審的書稿，在獲得學術委員會評鑒通過後，列入文庫出版計劃。

"中華學術文庫"每輯三至五種，計劃每年度出版一輯，視入選書稿確定，可以空缺。本文庫由中華書局設立專項出版基金，並保障學術委員會的獨立運作及文庫的遴選和印行。

中華書局編輯部

二〇〇九年五月

目　録

導言　喪葬禮制研究述論

　　生死乃生命之兩極，故自古以來被視為禮之大節。孔子曰：
"生事之以禮，死葬之以禮，祭之以禮。"[1]荀子亦具述曰："禮者，謹
於治生死者也。生，人之始也；死，人之終也。終始俱善，人道畢
矣。故君子敬始而慎終。終始如一，是君子之道，禮義之文也。"喪
禮體現慎終追遠的意義，故對父母的喪葬亦與生時的侍奉一樣，被
看作孝道的一部分，所謂"事生，飾始也；送死，飾終也。終始具而
孝子之事畢，聖人之道備矣"[2]。對孝子的一切道德評判標準不僅
建立於其對父母生時的奉養，與送終典禮的舉辦以及服喪期間的
行為也有直接關係。

　　喪葬既是每個家庭和不同階層都要遇到的大事，便不得不在
實行中逐漸形成一定的規範，所以喪禮在中國古代的禮制中不可
或缺，所謂上行下效的教化尤體現於此。而由於喪葬禮制又重在
血緣與親族關係，其中喪服尤其是建立人倫大防和等級制度的基
礎，因此傳統上喪服禮的研究更在"三《禮》"中獨樹一幟。錢基博
指出："惟古禮最重喪服；《經》十七篇，獨《喪服》子夏有傳；故《喪
服》又別為禮家專門之學。大戴有《喪服變除》一卷，見《唐書·藝

---

① 《論語·為政》，程樹德《論語集釋》卷三，北京：中華書局，81 頁。
② 《荀子·禮論篇第十九》，見《荀子集解（下）》卷一三，《新編諸子集成》，北京：中華書局，1988 年，358、371 頁。

文志》。小戴《禮記》四十九篇,有《曾子問》、《喪服小記》、《雜記》、《上下喪大記》、《喪服大記》、《奔喪》、《問喪》、《服問》、《閒傳》、《三年問》、《喪服四制》十一篇,皆屬喪服;《檀弓》也多言喪禮。《經》十七篇,馬融《喪服經傳》有注;而鄭玄、王肅亦別出《喪服經傳注》各一卷,見《隋書·經籍志》。"①三《禮》中喪服和喪制的豐富完備,是兩漢以降禮家專注於此的原因。杜佑的《通典》匯集漢代諸儒議論的石渠"故事",就證明喪服制度在其中佔有十分重要的地位。魏晉南北朝至隋唐,關於喪服禮的研究代有其人,這類著作在《隋書·經籍志》禮經類書目中計不下五十餘種,超過"三《禮》"研究著作總數的三分之一。而在《新唐書·藝文志》的《史部·儀注類》中,復增加唐人喪服著作數種,足徵唐和唐以前人對喪服研究之重視和熱衷。

與此同時,喪葬制度作為五禮凶禮的主要內容在兩漢和魏晉以後愈益獲得重視和發展。《通典》一書的《禮典》部分不僅記載了上古至唐的喪葬制度沿革並附錄包含凶禮在內的"《開元禮》纂類",也反映了歷代學人的相關爭議和論述,是中古前期喪禮的總結,也是最早的制度通論。宋代以後,相關喪服和喪葬制度的研究仍在繼續,今傳不僅有宋聶崇義《三禮圖集注》中的喪禮車服器物圖,和司馬光《書儀》、朱熹《家禮》中的喪禮儀節可供參考,又有南宋黃榦、楊復繼朱熹《儀禮經傳通解》所作續書,內補喪禮及服圖;而車垓亦有《內外服制通釋》七卷,均見於《四庫全書》著錄。逮至清初,徐乾學專門喪禮研究的《讀禮通考》一書②,以喪期、喪服、喪儀、葬考、變禮、達禮等為目,分篇討論歷代喪制沿革,其書雖主要

① 錢基博:《經學通志·三禮志第五》,《錢基博學術論著選》,武昌:華中師範大學出版社,1997年,250—251頁。

② (清)徐乾學:《讀禮通考》,《景印文淵閣四庫全書》112—114冊,上海古籍出版社,1986年。

是集合歸納,然涉及廣泛,搜羅宏富,兼有按語辨釋,眼光獨到,從多方面給人以啓發,可稱是近代以前關於古禮喪葬制度最為完備精詳的專著。此後秦蕙田《五禮通考》即依其義例而成①,故朱彝尊為之作序,稱為"此天壤間必不可少之書也"。該書的另一獨特之處是網羅所有與禮制和喪葬相關的史書論著以作參考,並備有詳細引用書目,可以認為是已開今日講究學術規範之先河。

近人研究中,對於古禮喪服和先秦喪葬制度的考釋和研究仍然佔據主要的地位。其中,章太炎民國初所作《喪服依開元禮議》、《喪服草案》②,二十世紀三十年代中錢玄《儀禮喪服經文釋例》③,都是關於喪服的早期論述。七十年代初臺灣學者章景明《先秦喪服制度考》④、日人谷田孝之《中國古代喪服の基礎的研究》⑤,亦是對古喪服的系統考察。此外陳夢家、沈文倬兩位前輩先後有對武威漢簡中《儀禮·喪服傳》的釋文和研究,而沈文對《喪服》經、傳的性質來源和撰作時間的考釋,最為精到⑥。進入九十年代以後,關於喪服和喪制的通論或專題性著作不斷湧現⑦,内丁淩華《中國喪服制度史》討論歷代喪服制度和法統變化,注意到禮典、服制和喪制改革,是關於喪服制度研究比較全面的著作⑧;而丁鼎《〈儀禮·喪服〉考論》對

---

① (清)秦蕙田:《五禮通考》,《景印文淵閣四庫全書》135—142册。

② 章太炎:《喪服依開元禮議》、《喪服草案》,《太炎文錄續編》,上海書店,1992年。

③ 錢玄:《儀禮喪服經文釋例》,分見國學會編:《國學論衡》1934年3、4期。

④ 章景明:《先秦喪服制度考》,《〈儀禮〉復原研究叢刊》,臺北:中華書局,1971年。

⑤ 谷田孝之:《中國古代喪服の基礎的研究》,東京:風間書房,1970年。

⑥ 參見甘肅省博物館、中國社會科學院考古研究所:《武威漢簡》陳夢家撰《敘論》、《校記》、《釋文》,北京:中華書局,1964年;沈文倬:《漢簡〈服傳〉考(上)、(下)》,分見《文史》24、25輯,1985年,73—95、33—52頁。

⑦ 如李玉潔:《先秦喪葬制度研究》,鄭州:中州古籍出版社,1991年;徐吉軍、賀云翔:《中國喪葬禮俗》,杭州:浙江人民出版社,1991年;徐吉軍:《中國喪葬史》,南昌:江西高校出版社,1998年;張捷夫:《中國喪葬史》,臺北:文津出版社,1995年。

⑧ 丁淩華:《中國喪服制度史》,上海人民出版社,2001年。

於《儀禮》乃至其他先秦文獻中記載的喪服制度進行了詳細的考辨①，使古喪服的研究又有新的進展。

由古禮喪服制度擴展到斷代的喪服和凶禮葬制的專題研究是當代史學界關於喪葬禮的研究趨勢之一。而就中古喪服制度來說，六十年代初日本學者藤川正數《魏晉時代における喪服禮の研究》一書是這個領域的開先之作，此書圍繞魏晉時期有關喪服禮學術的展開及其在經學史上的地位為中心，就服制方面的諸多爭論和學説進行論述，注意到今古學派之爭和魏晉喪服制度對《開元禮》五服制度的影響，對今天的喪服研究仍深具啓發②。不久前永田知之即在此基礎上，詳細地討論了唐朝的三年服制和禫禮的實行問題③。較近的研究還有梁滿倉關於西晉北魏三年喪服和心喪制度的討論④。此外臺灣八十年代出版的丘衍文《唐代開元禮中喪禮之研究》一書和九十年代張長臺博士論文《唐代喪禮研究》，也是以《開元禮》喪服或喪儀為對象的斷代喪禮專著⑤。而以朝代分述五禮的陳戍國多卷本《中國禮制史》有關於歷代凶禮喪制的討論，注意到各朝的不同特色，提供了古代喪葬制度的發展綫索。其中唐代以討論皇帝和皇室喪葬為主，並結合出土墓葬及《開元禮》討

① 丁鼎：《〈儀禮·喪服〉考論》，北京：社會科學文獻出版社，2003年。

② 藤川正數：《魏晉時代における喪服禮の研究》，東京：敬文社，1960年。

③ 永田知之：《唐代喪服儀禮の一斑——書儀に見える‘禫’をめぐって》，京都大學人文科學研究所西陲發現中國中世寫本研究班。《敦煌寫本研究年報》創刊號，2007年，91—118頁。

④ 梁滿倉：《魏晉南北朝五禮制度考論》，北京：社會科學文獻出版社，2009年，631—662頁。

⑤ 丘衍文：《唐開元禮中喪禮之研究》，臺北：財團法人郁氏印書及獎學基金會，1984年；張長臺：《唐代喪禮研究》，臺北：私立東吳大學中國文學研究所博士論文，1990年。最近的喪服和喪制研究，又有王銘：《亡魂的宇宙圖示：唐宋喪葬儀禮與信仰研究》和金正植：《唐代官員喪葬研究——以〈大唐開元禮〉為比較的基礎》，清華大學人文社會科學學院博士學位論文，2011年。

論喪服制度①。胡戟則在《唐代文化‧禮儀風俗篇》中討論了喪葬禮制和喪服制度,並依據《開元禮》討論了喪禮過程和民間喪禮的舉辦②。

　　禮制與民間流行的喪俗常常是相互印證和影響的。在早年討論喪葬問題的著作中,楊樹達《漢代婚喪禮俗》借用存世史料對漢代喪葬自"沐浴飯含"開始的喪葬過程及祔葬、改葬、喪期、諸喪之禮進行了全面的梳理③。此後,對喪葬習俗的探討成為社會生活史研究中的一項重要内容④。而運用敦煌吐魯番文書特別是《吉凶書儀》等討論唐代喪制禮俗則是八十年代以後學者的創舉。周一良《敦煌寫本書儀中所見的唐代婚喪禮俗》一文利用敦煌書儀研究唐代婚喪禮俗⑤,討論辨析書儀中的喪俗與禮制的同異。史睿關於開元書儀的討論,進一步發掘書儀的喪葬儀式中來源於東晉南朝士大夫喪葬禮法的儀節⑥。小田義久以"吐魯番出土文書葬送儀禮關係"為名,從《吐魯番出土文書》一至七册中收錄了五胡十六國至唐

　　① 參見陳戍國:《中國禮制史》先秦卷、秦漢卷、魏晉南北朝卷、隋唐卷、宋遼金夏卷,長沙:湖南教育出版社,1991—2001年。其中隋唐卷見第六至九節《李唐喪葬禮儀》(一)至(四),130—193頁。

　　② 《唐代文化》中卷第七編《禮儀風俗篇》,北京:中國社會科學出版社,2002年,1223—1256頁。按關於喪服制度又有趙瀾:《儒家喪服制度對唐代社會的文化整合》、《唐代官員服喪行為的全面制度化及其社會意義》,分載《唐史論叢》12輯,西安:三秦出版社,2010年,40頁;《唐史論叢》13輯,出版同上,2011年,280—292頁。

　　③ 楊樹達:《漢代婚喪禮俗考》,上海:商務印書館,1933年。

　　④ 見梁滿倉:《魏晉南北朝社會生活史》第七章《喪葬》,北京:中國社會科學出版社,1998年,265—303頁;李斌城:《隋唐五代社會生活史》第三章第三節《喪葬》,出版同上,283—341頁。

　　⑤ 周一良:《敦煌寫本書儀中所見的唐代婚喪禮俗》,原載《文物》1985年7期,收入氏著:《魏晉南北朝史論集續編》,北京大學出版社,1991年,245—260頁。

　　⑥ 史睿:《敦煌吉凶書儀與東晉南朝禮俗》,《敦煌文獻論集——紀念敦煌藏經洞發現一百周年國際學術研討會論文集》,瀋陽:遼寧人民出版社,2001年,394—421頁。

西州時期的隨葬衣物疏、功德文等 61 件①。姜伯勤在討論"唐禮與敦煌發現的書儀"時，專門論述了敦煌書儀中喪服服制與唐"禮及令"的關係②。譚蟬雪結合書儀與文書着重討論敦煌地區的喪葬禮制禮俗，特別關注喪俗與宗教的關係③。胡戟在他的論述中，已注意到敦煌杜友晉《新定書儀鏡》中喪服圖的存在，而筆者則根據這件喪服圖和其他書儀中出現中衣服制度和弔祭禮儀等討論了服制、衣制和晚唐五代的服制變化，以及地方官員的凶事弔贈和輟朝起復等問題④。還有很多學者也作了不少敦煌吐魯番或其他相關唐宋喪葬習俗的考察⑤。

---

① 小田義久：《吐魯番出土葬送儀禮關係文書的考察——隨葬衣物疏から功德疏へ——》，《東洋史苑》30、31 期，1988 年，41—82 頁。

② 姜伯勤：《唐禮與敦煌發現的書儀——〈大唐開元禮〉與開元時期的書儀》，收入氏著：《敦煌藝術宗教與禮樂文明·禮樂篇》上編《敦煌禮論》，北京：中國社會科學出版社，1996 年，425—440 頁，討論喪服"禮及令"見 431—434 頁。

③ 譚蟬雪：《三教融合的敦煌喪俗》，《敦煌研究》1991 年 3 期；《喪祭與齋忌》，《敦煌學與中國史研究論集——紀念孫修身先生逝世一周年》，蘭州：甘肅人民出版社，2001年，225—229 頁。

④ 拙作：《唐禮摭遺》——章《官民婚喪儀典的示範》，一二、一三章《喪服制度》（I）、（II），一四章《表狀牋啓書儀和官場儀制》，北京：商務印書館，2002 年，366—520、594—609 頁。

⑤ 如牛志平：《唐代的厚葬之風》，《文博》1993 年 5 期，32—38 頁；鄭學檬：《吐魯番出土文書"隨葬衣物書"初探》，韓國磐主編：《敦煌吐魯番出土經濟文書研究》，廈門大學出版社，1986 年，414—444 頁；余欣：《唐宋敦煌墓葬神煞研究》，《敦煌學輯刊》2003 年 1期，55—68 頁；寧可、郝春文：《敦煌社邑的喪葬互助》，《首都師範大學學報》1995 年 6期，32—40 頁；朱瑞熙：《宋代喪葬習俗》，《學術月刊》，1997 年 2 期，69—74 頁；張邦煒：《兩宋時期的喪葬陋俗》，《四川師範大學學報》1997 年 3 期，101—106 頁。此外日本學者中砂明德：《唐代の喪葬と墓誌》（礪波護編：《中國中世の文物》，京都大學人文科學研究所，1993 年，371—413 頁）對唐人改葬風俗和思想的研究，江川式部：《唐代の上墓儀禮——墓葬習俗の禮典編入とその意義について》（《東方學》120 集，2010 年，34—50頁）對唐時上墓風俗及相關禮法的考察；以及杉本憲司：《唐代の葬制について——唐代墓葬考序節》（收入《末永先生古稀紀念·古代學論叢》，吹田：末永先生古稀紀念會，1967 年）和西脇常紀：《唐代の葬俗——特に葬法について》（收入氏著：《唐代の思想と方化》，東京：創文社，2000 年）對唐喪葬制度的研究也應注意，餘不一一列舉。

　　考古發掘與墓葬墓誌材料,從來是研究喪葬禮制的一個基礎。半個多世紀以來的發掘對於認識唐朝的喪葬制度有着極大的意義,特別是近二三十年中高等級墓葬考古的發現和發掘報告的發表為葬禮葬制的研究提供了多種素材。而從考古資料出發,如宿白關於唐朝墓葬形制、墓室壁畫的討論以及宋墓的研究[①],孫秉根對墓葬類型和等級的研究[②],齊東方關於唐朝的墓葬制度、喪葬觀念和喪葬禮制、隨葬器物等的論述[③];秦大樹關於宋代墓葬等級制度、喪葬觀念對比唐朝變化的研究[④]。還有依據新發掘的墓葬和墓誌對少數民族特別是粟特人葬制葬俗所進行的探討[⑤],也成為對邊疆少數族及中亞史研究的一部分。而系統研究的著作如楊寬《中國

　　① 宿白:《西安地區的唐墓形制》,《文物》1995年12期,41—49頁;《西安地區唐墓壁畫的布局和内容》,《考古學報》1982年2期,137—153頁;《白沙宋墓》,北京:文物出版社,1957年。

　　② 孫秉根:《西安隋唐墓葬的形制》,《中國考古學研究——夏鼐先生考古五十年紀念論文集(二)》,北京:科學出版社,1986年,151—190頁。

　　③ 齊東方:《唐代的喪葬觀念習俗與禮儀制度》,《考古學報》2006年1期,59—81頁;《試論西安地區唐代墓葬的等級制度》,《紀念北京大學考古專業三十周年論文集》,北京:文物出版社,1990年,286—309頁;《略論西安地區發現的唐代雙室磚墓》,《考古》1990年9期,858—862頁。

　　④ 秦大樹:《宋代喪葬習俗的變革及其體現的社會意義》,《唐研究》11卷,北京大學出版社,2005年,313—336頁。

　　⑤ 山西省考古研究所、太原市文物考古研究所、太原市晉源區文物旅遊局:《太原隋虞弘墓》,北京:文物出版社,2005年;張淩:《安伽、虞弘和史君等墓出土石葬具圖像中的器物研究》,北京大學碩士學位論文,2006年;羅豐:《一件關於柔然民族的重要史料》,《文物》2002年6期,78—83頁;《固原南郊隋唐墓地》,北京:文物出版社,1996年;榮新江:《隋及唐初的薩寶府與粟特聚落》,《文物》2001年4期,84—89頁;同人:《北朝隋唐粟特聚落的内部形態》,收入氏著:《中古中國與外來文明》,北京:三聯書店,2001年,153—157頁;姜伯勤:《中國祆教畫像石的"語境"》,收入《中外關係史:新史料與新問題》,北京:科學出版社,2003年,233—238頁;賀西林:《北朝畫像石葬具的發現與研究》,巫鴻主編《漢唐之間的視覺文化與物質文化》,北京:文物出版社,2003年,341—367頁;沈睿文:《夷俗並從——安伽墓和北朝燒葬》,《中國歷史文物》2006年4期,4—17頁;陳財經:《隋李和石棺綫刻圖反映的祆教文化特徵》,西安碑林博物館編:《碑林集刊》8集,太原:山西人民美術出版社,2002年,94—103頁。

古代陵寢制度史研究》，從陵寢的起源、創立、機能、禮儀、構造以及陵
園布局等研究古代陵寢制度①，沈睿文《唐陵的布局——空間與秩
序》更是利用考古資料對有唐一代皇陵的陵地秩序、建構、布局的深
入探索和考察②，此外還有丁曉雷關於五代十國墓葬的專門研究③。

　　關於唐代喪葬禮制，還必須提到的一個方面是皇帝葬儀問題。
由於自唐初開始，朝廷和禮令製作者為了避諱已經開始將皇帝的
凶事排除在臣子可以議論的範圍之外，因此禮、令的內容基本上是
針對官員。但是，皇帝的葬儀仍舊是唐代喪葬禮制迴避不了的內
容。在這方面《大唐元陵儀注》是研究唐代皇帝喪葬制度最核心的
史料，對此東西方學者都有重要研究。劍橋大學教授麥大維（Da-
vid L. Mcmullen）考察顏真卿《大唐元陵儀注》與德宗初改革朝政
的關係及相關背景④，介紹了它的主要內容，並討論了禮儀的意義
及其與宗教的關係。同時一直以來，皇帝葬儀的研究被日本學者
結合即位禮進行⑤，其重點在於漢唐皇帝即位的名目、過程和地點，

　　① 楊寬：《中國古代陵寢制度史研究》，上海人民出版社，2003 年。按從考古學角
度研究喪葬禮俗的還有李如森：《漢代喪葬禮俗》，瀋陽出版社，2003 年。

　　② 沈睿文：《唐陵的布局——空間與秩序》，北京大學出版社，2009 年。

　　③ 丁曉雷：《五代十國的墓葬》，北京大學碩士學位論文，2001 年。

　　④ David L. Mcmullen（麥大維）："The Death Rites of Tang Daizong"（《唐代宗的
葬儀》，*State and Court Ritual in China*，Cambridge University，1999，pp. 150—196。

　　⑤ 西嶋定生：《漢代における即位儀禮——とくに帝位繼承のばあいについ
て——》，《皇帝支配の成立》，並收入《中國古代國家と東アジア世界》，東京大學出版
會，1983 年，51—113 頁；尾形勇《中國の即位儀禮》，井上光貞等編：《東アジア世界に
おける儀禮と國家》，《東アジア世界における日本古代史講座》9 卷，東京：學生社，1982
年，21—48 頁；松浦千春：《漢より至る唐に帝位繼承と皇太子——謁廟の禮を中心に》，
《歷史》80 輯，1993 年，63—82 頁；同人：《唐代後半期の即位儀禮について》，《一関工業
高等專門學校紀要》28 號，1993 年，224—214 頁。金子修一：《唐の太宗・肅宗等の即位
について——讓位による即位の手續きの檢討》，《中國古代の即位儀禮の場所につい
て》，分見《山梨大學教育學部研究報告》46 號（1996 年，22—33 頁）、49 號（1998 年，20—
31 頁）；同人：《即位儀禮から見た皇帝權利》，《唐代史研究》8 期，2005 年，70—86 頁；並
見氏著：《中國古代皇帝祭祀の研究》八、九章，東京：岩波書店，2006 年，431—584 頁。

由此也涉及皇帝喪葬禮的舉辦。其中來村多加史有關於唐陵和以
《大唐元陵儀注》為基礎的唐代送終儀禮的詳細介述①。金子修一
除了對唐後期皇帝喪禮過程作詳細考察外②,近年更以研究班的形
式,領導完成了《大唐元陵儀注》的全部注釋和解讀工作③,將其書
所記載的皇帝喪葬禮儀式以更為準確、清晰的面貌呈現,從而使得
對皇帝喪葬禮的研究有了進一步的深入。稻田奈津子則將奈良時
代的天皇喪葬儀禮與《大唐元陵儀注》記載的皇帝葬禮作了檢討和
比較④。而作為五禮研究内容之一的喪禮及其形式也受到關注,石
見清裕討論了《大唐開元禮》官僚喪禮儀式的構成⑤,皮慶生也以宋
代為主討論了皇帝的臨奠禮問題⑥。特別需要提到的是妹尾達彦

①　來村多加史:《唐代皇帝陵の研究》,東京:學生社,2001 年。

②　金子修一:《唐の太極殿と大明宮——即位儀禮におけるその役割について》,
《山梨大學教育學部研究報告》44 號,1993 年,52—64 頁。

③　金子修一、河内春人、江川式部等:《大唐元陵儀注試釋》(一)、(二)、(三)、
(四)、(五),《山梨大學教育人間科學部紀要》3 卷 2 號,4 卷 2 號,5 卷 2 號,6 卷 2 號,7
卷 1 號,2002—05 年;金子修一:《大唐元陵儀注試釋》(六)、(八)、(終章),東京:《國學
院大學大學院紀要(文學研究科)》38、39、41 輯,2007、2008、2010 年;金子修一、稻田
奈津子等:《大唐元陵儀注試釋》(七),國學院大學文學部共同研究費シンポジウム
《東アジア世界における王權の樣態(陵墓・王權儀禮の視點から)》報告集,國學院
大學文學部古代王權研究會,2007 年;金子修一、江川式部:《從唐代禮制度看〈大唐
元陵儀注〉研究的意義》,發表於雲南昆明"中國唐史學會第九屆年會暨'唐宋社會變
遷問題研究'國際學術會議",2004 年;金子修一等著:《〈大唐元陵儀注〉概説》,《文史》
2008 年 4 輯,總 85 輯,153—167 頁;金子修一:《大唐元陵儀注祔祭註釋》,《國學院大
學紀要》47 卷,2009 年。

④　稻田奈津子:《奈良時代の天皇喪葬儀禮——大唐元陵儀注の檢討を通して》,
《東方學》114 輯,2007 年,18—30 頁。

⑤　石見清裕:《唐代凶禮の構造——〈大唐開元禮〉官僚喪葬儀禮を中心に——》,
《福井文雅博士古稀記念論集:アジア文化の思想と儀禮》,東京:春秋社,2005 年,117—
142 頁;《唐代の官僚喪葬儀禮と開元二十五年喪葬令》,《関西大學アジア文化交流研究
叢刊》3 輯,吾妻重二、二階堂善弘編:《東アジアの儀禮と宗教》,東京:雄松堂出版,2008
年,167—185 頁。

⑥　皮慶生:《宋代的"車駕臨奠"》,《臺大歷史學報》33 期,2004 年,43—69 頁。

不僅通過以小説分析長安的城市生活而指出其喪葬行業的存在，更在將長安作為禮儀之都的全面討論中，專門注意到長安郊外的墓葬區域以及皇帝喪葬禮儀的進行實況等問題①。

此外，將喪葬禮制的研究結合律令並對中日禮令進行深入比較，也曾經是日本學者頗具特色的傳統。長期以來，日本學界集數代學者之力，從事唐令復原整理和日唐令的比較研究工作。仁井田陞《唐令拾遺》和池田温編《唐令拾遺補》二書對於《喪葬令》的復原②，今天看來，是以往唐令復原中内容最為豐富和充分的一種。在此基礎上，日本學者進行了大量的研究工作，對於唐《喪葬令》文本身及禮、令涉及的官僚禮儀有諸多探討。不久前發現的天一閣藏明鈔本《天聖令》中《喪葬令》的完整保存③，為唐宋喪葬制度的研究增加了最新的史料。取用新材料研究新問題，是陳寅恪所説時代學術的新潮流之所在，筆者的許多探討也正是建立在這個新材料的基礎上。目前，有關喪葬禮和《喪葬令》的研究正在得到中外學者的關注並有不少新的研究成果出現，對此，我們將在正文部分中再作詳細介紹。

喪葬儀式或被當作是人生結束之際的告別典禮，喪服和喪葬禮制體現人際關係和某些人生觀的根本理念，可以認為是構建中國古代社會的基礎之一，因此兩項研究的意義早已超過了其本身，而與國家政治、社會習俗的方方面面發生着千絲萬縷的聯繫。並

---

① 妹尾達彦：《唐代後期的長安與傳奇小説——以〈李娃傳〉的分析為中心》，《日本中青年學者論中國史·六朝隋唐卷》，上海古籍出版社，1995 年，509—553 頁；《唐代長安的都市生活與墓域》，《東アジアの古代文化》123，2005 年，51—60 頁；《長安：禮儀之都》，《唐研究》15 卷，北京大學出版社，2009 年，408 頁。

② 仁井田陞：《唐令拾遺·喪葬令第三十二》，東京：東方文化學院東京研究所，1933 年，806—841 頁。並參池田温編：《唐令拾遺補》第二部《唐令拾遺補訂》、第三部《唐日兩令對照一覽》，東京大學出版會，1997 年，837—847、1455—1467 頁。

③ 天一閣博物館、中國社會科學院歷史研究所天聖令整理課題組：《天一閣藏明鈔本天聖令校證——附唐令復原研究》，北京：中華書局，2006 年。

且喪葬禮作為制度,從來是分階層、按等級以進行,有着支配全社會的功能和上行下效的指導意義,因此應當將之作為上層建築的本體延伸與核心内容來對待。特別是唐朝喪葬禮制上承漢魏南北朝之不同制度淵源,一路綜合發展而來,並啓迪宋代社會,從而定型為與中古前期有着極大差別的禮制,在作為制度參照與核心的皇帝與上層官僚禮儀尤其如此。皇帝禮的意義,皇帝與國家的關係、皇帝對整個官僚層及社會民衆的支配如何通過喪禮以體現,官僚和庶民喪禮如何進行及其中的一些内容儀式變化是不斷引起我們思索的問題。因此可以認為,不理解中古喪葬禮制,即將不理解整個中古社會。但是就以往研究狀況而言,對於喪葬禮制的關照程度和論述深度都是有不少欠缺的,無論是制度之來源沿革、發展方向,抑或是指導原則、禮法觀念都存在着深入討論的空間,而其間尤其缺乏的是對喪葬禮制淵源脈絡及其與中古社會發展關係的探索。

本書即是在前人研究和已復原唐朝《喪葬令》基礎上,對喪葬禮制本身展開探討。考慮到唐朝社會以皇帝和官僚為中心的特點,全書以討論皇帝和官僚喪禮為主而更多圍繞中晚唐制度以進行,並力求對制度的淵源和發展脈絡進行追蹤。上編為皇帝(附后、太子)葬禮制度或言"國恤"的沿革以及喪葬禮的舉辦,分為上、下二個單元;下編一是喪葬禮令關係與官員喪葬法式的探討,二是官員葬禮和相關待遇的專題研究,分為上、中、下三個單元,内容所及主要是與《天聖令》和唐令有關的一些發現。

筆者希望通過個人的研究,能夠多少彌補以往中古喪葬禮制研究的不足,從而為觀察唐宋總體的制度變革及社會發展提供一個獨特的視角,使我們對中古禮制的印象更加具體和鮮活起來!

最後,要説明的是,本書的一些篇章在此之前,曾作為論文發表,在成書的過程中又有一些修改和補充,如與原來文章有不同處,請以本書為準。此外,本書內容以唐史為主,唐以前及宋朝情況只是在說明來源和進行制度比較時約略及之,因此敘述所及掛一漏萬,疏謬之處在所難免,在此一並呈請方家予以教正。

上編上

關於唐宋皇帝喪葬禮的考察

　　喪葬雖然是一般人民生活中都要遇到的大事，但是對傳統社會中的喪葬卻絕不能僅僅以民俗來對待。上古禮制中的喪葬内容是有關各個程序、環節的嚴格規範，其細節之中除體現以血緣關係為中心，更突顯出對等級制度的遵奉。而等級制度也成為中古葬制的核心。雖然古禮中的喪葬程序為統治階級和普通民衆所共同遵守，然而喪葬制度的等級規定卻在各個階層之中有着約束的作用。不僅如此，由於喪葬制度的制定是從上至下，並且是以皇帝和官員作為主要對象的，代表了制度的主要部分，因此在官僚社會中，得到重視的也是皇帝和官員的喪葬。考慮到這一點，本書關於唐代喪葬禮制度的研究，也將分為兩個篇章進行。而上編將集中討論皇帝喪葬禮，亦分為上下兩部分。

　　在本編的上部分中，我們將關注這樣兩項内容：一是從文獻出發,研討皇帝的喪葬禮依據,也就是五禮中國恤禮的産生來源和取消原因,以及作為唐後期乃至後代皇帝禮參照的《大唐元陵儀注》的制定和之後皇帝喪禮儀注的發展。二是追蹤皇家(帝、后、太子)喪禮舉辦的過程、方式及其中呈現的一些問題。通過這樣的討論,瞭解唐朝皇帝葬禮的發展脈絡與實踐問題。

　　中古國家的特色之一便是皇帝制度,皇帝禮被置於五禮中各禮之先,是中央集權的國家禮儀中最核心的内容之一,這一點在吉、凶方面均不例外。皇帝喪儀在整個國家凶禮制度中具有示範性和指導性的特殊意義。而唐宋之際皇帝喪禮制度在儒家典禮方面的建設和完善,既淵源於古禮,又結合了中古不同時期的思想制度,這使皇帝喪葬禮制的存廢和發展充滿了複雜的因素,從而留給研究者多元的思考。並且正如以往論者所注意到的,在主要是國家禮制的儒家禮儀之外,也出現了並不一致的佛、道教儀式。但儒家禮儀作為國家禮制的主體,仍然一以貫之,與作為皇帝私家典禮性質的宗教儀式同存並立,相互融合,這也是我們在對皇帝喪葬禮制的考察中將被證明的。

第一章　從《國恤》到《大唐元陵儀注》

　　中古時代五禮的制定是以皇帝為中心的,這在吉、軍、賓、嘉諸禮中均被刻意體現,但是今所見《開元禮·凶禮》中皇帝的喪禮問題卻被迴避了。唐朝從高祖開始,在位皇帝共計二十一位,除武則天以后禮葬,以及最末一朝的哀帝是由朱全忠葬以王禮之外,都舉行過隆重的皇帝葬禮。史載由於高宗朝李義府、許敬宗等修《顯慶禮》取消《國恤》,使皇帝(包括后及太子)的喪禮儀注在國家的正禮中被付之闕如,而皇帝喪事的舉辦也成為大臣和史書撰作者諱言的內容。

　　這種情況,使得有關唐朝皇帝凶禮的問題顯得撲朔迷離。其中貞觀《國恤禮》的建立,以及從《貞觀禮》到《大唐元陵儀注》的出現,中間曾經過怎樣的過程?《大唐元陵儀注》與《開元禮》之間,存在着怎樣的關係? 在《大唐元陵儀注》之後的《崇豐二陵集禮》,有何與之不同之處? 諸多問題往往使研究者為之困惑。

　　不過,由於與貞觀《國恤禮》相關的前朝儀注並非完全沒有蹤跡可尋,《開元禮》中官員喪禮的存在亦不無參考,而德宗初顏真卿《大唐元陵儀注》的撰寫更使國恤禮有了真實可靠的依據,所以這一難題還是有望取得突破。此前東、西方學者的研究,已使對唐朝皇帝喪禮的認識逐漸明晰起來。筆者擬在此基礎上對相關的幾個問題展開論述,希望能夠對皇帝喪葬禮的研究提供一些參考和補充。

一 《貞觀禮》之《國恤》與南北禮儀關係

唐朝史書對於歷任皇帝去世的記載,往往只有寥寥數語,而有關喪事的舉辦,也常常因迴避帝王凶事的原因被掩蓋在新君即位的文字之下。但無論如何,皇帝喪葬禮的"潛規則"仍是存在的。不妨這樣認為,唐代前期的皇帝喪葬禮,在已廢棄的《貞觀禮·國恤》或者《開元禮》的官員凶禮中仍能找到一些綫索。但問題在於,貞觀《國恤》究竟從何而來? 這是在研究皇帝喪禮時必須首先瞭解的。對此,陳寅恪關於隋唐禮制出自北魏北齊、梁陳、西魏北周的三大淵源和隋唐禮制一脈相傳,《開元禮》折中《貞觀》、《顯慶》二禮,間接襲用隋禮的判斷[①],仍為研究貞觀凶禮和國恤的綱領與依據。尋求國恤禮的來源,應當從這裏得到啓發。

(一)國恤禮的沿革與存廢

"國恤"是《貞觀禮》中皇帝喪禮的名目。《唐會要·五禮篇目》說貞觀五禮(吉、軍、賓、嘉、凶)總一百三十八篇,分為一百卷,其中"《凶禮》六篇,《國恤禮》五篇"。又說道:

> 初,玄齡與禮官建議,以為《月令》蜡法,唯祭天宗,謂日月已下。近代蜡五天帝、五人帝、五地祇,皆非古典,今並除之。神州者,國之所託,餘八州則義不相及。近代通祭九州,今唯祭皇地祇及神州,以正祀典。又皇太子入學及太常行山陵、天子大射、合朔陳五兵於太社、農隙講武、納皇后行六禮、四孟月讀時令、天子上陵、朝廟、養老於辟雍之禮,皆周、隋所闕,凡增

---

① 陳寅恪:《隋唐制度淵源略論稿·禮儀》,北京:中華書局,1963 年,61 頁。

二十九條,餘並依古禮。①

所列舉增補的項目不足二十九條之數,且只見有吉、軍、嘉諸禮,而完全沒有談到凶禮和國恤。那麼,凶禮和國恤的情況該當如何?這引起了我們追根求源的興趣。

1."國恤"之出處和取消

"國恤"一詞初見《左傳》:"在帝夷羿冒於原獸,忘其國恤而思其麀牡。"②意謂夏后羿為了射獵,不恤國家。"國恤"在這裏並非禮名。而就筆者所知,雖然皇帝喪禮載於司馬彪《續漢書·禮儀志》甚詳,元代郝經《續後漢書》也有"其於國恤有哀册、諡册,於是高文大册為漢帝制禮文盛矣,後世皆遵用之"的說法③,但後世以國恤稱其名者一般仍采《唐會要》所說"貞觀禮""《凶禮》六篇,《國恤禮》五篇"為據,因此皇帝喪禮被稱"國恤"是始見於唐。而《新唐書·禮樂志》關於唐朝凶禮及國恤亦有總結云:

> 《周禮》五禮,二曰凶禮。唐初,徙其次第五,而李義府、許敬宗以為凶事非臣子所宜言,遂去其《國恤》一篇,由是天子凶禮闕焉。至國有大故,則皆臨時采掇附比以從事,事已,則諱而不傳,故後世無考焉。至開元制禮,惟著天子賑恤水旱、遣

---

① 《唐會要》卷三七《五禮篇目》,上海古籍出版社,1991年,781頁。按其中"合朔陳五兵於太社"一條"合朔"後原本加標點,與"陳五兵"下分開,但"合朔(即日食)陳五兵"為古禮,《春秋穀梁傳》有"天子救日,置五麾,陳五兵、五鼓"的說法(《春秋穀梁傳注疏》卷六,《十三經注疏》,北京:中華書局,1980年,2387頁)。《通典》卷七八《天子合朔伐鼓》稱:"周制,日有蝕之,天子不舉樂,素服,置五麾,陳五鼓、五兵及救日之弓矢。又以朱絲縈社,而伐鼓責之。"(北京:中華書局,1988年,2114頁)《大唐開元禮》卷九〇"合朔伐鼓"也有隊正、衛士"執五兵立於鼓外"之說(影印洪氏公善堂本,北京:民族出版社,2000年,423頁),據改。

② 《春秋左傳正義》卷二九,《十三經注疏》,北京:中華書局,1980年,1933頁。

③ (元)郝經:《續後漢書》卷六六上上《文藝·文章總序·書部》,《景印文淵閣四庫全書》385册,上海古籍出版社,1986年,613頁。

使問疾、弔死、舉哀、除服、臨喪、册贈之類，若五服與諸臣之喪葬、衰麻、哭泣，則頗詳焉。[1]

關於李義府、許敬宗取消國恤禮的記載亦見諸《唐會要》等史書，但《新唐書》的説法可能是受了柳宗元《裴墐〈崇豐二陵集禮〉後序》的影響：“自開元制禮，大臣諱避去《國恤》章，而山陵之禮遂無所執。世之不學者，乃妄取豫凶事之説，而大典闕焉。由是累聖山陵，皆摭拾殘闕，附比倫類，已乃斥去，其後莫能徵。”[2]其中“自開元制禮”的説法，宋吳曾《能改齋漫録》已指出其誤[3]，不過近有學者著論反駁，認為根據《新唐書·禮樂志》的記載，高宗上元三年（676）以後，《顯慶禮》與《貞觀禮》兼行。故雖《國恤》章沒有被《顯慶禮》所採納，但保存在《貞觀禮》中的《國恤》應還在。唐人殷亮撰《顔魯公行狀》也有“先自玄宗以來，此禮儀注廢闕”的説法，所以“《國恤》章的闕失是在開元制禮之後”[4]。

說《國恤》章的真正闕失是在開元制禮之後有一定道理，盡管如此，高宗以後由於取消《國恤》而喪禮無依據的情況還是見於記載的。《舊唐書》卷一八九下《韋叔夏傳》稱：“後屬高宗崩，山陵舊儀多廢缺，叔夏與中書舍人賈太隱、太常博士裴守貞（真）等草創撰定，由是授春官員外郎。”《新唐書》卷一二九《裴守真傳》亦稱：“會帝崩，大行舊禮無在者，守真與博士韋叔夏、輔抱素等討按故事，稱

① 《新唐書》卷二〇《禮樂志》一〇，北京：中華書局，1975 年，441 頁。按：《顯慶禮》删去《國恤》，並見《唐會要·五禮篇目》貞觀定禮其下引“蘇氏曰”，及永徽二年條注文，781—782 頁。

② （唐）柳宗元：《柳河東集》卷二一，北京：中華書局，1961 年，367—368 頁。

③ （宋）吳曾：《能改齋漫録》卷五《辨誤·柳子厚謂李義府為大臣》條，北京：中華書局，1960 年，108 頁。

④ 沈睿文：《唐陵的布局——空間與秩序·緒論》，1—5 頁。所參書見《新唐書》卷一一《禮樂志》一，308—309 頁；（清）黃本驥編訂、淩家民點校：《顏真卿集》，哈爾濱：黑龍江人民出版社，1993 年，244 頁。

情為文，咸適所宜，時人服其得禮。"①韋叔夏等人的主要任務顯然是制定喪禮儀注。《舊唐書》卷二一《禮儀志》論及《顯慶禮》行用後"學者紛議，以為不及貞觀"，從而《貞觀》、《顯慶》二禮交互使用的情況說：

> 自是禮司益無憑準，每有大事，皆參會古今禮文，臨時撰定，然貞觀、顯慶二禮皆行用不廢。時有太常卿裴明禮、太常少卿韋萬石相次參掌其事，又前後博士賀敳、賀紀、韋叔夏、裴守真等多所議定。則天時，以禮官不甚詳明，特詔國子博士祝欽明及叔夏，每有儀注，皆令參定。

韋叔夏、裴守真等自高宗時即參與定禮，在《貞觀》、《顯慶》二禮行用發生矛盾之際參會古今禮文，議定儀注，山陵禮只是其所定內容之一。所謂"山陵舊儀多廢缺"者，表明高宗死後，喪禮儀注已然缺乏，作為太常博士的韋叔夏等乃為之補充者也。當時《貞觀禮》尚在，且被與《顯慶禮》參雜使用，為什麼還有此說呢？看來或者是由於其中的《國恤》真的已被刪除銷毀，或者即使存在也徵用不足而無法照搬，故纔會由韋叔夏等"草創撰定"。

另外，國恤雖然主要是指皇帝凶禮，但從今本《大唐開元禮》來看，由於與皇帝有關的內容有"為諸王妃主"、"為內命婦"舉哀，"臨諸王妃主"、"臨內命婦"喪等目，因此可以知道諸王及妃、公主和內宮嬪妃喪不在避忌之內，而后（太皇太后、皇太后、皇后）、太子及太子妃喪事完全無一語及之，是知貞觀《國恤》諸篇除皇帝之外，還應有后、太子及太子妃之目。李義府、許敬宗取消《國恤》，也將之一併刪除，所以后及太子諸禮同樣也是闕失的，皇帝乃至皇家喪禮儀注的問題一直考證甚難。

---

① 按：裴守真事也見《舊唐書》卷一八八本傳，北京：中華書局，1975年，4925頁。

2. 北朝的皇帝喪禮儀注和《開皇禮》"國恤"之疑

　　關於皇帝喪禮儀注,明確和完整的記載惟見於《續漢書·禮儀志》,所以清人徐乾學曾有"國恤儀注,隋以前皆有之,而書軼不傳,唯《後漢書》頗載其說"的看法,他還指出李義府等的做法一直影響到後來,甚至"迨宋之政和禮、明之集禮亦復不載國恤",不得不採《宋史》及《文獻通考》以補宋,採《會典》及歷朝實錄以考明[1]。然而唐初魏徵等作《隋書·禮儀志》,提到陳武帝崩,尚書左丞庾持稱"晉、宋以來,皇帝大行儀注"如何[2],說明兩晉南朝關於皇帝的喪禮是記載在册的。但是關於北朝,卻惟有"後齊定令,親王、公主、太妃、妃及從三品以上喪者"的說法,記隋制僅有"其喪紀,上自王公,下逮庶人,著令皆為定制,無相差越",即完全沒有提到皇帝喪禮,且對王公大臣以下的"喪紀",也只是引用令文以代之[3]。

　　當然北朝的凶禮,其中特別是皇帝喪禮似乎也不能因此就認定全是空白。問題牽涉到《貞觀禮》中的《國恤》究竟是哪裏來的。陳戍國注意到《魏書·劉芳傳》"高祖自襲斂暨於啓祖、山陵、練除,始末喪事,皆芳撰定",以及《魏書·禮志》四載孝明帝神龜元年(518)九月有司奏崇憲皇太后喪事,稱"案舊事,皇太后崩儀,自復魄斂葬,百官哭臨,其禮甚多"的情況,認為可信[4]。復魄斂葬等都是儒家古禮,這表明至少孝文帝以後,皇帝喪禮是吸收不少漢族傳統禮儀的,而且也不是沒有儀注。另外從《魏書·禮志》言"魏自太

---

① (清)徐乾學:《讀禮通考·凡例》,《景印文淵閣四庫全書》112册,5頁。

② 《隋書》卷八《禮儀志》,北京:中華書局,1973年,151頁。

③ 《通典》卷八四《小斂》直稱為"喪紀令",2284頁。

④ 陳戍國:《中國禮制史·魏晉南北朝卷》第四章第四節《北朝喪葬禮儀》,長沙:湖南教育出版社,1995年,413—421頁。所引並參《魏書》卷五五《劉芳傳》、卷一〇八之四《禮志》四之四,北京:中華書局,1974年,1221、2808頁。

祖至於武泰帝,及太皇太后、皇太后、皇后崩,悉依漢魏既葬公除"[1],和後齊皇帝遺詔中所説"其喪紀之禮一同漢文,三十六日悉從公除"來看[2],也是上承漢魏之制。唐初皇帝遺詔與之一脈相傳(詳後),這説明,將以日易月的漢魏制度作為皇帝喪禮的基本原則北朝已經奠定,唐朝皇帝喪禮只是直接吸收而已,這應當作為貞觀《國恤禮》的内容之一。

盡管如此,卻畢竟很少見到關於北朝皇帝喪葬禮儀注的明確記載。《隋書·禮儀志》説"高祖命牛弘、辛彦之等採梁及北齊儀注,以為五禮云";而最後修成的《儀禮》百卷據説是"悉用東齊儀注以為準,亦微採王儉禮"[3]。只是關於後主武平中所修"東齊儀注"和隋禮是否有"國恤"的問題,史料記載卻顯得很含糊。見於《舊唐書·經籍志》著録惟有趙彦深撰《北齊王太子喪禮》十卷,不過《新唐書·藝文志》在"趙彦深《北齊吉禮》七十二卷"之後,又列有"《北齊皇太后喪禮》十卷"。趙彦深曾為北齊太常卿,武平中拜司空、司徒[4],與魏收、和士開等同監五禮[5],所撰應是北齊五禮的組成部分,這説明關於皇家的喪禮應是有的。只是皇帝喪禮未見,而《隋書》亦很少相關記載。

相比之下,南朝關於皇帝喪葬的記載和資料卻比北朝多得多。如從《通典》所載歷朝典禮來看,吸收兩晉南朝討論喪禮内容遠遠多過北朝,這至少説明南朝關於喪葬禮的討論遠比北朝活躍,且對古禮改革甚多。其書卷七九《大喪初崩及山陵制》周以下僅載兩漢、魏、晉、宋、陳,即直接唐高祖山陵之事,並無北朝之禮。另外

① 《魏書》卷一○八之三《禮志》四之三,2777 頁。
② 《北齊書》卷六《孝昭帝紀》,北京:中華書局,1972 年,84 頁。
③ 《隋書》卷六、卷八《禮儀志》一、三,107、156 頁。
④ 《北齊書》卷三八《趙彦深傳》,506—507 頁。
⑤ 《北齊書》卷三七《魏收傳》,495 頁。

《陳書·劉師知傳》載陳高祖崩,六日成服,"朝臣共議大行皇帝靈座俠御人所服衣服吉凶之制"[①]。博士沈文阿議提到"檢晉、宋《山陵儀》",又有《成服儀》、《靈輿梓宮進止儀》和《山陵鹵簿》,所説自然都是關於皇帝喪禮的儀注。諸人討論中又提到梁《昭明儀注》和《梁昭明太子喪成服儀注》。《隋書·經籍志》著録梁五禮有"嚴植之撰《凶儀注》四百七十九卷,録四十五卷",但注明已亡[②]。而《舊唐書·經籍志》著録開元書目,反有嚴植之撰的《梁皇帝崩凶儀》十一卷、《梁凶禮天子喪禮》五卷(下另有《梁凶禮天子喪禮》七卷)、《梁王侯已下凶禮》九卷及不注撰人名的《梁太子妃薨凶儀》九卷、《梁諸侯世子凶儀注》九卷、《梁大行皇后崩儀注》一卷;又有《梁陳大行皇帝崩儀注》八卷、《陳諸帝后崩儀注》五卷,以及寫明是"儀曹志"的《陳皇太子妃薨儀注》五卷和"儀曹撰"的《陳皇太后崩儀注》四卷[③]。這説明南朝一應帝后和太子親王喪儀本來都是齊備的,换言之,"國恤"禮儀在南朝極受重視,分門別類,十分具體,可備查詢操作,並非虚有其表。

那麽北禮和以北齊禮為基的隋《開皇禮》的凶禮中究竟是否有國恤,以及依據為何呢?《唐會要》言《貞觀禮》比照隋禮增改的二十九條完全沒有涉及國恤。《舊唐書·李義府傳》亦稱"初五禮儀注自前代相沿,吉凶畢舉",乃由於太常博士蕭楚材、孔志約上言皇帝凶禮是"預備凶事,非臣子所宜言之"才"悉删而焚焉"[④],其"前代"的説法究指貞觀還是包括隋以前亦不甚明確。特別從《隋書·禮儀志》諸卷有禮必記而凶禮卻僅記隋令來看,對於北朝或者隋國恤禮的有無尚不能做出絶對判斷,國恤禮的來源問題也就更顯得

① 《陳書》卷一六《劉師知傳》,北京:中華書局,1972 年,229—232 頁,下同。
② 《隋書》卷三三《經籍志》二,970 頁。
③ 《舊唐書》卷四六《經籍志》,2007—2008 頁。
④ 《舊唐書》卷八二《李義府傳》,3768 頁。

撲朔迷離。

因此關於北朝和隋禮的國恤問題不易做出回答。但關於這方面,《隋書》卷六七《裴矩傳》還是透露了一些消息:

> 其年(仁壽二年,602),文獻皇后崩。太常舊無儀注,矩與牛弘據齊禮參定之。

則似乎是説,隋朝文獻皇后的喪禮儀注曾參照齊禮。裴矩曾是文帝任後齊宰相時的記室,深通朝廷儀制,所據齊禮自然就是北齊定制的"東齊儀注",這一點,證明了《新唐書》所載之《北齊皇太后喪禮》確實有之,而且皇帝喪禮儀注的存在恐怕也可以據此推定。

但即使齊禮有之不等於隋禮一定也有。按史有開皇五年(585)五月戊辰"詔行新禮"的明確記載[1],到文獻皇后去世的仁壽二年已經是《開皇禮》修成的十七年之後。如依"舊無儀注"的説法,則隋《開皇禮》恐怕是沒有帝、后喪禮,或者很不完備。《隋書》卷四九《牛弘傳》也證實了這一點:

> 仁壽二年,獻皇后崩,三公已下不能定其儀注。楊素謂弘曰:"公舊學,時賢所仰,今日之事,決在於公。"弘了不辭讓,斯須之間,儀注悉備,皆有故實。素歎曰:"衣冠禮樂盡在此矣,非吾所及也!"弘以三年之喪,祥禫具(俱)有降殺,朞服十一月而練者,無所象法,以聞於高祖。高祖納焉,下詔除朞練之禮,自弘始也。

"三公已下不能定其儀注",或許正是由於本朝所定禮書無此內容,所以文獻皇后的喪禮儀注乃由牛弘等臨時制定。牛弘提出的除朞練之禮是通過高祖"下詔"行之,説明亦不是《開皇禮》的內容。

不僅皇后如是,即皇帝太子亦是如此。隋文帝和太子勇死亡

---

[1] 《隋書》卷一《高祖紀》上,22頁。

既不正常，又都在隋禮制定以後，導致隋朝的"國恤"總體上亦不會是本朝實踐的歸納記載。

那麼為何北齊有國恤一類喪禮儀注而《開皇禮》制定時卻並未吸收呢？討論這一問題，不妨讀讀《隋書》卷八《禮儀志》載牛弘關於南北禮儀的評論，也許更能給人啓發。其相關文字曰：

> 開皇初，高祖思定典禮。太常卿牛弘奏曰："聖教陵替，國章殘缺，漢、晉為法，隨俗因時，未足經國庇人，弘風施化。且制禮作樂，事歸元首，江南王儉，偏隅一臣，私撰儀注，多違古法。就廬非東階之位，凶門豈設重之禮？兩蕭累代，舉國遵行。後魏及齊，風本隔，殊不尋究，遙相師祖，故山東之人，浸以成俗。西魏已降，師旅弗遑，賓嘉之禮，盡未詳定。今休明啓運，憲章伊始，請據前經，革兹俗弊。"詔曰："可。"

牛弘在這裏專門批評了南朝的制禮人，他對南朝禮極力貶低，為此不惜將撰作南朝禮儀的代表人物王儉說成是"私撰儀注，多違古法"，而其中最核心的批評"就廬非東階之位，凶門豈設重之禮"又主要是針對凶禮而發。從所指時間來看，是南朝齊梁以來及北朝孝文遷洛以後；所說"遙相師祖"、"賓嘉之禮，盡未詳定"都是指周、齊定禮多依南朝而無自己的風格。牛弘為此極端不滿，由此知道牛弘的態度是比較保守的，他希望取締南朝的禮儀大家王儉等建立及"兩蕭累代，舉國遵行"的南朝制度，而據經革"弊"，以古禮原則取代之。

北朝凶禮和皇帝喪禮儀注之少，以致造成周齊定禮多依南朝的情況，很可能與北魏太和以來許多禮令未及頒行的情況有關。樓勁討論這一問題指出，北魏不班之令具體可分為兩種，一種是令篇修成而不班，另一種情況是其令始終修而未成。如祀令和輿服制度即屬後者，高祖太和十九年（495）十二月仍在討論圓丘之制，肅宗即位的延昌四年（515）三月關於祫祭先帝也僅是依取"古禮"、

"晉魏之議"以及祭祀高祖孝文皇帝的"景明故事"而無令作依據。至於興服制度孝文帝朝"二意相乖,時致静競,積六載乃成",至太和十九年末纔"始班賜百官",到肅宗時方"條章粗備",所以真正定令已到後齊時代①。

事皆關禮。樓勁認為之所以如此,除了社會風習事涉夷夏之外,與孝文帝以來闡揚禮教,標榜正統,而經傳古制衆説紛紜、難於決斷亦有關係。這種情況到北齊多少有所改觀。後齊天保元年(550)就"詔删定律令,損益禮樂",及刊正北魏的"麟趾格",至河清三年(564)頒下律令。《隋書·禮儀志》五有關於北魏車服自明帝以後"條章粗備,北齊咸取用焉。其後因而著令,並無損益"的説法,而齊令循魏令之舊以事制立目,内容也多依北魏而略有損益②。從上述《禮儀志》有"後齊定令",因而述及王公百官喪葬條款的情況,《喪葬令》至少在北齊應已有之,换言之是北齊河清中,《喪葬令》已經頒下,那麼應該也是參照北魏格令修撰的結果。

令的制定,説明所依據的禮也是有的。然禮的修成更晚於令,"東齊儀注"的頒定已經到了後主武平中,但兩者不是没有關係。北齊的律令是與禮制同修的,不但前後製作者如崔昂、崔儦、邢邵、魏收等都是禮法兼修的名家,而且内容互補。魏收、邢邵在議太子監國制度時有"凡禮有同者,不可令異"和"禮有異者,不可使同"的爭論,"援引經據,大相往復",可見其時對涉及禮的問題相當慎重③。只是由於北魏之禮、令均不完善,北齊如僅是參照北魏,則疏略缺失者必然甚多。兼之"西魏已降,師旅弗遑,賓嘉之禮,盡未詳

---

① 參見樓勁:《關於北魏後期令的班行問題》,《中國史研究》2001 年 2 期,47—51頁,引文見 51 頁。

② 參見樓勁:《北齊令篇目疑》,《文史》2000 年 4 輯,總 53 輯,111—118 頁;《北齊初年立法與〈麟趾格〉》,《文史》2002 年 4 輯,總 61 輯,77—83 頁。

③ 《隋書》卷九《禮儀》四,185—188 頁,並參樓勁前揭文。

定",不能想象類似的討論能夠經常進行並加以從容取捨,凶禮和皇帝儀注更是如此,於是在禮、令編訂之際,對南朝禮制"殊不尋究,遥相師祖"的情況也就發生了。

不僅北齊如此,北周也同樣吸收了南朝禮制。史睿討論北周後期至唐初禮制的變遷,認為周武帝時曾修訂並實施了一部禮典,並根據《北史》關於盧道虔"好禮學,難齊尚書令王儉《喪服集記》七十餘條"和其子昌衡博涉經史,與大宗伯斛斯徵修《禮令》的記載,以及其他史料所反映的北周與梁、陳、北齊和隋某些禮制相循或相同的情況,論證了北周禮制亦有吸收南朝的因素[1],這其中自然也有凶禮。

問題在於,牛弘既然反感南朝凶禮,認為"多違古法",自然也就很難再吸收其內容,即使"東齊儀注"有因"遥相師祖"而向南朝學來的這些內容,牛弘主修的隋禮似乎也不會取,隋文帝"詔可",是同意了他的做法,雖然臨事仍不得不再參齊禮。當然這裏也不排除牛弘還可能另搞一套,如上述"下詔除朞練之禮",就完全是文帝聽從牛弘自己的主張而與齊禮無關了。

(二)"就盧"與"凶門"的來龍去脈

盡管如此,我們仍然不能認為"東齊儀注"或隋朝在凶禮方面就全無特色。牛弘對南朝王儉制禮作樂的批評具體落實於凶禮,那麼順着他的思路,弄清其批評之深意,無疑會追究到南朝凶禮和皇帝喪禮的一些根源。問題在於,南朝在"就盧"與"凶門"等一些喪儀方面,究竟走了多遠?而牛弘的批判,與宫廷禮儀和皇帝制度有何關聯?這是在研究貞觀《國恤禮》之前必須要弄清的。

---

① 史睿:《北周後期至唐初禮制的變遷與學術文化的統一》,《唐研究》3卷,北京大學出版社,1997年,165—184頁;引文見166—167頁。

1. 何謂"就廬非東階之位，凶門豈設重之禮"

弄清《貞觀禮》中《國恤》的來源問題，明瞭牛弘所謂"就廬非東階之位，凶門豈設重之禮"究竟何指是關鍵，這一批評涉及南朝禮俗，是牛弘批判的重點。

先說"凶門豈設重之禮"。"重"在古禮中乃是"重木刊鑿"的木架，上有孔可懸物，置於喪家庭中。鬲是土陶或青銅製的烹飪之器，據說要用給死者飯含後的餘米，煮成粥置於鬲中，懸掛於重上（或認為是奠於前），合稱為"重鬲"。重的四面還要以席覆之。至於鬲的數量鄭玄解釋是"士二鬲，則大夫四，諸侯六，天子八"。又《禮記·檀弓下》謂"重，主道也"，鄭玄注："始死未作主，以重主其神也。重，既虞而埋之，乃後作主。"意思是始死之時，由於還未立神主，就將重代替神主。甚至《儀禮·士喪》還說明由"祝取銘置於重"，即由執禮者將標明死者身分的銘旌置在重處。等到虞祭完畢之後，重便要"就所倚處埋之"。但是未葬之前遷柩朝祖，還要將重遷於祖廟，所以"所倚處"依鄭玄所說是"道左主人位"，按孔穎達解釋就是"祖廟門外之東也"①。近年有學者提出楚鎮墓獸與重特徵用法相似，認為其名就是"祖重"，指出重的用途是依附死者之神，且"重作為死者神靈所憑依的形象用於整個喪葬儀程之中"②，由此可見設重的意義。

但是何謂"凶門"呢？《通典》卷八四《懸重》有釋曰：

> 宋崔凱云："鑿木為重，形如札，有簨，設於中庭近南以懸之。士重高三尺，差而上之，天子當九尺矣。鬲以葦席南向橫覆之，辟屈兩端於南面以蔑之。今喪家帳門，其遺象也（下

---

① 參見《儀禮注疏》卷三六《士喪》、卷三九《既夕》；《禮記正義》卷九《檀弓下》、卷四一《雜記上》；《十三經注疏》，北京：中華書局，1980年，1135、1154、1301、1556頁。

② 高崇文：《楚"鎮墓獸"為"祖重"解》，《文物》2008年9期，54—60頁。

略)。"按蔡謨説,以二瓦器,盛始死之祭,繫於木,裹以葦席,置庭中近南,名為重。今之凶門,是其遺象也。禮,既虞而作主,未葬未有主,故以重當之。禮稱為主道,此其義也。范堅又曰:"凶門非禮,禮有懸重,形似凶門,後人出門外以表喪,俗遂行之。薄帳,弔幕之類也。"

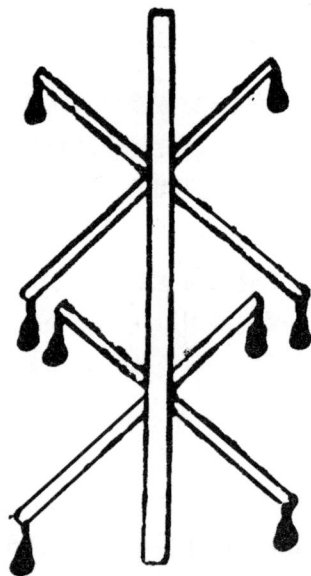

圖1. 皇帝的"重"(設八鬲)示意

按此中蔡謨及范堅關於凶門仿照懸重之説,其實亦早見於前史記載,《宋書》卷一五《禮志》二記東晉咸康七年(341)皇后杜氏崩,有司奏大行皇后陵所作凶門柏歷,門號顯陽端門。詔以為門人所處,但凶門柏歷,大為繁費,下令停之,因也引二人説以釋凶門略同①。

不過關於凶門的來源,《太平御覽》卷五四八《凶門》載王肅《喪服要記》有説曰:"魯哀公葬父,孔子問:'寧設衰門乎?'哀公曰;'衰門起於禹,禹治水,故表其門閭,以紀其功。吾父無功,何用此為!'"這説明凶門之設於喪家,上古春秋本來無之②。另外從《御覽》同門也得知,原來上述蔡謨、范堅説,是因"韋弘與蔡謨牋"問

---

① 《宋書》卷一五《禮志》二,北京:中華書局,1974年,405頁。按蔡謨與范堅説又見《晉書》卷二〇《禮志》中,北京:中華書局,1974年,633頁;《通典》卷七九《大喪初崩及山陵制》略同,2143—2144頁。

② 《太平御覽》卷五四八《禮儀部》二七《凶門》,北京:中華書局,1985年,2480—2481頁。

禮,其問答解釋更詳:

> 問凶門曰:"父在母喪應立凶門不?"又問:"與父別止立凶門,愚意猶所疑厭於父故也。今於父大門之内別立凶門,便為父一家有二門。以名義言之,門者,父之有也。今子復立門,豈合聖人之典訓? 苟不出於禮,其所不曰,故以諮白。"

> 蔡答曰:"《禮》,以二瓦器,盛始死之祭,繫(繫)木,裹之葦席,置於庭中近南,名為重(以下略同《通典·懸重》)……禮,既虞而作主。今〔未葬〕未有主,故以重當主。本為喪設,非以表其門,恐不應以尊卑厭降也。禮,命士以上,父子異官。今卑私之喪,皆別開門,亦不知今人如此者,皆有凶門不?"

> 范堅答凶門。問曰:"簿帳似不出禮文,何由行此?"[①]答曰:"凶門非禮,禮有懸重於庭,以席覆之,其形似凶門,後〔人?〕出之於門外表喪,由比(此)俗遂行之耳。"

理解三人問答之意,是古禮亦無凶門之說,由於重的兩邊懸掛着鬲,看起來很像是門,所以東晉南朝的凶門,就仿照它的形象以建立,所謂"今之凶門,是其遺象也"。但凶門只取形似,在意義上卻與死者魂靈憑依的重相去很遠。所以牛弘重反其意,提出"凶門豈設重之禮",意思是用凶門來代替設重是全然不對的。《隋書》卷八《禮儀志》三載隋喪紀"著令皆為定制"之下,有"諸重,一品懸鬲六,五品已上四,六品已下二"一條,表明是按照古制恢復了重鬲制度,只是數量按官品定而已,這個制度後來被唐令吸收,直到宋《天聖令》仍予以保留。

再說"就廬非東階之位"。其中"廬"的意義據《通典·懸重》崔凱言:"古者喪家無幕,蓋是倚廬棟耳。今人倚廬於喪側,因是為帳

焉。"而范堅又言"簿帳即古弔幕之類也"(按此當為回答《御覽》所載"簿帳"之問)①,也就是為弔唁而準備的帳,可以理解是東晉南朝將弔帳與服喪所居的"廬"結合了。

廬是孝子所居,其做法源自古禮。《周禮·天官·宮正》:"大喪,則授廬舍,辨其親疏貴賤之居。"鄭玄注:"廬,倚廬也。舍,堊室也。親者貴者居倚廬,疏者賤者居堊室。"②《儀禮·喪服》又說:"居倚廬,寢苫枕塊,哭晝夜無時。歠粥,朝一溢米,夕一溢米,寢不說(脫)絰帶。"③《禮記·雜記下》也言:"三年之喪,言而不語,對而不問,廬堊室之中,不與人坐焉。"④

至於廬的位置,則《儀禮·既夕》鄭玄注曰:"倚木為廬,在中門外東方,北戶。"對此賈公彥疏有一段很好的解釋,說明"鄭以《子夏傳》以既練居堊屋而言外,外為中門外,則初死居倚廬,倚廬亦中門外可知也。東方者,以中門內殯宮之哭位在阼階下,西面鄉(同嚮)殯,明廬在中門外,亦東方鄉殯。是以主人及兄弟、卿大夫外位皆西面。云北戶者,以倚東壁為廬,一頭至地,名北戶鄉陰"⑤。另外鄭玄於《禮記·喪大記》"凡非適(嫡)子者,自未葬,以於隱者為廬"之下亦有注曰:"不欲人屬目,蓋廬於東南角,既葬猶然。"⑥結合兩處之意,可以體會廬本來不是在廳堂的"東階之位",而是"中門外東方",與原來的寢處和殯宮所在的中門內有一定距離,而且還是在陰面而不向陽。但是不知怎麼回事,到了東晉南朝就被理解為喪屋之下建廬,並且與弔孝聯繫着。《通典》卷八三《天子諸侯大夫

① 並參《通典》卷七九《大喪初崩及山陵制》,2144頁。按:"即古"二字,《通典·懸重》無,此據宋志、晉志及《通典》卷七九補。
② 《周禮注疏》卷三,《十三經注疏》,北京:中華書局,1980年,658頁。
③ 《儀禮注疏》卷二八《喪服》,1097頁。
④ 《禮記正義》卷四二《雜記下》,1561頁。
⑤ 《儀禮注疏》卷四一《既夕》,1161頁。
⑥ 《禮記正義》卷四五《喪服大紀》,1581頁。

士弔哭議》引宋崔凱議解釋古禮文，有"凡賓客來弔，孝皆當位東階下，西面，不得廬中"的説法，又説如果君來弔孝，"哭訖，君遣還位，乃從命還位則哭，不得入廬也。哭位在東階下。""孝"即作為喪主的孝子。强調孝子迎接來賓必須在東階下而不是廬中，也可見孝子所居倚廬——即崔凱所言古弔幕之類——是在殯堂或殯堂東階下不遠的位置。

　　按這裏所説的東階下與廬中，實際涉及兩種弔喪之法。《通典》同章引王肅解釋《儀禮·士喪》君弔臣，大意為："禮有親喪而君來弔，則免絰，貫左臂，去杖，迎拜於大門之外，見馬首，不哭，先入門右，庭中北面。君升自東階，南面哭，主人乃哭。君出，又拜送大門外。"《太平御覽》引賀循《喪服要記》也總結古代一般弔喪説：

　　　　又曰："古之弔者，皆因朝夕哭而入弔。賓至，主人出即中
　　　　門外，西面北上，拜。賓入門，即位於堂下，當阼階，西面。賓
　　　　入即位，皆哭。哭止，主人拜之。"①

君弔臣比一般的弔喪意義更隆重，這個弔喪一切惟君馬首是瞻，要迎入送出大門，而一般的弔喪主人只要出到中門外即可。《通典》卷八三同章還載有後漢人士涉及縣令長、丞尉的"君弔"及"大夫弔"問答：

　　　　後漢劉德問曰："君弔，大夫迎於門外，又拜送於門外。大
　　　　夫弔，不迎於門外。今時縣令長弔人臣（他本或作"主人"），人
　　　　臣（主人?）待之，當依國君來弔禮歟? 依大夫來弔也? 又當去
　　　　杖，其絰皆如故，無可捨耶? 又今時丞尉來弔，待之當云何?"
　　　　田瓊答曰："今之君，與禮所云君，輕重不同。若必欲依之，令
　　　　長宜依國君，丞尉宜依大夫。君於禮但見去杖戢杖，其餘不見
　　　　也。今於君弔，以首絰貫臂，遣人則不，釋之而已。"

————————————

①　《太平御覽》卷五六一《禮儀部》四〇《弔》，2536頁。

是說對縣令長來弔按君禮執行，丞尉來弔按大夫禮（即一般弔喪）執行，兩者不僅主人需不需要迎出門外有別，就連絰杖服用亦有不同。宋崔凱關於時人弔喪也述曰：

> 今代人君弔，主人出迎，見馬首拜。君遣吏弔，主人布席於喪庭，孝子左貫首絰，待於席南，北面，不哭也。吏持版弔於席北，面向孝子。再拜訖，伏，吏跪讀版，孝子再拜。有弔賓，主人迎即位中門外，西面北上。衆賓東面者北上，門西北面者東上。主人拜賓，旁三拜，衆賓不答拜。主人入，即堂下朝夕哭位。衆隨入，如外位也。知生者弔，知死者傷。主人哭，弔者皆哭。退出，主人拜中門外如初。弔辭，至主人前曰：“聞君有某之喪，如何不淑。”傷辭，詣喪前曰：“子遭離之，如何不淑。”此各主於其所知也。若有知生又知死者，傷而且弔也。

所說也是言有人君弔和一般賓客弔的兩種情況，其中君遣吏弔即代表君弔，主人一樣要迎出大門，並且在“喪庭”履行弔問儀式；但如果是一般的賓弔，主人只須迎送到中門外，這種弔喪也包括他所說“同僚賓客相知也，因主人朝夕哭而往弔也”的情況。位置是主人“西面北上。衆賓東面者北上，門西北面者東上”。而且衆賓還應當隨主人入至堂下，也按照主面西客朝東的方向，這個堂應當就是殯堂了。

那麼，為何前引崔凱所說強調迎接賓客主人必須在東階上，不得入廬；對“君”和長吏來弔孝，也特別強調“哭不得入廬也，哭位在東階下”，即始終不得在廬內接待呢？原來禮所謂“夏后氏殯於東階之上。殷人殯於兩楹之間。周制，殯於西階之上”①。其中“周制”規定了“西階上”是停殯之所，因此“東階下”應當是停殯的堂下

---

① 《通典》卷八五《殯》，2306 頁；並參《禮記正義》卷七《檀弓上》，1283 頁。

之階,其位置斜對於上面的棺木。但為什麼必須是東階呢? 這是因為東階也稱阼階,本是迎賓酬酢的主人位置。《儀禮‧士冠》鄭注有釋曰:"阼,猶酢也,東階,所以答酢賓客也。"[1]主人在東階下的位置與賀循所說主面西客朝東的意思是一致的,其實就是按一般酬酢的規矩分了弔唁中的賓主之位。

但是對君或君遣吏弔不能分賓主之位,結合王肅所說"君升自東階,南面哭,主人乃哭"和君遣吏弔主人只能在東階下就哭位來看,君所就是主位,且不能按一般賓客那樣迎入室中,是為了表示對"君"極大的恭敬。《通典》同章下面所載樂亮問徐廣皇子受弔的儀式,便與國君弔唁不同:

> 樂亮問徐廣曰:"君弔之儀,雖在於《禮》,未審皇子之弔,受弔為當迎送及拜以不? 當於廬室坐,當別施位耶? 若別施位者,應在何處? 即位為應立? 應坐? '君弔,雖已葬,主人必絰',此禮已廢,並未詳。既小祥,重服已除,正當即以練冠功縗受弔耶?"

> 徐廣答曰:"皇子之儀,揖而不拜,然猶應以練冠功縗迎立於戶側。皇子向戶揖,揖訖,伏廬室而哭。及皇子前執手時,乃可長跪受之。去出室,還至戶,更哭。"

按這裏有"伏廬室而哭"之類的話,也就是主人先迎在"戶側",等皇子向戶行揖禮後,再迎入廬室,一行哭,一行長跪接受皇子的"執手"慰問,結論是皇子來弔"當於廬室坐",而不是像國君那樣"別施位"。皇子的地位畢竟與君不同,根據前人的研究,執孝子手可以是身分相等的禮節,但寫本書儀中也有"唯尊者執卑者手"的不同

---

[1]　《儀禮注疏》卷一《士冠》,951頁。

説法①,總之是比較親切的一種形式。皇子可以進入廬室,説明一般情況下,表達親切慰問的弔唁儀式是在廬内進行。

這樣,我們便可以推測出東晉南朝對"君"以外的弔唁大致是主人在東階下迎接,然後到廬室完成弔問儀式,廬在"東階下",廬作為"弔帳"的意義不可否認。因此給人的印象是,無論就廬還是東階,東晉南朝都與弔唁儀式有關,而且如果大膽推測,這個"廬"可能還與殯堂聯在一起,敦煌 S.1725 書儀解釋説,"凡父母亡,三日成服,杖於帷前。東壁下為廬,北向户者,臥其中。"②既然是"杖於帷前",則東壁下的廬一定與之非常接近,而且其門還是向北開着,對着停放靈柩的北屋。由於"君遣吏弔"的情況畢竟是少數王公大臣,所以多數情況恐怕都是入廬弔唁。《北史》言隋李德饒至孝,遭喪"後甘露降於庭樹,有鳩巢其廬。納言楊達巡省河北,詣廬弔慰之,因改所居村名為孝敬村,里為和順里"③,説明詣廬弔孝在北朝也行之。但是廬在古禮本來是居喪的寢苫之所,於是我們便可以推知牛弘"就廬非東階之位"之意,乃是根本不贊成將居喪的"倚廬"與弔帳等同合一,形成東階弔唁那樣一套方式。

那麼為何牛弘要特別提出這一點呢? 這一方面是由於將"倚廬"混作弔孝,表明東晉南朝人已經將古禮的居喪之節簡化;另一方面是因為弔儀乃東晉南朝最講究之禮儀,"吉凶慶弔"乃南朝史書中常見之字眼。顏之推稱"江南凡遭重喪,若相知者,同在城邑,三日不弔則絶之;除喪,雖相遇則避之,怨其不己憫也。有故及道遥者,致書可也;無書亦如之。北俗則不爾"④。因此弔喪之俗南重

① 周一良:《敦煌寫本書儀中所見的唐代婚喪禮俗》,收入氏著:《魏晉南北朝史論集續編》,北京大學出版社,1991年,255頁。
② 錄文見趙和平:《敦煌寫本書儀研究》,臺北:新文豐出版公司,1993年,400頁。
③ 《北史》卷三三《李靈傳附》,北京:中華書局,1974年,1210頁。
④ 王利器:《顏氏家訓集解》卷二《風操第六》,上海古籍出版社,1980年,101頁。

於北,可謂南朝凶儀之代表。否定了弔儀就是否定了南朝喪儀中的精髓,牛弘抨擊南朝弔俗,是直指其要害而去。

2. 宮中置廬和"凶門柏歷"的源起

不僅如此,牛弘的指斥大概還與皇家典禮有着密切關係。廬在古代,並非只有居宅內的一種。兩漢以降,亦盛行葬後廬墓,魏晉南北朝都很普遍。廬墓是在葬後,將廬也即居喪的小屋搭建在墓上,以體現服喪的至誠和辛苦。史書對孝子在廬墓時如何寢苫枕塊,"不嘗鹽酪",哭泣無時,甚至終身住在墓旁的苦行多有渲染,能否廬墓,成為評判孝道的一種標準。

設廬之處雖有户内户外之分,但就皇室和王公貴族而言,"廬"是不會建在户外或墓地的。楊樹達論及漢代的"服舍"和廬墓問題①,如《漢書·吳王濞傳》,載晁錯言楚王戊"往年為薄太后服,私姦服舍"。而同書《江都易王傳》,也有"易王薨未葬,(其子)建居服舍,召易王所愛美人淖姬等凡十人與姦"的記載②,這個服舍當然是在其宮中。楊先生的解釋是漢代服喪分葬前葬後,葬前的"服舍"是在原來住的地方,而葬後的"廬"就要建在墓地了。

然而按照古禮,居喪的廬或堊室,並不一定是建在葬後,而是初喪之祭即有之。前揭鄭玄注謂"不欲人屬目,蓋廬於東南角,既葬猶然",説明廬於葬前已建。《開元禮》卷一三八《廬次》即明謂:"將成服,掌事者預為廬于殯堂東廊下",也説明成服後即要居廬。並且葬後的廬墓即使實行,也只可能是對一般人而言。筆者曾對魏晉以降廬墓之例進行搜檢,發現行者多為士人百姓,達官貴人則其例甚少。至於皇帝和王公,當然更不可能去廬墓,服舍就是他們

---

① 楊樹達:《漢代婚喪禮俗考》,上海:商務印書館,1933 年,268—270 頁。
② 並參見《漢書》卷三五《荆燕吳傳》、卷五三《景十三王傳》,北京:中華書局,1962年,1906、2414 頁。

所居的廬,不分葬前葬後,《續漢書‧禮儀志》記先皇葬後"皇帝、皇后以下皆去麤服,服大紅,還宮反廬,立主如禮"就是證明①。《晉書》卷二〇《禮志》中記泰始四年(268)皇太后崩,有司奏"前代故事,倚廬中施白縑帳、蓐、素牀,以布巾裹塊草,輼輬、版輿、細犢車皆施縑裏",但"詔不聽,但令以布衣車而已,其餘居喪之制,不改禮文"。所說"前代故事"中的倚廬之制,顯然非常講究,這個"倚廬"也在宮中。

關於宮中廬舍的位置,《通典》卷七九《大喪初崩及山陵制》載晉代制度說得很清楚:

> 晉尚書問:"今大行崩含章殿,安梓宮宜在何殿?"博士卞推、楊雍議曰:"臣子尊其君父,必居之以正,所以盡孝敬之心。今太極殿,古之路寢,梓宮宜在太極殿,依周人殯於西階。"……又問:"按景帝故事,施倚廬於九龍殿上東廂。今御倚廬為當在太極殿不? 諸王廬復應何所?"權琳議:"按《尚書‧顧命》,成王崩,康王居於翼室。先儒云'翼室於路寢',今宜於太極殿上。諸王宜各於其所居為廬,朝夕則就位哭臨。"

按太極殿魏晉以來都是皇帝舉行重大儀式的正殿,晉博士認為大行皇帝的梓宮也應當安在太極殿上,而且是"殯於西階",而嗣皇帝的倚廬就在太極殿上,說明晉朝的皇帝也是在先皇帝停靈處居倚廬的。《通典》卷八一《天子為庶祖母持重服議》也載東晉崇(隆)安四年(400)太皇太后李氏(即孝武文李后,《晉書》卷三二《后妃傳》事略簡)崩,在徐廣等人的持議之下,"於是安帝服齊縗三年,百寮並服周(菁)。於西堂設菰廬,神武門施凶門柏歷。"菰廬即廬,西堂

_____

① 《續漢書》志六《禮儀志》下《大喪》,《後漢書》,北京:中華書局,1965年,3148頁。

即太極殿西堂,與東堂相對,兩者晉代都可兼用作帝后哀悼之所[1],可能也與停靈在殿有關。另外《晉書》卷八三《顧和傳》載"時汝南王統、江夏公衛崇並為庶母制服三年",顧和奏文有"案汝南王統為庶母居廬服重"之語,認為其"違冒禮度,肆其私情",但可證王公們行三年喪即要居廬,他們的廬當然也是設於宮中或者府第之内。

不僅置廬,凶門亦是如此。凶門的使用東晉南朝很普遍,上述成帝咸康七年杜太后及隆安孝武文李后事,已證"凶門柏歷"是皇家所用。《宋書》卷五六《孔琳之傳》稱其晉時上言:"凶門柏裝,不出禮典,起自末代,積習生常,遂成舊俗。爰自天子,達於庶人,誠行之有由,卒革必駭。"《晉書》卷六四《元四王傳》記元帝子琅邪悼王焕年二歲薨,"帝悼念無已,將葬,以焕既封列國,加以成人之禮,詔立凶門柏歷,備吉凶儀服,營起陵園,功役甚衆。"時琅邪國右常侍會稽孫霄上疏諫,以為"棺槨輿服旒翣之屬,禮典舊制,不可廢闕。凶門柏歷,禮典所無,天晴可不用,遇雨則無益,此至宜節省者也",但"表寢不報"。

從"凶門柏裝"和"天晴可不用,遇雨則無益"的説法來看,凶門"柏歷"並不是一個簡單的門,而是用柏木裝飾的比較高大的直立形建築(稱為"表")或門樓,卻又不具備遮陽擋雨的功能。另外皇家和王公的凶門還有被搭建到墓上的,論者已指出這種墓上的凶門是石建的,有雕刻的石柱即華表[2],很費材料人工。按當時孫霄提到使用材料浪費,並非琅邪一國,"今天臺所居,王公百寮聚在都輦,凡有喪事,皆當供給材木百數、竹薄千計,凶門兩表,衣以細竹及材,價直既貴,又非表凶哀之宜,如此過飾,宜從粗簡。"孔琳之也

---

① 按史載東晉明帝、成帝和哀帝都是"崩於"西堂或東堂,則可以理解其停靈亦於此,見《晉書》卷六《明帝紀》、卷七《成帝紀》、卷八《哀帝紀》165、183、209頁;此外《通典》卷八一《天子為大臣及諸親舉哀議》引摯虞《決疑要注》:"國家為同姓王公妃主發哀於東堂,為異姓公侯都督發哀於朝堂。"是為王公妃主舉行哀悼也均在此。並參渡邊信一郎:《天空の玉座——中國古代帝國の朝政と儀禮》,東京:柏書房,1996年,64—80頁。

② 參見何漢南:《南朝陵墓石柱的來歷》,《文博》1992年1期,36—40頁。

主張取締凶門，認為無關乎情而有忝禮度，"存之未有所明，去之未有所失，固當式遵先典，釐革後謬"。他指出事出游費，已為民患，"凡人士喪儀，多出閭里，每有此須，動十數萬，損民財力，而義無所取。至於寒庶，則人思自竭，雖復室如懸磬，莫不傾產殫財，所謂葬之以禮，其若此乎"。提出"謂宜謹遵先典，一罷凶門之式，表以素扇，足以示凶"。說明"凶門"之式東晉以後不僅在皇家，也已經在王公百官乃至寒庶中間普及起來，且欲罷不能，給民衆造成極大負擔。

而無論大臣是否反對，逮至劉宋，喪事設廬及凶門之制都仍在皇帝和皇家喪事中延續。《宋書·禮志》明確地記載了宋文帝元嘉十七年（440）七月壬子，元皇后崩，"兼司徒給事中劉溫持節監喪。神虎門設凶門柏歷至西上閤，皇太子於東宮崇正殿及永福省並設廬。諸皇子未有府第者，於西廂設廬"之事①，可以認為是晉制的延續。當然這裏所說的設廬於"東宮崇正殿及永福省"或者"西廂"，與上述晉時"設廬於西堂"一樣，並未離開居處或者是停靈之地。

北朝則自孝文帝也見到設廬宮中的做法。《魏書》卷七下《高祖紀》下記太和十四年（490）"九月癸丑，太皇太后馮氏崩"。冬十月"癸酉，葬文明太皇太后於永固陵。甲戌，車駕謁永固陵。羣臣固請公除，帝不許。己卯，車駕謁永固陵。庚辰，帝居廬，引見羣寮於太和殿"。這裏"居廬"與太和殿的關係不明確，但如借鑑南朝的做法，則皇帝的廬很可能就建在殿上。據史書所載，這次接見主要是由太尉東陽王丕等請求孝文帝行喪服權制，而皇帝卻引古禮不許。北魏皇帝的此種做法，說明"就廬東階"在皇帝可引申為在廬中接見大臣，或接受大臣弔慰，這看起來便很不合體統，但後來北朝皇帝們的居喪，也許就是仿此辦理。《北史》卷一〇《周本紀》下

① 《宋書》卷一五《禮志》二，394—395頁。

記建德三年(574)三月，周武帝為皇太后叱奴氏崩，"帝居倚廬，朝夕共一溢米，羣臣表請，累旬乃止"即深得居廬之意。

另外《隋書》卷八《禮儀志》三明謂後齊定令，"王、郡公主①、太妃、儀同三司已上及令僕，皆聽立凶門柏歷。"可見凶門柏歷也在北朝之宮廷及貴臣中行用，且河清令定為制度。由是而知，牛弘所說"後魏及齊，風牛本隔，殊不尋究，遥相師祖"乃深有所指，而"就廬非東階之位，凶門豈設重之禮"也是包括皇帝和宮廷在內，或者根本就是因皇家典禮而發。隋朝定令此條已不見，正是牛弘改革的結果。不過我們在唐後期的《大唐元陵儀注》的"小祥變"和"大祥變"中仍可以分別見到皇宮中廬及堊室的設置，由將作監依照喪服時日負責廬及堊室的造設和拆除②。唐朝皇帝去世後皆殯於太極宮，廬及堊室皆當建在先皇停靈的宮殿之上，這似乎可證《儀注》仍保留了皇帝喪紀居廬的禮儀，只是限在大祥以前，也不再有弔喪的意義。

有一個問題也需要解釋，即牛弘本人雖然在禮儀的看法上比較傳統，但似乎也不能認為是無所變通，如前揭牛弘批判"葚服十一月而練者，無所象法"，結果高祖下詔"除葚練之禮"。葚練是指葚服(齊衰杖葚)之內的小祥。《禮記·雜記下》曰："期之喪十一月而練，十三月而祥，十五月而禫。"鄭注："此謂父在為母也。"當時由於文帝尚在，大臣和皇子們對獨孤后應行此禮而為之服葚，皇帝"夫為妻"也應服葚，故這裏涉及葚服的變服問題。《通典》卷八七《小祥變》引周制也說："周(同葚)之喪，十一月而練，自諸侯達諸士。"牛弘是反對《禮記》所說葚服實行十一月而練的，也就是認為葚服不行小祥之禮，由此可見，他似乎也不是處處惟古禮是從。

但為何如此呢？細查之下，發現原來是遇到了葚喪遇閏如何

---

①　按此條《讀禮通考》卷九五引《隋書·禮志》"王郡公主"作"親王公主"，114 冊315 頁。

②　《通典》卷八七《小祥變》、《大祥變》，2382—2383 頁。

處理的難題。這是因為文獻皇后崩於仁壽二年的八月，其年十月是閏月，這樣就會遇到大小祥和忌日的舉行月份如何計數的疑問。而兩晉南朝，關於祥忌遇閏曾多次引起爭論。其中三年和朞喪的大祥（十三月）沒閏（即閏月不計在數）雖逐漸得以確立，但朞喪小祥卻是直到南齊建元三年（481）因皇太子穆妃喪，纔由王儉主持作出沒閏的決定①。牛弘對王儉既有不屑，怎麼還會接受其主張？但朞喪沒閏其實合於古制，牛弘對此既提不出更多的反駁，又拿不出更好的令人信服的解決辦法，便不得不以"無所象法"一言以蔽之，為此甚至不惜取消古禮的名目。因此取消朞服十一月而練與對就廬東階和凶門設重的質疑同樣，充滿了對南朝改禮的偏見。無論如何，這類南朝所建之法牛弘是不同意的，所以他的主張與之背道而馳。

(三)貞觀——開元禮對《開皇禮》和南北禮制的繼承

解釋了"就廬"與"設重"的南朝形式和意義，並明瞭牛弘對南朝禮儀的批判態度，接下來，如果再獲悉《貞觀禮》從凶禮到《國恤》對此兩條是如何處置的，便多少能夠判斷《貞觀禮》的取向和一些禮儀來源。這一點，當然已不可能直接得知，但是從吸收《貞觀》、《顯慶》二禮的《開元禮》中卻不難推知一二。

1. 關於"就廬"和"凶門"的處理

今本《大唐開元禮》在卷一三三皇帝"臨諸王妃主喪"和卷一三六皇太子"臨諸王妃主喪"條都規定，當禮畢皇帝或皇太子降輿出，"司儀令引主人哭還廬次"。卷一三八《三品以上喪之一》也有"廬

---

① 《南齊書》卷一〇《禮志》，北京：中華書局，1972 年，159—161 頁。按關於東晉南朝祥忌遇閏問題，參見拙文：《中祥考——兼論中古喪制的祥忌遇閏與齋祭合一》，待發表於《中國社會科學院歷史所學刊》8 集。

次"一目(按四品五品及六品以下略同,並參《通典》卷一三八《開元禮纂類》),内中提到:

> 將成服,掌事者預為廬於殯堂東廊下,近南,北户,設苫由於廬内。諸子各一廬。凡廬,五品以上官營之①。齊衰於廬南累墼為堊室,俱北户,翦蒲為席,不緣。父兄不次於殯所,各在其正寢之東為廬次、堊室。祖為嫡孫居堊室,寢有牀,皆南面,西出户。"(下略)

此中的"廬於殯堂東廊下"證明廬的位置仍與殯堂的"東階下"相近,但顯然已是居喪的寢苫之所。同卷又有"敕使弔"一目:

> 敕使弔。使者公服入立於寢門外之西,東面。相者入告,主人素冠降自西階,迎於寢門外。見賓不哭,先入立於門右,北面。内外皆止哭。開帷。帷,堂之帷,事畢則下之。使者入,升立西階上,東面。進主人於階下,北面。使者稱有敕,主人再拜。使者宣敕云:"某封位薨,無封者稱姓位。情以惻然,如何不淑。"主人哭拜稽顙,内外皆哭。使者出,主人拜送於大門外。親故為使弔者,既出,易服入,向尸立哭十數聲,止,降出。主人候敕使者(者衍)出,降自西階②。主人升降自西階者,親始死,未忍當主位。

"敕使弔"是遣使代君弔,當然没有與"廬"相關的内容,但同卷還有"賓弔"、"刺史哭縣令同"、"刺史遣使弔"等,都是不同級別的弔唁,卻也没有與"廬"相關的内容,這也說明唐禮中的"廬"雖然位置不改,卻恢復了古義,與弔唁的功能徹底分開了。

另外,值得注意的是這裏提到客使"入立西階,東面",主人升降也都是自西階,並說明"主人升降自西階者,親始死,未忍當主位",與兩晉南朝强調的使者在東(一般賓客在西)和主人"位當東

---

① 按:"五品以上官營之",《通典》卷一三八《開元禮纂類·廬次》無"官"字。

② 按:"降自西階",《通典》卷一三八《開元禮纂類·廬次》作"升降自西階"。

階下"位置恰恰相反,疑是受了牛弘的影響,即不但反對將廬當作
弔帳,也反對孝子按尋常主賓酬酢那樣接受弔唁的方式,所以明顯
是對南朝禮儀作了修改。

"設重"的問題也有相似之處。《開元禮·三品以上喪之一》有
"重"一目曰:

> 重木,刊鑿之,長八尺,橫者半之,置於庭,三分庭,一在
> 南。刊鑿之,為懸簪(鬲?)孔也。以沐之米為粥,實於鬲。既實,以疏
> 布蓋其口,繫以竹簽,懸於重木。覆用葦席,北面,屈兩端交於
> 後,西端在上,綴以竹簽。祝取銘置於重。殯堂前楹下,夾以葦
> 席,簾門以布,又設葦障於庭。

重鬲的設置方式基本是依照古禮[1],表明也是接受了牛弘的意見,
這個單獨設重的安排與隋、唐令中重鬲條也是相配合的。

雖然如此,原來的南朝特點似乎也沒有完全被取締。"殯堂前
楹下,夾以葦席,簾門以布,又設葦障於庭"的說法是仍含糊有凶門
設置,盡管這個凶門明顯是同"設重"分開了。而"敕使弔"一目中
的程序、內容與前揭崔凱所述如出一轍;"廬次"一目中廬"於殯堂
東廊下",或者"各在其正寢之東為廬次"的說法,也表明廬的位置
並不在古禮和鄭玄所解釋的中門之外,而是與南朝廬的建置地點
非常接近。由此可知《開元禮》關於就廬和設重是採取了一種折衷
的說法,即一方面包含着對古禮的恢復,但是另一方面又不知不覺
地保留了南朝制度的痕跡。

那麼《開元禮》中的這些內容是從何而來呢? 可以推斷的是,
由於《開元禮》是吸收《貞觀》、《顯慶禮》,而《貞觀禮》上承《開皇
禮》,《顯慶禮》承《貞觀》在該方面無所發明,因此《開元禮》所反映
的乃是原來《開皇》、《貞觀》之舊貌。其中與南朝禮相異的內容應

---

① 參見《儀禮注疏》卷三六《士喪》,1135 頁。

是牛弘所制《開皇禮》對"東齊儀注"和南朝禮的改造,而相同的遺存當然也有可能是在承襲"東齊儀注"的同時"亦微採王儉禮"的表現,《貞觀禮》吸收了牛弘意見,所以表現在開元凶禮中的就是這樣的一種結果。

　　牛弘"就廬非東階之位,凶門豈設重之禮"的批評畫龍點睛,弄清這一點的同時也使關於皇帝喪葬禮來源的問題如同撥云見月,豁然開朗。因為他的批評並非僅指斥民間,而是更針對皇家和宮廷。"設重"、"廬次"於帝、后喪事同樣有之,所以相信如果在《國恤》也應同樣處理。因此多方考慮,我更傾向於認為,北朝齊禮中,表現帝、后喪禮儀注的內容可能還是存在的。牛弘雖對後齊帝、后喪儀不曾承襲,但在凶禮中已對"重"、"廬次"等進行了改造,而後來即為貞觀《國恤》和凶禮所繼承。

2. 對《國恤》吸收南朝禮的推測

　　《貞觀禮》接受牛弘的觀點很可能是對《開皇禮》的一種自然承襲,而牛弘的原則可以理解為是試圖堅持以北朝為中心,建立自成一統的風格,這在上述內容中極為明顯,但是北朝的凶禮如牛弘批評的那樣,是"兩蕭累代,舉國遵行"和後魏及齊"遙相師祖"、"浸以成俗"的結果,也即南朝色彩很重。牛弘雖然對此譏諷備至,攻其一點,不及其餘,北禮或"東齊儀注"追隨江南的內容儀目最終也還是不能盡棄,此正如陳寅恪先生所說是不能免去數典忘祖之嫌①。上述《開元禮》"廬次"和"設重"條亦證明仍保留有南朝痕跡,這說明《貞觀禮》最初繼承前朝制度時已有南朝禮的影響。

　　其實就皇帝的喪制和喪期而言,即可以認為是南北結合的產物。唐初皇帝喪是依從漢制和北朝以來一直實行的"三十六日悉

---

① 陳寅恪:《隋唐制度淵源略論稿·禮儀》,14頁。

從公除",但唐朝所行三年喪制的二十七個月,雖然來自《禮記》和鄭玄注,與南朝制度似也不無關係。《宋書》卷六〇《王准之傳》稱其:"高祖受命,拜黃門侍郎。永初二年,奏曰:'鄭玄注《禮》,三年之喪,二十七月而吉,古今學者多謂得禮之宜。晉初用王肅議,祥禫共月,故二十五月而除,遂以為制。江左以來,唯晉朝施用;縉紳之士,多遵玄義。夫先王制禮,以大順羣心。喪也寧戚,著自前訓。今大宋開泰,品物遂理。愚謂宜同即物情,以玄義為制,朝野一禮,則家無殊俗。'從之。"王准之為王彪之曾孫,家世禮法相傳,是著名的"王氏青箱學"代表,其所言使江左喪制盡依鄭玄,其後雖有以二十五月抑或二十七月為心喪之限的做法及爭論,但按照張柬之的說法是"二十五月、二十七月,其議本同",何況"朝野一禮",是喪服二十七月基本已為定制。北魏孝文帝雖然因為文明太后服喪而恢復二十七月禫制,但此舉應認為是漢化和仿照南朝制度的做法。永田知之氏在討論三年終喪之禫制的文章中,認為《開元禮》通過繼承《貞觀禮》與《顯慶禮》,繼承了東晉南朝禮學[1]。由於貞觀中禮學大家孔穎達、顏師古都贊成鄭玄之說,筆者也認為《開元禮》卷一三二《五服制度》中十三月小祥、二十五月大祥、二十七月禫祭的說法應是從《貞觀禮》而來,而這一點後來直接啓發了唐後期帝喪禮二十七日權制的實行。

不僅如此,由於北朝特別是隋在皇帝凶禮儀注方面是不完備和有所欠缺的,所以也是貞觀大臣在修禮時必然要遇到的問題。這樣,在唐初全國穩定的政治局勢下,豐富的南朝喪禮儀注,便為貞觀《國恤禮》的修訂提供了補充和選擇。

上面已指出,與北朝皇帝喪禮儀注闕失的情況相反,南朝關於皇帝喪葬的記載和資料卻要多得多。《隋書》卷八《禮儀志》三記載

---

① 永田知之:《唐代喪服儀禮の一斑——書儀に見える'禫'をめぐって》,《敦煌寫本研究年報》創刊號,2007年,102頁。

了不少南朝皇家喪禮儀注的具體建立情況，而《通典》的禮制沿革部分，除《大喪初崩及山陵制》保存漢魏晉及南朝皇帝喪禮史料，"總論喪期"、"奔大喪奔山陵附"、"未踰年天子崩諸侯薨議"；喪服之中"天子立庶子為太子薨服議"、"諸侯及公卿大夫為天子服議"、"諸侯之大夫為天子服議"、"皇太后長公主及三夫人以下為天子服杖議"、"諸王女孫女為天子服議"、"宗室童子為天子服制議"等目也都涉及皇帝喪葬和服制。另外又有相關為皇后、太子、太子妃的儀目。《通典》在這些儀目之下雖然南北故事多予引用，但晉宋禮家之議論在其中佔據最大比重，雖然我們今天無從將之與唐朝皇帝喪禮服制一一進行比較，但可以說明唐初之際可供參考的內容南朝確較北朝為多。

另外南朝諸史中關於皇帝喪禮論議的記載，也說明其內容已被保留下來，我們所討論的"就廬"、"凶門"等等，不過是其中一二。而《隋書·經籍志》和《舊唐書·經籍志》所錄書目中豐富的南朝喪禮儀注，更表明在貞觀之際可供參考者多。這些南朝禮儀在理念上也許與《開皇禮》不同，但有一點可以肯定，即其中一些內容或者本就與"遙相師祖"的"東齊儀注"相呼應，更何況一些喪禮程式也許比北朝更細緻和具備實用價值。因此我們不妨大膽地推測，由於《開皇禮》中沒有《國恤》，或者至少極不完備，所以《貞觀禮》的《國恤》應該是結合"東齊儀注"與南朝禮的產物。甚至堂而皇之的"國恤"之名是不是受南朝啟發而定都有可商。總之史料缺失，究莫能明，但無論間接直接，貞觀的《國恤禮》應該有一定的南朝禮成分，如果這個推測不錯，則結論就是《國恤禮》的一些儀目也會在二十九條之內。

而如果上述推測和論證成立，那麼便能進一步證明筆者以往關於《貞觀禮》較《開皇禮》更廣泛吸收與結合南北制度，在南北禮制的融合與統一方面，有了更大進步的看法和結論；並且也能證明

《國恤》作為皇帝制度曾經是貞觀凶禮最重要的内容之一,它雖然被後來的五禮制度取消,但仍然不無遺跡可尋,這當然也是後來《大唐元陵儀注》撰作的基礎之一。

因此唐初凶禮和《國恤》的成分應當是非常複雜的。根據我們的討論,一方面,"東齊儀注"和隋朝凶禮反映在貞觀——→開元禮都有遺存,而且唐初禮儀的製作仍以"東齊儀注"和《開皇禮》為基礎,不少地方仍保持着原來北朝的風貌。包括國恤禮在内,仍多有來自北朝的因素。而牛弘針對南朝禮而重新建立的"設重"、"廬次"等則是代表隋朝改革的中心内容。不僅凶禮如此,五禮的其他禮制也是如此,筆者以往的文章曾談到貞觀改禮的二十九條中,如"合朔陳五兵於太社"、"養老於辟雍之禮"甚至更多地來自北朝。但是另一方面,南朝的禮儀不但從"東齊儀注"滲透入隋和唐禮之中,也因唐初重新修禮而建立了新的儀注。在這方面,二十九條的一些内容如"天子上陵"、"農隙講武"、"納皇后"已經表現出南北制度的結合,《國恤》也應該是同樣的産物,由於南朝皇帝喪禮儀注的豐富,在《國恤禮》中吸收的南朝成分一定也有不少。

如從觀念上來分析此一問題,則隋唐之際有所變化是不能否認的。隋朝是從偏居一隅的地方政權向全國性政權過渡的朝代,所以開皇初的牛弘,對於南朝禮不能不説有自己的看法甚至抗拒的心態,有以北朝的好惡原則定取向的問題,甚至仍以北朝禮作為禮儀的框架和主體。他的"就廬非東階之位,凶門豈設重之禮"是對南朝揚棄古禮的一種反動,其堅持北朝特色的立場明顯,使得《開皇禮》能夠借鑑南朝禮的方面不是很多。《貞觀禮》直接繼承隋禮,客觀上反映出色彩仍然北重於南,因此如從這裏看,錢穆關於"隋唐制度,自是沿襲北朝"的看法[1],的確不無道理。

① 錢穆:《略論魏晉南北朝學術文化與當時門第之關係》,《中國學術思想史論叢》(三),北京:三聯書店,2009年,146—147頁。

但唐朝建立之際已經取得南北統一,國土廣袤,所以貞觀君臣的態度應該已與牛弘不同。貞觀之初的君臣,面對全國統一的局勢,對於南朝禮制無疑可以更加開放的心態加以全面的吸收。《舊唐書》卷七八《張行成傳》記"太宗嘗言及山東關中人,意有同異。行成正侍宴,跪而奏曰:'臣聞天子以四海為家,不當以東西為限。若如是,則示人以隘陋。'太宗善其言"云云,正反映了這種豁達的眼光與狹隘地域觀念的轉變。所以《貞觀禮》制定禮儀的立場和角度是面向全國的。唐初的禮制不是由北朝向南朝的轉化,而是更加全國化,是一種廣泛借鑑、通同吸收的立場。雖然,我們推測《國恤》吸收南朝禮的問題限於史料尚得不到證實,但在繼承《貞觀禮》的開元凶禮中還是可以見出這種南北駁雜的色彩。

並且正像筆者在前此《貞觀禮》的討論中已經指出的,《貞觀禮》的制定並不是貞觀一朝定禮的結束,對於凶禮的進一步改革是在貞觀十四年關於服制的改革中實現的①。在這次改革中,包括曾祖父母齊衰三月改五月,嫡子婦、衆子婦分別從大功、小功加為朞服和大功。此外,還有嫂叔小功五月服和舅服緦麻改為小功。這些服制除了曾祖服之外,大多與婦女本人和對外家的服喪有關,其表現出的性質特點雖然反映出北朝婦女家庭地位及士族婚喪"重冠冕"、"重貴戚"的習俗影響;但是,以"緣情制禮"為由,違背禮經而對喪服制度不斷做出修訂或者私下變禮是東晉南朝禮制中十分突出的一個現象,關於這一點,筆者還將在下面作出說明。因此在事實上,貞觀十四年的喪服改制也許就可以視作南朝喪服改禮的繼續和擴大。總之隨着時代發展,南北的地域差別和地方界限顯然亦將會愈來愈被淡化,南北禮儀混同吸收的情況亦愈來愈多。縱觀全局,是不是只有這樣來看待唐初禮制,纔能對唐禮乃至唐朝

---

① 拙文:《關於〈貞觀禮〉的一些問題——以所增"二十九條"為中心》,《中國史研究》2008年2期,37—55頁。

制度文化的總體來源發展有一恰當的估計呢？這恐怕是更值得深思的一個問題。

(四)《國恤禮》取消原因的解說與展望

最後，對解決這一問題來說，還有一個矛盾需要辨析，那就是雖然貞觀大臣在進一步綜合南北禮制的基礎上保留《國恤》，卻將凶禮在五禮的位置從第二移至第五。蘇冕評價此事指出："我唐始基，刊定禮樂，去亡隋之繁雜，備前古之雅正，作萬代法，成四海儀，光闡皇猷，永固帝業。而修禮官不達睿旨，坐守拘忌，近移凶禮，實於末篇，斯為妄矣。"並認為其事是由於"房梁公、魏鄭公庶務自殷，一心有限，雖統其事，無暇參詳，為禮官所誤。不然者，白圭無斯玷矣。"①總之將凶禮移後，是出於"拘忌"，是為了盡量淡化對"國恤"的注意。所以描述《貞觀禮》改革的二十九條中絕口不言凶禮或者《國恤》，也幾乎可以肯定是當事者有意省略，這應當是所列內容條款與總數嚴重不符的一個合理解釋。從這裏知道其實趨吉避凶與諱言帝王凶事，至少貞觀已開其端，而着意貫徹帝王意志的《顯慶禮》不過是將這一點更加突出了。

為什麼會出現這種情況呢？筆者認為除了南朝較北朝對於古禮更少保守更容易打破傳統外，以上矛盾也反映了《貞觀禮》在南北觀念上的一個結合。因為諱言帝王凶事一定是北朝的一種習慣，像梁陳那樣，"朝臣共議大行皇帝靈座俠御人所服衣服吉凶之制"的情況在北朝幾乎很少見到記載，而隋朝帝后喪禮儀注的空白也已充分證明了這一點，但南朝皇帝喪禮儀注的豐富卻恰恰提供了對此避忌不如北朝的論據。可以理解，從"王與馬共天下"發展而來的東晉南朝士族政體，皇權顯然不被看成是凌駕於所有

---

① 《唐會要》卷三七《五禮篇目》，782 頁。

大族之上,皇帝的死也没有被列入談論禁區,因此某種角度上皇權神聖的心理北重於南。《貞觀禮》一方面向南朝學習"國恤",一方面卻又順從北俗忌諱凶事,正可以認爲是南北理念共行的一種產物。至於《顯慶禮》中後者被突出,不過是皇權發展過程中的一個必然趨勢。

筆者在以往討論《開元禮》的皇后之儀時,曾指出武則天與李義府、許敬宗的勾結對《顯慶禮》的影響①。貞觀中二人都曾任過太子(高宗)官臣,故永徽末終于因緣際會,借由武則天立后代替長孫無忌、褚遂良而成爲高宗依靠的重臣。後二人的下臺是由於他們的專權對高宗推行自己的意志造成阻礙,所以正如以往學者所指出,貞觀之際皇帝與士族聯合政治的格局在高宗朝被打破,皇權的獨一無二和至高無上從而成爲《顯慶禮》的追求,天的唯一性對應着皇帝的唯一性,不單祭祀禮如是,凶禮亦是如此。國恤禮以臣子不能言的理由取消,其結果便是皇權被神聖化了,高高在上的皇帝和俛首在下的大臣之間形成了一道不可逾越的鴻溝。

修撰《顯慶禮》的李義府、孔志約同時也是《姓氏録》的主要作者。《姓氏録》的最大特點是"皇朝得五品官者皆升士流,於是兵卒以軍功致五品者盡入書限",使得家門高低從此因官品因皇帝而定,非舊氏族門閥的消極延續,不僅實現了唐太宗"天下英雄皆入彀中"的理想,也促成了官品和家族身分等級的統一,成爲全體官員絶對服從、仰望皇帝的基礎。因此,《顯慶禮》之皇帝禮不同以往,而《國恤》之不存絶非單一和偶然的一時之制。

當然國恤禮的取消也是李義府等有意取悦高宗的一種表示。貞觀之際,雖然皇帝的死也是避諱的範圍,但從太宗與羣臣多次討論立太子的情況可以知道,當時這一問題還不是像後世那樣視爲

---

① 拙文:《朝賀皇后——〈大唐開元禮〉的則天舊儀》,《文史》2006年1輯,總74輯,109—137頁。

畏忌。但《顯慶禮》在强調皇權至上的同時迷信色彩也增加了,而這一點毋寧説是迎合了皇帝的心理。麥大維(David L. Mcmullen)教授在討論《大唐元陵儀注》時特别提到《大唐新語》有一則可以反映玄宗本人對死亡的態度:

> 玄宗北巡狩,至於太行坂,路險,逢椑車,問左右曰:"車中何物?"曰:"椑。《禮》云天子即位,為椑,歲一漆之,示存不忘亡也。出則載以從,先王之制也。"玄宗曰:"焉用此!"命焚之。天子出不以椑從,自此始也。①

據説古代帝王的棺是四層,椑是使用於最裏層的棺,《禮記·檀弓》有"君即位而為椑,歲壹漆之"的説法②。蘇冕也以"且《禮》有天子即位,為椑,歲一漆而藏焉;漢則三分租賦,而一奉陵寢。周、漢之制豈謬誤耶? 是正禮也。且東園祕器,曾不廢於有司;《國恤》禮文,便謂預於凶事。何貴耳而賤目,背實而向聲,有以見敬宗、義府之大佞也",證明周、漢實有天子喪禮而批評避諱之説的虛妄③。但是玄宗取消了天子出行要以棺材自隨的做法,很可以説明玄宗自身對死亡的恐懼和迴避。其實伴隨着皇權神聖化的同時是皇帝對長生不老和成道成仙的追求,從皇帝祭祀和日常生活中都反映出朝廷和皇帝本人在不斷營造得到神仙庇佑而長生不死的氣氛。其最典型者即封禪。筆者曾討論過玄宗朝的神仙崇拜及其在封禪活動中追隨漢武帝,實行道教祭祀,以致皇帝在祭祀過程中始終是相信和尊奉漢武帝封禪即可以等同於黄帝遇太一成仙升天的理論,分建山上山下之壇,而當皇帝與羣臣在山上祭昊天上帝封禪之後

---

① (唐)劉肅:《大唐新語》卷一○,北京:中華書局,1984 年,152 頁;並見 David L. Mcmullen(麥大維):"The Death Rites of Tang Daizong"(《唐代宗的喪儀》,*State and Court Ritual in China*,Cambridge University,1999,pp. 150—196。

② 《禮記正義》卷八,1292 頁。

③ 《唐會要》卷三七《五禮篇目》,782 頁。

隔二日,就有中書令張説進稱"天賜皇帝太一神策,周而復始,永綏兆人",是説封禪使皇帝從天帝手中取得"太一神策",得到了神仙的護佑①。自開元十六年在代表皇帝本命的"潛龍"之邸興慶宮建壇祠龍池以後,由皇帝"親禱"或下詔"投龍奠玉"的道教儀式也曾不止一次地實行②。開元中,甚至發生過"帝嘗不豫,(薛王)業妃弟内直郎韋賓與殿中監皇甫恂妄言休咎事,賓坐死,恂貶錦州刺史。妃恐,降服待罪,業亦不敢入謁"的情況③,證明皇帝的生死在玄宗朝已經是臣下絶不可以議論的大忌。

但對長壽成仙的祈求,唐朝並不是從玄宗開始。太宗不但優禮道教,且已有"餌金石"的做法④,高宗朝對於道教和老子的推崇被一再擴展。根據雷聞考證,乾封元年(666)正月封禪已經與道教活動結合起來,在封禪以前,先令"中嶽太一觀"的名道士劉道合上泰山舉行儀式以祈福。封禪大典剛結束,高宗便下令在泰山舉行了道教的投龍奠玉儀式⑤。而其年三月高宗復"追尊老君為太上玄元皇帝"⑥。王永平也指出高宗和武則天一起,不僅製造一系列老子"顯聖"的神話,而且頻繁接觸方士道徒,求仙訪藥。高宗

① 參見拙文:《論九宮祭祀與道教崇拜》,《唐研究》9卷,北京大學出版社,2003年,283—314頁;雷聞:《漢唐盛世的郊祀比較——試析玄宗朝國家祭祀中的道教化和神仙崇拜問題》,《汉唐盛世的歷史解讀——漢唐盛世學術研討會論文集》,北京:中國人民大學出版社,2009年,26—31頁。

② 按:關於興慶宮的道教祭祀,可見《開元禮》卷五一《興慶宮祭五龍壇》文末注明:"如沈玉於川,臨時別取進止",即所謂"投龍奠玉",290頁。又《册府元龜》卷二六《帝王部·感應》開元十九年五月壬申、乙亥條下,有裴光庭等曰"伏見高力士,奉宣敕旨,親於興慶池,投龍祈雨"的記載。北京:中華書局,1960年,280頁。

③ 《新唐書》卷八一《三宗諸子·惠宣太子業傳》,3602頁。

④ 見《新唐書》卷九五《高儉傳》,太宗欲臨弔,房玄齡等以太宗"餌金石"故,諫不宜近喪,3840頁。

⑤ 雷聞:《唐代道教與國家禮儀——以高宗封禪活動為中心》,《中華文史論叢》2001年4輯,總68輯,62—79頁。

⑥ 《唐會要》卷五〇《尊崇道教》,1013頁。

曾多次向道士潘師正、萬振等問以治國養生之道,司馬承禎《唐默
仙中岳體玄先生太中大夫潘尊師碣文并序》就説到上元三年
(676)高宗幸洛都,至調露元年(679)與武則天一起"訪皇人之
道,會師於嵩陽觀"的情景。序稱"天皇(高宗)乃幸結茅,御蟠木,
訪天人之際,究性命之元,欣然順風,嘆以積景,睿情退行,欲罷不
能","神皇(武則天)雅尚仙圖,永懷秘訣,每灑心咨道,揮頤求真,
希步景於青元,想餐霞於紫府"①,不僅神化皇帝,也足以見出其
時高宗及武則天對長壽和成仙是何等渴望! 雖然史料記載他們
的如上活動多在《顯慶禮》制定以後,但是求道成仙的思想不會是
一朝形成,《顯慶禮》的取消《國恤》或也是道教"永生"意識已開始
滲入國家禮制觀念的一個表現。

　　盡管如此,皇帝凶事畢竟無法迴避,亦不能認為是無法可依。
因為除了喪紀一般程序之外,為先皇的服喪時間、新皇親政的日期
以及有百官參與的即位形式等,大都用"遺詔"的形式予以規定,這
也是秉承以往朝代的做法。從高祖、太宗或高宗的遺詔所明確宣
稱的天下"吏民令到,出臨三日皆釋服","文武官人三品已上,並三
日朝晡哭臨,十五舉音,事訖便出;四品已下,臨於朝堂,其殿中當
臨者,非朝夕無得擅哭",以及"皇太子可於樞前即皇帝位,其服紀
輕重,宜依漢制,以日易月,於事為宜"等來看②,唐朝皇帝喪制繼承
前朝已有一些固定的程式可循。

　　正如已經知道的那樣,《顯慶禮》雖然毀棄《國恤》,但前朝如梁
陳皇帝喪禮儀注不少還存在,《貞觀禮》也還在,可以對唐朝的喪禮

　　① 引文見(唐)王適:《潘尊師碣》,《道家金石略》(唐部分),北京:文物出版社,1988
年,84頁;並參王永平:《道教與唐代社會·唐代道教初盛局面的形成》,北京:首都師範
大學出版社,2002年,29—46頁,引文見39—40頁。
　　② 《唐大詔令集》卷一一《神堯遺詔》、《太宗遺詔》、《大帝遺詔》,北京:商務印書館,
1959年,66—68頁。

提供參考。特別是高宗、武則天時代尚有一批儒學重臣熟悉典制，如前節所指出，高宗喪即有韋叔夏、裴守真訂立大行儀注。武則天卒於神龍元年(705)，遺制去帝號，其時韋叔夏尚在世，並在太常任上①，制定太后葬禮亦禮所當然。中宗卒於景龍四年(710)，相隔不過五年，睿宗卒於開元四年(716)六月，是安史亂前的最後一次喪事，時間亦不甚久，前朝的皇帝喪事程制不少在朝大臣還應瞭解。更何況韋叔夏、裴守真等雖已去世，但開元中執掌禮儀的正是叔夏之子韋縚。韋縚於開元九年被任為國子司業禮儀使，專掌五禮，"凡四改官，至太常卿並帶禮儀事。又至天寶九載(750)正月，除太子少師，方罷禮儀事"②，是開、天中最為活躍的禮儀大臣，郊天、宗廟禘祫等大禮儀注皆經他而定，可以肯定是繼承了家學事業的。以其資歷推測，他在就任禮儀使之前應該早就參掌禮儀，睿宗的喪事他如果參加並依前朝程式舉辦是完全有可能的。因此在安史亂前，皇帝喪禮儀注缺乏的問題似乎尚不突出。

　　但是安史之亂以後，一方面執掌和參與禮儀制作的儒學重臣韋縚、韋述輩均已去世，肅宗時代，甚至使道教徒王璵知禮儀事，充禮儀、祠祭等使。而肅、代之際的其他禮儀使或如崔器"皆守文之吏，不識大體，殊無變通"③，或如于休烈、杜鴻漸亂前並不曾在朝中任職，不可能瞭解原來大行喪儀的舉辦情況，這樣戰前亂後凶禮儀式便形成脫節。另一方面，由於圖籍喪失，加之諱言凶事使得"累聖山陵"具體儀節文字無傳，即使是儒士，也很難在理論和實際操作之間找到恰當的依據，這樣便造成了舉辦喪事時的困擾。臨時的一些舉措畢竟不是解決問題的辦法，重新恢復統治的唐政權顯

---

①　按據《舊唐書》卷一八九下本傳，韋叔夏神龍初轉太常少卿，神龍三年尚拜國子祭酒，卒時年七十餘。4964頁。

②　《唐會要》卷三七《禮儀使》，784頁。

③　《舊唐書》卷一一二《李峴傳》，3345頁。

然不能没有皇帝凶禮的具體指導和制度成法,所以借助皇帝喪禮的實踐,新的大行皇帝儀注《大唐元陵儀注》和《崇豐二陵集禮》等也就獲得創作機緣,相次應運而生了。

二 "國恤"的再造與《大唐元陵儀注》的禮儀來源[①]

《大唐元陵儀注》(以下也簡稱《元陵儀注》或《儀注》)為德宗初禮儀使顏真卿撰作,其事在殷亮所撰《顏魯公行狀》中有所記載:

> 今上諒闇之際,詔公為禮儀使。先自玄宗以来,此禮儀注廢闕。臨事徐創,實資博古練達古今之旨。所以朝廷篤於訕疾者,不乏於班列,多是非公之為。公不介情,唯搜禮經,執直道而行已。今上察而委之,山陵畢,授光禄大夫,遷太子少師,依前為禮儀使。前後所制儀注,令門生左輔元編為禮儀十卷,今存焉。[②]

令狐峘所撰《顏真卿墓誌銘》也稱:

> 代宗晏駕,朝行以公鴻儒,詳練典故,舉充禮儀使。祇護陵寢,率禮無違,加光禄大夫、太子少師,使如故。著《禮儀集》十卷。[③]

---

① 按《大唐元陵儀注》由於是與《通典》敘歷代制度連在一起,故"大唐"二字或非書名,馬端臨亦作"元陵儀注"(《文獻通考》卷一二二《王禮考》一七《國恤》,中華書局十通本,1986年,1097頁),中華書局標點本《通典》標為《元陵儀注》。這裏仍按習稱稱名,以下或簡作《元陵儀注》和《儀注》,不一一説明。
② 殷亮:《顏魯公行狀》,《顏真卿集·外集》,244頁。標點略不同。
③ 令狐峘:《光禄大夫太子太師上柱國魯郡開國公顏真卿墓誌銘》,《顏真卿集·外集》,233頁。

殷亮所謂"今存"的禮儀十卷和令狐峘所説《禮儀集》，頗疑就是《新唐書》卷五八《藝文志》注明"禮儀使所定"的顏真卿《禮樂集》十卷[①]。據知顏真卿在任禮儀使期間，對於宗廟遷祔、禘祫位次乃至婚嫁之禮，都有建言或更定改革，因此《禮樂集》應該是包括吉凶之禮在内的。只是此集早佚，由於《通典》沿革部分的第五十二卷至一〇四卷的一些儀目下卻保存了相當多顏真卿《元陵儀注》斷文，從清人黄本驥開始，便將《通典》的這些分散記述按照喪禮程序匯集在一起，並根據殷亮所記而將之作為顏真卿的著作，編入其文集，這一點得到後人的認同。

而正是由於有了其書，使唐代宗乃至唐後期皇帝的喪葬禮問題變得有據可考。金子修一指出，"《通典》所引的《元陵儀注》應是被當作與開元禮的臣下的喪葬儀禮相對的儀禮而被收録的，故《元陵儀注》不應只被視為代宗的喪葬禮儀程序，更應將其視為與開元禮所缺的國恤篇相當的常態性的儀禮"，"因此，《元陵儀注》及其相關的代宗喪葬儀禮的史料便成為用來窺知唐代皇帝喪葬儀禮全貌的貴重史料。"[②]基於這一點，金子教授本人除了領導研究班對《大唐元陵儀注》進行詳細完整的校注説明之外，他和江川式部也對《元陵儀注》的版本成書、撰寫時間、喪葬程序、遺詔和告喪禮内容、德宗即位日程、赦文等進行了研究[③]；最近，他又有探討相關《儀注》排列順序以及杜佑《通典》吸收《儀注》方式意義等問題的專文[④]。

---

①　按《宋史》卷二〇八載有《顏真卿集》十五卷，推測為文章合集，當非殷亮所説。北京：中華書局，1985 年，5338 頁。

②　金子修一等：《〈大唐元陵儀注〉概説》，《文史》2008 年 4 輯，總 85 輯，153—154 頁。

③　金子修一、江川式部：《從唐代儀禮制度看〈大唐元陵儀注〉研究的意義》，發表於雲南昆明"中國唐史學會第九屆年會暨'唐宋社會變遷問題研究'國際會議"，2004 年。

④　金子修一撰、博明妹編譯：《圍繞"大唐元陵儀注"的諸多問題》，《中國史研究動態》2011 年 4 期，57—66 頁。

此外，來村多加史討論"《大唐元陵儀注》和唐代送終儀禮"①，對其中程序——加以解釋和論證；還有早些年麥大維將《大唐元陵儀注》的撰寫、皇帝葬儀與唐朝皇帝的死亡觀及宗教信仰、儒學觀念的恢復和德宗初朝政的更新等一系列問題聯繫起來所進行的考察②，都不僅使儀注的製作背景、過程和相關喪葬禮細節得到清楚的展示，也深入到它的思想內涵。

盡管有這樣的認識，作為安史亂後新《國恤禮》的《元陵儀注》的撰作問題及其與《開元禮》以及開元《喪葬令》的關係仍當作進一步研究。因為《元陵儀注》的撰作不僅是藉助於亂後禮儀整備的束風，而且也基本貫徹了《開元禮》的製作方式與原則，同時吸收了唐朝當代禮制的某些內容。以下便從這幾方面對《元陵儀注》的產生及意義再作探討。

圖 2. 唐代宗元陵外景——作者與麥大維教授合影

① 來村多加史：《唐代皇帝陵の研究》下編，東京：學生社，2001 年。
② David L. Mcmullen(麥大維)："The Death Rites of Tang Daizong"(《唐代宗的喪儀》)，pp. 150—196。

(一)安史之亂後的儒學復興

自兩晉南北朝以來的五禮制定是以儒學為基礎的。《開元禮》是唐王朝興盛之際製作的最為恢宏的禮儀大典。《舊唐書》卷九《玄宗紀》"史臣曰"曾對開元之世進行全面評說："我開元之有天下也，紏之以典刑，明之以禮樂，愛之以慈儉，律之以軌儀。"恢復大唐盛世和禮樂制度成為亂後皇帝與羣臣的無上企望。因此在唐朝經濟轉危為安之際，儒學的復興得到朝野的關注，而皇帝葬禮儀注的製作也成為德宗即位之初，禮學大家顏真卿施展抱負，參與整頓國家禮制的重要内容之一。

1.《元陵儀注》的創作背景

代宗是安史之亂以後即位的第二位皇帝。在他即位之初，曾經同時面對兩位先皇之死——肅宗和太上皇玄宗都是死於寶應元年(762)，兩者的去世日期不過相隔十數日，下葬時間也僅隔十餘日。《資治通鑑》卷二二二記玄宗喪事僅云其年"(建巳月，四月)甲寅，上皇崩於神龍殿，年七十八。乙卯，遷坐於太極殿。上(肅宗)以寝疾，發哀於内殿，羣臣發哀於太極殿。蕃官劈面割耳者四百餘人。丙辰，命苗晉卿攝冢宰。上自仲春寝疾，聞上皇登遐，哀慕，疾轉劇，乃命太子監國"①。肅宗因病没有能出席喪第二日於太極殿正式舉行的喪禮發哀儀式，但這個儀式應該是在太子(代宗)和大臣及蕃族首領的共同參加下順利舉行了。這之後太子監國，則喪事的大部分也應當是由代宗完成的。

而肅宗本人之死及喪禮卻是處於非正常的情況下。《資治通鑑》同卷同月記肅宗死前，李輔國等已將皇后幽於後宮。"丁卯，上

---

① 《資治通鑑》卷二二二寶應元年建巳月條，北京：中華書局，1956年，7123頁。

崩。輔國等殺后並(越王)係及兗王僩。"代宗雖然在宦官的支持和
安排下得以順利登基,但關於二帝之喪事,似乎並沒有儀式上的特
別講究。《資治通鑑考異》引《代宗實錄》有秘書監韓穎、中書舍人
劉烜等善候星曆,"時上軫憂山陵,廣尋卜兆。穎等不能精慎,妄有
否臧"得罪事①。寶應元年至廣德元年(762—763)前後,平定安史
及其餘部的戰爭尚未結束,由此可以推測,代宗於內憂外患中,更
關心在意的是葬地的禎祥。推想是由於戰亂連定,卻同時喪亡二
帝,唐朝在位的統治者希望結束此前的衰頹之勢,通過選擇墓地獲
得好運和"吉兆"。曾改造過大衍曆的韓穎在史料記載中又被稱為
"山人韓穎"②,"山人"應即道學之士的別稱,這一點大約也可以證
明即位初便"好祠祀"的代宗對道教"風水"的迷信更甚於對儒家典
禮的關心。

有一個問題也不應忽略,即山陵修建是當時國家的巨大負擔。
肅代時期的財政困難和用兵艱屢見於記載。根據以往慣例,皇
帝入葬一般不過數月(詳附表3.),但完成泰(玄宗)、建(肅宗)兩處
陵墓及葬事差不多用了一年時間,是舉辦皇帝葬禮經過時間最長
的。《唐會要》載元和十五年(820)閏正月,宰相公卿等討論憲宗山
陵時日,太常博士王彥威奏諸帝葬期,曾指出"玄宗肅宗二聖山陵,
以聖誕吉凶相屬,有司懼不給,故並十二月而葬,蓋有為而然,非常
典也"③。聖誕吉凶相屬,是指喪禮與代宗誕節相連,但同時修建兩
個陵墓導致財力不足也已經說得很清楚。所謂"教雖達於通喪,禮
有變於金革"④,兩帝葬事和喪禮也不乏因"金革"從權的打算。

---

① 《資治通鑑》卷二二二寶應元年九月,7130 頁。
② 《新唐書》卷二七下《曆志》三下,635 頁;《資治通鑑》卷二二〇乾元元年六月丁
巳條,7056 頁。
③ 《唐會要》卷三八《葬》,第 815 頁。
④ 《唐大詔令集》卷二《代宗即位赦》,9 頁。

在修建山陵過程中還可以見到主持者的一些争端。前揭《考異》引《代宗實録》又説裴冕任山陵使,以倖臣李輔國權盛,將附之,乃表輔國親昵術士劉烜充判官。輔國罷,劉烜坐法流嶺南賜死,裴冕也坐貶官①,可知當時的山陵修建還曾一度把持在宦官手裏。史載第五琦主掌財政時,患京師豪將求取無節,故將國家左藏財賦悉入宫廷内庫百寶大盈②,而李輔國、程元振等既掌威權,自然是其中的實際負責人。山陵使及其判官是全面掌管山陵建築和財務的人,其財賦出入勢必要得到宦官的同意。關於裴冕貶官即是出自程元振,"乃發小吏贓私,貶冕施州刺史。"③這説明當時的山陵用度是出自内庫,劉烜和裴冕被貶雖因李輔國失勢,但與山陵財賦的主掌使用也有着密切關係,從旁證明當時的經費問題乃是葬事活動的中心。葬事雖然勉力辦理,但顯然尚無餘力以計較喪禮輕重,踵事增華。

然則代宗去世與德宗即位卻是在唐朝轉危為安,經濟有所恢復,混亂的政治局面初步得到治理,從而獲得十數年安定之後。史載劉晏任鹽鉄使的大曆末年(779 前後),"通天下之財而計其所入,總一千二百萬貫,而鹽利過半"④。經濟形勢的逐步好轉使龐大的葬禮費用不愁着落,也使儀式的講究成為葬禮的追求。而在楊炎的要求之下,度支主掌的財賦重歸左藏,使得財賦的使用可以有序進行,這固然是《元陵儀注》出籠和葬禮舉辦的物質基礎。

但更重要的乃是隨着唐朝統治的復興,重建國家禮制和恢復儒學傳統的呼聲漸高。代宗永泰二年(766)春正月乙酉制,甚至以

---

①　並參《舊唐書》卷一一三《裴冕傳》,3354 頁;《新唐書》卷二〇八《宦者下·李輔國傳》,5882 頁。

②　《舊唐書》卷一一八《楊炎傳》,3420 頁。

③　《舊唐書》卷一八四《宦官·程元振傳》,4762 頁。

④　《唐會要》卷八七《轉運鹽鉄總序》,1885 頁。

"修文行忠信之教,崇祇庸孝友之德"和"今宇縣乂寧,文武並備,方投戈而講藝,俾釋菜以行禮"为號召,要求諸道節度觀察都防禦等使送子弟京師習學,與宰相朝官、六軍諸將子弟並補國子學生①。大曆中禮部尚書楊綰,為振興儒學也曾經"上疏條奏貢舉之弊",批判進士科舉士,並提議恢復早已取消的"孝廉"科,由地方舉薦,以試經義及策代替帖經,"務取深意奧旨,通諸家之義"②。希望從教育和選士入手,返純樸,歸禮讓,致國家太平之政,此舉得到朝議擁護。尚書左丞賈至甚至將"禄山一呼而四海震蕩,思明再亂而十年不復",歸之於進士科舉以文辭相尚,使趨進之士靡然向風,導致道德敗壞。而代宗不但恢復孝廉科,且拜楊綰為中書侍郎同平章事,生前始終給以優禮,死後下詔隆重紀念,有"以孝悌傳於家"、"以貞實形於代"的評價。代宗本人甚至發出"天不使朕致太平,何奪我楊綰之速也"的悲嘆,可見試圖恢復以儒治國的願望還是非常迫切的。

2. 顏真卿的家世生平及其創作始末

《大唐元陵儀注》出自禮儀使顏真卿之手。顏真卿字清臣,琅邪臨沂人,出身世家。五世祖即撰有《顏氏家訓》的北齊黃門侍郎顏之推,伯曾祖乃唐初大儒顏師古,曾奉詔與博士等撰定《貞觀禮》,並詳定封禪等儀③。曾祖勤禮"幼而朗悟,識量弘遠,工於篆籀,尤精詁訓,秘閣司經,史籍多所勘定"。祖父昭甫和父惟真也甚有名望,肅宗曾謂顏真卿:"卿之乃祖,嘗為碩儒,既高倚相之能,遂有臧孫之後,不墜其業,在卿之門。"④顏真卿安史亂中任平原太守,

---

① 以上引文見《舊唐書》卷一一《代宗紀》,277—278、281—282 頁。

② 《舊唐書》卷一一九《楊綰傳》,第 3430—3437 頁,下引文同。

③ 《舊唐書》卷七三《顏師古傳》,2594—2595 頁。

④ 《秘書省著作郎夔州都督長史上護軍顏公神道碑》、《晉侍中右光禄大夫本州大中正西平靖侯顏公大宗碑銘》,《顏真卿集》,139、122 頁。

與兄常山太守顏杲卿均在河北組織力量抗擊安史，後杲卿城陷被安祿山所殺，兄弟皆以忠貞唐皇室而知名當代。

肅、代之際，朝廷亂後回歸，顏真卿本人也被任用，在史書的記載中，這個時期的他以整齊禮法為己任，也可以視為是最能保持傳統的代表人物之一。關於這一點，筆者曾予討論[①]。典型的事例如肅宗至德二載（757）以憲部尚書兼御史大夫整肅朝儀："中書舍人兼吏部侍郎崔漪帶酒容入朝，諫議大夫李何忌在班不肅，真卿劾之；貶漪為右庶子，何忌西平郡司馬。"[②]《舊唐書》卷一二八本傳又載廣平王率朔方蕃漢兵出征之日，"百寮致謁於朝堂，百寮拜，答拜，辭亦如之。王當闕不乘馬，步出木馬門而後乘。管崇嗣為王都虞候，先王上馬，真卿進狀彈之。"並不因其為老將而姑息。

按從此處記載太子出行、百僚致謁朝堂和答拜之禮，表明亂後的朝儀正在整肅的過程中。顏真卿很可能就是朝儀的制定者，至少他立意從嚴明綱紀和等級尊卑入手，維護朝廷尊嚴。故本傳稱"雖天子蒙塵，典法不廢"。顏真卿的另一貢獻是當鑾輿將復宮闕，陳告宗廟之禮之際，"有司署祝文稱'嗣皇帝'，真卿謂禮儀使崔器曰：'上皇在蜀，可乎？'器遽奏改之。""嗣皇帝"本是先皇死後纔能稱用，此稱若用，是無視玄宗存在。顏真卿及時指出了問題的要害，竟得到"中旨宣勞，以為名儒深達禮體"。

當然顏真卿處處依禮，並非皆能被皇帝和宰相所接受。如太廟亂中被毀，真卿認為祭拜應當像春秋時魯成公哭新宮那樣，"請築壇於野，皇帝東向哭，然後遣使"，以表達對於宗廟被毀的沉痛心情，但皇帝"竟不能從"。肅宗"車駕自陝將還，真卿請皇帝先謁五

---

　　①　黃正建主編：《中晚唐社會與政治研究》第二章《禮制變革與中晚唐政治》，北京：中國社會科學出版社，2006年，203—206頁。

　　②　《舊唐書》卷一二八《顏真卿傳》，3591頁。按據《舊唐書》卷一一一《房琯傳》謂顏真卿"彈何忌不孝，琯既党何忌，遽託以酒醉入朝，貶為西平郡司馬"，與此説法不同。並參《新唐書》卷一三九《房琯傳》，分見兩書3323、4627頁。

陵九廟，而後還宮"，被元載認為是不合時宜。本傳載其因攝祭太廟，"以祭器不修言於朝，（元）載坐以誹謗，貶硤州別駕、撫州湖州刺史"[1]。論者已指出，由於此前元載支持代宗大事鋪張以建佛寺，故顏真卿提出祭器問題，實欲以儒家典禮壓制佞佛[2]。但祭器不修是對祖宗不敬，倡言於朝其實已意味着對宰相治理朝政不重禮儀的批評，其實是表達了以儒治國的一種要求和願望。因此從顏真卿的倡導禮儀不妨這樣認為，亂後的禮儀重建蕭代之際已有先聲，而恢復亂前的朝廷秩序，特別是回復到開元國家極盛時代的修齊治平的禮治狀態，已經成為不少人士的夢想和目標。《唐會要》卷二四《受朝賀》記"建中元年（780）十一月朔，御宣政殿，朝集使及貢士見。自兵興以來，典禮廢墜，州郡不上計、内外不會同者二十五年，至此始復舊典。二年正月朔，御含元殿，四方貢獻，列為庭實，復舊例也"。"復舊例"意味着恢復大唐正朔下的一統山河與万邦來朝的舊景，重建唐國家和中央政府的權威，此亦成為德宗即位後整頓朝政和重建禮儀的出發點。

　　也正是在此種氛圍之下，《開元禮》的内容和作用被突出了。建中初顏真卿被任為禮儀使和修撰《大唐元陵儀注》，不過是為儒家理念的落實和《開元禮》的復興提供了契機。禮儀使的設立正是興起於開元定禮之時[3]，此後雖屢有之，但楊綰以後已經停設，再度的設立可謂朝廷辦事以禮儀為先的一個信號。論者大都注意到德宗初勤於政事，有"舉先天故事"設待制官更直，罷四方進獻和榷酒

　　① 以上並參《舊唐書》卷一二八《顏真卿傳》，3591頁；殷亮：《顏魯公行狀》，《顏真卿集·外集》，243頁。

　　② David L. Mcmullen（麥大維）："The Death Rites of Tang Daizong"（《唐代宗的喪儀》），pp.161。

　　③ 按《舊唐書》卷二一《禮儀志》有"開元十年，詔國子司業韋縚為禮儀使，專掌五禮"和開元十四年始撰《開元禮》的記載，兩事之關係，見拙文：《營造盛世：〈大唐開元禮〉的撰作緣起》，《中國史研究》2005年3期，73—94頁。

錢,減省宫中用度,遣散客省中留滯的四夷和地方使者以省費,親重儒學之士等一系列新政措施,表現出萬象更始的姿態,"天下以為太平之治,庶幾可望焉"①。

與此同時,整頓禮儀的舉措也因之而興。《唐會要》卷四《雜錄》:

> 建中元年二月,國子司業歸崇敬上言:"準制,皇太子時幸太學,行齒胄之禮者。伏請每至春秋國學釋奠之時,所司先奏聽禁止。其釋奠齒胄之禮,如《開元禮》,或有未盡,請委禮儀使更以古議詳定聞奏。"

按:《開元禮》吉禮有《皇帝皇太子視學》和《皇太子釋奠于孔宣父》條,歸崇敬上言要求禮儀使對《開元禮》所定儀注"以古議"加以補充,表明對於儒學傳統的重視,這是德宗即位後在學禮的執行中明確提到《開元禮》,而撰定者即禮儀使顏真卿。

同上書卷八三《嫁娶》:

> 建中元年十一月十六日敕:"宜令禮儀使與博士及宗正卿李琬、漢中王瑀、光禄卿李涵,約古今舊儀及《開元禮》,詳定公主、郡主、縣主出降覿見之儀,條件聞奏。將以化行天下,用正國風。"

這也是提出將《開元禮》作為現實禮制的參照而定婚儀。據《册府元龜》卷五八九《掌禮部·奏議一七》載此詔曰:"爰自近代,禮教凌替,公主郡主法度僭差,姻族闕齒序之義,舅姑有拜下之禮。自家刑國,多愧古人。"禮儀使顏真卿與禮司詳定禮儀的結果是"依《開元禮》婦見舅姑之儀",而且一些觀花燭、障車下婿、詠扇詩等許多"在禮經無文"、"出自近代,事無經據"的世俗婚儀也被取消。《開

---

① 《資治通鑑》卷二一五大曆十四年,7262—7266頁。

元禮》公主婚儀有"婦見舅姑"實取自貞觀①。肅代之際，法度僭差，德宗初即位，意欲改革弊政，以儒家禮儀化行天下，恢復子孝臣忠的局面，歸崇敬與顏真卿作為禮儀重臣參與了"詳定"的工作，正反映着君臣在這方面的努力。而作為盛唐象徵的《開元禮》，其禮條開始被認真取法，並首次從皇族内部加以落實與提倡，實與亂之前後不可同日而語②。

更為重大的禮儀活動乃是郊廟祭祀的進行。《舊唐書》卷一二《德宗紀》上有建中元年正月"己巳，上朝太清宫。庚午，謁太廟。辛未，有事於郊丘"的記載。從當時的情况看，郊祀神位尚依天寶制度變化不大③，但是寶應元年(762)，太常卿禮儀使杜鴻漸及員外郎薛頎、歸崇敬等議，定立以太祖取代高祖為宗廟之主且以配天，"告請宗廟，亦太祖景皇帝酌獻"，德宗以後因之不改。大曆十四年(779)十月，顏真卿因代宗神主將祔廟，宣告"太宗文皇帝，七代之祖；高祖神堯皇帝，國朝首祚，萬葉所承；太祖景皇帝，受命於天，始封於唐，原本皆在不遷之典"的三祖不遷原則，從而不但將年輩低於太祖而"地非開統，親在七廟之外"的代(世)祖元皇帝順利遷出，也為唐後期建立了規制。不過此舉只是參照古禮廟制而決不違背《開元禮》舊規。例如在宗廟合祭的禘祫禮問題上，他不但主張親

————————

① 見《大唐開元禮》卷一一六《公主降嫁·見舅姑》，553 頁。按貞觀中定此儀，見《唐會要》卷六《公主·雜録》貞觀十一年條言侍中王珪子敬直尚南平公主，與妻受公主拜，"禮成而退，物議醜之。自是公主下降，有舅姑者皆備禮，自珪始也。"按時王珪為修禮大臣，《貞觀禮》當十一年頒布，此條尚來得及收入禮典。

② 參見《唐會要》卷八三《嫁娶》，1812 頁；《册府元龜》卷五八九《掌禮部·奏議》一七，7045 頁。

③ 按據王涇：《大唐郊祀録》卷四(《大唐開元禮》附《大唐郊祀録》，影印《適園叢書》本，北京：民族出版社，2000 年，758 頁)"冬至祀昊天上帝從祀之神"，關於壇之第二等有"案天皇大帝、天一、太一、北極、紫微準《開元禮》並在第二等，至建中元年正月五日聖上親郊，司天官郭獻之奏引《星經》及天寶中敕並合升在在第一等"，説明建中元年是按天寶敕進行的，而到貞元中親郊才按《開元禮》作了改變。

遠廟遷的獻、懿二祖都入廟同祭，而且認為應按昭穆列位，奉年輩最長的獻祖神主東向為尊①（詳本章三）。而這一主張，正與《開元禮》的禘祫合祭以獻祖為始，依昭穆排序的原則完全一致。

以上事例表明，德宗即位初禮儀的修訂和製作均以復行《開元禮》為號召，顏真卿本人亦多曾主持和參加，因此《儀注》的撰作也應視為其中的一部分。但是客觀地説，禮儀使派任之初其實只是為了應付突如其來的變故。金子修一和江川式部前揭文指出代宗病於大曆十四年五月三日，十一日停止政務，而顏真卿被命為禮儀使是在五月十二日，認為從此時到代宗危篤的二十一日共計十天左右時間，是在研討代宗喪葬及德宗即位儀禮的詳細內容，而《元陵儀注》的大部分可能就寫成於這一段時間。這裏所説的停止政務即詔太子監國，也就是顏真卿的禮儀使實為太子所命，為代宗去世後的一應大事預作準備。要知道顏真卿所為正是高宗朝定《顯慶禮》時蕭楚材、孔志約所説"非臣子所宜言"的"預備凶事"，其做法從一開始就打破了一直以來的禁忌，所以遭到"朝廷篤於訕疾者"的指責譏評可想而知。不過從殷亮行狀所言"公不介情，唯搜禮經，執直道而行已"，已表明顏真卿立意用儒家正禮打破禁臠。正如以往論者所指出，喪禮通過建立莊嚴的喪禮場面和複雜的禮儀程序，展示皇帝的勤勉形象和提倡孝道②，樹立道德的楷模，這與主張宗廟禘祫合祭的"尊先"一樣，顯然也是出自復禮的原則。

不過就《儀注》的具體修撰而言，卻不是一件輕而易舉之事，其中很重要的問題是在長期沒有定規的情況下如何確定它最基本的內容程式。從內容來看，《儀注》對以往的敘禮方式已有改變。因

① 《通典》卷五〇《禘祫》下，1401—1407頁；《舊唐書》卷二六《禮儀志》六，1000—1001頁，下同。

② David L. Mcmullen（麥大維）："The Death Rites of Tang Daizong"（《唐代宗的喪儀》），pp.194。

為它不再是一般性地引述禮儀規則，而是直接針對已去世的皇帝定立程制，所以在出籠時刻，已經免去了"預備"之嫌。雖然它和真實的過程還有一定差距，但所制定的程序從皇帝初崩開始，到皇帝的入葬、祔廟結束，全部是國葬必須的實用之制。此後忠實地製作及記錄皇帝喪禮儀注，成為代替"國恤"的一種辦法，不僅憲宗朝《崇豐二陵集禮》如是，《宋會要輯稿》等史料關於宋代歷朝帝、后和太子喪儀的詳細記載尤其說明了這一點，其中的儀節也都是在皇帝死後，由有司上奏，皇帝的葬禮由於這些儀注和喪禮執行過程的記載而變得具體化了。盡管唐朝後來的大多數皇帝喪禮過程仍沒有留下太多資料，但可以設想它們的舉辦與《大唐元陵儀注》的規定是大同小異。

在顏真卿修訂《儀注》之際，有一個局面是他必須面對的。這就是一直以來由於皇帝對於戰亂的恐懼和長治久安的企盼，以及皇帝個人追求長壽，趨吉避凶等等原因所形成的對於佛道的崇奉和依賴。玄、肅之際，對於道教的祭祀頗多，代宗時代，皇帝信奉的對象從道而移向於佛。麥大維前揭文中就曾提到一些宮廷喪禮並不按照儒家儀式而是完全按佛法進行的情況，如德宗子肅王詳和唐安公主，都曾打算實行佛教的塔葬[1]。《唐會要》卷三八《葬》載元和"十五年閏正月，時宰相公卿僉議，憲宗皇帝山陵，前敕用十二月二十八日，太遠。待詔僧惟英請改用五月十九日"一條史料也許可供參照。惟英應即《前定錄》所載"善聲色，兼知術數"的"惟瑛"[2]。據諸書所載憲宗葬日，還是用了惟英所卜，雖然不知他定葬日的依據，但僧人代替道士參與占卜應該是代宗以後的事，說明佛教僧眾對皇帝喪事的參與是多方面的。當時宮廷乃至官民喪禮中，按照

---

① 參見《舊唐書》卷一五〇《肅王詳傳》，4044頁；《新唐書》卷一五二、《舊唐書》卷一三八《姜公輔傳》，4833、3787—3788頁。

② 《太平廣記》卷一五四《陸賓虞》（出《前定錄》），北京：中華書局，1961年，1108頁。

宗教時日請僧道念經超度和做法事已非常普遍，這一點我們還會在皇帝的兩重喪制中談到。

皇帝在世之際追求永生，但意識到死亡無法迴避便希望往生極樂世界，道教佛教各致其用，遠不是"迷信"二字可以簡單説明。儒家思想傳統對待生死的達觀態度，並非能夠真正代表皇帝和官員個人的生死觀。佛教的死後往生之説，以及道教的長生不老和成道成仙在很多時候已經深入人心，流俗的傳播和國家典制中吸取宗教儀式恐怕是很自然的。

盡管如此，德宗之初的《元陵儀注》還是服從於其時恢復《開元禮》的呼聲，以儒家的典禮形式作為結構皇帝葬禮的主綫。正如人們所瞭解的，顏真卿在個人信仰問題上，與當時的不少人士一樣，深受佛教道教影響，並且與一些大德高僧有所往來，但這並不妨礙他在治國的問題上，仍以儒學思想為正統。《儀注》中並不是完全沒有僧道出現，例如在遺詔的宣告中，就提到僧道與百姓的站位，是朝着京師的方向重行序立，"百姓在左，僧道在右"。在啓殯之儀中也提到"又設蕃客酋長位於承天門外之西，僧道位於承天門外之東，並以北為上"，説明京師的僧道至少是參加了這一盛大儀式的。這樣我們便可以從《儀注》的記載，推測出從京城到地方州縣，皇帝的葬禮或祭祀儀式都是伴着宮廷、寺院的齋會及誦經聲而進行的。不過，這樣的一些活動及參加者顯然沒有被《儀注》放在葬禮活動的主要位置，儒家性質的葬禮毫無疑問纔是其中的主體。必須明確的是，顏真卿是代表皇帝領導下的國家修撰《儀注》，因此《儀注》本身必須表現儒學傳統和孝道原則，儒家典禮也纔是國家體制要求的禮儀形式。而通過一絲不苟的程序和參加者的禮敬與服從，樹立突出的是皇帝個人和朝廷的無上威權，這是《儀注》追求的目標和效果，也是它最終能夠通過及付諸實施的理由，而關於其中的意義，還要看了下面章節的討論纔能清楚。

（二）《開元禮》原則和漢晉制度的結合

《元陵儀注》所追求和表現的是以儒家禮制、思想為核心的國家禮典，而其書除了承繼古禮的基本原則和精神外，來自儒家葬禮的依據大致不外乎兩途，其一為漢制及其在南北朝以來的發展。不但漢文帝以後開始的皇帝"三日聽政"和以日易月的喪服制度已作為原則被後來朝代所繼承，《續漢書·禮儀志》記載的漢代皇帝的喪事從"不豫"送藥開始，至入葬祔廟結束，對皇帝的死亡無所迴避的喪禮全程，由於記敘完備，更給了歷朝各代國恤禮以直接的參考。漢代以後，兩晉南朝關於皇帝葬制的諸多討論無所迴避，其許多制度甚至一直延續到唐朝，是皇帝喪葬禮儀自然吸收且不斷重複的模式。

其二即《開元禮》。《開元禮》繼《貞觀》、《顯慶》二禮之後，於開元二十年(732)修成。關於《開元禮》，石見清裕文中已指出它以儒家思想為基礎，喪葬儀式比照《儀禮》特別是《士喪禮》、《既夕禮》、《士虞禮》進行[①]。但是中古時代的禮儀也有其修成的特殊背景和不完全同於古禮的內容。史載《開元禮》修撰之初，通事舍人王喦上疏，"請改撰《禮記》，削去舊文，而以今事編之"。但張說認為"《禮記》漢朝所編，遂為歷代不刊之典。今去聖久遠，恐難改易"，故提出折衷《貞觀》、《顯慶》二禮的做法[②]。秉承此意而最後完成製作的蕭嵩和王仲丘等拋棄學術成見，以"有其舉之，莫可廢之"的態度兼採二禮，最終使《開元禮》成為唐朝前期形式、內容最為宏偉完備的一部禮典[③]。而

---

① 石見清裕：《唐代凶禮の構造——〈大唐開元禮〉官僚喪葬儀禮を中心に——》，《福井文雅博士古稀記念論集：アジア文化の思想と儀禮》，東京：春秋社，2005年，135頁。

② 《唐會要》卷三七《五禮篇目》，783頁。

③ 參見拙文《營造盛世：〈大唐開元禮〉的撰作緣起》，75—94頁。引文見《舊唐書》卷二一《禮儀志》，818頁；《新唐書》卷二〇〇《王仲丘傳》，5700頁。

其所有凶禮部分,結合古"今"之制,主要針對官員而附之以士民,也是凶禮喪葬制度最可參考依據的範本。

《大唐元陵儀注》雖於漢代以來的皇帝喪禮看得出仍有不少延續,但就某些原則而言,它更傾向於《開元禮》。其根本的方向是與《開元禮》一致的,即既要體現古禮的基本精神,又要可以實際操作,所以這裏先將《儀注》與《開元禮》進行比較,再來論述《儀注》對漢晉制度乃至唐朝現實法令的繼承吸收。

1.《儀注》與《開元禮》的儀目程序比較

對於《大唐元陵儀注》而言,開元二十年修成的《大唐開元禮》或者是它最近也最實際的參考。

《開元禮》的喪禮,包括五服制度和不同等級官員的喪葬禮制,最後則是"王公以下喪通儀"即與喪事相關的個人居喪儀節。在不同等級的官員喪制中涵蓋了除皇帝之外的官民,包括與皇帝和皇家關係密切的王公貴戚以及外國君主、三品以上、五品以上、六品以下的四個等次的喪葬儀式。其中第一等級只是説明其所享受的皇帝(后、太子)優禮和特殊待遇,有關他們的喪葬一般規程則統歸入三品以上官員的內容之中。至於三品、五品、和六品以下則只有等級上下和待遇、用品高低的差別,沒有太多喪葬程序上的變化。

《儀注》如果與《開元禮》相比,不僅兩者的對象不同,而且"儀注"和"禮"的概念亦不完全一樣。從總體觀,後者在鄭玄《禮序》所謂的"統之於心曰體,踐而行之曰履"之間更注重"體"的意義①,也就是禮的精神形態和整體架構,而"儀注"卻是注重更具體、更有針對性的"履",也就是具備實踐性和操作性的儀式。但是,一來是在

---

① 《通典》卷四一《禮序》,1120頁。

喪葬必經的程序上,兩者並無明顯差別,《開元禮》可以作為《儀注》的參考;二來是《開元禮》在撰作中,已經通過吸收《貞觀》、《顯慶禮》,將唐朝的喪禮活動與古禮的原則結合,使之具有一定的現實性,這顯然給了《儀注》很大的啓發。

　　具體《儀注》是如何參考《開元禮》的呢? 這裏必須關注喪葬禮的程序及儀目問題。《開元禮》的喪葬禮程序及儀目取自何所? 除了從貞觀、顯慶二禮汲取南北朝制度之外,如果追尋其更遠端的淵源,那麼古禮周制是不可忽略的。陳戌國就曾提出,"寅恪先生説到的三個來源之外,隋朝禮儀還有一個重要來源,這就是南北朝之前的古禮(漢晉禮儀與先秦舊制)"①。高明士關於《貞觀禮》修正隋禮,有"此即將李唐的立國政策,超越漢魏,而直追周制。因此,周禮所規定的典章制度,常成為唐制在理論上的一個根源"的評價②,對認識《開元禮》甚有啓發。筆者也曾總結《開元禮》"改撰《禮記》"與《唐六典》模仿《周禮》的共同意義③。今本《開元禮》的大部分程序及儀目,從《周禮·喪祝》等條,《儀禮》的《士喪》、《既夕》、《士虞》以及《禮記》的《雜記上、下》、《喪大紀》、《喪服大紀》以及《奔喪》等中都可以找到它們的根據和出處。

　　而《通典》沿革部分,以古周制為基,與《開元禮》一脈相通。《大唐元陵儀注》的内容被《通典》分割在不同的儀目中,雖然如金子修一所指出,《通典》對相關内容有着"大唐元陵儀注"、"大唐元陵之制"、"大唐元陵遺制"和"大唐元陵遺詔"等的不同表述,"儀注"與"制"混雜在一起,有些大臣的議論和由顏真卿歸納形成的奏狀也在内,顯得不甚清楚。但記錄表明,《儀注》也是遵循既定的喪

---

　　① 陳戌國:《中國禮制史·隋唐五代卷》,長沙:湖南教育出版社,1998年,51頁。
　　② 高明士:《論武德到貞觀禮的成立——唐朝立國政策的研究之一》,《第二屆國際唐代學術會議論文集》,臺北:文津出版社,1993年,1206頁。
　　③ 拙文:《營造盛世:〈大唐開元禮〉的撰作緣起》,73—78頁。

禮程序。那麼《儀注》在程序及儀目方面,與《開元禮》復有何同異呢?由於《開元禮》的寫作方式,是每一等級的喪葬都分為喪、葬、服喪和改葬四個步驟。改葬雖然在唐代多見,但不是必行的,對皇帝而言尤其不存在。但前三種內容則是初喪和重喪所必經,我們就按此程序將《開元禮》"三品以上喪"和《儀注》內容相同或相類的儀目列為喪、葬、喪紀三欄對照如下,其中《儀注》的儀目即按《通典》的標題為定。

附表 1.《開元禮》與《大唐元陵儀注》相類儀目比較

喪		葬		喪紀	
《開元禮》	《通典》引《大唐元陵儀注》相關內容	《開元禮》	《通典》引《大唐元陵儀注》相關內容	《開元禮》	《通典》引《大唐元陵儀注》相關內容
復	復(設牀、奠、在內)	陳車位	薦車馬明器及飾棺	小祥祭	小祥
設床	同上	陳器用	挽歌	大祥祭	大祥變
奠	同上	進引	薦車馬明器及飾棺	禫祭	禫變
沐浴	沐浴	引輴	同上	祔廟	祔祭
含	含(襲在內)	輴在庭位	同上		
襲	同上	祖奠	祖奠		
銘	設銘	輴出升車	同上		
重	懸重	遣奠	遣奠		
陳小斂衣	小斂(含小斂衣)	到墓	葬儀		
小斂	小斂	墓中置器序	同上		
奠(二次)	小斂奠	掩壙	同上		

喪		葬		喪紀	
《開元禮》	《通典》引《大唐元陵儀注》相關內容	《開元禮》	《通典》引《大唐元陵儀注》相關內容	《開元禮》	《通典》引《大唐元陵儀注》相關內容
陳大斂衣	大斂（含大斂衣）	虞祭	虞祭		
大斂	大斂				
奠（二次）	大斂奠				
廬次	附小祥、大祥				
成服	殯				
卜宅兆	將葬筮宅				
啟殯	啟殯朝廟				
贈諡	帝王諡號議（諡册文）				

　　從表中所列儀目可以知道，在喪、葬和喪紀的三個主要環節中，《開元禮》和《大唐元陵儀注》基本是相似的。那些已經被古禮奠定的內容儀節兩者大都有之，有些名稱《通典》標目雖無，但內容被合併或分散在他條之中了。如《開元禮》的"復"、"設床"、"奠"的幾個環節在《儀注》中被寫在一起。有些儀目如在《開元禮》官員有"贈諡"，而皇帝的諡和諡册卻分見於《通典》卷一〇四《帝王諡議號》中所載"大唐《元陵諡册文》"和喪葬儀式中（詳下）。不過一些主要的儀程如初喪禮節、小斂、大殮、成服和殯，及至結束停喪的"啟殯"，將要上道的祖奠、遣奠，到達墓地後的一應下葬之儀節，以及完成歸來的虞祭，喪紀中小祥、大祥、禫祭和祔廟等目次，《開元禮》和《儀注》是完全一致的。

　　但也有一些儀目是《儀注》沒有的。這分為兩種情況，一種是官員所特有，而皇帝禮無須。如《開元禮》喪禮有"赴闕"、"敕使

弔"、"朝夕哭奠"、"賓弔"、"親故哭"和"刺史哭"、"刺史遣使弔"、
"親故遣使致賻"、"親賓致奠"等,皇帝葬儀或者是不存在,或者是
在其他儀式中體現出來(如某些哭儀、奠儀),並不需要特別說明。
有些如"赴闕"是向朝廷報告喪事發生,如一定要對應,則《通典》卷
八三載《儀注》有"告喪之禮",即發布全國告知皇帝去世消息以及
大行皇帝遺詔。

　　另一種情況是某些帶有普遍性的內容儀目,例如《開元禮》喪
禮有"斂髮"、"廬次"、"殷奠"、"卜葬日",葬儀中有"祭后土",喪紀
中有"卒哭祭",卻均不見於《儀注》。另外葬禮部分《開元禮》有從
送葬出發,一路活動到墓地全過程的"諸孝乘車"、"宿止"、"宿處哭
位"、"行次奠"等,這些內容在皇帝喪禮過程中本不可少,但《通典》
記載的《儀注》大多不見針對性的內容或專目。

　　那麼為何這些內容未見《儀注》記載? 筆者認為應當具體分
析。如"廬次"、"殷奠"者在《通典》本身即未單獨立目,廬的設置是
附在"懸重"和其他一些內容中,《儀注》相關的內容卻在"小祥變"
中可以見到:"前一日之夕,毀廬為堊室,尚舍奉御設蒲席於室內,
將作監勾當。"並注明所建規格應當"高七尺五寸,長一丈二尺,闊
一丈"。還有"大祥變"也有"前一日之夕,將作除堊室"的說明,這
似乎可證《儀注》仍保留了皇帝喪紀居廬的禮儀。另外"卜葬日"
《儀禮·士喪》在"卜宅兆"之後,《開元禮》復列此目,而《通典》注明
是並在"將葬筮宅"之中,但不見《儀注》有此內容,似乎是有所省略
而並不能認為已經完全取消。

　　但有一些則不同,其一如斂髮。"斂髮"《開元禮》置在"小斂"
之後,稱:

> 男子斂髮,衰(袞)巾帕頭,女子斂髮而髽。主人以下立哭
> 於尸東,西面,南上;主婦以下坐哭於尸西,東面,南上;祖父母
> 以下仍哭於位,各如初(以下略)。

其中衺巾之衺同邪,意為不正①。而"斂髮"亦古禮,意實為尸身整理後親屬束髮準備祭奠,此時尚未成服而髮式頭冠已略有改變。《儀禮·喪服》:"布總、箭笄、髽衰三年。"鄭玄注曰:"此妻妾女子子喪服之異於男子者。總,束髮謂之總者。既束其本,又總其末。箭笄,篠竹也。髽,露紒也。猶男子之括髮。斬衰,括髮以麻,則髽亦用麻也。以麻者,自項而前,交於額上,卻繞紒,如著幓頭焉。《小記》曰:男子冠而婦人笄,男子免而婦人髽。"②其中括髮即是男子的束髮方式。《禮記·檀弓上》:"主人既小斂,袒,括髮。"《儀禮·士喪》也謂"主人髺髮"。賈公彥疏解釋說:"髺髮者,去笄纚而紒者。"③

　　按笄纚皆束髮之物,笄為髮簪,纚是包髮的帛;紒為結髮,意同於髻,而髽則為婦女所梳喪髻,也即男、女都要梳髮髻,男子還要用斜巾包住頭髮。《通典》卷八五有"既小斂斂髮服變"一目,引周制,於"既小斂,主人斂髮,袒;眾主人綌於東房"下注曰:"始死,將斬縗者笄纚,將齊縗者素冠。今至小斂變,又將初喪服。斂髮者,去笄纚而紒。眾主人綌者,齊縗將袒,以綌代冠(下略)。"又於"婦人髽於室"下注曰:"始死,婦人將斬縗者,去笄而纚。將齊縗者,骨笄而纚。今言髽者,亦去笄纚而紒也,齊縗以上至笄猶髽。髽之異於斂髮者,既去纚而以髮為大紒。如今婦人露紒其象也。""以綌代冠"的"綌"字,意思就是用布巾包頭,所以男子的"括髮以麻"的"髺髮"和婦女的"髽"大致都是束髮。《通典》稱"大唐之制",惟將男子斂髮的"衰(衺)巾帕頭"寫作"布巾帕頭",說明"餘如《開元禮》",也就

---

① 按《周禮·天官宮正》"去其淫怠與其奇衺之民",注:"奇衺,譎觚非常。"見《周禮注疏》,657頁;陸德明:《經典釋文》卷八《周禮音義》下:"衺,亦作邪。"北京:中華書局,1983年,109頁。

② 《儀禮注疏》卷二九,1101頁。

③ 分見《禮記正義》卷七《檀弓上》;《儀禮注疏》卷三六《士喪》,1285、1136頁。

是都與《開元禮》的規定一樣了。

按關於初喪髮式的"笄纚"之說亦見卷八四《始死服變》載鄭玄云："子為父斬縗,始死,笄纚如故。既襲三稱,衣十五升布深衣,徒跣,交手哭。"其注釋有"後漢時,遭喪者袞巾帕頭,即笄纚之存象也"。由是可見原來《開元禮》的斂髮是古禮與漢制的結合。而從《儀禮》鄭注,可以認為初喪時還是要用"笄纚"來固定,到小斂時才有括髮或斂髮的變化。基本上"子為父"、"妻妾為夫"都是這樣,只是男女的束髮形式有不同而已。

但是古禮"諸侯為天子"或者"臣為君"看來略有差別。《通典·始死服變》接上續言:"諸侯為天子,父為長子,不徒跣,為次於內,不歠粥。臣為君,不笄纚,不徒跣,餘與為父同。"同書卷八一《諸侯及公卿大夫為天子服議》:

> 漢戴德《喪服變除》云:"臣為君,笄纚,不徒跣,始死,深衣素冠,其餘與子為父同。"鄭玄《變除》云:"臣為君,不笄纚,不徒跣。"

戴德和鄭玄對"臣為君"解釋不同。按鄭玄說是"不笄纚,不徒跣","不笄纚"意謂不用"袞巾帕頭",但上引賈公彥說"髺髮者,去笄纚而紒者",就是說不用笄纚也要梳成髺。總之無論是君臣抑或父子,其實按照古禮要求都是要梳髺的,只是形式可能有些不一樣。

形式的不同,可能是《儀注》不收"斂髮"的一個原因,但是揆諸《開元禮》,可以發現其書卷一三八《初終》條下還有一種與斂髮完全不同的髮式:

> 男子易以白布衣,被髮徒跣;婦人青縑衣,被髮不徒跣。女子子亦然。齊衰以下,丈夫素冠,婦人去首飾,內外皆素服。

被髮即披髮、散髮。這裏的喪儀都是按"子為父(母)"或者說斬衰、齊衰三年規定的。《通典》卷一三八《開元禮纂類》在"女子子亦然"

下並有解釋曰："父為長子，為人後者為其本生父母，皆素冠不徒
跣。女子子嫁者髽。六品以下內外改著素服，妻妾皆被髮徒跣。
女子子不徒跣，出嫁者髽。出後人者為本生父母素服，不徒跣（下
略）。"意思是只有親子為父（已為人後者除外）和在室女、妻妾纔有
被（披）髮。所以披髮、散髮與徒跣（赤足）一起，顯然是比"素冠"
（男）或是"髽"要重，且親屬關係更近更直接，目的是為了顯示悲痛
至極。司馬光《書儀》除載始死妻妾子女有被髮外，也載孝子聞喪
奔喪之際須"入門，升自西階，至殯前，再拜哭盡哀。乃就位，方去
冠及上服，被髮扱袵徒跣，如始死之儀"①。

或根據《開元禮》被髮和斂髮分置於初終和小斂之下，會提出
這是喪禮不同時間的髮式，散髮在初喪時，表示萬分悲痛，而到小
斂時即束髮準備祭奠，兩者並不矛盾。但除此之外古禮還另有解
釋。《禮記·喪大記》關於小斂後有"主人袒，說髦，括髮以麻"。鄭
玄解釋說："士既殯，說髦，此云小斂，蓋諸侯禮也。"孔穎達疏曰：
"說髦者，髦，幼時翦髮為之，至年長則垂著兩邊。明人子事親恒有
孺子之義也。若父死說左髦，母死說右髦。二親並死則並說之，親
沒不髦是也。今小斂竟，喪事已成，故說之也。案鄭注，士既殯說
髦，今小斂而說者，人君禮也。括髮以麻者，以，用也。人君小斂說
髦竟，而男子括髮，括髮用麻也。士小斂後亦括髮，但未說髦耳。"②
髦指頭髮，"說"也作稅，意為釋放、解脫。因此"說髦"的意思就是
散髮，而且父左母右，以表示對父母養育之恩的追思。從這裏看，
《禮記》是將小斂後"說髦"與"括髮以麻"統一起來，鄭玄說是士在
殯禮之後行說髦，小斂說髦是諸侯之禮，而孔穎達卻說後者是人君
之禮，士人雖"括髮"卻不"說髦"。

① （宋）司馬光：《書儀》卷五《喪儀》一《易服》、卷六《喪儀》二《聞喪、奔喪》，《景印文
淵閣四庫全書》142冊，484、492頁。
② 《禮記正義》卷四四，1572頁。

但"斂髮"與"說髦"也就是散髮之說還是有一定矛盾的。既然始死如鄭玄所說尚要"笄纚如故"，小斂後才"去笄纚而紒"，可證無論始死還是小斂，都是要梳頭不散髮的。因此《開元禮》"被髮"顯然與"斂髮"不完全是一回事。据筆者考察，東晉南朝無此風俗，喪禮"散髮"是自北朝以來愈來愈流行的，唐朝甚至常有孝子"被髮廬墓"的行徑。筆者推測"被髮"的逐漸流行不完全是源自古禮，而是與少數族風俗有關，《開元禮》"被髮"也是來自北朝之禮（詳第五章）。至於皇帝的喪禮，孔穎達說有"說髦"，陳戍國注意到宋真宗於太宗皇帝喪禮之初即建所謂"散髮之儀"（詳下章），唐朝嗣皇帝及家人喪禮髮式不得而知，但估計也會有所變化。所以顏真卿放棄"斂髮"之條，可能既是由於帝王喪禮與《開元禮》官員"子為父"的斬衰有別，也是為了避免古禮與現實不合的矛盾。

其二如殷奠。在《開元禮》是"每朔望具殷奠，饌於東堂下"，並有"有薦新如朔奠"的說明。其語源自《禮記》，並見其書"大夫士既殯而君往焉，使人戒之。主人具殷奠之禮，俟於門外"的說法。鄭玄於此解釋"殷猶大也，朝夕小奠，至月朔則大奠。君將來則具大奠之禮以待之，榮君之來也"[1]。沈文倬先生在"文王之祭也，事死者如事生"的題目下也指出："祭禮是喪禮的繼續，喪禮有部分內容又在祭禮中出現。如大斂以後穿插在朝夕奠間的薦新奠仍以歲時薦熟的形式在祖先祭祀中蔚為常祀大禮——歲（烝）祭。"[2]不過沈先生所說主要是指葬後的祭祀，但《開元禮》之殷奠卻置於"啟殯"即入葬之前。

無論是葬前葬后，《大唐元陵儀注》都無"殷奠"之說。從

---

① 參見《禮記正義》卷八《檀弓》上、卷四五《喪服大記》，1292、1582 頁。

② 沈文倬：《宗周歲時祭考實》，收入氏著：《菿闇文存》，北京：商務印書館，2006年，說見 358 頁。

《通典》卷八七《禫變》所載其書對喪服的規定,有自禫禮(服喪第二十七日)除服次日到入葬,"其中間朔望視朝及大禮,並純吉服"的說明,可見除服後甚至山陵前朔望都未受限制,也說明《大唐元陵儀注》是不載"殷奠"之儀的。但據《舊唐書》卷一一《代宗紀》記寶應元年(762):"六月己酉朔,百僚臨於西宮,上不視朝。自是每朔望皆如之,迄於山陵。凡人臣有事辭見,先臨西宮,然後詣朝。"所謂臨者,臨奠也,說明代宗朝是行朔日臨奠的,這一點可能對後來產生影響。並且朔望不行正式朝參,玄宗以來早已有之。《唐會要》卷二四《朔望朝參》元和十年(815)條有"玄宗始以朔望陵寢薦食,不聽政,其後遂以為常"的說法,同書卷一八《原(緣)廟裁制》下元和十四年王涇上疏則稱:"天寶末,玄宗以上食每朔望具常撰,令宮闈令上食於太廟,後遂為常。由是朔望不視朝,比於大祀故也。"

因此朔望不視朝,早就和宗廟的朔望上食聯繫在一起。而如果就"薦新"而言,則新去世的皇帝入葬後,還有陵地所行的每日甘鮮祭祀,這一點在《開元禮·雜制》所載"凡五陵皆朔望上食"及"橋陵(睿宗陵)除此日外每日進半口羊食"一條令式中已有體現,而唐後期正是仿此辦理,形成"皇祖以上至太祖陵寢,朔望上食,其元日、寒食、冬至、〔伏?〕臘、社日,各設一祭;皇考陵朔望及節祭外,每日進食"的"禮文令式"和"國陵之制"[1]。未葬之前停靈宮中祭奠自應同此辦理,所以"薦新"的意義已不突出。不僅如此,對宗廟的朔望祭祀也強調採用時鮮。此即天寶十一載(752)閏三月二十九日敕所定"每月朔望日,宜令尚食薦太廟,每一室一牙盤,內官薦享,仍五日一開門灑掃",筆者曾在另文證明上述陵祭廟祭的增加都是

----

① 參見《唐會要》卷二一《緣陵禮物》元和十五年四月條,474 頁;《新唐書》卷一四《禮儀志》四,362 頁。

緣於玄宗受道教"事生"之禮影響①。頗疑顏真卿所以不在《儀注》中強調殷奠,是有意不使之與道教的事生之禮發生混淆。

其三乃卒哭祭。卒哭本在虞祭後,鄭玄所謂"卒哭,三虞之後祭名。始朝夕之閒(間),哀至則哭。至此祭止也,朝夕哭而已"。孔疏以為"惟有朝夕哭而已,言其哀殺也"②。據說按照"魏晉故事",皇子為皇后服,就是"既葬而虞,虞而卒哭,卒哭而除,心喪終制"③。虞而卒哭,大喪應都如此,《通典》卷八七《既虞餞尸及卒哭祭》引古禮說明卒哭應在虞禮和"餞尸(尸是代表死者受祭之人)"後舉行。《開元禮》卷一四〇在"虞祭"一目也說明,在行每隔一日的"三虞"禮之後:"又閒(間)日為卒哭祭。"《儀禮》規定士三月葬,後世官民入葬一般也不超過三個月,所以敦煌 S.1725 唐前期書儀有規定稱"九十日内,日夜不脱絰帶,悲來則哭",但九十日結束,即變成"朝夕哭而已"④。這個九十日,即可以理解為是卒哭。不過後來卻常常將卒哭與"百日"混為一談。"百日"北朝之際即有之,與"七日齋"等其實都是來自佛教。《開元禮》的"卒哭祭"是完全的儒家禮,但是其書卷一四六《六品以下喪之一》"成服"一目在"主人以下俱杖"之下又有"周人祔在卒哭,今之百日也"的注文,可見《開元禮》也承認現實中是將"百日"當作"卒哭"的。"卒哭"如果依照古禮,就應當在虞祭之後馬上舉行;如果按百日,就是屈從宗教民俗而根據不足。儒家所行卒哭祭在皇帝喪禮應該也是有的。《儀注》中沒有"卒哭祭",雖可能是被《通典》省略,但也很可能是因為現實中宮廷也有"百日"的活動(詳見下章),《儀注》為避免混亂,對此便

---

① 《唐會要》卷一七《原(緣)廟裁制》上,415 頁。並見拙文:《唐宋之際的禮儀新秩序——以唐代的公卿巡陵和陵廟薦食為中心》,《唐研究》11 卷,北京大學出版社,2005年,238—253 頁。

② 《儀禮注疏》卷四〇《既夕》,1157 頁。

③ 《唐會要》卷三八《服紀》下貞元二年十一月條,801 頁。

④ 《英藏敦煌文獻》3 册,成都:四川人民出版社,1990 年,127 頁。

不加强調了。

　　有一點毋庸置疑，即《儀注》的撰作是根據兩個原則，即一是《儀注》雖參照《開元禮》程序，但與之規定的三年二十七月的官員喪服制度不同，是以日易月的"權制"為内容和基礎（詳後）。所記注的内容注重初喪至大斂成殯、啓殯、祖送及最後的入葬、虞祭、祔廟和按照"權制"執行的小祥、大祥及禫禮等變服、除服的主要程序，也就是說歷來國制所行的皇帝喪葬禮，其他則不重要。另一則關乎古禮精神及内容的有無，《開元禮》從根本上是維護《儀禮》和《禮記》原則的，大多儀目照搬經典（雖然其中的具體内容亦有修改），但對《儀禮》和禮記》没有的則有補充。如《儀禮·既夕》等關於喪葬程序，本没有太多送葬内容可以參考，《開元禮》"諸孝乘車"以下不妨可以看作是根據實際情況的臆補。《通典》沿革部分完全没有這部分的儀目，《儀注》這一部分也被忽略，證明其來源並非是古禮。當然如果本來是混入宗教或民俗的内容，《儀注》更會有意取締。

　　所以，有些内容的取捨（也許是《通典》的省略）往往是與後一原則有關的。例如《儀注》有："設重於殿庭近西南，其制，先刊鑿木長丈二尺，横者半之。取沐之米為粥，盛以八鬲，冪以疏布，懸於重内横木上。以葦席北向屈兩端交於上，綴以竹箴。"①除了長度和懸掛鬲的數量是按皇帝規格，其他與《開元禮》"設重"文字幾同，只是删去了"殯堂前楹下夾以葦席，廉門以布"的内容，已經體現不出原來南北朝"凶門"的遺意。更不能忽視的是《通典》和《儀注》關於"祭后土"儀目内容的取消。《開元禮》不但專設此目，而且在"卜宅兆"一目中也有"敢昭告於后土之神"之類的告祝，説明在選擇墓地和最後掩壙之際，都要祭祀后土。皇帝在選擇墓地時占卜活動也是不會少的，金子修一認為應當在"禫變"（服喪的第二十七或二十

①　《通典》卷八四《設銘》，2275頁。

八日)或者"小祥變"(第十三日)之後。按理祭后土也應同時,但《通典》引《儀注》不但見不到"祭后土"的目次,在卷八五"將葬筮宅"中也沒有了關於后土的告祝詞,而只保留了太常卿與卜師、筮師行事的內容,其"涖卜者命曰:'維某年月朔日,子哀子嗣皇帝某,謹遣某官某乙,奉為考大行皇帝度兹陵兆,無有後艱'"的告辭,以及簡單的占卜儀式,全然看不出宗教色彩。

石見清裕在討論《開元禮》時對"卜宅兆"的占卜儀式十分關注,他考察了其中的場景、參與者和進行過程,認為除了后土祭之外,沿襲《儀禮·士喪》的"筮宅兆"是無疑的①。細檢史料,發現《周禮·冢人》注引鄭司農對"大喪既有日,請度甫竁,遂為之尸"的解釋,稱"始竁(按即穿地為墓穴)時,祭以告后土,冢人為之尸",似乎應看作《開元禮》后土祭的來源。但問題在於,後世出現的后土祭似乎已不完全是儒家祭祀的內容。官方的后土祭最早見於漢武帝祭汾陰后土,是伴隨着武帝的神仙祭而開始的,武則天、唐玄宗對此都有吸收。雷聞據《大唐郊祀錄》關於三品官安葬時祭后土的記載,認為中唐以後,這個后土神也漸漸向民間信仰的土地神轉化②,但從《周禮》和《開元禮》葬禮中的后土祭可推知來源還要早得多。后土在民間喪葬中是鎮墓之神,后土祭乃是祭亡靈之外的一項神祇祭,一般認為來自民間信仰,或認為與道教有關。它在上博藏敦煌《清泰四年曹元深祭神文》中出現③,而這正是一件在歸義軍節度

① 石見清裕:《唐代凶禮の構造——〈大唐開元禮〉官僚喪葬儀禮を中心に——》,121—128 頁,關於祭后土見 124—125 頁;並見結語部分,135 頁。

② 雷聞:《郊廟之外——隋唐國家祭祀與宗教》,北京:三聯書店,2009 年,56—61 頁,説見 60 頁。

③ 《上海博物館藏敦煌吐魯番文獻》2 冊,上海古籍出版社,1993 年,46—47 頁;錄文及研究並參郝春文:《〈上海博物館藏敦煌吐魯番文獻〉讀后》,《敦煌學輯刊》1994 年 2 期,118—123 頁;余欣:《唐宋敦煌墓葬神煞研究》,《敦煌學輯刊》2003 年 1 期,55—68 頁;劉屹:《上博本〈曹元深祭神文〉的幾個問題》,國家圖書館善本特藏部編:《敦煌學國際研討會論文集》,北京圖書館出版社,2005 年,150—161 頁。

使曹議金死後,其子曹元深祭奠墓葬神煞的文書,道教意味很濃。敦煌張敖《新集吉凶書儀·凶儀卷下》也收兩則"祭后土文"①,分別用於選定墳地後及"升柩入壙"時,與《開元禮》規定一致,因此"祭后土"恐不單純是古禮,也可能有吸收宗教與民俗的成分。

"后土祭"既不單純是古代儒家喪禮之傳統內容,則《儀注》取消迴避此項,並且完全不按照《開元禮》補加的官員送葬內容對皇帝送葬過程加以發揮是可以理解的。說明《儀注》在禮儀取捨問題上十分謹慎,比《開元禮》甚至更忠實於儒家典制和傳統。

2.《儀注》的喪禮程式及古禮、《開元禮》原則的實用化

對於《儀注》和《開元禮》承襲古禮的一致性,喪禮逐項的內容或更能說明。在這方面,《開元禮》對凡來自古禮的儀目,大都先照抄原來的詞句內容,或根據原意通融改編並用注文略加解釋,或附入唐朝制度以作說明。《儀注》同樣體現古禮的原則和精神,但基本上是將古禮含義直接融匯於現實之運用,使之更易理解和操作。下面僅以皇帝喪葬禮的一些程序來辨析。

①始死之儀

古禮和《開元禮》關於喪禮都從"初終"開始,但《儀注》不可能敘述皇帝死亡過程種種,因此除了在卷八〇的《總論喪期》用"大唐元陵遺制"也即遺詔以表明皇帝死亡之外,對於初喪的具體過程、要求已從略。之後要做的事首先是為死者招魂、梳洗和整容。程序包括復、沐浴、襲、含等。

"復"是為死者招魂復魄的儀式,《儀禮·士喪》關於"復"有:"死於適室,幠用斂衾。復者一人,以爵弁服簪裳於衣左,何之,扱

---

① 錄文見趙和平:《敦煌寫本書儀研究》,568—570 頁。並參拙文:《正禮與時俗——論民間書儀與唐朝禮制的同期互動》,《敦煌吐魯番研究》9 卷,北京:中華書局,180—183 頁。

領於帶。升自前東榮中屋，北面招以衣，曰：'皋！某復！'三，降衣於前。受用篋，升自阼階以衣尸。復者降自後西榮。"《禮記·喪大記》則說："小臣復，復者朝服，君以卷，夫人以屈狄……士以爵弁，士妻以稅衣，皆升自東榮。中屋履危，北面三號。捲衣投於前，司服受之，降自西北榮……復衣不以衣尸，不以斂。"①而《開元禮》卷一三八《三品以上喪》的"復（注云：始死則復）"一儀説：

> 復於正寢。復者三人，皆常服。復為招魂復魄。以死者之上服左荷之，升自前東霤。當屋履危，北面西上。危，棟也。左執領，右執腰，招以左，每招，長聲呼某復。男子皆稱字及伯仲，婦人稱姓。其復者人數，婦人依其夫。三呼而止，以衣投於前，承之以篋，升自阼階，入以覆尸。若得魂魄返然。復者徹舍西北扉，降自後西霤。不自前降，不以虛返。因徹西北扉，若云此室凶，不可居然。自是行死事。所徹之扉薪，以充煮沐浴。復衣不以襲斂。浴則去之。乃設牀。

復要站在屋頂三呼而止，這以後招魂不返，確定死者死亡，纔可以"行死事"。《開元禮》這裏"復於正寢"，是根據鄭玄注適室即正寢。"東霤"同"東榮"，復衣"浴則去之"等亦皆從古禮及鄭注②，惟"復者三人"與《儀禮》略有差。因此《開元禮》關於"復"是結合《儀禮》、《禮記》和鄭玄注的。但是《大唐元陵儀注》的"復"顯得更加簡明扼要：

> 將復於太極殿內，高品五人皆常服，以大行皇帝袞冕服左荷之，升自前東霤，當屋履危，北面西上，三呼而止，以衣投於前；承之以篋，自阼階入，以覆大行皇帝之上。復者徹殿西北扉，降自後西霤。其復衣不以襲斂，浴則去之。③

---

① 參見《儀禮注疏》卷三五《士喪》、《禮記正義》卷四四《喪大記》，1128、1572 頁。

② 《禮記正義》卷四四（1572 頁）鄭注："東榮者，謂卿大夫士也，天子諸侯言東霤。"按《開元禮》三品及四品五品喪作"東霤"，六品以下作"東榮"。

③ 《通典》卷八三《復》，2249 頁。

以下還説明：

> 既復，乃設御牀於殿内楹閒，去脚，舒簟蕈，置枕。遷大行
> 皇帝於牀，南首，以衣覆體，去死衣。楔齒用角柶，綴足以燕
> 几，校在南。其殿内東西哭位，嗣皇帝以下舒草薦焉。奠用酒
> 脯醢，器用吉器，如常儀。

這其實包括設牀和為下面的儀式做準備。"楔齒用角柶，綴足以燕
几"，就是用"角柶"撐開皇帝的牙齒，將皇帝的脚固定，這樣做是為
了進行下面的沐浴、換襲衣和進行"飯含"，可見《儀注》是將古禮完
全融入現實，非常簡便易懂，易於操作。這裏"嗣皇帝以下舒草薦
焉"，特別強調嗣皇帝在場，也是表示為人子的孝道。

　　同樣《開元禮・三品以上》的"襲"和"含"兩儀正文也是基本採
自《儀禮・士喪》、《禮記・雜記》和鄭玄注等。"襲"是死者初終沐
浴後更衣，襲衣《開元禮》是按周制"士三稱"之規，而"含"則是將死
者口中實以珠玉。可以知道的是，《開元禮》述其過程至為詳細，注
文則以當時習用語言解釋之，並輔以唐制。如解釋"襲"中的握手
和面衣説："握手，手所握者。面衣及手衣皆通用餘色。"解釋"内外
俱入，復位坐哭"一句説："諸尊者於卑幼之喪及嫂叔兄姑（妣）弟婦
相哭[1]，朝晡之間非有事，則休於別室。"

　　但《大唐元陵儀注》則將"襲"和"含"二者合一，雖承古意，内容卻
大大簡化了。其中不再有艱澀難懂的語言和冗長的細節解釋，相反
只有"内有司奉盤水升堂，嗣皇帝出，盥手於帷外，洗玉若貝，實箪，執
以入，西面坐，發巾徹枕，奠玉貝於口之右。大臣一人親納粱飯，次含
玉，既含訖，嗣皇帝復位"和穿衣納舄（鞋）過程的必要交待[2]，其中陳

---

　　① 按："姑"當作妣，據中華書局標點本《通典》卷一三八《開元禮纂類》"襲"及注
〔25〕改。
　　② 《通典》卷八四《含》，2270頁。

襲衣、加面衣、設充耳、著握手等與《開元禮》完全一致，只是襲衣十二稱完全依周制的天子之禮。根據這裏的記載，嗣皇帝親自參加飯含的準備，執行者則是大臣[①]，皇帝作為孝子參與了喪禮最初的程序。

②斂喪及成服

進行過沐浴和襲、含之後，重要的儀式是小斂、大斂和成服。《開元禮》關於小斂有陳小斂衣、斂髮、小斂以及前後的兩次奠儀，大斂有陳大斂衣、大斂和前後兩次奠儀，陳衣意為死者加衣，內容看得出基本來自古禮。陳小斂衣說明小斂之禮是要在"喪之明日，各陳其斂衣一十九稱，若無，各隨所辦。朝服一稱，其餘皆常服，陳於東序，西領北上，箵一（下略）"；陳大斂衣說明"大斂之禮，以小斂之明日夙興，陳衣於序東三十稱，無者各隨所辦。各具上服一稱，西領南上，其餘皆常服（下略）。"其中小斂和大斂的衣服數量是來自《禮記·喪大記》。徐乾學認為小斂衣服數量君與大夫士同，而由於"注疏謂法天地之終數"，則天子的衣服數量也是十九稱[②]，此點《大唐元陵儀注》也給予證明[③]。但《喪大記》規定大斂君百稱，大夫五十稱，士三十稱，至《大唐元陵儀注》則是"所司先陳大斂之衣百二十稱"，形成了與官員的絕對之比，充分體現了皇帝的至尊無二。

另外關於小斂、大斂的具體儀式，《開元禮》大體是因襲古意，但文字略加通俗。而《儀注》則將陳斂衣與小斂、大斂的加衣分別合併，完全按照唐朝皇帝喪禮舉辦的實際要求記述。小斂不僅有舉辦程序，設置，而且有儀衞、參加者百官、二王後、三恪位次；大斂關於皇家戚屬的站位尤為詳細，所用物除衣衾六玉之外，並有置於

---

① 見《〈大唐元陵儀注〉概說》（158 頁）。稻田奈津子關於"含"已指出"嗣皇帝親自參與飯含儀式的準備，但執行飯含本身的卻是大臣"。

② 徐乾學：《讀禮通考》卷六七，113 冊 573 頁。

③ 按：《大唐元陵儀注》關於小斂、大斂等，參見《通典》卷八四《小斂》，卷八五《小斂奠》、《大斂》、《大斂奠》、《殯》，2285、2298、2301、2305—2306、2307 頁。

"大行皇帝西"的大斂牀和枕席幃帳之屬。兩儀都是在侍中奏中嚴外辦和入位後,在禮儀使的提調下皇帝與參加者哭踊再拜。

大斂與殯禮相連,在喪禮中是一個標誌性的儀式。由於首先要將遺體和隨身陪葬品入棺,所以下面説到:

> 升斂,如小斂次加衣畢,乃以組連珪、璋、璧、琮、琥、璜六玉而加焉。所司以梓宮龍輴緋等入陳於殿西階下。至時,司空引梓宮升自西階,置於大行皇帝西,南首。加七星版於梓宮內,其合施於版下者,並先置之,乃加席褥於版上。以黃帛裹施仰薦,畫日月星辰龍龜之屬,施於盖。陳衣及六玉斂訖,中官掌事者奉大行皇帝即梓宮內。所由先以白素版書應入梓宮內,一物以上稱名進入梓宮,然後加盖。事畢,覆以夷衾。

其次是在禮儀使引領下,由皇帝執爵進酒的奠事。奠事結束後,緊接着就是殯禮和成服儀,所謂"殯"實亦仿照古禮和《開元禮》之意而進行的操作:

> 既大斂,內所由執龍輴左右綍,引梓宮就西閒。將〔作〕監引所由並柏墼等升自西階。所由設熬黍稷,盛以八筐,加魚臘等,於龍輴側南北各一筐,東西各三筐。設訖,於西面壘之。先以繡黼覆梓宮,又張帟三重,更以柏木,方尺,長六尺,題湊為四阿屋,以白泥四面塗之。檋事訖,所司設靈幄於欑宮東,東向,施几案服御如常儀。侍臣捧縗裳冠絰杖,盛以箱,就次進,皇帝服訖,諸王公主以下及百僚亦各服其服。光禄卿率齋郎捧饌入,禮儀使引升,陳設訖,禮儀使就位,奉引皇帝至位哭,內外皆就位哭。

殯禮表明一方面要將梓宮置於太極宮西間,並將熬制的食物與梓宮置於一處,搭建柏木做成的黃腸題湊,塗以白泥,而形成"欑宮",此即所謂"成殯"。這裏所説過程和熬黍稷加魚臘等放置棺旁的做法與《開元禮》"大斂"的"升棺於殯所"內容非常一致,《開元禮》解釋"熬所以惑蚍蜉,令不至於棺傍",即可以避免蟲蟻啃噬。此外還要於欑宮東設置靈幄几案服御,如同生前那樣。因此大斂以後,先帝的喪事已告一段落,從此天人永隔,進入"停殯"之期。

另一方面,則是皇帝、諸王公主以下及百僚要舉行成服儀式。雖然《儀注》記載較簡,僅説明在欑事結束後"侍臣捧縗裳冠絰仗"以行,但結合《開元禮》卷一三二《五服制度》,可知皇帝應服三升粗布製作的衰裳、苴麻制首絰、腰絰和冠、竹杖等,且君臣要同時換上喪服。另外,《開元禮》是按照《禮記・王制》規定的士庶人三日大斂成殯,但成服卻在大斂次日(含喪日為四日)完成。按照《儀注》的寫法,成服似與殯禮同日,但唐皇帝並非皆依此行,對此筆者將在下章再進行討論。

還有一點需要注意,即在皇帝初崩至大斂前後,代表死者神主的重和作為標誌的銘旌等也要製作和安置好。重的形制如前所述與《開元禮》幾乎完全一樣,只有長度一丈二尺和懸掛八鬲是皇帝規格而與《開元禮》不同。

關於皇帝喪禮的標誌物是畫有日月的太常旗和銘旌。《通典》卷八四《設銘》載《儀注》言:"大斂訖,所司設太常,畫日月,十有二斿,杠九仞,斿委地。大斂之後,分置殿庭之兩階。又設銘旌,以絳,廣充幅,長二丈九尺,題云'某尊號皇帝之柩',立於殿下。"根据馬怡考證,古時"士有二旌",一為旐,一為銘,後者漢代以後稱為銘旌。兩者不但初喪時立於葬者門庭,且送葬時也要置於最前。但前者依孔穎達説是"乘車之旌,則《既夕禮》乘車載旜,亦在柩之前,至壙。柩既入壙,乃斂乘車所載之旌,載於柩車而還",也就是隨送葬車行往還。後者則"是初死書名於上","葬則在柩車之前,至壙與茵同入於壙也",也就是銘旌要隨同入葬的[1]。而皇帝的太常旗

---

① 　《禮記正義》卷七《檀弓上》,第 1284 頁。並參馬怡:《武威漢墓之旐──墓葬幡物的名稱、特徵與沿革》,《中國史研究》2011 年 4 期,61—82 頁。又銘旌用色見於古禮規定及漢墓出土,也見同文。

就相當於前者。《周禮·春官·司常》有："王建大常。"其下鄭玄注："王畫日月，象天明也。"旆即旒，是旌旗下垂的飾物。《周禮·夏官·節服氏》鄭注稱"王旌十二旆"，賈公彥疏引《禮緯含文嘉》也稱："天子旌，九刃十二旒，曳地。"論者考證"九刃（仞）"約當九尺（一尺約三十公分）①。《續漢書·禮儀志》說皇帝"旗之制，長三仞，十有二旒，曳地，畫日、月、升龍，書'天子之柩'"。沒有將二者明確區分，但從尺寸看似無如唐制雄偉。另外作為後者的銘旌在《儀注》用絳即紅色，其上有皇帝尊號，雖亦參漢制，但二者同設，顯然更是遵從古禮遺意。只是在名稱上，銘旌與旒已經混同了。《儀注》言及銘旌時，往往以"旒"代之。皇帝的銘旌與開元禮令的官員銘旌相比，也只有尺寸銘題的區別。

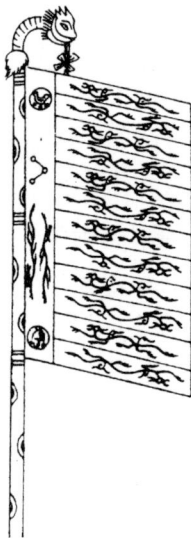

圖3. 太常旗示意　　圖4. 銘旌示意

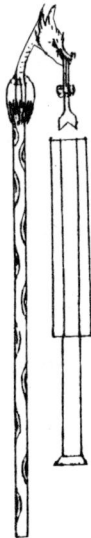

---

① 以上分見《周禮注疏》卷二七、卷三一，826、851頁。解釋參見金子修一等《大唐元陵儀注試釋》（三）注釋，《山梨大學教育人間科學部紀要》5卷2號，2004年，21頁。

③啓殯與祖送

啓殯是將葬而準備啓動棺木的儀式,又稱啓葬、啓奠。《開元禮》有"啓殯"一目,《通典》卷八五則作"啓殯朝廟",言古禮記載説:

> 周朝而遂葬。朝謂喪朝廟也。喪祝及朝御柩。乃奠。朝謂將葬,朝於祖考之廟而後行,則喪祝為柩御。

表明啓殯將要行兩件事,一是棺木啓動先要朝廟,一是要行奠事。從順序來看,其實是先對死者行奠事,再朝廟。《通典》敘述是將柩置於兩楹之間,奠主在東,奠席在西。在舉行奠儀之後,再去朝拜祖宗。由"祝及執事舉奠,巾席從降,柩從,序從如初,適祖"。並説明"喪之朝也,順死者之孝心,哀離其室,故至於祖考之廟而後行也"。

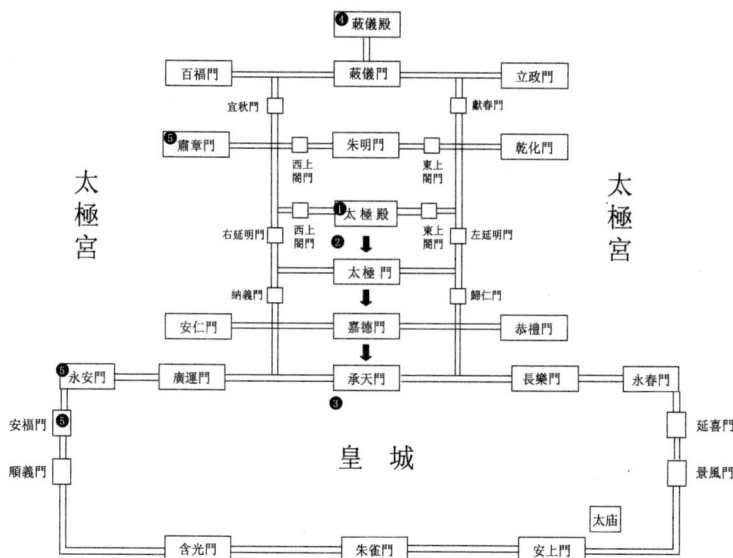

圖 5. 唐代帝后喪禮進行示意圖

①太極殿:皇帝停靈及啓奠所在。②太極殿殿庭:祖奠舉行處。③承天門外:遣奠舉行處。④兩儀殿:皇后停靈及啓奠所在。⑤肅章門、永安門、安福門:皇后(以德宗王后為例)喪車經行處。

《開元禮》的"啓殯"已無朝廟之儀,《大唐元陵儀注》同《開元禮》,沒有提到朝廟,但祭奠儀式非常具體。説明:"啓前十日,皇帝不坐以過山陵。前啓一日,門下省奏:'某日某時,啓太極殿欑宫。'"這個"過山陵"就是啓動葬事。意謂提前十日,皇帝就不坐朝了,等待着啓殯的儀式,所以啓殯是喪事部分的結束,也是葬事部分的開始。

根據"奉禮郎設御位於太極殿之東閒,當帷門,西向。諸王位在後,以南為上。典儀設酅公、介公、皇親、諸親、文武九品以上及前資常參官、都督、刺史版位於太極殿中庭,又設蕃客酋長位於承天門外之西,僧道位於承天門之東,並以北為上"的情況,可以知道儀式是在太極殿舉行,但殿中只列皇帝和諸王之位,酅公、介公、皇親和官員等是列在殿庭,而蕃客酋長和僧道則是陪列於宫城的承天門外。《儀注》説明,從"其日質明"開始,皇帝、諸王公主等、酅公、介公、皇親、諸親、文武九品以上就入位"晨哭";"啓前二刻"由禮官準備好祭祀用品。"啓前一刻"禮官入位,進入正式拜哭祭奠程序。先在禮官贊導下,皇帝、諸王妃主、羣官依次就位拜哭,然後由太尉盥手洗爵並將醴齊傳至皇帝,皇帝拜奠、太祝讀祝文及奠版,皇帝哭踊及殿内庭中再哭後所由撤饌,皇帝退復位。之下又説明:

> 禮生引司空執巾升自東階,於欑宫南,北向立,司空跪啓曰"謹以吉辰啓欑塗"。告訖,太尉哭,羣官皆哭。通事舍人分引羣官序出。掌事者升徹欑塗。徹訖,司空以巾拂拭梓宫,覆以夷衾綃幕,内所由周廻設帷及施常食之奠如常儀。

然後便是禮儀使和禮官升舊位,"皇帝衰絰就哭位","皇帝哭稽顙",在禮儀使贊導下行再拜禮和哭盡哀後降出,羣臣行禮後"又序出太極門外,北向重行立班,奉慰如常儀,退。"奉慰儀的舉行一般是在儀式結束的最後,這説明啓殯或啓奠棺木尚未離開太極宫殿,這樣啓殯啓奠可以認為是與發引日的祖奠、遣奠分開而不在一天進行。

棺車啓動和送別前的祖奠、遣奠,古禮皆有之。《開元禮》卷一三九每項僅寥寥幾句:

> (祖奠)庭位既定,祝帥執饌者設祖奠於輴東,如大斂之儀。祝酌奠訖,進饌南,北面跪曰:"永遷之禮,靈辰不留,謹奉柩車,式遵祖道,尚饗!"興,退,少頃徹之。
>
> (遣奠)既升柩,祝與執饌者設遣奠於柩東,如祖奠之禮。祝酌奠於饌前,少頃徹之。

這樣的寫法和説法,當然沒有辦法滿足皇帝喪禮關於每項儀式的具體要求。因此《儀注》直述唐制,使過程具體豐富了。奠事是在為大行皇帝送行之日進行,其準備程序記載在《通典》"薦車馬明器及飾棺"之下:

> 前二日,所司設文武羣官次於太極門外,東西廊下。又設帳殿庭,帳內設吉幄,幄內設神座,南向。又設龍輴素幄於殿庭吉幄之右。前一日,午正後一刻,除殿上葦障及階下凶庭并板城。少府所由移旐附於重北。未正後一刻,典儀設羣官夜哭版位,如晨夕哭儀。又設挽歌席位於嘉德門內,設挽郎、挽士席位於嘉德門外,並左右設序,北向相對。設鼓吹、嚴警位於承天門外。

按:此處準備活動於前兩天進行。由於儀式先在殿庭舉行,最後移至承天門結束,所以第一天要在太極門外設置羣官位,並在殿庭的東西分設有神座的吉幄和龍輴素幄也即凶幄。第二天設羣官夜哭版位,並於嘉德門內外和承天門外分設挽歌等和鼓吹、嚴警。而根據《遣奠》一儀,承天門皇帝送行的最後"奉辭位"也是早在前三日已準備好。設位所在的太極門在最裏,嘉德門在太極門外,是太極殿正門①，與太極殿和宮城最南的承天門連為一綫，送行儀式從北至南，從殿内到殿外，再到宮外，井然有序（見圖 5）。另外在舉辦將行的祭奠和告別儀式之前，要"除殿上葦障及階下凶庭并板城"，前揭《開元禮》三品以上"重"一目有"設葦障於庭"的説法，似乎多少有"凶門"遺意，也是用來做靈堂前的遮擋。設於太極殿上的葦障用意與之相似，而凶庭和板城似是殿庭階下臨時圍出和搭建的木質設施，以之表示梓宫和凶事所在，送葬前要將之全部拆除，以便梓宫的搬遷和啓運②。

由於祖奠、遣奠舉行後，宫車就要出行，所以在儀式之先，還需要對送葬車用器物進行準備。根據《通典》"薦車馬明器及飾棺"引《周禮・喪祝》及《儀禮・既夕》和鄭注，以及《開元禮》"陳車位"、"陳器用"、"進引"、"引輴"、"輴在庭位"等相關條目，可知在送葬之日，包括葬車、明器及棺飾等用物也應該陳設在殿庭中。

據《儀注》所載，儀式實際上是在送行前夜就開始了。"晝漏未盡三刻，有司設庭燎終夜。通事舍人分引羣官就版位立定"，並在禮官贊導下奉哭如儀。與此同時"挽歌作，盡二點止"。二更至五更，每更都有"羣官哭及挽歌、嚴警如上儀"。挽歌的出場代表葬禮的開端，而當侍中奏"外辦"，皇帝升殿，百官入位後，先要在太極殿中進行一次奠事。皇帝在禮官贊導下止哭奉奠，太祝奉讀祝文，皇帝再拜哭踊，退復位。然後由禮儀使跪奏"皇帝奉寧龍輴"。這時

①　（宋）宋敏求：《長安志》卷六《宫室》四，《宋元方志叢刊》1 册，北京：中華書局，1990 年，102 頁。

②　來村多加史：《唐代皇帝陵の研究》（392 頁）認為葦障是為了保護太極殿的牆壁和柱不受損壞，而凶庭和板城（其引文作"凶庭并板"）是為避免殿庭鋪地磚毀傷所特設的通路；但金子修一等：《大唐元陵儀注試釋》（五）"薦車馬明器及飾棺"注釋（四）（《山梨大學教育人間科學部紀要》7 卷 1 號，2005 年，4 頁）根據《唐六典》卷一一尚舍奉御掌殿庭張設，行幸出外須設帳幕，"其外置板城以為蔽捍"，提出板城即遮蔽於帳四周的木質"排城"的推測。

候先要到殿外東階下的吉輴前,由"執事者以
纛、旐及重先導,禮官一人朝服,贊尚輦奉御,帥
腰輿繖扇至神座前,侍奉如常儀。內侍捧几置
輿上,繖扇侍奉至殿庭帳殿下神座前,跪置座
上。內謁者帥中官設香案於座前,繖扇侍奉如
儀。"也即按照生前之儀演示吉輴神座前的供
奉。之後開始從殿內取謚冊寶冊裝於冊車上。
而在侍中跪奏請龍輴降殿之後,梓宮被搬移上
輴車:"太常卿帥執翣者升,以翣障梓宮。中官
高品等侍奉其側,司徒帥挽士升,奉引龍輴降
殿。禮儀使引近臣及宗子三等以上親,進捧梓
宮。少府、將作、所由並挽士奉梓宮登於龍車
上,遂詣帳殿,下素幄。"①也即將放有梓宮的龍
輴安置在太極殿庭西邊的凶幄中。龍輴據聶崇
義《三禮圖集注》描述:"長丈二尺、廣四尺,取稱
於柩前。一轅畫龍,於轅加赤雲氣,君殯以輴
車,備火之虞,上有四周",則龍輴是置於輴車上
的②。皇帝和王公內官等哭從輴車,來到殿庭
之中,羣官也立哭於庭中之位。

　　接着纔是祖奠和遣奠之儀③。"祖奠"據
《儀注》是靈車未離太極宮時在殿庭的哭拜祭
奠,奠席設在龍輴幄也即素(凶)幄之前,御位設
在龍輴幄東南,面向西。奠事在形式上與啓奠
大同小異,由禮官和禮儀使贊導,經太祝和太尉

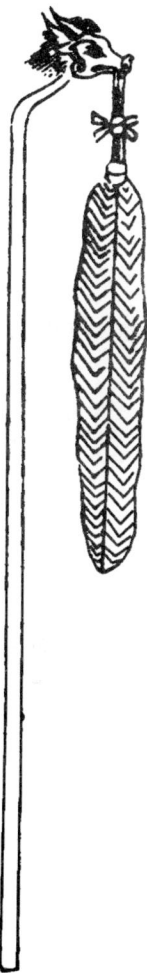

圖 6. 纛示意

---

①　《通典》卷八六《蔂車馬明器及飾棺》,2326—2328 頁。
②　聶崇義:《三禮圖集注》卷一八,《景印文淵閣四庫全書》129 冊,51—52 頁。
③　《通典》卷八六《祖奠》、《遣奠》,2330—2331、2334—2335 頁。下同。

將醴齊進皇帝，皇帝跪奠，在位者"皆哭再拜"。但是祖奠後要將香案、几等用物和腰輿、衣箱全部置於玉輅和副車，當侍中奏稱"請龍輴進發"後，便有司徒率挽士奉引而行，並由執事者將畫有日月的太常

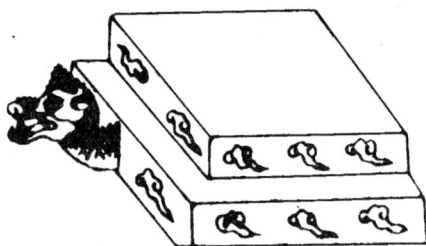

圖7—1. 龍輴示意

圖7—2. 柳車——柩車示意

旗(太常先)和纛旗立於車前，移向承天門。

　　"遣奠"是裝有梓宮的"龍輴"到達承天門外，再奉梓宮升入轀輬車後"設奠席於轀輬車東南"，也即皇帝最後一次親行祭奠及向靈車哀哭拜辭的告別。遣奠中不但有皇帝跪奠，亦有讀哀冊，直至"轀輬車將發"前的哭拜奉辭和奏請皇帝還宮，清楚地展示了大行皇帝靈柩在宮中最後時刻的一些重要儀節。而如果仔細和《開元禮》對比，則祖奠前吉罋神座和素罋龍輴的準備，及這裏將梓宮升

入龍輴，再由龍輴升入輼輬車的過程，不但與《開元禮》陳車位、陳器用、進引、引輴、輴在庭位、輴出升車的次序、過程完全一致，而且其中一些細節全同。如《開元禮》"進引"也有"持翣者升，以翣障柩"，代表棺柩已經升車。"輴在庭位"說"主人及諸子以下立哭於輴東，西面南上"，和《儀注》說禮官贊哭而"禮儀使導皇帝立於龍輴之東南，西向"，位置是一致的，從哭、止哭的時間和男女分別的站位次序也基本相同，因此可以認為，《元陵儀注》啓奠與送別的禮儀程式上也是以《開元禮》為本的。

　　④入葬山陵

　　古禮關於送葬記載甚簡，入葬則惟有到墓陳設明器、喪車用引綍(同紼)、御棺用羽葆、壙四隅作為桓楹設"碑"和贈用制幣玄纁束，入葬後主人哭踊、謝賓以及"藏器於旁加見(棺飾)"記載[1]。《開元禮》已將此具體化了，並以"將葬"和"墓上進止"分別作為送葬和入葬的主題，其入葬從到墓、下柩哭、入墓、墓中置器、掩壙和反哭等程序都延續了古禮精神。《通典》所引《大唐元陵儀注》文沒有送葬的內容，在祖載之後便直接是葬日的描述：

　　　　山陵日，依時刻，吉凶二駕備列訖，尚輦帥腰輿繖扇入詣神座前(以下為內侍、內謁者捧几和香爐，及中官、尚衣奉御將衣箱置玉輅及副車等語略)。神駕動，警蹕如常。千牛將軍夾輅而趨。至侍臣上馬所，禮生贊侍臣上馬……諸侍衛之官，各督其屬，左右翊神駕動，鹵簿官以黃麾麾之，鼓吹振作，警蹕如常。當陵門，以赤麾麾之，鼓吹不作。侍臣下馬，步導於前，神駕至吉帷宮，迴車南向。尚輦帥腰輿繖扇至輅後，內常侍奉几置輿上，繖扇侍奉至帳殿下，內侍捧几置座上，內謁者捧香爐置

---

　　①　見《儀禮注疏》卷四〇《既夕》，1156—1157 頁；《禮記正義》卷四五《喪服大記》，1584 頁；並參《通典》卷八六《葬儀》，2341 頁。

座前，輿等退就列。玉輅及鹵簿侍衛之官，停列於帷宮門外。吉
駕引，禮官贊侍中進輼輬車靈駕前，奏請靈駕發引，俛伏，興，退。
司馬執鐸，挽郎執紼，挽歌振作；及挽以進，內外哭從，以赴山陵。
靈駕至陵門西凶帷帳殿下，迴駕南向。公主及內官以下並降車，
障以行帷，哭於凶帳殿之西，東向北上。羣官皇親哭者序立於帷
門外，東西相向，北上。哭十五舉音，止，各退就次。①

這裏是說皇帝的輼輬車和儀仗到達山陵後的入葬日，要先將吉凶
二駕準備好，由尚輦奉御和尚衣奉御將代表皇帝生前用物的神座、
腰輿繖扇、几案、香爐置於玉輅及副車，以生前出行的方式在侍衛
和鹵簿的簇擁下到達陵門，鼓吹停止。並先至吉帷宮，使皇帝的車
駕坐北面南，再將以上用物放置於帳殿下，猶如生前坐朝，玉輅及
鹵簿侍衛之官也停列於帷宮門外。

然後仍由吉駕導引，禮官贊侍中到輼輬車靈駕前，奏請發引。
於是靈駕與送行者在執鐸、挽歌的配合下，向陵門西面的凶帷帳殿
進發。到後仍將輼輬車坐北朝南。公主王妃內官與羣官皇親分在
不同的位置，各行哭儀。

由上面所說吉凶二駕與吉帷宮、凶帷帳殿分設，以及凶帷帳殿
是在陵門之西的情況，可以知道這實際上繼續了祖送之際太極殿
庭的陳設，並且吉帷宮也即生前神座所在的地方應該是在陵門之
東，仍以東西各代生前死後，其儀式先後的順序也代表了神靈從陽
間到陰間的過程。

根據《儀注》下面的記載和說明，奉禮郎預先要在隧道之東南、
南和西南分設皇親諸勤、文武官五品以上六品以下及公主王妃內
官以下的奉辭位。而所司在儀式開始的"前一刻"又要於輼輬車前
設置奠席和罍洗、奠食，最後由太尉跪奠醴齊。由在位者行再拜禮

① 《通典》卷八六《葬儀》，2346頁。

後,才"發引,至南神門",由將作監和禮官等將皇帝梓宮由輼輬車
移至龍輴,當禮官跪奏"請引龍輴即玄宮"後,便有"禮官贊司徒前
導,白幰弩、素信幡、大旐(即銘旌)及翣皆依次而引",參加者哭從。
當龍輴準備進入羨道也即墓道之前,參加者行最後一次哭別禮。
時有"其吉鹵簿侍奉官少前,序立於門外之東,西向北上,哭。皆三
十舉聲,止,再拜奉辭。至時,内官以下吉服奉遷梓宮入自羨道,奉
接安於御榻褥上,北首,覆以御衾。龍輴退出,其押吉鹵簿官並服
白布巾衫就哭,將掩玄宮,並依前服吉服。"這一換服的舉動似意味
着還是要以吉儀送大行皇帝到最後。

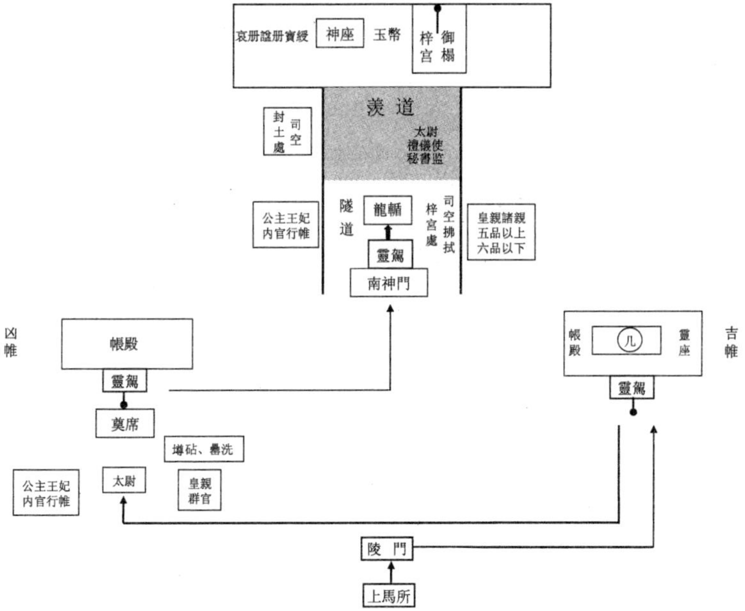

圖8. 唐代皇帝葬禮示意圖[1]

---

①　此圖參考金子修一等:《大唐元陵儀注試釋》(七),國學院大學部古代王權研究
會,2007年,金子由紀製作《葬儀位置推定圖》,18頁。

以下的活動由作為山陵使的太尉、司空和禮儀使共同進行,他
們與禮官服吉公服下至羨道,將寶綬、謚册、哀册和贈玉等置於玄
宫寶帳内神座東西。之後,"禮生引將作監、少府監入陳明器,白帷
弩、素信幡、翣等分樹倚於牆,大旐置於户内。"(按下有注云:"其跌
竿燒之,自餘明器,各以次逐便陳之,使有行列。")當明器依序放置
好,所有人退出羨道後,由"禮生導主節官,帥持節者,引太尉、司空
山陵使和御史一人監鑲閉玄宮,司空復土九鍤",也即由擔任山陵
使的太尉和司空領導處理關閉玄宮和埋藏復土的最後工作。這時
候原來服吉服的都要改凶服,但"凶儀鹵簿,解嚴退散,輼輬車、龍
輴之屬,於柏城内庚地焚之",表明皇帝葬禮此時結束。

⑤虞祭和祔廟

《開元禮》卷一三九記三品以上有"反哭"、"虞祭"二目(卷一四
三載四品五品喪略同,卷一四五載六品以下喪僅簡列虞祭),列在
"墓上進止"也即葬事的最後。"反哭"說明"既下柩於壙"及"掩墓
户"之後,須"陳布儀衛如來儀",將象徵死者靈位的腰輿入車,"靈
車發引,内外從哭如初儀"。於是出墓門,行進返回死者之第,腰輿
自車降出,升詣堂中靈座前,主人以下從升而哭。"虞祭"則是要立
虞主,腰輿的作用也是擡昇神主,這個神主是用桑木製作。當靈車
將至之際掌事者預修牢饌,"預施靈座於寢堂室内户西,東向","腰
輿將入,祝奉虞主入置於靈座東向",然後由主人以下沐浴以後行
祭奠之禮。由此可知虞祭約在返回之後立即進行,應理解為是迎
接死者靈魂返家的儀式。虞祭應當回到原來停殯的殿堂,虞祭後
撤除靈座。《儀注》也規定大行皇帝的虞祭是在太極殿舉行,說明
如由皇帝親奠,則太尉(即山陵使)為亞獻終獻,皇帝不出席即由太
尉代為行事,這時包括皇帝在内參加者皆已素服而不再衰服[1]。

---

① 《通典》卷八七《虞祭》,2368—2370頁。

關於虞祭，《禮記·檀弓下》稱"葬日虞，弗忍一日離也。是月也，以虞易奠。"其下鄭玄注言"虞，喪祭也"。因此虞祭仍被歸於喪祭之內，也被視為葬事結束。虞祭祭數按等級分別，《禮記·雜記》稱："天子九，諸侯七，大夫五，士三。"所用天數亦不一，據說士要用四日，大夫八日，諸侯十二日，而天子則十六日①。《儀注》僅言在太極殿舉行，未言虞數和所用日數。但《唐會要》卷三八《葬》載元和十五年閏正月宰相公卿僉議憲宗山陵，王彥威上言稱"今計葬訖而虞，凡虞用九日，虞訖而卒哭，卒哭而祔廟，並擇日而行事"，這樣從葬的十二月二十八日計算，"計至來年正月中旬方畢"，約要半個多月時間，但其中虞僅用九日。宋代虞祭時間較長，可見本書下面部分的討論。

虞祭由於是葬事的結束，所以雖是靈魂歸來，仍被作為喪祭或者說是魄祭的尾聲。從卒哭開始祭祀的性質纔有變。《禮記·檀弓下》說："卒哭曰成事，是日也，以吉祭易喪祭，明日祔於祖父。"因此從卒哭開始為吉祭和魂祭。

而祔廟依周禮在卒哭之後，是將死者靈魂祔於祖廟的儀式。《開元禮》三品以上祔祭說明祭前三日，主人和亞獻終獻及諸執事者先要"散齋二日，致齋一日"。到日要將曾祖以下神主請出，依次行奠禮。皇帝的祔廟在程序上是完全相同的。但唐朝是行九廟之制，新故去皇帝進入前須先按照昭穆制度行遷祔。《大唐元陵儀注》稱唐朝祔廟二日前先行告遷，"其禮如常告之儀"。說明要由"宗正起科申牒所由，祝文出秘書省"。即一切先由宗正寺計劃並交待各相關部門官吏。其主要的儀式是將應遷出的代祖神主"奉遷於西夾室之中"，將其他各主所在室依次向前提升，預先空出第九室以備代宗遷入。之後為代宗祔廟，"所司先擇日，奏定，散下所

———————

① 見《禮記正義》卷九《檀弓下》"卒哭曰成事"下孔穎達疏，1302頁。

由，各供其職。應用法駕鹵簿，黃麾大仗，前一日陳設，及太廟四門量設方色兵仗如上儀。將作監先清掃廟之內外”，同時還有京兆府脩整要經之路和一應物質準備。路程雖然只是從太極殿和太極宮門到出承天門到太廟的一段，但也要用法駕鹵簿。其過程是其日先由文武百官、皇親、諸親等從太極殿將新製作的栗木神主接出，“降座升輿”（置於輿上）。再從太極門至嘉德門，“降輿升輅”（放在玉輅車上），由侍臣護送，“千牛將軍夾輅而趨”，鼓吹振作出承天門，走過在宮外的一段路。再由趨到廟前的文武百官和儀仗迎接入廟，然後“降輅升輿詣幄殿”，由侍中跪奏，請神主降座廟庭升輿“祔謁”。之後轉將新神主移放第九室前行祔饗禮，與其他各室神主依次在登歌和廟樂彈奏下接受太尉和在位官等拜奠，行饗禮和亞獻終獻，再將新舊神主一一回藏入室。次日百僚及皇親、諸親到延英門向皇帝行奉慰儀[1]。有一點很重要，即祔廟的前一日，鴻臚已經撤換了太極殿上的白幕而改為吉幕，表明喪事至此已經結束而由凶轉吉。

⑥祥禫變除

祥禫變除是儒家三年齊斬（也包括父在為母的“齊衰杖周”一年服）行服中必有的內容和程序。在《開元禮》列作小祥祭、大祥祭、禫祭，並將它們和卒哭祭、祔祭作為葬後的主要祭祀，《通典》卷八七則在祔廟後的“小祥變”、“大祥變”和“禫變”中都引用了《大唐元陵儀注》。只不過按照《開元禮》卷一三二《五服制度》的規定，三年喪應該是十三月小祥、二十五月大祥、二十七月禫祭，但皇帝則是自成服之日起，按照以日易月來計算時日（詳後），所以雖然《通典》按照三年喪服將它們的次序列在入葬和祔廟之後，但實則距先皇去世不過一月即已經結束了。由於還在喪禮期間，所以所有的

① 以上見《通典》卷八七《祔祭》，2375—2380頁。

儀式應當仍在太極殿進行。

祥禫變除在三年中，代表了哀痛逐漸減輕的過程，所以孝子的衣服也從重到輕，質地由粗變細。從具體內容而言有兩項，其中之一便是"居廬"的結束。《開元禮》卷一四〇"小祥祭"規定三年喪："前一日之夕，毀廬為堊室，設蒲席（周喪以下略）。""大祥祭"規定："前一日之夕，除堊室。"是由廬到堊室到恢復平居。而如前文所述，《儀注》內容幾乎與之相同。

另一項是祭奠和喪服變除，《開元禮》在列敘祥禫祭儀時十分注重禮儀程式，包括事前準備、設置和先換服、再祭奠過程、祝詞等。在這方面《儀注》無論內容次序也幾乎全仿《開元禮》。不同的是內外百僚皆參加，並與皇帝保持一致。如小祥先是"內外及百僚俱服縗服，去杖"就位，再是"皇帝服縗裳絰，去杖，近侍扶就位"。就位行哭和再拜禮後換服，"近侍扶皇帝就次，所司以練布冠、縗裳進內，服訖，內外及百僚各服其服"，兩者同時進行。完成後至靈幄前，由太祝、禮儀使將醴酒轉相傳遞，跪進皇帝，由皇帝跪奠於饌前，並由太祝讀祝詞。之後皇帝百官哭踊再拜，退後羣官"其奉慰如常儀"。大祥和禫祭程序大體如是，但特別說明結束後百僚先至太極門序立奉慰，然後再"以素服詣延英門起居"，奉慰和素服"起居"就代替了日常的朝參。這裏前者是在太極宮，後者則是回到皇帝常朝的大明宮內殿門之外了，表明朝廷生活恢復常態。

《開元禮》對於祥禫變服的服制由於置在《五服制度》一卷中，所以除小祥外均記載甚簡，且基本援引古制。但《儀注》有關皇帝喪服變除的規定卻十分具體實用。其中"小祥變"嗣皇帝服是"八升練布冠、縗裳、腰絰等"；到了"大祥變"，則是從"服縗服，去杖"到改服"淺黑紗幞頭，帽子，巾子，大麻布衫，白布腰帶，麻鞋"；等到"禫變"，皇帝就要除大祥服，服"細火麻衫，腰帶，細麻鞋，黑紗幞頭，巾子等"的"素服"；且"明日平明，皇帝改服慘吉服"。所謂"慘吉服"《大唐元陵儀注》規定是由"淡淺黄衫,細黑絁幞頭,巾子,麻鞋,吉腰帶"組成,並說明是來自貞觀、永徽、開元故事。規定服此服要到山陵事畢,纔换上純吉服,百僚也是一直隨從皇帝變换各節喪服,比如小祥要"去首絰,著布冠",大祥要换"黑絁幞頭,腰帶,白衫,麻鞋"的"素服",禫祭就要慘公服,直到山陵事畢,纔换上尋常公服①。

由以上所述過程來看,皇帝葬禮中的某些内容雖然很少能從古禮、《開元禮》中獲得太多具體的參考,但其中的基本程序和精神是一致的,也即作為儒家的葬禮有其傳統的形式和框架,只不過《儀注》將它們更加具體化和實用化了。當然作為皇帝喪葬禮儀,其來源並不單純,古禮、《開元禮》之外,也同樣融入了漢代以來皇帝喪禮和唐朝自身現實的制度法令,這是下面所要着重論述的。

3. 漢晉傳統的延續和吸收

由於古禮、《開元禮》在一些方面只能提供原則和梗概,所以對皇帝葬禮而言,更具針對性的或許是漢晉制度。且不言學者多有論述的漢文帝"天下吏民令到,出臨三日,釋服"和漢代喪服"以(已)葬,大紅十五日、小紅十四日,纖七日"的三十六日制本來就被後代當作皇帝喪禮實行"權制"的依據,且從上述許多喪葬的具體程式也可以發現漢魏兩晉以來制度的遺蹤。

關於漢代皇帝的喪禮儀式,《續漢書·禮儀志》有全面記載②。這個喪禮從"不豫"送藥和初喪、皇后詔三公典喪事、百官衣白開始,對皇帝的死亡無所迴避,歷經哭踊、沐浴、裝束、飯唅、槃冰、東園祕器、小斂、大斂和成服之禮,直至送葬入墓。其中大斂一節即

---

① 並參《通典》卷八一《諸侯及公卿大夫為天子服議》,卷八七《小祥變》、《大祥變》、《禫變》,2207、2382、2384—2385 頁。

② 《續漢書·禮儀志》下《大喪》,3141—3148 頁。

十分清楚。包括警衛、喪禮開始的時間、三公羣臣的站位、皇后以下的女性戚屬和太子皇子的出席及奠食傳哭;以及太子即位柩前,由三公授傳國玉璽册,皇帝以象徵治國權力的玉具、隨侯珠、斬蛇寶劍授太尉,宣告大赦天下,和儀式罷後,羣臣再入成服的過程。之後則是在官員會臨的"故事"和文帝"三日"制度下的相關限制,以及設"重"和營造陵墓等。而更詳細的還有靈柩將行的"啓奠"、"遣奠"和"祖奠"等祭奠與宮門送行之儀,以及棺木入葬過程及明器,最後是虞禮及祔廟。一整套的程序表明,皇帝喪葬禮儀在漢代已經定型,它是古禮的延續和銜接,故可供後世為參考。

而《儀注》承襲漢代制度的内容極多。如"欑宮"的黄腸題湊即是漢制,包括"啓殯"或"啓奠"開始的幾次祭奠儀式,也都看得出有參考漢制的成分。只不過漢制奠儀是連續進行,而唐制則"啓殯"與"祖奠"並不在一日(詳後)。另外皇帝入葬和祔廟部分,參考漢制亦最多,只是唐朝皇帝並不像漢朝皇帝那樣親身參加葬儀。當然所説漢代遺制,後來歷朝皇帝在實踐中亦有延續和變化。但由於兩漢繼秦乃皇帝制度開端,故這裏仍以漢制為主而附以魏晉以降作直接對比,以下便是一些内容和細節方面的説明。

①南郊告謚

啓奠作為棺木將啓動的儀式,還有一道程序是告謚。謚即謚號,《開元禮》卷一三四"策(同册)贈"有敕使册贈諸王、外祖父母、后父母、貴臣、蕃國王等條。除敕使到宅册贈的儀式之外,還説明"凡册贈應謚者,則文兼謚,又致祭焉。而致祭不必有贈謚。凡册贈之禮,必因其啓葬之節而加焉(注文略)"。這個册贈包括贈官與贈謚,而規定其時間應在啓葬也即啓奠之時。

皇帝禮在告謚的時間上亦有相似之處。上面已説明,古禮中與啓奠一起進行的將棺柩"朝廟"漢制已不見。但《續漢書·禮儀志》下在"太常上啓奠"之後，有"夜漏二十刻，太尉冠長冠，衣齋衣，乘高車，詣殿止車門外。使者到，南向立，太尉進伏拜受詔"，受詔後"詣南郊"的記載。而這個儀式也有羣臣共同見證：

> 未盡九刻，大鴻臚設九賓隨立，羣臣入位，太尉行禮。執事皆冠長冠，衣齋衣。太祝令跪讀謚策，太尉再拜稽首。治禮告事畢，太尉奉謚策，還詣殿端門。

此處"策"同"册"也。即太尉代嗣皇帝將載有先帝謚號的謚册告天，然後奉還。嗣皇帝為什麼要在啓奠將葬之日行南郊告謚之禮呢？《白虎通》"論天子謚南郊"有曰："天子崩，大臣至南郊謚之者何？以為臣子之義，莫不欲褒稱其君，掩惡揚善者也。故之南郊，明不得欺天也。"另外《通典》引《五經通義》稱"大臣吉服之南郊告天，還素服，稱天而謚之"[1]，對上述禮儀亦是一說明。

與皇帝告謚南郊相對，漢制也有"太皇太后、皇太后崩，司空以特牲告謚於祖廟如儀"的規定。唐史料中未見有皇帝葬儀啓奠日郊天告謚的申述，但是《唐大詔令集》卷七七《光陵（穆宗）優勞德音》言"南郊及太尉侍中告諭册謚寶、靈座前進謚寶、奏内嚴外辦、奠玉幣酌獻等〔官〕，各賜爵兩級"，《莊陵（敬宗）優勞德音》也有"南郊及太極殿攝太尉、侍中告諭册謚寶，及靈座前進謚寶、奏内嚴外辦、奠玉幣酌獻等官，賜勳兩轉"，此兩處都說到攝太尉、侍中要赴南郊將謚册和謚寶告天和進獻靈前的情況，謚寶當是以先帝的謚號而製成，有別於其生前所用玉璽[2]。順宗莊憲皇后王氏喪禮官也

---

[1]　（清）陳立撰，吳則虞點校：《白虎通疏證》卷二《謚》，北京：中華書局，1994年，72頁，並參《通典》卷一○四《帝王謚號議》，2712頁。

[2]　按據《文獻通考》卷一二七《謚册謚寶》（1135頁）記"皇帝謚寶用玉，一鈕，以執政撰寶文"，並注明宋"高宗謚寶則以'聖武文憲孝皇帝之寶'字為文，餘並做此"，當是延續一直以來制度。

有"天子謚成於郊,后妃謚成於廟"之説①,則此條看起來還是實行的。

　　對於帝后上謚有先擬謚,再作册書的過程。謚議、謚册,與悼念先帝的哀册一起,分別由宰相和負責禮儀的官員製作。如韓愈《順宗實録》在貞元二十一年(805)正月條派設山陵諸使後記有:"又命中書侍郎平章事高郢撰哀册文,禮部侍郎權德輿撰謚册文,太常卿許孟容撰〔謚〕議文。"②今德宗謚册、謚議均見於傳世史料,謚議稱揚德澤以説明所擬謚之來源,而謚册卻是以嗣皇帝口吻為先皇上謚③。唐朝皇帝的謚號最初甚簡不過數字,但睿宗以後漸多,且自咸亨五年(674)八月十五日改元上元,為高祖、太宗追加尊號,至天寶八載(749)、十三載不斷為先皇追謚加字。故顏真卿提出:"上元中政在宫壼,始增祖宗之謚;玄宗末,姦臣竊命,累聖之謚有加至十一字者。按周之文、武,言文不稱武,言武不稱文,豈盛德所不優乎!蓋羣臣稱其至者故也。故謚多不為褒,少不為貶。今累聖謚號太廣,有踰古制,請自中宗以上皆從初謚。"且提出睿宗簡稱聖真皇帝,玄宗稱孝明皇帝,肅宗稱宣皇帝,"以省文尚質,正名敦本"。當時儒學之士皆從顏真卿議,獨兵部侍郎袁傪以為陵廟玉册木主皆已刊勒,不可輕改,其事遂寢,但他不知其實陵中玉册所刻本來就是初謚④。

　　史料記載唐各朝為先皇上册謚和廟號的時間並不一致,有時是在先帝崩後一月甚至數月。如太宗貞觀二十三年(649)五月己巳崩,八月丙子百寮上謚曰文皇帝,廟號太宗;睿宗開元四年(716)

----

　　①　《舊唐書》卷五二《后妃傳》下,2195頁;並見《唐會要》卷三《雜録》,35頁。

　　②　韓愈:《順宗實録》卷一,《韓昌黎集·外集》卷六,《國學基本叢書》,上海:商務印書館,1958年,7册87頁。

　　③　許孟容:《德宗神武皇帝謚議》,《唐大詔令集》卷一三,76頁;權德輿:《唐德宗皇帝謚册文》,《文苑英華》卷八三五,北京:中華書局,1966年,4404頁。

　　④　《資治通鑑》卷二二五大曆十四年七月條,7263—7264頁。

夏六月甲子崩於百福殿,秋七月己亥上尊謚曰大聖貞皇帝,廟號睿宗①。代宗本人大曆十四年(779)五月辛酉崩,八月庚申羣臣上尊謚曰睿文孝武皇帝,廟號代宗②。但是《通典》卷一〇四全文記載的《元陵謚册文》有:"今龍攢(欑)就啓,厭輅將駕,采鴻儒碩生之議,考公卿百辟之請,僉以盛德大業,匪號謚莫宣,是用虔奉古訓,發揚茂實,謹遣攝太尉某奉册上尊謚曰:睿文孝武皇帝,廟曰代宗。"所謂"龍攢(欑)就啓",也就是在啓殯時。可見定謚時間雖然可以有早晚,但一定要在啓葬前準備好,並獻於靈前,這個時間與漢制的郊天告謚也是大體一致的。

南郊告謚後來在宋朝更被明確,只是時間略早於啓殯。《宋史》卷一二二《禮志》二五記太祖喪開寶九年(976)十月二十日崩,"明年三月十七日,羣臣奉謚號册寶告於南郊,明日讀於靈座前。"從這時到"四月十日啓欑宮",尚有二十餘日。《宋會要輯稿》關於真宗喪禮有"(乾興元年,1022)九月五日,攝太尉宰臣馮拯率羣臣奉謚號册寶告於南郊,翌日奉上於延慶殿,攝中書令宰臣王曾讀册。"③時距真宗喪日的二月十九日已有數月之久,但距九月十八日"啓欑宮"仍有十餘日之多。

②祖遣之際和謚册哀册

《續漢書·禮儀志》在上述太尉南郊告謚後記載到:

　　治禮告事畢,太尉奉謚策,還詣殿端門。太常上祖奠,中黃門尚衣奉衣登容根車。東園武士載大行,司徒卻行道立車前。治禮引太尉入就位,大行車西少南,東面奉〔謚〕策,太史令奉哀策立後。太常跪曰"進",皇帝進。太尉讀謚策,藏金匱。皇帝次科藏於廟。太史奉哀策葦篋詣陵。太尉旋復公

① 參見《舊唐書》卷二《太宗紀》下、卷七《睿宗紀》,62、162頁。
② 《舊唐書》卷一一《代宗紀》,315頁。
③ 《宋會要輯稿》禮二九之二八,北京:中華書局,1957年,1077頁。

位,再拜立。太常跪曰"哭",大鴻臚傳哭,十五舉音,止哭。太
常行遣奠皆如禮,請哭止哭如儀。

如這裏所説漢朝皇帝行祖奠
之際,除奉謚策(册)外,也有
哀册。從已知的謚册、哀册
來看,兩者意義不同,謚册歌
頌、讚美先皇功德;哀册則稱
揚德澤之外,重在緬懷哀悼。
哀册、謚册晉宋以降多見。
唐朝帝王謚册、哀册不但見
於文獻,也從出土文物得到
印證①。由於出土的謚册、哀
册唐朝只有帝王、太子墓得
見,而且是精美的白玉製成,
所以一般的看法是謚册、哀
册乃皇家的專用之物,王公
大臣以下不得使用②。但是
前朝不用玉册而用竹簡,而

圖 9—1. 唐節愍太子謚册

①　按已發現如讓皇帝李憲夫婦、懿德太子李重潤、節愍太子李重俊、惠莊太子李
撝、惠昭太子李寧和前蜀王建、南唐二主李昪、李璟等墓出土謚册、哀册。按關於謚册、
哀册的研究,參見王育龍、程蕊萍:《唐代哀册發現述要》,《文博》1996 年 6 期,51—55
頁;王育龍:《唐惠莊太子李撝墓哀册簡論》,《文博》2001 年 6 期,44—48 頁;並見江川式
部:《唐朝の喪葬儀禮における哀册と謚册——出土例を中心に——》,明治大學《古代
學研究所紀要》5 號,2007 年,3—23 頁。
②　見陝西省考古研究所、富平縣文物管理委員會編著:《唐節愍太子墓發掘報告》,
北京:科學出版社,2004 年,198 頁。

且使用也不止於皇家。據説晉時就有人在嵩高山下得後漢明帝顯節陵竹簡一枚①。《隋書》卷九明謂:"諸王、三公、儀同、尚書令、五等開國、太妃、妃、公主恭拜册,軸一枚,長二尺,以白練衣之。用竹簡十二枚,六枚與軸等,六枚長尺二寸。文出集書,書皆篆字。哀册、贈册亦同。"②説明諸王以下,也有哀册、贈册,且用竹簡。同書卷三七《李穆傳》即有"詔遣牛弘齎哀册,祭以太牢"的記載,可證對大臣確有用之。從上面《開元禮》引文得知,對王公大臣妃主有"册贈"並可以"文兼謚",即贈謚也在内。不過唐代大臣册贈已為紙制的

圖9—2. 前蜀皇帝王建哀册

贈官告身和謚文一類取代,所以哀册、謚册只有皇家(包括皇后、太子)用之,而考古學者也提出,"陵中的玉册,蓋始于唐初"③。

哀册、謚册都是在從啓奠到遣奠的過程中才見到。這一點,南朝也是如此。《隋書》卷八《禮儀志》三載曰:

---

① 見《續漢書·禮儀志》下"司徒、太史令奉謚、哀册"劉昭注,3146頁。

② 《隋書》卷九《禮儀志》四,175頁。又舊題(梁)任昉撰:《文章緣起》稱漢代册書十一種,"之五曰哀册,遷梓宫及太子諸王大臣薨逝用;之六曰贈册,贈號贈官用之;七曰謚册,上謚賜謚用之;八曰贈謚册,贈官并賜謚用之",也可作為參考。《景印文淵閣四庫全書》1478册,210頁。

③ 馮漢驥:《前蜀王建墓發掘報告》,北京:文物出版社,2002年,82—88頁,説見87頁。

陳永定三年(559)七月，武帝崩。新除尚書左丞庾持稱：
"晉、宋以來，皇帝大行儀注，未祖一日，告南郊太廟，奏策奉
謚。梓宮將登轀輬，侍中版奏，已稱某謚皇帝。遣奠，出於陛
階下，方以此時，乃讀哀策。而前代策文，猶云大行皇帝，請明
加詳正。"國子博士、領步兵校尉、知儀禮沈文阿等謂："應劭
《風俗通》，前帝謚未定，臣子稱大行，以別嗣主。近檢梁儀，自
梓宮將登轀輬，版奏皆稱某謚皇帝登轀輬。伏尋今祖祭已奉
策謚，哀册既在庭，遣祭不應猶稱大行。且哀策篆書，藏於玄
宮，謂(請)依梁儀稱謚，以傳無窮。"詔可之。

這就是說，對大行皇帝應在未謚時稱大行，有了策謚就應稱謚。其
中涉及祖前一日告南郊太廟，奏策奉謚，等到遣奠時就要讀哀册，
與漢代略有參差，但時間接近。前揭《元陵謚册文》已提到謚册是
在"龍欑(欑)就啓"時獻上，而《通典》卷八六載《儀注》，在送行之日
"奉寧龍輴"(移動棺車)之時，也有主寶二人於神座前，"以赤黃褥
案進取謚寶。又禮生二人，亦以赤黃褥案進取謚册。禮官授之，並
隨禮官先詣册車安置，其舊寶册準次取置於車"的情況，這說明謚
册和謚寶此前已經獻上放在先帝神座前了，所以除了南郊告謚，還
證明了前揭《唐大詔令集》光陵和莊陵德音所說在太極殿"告諭册
謚寶"的過程。

另外《儀注》在太極門殿庭的"祖奠"與漢代相比只是進讀謚
册，哀册未在此節，但承天門的"遣奠"儀式下實有讀哀册一儀：

太尉以醴齊於皇帝之左跪進，皇帝受醴齊，跪奠於饌
前……皇帝哭踊，禮儀使贊皇帝再拜，諸王、妃、主及在位羣官
等皆哭。禮儀使跪奏"請皇帝少退"，近侍扶皇帝少退於位。
少府監設讀哀册褥於奠東。禮官引册案進，舉册官舉册進至
褥東，西面，以册東向……禮官引中書令進，跪讀册訖，俛伏，
興，退復位。舉册者以授秘書監，秘書監以授符寶郎。皇帝哭

踊，禮儀使奏請皇帝再拜，太尉、羣官、諸王、妃、主皆哭再拜。

讀哀册放在遣奠而非祖奠時，似與晉宋之制更爲接近。

最後一次提到謚册和哀册就是在入葬的過程中。《續漢書·禮儀志》下在司徒"都導東園武士奉車入房（即入墓）下説明"司徒、太史令奉謚册、哀册"，也即謚册哀册是要隨同入墓的。而《大唐元陵儀注》則有梓宫被安置好後，"禮儀官分贊太尉、禮儀使奉寶册玉幣，並降自羨道。至玄宫（按即墓室），太尉奉寶綬入，跪奠於寶帳内神座之西，俛伏，興，退。禮儀使以謚册跪奠於寶綬之西，又以哀册跪奠於謚册之西，又奉玉幣跪奠於神座之東，並退出復位"的奠獻過程。與謚册、哀册一同奠獻的還有寶綬，均被留在墓室之中，它們代表着生死兩世界的聯繫和交接，對葬禮而言是不可或缺的。

可以看出，《大唐元陵儀注》對細節的規定都十分詳實。這裏禮儀使代替了太常，而儀式中常見的太尉或者司空唐朝是由山陵使擔任的（詳下章）。其禮儀程式和操作過程雖與漢儀不盡相同，有些大概是隨從南朝以來的變化，但總體精神仍然一般無二。

③三繆練緋與挽歌挽郎

周禮中，提到了喪葬的柩車用綍（同緋）的問題，並且也説明綍的數量有君（四綍）與大夫（二綍）的不同①。《開元禮》中，反映送葬器物引、披、鐸、翣的内容是在"陳器用"一目中，僅説明官品不同者的數量和式樣。《大唐元陵儀注》中這部分被《通典》放在卷八六《挽歌》中：

> 大唐元陵之制："屬三繆練緋於輼輬車爲挽，凡六緋，各長三十丈，圍七寸。執緋挽士，虎賁千人，皆白布袴褶，白布介幘。分爲兩番。挽郎二百人，皆服白布深衣，白布介幘，助之

① 《通典》卷八六《葬儀》，1341 頁。

挽兩邊，各一綍。挽歌二部，各六十四人，八人為列，執翠。品
官左右各六人，皆服白布褠衣，白布介幘。左右司馬各八人，
皆戴白布武弁，服白襬布，(《通典》原注：襬音屬，謂襬長。)無領
緣，並執鐸。代哭百五十人，衣幘與挽歌同。至時，有司引列
於輼輬車之前後。

綍是牽引柩車的繩索，繆的意思是絞結交叉，三繆練綍應當是三股
交叉的白練制做的引車索。《開元禮》卷一三九《三品以上喪之二》
在送葬日的"進引"條有"執綍者皆入"，意謂將導引棺柩上輀車，接
着在"輀出升車"一條也提到"執披者執前後披，執綍者引輀出"和
"執綍者解綍屬於輬車"。披也是牽挽柩車的，這裏披和綍的區別
只是一在棺車前後，一在兩旁。輀車和輬車(皇帝用輼輬車)都是柩
車，棺柩上路前要從前者移到後者，也即兩車交替之際要牽引繩索。
但是所謂"三繆練綍"是哪裏來的呢？《續漢書·禮儀志》記載曰：

　　　　載車著白系參繆綍，長三十丈，大七寸為輓，六行，行五十
　　　人。公卿以下子弟凡三百人，皆素幘委貌冠，衣素裳。校尉三
　　　〔百〕人，皆赤幘不冠，絳科單衣，持幢幡。候司馬丞為行首，皆
　　　衘枚。羽林孤兒、巴俞擢歌者六十人，為六列。鐸司馬八人，
　　　執鐸先(下略)。

雖然上下數百年之間不乏變化，但就"參繆綍"與唐"三繆練綍"名
稱的相似仍能尋出漢朝蹤影，並且執綍者和公卿子弟也即後代的
挽士挽郎了。

　　挽歌亦自漢魏有之。"羽林孤兒、巴俞擢歌者"當即挽歌。《續
漢志》關於太后喪注引丁孚《漢儀》，也有東漢永平七年(64)陰太后
崩，"柩將發於殿"，天子舉哀而有女侍史官三百人"引棺挽歌，下殿
就車，黃門宦者引以出宮省"之敘。且挽亦作輓，以其在喪車之旁。
《晉書》卷二〇《禮志》中言挽歌來歷(亦見《通典》卷八六)曰：

　　漢魏故事，大喪及大臣之喪，執綍者輓歌，新禮以為輓歌出於漢武帝役人之勞歌，聲（《通典》下有"辭"字）哀切，遂以為送終之禮。雖音曲摧愴，非經典所制，違禮設銜枚之義。方在號慕，不宜以歌為名，除不（"不"字疑衍）輓歌。摰虞以為："輓歌因倡和而為摧愴之聲，銜枚所以全哀，此亦以感衆。雖非經典所載，是歷代故事。詩稱'君子作歌，惟以告哀'。以歌為名，亦無所嫌，宜定新禮如舊。"詔從之。

其中所説"新禮"即曹魏咸熙元年（264）七月，荀顗受司馬昭之命制定五禮，實乃晉禮也①。晉初摰虞在修改新禮時，又加進了挽歌，可見挽歌早已進入朝廷禮制。挽歌《開元禮》雖不見，但唐《喪葬令》"復原20"規定"挽歌者執鐸緋"，而且"鐸依歌人數"。鐸乃挽歌者所持振鈴，應該是有幫着伴奏打節拍的作用，有鐸即意味着也有挽歌，鐸是配合挽歌的。《開元禮》官員送葬的"引輀"一目提到輀車將要移至庭位就有"將引輀，執鐸者俱振鐸，引輀降就階間，南向。初，輀動及進止，執鐸者皆振鐸，每振先搖之，搖訖，三振之"的説明②，則此持鐸者應該就是挽歌者，所以挽歌在《開元禮》實際上也是有的。挽歌在《大唐元陵儀注》中有三個地方出現，一是靈車將出的祖遣之儀，一是上述送葬隊伍之中，另一是到達陵墓和入葬之前。因此挽歌是貫穿整個送葬過程，並且是皇帝葬禮中不可缺少

---

　　① 見梁滿倉：《魏晉南北朝五禮制度考論》第三章《五禮制度化的過程原因及意義》，北京：社會科學文獻出版社，2009年，136頁。

　　② 《大唐開元禮》卷一三九《三品以上喪之二》，第664頁。按挽歌者持鐸，見陳仲夫點校：《唐六典》卷一八鴻臚寺司儀令條注，北京：中華書局，1992年，508頁。並見天一閣博物館、中國社會科學院歷史研究所天聖令整理課題組：《天一閣藏明鈔本天聖令校證——附唐令復原研究》下册復原部分，北京：中華書局，2006年，687—688頁。為方便起見，以下關於《喪葬令》中的條目，仍採取上述《校證》一書所用校勘和復原的序號。其中，《天聖令》中"右並因舊文，以新制參定"的宋令部分，寫作"宋1"、"宋2"等；《天聖令》中列作"右令不行"的唐令部分，寫作"唐1"、"唐2"等；經筆者復原後的唐令，寫作"復原1"、"復原2"等。其内容、排序及校勘復原情況，並參原書，以下不一一説明。

的環節。漢儀和《大唐元陵儀注》均有挽歌,其實是用之象徵或代表全部的送葬儀節。

④吉凶鹵簿

但是有一些内容的來源頗費思考。如《儀注》祖奠之際要在殿庭分設吉幄凶幄,到達陵墓後也提到吉凶二駕和靈駕自吉帷宫向凶帷帳殿的行進過程及鹵簿鼓吹、挽歌振作的諸種儀節,吉駕、凶駕在入葬前顯然是並用的。但這些在古禮和上述《續漢志》中皆未見到。它們産生於何處呢?

《晉書》卷二〇《禮志》中:

> 漢魏故事,將葬,設吉凶鹵簿,皆以鼓吹。新禮以禮無吉駕導從之文,臣子不宜釋其衰麻以服玄黄,除吉駕鹵簿。又,凶事無樂,遏密八音,除凶服之鼓吹。摯虞以為:"葬有祥車曠左,則今之容車也。既葬,日中反虞,逆神而還。《春秋傳》,鄭大夫公孫蠆卒,天子追賜大路,使以行。《士喪禮》,葬有槀車乘車,以載生之服。此皆不唯載柩,兼有吉駕之明文也。既設吉駕,則宜有導從,以象平生之容,明不致死之義。臣子衰麻不得為身而釋,以為君父則無不可。《顧命》之篇足以明之。宜定新禮設吉服導從如舊,其凶服鼓吹宜除。"詔從之。

《通典》卷七九《大喪初崩及山陵制》載晉臣關於皇帝葬儀的討論,文字略有不同:

> 按禮,天子七月葬。新議曰:"禮無吉駕象生之飾,四海遏密八音,豈有釋其縗絰以服玄黄黼黻哉!雖於神明,哀素之心已不稱矣。"輒除鼓吹吉駕鹵簿①。孫毓駁:"《尚書·顧命》,成王新崩,傳遺命,文物權用吉。又禮,卜家占宅朝

---

① 按此句標點原在"新議曰"引文中,但"輒除"云云當是接受此議之後,即《晉志》所云《新禮》原定的情況,故非屬議論中語。

服。推此無不吉服也。又巾車飾遣車,及葬,執蓋從,方相玄
衣朱裳,此鹵簿所依出也。今之吉駕,亦象生之義,凶服可
除。鼓吹吉服,可設而不作。"摯虞曰:"按漢魏故事,將葬,設
吉凶鹵簿,皆有鼓吹。新禮無吉駕導從之文。虞按禮,葬有
祥車曠左,則今之容車也。春秋鄭大夫公孫蠆卒,天子追賜
大輅,使以行禮。又《士喪禮》,有道車、乘車,以象生存。此
兼有吉駕明文。既有吉駕,則宜有導從。宜定新禮設吉服導
從,其凶服鼓吹宜除。"

結合兩處,是古禮"無吉駕象生之飾",且晉朝原來"新禮"亦無吉駕
導從之文。而摯虞明謂吉凶鹵簿是"漢魏故事",改後的禮不但增
加吉駕,且吉駕"設吉服導從",不用凶服鼓吹,"以象平生之容"。
由此可以知道所謂吉凶二駕的來源,並且理解所謂吉帷宮和凶帷
帳殿也是有所本的。吉帷和吉鹵簿顧名思義是生前的用物及儀
仗,凶帷和凶鹵簿卻是皇帝在另一世界的所居及導從;從生至死,
由魄而魂,先吉後凶,前者或者可以體現死者在世的威嚴,而後者
纔是邁入亡靈世界的象徵①。

　　《陳書》卷一六《劉師知傳》載陳高祖崩,"六日成服,朝臣共議
大行皇帝靈座俠御人所服衣服吉凶之制","俠御人"即靈座旁的侍
者。沈文阿認為應服吉服而劉師知卻認為應服縗絰。中書舍人蔡
景歷提出:"雖不悉準,按山陵有吉凶羽儀,成服唯凶無吉",贊成劉
師知意見。但沈文阿反駁中提到:"又檢《靈輿梓宮進止儀》稱:'直
靈俠御吉服,在吉鹵簿中。'又云'梓宮俠御縗服,在凶鹵簿中。'是
則在殿吉凶兩俠御也。"是後徵求左丞徐陵意見,也以為"按山陵鹵
簿吉部〔伍〕中,公卿以下導引者,爰及武賁、鼓吹、執蓋、奉車,並是

---

　　① 關於吉凶鹵簿在喪葬中的使用及其思想意義,並參詳王銘:《亡魂的宇宙圖示:
唐宋喪葬儀制與信仰研究》,清華大學博士學位論文,2011年。

吉服,豈容俠御獨為縗絰邪？斷可知矣。"而劉師知則認為成服後侍靈座與山陵之禮是兩回事,並引王文憲(儉)《喪服》及昭明太子《儀注》以證己論。謝岐也議曰："但山陵鹵簿,備有吉凶,從靈輿者儀服無變,從梓宮者皆服苴縗。爰至士禮,悉同此制,此自是山陵之儀,非關成服。"諸人意見相左,最後雖是從劉師知議,但皇帝山陵有吉凶鹵簿而從御人應分別吉凶之服卻是肯定的。

事實上我們在漢晉以來的王公大臣喪禮中也可以見到類似的"吉凶導從"。《晉書》卷三九《荀顗傳》載荀顗咸熙中"以母憂去職,毀幾滅性,海內稱之。文帝(司馬昭)奏,宜依漢太傅胡廣喪母故事,給司空吉凶導從。"晉武帝朝傅祇葬母,"詔給太常五等吉凶導從"①。安平獻王孚葬,更是給"吉凶導從二千餘人"②。可見吉凶導從也可由朝廷賞賜大臣本人或其親喪。《開元禮》三品以上至六品以下的《陳器用》一目下都有"陳布吉凶儀仗"之說,可見吉凶儀仗,在官員葬禮都已是如此。

因此吉凶鹵簿漢晉南朝均有之,唐朝因之,乃是皇帝葬禮不可少的排場。且與太極殿和陵墓上的吉凶幄殿一起,構成了皇帝葬禮吉凶交接、陰陽更替的全部意向和場景。

⑤桑木栗木神主

《續漢書・禮儀志》還有先皇入葬復土後,嗣皇帝皇后"還宮返廬,立主如禮。桑木主尺二寸,不書謚,虞禮畢,祔於廟,如禮"。《續漢志》注引《漢舊儀》說"高帝崩三日,小斂室中牖下,做栗木主,長八寸","七日大斂棺,以黍飯羊舌祭之牖中。已葬,收主。為木函,藏廟太室中西墻壁坎中"。又說,"高皇帝主長九寸,上林給栗木,長安祠廟作神主(下略)"。桑木神主用在初喪至虞禮,但是祠廟中所藏卻是栗木神主了。

---

① 《晉書》卷四七《傅玄傳附》,1331頁。

② 《晉書》卷三七《安平獻王孚傳》,1085頁。

　栗木和桑木做的神主都在《開元禮》和《大唐元陵儀注》見到。其桑木做的神主也稱虞主是在虞祭以前用。到了祔廟日,要將栗木做的新神主取代舊神主,放入廟室中供奉。前一日要做好各項準備,次日質明即為新做好的栗木神主香湯沐浴,墨書題寫"代宗睿文孝武皇帝神主"。"睿文孝武"是皇帝的謚號,説明栗木神主是要題寫謚號的,但上面仍不書名諱。題寫畢塗上光漆,置於匱中放入座上。至時便要履行一套接送新神主的儀式,將神主從太極殿迎接入廟,接受羣臣"祔謁"。之後轉將神主移放在將要置入的室前行祔饗禮,與其他代表先朝皇帝的各室神主依次在登歌和廟樂彈奏下接受太尉等拜奠,再將新舊神主一一回藏入室。最後,將虞祭以前所用、放有桑木主的匱置於輿,自廟南西偏門擡入,埋入廟殿北簾下兩階之間事先準備好的"坎"中。次日百僚及皇親、諸親導延英門向皇帝行奉慰儀[①]。這一將代表大行皇帝神靈的栗木神主入祔廟室而將桑木虞主葬於廟中的做法,在對待死者"魄"和"魂"的問題上是一個交接。兩種神主似乎代表了對死者靈魂和遺體的不同處理,顯然是體現了漢朝祔廟的基本精神。

　　由以上可以瞭解,《儀注》關於喪禮程序和細節參考古禮漢制,為的是使喪葬程序清楚具體而有所本。通過吸收《開元禮》和漢晉以來逐漸演成的"近代"制度,合以唐朝皇帝喪葬形成的一些做法,《儀注》喪葬程序完全實用化和唐朝化了。而與《開元禮》之重陳設、重器物和程式化不同,《儀注》的特點是通過對整個儀式的過程和參加者應有的行為舉止的相關規定,使之在程序和每一細節上顯得更加清晰,並完全能為執事者所理解和操作。不難想象,這樣的儀節在當時確曾實施,這大大補充了《開元禮》原有葬禮儀式在具體運用上的缺乏,使禮的實用性提高了。

---

① 以上見《通典》卷八七《祔祭》,2375—2380 頁。

(三)開元禮令和唐朝制度的現實依據

《大唐元陵儀注》的撰作雖然與《開元禮》所引古禮及《續漢書》所載漢制關係密切，但也能看到依據現實制度所作的更定。例如《儀注》在述送葬時輼輬車前後的人員時，所用挽士已不由公卿擔當，而是"虎賁千人，皆白布袴褶，白布介幘"，挽郎和挽歌也是"白布深衣，白布介幘"或"白布褠衣，白布介幘"等。而這樣的服飾和類似執事人員也在唐《喪葬令》中見到。今據《唐六典》卷一八鴻臚寺司儀署令、《通典》卷八六《挽歌》及《天聖令》復原的令文（"復原20"）如下：

> 諸引、披、鐸、翣、挽歌，三品以上四引、四披、六鐸、六翣，挽歌六行三十六人，有挽歌者，鐸依歌人數，以下準此。五品（《通典》作"六品"）以上二引、二披、四鐸、四翣，挽歌四行十六人；九品以上〔二引、二披、〕(?)二鐸、二翣。其執引、披者，皆布幘、布深衣，挽歌（按此下當補"者"字）白練幘、白練褠衣，皆執鐸緤。[①]

引、披是用於牽引柩車的繩索，鐸是持在手中能發出聲響的鈴，而翣是扇形棺飾，可以用於障車，又可以柄持之[②]，都是送葬行進中所用。雖然令所規定的引、披、鐸、翣、挽歌數量與皇帝葬事使用不同，但是從與前述《儀注》規模只有大小之別和服飾來看，不能不認

[①]　《天一閣明鈔本天聖令校證——附唐令復原研究》下冊，688、711 頁。

[②]　按引即相當皇帝喪車的"紼"，也即繩索，用於牽引柩車。披也與之類同，僅所繫位置不一。《儀禮注疏》卷三八《既夕》："設披，屬引。"鄭玄注："引，所以引柩車，在軸輤曰紼。"1148 頁。披（讀 bì）繫於柩車兩側，以帛作成。《周禮注疏》卷三一《夏官·司士》："大喪，作士掌事，作六軍之事執披。"鄭玄注引鄭司農曰："披者，扶持棺險者也。"849 頁。《禮記正義》卷七《檀弓上》："孔子之喪，公西赤為志焉。飾棺墻，置翣，設披，周也。"鄭玄注："披，柩行夾引棺者。"孔穎達疏："恐柩車傾虧，而以繩左右維持之。"1285 頁。又鐸為金屬製的響器，而翣為棺飾，狀如掌扇。同書卷四五《喪服大記》："黼翣二，黻翣二。畫翣二。"鄭玄注曰："漢禮，翣以木為筐，廣三尺，高二尺四寸，方兩角高，衣以白布。畫者，畫雲氣。其餘各如其象。柄長五尺，車行，使人持之而從。"1584 頁。

為《儀注》也有參考令的成分。《儀注》重視禮儀的程序和細節，由於皇帝是唯一的，但在官僚社會中，等級又在所有官員之上。因此《儀注》所規定的"虎賁千人"、"挽郎二百人"和"挽歌二部，各六十四人"等內容就體現了至高無上的皇帝規格。

本章前面在討論《國恤禮》來源時，曾指出《隋書·禮儀志》以北齊和隋的《喪葬令》或《喪紀令》代替喪葬禮，説明禮、令的製作有不可分割的關係。《儀注》制定中也是禮、令並用的。《通典》卷五二《喪廢祭議》記"大唐元陵之制"關於"未殯，遇夏至，祭皇地祇，禮官議停祭"的爭論，時監察御史張朔牒禮儀使顔真卿，認為《禮記·曾子問》雖云"天子崩，未殯，五祀之祭不行，既殯而祭"，但按《禮記·王制》，天地、社稷都不包括在內①，鄭注稱"不敢以卑廢尊"，《春秋左氏傳》杜氏注也有"不以王事廢天事"的説法。且禮儀使"牒引《祠令》，'諸饗廟官有緦麻以上喪，不得充饗官'，此盖指私喪，不足為今日之證，請更參詳"。而禮儀使則針對來牒關於《禮記·曾子問》，以鄭玄注"郊社亦然"駁斥張朔，認為天地、郊社祭祀都應當包括在內。並以孔穎達所説"以初崩哀戚，未遑祭祀，雖當五祀祭時，不得行也。既殯，哀情殺而後祭也"和"自啓至於反哭，五祀之祭不行，已葬而祭"來作解釋。認為"此言無事時則祭，有事時則廢。未殯以前是有事，既殯已後，未啓已前，為無事"，故《王制》纔有"越紼（即喪禮）而行事"之言。

但是他又指出，"今百官成服，準《祠令》，諸祀齋之日，平明赴祠所"，也即如果按照上述説法，已成服（既殯已後，未啓已前無事時）就可以赴祭了，但如此卻與《開元禮》"祠前七日，受誓戒，散齋

---

① 按五祀一指祭五行之神。《周禮注疏》卷一八《春官·大宗伯》："以血祭祭社稷、五祀、五嶽。"鄭玄注："謂此五祀者，五官之神在四郊，四時迎五行之氣於四郊，而祭五德之帝，亦食此神焉。"一乃泛指小祀。同書卷五《天官·酒正》鄭玄注引鄭司農云："大祭天地，中祭宗廟，小祭五祀，齊酒不貳。"758、669 頁。

四日，致齋三日。散齋之内，不得弔死問病；致齋之内，唯祀事則行，其餘悉斷"的嚴潔之道相違背。因為"今若斂髮赴廟，則嚴潔之道於是乎廢也。成服而行，則祀典之文可得而踰也"。穿喪服赴祭與祭禮的崇尚嚴潔相違背，並且以哀戚凶穢的程度，大斂怎麼能減於啓葬，總麻也比不得斬衰，這樣看來，"未殯之時，非謂無事；扱衽之祭，可謂不違。況皇帝即位，未告太廟，哀戚在疚，未許聽政，如何告太祖以配北郊乎！參詳古今，實難議祭也。"就是説即使成服以後直至入葬前，郊祀的舉行也是不合宜的。

這裏顔真卿引用《開元禮》規定來説明祀崇嚴潔，不應喪服從祭，及皇帝即位哀戚在疚，實難議祭的道理，從而以不同的方面充分論證了帝喪服内和大行入葬前應廢祭，也同時宣告了皇帝喪事並不卑於天地之祭的立場。所述文字在其書卷三《序例下·齋戒》，實亦為令文，仁井田陞即以之復原為開元七年和開元二十五年令《祠令》①。這説明顔真卿在定皇帝喪葬期内祭祀時不僅以古禮為據，也同時參考了開元禮、令。即不僅重視《開元禮》，開元令文也成為其制定某些儀注最重要和直接的來源。

從以上葬禮的一些内容程序看得出是唐朝獨有而非古禮漢制。實際上即使《國恤禮》取消，一些原本的唐朝制度傳統仍在延續，並沒有隨之完全湮廢。例如下面章節中所要討論的百僚對皇帝的奉慰儀在《大唐元陵儀注》的各個場合與程序中不斷出現，而其書面儀式竟在開元杜有晉的《吉凶書儀》中見到，很可能是在唐朝的格式中仍有保留。又如《通典》卷八七《禫變》載《儀注》關於禫變次日皇帝改服慘吉服有説明曰："淡淺黄衫，細黑絁幞頭，巾子，麻鞋，吉腰帶。伏準貞觀、永徽、開元故事，服此服至山陵事畢，則純吉服。其中間朔望視朝及大禮，並純吉服。百僚亦純吉服。自

① 仁井田陞：《唐令拾遺·祠令第八》三七、三八、三九條，東京：東方文化學院東京研究所，1933年，206—207頁。

後朝謁如常儀。"此所謂"貞觀、永徽、開元故事"也許來自某些格式制敕。雖然今已不甚了了,但唐朝舊制明顯存於這些蛛絲馬跡中。杜佑在同卷《大祥變》引《儀注》下有曰:"謹按《禮》云'大祥素縞麻衣'。又云'縞冠素紕,既祥之冠'。今所司具淺黑紕,此即古之緣冠也。按《禮》云'禫而緣','黑經白緯曰緣',則宜施之於禫。今於大祥服之,蓋從當時宜。"可見顏真卿所定服制,是將古禮與唐朝現實相結合的,並非不切實際的墨守成規。

最後還要討論一個有趣的問題,來村多加史和稻田奈津子都注意到《儀注》在將皇帝的靈柩埋葬之後,有"輼輬車、龍輴之屬,於柏城內庚地焚之。其通人臣用者,則不焚"的說明。此條內容並不見於《開元禮》,亦不見於古禮和漢魏制度,但唐朝現實行之卻沒有疑問。那麼,為什麼承載皇帝遺體的輼輬車、龍輴用畢要在柏城的庚地(西南方位)焚燒掉呢?來村多加史認為不把靈魂運回卻棄置皇陵中是很矛盾的,但是"把應該運載着靈魂的輼輬車燒掉,至少可以認為是表明對被運到皇陵中的靈魂的告別"。而且可能還與《儀注》編撰者明確區分吉禮與凶禮有關,"關於大臣的禮儀暫且不論,皇帝的送終儀式則一定要嚴格區分吉凶之禮。可以說正是那些禮官們的方針創造出了禮儀中的焚燒輼輬車之新禮"[1]。而稻田奈津子則認為裝運遺體的輴車與裝載死者靈魂牌位的靈車有別。《開元禮》卷一三九《三品以上喪》之一"到墓"一目中的官品喪儀中始終有與輴車並存的靈車(筆者按:靈車與輴車同存,也見於《開元禮》同卷的"進引"、"引輴"和"器行序"等目),"從墓地把靈魂搬運回去的是靈車而不是輴車"。靈車與輴車在《元陵儀注》中就分別相當於玉輅和輼輬車,所以"雖然輼輬車和龍輴都被燒掉,但是靈魂照樣能乘坐玉輅回去,所以根本不成問題。"也即燒輼輬車並不

---

[1] 來村多加史:《唐代皇帝陵の研究》,423—424 頁。

代表與靈魂告別，她並且指出靈魂並不具有實際形態的問題[1]。

至於為何要燒掉皇帝的輼輬車，稻田氏提出了"燒毀作為皇帝死亡象徵的輬車是不是為了避免皇帝再次死去"的推測，她還指出燒車對於日本天皇喪禮的影響。但她的話似乎未能對原因解釋透徹。其實，順着這一思路想下去，便很容易得出輼輬車燒毀是忌諱皇帝死亡的結論。天子的輼輬車只能天子用，留着輼輬車豈不意味着預備下一位皇帝的喪禮？但皇帝的死亡是不允許預設的，因此皇帝的輼輬車必燒不可，而這一做法恰可以與玄宗焚去出行路上攜帶的"椑車"相比。這不僅是吉凶的分野，也是帝王與人臣在死亡問題上的最大分別。正如來村氏所說，其答案"即為漢唐陵寢制度的核心"，或言是中古皇帝制度導致的結果，而這種對於皇帝的尊崇和迷信也是《儀注》所必須保留和執行的。

但是相對的"其通人臣用者，則不焚"，應如何理解呢？或認為，這是將官員的內容混入了《大唐元陵儀注》中。大臣官員之死本不在避諱之內；且所用柩車並不是自家臨時打造或改裝，而是從官府或坊間租用借用。《兩京新紀》卷三關於《豐邑坊》的注釋中即有"此坊多假賃輬車送喪之具"的說明[2]，而輬車由供作行經營還可以見晚唐五代的制敕條流。既然是借的當然不會焚燒，這自會造成官員輬車與皇帝所用輼輬車處理不同。但"通"者意為共通，即並非單指官員而是說皇帝與官員共用者可不焚。皇帝和官員的柩車有着嚴格的等級區別，兩者怎麼可能共用呢？輼輬車固不是可以通人臣者。

然而除了輼輬車輬車之外，喪禮還有其他用車。天聖《喪葬

---

① 稻田奈津子：《奈良時代の天皇喪葬儀禮——〈大唐元陵儀注〉の檢討を通じて》。譯文參《日本古代對中國禮制受容的一個斷面》，收入戴建國主編：《唐宋法律史論集》，上海辭書出版社，2007年，329—340頁，說見文章三《輬車、車輿等》，335—338頁。

② 辛德勇：《兩京新記輯校》卷三，西安：三秦出版社，2006年，66頁。按"輬車"二字，作者從福山敏男《校注兩京新記卷第三及正解說》，據《長安志》豐邑坊文增補。

令》"唐3"關於官員喪禮有"諸五品以上薨卒及葬,應合弔祭者,所須布深衣、幘、素三梁六柱輿,皆官借之。其內外命婦應得鹵簿者,亦準此"的規定[1],三梁六柱輿就是一種喪禮用車。而《開元禮》除輀車外又有靈(魂)車和方相(或魌頭)、誌石、大棺車等。皇帝的用車當然更多。可以想見當時會有各種裝載明器物品的車輛和禮儀性、裝飾性用車,這些車輛有可能是從官府機構或民間臨時徵用來而可與人臣共使者,當然不能夠燒掉。這樣來理解,就是除裝載過皇帝遺體的輼輬車和龍輴外,其他用車都是可以不燒的。所以《大唐元陵儀注》應該還是一部單純皇帝喪禮的書。

與輼輬車燒毀有關,稻田氏其實還注意到另一個問題,這就是《通典》諸多儀目在《大唐元陵儀注》的引文之後往往附帶説明官員的情況。她總結其中的內容分為三種,A)《開元禮》中關於官制(官員制度?)的詳細記述;B)引用或謄鈔《開元禮》;C)引用或謄鈔《唐六典》及唐令,而這三類引文中,"並具《開元禮》""餘具《開元禮》"或者"百官以下儀制,具《開元禮》"之類是最多的。由此不難判斷《通典》一書對《大唐元陵儀注》和《開元禮》的態度。即杜佑不但通過《開元禮纂類》將《開元禮》內容全部保留,合為35卷,超過其書禮典100卷的三分之一;而且在凶禮方面,也顯然是將《儀注》和《開元禮》分別作為"國恤"和官員喪禮制度的基本依據,這不僅是用以集中説明官員禮和皇帝禮的兩個方面,也是體現其以《開元禮》為重心的基本格局。杜佑的《通典》作於貞元中,距離《儀注》撰成的時間不過十餘年,其本身對《開元禮》的重視再次證明恢復《開元禮》和開元制度是建中貞元時代的基本取向。

總之,結合以上《大唐開元禮》將古禮和唐朝制度密切結合的做法,可以瞭解唐朝禮、令和之前延續下來的一些制度都是顏真卿

---

① 《天一閣藏明鈔本天聖令校證——附唐令復原研究》下冊,426頁。

最現實的依據。而從《儀注》對古禮和儒家典制的遵守,以及對非儒家典制的排斥來看,《儀注》的製作雖然以現實的制度、具體的儀節充實,甚至對古禮和《開元禮》多少有所改造,卻是為了繼承而非摒棄,《開元禮》和開元制度仍是《儀注》取法的基本精神。至於其中的小小修補,或者也可以說是時代變革之下的一種揚棄或者維新吧!無論如何,喪禮通過儒家喪禮程序體現了嚴格的等級秩序和皇帝的尊嚴,這是《大唐元陵儀注》達到的最大效果。而在《儀注》之後,皇帝喪儀重新進入國家典章的正式規定,中古之"國恤"也終于得以重建和再造,這是《大唐元陵儀注》不可磨滅的貢獻。

三 《崇豐二陵集禮》的推陳出新與元和改禮

《大唐元陵儀注》在關於皇帝喪禮的具體程式上對後世提供了參考,開闢了解決《國恤》缺乏的門徑。但《儀注》與《開元禮》不同,《開元禮》作為唐朝全備的大禮有原則指導意義,而《儀注》卻是針對具體程式。《儀注》本身並不能包羅萬象,也不能解決皇家喪禮的所有問題,加之某些思想觀念已有變化,所以時過境遷,當後來的皇帝死亡之時,又有新

圖 10. 唐德宗崇陵神道華表

的儀注出現。用儀注的方式由有司在皇帝死後預先作出安排，同時又詳細記錄進行的過程，成為後世對皇帝喪禮的常規性做法，這一點從今本《宋會要輯稿》關於宋代皇帝喪禮的記載已經可以推知一二。盡管唐代的這類儀注今天多已不存，但從史料記載中，仍能夠尋求到它們的蛛絲馬跡。《崇豐二陵集禮》（以下也簡稱《集禮》）就是在《儀注》之後另一部成書的皇帝喪禮儀注。

(一)《集禮》的作者及内容變化

《崇豐二陵集禮》，《新唐書》卷五八《藝文志》作裴瑾撰，注明"卷亡。瑾，字封叔，光庭曾孫，元和吉州刺史"。崇、豐二陵是德宗、順宗之陵，故書之性質亦為集二帝喪禮之作。按裴瑾當作裴墐①，柳宗元有《裴墐崇豐二陵集禮後序》，記其始末，説明皇帝喪禮之闕和永貞元和間，德、順二帝在一年内病亡，司空杜黄裳"由太常相天下，連為禮儀使，擇其僚以備損益"，於是河東裴墐以太常丞，隴西辛祕以博士見用。柳宗元稱其書："内之則攢塗祕器，象物之宜；外之則復土斥上，因山之制。上之則顧命典册，與文物以受方國；下之則制服節文，頒憲則以示四方。由其肅恭，禮無不備。且苞並總統，千載之盈縮；羅絡旁午，百氏之異同。搜揚翦截，而畢得其中；顧問關決，而不悖於事。議者以為司空公得其人，而邦典不墮。"最後由"裴氏乃悉取其所刊定，及奏覆於上，辨列於下，聯百事之儀，以為《崇豐二陵集禮》，藏之於太常書閣，君子以為愛禮而近古焉者"②。因此《集禮》也是一部從實用出發的備"損益"之書，是集合了喪禮各个具體環節和制度規定的儀注。

---

① 按此據《新唐書》卷七一《宰相世系表》一上，2214頁。但表言裴墐為吉州長史。
② 《柳河東集》卷二一，367—369頁。

1. 裴堪及其家世淵源

柳宗元序中提到的司空杜黄裳是憲宗朝宰相,他在德宗朝"入為臺省官,為裴延齡所惡,十年不遷,貞元末為太常卿",故德宗去世後任為禮儀使。憲宗初得到重用,時已升為門下侍郎同平章事,順宗去世再以宰相任禮儀使。而由於在元和二年(807)正月即以檢校司空同平章事出為河中節度使,因此柳序中提到他稱"司空"①。杜黄裳再任禮儀使以宰相而兼,在憲宗《豐陵優勞德音》中被稱為"山陵禮儀使"②,時山陵使為老臣杜佑,於德宗、順宗崩兩度任攝冢宰,頗疑主要是借重其名,故杜黄裳也兼主持山陵之務。其屬下之裴堪、辛祕,即是山陵禮儀方面的實際制定與操作者。《舊唐書》卷一五七本傳稱辛祕"少嗜學,貞元年中累登《五經》、《開元禮》科,選授華原尉,判入高等,調補長安尉。高郢為太常卿,嘉其禮學,奏授太常博士。遷祠部、兵部員外郎,仍兼博士。山陵及郊丘二禮儀使皆署為判官,當時推其達禮。"辛氏乃隴西著姓,而辛祕又由《五經》、《開元禮》舉出身。《開元禮》是貞元中新興學科③,辛祕應當是兼有家世傳統和深通古"今(唐)"之學的禮家。

《集禮》的執筆者太常丞裴堪,出身於"河東冠族"的裴氏中眷一房。張說作裴行儉神道碑稱裴氏:"魏晉之代,蔚為盛門。八裴方於八王,聲振海内;三子尊為三祖,望高士族。"④而隋唐以來裴氏中以禮法著稱者也歷見載籍。如裴矩在隋朝,曾與牛弘參定文獻皇后喪禮儀注,並為隋朝興建東都,經略四夷。隋末為竇建德所

---

① 參見《舊唐書》卷一四《順宗、憲宗紀》,卷一四七《杜黄裳傳》,409、414、3973—3974頁;並參《唐大詔令集》卷七七《崇陵優勞德音》,434頁。

② 《唐大詔令集》卷七七《豐陵優勞德音》,434頁。

③ 《唐會要》卷七六《開元禮舉》,1653頁。

④ 張說:《贈太尉裴公神道碑》,《張說之文集》卷一四,《四部叢刊》本,上海商務印書館,1922年。"三子尊為三祖",并參《文苑英華》卷八八三,4654頁。

圖 11. 唐順宗豐陵遠眺

獲，為之"創定朝儀，權設法律，憲章頗備"，唐朝亦任至宰相①。裴守真（或作貞）高宗時代參掌禮儀，《舊唐書·禮儀志》稱高宗時新禮舊儀參互使用，故"禮司益無憑準，每有大事，皆參會古今禮文臨時撰定"，時即有"前後博士賀敳、賀紀、韋叔夏、裴守真等多所議定"。永淳二年（683）二月下詔將以其年十一月封禪於嵩岳，裴守真亦與韋叔夏、輔抱素等詳定儀注②。《新唐書》卷五八《藝文志》載有裴守真《神岳封禪儀注》十卷和《裴氏家牒》二十卷。《舊唐書》卷一八八本傳稱他"尤善禮儀之學，當時以為稱職"；"及高宗崩，時無大行凶儀。守真與同時博士韋叔夏、輔抱素等討論舊事創為之，當時稱為得禮之中"。

以上裴矩、裴守真與裴墰並非出自裴氏一房，但他們的事跡中都有定喪儀事，可見裴氏家族在這方面獨有專長。流傳於世的書

① 參見《隋書》卷六七《裴矩傳》，1569—1584 頁；《舊唐書》卷六三《裴矩傳》，2406—2408 頁。

② 《舊唐書》卷二一、卷二三《禮儀志》一、三，818、889 頁。

儀也能證明這一點。見於記載的唐代書儀至少有三家是出自裴氏。《舊唐書》史臣稱裴矩入唐後,帝"令與虞世南撰吉凶書儀,參按故實,其合禮度,為學者所稱,至今行之"[①]。《新唐書·藝文志》載有裴矩、虞世南撰《大唐書儀》十卷。其他兩家則是裴度及裴茝(裴茝事詳下太子葬儀),所撰應也是吉凶書儀。裴氏書儀是否一脈相傳不得而知,但司馬光《書儀》在私書類的《上尊官時候啓狀》下有説明云:"《裴書儀》僚屬典史起居官長啓狀止如此,無如公狀之式。"[②]將《裴書儀》作為參照及依據。這個書儀雖然具體由哪家作不清楚,但與五代史臣稱裴矩書儀"至今行之"相印證,表明裴氏吉凶書儀至宋代仍為禮家所重。書儀的製作必須有通知古"今"禮儀和禮學的深厚功底,中唐以前的吉凶書儀多由世家大族製作,這證明裴氏家族確有禮學傳統。

　　詩禮傳家也許是門族華盛的根基,而裴墍自身家系尤能彪炳史册。其高祖裴行儉、曾祖裴光庭皆唐名臣。柳宗元序盛讚其家能以禮傳世,特以古人禮學大家中子孫能傳父祖儒業的"昔韋孟以詩禮傳楚,而郊廟之制卒正於玄成;鄭玄以箋註師漢,而禪代之儀卒集於小同;賈誼以經術起,而嘉最好學;盧植以儒學用,而諶為祭法;舊史咸以為榮"來比況裴墍家世,以為:"今裴氏太尉公(高祖裴行儉)以禮匡義,嗣侍中公(曾祖裴光庭)以禮議封禪,祠部公(祖裴積)以禮承大事,大理公(父裴儆)以禮輔東宮。而墍也以禮奉二陵,又能成書以充其闕,其為愛禮而近古也,源遠乎哉!"

　　而柳宗元對裴家以禮輔政的特點看來也非過譽。盡管學者有疑裴行儉娶子婦而"閨門失禮"事[③],然其當代大行或無虧。裴行儉

---

①　《舊唐書》卷六三《裴矩傳》,2408 頁。

②　司馬光:《書儀》卷一,462 頁。

③　盧向前:《唐代胡化婚姻關係試論———兼論突厥世系》,收入氏著:《敦煌吐魯番文書論稿》,南昌:江西人民出版社,1992 年,33—37 頁。

善草書,長於政事,復多立邊功,以"文武兼資"被高宗授為禮部尚書兼檢校右衛大將軍,曾參與"刪緝格式"①。而如果說柳宗元對他的"以禮匡義"還是籠統的說法,那麼裴光庭"以禮議封禪"卻是實有其事。《舊唐書》卷八四本傳稱他於開元十三年(725)封禪之際針對張說請求"欲加兵守邊以備不虞",認為封禪本為告成,興邊役無如請諸蕃君長赴會,其說頗能滲透儒家思想。而張九齡作墓誌亦說他任兵部侍郎後,"存而舉者,悉以咨之。公於是考遺訓,補闕典,〔飾〕蒐苗獮狩之禮,詳施稅簡稽之賦,頒九畿之政,設九伐之刑,以練國容,以精軍實。邊鄙不聳,帝用嘉之"而得拜宰相②,可謂以禮治國的大家。裴光庭還因作"循資格"著名,有《唐開元格令科要》一卷,《搖(或作瑶)山往則》和《維城前軌》各一卷③,後二者被玄宗贈予太子諸王,可知為規諷類書④。裴稹則獨孤及作行狀稱開元中官祠部員外郎,"恪居禮閣,休問惟穆,弘濟之略,固為己任"⑤。裴稹與裴傲事跡雖不甚詳,但能任專掌祠祭的祠部郎及陪侍太子東宮官者,定非懂禮者不能辦。

柳宗元在序中還提到了裴墐的其他親屬:"其伯仲咸以文學顯於世,大理之兄正平節公,以儀範成家道,以文雅經邦政。今相國郇公,其宗子也。郇公以孝友勤勞揚於家邦,遊其門若聞韶護,入其廟如至鄒魯。恩溢乎九族,禮儀乎其門。"伯仲指裴墐兄弟堅、慎、塤等三人,正平節公乃裴稹子裴倩,而相國郇公則是倩子裴均。

① 《舊唐書》卷五〇《刑法志》,2142頁,按《舊唐書》卷六四《經籍志》上、《新唐書》卷五八《藝文志》二有其領撰《永徽留本司格後本》(《新志》無"本"字)十一卷,1495頁。

② 張九齡:《侍中兼吏部尚書裴光庭神道碑》,《文苑英華》卷八八四,4660—4661頁。"飾"字據熊飛:《張九齡集校注》卷一九補,北京:中華書局,2008年,1002頁。

③ 《新唐書》卷五八、卷五九《藝文志》二、三,1497、1513頁。

④ 《新唐書》卷五八《藝文志》、卷一〇八《裴光廷傳》,1497、4090頁。

⑤ 獨孤及:《尚書祠部員外郎贈陝州刺史裴公行狀》,《文苑英華》卷九七二,5114—5115頁。

柳序雖然難免有誇張的成分,但裴氏一族之儒學根底大約是盡人皆知的。其實中眷裴氏知名者還有代宗朝宰相裴冕、裴遵慶及遵慶子向。裴冕、裴遵慶皆是安史之亂後任用的前朝舊臣。裴冕任過玄宗、肅宗山陵使,而裴遵慶尤深通儒學。《舊唐書》卷一一三本傳說他"志氣深厚,機鑑敏達,自幼強學,博涉載籍","敦守儒行,老而彌謹"。並言其"初登省郎,嘗著《王政記》,述今古禮體,識者覽之,知有公輔之量"。其子向則"本以名相子,以學行自飭,謹守其門風。歷官仁智推愛,利及於人",且善治家,"内外支屬百餘人,向所得俸禄,必同其費,及領外任,亦挈而隨之。有孤惸疾苦不能自恤,向尤周給,至今稱其孝睦焉"。裴向任官亦在德宗憲宗朝,與裴埂同時。

因此裴埂能主撰《集禮》確非偶然,柳宗元"則封叔之習禮也,其出於孝悌歟! 成書也,其本於忠敬歟! 由於家而達於邦國,其取榮於史氏也果矣"的總結信非虛論。同時也知道《集禮》作者的家世並不輸於顏真卿,而中唐人包括永貞改革家的柳宗元對於治禮者的家世淵源及儒家理念的延傳仍相當重視,甚至將之看作是《集禮》製作最主要的基礎之一,這一點恐怕在當時也有普遍意義。包弼德在討論"755 年之後的文化危機"時,注意到安史亂後對"道"的探索和需求。指出"開風氣的人大多數來自世家大族(clans),盡管不一定來自最顯赫的支系,他們的文學習慣和對過去的瞭解都受過良好的教育。而他們的工作摧毁了中國中世時代的門閥文化,開啓了一個自覺探索和對觀念進行爭論的時代"。他特別提出在755 年到 820 年之間"出現了一種新的、創造性的、多樣的思想文化",而在他所提到的 770 年前後出生的一代學者中,除韓愈、李翱,即有柳宗元、柳冕和吕溫等人[1]。内柳冕也是著名禮學家,我們

---

① 包弼德(Peter Bol)著,劉寧譯:《斯文:唐宋思想的轉型》第四章,南京:江蘇人民出版社,2001 年,114—153 頁;引文見 116 頁。

將會在下文討論禘祫合祭與太子服喪問題時聽到他的聲音。

柳宗元在其中更是儒家禮儀的提倡者。陳弱水曾對柳宗元將儒道，即儒家思想看作是為政之道和大公之道的觀念予以分析，認為其屬於不同於韓愈、李翱的別派儒士，而思想很具時代的代表性，並認為"從八、九世紀之交開始，中唐儒家復興中既有重振舊儒教的努力，也有創造新儒學的嘗試，可說是一個運動中存在着兩條路綫"①。由這裏看來，柳宗元之所以敏感地注意於《集禮》，並予以極高褒揚，正表明其本人是支持和推崇以儒家觀作為"國恤"——皇帝喪禮主體的，其中包含着重振儒學的努力。而這一點，應該也是中唐禮學家們的共同理念。

2.《集禮》的内容推測

盡管如此，寫在不同時代的《集禮》與《儀注》並不能認為是同樣背景、同樣思想的產物。

《集禮》與《儀注》的相同處，是同為皇帝喪葬而作，也同為禮儀使領導（或親撰）下的產物。既"藏之於太常書閣"以備參考，則實被視作官修禮書。不過《集禮》佚失甚早，馬端臨根據柳宗元說，竟有"然則李義府許敬宗所削、《開元禮》所闕者，墢之書悉有之矣"的評論，但從王溥作《唐會要》、宋祁修《唐書》志於"國恤"略無記載，懷疑其書在王溥、宋祁之世已不存②。

問題是在《集禮》之前，已經有了相當完備的皇帝喪禮著作《大唐元陵儀注》，那麼為什麼已有《儀注》還要修《集禮》呢？

柳宗元序中完全沒有提到前者，但從其所論《集禮》撰作内容方式可以推知是仿照《儀注》，所謂"内之則攢塗祕器，象物之宜；外

① 陳弱水：《柳宗元與中唐儒家復興》，收入氏著：《唐代文士與中國思想的轉型》，桂林：廣西師範大學出版社，2009年，246—289頁；引文見289頁。
② 《文獻通考》卷一二二《王禮考》一七《國恤》，1097頁。

之則復土斥上,因山之制"以及顧命典則、制服節文,也是包括諸如喪葬儀節、棺槨用物,乃至山陵打造,遺誥册謚,服衣制度等等。其內容或比《儀注》更具體細緻而便於操作,惟"苞並"剪裁古今制度、禮家説法,應與《儀注》有所不同。柳宗元説其書修撰内容種種,今固不可能盡知。但相信除了遺詔遺誥和喪禮程序的規定是必有之外,也有一些新的問題是《儀注》所未遇到的,特別是德宗去世,嗣皇帝順宗已重病,而順宗又是作為太上皇去世,兩者喪事客觀上已十分特殊,所以必須有以處置,從史料推測這類問題至少有六。

其一是與在世皇帝最有關係的名分問題。德宗去世於貞元二十一年(805)正月癸巳,太子順宗即位。史載雖然次日"甲午,宣遺詔於太極殿,太子縗服見百官;丙申,即皇帝位於太極殿"①,也即順宗參加了發喪宣遺詔和即位的儀式;但其時順宗已經重病在身,行動極有困難,如何參加喪禮一應祭奠儀式很成問題。《實録》説他"自即位初,則疾患不能言,至四月益甚",故不得不於其月乙巳立廣陵王為太子,七月乙未,"詔軍國政事,宜權令皇太子某(純)勾當"。同年八月讓位於太子憲宗,已稱太上皇,改元永貞。至次年,也即元和元年(806)正月甲申病逝②。據知德宗是在永貞元年十月己酉入葬,從當時的情況推測,不但此前喪禮葬事如何安排實際上已與順宗無關,啓葬和祖遣之際的儀式順宗恐難以參加,全由孫皇帝憲宗做主;而且禮的規定是有嫡子無嫡孫,憲宗代祭的身分、儀式應當如何定奪,或者如以兩位在世皇帝共同名義主祭時應當如何稱呼、署名等都沒有先例可循。更兼順宗如果力疾出席祭奠和送葬儀式,那麼兩位皇帝應當如何排序站位就更要有符合禮儀程序的安排。

而在順宗死後,憲宗辦理的既不是皇帝喪事,而是太上皇喪事,就更少舊規可參循。因為此前代宗朝雖也有為太上皇和皇帝

① 《資治通鑑》卷二三六,7607頁。
② 參見《韓昌黎集·外集》卷八至卷一○《順宗實録》卷三至卷五,8册,1—16頁。

（玄宗、肅宗）相繼舉辦喪事的情況，但其時戰亂甫定，諸事草簡，喪禮儀注未必留下或完全不足徵。而既要辦順宗喪禮，就牽涉應當如何對待太上皇身分及禮儀地位問題，其間的稱呼和儀注一定也頗費思量。實際上，代宗與太上皇玄宗的關係（祖孫）和順宗憲宗的關係（父子）並不一樣，更兼兩者即位一為父死子繼，一則是所謂"內禪"，其間本無可比性。也即代宗在肅宗死時尚是太子，但憲宗卻早就是名正言順的皇帝。最不同的是前一種情況與喪禮舉辦同時尚有宣遺詔和授册寶的兩次即位儀式（詳下章）。後一種情況即位儀式固然不須再舉行，但亦必有相關的喪禮程式安排。順宗崩史料中只見有遷殯於太極殿、發喪的簡單記載，未言及成服和其他，但在《集禮》中，卻是無可迴避的内容。永貞元和承大曆貞元經濟復蘇、政局平穩之後，禮法乃朝廷建立秩序所必須，所以名分和儀式問題也必然成為負責喪事的山陵禮儀使及其所定儀注——《集禮》必須面對和解決的頭等大事。

其二是圍繞血緣關係與名分的服制和衣制。服制和衣制在《通典》記載的"大唐元陵之制"都有規定，除了皇帝之外，皇子們也說得很清楚。其中特別說明："孫為祖齊縗周年，臣為君斬縗三年。今伏準遺詔，皇帝服十三日小祥，二十五日大祥，二十七日釋服，臣下並從釋服。皇孫既是齊縗周年服，禮"有嫡子無嫡孫"，其服並合從皇帝十三日小祥，二十五日大祥，二十七日釋服。釋服後，以慘公服，至山陵時，卻服初齊縗服，事畢即吉服"[1]。"祖"即指代宗皇帝。這裏專門提到皇孫，是預為太子定服制（雖然在儀注制定時，太子名義還不可能定，但其時順宗的承重地位實已明確[2]）。也即德宗的嫡子和其他皇子們按服制應該為代宗服齊縗周年，但事實

---

① 《通典》卷八一《宗室童子為天子服制議》，2210—2211頁。
② 按據《舊唐書》卷一四《順宗紀》，順宗"大曆十四年六月，封宣王。建中元年正月丁卯，立為皇太子"，405頁。

上他們是與皇帝一樣按二十七日釋服，只是服內和舉行葬禮期間都要穿齊縗服而已。

同樣的情況，憲宗在初為德宗服時，身分也衹是皇孫，而且順宗作為嫡子在，憲宗不為嫡孫。何況順宗即位於貞元二十一年正月，憲宗彼時尚不為太子，那麼所服自然只是齊縗。但是憲宗其年四月已為太子，八月即皇帝位，《大唐元陵儀注》規定禫祭後皇帝須服慘吉服，直到山陵之前。憲宗作為太子如果是慘公服，那麼做了皇帝之後是否應改慘吉服？《集禮》對此應如何處理？兩種衣服式樣質地有何區別？到了德宗山陵日，順宗已去世，憲宗成為皇帝且是德宗承重之嫡孫，那麼憲宗為德宗是"服初齊縗服"還是斬衰服？是禮儀使必須弄清且詳作規定的要節。

其三是柳宗元已提到的"顧命典則"即德、順二帝的遺詔和遺誥，以及哀冊、諡號及諡議、諡冊等。前節已説明，哀冊、諡號及諡議、諡冊等為皇帝死後所必上，分別由宰相重臣製作，如《順宗實錄》在貞元二十一年正月條派設山陵諸使後記有："又命中書侍郎平章事高郢撰哀冊文，禮部侍郎權德輿撰諡冊文，太常卿許孟容撰〔諡〕議文。"[1]今德宗諡冊、諡議均見於傳世史料，順宗皇帝的哀冊、諡議亦皆有之[2]。按照規定，哀冊、諡冊都須於啓葬之前獻於先皇帝靈座前，並將冊諡告天，此撰作內容程序或當為《集禮》所記。

皇帝的諡議和諡冊涉及對先皇的評價問題。憲宗於順宗病重之際，雖然借助外朝士大夫和內廷某派之力得立為太子及即位，內裏爭奪卻極為激烈，憲宗至有逼迫之嫌。史傳中也有韓愈初撰《順宗實錄》，説禁中事頗切直；及文宗令路隨削去《憲宗實錄》中永貞

---

[1] 《韓昌黎集·外集》卷六《順宗實錄》卷一，7冊81頁。

[2] 許孟容：《德宗神武孝文皇帝諡議》，元和元年六月《順宗至德大聖大安孝皇帝諡議》，《唐大詔令集》卷一三，76—77頁；權德輿：《唐德宗皇帝諡冊文》、趙宗儒：《順宗至德大聖大安孝皇帝哀冊文》，《文苑英華》卷八三五、卷八三六，4404、4414頁。

內禪的記載①。但《唐大詔令集》卷一三《順宗至德大聖大安孝皇帝諡議》稱頌順宗"天作睿哲,生知大和","明德動天,神化無朕,上虞九廟,下恤兆人,深冀翌月之瘳,大慶即端之祚。於是建冢嫡以發大號,赦天下以壯皇猷";而對於順宗的死,"皇帝悼極憂以致養,痛大數之不延。外遵易月之命,内茹終天之酷;詞不朽於禮諡,旌罔極於孝思。"對於傳位之事及憲宗的孝道大加宣揚。如此不僅美化了父子關係,也將傳位作為睿哲和美德,充分肯定了其對於繼統和民生的意義。

其四是前朝喪禮中不曾發生過的一些問題,例如為早已不知蹤影的德宗生母沈后"下葬"和服喪。沈氏是安史之亂中失蹤的,但是德宗在位期間,一直不停地在尋找沈氏,至死也没有宣布沈氏的死亡。《舊唐書》卷五二《后妃傳》稱:

> 憲宗即位之年九月,禮儀使奏:"太后沈氏厭代登真,於今二十七載,大行皇帝至孝惟深,哀思罔極。建中之初,已發明詔,舟車所至,靡不周遍,歲月滋深,迎訪理絕。按晉庾蔚之議,尋求三年之後,又俟中壽而服之。今參詳禮例,伏請以大行皇帝啓攢宫日,百官舉哀於肅章門内之正殿,先令有司造褘衣一副,發哀日令内官以褘衣置於幄。自後官人朝夕上食,先啓告元陵,次告天地宗廟,昭德皇后廟。上太皇太后諡册,造神主,擇日祔於代宗廟。其褘衣備法駕奉迎於元陵祠,復置於代宗皇帝衮衣之右。便以發哀日為國忌。"詔如奏。其年十一月,册諡曰睿真皇后,奉神主祔於代宗之室。

《資治通鑑》卷二三六亦載永貞元年(805)九月戊辰,禮儀使奏曰:

> 曾太皇太后沈氏,歲月滋深,迎訪理絕。按晉庾蔚之議,

---

① 陳寅恪:《唐代政治史述論稿》中篇《政治革命及黨派分野》,北京:三聯書店,1957年,95—97頁。

尋求三年之外,俟中壽而服之。伏請以大行皇帝啟攢宮日,皇帝帥百官舉哀,即以其日為忌。

此處"中壽"據胡三省注引《莊子》,即八十歲之謂。德宗生於天寶元年(742),至去世時年六十三歲,所以沈氏的年齡也超過八十歲了。沈氏既然德宗在位時多方尋找未果,則確認其死亡應已無疑。褘衣乃皇后禮服,而所謂"造褘衣一副",正是要為之舉行正式的招魂葬禮。此禮見於《舊唐書·后妃傳》記和思皇后趙氏。稱中宗崩,將葬於定陵,議者以韋后得罪,不宜祔葬,於是追諡趙后,"莫知瘞所,行招魂祔葬之禮"。並載其時太常博士彭景直上言:"古無招魂葬之禮,不可備棺椁,置輼輬。宜據《漢書·郊祀志》葬黃帝衣冠於橋山故事,以皇后褘衣於陵所寢宮招魂,置衣於魂輿,以太牢告祭,遷衣於寢宮,舒於御榻之右,覆以夷衾而祔葬焉。"所說以褘衣祔陵寢,正與沈氏事同。於是其年十月"丁酉,集百寮發曾太皇太后沈氏哀於肅章門外",辛丑,"太常上大行曾太皇太后沈氏諡曰睿真皇后"[1],同月"己酉,葬神武聖文皇帝(德宗)於崇陵",十一月"己巳,祔睿真皇后、德宗皇帝主於太廟",同日並祔睿真皇后於元陵寢宮[2]。也即與德宗的葬事同時,為沈后舉辦了虛擬的喪葬之儀。當然沈氏的喪禮從頭到尾也是憲宗主持。

為沈氏喪禮定服制也見於《唐會要》卷三八《服紀》下記載:

> 永貞九(元)年(805)九月,禮儀使奏:"孫為祖母合服齊衰五月,漢魏以來,時君皆行易月之制。皇帝為曾太皇太后沈氏,合五日而除。內外百寮,並令從服,以五日為制。其在興慶宮嘗侍奉太上皇者,十三日而除。"從之。

---

① 《舊唐書》卷一四《憲宗紀》上,412頁。

② 參見《新唐書》卷七《憲宗紀》,207頁;《資治通鑑》卷二三六永貞元年十一月條,7622頁。按《新唐書》作"十一月己巳,祔睿真皇后於元陵寢宮"。則祔寢宮和祔廟似在同時。

此是皇帝和百僚以及太上皇近臣為曾太皇太后沈氏服喪。沈氏是德宗朝的遺留問題，為沈氏舉行喪禮及服喪，不僅是為其生平劃上句號，也因此確定了將之作為大行皇后祔於代宗的身分。憲宗是德宗的嫡系子孫，作出這樣的決定本不奇怪。《唐會要》言此次定服制決定按"孫為祖母合服齊衰五月"，使憲宗為沈氏服"五日"。但這裏的"孫為祖母"其實是曾孫為曾祖母，且曾孫的身分是衆孫而非承嫡者。據《開元禮》卷一三二《五服制度》，"齊衰五月"有"為曾祖父母"一條，同時"齊衰三年"另有"為祖後者祖卒為祖母"一條，注："為曾祖高祖後者，為曾祖母高祖母亦如之。"此時憲宗雖已承位，但順宗仍在世，根據"有嫡子則無嫡孫"的原則①，憲宗不得為嫡曾孫，故仍定按齊衰五月之服而行以日易月之制。

以上禮儀前此未有實行，相關程序和處理方式均由禮儀使策劃，相信也會納入《集禮》。

史書記載中，還有一些內容似也與二先帝和喪禮有關。例如《舊唐書》卷一四《憲宗紀》上於順宗入葬前，記有元和元年三月"壬辰，大行太上皇德妃董氏卒"；五月"辛卯，冊太上皇后王氏為皇太后"；六月"丙申，冊德宗充容武氏為崇陵德妃"。這幾位后妃的授冊或死亡似乎皆在二先帝喪事前後，特別董氏卒及武氏由充容而冊稱"崇陵德妃"，則不知是否關涉陪葬或守陵，頗疑其禮也在禮儀使的制定之下，並且作為附屬，也有可能被記入《集禮》。

其五是喪不廢祭的問題，上述"大唐元陵之制"採顏真卿之説，反對服內和入葬前仍行吉禮的祭祀活動。但是《册府元龜》卷五九一《掌禮部·奏議》一九記貞元二十一年二月乙卯，"（太常卿杜黃裳）奏曰：'《禮》云喪三年不祭，惟〔祭〕天地社稷。《周禮》黃鍾（《韓昌黎集》卷六〈順宗實錄〉卷一作"圜鍾"）之均六變，天神皆降；林鍾

---

① 見《通典》卷八九《為高曾祖母及祖母持重服議》，2446—2447頁。

之均八變，地祇咸出，不廢天地之祭，不敢以卑廢尊也。樂者，所以降神也，不以樂，則祭不成。今遵遺詔，行易月之制，請制内遇祭輟樂，制外用樂。'從之。又奏：'《禮》，三年不祭宗廟，國家故事，未葬不祭。今請俟祔廟畢，復常。'從之。"①這說明德宗(崇陵)的喪事重行喪不廢祭，與《儀注》是不同的。但喪内祭祀只是"惟祭天地社稷"而不行中小祀，且遵行易月之制，制内遇祭輟樂，終制用樂而已，所謂制内當指服喪，二十七日喪制結束，就可以用樂。而且神主祔廟畢，宗廟的正常祭祀也可以照舊。這就是說，一切依"權制"為限約，但將天地、社稷的祭祀立於人主之上。宋朝以後，祭祀的情況仍與《集禮》所定一脈相承，如真宗喪後禮儀院定"應祠祭，惟天地、社稷、五方帝諸大祠，宗廟及諸中小祠並權停，俟祔廟禮畢仍舊"②，則祔廟以前天地、社稷、五方帝大祀不受影響，祔廟以後宗廟及諸中小祠祭祀如常，與《集禮》精神完全一致。

其六即神主祔廟問題。《舊唐書》卷二五《禮儀志》五載永貞元年十一月德宗神主祔廟，禮儀使杜黄裳與禮官王涇等請遷高宗神主於西夾室，其議以為：

> 自漢、魏已降，沿革不同。古者祖有功，宗有德，皆不毀之名也。自東漢、魏、晉迄於陳、隋，漸違經意，子孫以推美為先，光武已下，皆有祖宗之號。故至於迭毀親盡，禮亦迭遷。國家九廟之尊，皆法周制。伏以太祖景皇帝受命於天，始封元本，德同周之后稷也。高祖神堯皇帝國朝首祚，萬葉所承，德同周之文王也。太宗文皇帝應天靖亂，垂統立極，德同周之武王也。周人郊后稷而祖文王、宗武王，聖唐郊景皇帝、祖高祖而宗太宗，皆在不遷之典。高宗皇帝今在三昭三穆之外，謂之親

① 《册府元龜》卷五九一《掌禮部·奏議》一九，7063—7064 頁。
② 《宋會要輯稿·禮》二九之一七，1072 頁。

> 盡，新主入廟，禮合迭遷，藏於從西第一夾室，每至禘祫之月，合食如常。

也即除了太祖、高祖和太宗，其他皇帝都應遵守遷祔次序，因此請求將高宗神主藏於夾室，每至禘祫纔拿出合祭。

按太祖、高祖和太宗為宗廟不遷之主於顏真卿時已確立下來，但顏真卿的宗廟原則更多是出自孝道，並且主要是繼承《開元禮》。杜黃裳加以重複，特別對三帝或受命始封，或開國肇基，或靖亂垂統，所以不遷的理由加以申述，卻是為了強調"祖有功，宗有德"，其中概念其實已被偷換。而如果說高宗神主遷毀的問題還不會遭到太多反對，那麼輪到元和元年七月順宗神主入廟，卻是遇到了"有司疑於遷毀"的大問題。這次的討論是中宗是否應當按"親盡則毀"的原則遷出。中宗嚮被認為是中興之主。但是太常博士王涇認為中宗親盡當遷，並針對"或諫者以則天太后革命，中宗復而興之，不在遷藏之例"的看法反駁說，中宗被武后廢而復立，後來不過是因敬暉、桓彥範等五臣匡輔王室，翊中宗而承大統。此乃子繼父業，母授子位，失之而復得之，可謂與"革命中興之義殊也"。又以中宗於當今皇帝不過六代伯祖，"尊非正統，廟亦親盡。爰及周、漢故事，是與中興功德之主不同，奉遷夾室，固無疑也"。史官蔣武也持相同看法。同月二十四日禮儀使杜黃裳奏"順宗皇帝神主已升祔太廟，告祧之後，即合遞遷"，並請將中宗神主遷於夾室，"於是祧中宗神主於西夾室，祔順宗神主焉"，說明神主遷祔是完全聽從了杜黃裳和王涇關於功德的意見。

關於中宗的遷祔問題，章羣《唐代祠祭論稿》加按語指出："中宗神主之或祔或遷，不在於與睿宗同昭穆，而在於是否為中興之君。此一問題自開元四年(716)提出，至元和元年乃有倡議為百代不遷者，若然，豈非同於高祖與太宗？此猶為次要者。問題之要害，若肯定其為中興之君，豈非顯現則天改朝換代之事實？私以為自玄宗以來,中宗中興之名,一再為大臣否定,實則欲否定武氏一朝之存在,至少欲使之淡化而平其痕跡。"①其所言實為至論,但竊以為杜黃裳和王涇等提倡"祖有功,宗有德"更代表時代對宗廟的理解,意在表明什麼纔是真正的中興。而他們對於帝王的看法,也包括現實中的皇帝。權德輿所作諡册就大大讚揚了德宗在安史亂中"會陝收洛,克殄威命,廓開王塗,是登上嗣"的歷史功績與即位以來的種種德政。許孟容所作諡議更對德宗總結道:"參諸諡法,曰應物無方之謂神,保大定功之謂武,尊仁安義之謂孝,經天緯地之謂文。大行皇帝變化無窮,樞衡在握,神莫過焉;金湯善師,豺狼馴擾,武莫盛焉;承休繼志,永錫不匱,孝莫大焉;輝焯玉度,煥乎黼藻,文莫逾焉。"②證明對於皇帝的評價,是建立在是否建立功業的標準之上的。因而其關於遷中宗神主的議論和決定顯然大有代表唐朝政治導向的意義,應都是此書必予記之的内容。

由以上諸般可見,《集禮》雖然是以儒家學説為根本,卻是與當代政治密切結合的產物,在面臨新問題的同時,有着相當多的新内容和不同以往的解決方式。特別由於順宗以病重即位,憲宗立太子和承位又是在朝廷内外政爭極端激烈的形勢下,其中包含諸多複雜不確定的因素。因此通過新儀注的撰作實施,亦意味着對德宗、順宗乃至憲宗即位正統性與正當性的宣傳和確認;且以德宗、順宗(其實也暗喻正在位不久的憲宗)的"中興"比對中宗,更加體現了帝王應當建立功德、恢復盛世的理想。所以《集禮》不僅是關於皇帝喪葬的禮書,也是當代的政治宣言,這一點,還應當結合永貞元和的改革背景來看。

---

① 章羣:《唐代祠祭論稿》上篇《宗廟與家廟》,臺北:學海出版社,1996年,18頁。

② 許孟容:《德宗神武孝文皇帝諡議》,《唐大詔令集》卷一三,76頁;權德輿:《唐德宗皇帝諡册文》,《文苑英華》卷八三五,4404頁。

(二)《集禮》的修撰與獻、懿別饗

以上推測的是《集禮》修撰所要面對的具體問題,而《集禮》本身的製作恐怕也帶有這一時期禮制改革的特點。《集禮》和《儀注》的製作相隔二十餘年,兩者的製作理念和需求並不完全一致。從《儀注》看,無論喪制、喪禮程式乃至因喪廢祭的規定等都是本於《開元禮》、《禮記》和鄭玄之說,但《儀注》的修撰並不是顏真卿所做的唯一一事,因為它確實給了作為禮儀使的顏真卿一個建立或者重申禮制的機會。在此之後,顏真卿不僅在喪禮以及陵廟册諡、神主祔廟等多建其言,還確定了禘祫禮的祫饗中關於獻祖、懿祖入祭問題。禘祫禮在時祭之外,“三年一祫,五年一禘”,是國家宗廟中的祖宗合祭之禮。而正是這一合祭之禮的爭執與變化體現了建中元和之際《儀注》和《集禮》面對的不同改革背景。

宗廟禘祫涉及立宗廟始主也即以何祖為尊的問題。唐初對此並不明確,武則天時郊天甚至曾以高祖、太宗、高宗三祖同配。但唐朝開元十一年郊祀和《開元禮》,已確立了南郊以高祖獨配昊天,罷三祖同配之禮[1]。寶應元年(762),禮儀使杜鴻漸、員外郎薛頎、歸崇敬上言,以為高祖乃受命之君,非始封之君,不得為太祖以配天地;而太祖景皇帝始受封於唐,“請以太祖景皇帝郊祀配天地”。諫議大夫黎幹則認為太祖非受命之主,郊祀應讓擁天下之强兵、專制海内,有創業建國之功德的高祖配之,為十詰十難,駁斥其說。雖涉及鄭王之學、郊廟之禮,但關鍵仍在於始祖之尊。在後來的辯論中,太常博士獨孤及又以“自古必以首封之君配昊天上帝”,和太祖建封、高祖因之的說法支持太祖之說,最終決定以太祖為宗廟始主並以配天,取得了郊祀與廟享的統一[2]。

---

① 《舊唐書》卷二一《禮儀志》一,821—825頁。
② 參見任爽:《唐代禮制研究》,長春:東北師範大學出版社,1999年,80—82頁。

但無論是以高祖還是太祖配祀，最初都沒有影響宗廟的合祭問題。雖然唐人有"又詳魏、晉、宋、齊、梁、北齊、周、隋故事，及貞觀、顯慶、開元禮所述，禘祫並虛東嚮"的說法，即不立最尊者和主位，但《開元禮》的祫饗和禘饗中皇帝的奠獻都是以年代最遠、輩分最高的獻祖排在前，而以昭穆定先後。即使在寶應元年明確太祖為宗廟之主以後，祖宗合祭的禘祫禮這一崇長敬尊的孝道原則仍沒有改變。

但太祖在宗廟中的尊位問題畢竟開始引起注意。建中二年（781），太常博士陳京等第一次提出禘祫禮之祫饗應以太祖為尊，本來位在太祖之前、已遷除的獻祖、懿祖應別為立廟另祭，或就興聖、德明之廟藏祔[1]。顏真卿卻從敬奉祖宗，"緣齒族之禮，廣尊先之道"和彰國家"重本尚順"之義出發，認為親遠廟遷的獻、懿二祖應當入饗，而作為太廟始封之主的太祖應"暫居昭穆之位"，奉年輩最前的獻祖神主東向為尊[2]。此後在相當一段時間內，唐代祫饗是按照顏真卿的意見為定，實即遵照《開元禮》原則。很值得注意的是，其時唐人的家祭以官品而定，最多不過四廟、五廟，顏真卿卻是主張恢復族祭的，其顏氏大宗碑敘本族西晉侍中、靖侯顏含以下十五代事跡，雖主旨是為揚其家族光輝，"忠義孝悌，文學才業，布在青史，燦然可知"[3]，但充分顯示了他在宗族祭祀上的復古意識和孝道原則，其觀念與皇帝禘祫合祭中以親遠廟遷的獻祖、懿祖入祭且按昭穆敘位是完全一致的。

陳京關於祫饗不應以獻、懿二祖合祭的上疏遭到顏真卿反對

---

[1] 按據《唐會要》卷二二《前代帝王》載"天寶二年三月二十八日，追尊皐陶為德明皇帝、涼武昭王為興聖皇帝，各與立廟，每隨四季月享祭"，500頁。

[2] 《通典》卷五○《禘祫下》，1401—1407頁；《舊唐書》卷二六《禮儀志》六，1000—1001頁，下同。

[3] 《晉侍中右光祿大夫本州大中正西平靖侯顏公大宗碑銘》，《顏真卿集》，120—125頁；引文見124頁。

未行,但事情遠没有結束。貞元七年(791),因太常卿裴郁奏開始了第二次爭議。八年正月,太子左庶子李嵘等七人議,也指出自魏晉南朝至隋相承褅祫以太祖為尊,以為宜復先朝故事,"太祖既昭配天地,位當東嚮之尊。庶上守貞觀之首制,中奉開元之成規,下遵寶應之嚴式,符合經義,不失舊章。"但辯論激烈,意見紛紜。吏部郎中柳冕等十二人"請筑別廟以居二祖",工部郎中張薦認為仍應"並從昭穆之位,而虛東嚮",司勳員外郎裴樞建議"建石室於園寢",同官縣尉仲子陵、左司郎中陸淳(質)、給事中陳京等則均主張附於興聖、德明之廟。至貞元十一年七月十二日敕仍令討論,陸淳(質)奏"太祖之位即正,獻、懿二主,當有所歸",同時批駁諸說,說明當時祔別廟之議已占了上風。至貞元十九年三月,因給事中陳京奏其年褅禮大合祖宗之祭,必尊太祖之位,以正昭穆,由此掀起第三次大議。而最後因戶部尚書王紹等五十五人奏,以德明、興聖廟權設幕屋為二室,暫安神主為定奪。其月舉行權祔饗廟之禮,"自此景皇帝始居東向之尊,元皇帝已下依左昭右穆之列也",別廟祔饗終成定局①。

以上關於獻、懿二祖當褅祫禮如何處置的問題,是牽動德宗一朝人心的禮儀大事。為何如此? 晚唐文德元年(888)四月將行褅祭時博士殷盈孫曾提出"德明等四廟功非創業,義止追封,且于今朝,年代極遥"的問題,要求毀廢②,這一點當然也是德宗朝最終決定四廟褅祫別饗的主因。但宗廟合祭排除二祖,意義卻非同凡響,因為它顯然是代宗朝太祖宗廟尊位認證的繼續。戶崎哲彦分析三次褅祫之爭的關係及意義,指出代宗朝以太祖為尊,取代於羣雄割據中勝出的高祖配天,是基於安史叛亂僭稱帝王,自稱"受命",使唐政權陷入危機的現實,試圖以"始封"即"受命",代替"創業"即

---

① 《舊唐書》卷二六《禮儀志》六,1001—1010 頁。
② 《唐會要》卷一四《褅祫下》,367—368 頁。

"受命"的概念,強調唐朝萬代不易的正統性。對此德宗朝大臣已無異義,區別只在於以顏真卿為首的禘祫尊獻祖派所堅持的乃是傳統的以孝治天下,"家父長制的家族主義國家論的血統原理";而以陳京、柳冕、陸淳(質)所代表的擁太祖派卻是主張公私分離、國廟有別於家廟,提倡至公至德的"實績主義"的國家論,它反映了新春秋學派的思想觀念,其背景則是藩鎮叛亂和朝廷第二次討伐戰爭的"建中之亂"①。不過筆者認為以太祖為宗廟之主也代表後開元時代對古禮精神的復原,而新作法參考魏晉的別廟祔饗,使原來已遷遠祖不列昭穆,以建立和突出宗廟始主的權威地位,實際上是對傳統價值觀的一種維新。其中所要確立和表達的是國家宗廟制度的權威性、正統性和唯一性,由此纔會引起羣儒爭辯的大論戰。

禘祫之議最終以陳京、陸質等人的太祖派取代顏真卿等人的獻祖派,使得唐朝宗廟祭祀的格局有了新的定規,這一點對唐皇帝死後入廟的問題有了極大的啓發和支配性。杜黃裳和王涇等關於遷中宗神主的議論和決定其實也正是從此出發,表現了真正從至功至德的功績出發的思想,因為中宗並無真正的功業而不當作為中興之主的觀點,正是與這種思想相一致。

而裴堳的《集禮》很可能就反映了貞元元和以來春秋學派關於帝王禮的主張,即宗廟中永遠祔而不遷的神主必須是生前對大唐建統和延續真正有過無可替代的貢獻的皇帝,這代表了新一代禮學家一種崇尚功業和更講求實用的國家觀與價值觀,功德是建立權威的基礎,由於強調功德,所以帝王的尊嚴和權威性也進一步得到伸張。當然筆者並不認為,史料記載曾經對王叔文竊權不滿的杜黃裳在學術理念上與陸質等就完全是一回事②,但新時代下二者的帝王觀卻可能沒有什麼不同。特別是《集禮》製作的當時憲宗已

① 戶崎哲彥:《唐代における禘祫論争とその意義》,《東方學》80輯,1990年,82—96頁。

② 《舊唐書》卷一四七《杜黃裳傳》,3973頁。

在為"削藩"和强化中央集權而努力,崇、豐二陵之喪禮舉辦時當憲宗取得權位,號令天下的開始。《集禮》通過喪禮的種種儀注和程序不僅使憲宗即位的合法性被體現,也使憲宗作為"中興之主"的形象開始被樹立起來,它所表達的某些根本理念與《儀注》不同——這應當是作為陸質同道的柳宗元極力吹捧《集禮》而有意不提《儀注》的原因,也是陸質等春秋學派與顏真卿所代表的傳統儒學思想在學術取向上相異之所在。

其實如將陳京、陸質和杜黃裳等主張的國廟和中唐時期士大夫的家廟進行比較,也存在一定的共性。如上所説唐朝的家廟是圍繞士大夫的官品以建立,開元制度已然規定:"凡文武官二品已上,祠四廟;五品已上,祠三廟;三品已上不須兼爵,四廟外有始封祖者,通祠五廟。六品已下達於庶人,祭祖禰於正寢。"到了天寶中,更有"其清官上(正)員四品,清望官及四品、五品並許立私廟"的强調。也就是説,只有到達一定的官品纔可以建立私廟,此即甘懷真所説"唐立廟的資格,完全是依據政治身分"①。這樣的家廟自不同於以往按孝道原則建立的族廟,某種程度上也可認為是以官員本人的功業作為基礎。因此"功德"的意識,並非僅關於國廟,而應當是國家社會公私兼有的共同標準。

筆者在以往的文章中曾經討論過《開元禮》在建中以後以及特別是貞元元和時期得到重視和部分原則被落實的情況②,特別是元和初呂溫《代鄭相公(絪)請删定施行〈六典〉〈開元禮〉狀》提出二書"網羅遺逸,芟翦奇邪,互百代以旁通,立一王之定制。草奏三復,

①　《大唐開元禮》卷三《序例》下《雜制》,34 頁;《册府元龜》卷八六《帝王部·赦宥》五天寶十載正月十一條,1026 頁。並參甘懷真:《唐代家廟禮制研究》第三章《家廟制與身分制度》,臺北:商務印書館,1991 年,35—53 頁;引文見 41 頁。

②　拙文:《禮用之辨:〈大唐開元禮〉的行用釋疑》,《文史》2005 年 2 輯,總 71 輯,110—120 頁。

只令宣示中外；星周六紀，未有明詔施行"，由於"思復開元之盛"而要求對二書"量加刪定"，並請憲宗"特降德音，明下有司，著為恒式，使公私共守，貴賤遵行"①。狀雖上於元和，但可以知道其時朝廷對於恢復開元盛世和"刪定施行"《開元禮》的企望。

從這裏出發，筆者曾經提出以往關於建中和貞元元和的改禮都應當在力圖恢復和落實《開元禮》的思想基礎上共同考慮，但是現在看來，建中貞元時代和元和以後還是有一定區別。建中初戰亂甫定，顏真卿等儒學之臣是以恢復舊日禮儀為主的，因此在《儀注》中體現的主要是《開元禮》原則，即使有所改革，仍不離儒學傳統，這種傾向基本在貞元末以前仍在繼續。但是從貞元後期開始改革的幅度變大，其時更需要的是對大唐禮儀重加檢討。不但禘祫如是，從將呂溫所作狀的題目稱為"刪定施行"來看，其內容也已經具備了對《開元禮》的批判精神。

不少學者都指出，貞元元和的學術和學風總體趨新。姜伯勤先生注意到貞元元和的變禮趨勢與禮儀的儀注化、庶民化、日用化等問題，提出貞元、元和時期是一個變禮迭出、儀注興革的變化紛陳的年代②。吳羽討論韋彤撰《五禮精義》，也注意到貞元十四年正月中，令有司修葺太宗昭陵陵寢，牽涉到寢宮是否可以遷移山下，以便修造的問題，時韋彤以"歷代禮書及國朝故事，未見有不可移改之禮"，及"大道以變通則久，聖人以適時為禮。今陛下孝思所切，營建惟新，是則通於神明，豈伊常情所及"而支持將寢宮遷移，表現了趨新的意識。但吳羽指出這種趨新，"不是置傳統學術於不顧的一味趨新，不是事事以現行禮儀為準的的趨時，而是在承繼家學、博覽羣經、精研制度的基礎上對禮儀制度背後蘊含的象徵意義

---

① 《文苑英華》卷六四四，3306頁；並見《呂和叔文集》卷五，《四部叢刊》本。
② 姜伯勤：《唐貞元、元和間禮的變遷——兼論唐禮的變遷與敦煌元和書儀文書》，黃約瑟、劉建明編：《隋唐史論集》，香港大學亞洲研究中心，1993年，222—231頁。

進行重新闡發，是在新的歷史情景下根據自己的研究心得提出新的看法和應對措施，目的是通過對禮儀意義的強調，起到尊崇王室，重建王朝權威，維持社會秩序"的作用①。當時的禮書如王涇《大唐郊祀錄》、王彥威《元和曲臺新禮》等其實也都有這類特色，它們大量引用開元、天寶以後的制敕格式，王彥威在元和十三年八月的上疏中説自《開元禮》制定後的九十餘年中"法通沿革，禮有廢興"，而自己的書"所集開元以後至元和十三年奏定儀制，不惟於古禮有異，與開元儀禮已自不同矣"②，顯然也是以改革和維新為標榜。

所以無論是禘祫之議還是《集禮》，恐怕都不無變革的成分，也都有着與韋彤説法相似的特點。所謂"庶上守貞觀之首制，中奉開元之成規，下遵寶應之嚴式，符合經義，不失舊章"的説法，與其説是有意抹煞三者之間的差距和矛盾，不如説體現的是一種新舊"折衷"的意識和改革逐步實現的過程。其真實的意圖其實就是建立一種新的權威和秩序，一種批判性的道統，以更加有效地實施皇朝統治，這當然也是當代與政治意向相關的學術動態。總之《儀注》和《集禮》雖然主旨意向是皇帝喪禮，但分別成就於不同時代、年輩有別的禮學家之手，所以在傳統的繼承與改革之間，代表了建中貞元和永貞元和不同時段之内思想與政治理念，它們其實也具備了時代風向標的意義。

盡管如此，產生於不同時代的兩部皇帝喪禮儀注也並非没有共同之處。二書都是真正的儒學著作，是屬於國家制度的朝廷正

① 吳羽：《今佚唐代韋彤〈五禮精義〉的學術特點及影響——兼論中晚唐禮學新趨向對宋代禮儀的影響》，武漢大學中國三至九世紀研究所編：《魏晉南北朝隋唐史資料》25輯，武漢大學文科學報編輯部，2009年，153頁。按修茸陵寢事，見《唐會要》卷二〇《陵議》，461—463頁。

② 《唐會要》卷三七《五禮篇目》，783頁。

禮,是着意體現中央集權和皇帝形象的產物。創作者也都是有着家世淵源和深厚儒學素養的禮學大家。柳宗元在序中指出《集禮》針對唐開元(實為顯慶)制禮,大臣諱避去《國恤》章的製作目的,與《儀注》是同樣的。二書的意義都在於以具體籌劃和記錄當時皇帝喪事而打破唐前期臣子不得豫帝王凶事的禁忌,重新恢復唐初以來已經不在著錄的凶禮《國恤》之儀,強調國家禮制中的儒學傳統,從而補充《開元禮》,以顯示喪事中"邦國殄瘁"的皇帝威儀,使唐後期朝廷的皇帝喪禮有所依據和參照。不僅如此,兩書同樣注重細節問題,因此禮儀的實用化目的是非常突出的,唐代後期的皇帝葬禮儀注應該説在這兩部書中得到了完全的體現。特別是《集禮》,由於要面對皇帝即位中以往不曾遇到的特殊政治問題(如太上皇與皇帝的權位交接、先朝的沈后喪禮),其儀注往往必須就事論事而針對性極強,這必然使之脱離對前代禮學的困惑和糾纏,表現得更為靈活和現實。換言之,在皇帝喪禮儀注上更注意實際操作而不做理論辯解,這無疑給後世開了好頭。

　　《儀注》和《集禮》的製作,使皇帝喪禮儀注的"國恤"得以恢復和再造,也因此使以儒家禮儀作為國家葬禮實踐指導的原則得以申明和延續。金子修一先生曾提出《儀注》作為德宗再建唐朝儀禮意識以及"首屈一指"地實現平穩環境中皇位繼承的體現,"不會是用於一次的便覽,而是作為能夠傳承給下一代的、具有典範性質的儀注來制定的"觀點[1]。而《集禮》猶體現了中唐禮學家對"儒道"即正統儒家國家觀的堅持,這對於後來朝代的皇帝葬儀始終有着極其重要的示範作用。事實表明,受唐朝皇帝喪禮儀注的影響,北宋以降按照儒家程序製作的皇帝喪禮儀注已經常化,關於喪禮舉辦的經過也更加翔實完備,保留在歷朝國史會要中,形成真實的國恤

---

　　①　金子修一:《圍繞〈大唐元陵儀注〉的諸多問題》,64頁。

禮記錄。從宋代的情況可知,這些喪禮儀注由太常禮院或禮儀院
"準禮例"即時而定,其製作顯然是本着《大唐元陵儀注》或者《崇豐
二陵集禮》的方式,但更具細節的規劃,而無概念性的争論。同時
由於儀注的製作各朝大同小異,蕭規曹隨,所以完全結束了皇帝葬
禮無本可依的狀況,也徹底解決了大臣不可言帝王凶事的尷尬。
如果說鄭樵在《通志》"大喪及山陵制"中,除個別地方照抄《通典》
的《大唐元陵儀注》外,還未敢越出兩漢史志和晉宋史家論列的雷
池一步①;那麼馬端臨的《文獻通考》卻已經是毫無懸念、堂而皇之
地將"國恤"作為皇家喪禮的名稱和主目,不僅對上古乃至唐宋皇
帝的葬事山陵無所迴避,還在"國恤喪禮"中以"發哀"、"舉臨"、"神
帛"、"大斂成服"、"立銘旌"、"禁樂"、"停祭"、"殿攢至百日"和"告
哀外國及外國弔祭"等目實實在在地建起了"現當代"皇帝的喪禮
綱要,而他的國恤之考卻正是以顏真卿的《元陵儀注》為開端的②。
由此可見,作為國恤主體和中古儒家形式的皇帝喪禮儀注正是在
唐代後期建立完備,並且形成常態。就這一點而言,《儀注》和《集
禮》的貢獻功不可沒。

---

① 《通志》卷四五《禮略》四,北京:中華書局,1987 年,597—602 頁。
② 《文獻通考》卷一二二《王禮考》一七《國恤》,1097—1105 頁。

第二章　家國之制——皇帝
（后、太子附）喪葬禮的舉辦

　　上章探討了《國恤禮》的來源和《大唐元陵儀注》製作的理論依據問題，本章則是關於皇帝和包括皇后、太子在内的喪葬禮的實際舉辦。

　　本章仍以研究皇帝喪葬為主。按照《大唐開元禮》與《大唐元陵儀注》的原則規定，我們可以將喪葬禮分為喪禮和葬禮的不同程序。而喪禮部分，又可以分為從始喪到大斂成服的殯禮，和成服以後服喪而直至啓殯準備入葬之前的兩個階段。至於葬禮則是從啓殯之後的送葬直至入墓和祔廟，為第三階段。這三個階段，分別向我們提出了不同的問題。第一個階段，體現出的是皇帝即位典禮和喪禮的轉換與協調；第二個階段，體現的是以日易月的喪儀權制與三年喪制的意義和關係；而在葬禮的第三階段卻是大行皇帝的葬儀如何在行進的往還過程中向百姓展示。本章將以此三問題作為核心及綫索，並將唐宋制度加以對比，進行深入討論。其中唐宋皇帝的兩重喪制及其與宗教的關係問題乃是皇帝喪禮制度最具標誌性的體現，是中古社會前期與後期長期演變過程中的產物，給我們提供了思索的空間。

　　皇后及太子的喪葬雖然記載不多，但無論是服制抑或是祔廟都成為身份性的標誌，相關問題在中晚唐時代常常伴隨着朝廷複雜的政治關係而被凸現出來，反映了社會觀念性的變化，同樣是非常值得關注的禮儀現象。

一　皇帝喪儀舉辦中的一些問題

以往關於皇帝禮儀的研究，最重視的莫過於即位典禮，但是，新皇帝的即位與先皇帝的喪禮是同時舉辦的。西嶋定生在參照了《後漢書·安帝紀》和《續漢書·禮儀志》的記載後提出，漢代皇帝的即位是由天子即位——皇帝即位的二階段所組成，前者屬於凶禮的柩前即位，後者雖也是柩前即位，但屬於奉讀先帝策命（遺詔）後皇帝接受璽綬的嘉禮①。繼而尾形勇對唐朝皇帝即位禮加以考察，將“傳位”（先皇死後即位）與“禪位”兩種情況加以區分，也認為漢唐傳位之禮可分為凶禮的柩前即位（第一次即位）和嘉禮的授册寶（第二次即位）兩個階段，並注意到唐朝皇帝的兩次即位之間，有從大明宮移向太極殿的過程②。但之後松浦千春又對是否存在“天子即位”和“皇帝即位”的二重性格提出了質疑，認為“天子即位”不過是對《後漢書·禮儀志》“尚書·顧命”一段文字的解讀之誤。漢以後即位儀禮的宣告遺詔和授册、寶（璽）其實都是皇帝即位，是皇帝即位禮的兩個階段③。金子修一在此基礎上進一步考證唐朝皇

①　西嶋定生：《漢代における即位儀禮——とくに帝位繼承のばあいについて場合》，《榎博士還曆記念東洋史論叢》，東京：山川出版社，1975 年，並收入《中國古代國家と東アジア世界》，東京大學出版社，1983 年，93—113 頁。

②　尾形勇：《中國の即位儀禮》，收入井上光貞等編：《東アジアにおける儀禮と國家》，《東アジア世界における日本古代史講座》9 卷，東京：學生社，1982 年，21—48 頁。

③　松浦千春：《漢より至る唐に帝位繼承と皇太子——謁廟の禮を中心に》，《歷史》80 輯，1993 年，63—82 頁；《唐代后半期の即位儀禮について》，《一関工業高等專門學校紀要》28 號，1993 年，224—214 頁。

帝的二次即位禮及其具體内容,確認了從皇帝起居、崩御的大明宫向太極殿遷柩、移仗的事實。指出第一次即位是通過宣讀遺詔發布太子即位的宣言,同時任命攝冢宰,而第二次即位即是一般與大斂和殯禮大致同時舉行的授冊寶。由於在被授與冊書之前新帝仍是皇太子,因此即位禮儀的中心還是授與冊、寶的第二次即位①。

圖 12. 唐高祖獻陵華表

但是這樣一來,就存在着喪禮與皇帝的即位儀式如何統一和協調一致的問題。誠如金子修一所考定的那樣,皇帝的兩次即位都是伴隨喪禮一道進行。吉凶程序的結合與凶禮、嘉禮儀式轉換之間的細微之處是最值得關注的内容,與此相關,唐宋之際二次即位的授冊寶被淡化和取消,其間變化顯然不無合理因素。

---

① 金子修一:《唐の太極殿と大明宮——即位儀禮におけるその役割について》,52—64 頁;以上介紹並參見黃正建譯,金子修一撰:《日本戰後對漢唐皇帝制度的研究》一文中"關於即位儀禮",《中國史研究動態》1998 年 2 期,18—19 頁。同人相關研究又有:《唐の太宗・肅宗等の即位について——讓位によゐ即位の手續きの檢討》,《中國古代の位儀禮の場所について》,分見《山梨大學教育學部研究報告》46 號(1995 年,22—33頁)、49 號(1998 年,20—31 頁);《即位儀禮から見た皇帝權利》,《唐代史研究》8 期,2005 年,70—86 頁;及氏著《中國古代皇帝祭祀の研究》八、九章,東京:岩波書店,2006年,431—584 頁。最近他的《漢唐之際遺詔的變遷及意義》,(《中華文史論叢》2012 年 1期,總 105 期,第 147—179 頁),研究了漢唐及南北朝遺詔的類型、内容及政治意義。

(一)喪禮的吉凶轉換與二次即位的唐宋變革

唐朝皇帝喪禮的實際舉辦程序與《開元禮》和《大唐元陵儀注》的規定非常一致,也就是由喪入葬。而喪禮的初始部分,要經小斂、大斂、和殯禮成服的過程。這個初始部分最引人注目。人們常常注意到的是顯慶、開元二禮對凶禮的取消,但是殊不知在凶禮取消的同時,本屬嘉禮的即位禮也同樣不存在了。因為如果有嗣位的嘉禮,也就意味着其中的一大部分(少數由太上皇傳位)必須因先皇的死亡而得。翻開《開元禮》,可以見到嘉禮只從"皇帝加元服"和"納后"開始,就知道嘉禮的皇帝即位儀也在迴避之列。

圖 13. 唐睿宗橋陵遠景

因此先皇帝的去世凶禮與嗣皇帝的即位嘉禮恰恰形成一對矛盾,儀式的尷尬就從這裏産生。從《續漢書·禮儀志》的記載已得知,皇帝的即位本就混在凶禮的小斂、大斂和成服之中。既然兩禮需要在幾乎同一時間中進行,那麽,具體的兩次即位過程和小斂、大斂時日如何安排,以及吉凶儀式之間如何轉換便值得斟酌。不弄清這一點很難對其中的意義有所理解,雖然以往學者對此進行過諸多研究,但其中的某些程序和變化仍有必須再説明和探討之處。可以看到,唐代的吉凶儀式往往同日舉行,但後期也出現了即位和成服不在一日的情況。而宋代淡化授册寶的第二次即位儀,禮儀更加趨向實用,亦使吉凶間的轉換更加簡便和順理成章。

1. 三日斂服與二次即位

根據《大唐元陵儀注》,皇帝始死後有沐浴更衣飯含,接着就是小斂、小斂奠與大斂、大斂奠以及成服停殯之禮①。按照前揭《大唐開元禮・三品以上喪》的規定,小斂是在“喪之明日”,而“大斂之禮,以小斂之明日”。又“成服”之下説明是“皆除去死日數”的“三日成服”②,即大斂的次日成服。而《大唐元陵儀注》則基本與之相同,只是成服儀式更與大斂同日完成。《元陵遺制》有“喪不可久,皇帝宜三日聽政”語③,表明三日之内大斂成服必須結束。而事實上後來不僅大斂與成服同時完成,即受册一般也置於同日。册書大都以先皇口氣寫成,意思是於“屬纊”之際將國家神器交付太子,故也稱之為“顧命册”④。史載代宗是大曆十四年(779)五月辛酉(二十一日)崩於紫宸之内殿,次日“壬戌(二十二日),遷神柩於太極殿,發哀”,至癸亥(二十三日)德宗遂受册於太極殿,自其父去世

---

① 《通典》卷八四《沐浴》、《含》、《小斂》,卷八五《小斂》、《小斂奠》、《大斂》、《大斂奠》、《殯》,2267—2268、2270、2284—2285、2298、2301、2305—2307頁。
② 《大唐開元禮》卷一三八,657頁。
③ 《通典》卷八〇,2169—2170頁。
④ 見《册府元龜》卷一一《帝王部・繼統》三穆宗條“正月丙午宣顧命册”即遺册,120頁。

乃三日①。穆宗崩於長慶四年(824)正月壬申(二十二日),《册府元龜》卷一一《帝王部·繼統》三記曰:

> (敬宗,穆宗長子,長慶)四年正月癸酉(二十三日),即帝位,時年十六。以門下侍郎平章事李逢吉攝冢宰,其日移仗西宫,發哀於太極殿。分命攝太尉告天地、社稷、太清宫、太廟。丙子(二十六日),帝即位於太極殿東序。册曰,云云(下略)。於是中書侍郎平章事牛僧孺讀册進册,門下侍郎平章事李逢吉宣制進寶,太常少卿馮宿導引乘輿,刑部尚書段文昌率百寮奉誠辭。

敬宗也是在其父崩亡的次日發哀並即位,但不是第三日而是第四日再即位受册寶,兩次都是在"移仗西宫"之後。這裏並没有述及受册與成服的關係,但從發哀到受册亦爲三天,而從《大唐元陵儀注》反映受册和成服是在一天(詳下)。這種情況還有其他例證,如《舊唐書》卷三《太宗紀》下有貞觀二十三年(649)"六月甲戌朔,殯於太極殿",卷四《高宗紀》同日便是"皇太子即皇帝位",僅説法不同耳。《資治通鑑》將"文宗始大斂,武宗即位"一併寫在開成五年(840)正月辛卯②,《舊唐書》卷二〇下《哀帝紀》也有天祐元年(905)八月"丙午,大行皇帝大殯,皇太子柩前即皇帝位"的記載,説明嘉禮的二次即位受册寶與凶禮的大斂成服應在同一天。

不過有一點也是需要明確的,就是皇帝大斂和殯禮的三日原則與古禮並不完全相同。《禮記·王制》曰:"天子七日而殯,七月而葬;諸侯五日而殯,五月而葬;大夫、士、庶人三日而殯,三月而

---

① 參見《舊唐書》卷一一《代宗紀》,315頁;《唐大詔令集》卷一《德宗即位册文》;並參金子修一:《唐の太極殿と大明宫——即位儀禮におけるその役割について》,58—59頁。

② 《資治通鑑》卷二四六開成五年正月條,7944頁。

葬。"①但是唐前期只有《太宗遺詔》和《高宗遺詔》宣稱"七日便殯"，《神堯（高祖）遺詔》則是"屬纊之後，三日便斂"，《睿宗遺誥》也是"屬纊之後，三日便殯"②。史載太宗死於終南山翠微宫，靈柩雖然需從所在運回京城，但自崩至發喪至殯於太極殿，前後僅用六日，且這一點於兩次即位並無影響。《資治通鑑》記太宗貞觀二十三年（649）五月己巳（二十六日）崩，"乃秘不發喪。庚午（二十七日），無忌等請太子先還，飛騎、勁兵及舊將皆從。辛未（二十八日），太子入京城，大行御馬輿，侍衛如平日，繼太子而至，頓於兩儀殿。"之後有"壬申（二十九日），發喪太極殿，宣遺詔，太子即位"和"六月，甲戌朔（初一日），高宗即位，赦天下"的記載③，説明從發喪宣遺詔到受册寶的兩次即位實際也是在三日之內。兩《唐書》和《册府元龜》關於高宗即位都只有六月甲戌的一次④，《資治通鑑》的記載可推測是源於《實錄》。且正如金子修一所論，這裏兩次即位都是在太極殿，後來遂形成慣例。

三日殯古為士禮，但是睿宗以後似乎已經形成共識，《明皇遺誥》、《肅宗遺詔》乃至《元陵遺制》精神一致，晚唐懿宗、僖宗仍用三日。只是德宗以後，三日的原則並不盡行遵守，皇帝大斂和二次即位的時間多為四至八日不等。《册府元龜》卷一一説憲宗死的次日辛丑穆宗即位，壬寅移仗西宫，發哀於太極前殿，則即位宣遺詔似與發哀分為兩次，不知是否與憲宗的非正常死亡有關。憲宗和宣宗都是其死後七日嗣皇二次即位，則大斂成服有可能也是七日，仍符合天子七日而殯的原則。最多者是武宗為文宗舉辦喪事，自喪

---

① 《禮記正義》卷一二《王制》，1334 頁。

② 參見《唐大詔令集》卷一一《遺詔上》、卷一二《遺誥》，66—68、72 頁，下同。

③ 《資治通鑑》卷一九九貞觀二十三年，6267—6268 頁。

④ 《舊唐書》卷四《高宗紀》上，67 頁；《新唐書》卷三《高宗紀》，51 頁；《册府元龜》卷一〇《帝王部·繼統》二，113 頁。

至殯禮成服竟達十一日。

文宗大斂何以如此遲延？原來武宗之立本不正常。文宗本以陳王成美為皇太子，文宗暴疾，"宰相李玨、知樞密使劉弘逸奉密旨，以皇太子監國"。但兩軍中尉仇士良、魚弘志矯詔迎立武宗，"上之立非二人（指樞密使劉弘逸及薛季稜）及宰相意"，故不僅陳王成美、安王溶及文宗楊賢妃皆被誅，宰相李玨、楊嗣復也被貶出朝①。可見皇帝其時與宦官沆瀣一氣，着意剷除朝廷和宮中異己，根本顧不上文宗喪禮。《資治通鑑》卷二四六記時"諫議大夫裴夷直言期日太遠，不聽。時仇士良等追怨文宗，凡樂工及內侍得幸於文宗者，誅貶相繼"。裴夷直再上言亦直接提出武宗"未及數日，屢誅戮先帝近臣，驚率土之視聽，傷先帝之神靈，人情何瞻"的問題，仍不被採聽，以致造成了大斂成服的時日"非禮"。

按照三日而殯的原則，皇帝受冊與大斂同日，而喪禮發哀也應與小斂同日。例如上述太宗喪事，如果將六月甲戌作為大斂成殯的時間，那麼前推三日的五月壬申便是小斂的時日。事實上唐後期從玄宗到敬宗（順宗除外）的八帝即位多是本着先皇去世的次日宣遺詔、發哀的原則，不過在正常情況下，發哀時棺柩已經從大明宮移於太極殿，如前述代宗即是如此，穆宗亦是如此，這個時間恰當小斂。也即無論是否為先皇實行三日而殯，第一次的即位都可以當作是與小斂時日相符。因此如果承認皇帝第二次即位與大斂同時，那麼第一次即位與小斂的關係也應該明確。小斂這一日的重要儀節是宣遺詔。《大唐元陵儀注》在小斂儀中，除了設百官位次，還有"二王後、三恪"等位，就是由於通過宣遺詔正式報告先皇的死亡和喪禮的開始，也意味着向所有臣民莊嚴宣告新皇登基。

---

① 參見《舊唐書》卷一八上《武宗紀》，583—584 頁；《資治通鑑》卷二四六會昌元年三月條，7949—7950 頁。

　　小斂、大斂與即位的時間一致,並行不悖,符合所謂"柩前即位"而無妨吉凶悲喜間的過渡與轉折,似乎也是一種最合理的安排。只是從穆宗始,皇帝即位與先皇喪事多是在不正常的情況下舉行的,有時宣遺詔已不待小斂的舉行,而是常常在先皇崩的當日即宣遺詔面羣臣,以圖盡快獲得合法地位。甚至大斂與第二次即位也不一定在一起,文宗於敬宗崩的第三日進宮,當日有"百官謁見江王於紫宸外廡,王素服涕泣"的記載,此即相當於他第一次即位面見羣臣了。第二次即位受寶册是敬宗死第五日(寶曆二年十二月乙巳)在宣政殿,而次日(丙午)纔又赴太極殿成服①,也與立法的規定不甚相合。結合殯斂時日不等的情況,説明皇帝喪禮往往根據實際需要改變日期,而並不一定完全依照禮制或者"故事"。

　　皇帝初喪時的宣遺詔如果是從新皇即位的角度予以理解固然是没有問題的,但這個時候皇帝是第一次與大臣見面,顯然有一起宣洩悲痛和接受大臣弔唁(慰哀)的含義。譚蟬雪注意到《資治通鑑》卷一九九記貞觀二十三年五月"壬申,發喪太極殿,宣遺詔,太子即位"下有"四夷之人入仕於朝及來朝貢者數百人,聞喪皆慟哭,翦髮、劗面、割耳,流血灑地",指出反映了少數民族獨特舉哀方式②。無獨有偶,同書卷二二二也即玄宗崩次日,"上(肅宗)以寢疾,發哀於内殿,羣臣發哀於太極殿。蕃官劗面割耳者四百餘人"。這個發哀乃小斂日,蕃官劗面割耳也説明此正當宣告喪事,君臣痛悼先帝之時。所以以往論者關於第一次即位屬凶禮的看法是正確的。上述江王(文宗)有"素服涕泣",宣宗則是"及監國之日,哀毀

_____

　　① 參見《資治通鑑》卷二四三寶曆二年十一月條,7852—7853 頁;《舊唐書》卷一七上《文宗紀》上,522—523 頁。
　　② 譚蟬雪:《敦煌民俗——絲路明珠傳風情》第四章《喪葬儀俗(上)》,蘭州:甘肅教育出版社,2006 年,325 頁。

滿容,接待羣僚,決斷庶務,人方見其隱德焉"①。此時家國無主,需要盡快明確嗣皇帝身分以主持喪事,哀痛、慰問的含義多過慶賀,喪禮的性質是主要的。

　　根據不同情況,大臣最初謁見新皇帝的所在有時是在殿的外廡或殿門,如代宗是"(寶應元年建巳月,四月)丁卯,肅宗崩,元振等始迎上於九仙門,見羣臣,行監國之禮"②;順宗則因"大行發喪,人情震懼"而"力疾衰服,見百僚於九仙門"③;而武宗由仇士良統兵迎於少陽院,先是以太弟身分謁見百官於東宮思賢殿,待文宗崩的同日即宣遺詔④。雖然史料對其中過程並沒有多少渲染,但似乎仍能見出南朝之際孝子"位東階下"接待賓客弔唁的演化,只

圖 14. 割耳剺面——敦煌莫高窟 158 窟北壁西側涅槃經變中的各國王子舉哀圖

是這時候並非一定在太極殿所在地,與第二次即位的授册寶主要體現新皇登基的嘉禮意義也是不一樣的。

① 《舊唐書》卷一八下《宣宗紀》,613—614 頁。
② 《舊唐書》卷一一《代宗紀》,270 頁。
③ 《舊唐書》卷一四《順宗紀》,405 頁。
④ 《舊唐書》卷一八上《武宗紀》,584 頁。

图 15. 割耳劈面——新疆克孜爾 224 窟後甬道前
壁荼毗圖綫描

　　由於皇帝舉辦喪禮,如金子修一所説有從大明宮向太極宮的
過程,這就是史料中常見的"移仗西内",為此亦有大明宮留守(或
留後)的設置。如元和元年(806)正月順宗喪事,以右僕射伊慎為
大明宮留守[①]。《册府元龜》卷一一《帝王部·繼統》三記穆宗即位,
元和十五年正月"壬寅,移仗西宮,發哀於太極前殿……以太子少
保嚴綬充大明宮留守"。敬宗長慶四年正月癸酉即帝位,"其日移
仗西宮,發哀於太極殿"。文宗即位也"命移仗西内,以太子太保趙
宗儒為大明宮留後"。唐朝置"留後"或"留守"大多是主官不在代
理其事或為之看守,所以大明宮留後、留守應當是皇帝不在宮中纔
有的。皇帝的"移仗",是不是表示皇帝是因守喪居停於太極宮,所
以大明宮纔須有"留守"之設呢? 聯繫前面曾論及《大唐元陵儀注》
關於小祥變和大祥變中都涉及將作監對太極殿倚廬和堊室之搭建

---

① 《舊唐書》卷一一四《憲宗紀》上,414 頁。

和拆毀，則皇帝在喪中應該是先居廬後改堊室的，只不過居住時間僅限於大祥以前。

但是，《册府元龜》同卷又記憲宗元和十五年正月庚子（二十七日）崩，穆宗閏正月丙午（三日）即位於太極殿東序，"丁未（四日），集羣臣於月華門外"，"戊申（五日），上見宰臣於紫宸門外"，至其月辛亥（八日），"上始御延英對羣臣"，月華門、紫宸門、延英殿都是在大明宫，這說明從憲宗崩的第八日以後皇帝主要的活動已轉回大明宫，可見即使先皇停靈的太極殿上（或旁）有臨時搭建的"倚廬"，皇帝也不會一直住到大祥，至少德宗以後對此不一定照辦。不過穆宗御延英殿對羣臣距離憲宗喪已有十餘日。穆宗正月壬申（二十二日）崩，敬宗在"羣臣五上章請聽政"並表示"從之"後，於二月辛巳朔（初一日）"縗服見羣臣於紫宸門外"[1]，也表明真正入正殿行事是應該有一過程的。

根據金子修一的考證，皇帝即位的同時有告祀郊廟社稷之禮，如《册府元龜》卷一〇《帝王部·繼統》二載太宗"即位於東宫顯德殿，遣兼太尉司空裴寂柴燎告天於南郊"，玄宗即位告天之外，還恢復了傳統的謁廟。但以上的即位都是禪位性質，唐後期所見的告祀都是先皇去世嗣位，發生於在第一次即位之後[2]。同上書卷一一《繼統》三載穆宗在移仗西宫，發哀於太極殿後有"命攝太尉告天地、社稷、太清宫、太廟"，敬宗亦是如此，在此之後纔進行第二次即位的授册寶，説明不告祀不能受册。其實，不僅是皇帝即位受册，皇后、太子受册原則上也都要告郊廟，北朝和隋以來的制度皆如此。《開元禮》皇后及太子受册皆有"告圜丘"、"告方澤"和"告太廟"，意即告天地、告廟，其均屬嘉禮。皇帝册禮也應如之，且當與

---

① 《舊唐書》卷一七上《敬宗紀》，507頁。

② 金子修一：《中國古代皇帝祭祀の研究》第八章《中國古代の即位儀禮と祭祀·宗廟》，東京：岩波書店，2006年，474—561頁。

唐前期一脈相承。惟多一"社稷",而唐後期更兼太清宫。《文苑英華》卷四二〇《大中十三年十月九日嗣登寶位赦》有"大明宫留守及緣國慶告郊廟太清宫行事官,三品以上賜爵一級、四品以下加一階","國慶"者,是明確將即位告郊廟、太清宫作爲嘉禮。

　　但皇帝的受册,既有禪位、讓位受册,也有拜受先皇遺命,後者則與喪禮連在一起。而置於發哀之祭的告祀仍有表明新舊交接之意,其報告先皇去世的内容或也有之。憲宗初爲代宗睿真皇后沈氏舉行喪禮及祔廟諸儀,也提到"先令有司造褿衣一副,發哀日令内官以褿衣置於幄。自後宫人朝夕上食,先啓告元陵,次告天地、宗廟"[1],帝、后發哀日告祀天帝、宗廟看來已形成制度。至宋代仁宗舉辦真宗喪事,在禮院關於喪葬程序的規劃中,有"準禮例,合差官奏告天地、社稷、太廟、諸陵"[2],至仁宗去世,甚至發生過"英宗即位未改元,命翰林學士王珪等九人以大行皇帝崩告天地、社稷、宗廟及景靈宫、集禧、建隆、醴泉觀;又命龍圖閣直學士韓贊等九人分告即位"的情況,即將告祀分别吉凶而進行。《宋會要輯稿》説明"治平四年亦如例",則表明神宗也秉此執行[3]。這樣看來,唐朝發哀日的告祀也應認爲并未完全脱離凶禮。唐後期從德宗開始,皇帝多是在即位次年的正月(懿宗以後又改爲十一月冬至前後)實行改元、郊廟親祭和大赦[4],也許這纔是代表新皇統治的真正開始。

　　順便要書一筆的還有皇帝的即位大赦。漢代皇帝即位同時即有"大赦天下",唐朝皇帝即位的赦在前揭金子修一論著中也已有

<hr>

①　《舊唐書》卷五二《后妃傳》下,2190頁。
②　《宋會要輯稿·禮》二九之一七,1072頁。
③　《宋會要輯稿·禮》一四之三七《羣祀》,605頁。
④　金子修一:《唐後半期の郊廟親祭について——唐代における皇帝の郊廟親祭その(3)》,《東洋史研究》55卷2號,1996年,324—357頁。

充分研究。由於唐朝皇帝也有因"内禪"而承位的,因此即位赦並不一定都與喪葬聯繫在一起。唐前期只有高宗是在舉辦喪禮和第二次即位的同日即"赦天下",詔中有"大行皇帝奄棄普天,痛貫心靈"之類的表述,明顯地體現出與喪禮的關係。中宗第一次即位似未及頒赦,睿宗代立,方"大赦天下,改元文明"①。中宗死溫王重茂即位,也是同時頒赦。唐後期即位赦往往頒布於除服之後,代宗以下大都如是。雖如《代宗即位赦》還不免有"皇祖之哀未釋,閔凶之罰奄鍾,攀號罔極,若無天地"一類的陳詞②,但多數的即位赦都不再提到喪禮。這説明即位赦不屬喪禮程序,它更多地體現新皇即位頒新政萬象更始的意義,並往往與皇帝"御丹鳳門"聯繫在一起。而從《唐大詔令集》所載即位赦來看,其主要内容不外以下幾項:一,赦免大辟罪以下,"已發覺未發覺,已結正未結正,繫囚見徒,常赦所不免者,罪無輕重,咸赦除之"③。二,左降官及流人放還及量移;三,内外文武官加官賜爵;四,功臣及官員父母的封贈官蔭;五,放免賦税及百姓逋欠,六,對前朝積弊提出改革。因此大赦主要顯示新皇德政,但頒赦的本身亦不能認為與葬事完全無關。宋朝以後,仍採用在即位之後立即頒赦,頒赦與即位成為不可分割的兩個程序。

2. 吉、凶二使的設置與東西換位

與皇帝居喪及舉辦喪事有關,有攝冢宰和山陵使的設置。山陵使主持喪葬事務,與禮儀等使並設,共同完成停殯、入葬、祔廟等喪葬諸儀,本書將在下章專予探討。而攝冢宰與山陵使任務不一。冢宰乃古官名,相傳伊尹曾以三公攝冢宰,使百官總己以聽之;周公於成王"諒闇"時亦曾攝冢宰。《資治通鑑》卷二三九胡三省注曰:"唐

---

① 《舊唐書》卷六《則天皇后紀》,116頁。
② 《唐大詔令集》卷二《代宗即位赦》,9頁。
③ 《唐大詔令集》卷二《順宗即位赦》,9頁。

中世以來,天子崩,置攝冢宰倣古者。百官總己聽於冢宰之制,然非能盡行古道也。"但攝冢宰實則前期已有之,同書卷二〇八言中宗"上居諒陰,以魏元忠攝冢宰三日"。唐朝後期,其設置遂經常化。

　　攝冢宰名義是在皇帝"諒闇"期間統領百官,總理政務,如《冊府元龜》卷一一《帝王部·繼統》三載肅宗崩,代宗"以侍中苗晉卿攝冢宰,於太極殿鐘樓之東張幄視事,百官以聽"。攝冢宰以前朝最有資格和威望的重臣充當。不少攝冢宰都是在"遺詔"中即任命的,所以他們的攝任基本上是與皇帝死亡同時,而在新皇初即位就被宣布了的。其在任時間很短,大致皇帝一旦親政,攝冢宰之職即自動停止,所以事實上只有幾日的名義,並非真有權力。例如《幽閑鼓吹》一書説苗晉卿"及德宗(按當作玄宗或肅宗)昇遐,攝冢宰三日"[1],這是按照三日聽政原則。當然皇帝親政時間亦有不同,不一定只是三日,而且計算的時間不一定從崩日起。如順宗崩於元和元年正月甲申,至第八日辛卯,羣臣縗請求憲宗聽政[2]。敬宗崩於寶曆二年十二月辛丑,文宗同月乙巳即位於宣政殿,"丁未,宰臣百寮上表請聽政,三表許之"[3]。時自即位三日,而距敬宗崩也已有七日。很值得注意的是,自代宗、德宗以降,唐後期的皇帝親政須在即位或成服後由宰相群臣累表上請,愈來愈演為"故事"[4]。則攝冢宰時間是否受此影響,還值得研究。

　　史料記載表明,從玄宗直至僖宗喪事都設置了攝冢宰(詳附表2)。攝冢宰雖然更多是一種名義,但除了幫助"諒闇"期間的皇帝處理政務外,在皇帝即位的禮儀中也可以見到他們的身影。如《冊

①　(唐)張固:《幽閑鼓吹》,北京:中華書局,1958年,28頁。

②　《舊唐書》卷一四《順宗紀》,414—415頁。

③　《舊唐書》卷一七《文宗紀》,523頁。

④　代宗、德宗以降聽政上表參見《舊唐書》卷一一《代宗紀》,269頁;《文苑英華》卷五九九,3107—3113。

府元龜》卷一一《帝王部·繼統》三記十五年正月辛丑穆宗即位,以司徒兼中書令韓弘攝冢宰,其時即命攝太尉,告天地、社稷、太清宮、太廟。由於吉凶不能嚴格區分,所以在《開元禮》的嘉禮中,見不到本應有的皇帝即位儀式。但如上所言,作為嘉禮吉儀的即位儀式其實在史料中仍有保留。其授冊寶的具體過程,可見《冊府元龜》同卷記載的文宗即位儀:

> 〔寶曆二年(827)十二月〕乙巳,帝御宣政殿即位。諸衛各勒兵屯諸門,黃麾大仗,陳於殿庭。押冊寶自西階下,文武羣官入就位。侍中板奏,請中外嚴辨(按當作"中嚴外辦")。帝出自序門,服具服遠遊冠、絳紗袍,執笏,就中間南向位立定。冊使宣云:"伏奉太皇太后令,江王即皇帝位。"禮儀使奉請再拜,舉冊官奉冊就皇帝前,攝中書令、司空兼門下侍郎平章事裴度進讀曰,云云(下略)。讀冊〔畢?〕,稱賀。帝受策,以授左右。侍中進寶,帝受寶,以授左右。又奏請改服袞冕,即御座,受萬方朝賀。殿中監進鎮珪,內高品承旨索扇。開,帝正袞冕,負扆南面。侍中就升御座之右,西南立,符寶置於御座前。羣官在位者皆再拜。攝太尉、兵部尚書段文昌進當香案前,跪奏曰:"我國家奄宅萬方,光被四表,大行皇帝丕承祖業,嗣唐配天。伏惟皇帝陛下敬之哉!"百寮皆再拜。攝侍中、門下侍郎平章事竇易直承旨,臨階西向稱:"有制。"在位者皆再拜。宣云:"顧以薄德,嗣守鴻業,祇奉詔命,感懼良深。"在位者皆再拜。侍中奏禮畢,帝降座,御輦還宮。

這是皇帝即位最完整規範的儀注,其中授冊寶的程序仍有漢朝遺意。儀式在大明宮宣政殿舉行,有警衛儀仗和百官入位、皇帝自即位到儀式完畢還宮的全部過程,包括時任攝冢宰的裴度讀冊,侍中進寶,萬方朝賀,皇帝改服升御座,攝太尉、兵部尚書段文昌獻誠詞,攝侍中、門下侍郎平章事竇易直宣皇帝答語等。從始至終,皇帝都是吉服參加儀式——只不過是從即位前諸王服的"遠遊冠、絳紗袍、執笏"到宣册受寶後換上天子服的衮冕。

　　但是,皇帝在宣政殿即位的情況並不是很多,而是多在先皇停靈的太極殿,並且是在同一天舉行。如其如此,那麼吉凶轉換之間究竟如何處理呢? 這裏涉及攝冢宰的作用,有一個問題需要弄明白,即在衆多的攝冢宰中,只有郭子儀和杜佑有兼山陵使的名義①,所以基本上可以肯定二職不兼理。但皇帝即位儀式中,除了攝冢宰,有時也見到山陵使。《册府元龜》同卷記代宗於寶應元年(762)建巳(四)月"己巳,即皇帝位於兩儀殿。初,有司陳御座於殿之中間,帝號泣,遜不敢當,哀感左右。有司乃徙坐於殿之左个,然後從之。百辟卿士洎南北軍仗衛萬餘人,咸呼萬歲。左僕射攝太尉裴冕升殿,跪上誡〔詞〕曰:'我國家奄有四海,惟天下君。伏惟皇帝陛下敬之,以揚累聖之丕烈。'羣臣再拜呼萬歲"。這個上誡詞的裴冕就是當時的山陵使,顯然充當了即位儀式的權威角色。

　　穆宗是由"中書侍郎同平章事令狐楚奉册"而後即皇帝位,敬宗是由"中書侍郎平章事牛僧儒讀册進册,門下侍郎平章事李逢吉宣制進寶",兩皇帝的即位都是在太極殿。令狐楚和牛僧儒分別是穆宗、敬宗兩朝的山陵使或山陵禮儀使(見附表7.)。而李逢吉和裴度的身分一樣,也是攝冢宰,説明這個明確皇帝身分的標誌性"樞前即位"禮儀也是由攝冢宰、山陵使與禮儀使共同主持完成的。攝冢宰幫助嗣皇帝理政,本應屬於"陽"的世界即吉禮部分,這是從屬於"新"的;而山陵使為先皇打造山陵卻屬於料理"陰"的世界即凶禮部分,這是從屬於"故"的,兩者相克,那麼為何會都在新皇即位禮儀上出現? 這是不是説明代宗、穆宗、敬宗的即位與同時的喪禮——大斂成服無法斷然區分呢?

---

　　① 《舊唐書》卷一二〇《郭子儀傳》,3465 頁;《韓昌黎集・外集》卷六《順宗實錄》卷一,7 册87 頁。

為此不妨再讀讀《大唐元陵儀注》關於"大斂"、"大斂奠"和"殯"也即成服的規定。上面已說明，"大斂"其實是將先帝尸身和某些隨身陪葬品入棺的儀式。在"大斂"和"大斂奠"之後，接下來便是殯禮和成服。此儀《儀注》有"既大斂，內所由執龍輴左右綍，引梓宮就西間"，以下便是儀式進行，所以"殯"和成服與"大斂"、"大斂奠"是一氣呵成。而此禮除了將梓宮外圍再加裝飾、完成"欑事"之外，最主要的就是由吉服換凶服——縗裳。儀式說明原來梓宮是"入陳於殿西階下，至時，司空引梓宮升自西階，置於大行皇帝西"，並最後"引梓宮就西間"；明顯是在太極殿殿堂的西部，靈幄也是坐西朝東，說明儀式是在殿的西部舉行。而"引梓宮升自西階"也即引導安置梓宮的司空，就是《大唐元陵儀注》其他處所說的"太尉司空山陵使"之一——檢校司空、平章事兼山陵使崔寧。

再如仔細觀察一下史書中的寫法，就會發現相對於棺木所在的西邊位置，如同朝日升起的新皇帝一定會站在殿的東邊面西。《資治通鑑》卷二〇九景龍四年（景雲元年，710）六月甲辰條載少帝讓位於相王即有"少帝在太極殿東隅西向，相王立於梓宮旁"。所以如果即位儀式也在太極殿舉行，就應在殿之東部。《冊府元龜》卷一一《帝王部·繼統》三記穆宗是在元和十五年正月"丙午，即皇帝位於太極殿東序"，而敬宗亦同樣是即位於"太極東序"[1]。因此相對於大行梓宮在西的殯禮，皇帝的即位嘉禮應在東，符合太陽升起和日落的方向。

但是由於即位和大斂成服分別記載，兩者的關係僅從文字並不能分辨。所以最後的問題仍然是，如果同一天舉行，那麼應該是凶禮在前還是吉儀在前呢？從《續漢書·禮儀志》關於漢朝皇帝喪禮的規定來看，是在大斂安放梓宮和哭奠之後，"羣臣皆出，吉服入

---

[1] 《資治通鑑》卷二四三長慶四年春正月庚午條，7831頁。

會如儀",由太尉履行讀策和授皇太子(即嗣位皇帝)"傳國玉璽綬"之禮,並在皇帝將玉具、隋侯珠、斬蛇寶劍等象徵權力的器物予太尉,"告令羣臣,羣臣皆伏稱萬歲。或大赦天下"等一系列儀式之後,纔是"羣臣百官罷,入成喪服如禮"[1]。也就是大斂和成服被分為兩部分,中間是即位的吉儀。

　　唐代的情況如何,没有明確記載,但按照漢制將兩儀結合在一起也是有可能的。可以推斷,當即位禮結束後,皇帝和羣臣仍應當是換穿喪服的,因此頗疑也應該是實行大斂,棺木等放置西間一切就緒,然後行柩前即位授册寶,成服本應在即位禮之後實行。當然吉凶二禮參加者不同,即位禮參加者只是文武百官,而凶禮則包括婦女在内的皇帝内外親族以及内官。另外從吉服到喪服的轉換是個很麻煩的過程,我們不知道顏真卿面對這個問題如何處理。那麽,會不會即位時皇帝與羣臣已經著素服而不再像漢代那樣"吉服入會如儀",而在即位後就可以舉行成服的儀式? 在這一方面,史料記載没有特别的說明,但文宗於即位禮的次日纔舉行成服或者可以給我們一些啓示,就是説皇帝的即位禮還是要穿吉服。由於文宗是在即位的次日纔成服於太極殿,與即位的宣政殿分屬西東兩宫,因此,兩次儀式時間、地點都絶不會衝突。皇帝到次日再脱去吉服,換上凶服,順理成章,也許,他就是為了更方便地實行吉凶間的轉換纔採取了這一辦法吧?

　　無論怎樣,由於大斂成服的時間往往可以因種種緣故拖長,所以與即位儀式恐怕也就不一定同步了,這種分開的趨勢與宋代以後第二次即位程式被取消顯然是一致的。

---

①　《續漢書·禮儀志》下《大喪》,3141—3143 頁。

附表 2. 唐朝後期的攝冢宰

大行皇帝	崩逝時間	攝冢宰	任命時間	史料來源
玄宗	寶應元年（762）建巳（四）月甲寅（5日）	苗晉卿	寶應元年建巳（四）月丙辰（7日）	《資治通鑑》卷二二二。
肅宗	寶應元年建巳（四）月丁卯（18日）	苗晉卿	寶應元年建巳（四）月庚午（21）日	《舊唐書》卷一一三《苗晉卿傳》，《册府元龜》卷一一《帝王部‧繼統》三。
代宗	大曆十四年（779）五月辛酉（21日）	郭子儀	大曆十四年五月辛酉（21日）（遺詔）	《資治通鑑》卷二二五，《唐大詔令集》卷一一《代宗遺詔》。
德宗	貞元二十一年（805）正月癸巳（23日）	杜佑	貞元二十一年正月丙申（26日）	《舊唐書》卷一四七《杜佑傳》，《册府元龜》卷一一《帝王部‧繼統》三。
順宗	元和元年（806）正月甲申（19日）	杜佑	元和元年正月乙酉（20日）	《舊唐書》卷一四《憲宗紀》上。
憲宗	元和十五年（820）正月庚子（27日）	韓弘	元和十五年正月辛丑（28日）（遺詔）	《舊唐書》卷一五六《韓弘傳》，《新唐書》卷八《穆宗紀》。
穆宗	長慶四年（824）正月壬申（22日）	李逢吉	長慶四年正月癸酉（23日）（遺詔）	《新唐書》卷八《敬宗紀》，《册府元龜》卷一一《帝王部‧繼統》三。
敬宗	寶曆二年（827）十二月辛丑（8日）	裴度	寶曆二年十二月癸卯（10日）	《資治通鑑》卷二四三。
文宗	開成五年（840）正月辛巳（4日）	楊嗣復	開成五年正月辛巳（4日）（遺詔）	《舊唐書》卷一八上《武宗紀》，《册府元龜》卷一一《帝王部‧繼統》三，《唐大詔令集》卷一二《文宗遺詔》。

大行皇帝	崩逝時間	攝冢宰	任命時間	史料來源
武宗	會昌六年(846)三月甲子(23日)	李德裕	會昌六年三月甲子(23日)(遺詔)	《資治通鑑》卷二四八,《唐大詔令集》卷一二《武宗遺詔》。
宣宗	大中十三年(859)八月庚寅(7日)	令狐綯	大中十三年八月庚寅(7日)(遺詔)	《舊唐書》卷一八下《宣宗紀》,《唐大詔令集》卷一二《宣宗遺詔》。
懿宗	咸通十四年(873)七月辛巳(18日)	韋保衡	咸通十四年七月辛巳(18日)(遺詔)	《舊唐書》卷一九上《懿宗紀》,《資治通鑑》卷二五二。
僖宗	文德元年(888)三月癸卯(6日)	韋昭度	文德元年三月癸卯(6日)宣遺詔	《舊唐書》卷二〇上《昭宗紀》,《資治通鑑》卷二五七,《唐大詔令集》卷一二《僖宗遺詔》。

3. 二次即位儀式的淡化和取消

五代的皇帝大都是因緣際會,亂世建國奪位,但這並不妨礙一些即位禮儀仍然作為常行慣例被繼承了下來。《資治通鑑》卷二七五記天成元年(926)四月莊宗被亂兵所殺而明宗以"監國"入洛後,有司議即位禮,認為應另建國號。但明宗提出歷事後唐獻祖、武皇、莊宗三世,已被視作宗屬和"猶子","安有同家而異國乎!"結果因李琪議,"前代以旁支入繼多矣,宜用嗣子柩前即位之禮",而"眾從之。丙午,監國自興聖宮赴西宮服斬衰,於柩前即位。百官縞素,既而御袞冕受册,百官吉服稱賀"。說明正式即位的受册儀是實行的。

繼而史載閔帝李從厚在秦王從榮叛亂被誅和明宗崩後數日即位。《舊五代史·閔帝紀》言長興四年(933)"十二月癸卯朔,發喪於西宮,帝於柩前即位"①。這之後末帝雖奪閔帝之位,卻因太后下令,降閔帝為鄂王,已以明宗"冢嗣"名義繼承。同書卷四六《末帝紀》上言應順元年(934)四月壬申,末帝先至西宮,"伏梓宮慟哭",並與大臣相見。"乙亥,監國赴西宮,柩前告奠即位。"而由攝中書令李愚宣讀的冊書稱馮道等九千五百九十三人上言,"臣等不勝大願,謹上寶冊,稟太后令,奉皇帝踐祚"語,並有"帝就殿之東楹受羣臣稱賀",實際上也是行授冊禮的。《新五代史》卷九《晉本紀》九記天福"七年(942)六月乙丑,高祖崩,皇帝即位於柩前"。

還有同書卷一〇一《漢隱帝紀》上言:"乾祐元年(948)正月二十七日,高祖崩,秘不發喪。二月辛巳(七日),授特進、檢校太尉、同平章事,封周王。宣制畢,有頃,召文武百寮赴萬歲殿內,降大行皇帝遺制,云:'周王承祐可於柩前即皇帝位,服紀日月一依舊制。'是日,內外發哀成服。"《資治通鑑》卷二九一《考異》亦於後周顯德元年(954)正月"乙未(二十日),宣遺制。丙申,晉王即皇帝位"之下考證曰:"《太祖實錄》:'乙未宣遺制,晉王榮可於柩前即皇帝位。'《世宗實錄》:'丙申,內出太祖遺制,羣臣奉帝即皇帝位。'蓋以乙未宣遺制,丙申即位也。"按此兩條也被《舊五代史》分別記在卷一一三後周《太祖紀》末和卷一一四《世宗紀》初,其分別作為吉凶之禮的意義明矣,而二次即位儀式在五代所行的蛛絲馬跡由此得見一斑。

不過,有一點也值得辨析,即五代所行即位禮由於種種原因,並不一定二次皆行。例如有的有發喪,卻不言授冊;有的則是雖有二次即位,但授冊卻不明確。惟有周世宗的即位,似乎是將凶禮的第一次即位與吉禮的第二次即位分得十分清楚,不過是否有"授冊寶"也不得而知。

---

① 《舊五代史》卷四五《閔帝紀》,北京:中華書局,1976年,614頁。

　　與此同時,還有其他一些常規化的活動。例如唐代以來宰相羣臣累表請聽政的做法被延續。上引《閔帝紀》續前有曰:"丁未(五日),羣臣上表請聽政,表再上,詔允。己酉,中外將士給賜有差。庚戌(八日),帝縗服見羣臣于廣壽門之東廡下。宰臣馮道進曰:'陛下久居哀毀,臣等咸願一覩聖顏。'朱弘昭前舉帽,羣臣再拜而退。"請聽政距發喪的癸卯朔不過四日,至皇帝見羣臣又三日,釋服後再經羣臣三上表才御正殿。《漢隱帝紀》亦曰:"(二月)甲申(十一日),羣臣上表請聽政,詔答不允,凡四上表,從之。丁亥(十四日),帝於萬歲殿門東廡下見羣臣,尊母后為皇太后。"請聽政距發哀的辛巳亦不過三日,而皇帝見羣臣再經三日。《周世宗紀》亦曰:"庚子(二十五日),宰臣馮道率百僚上表請聽政,凡三上。壬寅(二十七日),帝見羣臣於萬歲殿門之東廡下。"總的過程和時間也很相似。可見,在即位後三表、四表請聽政和皇帝不御正殿而見羣臣唐五代以來已經形成非常程式化的儀注。

　　宋代皇帝的喪禮,最初是在先皇死亡的當天或次日即宣遺制發哀,而五日內即舉辦大斂成服。史載宋太祖開寶九年(976)十月癸丑(二十日)夜崩,甲寅(二十一日)宣制發哀,同時"太宗即位,羣臣謁見萬歲殿之東楹"。"丙辰(二十三日),羣臣上表請聽政,詔答不允。"到丁巳(二十四日)大斂成服,"宰臣薛居正前跪奏請聽政,制可之。翌日(《續資治通鑑長編》作即日),移御長春殿"[1]。太宗至道三年(997)三月二十九日崩,同日宣制發哀,四月三日大斂成服。真宗乾興元年(1022)二月十九日崩,同日宣遺詔發哀,"二十四日大斂成服。帝行祭奠如儀。羣臣服衰服臨庭中。俟皇帝垂帽即御座,移班稍東,奉慰。俟殿上垂簾,復慰皇太

_____

　　① 參見《續資治通鑑長編》卷一七,北京:中華書局,1979—1995年,380—382頁;《宋會要輯稿·禮》二九之一至二,1064頁。

后,次赴內東門拜名,祗慰皇太妃"①。次後仁宗嘉祐八年(1063)三月二十九日崩,但時間稍長,至四月八日始大斂成服(疑有意與佛誕日合)。英宗崩後五日大斂,神宗八日大斂,哲宗七日大斂,其最長者仍不超過八日,時間似比唐朝略長。而成服都是與大斂一道舉行。其日羣臣入臨,帝服衰絰慟哭,羣臣奉慰的程序大體也與唐制無差。

但是,無論大斂成服的時間早或晚,像唐朝那樣,與二次即位再合在一起的情況卻見不到了。據上所引真宗大斂,就知道儀式舉行時羣臣已經穿好衰服,而儀式當中和後來,亦無換穿吉服舉行即位典禮的跡象。

其實從史書記載來看,與太祖崩一樣,在宣遺制的同時就有皇帝"柩前即位"。這個即位就是嗣皇帝第一次面見羣臣,例如《宋史》卷一二二《禮志》二五《山陵》稱開寶九年(976)十月二十日太祖崩,"羣臣敘班殿庭,宰臣宣制發哀畢,太宗即位,號哭見羣臣。羣臣稱賀,復奉慰盡哀而退"。太宗喪也是"詔文武百官敘班殿庭,參知政事溫仲舒宣制發哀畢,移班謁見帝(真宗)於殿之東楹,稱賀,復奉慰盡哀而退"②。"稱賀復奉慰"是一吉一凶,"稱賀"固然是為新皇即位,"盡哀"則是哭先帝,而"發哀畢"後的過程顯然就是《長編》所說"真宗即位於柩前"③。可以看出雖然是吉凶兼顧,但凶禮的意味似更分明。以後仁宗、英宗即位都履行了同樣的程序。《宋會要輯稿·禮》二九之六七至六八還詳細記載了哲宗元符三年(1100)正月十二日崩,"宰臣張(章)惇宣制訖,與輔臣同陞殿,奠茶酒,移班於東序稱賀,上慟哭久之,惇等進奉慰曰:'伏願陛下少抑哀情,以幸天下。'降階慰皇太后,復升殿奏事訖,退"的過程。可見

① 《宋會要輯稿》禮二九之一七、二〇,1072—1073頁。
② 《宋會要輯稿·禮》二九之七,1067頁。
③ 《續資治通鑑長編》卷四一,862頁。

"奠茶酒"之後的"稱賀復奉慰"便代表了吉凶轉換的過程。因此宣遺制發哀見羣臣,也就是即位,這便相當於唐朝皇帝的第一次即位。

然而很不一樣的,是宋史料雖然對之後喪事的各個程序及禮司計劃,都有周密詳細記載,卻不再有像漢制或者唐朝那樣與大斂差不多同時的皇帝第二次即位授册寶儀式。惟《宋史》關於仁宗、英宗、哲宗和徽宗即位後都有"作傳國寶"的説明①,並且仁宗作寶在乾興元年(1022)三月乙酉,按時間是真宗喪後第二十八日;而英宗和哲宗作寶時間均超過先皇嗣後一個多月,與即位時間相差太遠,似無授受問題。《玉海》卷八四有"紹聖三年(1096),咸陽縣民段義得古玉印,四年十二月上之"和五年(1098,元符元年)"五月戊申朔,御大慶殿行受寶禮,羣臣上壽稱賀"的記載②。同條復記此前又詔"龍圖天章閣齎治平元年(1064)閏五月二日耀州所獻受命寶玉,檢赴都堂參驗,命宰臣書玉檢以'天授傳國受命之寶'為文。徽宗黜其璽不用,自作受命寶,方四寸有奇,自為之記",也與葬事無關。由此可以得知,傳國寶或玉璽雖然存在,甚至新皇帝會重新為自己制寶,但是原來授册寶的第二次即位卻已經被淡化和取消了。

當然授册寶不見,並不妨礙在皇帝即位和第一次面見羣臣後,一切仍順理成章按照喪事的規矩和程序進行。常見的是即位次日即行大赦,"赦天下常赦所不原者"和賜百官。並且如同太祖喪事崩一樣,羣臣三日後必入臨見帝,上表請聽政,皇帝初時不允,在三上表之後方纔從之。於是數日後皇帝"始見羣臣於崇正殿西序"

---

① 見《宋史》卷九《仁宗紀》一、卷一三《英宗紀》卷一七《哲宗紀》一,176、254、319頁。

② 《玉海》卷八四"元符玉璽、治平玉檢",江蘇古籍和上海書店影印浙江書局本,1988年,1559頁。

(真宗)或者"聽政於崇正殿西廡"(仁宗)、"始御迎陽門崌殿聽政"[1]，這個始見與五代有仿佛之處，即表示親政卻不敢居正殿之意（直至禫服後，皇帝纔御於崇政殿或紫宸殿正殿）。而皇帝一旦親政理事，即已表示正式登基了。《續資治通鑑長編》卷四一載太宗崩真宗即位，宰相呂端"平立殿下不拜，請捲簾，升殿審視，然後降階，率羣臣拜呼萬歲"。這以後大約形成儀式。《宋會要輯稿·禮》二九之二一於真宗喪大斂成服的次日載："有司設御座，垂簾於崇政殿之西廡，簾幕皆縞素。羣臣敘班殿門外。帝衰服，去杖、絰，服布襴衫、腰絰、斜巾、垂帽，侍侍(侍衍)臣扶升座，通事舍人引羣臣入殿庭，西向合班。俟簾捲，羣臣再拜，宰臣班首奏聖躬萬福，隨班三呼萬歲。退，宰臣升殿奏事如儀。"此奏聖躬萬福及三呼萬歲似乎即對新皇帝較為隆重的拜見禮，其意義或也可代唐朝皇帝授冊寶的第二次即位。

宋代的皇帝為何會取消這第二次即位的儀式呢？唐朝以來，"授冊寶"的吉禮與大斂成服放在同日同地舉行顯然有一定的矛盾。前揭《資治通鑑》卷二七五在言明宗"自興聖宮赴西宮服斬衰，於樞前即位。百官縞素，既而御袞冕受冊"之下，有胡三省注曰："徐無黨曰：'既用嗣君之禮矣，遽釋衰而服冕，可以見其情詐。'"按徐無黨乃歐陽修門人而為《新五代史》作注者，胡三省所引即《明宗紀》注文[2]。"釋衰而服冕"是履行二次即位的程序，只不過將先行即位、後成服的規矩弄顛倒了。次序的顛倒或可以"情詐"來作解釋，但吉凶混淆的不合理性徐無黨與胡三省卻都發現了，這應該是此儀不行的原因之一。從宋代改後的禮儀形式來看，顯然比唐朝顯得簡單而更注重實際效果，服飾等亦更與葬禮無所衝突。這無疑解決了唐朝吉凶二儀中發生的矛盾，使得即位與喪事更加自然

① 《宋史》卷六《真宗紀》一、卷九《仁宗紀》、卷一四《神宗紀》，104、176、264 頁。

② 見《新五代史》卷六《明宗紀》，北京：中華書局，1974 年，56 頁注三。

地合為一體,而喪事也不致因新皇的即位沖淡哀痛氣氛,以喪和"孝"為中心的意義也因此凸現出來。

但是,授册寶儀式的取消是自然發生的。在宋代以前,五代的施行已經是時有時無。事實上,五代的第一代皇帝大都是自節度使而亂世稱雄的,對他們而言,"册寶"沒有"授"的問題。而五代的第二代皇帝即位亦多不正常,如朱梁的末帝是在"庶人友珪弒逆",殺死太祖朱全忠稱帝後,再殺友珪而奪位的;後唐閔帝與末帝,也無不是兄弟相煎,談不到有任何正常的即位交接。因此,"授册寶"愈來愈沒有實際的意義,此儀之被取消也是順理成章。

除此之外,授册寶儀式的取消似乎還有着深層次的原因。不能忽略的事實是,所謂"授册寶"的新皇登基,是要在朝廷大臣的衆目睽睽下進行,其意雖在出示皇帝即位的合理性,但具體卻要由攝冢宰,或者宰相三公"進"給皇帝。

我們不妨再分析一下這裏從漢至唐此儀式所代表的意義。從前揭《續漢書》所載漢代的授册寶,知道是當太尉"讀策畢,以傳國玉璽綬東面跪授皇太子,即皇帝位"之後,又立刻讓"中黄門掌兵以玉具、隨侯珠、斬蛇寶劍授太尉,告令羣臣",羣臣才"皆伏稱萬歲"的。給人的印象是,國器須由職位最高的太尉授予嗣位皇帝,再由皇帝將殺伐之權交給臣下。這其中的含義似乎可以理解為國家政權要由皇帝和權貴共掌,皇帝的意志也要借助大臣幫助實現,兩種權力都要獲得認可。唐朝的儀式中雖然沒有向太尉授權的内容,但是册寶所代表的國家權力也是皇帝從攝冢宰或宰相三公手裏接過。借用上古名稱的攝冢宰可以理解為是羣臣的最高代表,雖然享此稱號及代主國事不過數日,但至少名義上權威等同皇帝。

不僅如此,唐朝在進授册寶之後,還要由攝冢宰或宰相三公對皇帝上"誡詞",意為告誡皇帝祖宗江山得之不易,要繼承先帝,珍重寶位,不能胡作非為。整個過程體現的是大臣將權位授給皇帝並教育皇帝，換言之是大臣在上，皇帝在下，皇帝要接受整個朝廷的監督，至少也須和大臣平起平坐。這樣的禮儀只能代表貴族政治時代的君臣關係和皇帝之禮，而絕不是皇權至上或者說是專制皇權充分發展和成熟的宋朝可以允許和繼續存在的。從宋朝的情況看，不僅授冊寶被取消，而且攝冢宰也基本不行。《續資治通鑑長編》卷一九八載嘉祐八年三月辛未仁宗暴崩，四月壬申英宗即位，見百官於東楹。"帝欲亮陰三年，命韓琦攝冢宰，輔臣皆言不可，乃止。"整個宋朝，只有秦檜於金許歸喪、高宗諒陰之際任攝冢宰[1]，可能是一種特殊情況。這樣看來，喪禮某些制度的取消也許不止於程序的改良，倒可以看作是一種權力和意志的表達——皇帝一人獨尊之地位不容有任何僭越與替代，何況是面向整個朝廷和內外世界宣告權力交替的即位禮呢！

(二)兩重喪制的分別及對政事和皇帝生活的影響

皇帝喪禮和官員喪禮的一個不同在於服喪時間的長短。唐朝後期皇帝喪禮從初喪至小斂、大斂成服多在數日之內，並須在喪後二十七日（前期為三十六日）內完成從小祥、大祥到除服從吉的過程。而從初喪到啟殯入葬，一般須停靈等待五個月以上。入葬返京後即舉行虞祭卒哭，並在約半月、一月間舉行神主祔廟儀式，便是葬禮結束，因此國家制度規定的皇帝葬禮持續時間大約在六、七個月之間，最晚不超過一年，而皇帝百官行服及影響國家政事者主要在二十七日之內。此以日易月之制被史家稱為"權制"。上述顏真卿的《元陵儀注》正是本此而建。由於實行權制，至入葬祔廟皆不過數月而不及三年。因此《儀注》雖處處採用《開元禮》原則，但皇帝的葬禮時間與官員百姓實不同也。

---

① （宋）李心傳：《建炎以來繫年要錄》卷一二四紹興八年十二月丁丑、庚辰條，北京：中華書局，1988年，2028頁；《景印文淵閣四庫全書》326冊，696、699頁。

以日易月之制決定了皇帝必須在極短的時間内脱去喪服辦理政事,因此權制本身即是適應國家公禮之需要,但是這與古禮要求的三年行喪也形成一對矛盾。二十七日除服和三年服制同時存在於嗣皇帝個人生活之中,如何兼顧兩者是必須面對的問題。兩晉南朝行服日不同而提倡三年心喪,唐朝雖然行以日易月之制無疑,事實上也繼續了心喪之制。因此對於皇帝及其家族而言,以日易月並不表明三年喪制的要求無須遵守,相反,喪禮仍然在相當長的時間内對皇帝私人生活造成影響。但制度對於二十七日行服仍然要求嚴格,對三年喪制卻無正式規定,僅在元日朝參中略有表示,表明三年喪制只是作為皇帝及其親屬的"家禮"私下遵守,形成了與二十七日服制的區别。

1."以日易月"和公除之制

假如從始死到殯而成服可以算作是皇帝喪禮的第一個階段,那麽在此之後,就進入了皇帝喪禮的第二個階段,這個階段即是停殯和服喪。《開元禮》記載的官員停殯階段,需要有朝夕哭奠、朔望殷奠等禮儀,並接受朝廷和地方長官、親朋弔問饋贈,以及選擇和營建墓地等。不過,官員為父母或其本人喪事由於行三年喪制,所以喪期很長,而葬禮一般不超過三月,喪制中必經的小祥、大祥、禫祭和除服的各個儀節都在葬禮之後。

而皇帝營建墓地的時間既長,葬入墓地也常常需要 5—7 月(詳附表 3)甚至更久,又由於實行以日易月之權制,所以上述喪制中必經的祥禫各節便都在入葬之前,對外的服喪過程也完成於這個階段之内。

權制起自漢文帝,史載文帝遺制革三年之喪,"其令天下吏民,令到,出臨三日,皆釋服"。但對"殿中當臨者"除旦夕各十五舉音

之外，須"服大紅十五日，小紅十四日，纖七日，釋服"[1]。服虔和晉
妁解釋"紅"乃"功"意，即大功、小功。而應劭解釋説："凡三十六日
而釋服矣，此以日易月也。"顏師古反對其説，認為應從服虔和晉
灼，是文帝率意所創的喪服，非有取於周禮，也不是什麼以日易月。
並提出"三年之喪，其實二十七月，豈有三十六月之文"，以為"應氏
既失之於前，而近代學者因循謬説，未之思也"。劉邠也以為漢代
葬前服斬衰，未葬不除服，三十六日是葬後之服，並引《漢書·翟方
進傳》為證，但以日易月畢竟成為後世皇帝喪禮的依據。《晉書》卷
二〇《禮志》有"及宣帝景帝之崩，並從權制"之説，可見權制被作為
後來的依據。

　　文帝所定喪制並不是針對所有人，沈文倬先生曾對西漢社會
施行的喪服做出具體分析，認為有"皇帝、諸侯王、列侯、公卿是不
實行三年喪"和"公卿以下的中下級官吏以至民間是實行三年喪"
的兩種分別[2]。但喪服以日為計本來只是涉及國家體制的"權制"，
所以兩晉以降，皇帝喪服既所行不一，關於以日易月和三年之喪的
關係問題也始終存在爭論。但三年對皇帝來説不是無所顧忌，即
使公開場合不穿喪服，私下卻要自覺地按三年喪制要求自己。據
説東漢安帝元初三年（116）曾下詔"大臣得行三年喪，服闋還職"，
但終因某些官員和"宦豎"的反對而未得行[3]。而晉武帝司馬炎在
上臺伊始，即相繼頒布了將吏、二千石和大臣得終三年喪的詔令，
對二千石和大臣，史料記載稱為"初令"、"始制"，陳戍國認為是針
對漢朝二千石公卿以上不行三年喪的否定，他總結晉朝社會自上

---

　　① 按此引《漢書》卷四《文帝紀》及注，132—134 頁。《史記》卷一〇《孝文本紀》集
解引文略不同，北京：中華書局，1959 年，434—435 頁。
　　② 沈文倬：《漢簡〈服傳考〉（上）》，《文史》24 輯，1985 年，88—90 頁；並參陳戍國：
《中國禮制史·秦漢卷》第八節《西漢喪葬之禮（中）》，長沙：湖南教育出版社，1993 年，第
172—173 頁。
　　③ 《後漢書》卷四六《陳忠傳》，1560—1561 頁。

至下的喪服情形是：諸侯王以上於最親者以訖葬為節，既葬除服，多服心喪三年，其中有不改素服者；太康七年(286)之後，所有大臣於最親最尊者都可以服三年喪，但朝廷有起復之權，這樣的情況與先秦漢魏都有一定變化。被起復的官員同樣有"心喪"之制，在後代甚至進入令文規定①。

解釋以上晉人的討論及對喪服的重視，陳成國指出是由於統治者對孝道的提倡，門閥制度的推動，喪服制度的傳統影響等原因以及因而造成努力恢復先秦傳統喪服制度的局面等。這當然也表明晉以後儒家觀念在國家政治生活中的落實，及禮學與國家制度的充分結合。但就皇帝喪服而言其實還反映出一個最實際亦最普遍的問題，即皇帝和官僚的生活都要應對兩種場合，即一種是面向國家朝廷的，或言是公的；一種卻是個人或家族內部的，兩種場合的禮儀必須針對公私的不同需要。對於大臣而言，根據晉武帝之初的詔令在一般情況下獲有為父母自行三年喪服的私權，除非朝廷有公事需要而不得不"起復"從政，説明大多數時候或者多數人都不必犧牲了為父母行孝的禮數以私奉公。但是皇帝不同，皇帝時時要面對國事，要接見大臣，皇帝的私人生活無法與國家、朝廷政務完全分開，皇帝本人也必須以國家利益為重。這樣，便有了以不耽誤國事為前題的以日易月之制，和多少能夠顧及皇帝及其家族感情的所謂三年"心喪"。

兩晉南北朝，都是一方面按葬訖除服或"以日易月"的原則行公除之制，另一方面則有所謂心喪三年。"三年之喪，二十五月而畢"是《禮記·三年問》的明文，其中須經祥禫變除，規定小祥十三月，大祥二十五月，一般沒有爭議。但對三年喪制的最終時間，鄭玄與王肅解釋不同，他們的矛盾只在除服後的禫祭。鄭玄據《儀

---

① 陳成國：《中國禮制史·魏晉南北朝卷》第二章第七節《晉朝喪葬禮儀(下)》，158—164頁。

禮・士虞禮》和《禮記・間傳》所說"朞而小祥"、"又朞而大祥"、"中月而禫"認為應與大祥隔月，因此是二十七月；而王肅則認為是在同月，故二十五月。魏晉之際，多依王肅之說，而南北朝則多從鄭玄，只是關於兩者的爭論一直在繼續。這個問題直到唐武則天時，因王元感提出三年喪三十六月，遭到張柬之駁論纔最後解決（詳下）。

公除，胡三省解釋就是"以天下為公而除服也"，其實也就是提前除服即吉，為公事不得盡私哀①。當皇帝堅持三年喪與庶人同禮時，大臣總是請皇帝割情抑哀，如泰始二年（266）八月當晉武帝司馬炎為文帝已行公除，卻仍深衣素冠，降席撤膳，且欲以衰絰行山陵。時太宰安平王孚等奏有："陛下隨時之宜，既降心克己，俯就權制，既除衰麻，而行心喪之制，今復制服，義無所依。"泰始四年皇太后崩，羣臣又再三上請葬畢除服，"帝流涕久之迺許"。至泰始十年因武元楊皇后崩討論太子服制，杜預徹底否定了"殷高宗諒闇，三年不言"是喪服三年的說法，提出"此釋服心喪之文也"。認為為了避免"以荒大政"，皇帝居喪的齊斬之服只能是"既葬而除"，之後纔是"諒闇以終之，三年無改父之道"的心喪之制②。據說杜預上奏後，"於是太子遂以厭降之議，從國制除衰麻，諒闇終制"。因此給人的印象是，既葬除服是其時國家制度，是公衆場合的要求，皇帝、太子和大臣都必須遵守；但是三年喪制，卻是屬於皇帝自家的私事了，所以不能以私害公，順遂哀情而只能從"厭降"行心喪之法。

梁滿倉討論魏晉南北朝喪服制度，認為三年之喪"首先從制度上廢止了漢文帝以前三年的喪期，從而使朝廷喪服制度與社會上的喪服制度在三年之喪的基礎上得到了統一，從而使五禮制度作為整個國家根本典制的原則得到了進一步的體現"。其次他認為，

---

① 《資治通鑑》卷一三七齊武帝永明八年（490）九月條，4297頁；並參見陳戍國：《中國禮制史・魏晉南北朝卷》第三章第五節《南朝喪葬禮儀（一）》，283頁。

② 以上並見《晉書》卷二〇《禮志》中，613—616、618—623頁。

"三年心喪又創造了三年制度的一個新形式,它並没有取代三年衰服的制度,而是與之並存。這種兩種形式並存的三年之喪制度,既適用於宗族血緣關係,又顧及了國家政治關係,對於解決喪禮實踐中的問題有着重要的意義。"①

　　三年心喪的意義確如所說,然而順着這一思路想下去,也會發現另一個問題,即兩種形式存在的結果,就是喪禮程序注重以日易月之制,而真正的三年祥禫的實行卻在兩可之間。那麽如何處理兩者之間的矛盾呢? 這是歷代朝廷和君臣都要遇到的問題,兩晉不過是這一問題凸顯的開始,兩種喪服制度始終是存在的。例如《宋書·禮志》二載"晉惠帝永康元年,愍懷太子薨,帝依禮服長子三年,羣臣服齊衰朞。晉孝武帝太元二十一年(396),孝武帝崩,李太后制三年之制(服?)。宋武帝永初三年(422),武帝崩,蕭太后制三年之服"。《南史·宋本紀》也說武帝崩,太子即位,"大赦,制服三年"②。似乎都按三年之制。不過,在大多數情況下,皇帝喪禮其實還是要行"權制"的。杜預主張既葬除服,而《宋書·禮志》說"晉宣帝崩,文景並從權制。及文帝崩,國内行服三日。武帝亦遵漢魏之典,既葬除喪,然猶深衣素冠,降席撤膳"。當大臣以國事相勸諫時,晉武帝詔稱"三年之喪,自古達禮",且本人"遂以此禮終三年"。對此,晉臣也均以"心喪"解釋之。據說,晉武帝泰始二年(266)八月下詔,以先帝棄天下周年,已不得敘人子情而感嘆,"思慕煩毒",甚至"欲詣陵瞻侍,以盡哀憤",可見皇帝的個人感情表達很受國禮限制。

　　① 梁滿倉:《魏晉南北朝禮學、禮制與凶禮實踐》,《中國社會科學院歷史研究所學刊》5集,北京:商務印書館,2008年,47—106頁;《魏晉南北朝五禮制考論》,北京:中國社會科學出版社,2009年,631—662頁;引文見654頁。
　　② 參見《宋書》卷一五《禮志》二,393頁;《南史》卷一《宋本紀上·武帝》,北京:中華書局,1975年,29頁。

南北朝帝、后的喪制並不是都有清楚記載，服喪天數也不是完全一致，但權制仍是作為國家公制來實行的，如陳文帝遺詔有"公除之制，率依舊典"，陳宣帝遺詔也有"公除之制，悉依舊準"之説[1]。北朝則是"魏自太祖至於武泰帝，及太皇太后、皇太后、皇后崩，悉依漢魏，既葬公除"，只有孝文帝為了祖母文明太后的喪事與大臣發生了激烈的爭執，包括安定王休、齊郡王簡以下十二王率百僚上表，以及尚書游明根、高閭等多次請行魏晉權制或者"葬而即吉"未果。文明太后死於太和十四年（490）九月癸丑（十八日），十月即葬，葬後在大臣的一再催促勸説請行公除之下，孝文帝方於同月壬午（十七日）下詔"今依禮既虞卒哭，剋此月二十日（同書卷七下《文帝紀》作"二十一日"）受服，以葛易麻"，但仍説明"既衰服在上，公卿不得獨釋於下"。最終在次年四月"設薦於太和廟"的儀式上，"有司陽（陳?）祥服如前"，"侍中跪奏，請易祭服，進縞冠素紕、白布深衣，麻繩縷"，侍臣羣官也跟著易服，"去幘易帽"，即基本上改為素服了[2]，其没有完全按照權制而是有所拖延，是非常的例外。據説孝文帝直到文明太后的再周（喪二年）忌日，仍"哭於陵左，絶膳二日，哭不輟聲"[3]，但終究對三年之制實行了折衷，説明並不能隨心所欲。北齊文宣帝遺詔稱"喪月之斷限以三十六日，嗣主、百寮、内外遐邇奉制割情，悉從公除"；孝昭帝遺詔亦稱"其喪紀之禮一同漢文，三十六日悉從公除"[4]，已明確按以日易月的漢制執行。陳戍國已指出，南朝皇太后、皇后死後，夫君或嗣主是否服喪三年，文獻

① 《陳書》卷三《世祖紀》、卷五《宣帝紀》，61、99頁。

② 《魏書》卷一〇八之三《禮志》三，2777—2789頁。按據同書卷一〇八之四延昌二年引崔鴻曰："就如鄭義，二十七月而禫，二十六月十五升布深衣、素冠縞紕（縞冠素紕?）及黄裳、綵縷以居者，此則三年之餘哀，不在服數之内也。"按據《禮記·曲禮上》鄭玄注："縞冠素紕，既祥之冠也。"則孝文帝所改之服基本已是喪禮結束之祥服。

③ 《魏書》卷七下《高祖紀》七下，170—171頁。

④ 《北齊書》卷四《文宣帝紀》、卷六《孝昭帝紀》，67、84頁。

記載不太明確,但至少有心喪三年之制。既有心喪,相對自是權制。所以帝后之喪行公除或稱權制,南北朝應已形成制度。

葬訖除服或者以日易月的權制與三年服既是兩套喪事,就不可避免地會遇到兩次祥、禫。問題在於,既有權制,所謂心喪的祥、禫禮還要不要行?從史料記載來看,祥、禫應有所分別。《晉書》卷二〇《禮志》和《通典》卷一〇〇《喪遇閏月議》都記載了東晉孝武帝寧康二年(374)七月關於簡文帝祥除(即大祥)遇閏應在何月的問題,後來依謝安等奏,"請依禮用七月晦,至尊釋除縞素,附就即吉",證明三年大祥儀式是舉辦的。《南齊書·禮志》下記明帝"建武二年(495)正月,有司以世宗文皇帝今二年正月二十四日再忌日,二十九日大祥,三月二十九日祥禫,至尊及羣臣泄哀之儀,應定准。下二學八座丞郎"討論①。世宗文皇帝即文惠太子,未即位而亡。由於並不存在真正的嗣位關係,所以當時大臣對於儀式是否舉行,以及皇帝究竟穿弔服還是祭服意見很不統一。最後由何佟之下了定論,認為"春秋之旨,臣子繼君親,雖恩義有殊,而其禮則一,所以敦資敬之情,篤方喪之義"。認為世宗祥忌,"至尊宜弔服升殿,羣臣同致哀感,事畢,百官詣宣德宮拜表,仍致哀陵園,以弘追遠之慕"。結果其議得到尚書令王晏等十九人贊同,"詔'可'"。

同卷又記何佟之因海陵王薨百官會哀,"時纂嚴,朝議疑戎服臨會"而提出:"羔裘玄冠不以弔,理不容以兵服臨喪。宋泰始二年(466),孝武大祥之日,於時百寮入臨,皆於宮門變戎服,著衣帢,入臨畢,出外還襲戎衣。"朝議從之。兩事都表明無論宋、齊,至少三年喪的大祥儀式也都是舉辦的,只是如果大臣參加儀式僅於宮門變服,或者皇帝和大臣都是臨時換弔服升殿,那麼所謂三年祥忌,只不過是應景的表面文章,並沒有太多實際意義。

---

① 《南齊書》卷一〇《禮志》下,163—164頁。

禫禮的儀式則更有問題。《宋書》卷一五《禮志》二載：

> 元嘉十七年（440），元皇后崩，皇太子心喪三年。禮心喪者，有禫無禫，禮無成文，世或兩行。皇太子心喪畢，詔使博議。有司奏："喪禮有禫，以祥變有漸，不宜便除即吉，故其間服以縓縞也。心喪已經十三月，大祥十五月，祥禫變除，禮畢餘一朞，不應復有禫。宣下以為永制。"詔可。

這就是說，皇太子依禮本應行父在為母"齊衰杖朞"的一年喪服而心喪三年。一年喪大祥是十五個月，雖然禫禮存在的意義在於祥禫之間"服以縓縞"不能即吉，但既行公除和十五月大祥，按三年卻還餘一年，所以其間禫禮就不必再舉行了。《宋書·禮志》三又載宋孝武帝孝建元年（454）十二月戊子，有司提出殷祠如從當年十月改為來年四月尚在禫禮之內的問題，下禮官議正。國子助教蘇瑋生提出："案《禮》，三年喪畢，然後祫於太祖。又云'三年不祭，唯天地社稷，越紼行事'。且不禫即祭，見譏《春秋》。求之古禮，喪服未終，固無祼享之義。自漢文以來，一從權制。宗廟朝聘，莫不皆吉，雖祥禫空存，無縓縞之變；烝嘗薦祀，不異平日。殷祠禮既弗殊，豈獨以心憂為礙。"案此處殷祠或殷祭指禘祫禮的祖宗合祭，所謂"祥禫空存，無縓縞之變"之祥禫即指禫禮，意味不舉行禫禮的變服儀式，而殷祭不以"心憂為礙"，尤足以證明三年心喪的禫禮此前並不被在意。

盡管如此，禫祭在人們的心目中還是喪禮最後的一道約束，例如就廟祭而言，鄭王兩派在禫禮的時間上雖主張不同，但在禫祭未結束前不行宗廟禘祫合祭卻完全一致[1]。上述孝建元年的事最終還是因太學博士徐宏提出"三年之喪，雖從權制，再周祥變，猶服縞

---

[1] 見《魏書》卷一〇八之二《禮志》四之二世宗景明二年夏六月秘書丞孫惠蔚上言，2760頁。

素,未為純吉,無容以祭",以及太常丞朱膺之認為應按二十七月禫
禮畢,未禫不得祭而將殷祠改為來年十月,説明禫祭内不行殷祠還
是得到遵守。北魏延昌四年(515),世宗(宣武帝)崩,肅宗(孝明
帝)即位,三月議来秋七月應祫祭於太祖的問題,太常卿崔亮提出
按《禮》和杜預説都是三年喪畢以後行禘祫,並舉魏武宣后之喪,
"王肅、韋誕並以為今除即吉,故特時祭。至於禘祫,宜存古禮。高
堂隆亦如肅議,於是停不殷祭"為例。又言孝文帝太和二十三年四
月一日崩,"其年十月祭廟,景明二年秋七月祫於太祖,三年春禘於
羣廟,亦三年乃祫"。認為應"謹準古禮及晉魏之議,並景明故事",
"来秋七月祫祭應停,宜待三年終然後祫禘"。詔從其議①。説明孝
文帝已後,北朝也從魏晉南朝之法。

　　因此禫祭似乎應作為理論上喪禮完成的一個界限。藤川正數
關於喪服禮的研究與近年永田知之關於禫制的專論都認為,三年
禫祭在兩漢魏晉南北朝未曾實施,它作為喪禮的結束僅是理學上
的空論,從而形成鄭王兩派互不相讓的二十五月和二十七月兩種
觀點②。永田知之還指出,無論文帝薄葬令是否"祥禫空存"的原
因,從劉宋取消二十七月禫祭以後還是持續了很長時間,除了數十
年後魏文帝為文明太后恢復禫祭,其他則很少見記載。不過皇帝
和皇家喪儀與一般官員百姓畢竟是兩回事,"空存"者,是僅就皇帝
(后、太子在内)禮而言。皇帝三年禫祭不行儀式這種情況,直到唐
朝仍是如此,與宋朝後來的情況完全相反。而我們卻從中可以看
出兩重喪制、兩重儀式重視程度不同甚至相互之間有矛盾的問題,
兩晉南北朝已為濫觴,這為理解唐宋制度之發展提供了依據。

---

　　① 《魏書》卷一〇八之二《禮志》四之二,2761—2762 頁。

　　② 藤川正數:《魏晉時代にぉける喪禮服の研究》第一章《三年の喪について》,東
京:敬文社,1960 年,98—128 頁;永田知之:《唐代喪服儀禮の一斑——書儀に見ぇる
'禫'をめぐって》,98 頁。

2. 唐朝"權制"的執行及其影響

歷代"權制"既形成常規,唐朝只是遵前朝而行,但是喪服時間長短前後也有變化。根據《通典》引大臣關於《大唐元陵遺詔》"天下人吏,敕到後三日釋服"的奏議稱,"按《高宗實錄》,昭陵臣下喪服,皆準漢文帝故事三十六日",並且"高宗崩,服紀輕重亦依太宗故事。中宗、睿宗時,臣下喪制並所遵守"①,說明唐前期是實行漢制的三十六日。且從前揭北齊文宣帝、孝昭帝遺詔來看,唐朝在這方面其實也是相沿北朝制度。

這裏沒有說到玄宗、肅宗,但是提到:"據禮及故事,今百官並合準遺詔二十七日釋服。"又說"準禮,臣為君服斬衰三年"。這個禮自然是指古禮,但也與《開元禮》"國官為國君"斬衰三年結合。《資治通鑑》卷二二五引常衮言指出:"高宗以來,皆遵漢制。及玄宗、肅宗之喪,始服二十七日。"這個二十七日,無疑是比擬三年服喪二十七月的。三年服見於《大唐開元禮》關於喪制的明文規定,並且敦煌 P.3637 杜友晉《新定書儀鏡》引"律五服",有"《喪葬令》稱三年廿七月,匽,徒二年;稱周十三月服,匽,徒一年(下略)",又有"凡三年服,十二(三)月小祥,廿五月大祥,廿七月禫,廿八月平裳"②,所說當為開元《喪葬令》的內容。說明玄宗以後所行為三年二十七月之制。

但二十七月或二十五月之制兩晉南北朝已行之,唐朝亦並非始於玄宗。這裏必須明確一個問題,即兩漢以來的三十六日"權

---

① 《通典》卷八一《諸侯及公卿大夫為天子服議》,2207 頁。按此段文字《通典》未說明是奏議。但其文雖以《大唐元陵遺詔》開頭,以下"伏以"、"按"、"又按"卻為大臣解釋遺詔語,內容與《舊唐書》卷一一九《崔祐甫傳》載常衮爭論羣臣喪服相同,被禮儀使顏真卿作為結論上奏。此已為來村多加史所證,並參金子修一等:《大唐元陵儀注釋》(二),5 頁。

② 按"廿八月平裳"見敦煌 P.3637 杜友晉《新定書儀鏡》,錄文見趙和平《敦煌寫本書儀研究》,320 頁。

制"如顏師古所説並不能算是真正的以日易月，而顏師古、孔穎達均贊成二十七月之説，二人皆貞觀制禮大臣，所以三年服二十七月也應是《貞觀禮》的規定。史載王元感武則天時"初著論三年之喪以三十有六月，譏詆諸儒"，但被鳳閣舍人張柬之所破。張柬之除了釋古義以批駁之，且言"三年之喪二十五月，不刊之典也"，又指出唐朝"今皆二十七月復常，從鄭議也"，但"二十五月、二十七月，其議本同"，從而統一了兩説，消除了争論。於此，清人顧炎武也批評王元感是"皆務飾其文欲厚於聖王之制，而人心彌澆，風化彌薄，不探其本，而妄為之增益，亦未見其名之有過乎三王也"。以為"喪不過三，示民有終之義。則王元感之服喪三十六月者，紃矣"①。此條可證唐初以來其實一直是行二十七月喪制，《開元禮》只不過延續而已。

　　唐後期行二十七日可理解為是改革北朝以來相沿制度，而將皇帝喪禮的"權制"與三年喪制統一，成為真正的以日易月。顏真卿《大唐元陵儀注》處處以《開元禮》為依據，更何況《唐大詔令集·明皇遺誥》"皇帝宜三日而聽政，十三日小祥，二十五日大祥，二十七日而釋服"也已是《大唐元陵遺詔》之先聲。

　　但是服喪的天數如何計算？此點陳戍國曾作過討論，他贊成對漢代三十六日是葬後變服的理解，並從高祖李淵遺詔"其服輕重，悉從漢制，以日易月"，認為應當是依漢文帝遺令，葬後服三十六日。但是他指出唐玄宗一改舊制，認為以上的三日聽政和二十七日釋服，都應該從屬纊也即既終之後算起，故而"可能指整個服喪時間"②。

　　但是制度是有延續性的，如果説唐前期皇帝都是按照漢制從

---

①　（清）黄汝成：《日知録集釋》卷五《唐人增改服制》條，石家莊：花山文藝出版社，1991年，265—267頁。

②　陳戍國：《中國禮制史·隋唐五代卷》，134—139頁。

安葬之後計算服日很可懷疑,因為在他們的遺詔中也都有"屬纊之後,三日便殯"之類的説法。既然殯禮的同時就是成服,那麼服日怎麼能從葬後計數呢?《通典》卷七九《大喪初崩及山陵制》載虞世南上封事勸諫太宗,有"且臣下除服用三十六日,已依霸陵(文帝)"語,可見所謂依霸陵者,不過是指除服的天數而已,並不是要從葬後計數。此點其實在北齊文宣帝遺詔的"喪月之斷,限以三十六日"已經很明白,唐承北朝之制,所以無論三十六日或二十七日都是指喪後全部的服喪之期。

更具體地説,嗣皇帝服喪的時日應從皇帝崩日計數,不從葬日甚至也與成服日無關。具體如肅宗崩於寶應元年四月十八日,至五月十五日釋服①,自始崩之日算起,恰合二十八日;憲宗崩於元和十五年正月庚子,史載釋服乃閏正月丁卯,為二十八日;唐末哀帝為昭宗服,大祥與除服,也都各向後推一日②,不知是否"廿八月(日)平裳"之意。至於敬宗、文宗、武宗乃兄終弟及,宣宗為武宗之叔,按《開元禮》"為兄弟"及"為兄弟之子"當服朞為十三日,但至少已有的《文宗遺詔》、《武宗遺詔》均言二十七日釋服③。遺詔是先皇死後大臣所作,已經寫明嗣皇帝為皇太弟、皇太叔,是皇位已定,所以為皇帝喪服斬衰三年權制二十七日為定制,並不因兄弟叔姪的血緣關係而改變。惟《舊唐書》載宣宗行服時日,自三月甲子武宗亡日至四月辛未釋服計僅得八日④。但辛未《資治通鑑》記為聽政日,且對此並未加評論,可見宣宗未必違反制度。查武宗死後第二

① 《舊唐書》卷一一《代宗紀》,269頁。
② 分見《舊唐書》卷一六《穆宗紀》、卷二〇下《哀帝紀》,476頁、785—787頁。
③ 《唐大詔令集》卷一二《文宗遺詔》、《武宗遺詔》,70—71頁。
④ 按《舊唐書》卷一八下《宣宗紀》稱會昌六年"四月辛未,釋服,尊母鄭氏曰皇太后"(614頁)。據《資治通鑑》卷二四八載其年三月"甲子(23日),上崩。丁卯(26日),宣宗即位"(8023頁)。如自亡日計則八日。然《通鑑》辛未條僅作"聽政",《新唐書》卷八《宣宗紀》又言"四月乙亥,始聽政",存疑。

十八日乃辛卯,辛未恐當為辛卯之誤。

　　皇帝在權制之内,自然必須守喪。據説德宗"在諒陰中,動遵禮法,嘗召韓王迥食,食馬齒羹,不設鹽酪"[1],此點也與顏真卿《大唐元陵儀注》刻意表現喪禮的嚴肅不謀而合。但"權制"時間過短,仍常與皇帝孝親的心願違背。《貞觀政要》載貞觀十七年(643),"太宗謂侍臣曰:'人情之至痛者,莫過乎喪親也。故孔子云三年之喪,天下之通喪,自天子達於庶人也。'又曰:'何必高宗? 古之人皆然。近代帝王,遂行不逮。漢文以日易月之制,甚乖於禮典。朕昨見徐幹《中論》復三年喪篇,義理甚精審,深恨不早見此書。所行大疏畧,但知自咎自責,追悔何及!'因悲泣久之。"[2]

　　《唐會要》卷三七《服紀》上記太宗本人的喪事有曰:

　　　　(貞觀)二十三年五月,禮部尚書許敬宗奏言:"伏奉遺詔,臣下喪服,以日易月,皆從三十六日之限。但大行在殯,皇帝主喪,山陵事畢,方釋衰經。依禮,近臣〔為?〕君服斯(《讀禮通考》卷一八作"期",然似當作"斬"是)服,敢緣斯義,請延至葬畢後除。"從之。

按:此處許敬宗所説"依禮,近臣〔為?〕君服斯(斬?)服"不知是否從《貞觀禮》(古禮"臣為君",《開元禮》"國官為國君"皆斬衰三年,可推斷《貞觀禮》亦如是),但"山陵事畢,方釋衰經"似乎是要一直穿衰服到葬後,這與下面所説葬事前後臨時換穿衰服並不一樣,推測是順從高宗心意的做法。

　　盡管如此,"權制"卻是國家公務所要求,因此嗣皇帝"諒闇"不聽政以及行服的時間也只能遵從"遺詔"或"遺誥"的規定。皇帝三日聽政雖然在具體的時日上未必皆能遵守,但絶非可以因循不行。

---

① 《資治通鑑》卷二二五大曆十四年五月條,7356 頁。
② 謝保成:《貞觀政要集校》卷六,北京:中華書局,2003 年,352 頁。

德宗於貞元二十一年(805)正月癸巳(二十三日)崩,《韓昌黎集》卷六《順宗實錄》一記庚子(三十日),就有百僚上請按漢制遺詔聽政,順宗"不許"。二月辛丑(一日),宰相高郢、鄭珣瑜及杜佑,再奉疏請聽政,提出"今陛下安得守曾閔匹夫之小行,忘皇王繼親之大孝,以虧臣子承順之義"。順宗"猶不許"。至壬寅(二日),宰臣又上言:"陛下以聖德至孝,繼受寶命,宜奉先帝約束,以時聽斷,不可以久。"終得"從之",也是三日之內三次上請。說明皇帝三日聽政的原則基本得到貫徹。

二十七日的喪禮權制和三日聽政原則在五代也有體現。《資治通鑑》關於後唐閔帝有長興四年(933)"(十二月)辛未(九日),帝始御中興殿。帝自終易月之制,即召學士讀《貞觀政要》、《太宗實錄》,有致治之志"的記載①,說明是按二十七日行喪的。《舊五代史》載晉高祖石敬瑭崩,"遺制齊王崇貴於柩前即皇帝位,喪紀並依舊制"②。同書卷一〇一《漢隱帝紀》上言:"乾祐元年(948)正月二十七日,高祖崩,秘不發喪。二月辛巳,授特進、檢校太尉、同平章事,封周王。宣制畢,有頃,召文武百寮赴萬歲殿內,降大行皇帝遺制,云:'周王承祐,可於柩前即皇帝位,服紀日月一依舊制。'是日,內外發哀成服。"同書卷一一三《周太祖紀》顯德元年(954)正月乙未條也言太祖崩,"遷神柩于萬歲殿,召文武百官班于殿庭,宣遺制:'晉王榮可于柩前即皇帝位,服紀月日一如舊制'云。"說明"服紀月日"都是依照"舊制"行二十七日,而"三日聽政"通過宰臣的"三上請"成為即位的必有程制,已在上面討論"二次即位"問題時提到,因此"權制"的原則同樣在五代被繼承了。

① 《資治通鑑》卷二七八長興四年十二月辛未條,9097頁。
② 《舊五代史》卷八〇《高祖紀》六,1062頁。

3."以日易月"的喪衣服和其他要求

皇帝之喪實行以日易月的公除之制,衣服制度也須按以日易月遵守祥、禫喪服之節。《通典》卷八五《殯》之下引《大唐元陵儀注》載成服是"侍臣捧縗裳絰杖,盛以箱,就次進,皇帝服訖,諸王公以下及百僚亦各服其服"。喪後的二十七日內要經過小祥、大祥和禫禮,在這個階段中喪服由重變輕,質地由粗而細,經過三次變化。如前所述,小祥須去首絰,換成練布冠,大祥換成素服,禫祭就要慘吉服(君)或慘公服(臣),直到山陵事畢,纔換上尋常吉服或公服。

而如將"山陵事畢"作為喪事告定的一個階段,則入葬前後喪衣服還有一次臨時變化。《舊唐書》卷一一一《代宗紀》説"玄宗、肅宗歸祔山陵。自三月一日廢朝,至於晦日,百僚素服詣延英起居",晦日即月末,説明在一個月內百僚都沒有行朝參,月末還要著"素服"起居。按照《儀注》規定,啓殯之際"皇帝服縗絰杖","諸王具縗絰去杖",而"酂公、介公、皇親、諸親等及九品以上,各服初喪服,去杖",這個官員們恢復"初喪服"的服式應當是在送葬之前和送葬(包括祖奠、遣奠)入葬的各個程式中一直保留,到神主返京隨從者纔得除去。《通典》卷八七載《儀注》,返京後的虞祭是在原來停靈的太極殿,由"通事舍人分引羣官、皇親、諸親皆素服各入就位",皇帝也是"素服就次"。而時間更向後的祔廟儀式,文武百官和皇親諸親則是"常服就南門外位",祭奠儀式中的應饗官更是服祭服,説明送葬入葬的幾日尚須服喪,回到京城朝中就不用了。這種情況正是承晉宋之制,而到宋代仍是如此。《宋會要輯稿·禮》二九載真宗喪禮儀院定"啓攢(欑)宮後,百僚並服初喪服,其間官員有近經轉補或自外代歸未曾給孝服者,止以公服陪位",得制從之。此處之"啓攢(欑)宮"即啓殯,也即殯禮結束而將要入葬前的儀式。其日"羣臣具衰服序班於延慶殿。帝服初喪之服,行祭奠之禮。俟時梓宮遷正位，羣臣詣內東門進名奉慰。自是至發引，並日素服入臨，班退改常服而出[①]。

對於規定的喪服諸節皇帝必須遵守。寶應元年（762）五月辛卯代宗制稱："三年之喪，天下達禮，苟或變革，何以教人？朕遭此閔凶，攀號罔極，公卿固請，俾聽朝務，斬焉縗絰，痛貫心靈，豈可便議公除，遽移諒闇。昨見所司儀注，今月十三日大祥，十五日從吉。仰憑遺制，又欲抑予，竊惟哀思，深謂未可。其百寮並以此釋服，朕將繼武丁之道，《素冠》之詩，恭默再周，不忍權奪。凡庶在位，宜悉哀懷。"也即皇帝本打算在二十七日外繼續服喪，但在"宰臣苗晉卿等三上表請依遺制"之下，不得不按制與百僚一起釋服[②]。據《通典》卷八七載德宗"初欲禫服終制"，下詔"將從禫服，以終喪紀"。也即皇帝個人打算服禫服（即《大唐元陵儀注》所載"慘吉服"）直到三年終制，是為變相服喪。禮儀使顏真卿奏以百僚皆已除服，"事既合權，禮無獨異"表示反對。認為"不可以吉凶兼制，臣子殊儀"，請求皇帝"屈己臨朝"，以使"萬姓心安，四方事集"，使皇帝不得不打消此念。

《文苑英華》卷五九九載歷朝勸聽政表多首，其中《勸釋服聽政表三首》即針對德宗下敕"過大祥則素衣練冠，銜恤聽政；當外除則降從禫服，以終喪紀者"提出："且梓宮未遷於陵隧，聖慮方切於哀號。雖釋服從朝，慰撫臣子，猶恐天顏慘戚，率土不安，羣臣未通，庶事皆闕。今方以練冠為易月之服，禫制終諒闇之喪，羣臣進見，莫勝憂戚，又安敢議及時政，下延兆庶者哉！"意思是皇帝若"素衣練冠"而"天顏慘戚"，將無法正常接對羣臣，處理朝政，這與顏真卿所說"若陛下未忍即吉，更服練巾，則遺詔不得奉行，羣僚無以覲見"是相同的。也即君臣上朝必須按朝參的規矩都換上吉服，喪服

① 《宋會要輯稿·禮》二九之二九、二九之三〇，1078頁。
② 《舊唐書》卷一一《代宗紀》，269頁。

朝見是不合制度的。《大唐元陵儀注》明確規定了皇帝大臣在二十七日的祥禫變除之際的衣制服式,其實是在嚴格喪制的同時力求朝廷制度和國事治理的正常化。因此"公除"之制限制嚴格,皇帝不得私自以家禮代國事,此點唐宋完全一致。《宋會要輯稿·禮》二九之三一在真宗送葬後有曰:"先是,禮儀院請靈駕既發,內外並吉服,帝以純孝之性,不忍遽易,至於左右內臣,衰服如初。宰臣援引典禮執奏三四,乃詔內侍省翌日釋服。"《續資治通鑑長編》卷九九載九月辛卯發引日略同,同樣說明國事不允許皇帝依照自己的心願隨意行服。

　　當然這裏的釋服從朝,主要還是指按二十七日除服之後。皇帝雖然"三日聽政",但不等於三日以後就要舉行正式朝參。如高祖遺詔"既殯之後,皇帝宜於別所視軍國大事","別所"說明不是正殿。"視軍國大事"只是處理要事,"三日聽政"與服喪並不矛盾。

　　另外前章已說明玄宗天寶中曾因朔望陵寢薦食不御正殿,唐代宗也是先皇入葬山陵前朔望不視朝,"自是每朔望皆如之,迄於山陵。凡人臣有事辭見,先臨西宮,然後詣朝"①。不但影響朔望朝參,遇有元正、冬至節日更是如此。這一點也已見於代宗朝。玄宗、肅宗相繼崩於寶應元年(762)四月,代宗於即位的次年即廣德元年(763)元正未朝,但《冊府元龜》卷一○七《帝王部·朝會》一載代宗廣德二年(764)正月己亥朔已經"御含元殿,受朝賀如常儀",可見前次的不朝與當時二帝皆未入葬有關。

　　這一問題大約在制定《元陵儀注》的德宗朝更為明確。代宗崩於大曆十四年(779)五月,同年十二月丁酉祔廟,史料記載表明德

---

　　①　《舊唐書》卷一一《代宗紀》,268—269頁。按《冊府元龜》卷一○七《帝王部·朝會》一還記廣德二年(764)"六月丁卯朔,始御宣政殿受朝,以國哀終制故也。凡朔望朝於殿前(按當作前殿),舊章也"。不過這只是說"國哀終制"前不御宣政正殿,不是完全不朝,與入山陵前不同。

宗於建中元年(780)、二年的正月朔日都舉行了朝賀。可以與之進行比照的正是數年後的皇后葬禮。《册府元龜》同上卷記貞元"三年(787)正月丙戌朔,停朝賀。以大行皇后在殯故也。庚寅,百寮以停朝賀,及是歲假滿,於崇明門奉慰皇太子",可見祔廟以後的元日朝會不受影響,而停殯之際節日慶賀是不能舉行的。敬宗長慶四年(824)正月即位,

> 五月,詔停諸親王端午參賀。十月癸巳,禮儀使奏:"來月二十三日冬至,準故事,山陵未祔廟,並不合行慶賀之儀,其朝賀皇太后請停。"又十二月乙未敕:"來年正月一日朝賀,宜權停。"[1]

這裏"山陵未祔廟並不合行慶賀之儀"已被稱為"故事"。穆宗入葬在當年的十一月庚申(15日),祔廟可能更晚,所以端午、冬至和元正的節日朝賀也受到影響,這一點作為制度已很分明。

同樣的慣例也延於五代。《舊五代史》記同光三年(925)七月貞簡曹太后崩,"同光四年春正月戊午朔,帝不受朝賀"。同樣,明宗崩於長興四(933)年十一月戊戌,"應順元年(934)春正月壬申朔,(閔)帝御廣壽殿視朝,百寮詣閤門奉慰。時議者云,月首以常服臨,不視朝可也"[2]。雖言"視朝",但用"奉慰"代替賀儀,説明並不算正式朝參。

就國事而言,皇帝喪禮期間於喪事有衝突的又有各種祭祀。上面已經提到,《大唐元陵儀注》關於祭祀,針對"未殯,遇夏至,祭皇地祇,禮官議停祭"和張朔提出的不應以王事廢天事的問題,以禮儀使顏真卿的解釋做了回應。也即不但在未殯之際停止一切祭祀活動,且在成服之後直到入葬祔廟以前也是不能赴祭的。不過

---

① 《册府元龜》卷一〇八《帝王部·朝會》二,1283頁。
② 《舊五代史》卷三四《莊宗紀》八、卷四五《閔帝紀》,467、615頁。

在德宗崇陵葬禮,已改為喪期內不廢大祀,只是不奏樂而已。所以在入葬和神主祔廟前後,祭祀畢竟有別。葬後不僅祭祀,皇帝的其他活動大約也可以不受影響。這一點唐朝前期就是如此。如睿宗開元四年(716)六月崩,《資治通鑑》卷二一一記開元"五年,春正月,癸卯,太廟四室壞,上素服避正殿。時上將幸東都,以問宋璟、蘇頲,對曰:'陛下三年之制未終,遽爾行幸,恐未契天心,災異為戒,願且停車駕。'"又問姚崇。卻認為太廟屋材皆苻堅時物,歲久朽腐而壞,適與行期相會,不足以為災異。於是玄宗遂以姚崇為是,只是在當月己酉,行享禮於太極殿,便依舊成行了。

雖然沒有規定,但喪期內的重大儀節甚至影響到太子的册禮。《册府元龜》卷二五七《儲宮部·建立》二記中宗神龍二年(706)七月戊申立衛王重俊為皇太子,説明"時以除,遂不行册禮"。《新唐書》卷八一《三宗諸子·節愍太子傳》也記曰:"明年為皇太子,與太后喪,殺册禮。"[1]據《新唐書》卷四《中宗紀》,武則天神龍元年十二月壬寅崩,次年五月庚申葬。神龍二年七月既非三年亦非周年的除服期(按節愍為武則天孫,至少應按周年服),頗疑應為祔廟。據《舊唐書》卷八六《節愍太子傳》曰武三思深忌重俊,其子崇訓尚安樂公主,"常教公主淩忽重俊,以其非韋氏所生,常呼之為奴",並欲廢之自立為皇太女,故重俊不勝忿恨。喪禮成為不行册禮的藉口。

4. 三年守喪與嘉禮朝參

皇帝喪禮的以日易月之外,還有一直以來按古禮所行的三年"心喪"之制。唐朝實行三年二十七月之制,由於皇帝三日聽政和二十七日釋服的制度只是服從國事安排的一種便宜之制,而禮之

---

① 《新唐書》卷八一《三宗諸子·節愍太子傳》,3595頁。

三年喪期對皇帝和庶人而言都有同樣的意義,所以對嗣皇帝和血緣關係最近的皇親而言,不但提倡所謂"心喪",事實上三年的喪制也仍有約束力。史載中宗崩於景龍四年(710)六月,《册府元龜》卷一〇七《帝王部·朝會》記太極元年(713)正月癸丑,睿宗纔"釋慘服,御正殿,奏廣樂於庭,受皇太子及百官朝賀"。睿宗雖於中宗為弟,本應服朞行一年之喪,但也按三年行服。睿宗在中宗去世的第三年元正"釋慘服"朝會,説明在此之前,私下裏仍要穿着"慘服"以示服喪的,這個慘服可能就是上述禫禮後的慘吉服。這一點在太子為皇后服喪中也得到證明(詳下)。朝廷不禁止皇帝私下服喪,只是不能影響國事。不過按上述《儀注》規定,慘服僅服到"山陵事畢",也即入葬和祔廟為止,這比較真正的三年已有很多縮短,説明唐後期從國事出發,是更加"從權"了。

　　皇帝的私下服喪似乎表明,三年喪只是皇帝家族内部的事。一些本族内的喜慶嘉禮亦不得在喪期内進行。如永徽元年(650)太宗女衡山公主將出嫁長孫氏,有司認為服既公除,欲以秋天成婚。但于志寧上疏,認為議者所云"'準制,公除之後,須並從吉',此漢文創制其儀,為天下百姓。至於公主,服是斬縗,縱使服隨例除,無宜情隨例改。心喪之内,方復成婚,非唯違於禮經,亦是人情不可"。於是高宗詔公主待三年服闋然後成禮[1],表明皇帝的家族内部仍須按家禮的三年喪制要求。

　　三年喪制亦會影響元正朝會的舉行。唐前期皇帝三年制内元日不舉樂甚至不朝已經是不成文的規矩。例如高祖崩於貞觀九年(635)五月,至貞觀十一年正月朔皇帝臨軒,仍舊有"懸而不樂,禮也"的表示。高宗則"永徽元年(650)春正月辛丑朔,上不受朝,詔改元。壬寅,御太極殿,受朝而不會"。元日只有改元而不朝,次日

---

　　① 《舊唐書》卷七八《于志寧傳》,2698—2699頁;《資治通鑑》卷一九九永徽元年,6271頁。

雖朝卻不舉辦宴會，顯然是由於去年太宗剛剛去世。武則天崩於神龍元年十一月，至神龍二年正月庚子朔，便"以則天皇后梓宮在殯，不朝會"①。《舊唐書》卷七《中宗紀》神龍三年春正月庚子朔條也有"不受朝會，喪未再期"的特別説明。上述中宗喪，睿宗在景云元、二年的元正均未舉辦朝會。睿宗本人崩於開元四年六月，開元"五年正月壬申朔，帝不受朝，太上皇喪制故也"；"六年春正月丙辰朔，以未經大祥，不受朝賀"②，可見三年制的祥禫對於喪後元、二年的大朝會都有一定影響。

但從前面的論述亦可知道，唐後期的正、冬朝賀已不再受三年之限，而僅僅是未祔廟之前不朝。所以我們常常看到在先皇初崩、嗣帝即位的次年或二年即舉辦元正或冬至喪禮的情況，這一做法至少德宗朝已明確，應也是由《大唐元陵儀注》確定下來。

三年喪制以及特別是喪服期間雖然看起來會對嗣皇帝及其家族生活有所限制，但並不是每個皇帝都能謹守，其對於喪禮態度也是不一樣的，據説德宗"在諒陰中，動遵禮法，嘗召韓王迥食，食馬齒羹，不設鹽酪"③，此點也與顏真卿《大唐元陵儀注》刻意表現喪禮的嚴肅不謀而合。但對一些皇帝來説，儀制本身並不一定能完全起到約束作用。《資治通鑑》卷二四一元和十五年（820）二月條專就穆宗與羣臣釋服從吉和御丹鳳門大赦事畢後"盛陳倡優雜戲於門內而觀之"及"幸左神策軍觀手搏雜戲"的活動作了記載，此時憲宗死方一月。同卷於後並稱："上甫過公除，即事遊畋聲色，賜與無節。九月，欲以重陽大宴，拾遺李珏帥其同僚上疏曰：'伏以元朔未改，園陵尚新，雖陛下就易月之期，俯從人欲；而禮經著

---

① 《册府元龜》卷一〇七《帝王部·朝會》一，1274—1275 頁。
② 參見《册府元龜》卷一〇七《帝王部·朝會》一，1275 頁；《舊唐書》卷八《玄宗紀》上，177、178 頁。
③ 《資治通鑑》卷二二五大曆十四年五月條，7356 頁。

三年之制，猶服心喪。遵同軌之會始離京，告遠夷之使未復命。
過密弛禁，蓋為齊人；合樂後庭，事將未可。'上不聽。"可以知道穆
宗繞過二十七日公除，遊畋聲色就樣樣不少，"心喪"之文也早已
拋於腦後。

當然穆宗的行為並非能僅以不守喪制來解釋，因為其間亦可
以見出一些感情因素。從《通鑑》同卷所言"太后居興慶宮，每朔
望，上帥百官詣宮上壽。上性侈，所以奉養太后尤為華靡"來看，穆
宗孝於母而忤於父，兩者正成鮮明對比。史料有宣示"追恨光陵商
臣之酷，即位後誅鋤惡黨，無漏網者"以及逼迫郭后致使"暴崩"的
記載①，史家包括《通鑑》作者司馬光也因此有憲宗被內官所弒是受
郭后主使的推測。而從穆宗對喪事的態度，適足以提供旁證。無
論如何，穆宗在憲宗生前並沒有得到信任寵愛，其太子地位始終存
在危機，最終借助其母的後宮勢力繞登上帝位總是事實，所以穆宗
對其父的憎恨可想而知。不過穆宗服喪期間任性而為，也竟成敬
宗後來之榜樣。《通鑑》卷二四三長慶四年（824）二月丁未條，稱
"上（敬宗）幸中和殿擊毬，自是數遊宴、擊毬、奏樂，賞賜宦官、樂
人，不可悉記"，時也僅距穆宗喪月餘。

但如拋開政治原因僅就服喪而言，則兩種喪制的區別顯而易
見。穆宗和敬宗在服喪的二十七日之內，尚不見有過分荒唐之舉，
說明在此期間確是有相當嚴格的限制。但過後即肆無忌憚，卻反
襯出對於皇帝的三年心喪，並不像公除之制那樣有約束力。從《大
唐元陵儀注》開始，唐朝禮制似乎都未曾對此作出嚴格的規定。三
年中正冬、朔望朝參的問題，多是秉"故事"而行，二十七日國禮之
外，依照三年喪期所行祥、禫之儀也未見有特別隆重的國事活動以
及對君臣服式的特別要求。而從下面將要談到的太子為母服制的

---

① （唐）裴庭裕撰，田廷柱點校：《東觀奏記》卷上，北京：中華書局，1994 年，85—
86 頁。

討論可以知道，無論皇帝抑或太子，守喪都屬於個人私下的行為，其最後的原則是以不誤國事為前提，在此之下所行不過是與古禮和現實均不相違背而可通融的權宜之法。

永田知之氏在前揭討論三年終喪之禫制的文章中，結合書儀與《開元禮》、《大唐元陵儀注》等史料，指出大量唐朝關於三年喪制和採用鄭玄説，實行二十七月禫祭的例證，認為《開元禮》通過繼承《貞觀禮》與《顯慶禮》，也繼承了東晉南朝禮學和喪服禮的研究，特別是對鄭學的肯定，否定了王學"祥禫共月"之説，使得禫祭在唐代禮儀整備的過程中突出了，而所舉大量事實也説明三年制的禫祭大量存在於士人和庶民的生活中[1]。筆者認為，這一方面表明國家規定的喪禮三年制被逐漸完善，並深入士民生活；但另一方面也可以説是對私家喪禮的明確和尊重。這一點，不能説對皇帝的宮廷生活及喪禮觀念没有影響。所以如僅就皇帝禮來看，三年喪制和祥禫禮是否舉行其實也關係到大臣和輿論對皇帝個人及其家族行使三年喪服權力的態度問題。唐朝對於喪服三年制度的不加强調，以及在國家制度的皇帝喪儀中基本上没有體現，説明尚没有完全處理好國家制度與皇帝個人或家族禮儀的關係，或者説皇帝自身"家禮"在國制中尚不突出。"私"仍舊要服從於"公"，也被淹没於"公"，兩者並没有發生分離或者並行的現象，這種情況與下面所説宋代明示三年之制顯然是不一樣的。

---

[1]　永田知之：《唐代喪服儀禮の一斑——書儀に見える'禫'をめぐって》，98—116頁。

附表 3. 唐朝皇帝喪禮時間

大行皇帝	喪日及還京	發喪~新皇即位。	持續時日	行服日	上諡號廟號	葬日	祔廟	葬期(月)
高祖	貞觀九年(635)五月庚子(6日)	五月癸卯(9日)成服(?)①	4	36	上諡曰大武皇帝,廟號高祖。	同年十月庚寅(27日)葬於獻陵。	同年十一月戊申(16日)	6
太宗	貞觀二十三年(649)五月己巳(26日)喪,辛未(27日)還京②。	五月壬申(29日)發喪宣遺詔,六月甲戌(1日)高宗即位。	6	36	同年八月丙子,上諡曰文皇帝,廟號太宗。	同年八月庚寅(18日)葬於昭陵。	同年八月庚子(28日)	3
高宗	弘道元年(683)十二月丁巳(4日)喪,文明元年(684)五月丙申還京。	弘道元年(684)十二月甲子(11日),中宗即位。	8	36	上諡曰天皇大帝,廟號高宗。	文明元年(684)八月庚寅(11日)葬於乾陵。	文明元年八月	8
武則天	神龍元年(705)十一月壬寅(26日)喪,正月丙申還京。			36	諡曰大聖則天皇后。	神龍二年(706)五月庚申(18日)祔葬乾陵。		6

---

① 按《唐大詔令集》卷一一《神堯遺誥》:"屬纊之後,三日便殯。"(66頁)據《通鑑》卷一九四載其月"甲辰(十日),羣臣請上準遺誥視軍國大事,上不許"(6112頁),疑成服當在前一日。

② 按《新唐書》卷二《太宗紀》作庚午還京(48頁),此從《舊唐書》卷四《高宗紀》上(66頁)及《通鑑》卷一九九(6267頁)。

續表

大行皇帝	喪日及還京	發喪~新皇即位。	持續時日	行服日	上諡號廟號	葬日	祔廟	葬期(月)
中宗	景龍四年(710)六月壬午(2日)	六月甲申(4日)發喪,六月丁亥(7日)皇太子(溫王重茂)即位。	6	36	同年九月丁卯,上諡曰孝和皇帝,廟號中宗。	同年十一月己酉(2日)葬於定陵。		5
睿宗	開元四年(716)夏六月癸亥(19日)①			36	同年秋七月己亥(25日),上尊諡曰大聖貞皇帝,廟號睿宗。	同年冬十月庚午(28日)葬於橋陵。	同年十一月丁亥(15日)②	5
玄宗	寶應元年(762)建巳月(四月)甲寅(5日)	四月乙卯(6日)發哀。		27	上諡曰至道大聖大明孝皇帝,廟號玄宗。	寶應二年(廣德元年,763)三月辛酉(18日)葬於泰陵。	寶應二年(廣德元年)四月己丑(16日)③	12

---

① 癸亥,《新唐書》卷五(125頁)、《舊唐書》卷七《睿宗紀》(162頁)皆作甲子。《資治通鑑》卷二一一玄宗開元四年"六月,癸亥,上皇崩於百福殿。"下《考異》曰:"《睿宗、玄宗實錄》皆曰甲子。按下云:'己巳,睿宗一七齋,度萬安公主為女道士。'今從《舊本紀》、《唐曆》。"(6718頁)

② 《舊唐書》卷八《玄宗紀》上記開元四年"十一月丁亥,徙中宗神主於西廟"(176頁),《冊府元龜》卷三〇《帝王部‧奉先》三(325頁)同。按宗廟遷徙,據《舊唐書》卷二五《禮儀志》五,睿宗崩及行祔廟之禮,太常博士陳貞節、蘇獻等奏議遷出中宗,制從之(950頁),則中宗遷出宗廟日當即睿宗祔廟日。

③ 《冊府元龜》卷三〇《帝王部‧奉先》三作:"三年四月己丑祧獻祖、懿祖二室,遷太祖已下七室,祔玄宗二室。"(328頁)按此條上接代宗寶應元年四月即位及五月庚寅冊先妃吳氏為皇太后條,但寶應無三年,當作二年是。

續表

大行皇帝	喪日及還京	發喪～新皇即位。	持續時日	行服日	上謚號廟號	葬日	祔廟	葬期（月）
肅宗	寶應元年（762）建巳月（四月）丁卯（18日）	戊辰（19日）宣制，己巳（20日）代宗即位於兩儀殿。	3	27	上謚曰文明武德大聖大宣孝皇帝，廟號肅宗。	寶應二年（廣德元年，763）三月庚午（27日）葬於建陵。	寶應二年（廣德元年）四月己丑（16日）	12
代宗	大曆十四年（779）五月辛酉（21日）	五月壬戌（22日）發喪，五月癸亥（23日）德宗即位於太極殿。	3	27	同年八月庚申，上尊謚曰睿文孝武皇帝，廟號代宗。	同年十月己酉（13日），葬於元陵。	同年（780）十二月丁酉（1日）	6～7
德宗	貞元二十一年（永貞元年，805）正月癸巳（23日）	正月甲午（24日），宣遺詔；丙申（26日）順宗即位於太極殿。	4	27	同年九月丁卯羣臣上謚曰神武孝文，廟號德宗。	同年十月己酉（14日），葬於崇陵。	同年十一月己巳（4日）①	10

---

① 十一月己巳，《舊唐書》卷一四《憲宗紀》上作十月乙巳（413頁）。按永貞元年十月乙巳在己巳前，祔廟不當在入葬前。此從《新唐書》卷七《憲宗紀》（207頁）及《資治通鑑》卷二三六永貞元年十一月條（7622頁）。

续表

大行皇帝	喪日及還京	發喪~新皇即位。	持續時日	行服日	上諡號廟號	葬日	祔廟	葬期(月)
順宗	元和元年(806)正月甲申(19日)	是日遷殯於太極殿,發喪。		27	同年六月乙卯,上諡曰至德大聖大安孝皇帝,廟號順宗。	同年七月壬寅,葬於豐陵(11日)①	同年七月二十四日(?)②	6
憲宗	元和十五年(820)正月庚子(27日)	正月辛丑(28日)宣遺詔,壬寅,移仗西內,閏正月丙午(3日)穆宗即位。	7	27	同年五月丁酉(?)③,上諡曰聖神章武孝皇帝,廟號憲宗。	同年五月庚申(19日)葬於景陵。		4
穆宗	長慶四年(824)正月壬申(22日)	正月癸酉(23日)敬宗發哀於太極殿,丙子(26日)敬宗即位於太極殿東序。	5	27	上諡曰睿聖文惠孝皇帝,廟號穆宗。	同年十一月庚申(15日)葬於光陵。		10

---

① 按"壬寅",《舊唐書》卷一四《順宗紀》作壬申(410頁),此從《通鑑》卷二三七(7634頁)。

② 《舊唐書》卷二五《禮儀志》五記元和元年七月,順宗神主將祔,有司疑於遷祔,時太常博士王涇建議將中宗奉遷夾室。是月二十四日杜黃裳奏:"順宗皇帝已升祔太廟,告祧之後,即合遷遞中宗室主。"(950—957頁)是其時正在遷祔告祧之中,已無準確記載,故暫將此作為入廟時間。

③ 此從《舊唐書》卷一五《寧宗紀》(472頁),然此年五月無丁酉,存疑。

續表

大行皇帝	喪日及還京	發喪～新皇即位。	持續時日	行服日	上諡號廟號	葬日	祔廟	葬期（月）
敬宗	寶曆二年（827）十二月辛丑（8日）	十二月癸卯（10日），文宗見羣臣，乙巳（12日）文宗即位，丙午（13日）成服。	6	27	上諡曰睿武昭閔孝皇帝，廟號敬宗。	大和元年（827）七月癸酉（十三日）葬於莊陵。		7
文宗	開成五年（840）正月辛巳（4日）	正月辛巳（4日）武宗即位。辛卯（14日），始大斂，武宗受冊於正殿。	11	27	諡曰元聖昭獻皇帝，廟號文宗。	同年八月庚申（17日）①葬於章陵。		7
武宗	會昌六年（846）三月甲子（23日）	乙丑（24日）宣詔，宣宗即位見百官，丁卯（26日）即位受冊。②	4	27	諡曰至道昭肅孝皇帝，廟號武宗。	同年八月壬申（3日）葬於端陵。		4～5
宣宗	大中十三年（859）八月癸巳（7日）	當日宣詔，八月丙申（13日），懿宗柩前即位。	7	27（?）	諡曰聖武獻文孝皇帝，廟號宣宗。	咸通元年（860）二月丙申（15日）葬於貞陵。		6

---

① 按《新唐書》卷八作"壬戌（十九日）"，240頁。

② 按《新唐書》卷八《宣宗紀》作三月甲子（23日）即位柩前（245頁）。《舊唐書》卷一八下《宣宗紀》言"翌日，柩前即帝位"（613頁）。又《通鑑》卷二四八作"丁卯，宣宗即位"（8023頁）。此當為受冊。故從後二者。

續表

大行皇帝	喪日及還京	發喪～新皇即位	持續時日	行服日	上謚號廟號	葬日	祔廟	葬期(月)
懿宗	咸通十四年(873)七月庚辰(18日?)①	辛巳宣遺詔,壬午(20日)僖宗樞前即位。	3(?)	27	謚曰昭聖恭惠孝皇帝,廟號懿宗。	咸通十五年(乾符元年874)二月甲午(5日)葬於簡陵。		6～7
僖宗	文德元年(888)三月癸卯(6日)	癸卯宣詔,乙巳(8日)昭宗樞前即位。	3	27	謚曰惠聖恭定孝皇帝,廟號僖宗。	同年十月辛卯(27日)葬於靖陵。		7～8
昭宗	天祐元年(904)八月壬寅(11日)②	八月癸卯(12日)宣遺詔,丙午(15日),哀帝即位樞前。	5	27	謚曰聖穆景文孝皇帝,廟號昭宗	天祐二年二月己酉(二十日)葬於和陵。	天祐二年二月己未	7～8
哀帝	開平二年(908)二月癸亥(22日)③				謚曰哀帝	同年以王禮葬於濟陰縣定陶鄉。		

① 按《新唐書》卷九《懿宗紀》(263頁)和《資治通鑑》卷二五二(8167頁)均載懿宗死於七月辛巳(19日),而《新唐書·僖宗紀》復言僖宗辛巳樞前即位(264頁)。《舊唐書·僖宗紀》言懿宗十八日崩,二十日僖宗樞前即位(689頁),《册府元龜》卷一一略同(122頁)。今暫從《舊紀》、《元龜》,存疑。

② 按《舊唐書》卷二〇下《哀帝紀》作八月十二日(癸卯)昭宗遇弒(785頁),以是十一日夜,今暫從《新唐書》卷一〇《昭宗紀》(302頁)和《通鑑》卷二六五(8635—8636頁)。

③ 按《舊唐書》卷二〇下《哀帝紀》載其死於天祐五年(開平二年,908)二月二十一日(壬戌)(811頁),此從《通鑑》卷二六六(8691頁)。

(三)宋代皇帝的三年喪制和佛、道典禮

宋代皇帝喪儀如與唐五代比較，在内容程序上沒有質的區別，相反仍有很多相似之處。《宋會要輯稿》等史料記載的皇帝喪禮仍基本遵從古來葬禮程序，並在進行之前，先經有司對喪禮儀注作出詳細規劃。不過，二十七日服已成定制，禮司的規定一般只有舉辦時間和當日程序、服式的簡單說明，這表明儒家典禮性質的"國恤"作為國家"公"禮已經有着更加定式化的特點。然而在二十七日公除之外，三年喪制作為另一重程序也被明確規定，《大唐元陵儀注》中不曾見到的七七齋以及行香等佛道儀式和内容作為制度融入喪禮，佛道儀式並成為三年喪的祥、禫禮中之主要内容，使皇帝私家禮儀與國家制度同存並立，甚至亦成為國禮的一部分，是宋朝皇帝喪儀中最突出的特色之一。

1. 宋朝的《國恤》儀注和程序

如前所述，《大唐元陵儀注》解決了皇帝喪禮無所依據的難題，所以北宋乃至南宋的歷朝皇帝死後，由太常禮院或禮儀院"準禮例"定喪禮儀注已經形成規律。今本《宋會要輯稿》保留了不少帝、后喪禮實錄，其中既有禮官及喪禮機構所定儀注，復有喪禮期間帝、后及大臣相關活動及各個喪禮程序的真實記載。以真宗喪禮為例，乾興元年（1022）二月十九日崩，二十日即有禮儀院上言：

> 準禮例，合差官奏告天地、社稷、太廟、諸陵。應祠祭，惟天地、社稷、五方帝諸大祠，宗廟及諸中小祠並權停，俟祔廟禮畢仍舊。未除服前祭告、祠祀，行祀官權改吉服，禮畢如故。應諸道州府官吏舉哀成服，三日而除。沿邊州鎮皆以金革從事，不用舉哀。京城坊市及外縣，禁止音樂。軍人百姓等白衫紙帽，婦人素縵，不花釵，三日而止。皇帝服麤布頭冠、布大

袖、布裙、斜布首絰、布帽、布四脚、襴衫、腰絰、布袴、竹杖、絹
襯衫。皇太后太妃羃布蓋頭、裙衫、帔子、絹襯衫、首絰。長公
主、親王、宗室、刺史以上、内外命婦、内人服式並如至道三年
之制。宗室、諸司使以下至殿直服布斜巾四脚、襴衫、裙袴、首
絰、腰絰、絹襯衫。樞密、龍圖閣直學士，玉清昭應宫副使，並
依翰林學士例。前後殿都知、押班止服布斜巾四脚、襴衫、腰
絰。襌服畢，服金玉帶者易以犀角，乘花繡韂者易以皂。上陵
畢，改純吉服。喪制以日易月。十二（三）日為小祥，二十五日
為大祥，二十七日為襌除。羣臣自今月二十四日成服後至二
十五日赴朝晡臨，二十六日後止朝臨，至二十八日而止。餘至
大小祥、襌除，並赴殿庭哭臨，移班近東，進名奉慰。①

自以上内容可知"準禮例"云云即是告祭、從京城到沿邊舉哀成服
的安排，從皇帝太后皇親官員到百姓的喪禮服衣，以及按二十七日
所行祥襌變除時日及百官赴朝的規定，須由皇帝批准而得"並從
之"。其中"合差官奏告天地、社稷、太廟、諸陵"此前有"禮例"而此
後已成為必行之制度，這個奏告顯然屬於凶禮程序。

　　從關於衣服的規定可以看得出除了帝、后和皇親之外，官吏
也都有舉哀成服，其中"至道三年（997）之制"即是太宗喪時的制
服。當時規定"皇帝服布斜巾四脚、大袖、裙袴、帽、竹杖、腰經
（絰，下同）、首絰，直領布襴衫、白綾襯服。諸王皇親以下亦如之，
加布頭冠，襯服用絹（按《宋史》一二二《山陵》作"白綾襯服"）。皇
太后、皇后、内外命婦，布裙衫、帔、帕頭、首絰、絹襯服。六宫内人
無帔"。官人喪服是"中書門下、樞密使、副使、宣徽、三司使、翰林
學士、節度使、金吾上將軍文武二品以上，布斜巾四脚、頭冠、大
袖、襴衫、裙袴、腰絰、竹杖、絹襯服；自餘百官並布幞頭、襴衫、腰

_____

① 《宋會要輯稿·禮》二九之一七至一八，1072頁。

經。兩省五品、御史臺尚書省四品、諸司三品以上，見任前任防禦、團練使、刺史，内客省、宣政、昭宣、閤門使，前殿及入内都知、押班，服布頭冠、幞頭、大袖、襴衫、裙袴、腰絰"①。首絰、腰絰是重喪斬衰的標誌，羣臣喪服與皇帝相比只是無首絰，但從真宗喪看，"宗室、諸司使以下至殿直"有首絰，大約主要指皇親和内臣。另外"斜巾"應即《開元禮》之"袞巾"，布斜巾四脚加頭冠是喪冠，比幞頭服重，因此在官員中書門下至金吾上將軍文武二品以上服最重，其次則是兩省五品至入内都知、押班，基本是内外重臣、近臣的範圍。

在此之後又有一些禮儀程序、命使和大小祥衣服等的不斷補充。如乾興元年二月二十一日"禮儀院言：'準禮例，成服日有司備祭饌，皇帝就殿上御位，宰臣文武百官就位哭，十五舉音，再拜。皇帝行祭奠之禮，太尉進酒，近臣讀祝文，再拜。太常卿贊導禮畢，皇帝垂帽即御座，羣臣奉慰。小祥日，祭奠如儀，羣臣奉慰訖，皇帝釋衰服，裹布幞頭、襴衫、袴、腰絰。宰臣文武二品以上改服布幞頭、襴衫、袴、腰絰。'詔可"。而二十二日乃任命丁謂等山陵五使，二十三日在皇帝命宰臣丁謂、馮拯等撰陵名、哀册、謚號、謚册及兩省御史臺文班撰挽歌詞之下，也有"是日，禮儀院言：準禮例，大祥日祭奠奉慰訖，皇帝釋服，裹素紗軟脚幞頭，服淡黄衫、緅色鞓黑銀腰帶。羣臣並隨服色，慘紫、素紗垂脚幞頭、黑鞓或脂皮鞓腰帶、靴、笏。軍員都虞候已上慘服，餘常服"②。這些内容説明，在二十七日之内的祥變、除服羣臣與皇帝一致。

起居朝參也有制度。禮儀院接下説明："又按《通典》，小詳(祥)前百官無假，每日平明詣延英門進名起居，不入正衙者。今月二十九日不臨，三十日旬假，欲俟其日百官並詣崇政殿序班起居。所有三月一日小祥後如遇假不入外，每日常參官並於崇政殿序班

① 《宋會要輯稿·禮》二九之七，1067頁。
② 《宋會要輯稿·禮》二九之一九至二〇，1073頁，下同。

起居。皇帝禫除畢日，如常例朝參。詔可”。至小祥舉辦次日的三
月二日，復有“是日，禮儀院言：‘準禮例，禫除後山陵前，每遇朔望，
羣臣並入臨，進名奉慰。’從之”的記載。對於皇帝喪禮期間的百官
活動，只有《大唐元陵儀注》有具體規定，這裏的“又按《通典》”，說
明宋朝廷在皇帝喪禮儀注方面不但“準禮例”，也是依據《通典》而
參考了《儀注》的。

　　而當此過程活動逐一按照程序舉辦，直到上尊號諡册及除
服和禫祭、卒哭，中間並經山陵修建及有司對入葬進行一系列
準備之後，遂由禮儀使和禮儀院“準禮例”更定啟殯（亦稱“啟攢
宮”）及靈駕發引日期（包括啟奠、祖奠、遣奠等儀）與入葬時日、
儀式。由此可見喪禮程序是經過周密的計劃和準備按序進行。
《宋會要輯稿·禮》二九又記乾興元年七月十七日禮儀院言所
定送葬儀仗人數，同月二十四日“禮儀院言：‘準禮例，發引日皇
帝服初喪服，行啟奠、祖奠訖，出詣正陽門外，行遣奠之禮。上
哀册訖，詣大升轝前哭盡哀，稽顙再拜奉辭，退還幕殿。侍中詣
轝前跪，奏請靈駕進發，山陵使已下近南進名奉辭皇帝，前一日
辭皇太后如儀。吉凶從官即前一日辭。靈駕進發，皇帝釋衰服改
吉服，還內。羣臣詣板橋立班奉辭，候靈駕至，皆舉哭，再拜辭
畢，退赴西上閤門及內東門，進名奉慰。靈駕經過州縣，官吏並
服初喪服，出城奉迎並辭，皆哭，十五舉音，再拜訖退。掩皇堂
日，羣臣常服進名奉慰，山陵使並諸行事官等進表奉慰。神主
回，所經州縣及到京日，羣臣並出城至板橋立班奉迎，再拜訖
退，以俟會慶殿宗正卿安神主。’詔可”。說明包括儀式舉辦時
間地點，皇帝和百官的服式、服色，乃至儀式中應有的節目和行
為舉止等等都在儀注的事先規劃之內。

　　喪禮所需各項器物也經有關部門及時報備，而對喪禮期間的
相關活動所行程式事後亦俱有或簡或詳的記錄。例如《宋會要輯

稿》同門關於真宗喪即有其年"三月一日小祥,帝行祭奠,釋衰服,羣臣入臨、奉慰如儀","四日,掩攢宮,帝行祭奠,羣臣入臨、奉慰如小祥之儀。是日,羣臣拜表請御正殿"和"十三日,大祥,帝行祭奠,釋服,羣臣奉慰、改慘服如儀"一類的記載。通過這樣的記錄,喪禮實踐過程被清晰地展現出來。而由紀錄可知,皇帝始死到入葬,甚至包括後來的入廟諸儀,與《元陵儀注》的規定大同小異,也即所行基本是按儒家典禮程序。

陳成國注意到,在太宗趙炅初崩之際,"有司定散髮之禮,皇帝皇后、諸王、公主、縣主、諸王夫人、六宮内人並左被髮,皇太后全被髮"。提出"此種禮儀為趙宋首創,曠古之作也"①。按此條見於《宋史》卷一二二《禮志》二五《山陵》,同時有:"至道三年三月二十九日,太宗崩於萬歲殿。真宗散髮號擗,奉遺詔即位於殿之東楹。"是初崩之際即有散髮。《宋會要輯稿·禮》二九之七記有司定禮在次日三月三十日,由於與其時服用並奏,可見始崩即須如此。又注曰:"初,有司定散髮之禮,言皇帝當聽政,更不散髮。帝曰:'豈居父之喪不盡禮乎?朕已散髮矣。'"是不待此禮之定真宗已自動散髮。散髮是重喪之表,行於初喪,已見前述。從上面關於喪服的規定,知成服後皇帝就要改服斜巾,首絰等,與《開元禮》非常一致,而且散髮分左右的做法也與古禮的"説髦"相合。按唐朝的大行皇帝儀注確是不曾見散髮之儀,但此禮是否趙宋首創值得深究。就前揭《開元禮》"初終"儀中"被髮徒跣"的出現,以及《大唐元陵儀注》中對"斂髮"之儀的取消,我們有理由懷疑唐朝實際的皇帝喪禮中未必沒有散髮。而對此儀的其他複雜因素,筆者還將於下文討論禮令淵源時再作解剖。但有一點也須明確,即此儀仍然行於帝后宮眷,沒有規定大臣也要散髮,所以散髮仍是被作為家内孝子孝婦

① 陳成國:《中國禮制史·宋遼金夏卷》,長沙:湖南教育出版社,2001年,88—89頁。

之儀看待的。不過,散髮既然被有司鄭重規定,也說明已正式納入國禮,可以說是皇帝私禮入國禮的又一重表現。

對於喪禮各階段之喪服,皇帝與羣臣必須嚴格遵守,如真宗喪後的三月"十五日,禫除,帝行祭奠,羣臣奉慰如大祥之儀。帝服常服,羣臣並吉服"。三月十七日,"禮儀院言:'禫除,外庭百官已吉服,皇親尚有乘白布緣裏(裏?)車檐出入內庭者,請令內束門告諭。'從之。自是內人從靈駕至山陵迴日,並改吉服"。因此一旦喪事超過二十七日,出入宮廷和國事的場合,便一律不得再穿喪服。皇帝也是同樣。例如啓殯至入葬期間應穿衰服,過此即換吉服,但是因仁宗"不忍遽易,至於左右內臣,衰服如初。宰臣援引典禮執奏三四,乃詔內侍省翌日釋服"①,即皇帝本人亦不得逾制。

宋代皇帝的二十七日服喪期也是從崩日計算,但是略有參差。如太宗至道三年(997)三月二十九日崩,四月十一(二?)日小祥,二十四日大祥,二十六日釋服;自喪日算為二十八日②;真宗乾興元年二月十九日崩,三月一日小祥,十三日大祥,到禫除的三月十五日,恰恰是二十七日,次日應該是"復平裳"了。不過也有將禫除和大祥置於一日的情況,此點陳戍國也已指出③。除仁宗自喪後第三日算起略有不同外④,宋朝皇帝大多同真宗,因此服喪"公除"時間唐宋基本一致。

從以上宋朝皇帝葬禮的儀注和實錄,也可以發現宋朝對唐朝喪制的一些繼承和發展,例如"啓殯"(亦稱啓攢或啓攢宮)和同時進行的"啓奠"是殯禮的終結,意味着將要啓動靈柩送入陵墓。但

---

① 《宋會要輯稿·禮》二九之二二、之三一,1074、1079頁。

② 《宋會要輯稿·禮》二九之八至九,1067—1068頁。

③ 陳戍國:《中國禮制史·宋遼金夏卷》,89頁。

④ 仁宗嘉祐八年三月二十九日喪,八日大斂成服,十二日小祥,二十五日大祥,二十七日禫除;見《宋會要輯稿·禮》二九之三六至三八,1081—1082頁。

《開元禮》"啓殯"與下面的"將葬"諸儀並不列在一節；《大唐元陵儀注》也將啓殯和以下發引日的靈柩移出太極殿及遣奠、祖奠等舉辦地點、有司準備等分開，證明啓殯和靈柩發引並不一定在一日。《舊唐書》卷二〇下記昭宗葬事，天祐二年（904）二月己亥敕"今月十一日，大行皇帝啓攢宮，準故事，坊市禁音樂。至二十日，掩玄宮畢，如舊"。結果是"庚子（十一日）啓攢（欑）宮，文武百寮夕臨於西宮。丁未（十八日）靈駕發引，濮王已下從。皇帝太后長樂門外祭畢，歸大内"，也即從啓殯到靈駕發引竟用了八日，而從發引到葬又用三日。金子修一等還參考此例並據《文苑英華》卷八三六《代宗睿文皇帝哀册文》所云大曆十四年（779）"十月丁酉朔四日庚子，將遷幸於元陵"，計算從發引到其埋葬日的十月十三日，約有十日，而推算啓殯約在十月一日前後①。

啓殯與發引分開宋朝已成常例，不過宋朝的習慣是啓欑宮和啓奠分開，將啓奠與祖奠、遣奠同置於發引日，如太宗葬，於至道三年"十月三日，啓欑宮，帝與羣臣並服初喪服，羣臣入臨，奉慰"，十月"六日，帝啓奠於梓宮，羣臣入臨，升梓宮於龍輴。祖奠，徹，帝徒步慟哭，與親王、宗室從至乾元門外幄次。梓宮升轝，設遣奠，攝中書令參知政事李沆讀哀册"。皇帝俯伏哭踊盡哀，至靈駕發帝衰服還宮，而羣臣則縞素送出順天門外，且"退改常服，還詣西上閤門進名奉慰"，儀式纔算最終結束。真宗葬禮是乾興元年九月十八日啓攢宮，二十四日發引。其日"既旦，帝啓奠於梓宮，羣臣入臨。升梓宮於龍輴，祖奠徹，步從以出正陽門外。梓宮升轝，設遣奠，攝中書令魯宗道讀哀册（下注文略）。帝哭踊盡哀，禮畢，歸大次。皇太后詣大升轝前奉辭"。然後"侍中奏請靈駕進發，諸司具告（吉）凶儀仗"，而百官則"素服赴順天門外，至板橋立班奉辭"，返還後舉行奉慰儀[1]。仁宗、英宗以下也莫不守此程序,遂形成規律。

前代已有的南郊告諡在宋朝也更為明確,《宋會要輯稿》禮二九之二八關於真宗喪禮有"(乾興元年)九月五日,攝太尉宰臣馮拯率羣臣奉諡號册寶告於南郊,翌日奉上於延慶殿,攝中書令宰臣王曾讀册,禮畢羣臣奉慰"。筆者在前面章節討論此儀時業已説明,所謂南郊告諡應在啓殯之際,但宋朝南郊告諡的時間提前在啓殯前的一、二十日,告諡、讀册作為制度宋朝已經固定下來,這在後來的皇帝喪禮中也經常可以見到。

宋朝皇帝入葬的一段總體較唐代用時為長。真宗從發引日的九月二十四日到十月十三日葬永定陵,總用近二十日,到儀仗等返還的"迎神主"竟然已是十月二十四日,達一月之久。仁宗十月六日奉辭靈柩,十五日奉安大行梓宫於永昭陵之下宮,到二十七日永昭陵掩皇堂(即入葬畢),再至十一月二日神主返京也用近一個月,加上下面要談到奉迎安神、分日虞祭等時間就更長了。宋代皇帝葬事最後階段用時長一方面是由於北宋皇陵多在鞏縣(今河南鞏義市)西南,屬西京(洛陽),距東京開封的今距離超過二百四十里,較唐陵據長安城距離更遠,除此外葬禮程式更加複雜和固定也是肯定的,因此也可以說儒家性質的以日易月的皇帝葬禮至宋代已經發展完備而臻於極致。

2. 三年祥禫的隆重舉辦

以上關於儀注和喪禮過程的記録,説明宋朝與唐後期同樣,二十七日除服已成基本定制。但在此之外,真正三年的喪制對於朝廷而言,也被作為第二套必遵程式而不可忽略。馬端臨《文獻通考》引述范祖禹之言,論述其時喪制有曰:"按自仁宗以來,視朝則

---

① 以上參見《宋會要輯稿》二九之一四至一五、二九之三〇至三一,1070—1071、1078—1079 頁。

用易月之制，而宮中實行三年之喪。故於小祥、大祥、禫除之時，旋行禁音樂及奠祭之禮，蓋亦適禮之變云。"①

但三年喪制實際至少於真宗朝已明確。《宋會要輯稿·禮》二九之一六在太宗已入葬祔廟後記曰："咸平元年（998）三月十五日，詔以小祥忌，京城內外前後各十五日禁音樂，廢朝七日。二年三（五?）月大祥，羣臣進名奉慰。是月，止於長春殿視事，朔望罷朝，百官起居去舞蹈，京城禁樂一月。至是前後各三日不視事。"並注曰："是月除常祭外，至撤靈筵時，帝又特設祭奠，躬護神御至祭所，別命學士具祭文。"此外又記"五月二十九日，釋祥服，廢朝三日"和"六月二十九日，禫除，不視事，羣臣進名奉慰，退赴啓聖院行香。帝雖以易月之制，外朝即吉而內庭實服通喪也"。由於太宗是至道元年（997）三月二十九日崩，所以這裏記載的咸平元、二年小祥、大祥等明顯不是二十七日之內而是三年喪制中的祥禫之節。上述說法"視朝"與"宮中"相對作為兩者的區別，所謂"外朝即吉而內庭實服通喪也"。但至三年祥、禫之日，均罷朝參，並禁止用樂而有祭祀之儀，使整個朝廷仍在這些關鍵的時日，與皇帝同表悲哀和紀念。

真宗喪際，朝廷關於三年喪制的祥禫各節儀注和禁忌更詳。《宋會要輯稿》同門載曰："天聖元年（1023）正月十五日，禮儀院言：‘二月十九日小祥忌，準禮例京城禁止音樂前〔後〕各半月，忌前後各三日不視事，其日羣臣進名奉慰。’詔自正月二十日禁樂，至二月晦日忌前後各五日不視事，臣僚朝見、辭謝並權放。"次年正月二日詔以大祥忌，"自正月十五日至二月終，朔望不座（坐），不御正殿，於長春殿視事。忌前後各五日不視事，百官起居不舞蹈。其應見、謝辭者，並權放。自二月一日至月終禁屠宰，前後各五日不行刑罰。忌日常祭撤饌訖，將除靈座，朕躬親扶護神御，別設一祭如遣

---

① 《文獻通考》卷一二二《王禮考》一七《國恤》，1098 頁。並參見《續資治通鑑長編》卷三五九，第 859 頁。

奠之禮"。同月十六日,太常禮院上言,引《禮記》喪服制度和鄭注,以及《禮儀纂》、《正典》、《禮記·間傳》、《五禮精義》、《正(通?)禮義纂》、《禮記·喪大記》、《開寶正禮》等重申三年喪服祥禫制度,"今參詳典禮,合於三月晦日祥除。所云大祥後間月而禫,究其意,要成二十七月之數。今除九月不數外,合至四月十九日服禫服,至五月十九日禫除即吉"。從而定相應程制及服式,"請大祥日,皇帝祭畢撤饌訖,除靈座",並請"大祥後比附近儀,皇帝服素紗軟腳幞頭、白羅衫、黑銀腰帶,朔望祭奠及内中則服",親王以下亦各有其服。在釋祥服後(即禫服),皇帝則改白羅衫為淺色黃羅袍,"皇太后、太妃已下禫服,請隨服色,並以淺慘色為服,踰月復平常"。得"詔可"。而同月及次月二十五日,也各有禮院上言定大祥依小祥,以及禫服和禫除"欲依咸平二年(999)例,並前後各一日不座。其日不視事,文武百僚並詣西上閤門、内東門進名奉慰,退赴大相國寺行香,樞密使以下悉集",得皇帝"從之"①。

　　以上太常引《禮記》和《開寶正禮》等著作對三年祥、禫的強調,和太宗、真宗三年喪中十三月小祥、二十五月大祥和二十七月禫祭儀式的舉行,說明已將皇帝的三年喪制作為朝廷正禮來對待,且因真宗喪事形成定制。此後歷朝如是,二次祥、禫在皇帝喪禮中不可或缺,哲宗喪事,還看到諸如"三省奏行三年之喪,詔恭依"這樣的記載②,可見儒學教義中三年喪禮的原則在宋朝的皇帝喪儀中是被不折不扣地執行和遵守了。上述禮院奏真宗大祥只言嗣皇帝和后妃的祥禫變服問題,同時提出"今請大祥皇帝、皇太后、親王以下,真宗内宮人,衰裳、絰杖並焚之"的要求,其中並沒有百官的參與。且皇帝往往罷朝,說明不須再像二十七日權制那樣隨同皇帝行除服儀式,也無正式的朝參,而是像上面所說"奉慰"之後"退赴大相

---

① 　參見《宋會要輯稿·禮》二九之三二至三五,1079—1081頁。

② 　《宋會要輯稿·禮》二九之六九,1098頁。

國寺行香",所以並没有太多儒家禮儀式。

那麽為何在以日易月成為定制之後,宋朝對三年祥禫亦要有隆重表示呢? 前揭馬端臨所謂"適禮之變"只是一個含糊的説法,並没有能夠解釋清楚原因。父母之喪的三年喪事對於皇帝個人和百姓而言本來是同樣的,古禮在這方面並没有天子和庶人的區别,此即宋太常禮院論祥禫服制引鄭玄所謂"三年之喪,天下之通喪,百王之所同,古今之所不可損益,故曰無易之道也"。因此皇帝和皇家親族的私下三年之喪是合理的,即為國事所不得不行的二十七日之外,還有個人和家族本應遵守的二十七月喪制。這個喪制兩晉以來通過儒學之士的努力已經在士庶之間普遍行之。雖然皇帝及其家族受到因公從權的限制有所謂"心喪"之法,但私下行服三年見於記載,唐代以來也早已有之,宋朝國家制度對此作出明確規定,顯然是對三年制正當性的進一步確認與强調。當然儒家禮的貫徹和復興,中唐以來的文士已經作了很多努力,北宋應該是這一思想的繼續。而宋朝廷這樣做,一方面是為了重申儒家原則而給百姓做出實踐孝道的榜樣,使全國人民遵守相同的喪禮規範,以建立宋朝的禮儀秩序,這在一反五代澆漓之政而刻意文治、强調"祖宗家法"的趙宋王朝無疑是非常需要的。

這一點,也涉及將士大夫家法作為國法以統一的問題。家法在魏晉隋唐時代表現為士族的禮法門風,張國剛注意到隨着經典解釋的規範化和士族家法的文本化,家法有着從個性化向着統一化發展的過程,認為"家法儀範的統一化成為歷史的趨勢。正是通過這樣的演變,儒家倫理完成了從國家意識形態向社會和個人倫理規約的轉變,國家的意志最終變成了社會和家庭的意志"①。也即國法意念通過家法以貫徹。但鄧小南更注重士大夫家法的反作用。她討論"家法與國法的混溶",指出"混溶"表現在君臣關係和

---

① 張國剛:《漢唐"家法"觀念的演變》,牟發松主編:《社會與國家關係視野下的漢唐歷史變遷》,上海:華東師範大學出版社,2006年,66—73頁,説見72頁。

王朝設範立制的取向兩方面,並指出自從趙宋統治穩定之後,士大夫治家之法的嚴整與否,日漸進入人們的視野,成為建立並維護民間社會家族秩序的準則。而"在注重秩序建設的大環境之下,士大夫家族的家法,事實上已經走出了私門,不僅廣泛彌散於民間社會,也成為朝廷關注的對象"。她總結"家法"觀念的演變,認為是個複雜問題。而就"祖宗家法"的提出而言,"其背後顯然有着兩個相互交織的過程:一是'家法'的世俗倫理化過程;二是士大夫之家的'家法'被借鑑吸納,進入'天子之家'——'國家'的過程"①。

　　三年制的確認也是士大夫"家法"原則通過皇帝禮進入國家禮儀的表現。這就是說,三年制本體現着儒家孝道和倫理精神,所以一直以來也是士大夫家法的原則和組成部分。皇帝和皇家喪禮重申三年制為"天下之通喪",其實是將喪禮等同於士庶之家禮,可認為是對士大夫家法和儒家理念的重新認定,也可認為是以士大夫家法裝點皇帝喪禮而使之進一步國禮化。五代曾被歐陽修定為"君君臣臣父父子子之道乖,而宗廟、朝廷,人鬼皆失其序"和"禮樂崩坏,三綱五常之道絕,而先王之制度文章掃地而盡"的亂世衰世②,所以"家人之道,不可不正也",是當作必行之事而被大加呼籲的。進入安定之局後的宋朝廷如此將皇帝禮進行規範,或者說對皇帝私下所行之"家法"加以認定,當然也是注重秩序和力圖實現教化社會的目的所使然。

　　另一方面,三年制被突出和落實顯然也是充分考慮到皇帝從個人和家族出發的禮儀和感情需要,考慮到三年喪對皇帝的合理性,特別是大臣官員和民衆開始參與皇帝三年喪的典禮,意味着原來皇帝的家禮進入國法和對皇帝本人"家法"的絕對服從和尊重。

---

　　①　鄧小南:《祖宗之法——北宋前期政治述略》第一章,北京:三聯書店,2006年,21—77頁,說見43、59、65頁。

　　②　《新五代史》卷一六《唐廢帝家人傳》、卷一七《晉家人傳》,173、189頁。

所以兩種制度其實是國家禮儀與皇帝禮儀同時存在的兩個層面。後者雖然也是以一些象徵性的形式來表現，但它的明確，説明代表皇帝私人要求的皇帝家禮被認同和突出了，它們同樣也成為國家葬禮制度的一部分。關於這一點，我們還要結合皇帝喪禮中出現的宗教儀式來看。

3. 七七齋和祥禫禮中的宗教儀式

在討論皇帝兩重喪制的同時，我們也發現另一相關的事實，即唐宋皇帝喪禮中，並非只有見諸正式規定的儒家典禮儀式一種。本書在《大唐元陵儀注》的製作一節中，已經對唐朝皇帝佛道信仰的問題作過簡單介紹，説明它是《儀注》產生的背景之一，也是《儀注》之所以刻意強調儒家禮制的原因。唐前期史料對皇帝凶事雖然刻意迴避，但喪事中用佛教或者道教儀式其實早已有之。《資治通鑑》卷二一一開元四年"六月癸亥，上皇崩於百福殿"下《考異》有曰：

> 《睿宗》、《玄宗實錄》皆曰甲子。按下云："己巳，睿宗一七齋，度萬安公主為女道士。"今從《舊·本紀》、《唐曆》。

所謂"一七齋"正是佛教和道教共行的七七齋。七七齋以七七四十九日為期，每逢七日必有齋會，遣僧道念經做法事。此即《釋氏要覽》"累七齋"條所云："人亡每至七日必營齋追薦，謂之累七，又云齋七。"①趙翼《陔餘叢考》指出，七七齋並不始於唐。他舉《北史·外戚傳》胡國珍死，魏明帝為舉哀，詔自始薨至七七，皆為設千僧齋，齋令七人出家，及北齊和士開母死等例，證明七七齋北朝已有之。並認為是由於"元魏時道士寇謙之教盛行，而道家鍊丹拜斗，

---

① (宋)釋道誠：《釋氏要覽》卷三，《大正藏》54冊，東京：大正一切經刊會，305b—c。

率以七七四十九日為斷，遂推其法於送終，而有此七七之制耳"①。
不過七七齋與佛教的關係顯然更密切，其說始於印度而傳入中國，
又與中國的傳統葬儀某些時日結合，形成地藏信仰的"十王齋"②。
約作於晚唐五代的敦煌寫本《佛說十王經》即宣傳地藏信仰和地獄
觀念，勸衆生七七修齋造像以報父母恩，令得升天。稱人死後從頭
七、二七直至七七，百日、一年、三年，亡魂將逐一經過十王殿，亡人
家屬須祈請十王作齋修福，寫經造像，便可拔除亡魂罪業。譚蟬雪
指出此經有不少道教神祇名稱，本就是三教合一的產物③；湛如也
認為七七齋會吸收道教及儒教的相關禮儀，構成了以釋為主，三教
相激的喪葬禮俗④。

　　敦煌又有大量"奉為亡考某七功德之所建也"、"奉為亡考厶七
追念之福也"一類為父母做七七齋的實用發願範文，還有很多為父
母、子女、兄弟、夫妻做七七齋的實例。P.3637 開、天時期杜友晉
《新定書儀鏡》有"七日大斂祭"，推測是將傳統儒家禮的大斂與"一
七"合在了一起。P.3691 晚唐五代《新集書儀》有"諸追七弔"，稱
"日月遄遷，奄經某七"；"百日弔"稱："迅速不停，奄經卒哭，奉助感
慰。"⑤更將"百日"與儒家禮的"卒哭"聯繫在一起。還有文書中常

---

①　（清）趙翼：《陔餘叢考》卷三二《七七》，北京：中華書局，1963 年，688—689 頁。
②　關於七七齋和十王信仰，參見杜斗城《敦煌本佛說十王經校錄研究》，蘭州：甘
肅教育出版社，1989 年；羅世平《地藏十王圖像的遺存及其信仰》，《唐研究》4 卷，北京
大學出版社，1998 年，373—414 頁；張總《〈閻羅王授記經〉綴補研考》，《敦煌吐魯番研
究》5 卷，北京大學出版社，2001 年，81—112 頁；同人《地藏信仰研究》第一章《佛經中的
地藏典籍·地藏菩薩發信因緣十王經》，第四章《民族浸潤衍化·七七齋》，北京：宗教文
化出版社，2003 年，23—27、361—367 頁；黨燕妮《晚唐五代敦煌的十王信仰》，鄭炳林
主編《敦煌歸義軍史專題研究三編》，蘭州：甘肅文化出版社，2005 年，233—270 頁。
③　譚蟬雪：《三教融合的敦煌喪俗》，《敦煌研究》1991 年 3 期，74 頁。
④　湛如：《敦煌佛教喪葬律儀研究——以晚唐五代的七七齋會為中心》，《戒幢佛
學》2 卷，長沙：岳麓書社，2002 年，120—129 頁，說見 129 頁。
⑤　錄文並見趙和平：《敦煌寫本書儀研究》，337、679 頁。

常見到的小祥、大祥的追薦法會活動,説明十王信仰和七七齋等在
敦煌很普遍,且佛教的齋忌和追薦也伴隨着從大小斂直到喪禮結
束的每一過程①。

敦煌的情況與京城及中原社會是相應的。唐李翱專論"去佛
齋",其序稱"故温縣令楊垂為京兆府參軍時,奉叔父司徒命,撰集
喪儀。其一篇云七七齋,以其日送卒者衣服於佛寺,以申追福。翱
以楊氏喪儀,其他皆有所出,多可行者,獨此一事傷禮,故論而去
之"②,正由七七齋有感而發。《唐語林》一條批評説:"俗間凶疏,本敘
時序朔望,以表遠感之懷,此合於情理。至有敘經齋七日,此出釋教,
不當形於書疏。"③也是反對將"經齋七日"作為凶儀弔書的内容。

唐朝存世文獻中,亦載有不少喪禮"延僧請佛,庭建法壇,設供
陳香,累七不絶"的内容④,以及喪事各節之齋供、發願、施捨等。梁
蕭作《藥師琉璃光如來畫像讚并序》,稱"唐代宗孝武皇帝之甥,某
邑長公主之子"性至孝,"大曆中,丁先人銀青光禄大夫、光禄卿、贈
汝州刺史府君(蕭升)之憂,自反哭至於大祥,哀敬之禮,動無違
者"。遵照公主的戒勵,"爰用作繪",製如來畫像以"徼福"。另一
同名讚序稱:"皇帝德女唐安公主委化歸真之辰,先是命國工,繢佛
像,爰設妙色,載揚耿光。以追福祥,以迪幽贊,祐我貴主,達於真
乘。"⑤唐安公主即是死於興元中(784)而皇帝意欲為之造塔安置

---

① 譚蟬雪:《喪祭與齋忌》,《敦煌學與中國史研究論集——紀念孫修身先生逝世一
周年》,蘭州:甘肅人民出版社,2001 年,225—229 頁。

② 李翱:《去佛齋并序》,《唐李文公集》卷四,《四部叢刊》本。

③ (宋)王讜撰,周勛初校證:《唐語林校證》卷八《補遺》,北京:中華書局,1987 年,
706 頁。

④ 語出《唐文續拾》卷一一《汾陽縣史造象記》(唐龍朔元年),北京:中華書局,1983
年,11290 頁。

⑤ 梁蕭:《藥師琉璃光如來畫像讚并序》,《全唐文》卷五一九,北京:中華書局,1983
年,5279、5281—5282 頁。

者①。另一女義章公主死於貞元中,令狐楚《代太原李僕射慰義章公主薨表》稱:"得進奏院狀報,義章公主今月九日薨,輟朝七日者。"②

按《儀制令》規定,三品以上有輟朝,一品僅三日③。皇親據《唐會要》卷二五《輟朝》會昌三年(843)八月中書門下奏,"親王、公主葬日,準德宗以前實録,並合輟朝一日"。輟朝七日明顯是超越禮度的。那麽爲何要定輟朝七日?古人有"絶漿七日"説④,但那是形容孝道,與此不相干。倒是七日恰與"頭七"暗合,如果再與德宗爲昭德皇后喪禮"服凡七日而釋"以及五代後唐莊宗爲其母貞簡太后輟朝七日等事聯繫起來(詳下皇后喪儀部分),令人不得不懷疑其中總有宗教含義在。當然宮廷及貴戚喪禮遵佛教之處尚多,其俗並延之宋代。司馬光《書儀》有印證曰:"又世俗信浮屠誑誘,於始死及七七日、百日、期年、再期、除喪飯僧設道場,或作水陸大會,寫經造像,修建塔廟。云爲此者,滅彌天罪惡,必生天堂,受種種快樂;不爲者,必入地獄,剉燒舂磨,受無邊波吒之苦。"⑤足見其説在當時社會之傳播和盛行。

其實宗教儀式對唐皇家喪禮的滲入是很早的。除了睿宗喪事明確記有"齋七"外,《唐代墓誌彙編續集》咸亨〇一二記高宗咸亨二年(671)越國太妃燕氏死於赴東都途中,朝廷爲之舉辦隆重葬事,提到:

> 東都寺觀,恩敕咸爲設齋。宋州僧尼,行道三日,度二七良人。中宮爲造繡像二鋪,廣崇淨業,兼製銘文,詞旨絶妙。

---

① 《舊唐書》卷一三八《姜公輔傳》,3787 頁。

② 令狐楚:《代太原李僕射慰義章公主薨表》,《全唐文》卷五四〇,5478 頁。

③ 按《開元禮》卷三《序例下·雜制》三品作五品(33 頁),此據《唐會要》卷二五《輟朝》大和元年七月條,550—551 頁。

④ 按絶漿之説見《禮記正義》卷七《檀弓上》:"曾子謂子思曰:'伋,吾執親之喪也,水漿不入於口者七日。'"1282 頁。

⑤ 司馬光:《書儀》卷五《魂帛影齋僧附》,487 頁。

　　　青編錦字，事超故實；三昧二乘，傍追勝果；始終之惠，振古
　　莫儔。①

　　"中宮"乃武后也，越國太妃即參加過高宗封禪而在武后"亞獻"之
後執"終獻"者，其宮廷地位大約僅在武后之下。説明至少在高宗
武則天時代，皇家喪禮中已經大行設齋超度。而這在唐後期皇帝
喪禮中更加普遍。顏真卿《大唐元陵儀注》雖然在程序中將佛道之
事邊緣化，卻在"啓殯"儀式中對於僧道的參加也有簡單提及②，可
見在主要是儒家禮儀的國典中，也同時有僧道為皇帝念經超度亡
靈。因此，"齋七"或"追七"等作為葬禮儀式大約宮廷民間通行，只
不過它們從不曾被作為國家禮制規定而已。

　　逮至宋代，諸如七七齋一類的宗教活動已經於皇帝喪禮舉辦
同時堂而皇之地出現，並有了明確的規定。《宋會要輯稿·禮》二
九載乾興元年(1022)二月二十四日真宗大斂後有"詔每七日於觀
音啓聖院、開寶寺塔設齋會，中書、樞密院分往行香"；而三月二日
復記"以大行皇帝喪二十("十"衍)七日，羣臣入臨，退赴內東門，進
名奉慰。自是每七日皆臨，至四十九日而止"。同門嘉祐八年
(1063)四月二十一日，"以大行(仁宗)皇帝喪三七日，羣臣入臨。
自是每七日皆朝臨，四十九日而止"。因此所謂四十九日的"追七"
應當是從皇帝的喪日開始，與國家大典的皇帝喪禮同時舉行③。

　　同樣，元豐八年(1085)三月十八日，乃神宗"二七，羣臣朝臨於
福寧殿。自是每七日皆朝臨，四十九日而止"。元符三年(1100)正
月二十五日，以哲宗"二七，羣臣朝臨於福寧殿。自是每七日皆朝

---

　　① 　周紹良、趙超主編：《唐代墓誌彙編續集》咸亨〇一二《大唐故越國太妃燕氏墓誌
銘并序》，上海古籍出版社，2001 年，193 頁。

　　② 　《通典》卷八五《啓殯朝廟》，2312 頁。

　　③ 　《宋會要輯稿·禮》二九之二〇、之二二、之三八，1073—1074、1082 頁。

臨,四十九日而止"①。此七七四十九日就是遣僧念經做佛事,而逢七必盛而有齋會。《續資治通鑑長編》卷五九景德二年(1005)正月癸未條載山南東道節度使同平章事李繼隆卒,"於是擇兩街名僧二十一人就所居作佛事,四十九日而罷",皇帝之"齋七"當與之相似,惟羣臣也得參加,場面更大而已。

另外是百日。前揭《北史‧外戚傳》言魏明帝為胡國珍設七七齋時也同時言道:"百日設萬人齋,二七人出家。"可見百日與七七也是同時自北朝以後流行起來的。《宋會要輯稿‧禮》二九之四〇載嘉祐八年七月"十二日,卒哭,羣臣入臨奉慰",此距仁宗去世的三月二十九日,正是百日,時尚未舉行葬禮。治平四年(1067)因英宗喪,曾有過沿邊臣僚百日禁樂的"故事"②。同門三二之三三載慈聖光獻曹后喪禮初令禁樂至卒哭,故禮院上言:"按禮,葬而後虞,虞而後卒哭,卒哭而後祔。景德中,明德皇后以百日為卒哭,卒哭後不禁樂。以百日為卒哭,蓋古之士禮,不當施於朝廷。"於是皇帝"迺詔改卒哭為百日"。

宋禮院反對以卒哭為禁樂之限乃認為它是"古之士禮"不應用於朝廷禁官民,並引明德皇后喪禮改百日為證,這正反映了兩者在意義上的差別。儒禮卒哭本應行於虞祭之後,祔廟之前,與"百日"無關,但二者其實已被混為一談。前揭敦煌 P.3691《新集書儀》將"百日弔"稱為卒哭已說明,這大約是流行於民間的一種做法。詔令改卒哭為百日,為的卻是將百日與卒哭分開,各行各的儀式。從《宋會要輯稿》關於仁宗、英宗的喪禮可知,儒家的卒哭與佛教的百日卒哭,兩者確實是分開而並行的。南宋以後尤行百日燒香,《宋會要輯稿‧禮》三〇載南宋孝宗紹熙五年(1194)六月九日崩,"九月二十日,百日,皇帝行燒香禮,如宮中之儀。宰執率文武百僚詣

① 《宋會要輯稿‧禮》二九之五八、之七〇,1092、1098頁。
② 《宋會要輯稿‧禮》二九之六五,1096頁。

重華殿入臨,進名奉慰。行在禁屠宰三日,諸路州軍等處一日"。光宗慶元六年(1200)八月八日崩,十一月"十八日,百日,皇帝詣梓宮前行燒香禮,如宮中之儀。宰臣率文武百僚詣壽康殿下臨,次移班進名奉慰太皇太后訖,退。行在禁屠宰三日,諸路一日"①。行香、燒香無疑也都是按佛教、道教祭祀的説法。

還有一些皇帝私下進行的宗教儀式,例如仁宗使禮院草儀,迎奉真宗生前奉道的"天書"一道埋葬,於真宗"靈駕發引前一日,奉迎赴文德殿奉安,量設細仗並道門威儀迎引。帝詣長春殿奉辭,至夜量設道場"。結果仁宗其日"自内中奉導天書至長春殿權駐,上香,再拜奉辭訖。還内,輔臣於殿下迎拜,前導赴文德殿奉安。是夕,帝詣延慶殿親行祭奠之禮,舉哭再拜,親王已下赴班"②。則先上香後祭奠,夜間再設道場,宗教儀式與儒家禮在不同時間、地點先後進行。按《大唐元陵儀注》和宋朝皇帝葬禮儀注,發引前只應當舉辦啓奠一類儒家性質祭奠禮,迎"天書"設道場乃是臨行在宮中建内道場以作超度,明顯也和儒家典禮不是一回事。

七七齋的舉行是在喪禮開始階段,而後一些更為集中和重大的活動是在三年祥禫典禮之際的行香。如《宋會要輯稿·禮》二九之一六載太宗三年終喪的咸平二年"六月二十九日,禫除,不視事,羣臣進名奉慰,退赴啓聖院行香"。啓聖院是太宗舊居所,於啓聖院行香,相當於後來在神御殿行香。

又真宗喪次年之小祥,"其日命婦並詣神御殿前酹酒及奉慰,樞密使已下、指揮使已上,並赴相國寺行香,依太宗小祥日例,賜乳香二斤"。《宋會要輯稿》同門亦載元祐元年(1086)二月二十九日禮部言:"神宗皇帝小祥,欲比附故事,是日外命婦並詣神御前奠酹,及奉慰太皇太后、皇太后訖,退。及三省、樞密院文武百官等,

① 《宋會要輯稿·禮》三〇之一二、之七一,1111、1141 頁。
② 《宋會要輯稿·禮》二九之二九、之三〇,1078 頁。

先赴西上閤門奉慰,次赴內東門奉慰太皇太后、皇太后訖,退赴大相國寺行香。內軍員副指揮使以上赴,仍依例賜乳香二斤,其日於本寺佛殿上權設神宗皇帝神御位。"詔令"從之"。是知三年喪的小祥日外命婦入內奠酹、奉慰是和外朝大臣文武百官的大相國寺行香同時進行的①。

　　大祥的隆重程度更超過小祥。如天聖二年正月二十五日,太常禮院復上言真宗大祥儀:"將來大祥日,望依小祥例,樞密使已下、副指揮使已上赴行香;文武臣僚詣西上閤門、內東門奉慰,退亦赴行香;外命婦入內奠酹、奉慰。"皇帝"並從之"。至二月十一日,又有入內供奉官羅崇勳請定大祥日皇太后祭奠儀注,"詔以問禮院,請俟皇帝祭奠撤饌訖,別設香、酒、時果,尚儀詣幄前奏請釋衰服、服常服行禮。其釋祥服日亦如此。從之"。十二日,皇帝再下詔"文武百官朝臣、軍員都虞候以上,令十五日入內奠酹,退赴會慶殿燒香。十七日、十八日、十九日,輔臣取長春殿入奠酹。十九日,百官奉慰,退赴啟聖禪院行香,就賜奠筵"②。神宗熙寧元年(1068)十月二十六日,詔令英宗三年喪之大祥,"令諸路州、府、軍、監各就寺觀,破係省錢,請僧道三七人建道場七晝夜。罷散日設齋醮一事,各賜看經施利錢三十貫。道士少處只據人數設醮"③。這一做法後來也為神宗、哲宗喪事所繼承。《宋會要輯稿》同門載元祐元年(1086)十二月八日"禮部言:'神宗皇帝將來大祥,乞依英宗皇帝故事,諸州府軍監各就一寺觀開啟道場齋醮。'詔依熙寧元年十二月(十月二?)十六日故事施行"。又載建中靖國元年(1101)九月二十日禮部言"哲宗皇帝建中靖國二年正月十二日大祥,今檢到神宗

---

① 並見《宋會要輯稿・禮》二九之三二、之六六,1079、1096頁。

② 《宋會要輯稿・禮》二九之三五,1081頁。

③ 《宋會要輯稿・禮》之五六,1091頁。

皇帝大祥故事"及"詔依故事施行"云云,所説亦同前事①。可見大祥不僅在京城行香,且擴展為全國寺觀建道場設齋醮。

由於三年祥、禫除了大臣奉慰之外並没有太多儒家禮儀式,所以可以認為以上宗教儀式已是主要的節目。但祥、禫日行香在宗教的依據為何? 值得注意的是上引地藏信仰的《佛説十王經》規定應作齋修福的時日有卒後一年、三年,司馬光《書儀》也説"世俗信浮屠誆誘",飯僧念經設水陸道場的有期年、再期、除喪。一年、三年與期年、再期異名同實,這與儒家祭禮所規定的小祥、大祥及禫禮時日已然取得一致,皇帝三年制的祥禫日行香固源於此。

皇帝皇后喪亡日的忌日行香,唐以來亦始終行之。唐代凡國忌日兩京及外州皆集於寺、觀行香。"兩京定大觀、寺各二散齋,諸道士、女道士及僧、尼皆集於齋所,京文武五品以上與清官七品已上皆集,行香以退。若外州,亦各定一觀、一寺以散齋,州、縣官行香"②。忌日行香有衆多學者做過研究,如嚴耀中即從佛教向儒家禮制滲透的角度進行論述,並討論了唐朝寺觀行香的儀式③。敦煌P.3556v 内有擬名為《道士為唐高宗度亡造像文》的文書一件,内稱:"伏惟高宗天皇大帝……杳然汾水,欽若雪而方遥;悠示鼎湖,乘披雲而遂遠。哀纏萬國,痛結九天。弟子謬奉遺恩,叨膺重托,自釁衣而臨鳳郊,出鴒殿而奉龍圖。循機之惕既深,攀聖之悲恒切。傷熒襟之萬緒,感尊忌之四周,永春先基,載懷崇福。今故奉為大帝,敬造繡玄真萬福天尊等一千鋪。"此卷王卡録文並為擬名,以筆跡粗略,推測為歸義軍時期兒童習字。但認為"度亡文辭句雅

---

① 以上並見《宋會要輯稿·禮》之六六至六七、之八三,1096—1097、1105 頁。

② 《唐六典》卷四祠部郎中員外郎條,127 頁。

③ 嚴耀中:《從行香看禮制演變——兼析唐開成年間廢行香風波》,同人主編:《論史談經》,上海古籍出版社,2004 年,149—163 頁;並參見雷聞:《郊廟之外——隋唐國家祭祀與宗教》,21 頁。

麗,類似唐代道經及碑文中所載金籙齋上章文詞"①。而從文中"感尊忌之四周"一語,筆者認為原文應作於高宗去世四年的忌日,内容説明忌日行香同時也有設齋和造繡像一千鋪的追薦活動,這應當是武則天授意道士所為,不知何以會留存敦煌。

忌日追薦唐後期尤甚,國忌私忌均不例外。代宗曾於肅宗忌辰,"爰詔國工,以是日畫大羅天尊像一軀"②。文宗大和八年(831)五月甲寅下詔稱"忌辰修齋,雖出近制,斟酌損益,貴於得中"③,要求將高祖、太宗"五月六日、二十六日兩忌設齋人數,宜各加至二千人。太穆、文德皇后忌日亦宜各倍數,其寺觀仍舊。(敬宗)十二月八日忌,宜於五所寺觀共設四千人。"雖然開成末因大臣反對,行香一度廢止,但"近代以來,歸依釋老,徵二教而設食,會百辟以行香,將以仰奉聖靈,冥資福祐"的做法浸以成俗④,至宣宗仍予復舊。《宋會要輯稿·禮》二九之四六載治平四年(1064)三月九日,"太常禮院言:'仁宗大忌,準禮例前後各三日皇帝不視事。其日百官進名奉慰,次詣内東門慰太皇太后、皇太后,退行香於景靈宮孝嚴殿。'從之"。忌日行香將國事和皇帝家事結合,並採用宗教儀式,更是喪事之外隆重的紀念活動。因此齋會、行香等宗教活動已經成為皇帝喪禮和忌日不可缺少的内容。

4. 三年制的從私入公與宗教儀式的代表意義

根據以上的討論,可以知道皇帝喪禮不僅喪制有權制和三年的兩重規定,而且喪禮儀式也分為兩套:一套是儒家性質,另一套

---

① 王卡:《敦煌道教文獻研究——綜述·目録·索引》,北京:中國社會科學出版社,2004年,231頁。

② 梁蕭:《大羅天尊像畫像讚并序》,《全唐文》卷五一九,5281頁。

③ 《册府元龜》卷三〇《帝王部·奉先》四,332頁。

④ 《唐會要》卷二三《忌日》,526頁。

卻是由佛教、道教合在一起組成的宗教形式。後者不僅同樣貫徹於喪禮始終，而且自身也形成系統，形成規模，成為與儒家禮並列的兩條喪禮主綫。這可以分為三點來論述：

①宗教儀式的私屬性及與三年喪制的結合

皇帝的喪禮中為何會出現如此之多的宗教儀式呢？考慮這一點，一般會認為是與皇帝宗教信仰有關，尤或將之歸入佛教、道教在宋朝的發展，或者認為是民間宗教崇拜對皇帝和朝廷的影響滲透。從齋七、百日等形成系統且按佛教理論的《十王經》或十齋行事來看，這一點自是無須爭議的事實。但其中也有一些疑問不易解決，即一是如果認為僅由崇奉所致或民間影響，那麼"齋七"一類前代如北朝隋唐即早已有之，為何從來只是皇帝私下行之，包括《大唐元陵儀注》均未將之納入程序，到宋代卻大張旗鼓，而且還作為必行之儀明確規定？

二是宗教儀式雖自成系統，但也不可否認其舉辦時間大體被分為兩段，一段即所謂"齋七"、"百日"和其他一些法事活動，在皇帝初喪之際，與大小斂成服和二十七日的祥禫變除大體同時先後，時間大約持續到入葬祔廟為止。另一段則圍繞三年喪的祥、禫祭日以進行。與此相關，由於宗教儀式與儒家禮儀很容易區別，儒家禮儀一般稱祭奠，而宗教活動卻大多稱行香，所以兩者極易區別，後者在三年喪制的祥、禫日尤其突出。

於是這裏便出現了另一個問題，喪禮的三年制度本來是儒家禮制和士大夫家法所規定，筆者在前面也論述了宋朝皇帝喪禮重申三年制對重建統治秩序和以儒家家法倫理裝點國禮的意義。那麼為何在皇帝的喪禮中卻充斥佛道儀式，甚至被正式納入典禮程序，以至於在很多時候，儒家典禮反倒顯得並不突出了呢？

解釋如上問題，我認為仍必須與皇帝喪禮從來即有的公、私兩重意義聯繫起來。上面已經説明，兩晉以來的權制一向是作為公制出現的,而三年制歷來是作為皇帝及其家族私下"心喪"的內容。宋朝的喪制原也具備相同的意義。這裏不妨比較一下宋朝的二十七日公除和三年之服,即可以看到這樣的分別:在二十七日權制至入葬祔廟過程的國禮場合中,顯然是按大體同於《大唐元陵儀注》的規定,以有大臣參加的儒家儀式為主體,而有司奏報的每一項儀式和進行過程基本按照儒家典禮要求一絲不苟,大臣成服除服與皇帝一致,同時與皇帝一起參加祭奠活動,其"公"的意義分明,而七七齋和行香活動雖然也在同時進行,但與儒家喪禮各自分別,且顯然不作為國事活動的主流。

三年之服的祥禫變除給人的印象卻是完全相反。從上面的一些引文可以看出,三年祥、禫雖然也有祭奠、變服等活動,但所謂變除卻只限於皇帝及其家族,大臣用不着在這第二次的祥禫之際再隨從皇帝演示一番除服之式,而且多數時候也不參加祭奠,只需要先行一番奉慰之儀,之後便去參加預定的行香活動。因此與其說是參加公務和朝儀,不如說是對皇帝私事的陪從和"同情"。宮內、寺院行香和僧道法事於是幾乎成了三年祥、禫的主體,而這與二十七日的大小祥只言百官入臨,及與皇帝一道行奉哭、祭奠的情況形成鮮明對比。那麼,這是不是表示儒家禮儀與宗教儀式已被分開,並且宗教活動與皇帝個人的關係更為密切呢?

回答應該是肯定的。也就是說,宗教儀式雖然在兩個時段、兩種喪制中均有之,但它與皇帝的三年祭儀結合顯然更為緊密。由於按照司馬光的說法,世俗的行香包括飯僧設道場及"作水陸大會,寫經造像,修建塔廟",純粹都是一種私人的行為;宋以前皇帝本來也只能是於私人場合行之,並不使大臣參加,所以與"心喪"的三年終制結合在一起,就更具皇帝"家禮"性質,而與儒家祭儀作為國禮應認為是各有其代表性,兩種儀式的功用分別是明顯的。例如前揭《宋會要輯稿》載宋真宗皇帝靈駕發引前一日,皇帝就有不同場合不同形式的上香與祭奠儀,前者未言大臣參加,顯然是屬皇帝的私禮。不過,兩種儀式其實始終同存並立,只是二十七日喪制中,是以表現國家傳統體制的儒家禮儀為主,"齋七"和其他佛事、道教活動等為附;三年終制卻是以儒家祭禮為附,而宗教儀式的寺院、宮觀行香為主。

當然兩種儀式雖各行其是,卻並非對立而是相互結合,有時甚至混同起來,以致時間久了,我們往往分辨不出其中的差別。皮慶生注意到,北宋《政和五禮新儀》關於皇帝親臨大臣喪的臨奠禮中,就有"三上香,三奠酒"的儀式,是將佛教的上香和儒家的奠酒混在一起,這在宋以前的臨奠禮是沒有的;而司馬光《書儀》的大斂、小斂中也有焚香的儀式①。這種混同,其實早已在唐朝吉禮的宗廟祭祀中出現②,而宋代皇帝的喪禮中也尤能見到。例如《宋會要輯稿·禮》二九之七九載禮部太常寺奏哲宗虞祭儀,就有皇帝升詣虞主香案前舉哭,贊者"又奏跪,三上香,太尉進幣,皇帝奏("奏"衍)奠訖。又又(奏)進酒,奏上爵,三祭酒訖,奏俛伏、興。"也是上香與奠酒奠幣在一起,後來皇帝的虞祭、奉迎安神以及"寧神奉辭"等儀都見到有三上香的儀式(詳本章第三部分),只是其中以儒家禮為主與單純宗教儀式的差別還是存在的。

②國家禮與皇帝禮的統一和分別

在唐宋皇帝的喪禮中,為何會出現這樣的區別和兩種內容取向呢?喪禮固然首先是在《國恤》的意義上舉辦的,而作為領導者的嗣皇帝身分值得注意。麥大維教授在通過《大唐元陵儀注》研究

---

① 皮慶生:《宋代的"車駕臨奠"》,《臺大歷史學報》第33期,2004年,58—59頁。
② 按《續資治通鑑長編》卷三一七元豐四年(1081)詳定禮文,即言宗廟祭祀"近代有上香之制,頗為不經。按韋彤《五禮精義》曰:'祭祀用香,今古之禮並無其文。'"又言上香雖然據《隋書》出自何佟之議,但並無古禮依據,"況開元、開寶禮亦不用乎"。說明此前宗廟祭祀早已有行香,甚至唐朝已有儒家祭祀用香的情況,7663頁。

唐代宗葬禮時,敏感地注意到葬禮突出了新皇帝的多次出場及樹立皇帝勤勉孝道崇高形象的意義,同時也注意到與新皇一起的重要參加者卻不是他的家族親屬和外戚宦官,而是朝廷的高級官員,指出這是顏真卿《大唐元陵儀注》中傳統意義上家國概念的體現①。與此有關,我認為有一點也必須明確,即雖然當初李義府、許敬宗們取消國恤禮是從皇帝期求永生和皇權至高無上的思想用意出發,但是為迴避皇帝死亡而忌諱葬禮卻並不完全符合國家理念。從政權交替的意義而言,五禮凶禮中長期取消皇帝葬禮是不正常的,因而它必然會被以適當的方式重新加以規定。由《大唐元陵儀注》和《崇豐二陵集禮》為代表的皇帝葬儀是中唐之際儒學之士試圖恢復和重新建構統治秩序的一個重大方面,也是中古時代將古禮原則運用於當代的一種努力和實踐,這一點在新儒家興起的時代尤其是如此。要知道唐宋之際與國家制度捆綁在一起的儒學理念是在不斷豐富和被強調的,皇帝三年喪期的明朗化和正當化在總的趨勢上與之也是不矛盾的,甚至某種程度還可以認為是儒學觀念的進一步落實和發展。雖然如麥大維教授所指出,喪禮的儒家禮儀形式不能抗拒佛教、道教的影響,與人們的信仰和關於死亡的認識也是兩回事,但是儒家禮儀作為國家主體的層面仍被完善,並作為政權的象徵存在。

然而在此同時,我們也必須清楚地意識到儒家性質的禮儀並不是中古國家和皇帝禮儀的全部。在以往學者的討論中,往往會涉及一個非常重要的問題,即秦漢以後皇帝與國家的關係以及皇帝的統治地位如何。尾形勇在他的《中國古代的"家"與國家》一書中,否定了一直以來中國、歐洲和日本學界曾經認同的所謂"父家長制的家族國家觀",也即不同意將秦漢以後的國家看作是單純私

---

① David L. Mcmullen(麥大維):"The Death Rites of Tang Daizong"(《唐代宗的喪儀》),pp.150—196,說見 pp.194。

家或家族的擴大,提出中國古代的皇帝統治是建立在以君臣關係為媒介的秩序構造之上,但"君臣"關係有別於"父子","君臣之禮"也不同於"家人之禮",兩者存在着明顯的公私場合之別。在君臣秩序構造中的"天子"不是私家的家長而是整個國家的代表者①。甘懷真也曾討論過中古時期"國家"的形態,指出國家即以皇帝與臣僚共組的政治團體,而作為公的機構,國家由皇帝、皇家成員和官員三類人組成。因此雖然,"國家是以皇帝為家長所組成的一個家,但此家不等同於皇帝的私家。皇帝的私家規範在介入國家秩序時,有一定的限制,故有'王者臣天下無私家'的説法"②。

　　從這裏出發,也就可以幫助理解中古國家的禮制觀念。皇帝權力與國家體制的分別,不僅在漢,唐以後仍然存在。就整體而言,禮的執行是代表"大家"而不是皇帝私人的小家,因此主要體現的是國家意志,是公的規範而非私人要求及感情色彩,這一點在郊廟祭祀也是如此。皇帝在祭祀中是以國家之主的身分出現,並不是僅僅代表個人或家族。國家的禮儀越來越是一種理念和象徵,如此,我們便得知金子修一所説皇帝親祭日益世俗性,其宗教性日低,展示性日高,和皇帝愈來愈不重視郊祀禮現象的原因③,這就是國家祭祀愈來愈教條化、公式化,以致與皇帝的個人生活脫節,無法代表皇帝的個人訴求,已經不能引起皇帝的任何興趣。

　　但是皇帝的私家和個人生活畢竟是有的。盡管按照儒家理念,是將皇帝的一切生活規劃於"公"的範圍之內,要求皇帝以"私"奉公,但不能想象它們可以完全代替皇帝的意願和要求。相對公

---

①　尾形勇撰,張鶴泉譯:《中國古代的"家"與國家》,吉林文史出版社,1993年。

②　甘懷真:《皇權、禮儀與經典詮釋:中國古代政治史研究》中篇《政治秩序與經典詮釋》之陸《中國中古時期"國家"的形態》,臺北:喜瑪拉雅研究發展金會,2003年,199—248頁。

③　金子修一:《中國の皇帝制度——とくに唐代の皇帝祭祀を中心に》,《講座前近代の天皇》五卷,東京:青木書店,1995年;並參甘懷真前揭書41頁。

式化的儒家禮制而言,世俗的宗教理念和形式卻與皇帝生活發生着各種聯繫,較之儒家教條,更能提供對於生死和未知世界的解釋,似乎要親切有趣得多,不但易於接受,顯然也更能表達皇帝個人的思想感情。

更何況,"公"權和"私"權其實無法截然分開。在皇權日益隆重的唐宋社會,皇帝個人的意願和需要已經愈益淩駕於國家之上。在這樣的時代,如果國家禮制中沒有反映皇帝意旨或者説表達皇帝意願的内容,幾乎是不可想像的,所以在中古禮制中便開始出現了與皇帝個人有關的另一種禮儀儀式。

筆者在討論唐後期的九宫貴神和唐朝的陵廟、宗廟祭祀時曾注意到皇帝的國禮、家禮分途的問題①,提出在顯慶——開元的國家五禮體制中,已經通過將昊天上帝和五天帝的六天同祭統一爲昊天上帝的一天獨尊,而表達了强化皇權的意圖②,但是並不能解決皇帝對天地祖宗的祭祀按照儒家的思想方式已經完全國家化、公式化的問題,因此遂有按道教的思想方式另創和發展一套專爲皇帝服務的"家祭"系統,即唐代的太清宫和九宫貴神以及宋代的十神太一和景靈宫神御殿等等,相對儒家禮義的昊天和太廟,是被當作道教性質的天與祖和皇帝私家依托的保護神來供奉的,它們作爲皇帝禮儀的特有儀式和象徵而有别於"公"制體系的儒家祭祀。所以正像儒家禮被作爲國家制度的理論依據,宗教儀式的出現也自有其代表私禮或者"家禮"的特殊意義,兩種禮儀形式同時並存,各自有其代表,總的來説是體現了國家、皇帝的不同分野和兩者並重的中古禮儀觀念。

---

① 參見拙文:《論九宫祭祀與道教崇拜》,283—314頁;《唐宋之際的禮儀新秩序——以唐代的公卿巡陵和陵廟薦食爲中心》,233—268頁。
② 此觀點參見金子修一:《關於魏晉到隋唐的郊祀、宗廟制度》,《日本中青年學者論中國史·六朝隋唐卷》,上海古籍出版社,1995年,365頁。

而凶禮與吉禮同樣,皇帝喪禮中兩種喪制和祭祀方式的出現,進一步反映了兩種禮儀此消彼長和相互依傍的關係,形成了理解和辨證中古國家和皇帝關係的證據鏈。也即通過上述的研究可以認為,從吉禮到凶禮均表現了相同的傾向,證明了同樣的問題:一方面,以日易月的皇帝葬禮中家禮內容被淡化而納入國禮系統,並以儒家形式為代表,將之展示於朝臣和公衆面前;另一方面,道教或者佛教的祈願儀式、法事活動作為與皇帝個人家族相聯繫的私家禮儀始終存在於三年喪制之中,使皇帝生活與國家制度通過兩種禮儀相互協調融合。

因此正像吉禮中皇帝的"家祭"通過太一和景靈宮的道教祭祀得到實現,凶禮中皇帝個人及其家族的感情哀思也通過佛、道的追薦儀式予以表達。皇帝的私人願望和感情有所寄托,也得到了更多的伸張和尊重,而即皇帝禮儀和皇帝的"私"權力成長並在國家禮制中突出了。正如上面所說,皇帝與國家,一而二,二而一,從來被當作一體對待,但是中古禮制中宗教性質的祭祀作為皇帝禮出現,卻説明兩者在統一之中有了分別,這不僅是家國理念的重新界定,也是皇帝制度和皇權發展的必然現象。而由於皇家私下所行儀式本就有諸多宗教內涵,所以,當着三年制的皇帝喪禮被重申之際,其結果就不僅是按照儒家家法規範帝禮,也同時意味着對皇帝私家禮儀的承認和接受。如此,這些原屬於私禮性質或私人空間的內容也就很自然地隨之進入國禮,並且作為異於儒家形式的表達,進入公衆場合,以致在整個的皇帝喪禮之中便出現了大量與儒家禮儀同行的宗教儀式。

③儒學為體,佛道為用

討論皇帝的喪儀還應當結合官員與民間喪儀來看。其實,官民的喪禮也同樣是公、私結合的產物。麥大維教授認為,禮典所反映的儒家儀式並不能代表皇帝宗教祭祀或禮儀的全部,在《開元禮》之外還存在非儒家的祭祀,但他認為佛教、道教只是私下的信仰而不被官方正式場合承認,因此強調國家禮儀與佛道二教作為公與私的對立①。這就是說,國家用以指導官僚與民生世界的仍然是儒家禮原則和精神,從《開元禮》和令來看都是如此。此可視為"公"禮。但在私人的場合,卻從來允許別行混入佛、道二教的"私"禮。國家對於私禮實際干涉不多。官員百姓在這樣的精神指導之下,只能是一方面實行三年喪制和等級不同的喪服制度;另一方面卻在各個具體儀節中採用社會通行的佛道追薦儀式。這就是為什麼在民間傳播的書儀中,常常是儒家禮與佛、道儀式並行的情況,前揭敦煌書儀中除有大量按照儒家喪禮儀式的弔文之外,還有混合佛、道的"七日大斂祭"、"追七弔"等即足可説明。禮的轉變不能脱離社會的總體,宗教對士民葬禮的參與是一直以來不斷形成的,這一點對皇帝同樣有影響。皇帝和普通士民共同祈禱死後的世界和嚮往成道成仙,通過宗教形式的滲入,上下之間更增加了一致性,"皇家"與百姓的小家在"私家"的意義上沒有什麼區別,宮廷和民間的距離似乎被拉近了,這是在"私"的訴求上兩者的一致性。

　　至於混有佛道儀式的皇帝"私"禮國家化、制度化的進程也同樣可以普通士民的葬禮兩重性作比較。雷聞在討論國家祭祀與宗教關係時指出:"在唐代,宗教並不僅僅是民衆(包括士大夫)的個人信仰,而且也進入了'公'的領域,並成為國家禮儀與民衆之間的紐帶。"②私人信仰和私禮入公並不是皇帝獨有的事,它在普通人中同樣存在,宗教對死後世界的解釋,為社會大衆所接受,且與"公"

---

　　①　David L. McMullen(麥大維):"Bureaucrats and Cosmology: the Ritual Code of Tang China", In *Rituals of Royalty: Power and Ceremonial in Traditional Sociaties*. David Cannadine & Simon Price(ed), Cambridge Universiti Press, 1987, pp181—236. 另參氏著: *State and Scholars in Tang China*, Cambridge Universiy Press, 1988, pp. 113—158. 。

　　②　雷聞:《郊廟之外——隋唐國家祭祀與宗教》,219 頁。

禮的要求相融合。在如此的大環境之下，皇帝的"私"信仰進入"公"領域亦是水到渠成，這既是皇權的强化，更是俯從社會大衆的習慣和心理要求。利用這一形式表達對皇帝的尊崇和達到將皇帝神化的目的，在這方面佛、道兩家的作用固然一致，而且兩種信仰也早已在民衆的思想世界中被合二爲一，因此中古禮儀的世俗化在皇帝葬禮中實現了。唐宋時代混雜宗教形式的皇帝"私家"禮儀凸現及其最終被作爲國家禮制的組成部分而接受，成爲一個無可辯駁的事實。但這一點也是中國本土禮儀和外來（亦含内部）宗教信仰習俗結合的結果。

公私和信仰的問題固受觀念支配，此並非僅涉及個别狹隘領域而有廣泛意義。最近，讀到陳弱水《唐代文士與中國思想的轉型》一書，書中提出和討論了唐朝知識界的二元世界觀問題。認爲二元世界觀由兩個領域構成，即："一個是社會（包括政治）與家庭生活，或抽象點説，人際關係和人間集體秩序，另一則是個人生活與精神追求的範疇。"對應兩個領域是不同的人生理想或指導原則。而儒、釋、道因此被分爲兩類，儒道（按即專指儒）就是指導前者的一套價值體系，"功能是在爲人類生活的外在行爲與羣體秩序提供規範"。而另一方面，"佛教和道家（包括道教與老莊道家）則爲安頓個人身心、探索宇宙終極問題的資源"。但是，"這兩組價值體系（儒爲一組，道、佛爲一組）並非對立的敵體，兩者的關係是相輔相成的"①。這裏所説與筆者所言之公私雖有内在思維和外部表現的不同，但我想，陳教授的觀點也許可以再好不過地解釋喪禮中兩種方式並存的思想根基，否則無以理解爲何唐宋之士大夫很少對其中的佛道典禮提出批評。或者换言之，喪禮的方式和複雜性

———————

① 見陳弱水：《唐代文士與中國思想的轉型》一書中《墓誌中的唐代前期思想》、《隋代唐初道性思想的特色與歷史意義》、《思想史中的杜甫》、《柳宗元與中唐儒家復興》等篇，説及引文見100、178、268—280頁。

也為中古的國家觀、思想觀提供了見證,這個深入中古國家體制内
的世界觀問題應該是揭示諸多政治、制度和社會現象的樞紐。

對於中古士大夫的二元世界觀,陳教授用"外儒内佛"或者"外
儒内道"來解釋,這可以體現外部標準和内心修養的兩種境界。但
是,以往論者關於中國近世的制度和文化理念又常常有"中學為
體,西學為用"之説。雖然,如陳教授所説在士大夫的心態中,規範
外部秩序的儒教常常被認為是不如佛、道的内教為高;不過如果就
支配中古皇帝和民衆喪禮的主導作用和統治意識而言,我們仍可
以用"儒學為體,佛道為用"形容之。也即儒家的三年喪制雖然始
終為綱,但佛教道教的儀式卻自然融入其間,其形式為整個社會所
接受,而如果將之視作是中古時代發展中最為重要的變化和特色
之一,我想應該是沒有疑問的。

二　臣民的共同參與和見證

當嗣皇即位、發喪儀式舉辦後,喪禮活動便按部就班的進行。
而由於皇帝的獨尊地位及其死亡對政權和國家產生的震動,注定
了皇帝喪葬禮儀從一開始就受到朝廷内外和官吏民衆的共同關
注,因此對皇帝死亡的發布也從一開始就影響到全國。不僅如此,
喪禮的進行過程也表明,它在服從自喪入葬時間程序的同時,於空
間上也有着由内向外的展開過程。可以這樣認為,展現在人們眼
前的,一方面是層次不同的朝廷官員和某些執事人員參加的嚴肅
國事活動,另一方面則是興師動衆的送葬和回歸場景,兩者各有其
不同的意義和作用:前者是將皇帝家事變作國家五禮體制和政治
活動的實踐和象徵,後者是將葬禮直接陳示在街頭百姓的面前,從
而使得皇帝的凶儀像郊祀的吉禮一樣被作為朝廷形象的某種展

示。為此對喪葬活動進行過程以及特別是葬禮階段臣民參與的場景特色,有必要進行一番考察。

(一)皇帝的喪事場面和參加人員

皇帝死亡的消息一經傳出,而遺詔和《儀注》被頒下的時候,葬禮的舉行時間和參加者實際上已經確定了。不過參加者有廣義和狹義之分,廣義的參加者是全國的官民百姓,而狹義的參加者則只能是朝官、皇親國戚、二王三恪、蕃國主以及為喪禮服務的人員和僧道等一些人,其中朝官明顯是葬禮最重要的參加者。而喪禮從皇帝始死到入葬,分為宮內宮外兩部分,參加者也隨着喪葬儀式的推進而反映了親疏有別,及自少至多的變化。

1. 內外有別的喪禮安排

雖然已經討論過諸多皇帝的葬禮程序,但皇帝的死亡和葬禮的基本要求,其實通過頒布"遺詔"已有規定和安排。《通典》卷八〇《總論喪期》載《大唐元陵遺制》:

> 其喪儀及山陵制度,務從儉約,並不以金銀錦綵飾。天下節度觀察團練使、刺史等,並不須赴哀。祀祭之禮,亦從節儉。其天下人吏,敕到後,出臨三日,皆釋服。無禁婚娶、祠祀、酒肉。其宮殿中當臨者,朝夕各十五舉音。禮固從宜,喪不可久。皇帝宜三日聽政,十三日小祥,二十五日大祥,二十七日而釋服。皇帝本服周者,凡二(三?)朝哭而止。本服大功者,晡哭而止。本服小功以下,一舉哀而止。

將這段記載與《唐大詔令集》卷一一《代宗遺詔》對照,文字詳略不同,而後者還有關於皇太子繼嗣,"宜令所司當日具禮於柩前即皇帝位,仍以司徒兼中書令汾陽郡王子儀攝冢宰"的內容,可補《通典》之闕。不過上述內容已是《遺詔》或稱《遺制》的核心,其中說明了"天下人吏"服喪三日。這來自於漢朝的"令到三日出臨",雖然是一貫制度,但標誌着皇帝作為全體臣民的父母,臣民都要盡子孫之孝。

另外《通典》卷八三在《復》一節下記載了《儀注》的告喪之禮:

> 其告喪之禮:使至所在,集州縣官及僧道、將吏、百姓等於州府門外,並素服,各以其方向京師重行序立。百姓在左,僧道在右。男子居前,婦人居後。立訖,使者立於官長之右,告云"上天降禍,大行皇帝,今月某日奄棄萬國"。刺史以下撫膺哭踊,盡哀。止哭,使者又告云"大行皇帝有遺詔"。遂宣詔,訖,刺史以下又哭,十五舉聲。使者又告"皇帝伏準遺詔,以今月某日即位"。刺史以下再拜稱萬歲者三。百姓及州縣佐史朝夕巷哭,各十五舉聲。三日釋服。節度觀察團練使、刺史並斬縗絰杖,諸文武官吏服斬縗,無絰杖。大小祥、釋服,並準遺詔。其有敕書,使者宣告如常禮。

這個告喪發生於先皇初喪階段,參加者不僅有州縣官,而且包括"僧道、將吏、百姓",其官民舉哀、節度刺史以下文武官吏服斬縗哭踊,一如在京城和宮中,可謂没有皇帝的皇帝喪禮。因此廣義上可以認為全國官民包括僧道都參加了皇帝的喪禮和祭奠,只不過"三日釋服"僅就一般官員百姓而言,不同於朝廷大臣和皇親們的二十七日。由於漢制是吏民"令到"出臨,唐朝相應成服的日期在地方也是宣讀詔書之日起,即《遺制》所謂"其天下人吏,敕到後,出臨三日,皆釋服"。"告喪"表明了京城的朝廷與地方的互動,我們在下面的章節中將說明,在朝廷宣告喪事和宣讀遺詔後,地方節度使與州刺史雖然不必前來奔喪,但是應當有慰哀表上達皇帝。

不過,真正的喪禮參加者畢竟有親疏之別、等位之差。上述遺詔中有親族舉哀的制度規定。而《通典》卷八〇《奔大喪》關於《大唐元陵儀注》有"詔問:'宗子在外州府合赴京師不?'"而所司奏以為,按禮文"五廟之孫,祖廟未毀,雖為庶人,冠、娶妻必告,死必赴,練祥則告,不忘親之義也",和"四世而緦,服之窮也;五世袒免,殺同姓也;六世親屬竭矣"以及《春秋左氏傳》"天子七月而葬,同軌畢至"的説法,定"宗子五等以上,不限遠近,盡同奔赴山陵"。所謂"宗子五等以上"也即皇族按制度只要是皇帝袒免親(自父計數五世)之內,就必須到京師奔喪,這基本上決定了"皇親"參加喪禮的範圍。並且他們舉哀、服喪的時間顯然不是三日,而是要與皇帝同步。

當然官員參與喪禮和服喪的程度也有分別。據説常袞與崔祐甫曾在皇帝面前爭論大臣喪服的天數,常袞認為應當與皇帝一致,也服二十七日,而崔祐甫則認為"天下吏人,三日釋服"應該是無朝臣、庶人之別,爭論以常袞的勝利告終①。《儀注》所反映的正是常袞的意見,其實這一意見的依據仍是古禮的"臣為君"和《開元禮》"國官為國君"斬衰三年,也是後來歷朝行之不變的原則。這就是《通典》卷八一《諸侯及公卿大夫為天子服議》載《大唐元陵遺詔》所定:"據禮及故事,今百官並合準遺詔二十七日釋服。其小祥內,百官並無假日,每日平明詣延英門,進名起居,不入正衙。至臨時,赴西內,哭訖各歸。至小祥日,去首絰,著布冠。其日早,集於西內哭。望日及大祥,又赴西內哭。大祥日,除縗冠杖等,服慘公服,至山陵時,卻服本縗服,事畢除之。"在前面章節備述及皇帝和百官在喪禮中祥禫變除各節服式,百官喪服是與皇帝同步而有明確規定的。

那麼官員服二十七日喪者究竟在怎樣一個範圍之內?《通典》卷八七《小祥變》一節中引《儀注》,於皇帝"服訖,內外及百僚各服其服"之下注曰:

　　　　兩省五品以上及卿,御史大夫、中丞,尚書省四品以上,諸

---

① 《舊唐書》卷一一九《崔祐甫傳》,3439 頁。

> 司三品以上正員長官，準禮合除首絰，練八升而（布?）為冠，以
> 六升布為縗裳，今荆州布也。其幞頭及衫袴等，亦準此。藏其
> 所換初服，以俟山陵時卻服。

說明與皇帝變換喪服同時的是"兩省五品以上及卿、御史大夫、中
丞，尚書省四品以上，諸司三品以上正員長官"，這就是常袞所言朝
臣縗服的範圍，下面所言各個場次參加者的"文武羣官"雖不能説
僅有他們，但應是以他們為重點或者是為核心的。這些官員應與
皇帝的親族一樣，不斷參加喪事舉辦期間的禮儀活動，親臨哭弔及
起居、慰哀等（詳下節）。他們是國家的代表，也是皇帝的近臣。其
範圍後來在昭德皇后喪禮中被擴大為包括六品以下常參官。由於
均是常參官，所以是皇帝生前接觸最多的人員，故有別於"天下吏
人，三日釋服"的一般情況，體現了與皇帝親如一家的關係，這也可
謂喪禮中的"親疏有別"。

2. 宮内儀式的參加者

由《儀注》所載的喪禮程序和内容，可以知道皇帝喪葬的參加
者大致有一個由内而外的過程。一系列的喪禮活動是在先皇帝喪
後便開始了，但初喪的遺體處理包括沐浴、設牀、含、襲以及招魂復
魄的復禮儀式等主要由内官和個別大臣進行，參加者只有嗣皇帝
和與先皇有着血緣親屬或者親密關係的公主和妃嬪内命婦等。只
是處理程序中他們大都守候在外，當一切就緒後纔可以入内哭泣。
由於皇帝死後，遺體須自大明宮轉向太極宮，《儀注》將從"復"開始
的儀式都放到太極殿進行，但參加者既包括很多内宮妃嬪，則頗疑
沐浴更衣的最初工作也許在移到太極殿之前就開始了。這部分屏
蔽在百官的視線之外，是喪禮比較隱秘的部分。

真正面向外朝官員的《國恤》儀式應從小斂算起。自這個時候
起，先皇的遺體顯然已在太極殿中基本安置好了。《儀注》從這裏

開始記述嚴格的準備工作、儀式、程序和百僚的參加,提到"小斂前二刻開宮殿諸門,諸衛各勒所部仗衛如常式,設百官位次及二王後、三恪等位。又設內外命婦等拜哭位"。小斂作為喪禮對外的開始,特別標明為二王後、三恪設位,應考慮到同日有皇帝初即位"宣遺詔"的需要。

從參加者的多寡可以確定喪禮期間儀式的隆重,其中有兩次高潮,即一為大斂和殯禮。《儀注》關於大斂儀式,詳細地敘述了嗣皇帝、諸王以下(皇弟、皇子、皇叔、皇叔祖、皇從父弟)和諸公主、長公主、大長公主的站位。其儀式雖然是朝廷最正規的典禮,但給人的感覺自大斂到成殯似乎家族成員仍佔相當比重。這一點與民間喪禮有相似之處,但參加者除皇帝的親族還有"百僚"即朝廷官員。

另一次是啓殯,這是送先皇入葬前的重大儀式,也是殯禮的結束,所以參加者最多最衆,即不但包括嗣皇帝和諸王妃主親族,百官也是"文武九品以上及前資常參官、都督、刺史"。在此之外更有在鄶公、介公、蕃客酋長,乃至僧道。其範圍與嘉禮元正大朝會的參加者幾乎等同,其意義頗相當於為先皇帝舉辦最後一次朝會和朝參,是為親族、朝廷內外乃至賓客和外國友人全體向先皇作"遺體告別"。而僧道的參加更表明超度亡靈的宗教儀式也同時舉行,意味着通過他們進行陰陽兩界的最後交流,將皇帝送入天庭。所以這個範圍參加者是朝廷上下和內外官衆,代表着國家的全體統治者。正如麥大維所指出,在這些儀式中,主持者不是皇親,而是官員,說明體現的不是皇帝個人的小家族。百官圍繞皇帝,形成了以皇帝為中心的"大家",實也即常所謂"家國"天下。如前所述儒家儀式的國禮取代家禮,也可以說是與家禮合併統一,乃是喪禮最中心的意義。所有皇親和官員按照喪禮的程序出場,在盛大而莊嚴肅穆的場合下依次為先皇舉哀、祭奠,不僅意味着對皇權的服從和頂禮膜拜,也是對維護唐朝統治秩序最好的說明。

　　從啓殯再到為靈柩送行的發引日,皇帝的梓宮被移出太極殿、太極門、嘉德門,移向太極宮正南的承天門,並且皇帝在親族和百官等陪伴下經過祖奠和遣奠的祭奠儀式,最後於承天門外哭別梓宮,輴輬車上道,便結束了喪禮在宮廷的部分。《儀注》關於祖奠遣殿的儀式只有皇帝及其親族、百官的出場,但祖遣是送別,頗疑參加人數也是最多的,《儀注》或是因其在啓奠之後而忽略,或者是另有原因,尚存疑問。而經此儀式後,為皇帝送行的官員、皇親等及鹵簿儀仗出發,便走向了宮外開放的世界和更加恢宏的場面。

附表 4. 皇帝喪禮不同程序的參加者

喪葬程序	地點	操作、服務人員	參加者	主持者、司儀、禮官
告喪	諸州府		州縣官及僧道、將吏、百姓	
復	太極殿內	高品五人(以上操作者)		
沐浴(含設牀)	太極殿西	內掌事者、內執事者六人、御者四人	嗣皇帝、妃、公主悉出帷外,內命婦在殿西立哭	
含、襲	同上	有司、大臣一人、執服者	嗣皇帝及上述等候者	
小斂	同上	御府令、主衣率所司、內謁者及近侍小臣	諸衛、嗣皇帝及皇子、百官(設二王後、三恪、內外命婦位)	侍中、禮儀使
小斂奠	同上	尚食、內外侍臨者、近侍	嗣皇帝、諸王、百官(?)	司徒、太常博士、奉禮郎
大斂	同上	內高品、中官內官	嗣皇帝,諸王以下(皇弟、皇子、皇叔、皇叔祖、皇從父第、),諸公主、長公主、大長公主以下,百僚	司空、禮儀使、侍中、通事舍人、典儀
大斂奠	同上		同上	太祝、禮儀使

喪葬程序	地點	操作、服務人員	參加者	主持者、司儀、禮官
殯	同上	將作監及所司、内官所由	同上及侍臣	禮儀使、齋郎
卜陵地	陵地	掌事者、卜師、筮師	使者	太常卿、贊者、太祝
啓殯	太極殿	同上	皇帝、酇公、介公、皇親、諸親、文武九品以上、前資常參官、都督、刺史、蕃客酋長、僧道、大長公主、長公主、公主、郡縣主	太尉、司空、侍中、禮儀使、監察使、光禄卿、太祝、奉禮郎、禮官、通事舍人
薦車馬明器	太極殿内外	掌事者、典儀、所由、執翣者、少府、將作所由、挽歌、挽郎、挽士、鼓吹、内謁者、中官	皇帝、文武羣官、諸王等、公主、中官高品、近臣及宗子三等以上親	太尉、司徒、侍中、禮儀使、太常卿、光禄卿、奉禮郎、符寶郎、禮生、太祝
祖奠	太極殿殿庭	同上	同上	同上
遣奠	承天門外	同上及所司、近侍	皇帝、諸王、妃、主、羣官	太尉、司徒、侍中、禮儀使、鹵簿使、奉禮郎、光禄卿、禮官、齋郎、太祝
葬儀	山陵	中官、尚衣奉御、千牛將軍、鹵簿官、尚輦奉御、司馬、挽郎、挽歌、代哭者、押官、主節者	侍臣、内官、皇親、諸親、公主、王妃、文武官五品以上、六品以下	司空及太尉山陵使、司徒、光禄卿、侍中、禮儀使、通事舍人、秘書監、少府監及其屬、太府卿及其屬、禮部侍郎、將作監、御史、禮官、禮生、主節官、奉禮郎、太祝

喪葬程序	地點	操作、服務人員	參加者	主持者、司儀、禮官
虞祭	太極殿	內侍之屬	皇帝、羣官、皇親、諸親	太尉、司徒、宗正卿、光禄卿及屬官、禮儀使、行事官、通事舍人、太祝、典儀、禮生、齋郎
小祥祭	太極殿	內所司、將作監、尚舍奉御、近侍	皇帝、內外百僚	光禄卿、宗正、禮儀使、通事舍人、太祝
大祥祭	同上	內所司、將作監、近侍	同上	同上
禫祭	同上	近侍	同上	侍中、禮儀使、光禄卿、通事舍人
祔廟	太極殿→太廟	將作監、衛尉、京兆府、鴻臚、殿中、左右金吾、皇城留守、大內留守、千牛將軍、尚輦、繖扇侍臣、宮闈令、中官，尚舍、內侍、太官良醞	文武羣官、皇親、諸親	太尉、司空、攝侍中中書令、禮儀使、宗正卿、光禄卿、太常、太僕卿、御史、典儀、通事舍人、太樂令、禮官、奉禮郎、禮生、應饗官、齋郎、太祝、題神主官

(二)皇帝葬禮中的行道和展示

以上皇帝喪禮從實踐的流程來看，是從喪而走向葬的時間推衍，但伴隨着這一過程，卻是空間的逐漸外延，且人員的參與、禮儀的規模不斷擴大和增加。特別是從啓殯開始，直到最後的告別靈車，可以認爲是經過太極殿內、外走向承天門，最後走出承天門而至宮城之外，接觸到更加廣闊的世界和人羣，表現出更加熱鬧的場景。在走向陵墓的行道過程中，送葬的隊伍也進入長安城百姓的視野，展示了壯觀的場面。宋朝在回歸途中更有奉迎安神的儀式，與虞祭和祔廟一起，構成了喪禮最後的景觀。

1. 送葬途中的皇家儀仗

德宗即位以後，着意重振盛唐時的統治局面，强化中央集權對於地方的支配和影響，而《大唐元陵儀注》事實上也是這一動機與努力下的產物。從《儀注》的各個程序、內容可以知道，《儀注》通過各個環節禮儀的細微化突出了皇帝喪禮的森嚴隆重，這使得不僅是郊天祭廟的吉禮，皇帝喪禮也同樣體現了皇權獨一無二的莊嚴神聖，如此吉凶相映，吉禮既可以祈禱上天及祖宗的垂顧保佑，凶禮又再好不過地體現了在位皇帝的孝道及唐政權的延續。

正是由於有這樣的作用，所以為皇帝舉辦的喪葬禮儀式便成為除郊天祭廟的大禮之外，朝廷向臣民展示統治形象的又一次機會。如上所述，當喪禮於宮內的部分結束後，便由太極宮的承天門走向宮外，進入了將大行皇帝梓宮送往陵墓的過程。妹尾達彥曾經指出由於長安城的構造，自北向南的皇帝郊廟禮儀仗如何在行進的過程中吸引民眾的眼球[①]，而送葬儀式也有同樣的問題。護送皇帝梓宮的儀仗一旦離開宮門，即進入了沿途百姓的視野，並以其浩大的聲勢和悲哀的氣氛給旁觀者以深刻印象。

更何況，這樣的行程不是當日或次日即結束的。唐後期皇帝的陵墓集中於長安周邊的奉先、富平、三原、雲陽、醴泉、奉天等幾個縣份中，送葬隊伍從長安的太極宮承天門出發，再出皇城，向着京兆府的東北部（奉先、富平、三原、雲陽）或西北部（醴泉、奉天）行

---

① 妹尾達彥：《唐長安城の儀禮空間——皇帝儀禮の舞臺を中心に》，《東洋文化》72，1992年，1—35頁。

進,到達陵所不啻一二百里[1]。可以想見,按當時交通路況條件,無法與今天相比;更何況許多執事人員(如挽歌挽士等)都須步行,會使行進的速度十分緩慢。無論如何,一天之內是到不了的,必要行走兩日以上。所以從某种程度而言,皇帝喪葬陣容的影響大概超過郊天。從附表5.唐朝五帝二后山陵職事人員的設置中,可以看到"知頓官"、"置頓營幕"甚至"置頓橋道使"這樣的名目。如果說"知頓"或者"置頓"還是設置道途中的休息場所,那麼"營幕"就更清楚地表現出送葬儀仗和其他人員需要安營宿幕的情況。妹尾達彥注意到,圓仁的《入唐求法巡禮行記》記載了他在通向長安的路上見到山陵使的隊伍送文宗入葬後返還經過的情景:

> (開成五年(840)八月)十九日,南行卅里,到京兆府界櫟陽縣斷中。於縣南頭見山陵使回入京城,是葬開成天子使。營幕軍兵,陳列五里。軍兵在大路兩邊對立,不妨百姓人馬車從中路過。縣西,去縣八九十里山中有陵頭,去京在東二百餘里。過軍營中,南行卅五里,到高陵縣渭橋……廿二日午前,山陵使回來,從通化門入。[2]

這是一段非常珍貴的史料,記載了為皇帝送葬的真實場景和過程。文宗開成五年正月二日去世,《舊唐書》卷一八上《武宗紀》稱八月十七日,葬文宗皇帝於章陵,但《新唐書·武宗紀》作壬戌十九日。則十七日應自京城出發,十九日入葬方畢,而二十二日返回京城,

---

[1]　見《元和郡縣圖志》卷一《關内道一》,如奉先縣"西南至〔京兆〕府二百四十里",睿宗的橋陵和玄宗泰陵又分別在縣西北三十里和縣東北二十里。醴泉縣"東南至府一百二十里",太宗昭陵和肅宗建陵分別在縣東北二十五里和十八里,高宗乾陵也在此縣。富平縣"西南至〔京兆〕府一百五十里",中宗、代宗、順宗等陵墓分別在縣西北或東北數十里。北京:中華書局,1983年,8—10頁。

[2]　圓仁撰,顧承甫、何泉達點校《入唐求法巡禮行記》卷三,上海古籍出版社,1986年,139—140頁;並參妹尾達彥《長安:禮儀之都》,408頁。

首尾共用六日。所説"營幕軍兵陳列五里"和"軍兵在大路兩邊對立"正是充當鹵簿儀仗的軍士在距縣城不遠的大路兩邊露宿營帳的情況,與《唐大詔令集》德音中有"知頓官""置頓營幕"正合。還有死於洛陽,葬於河南府緱氏縣界和陵的昭宗皇帝,史料表明他的葬事從天祐二年(905)二月"丁未(十八日),靈駕發引"到己酉(二十日)"掩玄宮畢",也用了兩、三日①。而在漫長的行途中,這支規模龐大、動靜非常的隊伍受到廣大民衆的注目是可以想見的。

那麼,在這支送葬的隊伍中,會有什麼人參加呢? 從《儀注》記載的最終參加入葬儀式的人員來看,一部分是朝臣和皇家的内外戚屬,即除了主持葬儀的太尉司空山陵使、禮儀使及司徒、侍中、光禄卿、少府監等和一些禮官之外,主要是皇親、諸親、公主、王妃、内官和一些朝官。《儀注》在靈車到達墓後有"公主及内官以下並降車,障以行帷","羣官皇親哭者序立於帷門外","設皇親諸親奉辭位,又於其南設應從文武官五品以下(上?)奉辭位,又於其南設六品以下奉辭位","帷内設公主、王妃及内官以下奉辭位","皇親、諸親、羣官等哭從"一類記載,可以説明他們是在送葬隊伍之中並一直陪同到最後的。不過,這裏對具體參加者沒有説明,並且也沒有提到先皇的妃子與後宮,也許她們是不在其列的。

另外一部分則是為葬禮服務的人員。由於皇帝與太后的喪事舉辦需要大量人力物力,所以其山陵事務除了設置山陵五使(詳下節)外,並有内外修築山陵、造作器物、送葬及主辦儀式的一應職事人員,從《唐大詔令集》卷七七所載諸陵優勞德音可以見到崇、豐、景、光、莊五帝陵及莊憲、孝明二太后陵置使及執事人員的情況(詳附表5.)。這些人員中,包括從山陵諸使、副使、判官到軍使官健、押當宿衛、擡舁梓宮的官吏、禮生陰陽官、工匠巧兒、齋郎挽郎、乃

---

① 《舊唐書》卷二〇下《哀帝紀》,789頁。

至應役人夫等。其中如憲宗景陵所見的吉凶儀仗諸色行從官、諸司諸使押當官、置頓舉(營?)幕、往來檢校軍將中使，和讀謚册哀册、書寶讀寶官，舁寶册官、押鹵簿儀仗〔官?〕、挽郎、山陵使司官與軍將、知東渭橋官、知道官、知頓官、諸司諸使兼當雜職掌官吏、挽士、代哭、挽歌，以及諸色行事官、齋郎、禮生並陰陽官、應緣儀仗三衛礦騎及諸色人匠等，從名稱看大部分應該是行進在送葬隊伍中

圖 16. 唐懿德太子墓鹵簿圖

的人員。其中既有組成儀仗的三衛礦騎等，也有不少是雜使人員。

　　"德音"所提到的送葬人員中有"挽士、代哭、挽歌"。前章曾提到為先皇送葬的挽歌已經在送行日也即祖遣的前夜響起，而且最初的挽歌席位是設在距梓宫和祖奠儀式最近的太極殿正門嘉德門，輪番的歌唱提前傳達着哀傷的氣氛。如前所説與挽歌在一起的應該還有鐸。即唐令"復原20"所規定的"挽歌者，執鐸緋"，而且"鐸依歌人數"。據《通典》卷八六《挽歌》下關於送葬行列引"大唐元陵之制"有"執緋挽士，虎賁千人"，又有"挽郎二百人"、"挽歌二部各六十四人"、"品官左右各六人"、"左右司馬各八人"及"代哭百五十人"等等，粗算之下，皇帝靈車前後的執緋挽士、挽歌執鐸者何

啻一、二千數。

除了挽歌執鐸外，更為悲壯的應該是鼓吹。《儀注》説鼓吹及嚴警最初席位設在承天門外，則應該是在最後送別或者出行之際響起。《開元禮》卷一三九"器行序"謂官員最後的遣奠儀式結束，即有：

> 徹遣奠，靈車動，從者如常，鼓吹振作而行。先靈車，後次方相車，次誌石車，次大棺車，次輀車，次明器輿，次下帳輿，次米輿，次酒脯醢輿，次苞牲輿，次食輿，次銘旌，次纛，次鐸，次輀車（以上注文略）。

根據這裏排列的次序，是鼓吹走在最前，然後是靈車及其他喪車，然後是各種明器及入墓食品用物車，然後是表明死者身分的銘旌和纛旗，然後是執鐸的挽歌人，最後纔是放置棺柩的輀車。根據同卷"諸孝從柩車序"一目的説明，孝子應跟從在柩車後，"俱經仗衰服，徒跣哭從"。然後是"各依服精廬"的"丈夫婦人"，還有乘着車馬，"哭不絶聲"的"内外尊行者（長輩親朋）"，一路之上龐大景觀可以想見。

皇帝的葬禮與之相比，程式類同而只有規模大小之別。正因為如此，葬禮在宮内的部分可能十分莊嚴肅穆，但到了宮外恐怕卻是另一番景象，某種程度上也許説得上是熱鬧喧騰。當然這種場景並非僅皇帝有之。中宗朝為韋后之弟韋洞行改葬之禮最為盛大："賜東園祕器，葬日給班劍卅人，羽葆鼓吹儀仗，送至墓所往還。長安調卒，將作穿土。會五月之候家，交兩宮之節使。車徒成列，達靈文之寢園；鐃吹相喧，震京兆之阡陌。"[1]"長安調卒，將作穿土"，表明喪事鹵簿皆由官給兵卒並由將作為之造墓。其中班劍卅

---

[1] 周紹良、趙超主編：《唐代墓誌彙編》景龍〇一一《大唐贈并州大都督淮陽王韋君墓誌銘》，上海古籍出版社，1992年，1084頁。

（四十）人和羽葆鼓吹是給大臣儀仗的最高規格，但壯觀程度遠遠無法和皇帝喪事相比。《新唐書》卷二三下《儀衛》下所記大駕鹵簿鼓吹比較簡明，略引如下：

> 大駕鹵簿鼓吹，分前後二部。鼓吹令二人，府史二人騎從，分左右。
>
> 前部：摑鼓十二，夾金鉦十二，大鼓、長鳴皆百二十，鐃鼓十二，歌、簫、笳次之；大橫吹百二十，節鼓二，笛、簫、觱篥、笳、桃皮觱篥次之；摑鼓、夾金鉦皆十二，小鼓、中鳴皆百二十，羽葆鼓十二，歌、簫、笳次之。至相風輿，有摑鼓一，金鉦一，鼓左鉦右。至黃麾，有左右金吾衛果毅都尉二人主大角百二十，橫行十重；鼓吹丞二人，典事二人騎從。
>
> 次後部鼓吹：羽葆鼓十二，歌、簫、笳次之；鐃鼓十二，歌、簫、笳次之；小橫吹百二十，笛、簫、觱篥、笳、桃皮觱篥次之。凡歌、簫、笳工各二十四人，主帥四人，笛、簫、觱篥、笳、桃皮觱篥工各二十四人。

其鼓吹人數不能確切，但最少也在 1 至 2 千人上下，雖然不知真正人數，但如其如此，與《儀注》所說挽歌執鐸者規模卻可以匹配。

　　鹵簿儀仗在《儀注》有清楚的記載。最生動莫如山陵日的吉凶二駕備列，到達陵墓時"千牛將軍夾輅而趨"，和"諸侍衛之官，各督其屬，左右翊神駕動，鹵簿官以黃麾麾之，鼓吹振作，警蹕如常；當陵門以赤麾麾之，鼓吹不作"，令行禁止的場面。這個吉凶的劃分也許是從上路已經開始。根據《開元禮》卷二《序例》中《大駕鹵簿》，鹵簿是由中央省臺寺監和十六衛文武官員、兵士及侍從人員帶同車騎輿馬、羽葆鼓吹、旗鑼傘蓋組成的浩浩蕩蕩的儀仗，其中包括有諸衛組成的各種旗仗，清游、朱雀、持鈒、玄武隊和馬隊等，唐後期則還有神策六軍。《通典》卷六四《天子車輅·豹尾車》稱："漢制，大駕出，屬車八十一乘。法駕出，屬車三十六乘。"唐朝皇帝的吉駕鹵簿中,所見即有五輅(也作路)和耕根、四望、指南、記里鼓等不下一、二十種,而凶儀用車自應更多。

法駕鹵簿亦是皇帝所用,但規模略小於大駕鹵簿。《開元禮》言大駕鹵簿甚詳,粗算不啻萬人,研究者統計甚至在一萬五千人左右①。之下又有法駕和小駕鹵簿。法駕鹵簿不僅減少了用車,而且"其清游隊、持鈒隊、玄武隊,皆四分減一。諸隊仗及鼓吹三分減一,餘同大駕。縣令已後御史大夫已前威儀,亦四分減一(《通典》卷一〇七《開元禮纂類》二作"三分減一")"。小駕鹵簿則除了用車等再減之外,"諸隊仗及鼓吹各減大駕半,餘同法駕"。《玉海》卷九六《皇祐大饗明堂》載皇祐二年(1050)鹵簿使言祀明堂"用法駕鹵簿,減大駕三分之一"。如果用這個標準,法駕和小駕鹵簿的規模和人數大概是大駕鹵簿的三分之二和二分之一。

對於葬禮應用何種鹵簿,《大唐元陵儀注》並未明言,惟在"祔廟"一儀説明是用法駕鹵簿,送葬則不詳。但宋代的情況或可參考。《文獻通考》卷七一《郊社考》四《郊》言宋代鹵簿曰:"又考鹵簿凡四等:大駕、法駕、鑾駕、黃麾仗。"大駕鹵簿惟"郊祀、籍田,薦獻玉清昭應、景靈宮用之",對於喪葬用何鹵簿亦未明言。不過據《宋會要輯稿・禮》二九之三至四載開寶九年(976)十二月十四日,因太祖葬事"鹵簿使言:'諸司吉凶仗,周世宗慶陵及改卜安陵人數有異,未審何從?'詔並依安陵例,用三千五百三十人"。但是到次年三月二十日入葬前,少府監又言:"山陵輼輬車並諸色擎舁共五千九百五十六人,請下步軍司差。"詔從之,説明和唐朝一樣,儀仗外尚有其他差遣。

這以後儀仗人數和役使人員又有變化。宋太宗喪禮儀使提出太祖永昌陵儀仗所用人數,"考之禮令,全不及大駕鹵簿之半。今

---

① 馬冬:《唐代大駕鹵簿服飾研究》,《文史》2009 年 2 輯,總 87 輯,132 頁並注文。

若全依禮令,則用萬八千九百三十六人",考慮道途往復為難,"今請除太僕車輅,仍舊止用玉輅一、革車五外,凡用九千四百六十八人"纔"合大駕鹵簿半數"。但至道三年(997)七月十九日,"少府監言:'凶仗法物,合使擡擎牽駕兵士、力士共一萬一千一百九十三人,數內力士一千七百二十人,請下開封府雇募。'從之"①。儀仗加雜使實際用了超過一萬人。而根據乾興元年(1022)七月十七日真宗葬事禮儀院的安排,"山陵儀仗依永熙(太宗)陵例,用九千四百六十八人。今請上路後從永昌陵例,用三千五百三十三人"。注文說明"大升舉力士九百八十四人,把幕婦人一百五十人,昇行殿三百四十四人,開封府雇召;挽龍輀方相一百二人,喪葬作事雇召;擡擎牽駕兵士一萬二百三十三人,諸軍差"。另指定"祔廟日所排仗九千四百六十八人,止以山陵出京人充"②。這樣看起來山陵和祔廟日儀仗仍是大駕鹵簿之半,不過送葬上路後被減為三分之一多。再加上雜使和擡擎牽駕兵士,實際使用人員至少超過一萬五千人。祔廟日所排仗九千四百餘人,尚能"止以山陵出京人充",可見出京儀仗的規模仍相當可觀。

歷朝使用鹵簿規格雖有差異,但"考之禮令,全不及大駕鹵簿之半"的說法仍是以大駕鹵簿作比較,說明送葬本來應用大駕鹵簿規格,只是赴山陵儀仗人數要減少一些。唐代的情況雖然不詳,但送葬的規格可能也是一樣的,考慮到供饋不易,加上還有不少雜使人吏,儀仗上路後人數也許同樣會有減少,但規模仍然可觀。既然圓仁見到的營幕能延伸五里之長,則鹵簿的規模亦可想而知。如依《開元禮》大駕鹵簿,僅班劍儀刀一項,就是"左右廂各十二行也"。雖未言人數,但據皇太子儀仗左右廂有儀刀六行,每行少則23人,多則33人。行均28人,已有至少670餘人。結合《儀注》所

---

① 《宋會要輯稿·禮》二九之九至一一,1068—1069頁。
② 《宋會要輯稿·禮》二九之二六,1076頁。

述挽歌挽士，以及上述《唐大詔令集》"德音"所説人員，也已經可以勾勒出一個隊伍不下萬人的巨大場景，

按關於唐代大駕鹵簿，今學者馬冬有對其服飾的研究①。提出唐代的大駕鹵簿與北魏制度許多特徵相似，主要是受到天賜二年（405）改制後的大駕鹵簿影響。認為鹵簿服飾品種衆多，級别序列齊全，高度集中地反映了唐代官服與軍戎服的基本形態特徵，能夠集中與直觀地反映出國家制度服飾的整體面貌，另外大駕鹵簿服飾製作精良，使整個鹵簿在視覺上體現出華麗絢爛的外觀效果，並認為其有别於傳統漢魏制度的軍戎服飾特徵强調出拱衛皇權的軍事强權力量。

正是由於如此，作者也提出了唐代大駕鹵簿對顯示天子"神性"和建立"視覺性政治權威外觀"的特殊意義，並將鹵簿與國家禮儀的需要聯繫起來，强調鹵簿的炫耀和服飾對長安社會民俗的影響。不過所説大駕鹵簿與吉禮關係猶有可商，因為一年中大部祭祀活動其實一般均由有司代替皇帝完成，除了有數的郊廟大禮（有時數年才一次）也即作者所説"禮儀重典"之外皇帝很少親自出席，而没有皇帝的出席也就不會有"大駕鹵簿"。事實上百姓能夠見到大駕鹵簿的機會並不多，如果不算唐前期皇帝的出行可以見到的鹵簿（未必是大駕），禮儀方面除親郊之外大約也就只有與之差不多隆重的皇帝喪禮了，這也正是喪葬鹵簿可以震撼長安士民的原因。

喪葬鹵簿如按照《大唐元陵儀注》所説要分吉凶，則不僅有着豪華的規模、隆重的聲勢及鮮明的服飾，且也會有着不少的"凶仗法物"，因此可以認為送葬的排場決不下於郊天。不僅如此，還有大批的車馬供帳。張説《右羽林大將軍王氏（公）神道碑奉敕撰》稱王君㚟"以（開元）十六年十月，詔葬於萬年縣見子之原。鹵簿齊

① 馬冬：《唐代大駕鹵簿服飾研究》，107—139頁，説見110、127—129、132—133、137頁。

列,方相雙引;京尹護喪,史官頌石。千乘送葬,觀驃騎之威儀;十里開塋,識龍驤之邱墓"①。方相即方相車,與魌頭車皆為喪禮所用,其上乃裝飾有人形道具,傳説可以引路及祛惡鬼。唐令"復原21"規定:"諸四品以上用方相,七品以上用魌頭。方相四目,魌頭兩目,並玄衣朱裳,執戈揚盾,載於車。"②但方相車漢代以來皇帝喪禮也用之。《續漢書·禮儀志》稱:"大駕,太僕御。方相氏黃金四目,蒙熊皮,玄衣朱裳,執戈揚楯,立乘四馬先驅。"由方相車可以想到皇帝送葬行列中各種五彩斑斕之裝飾用具,且高官即有"千乘送葬","十里開塋",皇帝固不難推知。試想皇帝的送葬隊伍如加上柩車及各種官車輿馬、吉凶儀仗,復有引披鐸翣以及諸般禮器穿插其間,必會組成浩浩蕩蕩的隊伍綿延數十百里,其中挽歌響器,鼓吹震天,又有官吏百姓車馬供帳的諸般贈送,如此就更容易吸引周邊民衆駐足圍觀,喪禮的過程本身所具展示性自不消説。

　　當然更會吸引民衆的,還有特殊的宮廷隨葬品與葬禮營造的輝煌氣氛。唐後期對官員百姓的明器是用二人擡的"舁"來規定和限制,其中三品以上"明器九十事,四神十二時在內,園宅方五尺,下帳高方三尺,共置五十舁",庶人也有"明器十五事,共置三舁"③。皇家所展示者當然並不是普通的明器和隨葬品,更何況又有種種鋪排顯示天家氣派。唐後期所見最窮極奢侈的葬禮是《杜陽雜編》卷下所載同昌公主喪:"出內庫金玉駝馬鳳凰麒麟各高數尺,以為威儀。其衣服玩具悉與生人無異。一物已上皆至一百二十舁,刻木為樓閣宮殿龍鳳花木人畜之象者不可勝計。以絳羅多繡絡金銀瑟瑟為帳幕者亦各千隊,結為幢節傘蓋,彌街翳日。旌旗珂珮兵士

---

　　① 《張説之文集》卷一七,《四部叢刊》本。
　　② 《天一閣藏明鈔本天聖令校證——附唐令復原研究》下册,689、711頁。按"方相四目"以下,原誤作正文,逕改。
　　③ 《唐會要》卷三八《葬》元和六年十二月,813—814頁。

鹵簿率〔多？〕加等。以賜紫尼及女道士為侍從引翼,焚升霄降靈之香,擊歸天紫金之磬,繁華輝煥,殆二十餘里。"又因樂人李可及進《嘆百年》曲:"又教數千人作歎百年隊。取內庫珍寶彫成首飾。畫八百疋官絁作魚龍波浪文,以為地衣。每一舞而珠翠滿地。"①當時花費、賞賜不可勝計,"上賜酒一百斛,餅餤三十駱駝,各徑闊二尺,餉役夫也"。所以百姓爭相前往,"京城市庶,罷市奔看,汗流相屬,惟恐居後"。這可以為唐後期皇家葬禮提供參照。皇帝的送葬情景固不能就此説明,但豪奢隆重的程度與排場絕不會低於公主。且大行送葬典禮雖然是國家性質,但也同時是宮廷和皇帝家族意念的體現,兩者實無法分別。喪禮代表了中央政府和朝廷的強大統治形象,也同時顯示了皇權的至高無上。試想其儀式的莊嚴盛大和豪奢氣派固然會給旁觀者以強烈的震撼,也無疑會對民間產生極大的震懾作用。禮儀本身對於民間又有最實際的表率作用,它所展示的內容是任何地方政權和藩鎮的喪禮無從比擬的。因此對於宣揚唐朝的統治而言,皇帝喪禮的舉辦不能不説是提供了一個極好的機會。

附表 5. 唐朝五帝二后山陵職事人員設置②

帝后	山陵	外官外使	內官內使	其他官員人吏
德宗	崇陵	山陵使、禮儀使、〔山陵〕副使、按行山陵地副使、鹵簿使、儀仗使		昇梓宮官、諸色執掌、挽郎挽士,三原、高陵、高陽县人夫

① (唐)蘇鶚:《杜陽雜編》卷下,北京:中華書局,1958 年,57 頁。

② 本表取自《唐大詔令集》卷七七諸陵優勞德音,434—438 頁;並參校以《全唐文》卷五五《崇陵優勞德音》、卷六二《豐陵優勞德音》、卷六二《莊憲皇太后升祔山陵優勞德音》、卷六六《景陵禮成優勞德音》、卷六八《光陵禮成優勞德音》、卷七四《莊陵禮成優勞德音》、卷八五《孝明太皇太后山陵優勞德音》,601、663、667、697、717、780、886 頁。

續表

帝后	山陵	外官外使	内官内使	其他官員人吏
順宗	豐陵	山陵使、山陵禮儀使及陵所攝太尉行事官、山陵副使、按行山陵地使		挽郎代哭，諸司執掌、工巧雜役，人夫車牛
憲宗	景陵	山陵使兼陵所攝太尉行事〔官〕、山陵禮儀使、山陵副使、按行山陵副使、橋道置頓使、鹵簿儀仗使、橋道置頓副使　山陵禮儀、橋道置頓判官，山陵使司官與軍將，按行陵地儀仗鹵簿判官，及諸副使判官，並諸司諸使監當雜職掌官吏	内山陵使、〔内?〕山陵修築使、監修橋道使、内按行山陵地使、内山陵副使及修築副使	舁梓宮〔官〕、神策六軍修築山陵官健、檢校軍使及押當所由、陵所造作押當使、諸司諸使應緣山陵修造及專知修造作、並諸色檢校執當官典白身，及直司長上、巧兒工匠，吉凶儀仗諸色行從官、諸司諸使押當官、置頓舉（營?）幕往來、檢校軍將中使，太極宮宿衛官及中使、大内皇城留守及押當官、撰諡册、哀册、諡議、書册文、讀諡册哀册、書寶讀寶官、鑄造寶册裝册及檢校官、題木主官、舁寶册官，押鹵簿儀仗〔官?〕、挽郎，山陵使司官與軍將、知東渭橋官、知道官、知頓官、挽士、代哭、挽歌，玄宮石匠及宮寢作頭巧兒，諸色行事官、齋郎、禮生並陰陽官、應緣儀仗三衛彍騎及諸色人匠、並緣山陵應役人夫車牛、諸道應副（赴?）山陵參佐軍將、諸色職役官吏
穆宗	光陵	山陵使、禮儀使兼陵所攝太尉行事官，山陵副使、按行使、橋道置頓使、鹵簿使、儀仗使、橋道置頓副使　橋道置頓官、儀仗鹵簿使判官	内山陵使兼監修橋道使、〔内?〕修築使、〔内?〕按行使〔内?〕修築副使	舁梓宮官、神策六軍修築官健及檢校軍使、陵所造作押當官吏，中使、諸司諸使應緣山陵修道造作及專知執當工匠，吉凶儀仗使（使衍）諸色行從官、撰哀册、書寶、讀册官、舁寶册官，挽郎、南郊及太廟侍中告諭册諡寶、靈座前進諡寶、奏内嚴外辦、奠玉幣酌獻等〔官〕

帝后	山陵	外官外使	内官内使	其他官員人吏
敬宗	莊陵	山陵使、山陵副使、按行山陵地使、橋道置頓使、橋道置頓副使、鹵簿、儀仗使 山陵使禮儀使判官、按行山陵使儀仗鹵簿使判官	内山陵兼監修橋道使、内按行山陵副使、〔内?〕山陵修築副使	昇梓宮官、陵所造〔作〕押當官及中使、吉凶儀仗諸色行從官、太極宮宿衛官及中使、大内皇城留守並押當官、撰哀冊謚議、讀謚冊官、書冊及讀哀冊書寶官、鑄造寶冊裝寶冊及檢校官、中書門下儀制官、題神主官、昇寶冊官、專知橋道官、知東渭橋官、知道路官、知頓官、諸色諸使監當雜職掌官吏、挽郎、南郊及太極殿攝太尉侍中告謚冊寶、及靈座前進謚寶、奏内嚴外辦、奠玉幣酌獻等官
莊憲皇太后		山陵〔使〕所攝太尉行事官、山陵禮儀使、山陵副使		
孝明太皇太后		山陵使所攝太尉行事官、山陵禮儀使、山陵副使、判官、山陵置頓橋道使、副使、判官、巡官、巡檢專知官，鹵簿使、儀仗使儀仗鹵簿使判官及諸副使判官、諸使諸司雜執掌官吏、山陵禮儀置頓使判官	内山陵副使、判官，〔内?〕山陵監修橋道使、判官	陵所造作押當官及中使、諸司諸使應緣山陵修造及專知造作諸色檢校執事〔押〕當官、白身及直司長上、巧兒工匠，吉凶儀仗諸色行從官，諸司諸使押當官、置頓營幕、往來檢校軍將中使等、兩〔宮?〕儀衛官及中使、大内皇城留守並押當官、撰謚冊、哀冊、謚議，書冊及讀謚冊、書寶、讀寶官等、鑄造冊寶、裝寶及檢校官、題木主官、昇寶冊官及舉寶官、押鹵簿儀仗、挽郎、挽士、挽歌、諸色行事官及齋郎、禮生並陰陽生，應緣儀仗三衛彍騎及諸色夫匠、山陵應役人夫車牛、太常禮直官及中書門下儀制官、諸道應奉使赴山陵幕府軍將

2. 宋代的奉迎安神和虞祭祔廟

入葬山陵的儀式在鹵簿鼓吹的引領下走向陵區深處,參加者祇有官員、皇家親屬和執事人員,脫離了百姓的關注,從熱鬧的場景回歸靜穆。葬後原班人馬還須回到長安宮中,再一次進入沿路人民的視線。

關於回程的情況唐史料沒有記載。但是,葬後死者神主(實稱虞主)初歸家中的祭祀是虞祭,虞祭是安魂之禮,這一點古禮、《開元禮》和《大唐元陵儀注》沒有區別。因此儀式也是回到了原來停靈的太極殿,是從外界和百姓的注目下重新返向宮廷。

既然從陵墓的回歸和虞祭是接靈返家,那麼途中是否有儀式呢? 這一點不聞唐朝有所規定,但是宋朝自真宗始,已見到有大行皇帝的接靈之儀。據《宋會要輯稿》所載宋歷朝禮官所上皇帝的喪禮儀注來看,其送葬儀式與唐朝大同小異,都是在宮門送別,由鹵簿簇擁柩車前往。而接靈儀式與送葬儀式可謂相對而行。至道三年十月太宗葬,其月二十一日詔:"神主將至京師,顧惟彝章,未盡哀感。今月二十三日,神主自右掖門入,將至承天門,朕服絳袍前導,歸含光殿行禮。"至二十三日,"虞主至京,羣臣出城敘班奉迎。帝自含光殿門外慟哭迎拜,前導升殿。有司行安神之禮。自是至祔廟,皆不視朝。"[①]可見出城奉迎和安神之禮是將神主回歸入宮的重大儀節。

奉迎安神在此以後大約形成制度,並且相對於送葬時的奉辭,百官都是要出城迎接虞主。例如真宗乾興元年十月葬,其年七月二十四日定發引日皇帝及羣臣送別之儀,規定不僅去時"羣臣詣板橋立班奉辭,候靈駕至皆舉哭,再拜辭畢",且"靈駕經過州縣,官吏

---

① 《宋會要輯稿·禮》二九之一五、一六,1071 頁。

並服初喪服,出城奉迎並辭,皆哭十五舉音,再拜訖退"。待到"神主回,所經州縣及到京日",羣臣也要"並出城至板橋立班奉迎,再拜訖退,以俟會慶殿宗正卿安神主"①。開封城外的板橋是羣臣告別靈駕和奉迎神主的辭迎地,而皇帝則是與送別同樣,要在宮中迎接和安頓。於是在這樣的安排下,十月十八日虞主至京,就有"羣臣出郊奉迎,皇太后詣瓊林苑迎拜,山陵五使就苑朝見。帝服韡袍,會慶殿門迎拜,涕泣前導,奉安殿幄。太常贊導行奠獻之禮,羣臣奉慰"的一系列儀式②,奉迎安神纔最後結束。此後數朝多有羣臣奉迎虞主於板橋,太后、皇太后詣瓊林苑,皇帝逢迎前導及升幄殿祭奠的記載。《宋會要輯稿·禮》三〇之六九載南宋光宗喪禮部、太常寺言:"國朝禮制,掩皇堂畢虞主回,皇帝行奉迎安神、虞祭卒哭、寧神奉辭之禮,並服韡袍。"同門三〇之三六載孝宗奉安儀式曰:

> (紹熙五年,1194)十二月四日,虞主渡江,於權安奉處,禮儀使行奉迎之禮。其日威儀、僧道、儀衛、親從等,並詣權安奉哲文神武成孝皇帝虞主幄次前排立,禮直官引禮儀使、都大主管官已下詣虞主幄前褥位立班定。禮直官揖躬拜,禮儀使拜,在位官皆再拜訖,次引禮儀使升詣虞主香案前,搢笏上香、再上香、三上香。執笏降復位,再拜,在位官皆再拜訖,次引禮儀使、都大主管官升詣殿幄分立定。禮直官引內謁者詣虞主腰輿前,俛伏,跪奏稱:"內謁者臣某言,請哲文神武成孝皇帝虞主進行。"奏訖,俛伏,興,退。次威儀、僧道、儀衛、親從等前引禮儀使騎從,都大主管官並主管諸司等往來照管。俟虞主進行至重華宮門外,禮儀使已下馬並權退,以俟皇帝行奉迎之

---

① 《宋會要輯稿·禮》二九之二六至二七,1077頁。
② 《宋會要輯稿·禮》二九之三二,1079頁。

禮。其僧道、儀衛、親從等止於重華宮門外退。

同日，文武百僚常服、黑帶，出城奉迎虞主詣重華宮。

同日，皇帝於重華宮門外奉迎虞主升殿，行安神之禮。

以下安神之禮即是在禮直官、太常博士、太常卿等奏請和贊導下，皇帝於重華宮門外南嚮立行再拜禮，由侍者將放置虞主的腰輿擡入殿中，將虞主降輿升座。接下來由提舉官奏請太皇太后、皇太后“行安神燒香禮，如宮中之儀”，又請皇帝行“上香、再上香、三上香”禮和再拜後，纔由太常卿於神主幄前俛伏，跪奏禮畢，儀式結束。

奉迎安神後即是虞祭和卒哭，約在一二日後舉行。《通典》據《禮記・雜記》言“凡虞，天子九，諸侯七，大夫五，士三”，《開元禮》的虞祭是在初虞之後，“閒（間）日再虞，後日三虞，禮皆與初虞同，又閒日為卒哭祭”，對官員而言用士禮，“間日”是隔日，所以是共用四日[1]。依古禮皇帝應九虞，《大唐元陵儀注》規定在太極殿舉行，未言虞數和所用天數。但根據前揭《唐會要》卷三八《葬》所載王彥威的説法，是葬後九虞用九日，只是方式和所在地點未詳，從延續葬禮的情況看，已可能有部分是在路上舉行。

宋朝的虞祭相對明確多了。真宗十月十八日安神，“十九日，羣〔臣〕詣會慶殿，行九虞祭，至二十二日止”[2]。這裏九虞只説用四日，但宋朝一般將前五虞置於葬後返程中，所以所説只是最後四虞。《宋會要》禮一五之三六載嘉祐八年六月十三日因仁宗葬討論虞禮，同知太常禮院呂夏卿言古者天子九虞十六日，“既葬，日中為始虞之祭，自是間日一虞。九虞之後，間日為卒哭之祭。真宗之葬永定陵，自掩壙返虞至於神主祔廟，日一虞祭，九日而畢，無間日之限；將祔，無卒哭之祭”。請求“俟永昭陵土虞主還內之日，日中行

---

① 參見《通典》卷八七《虞祭》，2367頁；《大唐開元禮》卷一三九《虞祭》，668頁。

② 《宋會要輯稿・禮》二九之三二，1079頁。

始虞之祭。九虞既畢,然後〔行〕卒哭之祭"。事下兩制及待制官議。觀文殿學士孫抃等議以為,"古之葬云(去)國近,故平旦而葬,日中而返虞於寢。今之葬遠,虞主在塗(途),不可以無祭。故祖宗以返虞之主在塗,而日一虞者,祭不可一日闕也,請如舊典。終虞而行卒哭之祭,宜如夏卿之議"。於是定"自掩壙五虞皆在塗,而六虞至九虞皆祭於集英殿。九虞畢,帝親行卒哭之際(祭)"。此即陳戍國先生指出:"虞而在途,古未嘗有。只因為山陵距朝廷皇宮路遠,非一日可以往返,乃不得不行安神之虞祭于道途爾。"[1]

但是,至少到神宗葬禮,已改為"自復土,六虞在塗,太常卿攝事,三虞行禮於殿"[2]。而且最後三虞的時間也越拖越長。南宋孝宗時,本來禮部、太常寺已定"掩欑宮畢,太常卿沿路行六虞祭畢,奉迎虞主詣重華宮,皇帝行奉迎、安神禮。及行第七、第八、第九虞祭,依禮例係間日行禮。並依國朝故事,神主祔廟前二日,皇帝親行卒哭之祭"。但是最後還是考慮祔廟日遠,且依據淳熙十五年(1189)禮例改為三日一虞。這樣在紹熙五年十二月四日"奉迎虞主詣重華宮几筵殿行奉迎安神禮畢"後,至六日以後虞祭,至卒哭還要延續十餘日,纔將及祔廟[3]。

前五虞、六虞在路的祭祀情況不得而知,但很可能也會有較重要的儀式。並且由於這一做法將遺留下來的祭次減少到最低,所以在宮中舉辦的最後幾虞便突出了。這些由皇帝百官集中參加的儀式無疑是最後的輝煌,拖長時間也無非為了顯示隆重。卒哭也是要皇帝和文武百官共同參加,在禮官贊導下行祭奠禮[4]。

祔廟是將神主遷祔入廟,也是虞祭卒哭之後最重大的儀式。

① 陳戍國:《中國禮制史·宋遼金夏卷》,89—90頁。
② 《宋會要輯稿·禮》二九之六六,1096頁。
③ 《宋會要輯稿·禮》三〇之二六,1118頁。
④ 具體儀式可參《宋會要輯稿·禮》三〇之三九至四〇孝宗喪禮卒哭儀,1125頁。

宋代祔廟的特色是之前皇帝的活動。如前所説,宋"國朝故事"是
卒哭二日後祔廟。其祔廟儀仗排場仍很大。真宗喪事,禮儀使云
"欲祇用山陵往來儀仗應奉"①,即九千四百六十八人。由於祔廟是
將先皇神主歸入宗廟,所以新皇並不參加,而由大臣和有司主持儀
式,唐宋皆是如此,但宋朝皇帝於祔廟前有奉辭之儀。《宋會要輯
稿·禮》二九載太祖葬,即有太平興國元年(976)五月"十九日,帝
奉辭神主於丹鳳門外,有司奉導至太廟"的記載。太宗神主祔廟的
前一日即至道三年十一月二日,"帝(真宗)齋於長春殿。翌日,奉
寧神主訖,前導出乾元門外奉辭"。而後纔是"有司奉神主至太
廟"。《宋會要》接着解釋説:"先是,帝謂李至等曰:'神主至日,朕
欲親導及拜辭,於禮如何?'至曰:'此禮代所闕,今陛下行之,誠至
孝之德超於百王,是為萬世法。'即具儀以聞。"所謂具儀,至真宗喪
便可見乾興元年八月八日禮儀院奏:"祔廟日,皇太后先詣會慶殿
行禮,次皇帝奠獻訖,步導出會慶殿,至正陽門外拜辭而還。"也實
行了前所説寧神奉辭之禮。

　　《宋會要輯稿·禮》三〇之四〇並具體載紹熙五年十二月十八
日光宗對孝宗所行此禮。稱其日,儀仗、鼓吹、儀衛等於重華宮門
外排立定,太常卿請皇帝出幄,到放置虞主的几筵殿上,向之行再
拜和三上香禮。然後由內侍向虞主跪奏請行,將虞主取出置於腰輿
之上出殿,再由禮官前導皇帝和虞主至重華宮門,由皇帝在虞主香案
前復行再拜和三上香禮。完畢後皇帝歸御幄,而由輦官擎虞主腰輿
前行,儀仗、鼓吹、儀衛前引,禮儀使、都大主管官後從,共赴太廟。可
以知道,皇帝的"寧神奉辭"之禮,基本上是在宮內舉行,將重華宮中
放置的虞主請出,由禮官陪同皇帝行最後的告別。這之後,鹵簿儀仗
纔擡着裝有虞主的腰輿行至宮外,赴太廟行神主祔廟之禮。

---

① 《宋會要輯稿·禮》二九之一四乾興元年九月七日禮儀使言,1070頁。

奉迎安神、虞祭祔廟等儀也見於一些重要的皇后葬禮。例如元豐二年(1079)去世的太皇太后(慈聖光憲)曹氏就是虞主至,"羣臣迎於板橋,皇太后迎於瓊林院,有司行六虞祭。上服韡袍迎於內東門外,奉安於慶壽殿,羣臣奉慰"。徽宗朝去世的太皇太后(欽聖憲肅)向氏也是"虞主至自永裕陵,羣臣迎於板橋,元符皇后迎於瓊林院,有司行六虞祭。上服韡袍素紗幞頭黑鞓犀帶迎於內東門外,奉安於皇儀殿"①。皇后與皇帝同樣行九虞禮,但前六虞不是在京外路上而是由有司在瓊林院進行,後三虞也是皇帝親自參加。南宋以後,寧神奉辭等儀也見於一些太后、皇后葬禮,例如紹興元年(1131)為隆祐皇太后不但有"百官城外奉迎虞主儀"、"皇帝奉迎虞主儀",虞祭後有皇帝"奉辭虞主儀",大祥後迎奉神御至景靈宮,又有"沿路州縣奉迎神御儀"和"迎奉神御赴溫州景靈宮奉安儀"。而紹興二十九年顯仁皇后在奉迎虞主和行虞祭之後,也有"安神卒哭祭"、"禮儀使奉迎虞主儀"和"皇帝奉迎虞主並安神禮儀",然後纔是祔廟②。

從奉迎安神到虞祭卒哭,再到寧神奉辭,是皇帝(也包括部分皇后或皇太后)葬入山陵,神主返京後的三個儀式和階段,它補充了葬禮至祔廟階段的禮儀,豐富了皇帝喪葬禮的內容。通過繁複的儀式,既突出了先皇葬禮的威嚴神聖,也突出了嗣皇帝在其中的參與和中心位置,是宋朝皇帝喪禮的發展。而三個階段,是先帝靈魂牌位的回歸過程,它從宮外到宮內,最後再出宮被置於靈魂永久的歸宿——太廟,與廟中的祖先一樣,接受嗣皇帝和朝廷大臣的頂禮膜拜。整個過程的參加者仍主要是嗣皇帝和朝廷大臣,但是在宮外的部分,也仍會接受百姓的注目和禮敬,因此皇帝葬禮至少從初喪至祔廟的過程中,都在不斷給國民以震動,雖然它的主要場所

---

① 《宋會要輯稿·禮》三二之四三、三三之三三,1221、1254頁。
② 《中興禮書》卷二六一至二六二、卷二七二至二七三,《續修四庫全書》823冊,上海古籍出版社,2004年,252—253、256、261—262、307—312頁。

在京城和宮內,但通過傳播,其造成的影響卻是全國性的,特別是宋朝的九虞禮,前六虞都是太常卿沿路進行的,其儀式的舉辦或者也是展示中的看點。當然,以上的論述還沒有涉及伴隨着皇帝即位的大赦文種種,對於官員百姓而言,它們的作用或者更加實際。所以無論唐朝宋朝,皇帝喪葬禮都是在全體國民的關注下一絲不苟完成的,"國恤"的意義得到了充分的體現。

三　皇(太)后和太子的喪儀服制

在貞觀《國恤禮》被取消的內容中,也包括皇(太)后和太子的喪禮儀注,而顏真卿創作的《大唐元陵儀注》卻仍然與皇(太)后、太子禮無干。因此總起來看,皇(太)后、太子禮只能認為是附從皇帝禮降等實行而已。但這並不意味着皇(太)后和太子喪禮可以忽略。特別是中晚唐之際,其喪禮一方面不斷完備,而愈來愈具備國家禮制的性質和內容,另一方面則體現着與皇權和宮廷內外政治密切結合,在服制、祔廟問題上暴露出諸多複雜因素,因此是不能不在皇帝喪禮之後給予專門論述的。宋代以後,無論在皇后喪服還是祔廟問題上都有新的發展,涉及皇后的地位和身分問題,不僅代表着皇權的增長,也是社會性質的變遷反映在宮廷禮儀上的新變化。

(一)唐朝皇(太)后喪禮與太子服喪

皇后或皇太后的喪禮與皇帝喪禮儀節大同小異,是皇帝喪禮之外等級最高的。對於唐朝前期皇后或皇太后喪禮,史料所見僅有不多的例證,且記載較簡,相關朝廷之外的活動不多,說明多數情況下皇后或太后之死主要是影響朝廷內部,只有做過皇帝的武則天是唯一例外。但唐後期德宗憲宗時代的一些皇后和皇太后的喪禮秉承皇帝意旨而複雜化，開始建立了較爲完備的程序，且總體服從於權制，成爲國家凶禮制度的一部分。貞元中太子爲皇后服喪是"父在爲母服"的典型之例，也反映了如何處理"公除"和太子喪制內行服的關係，並說明了喪禮中實行兩種制度的矛盾。

1. 皇后、皇太后喪禮的舉辦

唐朝自貞觀中長孫皇后起，皇后的喪禮就得到重視，但多數未載儀節如何，惟有武則天作爲曾經的皇帝和帝母規格最高。武則天神龍元年(705)十一月去世，遺制"祔廟、歸陵，令去帝號，稱則天大聖皇后"[1]。其中雖不知是否有按前期三十六日釋服的要求，但從《資治通鑑》關於中宗居諒陰，以魏元忠攝冢宰三日，以及"十二月，丁卯(時距去世的壬寅僅有六日)，上始御同明殿見羣臣"等記載來看[2]，中宗對其母的喪事顯然是按照帝禮規格來辦的。並且神龍二年、三年正月元日都因爲喪禮沒有舉辦朝會，可見一切都依三年之制。但武則天之後唐前期無作爲太后而終者。其他冊爲皇后者或未有善終，如玄宗王后、肅宗張后；或僅爲死後追謚，如玄宗貞順皇后武氏，代宗貞懿皇后獨孤氏，葬即以后禮，卻都無從與武則天相比。後者如獨孤氏雖然有宰臣常袞爲撰哀冊，且"殯於內殿，累年不忍出宮"[3]，喪事卻均不聞有制服之事。

另外唐前期個別公主據說有以皇后禮葬者，如《新唐書》卷八三《諸帝公主》載新城公主是"以皇后禮葬昭陵旁"。新城公主是高宗母弟，長孫皇后所生。墓誌載其死於龍朔三年(663)，"(高宗)皇帝悲棣萼之長湮……悵東津而灑泣"，下詔"□終之數，特超於彝

---

① 《舊唐書》卷六《則天皇后紀》，132 頁。

② 《資治通鑑》卷二○八神龍元年十一月條，6596 頁。

③ 《舊唐書》卷五二《后妃傳》下，2191 頁。

典,其葬事宜依后禮”。新城公主是唯一提到按皇后禮葬者,但如
何依后禮墓誌記載不多,僅言高宗“廢朝不舉,有越常倫;贈往飾
終,用超恒制”,並派遣了“同文正卿、琅琊郡開國公蕭嗣業持節”為
正使,和“司元□(少)□(常)伯、鄃國公張大象為副”監護喪事。作
為公主得皇帝輟朝,並有兩位國公充當監護使者,在唐初是很少
的。但與同時前後的公主相比,監護使者職官分為三品和四品,其
規格不過是按正一品待遇,也不算特殊。考古發掘還證明其墓前
石刻有石人、石虎、石羊、石望柱及石碑,墓的封土是覆斗形而略大
於其同母姐長樂公主,但均無特別隆重處。墓內是有五個天井和
八個壁龕的單磚室墓,墓的隨葬器物293件,墓內壁畫的列戟數為
12,都沒有超過“號墓為陵”的永泰公主,因此整理者認為尚體現不
出“以皇后禮葬”的特殊規格①。

　　唐後期真正以皇后禮葬的是德宗昭德皇后王氏。王氏死於貞
元二年(786)十一月丁酉(十一日),《唐會要》卷三八《服紀》下關於
德宗昭德王后喪禮曰:

　　　　其月,詔百官及宗室諸親舉哀兩儀殿。臨畢,百辟(《舊
　　唐書》卷五二《后妃傳》下無“百辟”二字)素服視事,及大殮
　　成服,百官服三日,及甲辰之夕,釋之,用晉文明皇后崩,天
　　下發哀三日止之義。其文武六品以上(“上”當作“下”)非
　　常參官及士庶等,各於本家素服臨,外命婦各於本家素緦
　　朝夕臨五日。

此處言為昭德皇后舉哀是在太極宮中曾作過皇后正殿的兩儀殿,
皇后應停靈於此,如同皇帝停靈的太極殿。《舊唐書》卷一五《憲宗
紀》下也有元和十一年(816)三月“庚午,(莊憲)皇太后崩於興慶宮

之咸寧殿,是日,羣臣發喪於西宮兩儀殿"的記載,這一點從下面所說昭德皇后虞祭和靈座在兩儀殿也可以知道。舉哀即相當於發喪,羣臣是按照國制對皇后像皇帝一樣舉行發喪禮的。

圖 17. 唐貞順皇后武氏石槨

參與儀式而制服三日的百官,顯然僅包括文武五品以上和六品以下常參官。"其文武六品以下非常參官及士庶",只需在本家素服弔祭就可以了。又百官僅服三日即素服視事,説明服喪之時日和規格遠遠低於皇帝喪事。另外專門言及外命婦,也表明其作為皇后喪禮的意義。只是令人奇怪的是《舊唐書・后妃傳》在百僚服三日以下,還有"上服凡七日而釋,謚曰昭德"一語。據《開元禮》"齊衰杖周(朞)"有"夫為妻"一條,如按齊衰服則十一月小祥,十三月大祥,而十五月禫除。按照杜預注《左傳》:"天子絕期,唯服三年,故后雖期,通謂之三年"的説法[1],則天子也是可以為后服朞的,且通算作三年之内。但遵從晉以來文明王皇(太)后、武元楊皇后

───────────────

① 《春秋左傳正義》卷四七,2078頁。

“天下將吏發哀三日止”的慣例①，皇帝和大臣一般均不為皇后行服，換言之是為皇后之服原本並未進入國家禮制，所謂五品以上的“百官三日服”只是一種象徵性的規定而已。

既然如此，德宗皇帝個人為何還要專為皇后行七日之服呢？不可否認，昭德王后雖然是死前所立，但身為太子順宗之母，且“特承寵異”②，生前地位早定，德宗為之制服乃情理之中。至於七日之依據，則《宋會要輯稿》載真宗章穆皇后崩，詔龍圖閣待制陳彭年檢討故事，有“按唐德宗皇后王氏崩，太常博士徐乾議，周景王有后之喪，既葬除服，準禮七月而葬，帝得以七日除服”之說③。所以七日服是當時太常博士想出來的附會之說。雖然其說似乎源自古制，但“七日”恰與七七齋的“頭七”相合，聯想德宗曾經要為唐安公主按佛教營塔葬，公主乃王氏所生，其篤信佛教母女當無別，筆者懷疑，為皇后之七日或者亦不無宗教因素。

而由德宗特意為皇后行服來看，王后的喪事還是很為皇帝在心而非常隆重。《唐會要》卷三《皇后》記其葬禮曰：

> 其年（貞元三年）二月，皇后發引，梓宮進辭太廟於永安門，升輼輬車於安福門，從陰陽之吉也。

從這裏看，皇后葬禮發引日有辭廟之儀。永安門在太極宮承天門西，也為宮城最西南門；安福門也在皇城西北。而太廟則在“承天門街之東，第七橫街之北”④，所距最近之門是安上門。那麼為何說“梓宮進辭太廟”是在永安門呢？

原來，從宮外進入皇后在太極宮的正殿，即要走永安門。這一點，從《開元禮》卷一〇六《皇后受冊》一儀中，太尉和司徒攜冊琮璽

---

① 《晉書》卷二〇《禮志》中，616 頁。
② 《舊唐書》卷五二《后妃傳》下，2193 頁
③ 《宋會要輯稿·禮》三一之四五，1176 頁。
④ 《長安志》卷七《唐皇城》，1 冊 108 頁。

綬自太極殿和承天門出宮，再從永安門外返至皇后所在受册正殿
就知道了。這個正殿，論者考證就是兩儀殿①。又據同書卷一〇
六册太子禮，太子受册後有"拜皇后"和"謁太廟"兩儀，可知其拜皇后
儀式結束後，正是從内殿出自永安門，再由永安門至安上門謁太廟
的。所以"梓宮進辭"頗疑走的也是從永安門至安上門這條路綫，
當然也不排除是在永安門遙辭太廟。

另外，由於據《開元禮》，皇后舉行朝賀大典時羣官命婦設位於
肅章門，所以相對於皇帝梓宮發引的路綫是太極殿——太極
門——嘉德門——承天門，皇后梓宮發引推測是從兩儀殿出兩儀
門，旁經宜秋門而出肅章門、安仁門，再出永安門入皇城，辭廟後出
安福門。

昭德皇后葬前，曾允許大臣設祭。《舊唐書》卷五二本傳稱：
"五月(按，五月誤，據上當作二月)，葬於靖陵。后母鄘國夫人鄭氏
請設祭。詔曰祭筵不可用假花果，欲祭者從之。自是宗室諸親及
李晟渾瑊、神策六軍大將皆設祭。自啓攢後，日數祭，至發引方
止。"假花果用於道祭，一度被作為奢靡之物禁止，但唐後期已漸普
遍。皇后葬禮為何禁止不詳，或為恢復傳統而有意示簡，或僅可用
真物而不得用假，但皇后葬禮有隆重祭祀是很顯然的，並且祭筵顯
然是要設在外面，而且很可能就是道祭了。

由於昭德皇后是死於德宗之前，所以先為之營靖陵而葬之。
皇后因先於帝亡，初葬時另建陵墓並非止此一例，如太穆皇后就是
"初葬壽安陵，后祔葬獻陵"，元獻楊后、章敬吳后也都是自原來的
葬地遷祔②。昭德皇后是到德宗入葬的永貞元年(805)十一月，"方
徙靖陵，祔葬於崇陵"。《文苑英華》卷五七一令狐楚《為福建閤長

① 佐藤和彦：《唐代について皇后・皇太后の册位に関する一問題——〈大唐開元禮〉所見の〈皇后正殿〉を手がかりに》，《立正大學大學院年報》17，2000年，39—51頁。

② 《舊唐書》卷五一、五二《后妃傳》上、下，2164、2184、2187—2188頁。

侍奉衛德宗山陵表》也説是在德宗"遷座崇陵"之日,"先太后梓宫自靖陵啓發,同時合祔"。

但唐朝皇后與皇帝真正實行合葬或祔葬者並不太多。與先皇帝實行合葬或祔葬的皇后由作爲子孫的嗣皇帝決定,所以一般只能是帝母(個別如中宗以趙后配祔是絶無僅有的例外),並且是死於皇帝之前的皇后。唐史料明確記載祔葬的只有高祖太穆皇后竇氏、武則天、玄宗元獻皇后楊氏、肅宗章敬皇后吴氏、德宗昭德皇后王氏與順宗莊獻皇后王氏。有些則同陵而未必同穴,如太宗長孫后雖然先太宗而死葬昭陵,然史料並没有説後來移於一室。《舊唐書》卷五一《后妃傳》説太宗徐賢妃"永徽元年(650)卒,時年二十四,詔贈賢妃,陪葬於昭陵之石室",倒是與太宗葬於一處的。另外中宗和思皇后趙氏,乃是聽從大臣建議,於中宗葬際"以皇后褘衣於陵所寢宫招魂,置衣於魂輿,以太牢告祭,遷衣於寢宫,舒於御榻之右,覆以夷衾而祔葬焉",同樣睿宗昭成順聖皇后竇氏和肅明順聖皇后劉氏也是先行招魂葬,後遷祔橋陵,實行了名義上的合祔。

因此死於皇帝之後的皇后便大多都是别葬且自有陵號,只有武則天是例外。《通典》卷八六《葬儀》記其事曰:

> 神龍元年(705)十二月,將合葬則天皇后於乾陵,給事中嚴善思上表曰:"臣謹按《天元房録葬法》云:'尊者先葬,卑者不合於後開入。'臣伏聞則天大聖皇后欲開乾陵合葬,然以則天皇后卑於天皇大帝,若欲開陵合葬,即是以卑動尊,事既違經,恐非安穩。臣又聞乾陵玄宫,其門以石閉塞,其石縫鑄鐵以固其中。今若開陵,其門必須鐫鑿。然以神明之道體尚幽玄,今乃動衆加功,誠恐多所驚瀆。又差别開門道,以入玄宫,即往者葬時神位先定,今更改作,爲害益深。(下略)"

嚴善思以不能以卑動尊及鐫鑿驚擾爲由反對開陵合葬,並提出了

"於乾陵之旁，更擇吉地，取生墓之法，別起一陵"的辦法，但最終仍敕令"準遺詔合葬"。唐後期死在帝後而行祔葬的據說還有順宗莊憲王后，但是否同室則不得而知①。

《唐會要》卷三又記有昭德皇后廟樂之作："(貞元三年)三月，以皇后廟樂章九首付有司，令議廟舞之號。禮官請號《坤元》之舞，從之。其樂章初令宰臣張延賞、柳渾等撰，及進，留中不下。又命翰林學士吳通玄為之。"《舊唐書·后妃傳》亦載以"宰臣韓滉為哀冊，又命宰相張延賞、柳渾撰昭德皇后廟樂章，既進，上以詞句非工，留中不下，令學士吳通玄別撰進"。同書卷三一《音樂志》四有"昭德皇后室酌獻用《坤元》樂章九首"。

廟樂與廟舞應是為皇后入廟而作。《唐會要》言其事曰："時上務簡約，不立廟，令於陵所祠殿奉安神主。"但其年正月十八日由太常博士李吉甫上奏，認為"若於大行皇帝(按"帝"當作"后")陵所祠殿奉安神主，禮經典故，檢討無文"，請求按照昭成、肅明與元獻皇后例建別廟，並請將太社之西原來的元獻皇后廟加以修葺，作為昭德皇后別廟之所，得敕旨允准。

接着有二月二十七日翰林待詔楊季炎等奏，稱"奉進止，宜於兩儀殿虞祭畢，擇日祔廟"，這說明皇后葬後，先要回到原來停靈的兩儀殿行虞祭，再行祔廟。楊季炎請求於三月十八日一時除去兩儀靈座。"詔下太常，詳求典故"，於是太常卿董晉與博士李吉甫、張薦等奏，以為如按古禮，"合用今年七月卒哭、祔廟"，但是遵照"高祖六月而葬，睿宗十月而葬，並葬訖便卒哭，祔廟"的"國朝故事"，就應當"令有司於今月十八日已前擇卒哭位。哭訖，以十八日祔廟"。皇帝制曰"可"。

---

① 按《舊唐書》卷五二《后妃傳》下稱"祔葬於豐陵"(2195 頁)，但《新唐書》卷七七《后妃傳》下(3503 頁)與《資治通鑑》卷二三九元和十一年八月庚申條(7724 頁)僅言葬或葬於豐陵而無"祔"字。

因此昭德皇后死後曾先祔別廟，而按前例皇后入廟也有音樂。《唐會要》卷三三《太常樂章》："先是，文德皇后廟樂，貞觀十四年(640)顔師古請奏《光大》之舞，許敬宗議同。及太宗祔廟，遂停《光大》之舞。"從這裏看，文德皇后是先入廟的。但一般皇帝在世皇后不得先祔廟，所以不知文德是否先祔別所。而有記載的皇后別廟是睿宗的肅明、昭成二后。《舊唐書》卷三一《音樂志》即有"肅明皇后室酌獻用《昭升》"，"昭成皇后室酌獻用《坤貞》"，並載歌詞於下。其肅明皇后下説明："林鐘宮，禮部尚書、昭文舘學士薛稷作。"按薛稷任禮部尚書在先天元年前後①，而二后的"儀坤廟"建於同年十月②，説明皇后廟樂作於建廟之初。《開元禮》卷一《序例上·神位》稱："肅明皇后廟、孝敬皇帝廟，右二廟新修享儀，皆準太廟例。"享儀既同太廟，則廟樂如之，上述廟樂正為昭德祔別廟之用，而德宗為皇后建別廟及廟舞廟樂，是有開元禮制為依據的。

皇太后作為皇帝之母，喪儀規格理應超過皇后。唐後期有兩位太后的喪事最為風光。一位即卒於元和十一年三月庚午的憲宗母莊憲太后王氏，另一位則是卒於咸通六年(865)十二月壬子的宣宗生母、懿宗祖母孝明太皇太后鄭氏③。《新唐書》卷七七《后妃傳》下載莊憲太后遺令曰：

> 皇太后敬問具位。萬物之理，必歸於有極，未亡人嬰霜露疾，日以衰頓，幸終天年，得奉陵寢，志願獲矣，其何所哀！易月之典，古今所共。皇帝宜三日聽政，服二十七日釋。天下吏民，令到臨三日止。宫中非朝暮臨，無輒哭。無禁婚嫁、祠祀、飲食酒肉。已釋服，聽舉樂，侍醫無加罪，陪祔如舊制。

① 參嚴耕望：《唐僕尚丞郎表》卷一五《輯考》五上《禮部尚書》，北京：中華書局，1986年，827頁。
② 《唐會要》卷一九《儀坤廟》，440頁。
③ 《新唐書》卷七《憲宗紀》、卷九《懿宗紀》，215、259頁。

遺令表明,憲宗為其母應按三年服以日代月二十七日權制。這是第一次見到的皇帝為母行權制的公文。雖然文中僅針對皇帝,且有"天下吏民,令到臨三日止"之語,但正像《大唐元陵遺詔》規定的一樣,與皇帝同時服喪的應該還有朝廷官員,其範圍應就是昭德皇后喪禮所規定的文武五品以上和六品以下常參官。所以對莊憲皇太后喪事可以肯定是依照國禮進行的。

此外,《舊唐書》卷一五《憲宗紀》還載其月"癸酉,分命朝臣告哀於天下。甲戌,(皇帝)見羣臣於紫宸門外廡下。以宰臣李逢吉充大行皇太后山陵使,出內庫繒帛五萬匹充奉山陵"。太后崩的次日皇帝"見羣臣於紫宸門外廡下",這就相當於帝喪的發哀。其時還有"西川節度使李夷簡遣使告哀於南詔"。《舊紀》說"后喪,邊鎮告四夷,舊制也",但唐後期幾無正牌之皇后,此"舊制"不知何時曾行,但也顯示了與皇帝喪禮幾乎同等的規格。

唐朝為皇后或太后上諡如同皇帝,多為二字或加至四字[1]。在諡冊中的稱呼也有定式。昭德皇后死在帝前,《舊唐書·后妃傳》記由李紓進撰諡冊文,帝以紓文稱"大行皇后"非禮,留中不出。詔翰林學士吳通玄為之,稱"咨后王氏",議者亦以為非。最後,還是知禮者提出貞觀中岑文本撰文德皇后諡冊稱"皇后長孫氏"為得體,纔據以倣效之。而由於莊憲皇后初諡曰"莊憲皇太后",禮儀使鄭絪奏以為應按開元六年正月太常奏昭成皇太后諡號,"入廟稱后,義繫於天;在朝稱太后,義繫於子"。認為:"此載於史冊,垂之不刊。今百司移牒及奏狀,參詳典故,恐不合除'太'字,如諡冊入陵,神主入廟,即當去之。"此成為後來太后入廟的

---

① 按唐朝皇后僅高祖竇后初諡為"穆",祔獻陵改太穆皇后,高宗上元元年加為太穆神皇后,天寶八載改為太穆順聖皇后,同時,太宗、高宗、中宗、睿宗諸后之諡皆加"順聖"二字為四字,此後唐代皇后和太后的諡號皆為二字。參見《新唐書》卷七六《后妃傳》上,3469頁;《唐會要》卷三《皇后》,25頁。

規則。

皇后謚議還須告廟。《舊唐書》卷五二《后妃傳》下載莊憲其事曰：

> 初，太常少卿韋繰進謚議，公卿署定，欲告天地宗廟。禮院奏議曰：“謹按曾子問：‘賤不誄貴，幼不誄長，禮也。’古者天子稱天以誄之，皇后之謚，則讀於廟。《江都集禮》引《白虎通》曰：‘皇后何所謚之，以為於廟？’又曰：‘皇后無外事，無為於郊。’《傳》曰：‘故雖天子，必有尊也。’準禮，賤不得誄貴，子不得爵母。所以必謚於廟者，謚宜受成於祖宗，故天子謚成於郊，后妃謚成於廟。今請準禮，集百官連署謚狀訖，讀於太廟，然後上謚於兩儀殿，既符故事，允合禮經。”

得皇帝“從之”。這裏强調了皇后與天子之謚的内外之别，以及皇后“謚成於廟”的必要性。從“今請準禮”的説法來看，以往的皇帝皇后去世，似都應有百官連署謚狀及告謚上謚的程序，這一告謚於廟之禮的訂立和記載，强調皇后身分“受成於祖宗”，且與天子的“謚成於郊”相對，表明了為莊憲太后舉辦喪禮的隆重性超過以往，也成為後來皇(太)后告謚的依據。

從保留下來的《莊憲皇太后山陵優勞德音》和《孝明太皇太后山陵優勞德音》看，反映二后的喪禮儀式都極盛大。莊憲太后生前於永貞内禪之際已册為太上皇后，據載於元和十一年八月庚申祔葬於豐陵[①]，孝明太后由於懿安郭后已祔憲宗，故不得祔葬，只得於咸通七年五月甲辰葬於“景陵之側”。據《新唐書》卷七《德宗紀》所載昭德皇后二月甲申(二十九日)葬於靖陵，到卒哭和祔廟僅二十日，而從卒到全部葬事結束，共用四個月。但莊憲和孝明兩者從薨

---

① 參見《新唐書》卷七《憲宗紀》，216 頁；《資治通鑑》卷二三九，7724 頁。按《舊唐書》卷一五《憲宗紀》下作甲申，恐誤。

至葬均用了近六個月①，説明葬事工程比昭德皇后複雜。且二后喪禮皆如皇帝喪禮一樣，不僅設置山陵諸使，也有一應執事人員，在喪禮之後獲得加官進爵、賜勳減選或者物質獎勵的"優勞"。特別是孝明皇太后，設立了内、外兩種山陵使職，而且應緣山陵修造及專知造作的人員工匠、吉凶儀仗諸色行從官和禮儀官員職事、保衛人員、諸道應奉使赴山陵幕府軍將等等（詳附表 5.），與皇帝禮幾乎無差。這不僅在唐前期未見，在唐後期也是絶無僅有。

唐後期皇（太）后喪事的一個特點是一些禁忌似乎仍僅限宮中。前揭莊憲遺令説"無禁婚嫁、祠祀、飲食酒肉。已釋服，聽舉樂"。《唐會要》卷三《雜録》記"貞元二年十二月，有司以皇后在殯，請禁公私聲樂。詔曰：'大行皇后喪，庶民（民庶?）之間，並已除服。緣情制禮，須使合宜，其太常權停教習，京城及諸府任舉樂音。'"説明皇后的喪禮基本不干擾民間，相比皇帝對民間的影響更小。但如同帝喪一樣，祔廟前的宮廷歲賀往往取消。《册府元龜》卷一〇七《帝王部·朝會》一稱："（貞元）三年正月丙戌朔，停朝賀，以大行皇后在殯故也。"而懿宗也在"咸通七年正月戊寅朔，以太皇太后喪罷元會"，其年四月詔答壽安公主請入朝表稱："緣孝明太后園寢有日，庶事且停，候祔廟禮成，當允誠請。"②

從莊憲喪事中也可以看到后喪比帝喪在規格上略低。其表現之一即"不置攝冢宰"③。《舊唐書》卷一七〇《裴度傳》載其事曰："（元和）十一年，莊憲皇后崩，度為禮儀使。上不聽政，欲準故事置冢宰以總百司。度獻議曰：'冢宰是殷、周六官之首，既掌邦理，實

---

① 《新唐書》卷七七《后妃傳》下，3505 頁；《資治通鑑》卷二五〇咸通七年五月條，8114 頁。

② 參見《册府元龜》卷一〇八《帝王部·朝會》二，1284 頁；《舊唐書》卷一九上《懿宗紀》，660 頁。

③ 《資治通鑑》卷二三九元和十一年三月庚午條，7722 頁。

統百司。故王者諒闇，百官有權聽之制。後代設官，既無此號，不可虛設。且國朝故事，或置或否，古今異制，不必因循。'敕旨曰：'諸司公事，宜權取中書門下處分。'識者是之。"攝冢宰之設見於史料僅限帝喪，只是這次同時以裴度為禮儀使，韓皋充大明宮使(亦稱留守或留後)，且"設次於中書"①。裴度時以中書侍郎任禮儀使主持諸司公事，其職能或即有些相當於皇帝喪禮的攝冢宰了。而既置留後，則表明憲宗也確實曾到太極宮為其母守喪。

當然從史料記載來看，唐後期大多數皇太后似未有如此排場。即使"歷位七朝，五居太母之尊，人君行子孫之禮，福壽隆貴四十餘年，雖漢之馬、鄧，無以加焉"的懿安皇后郭氏②，也由於與宣宗的惡劣關係，死時得不到應有的待遇。《資治通鑑》載宣宗待懿安太后禮殊薄，太后以大中二年(848)六月暴崩。而帝以孝明皇后故，不欲以郭后祔憲宗，結果在大臣的反對下，纔將郭后葬於景陵之側③。從圓仁《入唐求法巡禮行記》甚至將太后的名號與死亡時間弄錯來看(詳下)，並不是每位太后都有遣使告哀一類的待遇，她們的死亡一般只對朝廷內部造成一些影響，所以為太后行國禮的情況還是較為特殊的。其喪禮的隆重不僅與政治鬥爭有關，也顯然都有着強調其身分的特殊用意，這和皇帝的非正常即位，取得權力之後宣傳繼承的合法性及嫡統性有直接關係。所以，如果説德宗在王氏將死之際冊后，還是出自情感需要，那麼憲宗、懿宗大辦太后喪事，卻是希望通過張揚孝道來顯示其母和祖母無上尊貴的皇后地位。

不過，始自德宗、憲宗的皇后、太后喪禮，明顯提高了皇后和皇太后喪事的檔次。一方面為在位皇后的喪禮建立了規程，另一方

① 《舊唐書》卷一五《憲宗紀》下、卷一二九《韓皋傳》，456、3605頁。
② 《舊唐書》卷五二《后妃傳》下，2197頁。
③ 《資治通鑑》卷二四八大中二年，8036—8038頁。

面太后的喪禮亦因此有法可依。雖然攝冢宰由於裴度的反對沒有設立,但奉行權制和山陵使,告哀、諡議、告廟,送葬、入葬等一系列排場和程式,已使儒家形式的皇后、太后的葬禮完備化,真正具備了"國恤"的規格而成為其中的一部分。並且下文所涉義安太后遺誥便可證明,太后的"權制"在莊憲喪事以後也已形成慣例。總之以上喪禮形式開啓了後世皇太后、皇后國恤禮的先河,圍繞帝、后以及太子(詳後)的喪禮活動真正成為國家凶禮的重心。

2. 父在太子為母服

皇后喪禮雖然可以隆重舉辦,但問題在於,太子為母服喪從來是在父皇尚存的情況下進行的。這一點固然可認為是武則天"父在為母服三年"的建制早經解決,但是如何處理"公除"和太子喪制內行服的關係仍是令君臣困惑的問題。《唐會要》卷三八《服紀》下詳細記載了有關昭德皇后王氏喪太子行服的爭論:

> 貞元二年十一月,德宗王皇后崩,上及百官已釋服,唯皇太子及舒王誼以下則否,將及三年之制也。初,禮官議大行皇后喪服節,攝太常博士柳冕等七人奏請皇太子依魏晉故事,為大行皇后喪服,既葬而虞,虞而卒哭,卒哭而除,心喪終制,庶存厭降之禮。既而事下中書,宰臣召問禮官等曰:"今豈可令皇太子縗服侍膳,直至於既葬乎?"博士張薦等請依宋、齊間皇后為父母喪三十日公除例,為皇太子喪服之節。既及公除,詣於正內,則服墨縗,歸至本院,縗麻如故。庶允通變之情。宰臣具以聞奏。

"上及百官已釋服",表明皇帝和大臣確實已經按照上面的七日和三日除服,但太子和諸王為昭德王后的服喪,卻並沒有打算按權制,而是意欲行三年之服。此事大臣意見不一,柳冕等主張"依魏晉故事"卒哭(在入葬和虞祭之後)而除,《新唐書》卷二○○載他與暢當、李吉甫等以"貞觀十年六月文德皇后崩,十一月而葬",太子除官為例證明己說。而針對皇太子在宮中能否"縗服侍膳"以終制的問題,張薦等提出依"宋、齊間皇后為父母喪三十日公除例",並於不同場合服"墨縗"和"縗麻"。但根據《唐會要》下文的記載,他們的說法都遭到了左補闕穆質的批駁。他上疏提出據禮經和近古制度,皇太子居母后之喪並無降殺之禮,惟西晉杜預有既葬除服之論,但不足為後王法也。認為"遵三年之制則太重,從三十日之服則太輕,唯行古之道,以周年為定,乃得禮之中矣"。

詔令宰相與所司更議。柳冕、張薦也認為三年喪制,無貴賤一也。但提出"禮有公門脫齊衰",和《開元禮》皇后為父母服、皇太子為外祖父母服都是以日代月,"所以然者,恐喪服侍奉,有傷至尊之意也。故從權制變,昭著國章。公門脫縗,義亦在此",為自己的說法提供依據。其意見得到宰相贊同,遂命太常卿鄭叔則草議。所以,太子的服制最後其實是按古禮的父在為母周年的喪制實行的,並且因"昏定晨省,問安視膳,不可服衰麻密近宸扆",因而採取了墨縗朝覲和居內衰麻的折衷之制。其原則與帝喪相似,即既要服從國家"以日易月"之制,又要照顧皇家自身的感情。所以喪禮中兩種制度的矛盾在太子為皇后服喪的問題上再一次體現了。就像皇帝為先皇及太后只可以在內廷服墨縗,太子為母也只可以在本院服喪,雖然理由是所謂"喪服侍奉,有傷至尊之意",但事實上,仍然是公除之制不能違背。

貞元二年的太子服制之爭表明在喪事問題上朝廷定禮已經顧及了皇帝、太子的私人感情和需要,但對於三年制度實行與否仍在依違之間,說明尚沒有完全處理好國家制度與皇帝、太子私禮的關係,或者說皇帝自身"家禮"和國制尚沒有發生分離,這種情況同樣證明了上面對唐代兩重喪制發展的判斷,與後來宋代明示三年之制顯然是不一樣的。

(二)晚唐五代的太后喪服和宗廟祔饗

唐後期皇后、皇太后的喪禮儀注雖然已逐步解決,但是非正牌出身的皇太后的禮儀地位完全是由其與在位皇帝的血緣關係來決定,這就在如何確定其正統身分方面遺留下一些懸念。以往唐宋之際的皇后地位和相關禮儀常常得到學者的關注①。其中,新城理惠即對唐宋時代皇太后入廟的問題進行了深入的比較研究②,其文章涉及晚唐時代曾經發生的三后祔饗和宋朝多后祔廟問題,是理解唐宋皇后祔廟制度的力作。按照唐朝歷來所行"一夫一妻"的宗廟配祔原則,無論一位皇帝一生娶過幾位后妃,最終作為正妻入廟的皇后只能有一位。所謂"一帝一后,禮之正儀",不能入正廟的皇(太)后就只能另入別廟③。

因此祔廟乃死後對皇(太)后身分地位的蓋棺論定,而由於中晚唐帝位繼承的特殊性,唐史上的三后祔饗也成為自武宗以後牽動人心的重大禮制問題。武宗朝曾發生對三后之一的義安太后王氏喪服實行減降之事,五代也有貞簡太后曹氏三年制卻定以小祥釋服的奇怪現象。太后的喪服與宗廟祔饗有何關聯? 兩者與唐五

----

① 如金子修一:《唐朝帝室の謁廟について——皇帝・皇太子—皇后——》,《堀敏一先生古稀記念・中國古代の國家と民衆》,499—516 頁;佐藤和彦《唐代について皇后・皇太后の册位に関する一問題——〈大唐開元禮〉所見の〈皇后正殿〉を手がかりに》,39—51 頁;新城理惠:《先蠶儀禮と唐代の皇后》,《史論》46,1993 年,37—50 頁;《唐代先蠶儀禮の復元——〈大唐開元禮〉の先蠶條訳註を中心に》,《史峯》7,1994 年,1—33 頁;《絹と皇后——中國の國家儀禮和養蠶》,收入《岩波講座:天皇と王權を考える》3 卷《生产和流通》,2002 年,141—160 頁;氣賀澤保規《唐代皇后の地位についての一考察》,《明大アジア史論集》八,2002 年,1—12 頁;拙文《朝賀皇后:〈大唐開元禮〉中的則天舊儀》,109—138 頁;拙文《兼融南北:〈大唐開元禮〉的册后之源》,武漢大學中國三至九世紀研究所編:《魏晉南北朝隋唐史資料》23 輯,2007 年,101—115 頁。

② 新城理惠:《唐宋期の皇后・皇太后——太廟制度と皇后》,野口鐵郎先生古稀記念論集刊行委員會編:《中華世界の歷史的展開》,東京:汲古書院,2002 年,133—155 頁。

③ 以上參見《唐會要》卷一九《儀坤廟》,440—441 頁。

代的政治權力與社會觀念究竟有着怎樣的對應？這是此處所要討論的中心内容之所在。

1. 義安太后喪服之辨

由於唐禮為母齊衰三年的規定，皇帝為太后一般亦應服三年，行以日易月的二十七日權制，這一點似乎無可辯駁，且莊憲太后的葬禮也使之更為明確，所以後來太后的喪禮便可以蕭規曹隨。但問題並非如想像的那樣簡單，《唐會要》卷三八《服紀》下記武宗為義安太后服制曰：

> 會昌五年(845)正月，兵部尚書歸融奏："伏覩義安殿皇太后遺令：皇帝三日不聽政，十三日小祥，二十五日大祥，二十七日釋服者。皇帝遵奉遺旨，將欲施行。臣等商量，事貴得中，禮從順變。伏以宣懿皇太后常(嘗)奉太皇太后之命，追尊徽名，祔配廟室。今之議禮，合有等衰[①]。伏請皇帝降服期(朞)，行以日易月之制，十三日釋服。其內外臣寮，亦請以此除釋。至於營奉陵寢，制度法物，即請準舊例，更無降制。"從之。

《唐大詔令集》卷七六《義安太后服制敕》亦與此事有關。其一行題目為"皇帝為義安皇太后制服重輕事"，下由"權知禮部侍郎陳商等狀"、"中書門下奏"及皇帝批示的"敕旨"組成。其中"權知禮部侍郎陳商等狀"除了上狀者與《會要》所説歸融不同，基本内容完全一樣，惟末尾有"謹具如前，公卿等議大行皇太后喪禮狀"，這件狀文説明是先經大臣議過纔由中書門下再奏上的，很可能就採取了歸融奏的内容。

---

① 按"衰"，《景印文淵閣四庫全書》本作"差"，《讀禮通考》卷二九引《唐會要》作"殺"。此處據《唐大詔令集》卷七六《義安太后服制敕》"權知禮部侍郎陳商等狀"仍作"衰"，430頁。

按：此中所說義安殿皇太后乃敬宗母、穆宗恭僖皇后王氏，文宗即位初，號寶曆皇后。大和八年（834）下詔，以宮名為稱，故以所居殿稱義安太后。《新唐書》卷八《武宗紀》和《資治通鑑》卷二四八皆載其死於會昌五年春正月庚申。這裏歸融奏明謂義安皇太后本人有"遺令"，行"三年"二十七日的服制，皇帝最初雖然也準備執行，但奏文卻要求皇帝減為"十三日釋服"的一年之服，其原因究竟為何？

王氏不是武宗生母，服喪的問題常常會令人想到母子關係。很有意思的，是史料記載說文宗皇帝在世時對太后們非常之好。他不僅替自己的母親蕭氏尋找失散的兄弟，而且對太后們一視同仁："文宗孝義天然，大和中，太皇太后居興慶宮，寶曆太后居義安殿，皇太后居大內，時號'三宮太后'。上五日參拜，四節獻賀，皆由複道幸南內，朝臣命婦詣宮門起居，上尤執禮，造次不失。有司嘗獻新苙、櫻桃，命獻陵寢宗廟之後，中使分送三宮、十宅。初有司送三宮物，一例稱賜。帝曰：'物上三宮，安得名賜？'遂取筆塗籍，改'賜'為'奉'。開成中正月望夜，帝於咸泰殿陳燈燭，奏仙韶樂，三宮太后俱集，奉觴獻壽，如家人禮，諸親王、公主、駙馬、戚屬皆侍宴。"①

但是文宗在位期間，並沒有遇到太后的喪事，幾位太后都活到了武宗朝，而文宗營造之其樂融融的家庭氣氛看來卻未必還能持續。雖然《舊唐書·后妃傳》說武宗即位後，對太后們也是"供養彌謹"，但圓仁《入唐求法巡禮行記》卷四會昌四年"八月中"一條，卻專門記載了與武宗有關的太后之死。說是"郭氏大和皇后"有道心、信佛法，因勸諫沙汰僧尼，被"皇帝進藥酒，與藥殺矣"。又說"義陽殿皇后蕭氏是今上阿孃，甚有容，今上召納為妃，而太后不奉

---

① 《舊唐書》卷五二《后妃傳》下，2202頁。

命。天子索弓射殺，箭透入胸中而薨"。圓仁痛恨大舉滅佛的武宗，所記多是皇帝不堪之事。如果多少有據，就説明武宗和太后們的關係十分緊張。不過，他消息來源是撲風捉影的民間傳聞，不但太后名號對不上，去世時間也對不上。他所説"義陽殿皇后蕭氏"如果是指義安太后，則死於會昌五年正月；如果是指積慶太后蕭氏（文宗母），更死於大中元年四月，其所記當時都還在世，所以圓仁的説法不足憑信。

其實就算是皇帝有如上惡行，與喪服降等關係也不大。因為上述奏中提到，武宗本來都有"遵奉遺旨"服二十七日的打算了。因此雖然皇帝與太后的關係也許可以作為喪禮或者喪服降等的參考，但公平地説，武宗為義安太后的喪服並非出自於此。太后喪服有相沿的祖制，是關乎名分的事，不是單由皇帝的好惡就可以決定的，所以解釋這件事應該是另有原因。

這裏，請注意歸融奏中提到"伏以宣懿皇太后常（嘗）奉太皇太后之命，追尊徽名，祔配廟室"的問題，也就是説，由於得到太皇太后郭氏（穆宗母，敬、文、武之祖母）批准，這時穆宗廟室裏早已經有另一位正式的配后了。關於此事《舊唐書》卷一八上《武宗紀》載曰：

> （開成五年，840）二月，制穆宗妃韋氏追諡宣懿皇太后，帝之母也……五月，中書奏：六月十二日，皇帝載誕之辰，請以其日為慶陽節。祔宣懿太后於太廟。初，武宗欲啓穆宗陵祔葬，中書門下奏曰："園陵已安，神道貴靜。光陵二十餘載，福陵則近又修崇。竊惟孝思，足彰嚴奉。今若再因合祔，須啓二陵，或慮聖靈不安，未合先旨。又以陰陽避忌，亦有所疑。不移福陵，實協典禮。"乃止。就舊墳增筑，名曰福陵。

《新唐書》卷七七《后妃傳》下也載曰：

穆宗宣懿皇后韋氏，失其先世。穆宗為太子，后得侍，生
武宗。長慶時，冊為妃。武宗立，妃已亡，追冊為皇太后，上尊
諡，又封后二女弟為夫人。有司奏：“太后陵宜別制號。”帝乃
名所葬園曰福陵。既又問宰相：“葬從光陵與但祔廟孰安？”奏
言：“神道安於静，光陵因山為固，且二十年，不可更穿。福陵
崇築已有所，當遂就。臣等請奉主祔穆宗廟便。”帝乃下詔：
“朕因誕日展禮于太皇太后，謂朕曰：‘天子之孝，莫大於承續。
今穆宗皇帝虚合享之位，而宣懿太后實生嗣君，當以祔廟。’”
繇是奉后合食穆宗室。

宣懿太后韋氏是武宗之母。開成五年正月辛巳武宗剛剛即位，而
這裏太皇太后“謂朕曰”云云與歸融所說奉太皇太后命正合，說明
武宗是將解決母親身分的事當作頭等大事來辦的。《資治通鑑》卷
二四六記其即位不過數日的正月甲午，即有“追尊上母韋妃為皇太
后”之事，而追諡為宣懿皇太后則在二月丙寅。追尊追諡都牽涉名
分，接下來武宗不但如願將自己的母親入廟實現與父合享，甚至還
想將她與穆宗合陵，以彰顯她的“正宮”身分，只是在宰相的勸説
下，纔打消此念。

那麼宣懿入廟與武宗為義安太后行服有何關係呢？這就要説
到歸融所云“今之議禮，合有等衰”了。等衰或寫作等差，意思是衰
服有等次之分，但太后是皇帝之母，是後宮之主，皇帝為其服喪，為
何要有等級之分呢？《唐大詔令集》卷七六載陳商等狀後的中書門
下奏有曰：

今月十一日大行皇太后遺令，十三日小祥，二十五日大
祥，二十七日除服者。伏見陛下以因心之孝，弘博愛之仁，輟
視萬機，刑於四海，非臣等愚淺，敢窺聖德，然酌於羣議，恐未
得中。伏思殷周之禮，年代古遠，史傳所記，簡而未詳。自兩
漢以降，文籍大備，未有兄弟相及，三葉重光，如聖朝之比，所

以母后之制，罕聞故事。禮經之訓，時為大，體次之，順次之，
稱次之；況臣等奉太皇太后令，已命宣懿太后升祔禰官。昭配
之禮，既存令典，尊親之義，必在正名。皇帝服宜有所降，期年
之制，羣臣隨君而服，亦從降禮。其山陵制度及禮儀法物，並
如太皇太后故事，一無所降。雖屈己申情，陛下動循於禮法；
而酌宜定制，羣臣難抑於義心。伏希聖明，必賜察納，謹具
如前。

這裏中書門下奏與前述狀文意見無異。體味其意，是説喪服的問
題是和"兄弟相及，三葉重光"也即敬、文、武相次為帝有關。有一
點非常清楚，武宗與敬宗、文宗均非同母而為異母兄弟。《開元禮》
規定為母服三年，但這主要指嫡母和生母（也包括繼母、養育自己
的慈母和出承繼嗣的所後母），非生身的庶母則不在內。《開元禮》
的"為庶母"（注謂"父妾有子者"）是放在總麻三月中。因為是異母
兄弟，所以或者是按照為嫡母、生母服齊衰三年，或者按為非所生
庶母服總麻三月。義安在穆宗生前雖然沒有被立為皇后，但畢竟
是穆宗親立的太子和嗣皇帝敬宗之母。而武宗如果行二十七日
服，就等於承認兄弟的母親為嫡母皇后，自己的母親反為庶母妃
妾，這是武宗本人斷然不能同意的。

更何況，喪服其實還牽涉到讓哪一位太后入廟的問題。因為
如果按二十七日的寓意行三年之服，就意味着要將義安皇后作為
正妻嫡母"追尊徽名，祔配廟室"，也就是讓其神主入廟，配饗穆宗，
成為宗廟的正主。但是這時的配位已被宣懿佔據。而如按唐朝慣
例，入廟的地位本來只能有一位太后享有，宣懿皇太后既已經祔
廟，如果再讓義安太后入廟，那自己的母親怎麼辦？"昭配之禮，既
存令典，尊親之義，必在正名"，惟在廟者纔有真正永久的皇后名
分，相信這是擺在武宗面前最現實的考慮。因此，他准奏取消二十
七日之服（很可能是他授意歸融所奏）也就可以理解了。

但是,就身分而言,義安太后是前皇帝的生母,是後宮的正主而非嬪妃,對武宗本人來說,服制既不能是前者的三年,當然也不能就按後者的三個月,因此也只能採取折衷的辦法為之行並不合乎禮制的十三日縓(周)服了。有意思的是,按照古禮或者《開元禮》,為伯叔或者伯叔母服緦是齊衰縓(或周),不知道是不是將兄弟母親等同於伯叔母看待。而由於除了服制和入廟,其他待遇不牽扯太多問題,所以歸融奏請"營奉陵寢,制度法物,即請準舊例,更無降制",即入葬等制度不降等,也得到皇帝批准。《唐大詔令集》同時載皇帝的敕旨曰:

> 敕旨:朕恭承遺令,既遵易月之文,而公卿庶寮,願舉酌中之典。徵引古義,發揮舊章,閔茲敷陳,良用酸惻。朕嗣續鴻業,豈以自私,勉副羣情,倍深感切。所有降服及山陵制度並依。

頗具諷刺意義的是,武宗明明是為了替自己母親"正名",卻說成出以公心,而且是"勉副羣情",可見茲事體大,難服衆心,武宗的說法實是粉飾。不過,由於"天子無期服"的慣例,武宗有關服制的做法後來仍被宋朝人認為是不合禮法的。

2. 宣懿入廟和三后祔饗

行服的制度直接影響到祔饗。按道理三位太后究竟應讓哪一位作為穆宗的嫡妻入廟呢? 祔廟和祔葬一樣,先皇的皇后祔廟問題要由承嗣的子孫決定。相信如從三位皇帝各自不同的立場會有三種答案,而且太后本身的身分地位無法擺平,恐怕是當時的制禮者費盡思索卻難於解決的矛盾。可以知道的是,這一點也給唐朝的後人出了難題。

《舊唐書》卷二五《禮儀志》五記"大順元年(890),將行禘祭,有司請以三太后神主祔饗於太廟。三太后者,孝明太皇太后鄭氏,宣宗之母也;恭僖皇太后王氏,敬宗之母也;貞獻皇太后蕭氏,文宗之母也。三后之崩,皆作神主,有故不當入太廟。當時禮官建議,並置別廟,每年五享,及三年一祫,五年一禘,皆於本廟行事,無奉神主入太廟之文。至是亂離之後,舊章散失,禮院憑《曲臺禮》,欲以三太后祔享太廟。"《曲臺禮》是禮官王彥威所作,有《曲臺新禮》和《曲臺續禮》,收錄《開元禮》以後的"裁制敕格",是中晚唐禮儀的重要參考①。禘祫是宗廟合祭。禮院欲依據《曲臺禮》將原來別廟分祭的三太后神主改為禘祫皆入太廟同祭,此做法雖與以前相反,試圖採取一視同仁的態度卻相當一致,都是為了公平地對待太后們。只是這裏別廟三太后中增加了宣宗母鄭后,而不包括已入祔的武宗母宣懿太后。

這一點博士殷盈孫的獻議可作旁證。殷盈孫反對禮院做法,認為前朝雖有為睿宗的昭成、肅明,玄宗的元獻和德宗的昭德等四后建別廟的先例,但三太后與之不同。昭成四后立別廟是因為當時皇帝還在世所以不能入廟,但本為宗廟合食之主,故禘祫乃升;而三太后卻無此地位,其神主立廟及祭祀的背景複雜,讀來十分耐人尋味:

> 今恭僖、貞獻二太后,皆穆宗之后。恭僖,會昌四年造神主,合祔穆宗廟室。時穆宗廟已祔武宗母宣懿皇后神主,故為恭僖別立廟。其神主直題云皇太后,明其終安別廟,不入太廟故也。貞獻太后,大中元年作神主,立別廟,其神主亦題為太后,並與恭僖義同。孝明,咸通五年作神主,合祔憲宗廟室。憲宗廟已祔穆宗之母懿安皇后,故孝明亦別立廟,是懿宗祖母。故題其主為太皇太后,與恭僖、貞獻亦同,〔不同?〕帝在位,后先作神主之例。

---

① 參見《唐會要》卷三七《五禮篇目》元和十三年八月條,783 頁;《玉海》卷六九,1302 頁。

由此看來，為太后入廟或者別廟之建完全是由於敬宗以後皇帝即位在異母兄弟、叔姪之間之故，是無分嫡庶入繼大統造成的問題。皇帝的母親們既個個都被冊或追冊為太后，如無特殊原因本來皆有資格入廟，但入廟的"嫡配"名額只能有一個。在這種情況下，每個皇帝要照顧的都是自己的母親。好在敬宗、文宗去世早，當時他們的母親還在世，所以沒有遇到配祔的問題，而不同的是武宗即位時，他的母親卻已經死去了，於是武宗反倒後來居上，有了使母親入廟的機會。段盈孫提到恭僖皇后"會昌四年造神主，合祔穆宗廟室。時穆宗廟已祔武宗母宣懿皇后神主，故為恭僖別立廟"，為上面武宗給義安皇后行服的問題又作了解釋，也説明了立別廟的三太后中為何沒有宣懿。

據《舊唐書》卷一七七《楊發傳》載大中三年（849）楊發與都官郎中盧搏反對將廟中神主已有舊號加以改造及重題，内中提到："且宣懿非穆宗之后，實武宗之母。母以子之貴，已祔別廟，正為得禮，饗薦無虧。今若從祀至尊，題主稱為太后，因臣因子，正得其宜。今乃別造新主，題去太字，即是穆宗上仙之後，臣下追致作嬪之禮，瀆亂正經，實驚有識。"意思是本來母以子貴，祔別廟就可以了。但宣懿既以原來的嬪妃祔廟，則武宗作為兒子題神主稱"太后"而不是"后"，體現其因子而得，就是正確的。如果去掉太字，等於是在穆宗死後，替他本人做主立后，反倒是所謂"瀆亂正經"了。這明顯是為了降低武宗之母的身分地位，但議論中只是提到神主問題，從稱呼上明確其因夫因子的來源區別，並未就該不該入廟進行討論，這説明雖在宣宗朝，也已經認可宣懿祔廟的既成事實，並且確立了因子入廟的"太后"之稱[1]。

---

[1] 近者黃樓據楊發奏中提到"已祔別廟，正為得體"，認為宣宗朝曾將宣懿皇太后自太廟移出（《唐宣宗大中政局研究》，天津古籍出版社，2011年，57—58頁），但此處"今若從祀至尊"一語説明還是以其從祀。

　　因此唐後期為太后喪禮行服也好,祔廟也好,充分展示了在喪禮問題上皇(太)后的身分之爭。殷盈孫雖認為唐前期的別廟皇后是屬於皇帝在位而后先崩者,但其實自玄宗開始,睿宗肅明、昭成皇后的入廟問題已有爭議。二后中昭成雖然因是玄宗生母而先入廟,但肅明畢竟曾經是太子正妃,睿宗追册的皇后,且其子寧王憲本是睿宗所立太子,於玄宗有讓位之賢,因此開元二十一年敕令使二后為配不過是考慮當時政治狀況的特殊事例①。除非像中宗那樣無太子即位,配祔皇后可以是無子早亡者,否則進入宗廟者一定是皇帝之母。所以祔廟的皇后除了前期的一、二位,大都是由其子孫決定的。進入宗廟表明太后的嫡母身分,但也涉及在世皇帝本身的"嫡統"來源,這樣在唐後期非同母兄弟相繼的情況下就一定會發生矛盾。新城理惠曾撰文言及皇后、皇太后的受朝,並具體考察憲宗至文宗時期皇太后不斷受大臣朝賀的現象,認為是與不安定的皇位繼承中,皇帝企圖通過這一禮儀宣傳己母是先皇嫡妻,從而證明自己繼位的合法性有關②。而她關於太后入廟的文章亦指出,唐朝太后入廟基本維持了漢以降暨南北朝嫡母優越和"一帝一后"的原則,所以對太后喪服和祔廟必須從這一角度考慮,纔能找到其癥結。關於這一問題,我們還可以德宗母沈氏喪儀和入廟為證。

　　上面討論《崇豐二陵集禮》時,曾說明永貞元年憲宗即位後,出現了一次為曾太皇太后沈氏服喪的情況。沈氏為代宗妃,德宗生母,憲宗曾祖母。安史亂中失蹤,德宗朝遍尋不得,但並不曾確認她的死亡,所以如不舉辦喪禮則無從說明沈氏的死,也無法給她一

　　① 《唐會要》卷一九《儀坤廟》,440—441 頁;並參新城理惠:《唐宋期の皇后・皇太后——太廟制度と皇后》,141 頁。

　　② 新城理惠:《唐代にわける國家儀禮と皇太后——皇后、皇太后受朝賀を中心に》,《社會文化史學》39,1998 年,55—70 頁。

個名分。根據禮儀使所定，皇帝行曾孫為曾祖母的齊衰五月以日代月之服，並為之實行名義上的發哀告廟，上諡册造神主，祔於代宗之廟。

但沈氏並不是代宗的皇后，代宗真正的嫡配如不算早死的崔氏，應是被其親自追册為貞懿皇后的獨孤貴妃。不過有意思的是，史料在記述代宗喪事時從來不曾提到他的配祔問題，似乎長期以來皇后的陪祭之位都是空缺的，這說明嗣皇帝德宗為了自己的生母始終不承認獨孤氏的地位。總之獨孤氏最終並沒有能夠入廟，生前毫無地位聲響的沈氏反倒入廟了，這說明皇帝生母死後纔配升做嫡后，纔有資格入廟。

當然有些問題由於一帝一后的原則是沒有辦法解決的，例如宣宗生母孝明皇太后鄭氏死於懿宗朝，懿宗雖然為之大辦喪事並試圖使之入廟，卻由於憲宗先已有郭氏為配，所以在大臣的反對下卻無法得逞。而且郭氏雖然未能按大臣提出的合葬景陵，但畢竟葬於“景陵之側”，鄭后卻只能葬於“景陵旁園”①。總之無論是凶禮、嘉禮，都是内朝與外朝的結合，也均為皇權政治的産物，這是中晚唐皇太后禮儀的共同特點。

皇后服制和神主祔廟固然反映了唐後期的皇權意識及朝廷政治，但同時也折射出一個社會問題。即在男權日重和多妻制的社會中，如何處理家庭關係，不僅是嫡庶之間，還有地位平等的先後妻室及其子女的問題。陳弱水曾通過景雲二年(711)《楊府君夫人韋氏墓誌銘》討論一夫二妻合葬與夫妻關係問題。指出一夫二妻或多妻的同穴葬在唐代雖然是個普遍而具正規性的習俗，但“這種二妻共伴一夫的現象，不見得是所有的後夫人都樂意接受的”。分析墓誌中的韋氏主動要求不與丈夫、前夫人合葬，是想借佛教信仰

① 《新唐書》卷五二《后妃傳》下，2595頁；關於郭后葬事，並見《資治通鑑》卷二四八大中二年六月條，8034—8036頁。

和歸葬本家來擺脫這一曖昧關係①。而筆者認為，這正反映了多妻制在喪葬問題上的尷尬和無奈。

另外陳書還通過崔玄籍的夫妻關係考證了唐代以妾為妻與禮法關係問題。認為唐統治階層的上層，特別是士人與文官羣中還是要面臨遵守禮教的壓力的，但對於中下層立法就鬆弛多了②。令筆者感到，這也是一個涉及婦女地位的普遍性問題。這類家庭關係和矛盾在一般官僚士民有之，帝王皇家亦有之。唐朝廷在帝后關係問題上，始終奉行北朝以來一夫一妻、夫妻對等、嫡庶分明的制度，即使是先後娶的正后也必須分出尊卑上下，這一觀念決定了唐朝的宗廟制度，也因帝位繼承的複雜性牽連造成皇后祔葬入廟這些涉及禮儀地位的深刻矛盾。這些問題和陳書所論者都反映大體上唐朝人處理夫妻關係和女性地位的問題相對守舊，特別是當世禮法對於多妻制和打破嫡庶觀念其實並不認同。

但無論如何，唐朝在夫妻關係以及皇后入廟的問題上因觀念滯後導致的矛盾與因繼承而產生的要求是不相符合的，因此隨着時間的推衍和新朝代的產生也會發生變化，進而祭出相應的解決辦法。事實上相對於祔葬的實行，中唐的禮學家在祔廟的問題上也已經發生了鬆動。《新唐書》卷二○○《儒學》下《韋公肅傳》（《唐會要》卷一九《百官家廟》元和七年十一月條略同）載他在"太子少傅判太常卿事鄭餘慶廟有二祖妣，疑於祔祭"的問題上，議以為"自秦以來有再娶，前娶後繼，皆嫡也，兩祔無嫌"，並舉溫嶠聽陳舒言以三娶並為夫人之例，認為"古繼以媵妾，今以嫡妻，不宜援一娶為比，使子孫榮享不逮也"。他還以"晉南昌府君廟有荀、薛兩氏，景帝廟有夏侯、羊兩氏，唐家睿宗廟室則昭成、肅明二后，故太師顏真

---

① 陳弱水：《唐代的婦女文化與家庭生活》，臺北：允晨文化公司，2007年，273—302頁，引文見292頁。

② 陳弱水：《唐代的婦女文化與家庭生活》，306—318頁。

卿祖室有殷、柳二氏，二夫人並祔，故事皆然"以回應對他的質疑，使"諸儒不能異"。盡管他的主張只涉及前後繼娶而不及滕妾，但清人秦蕙田仍然指出："程子有只以元妃配享之說，又有奉祀之人是再娶所生，則以所生母配之說。朱子並以為不然，而曰凡是嫡母，無先後皆當並祔合祭。故知陳舒、韋公肅之議為深得禮意。"[①]這是說只要是正妻無論同時先後就都可以入廟。韋公肅是元和中著有《禮閣新儀》一書的禮儀大家，廟制的問題也是禮法的進一步深化，士人的家廟對宮廷不能無所影響，而上面史料中提到"禮院憑《曲臺禮》，欲以三太后祔享太廟"，可見王彥威《曲臺禮》中也已記載了玄宗以來別廟太后祔享的制度，因此多妻制下皇后或者皇太后祔廟問題的解決也不能不說已經開始有了理論的準備。

這裏必須提請注意的是，唐末三太后入廟祔享的爭論其實也涉及相關的實踐。論者注意到昭宗即位初，在僖宗母、惠安皇后已"祔主懿宗廟"的前提下，又將其生母恭憲[獻]皇后"祔主懿宗室"，"廟"、"室"一字之差，雖說法有別，但已造成了一帝二后同入宗廟的既成事實[②]。殷盈孫反對三后入享，並沒有敢提及此事，但很可能是借助後者暗諷前者。而從《舊唐書·禮儀志》五記宰相孔緯所言"昨禮院所奏儀注，今已敕下，大祭日迫，不可遽改，且依行之"，"於是遂以三太后祔祫太廟，達禮者譏其大謬，至今未正"來看，合享已被實施，乃至成為宋以後多后祔廟合祭的先聲。

3. 後唐曹后的小祥釋服之疑

五代是唐宋之際的過渡時代，唐朝遺存不多的士族觀念無疑被軍閥政權進一步打擊和破壞，宮廷制度也不例外。但是，新舊之

---

① （清）秦蕙田：《五禮通考》卷一一四《大夫士廟祭》關於唐朝廟祭，《景印文淵閣四庫全書》137 冊，730 頁。

② 《舊唐書》卷七七《后妃傳》下，第 3510—3511 頁，並採自陳麗萍意見。

分並不是那樣絕然，在一些問題上似乎仍然沒有擺脫過去的影響，後唐莊宗母貞簡太后曹氏的喪制就是一例。

《舊五代史》卷三三《莊宗紀》七同光三年（925）秋七月條有曰：

> 壬寅，皇太后崩於長壽宮，帝執喪於內，初遺令以示於外。癸卯，帝於長壽宮成服。百官於長壽宮幕次成服後，於殿前立班奉慰。乙巳，宰臣上表請聽政，不允；表再上，敕旨宜廢朝七日（下略）。己酉，宰臣百官上表請聽政，又請復常膳，表凡三上。以刑部尚書李琪充大行皇后山陵禮儀使，河南尹張全義充山陵橋道排頓使，孔謙充監護使。

史料表明，莊宗中規中矩、恪盡孝道地為其母舉辦了喪禮。大臣與皇帝同時成服，皇帝甚至為母“廢朝七日”，並派設山陵諸使，貞簡皇太后的喪事顯然是按照國葬舉辦的。

貞簡皇太后的遺令見於《五代會要·服紀》，稱：

> 皇帝以萬機至重，八表所尊，勿衣粗衰，勿居諒闇，三年之制，以日易月，過三日便親朝政。皇后、諸妃及諸王、公主，並制齊衰本服，以日易月，十三日除。中書門下、翰林院學士、在朝文武百官、內諸司使，及諸道節度觀察防禦使、刺史、監軍，及前資官並寮佐官吏、士庶、僧道、百姓，並準本朝政事，降服施行，勿使過制。皇帝釋服後，未御八音，勿廢羣祀，勿斷屠宰，勿禁宴遊，園陵喪制，皆從簡省。故申遺令，奉而行之。[1]

晚唐以來，皇帝對生母都行三年二十七日之服。但很奇怪的是這裏雖説“三年之制，以日易月”，遺令卻要求皇后等“並制齊縗衣服，以日易月，十三日除”，而不是二十七日。此下則有：

> 其月，太常禮院奏：“案故事，中書門下、翰林學士、在朝文

① 《五代會要》卷八《服紀》，上海古籍出版社，1978年，129頁。

武百官、内諸使司供奉官已下(上?),從成服三日,每日赴長壽宮朝臨,自後不臨。其服以日易月,三十(按當依四庫全書本作"十三")日除,至小祥合釋服。每至月朔月望、小祥大祥、釋服日,未除服者緣服臨,已除服者則素服不臨,並赴長壽宮,先拜靈訖,移班近東,進名奉慰。"又奏:"準(按原本二字顛倒作"準奏",此從四庫本《五代會要》,及十通本《文獻通考》卷一二二)故事,文武前資官及六品已下未升朝官並士庶等,各於本家素服一臨。禁衛諸軍使已下各於本軍廳事素服一臨。僧尼道士,各於本寺觀一臨。外命婦,各於本家素服朝臨三日。諸道節度、觀察、防禦、團練、刺史及寮佐等,聞哀後當日成服,三日改黲,十三日除。"從之。

這裏,由太常禮院規定了喪禮程式,所定基本遵照遺令。可以看出,"在朝文武百官"與"文武前資官及六品已下未升朝官並士庶"成服與否的界限仍與昭德皇后喪禮規定的等同。但其中特別指出要"十三日除,至小祥合釋服"。三年制小祥十三月,小祥按以日易月正為十三日。雖然與除服的時日要求相同,但既以十三日代小祥,則喪制仍是三年。

那麼,為何明明應該是三年,曹太后遺令卻要求按朞服的十三日,實行起來也說是僅至小祥而不是二十七日除服呢?這一點頗耐人尋味,但細研起來卻也是與太后身分有關。貞簡曹后是莊宗生母,但太祖李克用正室乃劉氏。莊宗即位尊曹氏為皇太后,以嫡母劉氏為皇太妃。二人不並為太后,且為嫡者被降為庶,親母反得正位,只能理解為是莊宗對自己的庶出身分不能釋懷,僅封親母正是出自為自己正出身的考慮。史載"太妃往謝太后,太后有慚色",但與常情不同的倒是兩人不相嫉妒卻甚相親愛。太妃留晉陽因思念曹后而終,終時同光三年五月。而太后於洛陽聞喪欲自往葬之,又“自太妃卒，悲哀不飲食，逾月亦崩”，終時同光三年七月①。兩位母親喪事在不到兩個月的時間中先後舉辦，無異給莊宗出了難題。史言劉氏喪事莊宗為之“廢朝五日，帝於興安殿行服”②。說明還是為之服喪的③。但劉氏既是太妃，喪禮就絕不會超過太后；莊宗既以之為庶母，也不會為服三年而最多是一年制的齊衰蕮，也就是按十三個月服齊衰十三日。

但劉氏正夫人的身分在大臣們的眼中其實無法改變，而將本是庶生母的曹后超越嫡母與禮不合，也會遭到朝議指責。加上曹后本人大概是因與劉氏情誼而有意要與之等同，故要求持蕮服之令，這無形中對莊宗做法提出抗議，也一定使莊宗感到了某些尷尬與無奈。史稱曹后生前自執謙退，遺令似乎也表達了盡量減少喪禮影響國計民生的願望，但這一點並非關鍵，重要的是須在兩喪禮中取得平衡。曹后喪制雖稱三年，但小祥釋服，恰好十三日，與一年齊衰釋服同時。雖然按禮制不能自圓其說，但二后服制差不多同時，在表面上卻能取得平等，這應當是曹后喪禮雖稱三年但權制釋服卻以十三日的原因，也可以解釋禮院上奏為何稱十三日乃小祥卻不稱蕮。其不倫不類的結果表明即使在五代後唐，嫡庶出身問題還是被皇帝個人深深在意和充分計較的，舊觀念不能不說仍然有着深遠頑固的影響。很有意思的是，對於大臣所定制度莊宗顯然很不滿意。《舊五代史·莊宗紀》七記莊宗於八月丁卯釋服，從曹后去世的七月壬寅計剛巧二十七日，應當仍是按三年服二十七月的規矩以日易月，說明莊宗最終竟完全沒有將禮官所定時

---

① 《新五代史》卷一四《唐太祖家人傳·正室劉氏　次妃曹氏》，142頁。

② 《舊五代史》卷三二《莊宗紀》六，448頁。

③ 按《舊五代史》卷八一《少帝紀》載天福七年秋七月壬辰，晉高祖庶母太皇太后劉氏崩。“禮官奏：‘準令式，為祖父母齊縗周。又準《喪葬令》，皇帝本服周者，三哭而止。請準後唐同光三年，皇太妃北京薨，莊宗於洛京西內發哀，素服不視事三日。’從之。”與此說法不同，存疑。

日當回事!

而曹后的喪禮一切也是按照皇后的最高規格。史稱曹后去世，還曾因告謚鄭重舉辦莊嚴儀式。《舊五代史·莊宗紀》七續曰：

> （同光三年八月）己酉，中書門下上言："據禮儀使狀，準故事，太常少卿定大行太后謚議，太常卿署定訖，告天地宗廟。伏準禮文：賤不得誄貴，子不得爵母，后必謚於廟者，受成於祖宗。今大行太后謚，請太常卿署定後，集百官連署謚狀訖，讀於太廟太祖皇帝室，然後差丞郎一人撰册文，別定日，命太尉上謚册於西宮靈座，伺日差官告天地、太微宮、宗廟，如常告之儀。"從之（下略）。

> （九月）癸巳，中書上言："大行皇太后謚議合讀於太廟太祖室，其日，集兩省御史臺五品已上、尚書省四品已上、諸司三品已上官，於太廟序立。"從之（下略）。

> 冬十月庚申朔，宰臣及文武三品以上官赴長壽宮，上大行皇太后謚曰貞簡皇太后（下略）。

> （同月）丁卯，奉皇太后尊謚寶册赴西宮靈座，宰臣豆盧革攝太尉讀册文，吏部尚書李琪讀寶文，百官素服班於長壽宮門外奉慰。淮南楊溥遣使進慰禮（下略）。

此即對皇后的"告謚於廟"及舉行於宮中的讀册之儀。表明曹后的嫡后身分是"受成於祖宗"，本來皇后册謚衹有告廟而無告天地，也無全體重官朝要參加之禮，莊宗給出的禮儀規格顯然比唐朝所見的皇后告謚更加隆重，這自然是為了顯示曹后作為正后祔配太祖的崇高身分。

此外，由於未能祔於代州的武皇陵，而為曹后於壽安縣別卜陵地，"以坤陵為名"。同光三年十月"戊子，葬貞簡太后於坤陵"，"十一月庚寅朔，帝幸壽安，號慟於坤陵"，"戊申，祔貞簡皇太后神主於太廟"。一系列活動，説明對曹后實行了盛大的安葬典禮，並作為嫡配祔廟。這些待遇生前曾為太祖正室的劉氏無疑是没有的。

總之,五代後唐莊宗又一次重複了唐朝為先皇選擇配祔皇后的做法,故此因嫡庶出身造成的祔廟問題要留給宋人來解決了。不過,後唐劉后與曹后的服制問題還是留下了一絲懸念,表明在五代,已經不得不用偷换概念的方式解決其中的矛盾以顯示"平等"。皇權獨尊之下,皇后的附從地位已經愈來愈突出,類似的做法很難再持續而勢必迎來改革的契機。

(三)宋朝皇(太)后的三年服制與數后同饗

唐五代因觀念滯後導致的矛盾與因繼承而産生的新要求是不相符合的,隨着時間的推衍和新朝代的産生必然發生變化,進而祭出相應的解決辦法,宋代的皇后、太后服制仍有"等衰"問題,但三年服的待遇已經不是專給皇帝的生母。宋代以後,皇帝雖然對身分不一的皇后或皇太后實行不同的服制,但並不再將生母作為嫡后而刻意改變其原來的庶妃身分。而在前後皇后經常不再是一位的前提下,也出現了同一朝多位皇后共同祔廟的現象。唐宋在皇后服制和祔廟的原則上有何區別與發展? 這是瞭解唐宋宮廷乃至社會變遷不可忽視的方面。

1. 皇后、皇太后的服制與喪期

從晚唐五代的情況來看,皇后葬禮依照生前身分,行代表三年服或一年服的權制已為定制。而且五代曹后之喪表明,不僅大臣參加喪禮與皇帝同服,而且喪禮儀制和程序也由太常禮院直接規定,這為後來的皇后禮儀奠定基礎。進入宋代以後,為皇(太)后服喪亦行權制,而且喪禮實際與皇帝的儀程基本一致。所有殯斂、成服、啓葬、祖載、入葬乃至祔廟,正牌的皇后和皇太后都是相同的,而且行權制之外,也有三年祥、禫之饗和宗教儀式。皇后、太后的

喪禮每一程序,仍事先有禮司制定規格,計劃時間、程序,照章履行完畢後亦有記錄。但是每一位皇后、太后地位、來歷並不一樣,所以喪事是否行國葬以及隆重程度也均不一,關於皇(太)后的服制仍然輕重有別。以下是自《宋會要輯稿·禮》三一至三四(並參《宋史》卷一二三《禮志》二六《皇后園陵》,卷二四二、二四三《后妃傳》上、下)所錄北宋時代皇后服喪的服制和時間,雖然只是其中有記載的一部分,但仍然可以發現的等級和服制的差異(附表6.)。

附表 6. 北宋皇(太)后服制比較①

皇(太)后名號	身分	死亡時間	服制(權)	三年喪
昭憲皇后杜氏	太祖生母	(太祖)建隆二年(961)六月二日	皇帝二十五日釋服,二十七日禫,(六月)十四日百官釋服。	
孝明皇后王氏	太祖皇后,生前冊	乾德元年(963)十二月七日	皇帝七日而釋,內外文武官三日而釋。	
孝章皇后(開寶皇后)宋氏	太祖皇后,生前冊	(太宗)至道元年(995)四月二十八日	素服舉哀,輟朝五日。皇親皆服。親王、宗室準式合給假七日,以喪日為始。	
元德皇后李氏	太宗夫人,真宗生母,追封賢妃,又尊為皇太后	太平興國二年(977)薨	真宗咸平三年祔葬永熙陵,皇帝皇后掛服(素服)。	

---

① 本表基本未收入遠年追冊的皇后(皇帝生母行遷葬禮者除外),也不包括死於金人五國城的徽宗顯肅皇后鄭氏、欽宗仁懷皇后朱氏及死於南宋的哲宗昭慈聖獻皇后孟氏、徽宗顯仁皇后韋氏等。

續表

皇(太)后名號	身分	死亡時間	服制(權)	三年喪
明德皇后李氏	太宗皇后，生前冊	(真宗)景德元年(1004)三月十五日	皇帝四月十日釋服(合25日)，四月十二日(合27日)禫除，在京文武羣臣十三日除。	景德二年三月四日太常禮院言，請小祥皇帝不視事十(一?)日，羣臣奉慰，退詣佛寺行香。三年三月一日禮部言大祥忌辰前後各一日不視事，羣臣奉慰、行香。
章穆皇后郭氏	真宗皇后，生前冊	景德四年(1007)四月十五日	皇帝本服齊衰，準近例七日釋服，改至十三日釋服。	大中祥符元年(1008)四月十五日帝不視朝，以喪始期也，羣臣奉慰。二年四月十五日大祥，詔特廢朝，羣臣奉慰。
章獻明肅皇后劉氏	真宗皇后，生前冊	(仁宗)明道二年(1033)三月二十七日	皇帝二十五日大祥，二十七日除服。在京文武羣臣十三日除。	景祐元年(1034)三月二十五日，詔小祥前後禁樂各三日，不視事各二日。詔大祥前二日不視事。
章懿皇后李氏	真宗宸妃，仁宗生母，追尊皇太后	明道二年九月十一日遷梓宮	陪葬永定陵，發引日皇帝至洪福院服衰祭告。	景祐元年二月九日，詔忌辰前後禁樂各三日，不視事各一日，禁屠宰各一日。
章惠(保慶)皇太后楊氏	真宗淑妃，章獻遺誥尊為皇太后	景祐三年(1036)十一月五日	皇帝本服緦麻三日而除。	
仁宗皇后郭氏	仁宗皇后，廢，崩時追復	景祐二年(1035)十一月八日	詔停諡冊祔廟之禮。	

皇(太)后名號	身分	死亡時間	服制(權)	三年喪
温成皇后張氏	仁宗貴妃,追册	至和元年(1054)正月八日	特輟朝七日。	
慈聖光獻皇后曹氏	仁宗皇后,生前册	(神宗)元豐二年(1079)十月二十日	十一月十五日大祥(合25日),十七日禫(合27日)。	(元豐)四年十一月二十三日,禫祭。宰臣王珪等上表請聽政,五表乃從之。
宣仁聖烈皇后高氏	英宗皇后,神宗生母,生前册	(哲宗)元祐八年(1093)九月三日	二十五日大祥,二十七日禫①。	(紹聖)二年(1095)九月三日,大祥。十一月十五日,禫祭。三十日,潭(禫)除,宰臣率百官奉慰。
欽慈皇后陳氏	神宗美人,徽宗生母,追尊皇太后	元祐四年(1089)六月二十八日	(徽宗)建中靖國元年(1101)正月下詔遷葬,同年五月六日祔葬永裕陵。	
欽聖獻肅皇后向氏	神宗皇后,生前册	(徽宗)建中靖國元年(1101)正月十三日	二月七日(合25日)大祥,八日禫。	崇寧元年(1102)正月十三日,小祥。十月二十日禮部奏來年正月十三日大祥,依故事禁樂。從之。

① 按宣仁皇后權制禫除未言,但《宋會要輯稿・禮》三三之七載,遺誥有"皇帝成服之後,三日內聽政,以日易月,一依舊制。在京文武羣臣十三日而除……餘依章獻明肅皇太后故",禮部言同之(1241頁)。同門三三之一〇又言九月二十二日三省樞密院奏,言雖"乞依祖宗舊制及遺誥處分,以日易月用小祥變除之制",但"奉御寶批,禮雖有時變之文,朕實行三年之喪於宮中,理所不忍遽衰服,宜體悉之"(1242頁)。則皇帝喪服似仍按三年以日易月。

續表

皇(太)后名號	身分	死亡時間	服制(權)	三年喪
欽成皇后朱氏	神宗妃,哲宗母,徽宗追册皇太后	(徽宗)崇寧元年(1102)二月十六日	二月二十八日成服(未言服喪時日),行祭奠之禮,不視朝。	(崇寧)二年二月十六日,小祥,其日不視事,禁屠宰一日,詔並禁樂。十二月十一日,太常寺奏"來年大祥,乞依小祥例"。從之。
昭懷(崇恩)皇后劉氏	哲宗皇后,徽宗追册皇太后	(徽宗)政和三年(1113)二月九日	依欽成皇后及開寶皇后故事。	(政和)四年十二月十一日禮部奏,乞來年二月九日小祥,依欽成皇后故事。從之。五年正月十日,太常寺乞二月九日大祥依小祥故事。從之。
顯恭(惠恭)皇后王氏	徽宗皇后,欽宗母,生前册	(徽宗)大觀二年(1108)九月二十六日	依章穆皇后故事,皇帝、皇后服七日,百官三日。	大觀三年小祥"特不視事一日",羣臣奉慰,禁樂一日。四年八月三日,禮部言,靖和(惠恭)皇后九月大祥,依章穆皇后故事,不立忌外,是日内外禁樂一日。從之。
明達皇后劉氏	徽宗貴妃,追册	(徽宗)政和三年(1113)七月二十二日		(政和)四年六月十二日禮部言"奉敕,明達皇后初周年依惠恭皇后小祥故事"。五年六月四日太常寺言大祥同小祥。
明節皇后劉氏	徽宗貴妃,追册	(徽宗)宣和三年(1121)四月二日		(宣和)四年四月二日小祥,百僚赴德徽殿行香,五年正月二十六日,太常寺言大祥同明達皇后。

從諸處記載得知，皇太后喪服上表現的"等衰"問題在宋朝也是存在的。宋朝皇帝按照三年服權制二十五日、二十七日的除了自己的生母之外（如太祖為昭憲皇后杜氏），就是嫡母或嫡祖母，也包括當朝掌權用事的太后、太皇太后（如章獻明肅皇后劉氏、慈聖光獻皇后曹氏），對其他太后或者自己的當朝正后，則可以按朞服十三日釋服，而依據慣例這個十三日又可以減為七日。服喪七日很可能是相沿唐德宗為昭德王皇后成服之"故事"，不過真宗因章穆皇后崩，已要求將七日釋服改至十三日。《宋會要輯稿·禮》三一之四五載知樞密院王欽若上言提出："伏覩敕文，皇帝本服齊衰，準近例七日釋服，非期周易月之制，請改至十三日釋服，庶合禮文。"但龍圖閣待制陳彭年檢討故事，卻認為天子絕期，唯服三年，除了德宗朝柳冕等議及會昌五年武宗為敬宗母義安太后行"期周易月之制"，十三日釋服外，沒有別的例證。真宗以欽若之言為允，最終對章穆皇后的喪服還是以"朕今用十三日釋服"定奪。對此後來的禮制也有不同。同門三四之四載徽宗顯恭皇后王氏崩，"尚書省言：'按章穆皇后故事，真宗皇帝服七日，百官三日，諸道州府訃到日，長吏以下與將校三日，沿邊州縣皆不舉哀。'〔詔〕在京擇日依故事，餘從之。"似乎是說對王后也採取了與章穆一樣的七日制，不知其時官員是否將"故事"搞錯，但七日服看來一直還有所保留。

比十三日或七日服更少的是無服，皇帝或者只是象徵性地祭告一下，或者只是素服出席某些儀式。這種情況對於先朝或者本朝以妃追冊為后者往往適用，例如仁宗對追冊的兩位張后似乎都沒有服喪，另外依據親屬關係，太宗對太祖宋后，徽宗對哲宗劉后，似乎也因是嫂叔關係不服喪（期喪以下無服）。因此為皇后制服的重輕與之原來的身分地位是相關聯的。

從真宗朝開始，《宋會要》對一些身分高的正后（多由先皇生前已冊）或皇帝生母的喪事都有三年祥禫的記載，這說明皇后或太后的喪事與皇帝一樣也是實行兩重喪制。應用三年祥禫的禮數意味着給以母后待遇，但獲得這一待遇者同樣並不一定是皇帝的生母。例如哲宗昭懷皇后劉氏（元符皇后）於徽宗朝因干預外事幾乎被廢，最後自縊而崩，結果還是獲得了三年祥禫的待遇。徽宗甚至對追贈的皇后也行小祥、大祥朝禮。不過此禮舉行並不意味着皇帝一定會為之行二十五日、二十七日的權制，如惠恭皇后王氏就是雖行三年祥、禫，但皇帝仍然祇為之服七日，這是皇后喪禮與皇帝不同的地方。

在皇太后的喪事中也反映出一個問題，就是皇帝為生母所辦喪事雖然大都比較隆重，但如果生母早在皇帝即位前已經去世，那麼皇帝除了追冊太后、遷柩附葬園陵之外，並沒有其他更出格的舉動以特別提高生母地位。例如仁宗是李宸妃之子，宸妃明道元年（1032）二月去世，當章獻（原謚莊憲）皇太后死後，皇帝纔瞭解這一真相。但明道二年四月十五日下詔中書門下，仍以章獻囑託為言，要求中書門下“依先朝追榮元德皇后禮典，追崇宸妃尊謚、位號及營奉園陵”。之後遂將宸妃追冊為莊懿（後改章懿）皇太后，並且派設了西京作坊副使張永和為園陵按行使，以將原來“葬於洪福禪院之西北隅”的靈柩遷“葬於永定陵之西北隅”陪葬，並決定與章獻同天“發引”。

但是，按照太常禮院所言，“將來莊獻明肅皇太后發引前夕，皇帝親行祭奠之禮。莊懿皇太后發引前夕，欲望就差園陵發引使行祭奠之禮”。也即皇帝並不參加莊（章）懿皇太后的發引儀式，而由園陵發引使代為行禮。後來才又改為皇帝在正陽門奉辭章獻之後，再到章懿停靈的洪福院去送行。“皇帝至洪福院，易衰服，百官孝服立班行禮。所有啓欑後一日，皇帝親詣洪福院行祭奠之禮。”而且，由於是二太后一起啓欑，太常禮院所定的儀式是“靈駕發引日，莊獻明肅皇太后靈駕先發，至瓊林西道北設幄殿權奉安，俟莊懿皇太后靈駕至,内常寺(侍)於莊獻明肅皇太后靈駕後跪奏莊懿皇太后奉見訖,先行,莊獻明肅皇太后以次而行。其議狀(儀仗)並合為一處前行"①。莊懿對莊獻竟然稱"奉見",並且靈駕在其之先而為之開道,表明莊(章)獻之地位仍高於莊(章)懿,並没有因後者是皇帝生母就予以改變。

　　還有的皇帝對生母甚至就連奉册、追册的儀式也没有,例如英宗以"濮安懿王允讓第十三子"承繼大統,母親"仙游縣君任氏"。即位後,"尊皇后曰皇太后",對生母並没有追贈②。而如果説英宗這樣做尚是由於過繼"為人後"的身分不得已,那麼哲宗之母欽成皇后朱氏,在哲宗即位後也僅"尊為皇太妃"。據説"時宣仁、欽聖二太后皆居尊,故稱號未及",朱氏並没有因為是皇帝生母位號就扶搖直上。所以到得元祐三年(1088),雖然有宣仁太皇太后詔,説是母以子貴,"務致優隆","於是輿蓋、仗衛、冠服,悉侔皇后",但終究没有當成太后,直到徽宗朝去世,纔追册為皇太后③。

　　由此可見,皇帝的生母地位在生前死後都並不一定特殊,皇帝不但承認母親於父親在世時的妃妾地位,也容忍(或者説不在意)她原來的宫廷身分在自己即位後仍然被繼續和保留。雖然服制的輕重確實仍然被用來區分后妃的地位高低,及顯示與皇帝關係的遠近,但三年喪制的待遇並非僅給生母也可以給其他先皇册命的皇后,説明皇帝並没有將生母作為唯一的嫡后來擡高和尊崇。換言之,皇帝並不過份計較母親的身分待遇,更不用在其死後大做文章來證明自己的出身高貴,這在下面要談的皇后(或太后)入廟的問題上更加體現出來。

---

①　以上參見《宋會要輯稿》三二之一五至二一,1207—1210頁。
②　《宋史》卷一三《英宗紀》,253—254頁。
③　《宋史》卷二四三《后妃傳》下,8830—8831頁。

2. 多后祔廟和皇帝生母地位的淡化

唐朝的嫡后（盡管其嫡母身分為子孫所立）祔饗入祭以及皇帝為"庶母"別建皇后廟的做法，對後來的宋朝制度顯然不無影響，因此宋代在入太廟的皇后之外，也為其他皇后建立奉慈廟以安神主。但一帝一后入廟的原則卻終究被數后甚至多后入廟所打破。

與唐代不同，宋代皇帝大多不是僅立一位皇后，如太祖先後有孝惠賀后、孝明王后與孝章宋后，後二者皆在位後冊立。前二后祔葬，但僅以孝明祔太祖室。太宗生前有三后，除了建國以前早薨的淑德皇后尹氏，還有懿德皇后符氏和明德皇后李氏，前二者皆為追冊。太宗廟先也僅以懿德皇后入祔，但《宋史》卷一○六《禮志》九載真宗景德元年（1004）有司詳定明德皇太后李氏升祔之禮，仍舉唐睿宗昭成、肅明皇后曾先後祔廟作配；晉溫嶠三夫人及唐韋公肅議鄭餘慶家廟事為例，提出"略稽禮文，參諸故事，二夫人並祔，於理為宜"，認為李氏和懿德皇后"雖先後有殊，在尊親則一，請同列太宗室，以先後次之"。結果"詔尚書省集議，咸如禮官之請"，第一次明確以二后神主同祔太廟。此外，又有真宗生母，即位後纔追封的元德皇太后李氏，也在大中祥符六年（1013）祔廟。因此，最終為太宗配祔的皇后是三位。

真宗生前也有三位皇后，分別是章懷潘后、章穆郭后和章獻劉后，另外還有仁宗即位後追冊的生母章懿李后，以及生前本為仁宗淑妃、後尊為寶慶皇太后的章惠楊后。乾興元年（1022）十月真宗神主祔廟，本以章穆郭后配，但在章獻、章懿二后皆死去的明道二年（1033），判河南府錢惟演請以二后並祔真宗之室，遭到反對。但決定別立新廟，名曰"奉慈"，"奉安二太后神主，同殿異室，歲時薦

享用太廟儀。"①到仁宗慶曆五年(1045),在皇帝要求之下,禮官議以真宗章穆、章獻、章懿三后祔廟,提出:

> 謹按唐肅明皇后本中閫之正,昭成皇后緣帝母之尊,開元中並祔睿宗之室。國朝懿德、明德、元德三后亦同祔太宗皇帝廟。恭惟章獻明肅皇太后母儀天下,輔承丕業,章懿皇太后誕生聖躬,恩德溥大,伏請遷祔真宗皇帝廟,序於章穆皇后郭氏之次。章惠皇太后雖先朝遺制,嘗踐太妃之貴,然明道中始加懿號,與章懷皇后事體頗同,伏請遷於皇后廟,序於章懷之次。②

此後梅堯臣等討論同意三后祔廟,惟排列次序主張母以子貴。但仁宗以前代真宗生母元德皇后入廟亦排列在後而並未接受,最後中書門下覆議和詔定"宜循先朝祔元德故事,恭依禮官所議,奉章獻明肅皇太后、章懿皇太后序於章穆皇后之次。上致奉先之順,下成繼志之美,永修明祀,冀饗靈心"。表明當時皇后入廟遵循一個原則,即業經先朝皇帝親立或追冊之嫡妻、"母儀天下,輔承丕業"的繼后以及皇帝生母都須入廟,而且前兩者甚至位置往往在前。其餘死後追立(如太祖孝惠賀后、太宗淑德尹后、真宗章懷潘后、真宗章惠楊后)或者雖曾生前已立為后卻位置在下的一些太后(如太祖孝章宋后)就要別入皇后廟或另立廟室了。

　　以上宋朝皇太后入廟史實新城理惠女史已經論述,筆者沒有更多的補充。但需要提請注意的是宋代不僅禘祫合祭,而且是永久性地將太后神主入廟祔饗;更重要的是皇帝的生母雖然因子得追冊,入太廟之先卻都有神主先入皇后廟或別立廟的經歷,如真宗

　　① 《宋史》卷一〇九《禮志》一二《后廟》,2617頁。
　　② 參見《宋會要輯稿·禮》一五之三〇至三一,666頁;《太常因革禮》卷九八《廟議》一〇《章惠皇太后楊氏》,《叢書集成》本,上海商務印書館,1937年,500頁。

母元德李后，雖然至道（997）三年十二月已蒙追尊，但有司同時定
"望令宗正寺於后廟内修奉廟室，為殿三間，設神門、齋房、神厨以
備薦享"。如上所述仁宗生母李宸妃（章懿）也是與章獻一起，先入
奉慈廟[①]，她們都是後來纔獲得祔廟的資格。且太宗和真宗雖然最
終都使其生母入廟，卻很謙虚地没有就此把他們的母親作為入廟
的唯一，並且也没有將己母位置排在原來已入廟的嫡皇后之上。
可以認為他們是尊重先皇的意旨，或以此為考慮基點而坦然接受
己母不是嫡妻這一既成事實的。在這個意義上，我們也可以理解
為什麼有的皇帝在位期間（如哲宗）並没有企圖使生母正位。

　　再後來的改變是在元豐六年（1083），神宗為了體現"聖主以孝
孫事祖之意"，將原來已入皇后別廟的"孝惠、孝章、淑德、章懷四后
升祔，準章獻明肅、章懿二后，升祔禮畢，遍享太廟"，且"仍以配繼
先後為序"[②]，從而進一步打破原來的身分界限，更改了一帝一后原
則。此後神宗自己和哲宗、徽宗，也都有不止一位皇后祔廟，這説
明宋代很好地解決了一帝數后在祔廟問題上的矛盾。

　　3. 皇后入廟原則的變更原因及社會背景

　　但是宋代能夠否定一帝一后的傳統，讓幾位皇后同時入廟，並
不是一個簡單的問題。廟制本身是現實社會和宫廷政治生活的反
映，廟中的牌位照映的是帝、后生前的權力和地位。在位皇帝在先
可以容忍生母入皇后廟或別廟的事實，之後雖然使生母作為追加
成員進入太廟，卻既不介意有其他皇后與己母同入，更不在意己母
的排列位置，這表明嗣皇帝是默認了母親生前的嬪妃地位和自己
是庶出的事實。皇帝生母要入廟就必須與其他皇后、太后同入，這

————————

　　① 《宋史》卷一〇九《禮志》一二《后廟》，2615—2618頁。
　　② 參見《宋會要輯稿·禮》一五之五一，676頁；《宋史》卷一〇六《禮志》九《宗廟之
制》，2575頁。

只能説明與帝母身分密切關聯的繼位正當性問題已不突出。

南北朝以及特別是北朝以來，向有婚姻重門閥，重嫡輕庶、母貴子尊的傳統，所謂"江南不諱庶孽，河北鄙於側出"①，唐朝前期仍是如此。"皇后出身名家"曾經是長孫無忌、褚遂良等追求的立后標準，而高宗、中宗得立為太子和即位，關鍵在於他們的嫡統出身。武則天雖然打破皇后出身必須門庭高貴的原則界限，卻仍然自覺地繼承着"鄴下風俗，專以婦持門户"、"河北人事，多由内政"的"恒代遺風"②，與此同時刻意地排斥、打擊高宗的妃嬪和庶妃之子。但是這種情況在唐後期已有很大變化，從出身來看，肅宗、代宗、德宗皇帝都不是真正的皇后之子。而德宗立太子（順宗）母為皇后，似乎是可以繼承傳統的曇花一現，卻與皇后的出身也無關係。中晚唐以後，不僅后妃的來源不再以家世為標準，由母親的地位決定其子身分的規則也被徹底顛覆，後宮分為不同的黨派，太子册立和皇位繼承因宦寺而定，其結果反倒是後宮身分母從子貴，於是宮廷生活完全圍繞皇位為中心，皇帝權力高於一切。

宮廷鬥争决定廢立的問題可見陳寅恪《唐代政治史述論稿》中關於内廷宦寺與太子册立關係的討論，其中也反映了皇帝出身對册立影響從有到無的變化。最典型的一例即是憲宗的太子之立。陳先生考證憲宗朝在惠昭太子死後，又有關於立澧王寬和遂王宥（即穆宗）的争論。澧王寬是宦官吐突承璀所主之，而憲宗不納，最終立另一派宦官王守澄和梁守謙所主張的遂王宥。當穆宗即位之際，澧王寬和吐突承璀竟然同時處死或暴死，説明圍繞穆宗的嗣位問題鬥争很激烈③。

① 《顏氏家訓集解》卷一《後娶第四》，47頁。
② 《顏氏家訓集解》卷一《治家第五》，60頁；並參拙文：《唐前期喪服改禮中的帝王意志與北朝風習》，收入拙著：《唐禮摭遺》，495—520頁。
③ 陳寅恪：《唐代政治史述論稿》中篇《政治革命及黨派分野》，104頁。

穆宗母即憲宗妃、郭子儀孫女，後來的懿安皇太后郭氏。郭氏雖是憲宗為太子時的正妃，但憲宗即位後只是在元和元年（806）將之立為貴妃，而且最初所立的太子也不是其子，而是元和四年閏二月憲宗欽定的長子惠昭太子寧。寧母紀美人，品級在后妃中是正三品，在三夫人和九嬪之下，宮廷地位不高。憲宗立母出身名位一般的皇子，雖遵從了唐玄宗以來“立嫡以長”的原則①，但顯然是有意與郭妃對抗。四月的立皇太子制書明謂“令有司擇日備禮冊命”②，但《舊唐書》卷一七五本傳卻說：“其年，有司將行冊禮，以孟夏孟秋再卜日，臨事皆以雨罷，至十月方行冊禮。”太子冊禮這樣的大事竟因雨拖了半年之久，實在是說不過去，可見惠昭太子冊立的過程亦不順利。試想當初惠昭太子得立可說是粉碎了郭妃的夢想，肯定給了她巨大的打擊，所以在未正式冊立之前郭妃及其門族暗中不會不作多方的努力和爭鬥，冊禮因雨而罷只能說是藉口，郭妃的反對看來纔是遲遲不行的真正原因。不過此事郭妃畢竟未能得手，所以如果說皇后之子必須是太子，非皇后就無此地位和權力，郭妃不是皇后，對於太子之立自然反對無效。而無背景的皇子被立，也表明皇帝在冊立問題上已經是大權獨斷。

太子寧死後，郭妃之子遂王宥終得立為太子，很可能是憲宗屈從郭妃的門族勢力纔不得不如此。據說憲宗打算立遂王（穆宗）之際，“以澧王居長，又多内助，將建儲貳，命翰林學士崔羣與澧王作讓表”，因崔羣勸說纔作罷③，可知立遂王十分不情願。憲宗與郭妃母子的關係以及憲宗被弒之疑陳寅恪先生已考證清楚，無須多議，唯一點還應注意，即穆宗雖然在元和七年立為太子，郭妃卻始終沒

---

①　參見吳麗娛、陳麗萍：《從太后改姓看晚唐后妃的結構變遷與太子繼承》，《唐研究》17 卷，北京大學出版社，2011 年，357—398 頁，說詳 373—382 頁。

②　《唐大詔令集》卷二七《立鄧王為皇太子制》，95 頁。

③　《唐會要》卷四《雜錄》，52—53 頁。

有當上皇后。

《新唐書》卷五二《后妃傳》下稱："（元和）八年十二月，百寮拜表請立貴妃為皇后，凡三上章，上以歲暮，来年有子午之忌，且止。帝後庭多私愛，以后門族華盛，慮正位之後，不容嬖幸，以是册拜後時。"這個說法左右了關於郭妃不為皇后的認識，但作為太子之母，且已主後宮多年的郭妃終不得順理成章當上皇后，恐怕亦不能以區區後庭"多私愛"來解釋。彼時太子已經立了一年多，看起來郭妃還爭取了朝中大臣的支持，有必欲得之之勢，而憲宗皇帝竟在百寮"凡三上章"的情況下都力行推辭，可見皇帝對郭妃以門族華盛、母子聯手而干涉甚至操縱朝政是很反感的，這纔是憲宗不立郭妃為后的初衷。而郭氏既不是皇后，太子的册立便隨時可以更改。其結果是母妃及太子的地位都不穩定，在與皇帝關係緊張的同時尤其岌岌可危，這正是後來發生"陳弘志弒逆"而宣宗認為是出自穆宗和太皇太后郭氏，"追恨光陵商臣之酷"的關鍵所在。

憲宗立遂王為太子卻不同時立其母，雖然是為了避免皇后干政，卻說明太子册立已不完全借重母親的地位出身，但此點仍適足以反證其時皇后地位尚可與皇帝平起平坐，以及家族勢力在立后問題上的影響。皇帝因受到大臣的壓力不能不有所顧忌，而母親的地位也對其子册立提供支持。舊的社會慣性與以皇權為核心的、新的册立原則矛盾激化，最終以憲宗死亡和郭氏的勝利為告終。結果卻很具諷刺意義，因為郭氏到頭來還是藉助母以子貴纔登上太后之位，說明她無法扭轉士族政治衰微的頹勢。家族逐漸不再是后妃攬奪宮廷權力的支柱和依靠，而上面所述敬、文、武及宣宗的册立結果也證明主要是因緣宮廷政治本身和朝廷內外的權力爭奪，與其母大都無關。所以憲宗朝的太子册立可認為是從母貴子尊到母從子貴的分水嶺，此後太子或嗣皇因母得立的現象基本上不再見到，且以嗣皇帝為中心，卻不是以皇后、太后或其家族為中心，逐漸成為宮廷政治的主綫。

　　盡管如此，以往的后妃地位與出身問題顯然還在主宰和支配着宮廷的意識，皇帝入繼大統的合法性、正當性仍然需要與母親的地位聯繫在一起。於是皇帝們不得不通過册禮和節日生日對太后的起居朝參及將生母神主入廟種種盡量地提高母親的身分，甚至設法通過尋親、任官等提升母舅家地位，以達到證明自己是嫡統繼承的目的。而喪服制度、宗廟制度都在繼續圍繞着皇帝正統唯一性這個主題，給當朝皇帝的母親以崇高的、獨一無二的禮儀地位。因此皇后身分的唯一性、高貴性也被艱難地保持着。但是五代軍閥政權在配偶問題上已經無所顧忌。後唐莊宗雖然在自己出身和母親的身分問題上仍然斤斤計較，且其後宮爭寵，仍以門族相誇尚，其中劉氏為忌諱此事甚至不認其父，拜張全義為養父①，仍不能不說有舊日遺風；但他以劉氏代替正夫人韓氏為皇后，卻全然不在意劉氏的出身低微。清人趙翼注意到周祖郭威四娶竟然都是再醮之婦②；而世宗柴榮皇后符氏亦為李守貞之子李崇訓遺孀③。這説明皇后的出身來歷已經不再成為皇帝選擇配偶或者册立后妃的必要條件，以妾為妻更不是什麼不可逾越的障礙，只有皇帝的意願纔是册后立后的唯一依據，士族制所體現的身分性被軍閥皇帝徹底破壞和蕩滌了，這是繼承制度本身和宗廟原則改變的社會基礎。

　　宋代以後，皇后册立相比之下不僅正常化，而且來源多途，條件放寬，這顯然亦是皇權政治相對穩定的表現。並且雖然有如真

---

　　①　參見《舊五代史》卷四九《后妃傳》，674 頁；《新五代史》卷一一四《唐太祖家人傳·皇后劉氏》，143—144 頁。

　　②　王樹民：《廿二史札記校證》"周祖四娶皆再醮婦"，北京：中華書局，1984 年，484—485 頁。

　　③　《舊五代史》卷一二一《后妃傳》，1603—1604 頁。

宗章獻劉后那樣攬權參政、"母儀天下，輔承丕業"以及仁宗慈聖曹后"受兩朝之託，翊嗣聖之興"的情況①，但至少皇后或太后並不能依仗家族勢力影響廢立，而只能成為當朝皇帝的輔佐，皇后本身的家族來源以及皇帝的嫡庶出身問題也都被進一步模糊和淡化了。劉靜貞教授曾以北宋真仁之際的女主政治權力為中心，討論了章獻劉后從干政到攝政的過程②。她指出劉后出身寒微，雖然能憑藉個人才能及利用朝廷矛盾，掌握一定的政治權力而"裁制於內"，並且因仁宗年幼即位和朝中乏人而得以攝政；但即使在服袞冕謁廟之時，"她與皇帝至尊無二的權力地位仍有着一段永遠不可能消除的距離"，結論是"皇帝一人專制的基本理念，在宋代進一步地以君主獨裁的政體形式落實實現"。文章還提出雖然在政權無法有效銜接時，女主似乎較易取得代理皇權的機會，但這種代理過渡性很強，"因為她不但受到皇帝一元統治理念的限制，更無法突破父權父權男性中心社會中男女有別的最後防線。非法的皇后干政固不用說，即使是以母親身分合法代理皇權的攝政皇后，亦將受到政治制度與社會規範的雙重制約"。而這種制約，在相當程度上是來自於堅持皇帝——官僚統治體系正當性的新興士大夫們。

藉助劉文論說我們可以理解唐宋時代皇后權力之不同。簡而言之，宋代君主獨裁制度下和中古前期的皇后干政攝政已不是一回事，士族政治時代的那種女主權力其實已經不存在了，宋代的"女主"已經沒有了與皇帝對等的地位，她要受父權和夫權社會的種種制約。這種情況對繼嗣和後宮關係造成的直接影響便是：一方面，對嗣皇帝而言，皇位的獲得不再與母親身分相關，庶妃出身的背景顯然也不再被認為是皇帝的恥辱，更不影響皇帝自身至高

① 《宋會要輯稿·禮》三二之三〇《后喪·慈聖光獻皇后》，1214頁。
② 劉靜貞：《從皇后干政到太后攝政——北宋真仁之際女主政治權力試探》，《國際宋史研討會論文集》，臺北：中國文化大學，1988年，579—606頁。

無上的形象;所以無論是太后皇后服制,還是葬禮,都已不再具有伸張繼位合法性的特殊含義。另一方面,一帝一后、夫妻嫡體的原則真正被更改、被打破,皇后的身分地位不是先天的,而是作為丈夫的皇帝給的。所以多位皇后可以一同入廟侍主,一夫多妻的禮儀形式在宗廟中得到認定。這樣對於在廟的先皇而言,便形成了一帝數后、衆星捧月般的光景,生嗣子的皇后只是其中之一而不是唯一,意味着嗣統不是由皇后而是由皇帝為主決定,皇帝主宰一切,也可以說是男性主宰一切的重心地位被突出了。

皇帝的母、妻既然在皇帝、太子的繼承問題上都不再發生決定性的影響,顯然可以認為是女性地位不再受到重視的表現。這種現象,當然是與全社會的發展趨勢吻合的。以往學者曾論及傳統社會中由父方母方並重到父系意識的成長,以及因倫理觀念和家族關係從重父權到重夫權變化而導致女性在家族地位中下降的問題①,確可以作為產生這一現象的社會原因。不過,具體到皇家宗廟和繼承問題,更有着國家體制與政治權力的考量。一方面,宗廟中皇帝地位的唯一性,以及一切圍繞皇帝為中心建立嗣統的原則,是禮法對宮廷關係和繼承原則的重新認定,與皇權至上的統治意識和政治要求一致。另一方面,生前的貢獻和功德或說實際政治地位在入廟後的位置排列上也佔有相當的成分,這與中唐以降建立起來的宗廟原則也是吻合的。因此以上內容,或許也可以看作是中古皇帝制度發展以及士族社會轉化為官僚政體和平民社會以後,反映在國家體制和宮廷禮儀方面的新變化吧!

---

① 參見侯旭東:《漢魏六朝父系意識的成長與"宗族"問題——從北朝百姓的聚居狀況談起》,《中國社會科學院歷史研究所學刊》3集,北京:商務印書館,2004年,205—235頁;王楠:《唐代女性在家族中地位的變遷——對父權到夫權轉變的考察》,《中國社會歷史評論》3卷,北京:中華書局,2001年,135—167頁。

(四)裴茝的太子喪禮製作及相關思想動態

在關注太后喪禮的同時,太子喪禮同樣值得重視。《舊唐書》卷一四《憲宗紀上》載元和六年十二月"辛亥,皇太子寧薨,謚曰惠昭,廢朝三日"。《册府元龜》也載元和"七年(812)正月辛酉朔,帝不受朝賀,以皇太子薨廢朝故也"。三月辛酉,"罷曲江上巳宴,將葬惠昭太子也"。同年四月又因惠昭太子寧葬事及雨,廢朝六日①。其時有兵部尚書鄭餘慶"受詔撰惠昭太子哀册,其辭甚工"②。喪事又遣内侍彭獻忠為監護使③,並為之"立廟懷真坊,置官吏,四時置享"④。在《唐會要》卷二三《緣祀裁製》的"二月十祭"和"八月八祭"中,就有惠昭太子廟。《文獻通考》卷一四二《樂》一五載有"左散騎常侍歸登、諫議大夫杜羔、給事中李逢吉、孟簡、職方郎中知制誥王涯等共撰"的惠昭太子廟樂章六章。

惠昭太子為憲宗所鍾愛,太子之立,出自憲宗己意,而且是他力排衆議,打破内宫干擾而進行的。傳世文獻中保存的除上文已提到的《立鄧王為皇太子制》,還有《册鄧王為皇太子文》和《元和四年册皇太子赦》⑤。制書讚美太子"性與忠敬,生知孝友,秉寬洪之度,體慈愛之心",册書和赦書也都説他"寬厚之量,匪由師訓;温文之德,稟自生知","清明體仁,莊敬好禮;服典謨之誼,□(一?)君親之誠",可見憲宗對太子的人品相當滿意。

但惠昭自立至亡不過二年,其去世對憲宗不啻是重大打擊。所以太子喪禮一定要辦得特别像様,以彰顯其貴重身分。上面所

---

① 《册府元龜》卷一〇七《帝王部·朝會》一、卷一一一《帝王部·宴享》三,1281、1316頁。

② 《舊唐書》卷一五八《鄭餘慶傳》,4165頁。

③ 張仲素:《内侍護軍中尉彭獻忠神道碑》,《文苑英華》卷九三二,4902頁。

④ 《册府元龜》卷二六一《儲宫部·追謚》,3105頁。

⑤ 分見《唐大詔令集》卷二七、卷二八、卷二九,95、100、105頁。

説的元日廢朝是帝、后喪禮之儀，與立廟和廟樂等都充分體現了國禮規格。九十年代發掘的惠昭太子墓，墓葬形制證明是"號墓為陵"的等級較高的大墓。墓為磚室，有石門，出土了漢白玉填金的册文和哀册殘片[①]。其中册文由於有傳世文獻對照，可以完全恢復。以往皇帝太子墓中出土多見謚册和哀册，惠昭墓中哀册的殘文似表達了對太子早逝的悲傷。但未見謚册卻有生前立太子册文，憲宗私心是希望太子能夠活着成為自己的接班人，用生册代替謚册，是不是有意表示憲宗極大的惋惜和痛心呢？

不僅如此，憲宗還曾專為之定喪禮儀注，《舊紀》載其時"國典無太子薨禮，國子司業裴茝精禮學，特賜於西内定儀"。《唐會要》卷四《雜録》稱："其年十二月惠昭太子薨，命國子司業裴茝議廢朝禮。茝奏'故事，無皇太子薨禮，請輟視朝十二（三?）日'，蓋用期服易月之制也。"《舊唐書》卷一七五《惠昭太子寧傳》亦曰："元和六年十二月薨，年十九，廢朝十三日。時敕國子司業裴茝攝太常博士，西内勾當。茝通習古今禮儀，嘗為太常博士。及官至郎中，每兼其職，至改司業，方罷兼領。國典無皇太子薨禮，故又命茝領之。廢朝十三日，蓋用期服以日易月之制也。謚曰惠昭。"

葬禮的刻意隆重和原來並無依據或許是使裴茝"西内定儀"的初衷。"西内"的太極殿是皇帝的停喪之所，而太子亦停靈於太極宮中，而且很可能就是太極殿，也説明是按照帝王（儲君）規格來辦。所謂"西内勾當"者，是説從始至終負責喪禮的每一過程，可見這一喪禮的不同凡響。另外定禮雖然是為了貫徹憲宗意圖和解決現實需要，但裴茝在皇帝欽命之下結合實踐所制定的太子喪儀，"廢朝十三日，蓋用期服以日易月之制"，等於是建立了為太子服喪的權制和相關程序，表明在帝、后喪禮之後，太子喪禮也已經正式

---

① 陝西省考古研究所、臨潼縣文物園林局編：《唐惠昭太子陵發掘報告》，西安：三秦出版社，1992年，1—20頁。

進入國家公禮的視野和範疇，這是中唐對《國恤禮》的進一步完善。

新定的太子國葬之儀，會有怎樣的特點呢？

先說完成此禮的裴茝。《新唐書・宰相表》載其出身河東裴氏"東眷"一支①，可算得是舊族出身，且東眷裴氏與裴塏所在的中眷裴氏一樣，也是代有其人。據說裴氏唐朝宰相十七人，而東眷裴氏七人，代宗宰相裴冕是其再從叔，曾以御史大夫任山陵使②。而與裴茝大致同時的還有憲宗宰相裴塏，"塏弱冠舉進士，貞元中，制舉賢良極諫對策第一"，曾長期居翰林。為人"器局峻整，有法度"③，亦為族人翹楚。

裴茝本人則以禮學為專工。《新唐書・藝文志》載其著有《內外親族五服儀》二卷和《書儀》三卷④，可見他本人是對當時的禮儀有解說和發明者，並且對喪禮服制尤業有專精。本書在討論《崇豐二陵集禮》時曾提到裴氏的三家書儀，其最早的是裴矩與虞世南所撰，並提到裴氏關於喪服喪制之傳統。則裴茝之書儀和五服儀亦當有繼承性。又其《書儀》三卷下，說明："朱儔注。茝，元和太常少卿。"是知裴茝還任過太常少卿。朱儔是宣宗初的太常修撰官⑤。《藝文志》所載書儀中，只此件言明有注。今裴茝著作已佚，但從其《書儀》有注釋的情況也可以知道它後來一直得到唐人重視，並被廣為傳播。

或許正因如此，裴茝與陸淳（質）同樣，亦極得當世聲名。《新唐書》卷二〇〇《儒學下・啖助傳》言"大曆時，（啖）助、（趙）匡、

① 《新唐書》卷七一上《宰相世系表》一上，2241 頁。

② 《舊唐書》卷一一三《裴冕傳》，3353—3354 頁。

③ 《舊唐書》卷一四八《裴塏傳》，3989—3992 頁。

④ 《新唐書》卷五八《藝文志》二，1493 頁；並參《宋史》卷二〇四《藝文志》三，5132、5136 頁。

⑤ 《唐會要》卷一四《禘祫下》會昌六年十月條，366 頁；並見《冊府元龜》卷五九二《掌禮部・奏議》二〇，7083 頁。

(陸)質以《春秋》,仲子陵、袁彝、韋彤、韋(按當作裴)茝以《禮》,蔡廣成以《易》。强蒙以《論語》,皆自名其學"。啖助、趙匡、陸質都是著名的春秋學派人士,春秋學派即陳寅恪所説之"解經別派"①,其特點在於疑經改經,也即《新唐書》所謂"名治《春秋》,摭訕三家,不本所承,自用名學,憑私臆決,尊之曰'孔子意也'",代表了新學人士對古禮舊學的批判態度。其他人是否都可以算在這一類不得而知,但至少是"自名其學",即標榜個人的觀點學問,而不對前儒亦步亦趨。裴茝雖然因"通習古今禮儀"有對傳統的繼承,但也是有所發明的人之一,太子喪禮儀注説明元和時期的禮制開始打破一些框框,而又是建中貞元重建禮制的繼續。

再説裴茝所定禮的内容特色。從上述記載得知,太子喪禮皇帝"廢朝十三日,蓋用期服以日易月之制"是裴茝所定喪儀最重要的一部分。《開元禮》規定"斬衰三年"中有"父為長子",注謂:"重其當先祖之正體,又將代己為廟主,故庶子不得為長子(下略)。"禮所云長子即嫡子,惠昭太子寧按年齒是憲宗長子,既然立為太子,原則上應當是嫡子,應當為之服三年喪。為何按一年喪的暮服對待呢?

此種疑問和爭議其實始自兩晉南北朝。《通典》卷八一《天子立庶子為太子薨服議》記晉惠帝愍懷太子以庶子立為太子,"及薨,議疑上當服三年"。司隸王堪認為,應當按"正體承重"。司隸從事王接卻以為,愍懷太子屬於"所謂傳重而非正體者也",應依《喪服》及鄭氏説,"制服不得與嫡同"而"應從庶例"。這樣就是"天子諸侯不為庶子服,聖上於愍懷無服之喪"。針對當時"焉有既為太子而復非嫡乎"的質疑,其答稱:"嫡庶定名,非建立所易。《喪服》,庶子為其母緦,不言嫡子為其妾母,而曰庶子為其母,許其為後,庶名猶

---

① 説見《陳寅恪讀書札記・舊唐書新唐書之部》,上海古籍出版社,1989年,208頁。

存矣。"但據説晉惠帝對愍懷太子仍然是"依禮服長子三年，羣臣服齊衰朞"①。

不過到了南朝，則已有降等服朞的看法。宋庾蔚之認為上述按正嫡為之斬衰和等同庶子的做法"兩失其衷"。提出："天子諸侯絕傍周（朞）。今拜庶子為太子，不容得以尊降之。既非正嫡，但無加崇耳。自宜伸其本服一周（朞）。庶子為後不得全與嫡同，庶名何由得去？己服祖曾，與嫡不異，是與嫡同者也。祖曾為己服無加崇，是與嫡異者也。天子諸侯大夫不以尊降，又與衆子不同矣。"意即折衷嫡庶名分的不同，定為庶出太子的服朞之禮。

而事實上，這一朞服之制也確有實踐。《南齊書》卷一○《禮志》下（《通典》卷八二《為皇太子服議》略同）記齊武帝永明十一年（493），文惠太子薨。右僕射王晏等奏："案《喪服經》'為君之父、長子，同齊衰朞'。今至尊既不行三年之典，止服朞制，羣臣應降一等，便應大功。九月功衰，是兄弟之服，不可以服尊。臣等參議，謂宜重其衰裳，減其月數，同服齊衰三月。（下略）"其中雖主要是奏臣服，但已明確齊武帝為文惠太子"止服朞制"，而文惠太子也是非皇后所生的庶子。

惠昭太子寧雖然生前已立為太子，但實乃憲宗庶子。所以，對他的服制應該也是以上述"故事"為參考和依據的。盡管如此，對惠昭太子採用這一非嫡非庶之禮顯然不是没有對現實政治的考慮。上面曾説到他的册立被以雨為藉口耽擱了很久，可想而知立太子是有鬥爭的。當時在宫中更有權勢的應當是遂王宥即後來的穆宗。穆宗的母親是曾為太子正妃的郭氏，雖未正位皇后，但穆宗纔是真正意義上的嫡子。為惠昭太子服朞説明在彰顯其太子地位的同時，仍不能不考慮他的出身，甚至不能不考慮郭氏母子的態

---

① 《宋書》卷一五《禮志》二，393頁。

度。服縗之制恐怕也是宮廷鬥爭的產物。由這一點也可以想到，雖已立為太子卻非按嫡子身分的喪儀也會有一些尷尬之處，在服式、器物等方面如何體現其身分都是要費斟酌的，更何況"國典"中並沒有留下先例，所以要使喪禮得體，非裴茝這樣能夠與時俱進、講求實際的飽學之士不能辦。

惠昭太子喪禮儀注的建立，無疑為唐朝後來的太子開了先例。在惠昭太子之後，由於種種原因，唐朝立太子大多已經沒有什麼章法。而且雖然正式得立者甚少而多追冊追封，但除穆宗外卻幾乎無一不是庶出，所以惠昭太子的喪禮儀注成為後期太子喪禮的依據。《唐會要》卷三八《服紀》下稱："開成三年(833)十月，中書門下奏：'皇太子今月十六日薨，十六日舉哀，二十八日公除。臣等參詳惠昭太子例，蓋緣在公除內，今從舉哀日數至二十八日，十三日滿，合公除，不合更待翰朝日滿。臣等商量，望令百寮二十九日概行參假，便赴延英奉慰。'敕旨：'宜依。'"開成三年去世的是莊恪太子勇，他的喪禮就是參照惠昭太子的儀注辦的。

從這一角度而言，裴茝的太子喪禮儀注某種程度也是填補了"國恤"空白的。並且結合上面已討論的皇后禮來看，盡管這些太子的背後都沒有母親高貴的地位及出身作支持，而且對他們的喪禮服制亦有所減降，但同樣申明了他們作為正統繼承的禮儀地位。太子的繼承不再由母家決定的理念由此再一次得到伸張。因此可以認為，以惠昭太子為代表的太子喪禮儀注既是宮廷政治的產物，也是新的政治體制和社會意識促成的結果。

總之從上述貞元、元和以降皇后、太子的喪禮儀注和服制來看，都有一些複雜的因素，這是和朝廷政治與皇位繼承問題難以分開的。特別應當理解的是，由於唐後期的皇后、太子禮都是在權力交接非常不穩定，皇后、太子本身的地位也極具偶然性的情況下產生的，所以大臣在制定這些儀注和服制時，並不一定盡行古禮或者

《開元禮》,而是結合現實需要有了許多折衷的成分,顯示了越來越實用的特點。其中的變化並不只是內容,也體現了製作者本人身分及其思想的變化。

在上章討論《大唐元陵儀注》和《崇豐二陵集禮》的創作時,筆者已指出建中貞元前期和貞元末、元和以後的制禮雖然都是企圖恢復大唐盛世而對《開元禮》進行修改補充,但它們的禮儀傾向已有不同,前者產生於安史之亂後的恢復期,因此處處以太平盛世時的《開元禮》為參照,對儒家傳統亦步亦趨。而後者則是在唐朝制度經歷過長期發展,已有諸多突破,而現實生活也與唐前期有了更多差別之際,所謂"喪祭冠婚,家猶異禮;等威名分,官靡成規"[①],因此雖然朝廷仍強調對《開元禮》和古禮原則的落實,卻從現實出發而對《開元禮》加以"刪定施行",有了更多的改革與批判意識。

而這一點不僅和時代要求,也與禮家本身的來源和思想傾向有關。大曆建中時代作為禮學家代表而引領時尚的是苗晉卿、楊綰、顏真卿等,他們經歷過唐朝的太平時期,是最忠實於古禮原典和開元制度的舊學者,思想較為保守和傳統。張薦、柳冕和穆質年輩略低於楊、顏,但所在時代曾與相交,思想有一致之處。據說張薦學問為顏真卿所嘆賞,曾作有《五服圖》。貞元元年冬德宗親郊時,以張薦為太常博士,參典禮儀[②]。柳冕與其同時,也曾參與德宗郊禮製作。穆質為名臣穆寧之子。史稱"寧好學,善教諸子,家道以嚴稱",四子贊、質、員、賞俱有令譽,"近代士大夫言家法者,以穆氏為高"[③],因此也是謹守傳統的儒學之家,他們的思想在多數時候也都以《開元禮》的復興為原則。筆者於以往的文章中曾討論過,在面對《開元禮》和天寶制度的選擇中,張薦、柳冕都是斬釘截鐵擁

---

① 《文苑英華》卷六四四,3306頁;並見《呂和叔文集》卷五《四部叢刊》本。

② 《舊唐書》卷一四九《張薦傳》,4024—4025頁。

③ 《舊唐書》卷一五五《穆寧傳》,4115頁。

護《開元禮》的。例如關於貞元元年郊禮圖柳冕就有"開元定禮，垂之不刊，天寶改作，起自權制，此皆方士謬妄之說，非禮典之文，請一準《開元禮》"的建議①。張薦在關於祫饗的問題上，也主張如《開元禮》使獻、懿入祭而虛太祖之位，這和顏真卿的按昭穆序位，以獻祖為尊其實相差不遠。

　　但是在這些後來者的思想中，也並非一成不變。例如在祫饗問題上柳冕主張獻、懿二祖已祧，親盡則毀，不可替太祖之位。太廟不同私廟，"所以尊正統也"，應以太祖為尊。另外前揭德宗昭德皇后的服制，柳冕和張薦提到依從魏晉故事或者宋齊之例的問題而並非取古禮之意，而穆質雖然提出依從古禮，卻不得不同時接受變通的喪服之制，說明考慮皇帝的感受是至高原則，這和《儀注》要求皇帝遵從古制，一切以古禮和《開元禮》為基並不相同，可見從一些根深蒂固的理念當中也透出適應現實而不斷"維新"的徵象。

　　另外從前揭記載可知，貞元十九年給事中陳京所奏獻、懿不入祫饗而祔入興盛、德明廟，太廟以景皇帝太祖居東向之尊的最後決議，實際上仲子陵、陸質也都是參加了的。《舊唐書》卷一三五《王叔文傳》言叔文與韋執誼、陸質、呂溫等十六人定為死交。而正是從貞元後期，新一代的禮學家陳京、陸質等嶄露頭角，在禮制方面發揮了越來越大的作用，使《開元禮》所謂改撰《禮記》的意圖得到進一步發揮。韓愈《順宗實錄》曾提到裴茝與張正買（《資治通鑑》據《德宗實錄》"買"作"一"）、王仲舒、韋成季、劉伯芻、常仲孺、呂洞等相善，並在貞元十九年之際因張正一奏朋黨事遭到韋執誼嫉恨，而俱被逐出②。這說明裴茝與陸質、呂溫等不是一黨，但他"自名其學"的特點與陸質等卻無區別。裴茝和撰作《崇豐二陵集禮》的裴堪，雖然都是出身舊家世族，通知古今，但治禮卻顯然頗多新意，並

---

① 《舊唐書》卷二一《禮儀志》一，843—844 頁。
② 《韓昌黎集·外集》卷一〇《順宗實錄》卷五，8 冊 13 頁。

非固守舊章,拘泥不化。裴堪在崇、豐二陵的喪禮儀注中多所發明,雖然柳宗元言其書"君子以為愛禮而近古",但不僅一些儀注為前朝已無,而且其遷祔以功德為原則也與《開元禮》和《大唐元陵儀注》以提倡孝道為根本有了原則的不同。裴茞於元和中所主持的太子喪儀雖然吸收了南朝之制,卻尤其是附從現實政治的傑作。可見世俗雖然仍重傳統,重家世,但更重思想、制度之創新及迎合於世。這説明永貞元和之際的思想潮流是以順應時勢為其主體的,但改革家們的思想不僅表現於永貞的政治革新,也對唐朝吉凶禮儀的制定產生深遠影響。唐朝禮儀由此逐漸脱離《開元禮》的樊籬,而向着更加凸顯皇權和為現實服務的方向發展。

　　總之無論如何,太子儀注可以認為是皇帝喪禮的補充和推廣,與帝、后禮同樣為凶禮"國恤"中不可缺少的一部分。而從德宗建中初的《大唐元陵儀注》開始,到貞元中《崇豐二陵集禮》,再到德、憲兩朝皇后、太后凶儀的完善,最後到元和太子凶儀的撰作和實踐,中唐時代已經一步步重新建造和全面完成了"國恤"。可以下結論的是,這部實踐中不斷有所變換和增新的國恤,雖然是儒家典禮的伸張和推廣,卻已經不是開元凶禮的翻版,而是融入了新的時代精神,是新的儒家思想的產物,其禮法代表國典儒家化的主流。關於這一點,我們還將結合其他方面進行研討,但唐後期皇家喪禮儀注作為整體禮制的一部分,其發展趨勢應該是完全一致的。

上編上結語　隆重輝煌的皇帝喪禮與"國恤"重建

　　研究皇帝喪葬禮制度"國恤"，擺在面前的是兩項任務，一是從理論方面追溯皇帝喪禮的來源和沿革，二是具體討論皇帝（后、太子）喪葬的過程和儀節，從而發現中古皇帝凶禮的綫索和發展規律。

　　皇帝喪葬在中古國家的喪禮中，位置和等級最高。中古的皇帝喪禮從理論溯源來看，應當認為是上古的天子禮，也即廣義的周禮與漢魏以來皇帝制度的結合。從史料對前朝喪禮儀注和某些喪禮形式的記載中，仍然可以見到歷朝皇帝喪禮沿此兩途結合發展的蛛絲馬跡，並由此推測唐朝貞觀《國恤禮》吸收《開皇禮》以北朝制度為基，同時也吸收南朝皇帝喪禮儀注的淵源。其中牛弘"就廬非東階之位，凶門豈設重之禮"的批評成為揭示《國恤禮》來源的鑰匙。

　　但是《顯慶禮》取消《國恤》使得皇帝喪禮逐漸變得無章可循。而借助安史亂後儒學精神的感召和回歸，顏真卿創作《大唐元陵儀注》，一方面吸收《開元禮》和古禮遺制，一方面結合漢魏以來制度與唐朝的現行體制，通過對已亡故的皇帝策劃並記錄喪禮程序和細節的過程（而非概念性的預設），使儒家性質的皇帝喪禮國恤實現了再造，並得以延續。這之後的《崇豐二陵集禮》繼續貫徹儒家

觀念和元和時代的改革思想。宋代以後，皇帝的喪禮儀注的制定
形成制度，並通過禮官的臨事籌劃和實錄記述詳盡，已經不再是國
史會要中刻意迴避的内容，表明以儒家禮儀為根基的"國恤"儀注
的最終定型和不斷完善。

　　皇帝喪禮儀注是皇帝喪儀的具體依據和指導，即使在臣僚們
刻意迴避皇帝死亡的同時，皇帝的喪葬仍然是有着按程序舉辦的
"潛規則"，而《大唐元陵儀注》等的制定不過是將之明晰化了，並使
之適應現實而具備可操作性。本章討論了皇帝喪禮的三個階段。
其中初喪和成殯階段，嘉禮喪儀同時進行，反映了吉凶轉換之際的
變化與協調。這一協調過程即吉凶的並軌到宋代得以真正實現。
服喪和啓殯階段的二十七日祥禫變除，圍繞"以日易月"的"權制"
形成國家喪禮制度。送葬和祔廟作為喪葬的最後階段，除了宮中
的送行祭奠和在墓地的入葬過程，鹵簿儀仗都是展示在民衆的
面前。

　　三個階段的完成，其實只是完成了喪禮從喪到葬的初始過程，
而古禮的三年喪制實際上延續了喪禮結束的時間。圍繞這一問
題，喪禮的兩重喪制成為中心。一方面，以日易月的"權制"承襲漢
魏制度，以國事需要為前提，喪服"公除"一律化，嗣皇帝家族與臣
民作為國家成員完成其中的喪禮程序。而《大唐元陵儀注》和《崇
豐二陵集禮》通過展示其中的過程使凶禮中國家秩序和皇帝統治
形象突出了。總之通過《儀注》和《集禮》的編纂和實踐，可以認為
儒家禮儀始終是皇帝制度的核心與根本，是國家禮體所在。

　　另一方面，古禮規定的三年喪制也被皇帝及其家族私下實行
而稱為"心喪"，因而魏晉以後的帝后喪禮出現了兩重祥禫。三年
祥禫本來只是對皇帝個人生活發生影響，更體現喪禮中皇帝家族
的私人色彩，國家制度不作強調。但是到了宋代，三年祥禫與以日
易月的二十七日喪服制度同存並立，表現了宋朝以士大夫家法統

一皇帝喪禮的努力。並且在儒家禮儀之外,與之配套的齋會、行香等宗教儀式也隨之進入三年喪制,成為能夠反映和代表皇帝心意而與儒家儀式並行的另一種禮儀形式,儒學為體,佛、道為用成為中古喪禮的基本原則和特色,國禮和家禮——國家制度與皇帝個人家族喪禮的雙重意義於是在兩種喪制中得以分別體現並最終統一,而皇帝的個人意志和權力也因此不斷被顯示和強調,這是中古喪葬和喪服在皇權至上的社會中發生的最大變化之一。

皇后與太子的喪禮唐後期附從皇帝禮以進行,中唐貞元元和時代的皇后與太子喪禮儀注建立而納入國家典禮範疇,完善和豐富了"國恤"儀注,從而使中古時代的皇家葬禮走向系統化。晚唐皇后的服制和祔廟受到朝廷皇位爭奪和內外政爭的影響,體現出"嫡統"觀念對皇位繼承的影響。但這一意義在宋代全然被淡化,三年服制並不一定只給嫡后或皇帝生母,唐朝祔廟皇太后必須是皇帝之母與"一帝一后"的原則在宋代也被打破,代之以多位皇后共同入廟的"一帝數后"的情況。而太子喪禮在元和時代重新建構,給庶出身分的太子以正統的繼承地位,都表明了在繼承問題上,皇后出身及其宮廷身分已經不佔主要地位,而皇權作為唯一繼承依據的意義得以充分展現。因此,無論是帝、后、太子喪禮的變化,抑或與之密切相關的皇位繼承問題,都體現了從士族門閥社會觀念和身分制的瓦解,到新的皇權意識、平民意識的增長。中古國家喪葬禮制正是在這樣的觀念之下走向世俗化和平民化,並在其對外展示之中和百姓的見證之下完成它最終與民間接軌的過程,而得到全社會的瞻仰與認同。

上編下

皇帝喪葬的組織機構與凶儀慰哀

　　以上的內容集中於皇帝的喪禮儀式,但在此之外還有相關的一些問題。例如在瞭解了皇帝和皇家喪禮的舉辦程序之後,就可以知道喪禮對國家的震動並不僅僅是政治或者精神方面,也有着因喪禮舉辦規模的情景、物質需要所造成的影響。而針對後者不免會提出這樣的疑問,即如此隆重而繁複的皇帝喪禮是由怎樣的機構負責組織分工以及如何進行與實施呢?

　　又如皇帝喪禮是作為國恤亦就是整個國家的喪禮來操辦的,參加者的主體是嗣皇帝和大臣。如果按照以往一些學者的看法,臣下是通過策名委質而與君主形成隸屬關係的,而君臣又同是國家這一大家庭的成員;那麼在這一過程中,自始至終參與喪禮的朝廷大臣和官員,是通過怎樣的儀式和程序與新皇帝實現互動和溝通,表達慰問之情,與此同時見不到皇帝的地方官員們又需要通過怎樣的方式來表達同樣的心意?

  本編的下面部分即着重解決這兩方面的問題。也分為兩章,前章討論在唐代後期逐漸發展起來的山陵五使,以及它們在皇帝喪禮中的職能和作用。後章則是借助敦煌文書以及存世牋表討論唐宋凶禮奉慰儀的建立,以及它作為國家典禮的程式化。以上兩方面毋庸説是喪禮的輔助,是喪禮的一些外在環節,但皇帝葬禮的家國意義正通過這些內容而體現,關注這些問題,無疑將會對中古之際的國家形態和君臣關係有更深一層的體會。

第三章　唐代的皇帝喪葬與山陵使

　　唐朝皇帝的喪葬禮儀從最初的發喪成服到謚册、除服乃至最後的安葬山陵及祔廟活動要持續數月之久，整個喪禮不僅需要有具體的儀注來提點，也需要有專門的官員來負責，因此從唐前期開始，已有主持山陵事務的臨時使職以及禮儀使等。唐後期至五代，逐漸發展為固定設置的山陵五使，承擔關於山陵修建和喪葬的不同事務，且與主持郊廟親祀的大禮五使遙相對應，成為具體主辦吉凶大禮的組織和官員。

　　由於自唐後期始，所有的凶事舉辦過程都被置於山陵使的直接領導之下，故筆者不揣淺陋，擬從山陵使的角度對皇帝喪禮再進行發掘。本章主要討論唐朝山陵使的建置發展，以及山陵五使的職能分工問題，以對唐朝皇帝喪禮的組織提供一些説明。

一　皇帝的山陵建置與山陵使

　　唐朝皇帝去世的問題雖然被史官盡力迴避，但喪事總是要辦的，從唐初到唐末，無論皇帝即位的過程中曾經充斥了多少的複雜和矛盾，卻從未見到唐朝廷在先皇帝的喪事期間因喪禮不周或者無人管理而出現過儀式、程序上的混亂。這説明新皇帝一旦即位，喪禮其實就被置於嚴密的控制和安排中。這一點，當然與喪禮主辦人員的設置有着極密切的關係。隋唐初期，都使重臣主喪事，而由於喪禮的繁雜和一應山陵造作等問題，也使皇帝喪事承辦中，逐漸出現了兩種不同的使職。這兩種使職在中唐以後形成經常化的設置，並且發展為分工負責的數種使職，成為皇帝葬禮的實際組織者，使整個喪葬禮能夠有條不紊地進行。中唐以後，山陵使完全改由宰相兼任，而由於宮廷鬥爭的激烈化，也形成內廷使職對葬禮的監控。內外使職嚴密組織下的葬禮得以順利舉辦，參加者和有關服務人員也在結束後受到最大範圍的嘉獎。

圖 18. 唐代帝陵地理分布圖

　　長安地區帝陵所在位置：

　　1.奉先（今陝西蒲城）：睿宗（橋陵）、玄宗（泰陵）、憲宗（景陵）、穆宗（光陵）；

　　2.富平（今陝西富平）：中宗（定陵）、代宗（元陵）、順宗（豐陵）、文宗（章陵）、懿宗（簡陵）；

　　3.三原（今陝西三原）：高祖（獻陵）、敬宗（莊陵）、武宗（端陵）；

　　4.雲陽（今陝西涇陽）：德宗（崇陵）、宣宗（貞陵）；

　　5.醴泉（今陝西禮泉）：太宗（昭陵）、肅宗（建陵）；

　　6.奉天（今陝西乾縣）：高宗（乾陵）、僖宗（靖陵）。

(一)早期的山陵使及其發展過程

唐朝在位皇帝二十一位,共二十陵。除昭宗與哀帝葬於河南之外,其餘十八陵均分布在長安附近的縣份,大多在皇帝死後短時間內建成。而針對皇帝喪葬事務的需要,早期的山陵使有兩種,一種就是負責營建山陵者,一種則是領導訂立喪禮儀注和儀式者。前者建立山陵規制,後者多以宰相兼任,兩者的職務分別十分清楚,已成後世山陵使與禮儀使分割之濫觴。

1. 山陵使的緣起

山陵使的名稱見於唐後期史料,《大唐元陵儀注》中就正式出現了"太尉及司空山陵使"之稱[①]。根據這個名稱,可以知道這是由有着最高名號的重臣擔任的負責皇帝喪葬的最高使職。此外,還有與山陵事務同樣密切相關的禮儀使的名稱。不過山陵設使事實上淵源已久,早在隋代,已有重臣楊素主持帝后山陵事務的記載[②]。唐朝自高祖李淵喪事始,也多有大臣主事其間。如《舊唐書》卷六五《高士廉傳》:

> 高祖崩,士廉攝司空,營山陵制度。事畢,加特進,上柱國。

《舊唐書》卷六六《房玄齡傳》曰:

> (貞觀)九年(635),護高祖山陵制度,以功加開府儀同三司。

---

① 《通典》卷八六《葬儀》,2349 頁。
② 《隋書》卷四三《觀德王(楊)雄附弟達傳》載楊達為工部尚書,"獻皇后及高祖山陵制度,達並參豫焉。"卷四八《楊素傳》:"及獻皇后崩,山陵制度多出於素。"文帝為此下詔,稱"塋兆安厝,委素經營",因能"心力備盡",故專予褒賞。1218、1287 頁。

而《全唐文》卷一四五于志寧作《太子少師中書令開府儀同三司并州都督上柱國固安昭公崔敦禮碑》載：

> （貞觀）九年，屬有國哀，靈駕進發，以公攝侍中□人□喪事。

顯然也是參與主持喪事的。

另外《舊唐書》卷七七《閻立德傳》也稱：

> 貞觀初，歷遷將作少匠，封大安縣男。高祖崩，立德以營山陵功，擢為將作大匠。貞觀十年，文德皇后崩，又令攝司空，營昭陵，坐怠慢解職。俄起為博州刺史。十三年，復為將作大匠……二十三年，攝司空，營護太宗山陵，事畢，進封為公。

同卷《韋挺附韋待價傳》：

> 則天臨朝，拜吏部尚書，攝司空，營高宗山陵。功畢，加金紫光祿大夫，改為天官尚書、同鳳閣鸞臺三品，賜物一千段，仍與一子五品。

《舊唐書》卷六四《霍王元軌傳》：

> 高宗崩，與侍中劉齊賢等知山陵葬事，齊賢服其識練故事，每謂人曰："非我輩所及也。"

以上官員有着"營"、"護"或"知"山陵事務的名義，其或承擔皇帝山陵營建，或負責喪事的舉辦，已經是專有其責，且似乎從閻立德開始已有使名（詳下引《唐會要》）。前揭于志寧作《崔敦禮碑》提到太宗喪他也曾"副太尉趙國公檢校山陵鹵簿"，是具體又有檢校鹵簿之任。武則天即位初的《改元光宅赦》中就曾提到"營奉山陵使及卤簿使"①,到了睿宗時,又被混稱為禮儀使。《資治通鑑》卷二一〇景雲元年(710年)"冬,十月,甲申,禮儀使姚元之、宋璟奏:'大行皇帝神主,應祔太廟,請遷義宗神主於東都,別立廟。'從之"一條下,胡注曰:"唐世凡有國恤,皆以宰相為禮儀使,掌山陵、祔廟等事。"②此時的禮儀使只是為了營葬中宗而設,當然就是後來意義上的山陵使。

　　皇帝山陵設使分工玄宗以後大約逐漸形成定制,《資治通鑑》卷二一一記載開元四年(716)葬睿宗,就有"御史大夫李傑護橋陵作"的事。這種情況也影響到太子的喪葬。《冊府元龜》卷二九六《宗室部·追封》記開元十二年(722年)睿宗子申王撝薨,制追冊惠莊太子,陪葬橋陵,"以禮部尚書蘇頲為喪葬使,京兆尹李休光為副使,尚書左丞楊承令為卤簿使"③,其設置(後來皇太子設監護使、副使④)顯然是摹仿帝陵而略加縮減。

　　2. 兩種山陵使

　　以上山陵使職務、職名在早期也不甚統一,並且同時或者先後會有二三人。例如高祖山陵有高士廉、房玄齡,又有閻立德。營葬高宗,也有劉齊賢、霍王元軌和韋待價。不過從最初的山陵使職來看,皇帝山陵的營建顯然是其設立的主要原因之一。專門承擔這一職務的山陵使,多有"攝司空"的名義,三次參與建陵的匠作大將閻立德與武則天朝的韋待價即屬這種情況。《唐會要》

---

　　①　《文苑英華》卷四六三《改尚書省中書門下省……減大理丞廢刑部獄制》(一作《改元光宅赦》),2361頁。按《唐大詔令集》卷三《改元光宅詔》"卤簿"下脱"使"字,16頁。

　　②　《資治通鑑》卷二一〇,6656頁。

　　③　《冊府元龜》卷二九六《宗室部·追封》,3476—3477頁。

　　④　參見《唐大詔令集》卷三二天寶十一年(752)五月《慶王贈靖德太子制》、上元元年八月《興王贈恭懿太子制》,125—126頁。

卷二〇《陵議》貞觀二十三年條記昭陵文德皇后玄宮石門外本置雙棧道，上起舍，宮人供養如平常。"及太宗山陵畢，宮人欲依故事留棧道，惟舊山陵使閻立德奏曰：'玄宮棧道，本留擬有今日。今既始終永畢，與前事不同。謹按故事，惟有寢宮安供養奉之法，而無陵上侍衞之儀，望除棧道，固同山岳。'上嗚咽不許。長孫無忌等援引禮經，重有表請，乃依奏。"説明當時山陵的建置完全由閻立德負責。

　　唐皇帝山陵多是依山開鑿。王静指出，帝陵有一定的規格，而使用石材與否是墓葬等級高低的一個重要參數。唐朝只有帝陵纔可以使用石室。帝陵以自然之山峰爲封土，墓室開鑿於山體的巖石之中，便自然形成石室[①]，與官員由磚木夯土構建的墳墓形成截然的分別。這種形式始於昭陵而爲後來多數帝陵所沿襲，顯示了唐朝的帝王特權，但也導致了造陵的艱難。《新唐書》卷二〇〇《韋彤傳》曾記貞元十四年(798)討論修復昭陵寢宮事曰：

　　　　會昭陵寢宮爲原火延燔，而客祭瑶臺佛寺。又故宮在山上，乏水泉，作者憚勞，欲即行宮作寢，詔宰相百官議。吏部員外郎楊於陵議曰："園寢非三代制，自秦漢以來，附陵置寢，或遠若邇，則無聞焉。韋玄成等議園陵，於興廢初無適語。且寢宮所占，在柏城中，距陵不遠，使諸陵之寢，皆有區限，故不可徙；若止柏城，則故寢已燔，行宮已久，因以治飾，亦復何嫌？或曰：'太宗創業，寢宮不輒易。'是不然。夫陵域宅神，神本静，今大興荒廢，醫役密邇，非幽爽所安，改之便。"彤曰："先王建都立邑，不利則爲之遷，况有故邪？今文寢災，徙而宮之，非無故也。神安於徙，因而建寢，於禮至順。又它陵皆在柏城，

　　①　王静：《唐〈喪葬令〉復原 25 令文釋證》，《唐研究》14 卷，北京大學出版社，2008 年，448—451 頁。

　　隨便營作，不越封兆，力省易從。"帝重改先帝制，還宫山巔。

由這次討論可以知道，原來的昭陵寢宫是在缺乏水泉的山上，焚毁後，"作者憚勞，欲即行宫作寢"，説明原來的建築非常艱難。議者想將再修建的寢宫放在距陵不遠的柏城中，力省易從，但最終還是没有被皇帝接受："帝重改先帝制，還宫山巔。"説明還是服從原來的建築格局，對閻立德建立的規制後代仍在遵守。

　　皇帝山陵建置必須設專使，與唐朝皇帝的建陵時間及喪期也有直接關係。《禮記》所説天子七月葬僅是一個大限，根據以往學者的考證，兩漢帝、后入葬最少有七日、十日，多不過十數日，最多者也僅數十日，很少超過百日[①]，這是因為漢代帝后之陵多建於生前。唐朝皇帝的葬期則持續數月不等。《唐會要》卷三八《葬》記穆宗初討論憲宗葬事，太常博士王彦威奏歷數"國朝故事"，稱"高祖六月而葬，太宗四月而葬，高宗九月而葬，中宗六月而葬，睿宗五月而葬，順宗七月而葬"，至於玄宗、肅宗二帝山陵一起舉辦，已經接近一年。杜佑關於皇帝葬期曾有議論説："禮經雖云七月而葬，漢魏以降，多一兩月内，山陵禮終。窆窀之期，不必七月；除服之制，止於反虞。魯史足徵，可無致惑。庶情禮兩得，政教無虧矣。"[②]"窆窀之期，不必七月"，就是指入葬時間並不十分固定，其長短又由陵墓的建程決定。與漢代不同的是，唐朝皇帝的陵墓大都於死後纔建，甚至卜地定址也在死後。只有太宗是在貞觀十一年就下詔卜陵[③]，而且因長孫皇后去世早，昭陵建在生前，所以其入葬時間最短。而據説玄宗在親拜五陵時，也因為見到橋陵所在的金粟山崗"有龍盤鳳翥之勢，復近先塋"，對侍臣提出"吾千秋後宜葬此地，得

---

　　① 陳戍國：《中國禮制史・秦漢卷》，153、338、341頁。

　　② 《通典》卷八〇《總論喪期》，2165頁。

　　③ 參見《舊唐書》卷三《太宗紀》下貞觀十二年(638)二月丁巳詔，46—47頁；《唐大詔令集》卷七六《陵寢上・卜陵・九嵕山卜陵詔》，431頁。

奉先陵,不忘孝敬矣",纔在死後被"追奉先旨,以創寢園"①。但這只是特殊情況。前面已提到《大唐元陵儀注》有關於卜地建陵的內容,其曰:

> 既定陵地,擇地使就其所卜筮之。將卜,使者吉服,掌事者先設使以下次於陵地東南。使者至陵地,待於次。太常卿涖卜,服祭服。祝及卜師、筮師,凡行事者皆吉服。掌事者布筮席於玄宮位南,北向西上……涖卜者命曰:"維某年月朔日,子哀子嗣皇帝某,謹遣某官某乙,奉為考大行皇帝度茲陵兆,無有後艱。"(下略)②

這個卜筮說明,為"大行皇帝度茲陵兆"也即皇帝死後纔選定陵址乃是一項禮儀規定,這種做法,大約也是趨吉避凶的需要。沈睿文的近作討論了"卜宅"與陰陽書和堪輿術的關係,還通過對唐陵所在地理位置的排列,提出陵地秩序與廟制的昭穆禮有關,是南北朝以來族葬制的排葬形式與昭穆葬制結合的產物。認為唐前期有對北魏鮮卑習俗的採納,而玄宗泰陵以後表現為"對西漢陵地秩序的摹寫(形似),實即對周禮昭穆制度的崇奉"。唐後期其陵地的排列變化與玄宗、宣宗時的廟制變化一致,其昭穆制度"表明帝位、王位權力繼承、更迭的權威性與法制的正朔",構建了帝國統治秩序的合理性③。

沈睿文的發現可以提供對於皇陵建設秩序和主體思想的規律性認識,但也同時證明唐皇帝陵墓的卜宅實際上是在一定的範圍之內,必須按照定式進行而不是隨意選取。而且喪後營建墓地已成為慣例,這造成了皇帝陵墓必須要在短期內完成的困難。貞觀

---

① 《舊唐書》卷九《玄宗紀》下,235頁。

② 《通典》卷八五《將葬筮宅》,2309頁。

③ 沈睿文:《唐陵的布局:空間與秩序》貳《關中唐陵陵地秩序》,40—98頁;引文見98頁。

中,虞世南曾因"高祖崩,有詔,山陵制度準長陵故事,務從隆厚,程限既促,工役勞弊"而上疏,指出"漢家即位之初,便營陵墓,近者十餘歲,遠者五十年方始成就"與"今以數月之間,而造數十年之事"的不同[①];陳子昂也在"高宗崩,靈駕將還長安"之際,"盛陳東都形勝,可以安置山陵,關中旱儉,靈駕西行不便"。其中説到"況山陵初制,穿復未央,土木工匠,必資徒役",必須"徵發近畿,鞭撲羸老",調動數萬大軍"鑿山採石,驅以就功"的困難[②]。在這種情況下,設使專負其責就顯得十分必要,上述閻立德所建昭陵足以説明這一問題。

皇帝的山陵不僅初建設使,再修時也要設專使。玄宗朝范安及墓誌稱其開元十四年以冠軍大將軍兼判將作大匠。"(開元)十六年又遷右驍衛大將軍,十八年充護作五陵使"[③]。玄宗開元十七年曾經巡視獻(高祖)昭(太宗)乾(高宗)定(中宗)橋(睿宗)五陵,墓誌説明此後設使對五陵進行了修護。

在早期的山陵使中,還有一種是房玄齡、劉齊賢乃至姚崇、宋璟那樣,以宰相而兼掌山陵的,其或稱為禮儀使,但實際上是皇帝凶事和喪禮的總其成。在他們的下面,還有具體制定儀注的官員。我們在討論國恤禮部分,曾指出《舊唐書》卷一八九《韋叔夏傳》記載:"高宗崩,山陵舊儀多廢缺,叔夏與中書舍人賈太隱、太常博士裴守貞等草創撰定,由是授春官員外郎。"韋叔夏高宗朝即參與定禮,在貞觀、顯慶二禮行用發生矛盾之際參會古今禮文,議定儀注,山陵禮只是當時所定内容之一。所謂"山陵舊儀多廢缺"者,自是針對《顯慶禮》取消國恤的空白,但也是源於具體喪禮儀節的操作,

---

①　《舊唐書》卷七二《虞世南傳》,2568頁。

②　《舊唐書》卷一九〇中《文苑中·陳子昂傳》,5018—5019頁。

③　《新中國出土墓誌》陝西卷貳(一〇三)《唐故鎮軍大將軍行右驍衛大將軍上柱國岳陽郡開國公范公(安及)墓誌銘》,北京:文物出版社,2003年,84頁。

作為太常博士的韋叔夏、裴守貞(真)等乃為之提供補充者也,他們
的作用很相類於後來的山陵使或禮儀使判官。所以相關山陵使或
禮儀使的建立,顯然是由來有故。這說明,高宗時皇帝喪禮舉辦已
然遇到困難。事實上無論禮文或者儀注是否存在,每次喪禮舉辦
中也都有許多臨時的情況與細微的差別,成服、變服、聽政、喪葬期
內祭祀和朝會的舉辦、百官的常參等等,都會遇到各種具體問題,
因此《新唐書》所說"至國有大故,則皆臨時採掇附比以從事"不僅
是唐後期如此。但是後來關於禮儀方面的問題,就明確歸給禮儀
使解決,所以早期山陵使的任務在唐後期已由山陵使和禮儀使分
割,加上喪禮中其他方面的需要,纔逐漸發展為總設山陵五使的情
況,這在安史之亂以後,便逐漸形成定局。

(二)唐後期山陵諸使的設立與組織

山陵使的設置,在唐後期逐漸規律化,但最初的山陵使,多是
以先朝名臣擔任的名譽職務。這些名譽使職除了參加儀式、擔任
象徵性的首腦職務,並不一定具體負責山陵事務。但是中唐以後
逐漸形成以宰相擔任的固定設置,並且亦根據山陵建設和喪禮的
需要,形成分工不同的使職班子。代宗山陵的諸使設置和《唐大詔
令集》中五帝二后山陵"優勞德音"的記載,說明山陵五使設置已具
雛形。喪禮的龐大規模和人員眾多是山陵諸使分工設置的前提,
內外使織的設立保證了喪禮的正常進行。

1. 肅代之際的山陵使

安史亂後玄、肅二帝的喪事舉辦使山陵設使的情況更加明確。
史載玄宗與肅宗都死於寶應元年(762)建巳(四)月,兩者只差十餘
日。代宗即位,為之分建泰、建二陵,並設山陵使。《舊唐書》卷一
一三《裴冕傳》(《冊府元龜》卷四八二《臺省部・朋附》略同)載稱:

代宗求舊,拜冕兼御史大夫、充護山陵使。冕以倖臣李輔
國權盛,將附之,乃表輔國親昵術士、中書舍人劉烜充山陵使
判官。烜坐法,冕坐貶施州刺史。

和裴冕大致同時任山陵使的還有被宦官程元振以為功高難制,"巧
行離間,請罷副元帥"的郭子儀①。不過裴冕任職不久即得罪,朝廷
遂以山南東道節度使來瑱代之。來瑱之前曾擅自興兵以拒來使,
其年八月入朝謝罪,"代宗特寵異之,遷兵部尚書同中書門下平章
事,依前山南東道節度觀察等使,代左僕射裴冕充山陵使"②。

德宗為代宗大辦喪事之際,山陵使的設置也是蕭規曹隨。這
時的山陵使一是曾經在劍南跋扈一時的西川節度使崔寧,崔寧
"大曆十四年(779)入朝,遷司空、平章事兼山陵使"③,另一則是被
再度招還,命為攝冢宰,賜號尚父,進位太尉中書令的郭子儀④。二
人正是《大唐元陵儀注》所指的"太尉及司空山陵使"。山陵使加
以如此名銜,應當還是沿襲漢制皇帝"登遐,皇后詔三公典喪事"
的遺規⑤。

蕭、代山陵以郭子儀、來瑱、崔寧等任山陵使,無疑是從他們的
資歷和威望影響以及與先皇的關係出發,但也說明這時的山陵使
是朝廷借機用來安撫功臣武將的一種殊榮。郭、崔等顯然不會實
領其事而躬親打造山陵,所以具體的事務應有其他官員負責。《舊
唐書》卷一二六《李涵傳》:"德宗即位,以涵和易,無劚割之才,除太
子少傅(後以官名犯父諱改檢校工部尚書,兼光祿卿),充山陵
副使。"

---

① 《舊唐書》卷一二〇《郭子儀傳》,3455 頁。
② 《舊唐書》卷一一四《來瑱傳》,3368 頁。
③ 《舊唐書》卷一一七《崔旰傳》,3400 頁。
④ 《舊唐書》卷一二〇《郭子儀傳》,3465 頁。
⑤ 《續漢書·禮儀志》下《大喪》,3141 頁。

副使乃正使之副手,山陵副使李涵是高平王道立曾孫,郭子儀任朔方節度使時,奏為鹽池判官。《舊唐書》卷一二六本傳言:"肅宗北幸平涼,未有所適。涵與朔方留後杜鴻漸,草牋具朔方兵馬招集之勢、軍資倉儲庫物之數,咸推涵宗枝之英,純厚忠信,乃令涵奉牋至平涼謁見。涵敷奏明辯,動合事機,肅宗大悦。"李涵以鹽池判官的身分參掌朔方財賦,故曾與杜鴻漸一道,為肅宗即位平涼提供了物質上、經濟上的保證。由於具有"宗枝之英"和曾為郭子儀判官的雙重身分,兼有主管財賦的經驗,可以想見他纔是具體負責打造山陵最合適的人選。李涵既早就是郭子儀下屬,則有可能協助郭子儀而實際任代宗山陵事。

山陵使之外,禮儀使的設置也是不可缺少的,《舊唐書》卷一〇八《杜鴻漸傳》:"歲餘,徵拜尚書右丞、吏部侍郎、太常卿,充禮儀使。二聖晏駕,鴻漸監護儀制,山陵畢,加光禄大夫,封衛國公。"杜鴻漸充當了玄、肅山陵的禮儀使。代宗山陵的禮儀使乃顏真卿,他不僅受命撰作《大唐元陵儀注》,且經歷了代宗葬禮的全部過程。與當時的山陵使郭子儀、來瑱、崔寧相比,以上使職顯然承擔了更實際的工作。

其他相關使職於肅、代之際也有所見。如蘇震曾以户部侍郎判度支,為泰陵(玄宗)、建陵(肅宗)鹵簿使,嚴武自劍南"入為太子賓客,遷京兆尹、兼御史大夫。二聖山陵,以武為橋道使"[1]。雖然尚未見到按行使或者儀仗使的設置,但不能不認為後世的山陵五使派設已具雛形。

2. 中唐山陵使職班子的擴大與喪禮的内外監控

《大唐元陵儀注》關於山陵使職能的明確記載和諸使的設置與

----

[1] 分見《新唐書》卷一二五《蘇頲附蘇詵傳》,4403 頁;《舊唐書》卷一一七《嚴武傳》,3395 頁。

分工為後來的皇帝喪葬提供了模式,不過德宗以後的山陵使已恢復了由宰相一、二人充任的情況。與此同時相關使職的配備更加完善。《唐大詔令集》卷七七《崇陵優勞德音》中提到被"優勞"者是山陵使杜佑,禮儀使杜黃裳、副使李廊、按行山陵地副使李扞、鹵簿使鄭雲逵,和儀仗使、舁梓宮官等。豐陵"優勞"對象亦有"山陵禮儀使及陵所攝太尉行事官"、山陵副使兵部侍郎判度支李選(巽)、禮部侍郎崔頒(邠),及可能是由宗正卿充當的按行山陵地使①。正如前揭裴墐《崇(德宗)、豐(順宗)二陵集禮》是《大唐元陵儀注》以後又一部唐朝喪禮的參照,此二陵使職設置大概也成為後來歷朝沿襲的格局,穆宗朝關於憲宗景陵就再次安排了由宰相充山陵使、判太常卿充禮儀使、兵部侍郎充山陵副使(實即鹵簿使)和宗正卿按行山陵地使(亦為副使)的組合(詳附表5.及7.)。

但穆宗在舉辦景陵喪事時,除了前朝已有的山陵使、禮儀使(宰相兼禮儀使也稱山陵禮儀使)、橋道置頓使及鹵簿儀仗使、橋道置頓副使等組成的外朝諸使之外,還開始出現了由內山陵使、〔內〕山陵修築使、〔內〕監修橋道使、內按行山陵地使、內山陵副使及修築副使等組成的內朝諸使(詳附表5.),此內諸使顯然由宦官兼充,是與外朝相對等的宮內臨時治喪官員。這說明,當時皇帝的山陵事務是由南衙北司共同完成。德宗以後,皇位繼承與廢立多由宦官干預,包括密謀殺死皇帝,另立新皇。憲宗之死相傳就是在穆宗母郭氏支持下宦官陳弘志弒逆的結果,《東觀奏記》有宣宗猜疑憲宗之死是被穆宗所害,"追恨光陵商臣之酷,即位後,誅除惡黨無漏

---

① 《唐大詔令集》卷七七《豐陵優勞德音》:"山陵副使兵部侍郎李選、禮部侍郎崔頒、按行山陵地使並賜一級。"434頁。按李選、崔頒分別為李巽、崔邠,見嚴耕望:《唐僕尚丞郎表》卷一六《輯考》五下《禮部侍郎》、卷一八《輯考》六下《兵部侍郎》,871、953頁。又李扞原作李扞,據《景印文淵閣四庫全書》本及顧學頡點校:《白居易集》卷五七《答李扞等〈謝許上尊號表〉》、《答李扞〈謝許游宴表〉》改,北京:中華書局,1979年,1203、1205頁。

網者",竟導致郭太后暴崩的記載①。可以想見,當時朝廷内外籠罩在皇帝非正常死亡的猜疑恐怖氣氛之中,宦官不可能不就此參與乃至監視、支配整個的喪禮過程。在景陵喪葬事務中開始出現大批内職人員正是内朝干涉皇位繼承和内外矛盾激化的表現。可以想見,喪禮正是在這樣的嚴密控制下纔得以順利進行。

昭德、孝明兩位皇后的葬禮班子也再次體現了皇后葬禮昭顯"母以子貴"的特殊意義。上面部分已提到唐朝後期由於皇帝即位的非正常性和内廷、後宮捲入朝廷廢立,所以太后和皇帝的身分問題突出了。皇帝為了標榜即位的合法性,強調自己是先帝的嫡子,所以自憲宗始,不但在即位後立即頒册己母為皇太后,而且給予她極高的禮遇。太后生前,在元正、冬至乃至皇帝誕辰都要受到大臣命婦的朝賀起居②,而死後甚至也派設山陵諸使,舉行了和皇帝一樣的喪禮。喪禮設使與喪禮後的"優勞德音"説明,憲宗為母莊憲太后王氏、懿宗為祖母孝明太皇太后鄭氏都曾舉行隆重的喪禮,尤其是後者,對比郭太后在宣宗朝不但不得善終,而且幾乎不能按正妻的身分祔廟,鄭氏的喪禮和葬禮,顯然是皇帝有意擡高父之生母的表現。

中唐以後山陵設使的情況,也説明山陵使職設立已形成規模。外朝諸使除山陵使外,禮儀使、鹵簿使、按行山陵地使、橋道置頓使等名稱逐漸確立下來。宣宗已降,雖然由於史料的闕失,不能瞭解使職的全部,但除了僖宗一朝,均可以見到晚唐之際歷任皇帝山陵使或山陵禮儀使的設置(詳附表7.)。天祐元年(904)八月朱全忠弑昭宗,以哀帝即位,宣制同日即任命王溥為禮儀使,並於昭宗大祥次日的九月"己巳,敕右僕射、門下侍郎、禮部尚書、平章事裴樞

① 《東觀奏記》,85—86 頁。
② 參見新城理惠:《唐代にわける國家禮儀と皇太后——皇后・皇太后受朝賀を中心に》,55—70 頁。

宜充大行皇帝山陵禮儀使,門下侍郎、平章事獨孤損,宜充大行皇帝山陵使,兵部侍郎李燕充鹵簿使,權知河南尹韋震充橋道使,宗正卿李克勤充按行使"[1],這成為五代設山陵五使的先聲。同時由於中唐以後,南郊也設大禮使,山陵五使與南郊大禮五使的設置逐步統一起來。

後唐明宗之際,南郊活動中宗正卿充按行使已改為御史中丞充儀仗使[2],所以馬端臨《文獻通考》卷七一《郊社考》四曾引"石林葉氏(夢得)"之論宋朝南郊五使,指出:"其以宰相為大禮使,禮部尚書為禮儀使,御史中丞為儀仗使,兵部尚書為鹵簿使,開封尹為橋道使者,蓋後唐之制。故本朝用之,但改太常卿為禮儀使爾。"這一說法也完全適用於山陵五使。只是以太常卿為禮儀使,早在唐朝已是如此,從唐、五代發展起來的山陵五使,最終在宋代成為定局。宋歷朝山陵五使有固定的設置,在《宋會要輯稿》一書中保存有其官職姓名與喪事中活動的完整記錄,它們的職能也已經定式化,可以從中看到從唐朝以來的發展痕跡。

由於皇帝與太后的喪事舉辦需要大量人力物力,所以其山陵事務除了設置諸使外,使下並統領一應執事人員,前章已提到大駕鹵簿儀仗和與儀仗一道的其他送葬者,據《唐大詔令集》卷七七所載諸陵優勞德音,所涉人員還有山陵修築、器物製作、宿衛以及喪禮其他方面的服務人員。他們分屬各個程序、負責或從事不同方面,組成了負責皇帝山陵事務的龐大班底。

如此眾多的人員參與其間,可以說明在《大唐元陵儀注》開其端之後,皇帝及某些太后葬禮不僅規模巨大,場面隆重,而且程序複雜,細節上完備講究,需要相當周密的物質籌備與人員方面的預先安排。而儀式的展示、葬禮的順利進行均有賴於多方面協調與

---

① 《舊唐書》卷二〇下《哀帝紀》,787頁。
② 《舊五代史》卷四〇《明宗紀》七天成四年(929)八月甲辰條,553頁。

配合。葬禮的最高組織者、指揮者顯然就是山陵諸使。所以當着全部過程結束後,皇帝也會借助"德音""優勞"有關人員。以景陵為例,這些獎賞從最高的山陵使給一子六品或七品正員官、禮儀使給一子八品正員官,以下賜爵(賜一子出身)、賜絹、加階及減選不等,幾乎涉及一切參加服務的有功人員,其中對包括挽郎等在内的減選為選舉大開"倖門"竟造成弊端①。由此可見中唐以後,皇家對山陵事務的重視,以及皇帝喪葬禮與郊廟禮並重的特色,而這一點,也正是山陵諸使最後形成定制及不斷完善的要因。

二 山陵諸使在皇帝喪禮中的角色和任務

盡管山陵諸使的設置唐代已開其端並最終形成常制,但出於諱言皇帝凶事的緣故,史書中述官制大多只稱大禮而不及山陵。例如歐陽修等奉敕編《太常因革禮》引《國朝會要》就是如此②,《文獻通考》卷七五《郊社》八關於宋朝五使職能也僅說:"大禮使總一行大禮事務,行事日復從皇帝行禮;禮儀使行事日前導,奏請皇帝

---

① 《册府元龜》卷六三一《銓選部·條制》三:"文宗太(大)和元年(827)正月,山陵使奏:'伏以景陵、光陵已來,諸司諸使所差補押當及雜職掌等官,皆據舊例,合得減選。其中有無選可減者,便放非時選。吏曹緣是承優放選,例多判成。有過格年深、身名踰濫,赴常選不得者,多求減選。職掌圖得非時集,因緣優敕成此倖門,其吏曹為弊頗甚。今請應差前資官充職掌,並不得取選數已過格人,庶絕奸冒。'敕旨:'依奏。'"又同年五月條稱"禮部奏:'山陵挽郎準光陵合補二百二十人。伏以近者仕進多門,身名轉濫,苟循往例,為弊滋深。取前弘文、崇文館生及已考滿太廟齋郎充,如人數不足,兼取前明經充。其中有未過者,請放冬集。仍減兩選,已定各集者減二選。'從之。"7566頁。

② 見《太常因革禮》卷三《總例》三《行事官》上:"《(開寶)通禮》,大祠無五使。《國朝會要》,自建隆以來,承唐五代近制,以宰相為大禮使,太常卿為禮儀使,御史中丞為儀仗使,兵部尚書為鹵簿使,開封尹為橋道頓遞使,太常卿、御史中丞或缺,則以學士及他尚書丞郎為之。"13頁。

行禮;儀仗使總轄提振一行儀仗,儀仗用四千一百八十九人,自太廟排列至麗正門;鹵簿使,依禮經,鹵者大盾也,總一部儀仗,前連後從,謂之鹵簿;橋道頓遞使提振修整車駕經由道路、頓宿齋殿等。"前章已考證,從唐、宋史料所見大駕鹵簿和各類人員常常超過萬人,不知是不是凶禮部伍較吉禮更壯大。不過由於吉、凶兩大禮使職相襲而制度無別,所以言大禮者其實山陵在内,其所説諸使分工還是可以作爲理解山陵諸使的參考。

(一)山陵、禮儀使對皇帝喪葬的主持

借助《大唐元陵儀注》和其他史料,就可以從皇帝始死發喪和沐浴、飯含、小斂、大斂到始殯成服,實行以日易月的祥禫變除之禮,以及從啓殯送葬、皇帝奉辭到梓宫送入陵墓安葬及諡册入廟等所有具體過程中,瞭解到以太尉、司空名義充職的山陵使和禮部尚書顔真卿所任禮儀使在喪禮中所承擔的角色。他們在許多重大的程序與場合出現。其中山陵使在始喪成服的環節中作用不甚明顯,但從送喪到入葬中間出現有五次。一次是"啓殯",也即梓宫將啓動送往墓地之前的拜奠。《儀注》説明,這個儀式事先要在太極殿設太尉、司空版位。當皇帝和諸王妃主行禮後,就有禮生引太尉履行再拜和盥手洗爵儀式後,向皇帝跪進醴齊,由皇帝"跪奠於饌前"。之後則有司空跪請"謹以吉日啓欑塗",及"以巾拂拭梓宫,覆以夷衾綃幕"之節。第二次是在太極殿殿庭梓宫將升車之際的祭奠,《通典》稱作"薦車馬明器及飾棺",第三次是當日繼續在殿庭進行的祖奠,第四次是在承天門外的遣奠,也即奉辭輼輬車。後三次與第一次相同,太尉都要奉醴齊給皇帝,由皇帝奠酒[1]。前面章節已説明,根據《儀注》的描述,啓殯之外,後三次循序漸進,應是一天

---

[1]　以上參見《通典》卷八五《啓殯朝廟》,卷八六《薦車馬明器及飾棺》、《祖奠》、《遣奠》;2311—2313、2326—2328、2330—2331、2336—2337 頁。

完成的。

最後一次是梓宮已到達墓地,準備入葬的"山陵日"。這次按照慣例沒有皇帝參加,而山陵使就是送葬隊伍和葬儀的最高組織者、指揮者。這一儀式已見於前面章節的論述。當輻輬車方到陵門西南的凶帷帳殿之際,太尉須在禮官引導下盥手洗爵,履行跪拜奠獻之儀。當梓宮發引至南神門,"靈駕"遷放於"龍輴",又須"司空以巾拭梓宮,並拂夷衾"。龍輴前行,復有太尉為先導。當送葬至羨道西南,開始舉行皇親、羣官、公主、王妃等奉辭儀式。於是梓宮自羨道降入墓,由太尉等禮官入至玄宮,奉寶綬"跪奠於寶帳內神座之西"。這個奠獻無疑是代表皇帝的。最後儀式履行完畢,又是由太尉及司空山陵使和將作監封閉玄宮,司空領導作最後的掩埋[1]。

從以上的記載來看,由太尉、司空充當的山陵使主要是在送葬乃至葬入陵墓的幾個重大禮儀環節履行某些程序而顯示出身分和作用的,他們協助皇帝奠酒、拂拭梓宮夷衾,有時類似祭祀天地中亞獻、終獻的角色。但在入葬時更作為皇帝代表,在陵墓前和玄宮內代為奠酒、奠版,並奠寶綬和最後掩蔽玄宮,種種行動擺明是代替皇帝盡人子的孝道,但同時又是完成喪禮葬禮全過程的最高指揮官。

與之相比,禮儀使的地位稍低於山陵使,但發揮作用的場合是從發喪即開始,出現次數更頻繁。例如小斂時"禮儀使引嗣皇帝及皇子等,扶引各即位辭,從臨者哭",在行奠禮時,是"禮〔儀〕使奏嗣皇帝哭止"[2]。大斂時皇帝就位,及與在位者哭拜及奠禮中,都有禮儀使奏請再拜和止哭[3]。大斂後,梓宮重新安放並加裝飾的"欑事

---

① 《通典》卷八六《葬儀》,2346—2349頁。
② 參見《通典》卷八四《小斂》、卷八五《小斂奠》,2284、2298頁。
③ 參見《通典》卷八五《大斂》、《大斂奠》,2301、2306頁。

訖"即成服而殯,也是禮儀使就位後"奉引皇帝至位哭,內外皆就位哭"①。另外,在小祥、大祥和服滿二十七日、禪祭除服過程中,禮儀使也有奏請止哭、向皇帝進酒、奏請再拜、宣布禮畢等類似導引或者司儀的任務②。

　　按照時間順序,除服的幾個月後纔是下葬。到了這時,棺木"啓殯"和接下來的梓宮啓至殿庭、祖奠與皇帝於承天門辭別輼輬車的"遣奠"等一系列送葬儀式中,同樣是禮儀使隨着程序依次奏請皇帝跪拜、奠獻、止哭、退位、奉寧、出次、就次、前行、再拜、奉辭、還宮等等③。給人的印象是,禮儀使始終節制和指揮着喪葬禮儀式的進程,他是喪葬禮的司儀和總提調官。而在最後下葬的儀式中,禮儀使還履行了更重要的職責——當太尉山陵使向玄宮神座跪奠寶綬之後,禮儀使則"以謚册跪奠於寶綬之西,又以哀册跪奠於謚册之西,又奉玉幣跪奠於神座之東"。這説明,禮儀使在入葬的場合也承擔了奠獻,地位僅次於山陵使。

　　山陵入葬儀式結束後,根據《大唐元陵儀注》的規定,山陵使至少應還有"既葬而虞"的虞祭和大行皇帝的神主祔廟兩項任務。《儀注》關於虞祭有皇帝素服就次,繼而與皇親百官等哭拜祭奠如儀。此儀式在皇帝出席的情況下太尉承擔亞獻終獻,如皇帝不親行事則代為初獻,由宗正卿、光禄卿亞獻終獻。這兩個儀式都是由山陵使與禮儀使共同主持完成的。《儀注》關於祔廟在説明太廟應於二日前舉行告遷和奉遷儀式,以及所有陳設、鹵簿儀仗等外,有"宗正具祔饗料,差三公及應行事官齋戒,如常饗儀,又申太極殿告靈座料如前式(注文略)"。這個"三公"在具體儀式中仍是指以太

---

①　《通典》卷八五《殯》,2307 頁。

②　《通典》卷八七《小祥變》、《大祥變》和《禪變》,2382—2386 頁。

③　參見《通典》卷八五《啓殯朝廟》,卷八六《轜車馬明器及飾棺》、《祖奠》、《遣奠》;2311—2313、2326—2328、2330—2331、2336—2337 頁。

尉、司空官位充職的山陵使。

接着又由禮儀使奏請和安排題神主事宜。當文武百官與皇親等就位後，禮儀使須先入廟，在贊導下行再拜禮。其後司空入位，行再拜掃除禮訖。而當神主入廟被置入幄座和神主入室安放後，由太尉以下及應在位官行再拜禮。然後是奏永和之樂，太尉盥洗執爵，從第一室開始，逐室詣神座行禮奠獻。直到代宗神主安放的第九室，"奏保太之樂，行饗禮亞獻終獻，並如常饗之禮。訖，降復位"。由此看出，祔廟的儀式也是由外至內，依照禮儀使、司空、太尉的程序，各司其事、行禮如儀。另外，在《大唐元陵儀注》的"薦車馬明器及飾棺"、"祖奠"和虞祭等儀中，太尉以下執禮者又有司徒（可能由宰相擔任），具體人選不得而知，但在葬禮儀式中，則仍以太尉郭子儀的官位最顯，在祔饗奠獻的最終典禮中他仍然是代替皇帝的身分行事，這個身分不僅表明了郭子儀與代宗的關係，也是朝廷給他的最高禮遇。

(二)山陵諸使的分工與相關問題

以上的程序説明，山陵使負責皇帝的葬禮至少要從出喪至祔廟，因此適應各個儀式和山陵修建任務而逐漸形成的五使，在此過程中也必須實行分工合作，形成了諸使各司其職，事已則罷的特色。而諸使之分工、特色大體如下：

1. 山陵使

山陵使和禮儀使在喪禮中承擔的角色及任務並非僅僅是儀式需要，而是象徵着二者的職務和喪禮舉辦中非同一般執事的地位。從山陵使主要的表現是在送葬到下葬的過程中，可以知道其職務更加偏重於葬事，並且以"太尉"充當的山陵使與以"司空"充當的山陵使是有分工的。前者似乎主要在協助皇帝行禮及奠獻，後者當"鑱閉玄宮"時,要象徵性地"復土九鍤"並"所司帥作工續以終事",也即指揮屬下完成山陵玄宮的最後封閉,這借用了《周禮》司空掌營建造作之職,也象徵着山陵的興建至少要由山陵使一人負責。後來山陵使改以宰相充任,似乎負責葬事和山陵的職責就更突出了。

山陵使負責營葬如前所述是由唐初發展而來,唐後期山陵使掌管陵墓的建設與經費調度。如憲宗元和十一年三月為莊憲皇后山陵下敕,說明"緣山陵所要車牛夫役等,除官中自有外,並須和雇。仍先折本户夏税錢訖,度支以不折估定段充填。如本户所折税錢已盡,即所司給付,無令損折。仍委山陵使與所司切加勾當,不得輒令侵欺"①。是山陵使所需人力可從和雇,並直接從度支取兩税錢物使用。穆宗《景陵(憲宗)優勞德音》下令山陵使令狐楚"便以山陵用不盡綾絹,依實支付京兆府,充代百姓納青苗錢"②。《册府元龜》卷一○一《帝王部·納諫》記曰:

> 敬宗以長慶四年(824)正月即位,五月,敕度支所進修造殿宇木石,一物以上,並付山陵使收管,仍令般送陵所,便充造作。帝富有春秋,畋獵之暇,好治宫室。皆命為别殿,以新宴遊,及庀蔵事功用至廣。宰相李程諫曰:"自古聖帝明王,率資儉德,以化天下。況諒陰之内,豈宜興作?願陛下悉以見在瓦木及工役之費,迴奉陵寢。"因有是詔。

此條說明,皇帝初即位的財賦用度是由山陵使掌管的陵墓修造為前提和中心的。而山陵使也因此承擔重責。史料中見到山陵使由於建築或者陵上道路不完善而遭到貶逐,如《新唐書》卷一八二《李珏傳》:"遷門下侍郎,為文宗山陵使。會秋大雨,梓宫至安上門陷

---

① 《唐大詔令集》卷七六《大行太后山陵修奉事敕》,431—432頁。
② 《唐大詔令集》卷七七《景陵優勞德音》,436頁。

於濞不前,罷為太常卿。"

　　山陵使由於人事問題而陷入贓私者亦不乏其人。肅宗宰相、山陵使裴冕,就是得罪了宦官程元振,"乃發小吏贓私,貶冕施州刺史"①。令狐楚也被其判官元稹所告②。《舊唐書》卷一七二《令狐楚傳》稱:

　　　　(元和)十五年(820)正月,憲宗崩,詔楚為山陵使,仍撰哀冊文……其年六月,山陵畢,會有告楚親吏贓污事發,出為宣歙觀察使。楚充奉山陵時,親吏韋正牧、奉天令于翬、翰林陰陽官等同隱官錢,不給工徒價錢,移為羨餘十五萬貫上獻。怨訴盈路,正牧等下獄伏罪,皆誅。楚再貶衡州刺史。

中唐時代藩鎮和度支鹽鐵的賦外貢獻是一個影響國家財政非常嚴重的問題,且因削藩戰爭而愈演愈烈。憲宗末宰相度支使皇甫鎛、鹽鐵使程异皆從事貢獻。令狐楚為皇甫鎛所薦入朝,所以山陵使親吏隱官錢轉為羨餘進獻乃秉承舊風。但穆宗初皇甫鎛被貶,"物議以楚因鎛作相而逐裴度,羣情共怒"。元稹"素惡楚與鎛膠固希寵",故奏其事。說明令狐楚被罷與人事有關,但山陵財賦管理的混亂卻是事實,這和當時另以宦官充當內山陵使和內山陵修築使是有關係的。

　　在山陵使的任免方面還有一個問題需要注意,這就是中晚唐之際山陵使雖相沿以前朝宰相擔任,卻並不一定因此能夠繼續在朝,如文宗山陵使李珏、武宗山陵使李回、李讓夷等都是如此。宰

---

① 《舊唐書》卷一八四《程元振傳》,4762頁。

② 《册府元龜》卷九二〇《總錄部‧雠怨》二記元稹欲求令狐楚薦其知制誥而楚不應,"稹既得志,深憾焉。楚之再出,稹頗有力,復於詔中發楚在翰林及河陽舊事,以詆訾之"(10887頁)。但令狐楚實未敢瀆職。《東觀奏記》卷上在宣宗由於記得憲宗入葬景陵時"龍輴行次,忽值風雨。六宮、百官盡避去,惟有一山陵使胡而長,攀靈駕不動",問宰臣白敏中纔得知是令狐楚,遂提拔其子令狐綯(86頁)。

相被出而不能在朝及升遷並不一定是山陵事務中出現問題，而往往是由於新皇帝的好惡及錯綜複雜的黨派之爭，例如李珏其實就是因非武宗之擁立者而以"龍輔陷"為由被貶。某些時候山陵使借故被貶竟等不到梓宮入土①。或者由於這個原因，也或以山陵使身典喪葬於新朝不吉（見下劉摯言），或以山陵使事重位高而向新朝表示謙退，總之到祔廟結束後，山陵使一般就自動去職，等待着新皇帝的重新任命。《舊唐書》卷一七三《李回傳》記李回充武宗山陵使，"祔廟竟，出為成都尹、劍南西川節度"。《舊唐書》卷一七九《孔緯傳》："僖宗晏駕，充山陵使。僖宗祔廟，緯準故事不入朝。昭宗遣中使召赴延英，令緯依舊視事，進加司空。"山陵使在祔廟之後一般不再繼續擔任宰相而往往被出以外任，晚唐以後逐漸形成制度。

　　宋代山陵使也有祔廟後上章求罷之制。《續資治通鑑長編》卷一〇〇仁宗天聖元年（1023）正月庚午條載："宰相馮拯以疾在告，上日遣內侍存問，而拯數援山陵使故事，上章求罷。丁丑，特遣入內副都知周文質齎手詔敦諭，仍以所上章還之，且戒有司勿受拯章。"同書卷三六二哲宗元豐八年（1085）十二月丙寅條和壬申條載侍御史劉摯，因"宰臣蔡確充神宗皇帝山陵使，於靈駕進發前一夕，準敕合赴內宿"而夜深方抵禁門，且恚怒而去，又不引咎待罪上奏，並稱："臣又聞近代及國朝以來，臣僚凡充先朝山陵使者，復土之後，例須自求去位，莫不得請而後已。蓋以謂臣子之禮，身典喪葬，方畢其事，以嫌自處，不敢遽踐嗣皇朝廷，所以致事上之恭。例雖出於近代，然沿襲莫敢廢之。惟是韓琦奉使永昭陵回，累章瀝懇，終不獲去，蓋英宗以琦定策元勳，特恩固留，所以不得遂其請。"對於蔡確在祔廟後"不顧廉隅，恐失爵位"而"乘勢伺

---

　　① 見《資治通鑑》卷二六四開成五年（840）八月條，7945 頁；又如《新唐書》卷一八一《李讓夷傳》："宣宗立，進司空、門下侍郎，為大行山陵使。未復土，拜淮南節度使，以疾願還，卒於道。"5351 頁。

便,無故自留"進行了一再彈劾,認為是"貪權固寵,不恤公議,傲然安處,無廉恥之節"。司馬光等也對蔡確因定策功於此際不辭和遷官表示不滿。而從劉摯所引神宗初韓琦《乞罷相劄子》云"自唐至於五代,首相之為山陵使者,事已求罷,例皆得請"和"本朝以來,祖宗所任上相,山陵事畢多從退罷"來看,這一點在唐宋之際已從約定成俗到逐漸制度化,所以即使不被罷免也應自動求退而由皇帝重新任命。

2. 置頓使、按行使、鹵簿使

皇帝喪葬事務中,掌管修作事宜的除了山陵使外又有山陵橋道置頓使,山陵橋道使或者置頓使本是皇帝出行時所設的臨時使職,唐前期玄宗行幸東都時已有之①。唐後期山陵橋道使與内官充任的山陵橋道監修使不同,前者是修而後者是監修。所以此項任務重要,但修繕的主要職責在前者。同時橋道使在送葬的過程中也要一路監護,似乎還有負責設立沿路休息之所的"置頓"之務。而由於職責在所經道路的安全完善,所以也須專掌此項錢務。《舊唐書》卷一六三《崔元略傳》記崔曾以京兆尹為橋道使,被劉栖楚忌恨,"以計摧之,乃按舉山陵時錢物以污之"②。稱其"造東渭橋時,被本典鄭位、判官鄭復虛長物價,擅估給用,不還人工價值,率斂工匠破用,計贓二萬一千七百貫"。敕以不能檢下,罰一月俸料。

---

① 《册府元龜》卷一一三《帝王部·巡幸》二,載開元四年(716)十二月,"帝將幸東都,以京兆尹蕭璿充置頓〔使〕,户部侍郎崔皎為副,太常少卿崔子璟充橋道使,自華州東北趣同州,於渭水造一浮橋。"1353頁。

② 此事並見《册府元龜》卷一五三《帝王部·明罰》二寶曆二年四月庚申,"京兆尹劉栖楚奏:準御史臺勘,光陵造作東渭橋虛豎物價,及將前市絹擅估給用併役工不還價直,又率斂工匠錢物充官典等諸色破用,都計贓二萬一千七十九貫石。本典鄭位,本判官、前司録參軍、今任水部員外郎鄭復,橋道使、前令尹、今任户部侍郎崔元略。"敕罰諸人俸料。1858頁。

《册府元龜》卷三〇六《外戚部·專恣》記李翛為莊憲太后妹婿,自司農卿遷京兆尹。

> 元和十年,莊憲太后薨,翛為山陵橋道置頓使,恃能惜費,每事減損。靈駕〔至〕灞橋,從官多不得食。及至渭城北門,門壞。於(先)是,橋道司請改造渭城北門,計錢三萬,翛以費勞(勞費)不從,令深鑿軌道以通靈駕。掘土既深,旁注皆懸,因而頹壞,所不及輼輬車數步而已。初欲壞城之東北墻以出靈駕,中人皆不可,乃停駕,輒去壞門土木而後行。翛懼,誣奏輼輬車軸折。山陵使李逢吉令御史封其車軸,自陵還,奏請免翛官。帝以用兵務集財賦,以翛前後進奉不之責,但罰俸而已。逢吉極言其罪,乃削銀青階。翌日,復賜金紫。

按:此條中的渭城似乎名稱有誤[1],但靈駕經過的某城門壞可能是事實。李翛之渭城北門的事故確實是由其"恃能惜費"甚至將財賦用於進奉所造成,但也反映了其時因用兵經費不足的矛盾。唐後期山陵道路的修繕經費始終是個大問題,所以新皇即位大都宣遺詔,稱秉遺志簡約用度而不勞擾百姓。惟德宗即位曾下詔"應緣山陵制度,務從優厚,當竭帑藏以供費用者",但遭到中書舍人令狐峘激詞反對未果[2]。事實上在經費困難的情況下一方面是大臣極力省減及科配百姓,而另一方面皇帝則不得不動用內庫。《册府元龜》卷八九《帝王部·赦宥》八載順宗即位赦下令:"應緣山陵制度,及喪儀禮物,博詢可否,務遵禮度,必誠必信,副朕衷懷。橋道置頓並以內庫錢充,諸有費用先給功價,仍以見錢,更不

---

① 按:史料中一般以渭城為咸陽舊稱。但據《元和郡縣志》卷一(12—13 頁)咸陽在長安西北,而莊憲太后所葬豐陵屬富平,在長安東北。灞橋也在東,與咸陽方向相反,或泛指別一在渭水附近城池,存疑。

② 《舊唐書》卷一四九《令狐峘傳》,4011—4013 頁;並參《册府元龜》卷一〇一《帝王部·納諫》,1209 頁。

折物，不得輒令科配天下百姓。"莊憲皇太后葬事，"出内庫繒帛五萬匹充奉山陵"①。穆宗即位赦和文宗即位赦也都提到"所緣山陵造作及橋道置頓，並以内庫錢充"，文宗並有"如不足，以度支、户部錢充，京兆府今年夏税青苗量放一半"的補充，則知當時的二使用度是由皇家内庫和國家度支、户部錢共同支給，而山陵和道路所用財賦，應該是由二使分掌。内中又因京兆府出錢出力，負擔最重，所以喪事之後，常有放免。《全唐文補遺》八所載裴定墓誌言墓主：

> 歷長安縣主簿、長安縣丞、京兆府户曹。元和末，憲宗皇帝山陵，朝廷以復土之重，分務難人。公勤敏著稱，首應選署，已之無悔，獎授盩厔縣令。②

或者可以為京兆府官員在皇帝喪事中的貢獻作個注脚。墓主人後來任明州刺史，對"茶鹽税耀之務"很有貢獻。而他早年在憲宗山陵的職事恐怕也很大程度也是與"山陵造作及橋道置頓"的錢物有關的。

山陵五使中宗正卿所兼按行山陵地使的職能不詳，但宗正卿或少卿多由李氏宗室子弟擔任。前揭《册府元龜》卷三一《帝王部·奉先》四有後唐莊宗同光二年（924）"八月，以宗正少卿李瓊往曹州撿（檢）行哀帝陵寢"的記載。這是因後唐以承繼唐朝自命，故仍將哀帝作為本朝之主來對待。檢行意同於按行，應理解為宗正卿代表皇室和宗族對墓地陵寢的選地和設施進行覈查與驗收。《唐會要》卷二一《諸陵雜録》記元和十五年二月山陵使奏，"准崇陵例，當使合置副使兩員。李翺官是宗卿，職奉陵寢，按行陵地，公事

---

① 《舊唐書》卷一五《憲宗紀》下，456 頁。

② 《全唐文補遺》八《唐故銀青光禄大夫明州刺史河東裴公（定）墓誌銘并序》，西安：三秦出版社，2005 年，158 頁。

已終便請兼充副使，專於陵所勾當"①，似乎就有這樣的用意。另外憲宗山陵一度出現了御史中丞所充當的儀仗使。此使後來代替了按行使成為五使之一，雖然《文獻通考》説它負責儀仗，實際上與鹵簿使職務卻並不重疊。《宋會要輯稿·禮》三二之三二記神宗時太皇太后曹氏喪事稱中書言："本朝命儀仗、鹵簿二使，或因闕官，或緣誤例，御史中丞皆得領之。今按昭憲明德皇太后例，差御史中丞兼儀仗使。"又説："天聖二年南郊，差御史中丞薛奎為鹵簿使。《會要》引故事，御史中丞當為儀仗使，國初尚依此制，其後中丞或闕，以他丞郎為之，其職掌猶用臺吏如故。儀仗使無專掌，但令憲司督促諸司而已。天聖明道時皆有中丞以為鹵部使，非舊制也。"所説儀仗使以御史中丞領，督促諸使諸司，恐自唐始。如從檢查監督的意義來講，其職能與按行使是相通的。

鹵簿使則負責葬禮的鹵簿。《大唐元陵儀注》在大行皇帝梓宫送往陵寢的當日提到："鹵簿使先進玉輅於承天門外束偏稍南，輿輦、鼓吹、吉駕、鹵簿并序列於玉輅前。"而一路送至陵所後，葬日仍"依時刻，吉凶二駕備列"以陳。一路"鼓吹振作，警蹕如常"，直至陵門。而當神駕至寢殿時，則是"玉輅及鹵簿侍衛之官，廷列於帷宫門外"。同樣，在最後的祔廟儀式中，也是"應用法駕鹵簿，黃麾大仗"，"設方色兵仗如儀"。喪事所用一應鹵簿，車駕、鼓吹，出行儀仗等都由鹵簿使指揮，不僅如此，鹵簿使似乎還兼有保衛之責。《舊唐書》卷一六四《王起傳》稱："武宗即位，八月，充山陵鹵簿使。樞密使劉弘逸、薛季稜懼誅，欲因山陵兵士謀廢立。起與山陵使知其謀，密奏，皆伏誅。"

---

①　李翺名從《唐大詔令集》卷七七《景陵優勞德音》，435 頁。按《舊唐書》卷一六《穆宗紀》元和十五年十一月辛亥，"以宗正卿李翺為華州刺史、潼關防禦、鎮國軍使"。然據同書卷一七六和《新唐書》卷一七四《李宗閔傳》，翺為翶之誤。參見岑仲勉：《唐史餘瀋》卷三《錢大昕兩李翶之誤》，北京：中華書局，1960 年，157—158 頁。

3. 禮儀使

諸使中,負責禮儀程式的進行和儀注制定的還是禮儀使。《大唐元陵儀注》的作者禮儀使顔真卿便設計完成了全部代宗喪葬禮的儀注。而禮儀使之所以負責定禮,還是來自於唐開元、天寶以來置禮儀使"專掌五禮"①。不過,安史亂後禮儀使(如杜鴻漸、于休烈等)最初負責朝廷包括吉、凶在內的各種禮儀,提供咨詢,並非僅掌喪儀,這種情況一直到顔真卿都沒有改變。只是到了德宗後期,禮儀使纔成為非常設的使職。雖然貞元初刑部尚書關播、憲宗朝鄭餘慶,乃至文宗朝王起都曾有過刪定或者詳定禮儀使之名②,但設置既不常,與喪禮中置禮儀使也不再是一回事。隨着大禮和山陵五使制度的逐漸確立,禮儀使的分工也開始明確。由宰相重臣充任的大禮或山陵使既不是僅備儀式、完全不掌實事的榮銜,禮儀使也成為臨時由太常卿兼任而主要負責南郊或喪葬、陵廟儀典的專職,吉、凶分離,這種情況一直持續到五代。

禮儀使之制定喪禮儀節,如《通典》卷五二《喪廢祭議》引"大唐元陵之制"記載了一段監察御史張朔與禮儀使之間,關於未殯期間夏至祭皇地祇是否應停祭的討論。最後還是根據禮儀使的意見,定未殯停祭之議。憲宗朝禮儀使有"今順宗神主升祔禮畢,高宗、中宗神主上遷,則忌日並不合行香,仍依禮不諱"的奏請③;敬宗長慶四年(824)正月即位,十月癸巳,禮儀使也有關於冬至不行慶賀之儀,及停朝賀皇太后的奏請④。可見喪禮期間的一切活動進行與

---

① 《唐會要》卷三七《五禮篇目》,開元十年條,783頁。
② 參見《唐會要》卷二三《武成王廟》貞元二年二月條,509頁;《舊唐書》卷一五八《鄭餘慶傳》、卷一六四《王起傳》,4279頁。按關於這類禮儀使的問題,參見拙文:《唐代的禮儀使和大禮使》,《中國社會科學院歷史研究所學刊》5集,127—156頁。
③ 《冊府元龜》卷五九一《掌禮部·奏議》一九,7065頁。
④ 《冊府元龜》卷一〇八《帝王部·朝會》二,1283頁。

否都須由禮儀使據禮奏定。

　　大行皇帝神主祔廟過程更可以體現禮儀使的作用，這其中並不僅限於行禮儀式。唐朝宗廟在玄宗開元中定為九室，因此祔廟重點在於祖宗須依次遷祔。《册府元龜》載禮儀使于休烈當寶應二年(763)玄宗、肅宗神主祔廟之初，始定以太祖東向為尊，將懿祖獻祖遷入西夾室①。大曆十四年(779)顏真卿奏議代宗神主祔廟，強調"太祖景皇帝受命於天"，請求依次祧遷太祖之下的元皇帝(世祖)，而太祖、高祖和太宗在宗廟和祭享中"百代不遷"的地位，再一次被予以強調。永貞元年(805)十一月，德宗神主將祔，也是"禮儀使杜黃裳與禮官王涇等請遷高宗神主於西夾室"，並再次聲明三祖不遷。元和元年(806)七月，順宗神主祔廟，依順序當遷中宗，時以中宗為中興之主，"有司疑於遷毀"。而山陵兼禮儀使杜黃裳即接受一些大臣意見，作出遷毀決定。長慶四年、開成五年(840)、會昌六年(845)五月穆、文、武三宗的入廟和遷祔都是由禮儀使奏報而獲准②。大和元年(827)四月，時敬宗尚未遷祔，禮儀使奏擇日拆修太廟西夾室，遷移神主五位③。而會昌六年禮儀使於入遷之際提出的"以敬宗、文宗、武宗同為一代"，定為九代十一室的制度，解決了三帝兄終弟及的難題，確定了有唐一代的宗廟原則。此外祔廟時的廟樂，如代宗廟樂用保泰之舞、憲宗廟樂用象德之舞、均由禮儀使奏定④。而從唐前期延續下來的陵廟上食制度也由禮儀使奏請實行，如顏真卿大曆十四年九月有關於元陵作為親陵行日祭的奏

　　①　按事見《册府元龜》卷三〇《帝王部·奉先》三、卷五八九《掌禮部·奏議》一七(329、7045—7046頁)，但彼時的禮儀使為杜鴻漸，參見附表7.。

　　②　以上參見《舊唐書》卷二五《禮儀志》五，954—959頁。

　　③　《册府元龜》卷三〇《帝王部·奉先》三，331頁。

　　④　《册府元龜》卷五六九《掌禮部·作樂》五，6845—6846頁。

請。親陵行日祭已見於《開元禮・雜制》①，此制也因元和元年七月，禮儀使杜黃裳引故事提出"豐陵日祭，崇陵唯朔望、節日、伏臘各設一祭"的要求而得以繼續②。

4. 使下設置與分工合作

山陵諸使由於任務集中，所以如上所述，集中了內外各方面的官吏和人員擔任職務，正使下有時設副使，各使也都有判官。山陵使以宰相重臣兼任者一般只是總負其責，由副使、判官、親吏處理一應事務。如前揭裴冕表奏李輔國親信術士中書舍人劉烜為判官；元稹亦曾為憲宗山陵使令狐楚判官③。劉禹錫曾請求任德宗山陵儀仗使武元衡判官④。又代宗時歸崇敬以主客員外郎參掌玄、肅二帝山陵禮儀⑤，而辛祕和製作《崇豐二陵集禮》的裴堳也是禮儀使杜黃裳手下的判官。禮儀使判官常由太常博士或其他禮官擔任，唐後期太常博士是禮院的領導者，禮儀使關於禮儀的制定常常與博士及太常禮院共同完成。

宋代的不同是太祖、太宗兩朝喪禮儀注仍由太常禮院奏定，但真宗喪事則改由禮儀院。《續資治通鑑長編》卷八一大中祥符六年（1013）八月庚午"改起居院詳定所為禮儀院，以兵部侍郎趙安仁、翰林學士陳彭年同知院事"，是為置禮儀院之始，則真宗以後，禮儀院代替了太常禮院的工作。後來又重以禮院隸太常，或以兼判，但禮院仍有專達之權。

---

① 《大唐開元禮》卷三《序例》下《雜制》，33 頁；並參《通典》卷五二《上陵》開元二十三年四月敕，1451 頁。

② 《唐會要》卷二一《緣陵禮物》，474 頁。

③ 參見《册府元龜》卷四八二《臺省部・朋附》、卷九二〇《總錄部・仇怨》二，5753、10877 頁；《舊唐書》卷一六《穆宗紀》，480 頁。

④ 《舊唐書》卷一五八《武元衡傳》，4160 頁。

⑤ 《舊唐書》卷一四九《歸崇敬傳》，4014 頁。

　　要而言之,皇帝的喪葬禮儀和事務由上述諸使共同掌管,分工負責,事已則罷,有唐一代已形成常制,皇帝喪禮的主辦也以使職的設立為特徵而愈來愈走向規律化。

　　以上討論了唐朝山陵使的設置,及其在唐後期發展為山陵五使的作用及職能。可以知道,由於皇帝山陵須在死後數月集中打造和喪禮進程的需要,隋朝和唐初已開始出現了由宰相重臣主持皇帝喪事的情況,貞觀以後,逐漸發展為主掌喪禮程序和修築山陵的兩種山陵使或禮儀使。武則天、玄宗時期,山陵使向多使的設置邁進。代宗、德宗以後,山陵使、禮儀使、鹵簿使、橋道置頓使、按行山陵地使(後改為儀仗使)名稱陸續出現,中唐時期、太后禮重,太后喪禮有着與皇帝喪禮同樣的排場,內外使職以及參加治喪的官員人吏組成了強大的喪葬禮陣容,而由諸使主持與組織下的山陵送葬與郊廟大禮也成為唐後期向臣民展示的兩項皇家禮儀大典。

　　根據《大唐元陵儀注》對於山陵、禮儀使等主持喪禮的説明,山陵使是喪禮的執行長官,在最後的下葬儀式中又以皇帝代表的身分擔綱主祭,禮儀使則是儀式的總提調官,節制着喪禮的進程。而在喪事的舉辦中,山陵使從安史亂後褒寵功臣的榮銜改為以宰相實負其責和總其成的喪事長官,但職務偏重於修築山陵和相關事務。由禮部尚書或太常卿任職的禮儀使負責儀注的制定和喪禮的程序,京兆尹充任的橋道使承擔大行皇帝梓宮和送葬儀仗所要經行的道路橋梁的修繕,兵部侍郎兼鹵簿使主管喪禮鹵簿,而由宗正卿所任按行山陵地使則對山陵的設施進行檢查和驗收。五代以後,按行使逐漸改為以御史中丞任儀仗使,監督各使職責的情況。山陵五使的設置在五代延續並成為常規,宋以後諸使格局及在皇帝喪葬禮儀中的職事和作用都更加定式化。

　　總之,在《大唐元陵儀注》明確皇帝喪禮儀程的同時,山陵諸使的設置也走向定局。無論是陵墓的打造、送葬與下葬等大型活動的組織、喪禮與葬禮的備辦舉行以及儀注本身的建立都離不開山陵五使，也都有山陵五使運作其中，從而可以認為是山陵五使的設置為唐朝皇帝喪禮的舉辦提供了保證，也在一定程度上打破了皇帝凶事舉辦的種種忌諱，為中古的凶禮和皇帝儀制開了新篇章。由於葬禮的意義在於體現孝道，將皇帝喪事的舉辦與親郊同樣作為向臣民展示的最隆重典禮，就不但突出了皇帝至高無上的權威，並且在體現忠孝合一的基礎上建立和宣傳了唐政權的統治形象。在這個意義上，喪禮對百姓的震撼影響都決不下於新皇即位本身，山陵諸使起到的作用也因此是絕不應該忽略的。

不過，山陵諸使的建立也許還有更重要的含義。在《大唐元陵儀注》中通過山陵、禮儀等使在葬禮中的組織、主持和代替皇帝行禮如儀，再次說明唐後期皇帝的葬禮是作為國家制度來進行的，山陵五使就是皇帝葬禮國家化的實際運作者與代表。他們於是成為皇帝葬禮的臨時主持者和領導者，我想這纔是研究山陵使問題應該充分理解到的意義所在。

山陵五使在宋代以後，形成了應對皇帝喪葬及時和固定的設置，而山陵諸使的任務更加明確和專門，它們在皇帝喪葬事務中不可替代。而除了皇帝的山陵使外，皇后也根據生前不同的身分，而有等級之差的園陵五使或者園陵監護使一類的設置，並根據情況舉行規模大小不一的葬事或遷葬之儀。宋代的山陵使和園陵使是宋朝帝、后喪葬規律化的表現之一，關於它們的派設和特色也應是今後應當關注的內容之一。

附表 7. 唐朝後期山陵諸使設置

在位皇帝	年月	姓名	任使	史料來源
代宗	寶應元年(762)四月	郭子儀	汾陽郡王充（玄宗?）肅宗山陵使	《新唐書》卷一三七、《舊唐書》卷一二〇《郭子儀傳》。
	寶應元年四月(?)—九月丙申以前	裴冕	右僕射、兼御史大夫充（玄宗?）肅宗山陵使	《舊唐書》卷一一《代宗紀》，《舊唐書》卷一一三、《新唐書》卷一一四《裴冕傳》，《冊府元龜》卷九四五《總錄部·附勢》。
	寶應元年九月—寶應二年（廣德元年，763）正月	來瑱	兵部尚書、同中書門下平章事、山南東道節度使充山陵使	《新唐書》卷一四四、《舊唐書》卷一一《代宗紀》，同書卷一一四《來瑱傳》。
	廣德元年三月以前	蘇震	戶部侍郎判度支(?)充泰陵、建陵鹵簿使	《新唐書》卷一二五《蘇詵傳》。
	同上	嚴武	京兆尹充玄宗、肅宗橋道使	《舊唐書》卷一一七、《新唐書》卷一二九《嚴武傳》。
	寶應元年—廣德二年正月	杜鴻漸①	太常卿充禮儀使	《新唐書》卷一四五《黎幹傳》，卷六《代宗紀》，並詳考證。

---

① 《唐會要》卷三七《禮儀使》："廣德元年(763)，太常卿杜鴻漸充禮儀使。"(785頁)據《舊唐書》卷一〇八《杜鴻漸傳》："歲餘，征拜尚書右丞、吏部侍郎、太常卿，充禮儀使。二聖晏駕，鴻漸監護儀制，山陵畢，加光祿大夫，封衛國公"(3283頁)。同書卷二一《禮儀志》一也載杜鴻漸寶應元年在禮儀使任上(836頁)。嚴耕望：《唐僕尚丞郎表》卷八《輯考》二下《右丞》、卷一〇《輯考》三下《吏侍》據兩《唐書》傳、《全唐文》卷三六九元載撰杜鴻漸碑、獨孤及撰《豫章冠蓋盛集記》等考證認為，杜任太常卿禮儀使在寶應元年(762)四月以前(470頁)，今從之。又《新唐書》卷六《肅宗紀》廣德二年正月丙午詔，太常卿杜鴻漸為兵部侍郎同中書門下平章事，是時乃罷使(170頁)。

在位皇帝	年月	姓名	任使	史料來源
德宗	大曆十四年(779)五月	郭子儀	司徒、兼中書令攝冢宰充(元陵)山陵使,復加守太尉	《舊唐書》卷一二《德宗紀》,同書卷一二〇、《新唐書》卷一三七《郭子儀傳》。
	同上	崔寧	檢校司空、平章事兼山陵使	《新唐書》卷一四四、《舊唐書》卷一一七《崔寧傳》。
	同上	李涵	太子少傅改檢校工部尚書兼光祿卿充山陵副使	《新唐書》卷七八、《舊唐書》卷一二六《李涵傳》。
	大曆十四年五月一建中三年八月(779—783)	顏真卿	吏部尚書充禮儀使,改太子少師仍充使	《唐會要》卷三七《禮儀使》,《舊唐書》卷一一《代宗紀》,卷一二八《顏真卿傳》。
順宗	永貞元年(805)正月一同年十一月	杜佑	檢校司空、司徒攝冢宰同平章事充(崇陵)山陵使	《韓昌黎集·外集》卷六《順宗實錄》卷一,《唐大詔令集》卷七七《崇陵優勞德音》。
	永貞元年	杜黃裳①	太常卿充禮儀使,遷門下侍郎同平章事仍兼使	《唐大詔令集》卷七七《崇陵優勞德音》,並見同書卷四六《杜黃裳袁滋平章事制》。
	永貞元年正月一同年十一月	武元衡	御史中丞充山陵副使兼儀仗使	《韓昌黎集·外集》卷六《順宗實錄》卷一,《舊唐書》卷一五八、《新唐書》卷一五二《武元衡傳》。
	同上	李鄘	御史中丞充山陵副使	《唐大詔令集》卷七七《崇陵優勞德音》,職參《舊唐書》卷一五七《李鄘傳》。

---

① 《舊唐書》卷一四七《杜黃裳傳》:"貞元末,為太常卿。"(3973頁)貞元二十一年(805)正月德宗崩,《唐大詔令集》卷四六永貞元年(805)七月《杜黃裳袁滋平章事制》稱杜時銜"守太常卿充禮儀使",同書卷七七永貞元年十二月《崇陵優勞德音》有"禮儀使杜黃裳特加一階,與一子六品官",是杜自太常卿遷中書侍郎同平章事後始終任禮儀使(228、434頁)。《舊唐書》卷二五《禮儀志》五有永貞元年十一月杜黃裳議遷祧事與之合(955頁),時當任使結束。

續表

在位皇帝	年月	姓名	任使	史料來源
	同上	李扞	宗正卿充按行山陵地使	《唐大詔令集》卷七七《崇陵優勞德音》,《韓昌黎集·外集》卷六《順宗實錄》卷一誤作"李紓"。
	同上	鄭雲逵	刑部侍郎充鹵簿使	同上。
憲宗	元和元年(806)正月	闕	(豐陵)山陵使	《唐大詔令集》卷七七《豐陵優勞德音》。
	元和元年正月乙酉	杜黄裳①	門下侍郎同平章事充山陵禮儀使	《舊唐書》卷一四《憲宗紀》上,《唐大詔令集》卷七七《豐陵優勞德音》。
	元和元年正月	李巽	兵部侍郎充山陵副使	《唐大詔令集》卷七七《豐陵優勞德音》。
	同上	崔邠	禮部侍郎充山陵副使	同上。
	同上	闕	按行山陵地使	同上。
	元和元年二月—五月丁卯	鄭雲逵②	京兆尹、充山陵橋道置頓使	《舊唐書》卷一四《憲宗紀》上,卷一三七《鄭雲逵傳》。
	元和元年五月辛未	韋武③	京兆尹、充山陵橋道置頓使(?)	《舊唐書》卷一四《憲宗紀》上,《新唐書》卷九八《韋武傳》。

---

　　① 《舊唐書》卷一四《憲宗紀》上記元和元年(806)春正月乙酉,杜黄裳為禮儀使(414頁)。《唐大詔令集》卷七七《豐陵優勞德音》:"山陵禮儀使及陵所攝太尉行事官,與一子八品正員官。"山陵禮儀使即為杜黄裳(434頁)。

　　② 《舊唐書》卷一三七《鄭雲逵傳》:"遷刑部、兵部二侍郎,遷御史中丞,充順宗山陵橋道置頓使。"但據《舊唐書》卷一四《憲宗記》上記元和元年二月戊戌,以金吾大將軍鄭雲逵為京兆尹,同年三月辛未又有御史中丞武元衡奏,則鄭雲逵當是以京兆尹而非御史中丞充豐陵橋道使(3770、416頁)。

　　③ 《舊唐書》卷一四《憲宗紀》上:"(元和元年五月)丁卯,京兆尹鄭雲逵卒。辛未,以兵部侍郎韋武為京兆尹,兼御史大夫。"(417頁)《新唐書》卷九八《韋武傳》:"憲宗時,入為京兆尹,護治豐陵,未成,卒,贈吏部尚書。"(3905頁)

在位皇帝	年月	姓名	任使	史料來源
憲宗	元和十一年(816)三月己卯	李逢吉	門下侍郎同平章事充(莊憲太后)山陵使	《舊唐書》卷一五《憲宗紀下》,並見《册府元龜》卷三〇六《外戚部·專恣》。
	元和十一年三月庚午	裴度	中書侍郎同平章事充禮儀使①	《舊唐書》卷一五《憲宗紀》下。
	元和十一年	鄭絪②	太常卿兼禮儀使	《舊唐書》卷五二《后妃傳》下,職參《舊唐書》卷一五九《鄭絪傳》。
	元和十一年	李鄘	京兆尹充山陵橋道置頓使	《新唐書》卷一六二《李鄘傳》,《新唐書》卷一四四《崔從傳》。
穆宗	元和十五年(820)正月	令狐楚	中書侍郎同平章事充(景陵)山陵使	《舊唐書》卷一七二《令狐楚傳》,《劉禹錫集》卷一九《唐故相國贈司空令狐公集紀》③。
	元和十五年閏正月	韓皋	判太常卿充山陵禮儀使	《舊唐書》卷一二九《韓皋傳》。
	元和十五年正月(?)	柳公綽	兵部侍郎兼御史大夫充山陵副使	《唐大詔令集》卷七七《景陵優勞德音》。
	元和十五年二月	李翺	宗正卿按行山陵使兼山陵副使	同上並參《唐會要》卷二一《諸陵雜録》。

① 按《舊唐書》卷一五《憲宗紀》下與卷一七〇《裴度傳》均載裴度時被命為禮儀使,且任命在李逢吉充山陵使前(455—456、4415頁)。裴、李二人分以中書、門下侍郎為左右相,則裴度不當在李逢吉下。且時以太常卿任禮儀使又有鄭絪。按據《資治通鑑》卷二三九載元和十一年:"三月,庚午,太后崩。辛未,敕以國哀,諸司公事權取中書門下處分,不置攝冢宰。"(7722頁)是裴度之任命乃主持中書公務,其職或即相當皇帝喪事中的攝冢宰。

② 按鄭絪元和十一年(816)任禮儀使事見《舊唐書·后妃傳》下(2195頁)。同書卷一四《憲宗紀》上稱鄭絪元和九年五月一日丁未朔,由檢校禮部尚書、嶺南東道節度使遷工部尚書,據同書卷一五九本傳後職轉太常(449、4181頁),故任使時職當太常卿。參見嚴耕望:《唐僕尚丞郎表》卷二一《輯考》八上《工部尚書》,1055頁。

③ 《唐故相國贈司空令狐公集紀》,《劉禹錫集》卷一九,上海人民出版社,1975年,167頁。

續表

在位皇帝	年月	姓名	任使	史料來源
敬宗	長慶四年正月(824)	牛僧儒①	中書侍郎平章事充(光陵)禮儀(山陵?)使	《册府元龜》卷五九一《掌禮部·奏議》一九。
敬宗	同上	(?)	禮儀使	《唐大詔令集》卷七七《光陵優勞德音》。
敬宗	同上	闕	山陵副使、按行使、鹵簿使、儀仗使	同上。
敬宗	長慶四年正月(?)	崔元略	京兆尹充橋道使	《舊唐書》卷一六三《崔元略傳》、《册府元龜》卷一五三《帝王部·明罰》二。
文宗	寶曆二年(826)十二月(?)	(?)②	(莊陵)山陵使	《唐大詔令集》卷七七《莊陵優勞德音》。
文宗	同上	闕	山陵副使、按行山陵地使	同上。
文宗	同上	闕	橋道置頓使	同上。
文宗	大和元年(827)正月辛丑	李絳	檢校司空兼太常卿(充山陵禮儀使?)	《舊唐書》卷一七上《文宗上》,同書卷二五《禮儀志》五。

---

　　① 《舊唐書》卷一七上《敬宗紀》長慶四年三月戊午有禮儀使奏停外命婦行起居禮條(508頁),《册府元龜》卷五九一《掌禮部·奏議》一九載牛僧儒為禮儀使,同年七月奏議宗廟祧遷事(7071頁)。而據《新唐書》卷六三《宰相表》下牛僧儒時任中書侍郎同平章事(1718頁),《册府元龜》卷一一《帝王部·繼統》與時為攝冢宰的李逢吉一起主持即位儀式的有中書侍郎平章事牛僧儒(120頁),則頗疑牛僧儒實以宰相兼山陵使者,禮儀使另有其人。

　　② 按文宗即位初山陵使職名不詳,但據《册府元龜》卷一一《帝王部·繼統》裴度先已為司空同平章事攝冢宰並主持即位宣册書,事詳見本書第二章"喪禮的吉凶轉換與二次即位的唐宋變革"。同時持禮又有攝太尉兵部尚書段文昌、攝侍中門下侍郎竇易直,《新唐書》卷六三《宰相表》下也記寶曆二年(826)"十二月庚戌,兵部侍郎韋處厚為中書侍郎,同中書門下平章事"(1720頁),事在即位後,其人均不知是否任使充職,存疑。

在位皇帝	年月	姓名	任使	史料來源
武宗	開成五年(840)正月—八月	李玨	户部尚書平章事充山陵使,遷門下侍郎仍兼。	《新唐書》卷一八二《李玨傳》職參《新唐書》卷六三《宰相表》下。
	開成五年八月十七日在任	崔鄲①	中書侍郎兼禮部尚書平章事充(章陵)山陵使	《舊唐書》卷一八《武宗紀》並詳考證。
	開成五年中	闕	(太常卿充)禮儀使	《舊唐書》卷二五《禮儀志》五。
	同上	王起	兵部尚書充鹵簿使	《舊唐書》卷一六四、《新唐書》卷一六七《王起傳》。
宣宗	會昌六年(846)三月(?)—八月丙申	李回	中書侍郎平章事充(端陵)山陵使	《舊唐書》卷一七三《李回傳》。官銜參《新唐書》卷六三《宰相表》下。
	會昌六年四月辛卯	李讓夷	司空、門下侍郎充大行山陵使	《新唐書》卷一八一《李讓夷傳》,官銜及領使時間參《新唐書》卷六三《宰相表》下。
懿宗	大中十三年(859)八月癸巳—咸通元年(860)二月	令狐綯	司空、門下侍郎同平章事充(貞陵)山陵禮儀使	《東觀奏記》卷上,官銜及領使時間參《舊唐書》卷一八下《宣宗紀》、卷一九上《懿宗紀》。

① 《舊唐書》卷一八上《武宗紀》記開成五年八月十七日葬文宗皇帝於章陵,山陵使為崔稜(585頁)。按崔稜《資治通鑑》卷二四六會昌元年(841)三月條《考異》引《舊唐書》紀文及賈緯《唐年補錄》皆作崔鄲(7950頁)。查《册府元龜》卷七四《帝王部·命相》四武宗開成五年正月即位,二月有除太常卿崔鄲同平章事制(852頁),(但《新唐書》卷六三《宰相表》下作四年七月,同年十一月壬午為中書侍郎,五年二月兼禮部尚書),則崔鄲當以宰相領山陵使,其任使時間不詳,或在李玨罷後。

續表

在位皇帝	年月	姓名	任使	史料來源
懿宗	大中十三年八月—咸通元年二月(?)	夏侯孜(?)①	中書侍郎平章事充山陵使	《新唐書》卷一八二《夏侯孜傳》，職參《新唐書》卷六三《宰相表》下。
懿宗	咸通六年十二月	闕	山陵使所攝太尉行事官、禮儀使、置頓橋道使、鹵簿使、儀仗使	《唐大詔令集》卷七七《孝明太皇太后山陵優勞德音》。
僖宗	咸通十四年(873)	闕	闕(簡陵)	闕。
昭宗	文德元年(888)三月	孔緯	左僕射平章事充(靖陵)山陵使	《唐會要》卷二一《諸陵雜錄》，《舊唐書》卷一七九《孔緯傳》。
哀帝	天祐元年(904)八月癸卯	王溥	太常卿充禮儀使	《舊唐書》卷二〇下《哀帝紀》。
哀帝	天祐元年九月己巳	裴樞	右僕射、門下侍郎、禮部尚書平章事充(和陵)山陵禮儀使	同上。
哀帝	同上	獨孤損	左僕射、門下侍郎平章事充山陵使	同上。
哀帝	同上	李燕	兵部侍郎充鹵簿使	同上。
哀帝	天祐元年九月己巳九月辛巳	韋震	權知河南尹充橋道使復改以檢校司徒充山陵副使	同上。

① 《新唐書》卷一八二《夏侯孜傳》稱："懿宗立，進門下侍郎、譙郡侯。俄以同平章事出為西川節度使。召拜尚書左僕射，還執政，進司空，為貞陵山陵使。坐隧壞，出為河中節度使，猶同平章事。"(5374 頁)按宣宗葬在咸通元年(860)二月，據《新唐書》卷六三《宰相表》下，夏侯孜大中十三年八月以中書侍郎兼刑部尚書同平章事，出為西川節度使已在咸通元年十月，再拜相在咸通三年七月(1735—1736 頁)。而據《舊唐書》卷一七七《夏侯孜傳》除河東節度使更在咸通八年以後(4604 頁)，與葬宣宗無關。據《舊唐書》卷一九上《懿宗紀》咸通元年二月令狐綯出為河中節度使(650 頁)，則所載或為令狐綯事，但以夏侯孜身分可為山陵使，故仍暫予保留。

在位皇帝	年月	姓名	任使	史料來源
	天祐元年九月己巳	李克勤	宗正卿充按行使	《舊唐書》卷二〇下《哀帝紀》。
	天祐元年九月辛巳	張廷範	權知河南尹代韋震充橋道使兼頓遞陵下應接等使	同上。

附表 8. 五代山陵諸使設置①

朝代	在位皇帝	年月	姓名	官職、使職名稱	史料來源、備註
後唐	莊宗	同光三年六月辛未	李紓	宗正卿充昭宗、少帝改卜園陵使	《舊五代史》卷三二《莊宗紀》六。
		同光三年六月戊子	李琪	刑部尚書充昭宗、少帝改卜園陵禮儀使	同上。
		同光三年六月己丑	李途	京兆少尹充修奉諸陵使	同上。
		同光三年七月己酉——十一月	李琪	刑部尚書充大行皇太后山陵禮儀使	《舊五代史》卷三三《莊宗紀》七,《五代會要》卷四《緣祀裁制》。
		同上	張全義	河南尹充山陵橋道排頓使	同上。
		同上	孔謙	守衛尉卿、租庸使充監護使	同上。官名見同書卷三二《莊宗紀》六同光二年八月條。
	閔帝	長興四年（933）十二月丁巳	馮道	左僕射、平章事為山陵使	《舊五代史》卷四五《閔帝紀》,《新五代史》卷七《唐本紀》七。
		同上	韓彥惲	户部尚書為副使	同上。
		同上	王延	中書舍人為判官	同上。

① 本表所列諸使皆與禮儀相關,不包括隨同皇帝巡幸或遷都所設鹵簿、橋道等使。

續表

朝代	在位皇帝	年月	姓名	官職、使職名稱	史料來源、備註
後唐	閔帝	長興四年（933）十二月丁巳	王權	禮部尚書為禮儀使	《舊五代史》卷四五《閔帝紀》,《新五代史》卷七《唐本紀》
		同上	李鏻	兵部尚書為鹵簿使	同上。
		同上	龍敏	御史中丞為儀仗使	同上。
		同上	盧質	右僕射、權知河南府為橋道頓遞使	同上。
		應順元年（934）正月丁丑	張繼祚	左武衛上將軍充山陵橋道頓遞副使	同上。
		同月辛卯	盧文紀	太常卿充山陵禮儀使	同上。
		同年三月己未	李肅	左衛上將軍,充山陵修奉上下宮都部署	同上。
後晉	少帝	天福七年（942）六月丙子	馮道	司徒、兼侍中為山陵使	《舊五代史》卷八一《晉少帝紀》一,《新五代史》卷九《唐本紀》九。
		同上	竇貞固	門下侍郎為副使	同上。
		同上	崔梲	太常卿為禮儀使	同上。
		同上	呂琦	戶部侍郎為鹵簿使	同上。
		同上	王易簡	御史中丞為儀仗使	同上。
後漢	隱帝	乾祐元年（948）三月壬戌	竇貞固	守司空、門下侍郎平章事為山陵使	《新五代史》卷一〇《漢本紀》一〇,《舊五代史》卷一〇一《漢隱帝紀》上,官名見卷一〇〇《漢高祖紀》下天福十二年九月條。
		同上	段希堯	吏部侍郎為副使	同上。

朝代	在位皇帝	年月	姓名	官職、使職名稱	史料來源、備註
後漢	隱帝	同上	張昭	太常卿為禮儀使	同上。
		同上	盧價	兵部侍郎為鹵簿使	同上。
		同上	邊蔚	御史中丞為儀仗使	同上。
後周	世宗	顯德二年（955）二月丁卯	馮道	中書令充山陵使	《舊五代史》卷一一四《周世宗紀》一,《新五代史》卷一二《周本紀》一二。
		同上	田敏	太常卿充禮儀使	同上。
		同上	張昭	兵部尚書充鹵簿使	同上。
		同上	張煦	御史中丞充儀仗使	同上。
		同上	王敏	開封少尹、權判府事充橋道使	同上。
	恭帝	顯德六年六月癸卯	范質	司徒、平章事為山陵使	《舊五代史》卷一二〇《恭帝紀》,《新五代史》卷一二《周本紀》一二。
		同上	竇儼	翰林學士、判太常寺事為禮儀使	同上。
		同上	張昭	兵部尚書為鹵簿使	同上。
		同上	邊歸讜	御史中丞為儀仗使	同上。
		同上	昝居潤	宣徽南院使、判開封府事為橋道頓遞使	同上。

第四章　敦煌書儀中的奉慰表啓
與唐宋朝廷的凶禮慰哀

　　《大唐元陵儀注》規定的皇帝喪禮中，有一項内容引人注目，這就是儀式的最末或者大臣退後，都注明有奉慰皇帝的儀節。這個儀式存在於皇帝和皇家喪禮，乃至在朝廷對重要大臣悼念的活動之中，發展為國家凶禮喪儀中一個最必須、最常見的内容，也代表了皇帝遭遇凶事時，大臣與皇帝情感互動的一種表達方式。敦煌書儀中皇帝和太子凶儀表啓的出現，提醒我們奉慰儀的存在及其重要性。事實表明，所謂奉慰，不過是弔慰儀在朝廷的表現，弔慰儀是凶禮弔喪的一項主要儀式，是家族和社會關係的聯繫和表達，既有深厚的民間基礎，復有悠久的歷史淵源。奉慰儀在皇帝喪禮各儀式中的常規化也是將君臣關係國家化的一種體現。本章將從唐朝凶儀表啓出發，對奉慰儀在唐宋之際皇帝和皇家喪禮中的應用及其意義進行研究。

一　書儀中的凶儀表啓和傳世文獻中的奉慰牋表

　　唐代自從李義府和許敬宗制定《顯慶禮》取消《國恤》，造成了史料中相關内容的缺乏以及對皇帝凶事的迴避。但是，敦煌書儀中卻出現了與皇帝、大臣喪葬禮儀有關的奉慰表、奉答敕慰表和上太子的同種形式的啓等，這不僅為凶儀牋表的形式，也為唐朝包括皇帝在内喪葬禮中慰哀儀的使用提供了重要的依據。以往的研究大多集中於公文表狀和吉儀牋表①，對凶儀表啓卻未能予以充分重視。鑒於表啓與現實中儀式的對應關係，這裏先出示書儀中的表啓，再結合存世奉慰牋表討論其形式、内容及淵源基礎等問題。

(一)P.3442 杜友晉《吉凶書儀》中的凶儀表啓

P.3442 杜友晉《吉凶書儀》，論者考訂為開、天時期所作②。它的凶儀部分有"表凶儀一十一首"一項，内含《國哀奉慰嗣皇帝表》、《山陵畢卒哭祔廟奉慰表》、《國哀大小祥除奉慰表》、《皇后喪奉慰表》、《皇太子喪奉慰表》、《皇后遭父母喪奉慰表》、《皇暮親喪奉慰表》、《百官遭憂奉答敕慰表》、《百官暮親喪奉答敕慰表》、《百官謝父母喪蒙贈表》、《百官謝暮親喪蒙贈表》。此外，又有"啓凶儀四首"，包括《皇后喪慰皇太子啓》、《皇太子有暮親喪奉慰啓》、《百官遭憂奉答令啓》、《百官有暮親喪奉答令啓》等。内"暮"字均未避玄

---

① 參見中村裕一：《唐代制敕研究》，東京：汲古書院，1991 年；《唐代官文書研究》，京都中文出版社，1991 年；《唐代公文書研究》，東京：汲古書院，1996 年。拙文《從敦煌書儀的表狀箋啓看唐五代官場禮儀的轉移變遷》(《中國社會歷史評論》3 卷，355—365 頁)、《關於敦煌S.5566書儀的研究——兼論書儀中的"狀"》(《敦煌學國際研討會論文集》，北京圖書館出版社，2005 年，73—86 頁)和《試論唐五代的起居儀》(《中國社會科學院歷史研究所學刊》4 集，2007 年，北京：商務印書館)等文。比較重要的公式文研究還有李錦繡：《唐"王言之制"初探》，收入《季羨林教授八十華誕紀念論文集》，南昌：江西人民出版社，1991 年，273—290 頁；劉後濱：《唐代中書門下體制研究》第六章《中書門下體制下的奏事文書與政務裁決機制》、第七章《中書門下體制下的制敕文書及其運作》，濟南：齊魯書社，2004 年。
② 趙和平：《敦煌寫本書儀研究》關於 P.3442《吉凶書儀》題解，223—233 頁。以下錄文參其書 186—193 頁，並據圖版(《法藏敦煌西域文獻》24 册，上海古籍出版社，2002 年，218—220 頁)校訂，除個別改動，不再專予説明。

宗諱，故時代可能稍早於開元。以下先出示兩項校正和整理後的錄文，(序號為筆者所加)，再就內容略作説明。

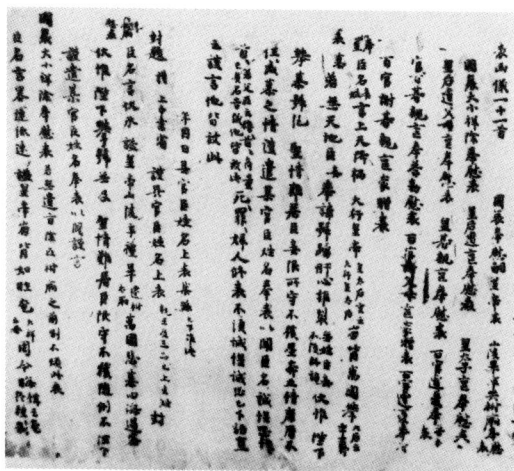

圖 19. 敦煌 P. 3442《吉凶書儀·表凶儀》

1. 表凶儀一十一首

①《國哀奉慰嗣皇帝表》：

臣名^{妾姓}言：上天降禍，　大行皇帝^{皇太后喪云大行皇太后。}崩背，萬國攀〔號?〕，^{大后云率土號慕。}若無天地。臣妾奉諱號踊，肝心摧裂。^{無姓臣妾不須此語。}伏惟　陛下攀慕號絶，　聖情難居。臣妾①限所守，不獲星奔，五情靡屆，不任感慕之情。謹遣某官臣姓名奉表以聞。臣名誠惶〔誠〕恐，頓首頓首，^{若父在云稽首稽言，商量已具名言儀,他皆做〔倣〕此。}死罪死罪。婦人修表不須誠惶誠恐以下語，直云謹言，他皆放〔倣〕此②。

---

① "妾"依文意當作注文。
② 按"婦人"下為説明文字，但原件未用注文形式。

年月日具官臣姓名上表某縣。以下準此。

封題：謹　上中書省。謹具官臣姓名上表親王及三品以上去姓。封

②《山陵畢卒哭祔廟奉慰表》：

臣名言：伏承　謚皇帝山陵卒〔哭？〕禮畢，還祔大廟。萬國悲慕，四海遏密。伏惟　陛下攀號無及，　聖情難居。臣限〔所〕守，不獲隨例，不任下〔情〕。謹遣某官臣姓名奉表以聞。謹言。

③《國哀大小祥除奉慰表若無遺旨，除在祔廟之前，則不煩此表》

臣名言：昊運流速，　謚皇帝崩背如昨，奄大祥云畢，周今晦，釋云奄終禮制，率土哀慕，不能自勝。伏惟攀號永遠，　聖情難居。臣限所守，不獲隨例，不任下情，謹遣某官臣姓名奉表以聞。謹言。

④《皇后喪奉慰表》

臣名言：天降災禍，　大行皇后棄背六宮，率土不勝感慕。伏惟　陛下哀痛傷悼，聖情難勝，臣限所任，不任(二字衍)不獲隨例，不任下情，謹遣某官臣姓名奉表以聞。謹言。

⑤《皇太子喪奉慰表》

臣名言：不圖災禍，　皇太子薨背，百僚感慕。伏惟　陛下哀悼難勝，臣限所守，不獲隨例，不任下情，謹遣某官臣名姓(姓名)奉表以聞。謹言。

⑥《皇后遭父母喪奉慰表諸王妃、公主、县主及六親命妇應奉慰者並同》

臣名言：不圖禍故，伏承　尊某位王公若母公(云)粛尊夫人不終遐壽，奄棄孝養，下情哀惻。伏惟攀慕號擗，睿情難居。臣限所守，不獲隨例，不任下情。謹遣某官臣姓名奉表以聞。謹言。

⑦《皇朞親喪奉慰表皇太子及諸王、王妃、皇親、太子宮臣上表並附之》

臣名言：某王、公主薨逝，皇太子及王公，哀痛申割，不能自勝。伏惟　聖懷哀慟。卑云衰悼。無任下情。謹遣某官臣名姓（姓名）奉表以聞。謹言。

⑧《百官遭憂奉答　敕慰表皇親並附之，婦人遭舅姑喪、夫喪並同》

草土臣名言：婦人云妾姓言。臣妾私門凶釁，亡父先臣某舅云亡舅先臣姓名，夫云亡夫先臣姓名，母及姑云〔亡〕先妾姓。奄辭聖代，下情攀慕，五內摧裂，不能自勝。奉敕垂問，伏增號絶。夫及舅姑並云摧絶。〔謹言。〕①年月日草土臣姓名上表。

題云謹上中書省，謹草云〔土〕臣上表云。封②。

⑨《百官朞親喪奉答　敕慰〔表〕諸王及妃、皇親並附之》

臣名言：臣私門凶故，亡祖先臣某伯叔兄弟先臣某，子云亡子臣某，亡祖妣伯叔母姑姊妹妻先妾姓，女云〔亡〕女妾姓。奄辭聖代，下情哀痛，子云悲悼不能自勝。奉　敕垂問。伏增摧哽。謹言。

年月日具官位臣姓名上表。不須某縣③。已下準此。

⑩《百官謝父母喪蒙贈表諸王及妃、皇親並附之》

臣名言：伏奉　制書，追贈臣父先臣某為某官，諡某公，母云臣母先妾姓為郡君夫人。贈某物；奉對哀號，肝心屠殞。臣行忤幽明（冥），鳳丁荼毒，聖朝追遠，禮備彝倫。王云澤被宗枝。荷戴鴻恩，罔知上報，王云伏增號殞。無任感絶之至，謹奉表以聞。謹言。

⑪《百官謝朞親喪蒙贈表》

臣名言：伏奉　制書，追贈臣亡祖伯叔兄弟子姪孫先臣某為某官爵，某

---

①　"謹言"二字脱，據下首《百官朞親喪奉答敕慰表》補。

②　"題云"並以下註文原在"年月日草土臣姓名上表封"上，按據《國哀奉慰嗣皇帝表》，封題當在後，故改，"封"字並移在"題云"及注文下。

③　"不須某縣"四字，據文意當作注文。

諡，贈某物；奉對哀感，伏增永慕。臣亡祖某，在生不幸，早辭聖朝，鴻恩曲降，榮被幽隧；荷戴慈澤，伏增悲懼，不任下情，謹奉表以聞。謹言。

2. 啓凶儀四首

①《皇后喪慰皇太子啓_{王妃、公主及六親奉慰並同}》

名啓：天降災禍，　大行皇后棄背，六宮率土，不勝感慕。伏惟號慕擗踊，不可堪居。_{宮臣云聖懷難居。}不任下情，謹奉啓以聞。謹啓。

月日具官姓名，宮臣稱臣，婦人姓啓。_{已下封題啓準此。}

謹上典書坊

謹　某官姓名啓　封

②《皇太子有朞親喪奉慰啓_{諸王、公主、皇親並附之}》

名啓：某王某公主薨逝，_{王及公主云，情深悲慟，不能自勝；卑者云殞逝。}伏惟哀痛摧割，何可堪勝。不任下情，謹奉啓以聞。謹啓。

③《百官遭憂奉答令啓_{皇親附之，答親王、公主亦同}》

名啓：無狀招禍，禍延亡父某。_{亡母，答親王、公主不須云姓某。}下情攀慕，五內分裂，煩冤荼毒，不能自勝。奉令_{王云公主}垂問，伏增號絶。謹啓。

④《百官有朞親喪奉答令啓_{皇親附之}》

名啓：不圖災禍，亡祖某傾逝，_{祖母、伯叔父母、姑、姊、兄並同；弟、妹、子女、姪孫云哀逝。}哀痛_{卑云哀悼。}抽割，不能自勝。奉令垂問，伏增悲哽。謹啓。

3. 書儀表啓的内容意義

從以上表、啓的名目和内容可知，它們都是屬於皇家和百官遭喪時節官員（包括皇親及六宮）所用，表大致可分為皇帝和皇家遭喪時百官的奉慰表、官員遭喪得到皇帝敕慰後的奉答表，以及蒙受皇帝制書贈謚後的謝表等三類。啓是百官上於太子諸王的，也表達了遭喪之際彼此的相互慰問之情。

表、啓的使用見於《唐六典》的規定。其書卷一《尚書都省》左右司郎中員外郎之職條在關於"凡下之所以達上"的"表、狀、牋、啓、牒、辭"中有曰："表上於天子，其近臣亦為狀。牋、啓於皇太子，然於其長亦為之，非公文所施。九品已上公文皆曰牒，庶人言曰辭。"由此可知上於天子的表在"下對上"的文書中是規格最高的，其次則是上於皇太子的牋或啓。然表與牋啓的應用又多在禮儀的慶賀謝恩場合，同書卷四《禮部》稱："凡元正，若皇帝加元服，皇太后加號，皇后、皇太子初立，天下諸州刺史，若京官五品已上在外者，並奉表、疏賀，皆禮部整比，送中書總奏之。"①而同書卷九《中書省》中書舍人之職條也有："凡大朝會，諸方起居，則受其表狀而奏之；國有大事，若大克捷及大祥瑞，百僚表賀亦如之。"

因此牋表的上達須通過中書省和禮部。敦煌 P.3900 書儀（趙和平定名為《武則天時期的一種書儀》）有《牋表第二》的儀目，内包含《慶正冬表》、《慶瑞表》、《慶平賊表》與《慶赦表》等多種，題目正與《唐六典》規定者相合。另外存世文獻中還有不少謝表（謝得官晉爵、謝賜物等）存在，此皆屬吉儀範疇，筆者以往的探討也限於吉儀牋表範疇。《唐六典》或其他史料中都不曾涉及凶儀特別是皇家喪禮所用牋表形式，惟杜氏書儀保存了凶儀牋表，彌補了此類牋表範式的闕失。

P.3442 的《表凶儀一十一首》中前三首都是關於國哀山陵也即皇帝、太后喪事的，據表中的名目内容，"奉慰"可以是在帝、后始崩、入葬後的"山陵畢卒哭祔廟"，以及服喪期中的小祥、大祥和除服時，證明奉慰表是隨着帝、后的喪禮程序上達的。除此外又有四

---

① 《唐六典》卷一、卷四，11、113—114 頁；並見《唐會要》卷二六《牋表例》，588—590 頁。

首是針對皇后、皇太子或其親喪的,《啓凶儀四首》内中的前兩首也是關於皇后及皇太子之親喪的,這些顯然為正禮凶儀所不載。書儀奉慰一方是内外臣僚及其母妻(也包括皇親與六宮等),慰問的對象是嗣皇帝與皇太后、皇后、太子乃至"諸王、妃、公主、縣主及六親、命婦應奉慰者",同時明確地指出死者是大行皇帝、皇(太)后、太子或其朞親(伯叔姑兄弟姊妹也即親王公主)乃至皇后父母等,並不掩飾為其死亡所表達的痛悼心情。由於内中帝、后、太子都屬於許敬宗等所謂"非臣子所宜言"的内容,所以除諸王、妃主以下喪之外,都在《開元禮》迴避的範圍内,這是正史中很難見到此類規定的原因。

凶儀表啓由於是上達帝、后、太子,所以平闕、用語等程式嚴格。平闕僅用於皇帝、皇(太)后、太子或者其尊屬(如皇后父母)的稱謂和詞彙之前,凡地位、等級親屬關係在其下者,即使是皇親(如親王、公主)也不用平闕。包括百官遭憂或朞親喪奉答敕慰表、謝敕慰表中,官員提到自己已亡的父母親屬也不用平闕,這應當是一己之私尊不能超越皇家,而皇家之尊復不能超越皇帝的緣故。表達哀悼的語言也要十分講究,例如對皇帝、太后死亡所用攀號、號踊、肝心摧裂、攀慕號絶等,即使在民間一般凶書儀中也是針對父母之死的重喪用詞,而因皇后或太子死奉慰皇帝只能用不勝感慕、哀痛傷悼或者哀悼難勝一類程度較輕的詞彙。又如在《國哀奉慰嗣皇帝表》中稱已死去的皇帝為"大行皇帝",而《國哀大小祥除奉慰表》卻稱"謚皇帝"。這是因為前者還是始崩未確立謚號之前,而後者則一般在已定謚號之後,所以要稱謚。

另外,書儀在《國哀奉慰嗣皇帝表》末尾有"年月日具官臣姓名上表某縣"説明和"以下準此"注語,所謂"以下"者按照次序是一直到《百官遭憂奉答敕慰表》以前。由這些表中所陳"臣妾限所守,不獲星奔"或者"臣限所守,不獲隨例"等語可以知道表的作者其時不在京城,見不到皇帝和參加喪禮,它們的來源只能是基層地方,所以需要通過所在"縣"來遞送轉達。但是《百官朞親喪奉答表》末卻有"年月日具官臣姓名上表,不須某縣"字樣,這個"以下"者還應包括下面的《百官謝父母喪蒙贈表》和《百官謝朞親喪蒙贈表》。為什麼此三表不用注明"某縣"呢?《百官朞親喪奉答表》說明,奉答是因為"奉敕垂問",因朞親喪(而非父母喪丁憂)承蒙皇帝垂問者只能是作者本人或其朞親在朝者。這類牋表都是大臣報喪接到朝廷弔贈後向皇帝表達謝意的回書,事實上不是奉慰表而是謝慰表。而對大臣喪事皇帝的遣使弔贈可見下述《開元禮》,謝表也說明是為"制書追贈"官爵、諡號和贈物。據《唐六典》卷九《中書省》關於"王言之制"的規定,制書乃"行大賞罰、受大官爵"者。父母喪或朞親喪蒙制書贈者非一般追贈,《百官謝父母喪蒙贈表》特別說明贈諡號是"諡某公",這說明被追贈者本人或其子地位很高,按規定應當在三品之內,且大多是皇帝的近臣,而不大可能是一般地方官,因此不須注明某縣。

　　書儀的凶儀表啓格式用語乃至書寫方式如此講究,說明它們不是一般的官場或民間約定成俗的行用,而是來自朝廷制度的正式規定。正像吉儀中的賀表(朝賀起居、賀祥瑞等)"皆禮部整比,送中書總奏之",上揭 P.3442《國哀奉慰嗣皇帝表》、《百官遭憂奉答敕慰表》書題也有"謹上中書省"的說明,證實凶儀牋表的上達也是經中書省,同時必然在尚書禮部的職責範圍內。根據以往學者的推測,列入禮部的吉儀賀表(也包括謝表)具體形式應在禮部式的規定中,則凶表恐怕也應如此。雖然,我們不知道李義府、許敬宗等是否在刪除《國恤》的同時保留了禮式中的凶儀牋表,但牋表在書儀中的出現卻至少說明它們在實際生活中的使用。這種情況一直到元和時期仍是如此。敦煌 S.6537v 鄭餘慶《大唐元和新定書儀》殘存三十種儀目中,與吉儀的《諸色牋表第五》對應,就有凶儀

《國哀奉慰第廿一》的儀目,鄭氏書儀是鄭餘慶率同朝廷禮官所作,在元和整頓朝廷禮制、力求恢復開元禮制的當時,有着相當的權威和影響,書儀對於國哀奉慰的保留,證明它們是始終存在於唐朝國家制度之中的。

(二)傳世文獻中的唐朝奉慰牋表

敦煌書儀向我們透露了唐朝凶儀牋表的信息,可以與之相回應的是存世文獻中的凶儀牋表。今所見較早的相關皇帝喪葬事宜牋表是崔融《為裴尚書慰山陵事畢上表》①,此表有可能是為秋官尚書裴居道所作,上於高宗山陵事畢也即表所言"伏以某月吉辰,永安神寢"之後。高宗葬在文明元年(光宅元年,684)八月,故時間應當是在其年的秋季②。時武則天已立睿宗以代中宗,表稱"陛下情深撤帳,戀切游冠,至於鹵簿吉凶,途程日月,莫不親垂睿旨,顯發宸衷",又道"伏惟皇太后陛下哀慕永往,聖懷難居",並有"限以歸從,未(末?)由詣闕,無任悲感之至,謹遣某奉表以聞"語。可能是由於在武則天安排下高宗靈駕西還,但武后與睿宗朝廷仍在東都,裴尚書隨從靈駕歸長安,不能入朝面見而寫的,其實也相當於陵寢事畢安葬後的一個安慰性報告。

但存世奉慰牋表較多見還是在唐朝後期,而且多是來自地方。皇帝薨逝,外官特別是節度使首先有請赴山陵,如《文苑英華》卷五七一有于公異《為崔冀公請赴山陵表》③,內容主要是悲痛皇帝死亡及請求赴闕,內稱"豈謂先皇升遐,臣不得執紼陵隧;陛下登極,臣不得稱慶闕庭,吉凶二途,禮制皆闕",其意實在對朝廷表達盡忠盡

---

① 崔融:《為裴尚書慰山陵表》,《文苑英華》卷五七一,2934頁;《全唐文》卷二一九,2209頁。

② 按據《舊唐書》卷五《高宗紀》下,高宗文明元年八月庚寅葬於乾陵,112頁。

③ 按此類表唐前期也有,如《文苑英華》同卷上官儀:《為于侍中請赴山陵表》,2934頁。

孝之心。其次則是奉慰。同卷載有令狐楚《為福建閻常侍奉慰德宗山陵表》、《奉慰過山陵表》，前者閻常侍乃永貞元年前後的福建觀察使閻濟美，表是上於德宗與先去世皇后"同時合袝"的"祇袝禮終"；後者是為"順宗至德大聖大安孝皇帝奄過山陵"，又有"伏惟陛下，孝思天至，祇事薦誠，精貫昊穹，禮備園寢"語，則應當是入葬後所作。並説明"臣謬列藩條，限於守識（職），不獲奔走，陪慰内庭"，疑兩紙皆代節度、觀察使所作①。

　　皇帝喪事之所以有地方來表乃是由於禮制規定應由朝廷為此先向地方告哀。前已説明《大唐元陵儀注》有"告喪之禮"，即遣"使至所在，集州縣官及僧道將吏百姓等於州府門外"，告以大行皇帝已喪並宣讀遺詔。直至懿宗遺詔中，還見到有"天下人吏百姓，告哀後，出臨三日皆釋服"這樣的規定②。史料表明告哀使似乎是以諸道和藩鎮為單位派遣，《舊唐書》卷一七二《李師古傳》説"及德宗遺詔下，告哀使未至，義成軍節度使李元素以與師古鄰道，録遺詔報師古，以示無外"，説明遺詔應由告哀使分道而宣。《新唐書》卷一七九《賈餗傳》稱其"穆宗崩，告哀江、浙，道拜常州刺史"。昭宗喪，天祐元年（904）八月"戊午，遣刑部尚書張禕告哀於河中"③。另外史料亦多有皇帝喪後派遣告哀使至吐蕃、回紇及南詔諸蕃的記載。

　　諸蕃接到皇帝喪事消息的回應是有時會派遣弔祭使④，而地方

<hr>

　　①　按《舊唐書》卷一七二（4459—4460 頁）與《新唐書》卷一六六《令狐楚傳》（5098頁）均載其德宗時曾任河東掌書記、節度判官，節度使鄭儋死後丁父憂，除喪后召授右拾遺，未言永貞前後任何職，疑是時尚在藩鎮或地方。

　　②　《唐大詔令集》卷七二《懿宗遺詔》，72 頁。

　　③　《舊唐書》卷二〇下《哀帝紀》，787 頁。

　　④　如《舊唐書》卷一九六下《吐蕃傳》下記元和"十五年二月，以秘書少監兼御史中丞田洎入吐蕃告哀，並告册立"，七月吐蕃遣使來弔祭，5263 頁。《册府元龜》卷九七六《外臣部·褒異》三記其月乙丑，穆宗"對吐蕃弔祭使於麟德殿"，11464 頁。

藩鎮和諸州在接到消息後即須上表弔哀，上述于公異、令狐楚所作表即為此也。存世文獻中還見到有韓愈和劉禹錫的《慰國哀表》，現分録於下：

> 臣某言：伏奉正月二十七日詔書，大行皇帝奄棄萬國。承詔哀惶，號踴無地，伏惟聖情，何可堪處。大行皇帝功濟寰區，仁霑動植，奉諱之日，率土崩心，凡在臣子，不勝殞裂。伏惟陛下痛貫宸極，聖情難居，臣拘守遠郡，不獲匍匐奉慰，瞻望闕廷，且悲且戀。謹奉表陳慰以聞（韓愈）。①

> 臣某言：上天降禍，大行皇帝奄棄萬國，奉諱號擗，糜潰五情。伏惟皇帝陛下，孝思至性，攀號罔極。臣忝守所部，不獲陪位西宮，伏增感慕之至。謹奉表陳慰以聞。長慶四年二月日（劉禹錫）。②

上述二表分別為韓愈元和末任袁州刺史和劉禹錫長慶末任夔州刺史所上③，兩表説明皇帝喪事不僅節度、觀察使，州刺史也要上表奉慰，其規定顯然同於唐代後期的節日賀表④，可見制度在吉、凶二儀實際上是同等的。《韓昌黎集》卷一三《徐泗濠三州節度掌書記廳石記》稱藩鎮掌書記之職有撰作“朝覲聘問慰薦祭祀祈祝之文”，所謂“慰薦”者，當包括此類奉慰牋表在内。

不僅如此，還可以看到存世凶儀牋表在寫作時間、語言上與杜友晉書儀的相似。杜氏書儀除初喪弔國哀外，又有《山陵畢卒哭祔廟奉慰表》、《國哀大小祥除奉慰表》，用在喪禮的各階段程式中，而唐末五代御用道士杜光庭有奉慰後蜀皇帝王建的《慰中祥大祥禫制表》、《慰釋服表》、《慰册廟號表》、《慰啓攢表》、《慰祔廟禮畢表》、

---

① 《韓昌黎集》卷三九《慰國哀表》，7 册 43 頁。

② 《劉禹錫集》卷一四，128 頁。

③ 參見卞孝萱：《劉禹錫年譜》，北京：中華書局，1963 年，117 頁。

④ 關於節日賀表見《唐會要》卷二六《牋表例》會昌五年八月條，588 頁。

《慰封陵表》、《慰發引表》、《慰山陵畢表》等①，這說明與杜友晉《吉凶書儀》反映的情況相同，凶儀牋表的使用服從於喪禮的進程，在各個程式有之。而與凶表並存的又多有《賀登極後聽政表》與《賀嗣位表》一類的賀表，如韓愈在給穆宗上慰哀表幾乎同時有《賀皇帝即位表》，内多讚揚歡慶之語。兩表製作各殊，在禮儀上是並行不悖、缺一不可的。

　　除了皇帝喪禮的奉慰表外，存世文獻中還有如令狐楚《代太原李僕射慰義章公主薨表》，劉禹錫《為杜司徒慰義陽公主薨表》②、《為杜相公慰王太尉薨表》、《慰淄王薨表》③，李商隱《為濮陽公奉慰皇太子薨表》、《為滎陽公奉慰積慶太后上諡表》④，哀悼對象從太后、太子到親王、公主，甚至包括重臣。敦煌 P.4093 劉鄴《甘棠集》有《奉慰西華公主薨表》⑤，讚美公主“禮合箴規，行修圖史”，嘆悼其“垂雨露而偏深”卻“沉煙霄而不返”的命運，是接到進奏院報告後對皇帝表示慰問的套文。同時，文獻中又見到如陳子昂《為宗舍人謝賻贈表》、《初七謝恩表》、《遷祔謝恩表》，元明《為寧王謝亡兄贈太子太師表》，于邵《謝贈亡妻鄭國夫人表》、《謝贈姊隴西郡夫人表》、《為田僕射薨謝制使問表》，韓翃《謝追贈父官表》、《謝贈母官（按當作邑號）表》、《謝追贈父表》、《為田神玉謝賜錢供兄葬事表》、《為田神玉母太夫人謝男神功葬賜錢及神玉領節度表》、《為田神玉謝兄神功於京兆府界擇葬地表》、《為田神玉論（謝?）不許赴上都護

---

①　杜光庭：《廣成集》卷三，《正統道藏》18 册，臺北：藝文印書館，1977 年，14565—14568 頁。

②　《文苑英華》卷五七一，2938 頁；《劉禹錫集》卷一一名作“慰義陽公主薨表”，108 頁。

③　參見《劉禹錫集》卷一一（名作“慰王太尉薨表”）、卷一六，108、144 頁；《全唐文》卷六〇一、卷六〇〇，6071、6070 頁。

④　劉學鍇、余恕誠：《李商隱文編年校注》，北京：中華書局，2002 年，289、1371 頁。

⑤　錄文見趙和平：《敦煌表狀牋啓書儀輯校》，南京：江蘇古籍出版社，1997 年，6 頁。

喪表》、《為田神玉謝詔葬兄神功畢表》,令狐楚《謝賜男絹等物並贈
亡妻晉國夫人表》,權德輿《謝追贈父母官表》,劉禹錫《為杜司徒謝
追贈表》,以及李商隱《為令狐博士緒補闕絢謝宣祭表》、《為王侍御
瓘謝宣弔並賻贈表》等多種喪事謝表①,與杜氏書儀的奉慰表、謝敕
慰表可以相互印證。而由於各色奉慰表、謝慰表多來自藩鎮,因此
與諸色吉儀賀謝表一樣,可以表明藩鎮對朝廷的恭敬態度,在地方
與朝廷之間起到溝通與調和的作用是不言而喻的。

(三)奉慰表和慰哀儀的淵源與基礎

以上凶儀牋表在禮儀中並非是單獨的存在,奉慰等表的核心
在於"慰",而慰的來源則是"弔",遭喪時節弔唁親屬的弔儀是人們
悼念死者和相互安慰、增進感情的基礎。就一般人民而言,參加親
友的喪禮總稱為弔,朝廷上對下遭災遭喪的慰問也稱為弔,袛有下
對上為了表敬意纔稱為奉弔或奉慰。敦煌 P.2622 張敖《新集吉凶
書儀》卷下稱:"凡人有子,先須教弔孝之禮。"S.1725《唐前期書儀》
有"九族省弔奔喪法",就是初喪時節奔喪與內外親族弔唁孝子的
儀式,其中的弔慰是通過依照不同身分的哭、拜靈和"捉孝子手"來
體現的。這類弔儀並非始見於唐朝,《隋書·經籍志》就著錄有南
齊王儉撰《弔答儀》②。敦煌書儀中,P.3637 杜友晉《新定書儀鏡》
有《內外族及四海弔答辭》、《婦人弔辭》,S.6537v 鄭餘慶《大唐新定
元和書儀》目錄有《口弔儀禮》,P.2622 張敖書儀也有《口弔儀》,而
P.3691《新集書儀》則特別提到了《新定唐家禮凶弔儀》和其中的弔
孝之禮。弔辭或者口弔儀是參加親朋喪禮時,對遭喪者的口頭問
慰,根據死者與遭喪者的關係和時節不同而有重輕之分,內中多有
些"伏惟攀慕號絕"、"奉助哀慕摧割"、"奉助哀慕號絕"之類的言

---

① 以上參見《文苑英華》卷五七一、卷五九七,2938—2939、3094—3101 頁。
② 《隋書》卷三三《經籍志》二,971 頁。

語,而孝子或者遭喪人也有簡單回應。

　　參加喪禮的弔唁不是唯一的,當遇遠方親友喪事或因故不能親自參加喪禮時,便有書信弔慰,此即《顏氏家訓》所説"有故及道遙者,致書可也"①。敦煌書儀中,弔答書是與告哀書、祭文並列的三種凶書儀之一。P.3442 杜有晉《吉凶書儀》、P.3637《新定書儀鏡》以及 S.329 和 S.361《書儀鏡》都有《四海弔答凶儀》或《四海弔答書》儀目,而《新定書儀鏡》更明確地區分出《内族弔答書》、《外族弔答書》和《四海弔答書》,涵蓋了内外諸親與社交友朋的範疇。鄭餘慶《大唐新定元和書儀》從儀目看,有《四海弔答書》,這一點也影響及於晚唐的吉凶書儀,而多有弔儀的的存在。

　　弔書在運用上首先是告哀書的回書。告哀書是孝子或者遭喪之家向親朋(也包括向朝廷或所在官司)發出的喪事報告。亦見於杜友晉《吉凶書儀》和《新定書儀鏡》等。而當對方接到來書或知曉消息後,就應當奉弔書。其内容與《口弔儀》意同而文字略複雜一些,除了表達自己聞喪的驚愴之外,主要是站在遭喪者的角度嘆恨死亡,申述苦痛,例如涉及對方父母總有"情深悲痛,不自堪勝,念攀號擗摽,五内屠裂,荼毒難居"以及"五情縻(糜)潰,何可堪處,痛當奈何"一類的詞語。對於尊重者的"重喪弔答",還往往要用一書兩紙的複書形式"重敘亡人",表示哀痛之意②。這種告哀或弔喪兼用複書的形式,也在開、天之際的杜友晉書儀所見最多。其書儀末後雖有"深思抑割,以存禮制",但書儀的悼問成分更多於慰。當然弔唁和弔書都並不限於初喪,論者亦指出,自南朝即有冬至、歲首

────────────

①　《顏氏家訓集解》卷二《風操第六》,101 頁。

②　關於複書見《新定書儀鏡·四海弔答書》注文及引盧藏用《儀例一卷》,具體如 P.3422 杜友晉《吉凶書儀》,趙和平原錄文題為"父母喪告答妻父母書"。但文稱死者為"府君夫人",則應為對方接告喪後之弔書,所用文體即為複書。參見趙和平:《敦煌寫本書儀研究》,218、324 頁,及 371—374 頁關於複書詳解。並見拙著:《唐禮撮遺》第九章,259—290 頁。按下引書儀及錄文並見趙和平同書,不一一説明。

弔慰，P.2622 晚唐張敖《新集吉凶書儀》的《口弔儀》有包括大、小祥在内的"弔人經時節"語，同時又有《弔人父母經時節疏》；P.3691《新集書儀》也有《弔小斂》、《弔二斂（即大斂）》、《弔成服》、《追七弔》、《百日弔》、《小祥弔》、《大祥弔》、《諸節日弔》等用語，這與杜氏書儀和存世牋表所見不同喪禮階段都有奉慰牋表非常一致，因此弔禮和弔書是普遍存在於喪禮過程中的。當然接到弔書後孝子或喪親者也有答書。如 P.3637《新定書儀鏡》有《弔小祥大祥及除禫》。其弔書有"攀慕號擗，哀苦奈何，哀痛奈何！春中已暄，惟動靜支祐。厶疾弊少理，不獲奉慰，但增悲仰。謹書慰，慘愴不次"語；答書則是"日月流速，荼毒如昨，奄及祥制，攀慕無及，觸目號絕，不孝罪逆，永痛罪苦。春暄，惟動靜兼勝。辱書執對，倍增崩潰，扶力遣書，荒謬不次"。似乎是同樣地宣洩痛苦，不過顯然也蘊含着慰藉和彼此感情的交流。

但由大族和官僚製作的書儀反映的並非僅僅是下民社會的禮俗。禮儀和書儀是由大族和官僚向民間普及，普通民眾所行之弔慰儀不過是朝廷和官場喪禮弔慰的基礎，所以正像筆者所研究過的起居儀有百姓、官場和朝廷的不同層面，弔慰儀也是如此。在《新定書儀鏡・四海弔答書》中除了"弔遭父母喪"、"弔小祥大祥及除禫"和弔伯叔姑、兄弟姊妹喪之類外，還有所謂"弔起服從政"，"起服從政"即是官員喪事中起復為官，所以書儀本身就是官場所用。前揭《吉凶書儀》中的"奉慰表"和"奉答敕慰表"，則不過是慰哀儀在朝廷的表現。只是這裏雖稱為"慰"，但與民間書儀一樣，其助喪嘆亡的成分更多。鄭氏書儀則除了四海弔儀等外，更有相互呼應的"官遭憂遣使赴闕"和"敕使弔慰儀"之目，此應合着前揭《百官遭憂奉答敕慰表》等，說明不但官員遭父母之喪當申報朝廷，對一些重要官員皇帝和朝廷也有弔慰之儀。P.3691《新集書儀》"謝助葬物"的一首是"厶乙微賤，不幸卑門凶禍；伏蒙仁恩，特賜助葬優給,下情無任感恩惶遽”。顯然是在下者感謝長官,所以弔慰的風俗也通行於官場。

　　存世北宋司馬光《書儀》卷九《喪儀》有訃告書、致賻襚狀、謝賻襚書、以及慰大官門狀、慰平交、慰人名紙、慰人父母亡疏狀、與居憂人啓狀,乃至慰人祖父母、伯叔姑、兄弟姊妹、妻、子孫等的慰哀弔答儀①。這裏“慰”的對象與唐朝的弔書相同,且可用於親屬、友朋及官場。不同的是,不但名稱中“弔”已改作“慰”,而且在書儀中,已在嘆敘亡人之外,增加了諸如“伏乞强加餐粥,俯從禮制,某事役所縻,未(末?)由奔慰,其於憂戀,無任下誠”(《慰人父母亡疏狀》)、“伏乞節哀順變,俯從禮制”(《與居憂人啓狀》)、“伏乞深自寬抑,以慰慈念。某事役所縻,未由趨慰,其於憂想,無任下誠”(《慰人父母在祖父母亡啓狀》),文句雖看得出是自唐朝發展而來,但表達關懷寬慰之情的用意更超過了唐代書儀。

　　書儀所見奉慰表啓與現實中的弔儀慰哀有密切聯繫。梁滿倉討論魏晉南北朝弔禮,認為弔禮作為“非親屬之哀”的表示是喪禮中相對獨立的部分。社會上層的弔禮大體可以分為三種形式,即君主弔唁臣下、臣僚之間的弔唁和國與國的弔唁②。當然三者之中,君主的弔唁是層次最高的。君臣間弔死問疾作為人情和朝廷禮儀制度,漢代以來多見於記載。漢賈山為文帝言治亂之道,有所謂君對臣應“疾則臨視之亡數,死則往弔哭之,臨其小歛大斂,已棺塗而後為之服錫衰麻絰”的三臨其喪之說③;《漢書·景帝紀》中元二年(前 150)明令“王薨,遣光禄大夫弔襚祠賵;視喪事,因立嗣子。列侯薨,遣大中大夫弔祠,視喪事,因立嗣”④。

　　① 司馬光:《書儀》卷九,516—519 頁。
　　② 梁滿倉:《魏晉南北朝五禮制度考論》,608—614 頁。
　　③ 《漢書》卷五一《賈鄒枚路傳》,2334 頁。
　　④ 《漢書》卷五《景帝紀》,145 頁。

《續漢書‧禮儀志》下言喪事待遇，有"朝臣中二千石、將軍，使者弔祭"。同書《百官志》二也有"凡諸國嗣之喪，則光祿大夫掌弔"、謁者僕射"將、大夫以下之喪，掌使弔"，以及大鴻臚卿"王薨則使弔之，及拜王嗣"的規定[1]。而實際上正如賈山所論，對於王及重臣之喪皇帝不僅遣使"弔祠"[2]，也親至慰問，甚至"素服臨弔者再"，"親臨弔者數至"[3]。

對於王公重臣之喪，也要求臣僚百官全體參加。《漢書》卷八一《匡張孔馬傳》記孔光元始五年（公元5）薨，不僅有贈賜及少府供張、官持節護喪事等優制，"太后亦遣中謁者持節視喪，公卿百官會弔送葬"。與此同時，會弔送葬也通過皇帝凶禮以體現。《續漢書‧禮儀志》下的"大喪"，不僅規定了皇后以下的皇親及宗室、臣僚參加喪禮的位次和"百官五日一會臨"，還要求"部刺史、二千石、列侯在國者及關內侯、宗室長吏及因郵奉奏，諸侯王遣大夫一人奉奏，弔臣請驛馬、露布"，這之中遣弔臣奉奏，應就是後世奉慰儀與奉慰表的濫觴。

魏晉以降，朝野均重弔儀。而名士以通弔問而相友善，敦舊交，顯示風采。如王衍喪幼子而山簡弔之[4]，阮籍喪母而裴楷、嵇康弔之[5]，謝尚十餘歲遭父憂，溫嶠往弔[6]。《晉書》卷三三《王祥傳》稱："祥之薨，奔赴者非朝廷之賢，則親親故吏而已，門無雜弔之

① 以上分見《續漢書》，3152、3577、3578、3583頁。
② 見《漢書》卷七二《王吉傳》，3066頁；《後漢書》卷五《孝安帝紀》也記"（延平元年）十二月甲子，清河王薨，使司空持節弔祭"。205頁。
③ 分見《漢書》卷八一《孔光附孔霸傳》、卷八四《翟方進傳》，3353、3424頁。
④ 《晉書》卷四三《王衍傳》，1236頁。
⑤ 參見余嘉錫：《世說新語箋疏》卷下之上《任誕第二十三》、《簡傲第二十四》注引《晉百官名》，北京：中華書局，1983年，734、770頁；《晉書》卷四九《阮籍傳》，1361頁。
⑥ 《晉書》卷七九《謝尚傳》，2069頁。

賓。"見於存世文獻有陸雲《弔陳永長書》和《弔陳伯華書》[①],其中《弔陳伯華書》稱有二首,上首以"大君遠資,高數世之瑰瑋,當光裕大業,茂垂勳名,奈何日朝,早爾喪墜。自聞凶諱,痛心割裂,追惟哀摧,肝心破剥,痛當奈何奈何"和"東望靈宇,五情哽咽,割切哀慕,書重感猥不次"等語悼念亡人,下首以"昔與大君分義款篤,彌隆之愛,恩加兄弟"及"遠聞訃問,若喪四體,拊心慟楚,肝心如割,奈何奈何"等語追敘友情並再度表達悼亡的痛苦心情,正是典型的一書兩紙的弔儀複書。《弔陳永長書》更説明是五首,其或悼早逝,或陳傷痛,或敘契濶,文辭毫不重複,只是其中含有幾重哀悼,頗疑也是特殊的複書。

存世文獻記載的王羲之《雜帖》内也有多首弔書或答書,例如一帖是"頓首頓首,亡嫂居長,情所鍾奉。始獲奉集,冀遂至誠,展其情願,何圖至此。未盈數旬,奄見背棄(棄背?),情至乖喪,莫此之甚。追尋酷恨,悲惋深至,痛切心肝,當奈何奈何!兄子荼毒備嬰,不可忍見,發言痛心,奈何奈何。王羲之頓首頓首"[②],最能表現弔念親屬的悲傷心情。沈約《宋書》自序謂族人沈伯玉母老解職,"自非弔省親舊,不嘗出門"[③]。又元嘉中張敷遭父喪毁瘠成疾而死,琅邪顔延之為書弔其世父茂度,有"賢弟子少履貞規,長懷理要,清風素氣,得之天然"及"豈謂中年,奄為長往,聞問悼心,有兼恒痛。足下門教敦至,兼實家寶,一旦喪失,何可為懷"等語[④],由是知其時重弔禮弔辭之世風。論者早已指出弔孝與東晉南朝禮俗之關係,即顔之推所謂"江南凡遭重喪,若相知者,同在城邑,三日不

① 《全晉文》卷一〇三,(清)嚴可均校輯:《全上古三代秦漢三國六朝文》(二),北京:中華書局,1958年,2049—2050頁。
② 張彦遠:《法書要録》卷一〇《右軍書記》,《叢書集成》本,上海商務印書館,159頁。
③ 《宋書》卷一〇〇《自序》,2466頁。
④ 《宋書》卷六二《張敷傳》,1664頁。

弔則絶之"風習①,而從其書辭優美與善用複書之傳統,正可以找到
杜氏書儀弔答書的淵源。

進入南北朝後,朝廷弔儀似乎也更加講究。《南齊書·禮志》
上敍晉宋以來朝會儀繼承漢代之變化,"其餘升降拜伏之儀,及置
立后妃王公已下,祠祀夕牲、拜授弔祭皆有儀注,文多不載"。同書
《禮志》下記永明十一年(493)文惠太子薨,右僕射王晏等預奏祥除
之禮,認為依禮,應今昔易服而明旦設祭,故"應公除者,皆於府第
變服,而後入臨,行奉慰之禮"。建武二年正月,有司復再議世宗文
皇帝(即文惠)忌日及祥禫之禮,何佟之提出"竊謂世宗祥忌,至尊
宜弔服升殿,羣臣同致哀感"②。《隋書》卷八《禮儀志》三載天監七
年(508),"安成王慈太妃喪,周捨牒:'使安成、始興諸王以成服日
一日為位受弔。'"是弔禮及奉慰當依喪禮時節而進行,此與書儀所
見相同。北魏孝文帝因臨廣川王諸喪,下詔稱"魏晉已來,親臨多
闕,至於戚臣,必於東堂哭之。頃大司馬、安定王薨,朕既臨之後,
復更受慰於東堂"③,可見北魏皇帝臨喪舉哀時也已經有"受慰"
之儀。

值得注意的是喪禮中"弔慰"或者"奉慰"之詞也愈來愈多地出
現,取代了單純助喪的"弔"或"弔祭"而使"慰"的意義更突出。如
《梁書》卷四四《太宗十一王·義安王大昕傳》:"及高祖崩,大昕奉
慰太宗,嗚咽不能自勝,左右見之,莫不掩泣。"同書卷四九《文學
上·劉昭傳》:"祖伯龍,居父憂以孝聞,宋武帝敕皇太子諸王並往
弔慰,官至少府卿。"④此點北朝亦同。《魏書·禮志》四記崔光關於

---

① 《顏氏家訓集解》卷二《風操第六》,101頁;以上並參史睿:《敦煌吉凶書儀與東
晉南朝禮俗》,《敦煌文獻論集——紀念敦煌藏經洞發現一百周年國際學術研討會論文
集》,瀋陽:遼寧人民出版社,2001年,410—414頁,下同。

② 以上參見《南齊書》卷九、卷一○,148—149、162—164頁。

③ 《魏書》卷二○《文成五王·廣川王略附子諧傳》,527頁。

④ 分見《梁書》卷四四、卷四九,北京:中華書局,1973年,618、692頁。

靈太后父喪元會應罷樂提到"正月朔日,(太后)還家哭臨,至尊輿駕奉慰"①。而北魏也不乏有大臣身亡或丁憂,朝廷遣使弔慰之事②。但南北朝時期相關奉慰牋表卻所見不多。《隋書·經籍志》所見《宋長沙檀太妃薨弔答書》,說明皇家喪儀中本有這類弔慰存在,皇帝喪禮也不應例外。但牋表與奉慰儀在皇帝喪禮中的使用,卻確乎是在唐朝纔被作為制度更加明確和固定下來的。

二　唐宋皇帝喪禮奉慰儀的確立和發展

　　奉慰表啓及書儀是喪禮弔慰的書面形式,而奉慰儀也在唐宋皇帝和皇家喪禮的舉辦過程中被作為必有程式而多次應用。所謂奉慰,正表現了臣僚在皇帝喪禮中的行為和活動,凶禮之際奉慰的形式甚至等同於嘉禮性質的朝參。那麼,它的進行過程如何,應當在哪些程序以及針對何種情況出現,唐宋之際的發展情況及其所代表的意義種種,都有必要進行詳細的考察。以下即對唐五代及宋代的凶禮奉慰儀的舉行情況分別作出說明。

(一)唐朝皇帝和皇家的凶禮奉慰儀

　　唐朝對於高級官員和皇帝的喪禮奉慰分別在《開元禮》和《大唐元陵儀注》中有詳細規定。而對皇帝和皇家的喪禮奉慰不但會在喪禮的各個場合中出現,而且更擴展至於國忌日和喪期內的正冬節日、朔望之際。奉慰儀開始走向固定化、程式化,成為喪禮中不可或缺的內容。

---

　　①　《魏書》卷一〇八之四《禮志》四,2809 頁。
　　②　參見《魏書》卷五四《高閭傳》,卷六四《郭祚傳》、《張彝傳》,卷七七《高崇附恭之(道穆)傳》,卷九四《閹官·成軌傳》;1209、1426、1428、1715、2030 頁。

1.《大唐開元禮》中的弔慰儀

唐朝親王以下与官員的弔儀在唐前期的朝廷禮制中有明確規定。《大唐開元禮》卷一三三有皇帝於宮中舉哀、親赴臨喪、除服諸儀，包括為外祖父母、為皇后父母、為諸王妃主、為内命婦、為宗戚、為貴臣、為蕃國主舉哀、臨喪或除服等。内《為外祖父母舉哀》一儀說明，要先於舉行儀式的"別殿"設位次列仗，並於"階下當御位北面設太尉奉慰位"，其日舉哀前"諸應陪慰者並赴集次所"，當皇帝入殿哭後就有"舍人引諸王為首者一人進詣奉慰位，跪奉慰"和"引百官文武行首一人進詣奉慰位，跪奉慰"。《皇帝臨諸王妃主喪》也有此兩儀，其餘諸儀包括除喪也多相同或類似，說明皇帝舉哀臨喪的場合是一定要有奉慰的。

同書卷一三四有皇帝不親臨參加的"敕使弔"、遣臣僚參加的"會喪"、"會葬"，以及遣敕使"策贈"、"致奠"等儀。"敕使弔"的對象與皇帝"舉哀"同，根據內容是對於位重者皇帝應親下制書慰問並同時贈於賻物。另外在"制遣百寮會王公以下喪"和"制遣百寮會王公以下葬"的"會喪"和"會葬"兩儀都有"司儀引諸官行首一人升，詣主人前席位展慰"，也是代表朝廷慰問死者之家。

同樣的慰哀程序也存在於《開元禮》卷一三五中宮（太皇太后、皇太后、皇后）和卷一三六皇太子、卷一三七皇太子妃為外家或母家的成服、奔喪、臨喪、除服、遣使弔（太子妃無遣使弔）等各個儀式中。如中宮太皇太后等《為父母祖父母成服》不僅有六宮從哭，且有"司賓引六宮行首一人升，詣后前跪奉慰"。《為外祖父母成服》則要求"其日内外應交慰者赴集，奏引即上下位次，哭臨撫慰及拜哭奉慰如常禮。外命婦及百官三品以下並無服諸親等，亦赴集奉慰如常"，其中"如常禮"和"如常"下都有"自後皆然"的註文，並說明"其諸王妃主以下喪則舉哀之日奉慰"。而在《奔父母祖父母喪》中,更有成服後百官的奉慰,還説明啓葬之日和小祥都要與六宮行哭臨和拜慰、受慰之禮。以下臨外祖父母及除服也如此,《臨内命婦喪》則有撫慰亡者所生皇子皇女之儀。"遣使弔"弔外祖父母喪與前皇帝儀不同的只是使者送弔書,稱"有令弔"而非制書。《通典·開元禮纂類》在《弔諸王妃主喪及弔宗戚喪》一儀下注明:"皆與遣使弔外祖父母喪禮同,凡葬及練祥使弔之禮並同"[1],可見弔喪也是存在於喪葬的每一過程中。東宮諸儀所多者乃是太子為宮臣的舉哀臨喪及弔宮臣儀,而太子妃與皇后的區別也僅在奉慰的"六宮行首"改作"良娣行首",並將為"内命婦"舉哀臨喪的内容改換為"良娣以下",其餘弔慰諸儀則没有什麽不同。

《開元禮》不同等級的官員喪禮中一般都有賓弔、親故哭等儀節,根據品級高下還有敕使弔和刺史哭(州縣同)、刺史遣使弔或州縣弔、州縣使弔諸儀,其中"哭"就是親臨弔哭。和鄭氏書儀的順序一樣,《開元禮》卷一三六中,"敕使弔"也是在官員或其子"遣使入闕",報告(官員父母或官員本人)喪事之後朝廷的表示。其規定丁憂者當迎敕使於寢門外之西,使者公服入門,當階宣敕,"云某封位薨(無封者稱姓位),情已惻然,如何不淑",主人哭拜稽顙後送出。如是親故為使弔者,則要"既出,易服入,向尸立哭十數聲止,降出"。如是"刺史遣使弔","使者素服執書,相者引入門……使者致詞,主人拜,稽顙,相者引主人進詣使者前,西面受書,退復位,左右進,受書。主人拜送於位,相者引使者出",其書儀弔慰遞送的程序一如在朝廷。

以上《大唐開元禮》所規定的弔儀與 P.3442 杜友晉《吉凶書儀》所載相參照,有相當多的相似性,對於唐前期弔禮程序、對象、

---

① 《通典》卷一三六《開元禮纂類》,3483 頁。

時間等有比較清楚的説明,我們也可以據此推測皇帝及皇(太)后、太子凶禮中的弔答奉慰大體如之,惟等級有高下而已。並且從書儀中口弔辭與書信用語的接近,可以斷定朝廷與官場的奉慰(或弔慰)辭與奉慰表亦不會有太多出入,奉慰儀的意義和作用不在語言而在形式本身。因此皇帝喪禮奉慰雖然被從正禮中删除,但還是可以參考王公大臣喪禮的。這一點,在唐後期皇帝喪禮中也有進一步的印證。

2. 皇帝喪禮奉慰

關於唐後期皇帝的喪禮慰哀,可見於《唐大詔令集》卷一一《肅宗遺詔》:"喪事制度並準聖皇遺誥,其諸道節度使、都督、刺史等並不須赴哀。又為兵革未寧,郵驛艱弊,一切不須專使奉慰。"同樣的規定也見於代宗的《元陵遺制》,意思是節度使以下的外官不必派遣專使參加葬禮。不過,當皇帝去世朝廷必當遣使地方告哀,而地方遂有表狀奉慰,是前揭敦煌書儀與存世文獻中都可以見到的。

至於皇帝喪禮中的奉慰儀式在《大唐元陵儀注》中也有清楚的規定,其中除了根據"同軌必至"的原則要求"宗子五等以上不限遠近,盡同奔赴山陵",及在大儀式中有内外親、在京官員、蕃客等的參加外,還在六處提到了奉慰。其一即是在送葬伊始、棺木將啓之日的"啓太極殿欑宮"最末,稱:"掌事者升徹欑塗,徹訖,司空以巾拂拭梓宮,覆以夷衾綃幕,内所由周廻設帷及施常食之奠如常儀。訖,禮儀使升就舊位,禮官陪後。皇帝縗絰就位哭。通事舍人分引羣官入就位。皇帝稽顙,禮儀使請再拜。皇帝哭盡哀,禮儀使跪奏請止哭,降出。羣官再拜哭,十五舉聲。訖,又序出太極門外,北向重行立班,奉慰如常儀,退。"另五處則是在虞

祭、祔廟、小祥、大祥及禫祭①。其多云儀式結束後"百僚乃於太
極門外奉慰"或"通事舍人引羣官退,其奉慰如常儀"。而服喪期
結束的"禫變"則是:"通事舍人引百僚序出至太極門外,進名奉慰
訖,各服慘公服,便詣延英門起居。"所謂進名者,無疑是代替了面
見皇帝的朝拜。

　　與《開元禮》有些不同的是,《大唐元陵儀注》關於奉慰之儀不
是放在舉哀成服而主要在喪葬禮的後半及其過程中,但可以想像
在皇帝初即位見大臣的場合奉慰也是不會少的。《儀注》的意義在
於打破了對於皇帝喪事的禁忌,所以中晚唐以降皇帝喪禮奉慰的
實例記載雖然不多,但地方和藩鎮奉慰表的出現對此已可作部分
説明。不僅如此,還可以發現"奉慰"作為一種儀式,其實行的場合
已有所擴大。其一是不僅喪禮,國忌日羣臣也有奉慰。忌日按照
規定是須"廢務"和設齋行香的②,所以皇帝不上朝。《唐會要》卷二
三關於忌日提到貞元十二年(796)五月"先是,初經代宗忌辰,駙馬
諸親悉詣銀臺奉慰",結果駙馬王仕(士)平、郭曖等卻因忌日飲宴
受到詔書斥責和貶官處分。李肇《翰林志》也稱翰林學士須"大忌
進名奉慰,其日尚食供素膳,賜茶十串"③。《唐會要》同上卷又載
"天祐二年(905)八月八日,太常禮院奏:'今月十二日昭宗皇帝忌
辰,其日,百官閣門奏(奉)慰後,赴寺行香,請為永式。'從之。"這在
五代形成制度。《冊府元龜》卷三一《帝王部·奉先》四(卷五九四
《掌禮部·奏議》二二同)清泰元年(934)十一月中書門下關於其月
二十六日明宗忌辰奏就有"羣臣奉慰行香,固有常禮"的説法,國忌

---

①　以上分見《通典》卷八五《啓殯朝廟》,卷八七《虞祭》、《祔祭》、《小祥變》、《大祥
變》、《禫變》;2312、2370、2380、2383、2385 頁。

②　《唐六典》卷四祠部郎中員外郎條,126—127 頁。

③　(唐)李肇:《翰林志》,《景印文淵閣四庫全書》595 册,300 頁;並見(宋)錢易撰,
黃壽臣點校:《南部新書》壬部,北京:中華書局,2002 年,140 頁。

羣臣奉慰已是行香之外所必行之儀。

其次是由於皇帝或皇家葬禮而影響正冬朝賀、誕節不能正常舉行,所以奉慰更與這些令節結合起來。前章已説明,唐前期雖然三年喪實行以日易月之制,但皇帝三年制内元日不舉樂甚至不朝會已經是不成文的規矩。唐後期則山陵未祔廟之前的正冬等節日、朔望不行朝賀已漸成常制。

不合行慶賀之儀的日子,奉慰儀便須實行,所以唐後期帝、后喪後正冬、朔望舉行奉慰的記載陸續出現。《册府元龜》卷一○七《帝王部·朝會》一:"(貞元)三年(787)正月丙戌朔,停朝賀,以大行皇后在殯故也。庚寅,百寮以停朝賀,及是歲假滿,於崇明門奉慰皇太子。"《舊唐書》卷二○下《哀帝紀》稱天祐元年中書定九月三日皇帝誕日為乾和節,但由於大行皇帝在殯,其日内道場被停,只能於寺觀行香,並見到其月"壬戌朔,百官素服赴西内臨,進名奉慰"的記載。《舊五代史》卷四十五《後唐閔帝紀》載:"應順元年(934)春正月壬申朔,帝御廣壽殿視朝,百寮詣閤門奉慰。時議者云,月首以朝服(殿本作常服)臨,不視朝可也。"按明宗以長興四年(933)十一月二十六日崩,應順元年元日距喪事纔過月餘,按禮制雖已除服但梓宫尚在殯中,本不應視朝,所以閔帝雖視朝而百僚以慰代賀,這裏所説月首也應包括喪制内的其它月份。

3. 其他皇家和大臣喪事奉慰

正像書儀奉慰表所見,唐代為之舉行奉慰的還有皇太子之喪。太子之喪的舉哀輟朝是依據朞年喪服十三日(至禫十五日)的原則,同時入葬之際也會廢朝。《册府元龜》卷一○七《帝王部·朝會》一記元和"七年(812)正月辛酉朔,帝不受朝賀,以皇太子薨,廢朝故也",當時正在服制之内。而於其年"四月壬子,開延英對宰臣以下"之後又説明:"是月,以惠昭太子葬復多雨,至是,積旬有六日方坐朝。"輟朝後一般需奉慰,所以《唐會要》卷三八《服紀》下稱開成三年(833)十月,中書門下奏莊恪太子勇公除後,"不合更待輟朝日滿。臣等商量,望令百寮二十九日槩行參假,便赴延英奉慰"。得敕旨:"宜依。"正是皇太子喪除服假滿尚未恢復常參之際舉行奉慰的實例。

以下影響於朝參的又有親王公主的喪事。其重者皇帝也可為之輟樂甚至停正冬慶典,如《册府元龜》卷一〇七《朝會》一載高宗永徽"四年(653)正月癸丑朔,帝臨軒,懸而不樂,以濮王泰在殯故也",開元"十一年十二月二十四日,敕萬春公主薨,廢元日朝賀",以及代宗大曆十年(775)"十一月丙午長至,詔停賀,邇梁王葬期也"等。但是更為多見的乃是按照制度行常日輟朝之禮。

唐後期對於某些皇親與為國家立有大功的重臣,則朝廷不僅為之輟朝治喪和遣使弔慰,甚至也要行奉慰之儀,其中最為重大的是德宗朝兩次為功臣舉辦的輟朝儀典。《舊唐書》卷一三四《渾瑊傳》:"(貞元)十五年(799)十二月二日薨於鎮,廢朝五日,羣臣於延英奉慰。詔贈太師,謚曰忠武,賻絹布四千匹、米粟三千石。及喪車將至,又為廢朝,應緣喪事,所司準式支給。命京兆尹監護,葬日賜絹五百匹。"同書卷一四二《王武俊傳》:"(貞元)十七年六月卒,時年六十七,廢朝五日,羣臣詣延英門奉慰,如渾瑊故事。詔左庶子上公持節册贈太師,賻絹三千匹、布千端、米粟三千石,太常謚曰威烈。德宗曰:'武俊竭忠奉國,宜賜謚忠烈。'"渾瑊、王武俊乃德宗朝忠於朝廷的功臣武將之代表,王武俊喪事雖在藩鎮舉行,但朝廷除了賵賻等哀榮極備,且比照渾瑊,用了"輟朝五日"的最高規格,而朝臣也如同皇帝親臨一樣,在輟朝同時需要"奉慰"。其影響之大波及地方和藩鎮,遠在淮南的杜佑即送來慰表,前揭劉禹錫《為杜相公慰王太尉薨表》正是為王武俊喪事而作。

與此同時,因皇親或重臣喪亡輟朝奉慰皇帝逐漸形成慣例。

《唐會要》卷二四《朔望朝參》貞元十二年四月條載御史中丞王顔奏
吏部、兵部、禮部的一些官員,因為銓選事宜"起去年十一月一日至
今年三月三十日並不朝參",以至影響到"去三月二十一日輟朝,前
件官並闕奉慰"的問題。"去三月二十一日"為何輟朝不詳,《新唐
書》卷七《德宗紀》載其年"三月丙辰,詔王暹薨"。詔王為德宗之
弟,輟朝不知是否與其有關[1],但輟朝即應參加"奉慰"卻明顯已是
制度。《舊唐書》卷一八《宣宗紀》記大中十一年(857)十一月"上之
元舅"鄭光卒,"輟朝三日,贈司徒,仍令百官奉慰",則是斤斤於母
后之位的宣宗為外家親屬舉行的一次特殊典禮。

晚唐最後的奉慰儀是為昭宗何皇后所行。《舊唐書》卷二〇下
《哀帝紀》載天祐二年(905)十二月何太后被朱全忠所害,並沒有見
有隆重葬禮,而是只在其月"己酉,敕以太后喪,廢朝三日,百官奉
慰訖"。令人感興趣的是當後唐明宗於天成四年(929)對何后予以
追册和祔饗之際,同一禮儀形式竟然也被重複[2]。當然在同一時
期,或出於恢復太平的需要,或出於篡位者對滅唐之舉欲蓋彌彰,
此類輟朝和羣臣奉慰的儀典非但無縮減反而有擴大的趨勢。《册
府元龜》卷三一《帝王部·奉先》四:"(天祐二年)十月丁未,改題襄
宗神主廟號。是日輟朝,百官奉慰。"襄宗即昭宗,時因起居郎蘇楷
駁昭宗諡號,故太常卿張廷範改之,其因改廟號而輟朝奉慰,並不
見於典禮。此前奉慰儀還曾使用於宗廟被毀,皇帝哭弔神主之際。
《册府元龜》卷五九三《掌禮部·奏議》二一載光啓三年(887)二月
僖宗自興元還京,以宮室未備權駐鳳翔。太常博士殷盈孫和禮院
奏以為皇帝還宮應先謁太廟,但今宗廟焚毀,神主失墜,請準禮例

---

① 按:《新唐書》所載"丙辰"(200頁)是三月二十四日,與二十一日不符。《資治通
鑑》卷二三五作"丙子"(7570頁),但此月無丙子,存疑。

② 見《舊五代史》卷四四《明宗紀》一〇長興四年(933)四月"戊午,追册昭宗皇后何
氏為宣穆皇后,祔饗太廟。百寮進名奉慰,廢朝三日"。604頁。

修奉。並認為寶應元年(762)肅宗還京師曾設次哭廟,雖然"歷檢故事不見百官奉慰之儀,然帝既素服避殿,百官奉慰亦合情禮",所以皇帝應"素服避殿,受慰訖,輟朝三日"。由此可見奉慰儀在被視為上天降譴的凶事中已是必不可少。

(二)五代和宋的凶禮奉慰

在唐朝皇帝和皇家喪禮創建與實行奉慰儀之後,五代與宋幾乎相沿不變,但是五代和宋代奉慰儀的實行場合以及所在地點都更為明確。特別是閣門在唐末五代在使用上分別吉凶,宋代以後,與景靈宮作為國忌日的奉慰地點以及奉慰儀適應皇帝的多種需要進行的特色十分突出,已經成為中古國家凶禮儀式中普遍而獨特的程式之一。

1. 五代朝廷的奉慰儀

五代之際的奉慰儀在帝后和皇家喪禮中顯然已經完全程式化。後唐同光三年(925)秋七月,莊宗母皇太后曹氏崩,《五代會要》卷八《服紀》載其月太常禮院奏曰:"案故事,中書門下、翰林學士、在朝文武百官、内諸使司供奉官已下(上?),從成服三日,每日赴長壽宮朝臨,自後不臨……每至月朔、月望、小祥、大祥、釋服日,未除服者縗服臨,已除服者則素服不臨,並赴長壽宮,先拜靈訖,移班近東,進名奉慰。"[1]結合《舊五代史》卷三三《後唐莊宗紀》七所載喪事舉辦的經過:"(七月)壬寅,皇太后崩於長壽宮。帝執喪於内,出遺令以示於外。癸卯,帝於長壽宮成服,百官於長壽宮幕次成服後,於殿前立班奉慰……(八月)丁卯,帝釋服,百官奉慰於長壽宮……(十月)丁卯,奉皇太后尊謚寶册赴西宮靈座,宰臣豆盧革攝太

---

① 《五代會要》卷八《服紀》,130頁。

尉讀册文，吏部尚書李琪讀寶文，百官素服班於長壽宮門外奉慰。淮南楊溥遣使進慰禮。"①知每一程序必有奉慰，且東南割據政權也獻上慰禮。《册府元龜》卷三一《帝王部・奉先》四載後周太祖廣順元年（951）五月辛未，太常卿邊蔚上追尊四廟諡議，又内出信祖、僖祖、慶祖三祖及皇后忌辰，説明"其三祖忌辰，皇帝不視事一日，宰臣百官西上閣門進名奉慰後，赴佛寺行香"。同年七月癸酉，太廟册禮使馮道等至西京廟，每室讀寶册行祔饗之禮，其時同樣有"宰臣百官進名奉慰"。奉慰儀確實已成為帝、后喪禮各程序乃至國忌、祔饗之際一項帶有標誌性的内容，以至於王朝覆滅後，新主為舊主喪亡舉哀仍保留此儀。《舊五代史》卷一二〇《周恭帝紀》："皇朝開寶六年（973）春，崩於房陵，今上聞之震慟，發哀成服於便殿，百寮進名奉慰。尋遣中使監護其喪。"

為皇親、重臣的喪事奉慰也多見於朝廷為之舉哀或輟朝之際。《舊五代史》卷四六《後唐末帝紀》上應順元年（934）四月"甲申，帝以鄂王薨，行服於内園，羣臣奉慰"。六月"甲申，帝為故皇子亳州刺史重吉、皇長女尼惠明大師幼澄舉哀行服，羣臣詣閣門奉慰"。《五代會要》卷六《輟朝》："乾化元年（911）五月，清海軍節度使守侍中兼中書令劉隱薨，輟朝三日，百寮詣閣門奉慰。"《册府元龜》卷三〇三《外戚部・褒寵》："周符昭信，魏王彦卿之子，世宗皇后之弟也，為天雄軍衙内都指揮使。顯德元年（954）七月卒，皇后於别宮舉哀，宰臣率文武百寮於門進名奉慰。"

以上種種因喪事舉行的奉慰儀雖然大體説來衹是形式，但地點問題卻值得分析。奉慰儀的地點《大唐元陵儀注》多指在太極門外，其於皇帝梓宮停靈及喪事舉辦的太極殿不遠，似乎没有太多分別。但由於喪禮每一程序、時間以及哀悼對象不同，所以奉慰的地

---

① 楊溥遣使見《册府元龜》卷二三二《僭偽部・稱藩》："吴楊溥襲其兄渥僭號……（後唐同光二年）十月，以皇太后喪，遣使張璪奉慰致禮。"2763頁。

點也是不一的。例如前引史料中已見唐朝除了太極門外，又有延英門奉慰；五代如後唐也有所謂的長壽宮"殿前立班奉慰"與"長壽宮門外奉慰"，因此奉慰本就可以有殿庭和宮門之別，並且根據需要還可以有所謂的"進名奉慰"。不過由於喪事輟朝和節日、誕日、朔望、忌日中羣臣奉慰的需要，從晚唐到五代以後愈來愈多見的是"閤門奉慰"或者是"閤門進名奉慰"。"進名"是在不舉行朝會因而見不到皇帝時遞交姓名（詳下）。嘉禮中有"進名起居"①，也是平常情況下不能面見時的參拜活動。

這種儀式的進行也影響到閤門在嘉禮凶儀中如何區別使用的問題，《册府元龜》卷六一《帝王部·立制度》二（並見同書卷一○八《帝王部·朝會》二）載哀帝天祐二年（905）四月詔曰："東上、西上二閤門制置各別，至於嘗（常）事，則以東上居先；或大忌進名，遂用西閤為便，同於禮式，何表區分。頃緣閹豎擅權，乃以陰陽取位，不思南面，但啓西門。邇来相承，未議更改，詳其稱謂，似爽舊規。自五月一日已後，嘗（常）朝取東上閤門，或遇忌日奉慰，即開西上閤門，永為定制。"閤門是唐宮庭內外朝的分界，閤門之內是紫宸殿，是憲宗以後唐皇帝的常朝正殿，所以閤門本是入朝及待朝之所。哀帝詔書對於東、西兩閤門分別作為常朝與奉慰作了嚴格的區分。詔書對此原因解釋得不太清楚，但僅就劃分本身而言，吉凶殊途，以太陽升起的方向作為常朝而迎新，以太陽降落的方向為奉慰以送故，其意義似乎是不言而喻的。《册府元龜》卷三一九《宰輔部·褒寵》二記乾化二年（912）宰臣薛貽矩病薨，"帝震悼頗久，命雒苑使曹守珣往弔祭之。又命輟六日、七日、八日朝參，丞相文武並詣西上閤門進名奉慰"。《册府元龜》卷三一《帝王部·奉先》四載哀帝在天成四年八月被追册為昭宣光烈孝皇帝，神主送至曹州祔饗，也是"禮畢，文武百

---

① 如《册府元龜》卷一○七《帝王部·朝會》一："（元和元年）三年正月癸未朔，以將受尊號，元日權停朝賀。百官詣興慶宮進名起居皇太后，又赴延英門，進名奉賀。"1280 頁。

官詣西上閣門，進名奉慰"。西上閣門專用於喪禮奉慰被逐漸固定下來。

2. 宋代奉慰儀的場合地點

唐末五代將西上閣門定為奉慰專用之門的做法被宋朝所承襲。北宋之際為帝、后喪禮（多在小祥、大祥、靈駕發引、入葬、祔廟等）以及忌日舉辦的奉慰也多在宮中的西上閣門。宋代國忌奉慰非常盛行，西上閣門成為朝臣奉慰皇帝的一處主要場所，甚至契丹使臣的弔慰也從西上閣門而入①。龐元英《文昌雜錄》卷三曰："國朝之制，凡百官拜表稱賀，詣東上閣門；進名奉慰，即詣西上閣門，蓋有故事。唐天祐二年敕，'自今五月一日後，常朝出入取東上閣門，或遇奉慰，即開西上閣門'，遂為定制焉。"②程大昌《雍錄·閣門慰賀》也認為分開東、西閣門是來自天祐二年敕，而"此制至今閣門承用，有賀則東詣，有慰則西詣，遂為定制"③。《石林燕語》卷六更明謂："紫宸不受賀，而拜表稱賀，則於東上閣門；國忌未赴景靈宮，先進名奉慰，則於西上閣門；亦就庭下拜而授閣門使，蓋以閣不以殿也。"④可見賀慰分途，宋朝實際上也是承襲唐制的。

《石林燕語》所說景靈宮是宋真宗大中祥符以後供奉"聖祖"和安放祖宗御容，進行道教祭祀的第二"太廟"，亦可以認為是皇帝於太廟之外建立的家族私廟，是國忌儀式的另一主要場所。《政和五禮新儀》有"忌辰羣臣進名奉慰"和"忌辰羣臣詣景靈宮"二儀，儀式是在"其日質明"開始。其前者是百官先站立於西上閣門階下，"知西上閣

① 《宋會要輯稿·禮》二九之二四《歷代大行喪禮上·真宗》，三二之八《后喪·章獻明肅皇后》，1075、1203 頁。

② （宋）龐元英：《文昌雜錄》卷三，《叢書集成》本，2792 冊，26 頁。

③ （宋）程大昌撰，黃永年點校：《雍錄》卷三，北京：中華書局，2002 年，65 頁，下引文同。

④ （宋）葉夢得撰，宇文紹奕考異，侯忠義點校：《石林燕語》卷六，北京：中華書局，1984 年，83 頁。

門官於班前西向立,搢笏,執名紙,躬。三公以下文武百僚俱再拜,俟
知西上閤門官執笏、置名紙於笏上、〔入〕西上閤門訖,退";而後者則
是羣臣退後再到達景靈宮,"禮直官揖班首以下再拜訖,引班首自東
階升殿,舍人接引同升,詣香案前,搢笏,上香,跪奠祭(《宋史》卷一二
三作"茶")訖,執笏興,降階復位,又再拜;次引班首以下,分左右搢
笏,行香,宰相、執政官分左右行香訖,執笏俱復位。引班首升詣殿
(據《宋史》當作"升殿詣")香案前俛伏,興,跪(按當作跪,興),搢笏,
執鑪,俟讀疏畢,執笏俛伏,興,降階復位,又再拜訖,退"①。奉慰時
官員一般是見不到皇帝的,西上閤門的進名也即遞上名紙,與景靈
宮由班首行香讀疏成為朝臣在國忌日的兩次奉慰程序。由禮儀的
規定可以看出奉慰儀本身已經完全定式化。奉慰和忌日行香在景
靈宮這一皇帝"家廟"最後完成,體現出國忌趨從皇帝家禮、與家禮結
合的性質。而朝臣則通過兩次奉慰和行香,表達了朝儀、家儀並重的
雙重含義,其突出皇帝家禮的意義應認為是與前章所論皇帝服制一
樣的。

　　奉慰儀也同樣地被應用於皇帝喪禮的各種儀程與場合,由於
宋代皇帝的喪禮基本秉承《大唐元陵儀注》以來的程式,所以奉慰
也大多是原來禮儀的重複。所見宋朝"國恤喪禮"中,凡發哀、大斂
成服等均有奉慰②,所謂"至尊成服,百僚皆當入慰"③。前章曾說明
宋初皇帝嗣位,都有羣臣"稱賀復奉慰"之舉。此外成服後"朝晡臨
三日,大小祥、禫除、朔望皆入臨奉慰"④。此後歷朝亦復如是。宋
朝皇帝定册謚後還有親王或宰臣率羣臣奉謚號册寶告南郊典禮,

---

　　① 《政和五禮新儀》卷二〇七《忌辰羣臣進名奉慰儀》、《忌辰羣臣詣景靈宮儀》,《景
印文淵閣四庫全書》647 册,863—866 頁。

　　② 《文獻通考》卷一二二《王禮考》一七《國恤喪禮》,1102 頁。

　　③ 《宋史》卷九九《禮志》二《南郊》淳化三年有司言,2444 頁。

　　④ 《宋史》卷一二二《禮志》二五《山陵》,2849 頁。

這個儀式緊接着次日的殿前讀册,讀册禮畢也有羣臣"進名奉慰"①。而所有入葬、祔廟乃至宗廟舉行合祭之際的奉慰不斷見諸記載,其中也影響到朔望朝參。至道三年(997)三月太宗崩,針對有司上言"山陵前朔望不視事,羣臣詣閤奉慰",詔令"羣臣朔望並詣萬歲殿哭奠,退詣内東門奉慰"。而據真宗喪禮儀院上言,"禫除後山陵前,每遇朔望羣臣並入臨進名奉慰"已經是"準禮例"而進行②。正、冬節日自然也包括在内③。

很值得注意的一點是,正如敦煌書儀中不僅有按儒家喪禮程序的《弔小斂》、《弔二斂(即大斂)》、《弔成服》、《弔小祥》、《弔大祥》等,也有按照佛教禮儀的《追七弔》、《百日弔》等,皇家禮儀中的弔慰不僅在"權制"的儒家禮儀式有之,也在三年制中結合宗教儀式以進行。宋代這種情況已從慣例發展為制度。如真宗喪,羣臣除成服後按制弔臨,且自此"每大小祥、逐七、禫除、朔望,並入臨奉慰"④,奉慰儀在其中出現的普遍性大大超過唐、五代。不過不同情況下對皇帝的奉慰並不僅限於在某個"閤門",有時也根據需要在殿庭或宫内的不同地點舉行,這在下文某些具體例證中看得更為清楚。

宋朝因皇(太)后、太子、皇親、重臣的喪禮等奉慰皇帝也不乏

---

① 《宋會要輯稿·禮》二九之二八,1077—1078頁。按奉册靈座及讀謚册後的奉慰也見於英宗、神宗等喪禮;同書《禮》二九之五二至五三、二九之六二至六三,1089—1090、1094—1095頁。

② 《宋會要輯稿·禮》二九之二二,1074頁。

③ 元正、冬至不行朝賀而行奉慰,見《宋會要輯稿·禮》二九之二,"(開寶九年)十一月一日,帝不視朝,羣臣奉慰。"注云:"自是,至祔廟、冬至、朔望皆然。"同書《禮》八之一六錄《中興禮書·大朝會儀》紹興二十九年十月二十一日條,記"禮部、太常寺言:'勘會今年冬至,並來年正旦,依禮例,宰臣率文武百僚詣文德殿拜表稱賀。緣今來見在大行皇太后服制之内,欲乞依禮例,宰臣率文武百僚詣文德殿進名奉慰。'詔依。"1064、525頁。

④ 並見《文獻通考》卷一二二《王禮考》一七"國恤",1097頁。

其例。特別是皇帝為皇后或太后喪禮、忌日輟朝,大臣按制奉慰的情況很多,例如真宗章穆皇后郭氏、章獻明肅皇后劉氏(死於仁宗朝,為太后)①,仁宗温成皇后張氏②、光獻皇后曹氏(死於神宗朝,為太皇太后)③。内張氏生前為貴妃,死後追册皇后,喪禮中曾舉行多次奉慰。皇后的忌日奉慰也與皇帝相同。如明道二年(1033),判河南府錢惟演請以章獻、章懿二后並祔真宗之室,有司以為已有章穆皇后配享,宜別立新廟奉安二太后神主,同殿異室,歲時薦享用太廟儀。而"忌前一日不御正殿,百官奉慰,著之甲令"的制度也因之以確立④。太子奉慰,則據《宋會要輯稿·禮》三七之四八記太宗至道元年(995)五月十四日因開寶皇后(孝章皇后)宋氏崩,太常禮院上言"權攢日,請依恭孝太子權殯禮例,輟朝一日,羣臣進名奉慰",知宋初已行。而直至南宋孝宗乾道三年(1167)為莊文太子、寧宗嘉定十三年(1220)為景獻太子喪禮,都有羣臣奉慰⑤。

3. 宋代奉慰儀的特色

宋代奉慰禮雖然是承唐而行,但給人印象深刻的有三點,其一是北宋初期承晚唐五代,太后、皇后禮重,羣臣在奉慰皇帝的同時常常有奉慰太后、皇后之禮。其一例是乾興元年(1022)真宗崩,"遺旨以皇帝尚幼,軍國事兼權取皇太后處分。時宰相率百官稱

---

① 《宋史》卷一二三《禮志》二六,2870—2871頁;並見《續資治通鑑長編》卷七一、卷一一三,1603、2640頁。

② 《續資治通鑑長編》卷一七六、卷一七七,4250—4251、4282—4283頁。

③ 《續資治通鑑長編》卷三〇〇,7317頁。

④ 《宋史》卷一〇九《禮志》,2617—2618頁;《續資治通鑑長編》卷一一二,2615、2620頁。按"甲令"二字《宋史》作"令甲",此據《長編》。

⑤ 《宋史》卷一二三《禮志》二六,2879—2881頁。

賀,復前奉慰,又慰皇太后於簾前"①。此乃因太后臨朝聽政的特殊情況。而一般情況下,"凡進名奉慰皇帝於西上閣門,皇太后於內東門"也逐漸形成制度②,於是北宋一朝內東門成為奉慰太后的主要地點(某些時候,奉慰皇帝也在此處)。例如仁宗"大斂成服,羣臣入臨,移班奉慰,退詣內東門,進名奉慰皇太后";神宗"為太皇太后(曹氏)成服於慶壽宮,百官成服於內東門外,入奉慰於慶壽殿之東廂,慰皇太后、皇后於宮門外"③。又有以太后或皇后親喪奉慰者。此禮後周符皇后顯德元年(954)為其弟符昭信卒,"於別宮舉哀,宰臣率文武百僚於門,進名奉慰"已開先例④。《續資治通鑑長編》卷二(《宋史》卷一二四略同)載太祖建隆二年(961)十二月乙卯中書門下言:"得太常禮院狀,皇后姊太原郡君王氏卒。準禮例,皇后當出,就故彰德節度使王饒第發哀成服,百官詣其第進名奉慰。"得"從之"。《宋史》卷一二四《禮志》二七關於"皇太后皇后為本族之喪",記章獻劉后改葬父母,前一日皇后詣欑所,"俟時詣成服所改服總",依尚儀所奏,退後有"六宮內人立班奉慰"。至"掩壙畢",皇后詣墳奠獻後釋服還宮,又有"外命婦進牋奉慰如儀"。內外宮人命婦以皇后、皇太后親喪行奉慰儀已見於《大唐開元禮》,但在唐朝很少有實例記載,而宋朝當皇后、皇太后權重之際則行之。

其二是羣臣奉慰因由、範圍根據皇帝的意願和需要而不完全限於舊制規定。《續資治通鑑長編》卷一一記開寶三年(970)冬十月己巳朔,昭憲皇太后妹杜氏卒,"上不視朝,素服發哀於講武殿。文武百僚進名奉慰,仍追封齊國太夫人"。仁宗時,為充媛董氏賜

---

① 《宋史》卷一一七《禮志》二〇,2774 頁。
② 《宋會要輯稿·禮》二九之三七,1082 頁,下仁宗條同。按"內東門祇慰"真宗喪已有之,見同書二九之二〇,1073 頁。
③ 《續資治通鑑長編》卷三〇〇,7317 頁。
④ 《册府元龜》卷三〇三《外戚部·褒寵》,3575 頁。

謚册禮,"追贈婉儀,又贈淑妃,上親為之輟朝掛服,羣臣進名奉慰"①。真宗和仁宗朝,還分別發生過為皇帝或太后乳母(秦國延壽保聖夫人劉氏、秦晉國恭肅賢正夫人林氏)喪輟朝發哀,"羣臣奉慰"或者"宰臣率百官詣崇政殿門奉慰"的情況②。大中祥符八年(1015)四月,仁宗為信都郡王德懿制服發哀,羣臣奉慰③。德彝於真宗僅為從兄弟。仁宗因安壽公主薨,"追封唐國公主,以母寵,帝愛甚,成服苑中,羣臣奉慰殿門外"④。南宋孝宗由於是出自安僖秀王子偁,故入宫後稱其夫人、己母張氏為伯母,張氏死後,為之"成服於後苑,百官進名奉慰"⑤。以上雖然多是特例,但無論歸於何種情況,都屬皇帝予以特殊禮待。如安壽公主,皇帝竟然為之舉行"成服"根本不合禮制,雖然這個成服並不是真正穿喪服(詳後)。幾乎同時先後去世的崇慶公主就没有見到這類待遇,可見喪禮和奉慰儀的進行完全視皇帝的情緒和態度,是以皇帝為中心的。為大臣亦如此。如神宗元豐六年為富弼"輟視朝三日,發哀於後苑,羣臣奉慰"⑥,因此皇帝是否舉哀(或發哀)輟朝,確實已成為奉慰儀舉行的唯一準則。

其三是奉慰儀也為遼、西夏的國喪舉行。唐朝對於少數族及鄰邊諸國喪事最多只有遣使弔祭"宣慰"而很少有皇帝為之輟朝舉哀,史料中只見到永徽元年(650)吐蕃贊普棄宗弄讚卒,高宗曾為之舉哀⑦,當然更無大臣奉慰之説。但宋朝則自真宗、仁宗時,除了

---

① 司馬光:《上仁宗論董充媛賜謚册禮》,《宋朝諸臣奏議》卷九三《禮樂門‧喪禮》上,上海古籍出版社,1999年,1008頁。

② 《續資治通鑑長編》卷四三真宗咸平元年(998)九月己未、卷一八〇仁宗至和二年(1055)八月丁未條,915—916、4366頁。

③ 《續資治通鑑長編》卷八四,1927頁。

④ 《續資治通鑑長編》卷一三六,3248頁。崇慶公主薨見同卷,3265頁。

⑤ 《宋史》卷三四《孝宗紀》二乾道三年(1167)四月癸酉條,640頁。

⑥ 《續資治通鑑長編》卷三三六元豐六年閏六月條,8111頁。

⑦ 《舊唐書》卷一九六上《吐蕃傳》上,5222頁。

有契丹使者至中原弔喪,也見到皇帝、太后為遼和西夏國主、國母喪事舉行輟朝成服和奉慰的現象。如《續資治通鑑長編》卷七二大中祥符二年(1009)十二月甲辰條載契丹國母蕭氏卒,"詔廢朝七日,令禮官詳定服制,內出《開寶禮》為蕃國發哀儀,下輔臣使參擇而行"。結果,不僅派出了祭奠使、弔慰使,令契丹使節在開寶寺"設位奠哭","中書門下、樞密院、三司使、學士、知制誥已上,詣都亭驛弔之";且於其月"己酉,上於內東門制服發哀,召(告哀使耶律)信寧入內,親加恤問,羣臣進名奉慰"。

　　按關於為蕃國喪舉哀,《政和五禮新儀》卷二一〇所載《凶禮·訃奏儀》中仍有見,即"皇帝為大遼國喪舉哀"、"皇帝為蕃國主喪舉哀"。內定皇帝先服常服詣幄,"至時,皇帝釋常服,服素服",等到儀式最後,"文武百僚進名奉慰訖,皇帝釋素服,服常服"。《續資治通鑑長編》卷一一一明道元年(1032)十一月條載夏王德明死,詔輟視朝三日,賜贈賻和派遣祭奠使之外,"帝與皇太后為德明成服於苑中,百官奉慰"。同書又載至和二年(1055)九月戊午,"契丹遣右宣徽使、忠順節度使、左金吾衛上將軍耶律元亨來告哀。上為成服於內東門幄殿,宰臣率百官詣東橫門進名奉慰"。嘉祐三年(1058)二月癸卯,竟發生了契丹遣使來告其祖母喪,"上為發哀於內東門幄殿,百官進名奉慰,輟視朝七日"的情況。神宗熙寧九年(1076)遼主遣使來告其國母之喪,也是"是日,上發哀成服於內東門,羣臣進名奉慰,輟視朝七日,遼使見於幕殿"[①]。

　　必須說明的是,這裏所說舉哀儀中的"成服"與真正為帝、后的成服有所不同,從《政和五禮新儀》卷二一二"中宮為祖父母成服儀"可知,所謂成服不過是儀式中由常服改素服,儀式結束再由素服改常服,與"訃奏儀"所說的完全一樣,所以"成服"者,在這裏只

---

① 以上分見《續資治通鑑長編》卷一八一、卷一八七、卷二七四,4370、4502、6718頁。

是名義,即下文所要論之"掛服",但無論如何,皇帝為外國國君、國母服喪而羣臣行奉慰典禮,還是很不尋常的,這似乎已是宋朝國力不强的表現。不過可以理解宋朝面對與北方少數族政權對峙的國際環境,實不得不有如此的禮節,而其時兩國告哀、弔慰禮儀尚屬對等,也是不能忽略的事實。

由奉慰儀的頻繁舉行及以上三點,可以看出由唐至宋,朝臣奉慰儀服從最高統治者的意志,並且其實行與國情需要結合,被大大推廣且常規化了。

(三)唐宋奉慰儀形成的再分析

以上,從 P.3442 吉凶書儀中所見奉慰牋表出發,對於中古時代皇帝與國家喪禮中奉慰表及奉慰儀淵源、形式、發展作了探討。討論的過程説明,開元書儀中的奉慰牋表是唐前期皇帝凶禮儀式内容的某些遺存和保留,它們與存世奉慰表相互印證,彌補了此類牋表範式的闕失,也證明了皇帝和皇家喪禮過程中奉慰儀的存在。其中存世文獻所見中晚唐以後的奉慰表多來自地方和藩鎮節度使,它們在葬禮舉行的過程中適時而上,説明奉慰表也起着調和中央與地方關係的作用。但奉慰表的使用和奉慰儀的出現由來已久,是民間重視喪禮弔慰在朝廷的體現。

喪禮弔慰在兩漢南北朝期間始終存在,通過大族禮儀和書儀的推廣傳播而被全社會遵行,從以人情治禮出發,發展為一般家族内外、官場與朝廷的不同等級與場合。因此總的來説,奉慰儀是有着深遠歷史傳統和社會基礎的國家禮儀。其中皇親與官員的喪禮弔慰依照官品等級早在《大唐開元禮》的凶禮部分有着明確的規定。代宗朝顔真卿《大唐元陵儀注》遵照開元禮的原則,使奉慰儀出現在皇帝喪葬的各個程序之中,為中晚唐以後奉慰儀的實行和推廣奠定了基礎。晚唐五代至宋,奉慰儀的實行有擴大之勢,所謂奉慰不僅存在於皇帝葬禮的諸多程序中，也影響於喪禮期間的節日、朔望，乃至擴展到國忌日儀式和皇帝為親貴大臣輟朝之際。奉慰幾乎實行至皇帝、太后為之舉哀服喪的一切場合，在宋朝國力不足以抵禦外患的形勢下，也包括對於威脅自身安全的番國最高統治者的禮節性哀悼，成為所有這類凶禮儀式中不可或缺的一個組成部分。

　　羣臣對皇帝的奉慰結合皇帝對大臣的喪禮弔慰，本是體現二者在凶事中的相互關懷和感情互動，因此對於奉慰儀如何會在皇家和朝廷禮儀中頻繁出現而逐漸被作為定式這一點，我們固然可以從社會人情觀念在國家禮儀中的滲透來解釋。且由於弔慰通行於民間喪儀，不難得出唐宋之際朝廷受民間和社會習俗影響，國家禮儀愈益世俗化、平民化的結論。

　　但是這樣的解釋未免太過簡單。因為奉慰儀首先是在儒家典禮的公禮場合，作為特定的程序出現，代表着大臣對國家喪禮的參與，是一種國事活動的體現。所以奉慰儀的不斷實行應看作是"國恤"和儒家典禮不斷完善的一個方面。

　　其次奉慰畢竟主要是圍繞皇帝及其家族親屬，是對皇帝個人悲情的撫慰，也可以認為是官僚政體下對國家君主意願、感情的無限尊重與服從。因此奉慰儀事實上也是皇帝制度下一種公私意念的結合。國家即皇帝，晚唐五代奉慰儀在某些對象、場合方面的擴大，說明在服從皇帝意志的問題上愈來愈沒有條件可講。皇帝個人的悲喜吉凶既主宰着國家命運，而皇帝與大臣的一體化問題也就更被強調。唐代宗時宰臣崔祐甫與常袞關於大臣服喪的期限發生爭執，崔祐甫主張朝臣按照遺詔"天下吏人三日釋服"皆服三日，但常袞則主張"朝臣宜如皇帝之制"服二十七日，從《大唐元陵儀注》看，最後是依從了常袞的意見。這不僅是延續前朝制度，還因為常袞提出了"禮非天降地出，人情而已。且公卿大臣榮受殊寵,故宜異數"的觀點①,意即大臣受恩深重而應與皇帝同情同制。

　　但大臣與帝王的關係不啻如此,宋宰臣呂夷簡提出"人臣之於帝后,猶子事父母也"②,則父母有喪,焉得不參與之且有慰問之舉!大臣必須對皇帝履行像對父母那樣的義務,對於皇帝的家事也必須當作自己的家事一樣,特別是在皇帝意旨高於一切的情況下,必須以皇帝為中心,時時刻刻與皇帝保持一致。而奉慰儀的意義就在於表達了參與者對喪事本身的重視和同情,這也就是為什麼出於維護與番國邦交的目的,不僅皇帝要為其國主服喪,大臣也要奉慰皇帝的緣故。"人之云亡,邦國殄瘁",皇帝舉哀,就是國家和全體臣民舉哀,這是儒家忠孝觀念的要求。正是在這一觀念支配下,奉慰儀就成為朝廷喪禮的一部分。當然這種奉慰,結合宗教儀式其實也越出了國禮和國君範疇,而更有了對皇帝個人的同情和家禮的參與,這也是奉慰儀所表現出的世俗色彩。

　　奉慰儀從另一個角度講,又可以看作是朝臣在特殊狀況下與皇帝溝通的一種方式。這一點還必須結合朝參制度來說明。因為按照唐朝禮制規定,凡元日均要舉行大朝會,皇帝袞冕臨軒,"二王後及百官、朝集使、皇親、諸親並朝服陪位。皇太子獻壽,次上公獻壽,次中書令奏諸州表,黃門侍郎奏祥瑞,戶部尚書奏諸州貢獻,吏部侍郎奏諸蕃貢獻,太史令奏雲物,侍中奏禮畢。然後,中書令又與供奉官獻壽。時,殿上高呼萬歲"。冬至也要舉行朝會,並有元正、冬至外命婦朝中宮,為皇后稱觴獻壽;和次日百官、朝集使詣東宮,為皇太子獻壽之儀。而當皇帝千秋節,則是"皇帝御樓,設九部之樂,百官袴褶陪位,上公稱觴慶壽"③。

---

① 《舊唐書》卷一一九《崔祐甫傳》,3439 頁。
② 《續資治通鑑長編》卷一一三,2848 頁。
③ 引文見《唐六典》卷四禮部郎中員外郎條,113—114 頁,下同。

《唐六典》記載"凡京司文武職事九品已上，每朔、望朝參；五品已上及供奉官、員外郎、監察御史、太常博士，每日朝參"。册皇后、皇太子、皇太子妃、諸王、王妃、公主，也都要"臨軒册命，陳設如冬、正之儀"。皇帝出行的"車駕巡幸及還京"，百官都要辭迎。皇帝在外期間，"行從官每日起居，兩京文武職事五品已上三日一奉表起居，三百里内刺史朝見。東都留司文武官每月於尚書省拜表，及留守官共遣使起居，皆以月朔日，使奉表以見，中書舍人一人受表以進。北都留守每季一起居"。也即有屬於非正式朝參的問起居和上起居表。皇太子出行，同樣有送往辭迎之禮。而與節日等慶典有關，也都有遠來的慶賀："凡元正，若皇帝加元服，皇太后加號，皇后、皇太子初立，天下諸州刺史，若京官五品已上在外者，並奉表、疏賀，皆禮部整比，送中書總奏之。"

因此所有正常情況下節日、朔望乃至平時，朝廷都會舉行規模不等、參加人員和等級也不同的朝會或朝參，並有慶賀之儀，當見不到皇帝（或太子）就有表疏。慶賀儀或者賀表是在這些喜慶時日内皇帝與羣臣之間的交流與互動，但奉慰儀與奉慰表啓卻正是在這些活動完全停止、與這些時日氣氛相反的悲痛時日産生的。因此吉禮嘉儀下的"賀"與凶禮喪儀下的"慰"應該是對等並列的，奉慰在凶禮之中的意義可以認為是等同於嘉禮中的朝賀，它們也是君臣間的一種交流與互動，可以表達兩者在這些活動中的共同情感。

不僅如此，由於"賀"與"慰"都是發生於朝參之際，如同《舊唐書·哀帝紀》相對於喪服期内的九月朔日"百官素服赴西内臨，進名奉慰"，之前還有中書帖要求大臣"今月（八月）二十四日釋服後，三日一度進名起居"[1]，可見大臣釋服後，平日只需起居而非奉慰。

---

① 《舊唐書》卷二〇下《哀帝紀》，786—787頁。按此時大臣已釋服在先，但尚不到二十七日喪期，故皇帝尚未除服，纔有大臣平日進名起居和朔望素服奉慰之説。

“奉慰”與“起居”只是二字之差，其對應性顯而易見。程大昌《雍録·閣門慰賀》一條分析兩閣之分説：“然以唐制考之，則天祐此制，已在廢罷入閣之後。蓋二閣在宣政殿東、西兩序分立，朔望避宣政不御而御紫宸，則宣政所立之仗聽唤而入，先東立者隨東仗入自東閣，先西立者隨西仗入自西閣，暨至會於紫宸殿下，則復分班對立也。由此言之，則東、西兩閣皆是百官分入趨朝之路，無由兩班併入東閣而西閣獨閉也。此可以見天祐間全失入閣本制乃至如此也。若賀慰久分兩閣，則行之已熟，於舊制無失。”①

因此奉慰本來應該也是分班而立的“入閣”，從朝拜皇帝的意義上原與朝賀或者起居無別。也就是説，奉慰可以當作是喪禮舉行期或非常時期的上朝與參拜皇帝，是凶禮朝會的一部分。嘉禮的朝賀起居與凶禮的進名奉慰分别是吉、凶朝參禮儀中最具有標誌性的儀節，代表着不同時間、不同狀況下向皇帝的請安問候。换言之，奉慰同樣是表達朝臣對皇帝禮敬、服從的一種説法和必要方式，所以不妨認爲是由朝賀起居與喪事奉慰共同組成了中古時期朝廷的吉凶朝儀，而凶禮期間的奉慰儀和奉慰書儀也已經成爲臣民忠於朝廷的另一種象徵，兩者所體現的，都是對皇帝至高無上權威的頂禮。

但也正因爲這樣，奉慰儀其實某種程度也就失去了它原來具有的感情交流因素，和意欲表達的感情色彩，而成爲一種非常固定的官僚化程式，一種機械的組織行爲。並且正像元正、冬至、朔望與常朝，在舉行朝賀朝參儀式的同時有來自地方的賀表；在舉辦葬禮與大臣弔慰的過程中，也同樣有來自地方的慰表，這不僅是藩鎮或地方政府忠於朝廷和皇帝的表示以及溝通中央地方關係的需要，也是皇帝統治從中央而及於邊藩的要求和證明。朝賀與弔慰，

①　《雍録》卷三，65頁。

作為國家吉凶禮儀的兩大模式同樣需要調動官民敬畏和奉獻之心,也需要顯示國家的大一統和上下一體,這,或者就是奉慰與朝賀並舉,同時也愈來愈具有象徵性的原因吧。

上編下結語　國家喪葬組織的完備
與喪禮中的君臣互動

　　由於皇帝喪禮的規模化，山陵五使的建置在唐後期逐步形成和延續，它們的分工明確，職能具體而有針對性，與大禮五使遙相對應，成為分別主持吉凶的兩種臨時使職。諸使臨事而設，事已則罷，均由在朝宰相和大臣兼掌，五使的成立，是官職機構使職化在皇帝喪禮的體現，反映了國禮的發展和國家事務的專門化。唐代五使雖然基本功能皆已具備，但至五代其使名、職務方纔逐漸固定下來，宋代設置更加程式化，對喪葬禮的舉辦和組織發生了直接而重要的作用。因此如果說《大唐元陵儀注》解決的是皇帝喪禮的程序問題，那麼山陵五使的設置解決的卻是喪葬的實際操作。有了它們的存在，纔使皇帝的喪禮可以在嚴密的布置下有條不紊地進行，這是國家凶禮國恤真正完備化的另一表現和基本保障。

　　敦煌書儀中奉慰表啓及存世慰賤表的存在提醒我們對奉慰儀式本身的重視。喪禮慰問本來是一種人情化的表達和體現，廣泛地流行於中古的官場和民間。但作為奉慰儀式行於皇帝喪禮的各個環節，已經具備了國禮的意義。它不僅在正式的喪禮程式中不可或缺，也逐漸演化為凶禮期間朝參形式的代表而與嘉禮的朝參並存。無論是舉行時間地點抑或方式，都說明唐宋朝廷在處理凶事時已經將它形式化和常規化。正像節日的慶賀與賀節書儀流行於官場民間，通過奉慰儀亦不難看到朝廷、官場和民間的接軌，這也是國家行政走向官僚化和世俗化在葬禮中的反映。

皇帝喪禮的主要參加者是嗣皇帝和朝廷大臣官員。喪禮中不斷出現的大臣奉慰儀，對其中的君臣關係作了新的詮釋。正像前面已指出的，儒家形式的皇帝喪禮是國家和皇帝家禮意義的統合。在皇帝至高無上權威之下的大臣集體參與，反映了皇帝作為大家庭的家長和大臣作為家庭成員的感情交流和互動。但在固定的官僚形式之下，已經愈來愈失去了其中的感情色彩，而更多地反映了大臣對至高無上皇帝權威的頂禮膜拜和絕對服從。它可以認為是儒家禮義的發揮和補充，但更體現了中古皇帝制度之下政治生活一切圍繞皇帝運轉的特殊意義。在這樣的要求之下，奉慰儀愈來愈走向程式化而喪失其原本的感情因素是必然的。

總之，皇帝喪葬禮的家國兩重性質，與皇帝作為國家和民衆最高統治者所具有的地位及影響，以及借助喪禮傳達的唐朝廷和皇帝統領四方的形象及意念，是研究中古皇帝喪禮留給我們的深刻印象，也是中古禮制所表達的核心內容。皇帝喪禮作為示範，將引領我們對中古唐宋官品等級制度下的喪禮制度和喪禮活動進行更深入的研究，也將使我們對整個中古禮制得出更完滿和更令人信服的結論！

終極之典

中古喪葬制度研究

吳麗娛 著

下冊

中華書局

下編上

唐朝的喪葬禮令與唐五代喪葬法式

　　如果說皇帝的喪禮是作為中古社會中喪葬禮最高的層次和等級出現，那麼在皇帝之下，還有官員與庶民的不同層次和等級。其中官員在唐國家禮儀中的重要性和被關注度僅次於皇帝，是唐前期禮、令實施的主要對象，因此對於官員喪禮的研究必須借助開元禮、令以進行。不久以前發現的天一閣藏明鈔本宋《天聖令》，有《喪葬令》一卷存在，且因令中參照唐令而注明有"右並因舊文，以新制參定"和"右令不行"的兩部分，使我們能夠結合其他唐史料對唐朝《喪葬令》進行更為充分的復原，從而對其內容有更全面的瞭解。由於唐朝《喪葬令》的最後一次大規模修訂是在開元二十五年(727)，所以參考《天聖令》復原的內容應該以開元二十五年的令為主。禮、令的時間既皆在開元中，則通過《喪葬令》和《開元禮》中官員喪葬禮的比較，將使我們充分理解禮、令相互依存和呼應，以等級為特徵及内容互補的關係;同時也使我們對禮、令結合、吸收上古三《禮》和魏晉南北朝禮制的原則有更深切的理解。

喪葬禮存在於人們的生活之中,與皇帝禮同樣,官員和民衆的喪禮中同樣有着制度關照層面和家族個人場合或自我行為實踐的公、私兩方面内容。本書更注重的是制度層面。《喪葬令》與禮制結合,尤為官員百姓的喪禮舉辦在規格、形式等方面設範立制,它重視官員以及特別是親貴和高官喪禮的取向,反映了官僚社會的需要。但是,隨着社會變化特別是商品經濟的發展,包括低級官員和百姓的各階層對喪禮都有了超過禮令規定的不同要求。於是適應其變化,朝廷遂以格式制敕對令文作出不斷的修改和規定,中晚唐時代不僅將官員按照三等劃綫,且針對庶民和低級官員訂立葬禮條款,對令文作了重要的補充,這些内容在五代以後進一步發展,與令文一起,構成了唐五代喪葬法式最基本的要素及特徵。因此唐前期的禮、令和唐後期五代的格式制敕將是本編討論的主要對象,希望能夠通過這一探討,對唐朝的喪禮制度和官民喪禮問題提供一些發展綫索和規律性的認識。

第五章　以官員為中心的
唐朝《喪葬令》與喪葬禮

　　《喪葬令》是中國古代王朝關於喪葬的法令，在歷朝所定令中都據有一席之地。《唐六典》卷六記晉命賈充撰令四十篇，第十七曰喪葬。宋、齊"略同晉氏"，而梁朝三十種令中排序仍在十七。隋令三十種，喪葬在第二十九。六典稱"凡〔唐〕令二十有七"中，"二十六曰喪葬"①。今天一閣所藏明鈔本的宋朝《天聖令》中，《喪葬令》排序在第二十九，但它在後十種令中的次序相對唐令没有變化，其前為《營繕令》，後為《雜令》，與《唐六典》所排順序一致。《天聖令》的發現，證明《喪葬令》長期存在於唐宋國家法令之中，是非常重要的禮法制度之一。

　　《喪葬令》在以往仁井田陞《唐令拾遺》和池田溫所編《唐令拾遺補》二書中，曾經是復原内容最為充分的令文之一，而對《喪葬令》的研究也始終受到日本學者重視。除池田溫《唐·日喪葬令の一考察——條文排列の相異を中心として——》一文②，曾就日唐《喪葬令》的復原内容次序問題進行討論和比對之外；他所編《中國禮法と日本律令制》與《日中律令制の諸相》兩書還收入了多篇專

---

　　①　《唐六典》卷六刑部郎中員外郎之職條，183—185頁。
　　②　池田溫：《唐·日喪葬令の一考察——條文排列の相異を中心として——》，《法制史研究》45，1995年，39—71頁。

門研究日唐律令的篇章①。內中稻田奈津子《喪葬令と禮の受容》
探討了日本喪葬令關於葬送禮儀、服紀、天皇和官員服喪等多條內
容的實行及其與唐令的關係問題②。她還有《日本古代喪葬儀禮の
特質——喪葬令からみた天皇と氏》和《喪葬令皇都條の再檢討》
兩文,前者比較了死亡報告和弔使派遣、詔喪(葬)和官給等問題上
唐日令的同異等③。後者則結合日令對《喪葬令》中的皇都條和有
關都城、道路周邊的喪葬問題進行了探討④。

　　唐朝禮、令的關係反映在製作和內容上都是十分突出的。自
九十年代始,中國大陸和臺灣學者都開始從不同的方面關注此問
題,如高明士關於《貞觀禮》的研究涉及與《開皇禮》和《武德令》的
同異⑤;而榮新江、史睿與李錦繡雖然在討論俄藏 Дx. 3558 殘卷的
過程中對它的年代定名持論不一,但都借助了此卷中祠令內容與
郊祀禮的對應⑥;李玉生討論禮、令和史睿關於《顯慶禮》的近文都
注意到禮與令或者與律令格式之間相互修改協調的關係⑦。而僅

　　① 見池田溫編:《中國禮法と日本律令制》第二部《日唐律令制の比較研究》,東京:
東方書店,1992 年;《日中律令制の諸相》第二部《日唐の律令制と官僚制》,東京:東方書
店,2002 年。
　　② 稻田奈津子:《喪葬令と禮の受容》,池田溫編:《日中律令制の諸相》,東京:東方
書店,2002 年,283—309 頁;說見 286—287 頁。
　　③ 稻田奈津子:《日本古代喪葬儀禮の特質——喪葬令からみた天皇と氏》,《史學
雜誌》109 編 9 號,2000 年,1—34 頁。
　　④ 稻田奈津子:《喪葬令皇都條の再檢討》,《延喜式研究》22 號,2006 年,80—94 頁。
　　⑤ 高明士:《論武德到貞觀禮的成立——唐朝立國政策的研究之一》,1159—1214 頁。
　　⑥ 李錦繡:《俄藏 Дx. 3558 唐〈格式律令事類〉殘卷試考》,《文史》2002 年 3 輯,總
60 輯,150—165 頁。榮新江、史睿:《俄藏敦煌寫本〈唐令〉殘卷(Дx. 3558)考釋》,《敦煌
學輯刊》1999 年 1 期,3—13 頁;同作者:《俄藏 Дx. 3558 唐代令式殘卷再研究》,《敦煌吐
魯番研究》9 卷,北京:中華書局,2006 年,143—167 頁。
　　⑦ 史睿:《〈顯慶禮〉所見唐代禮典與法典的關係》,收入《唐代宗教文化與制度》,京
都大學人文科學研究所,2007 年,115—132 頁;李玉生《唐令與禮關係析論》,《陝西師
範大學學報》2007 年 2 期,38—44 頁;並參氏著:《唐令與中華法系研究》第六章《唐令與
禮的關係》,南京師大大學出版社,2005 年,150—172 頁。

就喪葬禮令而言，又有前揭石見清裕討論官員喪葬禮的文章[①]；其文不但對《大唐開元禮》凶禮的篇名以及特別是官僚葬禮的構成内容、程序作了檢討，而且就喪葬儀禮和《喪葬令》的相關條款及其實行狀態進行了具體討論和一一對應的比較，他指出由於《喪葬令》中的條文多是官僚葬儀中使用器具的有關規定，所以禮是令的依據，凶禮是喪葬法規的大前提，這使關於喪葬禮和令關係的研究又有了極大的進展。

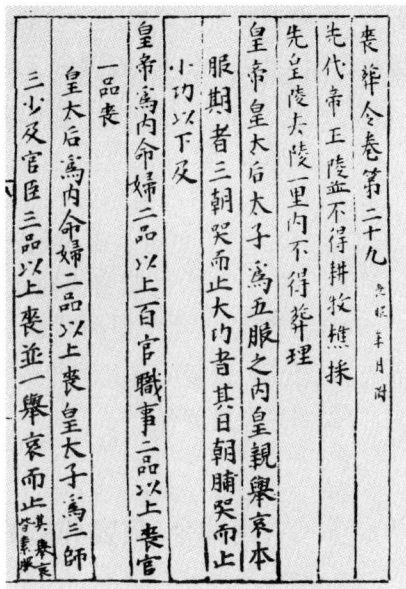

圖 20－1. 天一閣藏明抄本《天聖令·喪葬令》書影

　　但是，以往的研究多是在學者們未見到《天聖令》的情況下進行的。天一閣所藏明鈔本《天聖令》的發現不僅使我們能夠在前人基礎上進一步較完整地復原唐《喪葬令》，也使研究《喪葬令》的構成及葬制本身具備更完善的基礎。所以在《天一閣藏明鈔本天聖令校證——附唐令復原研究》一書發表後，新的成果已在不斷出現，如稻田奈津子撰文，針對《喪

　　①　石見清裕：《唐代凶禮の構造——〈大唐開元禮〉官僚喪葬儀禮を中心に——》，117—142 頁；《唐代官僚の喪葬儀禮について》，發表於日本東方學會第 51 回國際東方學者會議；《古代東アジアにわける王權和喪葬儀禮》，2006 年 5 月。《天聖令》發表後，他又有《唐代の官僚喪葬儀禮と開元二十五年喪葬令》，對前文作了補充。載《関西大學アジア文化交流研究叢刊》3 輯，吾妻重二、二階堂善弘編《東アジアの儀禮と宗教》，東京：雄松堂出版，2008 年，167—185 頁。

葬令》排序和整理復原提出一些問題和不同看法①，並討論了《慶元
條法事類》對復原喪葬、假寧令文的新的可能性問題②。皮慶生對
《喪葬令》中五服年月附載的時間過程提出了異見，對宋以後《喪葬
令》名稱發展為《服制令》的過程和原因作了探討③；王靜也探討了
唐宋《喪葬令》中的石棺槨與石室問題④。而臺灣 2008 年舉辦的
《天聖令》研討會上更有多篇相關唐宋《喪葬令》或者是喪服制度的
探討⑤。《喪葬令》中的豐富內容正在越來越多地進入研究者的視
野。本章則是在以往復原的基礎上先就唐《喪葬令》與禮的內容、
等級進行比較，以說明其共同特徵，然後再深入探索各自的來源問
題，以說明二者的關係。

一 《喪葬令》與喪葬禮的官僚特徵及兩者關係

　　筆者整理的天一閣藏明鈔本天聖《喪葬令》共計 38（宋令 33，唐

----

　　① 稻田奈津子：《北宋天聖令による唐喪葬令復原研究の再檢討——條文排列を
中心に》，《東京大學史料編纂所研究紀要》18 號，2008 年 3 月，12—26 頁。按稻田氏對
筆者將《天聖令》"宋 5"、"宋 10" 和 "宋 11" 合併復原為 "唐 6" 一條提出了不同看法，認為
應當分別復原。她還參考宋令次序，對唐令可以復原的條目內容重加檢討而給予更合
理、更具概括性的名稱，並對其順序重新作了排列。
　　② 稻田奈津子：《慶元條法事類と天聖令——唐令復原の新たな可能性に向け
て》，大津透編：《日唐律令比較研究の新段階》，東京：山川出版社，2008 年，77—96 頁。
　　③ 皮慶生：《唐宋時期五服制度入令過程試探——以〈喪葬令〉所附〈喪服年月〉為
中心》，《唐研究》14 卷，381—411 頁。
　　④ 王靜：《唐〈喪葬令〉復原 25 令文釋證》，439—464 頁。
　　⑤ 如羅彤華：《唐代官人的父母喪制——以〈假寧令〉"諸喪解官"條為中心》、沈宗
憲：《宋代喪葬法令初探——以〈天聖令〉為基礎的討論》、張文昌：《服屬、親屬與國
家——以〈天聖・喪葬〉為中心》，及拙文《關於〈喪葬令〉整理復原的幾個問題》，見臺
灣師範大學歷史學系等編：《新史料・新觀點・新視角——天聖令論集》下冊，2011 年，臺
北：元照出版公司，1—40、137—243 頁。

令 5)條,復原唐《喪葬令》37條,兩令後均附有喪服服制。將唐《喪葬令》與《開元禮》凶禮進行比較,雖然內容和寫作取向都有一些同異,但有一點可以肯定,即令與禮同樣,幾乎全部的條令都是相關官員喪葬的。《喪葬令》由於避諱帝王凶事的緣故,所以除了先代帝王陵和先皇陵保護的條令之外,沒有與帝王喪葬有關的內容,就此而言,宋令與唐令也是完全一致的。由官品出發的等級構成和內容,是禮、令所共有,而在依官品排列的次序之外,也都存在着享受特殊待遇的特殊階層,構成了禮、令極重親貴和高官的特色,是理解唐朝喪葬禮令的基礎。

圖20-2. 天一閣藏明抄本《天聖令·唐喪葬令》書影

(一)喪葬令文的條目內容及機構管理

唐朝的喪葬令文在全部的令中有兩個來源,一即《喪葬令》本身,另一則是其他令文。前者對象主要是九品以內的官員,且以在京官員為主。後者則涉及人員、階層廣泛,並關係到政治經濟和社會生活的諸多方面。由於本書的其他部分還將有具體討論,故這裏僅作簡要敘述,對於喪葬的管理機構也只是約略及之,以使對喪葬法令的制定、掌管和施行有一清晰的脈絡。

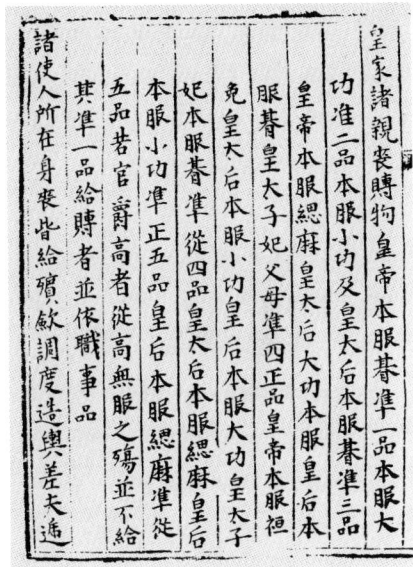

1.《喪葬令》的内容排列及其他喪葬令文

按照筆者在《天一閣藏明鈔本天聖令校證》一書中已復原的唐《喪葬令》次序,令文的最初是有關前代帝王陵、先皇陵和大臣陪陵的條目,而從"大臣陪陵"開始,即完全是針對官員葬事的内容,以下次序亦是遵從着官員喪葬從"喪"到"葬"的過程。五品以上官員及三品、四品官員的父祖親屬死亡後,需要先有奏報,再由朝廷給與切合其身分的哀悼形式和待遇,不過由於尊尊的原則,官員喪禮中皇帝的出場應當佔據首要的位置。因此,帝、后、太子舉哀臨喪的條目放在了最前面,然後纔是官員死亡的奏報,朝廷派官護喪弔祭,官員的會喪,賵賻的給贈方式、發給機構、來源、贈官的待遇,出使人員的殯殮調度,致仕官的弔祭賻物,以理去官身喪斂服,以上可以算是"喪"的部分;下面是送葬與葬事所用各種器物和裝備:包括送葬弔贈①、重鬲、銘旌、輴車、引披鐸翣挽歌、方相魌頭、纛帳、又有明器②、棺槨、擬謚、京城葬地與尸柩入城、葬墓田與墳高、墓門四隅、營墓夫、碑碣,其中除了給謚之外,均是相關"葬"的内容。最後還有亡人身後的財產處理、喪期中遇閏月的規定、給冰、亡稱薨卒死的等級、喪葬不能備禮等其他數條規定。從總的排列看,基本是符合喪事和葬事舉辦的先後順序的。

另據筆者的統計,除了《喪葬令》之外,還有一些與喪葬有關的

---

① 按:關於送葬弔贈的内容,筆者依據《天聖令》"宋10"和《唐六典》卷一八,原作為唐令"復原6"的部分,故置於喪事部分;現接受稻田奈津子意見,認為應當單獨立目,且移後而作為葬事的内容。但為了説明方便,對原來的復原數目、序號一般暫不作更動。

② 按:"明器"在明本《天聖令》中無。但筆者依據司馬光《書儀》卷七《喪儀》三"明器"注文引《天聖令》,認為屬鈔落。並依據《唐六典》卷二三《將作監》甄官令條注文及《通典》卷八六《薦車馬明器及飾棺》"其百官之制"復原為唐令,見《天一閣藏明鈔本天聖令校證——附唐令復原研究》下册,690頁。

條款散見於其他令中，計有《祠令》、《户令》、《選舉》、《封爵》、《軍防》、《儀制》、《鹵簿》、《田令》、《賦役》、《倉庫》、《捕亡》、《醫疾》、《假寧》、《獄官》、《雜令》等15種令，57條①，因此我們可以認為喪葬是涉及面最廣的令文之一。其中包括大約兩種内容：一種為朝廷禮儀及與官員或其家屬喪亡相關的其他制度，另一種則是相關一般人民或是其他特殊身分人的喪葬問題。涉及官員者，如皇陵祭祀、國忌私忌、皇帝輟朝、官員上朝、外官喪亡申報，葬事鹵簿、喪服和一應喪事給假、爵位承襲、贈官用蔭及遭喪被起的朝參赴祭、服色與應有儀節和約束，從這些内容可以瞭解，官員本身或家屬喪事不僅關係到朝禮朝儀和公務，也對其子孫任官、地位產生重要影響。對於其中的某些具體内容和環節，如果從令的角度來理解則是最清楚不過的。

《喪葬令》本身是針對官員的，因此這裏散在其他令中有關官員的某些内容事實上是對《喪葬令》本身，也是對官員（及其親屬）喪葬待遇的補充。例如在《喪葬令》中只有皇帝為大臣舉哀、臨喪，卻没有輟朝，但《儀制令》關於皇帝本服親與一品和三品以上大臣的輟朝規定彌補了相關制度。又如上面已經説明《喪葬令》注重於在京和死於王事的高級官員葬事申報，而地方官員的死亡申報和員闕公事的臨時差攝則是在《選舉令》中。

《假寧令》則是《喪葬令》之外涉及喪葬最多的令文。有一點毋庸置疑，即在官員給假問題上，喪事的給假情況最多最複雜，相關優待遠遠超過婚假和冠假。《假寧令》"復原7"："冠假給假三日，五服内親冠，給假一日，並不給程。""復原8"："諸婚，給假九日，除程。周親婚嫁五日，大功三日，小功以下一日，並不給程。周以下無主者，百里内除程。"每各一條，不但給假的範圍比喪假小，同種服親

---

①　以上條文主要參見《唐令拾遺》與《唐令拾遺補》，並參拙文：《唐朝的〈喪葬令〉與唐五代喪葬法式》，《文史》2007年3輯，總80輯，87—123頁。下文略同，不一一具引。

給假時間短,而且多數情況下不給程,也就是在遠者不給假。但是
"復原19"的"諸給喪葬假,周以上並給程;大功以下,在百里内者亦
給程",使得喪葬給假機會遠多於前二者,因此喪禮重於婚禮,人們
出席喪禮的場合也會遠遠超過婚禮。而婚、冠、喪葬都按照服制遠
近參定多寡的情況,也説明反映血緣關係的喪服制度本身得到嚴
格執行。另外由於"諸凶服不入公門"的原則,也導致了服喪與朝
參、國家祭祀等公務活動的某些衝突,其矛盾也是通過《儀制令》與
《假寧令》得到約束和調節。

　　《喪葬令》之外的十五種令文内容更關係到其他各種身分人員
的喪葬,其中不僅有從征從行的軍士、衛士,也有一般百姓(庶人)、
没落外藩身死王事者、醫生、丁匠、路亡者、流移人、官户奴婢雜户、
獄囚等本人或其父母親屬。内容包括這些人員的喪假、意外身亡
及服役者等的收葬、家貧供葬、身後田地處理、家產繼承、賦税的放
免等。從中看出,喪葬禮儀是最受重視、最不可忽略的大事。喪事
允許貧者出賣永業田;當租已納當州,卻未入倉窖及未送出上道之
前,納租者身死竟可以退還;如果欠失官物,身死配流者、資產並竭
者,都可以免徵。包括赴役丁匠、在路死亡者不知名姓死亡者、罪
囚乃至於奴婢,官府都予收葬,體現着政府在死亡問題上的一些人
性化措施。

　　令文還要求官府對待各類人及其親屬,特別是父母的死亡要
慎重、妥善處理;獄囚身死遇到父母亡歿,從役者可以免役——關
於這一點,敦煌、吐魯番文書内"孝假"免役者也可以證明。即使是
身分低微的奴婢和刑徒,也要給予處理喪事、給假服喪的時日。給
假包括犯死罪在禁或者流移在路,也給予舉哀或發哀的時間和程
限。因此大致可以認為,喪葬中第一等看重的,是父母亡歿,只有
在父母死亡的問題上,法令是給與官人百姓同等關照的。另外如
流移人、官户、雜户、奴婢等給喪假的範圍還有周親(朞親,即一年

喪服),周親除了叔伯和兄弟外,很重要的是祖父母(不包括嫡孫承重者為祖父母)和妻、子(不包括嫡子),這照顧到了本人最近的親屬。從總的來看,一應關於上述人衆的喪事處理、喪服給假以及特別是為父母服喪的原則雖然有推崇孝道和照顧宗族血緣關係的意義,是以對喪禮的尊重為其前提,其中也不乏人性化的考慮。不過就《喪葬令》而言,相關一般人民的條款比起官員來說還是太少了,令文的一個明顯缺陷是仍然没有九品以外低級官吏和平民百姓葬事用物的規定,所以隨着社會發展,而以上階層的利益和要求凸顯後,對於令文修改補充以適應新的需要便成為必不可少之事。

2. 中央機構的喪事組織

《喪葬令》是關於官員喪事的辦理,言令必涉及喪事的機構管理。具體分析上述《喪葬令》的内容,可以發現全部的《喪葬令》其實又可分為先皇和先代帝王陵、舉哀弔祭、賻贈、送喪器物、葬事規格等最集中的幾大部分,每部分由若干條組成。通過這樣的格局和條款,可以知道官員喪葬的每一程序都處於嚴密的組織之中,所有的一切都是在官員或其親屬的死亡奏報後發生的。但是不同的機構又有主掌政令、政務以及監察的不同。

在唐前期的官職機構中,尚書省禮部是掌禮儀政令的。《新唐書·百官志》載禮部郎中員外郎掌"百官、宫人喪葬贈賻之數"[1],而《唐六典》卷四載禮部郎中員外郎之職掌"凡五禮之儀",内"五曰凶禮,其儀一十有八"中就有從五服制度到舉哀弔祭、册贈致奠、會喪會葬等王公百官喪儀等條款。其條下並載有"凡内外職事五品已上在兩京薨、卒,及身死王事,將葬,皆祭以少牢","凡百官葬禮皆有輀車、引、披、鐸、翣、明器、方相、魌頭之制"以及"碑碣之制"等

---

① 《新唐書》卷四六《百官志》一,1194頁。

《喪葬令》全文或簡化后的内容。説明《喪葬令》的原則是由禮部掌管。由所列来看,禮部更多是掌管王公百官喪葬應有之凶儀程式,並非參與其實施過程。

至於唐代官員的喪葬具體事務和應行典禮則主要是由鴻臚寺和司儀署來處理的。《漢書》卷五《景帝紀》載景帝中元(前148)二年春二月"令諸侯王薨、列侯初封及之國,大鴻臚奏謚、誄、策。列侯薨及諸侯太傅初除之官,大行奏謚、誄、策"。按鴻臚之主持喪葬事務,並不止於奏謚、誄、策。《續漢書‧禮儀志》下所載皇帝的喪禮,從大斂開始,即有"大鴻臚設九賓"、"大鴻臚言具"、"大鴻臚傳哭如儀",及至南郊告謚和入葬,均有大鴻臚的參與;而關於"諸侯王、列侯、始封貴人、公主薨"級別的葬禮,則有"大鴻臚奏謚,天子使者贈璧帛,載日命謚如禮"。不過漢代的喪葬事務並不集中於大鴻臚。在景帝的中元二年令中,還規定"王薨,遣光禄大夫弔襚祠賵,視喪事,因立嗣子。列侯薨,遣太中大夫弔祠,視喪事,因立嗣"。這一點或者後來有改變。《通典》卷二六《諸卿中》記後漢大鴻臚卿,"王薨,則使弔之,拜王嗣",與《續漢書‧禮儀志》相應。並指出"後魏曰大鴻臚。北齊曰鴻臚寺,有卿、少卿各一人,亦掌蕃客朝〔會〕及吉凶弔祭",而關於司儀署則有"後魏置司儀官。北齊置署令、丞。後周置上士等員。隋如北齊。大唐因之,置令、丞各一人,掌凶事儀式及喪葬之事"。《通典》所言後齊職能實同《隋書‧百官志》,而北朝以來沿革更為清晰。

因此唐代的鴻臚機構的建立及其喪葬職責,雖説可以遠溯兩漢,但更直接是源於北朝。從《唐六典》禮部郎中條所説百官葬禮具體用物制度"皆載於鴻臚之職",以及《喪葬令》更多條文隸於鴻臚寺卿和司儀署令職掌之下的情況,即可以明瞭。《唐六典》卷一八"鴻臚寺卿"條稱其"掌賓客及凶儀之事,領典客、司儀二署,以率其官屬,而供其職務;少卿為之貳"。司儀令則是"掌凶禮之儀式及供喪葬之具；丞為之貳"。《唐令拾遺補》復原《寺監職員令第三》與之略同。

而在《喪葬令》條文中，也可以見到這些官職機構的作用。這一點從將葬時的弔祭，以理去職官員的斂服、懸重、銘旌、輴車，"凡引、披、鐸、翣、挽歌、方相、魌頭、纛、帳之屬"，以及官借弔祭車服、營墓夫等令條都繫於其下已可得知。根據《唐六典》的說明，"凡五品已上薨卒，及三品已上有周已上親喪者，皆示其禮制焉"，也完全是司儀令及其屬官丞的職責。而唐令"復原7"便是關於詔葬按官品派遣鴻臚卿、少卿和丞監護喪事，司儀令示禮制等條（詳下）。其中司儀令的職責似較臨時的護喪使更為專門具體。《開元禮》卷一三四《遣百僚會王公以下喪》內有百官應會弔者赴集喪家之門，"司儀以次引入就班位"、"司儀贊'可哭'"、"司儀贊'可止'"、"司儀引諸官行首一人升，詣主人前席位展慰"及"司儀引諸在位者以次出"的說明。《敕使冊贈諸王》也說明有"司儀入告，主人去杖免経，司儀引主人出門，止哭，迎使者於大門外"，"司儀引主人升，立於階下"、"司儀引主人升階"和"司儀引主人出，內外止哭，拜送於大門外"，應是"示禮制"的具體表現。禮部官員同時參與禮儀的修訂，例如在貞觀十四年（640）修改服制可以見到禮部侍郎令狐德棻參與定義，龍朔二年（662）討論蕭嗣業為嫡繼母改嫁行服問題，也是由司禮太常伯、隴西郡王博乂等最後奏上定議。

禮部與鴻臚寺和司儀署還有一項重大的職責是賵賻的發放，唐令"復原10"條明確規定："諸百官薨、卒，喪事及葬應以官供者，皆所司及本屬上於尚書省，尚書省乃下寺，寺下司儀，司儀準品而料上於寺。"即賵賻和其他應官供者是要由死亡官員所屬的職司機構報於尚書省，尚書省審覈批准後下達鴻臚寺，尚書省即禮部，與鴻臚寺同負其責，但最後是由鴻臚寺和司儀署發放下去的，此項對於喪事的舉辦最有幫助，也是喪事中的要務。

　　禮部和鴻臚寺是唐朝中央省臺寺監中最主要的喪事管理機構，當然還有負責製作明器的將作監。對三者之關係，齊東方教授曾加以總結，指出它們之間職能並不重複，而是分別作為決策、執行、製造機構職責明確："禮部監管覈准被葬者的身分地位和喪葬等級；鴻臚寺將禮部的意圖在實際喪葬活動中體現出來；將作監保障了所需物品的供給，形成了一個行政操作的鏈條，三個部門分別擁有部分權利（力）和義務，又互相牽制，互相監督。"①《喪葬令》本身的內容也證明了齊教授的這一判斷。

　　可以補充者只有同樣具體參與某些事務的太常寺。《唐六典》卷一四太常寺言博士之職"掌辨五禮之儀式，奉先王之法制，適變隨時而損益焉。凡大祭祀及有大禮，則與太常卿以贊導其儀。凡王公已上（下）擬謚，皆迹其功德而為之褒貶"。下即係有《喪葬令》中"議謚"一條，説明"擬謚"是太常之責。按從上引景帝中元二年令可知，擬謚在漢代尚與緣自《周禮》的"大行"有關，不過自兩晉以後，已是"太常上謚"②。這一點亦為後代繼承。《唐會要》卷八〇《謚法》載官員之謚均出自太常博士，可證令文不虛。而其諸陵署令"掌先帝山陵率戶守衛"及"功臣密戚陪陵"，此外，永康、興寧二陵署令及太子諸陵署令都有掌管山陵塋兆、陵戶守衛等職，鼓吹署令"掌鼓吹施用調習之節，以備鹵簿之儀"。諸陵署開、天以及肅、代之際在隸屬太常、宗正之間有幾次改變，天寶十載（751）改稱臺，大曆二年（767）以後定屬宗正寺不改③，但功能始終未變。

　　太常寺雖然在喪葬事務上有具體職任，但太常卿和博士參與

---

　　①　齊東方：《唐代的喪葬觀念習俗與禮儀制度》，《考古學報》2006 年 1 期，68 頁。

　　②　參見《晉書》卷二〇《禮志》中"太康八年十月，太常上謚，故太常平陵男郭奕為景侯"；並見卷四五《郭奕傳》，643、1289 頁。《通典》卷一〇四《單複謚議》"東晉時，太常蔡司空謚議云：博士曹耽等議曰"條，2718 頁。

　　③　關於陵署變動，詳參《唐會要》卷一九《廟隸名額》，437 頁；《新唐書》卷四八《百官志》三《宗正寺·諸陵臺》，1251 頁。

禮儀的撰作和修訂更是常事，如製作《顯慶禮》有太常少卿韋琨，太常博士蕭楚材、孫自覺、賀紀；而《開元禮》的編撰者也有太常博士施敬本①。唐後期太常博士領導下的禮院於禮書的撰作和提供咨詢方面的作用更突出。禮院設修撰、檢討官，於貞元九年（793）以後為定制②。博士和禮院在皇帝喪禮中，就是作為禮儀使的輔助，這在《崇豐二陵集禮》的撰作中已經說明。貞元中河中府參軍蕭據狀要求將"婦為舅姑服三年"一事"請禮院詳定垂下"，隨即有"詳定判官、前太常博士"李岩（岩？）表明意見③。因此，不能簡單地將太常當作簡單的事務機構，相較禮部與鴻臚寺，太常顯然更具學術色彩。

在中央機構之外，對於喪事參與最多的還有京兆府官員。由於皇帝和官僚葬事以及墓地修建等原因，京兆府必須提供人力、物質方面的諸多支持，如《唐大詔令集》卷七七《崇陵優勞德音》就專門提到"三原、高陵、高陽縣人夫"。事實上在帝、后山陵營建中所在縣令也必須全力以赴④。前揭《舊唐書》卷一七二《令狐楚傳》提到因隱貪官錢、克扣工價受懲處的官員中，有奉天令于暈。官僚方面則有唐高宗權相李義府曾為改葬祖父調動長安附近高陵等七縣，以致因"不堪其勞"逼死縣令的典型事例⑤。而由于對皇親和權

---

　　① 《唐會要》卷三七《五禮篇目》，782—783 頁；《舊唐書》卷二七《禮儀》七，1019—1020 頁。

　　② 《唐會要》卷六五《太常寺》，1342 頁；參李錦繡：《唐代制度史略論稿》第一部《官制·唐代直官制》，北京：中國政法大學出版社，1998 年，19—20 頁。按關於太常和禮院的功能並見拙文：《唐代的禮儀使和大禮使》，140—145 頁。

　　③ 《唐會要》卷三八《服紀下》貞元十一年，第 687 頁。按李涪《刊誤》卷下舅姑服條載同一事，唯"李岩"作"李岌"，與《冊府元龜》卷五九〇《掌禮部·奏議一八》記德宗時有"司門郎中、禮儀使判官李岌"相合，則作"岌"是。見《景印文淵閣四庫全書》850 册，182 頁。

　　④ 如大唐西市博物館藏《唐京兆府功縣令劉澳長女真儀之墓碣》（待發表），載美原縣令劉澳因孝明太后園陵事竟在女臨終時不得與之見面。

　　⑤ 《舊唐書》卷八二《李義府傳》，2768 頁。

貴官員多行詔葬之故,唐玄宗以後由京兆府尹、少尹乃至長安、萬年縣令取代鴻臚官員擔任監護使的情況已越來越多(詳第九章)。因此雖然以往學者已注意到喪事對長安及其周邊地域的影響,但京兆府在皇帝和官員喪葬中的職任及所發揮的作用還是深可注意的一個方面。

事實表明,以上機構對於五禮凶禮之喪葬禮和《喪葬令》是同時掌管或實踐着的,這對於禮、令的貫徹和落實提供了保證。

不過,這些機構能夠參與管理的,畢竟主要是喪事舉辦方面,對於喪葬的等級監督和糾察逾制,在京城恐怕還要仰仗御史臺。武則天證聖元年三月制中就提到對喪葬逾制“州牧縣宰,不能存心;御史金吾,曾無糾察”的問題[1],可見當時在京城的喪葬違法的糾察是由御史臺和“掌宮中及京城晝夜巡警之法,以執禦非違”的金吾衛負責[2]。《唐六典》卷一三《御史臺》殿中侍御史之職有曰:“凡兩京城内則分知左、右巡,各察其所巡之内有不法事。”說明御史臺專設臺巡。《唐會要》卷三八《葬》載“會昌三年條流京城文武百寮及庶人喪葬事”即由御史臺奏上,可見御史臺已經實際負責相關葬事的監督。臺巡對於京城葬事的督察復見於五代(詳後五代葬制),說明這一方面的需要也是要到唐後期五代纔凸顯出來。

(二)開元凶禮的結構組成與喪服附令

官僚社會中官員乃至庶民的喪禮,與皇帝喪禮在舉辦方式和基本内容上並沒有太多的不同,惟程序相對簡化而規格有所降低而已。不過,晉朝以來官員喪禮服制得到明確規定,官員本人及其父母親屬喪事得到尊重,無論是官員、百姓抑或其子女,為父母均須行三年喪制。因此禮、令所反映的都是三年喪制的基本要

---

① 《唐大詔令集》卷八〇《誡厚葬敕》,463 頁。
② 參見《唐六典》卷二五《左右金吾衛》大將軍、將軍之職,638 頁。

求,其中令更注重於公家待遇而禮更注重過程細節,禮所包含的是整個喪禮程序,這使禮、令作為禮法的作用各自有別。同時,以血緣關係為中心的服制仍為禮、令的共同基礎,是構成喪葬禮、令的另一要素,但是,關於服制附令及其所在位置仍是值得探索的問題。

1. 開元凶禮的組成及公私内涵

《開元禮》凶禮部分,有諸多内容涉及喪葬,這一點在與《大唐元陵儀注》作比較時已説明。不過應當明確一點,就是禮和令不僅性質和製作方式不同,所包括内容也不是完全對應。《大唐開元禮》的凶禮其實是從病重開始的。其書卷一三一儀目中除了"凶年振撫諸州水旱蟲災"、"振撫蕃國主水旱"兩條不相干外,其餘都是帝、后、太子"勞問疾苦"的内容。如皇帝有勞問諸王、外祖父、皇后父、諸妃主、外祖母、皇后母、大臣、都督刺史、蕃國主疾苦等項,中宫(皇后皇太后)有勞問外祖父、諸王、外祖母、諸王妃和宗戚婦女疾苦等,東宫(太子)勞問疾苦則除了諸王、外祖父母和妃父母、諸妃主外,更增加了師傅保、宗戚和上臺貴臣。其儀注中有"若受勞問者疾未閒,不堪受制(或受令),則子弟代受如上儀"的説明,因此勞問疾苦常常是朝廷和最高統治者慰問臣下病重,是臨終前的關懷。傳世史書中常常可以見到皇帝本人或遣使者問疾送藥的記載,病重不是已喪,因此不能直接放在喪葬的範圍。但相應的《假寧令》"復原 9"是"本服周親以上,疾病危篤、遠行久別及諸急難,並量給假。"①仁井田陞復原的《選舉令》中有本人或父母病重假限和

---

① 趙大瑩:《唐假寧令復原研究》,《天一閣藏明鈔本天聖令校證——附唐令復原研究》下册,594、601 頁。

解官的條款①,也可以體現這種關懷。

具體到真正的喪葬禮儀,在《開元禮》其實是包括兩部分,即一是含有五服和衣制在內的喪服制度,二是按等級和程序分別敘述的喪禮和葬禮,內容共計 19 卷。《通典·開元禮纂類》也合併收有相同內容。

前編已說明,《開元禮》喪葬部分作為凶禮的主體,除了突出與帝、后、太子和太子妃相關的親貴階層最高等級的喪禮名目(包括臨喪、舉哀、成服、除服、敕使弔、冊贈等)外,主要是按照三品以上、四品五品、六品以下分述官員的喪葬之禮,和作為禮儀遵守規範的"王公以下喪通儀"。與此有關,石見清裕前揭文章除了討論禮令關係之外,還通過對《開元禮》喪禮程序的分析,提出官員喪禮有公、私兩方面的內容,也即如《禮記·郊特牲》所言有"魂氣歸於天,行魄歸於地"的分別。其中葬禮的初終、殯、埋葬等步驟是屬魄和公的,而小祥至祔廟則是相對魂和私的(一族的儀禮)。與此有關,諸如《喪葬令》遣使護葬一類就是公的,是通過死者向朝廷內外顯示王權。

按對死者入墓(墓祭)和祔廟(廟祭)在觀念上確有魂魄之別,公眾(包括朝廷和官府)對喪禮的參與也確實表現在從喪到葬的最初階段,這一點,官員和皇帝是一致的。所以官員本人(或其父母)喪禮雖然不行"權制",但在葬事完成之前其"公"的意義顯然更突出一些。不過對官員而言,喪禮從開始就是由家族來進行,這一點與皇帝還是有區別。其最初階段的公眾參與既有精神的也有物質的,似乎更體現為一種人情關懷,以魂魄升天入地的不同來區分公私恐怕無法來認知喪禮的本質。其實官員都要面對自身家族和官

---

① 仁井田陞:《唐令拾遺·選舉令第十一》16 條:"諸職事官身有疾病滿百日,若所親疾病滿二百日,及當侍者,並解官,申省以聞(下略)。"293 頁。並參池田溫編:《唐令拾遺補》第三部《唐日兩令對照一覽》,東京大學出版會,1997 年,1072 頁。

場兩種場合,所以不如仍以官府參與程度來看待公私。在這方面,禮令多少有些區別:《開元禮》所表現的喪禮程序,圍繞死者個人和家族進行,內容多及於"私",而有關《喪葬令》的規定,纔集中了喪禮中關於"公"的方面。所謂公是指朝廷或者官府必須干涉的部分,由於《喪葬令》是針對官員喪葬而制定的禮法,所以令所規定者,是根據等級可以給官員的待遇和哀榮。但是禮所注重者,卻是喪葬規定的內容、程序。這裏僅以三品以上為例,其喪葬程序在卷一三八至一四一,共四卷,其儀目是:

【喪】:初終　復　設床　奠　沐浴　襲　含　赴闕　敕使弔　銘　重　陳小斂衣　奠　小斂　斂髮　奠　陳大斂衣　奠　大斂　奠　廬次　成服　朝夕哭奠　賓弔親故同　親故哭　刺史哭縣令同　刺史遣使弔　親故遣使致賻　殷奠　卜宅兆　卜葬日　啓殯　贈謚　親賓致奠(以上之一)

【將葬】:陳車位　陳器用　進引　引輀　輀在庭位　祖奠　輀出升車　遣奠　遣車　器行序　諸孝從柩車序　郭門外親賓歸　諸孝乘車　宿止　宿處哭位　行次奠　親賓致賵

【墓上進止】:塋次　到墓　陳明器　下柩哭序　入墓　墓中置器序　掩壙　祭后土　反哭　虞祭(以上之二)

【葬後祭】:卒哭祭　小祥祭　大祥祭　禫祭　祔廟(以上之三)

【改葬】:卜宅　啓請　開墳　舉柩　奠　升柩車　斂奠　設靈筵　進引　告遷　哭柩車位　設遣奠　輀車發　宿止　到墓　虞祭(以上之四)

以上儀目包括了三品以上官員喪葬的全部內容(屬於親貴的有皇帝參加或詔令的特殊待遇未在內),四卷實為四節,除了第四節改葬不必俱有之外,其他三節乃喪葬所必經,就喪禮而言是從始死至服喪的全部過程和儀式。其中第一節可名為"喪",內容是始死和沐浴更衣、復、含、陳設,舉行小斂和大斂、祭祀成服,官府、親賓弔唁，贈諡致賻和卜宅兆、卜葬日，為下葬做好準備。第二節分為"將葬"和"墓上進止"，可總名為"葬"，內容包括將葬前的器物陳設、祭奠、送葬過程與相應程序，到墓後入葬、掩壙、祭后土和最後的哭別，這個過程是以返回舉行"虞祭"結束。第三節是服喪三年過程中的幾次大祭，按照卒哭、小祥、大祥、禫和祔廟的順序，禫祭完全除服，神主祔廟之後，喪事最後結束。第四節是如果改葬需要的過程和儀式。

雖然上述內容和儀節大致組成官員喪禮和葬禮全部，但並不是每一程序官方都有干預或參加，除了上述喪葬禮令中關乎等級待遇的內容，其他多只是與喪家有關，由其按照應有的儀則進行。其間雖不是沒有等級規定，如三品和四、五品陳小斂衣是一十九稱，大斂衣是三十稱，而六品以下分別是一稱和三稱，但從沐浴飯含到小斂大斂等畢竟祗是喪者私家之事，許多儀式或者過程也是在其親屬友朋的參與下進行，特別是送葬入葬的過程等，皆於朝廷無干。且盡管大多數程序內容在顏真卿所作《大唐元陵儀注》中都有所見，但那只能說明關乎皇帝的喪禮儀注是參考了《開元禮》的。且除了高等級喪禮中關乎皇帝、皇后、太子出席和官府弔唁的內容外，就一般官員而言，《開元禮》相當部分的儀注是屬於"私"的場合。

從《開元禮》儀目看，從初終到送葬到祥禫變除的程序、步驟非常細緻，而每一步驟都說明應當用何物，誰來進行及怎樣進行，例如在始死的"奠"儀說："奠以脯、醢、酒，用吉器，無巾柶，升自阼階，奠於戶（按據《儀禮·士喪》及《通典》卷一三八《開元禮纂類》三三作"尸"）東，當隅（《通典》作"腢"）。內喪，內贊者皆受於戶外而設之。既奠，贊者降出設帷堂（注略）。"在說到"含"時也是說"飯用粱，含用璧"，由贊者"奉盤水及笄"以進行，並說明"徹枕，去楔，受笄，奠於尸東。含者坐於床東，西面，鑿巾，納飯含於尸口"的位置和過程。又如"將葬"之下的"諸孝從柩車序"說："主人及諸子俱經杖衰服,徒跣哭從,諸丈夫、婦人各依服精粗以次從哭。出門,内外尊行者皆乘車馬,哭不絕聲(注略)。"其中的注文也是對内容和程序加以解釋和補充。可見禮所重視的是進行過程即每一步驟的先後,以及進行方式、參加者、操作者和用物等,它們大多依據古禮,與喪者家族、血緣的關係似更密切,這與令重視等級,限制等級下的用物和待遇,主要為朝廷和官府操作制定標準重點不同。

2. 禮、令中的喪服制度

唐朝官員的服制和衣制在《開元禮》有明確規定。《大唐開元禮》卷一三二《凶禮・五服制度》"總論節制"曰:

> 王公以下皆三月而葬,葬而虞,三虞而卒哭。十三月小祥,除首絰,練八升布為冠,纓武亦如之;婦人練總,除腰絰。二十五月大祥,除靈座,自後有祭設几席。除衰裳,去絰杖;十五升布深衣,布純縞冠,素紕纓,革帶素屨;婦人除衰裳,去絰,縞總,衣屨如男子。二十七月禫祭,玄冠皂縷,仍布深衣,革帶吉屨。婦人緇總,衣屨如男子。踰月復平常。

以上是大喪即斬衰三年的服制,内説明葬禮、虞祭、小祥、大祥、禫祭各節的舉辦時間,也包括各節服衣的變化。從總體上看,官員(亦包括吏民)入葬時間固較皇帝為短,但服喪時間和變除各節卻同樣是完全依照儒家禮的規定。

五服制度,除了區分斬衰、齊衰、大功、小功、緦麻五種服制的服喪形制規格,主要是言明每一種喪服的服喪對象。《開元禮》對此依次排列,不但每種服制均以正服(包括殤服)、降服、義服為服喪對象的分別,並有包括改葬在内的服衣(本服和變除)的詳細説明。

問題在於,令中是不是也有喪服制度的内容呢?這一點在日本《養老令》已有反映,並且將它置於正式令文最末的第十七條"服紀",但内容條目較少,只包括"為君"、"父母及夫"、"祖父母"等十餘條,遠没有《開元禮》那樣完整豐富。由於九世紀的日本著名學者橘広相針對此條有"唐令無文"的説法,所以《唐令拾遺》没有將此項内容正式列入,仁井田陞並因此解釋《養老令》最末的"服紀"條是與《開元禮》五服制度有對應關係。

但是敦煌書儀的發現令日本學者的看法有所轉變。敦煌 P. 3637 杜友晉《〔新定〕書儀鏡・凶下》在《内族〔服〕圖》下有"凡三年服,十二月小祥,廿五月大祥,廿七月禫,廿八月平裳。凡周年服,十三月除;大功九月除;細(緦)麻三月除。"此條未言是禮是令。但在"律五服"標題下更有:"《喪葬令》稱三年,廿七月〔服〕,匲,徒二年。稱周,十三月服,匲,徒一年。稱大功,九月服,匲,杖九十。稱小功,五月服,匲,杖七十;稱緦麻,三月服,匲,笞五十。"丸山裕美子已據此提出"服紀"存在於唐《喪葬令》的可能性[1]。《唐令拾遺補》因此在其書第三部《唐日兩令對照一覽》列舉唐令的最末將"凡三年服"一條列為"附説"。池田温《唐・日喪葬令の一考察——條文排列の相異為中心として——》一文中亦對丸山氏的發現給以認定,將"(《開元禮》)五服制度"補充列在其復原的二十九條唐令之後,以與《養老令》的"服紀"條相對應[2]。

對於令中存在五服制度,新發現的《天聖令》似乎也給與了證明,其書在《喪葬令》之末附有"五服年月",包括斬衰以下的諸種喪服。"五服年月"是宋代對於喪服的稱呼,不過喪服之附於令後,明確的記載是在五代。《五代會要》卷八《服紀》載後唐清泰三年

---

① 丸山裕美子:《敦煌寫本書儀にみる唐代法制資料》,《國學院大學日本文化研究所報》196 號,1999 年;收入律令制研究會編:《律令法とその周辺》,東京:汲古書院,2004 年,264—271 頁。

② 池田温編:《唐令拾遺補》第二部《唐令拾遺補訂》、第三部《唐日兩令對照一覽》,1455—1467 頁;同人:《唐・日喪葬令の一考察——條文排列の相異を中心として》,57—59 頁。按《令集解》"服紀條"與唐喪葬禮、令的關係,後來在稲田奈津子:《喪葬令と禮の受容》一文中再次被指出(287—288 頁)。

(936)二月因兵部侍郎馬縞上疏服制,言令、式與古不同,敕下尚書省集議,尚書左僕射劉昫等議:"伏以嫂叔服小功五月,《開元禮》、《會要》皆同,其令式正文内,元無喪服制度,只一本編在《假寧令》後,又不言奉敕編附年月。"這說明,後唐的令式正文中是没有喪服制度或稱五服制度的,喪服制度只是附在《假寧令》後。依劉昫所說,當時除嫂叔服外,還有"七八條令式"與開元禮相違,說明涉及的範圍是很廣的,所以推測這個五服制度也與《天聖令》同樣,是包括五服的全部。

又據同書卷九定格令,五代之際,後梁曾經删定律令格式,稱為《大梁新定格式律令》,這個格式律令,無疑是據唐朝内容所删改。據說其中的格十一卷,與開成格相比只是"微有舛誤"。而後唐天成元年(926)九月還是因李琪所奏,下敕"廢偽梁格,實行本朝格令者"。這個"本朝格令",自然是原原本本的唐朝格令。因此,清泰三年羣臣所見到的令應當就是唐令。這進一步證明,喪服制度與原來的令文是分開的。喪服制度附着於《假寧令》後,已經是一種約定成俗的習慣。據劉昫說明:"臣等集議,嫂叔服並諸服紀,請依《開元禮》為定,如要給假,即請下太常,依《開元禮》内五服制度,録出一本,編附令文。"這證明當時雖參照《開元禮》於禮文有修改,附於《假寧令》後的做法卻没有變。《新五代史》卷五五《馬縞傳》引劉昫等議也強調"令於喪服無正文",嫂服給大功假"乃假寧附令,而敕無年月"。不過修史官有"令有五服,自縞始也"的評論,似乎是說從這個時候起"編附令文",五服制度開始被當作正式的令文執行。

或者正是由於這個原因,對於附在《假寧令》後的喪服服制,五代宋初也被稱為"五服制度令",這在《宋刑統》一書中,就可以見到多處①。不過宋初以後,五服制度開始被另立單章。《宋史》卷一二

---

① 《宋刑統》卷二《名例·請減贖》、卷一二《户婚·死商錢物》、卷一七《賊盜·謀殺》,北京:中華書局,1984年,17、200、274頁。其在《賊盜律》中又寫作"五服尊屬令"。

五《禮志》二八記天聖五年(1027)，侍講學士孫奭言："伏見禮院及刑法司外州執守服制，詞旨俚淺，如外祖卑於舅姨，大功加於嫂叔，顛倒謬妄，難可遽言。臣於《開寶正禮》錄出五服年月，並見行喪服制度，編附《假寧令》，請下兩制、禮院詳定。"後來根據劉筠等建議，除了將"其義簡奧，世俗不能盡通"者解就平易和避唐諱的"周"字改為"期(朞)"外，"又節取《假寧令》附五服敕後，以便有司，仍板印頒行，而喪服親疏隆殺之紀，始有定制矣"。是天聖五年以後，已經有了單行本的五服年月敕。但這個五服年月敕與前面的五服年月令相反，不是五服制度附在《假寧令》後，而是《假寧令》附在五服年月之後，成為以喪服禮制為主導的情況。

但是有一個問題是需要解釋的，即五代以迄宋初，所見五服制度始終附在《假寧令》後或者是以《假寧令》附之，即使是它已經單獨成令時也是如此，那麼為何《天聖令》與《令集解》卻都是附在《喪葬令》中呢? 對此，筆者對照《令集解》，並吸收丸山裕美子等人的意見，提出喪服附在《喪葬令》後應該是唐令的原貌，日本《養老令》不過是將附錄編入正文，此條並非是來自禮而是直接吸收令應該已經不是問題，《天聖令》與《令集解》關於服制記載的一致性對此已作了說明。日本《養老令》所依據的是開元以前令(一說永徽令)，說明當時《喪葬令》文之中已有服紀內容，祇不過不是作為令條而是附着在令文，成為一種附加的關係。而宋令將五代的位置修改，可能是恢復了唐令的原貌。

然而之後皮慶生撰文已對筆者的看法提出質疑[1]，他根據《玉海》卷六六《淳化編敕》和《直齋書錄解題》卷七關於唐令的說法，認為宋天聖中所見到的唐令應該是經過同光、天福兩次校定，至宋淳化中又經校勘的文本。也就是說，宋人編制《天聖令》所依據參考

---

[1] 皮慶生:《唐宋時期五服制度入令過程試探——以〈喪葬令〉所附〈喪服年月〉為中心》，381—411頁。

的唐令仍應該是五代喪服附在《假寧令》後的文本，而不是開元二十五年令的原本，因此將服制移到《喪服令》後面，"乃是天聖修令者的創舉，而非照搬唐令的舊制"。並且從五服制度入令開始，到乾道六年(1170)頒行《敕令格式》為止，已經"完成了令中喪葬、服制內容的調整，形成了以服制為主、喪葬為輔的狀況"，同時也就有了令文篇名從《喪葬令》到《服制令》的變化。而"乾道《服制令》、《服制格》取代《喪葬令》、《喪葬格》乃是五服制度入律令過程的一個總結，是傳統中國禮法關係演變的諸多環節之一"。

　　筆者認為，皮氏對天聖《喪葬令》後附有"喪服年月"的來龍去脈提供了更為合理的解釋，從而將服制與《喪葬令》關係的研究推進了一大步。個人以前直接將《喪葬令》對照《令集解》復原的做法，並沒有充分考慮宋初依據的令文版本問題。另外喪服在宋代喪葬法令中更為突出也是無可爭辯的事實和趨勢。可以補充的一點是，其實服制從來與《假寧令》關係密切，這不僅限於《假寧令》中的諸多條款與喪服有關，而且從敦煌 S.1725 唐前期書儀中的"禮和令"一項也可以看到《假寧令》被分割附在每一種服制之後的情形(詳見下"禮與令式格敕的交匯"部分)，這就頗有些像宋朝"五服年月敕"的做法。因此，反觀五代《假寧令》文後附有五服制度，可以認為是由來有漸。同時結合《天聖令》與五代說法，筆者仍感到日本《令集解》附入"服紀"應有依據，也即唐令同樣附有服紀。

　　不過，由於從開元至五代宋初，令的版本或有變化，因此對於唐令中"服紀"的有無和歸屬情況仍有不同意見而值得再作深入研究①。除此之外，今後的任務是還要更多地考慮喪服制度在唐宋之

---

　　①　按：高明士：《〈天聖令〉的發現及其歷史意義》(《新史料・新觀點・新視角：天聖令論集》上冊，9—12頁)一文，據《唐會要・服紀》所載高宗龍朔二年(662)司禮太常伯李博乂引有"令文三年齊斬"以及《令集解》卷卅《喪葬令》"服紀"條所引《開元令》等史料，論證以為至遲在《永徽令》中已有基本服紀的規定，並認為"服紀"仍應作為唐《喪葬令》的附錄。

際的變化和影響,以及對"喪服"何以最終取代"喪葬"作為令、格、式名的社會原因及意義提供更為深切的理解。

(三)禮、令的等級呼應與內容互證

盡管唐朝《喪葬令》後是否附有服制問題尚存爭議,但唐朝禮、令的關係仍不能因此分割。相對的是,包括與喪葬有關的令、式、制敕等法令性內容,在《開元禮》的序例部分也形成指導性的總則。這些內容曾經被作為我們復原令文的依據和參考,它們是禮的某些補充,表明令是禮的實踐,也是現實中禮的引導。而唐朝喪葬禮既規定以父母的三年齊斬之服為重,唐令也遵從這一原則,圍繞着官員本人及其父母的喪事為中心而製作。因此禮、令所反映的都是三年喪制的標準和要求,雖然令更注重公家待遇而禮更注重過程細節,喪禮的舉辦在程序和內容上卻可以互證。百官喪事按照品級劃分等次,皇家親屬依照血緣關係定親疏,所謂"凶儀之節,宗室以服,臣僚以品"①,禮和令的等級基本相應,而在依官品排列的次序之外,也都存在着享受特殊待遇的特殊階層,構成了禮、令極重高官的特色。

1. 禮、令的等級劃分同異

禮、令既然環繞官員及其父母親屬,則唐、宋《喪葬令》的中心內容便轉為官員的級別待遇。令人印象深刻的是喪葬制度以方式、數量、品種、式樣、名稱等的不同為標榜,顯示出了鮮明的等級高下。無論是舉哀弔贈,抑或是朝廷給官員的待遇、各種喪葬器物用品和墓田墳高的規定,都按照等級區分。其中除了皇帝(后、太子在內)為親貴舉哀和皇家諸親喪賻物條是圍繞與皇家的血緣親

---

① 《宋史》卷一六五《職官》五鴻臚寺卿之職條,3903頁。

疏為核心外,基本都以官品定限,且皇家諸親喪實際也是比照官品實行,所説的每一項待遇都是由高向低,可以享有的官員級別一般不低於流内九品。所以全部《喪葬令》可以認為是以官品等級為核心的。

而唐令與禮在等級方面也是相適應的。唐前期官品已有"貴"(三品以上)和"通貴"(五品以上)與一般官員(六品以下至九品以上)的基本劃分,對照《開元禮》,也是明確分作王公宗戚貴臣蕃國主、三品以上官員、四品五品官員、六品以下官員不同等級的喪禮組成。由於以官品而論,三品以上、四品五品、六品以下是基本的劃分,王公宗戚貴臣也可以放在三品以上一類,事實上關於他們的喪葬儀程的多數内容就是放在三品之中的,所以《開元禮》基本可以認定對官員是三等劃綫的方式,當然更低級的官吏和庶人也可以看作是附在第三等中,但"禮不下庶人",九品以下以及庶人的喪葬基本上是被忽略的。

將禮、令的劃分等級進行比較,會發現《喪葬令》等級的規定相對複雜,因為其中並不是完全按照三等或九等一律化。如百官賻物竟是按流内職事官九品區分,由於前三品不計正從,而四品以下不計官階上下,所以共分為十五等;方相魁頭、碑碣、石人石獸卻祇分成兩等。即使是分為三等者,其中的劃綫也未必相同。細分等級是因為《喪葬令》更注重實際應用中的操作性,但僅就九品以上流内官的層面而言,三等的定限還是一個基本的約束和標準。這是因為,不僅確有一些條目(如銘旌、明器、引、披、鐸、翣、挽歌等)是遵照着三品以上、五品以上和六品以下(或九品以上)的限約,有些不同者實際上也可以《開元禮》標準分等納入其間,因此開元令文的内容和等級規定在大方向上不但不與禮相矛盾,而且不少方面可以分等納入其中而與之暗合,兩者是有具體對應的,其對應關係也可參見附表9.,此處即不再贅論。

由於等級的規定,這樣從總的範圍而言,便並不是每一種喪葬待遇九品以上官員都可以有,其享用最多者,無疑是親貴和三品以上官員。賜謚、暑月給冰等都是只有三品以上官員纔可享受。其次則為五品以上,在許多條目中,五品以上和六品以下是一個明顯的限約,如喪事奏聞弔祭、營墓夫等也衹有五品以上能夠享用。九品則被定為官員的最後一等,由於所謂九品衹限於流內,不涉及流外官吏,而除了少數條目(如轜車、死亡稱謂)之外,也很少有關於庶人的條款,這給後來喪葬制度的修訂留下了很大的餘地。《唐會要》所載元和中所定喪制在九品之外開始涉及散試官和庶人的等級和喪葬用物,等級制度更為明晰,可視為對開元禮、令的發揚和擴大,但以官品為核心的原則卻是始終行之不移的。

附表 9. 唐《喪葬令》與《開元禮》的對象等級比較①

《喪葬令》	對象等級	《大唐開元禮》對象等級			
		皇親、貴臣、宗戚、蕃國主、太子師傅保等	三品以上	五品以上	六品以下
皇帝、皇(太)后、太子舉哀	皇帝本服周;大功、小功以下及内命婦二品;百官職事二品以上及散官一品喪(皇太后、皇后為内命婦二品以上;皇太子為宮臣三品以上同)	訃奏(卷一三三)、中宮舉哀(卷一三五)、太子舉哀(卷一三六)			
皇帝、太子臨喪	一品、三品以上、四品以下(太子宮臣二品以上、四品以上、五品以下)	臨喪(卷一三四、一三六)、			

---

① 表中《大唐開元禮》部分,只列具體有禮儀規定者,序例部分引用令式者未列在内。

續表

《喪葬令》	對象等級	《大唐開元禮》對象等級			
		皇親、貴臣、宗戚、蕃國主、太子師傅保等	三品以上	五品以上	六品以下
奏聞、遣使弔（並參《唐令拾遺》復原《選舉令》第6條）	京官及在京三品、四品、在京及身死王事五品以上（外官五品以上）	敕使弔	赴闕、敕使弔	赴闕、敕使弔	
會喪	五品以上	會喪：遣百寮會王公以下喪			
將葬贈祭	京官及在京一品、三品、五品以上	會葬：遣百寮會王公以下葬			
皇家諸親喪賻物	準一品、二品、三品、正四品、從四品、正五品、從五品	賵賻			
職事官賻物	一品、二品、三品、正四品、從四品、正五品、從五品、正六品、從六品、正七品、從七品、正八品、從八品、正九品、從九品				
使人車輿	爵一品、職事及散官五品以上，其餘				
贈官		策贈	贈諡	贈諡	
斂服	依品級	陳小斂衣、陳大斂衣	陳小斂衣、陳大斂衣	小斂、大斂	

《喪葬令》	對象等級	《大唐開元禮》對象等級			
		皇親、貴臣、宗戚、蕃國主、太子師傅保等	三品以上	五品以上	六品以下
重鬲	一品、五品以上、六品以下		重	重	重
銘旌	三品以上、五品以上、六品以下		銘	銘	銘
輀車	三品以上、七品以上、八品以下		陳車位	陳車位	陳車位
引、披、鐸、翣、挽歌	三品以上、五品以上、九品以上		陳器用、進引	陳器用、進引	陳器用、進引
方相魌頭	四品以上、七品以上		陳器用	陳器用	陳器用
纛	五品以上、六品以下		進引	進引	
明器	三品以上、五品以上、九品以上		陳器用、陳明器	陳器用、陳明器	陳器用、陳明器
官借布深衣、幘、素三梁六柱輿	五品以上				
擬謚	職事官三品、散官二品以上	策贈	贈謚	贈謚	
墓田墳高	一品、二品、三品、四品、五品、六品以下				
墓域門及四隅	四(三?)品以上、五品以上、其餘				

《喪葬令》	對象等級	《大唐開元禮》對象等級			
		皇親、貴臣、宗戚、蕃國主、太子師傅保等	三品以上	五品以上	六品以下
營墓夫	職事官一品、二品、三品、四品、五品				
碑碣	五品以上、七品以上				
石人石獸	三品以上、五品以上				
暑月給冰	職事官三品以上、散官二品以上				
死亡稱謂	三品以上、五品以上、六品以下達於庶人				

2. "重冠冕"與"重貴戚"的共同方向

《開元禮》與《喪葬令》的對應除了等級之外,還反映在具體的內容方面,這方面最突出是對於地位高的皇親和貴臣等。以舉哀、臨喪為例,唐令"復原4"稱:

> 皇帝、皇太后、皇后、皇太子為五服之內親舉哀,本服周者,三朝哭而止;大功者,其日朝晡哭而止;小功以下及皇帝為內命婦二品以上、百官職事二品以上及散官一品喪,皇太后、皇后為內命婦二品以上喪,皇太子為三師、三少及宮臣三品以上喪,並一舉哀而止。其舉哀皆素服。皇帝舉哀日,內教坊及太常並停音樂。

唐令"復原5"稱:

> 皇帝臨臣之喪,一品服錫衰,三品以上總衰,四品以下疑

衰。皇太子臨弔三師三少則錫衰,宮臣四品以上總衰,五品以
下疑衰。

舉哀是帝、后、太子聞喪後為死者舉行哭悼的儀式。唐、宋令中的
這兩條都是放在官員喪葬的最前列。《大唐開元禮》卷一三三至
一三七是帝、后、太子、太子妃參加的喪禮内容,對象即王公貴臣
等,是上述諸人外統治階級的最高層。其中卷一三三皇帝所行有
《訃奏》《臨喪》《除服》等儀目,"訃奏"即包括皇帝為外祖父母、
為皇后父母、為諸王妃主、為内命婦、為宗戚、為貴臣、為蕃國主舉
哀等條。臨喪是親臨喪者之家參加喪儀,對象中無"為内命婦"及
"為蕃國主",其餘全同。其舉哀的一些待遇也與令所規定者相
應,例如"為貴臣舉哀"説明:"右與為諸王禮同,其異者,一舉哀而
止。"並注明:"貴臣謂職事三品以上,散官一品,其餘官亦隨恩賜
之淺深。"這裏的"職事三品",據文淵閣四庫本《開元禮》與《通典》
卷一三五《開元禮纂類》皆作二品。一般的情況下職事與散官應
只差一品,但此處職事三品以下竟是"散官一品",故當改作"職事
二品"更合理。因此皇帝為之舉哀的"貴臣"品級與令的"百官職
事二品以上及散官一品喪"規定相同,而比《唐律疏議》"議貴"的
範圍"謂職事官三品以上,散官二品以上及爵一品者"似乎更小
一些[1]。

又《開元禮》本卷"為諸王妃主舉哀"稱:

> 自後本服周者,凡三朝哭而止;本服大功者,其日晡哭而
> 止;本服小功以下,一舉哀而止。

"為内命婦舉哀"稱:

> 與為諸王妃主禮同。其三夫人以上,其日仍晡哭而止,其

---

① 劉俊文點校:《唐律疏議》卷一《名例》"八議"條,北京:中華書局,1983年,18頁。

九嬪以下，一舉哀而止。<small>亦隨恩賜之淺深。</small>

據《舊唐書》卷四四《職官》三載內官之制，三夫人即三妃，為正一品；九嬪即六儀[1]，為正二品，兩者皆屬“內命婦二品以上”。“為宗戚舉哀”也大體同“為諸王妃主”[2]。此外同書卷一三五中宮太皇太后、皇太后、皇后“為諸王妃主舉哀”、“為內命婦舉哀”、“為宗戚舉哀”都是“一舉哀而止”，卷一三六東宮為“諸王妃主舉哀”說明“自後本服周者”至“本服小功以下”舉哀同皇帝此儀，其“為師傅保舉哀”與“為宮臣舉哀”也都是“一舉哀而止”，因此《開元禮》舉哀制度實施的對象與唐令基本相同，其實等級也是一致的。

唐令和禮都涉及帝、后“親”的範圍，《開元禮》於此闕文，但《唐六典》卷一六《宗正寺》有規定曰：

> 凡太皇太后、皇太后、皇后之親分五等，皆先定於司封，宗正受而統焉。凡皇周親、皇后父母為第一等，準三品；皇大功親、皇小功尊屬、太皇太后·皇太后·皇后周親為第二等，準四品；皇小功親、皇緦麻尊屬、太皇太后·皇太后·皇后大功親為第三等，準五品；皇緦麻親為第四等，皇祖免親、太皇太后小功卑屬、皇太后·皇后緦麻親及舅母、姨夫為第五等，並準六品。其籍如州縣之法。[3]

從中看出，對於皇家親屬的等級，是以官品作比附的，血緣、親緣越近者品級越高。這個等級仍然是以官品為主導，只是其範圍比“貴臣”要廣一些，基本是在五等之內，最低者按官品甚至低於五品。令的皇帝舉哀範圍可以包括小功以下，臨喪範圍可以到四品以下

---

① 按九嬪為唐初承隋制，開元中改置芳儀等六人，見《舊唐書》卷五一《后妃傳》上，2161—2162 頁。

② 按此條《開元禮》闕，參卷一三五中宮“為宗戚舉哀”，637 頁；《通典》卷一三五《開元禮纂類》“為內命婦宗戚舉哀”，3458 頁。

③ 按此條也參《新唐書》卷四八《百官志》三，文意略同，1250—1251 頁。

（皇太子五品以下），除了有些特殊情況，可能還考慮到一些品級較低的戚屬。

不過，不得不承認《開元禮》所言舉哀臨喪的諸王妃主、宗戚乃至太后、皇后父母祖父母、內命婦、貴臣的身分待遇都是比較特殊的，也就是親貴特權階層。除了血緣造就的親屬關係之外，皇帝、太后真正能為舉哀者，大都是不會低於一、二品的高級職官，且其待遇不在一般三品之內。與之相應，唐令令文中其實也隱含一種比一般官員喪葬更特殊的待遇，這就是皇帝下詔禮葬的詔葬。唐令"復原7"有：

> 其詔葬大臣，一品則鴻臚卿監護喪事；二品則少卿，三品丞一人往，皆命司儀令以示禮制。

詔葬資格僅限三品"大臣"，但不是所有三品以上都是詔葬，而是一些親貴大臣有特殊地位或與皇帝有特殊關係者。詔葬可以享受到一般官員沒有的待遇（詳第九章）。因此，《喪葬令》在官品之上其實是將此由皇帝下旨、破越常制的詔葬融入其中的。《開元禮》雖然沒有明言詔葬，但禮之所以專門劃出王公貴臣的一個特權範圍，其真正的含義可看作就是對應令所謂的詔葬。因為就帝后和太子而言，舉哀、臨喪的對象並不多，且實施的既是王公親貴大臣，基本也在令所規定的詔葬範圍內。

除舉哀、臨喪外，我們在《開元禮》這部分還可以發現一些內容，基本上是屬於令所歸定的詔葬者所享用。如《開元禮》卷一三四皇帝儀有"策贈"也即"冊贈"，還有大臣集體參加追悼和送行儀式的"會喪"、"會葬"等，對象都是諸王、皇親、貴臣和蕃國主一類，也都可以在唐令中找到它們的對應。這說明禮、令都是圍繞品級最高而身分最特殊階層的喪葬禮儀為核心，他們是皇帝之下的第一等級，是血緣、親緣與官品結合下的產物，關注這一特殊官僚層是禮、令共有的特徵，代表了中古前期的尊崇與選擇。前人對唐初統治階級是"關中之人重冠冕"和"代北之人重貴戚"兩者的結合體曾有充分論述,兩者正是權勢與血緣、親緣關係結合的代表,禮、令對這一高貴羣體的格外關照,無疑顯示了唐初政權的重心所向。

3. 內容呼應與差異比較

《開元禮》雖然更關注親貴和高官,但與令的對應並不限於高等級的詔葬,有些禮儀是不同品級都可以享受的,所以就規定在三品以下的各級官吏禮中,只是它們的形式、數量依品級高下有不同。這些禮儀主要反映在喪葬的穿着和器物等級,如斂服、重鬲、銘旌、轀車、蘙和明器等,在這些方面,《開元禮》與《喪葬令》也是相對應的。例如在前面討論國恤禮時,已指出"重"的應用。唐令"復原17"重鬲條稱:

> 諸重,一品懸鬲六,五品以上四,六品以下二。

重在喪禮中是一至九品甚至庶人都有,所以《開元禮》三品以下、四品五品和六品以下也都設有"重"的儀目。但令是按品級規定鬲的數量,禮卻注重其形制,乃至置放的位置、如何使用等。從《通典》卷一三八《開元禮纂類》可以瞭解到重木按品級有長八尺、七尺和六尺之分,以及置於庭中,用簀、葦席捆綁等情況,足見禮的內容可為令之補充。

又如唐令"復原6"是關於官吏遭喪和身喪奏報的內容:

> 諸京官職事三品以上,散官二品以上,遭祖父母、父母喪;京官四品,遭父母喪;都督刺史並內外職事、若散官、以理去官,五品以上在〔兩?〕京薨卒者,及五品之官身死王事者,並奏聞,在京從本司奏,在外及無本司者,從所屬州府奏。遣使弔。(下略。按

“遣使弔”三字初復原無,為筆者再增補①。)

這裏的“並奏聞,遣使弔”限於京官和少數外官(其他外官的“奏聞”
《唐令拾遺》復原的《選舉令》第 6 條還有補充),但基本在五品以
上,這和《開元禮》三品和四品五品都規定有身喪遭喪“赴闕”奏而
有“敕使弔”是基本一致的。就内容而言,《喪葬令》關於死亡的奏
報祇是按照品級界限分別喪事奏報的範圍,但是《開元禮》三品以
上(四品、五品略同)的“赴闕”卻是:

> 遣使赴於闕。使者進立於西階,東面南上。主人詣使者
> 前,北面曰:“臣某之父某官臣某薨,若母若妻,各隨其稱。謹遣某官
> 臣姓某奏聞。”訖,再拜。使者出,主人哭入,復位。

也即説明遣使赴奏的形式、過程及用語。另外《開元禮》的“敕使
弔”也是注重描述敕使至死者宅中弔問的儀式,其突出者是賓、主
雙方所持禮儀、站位、如何宣敕及問答語等,卻不像令在提到弔祭
時只注重品級對象。此外上面也説到在器物的形制、樣式方面,
《開元禮》較令更為細緻,因此就喪葬儀式和程序而言,《開元禮》更
具有參考意義及可操作性,這也是後來的《大唐元陵儀注》在許多
方面與《開元禮》有極大相似的原因。

當某些待遇在令的使用有等級限制時,可以發現在禮也有反
映。只是有時官品等次限制和範圍不盡相同,例如與天聖宋令完
全相同的唐令“復原21”方相魌頭條規定説:

> 諸四品以上用方相,七品以上用魌頭。方相四目,魌頭兩目,並
> 玄衣朱裳,執戈揚盾,載於車。

方相魌頭似乎是用想象中的神仙人偶裝飾的車,據説可以驅疫辟

---

① 參見拙文:《關於唐〈喪葬令〉復原的再檢討》,《文史哲》2008 年 4 期,91—97 頁。

邪,鎮嚇鬼怪①。《大唐開元禮》在三品以上和四品五品"陳器用"儀目下均有方相車,其"方相"下注明:"黃金四目為方相。"其六品以下"陳器用"改作魌頭,其下注明:"六品以下設魌頭之車,魌頭兩〔目〕。"這說明禮的方相車和魌頭車之用也是有區分的,只不過是分作五品以上和六品以下。後世的方相氏設計得很文雅,除了頭上四目,身着熊皮之外,似乎並沒有太多特別之處。

令與禮在內容取向上的呼應,說明兩者的目標是一致的,在其基本意義方面,令是有禮作為依據的。

但正像以上一些條文一樣,令和禮除了注重點有

圖 21. 方相車上的方相氏

別,在等級和範圍的劃分上有時也存在具體的差異。如"復原26"規定"諸謚,王公及職事官三品以上、散官二品以上身亡者",

---

① 見辛德勇:《兩京新記輯校》卷三(66頁)豐邑坊條,稱:"此坊多假賃方相輴車之具。武德中,有一人姓房,好自矜門閥,朝廷衣冠,皆認以為近屬。有一人惡其如此,設便折之……其人大笑曰:'公是方相佺兒,只可嚇鬼,何為誑人!'自是大愧,遂無矜誑矣。"可釋方相之用。

也即賜謚必須是三品以上。但《開元禮》四品五品也有"贈謚"。
其"告贈謚於柩"下注明："無贈者設啓奠訖，即告謚。"按這裏"贈"
指贈官，意即無贈而有謚也可以僅告謚號。《通典》卷一三八《開
元禮纂類》"贈謚"下也注明"六品以下無"，說明五品以上原則上
都可以有謚號。這與令似乎有不合之處，但唐朝確有一些特殊人
士以及四品五品因贈官三品而得贈謚號的情況，由於贈官同於正
官，因此禮、令實質上並無矛盾（詳第十一章）。此外如"纛"是立
於棺車前的大旗，送葬出行位置應在表明死者身分的銘旌之後
（詳下）。在《喪葬令》（"復原22"）纛是以五品以上和六品以下劃
綫，但是在《開元禮》和《通典・開元禮纂類》，"六品以下無纛"卻
是十分明確的。

令與禮的不盡相同，還反映在其他一些規定上，有些是關係到
品級待遇，則《開元禮》未必俱有。如三品以下官員賵賻、與出使和
外官有關的車輿遞運等。有些如上面所説，《開元禮》衹是將令、式
的內容作為原則抄寫在序例部分，如葬墓田、營墓夫、碑碣等，由於
與喪葬程序無關，故不再作具體規定。

有些則是禮、令相關儀節確實不一致。《開元禮》中的帝、后、
太子各卷中，特別突出了為外祖父母、為后及東宮妃父母的內容。
前揭唐令"復原4"關於帝、后、太子為五服之內親（周以下）舉哀，
唐、宋令均清楚地標明"其舉哀皆素服"，即不用服喪，其間並無分
別。但是在《開元禮》卷一三三皇帝"為外祖父母舉哀"和"為皇后
父母舉哀"，卻是儀式中要分別換服小功五月和緦麻三月服，表示
"成服"。卷一三五皇后（或太后）"為父母祖父母成服"、"為外祖父
母成服"以及卷一三六太子"為外祖父母舉哀"、"為妃父母舉哀"，
卷一三七東宮妃在為父母祖父母和外祖父母的"成服"儀中，都有
換穿喪服的記載，之後也都還要履行"除服"的儀式，這和令的規定
並不完全吻合。只能説明令所言明的是當朝的基本規定和制度，

禮卻反映對前朝禮儀形式、觀念的一些繼承和影響,這種情況要經歷很長的時間纔可能改變(詳第七章)。

　　《開元禮》中的一些不同記載也可以使我們對某些復原令文加以重新考慮。如筆者根據《唐六典》卷一八司儀令條和《唐會要》卷三八《葬》復原的唐令銘旌條("復原18")如下:

　　　　諸銘旌,三品以上長九尺,五品以上長八尺,六品以下長七尺,皆書云"某官封姓名之柩"。

此條宋令("宋15")文字略同,故筆者參考仁井田陞《唐令拾遺》的復原未加改動。銘旌乃是專門用作死者標識的大旗幡,《開元禮》規定,棺柩先是放到輴車,"輴車動,旌先纛次,主人以下哭從"[1],因此銘旌應當在"纛"的前面,在送葬隊伍的最前方。禮記《檀弓》曰:"銘,明旌也。以死者為不可別已,故以其旗識之。"[2]古禮有將銘旌和重一起埋入廟中之說,但漢以後出土的情況表明,葬後銘旌應入墓與棺柩一同埋葬。據令文上面應書寫死者的官封姓名。但《通典》卷八四《設銘》條卻作"皆書某官封姓君之柩",並稱是"具《開元禮》"。而《宋史》卷一二四《禮志》二七也作"皆書某官封姓之柩"而無"名"字。

　　那麼,銘旌之上是否可以書名呢? 對此古代說法不一。《禮記·喪服小記》就說:"復與書銘,自天子達於士,其辭一也。男子稱名,婦人書姓與伯仲。如不知姓,則書氏。"鄭玄注謂此為殷禮。但是《周禮·春官·小祝》鄭注也說:"鄭司農云:銘,書死者名於旌,今謂之柩。"並有《儀禮·士喪》"書銘於末,曰'某氏某之柩'"為證[3]。但賀循《葬禮》在說到"旐"時,卻言是"古者以緇布為之,今以

---

① 《大唐開元禮》卷一三九《三品以上喪之二·輴出升車》,665頁。
② 《禮記正義》卷九《檀弓下》,1301頁。
③ 參見《禮記正義》卷三三《喪服小記》,1499頁;《周禮注疏》卷二五,812頁。

絳繒，題姓字而已，不為畫飾（飾）也"①。按此處旐即指銘旌。《通典》卷七九《大喪初崩及山陵制》引宋崔元凱《喪儀》有"銘旌，今之旐也"的說明。而同書卷一三八《開元禮纂類》三"銘"條（注曰："銘，明旌也。"）亦曰：

> 為銘以絳，廣充幅，四品以下廣終幅。長九尺，韜杠。杠，銘旌竿也。杠之長準其絳也。公以上杠為龍首，四品五品幅長八尺，龍首，韜杠。六品以下幅長六尺，韜杠。書曰"某官封之柩"。在棺曰柩。婦人其夫有官封，云"某官封夫人姓之柩"。子有官封者，云"太夫人之柩"。郡縣君隨其稱。若無封者，云"某姓官之柩"。六品以下亦如之。置於宇西階上。

這裏《開元禮》也是將銘旌分作三等，只是在幅長方面六品以下為六尺，與令所言七尺略不同。其關於銘旌形制更詳細，對死者稱謂的注語也證明銘旌上只能書寫官封和姓而不書名。《續漢書‧禮儀志》下說皇帝的"旐"上只寫"天子之柩"，出土的漢代百姓銘旌也不書名。《武威漢簡》就錄有寫着鄉里名稱和姓字的"柩銘"，如"姑臧西鄉闐導里壺子梁之柩"②，其中"子梁"按漢代的習慣是字不是名，而字也是尊稱。名是父母所起，除父母兄長和君主之外不能由人隨意稱呼。《白虎通》說："名者，幼小卑賤之稱也。"古人為了表示謙退常常說到自己纔稱名，稱君稱字卻是對他人迴避名諱的敬稱。聯想到敦煌所見吉凶書儀中的弔答書對死者也是避免直呼其名，一般對男性可稱官位而女性則稱某氏，男女也均可稱行第，這顯然是為了表示對死者的尊敬。用敬稱和直呼其名既相差如此之遠，那麼作為同時代制度，開元禮、令似也不應如此相悖。君、名二

① 《太平御覽》卷五五二《旐》，2499 頁。按關於銘旌的研究並參劉夫德：《銘旌的圖像與文字》，《文博》2008 年 4 期，11—25 頁。

② 《武威漢簡》圖版二三，摹本二五至二六，北京：文物出版社，1964 年，148—149 頁。按關於銘旌書名的問題並參馬怡：《武威漢墓之旐——墓葬幡物的名稱、特徵與沿革》，61—64 頁。

字字形相近,由此懷疑"名"本是"君"之誤寫,而《宋史·禮志》直作"某官封姓"也與之相合。因此令中的"某官封姓名之柩"似乎應改為"某官封姓君之柩"纔比較合理。

以上情況,總的來說反映了禮、令在等級、內容上的呼應和差異。就喪葬制度而言,兩者之同大於異,雖然它們之間並不是所有的條目、儀制都能彼此印證,但這表明兩者各有側重,可以互為補充和參考。

另外就葬事而言,《開元禮》除了王公貴臣之外,按三等劃分(三品以上、五品以上、六品以下)的官員喪禮還是內外兼顧的。但令的某些內容似更注重京官(或云在朝官)和在京城者的喪葬,而外官常常是為輔或者不過比照實行耳。這一點與京城之達官貴人多,所以涉及詔葬和詔葬待遇的條款基本上是針對在京城者有關。例如喪事奏報就主要是針對京官和在京者。"唐2"("復原14")"諸使人所在身喪,皆給殯斂調度,造輿、差夫遞送至家(下略)",也是針對朝官派出者。又如唐令"諸百官薨卒,喪事及葬應以官供者,皆所司及本屬上於尚書省,尚書省乃下寺,寺下司儀,司儀準品而料上於寺"一條("復原10"),既是關乎所司、尚書省、鴻臚寺及司儀,則與外州縣無關,而外州縣的供給顯然無須鴻臚寺發放。還有"復原24""諸五品以上薨卒及葬,應合弔祭者,所須布深衣、幘、素三梁六柱輿,皆官借之。其內外命婦應得鹵簿者,亦準此",雖未言內外,但主要也是在京城喪葬而言。更不用說"復原27""諸去京城七里內,不得葬埋"和"復原28""諸庶人以上在城有宅將屍柩入者,皆聽之"兩條了。所以令更注重京官和京城喪葬的傾向是明顯的,這應當是唐前期"重內輕外"的原則在喪葬制度上的體現。

二　喪葬禮、令的來源考辨

喪葬禮、令分屬禮法範疇,它們雖然都以禮為中心而内容有所交叉,但性質、作用既有差別,來源、發展也有各自的途徑。在這方面,我們既要注意它們各自來自古禮和上古制度的淵源,也要發掘它們與魏晉南北朝禮法制度一脈相承的關係。同時唐朝喪葬禮、令是以往禮法的集大成,而禮法之間也有相互的吸收和統一。弄清禮、令的來源,不是一件簡單的工作,這裏將兩者分別進行探討,或許可以對其中的異同有更多的理解。

(一)《開元禮·凶禮》的淵源再析

《開元禮》最初由王嵒提出"改撰《禮記》"和最終轉為"折衷"貞觀、顯慶禮的做法,決定了《開元禮》必然沿着兩個方向發展,即一是變相吸收古禮,二是直接吸收貞觀、顯慶禮,從而間接承繼漢魏南北朝制度。對此,本書在討論皇帝喪禮和《大唐元陵儀注》時,已多有涉及。這裏為了與《喪葬令》進行比較,再就開元凶禮葬儀的淵源問題作一些説明。

1. 古禮和漢魏制度的因襲與改造

《開元禮》以《禮記》為其範式和理想,且吸收《貞觀》《顯慶禮》的"舊儀",在許多儀注和一些程式上,就必然有照抄古禮也即《通典》所謂周制的内容。不過《開元禮》的繼承常常是一種綜合,其中並非完全没有現實的考慮。這裏僅再舉《開元禮》三品以上"初終"一條以言之:

> 有疾,丈夫婦人各齋於正寢北墉下,東首。墉,墻也。東首,順

生氣。養者男子婦人皆朝服，齋，親飲藥，子先嘗之。嘗，度其所堪。疾困，去故衣，加新衣。為人末穢惡也。徹樂，清掃內外，為賓客末問。分禱所祀。盡孝子之情也。五祀及所封境內名山大川之類。侍者四人坐持手足，為不能自屈伸，內喪則婦人持之。遺言則書之，屬纊以候絕氣。纊，新緜，置於口鼻也。氣絕，廢牀，寢於地。人始生在地，庶其生氣反。（下略）

查《儀禮·既夕》與《禮記》之《曲禮下》、《喪大記》[①]，可以知道《開元禮》的文字是三者的結合與簡化，其注也多從鄭玄。這說明古禮的一些基本條框還為唐禮所延續，包括喪服的服制和衣制，大部分原則和禮條是不改的。但是《開元禮》並非一味泥古，對於《儀禮》與《禮記》原有的"男子不絕（死）於婦人之手，婦人不絕（死）於男子之手"，就沒有照抄而強調。

並且《開元禮》也根據實際情況有所修正，包括對當時禮制民俗的吸收。例如筆者在討論《大唐元陵儀注》時，已指出本條中"男子易以白布衣，被髮徒跣；婦人青縑衣，被髮不徒跣"之說與依照古禮的"斂髮"一儀並存而相矛盾。雖然古禮亦有親子女初喪"說髦"即被髮之說，但漢晉南朝都未見行此儀，可見原來並未被中原士大夫所普遍接受。

那麼喪葬被髮或稱散髮是從何而來呢？除了源自古禮的因素之外，筆者頗疑也與少數民族風俗不乏關係。"被髮"本為少數民族常態，據說平王東遷洛邑，周大夫"辛有適伊川，見被髮而祭於野者，曰：'不及百年，此其戎乎！其禮先亡矣。'"[②]可見"被髮"最早就是戎的形象和代名。《晉書》卷五二《華譚傳》載其策有"雖復被髮之鄉，徒跣之國，皆習章甫而入朝，要衣裳以磬折"語，此"被髮之

---

① 參見《儀禮注疏》卷四○，《禮記正義》卷五、卷四四，1157—1158、1268、1571頁。
② 楊伯峻：《春秋左傳注》僖公二十二年傳，北京：中華書局，1981年，393—394頁。

鄉，徒跣之國"即專指少數民族和蕃夷之國。"被髮"或者"翦（剪）
髮"之俗不僅多見於諸史《四夷傳》、《西域傳》所記載，西安北周粟
特人的安伽墓也有實例證明。整理者注意到墓中石刻圖案中出現
的人物，依其體貌特徵，可分為三種，一為剪髮人物，共出現 88 例，
佔畫中人數的 76%，可分為戴帽不戴帽兩種類型；二為披髮人物，
共出現 14 例，佔 12.17%，披髮的人長髮垂至肩以下，直髮，髮中
分。三為挽髻人物，出現 11 例，只佔畫面人物的 9.57%，人物似乎
多為女性，有的身着男裝①。總之剪髮、披髮佔到總數的近 90%，由
此可見一斑。

專為喪葬剪髮也見於蕃
夷之俗。如《隋書》卷八二
《南蠻傳》載林邑國，人死"以
函承屍"，送之於海或江邊
"積薪焚之"，餘骨以甖沉以
水，"男女皆截髮，隨喪至水
次，盡哀而止"。據說吐蕃人
"居父母喪，截髮，青黛塗面，
衣服皆黑，既葬即吉"②。《資
治通鑑》記太宗喪，"四夷之
人入仕於朝及來朝貢者數百
人，聞喪皆慟哭，翦髮、剺面、
割耳，流血灑地。"③此翦髮顯
即散髮，與剺面割耳皆少數
民族習俗。另外喪葬被髮也

圖 22. 披髮剪髮人物——北周安伽墓
圍屏石榻正面屏風

---

① 陝西省考古研究所編著：《西安北周安伽墓》，北京：文物出版社，2003 年，65—
68 頁。
② 《舊唐書》卷一九六上《吐蕃傳》上，5220 頁。
③ 《資治通鑑》卷一九九貞觀二十三年五月條，6268 頁。

早見於北方少數族政權的統治者。《晉書》卷一二四載記《慕容熙傳》記慕容熙昭儀苻氏死,諡為愍皇后,"號苻氏墓曰徽平陵。熙被髮徒跣,步從苻氏喪"。《魏書》卷八三《外戚傳》上載馮熙"事(養母)魏母孝謹,如事所生。魏母卒,乃散髮徒跣,水漿不入口三日"。北齊文宣帝高洋殘殺所幸薛嬪,但又"載屍以出,被髮步哭而隨之"①。看得出鮮卑貴族也是行此儀的。

但被髮行喪看來在北朝已逐漸納入禮儀規範,馮熙事說明父母喪"被髮"在北朝已經是表現盡孝的舉止,而且也習染於一般人民。《隋書》卷七二記汲郡人徐孝肅,"母終,孝肅茹蔬飲水,盛冬單縗,毀瘠骨立。祖父母、父母墓皆負土成墳,廬於墓所四十餘載。被髮徒跣,遂以身終。"至唐朝檢索其例漸多。李綱死,其養女"被髮號哭,如喪所生焉"②。"金吾大將軍程伯獻與力士結為兄弟,麥氏亡,伯獻於靈筵散髮,具縗絰,受賓弔荅。"③行了如同自己父母一樣的禮節。劉寂妻夏侯碎金,"及父卒,毀瘠殆不勝喪。被髮徒跣,負土成墳,廬於墓側"。孝女王和子,"聞父兄歿於邊上,被髮徒跣縗裳,獨往涇州行丐,取父兄之喪,歸徐營葬,手植松柏,剪髮壞形,廬於墓所"④。可見"被髮徒跣"不僅是父母去世表達悲痛的一種方式,也是北朝至唐代發展起來的喪禮風俗。"被髮"比之上古的笄纚、髻髮顯然更能表達孝子"五情糜潰"、"荼毒難居"的心情⑤,且與"徒跣"、衰絰也更為配套和一致化,故能夠為儒家喪禮接受。因此,筆者懷疑它在北朝時已經制度化了。而延續《開皇禮》、《貞觀禮》的《開元禮》"初終"之儀,不過是將此近代之制與古禮融合了。

---

①　《北史》卷七《齊本紀中》,261 頁。

②　《舊唐書》卷六二《李綱傳》,2377 頁。

③　《舊唐書》卷一八四《宦官·高力士傳》,4758 頁。

④　《舊唐書》卷一九三《列女傳》,5143、5151—5152 頁。

⑤　語出敦煌 P.3442 杜友晉《吉凶書儀》"父母喪告荅祖父書"、"父母喪告荅兄弟姊妹書等",錄文見趙和平:《敦煌寫本書儀研究》,196—198 頁。

另外對於古制或者古禮器物,有些雖然仍在沿襲,不過於數量、尺寸、形制等方面,都有唐朝自己的規定,如上述銘旌、重鬲、方相魌頭等都是如此。而在一些古禮不作規定或不甚明確之處,《開元禮》則以"今"禮補充之。如將葬未葬和送葬過程中的"陳車位"、"陳器用"、"諸孝從柩車序"、"郭門外親賓歸"、"諸孝乘車"、"宿止"等一系列程序,內容是從喪車與儀從、明器的陳列直到出喪時孝子與親屬的列隊次序、親賓送至郭門、孝子繼續前行、路上宿止過程等,全然是時人送葬的一套程序,《開元禮》將其集中並規範化,可謂現實之唐禮。

漢魏制度也頗見於《開元禮》的某些遺存,就凶禮而言不僅涵蓋皇帝喪禮章中已涉之喪禮程式用具以及常所説居喪之節,也包括一些正在消失的制度。這裏僅以"國君"與"國官"一條以明之。《開元禮》卷一三二《五服制度》的斬衰三年義服中更有"國官為國君布帶繩屨,既葬除之。"一條,充分地體現了國官對國君的從屬性。而國官問題也在《開元禮·凶禮》中多處見到,如卷一三一皇帝遣使"勞問諸王疾苦",設位有"其府國僚屬並陪列於庭中之左右,國官在東,府僚在西,俱以北為上"。卷一三八《三品以上喪之一·初終》條有:"凡喪,位皆以服精粗為序。國官位於門內之東,重行北向,以西為上,俱衰(衷?)巾帕頭,舒藁薦坐,哭。參佐位於門內之西,重行北向,以東為上,俱素服,舒席坐哭。"而卷一三九送殯開始的"輴在庭位"、"宿處哭位"和棺柩入壙之後的"虞祭"都能夠見到國官和僚佐的活動。唐初以後,諸王雖有派出任都督刺史或遙領者,但開府置官屬除個別者(如高宗為魏王泰)已經不見,此條實已無意義。但內容顯然為承《貞觀禮》而來的前朝制度。""臣為君"見於《儀禮》,本為古制[1],延及晉代其禮特重。《通典》卷八八《五服年

---

[1] 《儀禮注疏》卷二九《喪服第十一》,1100頁。

月降殺之一·斬縗三年》載晉《喪葬令》云：

> 王及郡公侯之國者薨，其國相官屬長史及内史下令長丞
> 尉，皆服斬縗，居倚廬。妃夫人服齊縗，朝晡詣喪庭臨。以喪
> 服視事，葬訖除服。其非國下令長丞尉及不之國者相内史及
> 令長丞尉，其相内史吏，皆素服三日哭臨。其雖非近官而親在
> 喪庭執事者，亦宜制服。其相、内史及以列侯為吏令長者無
> 服，皆發哀三日。

可見國官為國君的服喪制度，是特別為晉令所規定，此乃當時宗室
諸王分封制度所由，實為貴族封君制殘餘。不過國官制度唐以前
歷代有之，《通典》卷三一《歷代王侯封爵》載王侯國官設置自漢始，
歷魏晉南北朝而至隋唐，因此包括服喪在内的國官制度相沿依舊。
唐初禮制與其說是吸收晉制，不如說是承襲南北朝而相沿未改。
雖然如此，制度施行的基礎漸已不存。丁淩華指出，《開元禮》已經
廢止了緦衰服制，就是因為在先秦服制中，緦衰是"諸侯之大夫為
天子"服。漢魏六朝時期，諸侯和地方長官均可自辟僚屬，地方官
與僚屬之間有君臣之恩，而這些僚屬與天子無直接的行政關係，故
緦衰服有存在基礎。隋唐以後中央集權制加強，僚屬由中央任命，
與中央發生直接的行政關係，所以緦衰服已無存在基礎[①]。可見國
官的禮儀也在淡化的過程中，而"國官為國君"的服制也在《天聖令》
"五服年月"取消，說明皇權充分發展的宋朝已經將之徹底排除。

2. 皇帝臨喪和會弔、會葬的北朝特色

由於唐初禮制是以北朝和隋禮為基礎，所以《開元禮》從《貞觀
禮》或者《顯慶禮》中繼承的不少內容，也證明是來自北朝的制度和
觀念。除討論貞觀《國恤禮》時已經指出的"重"、"廬次"等目和上

---

① 丁淩華：《中國喪服制度史》，上海人民出版社，2001年，107頁。

述"被髮"、"散髮"之禮俗外,一些與弔喪相關的內容也可以見出來自北朝的不同影響。

例如皇帝臨弔大臣徐乾學列在"臨禮"一章,可以上朔至先秦①。臨弔與舉哀相比,由於要至喪者之家(或出席葬禮),所以比舉哀更重。此禮雖然漢魏兩晉皆行之,北朝之際卻別有新裁。其中三臨之禮雖見於《漢書》載文帝時賈山上言稱古制②,且對後來不無影響③,但作為制度實行卻是在北魏。如北魏安定王休太和十八年(494)卒,"及薨至殯,車駕三臨,帝至其門,改服緦衰,素弁加絰,皇太子百官皆從行弔禮"。葬則"帝親送出郭,慟哭而返"④。太和十九年(495)孝文帝又因廣川王諧葬禮下詔稱:"古者,大臣之喪,有三臨之禮,此蓋三公已上。至於卿司已下,故應(下闕)。自漢已降,多無此禮……欲令諸王有朞親者為之三臨,大功之親者為之再臨,小功緦麻為之一臨。"要求對大功之親的廣川王行再臨之禮。下大臣討論,於是黃門侍郎崔光、宋弁等議曰"三臨之禮,乃自古禮,爰及漢魏,行之者稀",但贊成所謂"朞親三臨,大功宜再",並認為再臨者始喪可減,但應有大斂之臨。結果孝文帝不僅於廣川王諧大斂之際"素服深衣哭之,入室,哀慟,撫尸而出",而且"及葬,高祖親臨送之"⑤。說明皇帝臨喪之禮迄北朝始重。此後三臨之禮照此辦理,即最重者包括始喪、大斂和葬(但也有行於殯禮之前),且不僅親王,亦行於三公。隋唐皇帝雖已無三臨之禮,且皇帝親臨之

---

① 徐乾學:《讀禮通考》卷五九《喪儀節》二二《臨禮》,113 冊 417—424 頁。

② 按《漢書》卷五一《賈山傳》言古賢君於其臣:"疾則臨視之亡數,死則往弔哭之,臨其小斂大斂,已棺塗而後為之服錫衰麻絰,而三臨其喪。"2334 頁。

③ 按"三臨"者,皇帝對王公重臣或時而有之。如晉武帝對安平獻王孚:"帝再臨喪,親拜盡哀。及葬,又幸都亭望柩而拜,哀動左右。"是亦為三臨。見《晉書》卷三七《安平獻王孚傳》,1085 頁。

④ 《北史》卷一八《安定王休傳》,676 頁。

⑤ 《魏書》卷二〇《文成五王·廣川王略附子諧傳》,526—528 頁;並參陳戍國:《中國禮制史·魏晉南北朝卷》第四章第四節《北朝喪葬禮儀》,421 頁。

例亦漸少,但弔喪之制仍存,因此禮、令中都保存着皇帝為親貴大臣臨喪舉哀等儀目。

臨喪之制説明孝文帝對弔禮的重視。筆者在前章討論奉慰儀時曾提到《顔氏家訓》對於南朝重弔喪之禮的描述,孝文帝重弔禮本身或許有可能是南風北漸的影響,但弔喪本身作為人情往來並非南朝專利。《顔氏家訓》有"南人冬至歲首,不詣喪家;若不修書,則過節束帶以申慰。北人至歲之日,重行弔禮"之説[1],可見弄來弄去,只是風俗不同而已。另外南朝皇帝雖也有對大臣的臨弔,如梁武帝幸馮道根宅哭弔[2],但顯然未像北朝那樣作為制度加以強調。皮慶生指出臨弔禮在後來的《開元禮》和宋代禮書都有保存,不同者只是北宋更強調"奠"的成分;另外由於信奉道教,有"禁見死尸血穢之物"的説法,前代常有的皇帝"撫尸慟哭"這樣的情節在唐朝以降已經没有了[3]。

不過無論哪一朝的臨弔禮,強調的都是皇帝的到場。臨弔禮北朝與南朝的不同,更表現在對親貴大臣的弔喪中增加了皇帝意旨和國家權力的意味,從"公"制出發的因素似乎改變了弔喪主要是私人往來的性質。而《開元禮》不僅有皇帝臨弔、舉哀,更有大臣集體弔唁的"會喪"、"會葬"。此即其書卷一三四的《會喪·遣百寮會王公以下喪》和《會葬·遣百寮會王公以下葬》。會喪是"制遣百寮會王公以下喪之禮","會葬"與"會喪"形式相同,但時間分別為喪禮和送葬,唐朝這些儀式經常在王公重臣喪禮中出現,將在下文討論詔葬問題時(第九章)再給與説明。

"會喪"也可稱為"會弔",兩漢以來"諸侯王、列侯、始封貴人、

---

①　《顔氏家訓集解》卷二《風操第六》,85 頁。

②　《梁書》卷一八《馮道根傳》,289 頁。

③　皮慶生:《宋代的"車駕臨奠"》,48—51 頁。

公主薨",即有"百官會送"的"故事"①。《漢書》載太師孔光元始五
年(公元 5)薨,"公卿百官會弔送葬"②。《後漢書》載征虜將軍、潁陽
侯祭遵卒於軍,"喪至河南縣,詔遣百官先會喪所,車駕素服臨之,
望哭哀慟"。至葬"車駕復臨",又有"朱輪容車,介士軍陳送葬"③。
傳至北朝,會喪會葬首先見於帝、后喪禮。如《北史》卷五記魏節閔
帝普泰二年(532)遇弒殂,"孝武帝詔百司赴會,葬用王禮"。同書
卷一○記周武帝天和四年(569)"春正月辛卯朔,以齊武成殂故,廢
朝。遣司會李綸等會葬於齊",對鄰國皇帝的弔唁也稱為"會葬"。
同卷載建德三年(574)皇太后叱奴氏崩,也有"夏四月乙卯,齊人來
弔賵會葬"的記載④。

其次會喪會葬更多在親貴權臣及其戚屬,如北魏扶風郡王孚
"薨,帝親臨,百官赴弔"⑤;高歡將改葬其父,"朝廷追贈太師,百僚
會弔者盡拜"⑥。齊文宣帝時尚書左丞司馬子瑞奏彈畢義雲,有"天
保元年(550)四月,竇氏皇姨祖載日,內外百官赴第弔省,義雲唯遣
御史投名,身遂不赴"之語⑦,說明對皇親的集體弔唁不許可不參
加。西魏權臣斛斯椿薨,不僅"帝親臨弔,百僚赴哭",且"及葬,車
駕臨於渭陽,止絆慟哭"。北齊胡虔以帝舅,"葬日,百官會葬,乘輿
送於郭外"⑧。隋樊子蓋卒,"(煬)帝聞而嘆惜,令百官就弔……會
葬者萬餘人"⑨。值得注意的是北朝親貴大臣的會弔、會喪常常有
皇帝親身參加,《開元禮》也說明會喪會葬是"制遣",即皇帝制命授

---

① 《後漢書·禮儀志》下,3152 頁。
② 《漢書》卷八一《孔光傳》,1962 年,3364 頁。
③ 《後漢書》卷二○《銚期王霸祭遵傳》,741—742 頁。
④ 《北史》卷五《節閔帝紀》、卷一○《周本紀》下,169、355、360 頁。
⑤ 《北史》卷一六《太武五王傳附》,615 頁。
⑥ 《北史》卷五《西魏文帝紀》,181 頁。
⑦ 《北史》卷三九《畢義云傳》,1428 頁。
⑧ 《北史》卷四九《斛斯椿傳》、卷八○《外戚·胡國珍傳附》,1787、2690 頁。
⑨ 《隋書》卷六三《樊子蓋傳》,1493 頁。

意的集體弔喪活動。皇帝的親臨和秉承帝命的大臣會弔、會葬雖然漢魏以來多有，但很少見於南朝諸史書記載，可見南朝對此不太時興。

　　以往研究者對於東晉南朝大族社會重人物、重婚姻，北朝社會重冠冕、重貴戚的特色曾從多種角度予以論證對比，而弔禮也可以見出這兩種社會的分別。兩晉南朝弔禮多現親族和朋友往來特色，甚至弔禮行與不行、弔禮中如何行事也均能展示主賓雙方人物的個性風采。《世說新語》載裴楷弔阮籍母喪，"阮方醉，散髮坐牀，箕踞不哭。裴至，下席於地，哭弔喭畢，便去"。當有人問"凡弔，主人哭，客乃為禮，阮既不哭，君何為哭"時，裴答"阮方外之人，故不崇禮制；我輩俗中人，故以儀軌自居"，最能見出此意①。而王羲之因"素輕藍田（王述）"，對其母喪不行弔問，"後詣門自通，主人既哭，不前而去，以陵辱之"。以至述"深以為恨"，二人最終反目，右軍在官事上遭到報復，"以憤慨致終"②；南朝蕭子雲"兄弟不睦，乃至吉凶不相弔問，時論以此少之"③，足見東晉南朝弔禮在世家大族家族關係和日常交往中的意義。會弔、會葬等與《顏氏家訓》所說一般的朋友往還和社會慶弔之俗很不相同。它們的公禮色彩更突出一些，而且圍繞着皇親權貴進行，體現出國家特色與權勢特徵，也應該是皇權至上和重冠冕、重貴戚的北朝社會所尚。

　　由以上的一些儀目可證開元凶禮確實有相當多的北朝特色，換言之也可以認為是帶有北朝底蘊而主要是來自北朝體系。其中會弔、會葬的例證大多是在北魏太和以後，而為西魏北齊間所常發生，我懷疑有關儀目很可能是"東齊儀注"所建立，這些儀注和前揭

---

　　①　《世說新語箋疏》卷下之上《任誕第二十三》，734頁。

　　②　《世說新語箋疏》卷下之下《仇隙第三十六》"王右軍素輕藍田條"，928頁；並參《晉書》卷八〇《王羲之傳》，2100頁。

　　③　《南史》卷二八《齊高帝諸子》上，1074—1075頁。

"盧次"、"重"條目等被記入《開皇禮》,而為《貞觀禮》吸收,基本上就是今本《開元禮》所保存的模樣。

3. 南北朝禮儀的辨正吸收

前編已說明隋朝凶禮即使經過牛弘改革仍然融入南朝制度,這些在開元凶禮固能發現一些遺存。其中弔喪之禮雖似以北朝為主,但一些蛛絲馬跡也透露出並非全是北朝特色。如《開元禮》關於弔禮還有"敕使弔"、"賓弔(親故同)"、"親故哭"、"刺史哭"、"刺史弔(縣令同)"、"刺史遣使弔"等多種,在這些儀注中雖然取消了弔廬一類,基本恢復古禮原意,但也不能認為就完全是北朝性質。《顏氏家訓》稱南北弔唁方式不同說:"南人賓至不迎,相見捧手而不揖,送客下席而已;北人迎送並至門,相見則揖,皆古之道也,吾善其迎揖。"①從以上條目來看其特點並不甚明顯。不過,《開元禮》基本保持着"君遣吏"(即敕使)迎送大門外,"長吏"(刺史縣令)來則"去仗立於門內",走時"拜送於大門外"而一般賓客和親故並不迎送的等級不同的情況,與前述賀循所言原則比較相似。"親故哭"也提到哭盡哀後,"尊者起,相者引出。卑者再拜訖,乃就主人前稍南,東北面執慰。相者引以次出"。又注稱"恩深者,賓拜訖,又哭盡哀,或就孝子撫哭盡哀而出也"。所謂"執慰"以出和"撫哭盡哀而出"似乎與"捧手而不揖,送客下席"如出一轍,所以在這些條目中,不能說沒有南朝禮的遺意。

前述開元禮、令皆有銘旌制度,兩者有六品以下是長六尺和七尺這一點不同。《隋書》卷八引北齊令有:"其建旐,三品已上,及開國子、男,其長至軫,四品、五品至輪,六品至於九品,至較。勳品達於庶人,不過七尺。"旐在這裏即指銘旌。軫、輪、較是車上構造,似

---

① 《顏氏家訓集解》卷二《風操第六》,85 頁。

乎是以所在位置計量旐的長度。雖然具體長度不知，但說最少"不過七尺"，與唐制銘旌已有相似。

　　此外北齊令又有"旌則一品九旒，二品三品七旒，四品五品五旒，六品七品三旒，八品以下，達於庶人惟旐而已"的規定。旒本是旌旗垂下來的飾物，亦寫作斿。喪禮中有旒旐或旒旗，其規定不見於隋、唐禮令。《通典》同卷有杜預關於諸侯王公侯伯建斿的議論，但《南齊書·禮志》下"建元二年（480），皇太子妃薨，前宮臣疑所服"一條，載僕射王儉針對宋大明二年（458）太子妃薨，有建九旒之事議曰："旒本是命服，無關於凶事。今公卿以下，平存不能備禮，故在凶乃建耳。東宮秩同上公九命之儀，妃與儲君一體，義不容異，無緣未同常例，別立凶旒。大明舊事，是不經詳議，率爾便行耳。今宜考以禮典，不得效尤從失。吉部伍（《通典》無"伍"字）自有桁轕，凶部別有銘旌，若復立旒，復置何處（下略）？"①由是可見所說旒即旒旗。旒原來是冕服裝飾（冕冠前後懸垂的玉串），但平常無所應用，所以公卿大夫為顯示等級就別建於凶禮的旌旗之上，此為王儉反對，認為與銘旌不能兩置。後齊令有旒，應自所謂"大明舊事"而來。《開皇禮》、《開元禮》無此，說明已經參考王儉的意見取消了。

　　《開元禮》綜合南北朝禮制較多的還有服制問題，此點本書將在下面討論舉哀問題時專予陳述，此處僅借他人研究二條予以明之。以往楊華撰文注意到，《開元禮》"緦麻三月殤"下有"改葬緦"一條，下注"子為父母，妻妾為夫，既葬除之"，是據王肅提出的改葬完畢即除喪，而非鄭玄的"緦三月而除之"；又無服之喪的"大功殤"條下"八歲以下，為無服之殤。哭之以日易月，本服周者哭之十三日，大功九日，小功五日，緦麻三日"，也是完全按照王肅對殤服"以

---

　　①　《南齊書》卷一〇《禮志下》，158頁。

日易月者,以哭之日,易服之月"的解釋①。但這些内容並不一定是從唐禮開始,至少不是自《開元禮》繞有的,同樣有可能是"東齊儀注"或者《貞觀禮》吸收南朝禮的内容。

以上只是就一般制度條文舉例而言,其實《開元禮》的大多儀目都是有前朝禮儀為依據的,也是以往實踐的反映。由於《開元禮》凶禮是繼承貞觀、顯慶二禮而來,所以它以北朝為基礎而同時吸收南朝禮的特徵與貞觀《國恤禮》是一樣的。對此,我們還將在以後的研究中陸續發掘,因此從這個意義而言,《開元禮》是以往朝代禮儀的總結,也可以認為是對相關實踐的理論化和規範化。

(二)禮法交融與《喪葬令》的禮儀繼承

對於喪葬禮令内容的研究表明,禮法之間存在着交互的關係,所以在禮法的建構方面,可謂禮中有法,法中有禮。前者表現為禮對令格式制敕的統合吸收,後者則是令對於禮的繼承和實行。

《喪葬令》雖然是以喪葬禮為基礎,但不能認為只與本朝有關。細研其來源,可以分為兩個方面,即一方面是古禮和歷代禮制的發展延續,另一方面卻有着《喪葬令》自身的承接系統。而唐令雖然與禮大方向不異,即仍以對北朝禮法的承繼為主,也稍取南朝制度;兩者由於來源不完全一致,所以有時也呈現出不同的色彩。《喪葬令》和禮的交互與沿革,充分體現出禮的傳統性和延續性,以及相互間既獨立又依存的特點。

1. 禮與令式格敕的交匯

禮法二者無從分割,禮是法令依據而禮必須通過法令的更定

---

① 楊華:《論〈開元禮〉對鄭玄和王肅禮學的擇從》,《中國史研究》2003 年 1 期,57—58 頁。

纔能落到實處。一些學者注意到,敦煌 S.1725 書儀"禮及令"一欄,在喪服制下載明給假的四種情況。如其中對於"繼母改嫁、父為長子"等,規定"右準令齊衰期,給假卅日,葬五日,除服三日";對於"高祖、曾祖"等規定"右準令齊衰三月、五月,大功九月,並給假廿日,葬三日,除服二日",以下遞減。對照《唐六典》卷二吏部郎中員外郎下"〔凡〕內外官吏則有假寧之節"條,知所謂"右準令"者實即《假寧令》,內容且與《大唐開元禮》卷三《雜制·序例》下所載《假寧令》完全相同,説明是唐前期制度。對於書儀將《假寧令》置於禮後的作法,姜伯勤提出是《顯慶禮》"其文雜以式令"的反映,並指出五服制度是禮與令的一個重要交叉點①。但由於書儀本身尚看不出與《顯慶禮》直接有關,所以此條還難於完全確認,但喪服服制與《假寧令》的關係卻可以由此確定。

　　《開元禮》也有與令式制敕的交匯,分在兩處,一在序例,一在正文。序例部分的"神位"、"鹵簿"、"衣服"、"雜制"等,都直接引入令、式、制敕,作為總綱或對禮的説明,有些是後面儀注所共用的內容,有"通禮"性質;有些則是對後面舊儀注的修改補充,意義頗有些類似《唐律疏議》一書中的《名例律》。所引入令、式等大都有"凡"字起頭,一望而知是將法制的內容插入。例如《序例上·雜制》引入的《喪葬令》有"百官庶人終稱薨卒死"條、"百官葬墓田"(包括四隅"墓域門及四隅")條、"立碑碣"條、"方相魌頭"條。而按廣義的喪葬範圍,又有《假寧令》斬衰三年以下喪假及私忌日多條,《儀制令》中皇帝為親貴大臣喪輟朝不視事的條目。這些內容,在凶禮部分,或者完全沒有涉及,或者並不明確,令、式的條文為之作了補充。還有一些,似乎是不及寫進禮文,故在《雜制》列出。又如上陵雖在吉禮,但與凶事亦不能無關。《開元禮》卷四五有《太常卿

---

　　① 姜伯勤:《唐禮與敦煌發現的書儀——〈大唐開元禮〉與開元時期的書儀》,《敦煌藝術宗教與禮樂文明》,北京:中國社會科學出版社,1996 年,431—435 頁。

行諸陵》,但在《雜制》中卻說明"每年二時,遣三公分行諸陵,太常卿為副"。《唐會要》卷二〇《公卿巡陵》載曰:

> 顯慶五年(660)二月二十四日,上以每年二月太常卿、少卿分行二陵,事重人輕,文又不備,鹵簿威儀有闕,乃詔三公行事,太常卿、少卿為副,太常造鹵簿事畢,則納於本司。仍著於令。

此條說明,由"公卿巡陵"代替"太常卿行陵"是在顯慶五年,而且詔敕要求"仍著於令",說明是以詔敕附入令文或當作令來執行,《唐令拾遺》及《唐令拾遺補》將此作為《儀制令》[①],但作為祭祀,實當入《祠令》是。

與此有關筆者認為,《雜制》中可能還存在式的條文,如關於陵寢的朔望上食及日上食有:

> 凡五陵皆朔望上食,歲冬至、寒食日各設一祭。如節祭共朔望日、忌日相逢,依節祭料。若橋陵,除此日外,每日進半口羊食。

按此條《唐令拾遺補》復原為開元七年(719)祠令第15條。但是《通典》卷五二《上陵》載開元二十三年四月敕令與之略同,疑二十三年或二十年之誤。又同卷載大曆十四年(779)九月禮儀使顏真卿奏,具引其內容而稱為《祠部式》,疑是以制敕入為"式"而非令,此處存疑。葬禮的"明器"條,《開元禮·雜制》有"凡明器,三品已上不得過九十事;五品已上六十事;九品已上四十事",以下盡載明器名稱尺寸等,與《唐六典》卷二三將作監甄官令條注文及《通典》卷八六《喪制·薦車馬明器及飾棺》"其百官之制"有很大不同,似應屬式的內容(詳第六章)。但由於《天聖令》明器條無,筆者根據

---

① 《唐令拾遺·儀制令第十八》第9條,480頁;《唐令拾遺補》第三部,1218頁。

司馬光《書儀》引令文疑為佚失，無從定奪，暫存疑。此條在復原文章中已敘，故此處不贅。

《開元禮》的正文部分同樣隱存令式格敕內容，常常用於對禮的說明。例如在三品以上喪"陳器用"一目述車的使用，除了方相之外，還有誌石、大棺車，與明器等皆"陳於柩車前"。"器行序"儀目下也稱："先靈車，後次方相車、次誌石車、次大棺車，次轜車。"四品五品和六品以下略同，惟不言轜車，而六品以下喪"方相"改作"魌頭"。但是令中沒有誌石車和大棺車，是禮比令的規定更詳細具體。查《唐會要》卷三八《葬》元和六年(811)十二月"條流文武官及庶人喪葬"有對於轜車、誌石車等的式樣等級說明。元和六年十二月的詔敕(實於元和三年已由刑部尚書鄭元定製)是對唐前期制度的修改補充，筆者曾據元和三年呂溫《代鄭相公(絪)請刪定施行〈六典〉〈開元禮〉狀》探討過貞元元和對於《開元禮》的落實和對禮制的整頓與改革。因此其中某些變化(如上述方相魌頭車等的使用範圍)可能與《開元禮》規定有關①，但又是對它的補充和修改。有關車的使用雖然令沒有全部規定，但是開元格敕或式文應有之。元和詔敕關於誌石車和大棺車的使用應來自禮和格敕式文。

《開元禮·陳器用》還有引、披、鐸、翣的規定："一品引四，披六，鐸左右各八，黼翣二，黻翣二，畫翣二。二品、三品引二，披四，鐸左右各六，黼翣二，畫翣二。四品、五品引二，披二，鐸左右各四。黼翣二，畫翣二，六品以下引二，披二，鐸、畫翣各二，唯無黼〔翣〕黻翣耳。"②與《喪葬令》規定三品以上四引、四披、六鐸、六翣，五品以

---

① 按關於貞元、元和恢復《開元禮》的情況，參見拙文：《禮用之辨：〈大唐開元禮〉的行用釋疑》，97—130頁；《唐朝的〈喪葬令〉與唐五代的喪葬法式》，87—123頁。

② 以上參見《通典》卷一三九《開元禮纂類》，3536頁。按"二品、三品"以下原作注文。

上二引、二披、四鐸、四翣，九品以上二鐸、二翣等不盡相同，且有對"黼翣"、"黻翣"、"畫翣"等名稱的説明。《唐會要》上述元和六年十二月條流中關於引、披、鐸、翣的説法同於《開元禮》，《開元禮》這裏的引用看來也是式而不是令。

《開元禮》與喪葬多少有關的還有寒食拜掃。《通典》卷五二《上陵》記開元二十年四月制曰："寒食上墓，禮經無文，近代相傳，寖以成俗，士庶有不合廟享，何以用展孝思？宜許上墓，同（《唐會要》卷二三《寒食拜掃》作"用"）拜掃禮，於塋南門外，奠祭饌訖，泣辭。食餘饌任於他處。不得作樂，仍編入五禮，永為恒式。"寒食上墓的正式規定即此制文。而《開元禮》不僅在《序例·雜制》部分中引用了前述寒食皇陵設祭，而且同書卷七八《王公以下拜掃》也稱："其寒食上墓如前拜掃儀，惟不卜日。"説明制敕關於士庶寒食拜掃的規定確已被增為禮制中非常重要的節目。

《開元禮》採用如上做法，充分體現了對禮法關係的統合。令格式制敕在序例和正文部分出現，是對禮的補充説明，但同時也是對禮的修正。説明包括喪葬禮在内，現實中的禮是參照制度法規來實施，而令格式制敕也是可以在具體程式和内容上改禮的。不過，《開元禮》在正文中引入的令式制敕大都與禮文混合在一起，而不單獨分出或另標明令、式的法律形式，如不細加分辨，則很難知其來源，所以《開元禮》編撰後並没有像《顯慶禮》那樣得到"其文雜以式令"的批評。禮與法更自然地結合在一起，這可能是《開元禮》雖繼承《顯慶禮》，卻比之内容、寫作方式有變化和更高明的地方。

2. 哀弔之服禮令乖舛

如上所述，禮與令制定原則、等級是基本一致的，所以就一般而言，《喪葬令》的内容往往源自於禮。如天聖《喪葬令》中"宋1"條曰："先代帝王陵,並不得耕牧樵採。"筆者據以復原為唐令("復原1"),是因為唐自顯慶以後,即有先代帝王之祀。但是《唐會要》卷二二《前代帝王》載顯慶二年(657)七月十一日長孫無忌議,言及先代帝王之祀,"爰及隋世,並尊斯典",稱"新禮及令,無祭先代帝王之文",此當指貞觀禮、令,但延及永徽,亦不會有。所以要求"今請幸(聿?)遵故實,修附禮令"。查《隋書‧禮儀志》二載隋文帝在建宗廟社稷之祀的同時,"使祀先代王公:帝堯於平陽,以契配;帝舜於河東,咎繇配;夏禹於安邑,伯益配;殷湯於汾陰,伊尹配;文王、武王於灃渭之郊,周公、召公配;漢高帝於長陵,蕭何配。各以一太牢而無樂。配者饗於廟庭"。是為先代帝王有常祀之開始。高明士因此認為此制"當定於開皇三年(583)完成之《開皇禮》"[1]。說明《顯慶禮》和同時修附的令都是參考了隋禮。

令中也有不少來自古禮或者魏晉南北朝禮的痕跡。例如前揭唐令"復原5"曰:

> 皇帝臨臣之喪,一品服錫衰,三品以上緦衰,四品以下疑衰。皇太子臨弔三師三少則錫衰,宮臣四品以上緦衰,五品以下疑衰。

此禮源出《周禮‧春官‧司服》:"王為三公六卿錫衰,為諸侯緦衰,為大夫士疑衰,其首服皆弁絰。"鄭玄注:"君為臣服弔服也。鄭司農云:'錫,麻之滑易者。十五升去其半,有事其布,無事其縷。緦亦十五升去其半,有事其縷,無事其布。疑衰十四升也。'(下略)"[2]升乃布之粗細,古者布八十縷為一升,升多者布細。錫衰、緦衰、疑衰分別代表不同質地的喪服,均比常服為粗。雖然其制度漢以降

① 引文見《隋書》卷七《禮儀志》二,136—137頁;並參高明士:《皇帝制度下的廟制系統——以秦漢至隋唐作為考察中心》,《國立臺灣大學文史哲學報》40期,1993年,24頁。

② 《周禮注疏》卷二一,782—783頁。

不傳，如《晉書·禮志》言“漢為大臣制服無聞焉”①，但古禮之衰服顯然為北朝所承襲。上述北魏太和中孝文帝帝三臨安定王休喪，“帝至其門，改服緦衰、素弁加絰”。南平王霄薨，“高祖緦衰臨霄喪”②。高歡薨，“魏帝於東堂舉哀三日，製緦衰”③。可見弔服之制與前揭三臨之禮是同時進行的。

而弔服也已漸入禮、令之正式規定。《隋書》卷一一《禮儀志》六載北周衣服制度説：“皇帝凶服斬衰。父母之喪上下達。其弔服，錫衰以哭三公，緦衰以哭諸侯，皆十五升抽其半，錫者浣其布，不浣其縷，衰在內。緦者浣其縷，不浣其布，衰在外也。疑衰以哭大夫，十四升。皆素弁，加爵弁之數。環絰。一服纗絰。”基本全襲古制。此後又有“其弔服，諸侯於其卿大夫，錫衰；同姓，緦衰；於士，疑衰。其當事則弁絰，否則皮弁。公孤卿大夫之弔服，錫衰弁絰，皮弁亦如之。士之弔服，疑衰素裳，當事弁絰，否則徒弁”，亦仿古意行之。同卷還有皇后為妃嬪、三公夫人以下弔服。其制還見於《隋書·禮儀志》七隋“於是定令，採用東齊之法”的皇帝臨喪之條：“皇帝臨臣之喪，三品已上，服錫衰；五等諸侯，緦衰；四品已下，疑衰。”可以看出，此條已將按照爵位分等級的做法與官品結合，到了唐令，古制中王、諸侯、大夫的三個品級便完全被官品取代。

唐令弔服雖是完全依據北朝延續古制和漢魏以來的説法，但同樣不能認為是沒有南朝影響，這一點又關係到唐《喪葬令》舉哀條。《唐會要》卷三一《輿服上·裘冕》記載顯慶元年（656）長孫無忌奏曰：“皇帝為諸臣及五服親舉哀，依禮著素服，今《令》乃云白帢。禮令乖舛，須歸一塗（途）。且白帢出自近代，事非稽古，雖著令文，不可行用。請改素服，以合禮文。”結果“制從之”。這一改禮

① 《晉書》卷二〇《禮志》中，629—630 頁。
② 《魏書》卷一六《道武七王·南平王渾子飛龍傳》，400 頁。
③ 《北齊書》卷二《神武紀》下，24 頁。

涉及禮、令的再統一過程,《唐令拾遺》已經提出,但認為禮令效力不相上下,二者間不是主從關係。史睿和李玉生也都注意到内中以禮改令的事實①。其修改反映在後來唐《開元令》和《天聖令》的舉哀條即都有"其舉哀皆素服"的注文,而修改時間與上述先代帝王條同樣都是在顯慶中。

　　問題在於,白帢究竟是哪裏來的呢?《宋書·禮志》對比古人君"弔服皮弁疑衰"的同時有"(今)以單衣白袷為弔服"的説明②,袷即帢也。《南齊書·輿服志》謂:"其白帢單衣,謂之素服,以舉哀臨喪。"③《隋書·禮儀志》六在述梁制時亦説"單衣白帢,以代古之疑衰、皮弁為弔服,為羣臣舉哀臨喪則服之"。白帢(或作帡)據《宋志》言由魏武帝所創,因荀文若(或)巾之而不改,"通以為慶弔服"。《隋書·禮儀志》七也解釋説:"白帢,案《傅子》:'魏太祖以天下凶荒,資財乏匱,擬古皮弁,裁縑帛以為之。'蓋自魏始也。梁令,天子為朝臣等舉哀則服之,今亦準此。其服白紗單衣,承以裙襦,烏皮履,舉哀臨喪則服之。"乃知白帢本是仿"古皮弁"而用縑帛製作的一種白帽,所代表的是白帽、白紗單衣等一種服制,不僅梁朝,其實晉、宋以來弔喪一直用之。

　　但《隋書》同卷載北魏熙平二年(517),奏定五時朝服,及"河清中,改易舊物,著令定制"同樣有皇帝"東、西堂舉哀,服白帢",皇太子"為宮臣舉哀,白帢,單衣,烏皮履。未加元服則素服"的內容。而隋採齊令也有皇帝"白帢,白紗單衣,烏皮履,舉哀則服之"和皇太子"白帢,單衣,烏皮履,為宮臣舉哀,則服之"。這説明,弔服白帢也被北齊和隋令吸收,應屬於北朝向江左學習的內容。顯慶以

---

　　①　史睿:《〈顯慶禮〉所見唐代禮典與法典的關係》,127頁;李玉生:《唐令與禮關係析論》,43頁。

　　②　《宋書》卷一八《禮志》五,520頁。

　　③　《南齊書》卷一七《輿服志》,341頁。

前也即《貞觀令》、《永徽令》中舉哀條的弔服因襲北齊令、隋令,但
《開皇禮》中可能是素服,所以《貞觀》、《開元禮》也是素服而與令
不同。

　　舉哀、臨喪是兩種場合。北朝和隋、唐令中兩種場合的弔服
說法不一,那麼是否可以認為其穿着有別呢?徐乾學認為:"隋制
既備列三等之衰,復言白帢單衣舉哀者,蓋以白帢單衣代古之疑
衰也。"①意思是說隋制是以白帢代三等之衰的,這在臨喪時自然
也是如此。但從北朝較早的情況看,真正臨喪卻是素服而非白
帢,如前揭孝文帝臨大功親的廣川王諧喪即說是"素服深衣哭
之",李彪說文明太后之喪,"去三月晦,朝臣始除衰裳,猶以素服
從事"②。素服用於弔祭源自古禮。《禮記·郊特牲》有"皮弁素
服而祭,素服以送終也"之說,同書《文王世子》鄭玄注曰:"素服於
凶事為吉,於吉事為凶,非喪服也。君雖不服臣,卿大夫死則皮弁
錫衰以居;往弔,當事則弁經。於士蓋疑衰,同姓則緦衰以弔之,
今無服者不往弔也。"③也說明三等之衰可總稱素服,而素服可用
在喪事中不穿衰裳的場合。所以無論是白帢或者素服,與弔服所
說的錫、緦、疑三等之衰並不矛盾,問題只在於白帢和素服來源、
意義不同。

　　素服或解作素白之服,《南齊書》說白帢可"謂之素服",南朝史
上也有混言的情況④,但白帢與素服狹義上畢竟不是一回事。《通
典》卷八七《大祥變》載《大唐元陵儀注》,言羣臣"變服素服訖",注
明所服是"黑紵幞頭,腰帶,白衫,麻鞋"。而當時有司為皇帝準備

---

①　徐乾學:《讀禮通考》卷三五《喪服》六《弔服》,112 冊 721 頁。

②　《魏書》卷六二《李彪傳》,1390 頁。

③　《禮記正義》卷二〇《文王世子》,卷二六《郊特牲》,1409、1454 頁。

④　如《南史》卷五五《夏侯詳傳》:"後徵為尚書左僕射,金紫光祿大夫,道病卒。上
為素服舉哀,贈開府儀同三司,諡曰景。"1359 頁。

的也是"淺黑絁幞頭,帽子,巾子,大麻布衫,白布腰帶,麻鞋"。按語説明"淺黑墨絁"就是古禮所説"黑經白緯"的緌冠,"今以大祥服之,蓋從當時之宜"。另外同卷載禫變羣臣的素服是"細布麻衫,腰帶,細麻鞋,黑絁幞頭,巾子等"。盡管唐朝皇帝大祥或禫禮的素服不能認為與北朝全同,而且也未必與弔祭所服一樣,但結合黑絁幞頭和麻布衫、麻鞋,還是可以看出素服與縑帛製成的白帢、白紗單衣、烏皮履在顏色、質地、式樣上的區別。

因此這樣來考慮,我們就知道,令中的白帢和禮中的素服其實各自代表了南、北傳統,兩者取向不一。但無論是白帢還是素服,舉哀、臨喪都只能有一種選擇。北齊令吸收南朝而隋《開皇令》和唐初《貞觀令》復因襲之,卻沒有注意到禮中按照古禮和北朝傳統的素服規定,於是就出現了顯慶大臣所奏禮、令乖舛的問題。不過,這一點卻進一步證明了貞觀制度對於前朝禮令的自然因襲。所改後的顯慶令文和《開元令》依禮以素服而不是白帢弔哀解決了上述矛盾,只不過在令中仍保持了弔服的不同説法,這一方面是為了體現古禮的延續,另一方面也是作為顯示等級(實際運用時可能在衣質服飾上略有區別)的一種象徵。

唐令"復原35"藏冰一條來源也值得分析:

> 諸職事官三品以上、散官二品以上,暑月薨者,給冰。

藏冰制度源自先秦,歷代延之[①],據《續漢書·禮儀志》皇帝葬禮中即有"槃冰如禮"的制度。而南朝劉宋尤重。據《宋書》卷一五《禮志》二:"孝武帝大明六年五月,詔立凌室藏冰。"當時規定,"自春分至立秋,有臣妾喪,詔贈祕器。自立夏至立秋,不限稱數以周喪事。䌸制夷盤,隨冰借給"。南朝所在地理環境氣温較高,冰的應用有

---

① 關於藏冰制度及禮之沿革,參見楊梅:《唐宋宮廷藏冰制度研究》,《唐研究》14卷,481—493頁。

特殊意義。則喪葬給冰似乎更與南朝有關。

　　3. 唐令對隋令和北齊令的承襲

　　禮、令的某些不同表明它們在來源方面也有各自不一的途徑。唐令更直接的來源是隋令或者北齊令。例如上面已提到的"皇帝臨臣之喪"和"皇太子臨弔三師三少"，就是隋令"採用東齊之法"的內容。其中太子臨弔與唐令幾乎完全相同，是北齊令、隋令至唐一脈相傳。

　　《隋書》卷一二《禮儀志》引北齊關於喪葬的令文還有"後齊定令，親王、公主、太妃、妃及從三品以上喪者，借白鼓一面，喪畢進輸"，以及"王、郡公主（親王、公主?）、太妃、儀同三司已上及令僕，皆聽立凶門柏歷"，和上面在禮儀來源部分已經討論過的銘旌制度。凶門柏歷已見前關於《國恤禮》，由於被牛弘改革所以未能進入隋唐禮、令，銘旌制度則雖然也有修改，且關於"旐"的內容被取消，但規定銘旌長度的"勳品達於庶人，不過七尺"，卻在唐令中被清楚地體現出來。

　　經改革後訂立的隋《開皇令》與齊令相比，在內容條目上有更多滲透入唐令。例如《隋書》卷八《禮儀志》三載隋制即有：

> 　　皇帝本服大功已上親及外祖父母、皇后父母、諸官正一品喪，皇帝不視事三日。皇帝本服五服內親及嬪、百官正二品已上喪，並一舉哀。太陽虧、國忌日，皇帝本服小功緦麻親、百官三品已上喪，皇帝皆不視事一日。皇太后、皇后為本服五服內諸親及嬪，一舉哀。皇太子為本服五服之內親及東官三師、三少、宮臣三品已上，一舉哀。

內容與唐《喪葬令》"復原4"舉哀條基本對應。所不同的，只是《隋書》這裏將皇帝輟朝不視事，放到了與舉哀一起，這與唐朝輟朝放入《儀制令》是不同的，也有可能是將兩條令混在了一處。

另外，《隋書》同上卷“其喪紀，上自王公，下逮庶人，著令皆為定制，無相差越”（按《通典》卷八四《小斂》即直言“隋開皇初，太常卿牛弘奏著《喪紀令》”）下也載有如下令文：

①正一品薨，則鴻臚卿監護喪事，司儀令示禮制。二品已上，則鴻臚丞監護，司儀丞示禮制。五品已上薨、卒，及三品已上有朞親已上喪，並掌儀一人示禮制。

②官人在職喪，聽斂以朝服；有封者，斂以冕服；未有官者，白帢單衣。婦人有官品者亦以其服斂。

③棺內不得置金銀珠玉。

④諸重，一品懸鬲六，五品已上四，六品已下二。

筆者在上編討論皇帝葬禮時，曾指出牛弘因對南朝的喪禮形式不滿，所以按照鄭玄釋古制的“士二鬲，則大夫四，諸侯六”之意恢復了重鬲制度，只不過完全以官品等級對應，這個修改是通過“喪紀令”來實現的。

⑤輴車，三品已上油幰，朱絲絡網，施襈，兩箱畫龍，幰竿諸末垂六旒蘇。七品已上油幰，施襈，兩箱畫雲氣，垂四旒蘇。八品已下達於庶人，鱉甲車，無幰襈旒蘇畫飾。

⑥執紼，一品五十人，三品已上四十人，四品三十人，並布幩布深衣。三品已上四引、四披、六鐸、六翣，五品已上二引、二披、四鐸、四翣，九品已上二鐸、二翣。

⑦四品已上用方相，七品已上用魌頭。

⑧在京師葬者，去城七里外。

⑨三品已上立碑，螭首龜趺，趺上高不得過九尺。七品已上立碣，高四尺，圭首方趺。若隱淪道素、孝義著聞者，雖無爵，奏，聽立碣。

⑩三年及朞喪不數閏，大功已下數之。以閏月亡者，祥及忌日，皆以閏所附之月為正。

⑪凶服不入公門。朞喪已下不解官者,在外曹襆緣紗帽。若重喪被起者,皁絹下裙帽。若入宮殿及須朝見者,冠服依百官例。

⑫齊衰心喪已上,雖有奪情,並終喪不弔、不賀、不預宴。朞喪未練,大功未葬,不弔不賀,並終喪不預宴。小功已下,假滿依例。

⑬居五服之喪,受冊及之職,儀衛依常式,唯鼓樂從而不作。若以戎事,不用此制。

以上 13 條中,前 10 條則均能在唐《喪葬令》中找到對應,並且大部分與唐令相當接近,有些如重鬲、方相魌頭、在京師葬者、三年及朞喪不數閏等幾乎完全相同。其中方相魌頭在北齊令原是"三品已上及五等開國,通用方相。四品已下,達於庶人,以魌頭",自隋令方有所修改。而上面關於《開元禮》來源的討論也指出,雖然"銘旌"在這裏不曾引用,但北齊令已見痕跡,則《開皇令》、《貞觀令》亦應有之,《開元令》的淵源是在後齊與隋。

隋令最後 3 條可以與前揭仁井田陞復原唐《儀制令》第 25 至 27 條對應,此三條是:

> 25. 諸齊衰心喪已上,雖有奪情,並終喪不弔、不賀、不預宴。周喪未練,大功未葬,並不得朝賀,仍終喪,不得宴會(並參《通典》卷七〇《元正冬至受朝賀》,《唐六典》卷四禮部郎中員外郎條注等)。

> 26. 諸居五服之喪,受冊及之職,儀衛依常式,唯鼓樂從而不作。若以戎事,不用此制。(並參《慶元條法事類》卷七七引《儀制令》)

> 27. 諸凶服不入公門,遭喪被起,在朝參處,各依品色,淺色而著本色之淺。周已下,慘者,朝參起居,亦依品色,無金玉之飾。在家依其服制,起復者,朝會不預。(並參《唐六典》卷四禮部郎中員外郎條注等)

與之對應,據《天聖令》新復原的唐《假寧令》第 21 條也有"諸遭喪被起者……朝集、宿直皆聽不預"的内容①。

　　唐令其餘條目與隋令的關係顯然還值得進一步研究,但是以上條目加上臨喪、舉哀二條,僅《喪葬令》本身已達12條。此外從《隋書》卷七七《隱逸・李士謙傳》還可以見到關於其死,"會葬者萬餘人。鄉人李景伯等以士謙道著丘園,條其行狀,詣尚書省,請先生之謚。事寢不行,遂相與樹碑於墓"的記載。其中"道著丘園"、"請先生之謚",與唐令"復原26"請謚給謚條的"若蘊德丘園,聲實明著,雖無官爵,亦奏賜謚曰'先生'"完全相合,可以推測本條内容文字也是隋令已有。由這些令文來看,唐令有而尚未見隋令者,只遺陪陵、賵賻、官借葬具、葬墓田等官員死後的待遇問題。因此雖然不是隋令全部,但就其相似性不妨可以做這樣的推測,即《喪葬令》的格局《開皇令》已基本確定,唐令只是在前朝令文基礎上修改補充,而且貞觀、永徽、神龍、開元定令基本上是繼承為主。所以《喪葬令》本身除了與本朝禮制有直接關係外,還有令本身的承接系統,這纔可以解釋,隋令的相似内容為何還會出現在開元二十五年令中。

　　當然將隋令和唐令加以比較,也會發現有一些不同。例如上述①條完全可以與唐《喪葬令》"復原7"條對應,然卻沒有詔葬的明確説法。結合其他令條,恰恰可以認為是詔葬結合官品逐漸發展和制度化的表現。

　　不過從令文來看,由於大部分指事範圍内容是一致的,多數是等級數量稍加變更,適應各朝代不同的需求、官制變化而已,只是少數可能有所刪改。如隋令"官人在職喪,聽斂以朝服;有封者,斂以冕服;未有官者,白帢單衣,婦人有官品者亦以其服斂",唐令"復原16":"諸百官以理去職而薨卒者,聽斂以本官之服。

---

①　趙大瑩:《唐假寧令復原研究》,601頁。

無官者,介幘、單衣。婦人有官品者,亦以其服斂。_{應珮者,皆用蠟代}
_玉。"顯然缺乏在職、有封的官服。我在以往的文章中曾提出可否據
隋令補充唐令的疑問①,但是《通典》卷八四《始死斂》有"大唐王公
以下之喪,贈襚衣服,出當時恩制,不著於令典"的說明,則不知一
般官員的斂服是否也包括在此"贈襚衣服"之内,如其如此,則唐
令此項内容確有可能取消。

喪葬令文之間的繼承到了《天聖令》仍清晰可見,前已統計天
聖《喪葬令》宋令33條,而筆者參以唐史料和日本《令集解》等可以
復原的唐令已達到37條,這説明從多數宋令中都能找到唐令的蹤
影。雖然,宋代圍繞官制、禮制和官僚的喪葬待遇發生了不少變
更,如賻贈的頒發方式標準等,有些甚至是關乎社會政治和民生大
計。但是《喪葬令》相關喪葬程序和基本内容格局並没有發生太大
的不同。這種繼承關係當然並不是在其他所有令文中都是如此。
而發生這種現象,一個原因固然是由於"令以設範立制",令向來是
被作為最基本的原則和規範,其作用不在於細節的改變,具體的變
化要通過格式制敕,宋以後甚至是要以更實用的"例"來解決;但更
重要的,毋庸説是禮的延續所造成。喪葬禮儀的基本程式、基本規
則以周禮的原始内容為出發點,民族的基本取向、方式一致,自上
古至於中古雖萬變而不離其宗,其延續性、穩定性決定了歷經數百
年后,至唐令仍保有相當傳統的内容,這不能不説是中國歷史上一
個非常奇特的現象。

不過,從《喪葬令》和禮的沿革中還是可以看到不同朝代禮儀
制度在其中留下來的痕跡。總的來説,無論是唐令還是禮,一方面
都有吸收漢魏兩晉南北朝制度的成分,這使它們仍帶有士族社會
重家族門第和重血緣親緣的某些特徵;但是另一方面,官僚制的發

---

① 見拙文:《關於唐〈喪葬令〉復原的再檢討》,95頁。

展,決定了國家和社會在喪葬問題上,對官品的重視已經逐漸超過家族地位和血緣親緣關係,成為確定等級的最主要標準。這種以官品為中心的意識完全滲透於禮、令之中,且兩者相互補充,相互依賴,使官僚社會的操作規程具體體現於其間,也使中古制度開始發生質的變化。當然,這方面的變化還要等到唐五代甚至宋以後纔會顯著起來,這也是禮制循序漸進的規律使然。

第六章　喪葬令、格、式、制敕的作用關係及唐宋喪葬制度的發展變化

　　唐朝的喪葬法制程式除了令之外,還有格式制敕的不同來源和形式。它們既被禮典吸收,又單獨存在。唐太宗曾認為,"國家法令惟須簡約,不可一罪作數種條,格式既多,官人不能盡記,更生姦詐"。但是又認為"詔令格式若不常定,則人心多惑,姦詐益生",要求發號施令不能輕出,"詔令必須審定,以為永式"①。但"永式"其實是不會有的,國家必須通過律、令、格、式對法令不斷地進行修正,纔能適應形勢發展的需要,因此今天所見到相關唐宋的喪葬法式中,格式制敕的記載是十分豐富的。特別是在唐代中期以後,格敕的制定涉及内容寬泛而靈活,它們在很大程度上代替了令,集中地體現了喪葬制度對於全社會各個階層的輻射和自上而下的變化。

　　本章分階段討論中晚唐和五代喪葬格敕,並通過唐宋《喪葬令》的比較略及宋代喪葬制度的發展,藉此以對中古後期的喪葬制度提供一些認識。

---

① 謝保成:《貞觀政要集校》卷八《刑法第三十一》貞觀十年、十一年條,450頁。

一　唐朝喪葬法式的健全與中晚唐格式制敕

　　唐朝喪葬法式的健全大體可以分為不同時期。而法令的建設大體都是針對違禮越制和厚葬之風進行的。但唐初的法令更多還是針對高級官吏，格式制敕的制定對令文雖有補充作用，卻主要是配合令文以使用。自高宗、武則天至開、天之間，厚葬之風愈來愈從官僚延及富豪百姓，格式制敕作為禮令修改和補充的意義愈為明顯。中唐以後，隨着社會經濟發展，下層官吏與百姓葬禮的要求和問題突出了，朝廷在對喪禮進行約束的同時，也在適應社會變化推舉出新的喪葬章程。元和、會昌兩次重要的喪葬"條流"在依照《開元禮》定官僚等級之外，出現了針對散試官等流內九品以外官吏及庶人的內容，不僅擴大了喪葬禮制的針對面，也增加了喪葬法制的內容，體現了社會變化下的新格局。

　　(一)《喪葬令》的執行和違禮越制

　　《喪葬令》制定以後，在相當長的時間內是被作為喪葬綱領而嚴格執行的。禮、令結合，對於官員百姓無疑有着引導和約束的作用。不僅朝廷處理喪葬事務須以《喪葬令》為據，我們也發現官員一應葬事和墳墓設施遵照《喪葬令》所定禮儀規格的現象。

　　例如《唐代墓誌彙編續集》開元〇〇九《唐故銀青光禄大夫雋州都督長沙郡公贈幽州都督吏部尚書文獻公姚府君玄堂記》載姚崇父、祖之墓園①。其中姚崇父"文獻公墳高一丈五尺，周迴廿五

---

　　①　按拙文：《從〈天聖令〉對唐令的修改看唐宋制度之變遷——〈喪葬令〉研讀筆記三篇》(《唐研究》12卷，北京大學出版社，2006年，191頁)中誤將此《玄堂紀》內姚崇父、祖之墓寫作姚崇與其父之墓，此處特作糾正。

步，石人、石柱、石羊、石獸各二，列在墳南；碑一所，在墳南一十四步，柏樹八百六十株，闕四所，在塋四隅”。姚崇祖“懷州長史府君墳高一丈，周迴廿三步，石人、石柱、石羊、石獸各二，列在墳南；碑一所，在闕南廿步，柏樹七百八十六株”。

按據《喪葬令》定墓地面積和墳高：“一品方九十步，墳高一丈八尺；二品方八十步，墳高一丈六尺；三品方七十步，墳高一丈四尺，墳高一丈四尺；四品方六十步，墳高一丈二尺；五品方五十步，墳高一丈；六品以下方二十步，墳高不得過八尺。”（“復原29”）墓域門及四隅則“四（三？）品以上築闕，五品以上築土門”（“復原30”），又墓上石人石獸之類，“三品以上六，五品以上四”（“復原32”）。由於姚崇父的生前官爵和贈官“唐故銀青光禄大夫嶲州都督長沙郡公贈幽州都督吏部尚書”中最高為從二品，恰在二品和三品之間，所以其墳高也取兩者之中。又不算石柱，計曰石人石獸六，符合“三品以上六”。姚崇祖懷州長史（從五品上）墳高一丈，符合令文五品之制，惟石人石獸比五品多二。可能沾了子孫之光。另外兩人按官品皆得立碑，崇父由於是三品以上，墓四隅尚得立闕四所，而崇祖則無之。另外《玄堂記》説明“其明器等物，總一百五十事，並此記並同瘞於玄堂南一十二步”，據唐令“復原23”“諸明器”條，“三品以上九十事，五品以上六十事”，因此“總一百五十事”是二人合計。

據《舊唐書》卷九六《姚崇傳》其父乃貞觀中任嶲州都督。《全唐文》卷三二八胡晧（皓）《嶲州都督贈幽州都督吏部尚書謚文獻姚府君（懿）碑銘并序》載其龍朔二年（662）卒。《玄堂記》稱：“右奉開元三年（715）七月廿四日制贈吏部尚書，謚曰文獻公。既奉朝恩，以其年十月己酉朔十三日辛酉卜兆叶吉，敢用封樹。”並言明“第十子兵部尚書紫微令梁國公崇”“恐松柏方合，陵谷貿遷，而前誌先在曠內，事歸幽密，不敢輕啓”，也即姚崇父的贈官是因子姚崇而得。墓誌言其贈幽州都督是在景龍中，而吏部尚書乃開元中新贈，且因姚崇之勢又重飾墓地。但墓葬基址並没有遷移啓動和增加,所以墓地面積兩者皆低於規定。總的看來姚崇雖貴為宰相,其所新建卻也是基本與制度相合的。

墓葬和墓室的形制實際上也是有等級區分的。孫秉根提出,唐朝的墓葬應分為四個類型和等級,認為與文獻記載的三品、五品、九品和庶人等級大致相應[1]。而據宿白先生對西安地區唐墓形制的分析,可以分為雙室弧方形磚室墓、單室弧方形或方形的磚室墓、單室方形土洞墓、單室長方形土洞墓、單室長方形土洞墓等四種類型[2]。齊東方則研究了雙室磚墓、單室磚墓和方形、長方形、刀形土墓等的具體情況,指出雙室磚墓的墓主有太子、公主、特殊的功勳或勢力的高官;單室磚墓的墓主人都是一、二、三品官;單室方形土洞墓的墓主人主要為四、五品官,單室方形或長方形土洞墓的墓主人為六至九品官;單室長方形土洞墓的墓主人是無品官但有地位的庶人,"刀形"土洞墓的墓主人是普通人。"這種現象在唐代前期即八世紀中葉以前尤為清楚,與文獻記載的三品以上、五品以上、九品以上、庶人的埋葬等級相吻合。""事實上考古發現的墓葬等級區別比文獻的記述還要嚴格,西安地區高宗至玄宗時期同樣是三品以上等級的墓葬,依官品的細微差別,墓葬在形制、隨葬品上都有體現"[3]。

即使到了唐後期,也可以看到《喪葬令》所定條令和禮儀規格作為基本法規仍在起着作用。例如白居易《唐故湖州長城縣令贈

---

[1] 孫秉根:《西安隋唐墓葬的形制》,《中國考古學研究——紀念夏鼐先生考古五十年紀念論文集(二)》,北京:科學出版社,1986年。

[2] 宿白:《西安地區的唐墓形制》,《文物》1995年12期,41—49頁。

[3] 齊東方:《唐代的喪葬觀念習俗與禮儀制度》,60頁;《試論西安地區唐代墓葬的等級制度》,《紀念北京大學考古專業三十周年論文集》,北京:文物出版社,1990年,286—309頁。按關於墓葬制度的探討還有孫新科:《試論唐代皇室埋葬制度問題》,《中原文物》1995年4期,41—48頁。

户部侍郎博陵崔府君神道碑銘并序》便提到："按國典,官五品以上墓廟得立碑,又按《喪葬令》,'凡諸贈官,得同正官之制'。其孫彥防、彥佐等,奉父命述祖德,揭石於墓,勒銘於碑。"所謂"官五品以上墓廟得立碑"正是根據唐令"五品以上立碑"、"七品以上立碣"(見"復原32");而"凡諸贈官,得同正官之制"雖然尚不能借助《天聖令》完全復原,但也是《喪葬令》精神(參"復原12"、"復原26"),這説明官員墓上設施的級別是完全參照《喪葬令》的。

盡管如此,法令執行的另一面卻也顯現出喪葬的違禮越制和屢禁不止。貞觀十七年(643)唐太宗下詔曾針對"勳戚之家,多流遁於習俗;閭閻之内,或侈靡而傷風,以厚葬為奉終,高墳為行孝,遂使衣衾棺槨,極雕刻之華;芻靈冥器,窮金玉之費。富者越法度以相高,貧者破資產以不逮"的情況,要求"其〔王〕公以下,爰及黎庶,送終之具有乖令式者,〔仰州府縣官?〕明加檢查,隨狀科罪。在京五品官已上及勳戚家,録狀聞奏"①。説明王公乃至百姓,喪事若不按喪葬令式執行即須"科罪",不過其中"在京五品官已上及勳戚家"看來還是最被關注。

武則天證聖元年(695)三月制亦對喪葬禮儀"迺有富族豪家,競相踰濫,窮奢極侈,不遵典法。至於送終之具,著在條令;明器之設,皆有色數,遂敢妄施隊伍,假設幡稍,兼復創造園宅,彫剪花樹。或桐關木馬,功用尤多;或告(吉)舉凶□,綵飾殊貴,諸如此類,不可勝言。貴賤既無等差,資產為其損耗,既失芻靈之義,殊乖朴素之儀"的情況大加批判,並針對"州牧縣宰,不能存心;御史金吾,曾無糾察;積習成俗,頗紊彝章"的問題,要求所司"重更申明處分,自今以後,勿使更然"②。不但違禮越制更嚴重,而且"富族豪家"顯然已

---

① 《唐大詔令集》卷八〇《喪制·戒厚葬詔》,462—463頁;謝保成:《貞觀政要集校》卷八作貞觀十一年,文字略有不同,452—453頁。
② 《唐大詔令集》卷八〇《禁喪葬踰禮制》,463頁。

不止於貴戚高官。

當然唐前期違禮越制仍以朝廷親貴最甚。《舊唐書》卷九六《宋璟傳》記開元七年(719)皇后父、開府儀同三司王〔仁〕皎卒,其子請同昭成皇后父竇孝諶故事,墳高五丈一尺,超越了陪葬墓的最高規定。宋璟等上言批評道:"比來蕃夷等輩及城市閒人,遞以奢靡相高,不將禮儀為意。今以后父之寵,開府之榮,金穴玉衣之資,不憂少物;高墳大寢之役,不畏無人。百事皆出於官,一朝亦可以就。"正可見當時外戚官僚倚仗權勢不遵典法,而率先破壞制度,以開侈靡之風的情況。

不僅是無視葬制等級的厚葬之風,而且民俗也有頗多與禮制不合。《新唐書》卷九八《韋挺傳》言韋挺貞觀中為御史大夫,"是時承隋大亂,風俗薄惡,人不知教。挺上疏曰:'父母之恩,昊天罔極;創巨之痛,終身何已。今衣冠士族,辰日不哭,謂為重喪;親賓來弔,輒不臨舉。又閭里細人,每有重喪,不即發問,先造邑社,待營辦具,乃始發哀。至假車乘,雇棺槨,以榮送葬。既葬,隣伍會集,相與酣醉,名曰出孝。'"

這些做法,與儒家的喪禮取向毋庸說是背道而馳的。但隨着經濟上升,厚葬之風愈演愈烈,特別是借助官勢及資財,使葬禮亦愈來愈成為一種炫耀和展示,甚至本來埋於地下的明器等隨葬品,也要擡昇招搖過市,並因路祭而顯示排場。這種做法,並不是只有官僚,而是更多地傳習於一般百姓。《封氏聞見記·道祭》有言:"玄宗朝,海內殷贍。送葬者或當衢設祭,張施帷幙,有假花、假果、粉人、麪粮(原注:一本作"獸")之屬;然大不過方丈,室高不踰數尺,議者猶或非之。喪亂以來,此風大扇,祭盤帳幙,高至八九十尺,用牀三四百張,雕鐫飾畫,窮極技巧;饌具牲牢,復居其外。"[1]厚

---

① (唐)封演撰,趙貞信校注:《封氏聞見記》卷六《道祭》,北京:中華書局,2005年,61頁。

葬之風愈來愈成為一種民衆共同追求的時尚,等級的限制因此被打破,是唐朝廷不得不面臨的一種趨勢。

因此一方面是唐初以來着意制定國家法令,另一方面則是僭越禮制的行為頂風而上,需要對已有令文不斷進行有針對性的修改補充。格式制敕比令的製作更迅捷靈活,内容亦更加隨時和具體。而中唐以後,針對低級官員和庶民百姓的方面有所增加,又是唐初制度遠遠不及的。

(二)喪葬法令的修訂整編

關於唐朝律、令、格、式和制敕等諸種法律形式之作用和關係,上世紀以來一直是法律史學界研究的中心議題之一,其中格、式的製作及其作用也愈益為學者所關注①。喪葬既是一複雜的事務,則除令外,相關格、式、制敕亦常見於記載。格式制敕不僅可以對律令加以細化和補充,且為禮令重修的基礎。戴建國指出,以制敕編修的格是當代法,與主要沿用前朝法的律令不同。律令條款基本前後相沿,故稱"刊定";而唐格則是完全删輯當代皇帝詔敕而成,

---

① 這方面的論著,如菊池英夫:《唐代史料における令文と詔敕文との関係について──〈唐令復原研究序説〉の一章》,《北海道大學文學部紀要》32,1973 年,35—57 頁;劉俊文:《論唐格──敦煌寫本唐格殘卷研究》,《敦煌吐魯番學研究論文集》,北京:漢語大詞典出版社,1990 年,524—560 頁;霍存福:《令式分辨與唐令的復原──〈唐令拾遺〉編譯墨餘録》,《當代法學》1990 年 3 期,48—52 頁;黄正建:《唐式摭遺(一)──兼論〈式〉與唐代社會生活的關係》,《'98 法門寺唐文化國際學術討論會論文集》,西安:陝西人民出版社,2000 年,451—456 頁;丸山裕美子:《唐宋節假制度的變遷──兼論"令"和"格敕"》,《中國社會歷史評論》3 卷,北京:中華書局,2001 年,366—373 頁;霍存福:《唐祠部式遺文匯考》,《中國法制史考證》甲編四卷,北京:中國社會科學出版社,2003 年,240—304 頁;戴建國:《唐宋時期法律形式的傳承與演變》,臺北:中研院審判史研讀會講稿,中研院史語所,2004 年 10 月 30 日,35—57 頁;坂上康俊:《〈令集解〉に引用された唐の格・格後敕について》,《史淵》128 卷,1991 年,1—20 頁;《關於唐格的若干問題》,《唐宋法律史論集》,上海辭書出版社,2007 年,60—70 頁;牛來穎:《詔敕入令與唐令復原》,《文史哲》2008 年 4 期,105—112 頁。

故謂之"刪定"。從嚴格的意義來講，律令只是一種修訂，而格纔稱得上是製作①。唐朝開元以後，格和格後敕的不斷修訂代替了禮令的重修，且與律令格式並行，成為唐後期五代行用的常法。而相關喪葬的制敕格文亦成為喪葬禮法最直接的依據。

1. 格、式、制敕對令的補充

唐朝喪葬法令中，相關的内容常常同時（或者説分別）進入律、令與格、式的規定。《唐律疏議》卷二六《雜律》："諸從征及從行，公使於所在身死，依令應送還本鄉（下略）。"一條下《疏議》有曰："'從征'，謂從軍征討；'及從行'，謂從車駕後行及從東宮行；並公事充使，於所在身死。依令應送還本鄉者，《軍防令》：'征行衛士以上身死（此處斷句從《唐令拾遺補》），行軍具録隨身資財及屍，付本府人將還。無本府人者，付隨近州縣遞送。'《喪葬令》：'使人所在身喪，皆給殯殮調度，遞送至家。'從行，準《兵部式》：'從行身死，折衝贈物三十段，果毅二十段，別將十段，並造靈轝，遞送還府。隊副以上各給絹兩疋，衛士給絹一疋，充殮衣，仍並給棺，令遞送還家。'"此條説明，關於使人和從征從行者的喪葬條款存在於《喪葬令》、《軍防令》和《兵部式》中，《兵部式》也有喪葬内容，可證令、式的法令效應是同等的。

《唐會要》卷三八《葬》載太極元年（712）六月右司郎中唐紹上疏曰："臣聞王公已下送終明器等物，具標格令，品秩高下。各有節文"，"望請王公已下送葬明器皆依令式"，説明明器在格文及令、式並有規定。《唐會要》卷二五《輟朝》載大和元年（827）七月因太常博士崔龜從上言輟朝，中書門下覆奏稱："謹案《儀制令》，百官正一品喪，皇帝不視朝一日……緣令、式舊文，三品以上薨

殁,通有輟朝之制。"因此除《儀制令》外,式中看來也有輟朝。輟
朝應由禮部管轄,則《禮部式》中有輟朝內容。《唐會要》卷三八載
會昌元年(841)十一月條御史臺奏請條流京城文武百僚及庶人喪
葬事,其中三品、五品輤車的油幰、流蘇等都是"任準令式",則輤
車的規定也在式中。

　　令式作用不一,而式更注重細則。上述《唐律疏議》"從征從
行"條《兵部式》相對於《軍防令》、《喪葬令》一般性的規定而言,內
容等級、對象劃分顯然更具體。明器亦是如此。在《唐六典》卷二
三《將作監》甄官令條是:

　　　凡喪葬則供其明器之屬,別敕葬者供,餘並私備。三品以上九
　　十事,五品以上六十事,九品以上四十事。當壙、當野、祖明、
　　地軸、䡍馬、偶人,其高各一尺;其餘音聲隊與僮僕之屬,威儀服
　　玩,各視生之品秩所有,以瓦、木為之,其長率七寸。

图 23. 唐张士貴墓白陶䡍馬

此條筆者認為是令的内容，並已參考《通典》卷八六《薦車馬明器及飾棺》"其百官之制"的相同文字予以復原（"復原23"）。

但《大唐開元禮》卷三《序例》下《雜制》關於明器卻有：

> 凡明器，三品以上不得過九十事，五品以上六十事，九品以上四十事。四神、馳馬及人，不得過一尺；餘音樂鹵簿等，不過七寸。三品以上帳高六尺，方五尺；女子等不過三十人，長八寸；園宅方五尺，奴婢等不過二十人，長四寸。五品以上帳高五尺五寸，方四尺五寸，音聲僕從二十五人，長七寸五分；園宅方四尺，奴婢等十六人，長三寸。六品以下帳高五尺，方四尺，音聲僕從二十人，長七寸；園宅方三尺，奴婢十二人，長二寸。若三品已上優厚料，則有三梁帳、蚊幬帳、婦人洗梳帳，並準此。

仁井田陞據此條復原為"明器"令文，但筆者以為，其内容過於具體，很可能是《禮部式》而不是令。《唐大詔令集》卷八〇載玄宗開元二年（714）八月《誡厚葬敕》曰：

> 且墓為真宅，自有便房，今乃別造田園，名為下帳；又明器等物，皆競驕侈，失禮違令，殊非所宜，戮屍暴骸，實由於此。承前雖有約束，所司曾不申明，喪葬之家，無所依準。宜令所司，據品命高下，明為節制。明器等物，仍定色數、長短、大小。園宅下帳，並宜禁絕；墳墓營（塋）域，務遵簡檢。凡諸送終之具，並不得以金銀為飾。如有違犯者，先決杖一百。州縣長官不能舉察，並貶授遠官。

此中所説"明為節制"者，正是明器的"色數、長短、大小"等。因此可以確定，明器等開元中確實曾有所司節制的"式"來規範，而"如有違犯者"以下懲戒内容，正是格敕的範圍。式與格敕起到了細化和補充作用。

图 24－1. 陶繪鎮墓神獸祖明正面與背面

图 24－2. 神獸背面字樣

2. 從唐前期服制改革看制敕破令和禮令重修

令、格、式再加上有關喪葬的律法（如"匿父母及夫等喪"、"居父母夫喪嫁娶"等律條）組成的全部，可以稱作是"喪葬法式"。但法式是在發展的，《唐律疏議》卷一一《職制律》有曰："諸稱律、令、式，不便於事者，皆須申尚書省議定奏聞。"①

所謂"議定奏聞"其實就是以制敕破令改禮，這裏僅以服制明之，如唐太宗貞觀十四年改革服制，就是大臣禮官奏後依"制可"而實行。高宗以後服制的改革亦是如此，除了長孫無忌修《顯慶禮》曾提出甥服改小功五月和為庶母緦服外，《唐會要》卷三七《服紀上》(《舊唐書》卷二七《禮志》七、《通典》卷八九《父卒母嫁復還及庶子為嫡母繼母改嫁服議》略同)還記載了高宗龍朔二年（662）一次為改嫁繼母服喪的討論。

此次討論因"司文正卿蕭嗣業，嫡繼母改嫁身亡，請申心制"的問題。"心制"是指在不解官服喪的情況下行"心喪"之法，即私下按喪制行禮和紀念先人。有司奏提出"據令，繼母改嫁，及為長子，並不解官"。於是下敕曰："雖云嫡母，終是繼母，據禮緣情，須有定制，付所司議定奏聞。"而司禮太常伯、隴西郡王博乂等奏議，認為"申（甲）令今既見行，嗣業理申心制。然奉敕議定，方垂永則，令有不安，亦須釐正"，也即公然申明，敕可以改令。他們提出"繼母之嫁，既殊親母，慈嫡義絶，豈合心喪？望請凡非所生，父卒而嫁，為父後者無服，非承重者杖朞，並不心喪，一同繼母"。也即除了"為父後者"（嫡子）不服，他子都只服杖朞（一年），但沒有不解官即服"心喪"之制。

奏議還提出令中的一些問題："又心喪之制，惟施厭降，杖朞之服，不悉解官。而令文三年齊斬，亦入心喪之制；杖朞解官，又有妻

---

① 《唐律疏議》卷一一《職制律》，229 頁。

服之舛。又依禮,庶子為其母緦麻三月,既是所生無服,準例亦合解官。令文漏而不言,於事終須修附,既以嫡母等嫁同一令條,總議請改,理為允愜者。"當時有司衛正卿房仁裕等七百三十六人議,請"一依禮司狀",但也有右金武將軍薛孤吳仁等二十六人反對,故奏議最後的要求是:

> 母非所生,出嫁義絶,仍令解職,有紊緣情。杖朞解官,不甄妻服,三年齊斬,謬曰心喪。庶子為母緦麻,漏其中制。並令文疏舛,理難因襲。望請依房仁裕等議,總加修附,垂之不朽。其禮及律疏有相關涉者,亦請准此改正。嗣業既非嫡母改醮,不合解官。

其中明確了對非所生嫁母不必解官服喪的問題,得"詔從之"。這裏博乂等奏議所言之"令"當指《永徽令》中之《假寧令》,此點仁井田陞已指出[1]。另外"禮及律疏"也當指永徽律疏及《顯慶禮》。奏議要求同時改正令文遺漏"疏舛"和禮、律的相關內容。近者羅彤華撰文,對其中的爭議和改革條目作了全面的討論和説明[2]。根據她的解釋,原來"疏舛"就是指《永徽令》中三年齊斬"解官"下還有"心喪"之文,以及夫為妻杖朞也在解官之內的問題。心喪是不能服喪或不能滿服之下的"厭降"之法,已解官服喪的斬衰(為父)或齊衰三年(為母),怎麼還能稱"心喪"?而夫為妻"杖朞"解官亦不合尊卑之意,所以要求改正。另外羅教授文也指出《永徽令》雖然有出妻之子和嫁母等條,但在嫁母中還包含嫡繼母,而對繼母則仍有心喪之文。庶子為母也沒有區分是否所生,一律三月。博乂等要求凡非所生之嫁母,都不心喪,而對庶母則所生子

---

① 見仁井田陞:《唐令拾遺·假寧令第二十九》"五甲"、"五乙"、"五丙"條,739—742頁,下引開元《假寧令》同;並見趙大瑩:《唐假寧令復原研究》"復原10"條,594頁。
② 羅彤華:《唐代官人的父母喪制——以〈假寧令〉"諸喪解官"條為中心》,《新史料·新觀點·新視角:天聖令論集》下冊,19—40頁。

應按三年為服。

　　按母服因皇子皇女的服喪在東晉南朝爭論最為激烈，庶子"服其庶母，同之於嫡"的問題，就是到晉宋之際纔漸得以解決①。唐代為所生庶母服大概已經約定成俗，但為非所生庶母服《貞觀禮》似乎仍無明文。《唐會要》同卷載顯慶元年(656)九月修禮官長孫無忌等奏，要求增補庶母服緦麻條。據其文"謹按庶母之子，即是己之昆季，昆季為之杖期，而己與之無服"，顯然針對是為非所生之庶母，但入禮時或許未加區分，所以房仁裕等說是"漏其中制"。出妻之子和嫁母等條亦是南北朝遺留下來未曾解決的母服問題，這次討論重在所生母和嫡、繼、慈、養在這些禮文上的區別，是對以往禮制的補充。博乂等要求以敕改令改禮，並公然聲稱"奉敕議定，方垂永則"，充分表達了對皇帝制敕的遵從。

　　但從後來的情況看，令的變化似乎是逐步的，此點羅文中也已指出。仁井田陞《唐令拾遺》將上述討論涉及的永徽令文復原作《假寧令》"五甲"條，又據《養老・假寧令》集解"職事官"條《古記》引《開元令》(《喪葬令》"服紀"條集解引文略同，惟無諸軍校尉以下給假百日內容)復原"五乙"條如下：

　　　　諸喪，斬衰三年、齊衰三年、齊衰杖朞(周?)及為人後者為其父母，並解官，勳官不解。申其心喪。諸君校尉以下，衞士防人以上，及親勳翊衛備身，假給一百日。父卒母嫁、及出妻之子為父後者，雖不服，亦申其心喪。其繼母改嫁，及父為長子、夫為妻，

―――――――――――――

①　參見《晉書》卷二〇《禮志中》，628—629 頁；《宋書》卷一五《禮志二》，399—401 頁。按晉武帝太元十七、十八年中(392—393)太常車胤曾兩次上言提到"自頃開國公侯，至卿士，庶子為後者，服其庶母，同之於嫡，違禮犯制"的問題。直到劉宋元嘉二十九年(452)，纔因南平王鑠所生母吳淑儀薨，有司奏以為"比世諸侯咸用士禮，五服之內，悉皆成服，於其所生，反不得遂"，於是皇子得以"皆申母服"。說明庶生母服制已逐漸統一於"父在服期、父死三年"的"士禮"。

並不解官，假同齊衰（筆者按：此處似脱一"周"或"幕"字）。

此條仁井田陞斷為開元七年令。其中三年服之"心喪"尚未改，但"繼母改嫁及父為長子、夫為妻"條，則已從解官心喪或者不解官心喪的内容中區别開來。

參考《天聖令》復原的開元二十五年令文（《假寧令》復原第 10 條，《唐令拾遺》作"五丙"條，文字略同）則作了進一步修改：

> 諸喪，斬衰三年，齊衰三年者，並解官。齊衰杖周，及為人後者為其父母，若庶子為後為其母，亦解官，申其心喪。父卒母嫁及出妻之子為父後者雖不服，亦申心喪。皆為生己者。其嫡、繼、慈、養，若改嫁或歸宗經三年以上斷絶者，及父為長子、夫為妻，並不解官，假同齊衰周。

這裏不但取消了三年的心喪之文，而且增加了"庶子為後為其母"。對"父卒母嫁及出妻之子為父後者"申心喪，特别説明是"皆為生己者"。並將嫁母中不解官亦不心喪的範圍從繼母擴大到嫡、繼、慈、養，並增加了"歸宗"的内容；以此明確了嫡、繼、慈、養與親母的區别，從總的來看纔是完全實現了龍朔二年朝議的精神。

但有一點疑問，即在開元二十年修成的《開元禮·序例》下《雜制》中，相同内容已經出現，《唐令拾遺》"五丙"條即主要據此復原。《雜制》所引用應該是開元二十年以前令，説明開元二十五年以前令文已經作了修改。如此《唐令拾遺》將"五乙"條作為開元七年令甚有可疑，因為離開元二十五年定令最近的即是開元七年令，卻與《開元禮》所引令文不同。考慮到此前還有開元三年刪改格式令，那麽《令集解》引文會不會是開元三年甚至並不是《開元令》而是開元以前的令呢？尚待進一步證實。

另外《開元禮》卷一三二《五服制度》"齊衰杖周"條有"父卒繼母嫁，從，為之服，報"，注文稱："若繼母出，則不服。若繼母出嫁，子從而寄育則服，不育則不服。"楊華認為，此條是從王肅"從於繼育，乃為之服"而來①。但是這裏強調"從而寄育"，也即隨從為之所養，正相對上面的"如改嫁或歸宗三年已上斷絕者"。又"齊衰三年"的正服"子為母"條沒有說明一定是為嫡母，而"緦麻三月"義服的"為庶母"條特別注明是對"父妾有子者"，間接意即非親母，説明庶子為其親母服應在三年而非三月之内，而無論他是否承嗣，可知在開元二十年以前的禮也已經作了相應修改。

除了禮、令之外，《唐律疏議》卷二三《鬥訟律》"諸告祖父母、父母者，絞"條問答中也有一段與之相關：

> 然嫡、繼、慈、養，依例雖同親母，被出、改嫁，禮制便與親母不同。其改嫁者，唯止服期，依令不合解官，據禮又無心喪，雖曰子孫，唯準期親卑幼，若犯此母，亦同期親尊長。被出者，禮既無服，並同凡人。其應理訴，亦依此法。

此條中有嫡、繼、慈、養"其改嫁者，唯止服期，依令不合解官，據禮又無心喪"之説，顯然是依據上述龍朔二年改定的制度②。這正應了龍朔二年朝議要求之"其禮及律疏有相關涉者，亦請準此改正"。因此，可以認為制敕對於禮、令、律疏是可以隨時修改的，到令、禮和律疏重新修訂時，這些改定就會逐漸反映在它們的條文中。

---

① 楊華：《論〈開元禮〉對鄭玄和王肅禮學的擇從》，《中國史研究》2003 年 1 期，57—58 頁。

② 按此條涉及律疏撰作的時間。對此學者有不同看法，仁井田陞、牧野巽：《故唐律疏議製作年代考》（《東方學報》1,109 頁）認為現存《唐律疏議》是開元二十五年所頒；楊廷福反對此説，認為是永徽律疏原本（《〈唐律疏議〉制作年代考》，《文史》5 輯，1978 年，收入《唐律初探》，天津人民出版社，1982 年）。劉俊文則認為"今傳《唐律疏議》中多見永徽以後歷次修改之内容及文字，但又與敦煌莫高窟所出《開元律疏》有顯著之差異，因此可以肯定二説皆難成立。比較可能接受的推斷是：今傳《唐律疏議》所據是神龍以後、開元二十五年以前通行本《律疏》"（氏著《唐律疏議箋解・序論》，北京：中華書局，1996 年，69—70 頁）。

《唐會要》同卷還載，武則天上元元年（674）表請"父在為母服三年"，也是先"下詔依行焉，當時亦未行用，至垂拱年中，始編入格"。所以開元詔令有"格令之內，有父在為母齊衰三年"。其中"格令"二字，《册府元龜》和《舊唐書》均作"格條"[1]，即指武則天所編。到開元五年，因左補闕袁履冰上言，"於是下制令百官詳議，並舅及嫂叔服不依舊禮，亦令議定"。大臣議論，元行沖等提出，"並請依古為當"。此後議竟不決，直至開元二十年，中書令"蕭嵩與學士改修五禮，又議依上元元年敕，父在為母齊衰三年為定。及頒禮，乃一切依行焉"，纔最終依格敕改禮。《開元禮》齊衰三年正服"子為母"下注曰："舊禮父卒（在）為母周，今改與父服同。"就正是因奏敕而行的證明。

《開元禮》對於貞觀服制的吸收也是如此。例如齊衰五月"為曾祖父母"說明："本三月，以其降殺太多，故新議改從五月。""新議"云何，該處不詳，但和上述蕭嵩與學士議應是一回事。與此類似的還有嫂叔服。《通典》卷九二"嫂叔服"在具引開元五年刑部郎中田再思、左常侍元行沖反對之議後說明："至（開元）二十年，中書令蕭嵩奏依《貞觀禮》為定。"蕭嵩等議然後奏，最後乃須經詔敕批准，所以禮的直接來源是制敕。

而唐玄宗又在開元二十三年通過籍田赦書要求禮官學士對"服制之紀，或有未通"的情況"詳議具奏"[2]，由宰相裴耀卿、張九

---

[1]　《册府元龜》卷五八八《掌禮部・奏議》一六，7036—7037 頁。《舊唐書》卷二七《禮儀志》七，1031 頁；按此條皮慶生認為應從《册府元龜》等，時禮僅入格，作為令的根據不足。見氏著《唐宋時期五服制度入令過程試探——以〈喪葬令〉所附〈喪服年月〉為中心》，383—384 頁。

[2]　《唐大詔令集》卷七四《開元二十三年籍田赦》，415—416 頁。按《册府元龜》卷八五《帝王部・赦宥》四赦文同，唯言藉田誤作二十二年（1011 頁）；《唐會要》卷一七《祭器議》也誤為二十二年（403 頁）。唯《舊唐書》卷八《玄宗記》同，但日期乙亥（十八日）誤作己亥（202 頁）。

齡、李林甫等總結意見，請示玄宗，由玄宗"手制"作出指示，最後耀卿等奏定："今聖制親姨舅小功，更制舅母緦麻，堂姨舅祖免等服，取類新禮，垂示將來，通於物情，自我作古"，"並望準制施行"①，玄宗批示"從之"。說明也是以制敕定喪服，對禮加以修改補充。

以上的服制改革大多是秉承皇帝的意志，且常常是由皇帝示意或下達指令，再由禮官大臣上奏議。如貞觀十四年的改禮就是太宗"從容謂禮官"，而由"侍中魏徵、禮部侍郎令狐德棻與禮官定義"。這其中雖有宰相的參加，履行"尚書省議定奏聞"的程序應是沒有問題的。但是在三省制改為中書門下體制後，改禮須經禮官奏議和朝議討論，再由宰相覆奏而最終敕令批准②，這一程序已經反映在開元二十三年的服制改革中，唐後期更為明確。本書首章討論皇（太）后喪制曾說明，《唐大詔令集》卷七六《義安太后服制敕》是由"皇帝為義安皇太后制服重輕事"，"權知禮部侍郎陳商等狀"、"中書門下奏"及皇帝批示的"敕旨"幾部分組成，清楚地看到皇帝下旨、禮官上奏、宰相覆奏和皇帝批准的過程。皇帝意旨和中央集權由此充分體現，而唐後期格敕的製作和增訂也成為立法和法令執行中最核心的內容。

3. 唐後期的格敕編輯及喪葬法規

開元以後乃至唐后期，對於喪葬制度條文不斷有所更改。而相關法典的編訂也呈極為興盛的態勢。如開元中除開元三年、開元七年、開元二十五年對令加重修和開元二十五年編訂《格式律令事類》之外，前後還有《開元格》、《開元後格》及《格後長行敕》等格敕的專門編修。後者在唐後期形成常態。德宗初委刑部删定格令①，史載貞元元年（765）尚書省進《貞元定格後敕》三十卷。憲宗朝有元和初刑部侍郎許孟容等"删天寶以後敕為《開元格後敕》"②，刑部尚書權德輿、侍郎劉伯芻等元和五年（810）所修《元和格敕》三十卷，元和十三年鄭餘慶領銜《詳定格後敕》三十卷。此後見於著錄又有穆宗長慶三年（823）"詳正敕格"，文宗朝《大和格後敕》四十卷和《格後敕》五十卷、狄兼謩《開成詳定格》十卷，宣宗朝刑部侍郎劉瑑等《大中刑法總要格後敕》六十卷和張戣《大中刑法統類》十二卷等③。

喪葬的改制內容也記載在後期的格敕之中。從保存不多的材料來看，至少開元二十九年、大曆貞元中、元和三年、六年、長慶三年、會昌元年都有專門針對喪葬的敕文。《玉海》記王彥威"集開元二十一年以後至元和十三年正月五禮裁制敕格，為《曲臺新禮》三十卷；又採元和以來至長慶典禮故事不同者，益以王公士民婚祭之禮，為《續曲臺禮》三十卷"④。可以想見他的兩部書中都收錄了相

---

① 以上見《舊唐書》卷五〇《刑法志》，2150、2153 頁。

② 見《新唐書》卷五六《刑法志》，1413 頁。《册府元龜》卷六一二《刑法部·定律令四》載："憲宗元和二年七月，命刑部侍郎許孟容、大理少卿柳登、吏部郎中房式、兵部郎中蔣武（父？）、户部郎中熊執易、度支郎中崔元、禮部員外郎單（韋）貫之等删定開元格後敕。"（7349 頁）按許孟容永貞元和初在刑部侍郎任上（見嚴耕望：《唐僕尚丞郎表》卷二〇《輯考》七下"刑部侍郎"，1025 頁）。據同書卷一四九《蔣乂傳》言："元和二年，遷兵部郎中，與許孟容、韋貫之等受詔删定敕格，成三十卷，奏行用。"《新唐書》卷五八《藝文志》也載有許、韋、蔣、柳撰《元和删定制敕》三十卷，則即前書也。但《册府元龜》同上卷在元和十三年鄭餘慶《詳定格後敕》下另有"其年，刑部侍郎許孟容、蔣乂等奉詔删定，復勒成三十卷，刑部侍郎劉伯芻等定，如其舊卷"的記載（7351 頁），《舊唐書》卷五〇《刑法志》和《唐會要》卷三九《定格令》同。惟參與撰者未變，而許孟容其時也已不任刑部侍郎，疑與前者為一書，史料誤置也。

③ 參見《唐會要》卷三九《定格令》，822—823 頁；《新唐書》卷五六《刑法志》、卷五八《經籍志》二，1413—1414 頁，1497 頁。

④ 《玉海》卷六九，1302 頁。

當多的喪葬格敕。其所謂"新禮"、"續禮"的沿革在相當多的成分上是直接由制敕來説明,而且與元和格後敕的編纂重在天寶以後敕的收集一樣,禮書也是重在開元以後禮的。

　　唐後期兩次最重要、涉及内容範圍最廣的葬制修訂便是《唐會要》所記元和六年(811)十二月"條流文武官及庶人喪葬"和會昌元年(841)十一月"御史臺奏請條流京城文武百僚及庶人喪葬事",兩者可謂討論中晚唐喪制最直接的依據。其中元和六年"條流",據《唐會要》卷三八《葬》言所奏乃"以前刑部尚書、兼京兆尹鄭元修,詳定品官葬給,素有章程";考慮由於"歲月滋深,名數差異,使人知禁",而"須重發明制,庶可經久"。鄭元元和四年五月辛酉已卒①,《會要》同門載他於元和三年曾奏上"王公士庶喪葬節制"(詳下),所以制度應是在元和三年所修,元和六年更定的。從前揭記載可知,元和中曾數度修格敕,特別是元和十三年鄭餘慶的《詳定格后敕》,應當是綜合收入其中而為後來的格敕所延續的。

　　元和格敕甚至為五代繼承,但來源不一。《五代會要》所載後唐天成二年(927)六月三十日御史中丞盧文紀奏,就專門提到了元和六年條流以及長慶三年(823)李德裕的奏文②,與《唐會要》所載文字有多有歧異,可以補《唐會要》之闕,但完全没有提到會昌五年的條奏,這説明五代所見的唐朝喪葬敕文有可能不是來自《唐會要》。

　　據《五代會要》卷九《定格令》,天成元年(926)九月二十八日御史大夫李琪奏,提到當時有《開元格》一卷、《開成格》一十一卷,又有《大和格》等。認為根據"立後格合破前格"的原則,不能將之一起使用。故按照敕令詳定一件格施行的指示,"今集衆商量,《開元

---

　　①　見《舊唐書》卷一四《憲宗紀》上,427頁;並參嚴耕望:《唐僕尚丞郎表》卷一九《輯考》七上《刑部尚書》,995頁。

　　②　《五代會要》卷八《喪葬上》,137—138頁。

格》多定條流公事,《開成格》關於刑獄,今欲且使《開成格》"。《宋會要輯稿·刑法》一之一說宋初沿用的唐朝刑法書就有《元和删定格後敕》、《太(大)和新編〔格〕後敕》《開成詳定刑法總要格敕》等,說明元和、大和與開成所修格敕直至宋初仍是唐朝的主要遺存。其中《元和删定格後敕》不知是元和五年還是元和十三年所修,即使上述元和六年的喪葬奏敕未來得及被收入,也至少會延入會昌元年改革喪制以前的《大和格》、《開成格》。長慶的奏敕《大和》、《開成格》也應收入,但更晚的會昌奏敕就不可能收入了,《五代會要》天成二年盧文紀奏中只提到元和六年而未及會昌元年條制,很可能就是由於當時確定使用《開成格》的緣故。五代從晚唐格敕中直接吸收葬制,可以知道其時禮法來源的最重要途徑。

(三)葬制的變化趨勢與元和、會昌條流的内容取向

有關唐朝經濟史的研究早已證明,自至開、天之際均田、租庸調制敗壞,已進入商品經濟和貨幣制度發展的歷史時期,安史亂後鹽茶專賣制的實行,進一步促進了商品交換和物資流通。與此同時,社會階級升降打亂了原有的統治秩序,對喪葬制度也提出了愈來愈尖銳的挑戰,武則天玄宗以來"貴賤既無等差,資産為其損耗"的情況禁而不止,"近代以来,共行奢靡,迭相倣傚,寖成風俗;罄竭家产,多至凋弊"的現象也屢屢發生[1]。而開元禮、令關於九品以上官員喪禮的程式、待遇規定甚詳,相比之下對低級官員和庶人則簡約得多,這並不符合後者社會地位或經濟地位提升的要求。因此對於喪葬制度進行補充和修訂的詔令格敕不斷出現,並且大體是沿着這樣的兩個趨向完善:一是希望通過制度限約力挫官員百姓的侈靡之風,一是重新建立等級秩序,不斷增加對於低級官員和庶

① 《唐大詔令集》卷八〇《禁喪葬踰禮制》、《誡厚葬敕》,463 頁。

民的喪葬規定。

1. 三等定限與下層官吏、庶民内容的增加

開元禮、令關於各級官員的喪葬待遇、規格有嚴格規定，而按照等級所規定的各種喪葬設施和用物無疑是服制之外，喪葬制度中變化最大者。開元後期以降，為了限制厚葬之風，針對原有令式已不斷有新的規定，例如《唐會要》卷三八《葬》所載開元二十九年正月十五日敕是關於一品至五品的明器墓田等，其中明器已由令所規定三品、五品、九品以上的各九十事、七十事、四十事分別減為七十事、四十事、二十事；墓田也是"一品塋地，先方九十步，今減至七十步；墳先高一丈八尺，減至一丈六尺"。其餘自二品至九品也各有減少（詳附表10.）。

不僅如此，敕文還規定"（明器）皆以素瓦為之，不得用木及金、銀、銅、錫。其衣不得用羅錦繡畫，其下帳不得有珍禽奇獸，魚龍化生。其園宅不得廣作院宇，多列侍從。其輴車不得用金銀花、結綵為龍鳳及垂流蘇、畫雲氣。其别敕優厚官供者準本品數十分加三等，不得别為華飾"。"其送葬祭盤，不得作假花果及樓閣，數不得過一牙盤。"

開元二十九年的敕文對諸種喪葬設施用物均加以削減和限制，其所針對者無疑是當時的厚葬之風。凡詔敕所限制的葬禮崇飾可以想見正是當時普見之舉。唐代後期這類制敕奏文不斷頒布，如大曆七年（782）三月《條流葬祭敕》針對"頃來或逾法度，侈費尤多"的現象下令"自今以後，宜儉約悉依令，不得於街衢致祭，及假造（造假？）花果、禽獸，並金銀平脱寶鈿等物，並宜禁斷"①。"假造（造假？）花果、禽獸，並金銀平脱寶鈿等物"的出現説明送葬的物

---

① 《唐大詔令集》卷八〇《條流葬祭敕》，463頁。

品較之以往更有升級。《唐會要·葬》載長慶三年十二月,浙西觀察使李德裕奏,稱"緣百姓厚葬,及於道途盛設祭奠,兼置音樂等。閭里編甿,罕知報義,生無孝養可紀,歿以厚葬相矜。喪葬(按二字《五代會要》卷八作"器仗")僭差,祭奠奢靡,仍以音樂榮其送終"。又說:"伏以風俗之弊,誠宜改張,緣人心習於僭越,莫肯循守,纔知變革,尋則隳違。"並提出"伏請臣當道自今以後,如有人卻置,準法科罪。其官吏以下不能節級懲責,仍請常委出使郎官御史訪察。所冀遐遠之俗,皆知憲章",敕旨依奏。

因此元和六年十二月"條流文武官及庶人喪葬"及敕旨、會昌元年十一月御史臺"條流京城文武百寮及庶人喪葬事"均是整頓葬制的產物。筆者在討論《大唐開元禮》行用的文章中曾指出,貞元、元和是禮的整頓和改革時期。而元和之初憲宗立意"中興",呂溫《代鄭相公(絪)請刪定施行〈六典〉〈開元禮〉狀》正是這個時期禮制改革的一個信號。文章要求對原先"草奏三復,只令宣示中外;星周六紀,未有明詔施行"的《唐六典》和《開元禮》加以"刪定施行",實際上就是要求參考《開元禮》的規定,對當時"喪祭冠婚,家猶異禮,等威名分,官靡成規"的狀況加以整頓和"裁正"①。葬制中的某些變化,應是其時力求落實大唐盛制和振興禮法的具體表現。至於會昌元年條流葬制,則正當李德裕上任宰相不久。結合上述長慶三年的奏文,重定喪制應該也是他立意整肅民俗而付諸實施的政治舉措。

不過真實的情況卻是《唐會要》所說"是時厚葬成俗久矣,雖詔命頒下,事竟不行"。齊東方前揭文亦已指出,將唐後期敕中不同時期的一些新規定加以比較,會發現以往關於唐代前後期墓葬形制、隨葬品種類、數量和質量的變化都趨於簡略的說法與文獻記載

---

① 按關於貞元、元和恢復《開元禮》的情況,參見拙文:《禮用之辨:〈大唐開元禮〉的行用釋疑》,97—130 頁。

有重大矛盾,也即按制度規定明器等用物實際上是在不斷增加的,墓葬佔地(墓田)和一些隨葬品的尺寸也在擴大,並列簡表予以説明。齊文並結合墓葬,指出厚葬之風成為傳統,且是長久不變的趨勢,"統治者通常對厚葬的忠孝之舉不加干涉,只有過於豪奢或炫耀對社會造成不良影響時,纔會下令禁止"。對此,筆者完全同意,對齊文已述者不再重複,惟仍以諸項詳細列表並與開元二十五年令進行比較。此外結合《喪葬令》,認為還有幾點可以補充。

一是前章已經指出,《喪葬令》等級雖以官品為定,但其劃分卻是複雜的,每條令並不完全按照三等區分,例如方相魌頭按四品、七品分,立碑碣按五品、七品分,墓田和墳高是一品至六品以下分為六等,賵賻是按官制九品正從;而且即使是分為三等也不一定是三、五、九為限,例如輬車的形制就是三品以上、七品以上和八品以下。唐後期則一律分官員為三等,《唐會要》同卷記元和三年京兆尹鄭元修(修衍)奏"王公士庶喪葬節制"就是將一品二品三品、四品五品、九品以上分別列為三等的,元和六年的葬制也是按這樣的標準定限,每一等中不再有另外的區分。會昌定制類同,似乎比令的操作要簡單,而且等級界限分明了。同時元和三年鄭元在喪葬三等之後專門言及婦女,而元和六年條流又重複了其規定:"命婦及文武官母、妻,無邑號命婦,各準本品;如夫、子官高,聽從夫、子;無邑號者,各準夫、子品。"實際上也是大多依據其夫、子定限了。由於《開元禮》關於官員葬禮是完全一致的三等劃分,證明元和以後九品以上官員的等級劃分是參考《開元禮》的。

二是在《喪葬令》,本來並沒有流內九品以外官的規定。但在元和六年的條流奏文中增加了散試官、內侍省官和品蔭家子孫:"其散試官,但取散官次第,如散官品卑者,即據試官品第。五品以上遞降一等,六品以下依本官制度。內侍省品秩高〔者〕,各隨本秩。有章服者,紫同三品,緋同五品已上,緣及應(四庫本作"廳",

同蔭)官並同九品已上。"且在命婦官員母妻等後,增加"有品蔭家子孫未有官品者,三品已上降三等,五品已上降二等,九品已上降一等,所用品蔭,以祖、父為日(為日,當依四庫本作"職為")升降"。會昌元年御史臺奏請則規定:"散試官等,任於階官之中取最高品,第五品以上遞降一等,六品以下依令品(按"品"當作"式")。有品蔭家子孫未有官者,用三品以上蔭者降三等,用五品以上蔭者降二等,用八品以上蔭者降一等,用九品者不降,仍並須是祖、父母蔭。內外官同。"

三是在《喪葬令》中,沒有庶人的墓田明器等。但是開元二十九年敕文說明器"庶人先無文,限十五事",又稱墓田"其庶人先無步數,請方七步,墳〔高〕四尺"。敦煌 P.2622 張敖《新集吉凶書儀》有:"三品已上墳高一丈二尺,五品已上墳〔高〕九尺,七品已上墳高七尺,九品已上墳高六尺,庶人墳高四尺"的規定,"四尺"二字為整理者試補①。由於其中品官的三品、五品、七品,基本是以開元二十九年規定的尺度作統一,惟九品略有差,故庶人墳高四尺亦當無疑問。張敖書儀雖作於大中時代,但由於其書是以鄭餘慶《元和新定書儀》"採其的要,編其吉凶",且九品以上官同樣是以三等為計,所以可以認為是元和制度。

另外元和六年的奏文中,也指名是"條流文武官及庶人喪葬",並確實有"庶人明器一十五事,共置三舁,喪車用合轍車,幰竿減三尺,流蘇減十道,帶減一重,幃額、魌頭車、魂車準前,挽歌、鐸、翣、四神、十二時各儀(《五代會要·喪葬上》"十二時"下作"下帳等並")請不置,所造明器,並令用瓦,不得過七寸"的規定。在會昌元年御史臺奏文有:"工商百姓諸色人吏無官者,諸軍人無職掌者,喪車、魌頭同用合轍車;喪車不用油幰、流蘇等飾,兼不得以繒綵結絡

---

① 錄文見趙和平:《敦煌寫本書儀研究》,569 頁。

及金銀飾；挽歌、鐸、翣，並不得置；喪車之前不得以鞍馬為儀；其明器任以瓦木為之，不得過二十五事，四神十二時並在内，每事不得過七寸，舁十舁。"①喪車用開轍車，只限在三品内，其他就要用合轍車；而方相、魌頭車的使用及其飾物同樣是依據官品。從喪車明器到所用舁（舁詳下）的數量，知道雖是為了限制，但庶人的喪葬用物，不但有規定，且等級也在逐步提高。

四是筆者根據《唐六典》、《通典》等復原的明器條中，只有件數（稱為"事"）、品種與尺寸的説明，而在《大唐開元禮》卷三《序例下》關於明器的條文中，也没有與明器有關的"舁"的説法，但在元和、會昌奏敕中出現了對"舁"的數量規定。舁就是二人共擡（五代也作"轝"），明器太多，無法一件件數，只有用"舁"來幫助計數其多寡。舁涉及明器是否要擡以示人的問題。《杜陽雜編》卷下載同昌公主喪"出内庫金玉駞馬鳳凰麒麟各高數尺，以為威儀。其衣服玩具悉與生人無異，一物已上皆至一百二十舁"，就表明了為同昌公主送葬的明器數量之多②。

按明器示人是唐初以來厚葬之風的一部分。前揭太極元年（713）六月唐紹疏中，除了提到王公已下送終明器等物具標格令，還借孔子之言，認為明器本只用於葬，但"比者，王公百官競為厚葬，偶人象馬，雕飾如生，徒以炫燿路人，本不因心致禮，更相扇動，破産傾資，風俗流行，下兼士庶。若無禁制，奢侈日增"，故提出"望請王公已下送葬明器皆依令式，並陳於墓所，不得衢路舁行"的要求。也就是説當時送葬已將明器擡舁當街炫耀，唐紹認為不合乎禮法，所以請求禁斷。然而到了元和、會昌的制敕中，非但不制止，還在規定明器等級數量的同時限制"舁"數。例如元和六年奏聞定

---

① 按此條《五代會要》卷八《喪葬上》載元和六年條已有之。作"工商諸色人吏無官者，諸〔軍？〕人無職掌者"，以下文字略不同，137頁。

② 《杜陽雜編》卷下，57頁。

三品以上"共置五十轝"，五品以上三十轝，九品以上一十轝，就連庶人也有三轝。會昌以後因明器數量大，分別增到七十、五十、三十和十轝，這說明隨葬明器不僅數量愈來愈多，在出喪時擡着招搖過市也已約定成俗，早就不是問題，制度不過是因勢利導而已。不過，如此之多的明器是否全都入墓，也很值得懷疑，特別是在唐後期墓室普遍減小的情況。事實上它們可能在葬地已被處理，關於這一點，筆者還將在下文討論詔葬問題時再予說明。

五是唐後期形制變化或增加者甚多，其形制、使用範圍也在提高或擴大。明器之外，又如令中規定方相魌頭車是"四品以上用方相，七品以上用魌頭"，但是在元和六年卻定五品、九品和庶人都可以用魌頭車，到了會昌元年更將五品以上改同三品，擴大了方相車使用的範圍。又如令文規定"諸纛，五品以上，竿長九尺；六品以下長五尺"，但是元和六年定三品以上長九尺，五品以上謹減一尺為八尺，九品以上為七尺，中下等官已大大超過原來的標準。挽歌在唐前期令文中僅規定到"三品以上三十六人，五品以上一十六人"，但在元和會昌"條流"中卻增加了"九品以上十人"。因此總的趨勢是禮儀下漸而制度正在一定程度上迎合大衆的好尚和需求。

此外十分顯著的唐後期變化，又有人夫問題。唐前期令文，給營墓夫，僅按一至五品，自一百人至二十人分為五等，並"借役功十日"，營墓夫本應出自差科雜徭，但逐漸演為雇役。《唐會要》卷三八《葬》載大曆五年(770)五月十五日敕規定："應準敕供百官喪葬人夫、幔幕等，三品已上，給夫一百人；四品、五品，五十人；六品已下，三十人。應給夫須和雇，價直委中書門下文計處置。其幔幕、鴻臚、衛尉等供者，須所載幔幕張設人，並合本司自備。如特有處分，定人夫數，不在此限。"清楚地說明人夫之給已經是"準敕"，雖然其中並不完全是敕葬而包括官品較低的情況，但數量則按三等劃綫,顯然已經不是按照令文執行了。這裏人夫的來源已說明是和雇,也表明兩稅法實行以後,官給喪葬人力的來源已經不同了。

2. 喪葬制度變化趨勢的分析

從上述幾項特點分析唐後期喪葬制度的發展趨勢,有兩問題最值得關注。首先是九品以上官員三種等級的劃分。黃正建討論車服制度指出,官員的官制等級以三品以上、五品以上和六品以下(或九品以上)的劃分是唐後期的重要變化,它影響於官員的車服等待遇,並認為其產生與社會平民化趨勢發展,以及差遣使職、幕府官員的多樣化,過多等級不利於規章的實際操作有關[①]。三種等級的劃分使唐前期的等級劃分一致化,簡單化,同時也明瞭化了,而喪葬制度正是體現這一等級劃分的重要方面。其次從以上數點來看,唐後期喪葬制度的變化是相當大的。不過就制敕而言,仍是針對令文已有的項目和內容進行調整和補充。因此唐後期制度,是唐前期禮制令式和後來新制的結合。

本書上編在討論《大唐元陵儀注》和《崇豐二陵集禮》兩書的製作時,曾對唐後期禮儀發展的特點予以總結,指出德宗之初曾以復原《開元禮》作為目標,而貞元元和更進入了禮的整頓和改革時期,一方面,《開元禮》的某些原則不斷被強調,葬制定為三等以及其中某些變化(如上述方相魌頭的使用範圍)應是其時凶禮力求恢復和落實大唐盛制《開元禮》的具體表現[②]。但是另一方面,禮制也不得不做出適應現實的改革,天寶制度以及亂後的一些新

---

① 見黃正建:《王涯奏文與唐後期車服制度的變化》,《唐研究》10 卷,北京大學出版社,2004 年,303 頁。

② 按關於貞元、元和恢復《開元禮》的情況,參見拙文:《禮用之辨:〈大唐開元禮〉的行用釋疑》,97—130 頁。

制亦開始被肯定被吸收,而且事實上背離開元禮、令的内容愈來愈多。於是從總的情況看,葬制便體現出兩個趨勢,一就是隨着時代的進展,愈向後者,形制、用物的數量品質愈高,而使用的範圍對象擴大和下移;二是雖然簡化和統一了等級,但增加了對散試官、内侍官和庶人等規定。這表明朝廷對下層官吏和庶民的喪葬不得不予以關注,其中並不僅是一味限制,而是更多地進入了法令的管理視野。

開元二十九年、元和六年、會昌元年敕與令文比較,確實在喪葬形制、用品器物方面,愈來愈複雜、豐富甚至可以説豪奢。但是從其發展的程度,可以認為是全社會經濟發展的一種表現和結果。喪葬的鋪張是有其基礎的,不可能脱離總體的社會生活實際水平而單獨存在。前引唐太宗詔稱極雕刻之費、窮金玉之費是"富者越法度以相高,貧者破資产以不逮"[①],唐紹也説王公百官厚葬之風是"更相扇(煽)動,破産傾資,風俗流行,下兼士庶,若無禁制,奢侈日增"[②],可見奢侈風尚是百官和富人帶起來的。兩税法和專賣制度實行後,商品經濟發展,庶民生活得到提高,其羨艷官僚喪葬排場,以致在財力允許的情況下更加僭越制度。所以雖然李德裕説百姓厚葬,"或結社相資,或息利自辦,生業儲蓄("儲蓄"二字,據四庫全書本《唐會要》補,《五代會要》卷八作"生产儲蓄"),以之皆空。習以為常,不敢自廢。人户貧破,抑此之由",但這是受社會風氣影響所致。一些富商百姓領風氣之先,唐後期的喪葬制度中增加的庶民條款,可以視作商人百姓對於喪禮要求的反映。前揭《唐會要》載會昌元年十一月條流"工商百姓諸色人吏無官者,諸軍人無職掌者,喪車、魁頭〔車〕同用合轍車;喪車不使油幰、流蘇等飾,兼不得以繪綵結絡及金銀裝飾。其輓歌、鐸、翣,並不得置,喪車之前不得

---

① 《唐大詔令集》卷八○《喪制·戒厚葬詔》,462—463 頁。

② 《唐會要》卷三八《葬》太極元年條,810 頁。

以鞍馬為儀",所謂"不得"者,大約正是當時民眾已私相傚仿的内容。按此條《五代會要》卷八《喪葬》記在元和六年條流下,或元和已有之,所以新條文是專門針對有錢而無官品地位的工商吏民而加的。

還有某些規定也與唐後期制度有關,例如元和六年增加關於散試官與内侍省官的條款。内侍官的規定乃是宦官權力在喪葬問題上的體現,其中以章服比對官品,正是由於宦官賜服制度的普遍化。例如魚朝恩曾强迫代宗為其子賜紫[①],唐宣宗也有"初擢其小者,至黄,至緑,至緋,皆感恩,若紫衣掛身,即合為一片矣"的説法[②]。章服品色成為宦官實際地位的標誌,以之比照官品,乃使一些低級宦官能夠享受高級待遇。而這種依據"賜緋紫"定官品待遇的做法事實上也在節度等使職及其屬官中實行開來[③]。

同樣,散試官也是唐後期的一種新型官制。李錦繡提出,散試官又稱試散官,不在原來的職、散、勳、爵之内,在很多情況下只是一種虚銜,"與員外、檢校、知、判等共同構成正員官之外的一種具有獎賞、酬庸及臨時差攝性質的官",特别是試官"與檢校官一起,成為使職及使府僚佐的寄禄官"[④]。但也有學者指出,散試官就是散官與試官的結合,來源於唐後期賞功和官銜的濫授,身分介於平民和官員之間,可以作為一種出身參加吏部選官,也可以攝州縣職,但地位極低[⑤]。散試官在喪葬待遇方面竟只是"第五品已上遞

---

① 《資治通鑑》卷二二四大曆五年正月條,7210頁。

② 《唐語林校證》卷二《政事類》下,96頁。

③ 《册府元龜》卷六一《帝王部·立制度》二,678—681頁;並參見姜伯勤:《王涯與中唐時期的令與禮》,《中國古代社會研究——慶祝韓國磐先生八十華誕紀念論文集》,廈門大學出版社,1998年,48—52頁;黄正建《王涯奏文與唐後期車服制度的變化》,300—302頁。

④ 參見李錦繡:《唐代"試散官"考》,《唐代制度史略論稿》第一部《官制》,北京:中國政法大學出版社,1998年,198—210頁,引文見203頁。

⑤ 陳志堅:《唐代散試官問題再探》,《北大史學》8輯,北京大學出版社,2001年,1—14頁。

降一等,六品已下依本官制度",也即比真正的職官只降一等或同等,説明對這類官也有很大的優待。另外没有官品的品蔭家子孫竟也可以用祖、父官蔭直接提高葬禮等級,加上庶人内容的增加,總起來説,葬制新定的對象是藩鎮官員、官紳士庶和下層商民。唐後期士族制度瓦解,下層官員和庶民的勢力興起,唐文宗大和六年(832)王涯整理章服品第,不僅規定了九品内官員命婦的章服、車馬、器用、屋舍等,而且也訂立了包括商人百姓與"三司官典和諸色場庫所由"等一些流外低級官吏在内的車服乘馬制度。後者雖是限約,但在車騎服用方面都比原來有所改善和提高①。喪葬敕文的發展趨勢與之一致,説明經濟發展決定了某些人取得的利益,或者實際的身分地位已經超過了原來官品等級制的局限,所以朝廷在吉凶禮儀方面已不能無視這些階層的存在與要求。

盡管如此,喪葬制度所强調的等級性還是不能忽略的。從這裏出發,上述元和、會昌對於喪葬設施及數量、品質不斷提高的豐富記載與詳細規定,與其説是為了對厚葬之風的限制,不如説是在新形勢下對等級和秩序的重新强調。三等官加上庶民共四等的區分意義實包括兩個方面,一方面是對在最上者喪葬特權的鞏固,另一方面也有對在下者的限約。其旨在通過細微的方面嚴格區分,體現官僚和庶民的不同。對葬禮中開轍車、合轍車,以及對輴車和其他喪車的使用,墓田、墳高以及明器的數量、舁的數量的限約問題,都並不是一味地反對厚葬,而是體現身分、等級這個喪葬禮儀中最核心的問題。葬制對於品級高者限制很少,某些制度一宣再宣,只是防止身分在下或微賤者的僭越。五代後唐天成元年(926)十二月二十七日御史臺奏,提到"比為權豪之家,多有違禮從厚",

---

① 參見《册府元龜》卷六一《帝王部·立制度》二大和六年六月戊寅條,678—681頁;《唐會要》卷三一《輿服上·内外官章服·雜録》大和六年六月及七月條,668—673頁,並參黄正建前文。

敕文也提出"其庶人喪葬所設車轝儀注格例,據稱近日庶流,多有違越",說明超過等級標準的喪葬為制度所不容,在這一點上,敕與令的用意是一致的。

提到喪葬的等級性、身分性,還必須與喪葬的展示性聯繫起來。因為不少朝廷給官吏的待遇是通過喪葬中得以展示的部分體現出來的。柩車從亡者之家發引出行到墓地入葬是喪葬少不了的一個過程。這個過程是身分、等級用以炫耀的機會。唐前期的令只給了官員或者說極少數人展示的特權,可以說越是官品高,棺槨、轀車、重鬲、方相魌頭、霢帳、明器等就越是質地規格高、數量多,而越是質地規格高、數量多在靈柩發引出行時也就越風光。

《喪葬令》在這些方面並沒有對九品以外的官吏、庶民作出相應規定,或者說給以同樣的權力。但是隨着社會經濟的發展,這種展示成為官員百姓共同的追求,出喪時的講究好看不僅是官位也是豪富的表現。像引、披、鐸、翣、挽歌雖然似乎始終不曾明確對庶民開放,但如李德裕所說,不少百姓喪葬卻是"盛陳祭奠,兼置音樂","仍以音樂榮其送終",說明百姓需要通過一些音聲器物製造氣氛,顯示排場。事實上許多曾經是官員使用的器具和擺設,包括挽歌實際上也在一般人民中普及。

有論者注意到,唐時長安的喪葬業已經極為發達。如妹尾達彥指出,"當時的喪葬行(凶肆),除了辦理葬儀外,還經營出租和買賣葬禮用的靈柩車(轀車)、柩車的引繩(引)及保持柩車的均衡的左右引繩(披),出租鐸及柩旁的手持翣、柩車前旗(霢)、柩車的帷帳(繐帷)以及隨葬品等。同時也提供驅除墓地惡氣的方相氏和魌頭,還有衆多的專業挽歌手。長安凶肆有邦(幫?)頭(長、師)——耆舊——成員(同黨)組織,分擔挽歌手、柩車牽引、掀揭繐帷等工作"。認為《太平廣記》一書所載《李娃傳》的主人公被凶肆之人相救,"體現了凶肆人濃厚的江湖同伙意識"。他還從《李娃傳》描寫長安東西兩市凶肆挽歌大賽,兩邊以"輦輿威儀之具"相誇耀之後再以挽歌爭勝的情景,注意到最後東肆不僅由車輿奇麗,挽歌也因主人公的擅場而打敗"恃其夙勝"的西肆。指出東肆挽歌與街東平康坊有名流樂工樂曲有關,"這些優秀的樂工和樂器與街東官僚社會密不可分,東市凶肆葬儀品的無比精美也離不開街東的官僚街住民的需求。而西市凶肆引以為自豪的不是精美的葬儀用品,而是滋生繁衍於街西民衆生活中的挽歌"①。

由此可見,東西凶肆因所在地界不同而在輦輿葬儀和樂器挽歌方面有質量的高下之別,但兩肆都是面向官員百姓,且互有交流,並沒有指定對象。可以推測不但挽歌,一些華麗的葬送用具也被用於富裕的百姓。前揭《新唐書·韋挺傳》有"至假車乘,雇棺椁,以榮送葬"的説法,就是以租借來的車具、葬具擺闊。百姓無論身分高低窮富,其凶事都與這類喪葬行業分不開,這也是後來朝廷利用"造作行人"監督喪葬違法的原因(詳下)。

而朝廷迫於現實,在某些方面也不得不放寬限制,上面"舁"的出現就是為此。但是官僚社會的官品等級仍是決定一切,上行下效的喪禮誇耀是由宮廷和權貴共為導向的。《杜陽雜編》説同昌公主的送葬隊伍不僅擡舁無數貴重隨葬品及明器,且用了大量人力財物予以鋪張,以致"幢節傘蓋,彌街翳日","繁華輝煥,殆二十餘里",在晚唐時代嘆為觀止。這種喪禮不啻為豪富階層所羨艷傚仿,也被一般百姓所仰望。於是層層遞進,庶民社會的要求及其展示的程度在提高中被不斷地加以限制,這也是令式格敕的法律條文賴以維護社會秩序的重心所在。

---

① 妹尾達彦:《唐代後期的長安與傳奇小説——以〈李娃傳〉的分析為中心》,收入《日本中青年學者論中國史·六朝隋唐卷》,上海古籍出版社,509—553 頁,引文見 528、534—537 頁。

附表 10. 唐《喪葬令》與不同時期制度比較①

(1)明器

令敕	數量	質地	名稱尺寸
開元二十五年令	三品以上九十事，五品以上七十事，九品以上四十事。	瓦木為之。	當壙、當野、祖明、地軸、鞌馬、偶人，其高各一尺；其餘音聲隊與僮僕之屬，威儀服玩，各視生之品秩所有，其長率七寸。
開元二十九年敕	三品以上七十事，五品以上四十事，九品以上二十事，庶人十五事。	皆以素瓦為之，不得用木及金銀銅錫。其衣不得用羅繡彩畫。其下帳不得有珍禽奇獸，魚龍化生。其園宅不得廣作院宇，多列侍從。	
元和六年十二月條流奏敕	三品以上九十事（四神十二時在內，下同，）五十昇。五品以上六十事，三十昇。九品以上四十事，一十昇。庶人一十五事，三昇。	九品以上，並用瓦木為之。庶人用瓦（《五代會要》同條庶人也用瓦木。）	三品以上（四神不得過二尺五寸，餘人物不得過一尺），園宅方五尺，下帳高方三尺。五品以上（闕四神尺寸說明），園宅方四尺，下帳高方二尺。九品以上園宅方三尺，下帳高方一尺；四神不得過一尺，餘人物不得過七寸。並不得用金銀雕鏤、帖毛髮裝飾。庶人四神、十二時、下帳不置，明器每事不得過七寸。

---

① 本表史料來自《唐會要》卷三八《葬》及《五代會要》卷八、卷九《喪葬》上、下；元和六年條補正及校勘。

續表

令敕	數量	質地	名稱尺寸
會昌元年十一月條流奏敕	三品以上一百事，七十舁。 五品以上七十事，五十舁。 九品以上五十事，三十舁。 庶人二十五事，十舁	三品以上木為之，以下任以瓦木為之。	三品以上數內四神不得過一尺五寸，餘人物不得過一尺。 五品以上數內四神不得過一尺二寸，餘人物不得過八寸。 九品以上數內四神不得過一尺，餘人物不得過七寸。 庶人四神十二時並在內，每事不得過七寸。
後唐天成元年十二月二十七日御史臺奏	三品以上不得過九十事， 五品以上不得過六十事， 九品以上不得過四十事。	以木瓦為之。	當廣（壙?）、地軸、鞦馳馬及執役人，高不得過一尺，其餘音聲隊馬威儀之屬，各準平生品秩，所司（用?）不得過七寸及別加畫飾。
後唐長興二年十二月御史臺奏	五品至六品升朝官三十事，四神十二時在內。置八轝。 七品至八品升朝官，明器二十事，四神十二時在內。置六轝。 六品至九品不升朝官，明器一十五事，置五轝。 庶人一十四事，置五（兩）轝①。	五品至六品升朝官未限，餘則以木為之。	五品至六品升朝官四神不得過一尺，餘不得過七寸。不得以金銀、〔帖〕毛髮裝飾。園宅一，方三尺。內許兩個紗籠。 七品至八品升朝官四神不得過一尺，餘不得過七寸。不得使金銀雕鏤、帖毛髮裝飾。園宅一，方二尺五寸。 六品至九品不升朝官，明器並不得過七寸，不得使金銀雕鏤、帖毛髮裝飾。 庶人明器不得過五寸，不得使紗籠、金銀、帖毛髮裝飾。

————————

① 按此處轝數據《宋史》卷一二五《禮志》二八《士庶人喪禮》引長興二年詔多同，惟"轝"作"牀"，而庶人明器作"置兩牀"。

(2)喪車

令敕	輴車	方相魌頭車	其他車
開元二十五年令	三品以上油輴，朱絲絡網，施襈，兩廂畫龍，輴竿諸末垂六流蘇。 七品以上油輴，施襈，兩廂畫雲氣，垂四流蘇。 八品以下無流蘇。 庶人鱉甲車，無輴、襈、畫飾。	四品以上用方相，七品以上用魌頭。方相四目，魌頭兩目，並玄衣朱裳，執戈揚盾，載於車。	
開元二十九年敕	輴車不得用金銀花結綵為龍鳳及垂流蘇、畫雲氣。		
元和六年十二月條流敕文	三品以上用開轍車。油輴，朱絲網絡（《五代會要》作“絡網”），兩廂畫龍，輴竿諸末用流蘇。（《五代會要》作“兩廂畫龍虎，輴竿朱（諸?）末垂流蘇，絹（?）幰襯幕及額帶等，其輴竿長二丈六尺，帶六重，流蘇十八道，並不得使綾羅、錦繡、泥銀、帖金、彩畫及結鳥獸、香囊等物。） 五品以上並無朱絲網絡，輴竿減四尺，流蘇減二十道（“四尺”下據《五代會要》當作“長二丈二尺，流蘇減二道，使十六道”），帶減一重，〔使四重〕。 九品以上輴竿減三尺，〔使一丈九尺。〕流蘇減一十五道（據《五代會要》當作流蘇減二道，使十四道），帶減一重，〔使三重〕。 庶人喪車用合轍車，輴竿減三尺，〔使一丈六尺。〕流蘇減十道〔《五代會要》作“木珠減十道，使三十五道”〕，帶減一重，〔使二重〕。	三品以上方相車除載方相外，不得更別加裝飾，並用合轍車。 五品以上方相用魌頭車。 九品以上準前用魌頭車。 庶人準前用魌頭車。	三品以上輴車、誌石車，任畫雲氣，不得置輴竿、額帶等。魂車除輴網裙簾外，不得更別加裝飾，並用合轍車。 五品以上減誌石車。魂車準前。 九品以上幨額（按幨額當為車上裝飾）、魂車準前。 庶人幨額、魂車準前（《五代會要》引文又稱工商人吏無官者“喪車幨額、魂車並無”）。

令敕	輀車	方相魌頭車	其他車
會昌元年十一月	三品以上用闊(開?)轍車。油幰、流蘇等任準令式。 五品以上輀車等同三品。其油幰等任準令式。 九品以上並用合轍車。除油幰、流蘇等各準令式外,不得用繒綵結絡兼〔金?〕銀器裝飾。 工商百姓諸色人吏無官者、諸軍人無職掌者,喪車用合轍車,不〔得?〕用油幰、流蘇等裝飾,兼不得以繒綵結絡及金銀飾,不得以鞍馬為儀。	三品以上方相用合轍車。 五品以上方相車等同三品。 九品以上方相〔用?〕魌頭〔車?〕①。 同前工商百姓等魌頭車用合轍車。	三品以上魂車、誌石車,並須合轍。 五品以上魂車等同三品,不得置誌石車。 九品以上魂車並同(用)合轍車,不得用楯(輴)車、誌石車。
後唐天成元年十二月二十七日	諸車舉,三品以上油幰,朱絲絡網,施襈,兩廂畫龍虎。幰竿朱(諸?)末垂六流蘇。 七品以上油幰,〔施〕襈,兩廂畫雲氣,垂四流蘇。 九品已上無流蘇。 車舉上有結絡,三品已上及將相有鳳臺。自諸官品及郡守升朝者,羚羊山華,餘並平幰。 百姓喪葬,祇合使鱉甲車,無幰、襈、畫飾,並無以前儀。	四品以上使方相,七品以上使魌頭,〔方相〕四目,玄衣朱裳,執戈揚盾如常制。七品以下及無官品者勿用。	
後唐長興二年十二月	五品至六品升朝官,使二十人舁舉車,竿高七尺,長一丈三尺,闊五尺,以白絹全幅為帶額,婦人以紫絹〔全幅〕為帶額,並畫雲氣,周迴遮蔽,上安白粉堶木珠節子二十道。	五品至六品升朝官,魌頭車一,七品至八品升朝官,魌頭車一。	五品至六品升朝官,魂車、小香舉子一,並使結麻網幕。

① 此處《唐會要》卷三八《葬》作"其方相魌頭,並不得用楯(輴)車、誌石車"。按方相魌頭與輀車、誌石車無關。參考元和六年條,疑此應作"方相用魌頭車,並不得用楯(輴)車、誌石車",試改。

續表

令敕	輼車	方相魌頭車	其他車
	七品至八品升朝官,使一十六人舁轝車,餘同五品至六品。 六品至九品不升朝官使一十二人舁轝車,竿高六尺,長一丈一尺,闊四尺,以白絹全幅為帶額,婦人以紫絹為帶額,周迴遮蔽,上安白粉塓木珠節子一十六道。 庶人使八人舁轝車,竿高五尺五寸,長一丈,闊四尺,男子以白絹半幅為帶額,婦人以紫絹半幅為帶額,周迴遮蔽。		七品至八品升朝官,魂車、香轝子各一,並使結麻網幕。 六品至九品不升朝官,魂車一,香轝子一,並使結麻網幕。 庶人魂車一,香轝子一,並使結麻網幕。

(3)引、披、鐸、翣、挽歌

令敕	引、披、鐸、翣	挽歌
開元二十五年令	三品以上四引、四披、六鐸、六翣(有挽歌者,鐸依歌人數,以下準此。)。 五品以上二引、二披、四鐸、四翣, 九品以上〔二引、二披〕(?)、二鐸、二翣。	三品以上挽歌六行三十六人, 五品以上挽歌四行十六人。
元和六年十二月條流敕文	三品以上〔引〕四,披六,黼翣二,黻翣二①,畫翣二。鐸左右各八(《五代會要》作"四引、四披、六鐸、六翣")。 五品以上披、引、鐸、翣各減二(《五代會要》作"減二使四")。 九品以上披、引、鐸、翣各減二(《五代會要》作"減二使二"),庶人鐸、翣不置。	三品以上挽歌三十六人, 五品以上挽歌一十六人, 九品以上挽歌十人(《五代會要》作一十六人)。 庶人挽歌不置。
會昌元年十一月	三品以上六鐸、六翣, 五品以上四鐸、四翣, 九品以上一鐸、二翣。	三品以上挽歌三十六人, 五品以上挽歌一十六人, 九品以上挽歌一十人。

---

①　"引"字原文無,"黻翣"《唐會要》誤為"黼翣",據《大唐開元禮》卷一三九《三品以上喪之二·陳器用》(664頁)、《通典》卷一三九《開元禮纂類》(3536頁)補及改。

續表

令敕	引、披、鐸、翣	挽歌
後唐天成元年十二月二十七日	諸三品以上引、披、鐸、翣〔四引、四披、六鐸、六翣?〕。 五品以上二引、二披、四鐸、四翣， 九品已上二翣。 無官者勿用。	三品以上挽歌鼓(鼓衍)六行，每行六人。 五品以上挽歌四行，每行四人。
後唐長興二年十二月	五品至六品升朝官，引、披、鐸、翣各一，不得著錦繡結絡裝飾。 七品至八品升朝官，引、披、鐸、翣各一，並不得著錦繡結絡裝飾。 六品至九品不升朝官鐸、翣各一，不得著錦繡及別有結絡裝飾。	五品至六品升朝官，挽歌八人。 七品至八品升朝官，挽歌一十六人("一十"衍?)①。 六品至九品不升朝官，挽歌四人。

(4)墓田、墳高

令敕	墓田	墳高
開元二十五年令	一品九十步，二品八十步，三品七十步， 四品六十部，五品五十步，六品以下二十步。	一品一丈八尺，二品一丈六尺，三品一丈四尺，四品一丈二尺，五品一丈，六品以下八尺。
開元二十九年敕	一品七十步，二品六十步，三品五十步， 四品四十步，五品三十步，六品以下十五步，庶人七步。	一品一丈六尺，二品一丈四尺，三品一丈二尺，四品一丈一尺，五品九尺，六品以下七尺，庶人四尺。
元和時代 (敦煌 P. 2622 張敖《新集吉凶書儀》)		三品已上墳高一丈二尺，五品已上墳〔高〕九尺，七品已上墳高七尺，九品已上墳高六尺，庶人墳高四尺。

---

① 按據《宋史》卷一二五《禮志》二八《士庶人喪禮》引長興二年詔，五品、六品挽歌八人，七品常參官挽歌六人，六品以下京官(非常參官)及檢校、試官等挽歌四人。但天成元年十二月御史臺奏五品挽歌尚有一十六人，則不知何以變化如此之大。存疑。

(5)翣、棺槨

令敕	翣	棺槨
開元二十五年令	五品以上，竿長九尺；六品以下長五尺。	諸葬，不得以石為棺槨及石室。其棺槨皆不得雕鏤彩畫，施戶牖欄檻。棺內又不得有金寶珠玉。
元和六年十二月條流敕文	三品以上翣竿九尺，不得安火珠，帖金銀、立鳥獸旗幡等。 五品以上翣竿減一尺，〔使八尺。〕 九品以上翣竿減一尺，〔使七尺。〕	
後唐天成元年十二月二十七日	諸翣，今謂之之鵝毛五翣，五品已上竿長七尺，五品已下長五尺，無官品者勿用。	凡棺椁，不計有官品，並不得於棺椁上雕鏤畫飾，施戶牖欄檻等。

二　五代後唐的喪葬奏敕與唐宋之變

　　五代軍閥混戰和政權更替頻繁，疆土區劃十分不穩定。宋朝史家的看法是，這個時代談不上有任何禮義廉恥，在這種情況下，國家禮制也很難想象會有何發展。歐陽修作《馮道傳》，以為無禮義廉恥乃天下國家亂亡之因，又針對五代之政評論曰："嗚呼！道德仁義，所以為治，而法制綱紀，亦所以維持之也。自古亂亡之國，必先壞其法制而後亂從之。亂與壞相乘，至蕩然無復綱紀，則必極於大亂而後返，此勢之然也，五代之際是已。"[1]但是，唐後期的一些制度仍在五代沿用，五代制度在自亂而治的過程中也是逐步變化的，唐宋之際的制度延續以及特別是宋代文治的昌盛不能隔越五代，喪葬制度亦是如此。後唐時期試圖對唐制有所復興，

---

① 　參見《新五代史》卷五四《馮道傳》、卷四六《王建立傳》，611、514 頁。

並沿着晚唐趨勢繼續發展,不過,五代對喪葬逾制的管理監督和司法更加嚴酷,而在官員喪禮待遇等級的劃分方面,也已開宋朝之先河。

(一)五代喪葬格敕的制定及其司法問題

五代之初,官民葬事已明確納入御史臺的巡察範圍。後唐莊宗和明宗時期,葬制不斷有所更定,而天成元年(926)御史臺奏、二年御史中丞盧文紀以及長興二年(931)御史臺奏,是明宗時代不斷強化喪葬管理的重要史料。奏敕在明確葬制的同時,也嚴格了司法制度。其葬制相沿唐朝,吸收晚唐制敕而形成五代新法,仍以喪葬器物的形制和規格立等級為限。並將商民喪葬均列入法令管理之範圍,通過御史臺臺司監察、巡使判狀等強化對喪事的管制,對於喪葬用物和明器的控制也通過葬作行人而直接落實,達到了愈益社會化的效果。

1. 五代對前朝喪葬格敕的繼承

五代後梁之初,葬制格式未見記載,只有《五代會要》卷九《喪葬》下載後唐長興二年十二月二十六日御史臺奏提到"今臺司準敕追到兩市葬作行人白望、李温等四十七人,責得狀稱:一件,於梁開平年中,應京城海例,不以高例及庶人使錦繡車轝,並是行人自將狀於臺巡判押"。"高例"所指不詳,但應指一般官員和有勢力的富豪,意思是説無論身分高低都不可使用帶有錦繡的喪車。由於喪車有可能是從"葬作"中租用,所以要由葬作行人具狀報御史臺,由"臺巡判押"。後唐建朝後,葬制更逐步走向正軌。奏文稱:"一件,至同光(923)三年中,有敕著斷錦繡,只使常式素車轝。其轝,稍有力百姓之家,十二人至八人,魂車、虛喪車、小轝子不定人數。或是貧下,四人至兩人。迴使素紫白絹帶額遮幛,轝上使白粉埽木珠節子，上使白絲，其引魂車、小轝子使結麻網幕。"
"稍有力百姓之家"可體會是富裕的商民，這些規定已與後來的制
度相接近了。

　　不過從當時抄錄的"喪葬格例"，大部分的條文還是源自唐令，
只有車轝等少數不同。而後唐天成二年六月三十日御史中丞盧文
紀奏，除了重複唐令銘旌、轜車等文，更將元和六年十二月條制及
長慶二年李德裕奏文全文抄錄在後①，可以推測這時的做法，仍以
參考唐朝令文及格敕等多。不同的是從奏文所説"喪葬之儀，本防
踰僭，若用錦繡，難抑豪奢。但人情皆重於送終，宜令御史臺除錦
繡之外，並庶人喪葬，更檢詳前後敕格，仔細一一條件，分析奏聞"
來看，盧文紀的思想，雖然還是要對喪制踰式加以約束，但已充分
注意到"人情皆重於送終"和庶人的層面，以及喪事適應現實的合
理化問題。

　　後唐同光、天成中的喪制明顯是以唐後期制度為參照，而五代
乃至宋初立法與唐之一脈相承，還可以户絶和商民遺産的問題來
説明。《宋刑統·户婚律》"户絶資産"曰：

　　　准《喪葬令》，諸身喪户絶者，所有部曲、客女、奴婢、店宅、
　　資財，並令近親親依本服，不以出降。轉易貨賣，將營葬事及量營功
　　德之外，餘財並與女。户雖同，資財先别者亦準此。無女均入以次近
　　親。無親戚者官為檢校。若亡人在日，自有遺囑處分，證驗分
　　明者，不用此令。（按《天聖令》"宋27"下有"即別敕有制者，從
　　別敕"一語。）

　　　准唐開成元年七月五日敕節文，自今後，如百姓及諸色人
　　死絶無男，空有女，已出嫁者，令文合得資産。其間如有心懷

　　①　參見《五代會要》卷八《喪葬》上，135—139頁；《全唐文》卷八五五《請禁喪制踰
式奏》，8975—8976頁。

覬望,孝道不全,與夫合謀有所侵奪者,委所在長吏嚴加糺察,如有此色,不在給與之限。

臣等參詳,請今後戶絕者,所有店宅、畜產、資財,營葬功德之外,有出嫁女者,三分給與一分,其餘並入官。如有莊田,均與近親承佃,如有出嫁親女被出,及夫亡無子,並不曾分割得夫家財產入己,還歸父母家,後戶絕者,並同在室女例,餘准令敕處分。

又同書同卷"死商錢物諸蕃人及波斯附"載曰:

准《主客式》,諸商旅身死,勘問無家人親屬者,所有財物,隨便納官,仍具狀申省。在後有識認堪當,灼然是其父兄子弟等,依數卻酬還。

准唐大和五年二月十三日敕節文,死商錢物等,其死商有父母、嫡妻及男,或親兄弟、在室姊妹、在室女、親姪男,見相隨者,便任收管財物。如死商父母、妻兒等不相隨,如後親屬將本貫文牒來收認,委專知官切加根尋,實是至親,責保詑,任分付取領,狀入案申省。

准唐大和八年八月二十三日敕節文,當司應州郡死商,及波斯、蕃客資財貨物等,謹具條流如後:

一,死商客及外界人身死,應有資財貨物等,檢勘從前敕旨,內有父母、嫡妻、男、親姪男、在室女,並合給付。如有在室姊妹,三分內給一分。如無上件親族,所有錢物等並合官收。

一,死波斯及諸蕃人資財貨物等,伏請依諸商客例,如有父母、嫡妻、男女、親女(按"女"似當作"姪男")、親兄弟元相隨,並請給還。如無上件至親,所有錢物等並請官收,更不牒本貫追勘親族。

右戶部奏請,自今以後,諸州郡應有波斯及諸蕃人身死,若無父母、嫡妻、男及親兄弟元相隨,其錢物等便請勘責官收。

如是商客及外界人身死,如無上件親族相隨,即量事破錢物葬
瘞,明立碑記,便牒本貫追訪。如有父母、嫡妻、男及在室女,
即任收認。如是親兄弟、親姪男不同居,並女已出嫁,兼乞養
男女,並不在給還限。在室親姊妹,亦請依前例三分內給一
分。如死客有妻無男女者,亦請三分給一分。敕旨"宜依"。

准周顯德五年七月七日敕條,死商財物如有父母、祖父
母、妻,不問有子無子,及親子孫男女,並同居大功以上親幼小
者,亦同成人,不問隨行與不隨行,並可給付。如無以上親,其
同居小功親,釋曰:大功、小功親具在《假寧令》後《五服制度令》內。及出嫁
親女,三分財物內取一分,均給之。餘親及別居骨肉不在給付
之限。其蕃人、波斯身死財物,如灼然有同居親的骨肉在中國
者,並可給付。其在本土者,雖來識認,不在給付。①

按此"身喪户絕"之財產繼承及死商之財產處理,唐律原無,均為
《宋刑統》之所增,但所引《喪葬令》、《主客式》皆為唐朝令式。兩門
中所引唐、五代制敕顯然是以二者為基而加以補充、發展的。《喪
葬令》內容、文字在唐、宋令中基本一致,可以認為唐至宋初始終是
喪葬制度所依據的重要條款。其中"身喪户絕"中比原令所增者,
主要在出嫁女,開成敕文只是將其中"心懷覬望,孝道不全,與夫合
謀有所侵奪者"排除在繼承之外,而宋朝則明定"出嫁女者,三分給
與一分,其餘並入官"。另外,《主客式》本來只是在外身死客商的
一般財務處理,但唐後期至五代,不僅將一般客商擴展至包括"波
斯及諸蕃人"在內,而且已經發展為遺產的給付繼承,其中對於繼
承之對象、範圍有極為嚴格的規定。這裏,涉及唐宋社會婦女身分
地位、家族問題和法律方面遺產繼承制度的變化,並非本書論證的
範圍,但至少可以感到,在唐宋經濟社會中,圍繞普通民眾乃至商

---

① 《宋刑統》卷一二《户婚律》"户絕資產"、"死商錢物",198—200頁。

人的財產問題,開始成為關注的中心,財產的分量增加了,於是死亡後的遺產繼承複雜化,成為社會重視的焦點之一,"死商錢物"尤說明在官品等級之外的商人和胡商問題已經進入法律注重的層面。

按《宋刑統》一書上於建隆四年(963),此前宋朝所參用唐五代刑法書,除唐律、令、格、式外,"又有《元和刪定格後敕》、《太(大)和新編〔格〕後敕》、《開成詳定刑法總要格敕》、後唐《同光刑律統類》、《清泰編敕》、《天福編敕》、《周廣順續編敕》、《顯德刑統》,皆參用焉"①。而《宋刑統》即是以《顯德刑統》為基礎,別加詳定,"凡削出令或〔式〕宣敕一百九條,增入制〔敕〕十五條,又錄律內'餘條準此'者凡四十四條,附於名例之次,並且錄成三十卷"②。由於《顯德刑統》又是在唐《大中刑法統類》基礎上編定,所以《宋刑統》中的唐朝制敕很可能從前二書得來。但是其中的制敕除了後周顯德時期外,又多文宗大和、開成,我懷疑其中也可能直接採自大和、開成格敕,無論如何,可以知道相關的喪葬條款在五代至宋的建立、修改經過,由此不難找到一些宋代喪葬制度起源和發展的蹤跡。

2. 葬制的刑律化及其監管方式

早在唐朝前期,對於喪葬踰制已經納入司法的管理範圍。如果說,武則天關於"此之愆違,先已禁斷,州牧縣宰,不能存心;御史金吾,曾無糾察。積習成俗,頗紊彝章,即宜各令所司,重更申明處分,自今以後,勿使更然",還是一般性的申張制度;那麼唐玄宗"如有違犯者,先決杖一百;州縣長官不能舉察,並貶授遠官"③,已是真

---

① 《宋會要輯稿·刑法》一之一,6462頁。
② 同上並見竇儀《進刑統表》,《宋刑統》,5頁。
③ 《唐大詔令集》卷八○《禁喪葬踰禮制》、《戒厚葬敕》,463頁。

正的司法懲戒和行政處罰。憲宗元和三年三月詔稱"厚葬傷生,明敕設禁,但官司慢法,久不申明,愚下相循,遂至違越。其違制賃葬車人六人,各決四十"①,就是對經營葬車行業人違法制裁的具體例證。而"御史金吾"對喪葬監察之責也愈來愈重。會昌中"條流"京城文武百官及庶人喪葬是由"御史臺奏請",也表明葬制由御史臺監督實行。而從五代由御史臺奏請葬制的情況來看,其葬制的實施和監管,已經承唐餘緒完全交由御史臺。所謂亂世重法,上面提到天成元年御史大夫李琪奏,在比較格的使用時,有"《開成格》關於刑獄,今欲且使《開成格》"之說②,可見是以司法治罪和刑獄為治國手段的。所謂亂世用重法,五代曾就食鹽俵配及行銷施重法,嚴厲打擊越界銷鹽和私鹽,其具體法令也是自後唐始密③。是五代已將民生的管理盡量刑法化,由此可見對於喪葬違越制度者動輒以臺司糾察,亦是嚴刑酷法實施的一端。

　　而御史臺的監管和糾察則先由巡使負責。上述《五代會要》史料,説後梁喪葬使用車轝,"並是行人自將狀於臺巡判押";後唐天成元年(926)十二月二十七日御史臺奏,提到"伏據近年已來,凡是死亡之家,並是臺司左右巡使舉勘,差驅使官與諸司人同行(諸司同行人?)檢驗指揮,如此施行,相承已久",也就是說,死亡之事及有關用物應狀報御史臺,其死亡及喪葬等一切在"臺巡判押"和"巡使舉勘"之下。但是,考慮到臺司"若一一檢驗,即事故之家,多稱騷擾",和恐怕"兩巡驅使官與諸司同巡檢節級等,於有事人家妄有所求",趁機勒索的問題,即改為按"故事":"准當司京兆按往例,凡

　　① 《册府元龜》卷六一二《刑法部·定律令》四,7349頁。
　　② 《五代會要》卷九《定格令》,147頁。
　　③ 參見《五代會要》卷二六《鹽法雜條》上,422—425頁;《册府元龜》卷四九四《邦計部·山澤》二,5909—5911頁;並參郭正忠主編:《中國鹽業史·古代編》,北京:人民出版社,1997年,227—232頁。

京城應有百姓死亡之家,只勒府縣差人檢驗;如是軍人,只委兩軍檢勘,如是諸道經商客旅,即地界申戶部,使差人檢勘。"即將檢查事責分散,但是要求"仍逐司各具事由,及同檢勘行人等姓名,申臺及本巡察。其間或有事涉冤濫,曲直不分,察訪得知,及有人論訐,臺司並行追勘"。結果敕令也依允"今後文武兩班及諸司官吏,並諸道經商客旅,凡有喪亡,即準臺司所奏故事施行",因此總的監管糾察權力仍在御史臺。

御史臺及相關機構的巡檢,包括兩種內容,其一為死亡正常與否,即敕令所謂"其街坊百姓及軍人之家,每有死喪,或所役使廝兒妮子,因依瞑行,投井自縊,非理自致身命者,據臺司狀,委府縣及兩廂軍巡差人檢勘"。在這方面又以暑毒之月,尸體難於存放而報官檢查時間過長,而改為"今仰本戶可便喚四鄰看驗,如無他故,便任本主遂殯,仍具結罪保明文狀報官。若是枉有傷害致死,鄰人妄有保明,本戶並保人勘責不虛,各量罪科斷"。

另一則為喪葬逾制,即天成元年御史臺奏"禮部格物,凡官人百姓送葬,競為奢僭,不依禮式,宜令所司切加糾察。如物色等數目大小有違條式,及輒飾以金銀者,杖六十"。但御史臺在這方面的巡檢本來更直接地是針對朝官。奏稱:"如是兩班官吏之家即合是臺司檢勘,伏請自今已後,並準故事施行。除百司外,臺中不更差人誨(海)例檢勘",海例檢勘即遍行檢查,軍人百姓除非"事涉冤誣"纔"即行追勘"。並且考慮到喪葬格例"所設車轝儀注物色,只為官品高下。無官秩者,若陳儀注,其供應故犯典刑",也即如按條例,庶人很容易輕犯典刑;因此本來對庶人的葬儀"官中只行檢察,在人情各盡孝思,徇彼稱家之心,許便送終之禮。臺司又難將孝子盡決嚴刑,只以供人例行書罰,以添助本司支費,兼緣設此防禁",也即對犯者不過罰款。又認為"比為權豪之家,當有違禮從厚,若貧窮下士,尚猶不便送終,必無僭禮,可以書罰"。但敕令不同意此

說，以庶人喪葬所設車舉格例多有違越，"據此懲罰名目，且非為政
憲綱"為名，要求："自今以後，所有各計品秩之外，及庶人喪葬，宜
令御史臺委兩巡御史點檢，假賃行人，須依條例，如有違越，據所犯
重輕，臨時科斷，臺司不得妄有攪擾。"要求對庶人喪葬逾制仍行
重法。

　　以上御史臺的巡查主要面向京城，天成元年御史臺奏"兩京即
是臺司舉行，諸州府即元無條例者"。但是敕稱："兼聞諸州官府士
庶之家，或有死喪，亦是須候分巡院檢勘，頗致淹留，既鼓怨詞，甚
傷風教，亦仰約以在京事理條例處分。"可見對喪葬的監察管理也
行於地方，由於唐代度支鹽鐵巡院負責一切監察事物，因此以分巡
院檢勘士庶喪葬的情況也很可能是沿自唐代。

　　對喪葬逾制的監督還涉及其他一些相關部門和人員。上文在
討論明器條令文時已提到元和與會昌中如違制"先罪供造行人賣
售之罪"的問題。後唐關於喪葬違法的監督，更表明要由葬作"行
人"承擔很大的責任。長興二年御史臺奏稱："已上每有喪葬，行人
具所供行李單狀，申知臺巡，不使別給判狀。如所供賃不依狀內及
踰制度，仍委兩巡御史勒驅使官與金吾司並門司所由，同加覺察。
如有違犯，追勘行人。請依天成二年六月三十日敕文，行人徒二
年，喪葬之家即不問罪者。"造作行人就是承擔喪葬品製作和買賣
租賃的商家，從唐朝開始他們逐漸包攬了官民的喪葬所需，可以肯
定所有亡人之事必經其手，故喪葬是否違法具體經手的行人最清
楚。所謂"行人具所供行李單狀"就是他們所提供的喪葬買賣或租
賃用具清單，可見行人的監察已是執法的依據。

　　《五代會要》同卷載長興四年五月二十五日御史中丞龍敏奏也
稱："伏見天成二年敕內，事節分明，凡有喪葬，行人須稟定規，據其
官秩高卑，合使人數物色，先經本巡使判狀。自後別有更改，不令
巡使判狀，只遣行人具其則例申臺巡。今欲卻勒行人，依舊先經兩

巡使判狀，其品秩物色定制，不得輒違。別欲指揮行人，於喪葬之家，除已得本分工價錢外，保無内外邀難，乞覓文狀，送到臺巡，如有故違，必加懲責。"也即將責任落實到行人身上，由行人將應使用物色申報巡使，再由臺巡監督行人，使喪葬之家不能輕易違制。因此從控制行人出發，經由御史臺檢查違制是從唐後期到五代嚴格喪葬制度的一個辦法。不過，元和、會昌申明制度包括官員，後唐御史臺奏所説"已上每有喪葬"至少也包括了五品以下的官員，這種情況和《喪葬令》中官員葬事都經由禮部、鴻臚、將作監等機構已有很大的不同。這説明一方面唐以來葬作業已經十分發達，葬作行是一般官員百姓舉辦喪事的依靠；另一方面也説明，中低級官員的葬事已經愈來愈向着商業化、大衆化的方向處理，這也是唐宋之際關於喪葬管理的一個趨勢。

(二)檢校試官、升朝官待遇標準的出現和 庶民葬事的擴大化

與以往《喪葬令》和格敕注重高級官員的情況不同，五代在四品以上高級官員的範圍内變化不大，而九品以内中、低級官員與庶民的葬制被作為重點的規定突出了。在中下級官員中，升朝官、非升朝官和庶民，成為不同等級劃分的標準，説明五代在喪葬待遇方面更重視實際的職事而非單純官品，並且制度的關照面下移，庶人的喪葬待遇比以往有所提高，則是五代敕令所表現的明顯方面，它們直接補充了唐朝喪制缺少的方面，作為平民社會的制度構建，為宋朝奠定了基礎。

1. 檢校試官、升朝官、非升朝官進入喪葬條例

上述天成元年和二年奏中提到喪葬使用的轝車"車轝上有結絡，三品已上及將相有鳳臺，自諸品官及郡守升朝(二年奏此下有

"官"字)者,羚羊山華,餘並平懅",都未見於唐令和其他格、敕,且其中亦出現了"升朝者(官)"的字樣。而長興二年十二月御史臺奏,聲明"右謹具定到五品至八品升朝官、六品至九品不升朝官及檢校兼試官,並庶人喪葬儀制如右",更是有了關於升朝官、非升朝官區分及檢校兼試官的葬制。由於所涉及者均是五品以下,一至四品官員都不在内,因此可以認為是五代高官逐漸過渡為以四品為界限,四品以上喪葬基本延續唐朝,定制度的重點是在五品以下中、下層官員和庶民。

上文已經説明,自元和六年敕中,開始注重内官、低級官員乃至庶民葬制,出現了《喪葬令》中没有見過的内侍官、散試官和品蔭家子弟等名目,其中五品以上散試官在喪葬待遇方面竟比真正的職官只降一等,六品以下的散試官原則上也按本官(可理解為是正官)品級待遇。這一方面説明,制度開始將目光下移,另一方面也表現了從重官品到重職事的變化。散試官者,是一些官品很低但實際職務卻往往重要的人,唐後期的州縣官、藩鎮官員以及度支鹽鐵巡院系統中常常不乏見到,如前所述,這類官員產生是與差遣使職、幕府官員的大量存在分不開的。《資治通鑑》卷二七五明宗天成元年十一月條言吏部給告身,"當是時,所除正員官之外,其餘試銜、帖號止以寵激軍中將校而已,及長興以後,所除浸多,乃至軍中卒伍,使州鎮戍胥吏,皆得銀青階及憲官,歲賜告身以萬數矣"。胡三省注曰:"試銜,謂試某官某階,皆以入銜也。帖號,謂帖以諸衛將軍、郎將之號。"藩鎮使州胥吏、軍中卒伍多帶散試官銜的情況正是喪葬制敕中散試官條款出現的基礎。

檢校官也是同樣,唐朝後期常常以檢校官從事正官之務,而藩鎮節度使以下的重要官員,均帶有檢校朝衛,更是一個非常普遍的現象。上述天成元年御史臺關於諸州官府士庶之家死喪,原以分巡院檢勘,而"仰約以在京事理條例處分"的要求,已將地方喪葬列

入中央的通管之中，則檢校官的列入也是内外並重的。並且五代
關於檢校官、試官的待遇規定顯然更明確，天成二年盧文紀在引述
唐朝制敕下稱："臺司伏請令文及故實不載者，令更條〔驗?〕。檢校
官令文不載，今請檢校官一品二品請同五品，三品已下請並同九
品。如有曾任正官，依本官品第儀則。其準敕試官，亦同九品儀。"
曾有過正官經歷的檢校官，就可以等同本官（正官）。而長興二年
御史臺奏關於"六品至九品不升朝官"的喪葬規格之下，也有"檢校
兼試官並依此例"的說明。檢校兼試官列在六品至九品"不升朝
官"，說明其官位待遇仍按低標準；但比仿正官作為補充列入五代
的喪葬條例，已反映了五代官制的變化和要求。天聖《喪葬令》"宋
17"的"九品挽歌四人"下，注明"檢校、試官同真品"，顯然是有此先
例作為基礎的。《五代會要》卷九《奪情》載後唐應順元年（934）閏
正月十六日敕還規定"其内諸司使副帶西班正官者，宜候過卒哭起
復授官；不帶正官者及供奉官、殿直承旨等，宜過卒哭休日赴職；其
有帶東班官者，只以檢校官充職，服闋日加授前職"。按關於東西
班胡三省有釋曰："唐凡朝會，文官班於東，武官班於西，故謂武官
為西班。"①五代沿用之，是帶武職者，過卒哭就可以起復；但文臣若
起復，則服闋前僅能以檢校官充職，似武官待遇超過文官。檢校官
的用途很普遍，朝官亦多有之，因此關於檢校官的喪葬待遇問題，
在五代後唐也已經明確化了。

　　升朝官和非升朝官的區別亦為唐五代之新事物。按關於升朝
官，陸游《老學庵筆記》卷八曰："唐自相輔以下，皆謂之京官，言官
於京師也。其常參者曰常參官，未常參者曰未常參官。國初以常
參官預朝謁，故謂之升朝官，而未預者曰京官。元豐官制行，以通
直郎以上朝預宴坐，仍謂之升朝官，而按唐制去京官之名。"②唐朝

　　① 《資治通鑑》卷二五〇咸通元年二月條，8081 頁。
　　② （宋）陸游：《老學庵筆記》卷八，北京：中華書局，1979 年，109 頁。

的常參官,據《唐六典》卷二吏部郎中員外郎條"謂五品已上職事官、八品已上供奉官、員外郎(從六品上)、監察御史(正八品上)、太常博士(從七品上)",而五品以下,"八品以上供奉官"又有起居郎、起居舍人、通事舍人(以上從六品上),左•右補闕(從七品上),拾遺(從八品上),侍御史(從六品下),殿中侍御史(從七品下)等。由於五品以上職事官都是常參官,而九品中沒有常參官,所以常參和非常參官的區別,主要建諸六品至八品,常參官都是朝廷職事繁重而又身分清要的官員,是必須參加常日朝參的朝廷核心層。即使有些品級不高,但其實際地位和要重程度也與本品之內的其他非常參官有不同。而常參官待遇有別這一點,也已體現在前揭大和中王涯敕中,數處提到的六品七品以上和以下常參官、非常參官的乘馬衣服[①]。其實唐朝的常參官,在唐後期已有登朝官之稱。《舊唐書》卷一四八《裴垍傳》載其元和中奏,請準《六典》,以五品以上、六品以下登朝官分為學士、直學士,非登朝官為校理;又請以登朝官入史館者並為修撰,非登朝官並為直館,即此之謂也。是兩者等級待遇已有不同。所知是發展到宋代的升朝官與非升朝官,在朝參次序、車服、宴會座位、立廟、父母封贈、喪禮等待遇方面皆有分別,這進一步說明,職事官的要重程度愈來愈成為官員待遇的取法標準。

　　而上述奏文說明在葬制方面的這種區別至少已見於後唐,並且亦因長興二年十二月御史臺奏"定到五品至八品升朝官、六品至九品不升朝官等,及庶人喪葬儀制"而明確化。具體便是將五品至六品升朝官、七品至八品升朝官、六品至九品不升朝官和庶人劃為四等,如"舁轝車"一項,四等即有使用二十人、一十六人、一十二人、八人擡的區別,諸如車上裝飾、明器、輓歌、引披鐸翣等升朝官

---

①　《冊府元龜》卷六一《帝王部•立制度》二,678—679頁。

和非升朝官都有不同(詳附表11.)。可以看出,如同樣是六品官,升朝官在第一等;同樣是七品、八品官,升朝官在第二等;而六品至八品非升朝官則與九品一起,在第三等。《天聖令》"宋17"引、披、鐸、翣、挽歌條"五品六品"下注文稱:"謂升朝者,皆準此。"九品下亦注曰:"謂非升朝者。"可認為是自五代發展而來。

《五代會要》卷八還載有長興二年四月關於朝臣居喪丁憂的敕令和其月五日中書門下復奏,皇帝敕令要求"朝臣居喪終制,委御史臺具姓名申奏"。但中書門下復奏中即提到張昭遠丁母憂"望量與恩賜"的問題,請求"自此朝臣或有丁憂,亦乞頒賚",並按照"官資等第",定支給數目如下:

> 文班左右常侍、諫議、給事、舍人、諸部尚書、太子賓客、諸寺大卿、監察(按此二字疑衍)御史中丞、國子祭酒、詹事、左右丞、諸部侍郎,絹三十匹,布二十匹,粟麥各二十五石。起居、補闕、拾遺、侍御史、殿中·監察御史、左右庶子、諸寺少卿、國子監司業、河南少尹、左右諭德、諸部郎中員外郎、太常博士,絹二十匹,布一十五匹,粟、麥各一十五石。國子博士、五經博士、兩縣令、著作郎、太常、宗正、殿中丞、諸局奉御、大理寺、太子中允、洗馬、左右贊善、太子中舍、司天五官正,絹、布各一十五匹,粟、麥各一十石。左右諸衛大將軍、左右諸衛將軍,絹二十匹,布一十五匹,粟、麥各一十五石。左右率府副帥,絹、布各一十五匹粟麥一十石。

這裏列入給贈範圍的官員雖然不包括可能早就有此待遇的三公、侍中、中書令、中書門下兩省侍郎和御史大夫一級的最高首長,但包羅了之下職事要重的所有官員。對照《唐六典》,基本就是唐朝的常參官範圍,只是增加了唐後期或五代纔有的五經博士、兩縣令以及宗正丞等,所有官都在三品以下、八品以上,應該是五代的升朝官範圍。升朝官品級高下不等,但職事較非升朝官要重,說明官員丁憂賵贈的"官資等第"已不是完全按官品論定，而是圍繞職務以進行，這種情況與宋朝已有相當接近之處。

對於宋代賵贈及以升朝官和非升朝官劃分喪葬給贈標準的問題，在下面章節還有繼續的討論。在這方面唐後期與宋初之間應有五代的過渡。而從前述喪葬制度可以知道從後梁一朝到後唐同光、天成中不斷吸收唐令及格敕直至長興二年建立升朝官與非升朝官葬制的規定，經歷了很大的變化，長興二年正是其中的關鍵。所定內容非常鮮明地體現了五代特色，其定制大體上可以銜接唐宋，從而使五代制度成為邁向宋代的橋梁。

2. 庶人葬制的提升

從五代敕令可以看出，庶人葬事亦被列入葬制關照的範圍之內，制度所謂"官人百姓"是包括官員和一般民眾都在內的，法令制定的內容和對象亦愈來愈面向庶人。天成元年御史臺所奏喪葬還主要是官員，庶人則不許者甚多。例如魌頭車，說明"七品已下及無官品者勿用"；引、披、鐸、翣，以官品遞減，"九品已上二翣，無官者勿用"；喪葬用車，官員按品有不同裝飾，"百姓喪葬，只合使鼈甲車，無幰、襜、畫飾，並無已前儀。"但是長興二年十二月御史臺奏稱"先奉敕，前守亳州譙縣主簿盧茂謙進策內一事"，因提到"竊見京城內偶遭凶喪者，身不居於爵祿，葬有礙於條流"的問題，即考慮到庶人的要求問題。具體涉及前面規定的庶人鼈甲車，"或值炎鬱所拘"並不適合使用，"貧窮旋俟於告投，停日既多，塋園又遠"，故"伏乞特付所司，別令詳定，權免鼈甲車送葬者"。根據奏中所說，同光三年下敕，一般百姓人家雖然禁斷錦繡，但是卻允許使用"常式素車轝"，也即前文所說"稍有力百姓之家十二人至八人，魂車、虛喪車、小轝子不定人數。或是貧下，四人至兩人"，因此，允不允許使用車轝，對庶人而言十分關鍵。

　　於是敕令根據御史臺意見更改制度,稱"送葬之儀,雖防越制;令文之設,亦許便時"。並下令"自五品以下至庶人,自春夏秋,宜並許第等置轝,其餘儀式,一切仍舊。兼喪車亦不全廢,如要令陳於靈轝之前,其轝大小制度及結絡遮蔽,所使匹帛顏色,並擎舁人數次第,仍令御史臺詳覈,據品秩等級,士庶高低,各定規制施行"。由此使庶人用轝通過法令,其具體規定即"庶人使八人舁轝車,竿高五尺五寸,長一丈,闊四尺"。又有"男子以白絹半幅為帶額,婦人以紫絹半幅為帶額,周迴遮蔽。魂車一,香轝子一,使結麻網幕。明器一十四事,以木為之,不得過五寸,共置五轝,不得使紗籠、金銀、帖毛髮裝飾。除此外,已上不得使結絡錦繡等物色,如人戶事力不便(辦?),八人以下,任自取便。其喪轝車已準敕不全廢,任陳靈轝之前者"。也即喪葬用車及明器等,都有明確規定,如與六品以上非升朝官相比,只是官使十二人而非八人擡轝車,其餘尺寸、裝飾皆略在上耳,且官有鐸、翣各一,但也不得"著錦繡及別有結絡裝飾",官與民的喪葬用品相對接近了。

　　很值得注意的一點,是自後梁至後唐的喪葬朝敕中,不斷出現"高例及庶人"、"稍有力之家"和"貧下",以及"如事力不辦,任自取便"這樣的分別和說法,其中"高例"和"稍有力之家"作為有權勢的官員和富裕商民的指代,表明五代喪葬敕令在反映官員和百姓的差別之外,也注意到同一階層內由貧富懸殊產生的對比,及因此對喪葬產生的不同要求,而其喪葬"格例"或者"條流"的制定雖是針對富者逾制,但也體現了對貧富不同情況的分別對待,說明貧富或者財產的問題已經是五代朝廷政策制定中不得不考慮的因素之一,這是五代較之唐代在喪葬制度的進步,也是唐宋經濟社會發展的必然。

　　最後,說到唐五代葬制與宋朝的關係,則《宋史》卷一二五《禮志》二八"士庶人喪禮"有關於太平興國七年(982)正月命翰林學士李昉等重定士庶喪葬制度的記載則最見其意。時昉等奏議,稱引大曆七年和長慶三年李德裕的限制厚葬條文,並略加修改。説明可以使用錦繡,而音樂及欄街設祭,身無官而葬用方相者,"望嚴禁之",只是"其詔葬設祭者,不在此限"。但更重要的,是直接繼承後唐制度:

> "又準後唐長興二年詔,五品、六品常參官,喪轝舁者二十人,挽歌八人,明器三十事,共置八牀;七品常參官,舁者十六人,挽歌六人,明器二十事,置六牀;六品以下京官及檢校、試官等,舁者十二人,挽歌四人,明器十五事,置五牀,並許設紗籠二。庶人舁者八人,明器十二事,置兩牀。悉用香轝、魂車。其品官葬祖父母、父母,品卑者聽以子品,葬妻子者遞降一等,其四品以上依令式施行。望令御史臺、街司頒行,限百日率從新制;限滿違者,以違禁之物給巡司為賞。喪家輒舉樂者,譴伶人。他不如制者,但罪下里工作。"從之。

此處喪轝、明器、挽歌等説明都是依照長興二年制度。惟明器的計數以"牀"代"轝",並有葬父母、葬妻和違禁之物給巡司為賞、喪家舉樂罪伶人之類的明確規定。奏文中又有"限百日率從新制"語,可以知道宋代新制基本是從改唐敕文和依後唐葬制而定,這再次證明了宋代對晚唐五代葬制的承襲。

附表 11. 五代後唐長興二年官民喪葬規格比較①

	五品至六品升朝官	七品至八品升朝官	六品至九品不升朝官	庶人
	使二十人。	使一十六人。	一十二人。	八人。
异轝車	竿：高七尺，長一丈三尺，闊五尺。	竿：高七尺，長一丈三尺，闊五尺。	竿：高六尺，長一丈一尺，闊四尺。	竿：高五尺五寸，長一丈，闊四尺。
	帶額：男子白絹全幅，婦人紫絹全幅。	帶額：男子白絹全幅，婦人紫絹全幅。	帶額：男子白絹全幅，婦人紫絹全幅。	帶額：男子白絹半幅，婦人紫絹半幅。
	畫飾：並畫雲氣，周迴遮蔽。上安白粉塌木珠節子二十道。	畫飾：無。周迴遮蔽。上安白粉塌木珠節子二十道。	畫飾：無。周迴遮蔽。上安白粉塌木珠節子一十六道。	畫飾：無。周迴遮蔽。
其他車	魂車一、小香轝子一、並使結麻網幕。魌頭車一。	魂車一、小香轝子一、並使結麻網幕。魌頭車一。	魂車一、小香轝子一、並使結麻網幕。	魂車一、小香轝子一、並使結麻網幕。
輓歌、披引鐸翣	輓歌八人（?），練布深衣，披、引、鐸、翣各一，不得著錦繡。	輓歌一十六人（"一十"衍?），練布深衣，披、引、鐸、翣各一，不得著錦繡結絡裝飾。	輓歌四人，練布深衣，鐸、翣各一，不得著錦繡及別有結絡裝飾。	
明器	三十事，四神十二時在內，四神不得過一尺；餘不得過七寸。園宅一，方三尺；共置八轝（异）。不得以金銀、〔帖〕毛髮裝飾。	二十事，以木為之，四神十二時在內，四神不得過一尺；餘不得過七寸。園宅一，方二尺五寸，共置六异。不得使金銀彫鏤、帖毛髮裝飾。	一十五事，以木為之，並不得過七寸；共置五轝（异）。不得使金銀彫鏤、帖毛髮裝飾。	一十四事，以木為之，不得過五寸；共置五轝（异）。不得使紗籠、金銀、帖毛髮裝飾。不得使結絡錦繡等物色。

① 此表製作參《五代會要》卷九《喪葬》下長興二年十二月六日御史臺奏，141—144頁。

下編上結語　等級森嚴的喪葬禮令格敕與喪葬制度的普及

總括上述,本編立意在通過《喪葬令》與《開元禮》,及令與格式制敕内容關係的發掘和討論,考察論證唐五代喪葬制度的發展變遷以及它在唐宋社會過渡之際所表現的特點。

唐朝《喪葬令》和《開元禮》反映的主要是唐朝前期制度。《喪葬令》和《開元禮》的實施對象主要是官員。在《喪葬令》中高級官員的葬禮最受重視,官品高低是《喪葬令》實施的標準與核心,決定了官員喪禮的規格與待遇。開元凶禮在喪葬的等級内容方面,完全與令相適應,在公、私二者方面互為補充,其等級標準的制定,均反映了從貴族制重門第和血緣、親緣關係到官僚制重官品的發展。但令與禮的來源既有相通合一之處,又有各自不同的來源,總體上是上古周禮與漢晉南北朝制度的集成發展。並且與皇帝喪禮一樣,官員的凶禮仍體現着以北朝原則和内容為主的特色。禮、令在唐朝的喪葬問題上,始終起着主導的作用。

喪葬制度除在《喪葬令》中作綱領性的規定,相關條款還散見於其他令中,是涉及面最廣的令文,不僅如此,其具體内容也見諸格、式等。格式制敕不但對令文加以補充,而且有着與令同等的法令效應。而從開元後期開始,對於喪服和喪制加以改革和細化的制敕不斷頒布,同時以删定制敕為基礎的格和格後敕取代律令成為現實喪葬禮制的主要依據。元和六年和會昌元年的兩次"條流"，不僅確立了官員的三等定制，簡化了官員等級；而且增加了內侍官、散試官和庶民的喪葬規格，擴大了制度面向的人羣，豐富了喪葬管理的內容，也使制度的管理具體化，從而適應了商品經濟發展和社會平民化、世俗化的需要，奠定了唐後期的葬制取向。

五代在很大程度上吸收了唐朝的制度，特別是後唐葬制在相當程度上是以唐令和唐後期格敕為本而參互使用的，並通過《開成格》的吸收與《刑統》的沿襲形成了唐宋之際一脈相承的特色。其制度是一方面嚴酷法令，使喪葬管理監察刑法化；另一方面則是更加關注中下層官員和一般人羣。長興二年御史臺奏及敕綜合唐令及五代以來的新制度，建立了關於檢校官、散試官與五品以下升朝官、非升朝官和庶民等的詳細規定，體現了五代以職代官在中下層官員和庶民葬禮制度上的新特色。其中升朝官喪葬制度的規定與丁憂賻贈相結合，以及通過御史臺和葬作行人對喪葬逾制實行監督的做法，表明長興二年前後乃是五代葬制形成的關鍵期。五代喪葬制度愈來愈體現着對於中下層官員、商人和普通百姓喪禮要求的考慮，已經有不少與宋代社會接近的內容。故五代葬制直接為宋代所吸收，體現了唐宋之際的銜接和過渡。

總之，唐、五代的葬制經過多次的修訂之後，不僅在細節，也在整體面貌上發生了很大變化。而由令、格、式、制敕共同組建的喪葬制度，經唐後期五代特別是後唐過渡，與宋制接軌——這個唐宋喪葬法令制度發展方向和總體脈絡應該是毫無疑問的。喪葬制度在不同的時期有着不同的實施羣體和等級化的要求，這是社會進步所致，由此我們便可以瞭解，在唐宋社會的變革與延伸中，喪葬這個與國家財計和官民生活發生着最密切關係的方面，是有着怎樣的回應。而這一點，不僅豐富了我們對制度本身的認識，也是在今後的研究中應該格外注意和發掘之處。

下編中

官員喪葬禮令中的問題研究

　　禮是古代王朝政治與上層建築的核心，當國家社會發生劇烈變革的時代，禮制的變化往往也是巨大的。天一閣藏《天聖令》的發現以及借助於它所進行的唐令復原工作，使我們有機會近距離地直面觀察到唐宋禮令制度的一些不同，而在這些不同中，《喪葬令》正是突出的方面。

　　本編上部已經討論了禮令關係，從所涉之一般規定及其在唐五代的發展，可以發現開元《喪葬令》也和《大唐開元禮》一樣，都是一方面吸收和遵循着上古以來禮文的基本要素内容，一方面嚴格地恪守着皇帝社會所規定的尊卑等級之秩。在這一點上，宋令與唐令没有本質區别。正如論者所指出的那樣，令的延續性、穩定性是很强的，即使是重新修訂，也很少能夠越出原有的框架内容。

　　然而這並不等於宋令與唐令相比没有變化。宋《喪葬令》相對唐令的變化有三個方面,即包括條目本身的增删、逐條内容的增减、文字和用語的變动等,但更重要的是這些内容實際表現了某些制度和觀念的變更。以個人體會,《喪葬令》和禮的變化,既來源於統治者對喪服禮制自身原則和細節問題的修改,也與唐宋之際整個國家制度和社會觀念的總體變遷有關。由於官員喪葬是禮、令圍繞的重點與核心,筆者在前已就《喪葬令》和格式制敕反映的唐朝喪葬制度的總體變化,以及喪葬禮令的關係作了研究①,因此本編僅收入一些專題的討論②。這些問題針對唐宋令的某些不同,在禮法形式、現時政治和官員待遇之間,無一不凸顯出長期以來的制度變化,留下了唐宋社會發展變革的深刻烙印,對於瞭解官員葬禮的程序内容及其實施狀況等提供了直接的幫助。理解喪葬禮令對於國家社會的意義,也許正可以從這些典型的事例和問題中獲得啓發。

---

① 見拙文:《唐朝的〈喪葬令〉與喪葬法式》,《文史》2007 年 3 輯,總 80 輯,87—123 頁;《唐朝的〈喪葬令〉與喪葬禮》,《燕京學報》新 25 期,北京大學出版社,2008 年,89—121 頁。

② 本編討論的一些問題,原以《從〈天聖令〉對唐令的修改看唐宋制度之變遷——〈天聖令〉研讀筆記三篇》一文發表,《唐研究》12 卷,123—201 頁。本書再收入時,略有增加和修改。

第七章　中古舉哀儀的變遷

　　唐宋之際國家社會的一個發展趨勢是以皇權為中心的官僚制已經走向成熟,在這一過程中,禮、令的建設就必須以突出皇權和官品等級制為目標。《喪葬令》對於官員死亡待遇的規定高下有別,等級森嚴,它們涉及的方面細微而眾多。其中舉哀弔祭是和皇家典禮最有關係的部分,在朝廷給官員的禮儀待遇中有着特殊的意義。然則社會的變遷在高層次的喪禮其實最為敏感,在不經意間,對其舉行的內涵也許就有了意義完全不同的解讀。本章專注於中古不同時代的帝后舉哀儀,意圖說明,在中古士族制的衰落和皇權的增長同時,皇帝和皇家舉哀儀無論是對象,抑或是方式,中古的前期與後期都有着值得深入思索的變遷。而這方面禮令存在的一些微妙差別,就正是我們尋找和發現問題的切入點。

一　關於"五服之內親"和"五服之內皇親"

　　本書第五章討論禮、令等級關係時已指出,《開元禮》將官員的品級分為三品以上、四品五品和六品以下的三個層次,而三品以上則還存在着一個特殊的階層,這個特殊階層包括了皇家內外戚屬和"貴臣"、"蕃國主"在內的全部親貴。舉哀、臨喪是帝、后和太子聞喪後在宮中或親臨死者之家舉行哀悼的儀式,也是對重者最尊貴的禮儀,其對象是親貴內身分極高的極少數人。細讀之下,卻可以瞭解到在帝、后為之舉哀的戚屬中,是包含着內、外族的分別。那麼,皇帝對內外親族的禮節有何不同?與社會習俗之間又有何對應?從禮、令的字裏行間中便不難發現其中的聯繫。

(一)唐朝五服之內親的概念

為了說明方便,這裏仍需要將唐宋《喪葬令》舉哀條內容加以對比。其中《天聖令》"宋3"有曰:

> 皇帝、皇太后、〔皇后〕、〔皇〕太子為五服之內皇親舉哀,本服期者,三朝哭而止;大功者,其日朝晡哭而止;小功以下及皇帝為內命婦二品以上、百官職事二品以上喪,官一品喪,皇太后、〔皇后〕為內命婦二品以上喪,皇太子為三師、三少及官臣三品以上喪,並一舉哀而止。其舉哀皆素服。皇帝舉哀日,內教坊及太常並停音樂。

結合《唐六典》復原的唐令("復原4")如下:

> 皇帝、皇太后、皇后、皇太子為本服五服之內親舉哀,本服周者,三朝哭而止;大功者,其日朝晡哭而止;小功以下及皇帝為內命婦二品以上、百官職事二品以上及散官一品喪,皇太后、皇后為內命婦二品以上喪,皇太子為三師、三少及官臣三品以上喪,並一舉哀而止。其舉哀皆素服。皇帝舉哀日,內教坊及太常並停音樂。

按:兩條令都關係到唐宋帝、后的舉哀儀問題。皇帝為親貴大臣舉哀的情況兩漢三國即頗見之。晉時已有"諸王公大臣薨,應三朝發哀者,踰月舉樂;其一朝發哀者,三日不舉樂"的"咸寧二年(276)武皇帝故事"。此"發哀"者,大臣引述時也作舉哀①。三朝舉哀即唐令所云"三朝哭而止",一朝發哀即"一舉哀而止",可見晉時皇帝舉哀已形成制度。並且帝、后舉哀多見記載,太極宮東、西堂(同姓王公)或朝堂(異姓公侯都督)更成為皇帝為親貴大臣舉哀之地②。此後舉哀儀南北朝均行之。筆者在討論《喪葬令》淵源是曾引述《隋書》卷八《禮儀志》三所載隋制,證明與唐《喪葬令》"復原4"舉哀條幾乎完全對應。由此可以瞭解舉哀儀其實是前代傳統,唐、宋不過相沿而已。

但唐宋相沿的舉哀儀也並非完全因而不改。原抄本的《天聖令》中,兩處的"皇后"均沒有,但筆者參考唐宋制度,認為應當增加③。唐令乍看起來幾乎完全一樣,除筆者在復原文中已指出的"官一品"唐作"散官一品"外,惟第一句中的"五服之內皇親",《唐令拾遺》據《唐六典》作"五服之親",據《令集解》、《三代實錄》及《隋書》等亦可增一"內"字,作"五服之內親"④。但無論是"五服之親"抑或"五服之內親",其實在意思上沒有差別,其中都包括皇帝、皇太后、皇后、皇太子的五服之內(斬衰、齊衰、大功、小功、緦麻)的親屬。問題在於唐令的"五服之親"或"五服之內親"相比宋令的"五服之內皇親"卻是少了一個皇字。稱"親"改為稱"皇親"或可認為是唐宋語言習慣不同所致,本卷"宋6"條有"諸宗室、內外皇親、文武官"、"宋23"有"諸應宗室、皇親及臣僚等敕葬者"的說法,因此用

① 《晉書》卷二〇《禮志》,630頁。
② 參見渡邊信一郎:《天空の玉座——中國古代帝國の朝政と儀禮》,65—75頁。
③ 按據《政和五禮新儀》卷二一二有"中宮為諸王以下喪舉哀儀"(《景印文淵閣四庫全書》647冊,874頁),"中宮"即皇后,據補。第二處"皇后"僅據《大唐開元禮》卷一三五《中宮太皇太后皇太后皇后舉哀》內有太皇太后,皇太后和皇后"為内命婦舉哀"一儀,推斷宋朝為内命婦舉哀也不應排除皇后,試補。
④ 《唐令拾遺・喪葬令第三十二》,807頁;並參見筆者關於《喪服令》的校勘,刊載於《天一閣藏明鈔本宋天聖令校證——附唐令復原研究》。

"皇親"而代替"親"似乎是很自然的。

然而問題並非如想象的那樣簡單。事實證明惟此一字之差，其含義已不盡相同。唐代的五服之親或者五服之內親是帝、后(實亦含太子)的五服親，也即皇家的內外親族，其規定必須再引《新唐書》卷四八《百官志》三宗正寺卿條下以說明：

> 凡親有五等，先定於司封：一曰皇帝周親、皇后父母，視三品；二曰皇帝大功親、小功尊屬，太皇太后、皇太后、皇后周親，視四品；三曰皇帝小功親、緦麻尊屬，太皇太后、皇太后、皇后大功親，視五品；四曰皇帝緦麻親、袒免尊屬，太皇太后、皇太后、皇后小功親；五曰皇帝袒免親，太皇太后小功卑屬，皇太后、皇后緦麻親(按《唐六典》"緦麻親"下尚有"及舅母、姨夫")，視六品。皇帝親之夫婦男女，降本親二等，餘親降三等，尊屬進一等，降而過五等者不為親。諸王、大長公主、長公主親，本品；嗣王、郡王非三等親者，亦視五品；駙馬都尉視諸親。

按關於"親"的範圍，《唐六典》卷一六《宗正寺》也有說明，但《新唐書》相比更加完整。五等親內除皇帝袒免親都在五服之內，而每等都包括太后、皇后之族，這一點正可由《開元禮》證明之。《大唐開元禮》卷一三三內容是皇帝的舉哀臨喪，包括"為外祖父母舉哀"、"為皇后父母舉哀"、"為諸王妃主舉哀"、"為內命婦舉哀"、"為宗戚舉哀"、"為貴臣舉哀"、"為蕃國主舉哀"；內除了"為蕃國主"之外[1]，幾乎涵蓋了唐令中皇帝舉哀的所有範疇。這裏為親族的舉哀包括兩個方面，即一是本族或稱內族，另一是外族；"為諸王妃主"、"為宗戚"、"為內命婦"可以算作本族或本家之內，"為外祖父母"、"為皇后父母"卻正代表了來自母族、妻族的另外方面。同樣在其後

---

[1] 《大唐開元禮》卷一三三，628頁。

"臨喪"的對象也是"臨諸王妃主喪"、"臨外祖父母喪"、"臨皇后父母喪"、"臨宗戚喪"等等,與舉哀基本是一致的。

同時《開元禮》卷一三五"中宮太皇太后皇太后皇后舉哀"包括"為父母祖父母"、"為外祖母父母"、"為諸王妃主"、"為內命婦"、"為宗戚",又有"為父母祖父母"、"為外祖父母"成服除服,"奔父母祖父母喪"和"臨外祖父母喪"、"臨內命婦喪"等,在內、外、夫族的意義上也是共同的。"為宗戚"僅注明"右與諸王妃主舉哀禮同",未言來自何方,但有可能是涵蓋皇家宗戚和自身親族。不過"為父母祖父母"、"為外祖母父母"是排在諸王妃主和宗戚前面,成服、除服和奔喪、臨喪都是為皇后或太后自己的本家和外家而不包括諸王妃主等,表明是以己身內、外族在先,而夫族在後。再按照這一原則,卷一三六的"東宮舉哀"除太子為自己的良娣、良媛和師傅、宮臣舉哀外,亦有"為諸王妃主舉哀"、"為外祖父母舉哀"、"為妃父母舉哀(並成服降服)"、"為宗戚舉哀"等;而卷一三七"東宮妃聞喪"是"聞父母祖父母喪"、"聞外祖父母喪"、"為諸王妃主舉哀"、"為良娣以下舉哀"和"為宗戚舉哀"。"聞喪"是要聞聽喪事後舉哀,同時還要在"其日赴喪者",即親身回至本家或赴外家參加喪事,為此又有專門的奔喪、臨喪之目。因此太子妃的服喪也是內、外、夫三族,並且看得出來也是以自身的內外家為重。

(二)宋朝"皇親"的名稱意義

但是宋令的"五服之內皇親"恐怕概念和範圍就不完全相同了。"皇親"一詞在唐、宋史料中一般均指皇族。《舊唐書》卷七《中宗紀》神龍元年(705)正月大赦,詔加號相王、太平公主,"皇親先被配沒者,子孫令復屬籍,仍量敘官爵",所指正是被武則天配沒的李氏諸王和宗室。《唐大詔令集》卷六六《后土赦書》"皇親中有文武才用堪任使者,委宗正以其名上,當與獎擢"①,由宗正上名的"皇親"當然也是皇帝宗族之親。《宋史》卷一六八《職官志》八稱:"皇親之制,開寶六年(973),詔:'晉王位望俱崇,親賢莫二,宜位在宰相之上。'太平興國八年(983),楚王、廣平郡王出閣,令宰相立親王之上。"此條以下內容也是針對宋朝諸王和宗室。《續資治通鑑長編》卷一三二載仁宗慶曆元年(1041)五月壬戌左正言孫沔奏提到文武官員每遇南郊及降聖節許奏蔭子孫弟姪,"雖推恩至深,而永式未立。今臣僚之家及皇親、母后外族皆奏薦,略無定數"的問題,即將"母后外族"置於皇親之外,因此宋朝的皇親基本上可以認定已經不包括后族在內。

與"皇親"相對的是"諸親"。諸親常常與皇親並列,《唐六典》卷二司封郎中條曰:"凡皇家五等親及諸親三等,存亡升降皆立簿籍。"同書卷一六宗正卿之職:"凡大祭祀及冊命、朝會之禮,皇親、諸親應陪位豫會者,則為之簿書,以申司封。若皇親為王公,子孫應襲封者,亦如之。"《大唐開元禮》有多條涉及皇親諸親的站位,如卷四五《皇帝拜五陵》就提到"未明三刻,行從百官及皇親五等以上、諸親三等以上並客使等,應陪位者俱就位"。《唐大詔令集》卷七四《親祭九宮壇大赦天下制》也有"皇親五等以上,及九廟子孫、諸親三等以上未有出身者並放出身"。其九廟子孫是指皇族的宗枝,與諸親顯然是不一樣的。

因此諸親大部分情況下是指皇族之外的其他親屬,兩者又都包括在《新唐書》的列敘的等級之中,而"諸親三等"與五等皇親對應,即上三等非皇族宗枝。《唐律疏議·名例·八議》"一曰議親"條注皇后小功以上親《疏議》有曰:"小功之親有三:祖之兄弟、父之從父兄弟、身之再從兄弟是也。此數之外,據禮內外諸親有服同

———

① 《唐大詔令集》卷六六《后土赦書》,374頁。

者,並準此。”此諸親即涵蓋皇后內外族而言①。但諸親在不與皇親
相對時亦可泛指,如《舊唐書》卷四《高宗紀》永徽四年三月丙辰有
“上御觀德殿,陳逆人房遺愛等口馬資財為五垜,引王公、諸親、蕃
客及文武九品已上射”的記載,這裏的諸親是泛指皇家親屬。《册
府元龜》卷五六《帝王部·節儉》貞元三年正月庚戌詔曰:“內外諸
親設祭於大行皇后,並不得假飾花果,已後公私集會,並宜準此。”
此諸親亦泛指皇族、后族並言。

　　宋代言諸親情況類似,有時是與專指皇族的皇親並列,有時則
是包括皇親和其他親族統而言之。例如《續資治通鑑長編》卷五三
真宗咸平五年(1002)十二月壬申條下“先是,公主、郡縣主以下諸
外親命婦之入內者,因誕節郊祀,許奏戚屬恩澤,初無定制”,就將
公主、郡縣主一類的皇親置於“諸外親”一列。有時又有“皇族諸
親”之説,如同書卷六七真宗景德四年(1007)十一月“戊子,令樞密
院條上南郊、承天節皇族諸親延賞恩例”。這個恩例之上是由於
“先是,每有朝慶,皇族皆過希寵澤”。從其時提到陳國長公主為男
求近地刺史,和皇帝所言“諸親中亦有引太祖、太宗朝事為言者”一
語,可知這個諸親是指與皇族有關的親屬,也包括公主之家。不過
單提皇親是不包括諸親在內的,因此天聖《喪葬令》“宋6”條中的
“內外皇親”,應指諸王和公主以下。

　　宋令的“五服之內皇親”是指皇帝本族還可由喪葬禮儀的規定
本身來證明。今宋初所定《開寶通禮》已不可見,此禮據朱熹説它
是多本《開元禮》已成之,但其實已有不少變化②。仁宗嘉祐年間成

　　① 《唐律疏議》卷一《名例律》,17頁。按拙文《從〈天聖令〉對唐令的修改看唐宋制
度之變遷》關於諸親誤認為是在皇族后族之外(129頁),特此改正。
　　② 關於《開寶通禮》的制定及其與《開元禮》關係等問題,參見樓勁:《關於〈開寶
通禮〉若干問題的考察》,《中國社會科學院歷史所學刊》4集,北京:商務印書館,411—
437頁。

書的"歐陽修等奉敕編"《太常因革禮》,雖其中亦多記變革,有"新禮"、"廢禮"之存,但據說除廟議外"其餘皆即用《通禮》條目,為一百篇,以聞"①,也即篇目多是因襲《開寶通禮》。遺憾的是今凶禮部分多遺失,所存目錄似較《開元禮》為簡,加"廢禮"行陵等自六十四至六十七共四卷三十餘目,其中有"舉哀"、"詔不舉哀"及輟朝、挂服等,由於不具體,所以不能知道其中的內容。可據補充的是《宋史》卷一二四《禮志》二七《車駕臨奠》:"《通禮》著,皇帝臨諸王、妃、主、外祖父母、皇后父母、宗戚、貴臣等喪,出宮服常服,至所臨處變服素服。"似乎仍有皇帝為外祖父母和皇后父母的臨喪之儀,但是因這裏強調服素服而非喪服(詳下),說明當時皇帝對后家禮數已經減降。到了徽宗時期所定《政和五禮新儀》的凶禮《訃奏儀》中,只有"皇帝為諸王以下喪舉哀"、"皇帝為大遼國喪舉哀"、"皇帝為蕃國喪舉哀"等儀目,《臨奠弔喪儀》內也是"皇帝臨奠諸王以下喪"、"皇帝遣使弔諸王以下喪"、"皇帝遣使奠諸王以下喪"儀②。所謂"諸王以下喪",明顯看得出來是以皇族為主,是將"諸王"放在頭一位的,而原來的為外祖父母、為皇后父母舉哀已經不提,也許是並到諸王以下處理了。

另外《政和五禮新儀》卷二一二關於太后、皇后的"中宮為諸王以下喪舉哀儀"、"中宮為祖父母成服儀"、"中宮遣使弔諸王以下喪儀"原則上也相同,只是迴避了"為父母"而增加了"為祖父母",證明"諸王以下"是不包括太后、皇后自身親族的。太后、皇后方面的外族之親如外祖父母已不單獨列條,並且"為諸王"條置於"為祖父母"條之上,似乎也是使夫族高於己身家族。太子禮也有着相同特點。《政和五禮新儀》卷二一三關於太子只有"東宮為諸王以下喪舉哀儀"、"東宮臨奠諸王以下喪儀"、"東宮遣使弔諸王以下喪儀"、

---

① (宋)歐陽修等:《太常因革禮》,1—2頁。

② 《政和五禮新儀》卷二一〇、卷二一一,647冊870—873頁。

"東宫遣使奠諸王以下喪儀"，强調皇親的内容完全與皇帝一致；惟卷二一四關於東宫妃未言為諸王而僅有"東宫妃為祖父母以下喪舉哀儀"和"東宫妃為祖父母喪成服儀"略加區别，這可能是東宫妃較之前者地位尚低之故。

因此宋朝帝、后、太子作為皇朝的最高統治者，其舉哀强調"為諸王以下"範圍是完全一致的，反之於太后、皇后的家族或者皇帝、皇后的外家（外祖父母）儀式方面或是降到諸王以下或是根本不作特别規定。换言之帝、后的舉哀臨喪都是以皇族為主，皇太后、皇后也是以皇帝和夫族為重，這雖然是北宋中期以後的禮，卻印證了《天聖令》皇帝、皇太后、〔皇后〕、太子只為"五服之内皇親"舉哀的説法。

二　"舉哀成服"和"舉哀掛服"

與自古以來的"舉哀成服"儀式相對，宋代也出現了"舉哀掛服"的名目。掛服是在舉哀之際，並不真正地更换喪服，是齊、斬三年之外，帝、后、太子等對次一級親屬的悼念形式，但是也被施予后家戚屬甚至是皇后的母親。"掛服"也即素服舉哀是帝后參加王公權貴喪禮最常見的舉哀方式，皇帝皇（太）后對后家尊屬不再實行"成服"禮也即為之服喪，而只是"掛服"，是對外家（或稱母、妻之家）喪服儀式明顯的减降，也是唐宋在皇家舉哀儀上最大的變遷。

（一）"舉哀成服"和"舉哀掛服"的出現

與强調為皇親舉哀相應，即是宋朝皇帝對於外家，太后對於本族和己身外族的舉哀、服喪在儀式及内容上的减降。先説唐朝的情況。雖然唐令規定皇帝"其舉哀皆素服",但《大唐開元禮》卷一三三載皇帝舉哀卻有兩種方式,其中的一種是舉哀的同時有成服之儀,這種情況包括為外祖父母和皇后父母。其"為外祖父母舉哀"條稱:"侍中跪奏,請哭止成服,俛伏,興。皇帝止。尚衣奉御以篚奉衰服進,跪授,興,仍贊變服焉。於變服則權設步障,已而去之。"而且說明哭要"自後朝晡凡三日而止"。與之相關的"除外祖父母服"條則有"至日平曉而除服"。並說明"外祖父母則五月先下旬之吉也。其從朝制公除,則〔外〕祖父母五日也"。所説"公除",即是按照外孫為外祖父母服小功五月的以日代月,而行五日之制。"為皇后父母舉哀"條也説明:"右與為外祖父母禮同,其異者,製緦麻三月之服,朝晡再哭而止。"這表明皇帝在舉哀儀式上是真正要為外祖父母和皇后父母成服的。

當然中宮(太皇太后、皇太后、皇后)若為自己的父母、祖父母及外祖父母更是如此,只是行服的時間長短按服制規定有不同而已。《開元禮》專有中宮"為父母祖父母舉哀"、"為外祖父母舉哀"、"奔父母祖父母喪"、"為父母祖父母成服"和"為外祖父母成服"、"除父母祖父母喪服"諸條,根據這些規定,皇后當父母、祖父母亡可奔喪,並為之行十三月菁服,"其稟旨行公除之禮,則十三日而除",對外祖父母則服小功五月。這説明后對於本家及外家長尊也是有成服和服喪之禮的。

然而另一種方式卻是不必有成服之儀的,這種情況包括帝、后為諸王妃主、為内命婦、為宗戚、為貴臣、為蕃國主舉哀。其中"為諸王妃主舉哀"條敘述"皇帝素服御輿複道以出,從闈宮後門入之大次,降即哭位"。在"侍中跪奏,請為故臣某官若主若妃。舉哀,俛伏,興"後,皇帝始哭,羣臣在通事舍人贊導下行再拜及哭禮。當儀式結束侍中奏哭止,並奏請還宮後,"皇帝哭止,御輿降還",其間没有換穿喪服的記載。並且同條禮與令同樣,都規定皇帝是"自後本服周者,凡三朝〔哭〕而止;本服大功者,其日晡哭而止;本服小功已下,一舉哀而止"。條中還説明皇太子如參陪舉哀,也要着素服。其他條依次類推,都不必着喪服。

不僅舉哀如此,臨喪也如之。本書在討論皇帝喪禮部分曾説明唐令和宋令都有皇帝、皇太子臨大臣之喪分錫衰、總衰、疑衰三等,事實上應當是等級不同的素服。而《開元禮》卷一三三"皇帝臨諸王妃主喪"一條儀式規定皇帝常服到後須"變服素服",等到哀悼結束後再變回常服。參加儀式的陪從之官也是"各舍於便次變服素服,其侍臣及文武官不變服",變服衰服的只有"主人内外五屬之親"。同卷説明"臨宗戚喪"、"臨貴臣喪"都是與之同,也證明令文所説的"錫衰"之類事實上也只能理解為素服而不是喪服了。

古禮關於舉哀和喪服制度本是根據血緣關係的親疏而定,舉哀而成服的無疑首先應該是血緣較近而喪服較重的内親尊長。此處先不言皇帝的特殊身分,即僅從遠近親疏而言,皇帝不僅對於與自己血緣關係遠或無血緣關係的内命婦、宗戚、貴臣、蕃國主不穿喪服,對血緣關係最近的、包括叔伯父母和兄弟子侄這樣朞親及其配偶在内的諸王妃主也僅是素服舉哀,但對小功親的外祖父母和總麻親的岳父母卻竟然要為之"成服",則兩相比較,内、外之族孰重孰輕就可以分别了。雖然,在現實生活中唐朝皇帝對外家並無真服喪之記載,但是《開元禮》的儀式中舉哀儀的規定,仍意味着唐朝皇帝對后家長尊的禮儀超過對皇親。

再説宋朝的情況。值得注意的是上面提到《開寶通禮》皇帝對外家雖有臨喪,卻已經是素服而不再如《開元禮》規定的要"成服"。到了《政和五禮新儀》,不但皇帝不再對后家的長尊服喪,在"中宮為祖父母成服儀"中也是皇后、皇太后出宮尚服常服,至舉哀處即臨時換服素服,儀式結束後仍釋素服復常服,不再改換喪服[1],所以"成服儀"者,不過是名義而已。另外《開元禮》中宮(太皇太后、皇太后、皇后)為父母祖父母奔喪、臨喪儀[2],到《政和五禮》中更是全部不見了。這些改變顯然已經降低了《開元禮》中為后家長尊服喪的要求。

舉哀儀式中素服不等於喪服,於是着素服而不穿喪服在宋代就被稱為"掛服"。《太常因革禮》卷六五凶禮儀目有"舉哀掛服"、"詔不舉哀掛服",《宋史》卷一二四載皇帝"舉哀掛服"的儀式說:

> 尚舍設次於廣德殿或講武殿、大明殿,其後皆於後苑壬地。前一日,所司預設舉哀所幕殿,周以簾帷,色用青素。其日,皇帝常服乘輿詣幕殿,侍臣奏請降輿,俟時釋常服,服素服,白羅衫、黑銀腰帶、素紗軟脚襆頭。太常博士引太常卿當御坐前跪,奏請皇帝為某官薨舉哀,又請舉哭,十五舉音,又奏請可止。中書、門下、文武百官進名於崇政殿門外奉慰。皇帝釋素服,服常服,乘輿還內。

這套儀式中有皇帝舉哀,但是皇帝臨時服用的"白羅衫、黑銀腰帶、素紗軟脚襆頭"只是素服而非常服,當然也不是喪服,正符合上述《政和五禮新儀》的情況,說明掛服只是臨時服素而不服衰。"掛"顧名思義是懸掛,宋諱懸(玄)作掛,掛服意味着不必真的穿在身上而是掛在那裏做一種擺設和象徵,也可以算是名義上的戴孝,證明了至少宋朝禮制的"舉哀成服"很多時候已被"舉哀掛服"所代替。

(二)掛服、不掛服的場合及為外家尊屬掛服

"掛服"在宋朝的禮儀中常行,《政和五禮新儀》"皇帝為大遼國

---

① 《政和五禮新儀》卷二一二,《景印文淵閣四庫全書》647冊,874頁。
② 《大唐開元禮》卷一三五,636—640頁。

喪舉哀”、“皇帝為蕃國喪舉哀”“皇帝為諸王以下喪舉哀”和“中宮為諸王以下喪舉哀儀”的程序等證明在大多數情況下帝、后為“諸親”和臣僚都是行臨時素服之制的所謂“掛服”，對契丹與西夏國主、母喪也是如此。宋史卷一二四《禮志》記明道元年（1032）十一月夏王趙德明薨，特輟朝三日，令司天監定舉哀掛服日辰。其日不但皇帝為之至幕殿素服舉哀，皇太后亦“釋常服，白羅大袖、白羅大帶，舉哀如皇帝儀”，明示掛服即素服。

又同卷“輟朝之制”稱：“《禮院例册》：文武官一品、二品喪，輟視朝二日，於便殿舉哀掛服。文武官三品喪，輟視朝一日，不舉哀掛服。”可見對於親貴大臣和文武官實際上是按官品地位和血緣近遠行“舉哀掛服”和“不舉哀掛服”的兩種形式。歐陽修慶曆七年（1047）五月《慰申王薨表》稱“得進奏院狀報，五月二十三日以皇叔申王德文薨，皇帝幸後苑舉哀掛服者”①，就是皇帝為親王薨掛服。“不舉哀掛服”即不用舉行舉哀和換穿素服的儀式，而只有輟朝，當然比“舉哀掛服”的級別又要降格。不過兩者亦不絕對。《讀禮通考》卷七九引《太常新禮》即有：“（仁宗天聖七年）皇從兄節度使樂安郡王惟正薨，詔禮官議服。奏言：‘天子為羣臣二品、宗室大功以上為服。據惟正本小功親，本官三品禮，不當掛服。’特詔擇日掛服，皇帝皇太后並素服發哀於後苑。”②說明不夠資格的時候，皇帝也可給以特恩。內所說“為服”亦是掛服。仁宗時，為充媛董氏賜謚加贈，“上親為之輟朝掛服，羣臣進名奉慰”，遭到司馬光的批評③。當然這種掛服，只是象徵性的儀式而已，比成服禮數低而簡

---

① （宋）歐陽修撰，李逸安點校：《歐陽修全集》卷九〇《表奏書啟四六集》卷一，北京：中華書局，2001年，1324頁。

② 《讀禮通考》卷七九《喪儀節》“天子為親戚外戚制服臨喪儀”，113册802頁。

③ 司馬光：《上仁宗論董充媛賜謚册禮》，《宋朝諸臣奏議》卷九三《禮樂門·喪禮》上，1008頁。

化是顯而易見的。"天子無期服"的皇帝不受限制,可以舉行以示皇恩浩蕩,也是它在宋朝大量出現的原因。

當然"舉哀掛服"或"不舉哀掛服"並不代表真正的"舉哀成服"已經沒有了,只是真正的成服也即服喪往往只對極重者舉行。這個極重者對於皇帝而言,自然首先是其本人的父、母——先帝和太后,然後是皇后、太子,反過來也是如此。例如《宋會要輯稿》禮二九之七至八載宋太宗之喪大斂成服,按有司(太常禮院)所奏"皇帝、皇后、諸王、公主、縣主、諸王夫人、六宮內人"有"散髮之禮"。至時"羣臣入臨,帝服衰絰慟哭,羣臣奉慰",且皇太后、皇后以下及臣僚皆換上重喪之服,就連諸軍庶民也是"白衫紙帽,婦人素縵不花釵"。

對於太后、皇后也須行成服之禮,此點在前章已經作過討論。只不過對於皇帝和皇后喪事而言,初喪的舉哀與大斂成服都是分兩個時間、兩道程序進行的。《宋會要輯稿・禮》三二之三〇載神宗元豐二年十月二十日慈聖光獻太皇太后曹氏崩,"是日文武百官入宮庭,宰臣王珪升西階宣遺詔已,內外舉哭盡哀而出"。則是當日即舉哀了,但成服儀式是到同月二十九日纔舉行①。《中興禮書》卷二七七載有為懿節皇后發哀儀,懿節即高宗邢皇后,崩於五國城,紹興十二年(1142)八月,梓宮至,皇帝為之舉行發哀儀。此儀是皇帝自內服常服至几筵殿側,"俟時將至,皇帝就幄易皂幞頭、白羅衫、黑銀帶",舉哭後依舊服此還宮②。此所服乃素服,等到成服日皇帝纔在儀式中將素服換成禮制規定的期(朞)服,這與《開元禮》帝、后為后家尊屬舉哀成服簡為一日是完全不能相提並論的。

皇帝為父母是服斬衰或齊衰服的衰絰,皇后服自然是從皇帝,

---

① 《宋會要輯稿・禮》三二之三〇、之三三,1214、1216頁。
② 《中興禮書》卷二七七,338頁。

並行以日代月的三年之制。對於"諸王以下"皇后也是和皇帝執同樣的禮數，但是問題也就在這裏。因為對於太后、皇后而言，其自身父母、祖父母血緣關係極重者，本來也是服衰的對象。在這方面，雖然唐朝禮儀有舉哀成服乃至奔喪、臨喪等儀，宋朝禮制卻沒有特別要求，那麼在實際生活中宋朝皇帝、太子對於外家、皇后對於自己的本家和外家究竟如何呢？

《宋史》卷一二四"皇太后皇后為本族之喪"條有太祖孝明皇后為姊太原郡君王氏死，至其府第發哀成服事，但那只是在宋初。同條又稱："章穆太后母楚國太夫人吳氏薨，太常禮院言：'皇帝為外祖母本服小功，詳《開寶通禮》即有舉哀成服之文。又緣近儀，大功以上方成服，今請皇太后擇日就本宮掛服，雍王以下為外祖母給假。'"並說"太后嫡母韓國夫人薨，亦用此制焉"。內中所說章穆太后是真宗皇后，死於景德四年（1007），不曾作過太后，母是梁氏而非吳氏。對照《宋史》卷二四二《后妃傳》，可知此處所記章穆太后應是太宗明德李后之誤，事應在真宗朝。此條可證《開寶通禮》中皇帝為外祖母還是有舉哀成服之文的，只不過外祖父母是小功親，所以根據"大功以上方成服"的"近儀"，皇帝就不用再履行禮文。皇太后為母親甚至也不用舉哀成服或親身奔喪臨喪種種而只"就本宮掛服"，且無論嫡母和本生庶母都是如此。這樣宮中對於皇后父母、祖父母的舉哀和服喪便在實行中被逐漸降等了。而皇后或者皇太后對於自己的父母竟然可以象徵性地"就本宮掛服"而非成服，換言之是不必着齊斬而服重喪，對於其他親屬就更是如此了。聯想到上述《政和五禮新儀》中已明文規定皇后為祖父母舉哀只是象徵性地臨時服素，可見即使皇后或太后自身，對於本家父母長尊的禮數也是遠遠低於對皇帝之父母親族了。

三　外家舉哀儀及女性、外親服制減降的原因分析

宋天聖《喪葬令》帝、后的舉哀儀突出了皇族親屬而淡化了外族,發展到《政和五禮新儀》,更是取消了頗多相關外族的舉哀儀目,這與現實中皇帝為外家、皇(太)后為本家長尊的舉哀儀也從成服改為掛服,顯然是一而二、二而一的兩件事。如果僅從儀式而言,自然可以認為是從繁瑣而趨向簡化。但是,為什麼偏偏是對皇后、太后的母家喪儀會有如此減降? 為什麼原來外家長尊超過"皇親"的禮儀待遇卻有了相反的逆轉? 制度條款的節約化語言雖然對此沒有直接進行解釋,但它卻分明透露出背後的一些因素——皇權的增長和相應宗室地位的提升、待遇的提高,與服制中所體現的女性在婚姻中從屬於男性和男家的色彩增強、本人和本家地位下降,應該是造成以上問題最突出的兩個方面。

(一)皇權和宗室地位的提升

在喪禮和服制中"皇親"名稱、地位的顯現固然首先是突出皇權的結果。從禮、令中不再反映太后、皇后本家和外家的舉哀儀以及帝、后對於"諸王以下"、臣僚及契丹、西夏等國主國母乃至后之家族等多行"掛服"以代替正式的成服儀式來看,帝室皇家的最高統治者除了帝、后、太子的國喪之外,基本上已不再按禮行服。很值得注意的一點是,"天子絕期(朞)"的說法雖然自古有之,但如將內外服制全體包括在內,《開元禮》尚留下了帝、后為外家長尊服喪的一角,"君喪皆斬"或"天子無期(朞)喪"的原則其實是在宋朝禮

制中纔完全實現的,並被大儒朱熹加以强調①。皇帝對於所有宗戚、臣僚和異族的禮都只是象徵性的,對於帝室外家也不例外,這確保了皇帝的尊嚴和皇權至高無上。不僅如此,皇族觀念的强化及"皇親"整體地位的提升,也是與皇權有關的一個變化。這裏即從宗正寺的職能以及宗室待遇兩個方面來討論這一問題。

1. 宗正寺的職能變化

皇親和宗室與外戚在血統上本來有別,但將帝室外家身分從"皇親"區分出來,是有發展過程的。唐令"五服之内親"的説法,反映唐朝皇親、外親的分别並不明顯,這一點本有其制度來源。唐、宋的一個不同是唐代的皇親和諸親皆要列入宗正屬籍。前揭《唐六典》卷二吏部郎中條曰:"凡皇家五等親及諸親三等,存亡、升降,皆立簿籍,每三年一造。"此即所謂屬籍。同書卷一六言宗正卿之職"掌皇九族、六親之屬籍"②,但又説"凡太皇太后、皇太后、皇后之親分五等,皆先定於司封,宗正受而統焉",説明外親之籍亦由宗正寺掌。《唐會要》卷六五《宗正寺》:

> 永徽二年(651)九月二十一日,召宗正卿李博文(乂)問曰:"比聞諸親何以得有除屬者?"對曰:"以屬疏降盡故除,總三百餘人。"上曰:"追遠之感,實切於懷。諸親服屬雖疏,理不可降,並宜依舊編入屬籍。"

依照上述對"諸親"的解釋,這裏編入屬籍的顯然應該包括外族在内。《唐會要》卷六一《彈劾》載開元二年三月殿中御史郭震彈劾韋嗣立,言與韋安石"托附阿韋,編諸屬籍"。《新唐書》卷一一六《韋

---

① 《朱子語類》卷八五《禮》二《儀禮》,北京:中華書局,1988 年,6 册 2200 頁。

② 按六親,一説為父、子、從父昆弟、從祖昆弟、曾祖昆弟及族昆弟,一説為父子、夫妻、兄弟。見《漢書》卷二二《禮樂志》注引如淳曰,卷四八《賈誼傳》注引應劭曰,1031、2232 頁。

嗣立傳》亦曰："嗣立與韋后屬疏，帝特詔附屬籍，顧待甚渥。"所謂屬籍即指編入皇后親籍。屬籍既與皇族宗室同編，自證明外家與本家戚屬在歸隸和管理上是不分的。

但是宗室地位漸次獨立並給以優越待遇，其實是在唐代已經開始。這裏不妨以宗正寺的職能來説明。《唐會要·宗正寺》記天寶以後擴大了宗屬範圍，如天寶元年（742）七月二十三日詔定"自今已後，涼武昭王孫寶已下，絳郡、姑臧、燉煌、武陽等四公子孫，並宜隸入宗正寺，編入屬籍"。而天寶五載一月十三日敕定"九廟子孫宜並升入五等親，永為常式"。唐朝的宗親只限五等，"降而過五等者不為親"。但是"涼武昭王孫寶已下"和九廟子孫中，不少早已是出五服而血緣關係很遠的疏屬，其編入屬籍不僅意味着李氏宗族概念的擴大，也標誌着皇親、宗室的地位已經上升於一般的外戚之上。

又開元二十五年曾下令道士、女冠所隸崇玄署屬宗正寺，但同卷載天寶二年三月十二日敕，卻定道士、女冠"宜令司封檢討，不須更隸宗正寺，其崇玄署並停"，似乎使宗正寺管理宗室屬籍的職務更單純了。至建中元年（780）正月五日敕文，下令"入廟子孫，非五等親，任用如始封王蔭，不限年代，補齋郎、三衛。至簡選日，量文武稍優與處分"。長慶元年（821）三月宗正寺奏："貞元二十一年（805）敕，宗子陪位，放五百七十人出身。今年敕放三百人，伏緣人數至多，不需恩澤，白身之輩，將老村閭。乞降特恩，更放二百人出身。"敕令"許之"，説明宗屬的初出身、選舉優於一般人。

另外皇親、外親逐漸有所分別，也可以宗正卿一職的派設來看。《唐會要·宗正寺》載開元二十年七月七日詔："宗正寺官員，悉以宗子為之。"開元二十五年七月復下敕："其宗正卿、丞及主簿，擇宗室中才行者補授。"而根據學界目前已進行的考證，也證明唐朝開元二十年以前的宗正卿不一定是李姓宗室，此後卻都是李姓宗室了①；宗正少卿也在開元末和天寶以後皆改任宗室。其中很值得注意的一點，即開元以前的非李姓宗正卿中有不少外家和姻親。除武則天時常以其本家武氏（武重規、武懿宗、武攸歸、武崇敏）及其母家楊氏（楊志操）充當外，如太宗貞觀中竇誕（高祖太穆皇后兄竇抗之子）、段綸（尚高祖女高密大長公主，駙馬都尉），高宗朝薛瓘（尚太宗女城陽公主，駙馬都尉）、豆盧貞松（父懷讓尚高祖女萬春公主）、武承嗣（武后兄子），中宗時韋温（韋后從父兄）、玄宗開元中劉承顏（劉延景子，姊妹為睿宗肅明皇后），此外如韋希仲、韋元珪疑亦與唐室有姻親。

宗正少卿中，貞觀中的長孫敞（文德皇后叔父）、長孫沖（長孫無忌子，尚太宗女長樂公主、駙馬都尉），高宗時武元慶（武后兄），武后時韋頊、韋琨、韋璆疑也皆因姻親。玄宗時王同晊（駙馬都尉王同皎之弟）、竇希球（玄宗舅）、韋令儀（韋待價子，姑為齊王祐妃）等亦多有姻戚背景。盡管還有一些宗正卿或少卿與皇室的關係尚考證不出，但以上外戚姻親與李氏子孫同任的情況仍然令人感到宗正所掌兼及內外族的性質。並且既有外姓大臣來主掌宗正，說明宗正寺在很大成分上是一個國家機構而不是皇帝的家族機構。但開元二十年宗正寺官員基本改為皆從宗室擇任的詔令成為宗正職能變化的分水嶺，表明外姓和姻親已經被排除在宗正寺的事務管理之外，也可以認為是宗正寺在向專管宗室皇親的皇家宗族機構的性質靠攏。

而帝室譜系在所有宗正所掌"屬籍"中始有特殊的地位及意義。《新唐書》卷四八《百官志》三宗正寺有"知圖譜官一人，修玉牒官一人，知宗子表疏官一人"皆為《唐六典》與《舊唐書·職官志》所

---

① 參見郁賢浩：《唐九卿考》，北京：中國社會科學出版社，2003年，247—249頁。按以下所舉官員姓名皆據此書。

不見，當置於唐後期①。其中玉牒即唐朝皇室譜系。《册府元龜》卷六二一《卿監部·司宗》記開成元年（836）閏六月乙未，“召宗正卿李弘澤問圖譜，弘澤對以自肅宗已来並未修續，臣已請追林贊、鄭覃與李固言。林贊實有氏族學，時論以為不公。癸卯，敕追沔王府長史、分司東都林贊同修七聖玉牒，從宗正寺之謂（請）也。”這之後，大約玉牒即付諸修撰。《唐會要·宗正寺》載大和（按似當從文淵閣四庫全書本作“開成”）二年六月，“修玉牒官屯田郎中李衢等奏：‘竊以聖唐玉牒與史册並驅，立號建名，期於不朽。伏乞付宰臣商量，於玉牒之上特創嘉名，以光帝籍。’敕旨：‘宜以《皇唐玉牒》為名。’”《舊唐書》卷一七下《文宗紀》下載開成三年四月“癸丑，屯田郎中李衢、沔王府長史林贊等進所修《皇唐玉牒》一百五十卷”，是為帝系專有玉牒之始。《新唐書》卷五八《藝文志》載李衢有《大唐皇室新譜》一卷，《直齋書錄解題》與《文獻通考》又載其有《皇室維城錄》一卷，多也與之有關②。

宋代的宗正寺承唐職能劃分更加清楚。《宋史·職官志》載宗正寺卿“掌敘宗派屬籍，以別昭穆而定其親疏”，“凡修纂牒、譜、圖、籍，其別有五”：

> 曰玉牒，以編年之體敘帝系而記其歷數，凡政令賞罰、封域戶口、豐凶祥瑞之事載焉。曰屬籍，序同姓之親而第其服紀之戚疏遠近。曰宗藩慶系録，辨譜系之所自出，序其子孫而列其名位品秩。曰僊源積慶圖，考定世次枝分派別而系以本宗。曰僊源類譜，序男女宗婦族姓婚姻及官爵遷敘而著其功罪、生死。③

---

① 按《唐會要》卷六五《宗正寺》元和七年十二月，宗正寺奏，提到“當司圖譜官一人，準元敕，官滿宜減兩選”，是圖譜官設置不晚於元和中。

② 《直齋書錄解題》卷八，上海古籍出版社，1987年，227頁；《文獻通考》卷二〇七《經籍考》三四，1709頁。

③ 《宋史》卷一六四《職官志》四，3887—3890頁。

這裏"玉牒"顯由唐代而來。"屬籍"已明確只是"序同姓之親"。雖然宗正寺所掌第五種之"僊源類譜"也關係到"男女宗婦族姓"即皇室外家,但畢竟已不在"屬籍"。不僅如此,《宋史》宗正寺條還說明"宋初,舊置判寺事二人,以宗姓兩制以上充,闕則以宗姓朝官以上知丞事。掌奉諸廟諸陵薦享之事,司皇族之籍"。但是"元豐官制行,詔宗正長貳不專用國姓,蓋自有大宗正司以統皇族也",也就是由大宗正司專掌皇族之事。這個大宗正司建於宋仁宗景祐三年(1036),"凡宗室服屬遠近之數及其賞罰規式,皆總之",與宗正寺的其他部門職司作了分別。這說明,皇族與外族在宋代界限已很分明。

2. 宋"皇親"的整體待遇

"皇親"作為一整體概念出現並不表明只要是皇親就一定會得到重用。唐朝由於武則天着意打擊李姓宗室,皇族遭到迫害。玄宗本人以非正常的手段獲得皇位,卻為了接受皇子爭奪帝位和干政的教訓,建立十王宅、百孫院,對之大加防範而不再使之外派或開府置官署,因此皇帝子孫能夠參政者極少,嗣王、宗室即使參選任官也都是遵守正常的選官途徑,而並非是因有特權,亦不輕易就加頭銜或官銜。宋朝皇親雖然在政治上和唐朝一樣,多數情況下,未必會有很大的作為,但皇親宗室的地位很高,是一個可以獲有特殊待遇的特殊階層。仁宗時富弼條上河北守禦十二策,勸皇帝信用宗室,認為是分布枝葉,庇蔭本根,"內可以藩屏王室,外可以威示四夷,此有國者之急務也,長久之策也"①。宋朝廷雖做不到如此,但事實上已給予皇親宗室許多特權。中書樞密院除改皇親,有所謂檢行恩例②。皇親名義上可以任環衛官,進一步即遙領州郡,

① 《續資治通鑑長編》卷一五〇,3646頁。
② 《續資治通鑑長編》卷七六大中祥符四年六月甲申條,1729頁。

更甚者加以節度使的榮銜。南郊及降聖節皇親還可以有奏薦親屬的"推恩"。皇親的禮儀地位也很特殊，真宗時玉清昭應宮、太初、明慶殿遵朝命所建道場，"其皇親、近臣許於紫微殿寶符閣下，餘人止於諸小殿及道官廨宇醮設"①。

還有一點宋代也與唐代不同。唐朝三令五申不許動輒自稱皇親。如《唐會要·宗正寺》載貞元八年（792）太常寺奏，提出"乃者宗子名銜皆云皇某親，行於文疏曹署，此非避嫌自卑之道也"。並以《儀禮》公子不得稱先君、公孫不得祖諸侯和《禮記》"不得以父兄子弟之親，戚於君位"為據，認為"今宗子若以'皇'字為稱，以首從數為序親，誠非卑別於尊，不戚君位之意"；請求"聖朝方崇敦敘，宜辨等威。其三從內，伏請仍舊。其餘各以祖禰本封某為某王公子孫，則親疏有倫，名禮歸正"，也即三從之外，便不得再稱"皇"字，獲得批准。開成五年（840）正月，也有中書門下奏"宗子每進文疏，及舉選文狀，例皆稱皇從高叔祖、曾叔祖。既是人臣，頗乖禮敬。臣等延英已具陳奏。伏請令自今已後，應宗子文狀，並令具姓氏，不得更言'皇從'，但令各於姓名下稱'某王房'，即便可以辨別"，敕旨"依奏"。

但是宋朝已將"皇親"作為一個榮耀的稱呼，給了皇帝本家三從（高祖）之外也即超出五服的親屬。神宗熙寧三年（1070）十一月己丑條"禮院言：'祖免親出任外官宜著姓，若降宣敕或自上表及代還京師，即止稱皇親，不著姓。'從之"②。皇親宗室是作為皇帝家族成員得到了各種相關的優惠和特殊待遇，包括稱呼。而宗室這個羣體也與唐有不同。美國學者賈志揚（John Chaffee）《天潢貴冑》一書對宋代、特別是北宋的宗室制度作了探索。他認為，唐代設置宗正寺安置宗室比漢代大有發展，但是注意到唐宋也存

---

① 《續資治通鑑長編》卷八四大中祥符八年二月丁巳條，1917 頁。

② 《續資治通鑑長編》卷二一七，5271 頁。

在一些關鍵性差別，如"唐代的宗室成員的定義似乎要比宋代更寬泛，五等之中甚至包括一些姻親，即皇后的親屬"，依據就是《文獻通考》卷二五九所載五等定義（同前揭《新唐書》）包括皇后的親族。雖然如是，由於唐朝超出五等親便不被視為親族，所以"總的說來，宗室的含義絕不像宋代宗室那樣向五等以外延展"[①]。宋代宗室因此延伸而擴大了。對於宋代宗室的研究，賈志揚認為應該引入皇帝制度，"宗室是皇帝制度最重要的產物之一，因此只有在更宏大的制度背景之下，纔能真正理解宗室"。科舉制度的發展使宗室配偶的家族地位下降，皇后因而失去了漢、唐兩代曾經擁有的地位權勢，士大夫成了帝國官僚機構的主體，成為皇權增長的最重要標誌。而"在這樣的背景下觀察，宋代頭一百年的宗室可以說是皇帝刻意栽培的産物"。為了體現皇權，給他們很高的物質待遇和禮儀地位。

賈志揚所説，可以認為是皇親宗室之所以在宋代的舉哀儀中突出而皇后家族卻被削減和淡化的一個内在原因。但根據筆者以上的分析，可以知道其實宗室的延伸及待遇提高等等，唐後期已經出現並逐步發展，其特色就是唐朝宗族事務的管理更加獨立化，而宗正寺作為皇家機構的意義突出了。從這一點看，皇帝權力的擴展和伸張已經通過將宗正寺職能改為皇家私屬的性質體現出來了。圍繞這一發展，"皇親"地位在禮法中凸現是必然的。

（二）服制改革所表現的女性地位變化

除了皇權增長、親族地位上升以及宗族意識的强化這樣一些因素之外，皇家舉哀儀也折射出女性本身及其在家族地位中的下降。以往學者討論女性在家族地位中的變遷就涉及禮制和相關宗

---

① 賈志揚（John Chaffee）著，趙冬梅譯：《天潢貴冑》第一章《開篇》，南京：江蘇人民出版社，2005年，引文見8—11頁。並見《文獻通考》卷二五九《帝系》一〇，2057頁。

族關係、宗族意識問題，陳弱水討論唐代婦女和本家的關係，認為隋唐五代時期，女子婚後以夫家為主家雖然在觀念上可以說是天經地義，但與本家仍保持着密切的關係，不僅本家對出嫁女有相當程度的保護權與干涉權，出嫁女對本家也有許多義務和責任。夫家和本家對出嫁女而言，就等於禮法中所說的大宗和小宗。唐代不僅多有夫妻居或長住女家，婦女長期歸寧、夫死歸宗甚至歸葬本宗的情況也很常見①，這些都表明了"本家"在婦女生活中的地位及婦女對本家包括對父母兄長的倚重。

但是王楠從倫理觀念、家族關係出發，已注意到唐代女性從重父權向夫權轉化的問題，認為與社會禮法機制，夫權力量上升、女性家族地位下降等諸多複雜因素有關。她指出北朝至唐前期經常見到父家淩駕於夫族之上，助女兒在夫族爭得繼承權、承嫡權。而女婿與妻家的關係竟然使得女婿在禮法上先婦族，後本宗。安史之亂後，唐代的政局和官制體系發生了變化。隨着科舉制的發展，士族子弟依靠家族和姻親關係進入仕途的優勢逐漸消退，依賴個人才識參加科舉考試任官和投身藩鎮取得功勳的機遇較多，由此丈夫依靠母族、妻族蔭庇得官的可能性大為減少。而隨着舊氏族的衰落和地位下降，已不能為女婿提供幫助，母族、妻族介入夫家的家族姻親色彩淡化，女性與父家關係逐漸疏遠，而妻子在夫家地位因此下降②。

總之，從社會史或者家庭史的角度對認識女性地位多有啓發，在前面討論皇后祔廟禮時討論過這一問題，其中的變化也與宋代舉哀儀中后族儀注的消失聯繫着，對此，筆者認為還可以從服制的

---

① 陳弱水：《唐代的婦女文化與家庭生活》卷上《隋唐五代的婦女和本家》，1—196頁。

② 王楠：《唐代女性在家族中地位的變遷——對父權到夫權轉變的考察》，135—167頁。

變化及喪葬禮儀本身出發有所認識。

1. 天子絕期與為外族尊屬服喪由來

喪葬禮儀包括服制。杜預注《左傳》，針對“王一歲而有三年之喪二焉”解釋天子喪服，稱：“天子絕期（朞），唯服三年，故后雖期，通謂之三年喪。”①《通典》卷八〇《天子不降服及降服議》也引魏田瓊曰：“天子不降其祖父母、曾祖父母、后、太子、嫡婦、姑姊妹嫁於二王後，皆如都人。按《白虎通》云：‘天子為諸侯絕周（期）者何？示同喪於百姓，明不獨親其親也。’”注曰：“吳射慈云：‘天子之子封為諸侯，天子皆不服也。’”説明古禮和漢魏以降的禮家都認為，天子除了父母，不為其他人服喪，連封為諸侯的兒子也是一樣。另外同書卷八一《皇后降服及不降服議》又引魏田瓊曰：“諸侯女嫁為天王后，降其旁親一等，與出降為二等，為外親尊不同則降。”這裏“降”的意思是降等服喪。兩條結合來看，意思是皇后對旁親、外親有降服，但皇帝對祖父母以下的服制，就像對一般人民一樣，連降等的服喪都不用。《開元禮》卷一三二《五服制度》更是明確規定：“皇家所絕傍親無服（“傍親無服”《通典》卷一三四《開元禮纂類》作“旁親服者”），皇弟子為之皆降一等。”也就是凡皇帝為之絕服的旁親，只能由皇兄弟或皇子為之降等服喪，可見《開元禮》在皇帝為本族“旁親”服喪的問題上是執行古禮和漢魏之法的。

既然如此，為何還會有皇帝為外祖父母與為皇后父母服喪的事？翻檢史料，發現皇帝為外族親服喪，並不執行所謂的“傍親無服”。而外家的喪禮服制得到重視，是兩漢以來即有之事。如東漢光武帝郭皇后“母郭主薨，帝親臨喪送葬，百官大會”，后兄郭況卒也是明帝親自臨喪。順帝后父梁商薨，則是“帝親臨喪”，葬以殊

---

① 《春秋左傳正義》卷四七，《十三經注疏》，2078 頁。

禮,"中宮親送,帝幸宣陽亭,瞻望車騎"。另外和熹鄧太后兄、帝舅
鄧弘卒,竟然有"太后服齊衰,帝絲(緦)麻,並宿幸其第"之事①,是
太后和皇帝為服喪竟宿止外家。

魏晉以後,帝、后仍有為外戚舉哀服喪的禮數。《通典》卷八〇《天
子為皇后父母服議》載曰:

> 東晉王朔之問范甯云:"至尊為后之父母有服不?"意謂雖
> 居尊位,亦當不以己尊而便降也。甯答曰:"王者之於天下,與
> 諸侯之於一國,義無以異。今謂粗可依準。"孝武太元元年
> (376)正月,王鎮軍薨,按即后父也。剋舉哀而不成,出,制服
> 三日。僕射已下皆從服。

由此可知,從東晉以後已經確立了皇帝為后父制服三日的原則,所
謂制服三日就是婿為岳父服緦麻三月的以日代月之制。

南朝繼承了東晉之制。宋孝武帝孝建三年(456)有司提出皇
后父義陽王師王偃喪逝,"至尊為服緦〔麻〕三月,成服,仍即公除。
至三月竟,未詳當除服與不"的問題②。對於皇帝在三日"公除"之
後,到了真正三月服畢時還要不要再行一次除服儀式表示疑惑。
禮官議論指出:"禮,天子止降旁親,外舅緦麻本在服例。"只是對於
是否行除服禮持不同意見③。外舅就是岳父,這說明外舅與"旁親"
不同,而皇帝對后父的服喪一直以來是遵守着女婿為岳父母服三
月的規定。

至於皇帝為太后父兄之服喪,則《通典》卷八一《天子為母黨服
議》略有所及。除了引東漢光武舅樊宏薨,帝親臨喪送葬;以及和

---

① 以上參見《後漢書》卷一〇《皇后紀》、卷一六《鄧騭附鄧弘傳》、卷三四《梁統附梁
商傳》,403、615、1177頁。

② 參見《宋書》卷一五《禮》二,395—396頁;《通典》卷八〇《天子為皇后父母服
議》,2177—2179頁。

③ 《宋書》卷一五《禮》二,395—396頁。

熹鄧太后母新野君薨,安帝為服緦麻事之外;還記載了魏太和六年
(232)明帝外祖母、即甄后母安成鄉敬侯夫人之喪,大臣關於應如
何應對的討論。雖然已得知葬禮最終是"帝制緦服臨喪,百僚陪
位"[1],但這裏的討論卻説明大臣對服喪與否存在不同意見。當時
太常奏以為天子為外祖母無服。尚書以為"漢舊事亡闕,無外祖服
制",三代異禮,只要親臨一下,"御還寢,明日反吉便膳"就可以了。
尚書趙咨等也具體提出哭敬侯夫人,應當在端門外張帷幕,"皇帝
黑介幘,進賢冠,皂服,十五舉省則罷"。而《通典》注文引蜀譙周云
"天子、諸侯為外祖父小功,諸侯嫡子為母、妻及外祖父母、妻父母,
皆如國人。舊説外祖父母,母族之正統;妻之父母亦妻族之正統
也。母、妻與己尊同,母、妻所不敢降,亦不降"。"皆如國人",意即
對外家與對待一般人民一樣,皆不服喪,但"舊説"卻將服母、妻之
父母當作"己尊"而不降喪服,是服與不服説兩存,也説明了三國時
期的禮家對此有所遲疑。不過同處又引宋庾蔚之言"禮,父所不
服,子不敢服。嫡子為妻父母服,則天子、諸侯亦服妻之父母可知
也。妻之父母猶服,況母之父母乎",則明確主張對太后的父母應
當如皇后父母一樣而為之成服。東晉南朝皇帝既然為皇后父服緦
麻成為定制,則如為太后父服小功也順理成章,因此可以推測此儀
也是存在的,此或即與唐柳芳總結的山東之人"尚婚婭","尚婚婭
者先外族,後本宗"風俗多少有關[2]。

　　北朝則《魏書》及《北史》都載北魏文明太后兄馮熙死時皇帝在
淮南,等接到表奏,"還至徐州,乃舉哀為制緦服",而且有"柩至洛
七里澗,帝服縗往迎,叩靈悲慟而拜焉。葬日,送臨墓所,親作誌
銘"的記載。時孝文帝已納馮熙女為皇后,故馮熙亦為帝之岳父。靈
太后父胡國珍薨,不僅太后為之"成服於九龍殿",而且孝明帝也為之

① 《三國志》卷五《魏志·后妃傳》,北京:中華書局,1959年,162頁。
② 《新唐書》卷一九九《儒學中·柳沖傳附》,5679頁。

"服小功服,舉哀於太極東堂"。東堂晉以來本為同姓王公妃主舉哀之地①,但胡國珍作為外戚竟也在此,説明對他的禮遇顯然不是一般大臣而是等同皇族。當時其禮之重還可見於《魏書》卷一〇八之四《禮志》四記神龜"二年(519)正月二日元會,高陽王雍以靈太后臨朝,太上秦公(按即胡國珍)喪制未畢,欲罷百戲絲竹之樂"。時清河王懌反對,"以為萬國慶集,天子臨享,宜應備設"。太后訪之於侍中崔光。崔光贊同雍説。並引經據典,提出"據《禮記》'縞冠玄武,子姓之冠',父母有重喪,子不純吉。安定公親為外祖,又有師恩,太后不許公除,衰麻在體。正月朔日,還家哭臨,至尊興駕奉慰",以及"且《禮》,母有喪服,聲之所聞,子不舉樂。今太后更無別宮,所居嘉福去太極不為大遠。鼓鍾于宮,聲聞于外,況在內密邇也"。也即認為無論從為外祖還是師傅的角度皇帝都應該與太后同情。何況太后所居宮與舉辦慶典的太極宮不遠,怎能不顧太后的感受而大興鼓樂呢?這在"今相國雖已安厝,裁三月爾,陵墳未乾"之時是行不通的。最後以高陽王雍的意見為定,也即皇帝為了外祖的喪事甚至罷減了元會的百戲絲竹,由此可以知道由母氏出發對外戚禮遇之高。

孝明帝後來又為國珍繼夫人梁氏喪服小功服舉哀②。由這些散見的記載,推測《開元禮》遺留的皇帝為外家長尊的成服儀式很可能也屬牛弘所説北朝對南朝"遙相師祖"的內容。北魏本重母族,接受起來一定沒有任何的困難。《魏書》、《北史》專記此例,不能説對唐制無影響,但僅從儀注而言,推測《開元禮》皇帝為外祖父母與為皇后父母的服喪和成服、除服儀,應是原來南朝、北朝都有的,由此不難瞭解到《開元禮》皇帝為外家舉哀儀的淵源。

---

① 參見渡邊信一郎:《天空の玉座——中國古代帝國の朝政と儀禮》,66頁。

② 參見《北史》卷八〇《外戚傳》,2678—2679、2688—2689頁;《魏書》卷八三上、下《外戚傳》上、下略同,1820、1834—1836頁。

　　但是,皇帝為本族喪服實行"絕期(朞)"之法,卻為后家的長尊緦麻、小功成服,其依據何在呢? 從上述《通典》引譙周説將外祖父母與妻之父母視作女性家族之正統,認為"母、妻與己尊同",以及宋禮官説"禮,天子止降旁親,外舅緦麻本在服例",卻可體會到原來漢魏以降禮法的"天子絕期"竟被理解為是僅指皇帝本族而不包括外家的后之父母在内。不僅如此,提倡天子對待母、妻之長尊也要等同自己的尊長,完全體現了對外家相當己族的尊重。而既然將母、妻之父母等同己之父母,對其服喪之禮自然就不能全從喪服的高低和血緣的遠近親疏考慮,而是要從與己身祖父母、父母禮節相同的立論出發。這令人想到《顏氏家訓》關於稱謂有"無風教者,其父已孤,呼外祖父母與祖父母同,使人為其不喜聞也",及"河北士人皆呼外祖父母為家公家母,江南田里間亦言之。以家代外,非吾所識"的説法[1]。史睿著論指出,稱謂一致意味着親等相同,北人稱外祖父母與祖父母同,等於提高了外祖父乃至整個母黨的地位,亦是北朝"先外族而後本宗"觀念的體現[2]。而筆者認為,這恰恰代表了當時對待宗族外、内無分,將外家當作己家,父黨母黨一體同尊的看法和社會風氣,喪服的處理顯然是符合這一"平等"觀念的。

　　侯旭東論述宗族問題與長期以來社會父系意識成長的關係,曾提出漢魏以來母方親屬的作用、母妻的法律地位與其在生活中的作用至關重要,由此影響"九族"、"宗族"等詞義和概念。而父系意識逐漸發展和强化,則反映在姓氏、對父系祖先的意識、家譜家傳、甚至過繼收養等各個方面[3]。上述舉哀成服之禮總的看來恰恰就是中古前期母系意識尚重的表現。婦女成婚後既不能脱離本家

---

① 王利器:《顏氏家訓集解》卷二《風操第六》,93 頁。

② 史睿:《敦煌吉凶書儀與東晉南朝禮俗》,408 頁。

③ 侯旭東:《漢魏六朝父系意識的成長與"宗族問題"——從北朝百姓的聚居狀況談起》,205—235 頁。

而與之保持密切關係,其本人和母家之地位也通過家族長親葬禮儀式中夫家給予的特別尊重來體現,這一點民間和朝廷其實無別。當然所謂父系意識的增長也在後來喪儀服制中逐漸顯現,這一點尚須再通過對唐朝一般喪服制度的變化作出説明。

2. 唐宋女性喪服和服制之變

就筆者以往的研究,唐朝初期的服制相比古制已有很大改變。《唐會要》卷三七《服紀》上記貞觀十四年(640)"太宗嘗從容謂禮官曰:'同爨尚有緦麻之恩,而嫂叔無服。又舅之與姨,親疏相似,而服紀有殊,理未為得。宜集學者詳議。餘有親重而服輕者,亦附奏聞'"。結果大臣在太宗的要求之下,以"隨恩以厚薄,稱情以立文"為名,提出:

> 今謹按曾祖父母舊服齊衰三月,請加為齊衰五月。嫡子婦舊服大功,請加為朞。衆子婦舊服小功,今請與兄弟子婦同為大功九月。嫂叔舊無服,今請服小功五月。其弟妻及夫兄亦小功五月。舅舊服緦麻,請與從母同服小功。

得太宗下制批准。從這些修改增制的喪服來看,除曾祖服外,其餘嫂叔服、舅服、舅姑為嫡子婦和衆子婦服等多與女性本身或母家親族有關。顯慶元年修訂《顯慶禮》,長孫無忌也奏請除甥為舅服之外,將甥服也改為小功五月報,還增加了庶母服。前揭龍朔二年(662)關於"司文正卿蕭嗣業,嫡繼母改嫁身亡,請申心制"的討論雖然否定了"心制"之説,但明確了母服的區別和非承重者為出嫁繼母也要服杖期,其中也包括庶子為親母須解官行服的問題。上元元年(674)十二月,因武則天上表,敕令更改父在為母朞服為父在為母服三年。

另外還見到《唐會要》同門記聖曆元年(698)太子左庶子王方慶與太子文學徐堅討論出嫁女為繼父制服的問題。徐堅告知鄭玄

注以及馬融、王肅、賀循等禮家都服膺《儀禮·喪服》的"繼父同居
齊衰朞",更無異文。只有傅玄著書以為父無可繼之理,不當制服。
袁准也以為"此則自制文亂名之大者"。但徐堅批駁傅、袁二人之
説,認為如果生賴其長育,死卻形同路人,"稱情立文,豈應如是"?
並結合戴德《喪服記》與《梁氏集説》關於女子適人者,不分同居異
居,為繼父均服齊衰三月的看法,認為"今為服齊衰三月,竊為折
衷",而"方慶深善其答"。此雖是出嫁女為繼父服,但一來是女子
為母家親屬服喪,二來繼父服仍然是從母親的角度考慮的。

　　對以上新改變的一些服制或者原則精神《開元禮》基本上完全
吸收。至開元二十三年(735),在玄宗再次修訂服制的授意下,太
常卿韋縚提出外祖"正尊,情甚親",請加至大功九月,並請為舅母
及堂姨舅加服。玄宗甚至以鄭玄注《禮記》"同爨緦麻"為言,認為
"若比堂姨舅於同爨,親則厚矣",並以《儀禮·喪服傳》"外親之服
皆緦",認為不但應包括堂姨舅,且"為外曾祖父母及外伯叔祖父母
制服,亦何傷乎!是皆親親敦本之義"[1]。是欲將外家之親完全比
對本族。盡管朝廷大臣極力反對,但最後的結果仍然實現了"聖制
親姨舅小功,更制舅母緦麻,堂姨舅等服"。問題在於其中的"堂姨
舅"親本即在五服之外,那麼為何要強調並專門為之制定"祖免"服
呢?筆者認為,這次的服制改革,實出自武惠妃的創意,即通過對
堂姨舅制服,強調自己出身於皇帝堂姨舅親而非李氏"仇家"的身
分,以便立己子為太子[2]。然而無論是出自何種原因,確實是使外

---

①　以上服制變化參見《唐會要》卷三七《服紀》上,785—798頁。

②　按據《舊唐書》卷五一《后妃傳》上,武惠妃(貞順皇后)為武則天從父兄子恒安王
武攸止之女,即武則天從孫女,但武攸止之父(惠妃之祖)於中宗、睿宗為堂舅,開元二十
三年前後惠妃正試圖立己子為太子,但以武氏女的出身遭至反對。服制中堂姨舅"祖免
親"的強調,實在昭示惠妃之祖與皇室堂姨舅的關係,由此改變了武氏作為李氏"仇家"
的出身。參見拙著:《唐禮摭遺》一書附文《唐前期喪服改禮中的帝王意志和北朝風習》,
510—511頁,但文中武攸止誤作武則天從父兄,此處特作改正。

家服制增加到從未有過的高度。

　　尋求唐朝增加外族以及女性服制（包括女子本家和母服）原因，筆者曾指出是與倚重外家和提高女性的地位本身有關，並認為是受來自北朝社會中婚姻重冠冕、重貴戚的習俗和隨之而來的重母氏、重舅族觀念的影響。上面已經說明，對母、妻家族的重視，並非只有北朝有之，南朝的凶禮儀注中應當也有遺存。但是，重視外家的觀念北朝更甚於南朝卻是可以肯定的。特別是"重冠冕"與"重外戚"相結合成為士族階級的風尚，則發展至唐朝，便造就了李武韋楊婚姻家族的形成。且女性的家族既在婚姻中還顯示着支撐的意義，於是突出女性在家族中的地位權力的服制改革也就出現了，堂姨舅"袒免"服的制定尤體現了對於皇后血統的重視。當然，朝廷與社會風氣相通，如果結合現實政治，我們也可以認為禮中仍保留為后族長親的成服儀，是由於唐前期皇后自身家族仍具有一定的聲望和影響力，其所發揮的作用甚至超過了依血緣關係建立的服制等級，自然使得皇帝即使是對其家族喪事也不得不給以特殊的重視和禮敬，這仍然是中古大族社會婚姻家族關係的一種反映。

　　而事實上，唐前期帝、后為外戚和皇后本家舉辦的喪禮多是超乎尋常的隆重。《册府元龜》卷三〇三《外戚部·褒寵》載高宗咸亨元年（670）武則天"母衛國夫人楊氏薨，贈魯國太夫人，謚曰忠烈。司刑太常伯盧承慶攝同文正卿，充使監護。西臺侍郎戴至德持節弔祭。哀（命？）文武九品以上，及親戚五等以上並外命婦並聽赴宅弔哭。葬及墳塋、鹵簿等一事已上，並依王禮。給班劍四十人，羽葆鼓吹儀仗，送至墓所往還。其文武官九品以上，並至渭橋宿次。外婦諸親婦女並送至墓所。官為立碑，仍令特進許敬宗為其文"。

　　同樣玄宗也為其舅竇希瑊和皇后父王仁皎卒大辦喪禮，葬事都超過《喪服令》中的一般規定，用了詔葬一品的最高規格。更特殊的即《舊唐書》卷九六《宋璟傳》所書開元七年為王仁皎筑墳事。其子駙馬都尉王守一請同昭成皇后父寶孝諶故事,其墳高五丈一尺。"璟及蘇頲請一依禮式,上初從之,翌日,又令準孝諶舊例。"於是宋璟等上言,提出"倘中宮情不可奪,陛下不能苦違,即準一品合陪陵葬者,墳高三丈已上,四丈已下,降敕將同陪陵之例,即極是高下得宜"。這說明當時為后父筑墳的規格,已經超過了陪陵最高的限度。而皇帝竟能輕易屈從皇后之意,也說明對外家和妻族的優越乃當然之事。正是在這樣的背景下,《開元禮》中皇帝對於外家的禮儀重於本家,如上所述開元二十三年玄宗對服制的改革不僅集中於外家,而且因了武惠妃的緣故更擴展至於五服之外的堂姨舅。上述皇帝對小功親的外祖父母,中宮(皇后、皇太后、太皇太后)對父母、祖父母、外祖父母喪禮舉哀儀式都超過一般對皇族之親(内親王應是朞親),這一點與開元二十三年增外族服制的意向也是一致的。

　　但是,非常值得回味和反思的一個問題卻是,當事物發展到極致的同時,或者就是它衰退的開始。對於服制的修改,開元以後可能已經達到一個高峰,特別是由於遵從皇帝的意旨和需要,與女性相關的一些服制竟然達到了從未有過的高度,這也造成了後來服制變化的失控。敦煌發現的杜友晉《新定書儀鏡》(P.3637)内、外、夫族三幅喪服圖中竟出現十數種服制與《開元禮》不同的現象,其中外祖、姨舅、嫂叔等服都由原來的小功服增為大功,妻父母和女婿也從原來的互服緦麻變成互服小功的小功報服[1]。這種混亂影響及於五代,以至於後唐清泰三年(936)太常禮院奏報"只一本編於《假寧令》後"的喪服制度除嫂叔服大功外,"又檢七八條令式,與《開元禮》相違者",這其中就包括上述親姨舅、妻父母、為女婿、為

---

　　① 見敦煌 P.3637 杜友晉《新定書儀鏡》,錄文見趙和平:《敦煌寫本書儀研究》,321—323 頁;並見拙著:《唐禮摭遺》,464—466 頁。

外甥等①。從五代大臣談到它們的情況來看,已經表現出對這類服制的不滿和回歸的傾向。所知是直到天聖五年(1027),侍講學士孫奭等定《五服年月敕》,一律取消了"外祖卑於舅姨,大功加於嫂叔"之類"顛倒謬妄,難可遵言"的内容②,恢復到《開元禮》。而今所見天聖《喪葬令》後的"喪服年月"中,上述條目也是與《開元禮》一致的。

　　與外祖和姨舅服等回歸《開元禮》同時,又有對婦為夫父母服三年的肯定,這表明喪服向着另一種傾向發展了。婦為公婆服制與婦在夫家地位關係王楠文中已論到,其前後不同。貞觀改禮中顏師古提出"至如舅姑為婦,其服太輕,冢婦(嫡子婦)止於大功,眾婦小功而已",是"略其恩禮,有虧慈惠",且既然"猶子之婦(侄婦),普服大功",所以要求實行"冢婦周(朞)服,眾婦大功,既表受室之親,又答執笄之養",獲得通過。由於婦為舅姑原本是服朞,所以這項改革就實現了公婆和媳婦服制的對等互報,其結果是公婆為媳婦之服等級提高了。但是從唐前期書儀 S.1725 所載服制,已見到"婦為姑妐(翁)齊衰三年"的說法,證明民間早就有為舅姑服三年喪,而敦煌《杜友晉書儀》中也被規定為"夫父母"是三年。德宗建中初顏真卿定婚禮"依《開元禮》婦見舅姑之儀",實際上已特別強調了舅姑的權力地位。而《唐會要》卷三八《服紀》下載貞元十一年(795)河中府倉曹參軍蕭據狀稱:"堂兄侄女子適李氏,婿今居喪,今時俗婦為舅姑服三年,恐為非禮,請禮院詳定垂下。"據詳定判官前太常博士李岩(岢?)所奏,雖據《開元禮》認為"父母之喪,尚止周歲;舅姑之服,無容三年",但很顯然這只是官方制度未改。

　　因此《宋史》卷一二五《禮志》二八關於婦為舅姑服制的討論,載北宋乾德三年(965)判大理寺卿尹拙言,稱雖然"按律及《儀禮·

────────────

① 《五代會要》卷八《服紀》,130—131 頁。
② 《宋史》卷一二五《禮志》二八,2926 頁。

喪服傳》《開元禮儀纂》《五禮精義》《三禮圖》等書，所載婦為舅姑服周"，但是"近代時俗多為重服，劉岳《書儀》有奏請之文"。而判少卿事薛允中等言，也説《書儀》"舅姑之服斬衰三年""亦準敕行，用律敕有差，請加裁定"。最後右僕射魏仁浦等二十一人奏議，以為："夫婦齊體，哀樂不同，求之人情，實傷理本。況婦為夫有三年之服，於舅姑止服期年，乃是尊夫而卑舅姑也。況孝明皇后為昭憲太后服喪三年，足以為萬世法。欲望自今婦為舅姑服，並如後唐之制，其三年齊、斬，一從其夫。"孫奭所修五服年月敕中雖然取消了《開元禮》以後喪服改制的多數内容，但顯然刻意保留了婦為舅姑服三年之制，今所見天聖《喪服令》所附"五服年月"的"斬衰三年"和"齊衰三年"中，分別有"為夫之父"及"為夫之母"的條文，説明三年之制在宋代已經被確立了。

　　婦為舅姑從服喪一年到服喪三年是《開元禮》到天聖喪服制的最大變化。婦為舅姑的三年相對於舅姑為婦的一年，以及出嫁女為父母只服一年，其中的落差都是巨大的，它完全否定了唐以前人在"父者子之天也"和"夫者妻之天也"中追求平衡，以及婦和舅姑之間"服者報也，雖有加降，不甚相懸"的原則[1]，而強調婦對夫和舅姑的禮數超過父母或者説代替了父母。由於喪服本身是家族中等級地位的象徵，所以預示着婦不得與舅姑分庭抗禮而必須像原來對待父母一樣尊重和服從，以婦"從夫"代替"從父"的意義突出了。

　　不僅如此，對比《天聖令》"喪服年月"，我們還可以發現其中婦女為夫家親屬服喪的禮條似乎與《開元禮》不同。例如大功服多"為夫兄弟子之婦"條，但《開元禮》此條被併入"為夫之伯叔父母，報"中。小功服多"為夫兄弟之孫"、"為夫同堂兄弟之子"，《開元禮》併入"為從祖祖母，報"和"為從祖母，報"。總麻服多"為夫兄弟

---

①　語出《唐會要》卷三八《服紀》下，805頁。

之曾孫"、"為夫兄弟孫之婦"、"為夫同堂兄弟之孫"、"為夫再從兄弟之子"、"為夫之同堂兄弟子之婦",《開元禮》也已合入"為夫之曾祖、高祖父母,報"、"為夫之從祖祖父母,報"、"為夫之從祖父母,報"、"為族母,報"等條。比較之下多出來的條目並不是《天聖令》所增,但是原來只作為報服存在,不是服制的主體。《天聖令》將這些內容從報服中明確出來,給人的印象是更多的為夫族服喪的內容被強調了,相對於古禮以來已有的出適(嫁)女必須為本族親屬降服各條,這些條目的出現就更加醒目。特別是增加出來的條目多是為夫族中的小輩,則婦女在夫家地位的從屬性和所盡義務的增加是毋庸置疑的。

　　對於婦女在家庭中的從屬地位問題,趙瀾曾有論述。她指出唐代前期喪服改革使婦女及外族親屬的服制得到普遍提升,但認為這些調整並未觸及三綱五常的封建秩序。例如唐代多次提高母服,雖然反映了唐代社會對母親角色的重視和尊崇,但是"為母服制的調整,始終是在'夫為妻綱'的範圍進行的,母親的家庭地位並沒有本質上的改變"。她還提出唐代的喪服制度建設對傳統社會婦女從屬性、依附性的家庭身分地位的構建有重要的意義。特別是唐律以禮入法,使得"傳統社會對女性家庭身分地位的約束越來越嚴格,從屬性和依附性成為傳統婦女性別角色的根本特點"[1]。但筆者以為,婦女的身分角色及其家庭地位還是有階段劃分並受區域社會的影響,不能一概而論。趙瀾所説婦女的從屬地位問題,是在唐後期纔逐漸加強和愈來愈顯著的。

　　另外就此而言,以往的討論人們多注意一般的社會層面,而往往忽略了皇帝皇后這一朝廷最高統治者家族執行禮法的情況。但

---

[1]　趙瀾:《唐代喪服改制述論》,《福建師範大學學報》2000年1期,96—102頁;《唐代喪服制度建設對婦女家庭身分地位的構建》,《唐史論叢》8輯,西安:三秦出版社,2006年,29—58頁,引文見42、53頁。

是,婦女為舅姑和夫家親屬的增服相對於為本家父母親屬的降服形成的原則,並非只對一般民眾,作為民眾表率的皇家也不能例外。皇后為先帝、先后舉哀成服,對於自己的父母或者祖父母竟然不用奔喪、舉哀成服之禮而僅在宮室内行舉哀掛服。同時由於真宗以降的"近儀"規定大功以上方成服,已將外家的小功(皇帝為外祖父母)或緦麻(皇帝為皇后父母)服完全排除在外,因此皇帝更不用再為外戚舉哀服喪。這自然使皇室完全高居於所有家族之上,但也體現了中古時代女性在家庭中的地位、權力均發生的重大變化,在皇權强化的同時,宗族的概念也必須以男性家族為主體,而大族社會中一直以來重姻親、重女性家族地位的觀念被削弱。這一點正是《天聖令》强調皇帝、皇太后、皇后、皇太子舉哀是"為五服之内皇親",亦即後來《政和五禮新儀》舉哀儀是以"為諸王以下喪"為主,而基本取消皇帝為外族尊長舉哀内容的根本原因。

與此有關,我們在前面章節中曾經討論過宋代皇后的服制及祔廟問題,事實表明,三年制及神主入太廟都不再是只有嫡皇后纔能享受的特權,皇帝母親的嫡庶問題也不再需要通過服制和祔廟予以特別辨明强調,表明在皇室繼承的問題上,所謂"大統"之位的獲得由父親決定,母親的出身或者生前的宮廷身分已經不是必要的因素,同樣證明了女性個人及其家族地位的下降。這種下降反映到服制問題中來,就是對外家禮儀的減降。可見皇后本人服制與祔廟與上面所説為外戚尊長的舉哀服喪的變化顯然是一致的,也是一而二,二而一的兩個問題。

因此服制的變化毋庸説代表整個社會在處理婚姻和家庭等問題上的趨勢,也是喪禮的一個基礎。其通過禮、令的具體條文以體現,不僅影響官場和民間,也在皇室的喪葬儀禮中起到支配的作用,這是在研究《天聖令》帝后舉哀條令中所獲得的一個意外啓發。

第八章　賵贈制度的唐宋變革

賵贈，又稱賵賻、賻贈，是葬禮的財物饋贈。賵贈有官私兩種性質，官家的賵贈（或賵賜）是在官員死後，來自皇帝和朝廷兩方面對於其家的財物支給和喪葬補助。前朝對官員都有賵贈而制度各不相同，由於賵物大致與弔祭同時，是給喪葬之家的最實際幫助，因此它的發放最受重視。以往李錦繡曾從國家財政支出出發，對唐前期的葬費及賵贈用度均有探討，對唐後期度支關於賵贈的支給也有涉及①。清木場東注意到《唐令拾遺》復原的《喪葬令》中關於賵贈的規定，並討論了賵贈的加等和相關"帝賜"的內容②。但結合《天聖令》及其他史料所記載和反映的官員賵贈內容，可以使我們對唐宋的賻賵制度有更多更具體的瞭解。特別是唐令與宋令從賵物給贈的原則到對象都有不同，表明在弔祭賵贈制度方面，宋代較之唐代更有發展。本章將就唐宋《喪葬令》的具體內容和給贈方式進行解析，並具體探索中晚唐至宋代賻賵制度的發展趨勢及其原因特色與實施狀況。

---

① 李錦繡：《唐代財政史稿（上卷）》第三編第一章《供國》一之（七）《葬費》，北京大學出版社，1995年，881—898頁；《唐代財政史稿（下卷）》第二編第一章《度支收支》第四節二之四《俸料、贈賵及臨時供給等》，北京大學出版社，2001年，784—785頁。

② 清木場東：《帝賜の構造——唐代財政史　支出編——》，第三編《帝命の支出》第二章第三節《衣服、賞賜、賵贈》，福岡：中國書店，1997年，508—517頁。

一　賻物給贈的原則變遷

在唐、宋《喪葬令》中,賵賻與弔祭並列,緊接於皇帝舉哀、臨喪及會喪之下,佔據相當多的篇幅。對於賻物的發放原則、數量、機構、來源、程序乃至對象等方面,唐令、宋令均有諸多具體規定。唐朝給贈完全依據官品,但宋令不僅於給贈標準不再明確,給贈原則也從"準品而料上於寺",變為"聽旨隨給",以下便先對唐令和宋令的内容加以説明。

(一)唐朝的賻贈標準和"準品而料上於寺"

唐、宋朝廷對於五品以上的官員有弔祭和會喪,對於某些獲得特殊待遇的親貴高官而言,賻贈是隨着弔祭和喪事舉辦的程序而贈送予其家的。《大唐開元禮》卷一三四附於"敕使弔"下的"賵賻"説明:"其賵賻之禮,與弔使俱行。則有司預備物數,多少準令。"説明凡喪葬有敕使弔者,其賵賻是由敕使帶至宅的。按照《開元禮》此處雖然是指"貴臣"一類,但是提到也要"準令"之數給,所以令關於賵賻是有專門的規定。與之相應,天聖《喪葬令》中言明"右令不行"的唐令第一條内容(筆者列為"復原8")即是:

> 皇家諸親喪賻物,皇帝本服朞(當作周),準一品;本服大功,準二品;本服小功及皇太后本服朞(周),準三品;皇帝本服緦麻、皇太后本服大功、皇后本服朞(周)、皇太子妃父母,準正四品;皇帝本服袒免、皇太后本服小功、皇后本服大功、皇太子妃本服朞(周),準從四品;皇太后本服緦麻、皇后本服小功,準正五品;皇后本服緦麻,準從五品。若官爵高者,從高。無服之殤,並不給。其準一品給賻〔物〕者,並依職事品。

這裏將"皇家諸親"的賵賻物品,比照官員一品至五品的賻物進行。
祇是關於官員賻物究給多少,《天聖令》在"右令不行"的唐令中並
沒有反映出來。但《通典》卷八六《喪制》四《賵賻》有:

> 諸職事官薨卒,文武一品賻物二百段,粟二百石;二品物
> 一百五十段,粟一百五十石;三品物百段,粟百石;正四品物七
> 十段,粟七十石;從四品物六十段,粟六十石;正五品物五十
> 段,粟五十石;從五品物四十段,粟四十石;正六品物三十段;
> 從六品物二十六段;正七品物二十二段;從七品物十八段;正
> 八品物十六段;從八品物十四段;正九品物十二段;從九品物
> 十段。行、守者從高。王及二王後若散官及以理去官,三品以上
> 全給;五品以上給半。若身沒王事,並依職事品給。其別敕賜
> 者,不在折限。

此條仁井田陞《唐令拾遺》作為唐《喪葬令》第八條,筆者列為"復原
9"。而將此條與"復原8"相對照,可以知道這正是唐代賵賻發放的
原則。其中所說"文武"應包括內外,也即無論是皇家諸親(注意這
裏是代表內外族的"諸親"而非僅僅是"皇親")抑或中央、地方官員
九品以上,都有賵賻;且賵賻必須依照官品,首先是職事官,然後是
王及二王后、散官、以理去官、身死王事等。唐制規定,"凡九品已
上職事皆帶散位,謂之本品"。"《貞觀令》以職事高(於散官者)者
為守,職事卑(於散官)者為行"[1]。因此注文"行、守者從高",就是
說職事官的賵賻要按照他本人所帶官之階品最高的為准,職事官
高依職事,反之則依散官。皇家諸親則比照官品以進行,"若官爵
高者,從高"。說明職事官而帶散、爵者,皆自品級高者而論。

按照令的規定,賻賜布帛有定數,且單位應當是以段而不以
匹。《唐六典》卷三金部郎中員外郎條云:

---

[1] 《舊唐書》卷四二《職官志》,1785 頁。

凡賜物十段,則約率而給之;絹三匹,布三端,綿四屯。黃
布、紵布、𩊵布各一端,春、夏以絲代綿。

李錦繡指出,賜物十段以上包括絹、布、綿等三種,正是諸州庸調之
賦稅種類[1]。但從史料記載的實際情況看,賻物有時只有絹布或布
帛,而後來關於段的計算方法也有另一種說法。《舊五代史·明宗
紀》曰:

(長興元年,930)冬十月壬辰,以太子少傅李琪卒廢朝。
癸巳,以鄜州節度使米君立卒廢朝。詔:"凡賻贈布帛,言段不
言端匹。段者二丈也,宜令三司依此給付。"[2]

《五代會要》卷八《喪葬上》亦稱:

長興元年十月十九日敕,太常禮院例,凡賻匹帛,言段不
言端匹,每二丈為段,四丈為匹,五丈為端。近日三司支遣,每
段全支端匹,此後凡交賻贈匹帛,祇言合支多少段,庫司臨時
併處丈尺給付,不得剩有支破。

"凡賻匹帛言段不言端匹,每二丈為段,四丈為匹,五丈為端"的說
法顯然不是起自後唐。其中四丈為匹、五丈為端分別是唐朝絹、帛
的計量單位,所以帛"二丈為段"的計量方式很可能是唐代已有之,
賻物並不一定是絹、布、綿三者皆給。如果只言賜布帛多少段,那
麼一段之數就可以二丈為計了。這個計量方法,十段中僅有二十
丈,且僅給帛而沒有提到絹,不知是否在內,總數似乎也少於按《唐
六典》所說賜物比例計算(十段中絹三匹計十二丈,帛三匹十五丈,
再加綿四屯),但比較方便和單純,推測唐後期或已使用。

以上賻贈無疑都是出自國家度支的正常供給,而賜賻發放也

---

[1]　李錦繡:《唐代財政史稿(上卷)》,885頁。
[2]　《舊五代史》卷四一《明宗紀》七,569頁。

有具體的手續,《唐令拾遺補》據《唐六典》卷一八司儀令條注復原的"補3"條①(筆者列為"復原10"):

> 諸百官薨卒,喪事及葬應以官供者,皆所司及本屬上於尚書省,尚書省乃下寺,寺下司儀,司儀準品而料上於寺。

很顯然,由於是準品發放,所以官員死亡只要經過所司申報,再上於尚書省,尚書省通知鴻臚寺,再經司儀署具體將用料告知寺發放就可以了,當然這裏的發放應是對在京城的朝官而言。但是根據《通典》卷八六《賵賻》"大唐制"復原的另條唐令("復原13")是:

> 諸賻物及粟,皆出所在倉庫,服終則不給。

"所在倉庫"者並沒有指在何處,大約不僅指京城的左藏和司農隸屬的太倉,也應當是包括地方在內的。

而墓誌反映,賵賻的發放從唐初以來即是遵照令文,並非只是開元二十五年定令纔開始。所據多是去世時之最高職事或散官品,但某些情況下也可按爵品,在這方面文、武、內、外也是基本一致的。開元中的《皇堂叔祖□國子祭酒嗣韓王誌文并序》稱:

> 皇情軫悼,特為舉哀。賜物二百段,米粟二百石,喪葬官給。②

嗣韓王的職事官國子祭酒僅僅是正三品,但賻物的給贈明顯是按照嗣王的從一品。

《唐代墓誌彙編》長安〇六三《大周故正議大夫使持節都督姚宗等卅六州諸軍事守姚州刺史上柱國皇甫君墓誌》:

> 又遷姚府都督,使持節姚、宗、匡、靡卅六州諸軍事……以

---

① 池田溫編:《唐令拾遺補》第二部《唐令拾遺補訂‧喪葬令第三十二》,844頁。

② 《新中國出土墓誌》陝西卷貳(九二)《皇堂叔祖國子祭酒嗣韓王誌文并序》,76頁;並見《唐代墓誌彙編續集》開元〇九三,517頁。

> 長安四年二月二日薨於姚府公第,春秋七十三。奉敕發使臨祭,賜物一百段,粟一百石。

墓主散官正議大夫正四品上,但姚府都督應為下州都督從三品,"賜物一百段,粟一百石"符合從三品給贈標準。

五品以上不僅按官品有賻贈,也給人夫。唐令"復原31":

> 諸職事官五品以上葬者,皆給營墓夫。一品百人,每品以二十人
> 為差,五品二十人,皆役功十日。

而《唐代墓誌彙編》乾封〇五一《大唐故右驍衛遊擊將軍安義府右果毅都尉上柱國婁府君墓誌銘并序》有曰:

> 慟深上宰,哀軫中堅,弔祭既加,贈襚遄及,帛四十段,粟四十石,夫二十人。

墓主是身在折衝府的武官,去世時的散官遊擊將軍是從五品下,安義府右果毅都尉為武職,上府果毅都尉即從五品下,中府則是從六品上;帛四十段,粟四十石按令規定是從五品下的賻贈,夫二十人也是五品官該得的"營墓夫"人數。安義府是否上府不得而知,但此處顯然是就高不就低,按遊擊將軍和上府果毅所給。

唐朝高級官吏去世後常常獲得贈官。那麼如果有贈官當如何呢? 事實說明只要是贈官官品高於生前官品,賻物就按照贈官品級給,否則即按原官或原封爵。但贈官基本決定了給贈的標準。關於這一點,我們將在"唐代的贈官與贈賻"一章中再予以討論。

另外,前揭"復原9"說明,"王及二王後若散官及以理去官,三品以上全給;五品以上,給半"。這裏所指是無職事人,有職事者則不在其內。《唐代墓誌彙編續集》神龍〇一二《大唐故朝議大夫行眉州司馬□(柱)國公士劉府君墓誌并序》:

> 巨源不救,□降璽書,準式贈物五十段,粟五十石。

墓主散官朝議大夫是正五品下,職官眉州(上州)司馬從五品下,是一位地方官。"準式"贈物五十段、粟五十石是正五品贈物,是按照散官品級全給。

《唐代墓誌彙編續集》開元一二一《大唐故□□(通議)大夫行內侍省給事上柱國太原王府君(晛)墓誌銘》:

> 敕遣忠(中)使臨弔,內賜絹廿疋(匹),州贈七十段。仍遞馱造轝還京。

墓誌載墓主卒於蒲州,這裏"州贈"便是按國家制度應給的賵贈,只不過出自其所在地方而已。七十段按令是正四品的賵賻,墓主生前所任內給事為從五品下。誌蓋又稱其官為"涇州長史賜紫"。涇州是上州,長史為從五品上,兩種職官都是至多得物四十段,但據其最後所授散官通議大夫是正四品下,與所給七十段符合。與上一墓誌一樣,州是按照散官五品以上全給。為何如此?顯然也是根據上述無論職事官帶散官,"行守者從高"的規定。

此墓誌在規定的賵賻之外,還有皇帝"內賜"絹二十匹,此即清木場東書中所說賵贈超出規定而出自"帝賜"的部分,說明皇帝對親近者常常另有褒贈。《唐代墓誌彙編》咸亨〇六八《唐故司成孫公墓誌銘并序》記墓主孫處約"蒙敕賜絹布等一百段,粟六十石",據《舊唐書》卷八一《孫處約傳》載其以少司成致仕,少司成即國子司業,為從四品,應得絹帛等六十段、米粟六十石,可見孫處約是得到皇帝額外賞賜的匹段。《唐代墓誌彙編續集》龍朔〇二八《大唐故宮府大夫兼檢校司馭少卿裴君(皓)墓誌銘并序》也稱:

> 恩敕恩令賜布絹一百廿段,米粟六十石,並借人力幔幕等。

墓主所任宮府大夫即太子家令,檢校官司馭少卿即太僕少卿,官階同是從四品上,按規定也是絹帛等六十段、米粟六十石,說明絹多給了一倍。而"恩敕恩令"者說明還有出自太子。頗疑多給者是來自太子。類似的情況還有張伏生：

> 皇□（上）惠顧，□多傷悼不輟。賻絹布一百二十段，米粟
> 七十石，陪葬給儀仗鼓駕，賵襚設祭。[1]

張伏生官是寧遠將軍、左龍武軍中郎將，其中郎將正四品下，應按
物七十段、米粟七十石給贈，但物顯然也超出標準，應該是皇帝額
外之賜。

以上給贈尚沒有劃分來源，不知是否都是來自國庫。但皇帝
太子的額外賞賜其實本來是應和制度的規定分開的，這在開、天時
代的墓誌中可以看得很清楚。如《大唐故冠軍大將軍行右威衛將
軍上柱國金城郡開國公李公墓誌銘并序》記開元二十一年（733）入
葬的李仁德：“特敕贈絹二百匹，賻物一百段，米粟一百石，供喪事
也。”[2]《唐代墓誌彙編續集》天寶〇三八《唐故雲麾將軍左龍武軍將
軍同正員上柱國朱公（保）墓誌》：“中使内出絹壹佰匹，太常給其鼓
吹，用設三牲之祭；贈粟一百石、布綿帛等一百段。”同樣待遇的還
有雲麾將軍、左龍武將軍同正員李忠義和雲麾將軍、右龍武將軍屈
元壽，都是“敕贈絹”或是“敕贈内庫絹一百疋，所司賻物一百段，粟
一百石”[3]。李仁德的冠軍大將軍是散官三品，朱保、屈元壽和李忠
義的雲麾將軍和左右龍武將軍都是從三品，他們在所司給的粟一
百石、布綿帛等一百段之外，都得到了皇帝的加贈百匹或二百匹。
又《唐代墓誌彙編》天寶一二六《故銀青光祿大夫太僕卿上柱國張
府君（去逸）墓誌銘并序》稱“常式賻贈之外，別敕賜絹三百疋，布三

---

[1]　《唐代墓誌彙編》天寶〇一一《大唐寧遠將軍左龍武軍中郎將賜紫金魚袋上柱國
張公墓誌并序》，1538 頁。

[2]　《唐文拾遺》卷六六，北京：中華書局，1983 年，11107 頁。

[3]　《唐代墓誌彙編續集》天寶〇五一《唐故雲麾將軍左龍武軍上柱國渭源縣開國
男李君墓誌銘并序》、天寶〇六二《大唐故雲麾將軍右龍武將軍同正上柱國南浦縣開國
男屈府君墓誌銘并序》，617、626 頁。

百端,俾給喪事","別敕"亦皇帝另贈也。加贈以端匹計數,不受令的限制。這些贈賻很多發生於玄宗時代,李忠義、屈元壽的墓誌還特別指明是"敕贈內庫絹",說明當時贈賻明確劃分為皇帝內庫和國庫兩個系統,對於大臣官員的加贈,常常是由皇帝別敕另給,兩種來源的劃分是很明確的。《舊唐書》卷四八《食貨志》說玄宗開、天中由財政使職建百寶大盈庫,"以供人主宴私賞賜之用",此大臣葬事別敕"內出絹者",當也在其內。不過,唐初以來不少大臣因作為皇帝下詔葬事的"詔葬"而賻贈加等,絹帛米粟從數百至數千端匹或石不等,雖也常常稱"賜",但不能認為都是來自內庫,這是和一般的葬事不同的(詳第九章)。

(二)宋令的"聽旨隨給"及其來源

上述唐代的制度和實行情況表明,賻贈雖然有皇帝額外賞賜,但官品仍是最基本的參照。對比這一點,《天聖令》關於宋代的賵賻卻明顯有了不同的原則,相對於被取消的唐令給贈諸條,天聖《喪葬令》"宋6"已改為如下內容:

> 諸宗室、內外皇親、文武官薨卒,及家有親屬之喪,合賜賻物者,皆鴻臚寺具官名聞奏,物數多少,聽旨隨給。

這裏將所有唐令中應給賻物者都予合併,但是原來按官品確定的標準已經不見了。

與此相配合者還有賻物的出給。上述唐令"復原13"(《通典》卷八六《喪制》四《賻贈》,《唐令拾遺補》原列為"補1")曰:

> 諸賻物及粟,皆出所在倉庫,服終則不給。

但《天聖令》修改後的條目"宋9"則是:

> 諸賻物及粟,皆出所在倉庫,得旨則給。

唐令只是明確了賻物出給的地點和時間，而宋令不但強調賻物須在"鴻臚寺具官名聞奏"後"聽旨隨給"，還說明所在倉庫"得旨則給"，如此給與不給，給物多少，似乎不是按照官品，而是根據皇帝的旨意，也即宋代官員的賻贈在很大程度上是由皇帝決定。這一點，自宋初以來也可以看到制度變化。《宋會要輯稿·禮》四四之二四至二五《賻贈雜錄》載：

> （真宗景德四年①，1007）九月十一日，翰林學士晁迥等言："奉敕與龍圖閣待制戚綸議定鴻臚寺賻贈條件。今請應職官喪亡賜賻贈，五品以上，內侍省於學士院請詔書，差官押賜；六品已（以）下，差官傳宣押賜。臣僚薨亡，如無恩旨敕葬，及五服內親喪及遷葬合有賻贈者，下鴻臚寺檢會體例，牒報內侍省取旨。"從之。

> 十一月三日，詔："自今將帥偏裨當得賻贈者，令樞密院即日下入內內侍省給賜。"先是，羣臣賻物皆鴻臚寺定例以聞，至有已裏事而未賜者，其軍校賻物亦有所差降，故令促之而復其例。

> 二十二日，詔："應管軍及內職軍員，如戍邊亡歿，合賜賻贈者，並委入內內侍省取旨支賜，更不下鴻臚寺。同上。"

> 二十九日，入內內侍省言："今後支賜賻贈，未委依近詔內侍省差官押賜，為復依舊當省差使宣賜？"詔晁迥等覆（復）加詳定。迥等上言："近翰林學士李宗諤妹亡，入內內侍省雖引景德元年翰林學士宋白弟亡例為言，終以無正例不行。今請應五服內親喪亡而無正例者，委鴻臚寺移牒禮院，比類服紀遠近奏取旨；其無例及在外亡歿者，更申中書門下。昨定五品以

---

① "景德四年"原無，據《宋會要輯稿·禮》四四之三〇補，1447頁。按：《續資治通鑑長編》卷六二景德三年三月有曰："先是，羣臣詔葬公私所費無定式。龍圖閣待制、判鴻臚寺戚綸疏言其事。丙寅，命翰林學士晁迥、知制誥朱巽、宮苑使劉承珪及綸，校品秩之差，定為制度施行之。"（1393頁）則定賻贈當與此有關，但顯然不止於詔葬。

> 上詔書押賜,六品以下傳宣押賜,今請除五品以上官正身喪亡
> 即降詔書,自餘親喪亦止傳宣。仍並委入內內侍省施行。"從
> 之。仍詔會同鴻臚寺、太常禮院,俱不得過二百。

上述幾條從五品以上職官"內侍省於學士院請詔"、六品以下"下鴻
臚寺檢會體例,牒報內侍省取旨"到應管軍及內職軍員亡歿,"並委
入內內侍省取旨支賜,更不下鴻臚寺"以及最終決定的無例即須取
旨,降詔、傳宣"仍並委入內內侍省施行",表明了真宗時賻贈事權
從鴻臚寺向入內內侍省移交及總體"取旨",聽從皇帝支配的情況,
這種變化,應該是《天聖令》賻贈"得旨隨給"的基礎。按據《續資治
通鑑長編》卷六二景德三年三月條載,以其時詔葬公私所費無定
式,詔令翰林學士晁迥、知制誥朱巽等定品秩之差(詳下詔葬),以
上賻贈制度的制定大約也是隨之而在其後進行的。

(三)關於《熙寧新式》

皇帝的旨意雖然是賻贈的原則,但是宋代官員特別是職事官
員的賻贈後來證明並不是沒有制度和常法。宋代管理賻贈的部門
與唐朝已不完全一樣,北宋除了鴻臚寺外,又有四方舘"掌凡護葬、
賻贈、朝拜之事";南宋建炎初併歸東上閤門,"皆知閤總之"①。《宋
史》卷一二四《禮志》二七"賻贈"條又曰:

> 凡近臣及帶職事官薨,非詔葬者,如有喪訃及遷葬,皆賜
> 賻贈,鴻臚寺與入內內侍省以舊例取旨。其嘗踐兩府或任近
> 侍者,多增其數,絹自五百匹至五十匹,錢自五十萬至五萬,又
> 賜羊酒有差,其優者仍給米麥香燭。自中書、樞密而下,至兩
> 省五品、三司三館職事、內職、軍校並執事禁近者亡歿,及父
> 母、近親喪,皆有贈賜。宗室期、功、袒免,乳母、殤子及女出適

---

① 《宋史》卷一六六《職官志》六"四方舘使",2936頁。

者,各有常數。其特恩加賜者,各以輕重為隆殺焉。

此條未言為何時制度,但其下又有曰:

> 熙寧七年(1074),參酌舊制著為新式:諸臣喪,兩人以上
> 各該支賜孝贈,只就數多者給;官與職各該賻贈者,從多給。
> 差遣、權並同,權發遣並與正同。諸兩府、使相、宣徽使並前任
> 宰臣聞疾或澆奠已賜不願敕葬者,並宗室不經澆奠支賜,雖不
> 係敕葬,並支賻贈。餘但經問疾或澆奠支賜或勅葬者,更不支
> 賻贈。前兩府如澆奠只支賻贈,仍加絹一百、布一百、羊酒米
> 麵各一十。諸支賜孝贈:在京羊每口支錢一貫,以折第二等絹
> 充,每匹折錢一貫三百文,餘支本色。在外米支白秔米,麵每
> 石支小麥五斗,酒支細色,餘依價錢。諸文臣卿監以上,武臣
> 元係諸司使以上,分司、致仕身亡者,其賻贈並依見任官三分
> 中給二,限百日內經所在官司投狀,召命官保關中,限外不給。
> 待制觀察使以上更不召保。

以上所引新式,相對"舊制"而言,涉及賻贈的方式原則及各種官
職、各種情況下的給贈辦法。其中具體名目數量,則見於《宋會要
輯稿·禮》四四之一《賻贈》所載"著為新式,付之有司。舊例所載
不備,今並其數俱存之新式"的部分。所敘制度甚詳,與《宋史》所
言相合,證明從"舊例"到"新式"確實均"各有常數"。只是制度遠
較唐代複雜,涉及的層面、範圍、人員要廣得多,贈物除了錢絹米麥
外,又有羊酒和香燭等,品類豐富。並且對於所有賻贈,令"鴻臚寺
與入內內侍省以舊例取旨",也即由內外職司兼掌。從所說"其嘗
踐兩府或任近侍者,多增其數"來看,賻贈的多少,雖有官品為限,
仍不是完全依照官品,而是與職事要重及皇帝關係近密與否有很
大關係。具體則《熙寧新式》所增分為兩個方面,其一為一般定制,
其二為皇帝"特恩加賜者"。

1. 以職事為重的賻贈原則

在一般定制中，我們可以瞭解到宋代賻贈比較唐制的變化主要也有兩點，即首先是賻贈的依據標準有所不同。由於使職差遣制的發展，原來三省六部的中央省部寺監和衛官的文武職官系統已經階官化，而使職差遣遂成為真正的職官，兩者相當於唐代的散、職，決定官員地位的不僅在於階品（原來的職官品），而在於職事差遣。所以《熙寧新式》是將官與職的賻贈混同排列，很有宋代"雜壓"的特點。但賻贈的着眼點其實是在後者而非前者。例如《宋會要輯稿》載新式所列武職就有節度、防禦、都團練使，和屬於殿前司的侍衛殿前都指揮使、副使、殿前左右班都虞候、諸軍廂都指揮使、軍都指揮使、都虞候、御前忠佐馬步都軍頭、副都軍頭、馬軍或步軍都軍頭等，其賻贈均是由職事而定。

宋代官員本人及親屬的賻贈多寡也是來源於其職事重輕，例如諸官中自以宰相賻贈為最高，"舊例"所定米麵各五十碩、羊五十口外，又有"錢五百貫，絹五百疋，法酒五十瓶，秉燭、小燭各五十條，濕香三斤"。"新式"則是："絹八百疋，布三百疋，生白龍腦一斤，秉燭、常料燭各五十條，濕香、蠟、面、茶各五十斤，法酒、法糯酒各五十瓶。米麵各五十頃，羊五口。"注明："樞密使帶使相同。其後龍腦並燭、香、茶、酒之類，皆倣此。"宰相所帶官未必超過官品是一品的三公和二品的尚書僕射，但三公和尚書僕射舊例只有"絹三百疋，米、麵八十石，酒三十瓶，羊三十口"，品位排班比他們稍低些的東宮三少，舊例只有"錢五十貫，絹百疋，米麵二十碩，酒五瓶，羊五口"。參知政事、樞密宣徽使官職在宰相下，但舊例賻贈也超過三公[1]。三公、尚書僕射和東宮三少熙寧以前都是

---

[1]　《宋會要輯稿·禮》四四之一至之三《賻贈》，1432—1433頁。

階官或寄禄官,也常常用為加官,這可能是他們不如職事差遣的原因。

比東宮三少品級低的又如三司使、鹽鉄、度支、户部使;三司等使卒,舊例"錢二百貫,絹二百疋,酒二十瓶,羊五口"。三司副使卒,舊例也有"錢百貫,絹百匹,酒十五瓶,羊十口",甚至判官及判諸司者卒,都有"錢百貫,酒五瓶或三瓶,羊五口"。而且判官的賻贈是與"三司判官、主判官、開封府推判官、中書檢正逐房公事、樞密院檢詳逐房文字、知諫院、修起居注、京朝官以上帶館職、崇政殿説書、侍御史、殿中侍御史、監察御史裏行"等相同的。可知這些官雖然品級不甚高,但由於職繁事重,朝廷所定的賻贈都相當高。雖然這種贈物數量與官位排次高低不相符合的情況在《熙寧新式》中多少有些調整[①],但職重於官、以職事為核心為依據的賻贈原則並没有變。前揭《宋史》卷一二四關於《熙寧新式》的給贈方式有:"諸臣喪,兩人以上各該支賜孝贈,只就數多者給;官與職各該賻贈者,從多給,差遣、權並同,權發遣並與正同。"也説明差遣、權發遣等職與官的同等重要和同等看待。這一點,應當是唐、宋以後賻贈制度的一個重大變化,也是《天聖令》取消原唐令中單純按職官或散官品給賻贈的基礎。

2. 官僚親屬的賻贈與特恩加賜

其次,由於宋朝的官制系統遠較唐代為龐雜,所以賻贈的給賜人數、範圍實際已經大大增加。而除官員本人之外,還有對其家屬死亡的贈賻。在這方面,唐令雖然規定京官職事三品以上、散官二

---

① 例如太子三少《熙寧新式》改為絹二百五十疋,米麵十碩,酒各一十瓶,羊十口;三司等使改為絹二百疋,米麵十碩,酒各一十瓶,羊一十口;三司副使改為絹壹百疋,酒各五瓶,羊五口;判官及判諸司者改為絹六十疋,酒各三瓶,羊三口,節級遞減,三司使已低於太子三少。

品以上,遭祖父母、父母喪,京官四品,遭父母喪應有奏報和弔祭,
但對於親屬死亡的賻贈並沒有明確規定,唐代史料中見到的一些
實例,多屬皇帝特別給贈。所以正如《五代會要》卷八《喪葬上》所
載後唐長興二年四月五日中書門下復奏所說:"伏以大臣枕凷,有
弔祭之恩;羣寮寢苫,無慰問之例"①,唐令和後唐之前的喪制中都
沒有關於丁憂、服喪必須給賻贈的規定。但是如前章所述自從後
唐長興二年因都官員外郎、知制誥張昭遠喪母,而定朝臣丁憂給贈
的數額之後,重要職官和常參官丁憂賻贈已經成為慣例。

宋朝於此則有更完備的制度。前揭《天聖令》"宋6"已經提到
宗室、皇親和文武官"家有親屬之喪"的賻贈問題。《宋會要輯稿・
禮》四四之一八關於"特恩加賜者"載南宋《中興會要》曰:"凡文武
臣僚、宗室、公主、駙馬都尉與其親屬薨卒,皆〔給?〕賻贈,舊書格目
載之已詳。"這個"已詳"其實早已見於前之《熙寧新式》,是親屬之
喪不僅有三年服的父母,期(朞)年喪又分三等,最後是大功服,品
級高低皆有不同程度賻贈。具體規定也見於前之"舊例"和"新
式",例如宰相給賻贈的範圍是"母妻之喪、兄弟子孫之喪及姑姊
妹、女之〔在〕室者"甚至"殤子諸侄之喪",參知政事是"母妻之喪,
男女諸婦及伯叔舅之喪",甚至三司判官及判諸司者"祖母、母、妻
之喪或遷葬,兄弟、兄弟之妻、姑、姊妹、侄之喪"也有賵賻②,另外對
宗室子弟和郡縣主等還有乳母服給贈的規定。不過正像贈官和蔭
子孫,如官員本身的級別不同,不但影響贈官的等級和蔭子孫的程
度,其親屬賻贈的範圍和數量也不等。例如諸軍廂都指揮使只能
是"父母妻之喪及遷葬"有賻贈。而宰相母妻男喪"絹五百疋,米麵
各三十碩或二十碩,酒三十瓶或二十瓶,羊三十口或二十口",參知
政事母、妻之喪就是"絹三百疋,酒二十瓶,羊一十口"。官職在下

---

① 《五代會要》卷八《喪葬》上,139頁。
② 《宋會要輯稿・禮》四四之之一至之六,1432—1435頁,下引文同。

者,諸項又有遞減。

　　因此總的來看,宋代賵賻覆蓋的層面遠較唐代為寬泛,而其對象、方式也更具體。《宋史》卷一二四言《熙寧新式》還規定"諸兩府、使相、宣徽使並前任宰臣問疾或澆奠已賜不願敕葬者,並宗室不經澆奠支賜,雖不係敕葬,並支賻贈。餘但經問疾或澆奠支賜或敕葬者,更不支賻贈";意思是凡不屬敕葬和有澆奠支賜(皇帝另給祭奠之費)的就都要給賻贈,而且"前兩府如澆奠只支賻贈,仍加絹一百、布一百、羊酒米麵各一十"。其給贈的方法是"諸支賜孝贈"還有在京、在外,文官、武官的不同。所謂孝贈應指父母喪事,而且為了確保真實,除待制觀察使以上,都要"限百日內經所在官司投狀,召命官保關申,限外不給"。"新式"的賻贈比起舊制顯然增加了約束。但由於人員眾多,其總體數額巨大也是可知的。

　　而從實際情況看,"新式"雖然提供了操作的原則,不過各時期又有其具體情況。例如哲宗元祐四年(1089)七月十二日詔"內外文武官及宗室、內侍官應支賜賻贈,絹、布、米、麥、錢、羊並四分減一。應官員丁憂亡歿、令式無賻贈者,不得引舊例陳乞,所屬亦不得奏請",乃是"從戶部之請也"。南宋高宗建炎和紹興中,曾一再要求"應身亡孝贈,權行住支"也即不給支付,能夠實行的不過是一些"特恩"[1]。因此制度的"各有常數"與宋令所說"聽旨隨給"其實絲毫不矛盾。前揭《宋史》和《宋會要輯稿》"鴻臚寺與入內內侍省以舊例取旨。其嘗踐兩府或任近侍者,多增其數"就是說明。"聽旨隨給","以舊例取旨"是賻物領取的先決條件,也就是說,賻物原則上要經皇帝批准,否則可以不支付。雖然所有的賻贈不可能都要知會皇帝,但惟其說法如此,纔可能根據情況對賵賻進行靈活性的支配,也纔可能體現在賵賻問題上的皇恩浩蕩。

----

　　① 以上參見《宋會要輯稿·禮》四四之二七、四四之一八,1445、1441頁。

在賵賻問題上體現皇帝意旨,最突出的就是皇帝"特恩加賜",所謂"特恩加賜",就是在常數之上,"各以輕重為隆殺焉"。《宋會要輯稿·禮》四四"特恩加賜者"一目是有宋一朝皇帝加賜贈之"例",內多是朝廷重臣、節制方面的外官軍將及其母妻,戰歿或死於公務,也包括皇親、皇后父母、皇帝的乳母及與皇帝關係特殊者。由於是特恩,因此沒有固定性,也無品級、職務之限,其中有一些是屬於下文所言"敕葬"。所加贈者品種、數量不等,錢數萬至數十萬,絹數十至數百匹,至多千匹,而米糧也自數十石至百石。甚而有賜金銀者。加贈者不受制度之限,在宋代較唐代更經常,已成為皇權行使的一個重要方面。

二 賵贈制度變化的由來之漸

唐宋賵贈制度從按照官品的給贈到"聽旨隨給"的變化並非只在朝夕之間,而是經歷了長期的發展。在按品之外由皇帝恩敕的加贈早已有之,而一般給贈的原則也由固定的端匹石斗改為以俸料為標準。隨着差遣官制的發展,以職代官、職重於官成為趨勢,也反映在賵贈制度的變化。而賵物的頒給既原則上要通過皇帝,便進一步體現了"皇恩"在賵贈發給中的意義。不過賵贈並不一定能按照規定發給,則亦是唐五代至宋由來已久的情況。

(一)恩敕加贈及賵贈數量的調整改定

賵賻發放原則的變化並非始於宋初,某些做法自從唐初已見端倪。《唐代墓誌彙編續集》萬歲通天〇〇四《大周故納言博昌縣開國男韋府君(承慶)夫人琅琊郡君王氏墓誌銘》:

> 厥明將斂,特降中使臨弔,特賜仍贈絹布七十段。又有敕

> 贈絹布卅段，米粟五十石。還日，所司為造靈輿，葬日量借手
> 力幔目，家口並給傳乘，以致哀榮之禮。

王氏因是宰相韋承慶夫人得前後敕贈物一百段，米粟五十石。這
樣的給贈很少見於其他高官夫人。不過也許由於是在武則天時
代，可以同其夫一樣因"特賜"而獲得同等待遇。唐朝郡君爵四品，
按照《喪葬令》的規定"正四品物七十段，粟七十石"，所以王氏得
"仍贈絹布七十段"，由於是故宰相夫人而皇帝另外"敕贈絹布卅
段，米粟五十石"，使之大體等同三品；"所司為造靈輿"以下也是在
《喪葬令》規定之上更給優惠。

《唐代墓誌彙編續集》神龍〇〇二《大唐故沙州刺史李府君（思
貞）墓誌銘》：

> 以長安四年(704)七月十日卒於沙州刺史之官舍，春秋六
> 十有三。恩敕賜物一百段、粟一百石，靈柩還京所須官給。

據墓誌，墓主人李思貞曾官雲麾將軍（從三品）、檢校左衛勳二府中
郎將（正四下），又"降授太中大夫行珍州司馬，遷秦州司馬，尋檢校
庭州刺史，又檢校沙州刺史"，也就是說，他的最後官銜是太中大夫
行秦州司馬檢校沙州刺史。太中大夫是散官從四品上，職官沙州
刺史是下州刺史正四品下，但他曾立有戰功，散官曾到得從三品雲
麾將軍。墓誌言李思貞從"恩敕"得賜，其賻贈物一百段、粟一百石
是按他曾經的三品官待遇，是超過其臨終官職應得者。雖具體緣
由不得而知，但這兩首墓主死於武則天時期的墓誌，都說明皇帝可
以上下賻贈品級或根據需要下詔褒贈（如對宰相夫人，有功之臣），
升降其標準。

　　而到玄宗時期皇帝的超額或額外賜贈就更多了。如上所說這
類額外給贈很多時候出自內庫，因此皇帝在官員或其母妻的賻贈
問題上本就有一定的決定權，這裏還不包括下文將要探討的許多

詔葬官員。

安史亂後的乾元、大曆中，對於皇家諸親與高級官員的贈賻，似乎還是在進行。例如乾元元年（758）去世的太子少傅李麟，"贈太子太傅，賻絹二百匹"①。卒於大曆七年（772）的工部尚書判太常卿于休烈，"褒贈尚書左僕射，賻絹百匹，布五十端"②。此外《唐代墓誌彙編續編》大曆〇三三《大唐故河西隴右副元帥并懷澤潞監軍使元從鎮軍大將軍行左監門衛大將軍上柱國扶風縣開國侯食邑二千戶第五府君（玄昱）墓誌銘并序》載其喪"天子悼惜，使弔贈束帛二百段"。而《冊府元龜》卷三〇三《外戚部·褒寵》也載：

> 王延昌為吏部侍郎，卒，大曆四年追贈吏部尚書，特賜賻絹一百疋，布五十疋。延昌妻獨孤氏，貴妃之姑也，是有加等。

但是以上官員的贈賻顯示的似乎都超過制度規定也即他們的原官或贈官品級所應給。如贈太子太傅李麟，按照前揭令文只得賻物二百段，如按一匹等於二段計算，其實際所得為應得之二倍。同樣王延昌卒贈吏部尚書為三品只應得百段，實際所得超過應得之兩倍。這說明當時的賻贈已不是按照前期令文執行。並且以上官員贈官都在三品以上，根據墓誌或傳記，個人的地位及與皇帝關係又都比較特殊，所以出自皇帝"恩敕"的可能性較大，其得賻贈並不代表一般賻贈的情況。

所知是對於一般官員的贈賻發放辦法，德宗時已有明確改變。《冊府元龜》卷五〇六《邦計部·俸禄》二記貞元十年（794）二月詔曰：

> 君臣之際，義莫重焉，每聞薨殂，深用惻悼。宜厚哀榮之

---

① 《舊唐書》卷一一二《李麟傳》，3339頁。
② 《舊唐書》卷一四九《于休烈傳》，4009頁。

禮,以申終始之恩。文武朝臣有薨卒者,自今以後,其月俸料
宜全給,仍更準本官一月俸料以為賻贈。若諸司三品已上官,
及尚書省四品官,仍令有司舉舊令聞奏,行弔祭之禮。務從優
備,用稱朕懷。

以下並解釋說:"初,左庶子雷咸以是月朔卒,有司以故事計其月
俸,以月(日?)數給之,帝聞之,故有是命,以廣恩澤。無幾,有致仕
官卒者,有司以官雖致仕而朝朔望,請悉同正官卒者給賻。從之。"
由此可見,唐前期《喪葬令》所規定的賻贈制度已經不實行了,所以
纔會有"準本官一月俸料以為賻贈"來代替。準"本官"自然是指所
帶職事官,這說明,賻贈進一步與官員的職事結合了。

　　問題在於"一月俸料"是多少呢? 這個給賻與唐前期的賻
贈在數量上有否不同? 又為何要將一月俸料作為賻贈標準呢?
所知是唐朝開元以後俸料均以錢為計,據《唐會要》卷九一《內
外官料錢上》(《冊府元龜》卷五〇六《邦計部·俸祿》二略同)載
開元二十四年(736)六月敕"百官料錢,宜合為一色",月俸、食
料、防閣、雜用四項相加,一品三十一千,二品二十四千,三品十
七千,以下逐級減降,至八品二千四百七十五文,九品一千九百
一十七文。筆者曾在《從〈天聖令〉對唐令的修改看唐宋制度之
變遷》一文中,據《通典》卷七《食貨》七《歷代盛衰戶口》載"至
(開元)十三年封泰山,米斗至十三文,青齊穀斗至五文,自後天
下無貴物,兩京米斗不至二十文……絹一疋二百一十文",將料
錢折成絹疋,再按一匹兩段折成段數,與按照這一價格折成的
賻贈數額相比,得出唐前期賻贈高官超過每月俸料,而低官低
於每月俸料的結論[1]。

---

　　① 以下關於賻贈錢額的探討,對拙文《從〈天聖令〉對唐令的修改看唐宋制度之變
遷》有較大修改,凡結論不同處以本文為准。

　　但這樣的做法現在看來有一定欠缺,特別是唐前期如用開元特殊年代物價計算不夠合理,而且將匹折為段似乎也根據不足。針對這一點,如果考慮按照唐朝賜物十段是"絹三匹,布三端,綿四屯"的規定,用唐朝最盛時的天寶物價計算價值,也許更可靠一些。這裏姑且用池田溫復原的大谷文書《唐天寶二年七月交河郡市司狀(市估案)》中的物價來估算①,雖然可能價格略高於中原地區平均價,但畢竟為真實物價。根據盧向前對這件文書中練、絁、絹的價格列表統計②,它們最高不過每匹 650 文,最低不過每匹 370 文。平均價格在每匹 510 文左右(此價格與 P.3348v《天寶四載豆盧軍和糴會計牒》中絹、絁、縵等平均價格相當)。另外根據筆者對《市估案》中幾種布帛(常州布、雒州布、火麻布、曝布、貲布、小水布)的統計,它們最高每端 550 文,最低每端 300 文,平均價格不到 460 文。綿則按大綿一屯上中下平均約 200 文③,小綿一屯上中下平均 180 文,則每屯約在 190 文(《天寶四載豆盧軍和糴會計牒》大綿屯估 150 文,小綿無,似較《市估案》為低)。這樣計算,則 10 段共計 3670 文(3.67 貫)。至於粟的價格,則盧向前已說明《天寶四載豆盧軍和糴會計牒》時估每斗 27 文,和糴估每斗 32 文,如取其中以 30 文為計,大約每石 300 文(0.30 貫)。

　　以這樣的概率將賻物與粟兩者相加計算一下,四捨五入,我們就知道天寶中正一品賻贈約 133 貫餘,二品 100 貫,三品 67 貫,正四品 47 貫,從四品 40 貫,正五品 33 貫,從五品 27 貫,正六品 11 貫,從六品 10 貫,正七品 8 貫,從七品不到 7 貫,正八品近 6 貫,從

　　①　池田溫:《中國古代物價初探——關於天寶二年交河郡市估案片段》,氏著《唐研究論文選集》,北京:中國社會科學出版社,1999 年,122—189 頁。
　　②　盧向前:《唐代前期市估法研究》,唐代吐魯番學會編:《敦煌吐魯番學論文集》,北京:漢語大詞典出版社,1990 年,693—714 頁。
　　③　按《市估案》大綿僅餘上等价每屯 210 文,中、下皆殘,此處依小綿每等按 10 文差價計算。

八品5貫,正九品4貫餘,從九品不到4貫。這些錢應該是以市場實價計折的。

　　折成錢來算更可以顯示這樣一個規律,即從正一品到五品,每品(計正不計從)之間的差額大約是四分之一或三分之一,但是自六品急轉直下,六品不過五品的三分之一,且至九品每品正從之間差額只是一貫上下,五品以上與六品以下差距極大,而官品越低差距越小。不過這種方法顯示,無論高官低官,賻贈錢還是超過俸料錢的,只不過高官要多得多,低官相對差距較小。

　　唐後期俸料仍以錢額為定,但俸料發給的等級和數量與唐前期已不盡相同。據《唐會要》卷九一《內外官料錢上》(《冊府元龜》卷五〇六《邦計部·俸祿》二略同)記代宗大曆十二年(777)四月十八日度支重定官俸,奏其時"加給京百司文武官及京兆府縣官每月料錢等"。這個官俸雖然仍按職官為定,但顯然已不是簡單定為九品,而是按照不同的級別,將中央省臺寺監文官劃為23等,最高第一等為太師、太傅、太保、太尉、司徒、司空、侍中、中書令,"每月各一百二十貫文";第二等中書、門下侍郎"每月各一百貫文";第三等東宮三太、左右僕射,"各八十貫文",至左右丞及諸司侍郎、給事中、中書舍人、御史中丞、卿、監等的第七等尚有"各四十五貫文"(以下略),第八等太子左右庶子、太常少卿"各四十貫文",第十三等的員外郎、通事、起居舍人這樣的六、七品官也有"各十八貫文",因此如果與唐開元令文規定的九品以上賻贈來比,則高品級和要重官員的俸料與唐開元令文規定的賻贈數額已相對接近。

　　過去論者有認為大曆俸料錢額較之前開元俸料錢高出很多,原因主要應與官吏利用戰亂及朝廷在戰亂後對吏治整頓不力而攫取高額俸禄有關[①]。但是唐後期的錢額涉及物價虛實估問題，其實不能直接作比較，必須轉化為物纔可以看出究竟。大曆中劉晏任鹽鐵使，為了促進鹽專賣、鼓勵商人納絹帛而使用了虛估。李錦繡提出，其時對官吏俸料或也雜以虛估支付，但總的虛實之比不會超過 4∶3[②]。大曆無災荒戰亂，加之實行鹽法專賣，經濟開始復蘇，即從四分之三的錢額來看，上、中級官員俸料亦超過開元。

但排在最後的倒數二、三等對應開元俸料的錢數基本没有變化或略有降低。如文官第二十二等"各四("四"疑當作"二")千七(按"七"《册府元龜》作"四")百七十五文"，第二十三等是太祝、奉禮、省中諸行主事等幾十種，"各一千九百一十七文"。其最後的兩等約相當於開元的八、九品，武官的情況也相類。大曆物價高於開、天，即使完全按照實估，對低官而言，其實際收入也顯然是下降的。

建中時期俸料錢又有調整，並且曾因戰亂再興而下令實行"三分減一"、"五分減一"一類的政策[③]，賻贈如何實行不甚清楚，但總體上會低於原來的賻贈，是很清楚的。貞元十年新定賻贈如果確以俸料錢為計，那麽這時所行又是新俸料制了。據《唐會要》卷九

---

① 王振芳：《唐安史兵興後到大歷(曆)制俸時官俸探析》，《山西大學學報》1990 年 3 期，43—46 頁。

② 李錦繡認為，大曆十二年的官俸可能已經確立了半支現錢、半支虛估匹段的規定，按當時虛實估比例 4000∶2000 計算，省估與實估應為 4∶3(《唐代財政史稿(下卷)》第七章第一節《虛實估與虛實錢》，1238—1239 頁)。但筆者認為匹价 2000 文乃出自元結永泰二年《問進士》，仍非大曆十二年時估，真正的市場實估恐怕仍在匹价 750—800 文上下，至少也不高於陸贄《均節賦税恤百姓六條》中所説"近者百姓納絹一疋，折錢一千五六百文"(見王素點校：《陸贄集》卷二二《中書奏議》六，北京：中華書局，2006 年，738 頁)，建中所定徵税物價或更接近當時的市場實估。按關於大曆物價，參見拙文：《淺談大曆高物價與虛實估起源》，《'98 法門寺唐文化國際學術討論會論文集》，523—531 頁。

③ 《册府元龜》卷五〇六《邦計部·俸禄》二建中三年閏正月條，6076 頁。

一《内外官料錢上》(《册府元龜》卷五〇六《邦計部·俸禄》二略同)
載貞元四年宰相李泌改革官俸,定文官二十二等(武官六等),錢額
再度大幅度提高。最高第一等三太(即三師),"各二百貫文";第二
等三公,"各一百八十貫文";第三等侍中、中書令,"各一百六十貫
文";第四等中書門下侍郎、左右僕射、太子三太,"各一百三十貫
文";第五等六尚書、御史大夫、太子三少,"各一百貫文",第六等常
侍、太常宗正卿、京兆尹"各九十貫文",直到包括"左右丞、諸司侍
郎、給事、舍人、御史中丞、太子賓客、詹事、國子祭酒、諸卿監、内侍
監"等要員在内的第七等,尚有"各八十貫文"(以下略)。不過下等
不升反降,第二十一等諸司中局署丞、大理獄丞、鴻臚掌客等二貫
文,第二十二等尚輦、太僕主乘、僕寺典乘及至國子、書、算、及律助
教等為一千文,進一步拉大了上下之間的距離。

由於貞元之際商品交易完全用虛估,其時給官吏必也已經摻
雜虛估。李錦繡指出,貞元以後定俸料錢以省估,即一半支付實錢
(絹每匹以 800 文),一半以虛錢也即虛估匹段(絹每匹以 3200 文為
計),虛實比例約為 1∶4[1]。而如對貞元賻贈額亦暫按省估計算,則
第一等轉為實錢是 100 貫 + 100 貫 ÷ 4 = 125 貫(千錢),相當絹 156
匹;第二等實錢 112.5 貫,相當絹 141 匹;第三等實錢 100 貫,相當
絹 125 匹,第四等實錢 81 貫,相當絹 101 匹,無論折成實物還是以
錢來對比,這些高級、中高級官員的實際俸料收入比之大曆仍穩步
提高,這一點當然也會影響到他們的賻贈額度。

以上,筆者只是據當時估價對唐後期的俸料進行估算,以對賻
贈的數額及增減趨勢有一大體瞭解,由於唐前後期的估價和朝廷

<hr>

[1] 李錦繡:《唐代財政史稿(下卷)》第七章第一節《虛實估與虛實錢》,1237—1240
頁。按此處李書虛估以每匹 4000 文,筆者按實估 4 倍計,約同於陸贄所説建中以前徵收
匹帛估價。此外《册府元龜》五〇八《邦計部·俸料門》載會昌六年三月户部奏,虛估"每
貫給見錢 400 文",這一計算比例虛實相比為 5∶2,更較前者為多。

發放時的折算方式是有變化的,因此計算結果並不是十分準確,只是提供一些參考。從計算結果來看,除了低等官員(多為八、九品)俸料錢少之又少,多數官員的料錢,貞元以後還是隨物價有所上升的。高級和要重官員尤其如此,其賵贈如確以料錢為計,則未受物價影響而基本保持穩定亦是可以肯定的。

(二)賵贈標準變化原因及實行狀況

在上述結論之外,還必須明瞭唐後期官員俸料等級劃分與職事官品並不完全是一回事。這使得同一等級中,可以有不同階品的官。如三公是一品,中書令、侍中唐後期是正二品,大曆中卻都列在第一等。第二十三等的幾十種官更不是一種階品。反之同一階品的官,卻有高有低,甚至官品低的反而排列在官品高的之前,如官階在下的中書、門下侍郎就排在官階在上的東宮三太之前,官階相同的武官左右金吾衛大將軍和六軍大將軍也不在一個檔次。李泌貞元定制雖有調整,但基本方式並無改變。這就正如李錦繡所總結,唐後期京官俸特點乃是"供給標準由按職事品變為按職事官給,職事官高低總的說來與官品相差不遠,但唐後期品同俸不同、品高俸低的現象多有存在"。她並且指出:"按職事官給俸原則的確立,開啓了俸祿供給史上的新時代。官吏俸祿供給標準由散官(本品)到職事品,再到職事官的演變,也體現了中國中古時代官制的大變革"[1],這一點也深刻影響了與官俸有關的賵贈制度。

1. 賵贈與官制變化及俸料制度的結合

官員的俸料制度以及依據它而來的官員賵贈,表明原來的職事官品已經不足以反映官員的實際地位。官本身已經是一種寄禄

---

① 李錦繡:《唐代財政史稿(下卷)》第二分冊第三章第四節《户部錢物的支用》,899頁。

性質,官背後所帶職事的輕重與否纔是決定性的,這使得俸料或賻贈無法再完全按照官品發放。高等級與低等級官員間的差距,也反映俸料制度的是圍繞高等級的要重官員為中心的。因此所有俸料制度也好,賻贈制度也好,究其實還要轉到官制問題上纔能明乎所以。筆者曾在喪葬令的復原文章中,說明唐令中皇帝為“百官職事二品以上喪,散官一品喪”之“散官”在宋令中被取消“散”字,與職事官階官化、散官失去作用的關係。而在這方面,鄧小南早有所見。她在《宋代文官選任諸層面》一書中,提出隋唐制度治事系統與品官系統分立,由職官濫賞與檢校、試、判等名目出現導致“官”與“差遣”分離的問題;並指出使職差遣普遍化,致使尚書六部失職,源頭是在唐代。“這一階段中,中央職事官已經改變了性質,而差遣體制尚未發育成熟,反映在任官制度上,實際上出現了‘雙軌制’的局面;一方面,‘官’有員額有品秩,卻不一定有事權;另一方面,擁有事權的差遣‘職’,卻由於本屬權宜設置,任命不經有司,既無品秩又無員額。”[1]鄧書所指的“這一階段”大致是在安史亂後,而我們所論的唐後期至宋初正在其中,所以唐後期的俸料標準延及賻贈制度也體現出這種並不成熟的特點,特別是官以帶職,職還隱在官後而不甚分明,但從它的排列方式及側重顯然可稱是宋代賻贈制度的先聲。

　　明乎賻贈方式變化的原因之後,還有一個問題需要解決,這就是賻贈按照俸料發放的制度究竟是否實行。據李錦繡的統計,如按唐前期內外官一至九品總人數計算,則賻物達 34 万匹段,一至五品賻粟 10 万石;五品以上給營墓夫,如按唐庸賃价絹日 3 尺,10日 3 丈,則雇費總額為39765 匹,是財政上相當大的開支,盡管它們

　　① 　鄧小南:《宋代文官選任諸層面》第一章一《“官”與“差遣”分離制度溯源》,石家莊:河北教育出版社,1993 年,2—8 頁,引文見 7 頁。

都不是一次性的①。

唐後期官俸則由於李泌在制定同時是限定了員額的,且其來源是户部掌管的度支鹽鐵除陌錢等,所以是不能隨時增加的。按照"量出爲入"的原則,每一筆收入和支出必須對號入座,賻贈作爲額外的、臨時的負擔並没有在計劃之内。所以上述貞元十年敕令雖然强調"若諸司三品已上官,及尚書省四品官,仍令有司舉舊令聞奏,行弔祭之禮,務從優備",但按俸料支給的辦法似乎並未能夠完全執行。《册府元龜》卷七六《帝王部·褒賢》:

> 穆宗元和十五年(820)十二月敕:"贈太保鄭餘慶,家素清貧,不辦喪事,宜令户部特給一月俸糧,以充賻贈,用示哀榮。"數日又賜絹一百疋,布一百端。

鄭餘慶官贈太保是一品,且據知皇帝也爲其喪事專門下詔②,但在其家"家素清貧,不辦喪事"的情況下,皇帝竟然先只"令户部特給一月俸糧,以充賻贈"。這説明如無皇帝下旨,則一般官員死後連這一月俸糧也領不到。穆宗即位初府庫空虚,且因措置失當,造成河北藩鎮反叛,戰争軍費無着,這是否是賻贈不給的原因不得而知,但至少可以知道德宗時頒定的制度後世並不是只要符合標準就都能照行的。

總之按照俸料制定的賻贈制度在任何時候對於朝廷都是不小的負擔,加上唐後期朝廷本身財政的拮據,所以不按定額發給賻贈的可能性是很大的。而由於不是人人必給,所以一方面是强調本人的職權要重,另一方面,須經"聞奏"而由"聽旨隨給"的意向便增加了。

---

① 李錦繡:《唐代財政史稿(上卷)》,881—885 頁。
② 《舊唐書》卷一五八《鄭餘慶傳》,4166 頁。

2."皇恩"及贈贈標準的重建

但是這樣一來,高官的地位名望以及他們與皇帝的關係在其中的意義就很突出了。於是在這種情況下,皇帝的意旨往往成為官員獲得贈贈的依據。而"皇恩"亦在這一問題上充分體現出來。《文苑英華》卷九四四穆員撰《京兆少尹李公(佐)墓誌》:

> 詔贈同州刺史,贈以布帛。故事:公卿薨位,有以震悼於上心者則及追贈,其或加等,申之以贈。公以貳尹去職,禮優飾終,有以見才拔乎萃,恩超於時。

《新唐書》卷一六四《崔衍傳》:

> 遷宣歙池觀察使,簡靜為百姓所懷。幕府奏聘皆有名士,後多顯於時。(永貞元年)卒,年六十九,贈工部尚書……及卒,不能蘂喪,表諸朝,賜贈帛三百段,米粟稱之。

按據《舊唐書》卷一四《憲宗紀》及卷一八八本傳,崔衍實在死前官已轉工部尚書[1],因此與李佐皆屬京官,且原官或贈官同州刺史和工部尚書都是三品,本應有贈贈,卻都因為皇帝批准,纔得到贈物。事實上唐後期除了一些高官得到皇帝特恩或特敕給贈及所謂"有以震悼於上心者則及追贈"之外,一般官員的贈贈已經很少見於記載。所以在贈贈問題上,皇帝下"旨"的意義突出了,這與唐前期依據《喪葬令》是完全不同的。

由於贈贈制度長期以來只就高官行之,所以到了五代,一般官員的贈贈已經找不到依據可行。《册府元龜》卷四七五《臺省部·奏議》六:

> 李崇遇為尚舍奉御,長興元年(821)十一月辛未奏:"竊見

---

① 參見嚴耕望:《唐僕尚丞郎表》卷二一《輯考》八上《工部尚書》,1054頁。

> 文武百官一品已上薨謝者皆有賻贈，自四品以下無例施行。
> 請特定事例，以表無偏。"

唐五代官職一品最高，無"已（以）上"之説，聯繫上下文，應是三品之誤。也就是説，當時的賻贈三品以上是可以實現的，但是四品以下卻沒有實行的先例。這説明四品以下官員的賵賻很少兑現，這種賻贈僅重高官的情況在上文討論的貞元詔書已見端倪，因此針對李崇遇的奏文朝廷應有處置。

此事大概執行間又遇到新的契機。這就是第六章第二節已述之《五代會要》卷八《喪葬上》所載長興二年四月關於朝臣居喪丁憂的敕令和其月五日中書門下復奏。此奏雖為朝臣父母喪亡撫恤，但其中不包括三公和侍中、中書令、中書門下兩省侍郎、御史大夫等最高一級的長官，因而主體上顯然也與定四品官以下賻贈結合在一起，其復奏具體數額和頒給標準已見本章上節所引。從中可以知道，其中文官分為"絹三十匹，布二十匹，粟麥各二十五石"、"絹二十匹，布一十五匹，粟、麥各一十五石"、"絹、布各一十五匹，粟、麥各一十石"的三等，武官則是"絹二十匹，布一十五匹，粟、麥各一十五石"和"絹、布各一十五匹、粟麥一十石"兩等。前已説明，所定頒給皆屬升朝官範圍，但不完全按照品級。如文官第一等中"左右常侍、諫議、給事、舍人、諸部尚書、太子賓客、諸寺大卿、監察（按此二字疑衍）御史中丞、國子祭酒、詹事、左右丞、諸部侍郎"官品自三至五品皆有，而第二等中則是從四品的諸寺少卿、國子監司業、河南少尹直至七品八品的殿中、監察御史。這説明當時的給贈依據更重的是職不是官，可以認為已是宋朝賻贈官品結合職事差遣給贈之濫觴。史料雖説是丁憂給贈，但也應是官員本人喪葬的賻贈範圍。官員本人的賻贈大概因李崇遇的奏請也在同年先後進行了。

須知此事的來龍去脈與都官員外郎知制誥張昭遠（或避諱作

張昭)有關。其為唐明宗所重。據《五代會要》對中書門下關於丁憂給贈的復奏皇帝下敕:"宜依。其張昭遠所支絹布粟麥,仍依所定官資頒給。"但《宋史》卷二六三本傳說他"長興二年丁內艱,賻絹布五十匹,米麥五十石。昭性至孝,明宗聞其居喪哀毀,復賜以錢幣"①。張昭遠所任員外郎在上述定制中屬第二等,但皇帝最後給贈還是超過了制度規定。這說明雖然是定立了規則,但最後數量由皇帝定奪,也已經是宋代"聽旨隨給"的先行了。

官員無論本人或父母的賻贈施予很大程度都與皇帝有關。《舊五代史》卷九三《李遰傳》記李遰後晉時為西京留守判官監左藏庫,因張從賓作亂被害。"高祖聞而歎惜,賻贈加等。仍贈右諫議大夫,其母田氏封京兆郡太君,仍給遰所食月俸,終母餘年"。與之類同,《宋史》卷二五三《折德扆附繼世傳》:"以左驍驥使、果州團練使卒。諸司使無賻禮,詔以繼世蕃官,捍邊有績,特給之"②。宋初邊將侯延廣卒,"上(太宗)聞之,為出涕,賜賻甚厚"③。錢明逸從子錢藻以官任翰林侍讀學士、知審官東院,"卒,年六十一。神宗知其貧,賻錢五十萬,贈太中大夫"④。與唐、五代對照,可知宋代的"聽旨隨給"其實是早有由來,而"聽旨隨給",在正常的情況下應當是由"舊例"或"新式"與皇帝旨意的結合。

唐後期賻贈與前期相比,在基本的範圍上也有區別。唐前期中央地方官員(九品以上)賵賻雖"皆出所在倉庫",分別支給,但賵賻須"所司及本屬上於尚書省",因此大體都是應入度支總計的。兩稅實行上供、送使、留州的三分制以後,地方官員俸料自中央分出,並不在朝廷的負擔之內,賵贈自也如之。不過節度觀察刺史的

①　《宋史》卷二六三《張昭傳》,9089 頁,下同。
②　《宋史》卷二五三《折德扆附孫繼世傳》,8865 頁。
③　《宋史》卷二五四《侯益附孫延廣傳》,8885 頁。
④　《宋史》卷三一七《錢惟演附弟子明逸傳》,10348 頁。

賻賵似乎仍常常出自朝廷。據白居易《杜式方可贈禮部尚書制》，桂管觀察使杜式方卒贈禮部尚書，"仍賻布帛二百段，米粟二百碩，委度支逐便支遣"①。元稹《贈裴行立左散騎常侍（制）》（《全唐文》卷六四七作《贈賻裴行立制》）稱桂州刺史兼御史中丞裴行立卒，"可贈左散騎常侍，其賻布帛三百段，米粟二百石，仍委度支逐便支送"②。唐後期朝廷對於某些節度觀察使的贈送常常超過朝官，這一點也可以從下文詔葬的討論中探明。

至於一般的地方官員賻贈，無論品級高低，顯然已與朝廷無關。這一點，見諸使府、地方僚佐。《全唐文》卷七一三許志雍《唐故江南西道觀察判官監察御史裏行太原王公墓誌銘》稱墓主人王叔雅"以元和四年正月七日，告終於洪州南昌縣之官舍"，因無以辦葬事，"於時〔江〕南西道連帥御史大夫韋公丹，以公賓四府，始終如一。感歎追舊，情均支屬，賻貨百金，加以將校護喪，聞者壯其高義"。墓主人江南西道觀察判官王某的喪事，是由其府主江南西道觀察使韋丹所承辦的，但其中所說百金，似乎是出自韋丹私囊。此外，韓愈《崔評事墓銘》言崔翰為宣武軍行軍司馬陸長源手下判官，"以（貞元）十五年正月五日，寢疾終於家，年五十有六矣。隴西公賻贈有加"③，隴西公即宣武節度使董晉。柳宗元《故殿中侍御史柳公墓表》載墓主"以其年正月九日遇疾，終於私館……本道節度尚書朗寧王張公（獻甫），震悼涕慕，不任於懷。臨遣牙將試殿中監李輔忠監備凶禮，賻賵甚厚"④，似乎表明僚佐賻贈也都是出自節度使的賞賜，說明藩鎮或地方僚佐的賻賵由地方長官和使府，並沒有統一的標準。

① 《白居易集》卷五一，1070 頁。
② 冀勤點校：《元稹集》卷五〇，北京：中華書局，1982 年，550 頁。
③ 《韓昌黎集》卷二四《崔評事墓銘》，5 冊 70 頁。
④ 《柳河東集》卷一二，195 頁。

對於唐末五代漸次萎縮的賵賻制度,宋初以後逐漸有所恢復。從前揭真宗時翰林學士晁迥所言可以知道宋初以來官員的賵賻不少是循"例"辦理。而《熙寧新式》針對"舊例"的補充,也並不是對唐朝制度的簡單復舊及對《天聖令》"聽旨隨給"的否定。其中仍定"内侍省以舊例取旨",而且是"其嘗踐兩府或任近侍者多增其數",只不過常規的制度性給贈增加了。其對象是"自中書樞密而下至兩省五品"和三司、三館、内職軍校並執事禁近者自身亡殁及父母近親,即主要是朝官。另外宋朝由於與外藩作戰的緣故,所以對邊將和戰死將士的賵賻比較重視。前舉折繼世、侯延廣皆邊將。而戰亡將士從建隆元年(960)十月詔的"有死於矢石者,人給絹三匹,仍復其家三年,長吏存撫之",到慶曆二年(1042)詔"陣亡軍校無子孫者,賜其家錢,指揮使七萬,副指揮使六萬,軍使、都頭、副兵馬使、副都頭五萬"①,以及元豐二年(1079)詔"荆南雄畧軍十二營南戍,瘴没者衆,其議優恤之。軍校子孫降授職,有疾及不願為兵若無子孫者,加賜緡錢。軍士子孫弟姪收為兵,並給賻"②,和元豐五年四月詔"蕃弓箭手陣亡,依漢弓箭手給賻"③,其規定愈來愈具體,可見賵賻用於戰爭撫恤的成分較大。

宋代的賻贈方式無疑較唐代更有發展,但並沒有解決用費過高的問題。《宋史》卷一二四《禮志》二七解釋《熙寧新式》的來源曰:

　　先是,知制誥曾布言:"竊以朝廷親睦九族,故於死喪之際臨弔賻恤,至於窀穸之具,皆給於縣官。又擇近臣專董其事,所以深致其哀榮而盡其送終之禮。近世使臣沿襲故常,過取饋遺,故私家之費,往往倍於公上。祥符中,患其無節,嘗詔有

---

① 《宋史》卷一二四《禮志》二七,2907—2908頁。
② 《宋史》卷一九四《兵志》八,4844頁。
③ 《宋史》卷一九〇《兵志》四,4715頁。

司定其數。皇祐中，又著之編敕，令使臣所受無過五百，朝臣無過三百，有違之者，御史奏劾。伏見比歲以來，不復循守，其取之者不啻十倍於著令。乞取舊例，裁定酌中之數，以為永式。"詔令太常禮院詳定，令布裁定以聞。

這裏是說，由於私家喪葬濫取官費供應，"其取之者不啻十倍於著令"，所以纔要"詔定其數"。而《熙寧新式》也是希望多少參酌"舊例"，"裁定酌中之數，以為永式"。由此可見，賻贈原來賜給太多，使國家不堪重負，不得不從制度上加以約束，層次複雜繁瑣的《熙寧新式》雖然已經相對減少了賻贈用度，但如前已論，由於職官及其家屬喪亡都有不同程度的給贈，範圍很大，所以仍然不乏執行中的困難。試想包括本人和親屬如果都是照章辦理，朝廷無疑負擔過重，疲於應付。而由於國家在官員喪葬問題上的財政負擔，敕葬比一般官員更甚，所以關於這方面的問題也許還要結合下文詔葬制度纔能弄得更清楚。

第九章　哀榮極備——詔葬與敕葬

翻檢史料不經意間常常會遇到"詔葬"一詞,如張説曾有"詔葬南陵道,神遊(或作遷)北斗樞"之嘆,元稹也有"雖從魏詔葬,得用漢藩儀"之詠[1]。詔葬,顧名思義是皇帝下詔為大臣舉辦喪事,其見於前代有庾信《周大將軍崔説神道碑》:"北陵追遠,大司馬有賜綏之恩;西京贈行,冠軍侯有詔葬之禮。"[2]國家博物館藏《(北)齊故太子太師侍中特進驃騎大將軍開府儀同三司使持節都督兗齊徐三州諸軍事兗州刺史録尚書事司徒□池陽縣開國伯安定縣開國子西陽王徐君(之才)誌銘》亦有"詔葬於野,言歸夜臺"之句[3]。《册府元龜》卷三七五《將帥部‧褒異》序稱:"或没而可稱,禮光於詔葬;或死而可作,事美於追榮。"詔葬是皇帝給予親貴大臣的最高禮遇,其級別超過一般官員,在皇帝葬禮之外,也為官員的喪葬禮儀提供了樣板。

詔葬是漢代以降歷代喪葬皆有的飾榮之典,但是,作為嚴格意

---

① 分見《全唐詩》卷八七《贈工部尚書馮公挽詩三首》,北京:中華書局,1960年,960頁;《元稹集》卷八《恭王故太妃挽歌詞二首》,91頁。

② 許逸民點校:《庾子山集注》,北京:中華書局,《中國古典文學基本叢書》本,1980年,782頁。

③ 《北京圖書館藏歷代石刻拓本彙編》8册《三國兩晉南北朝》),鄭州:中州古籍出版社,1989年,39頁。原題目録"徐君"為"許君",據趙超:《漢魏南北朝墓誌彙編》(天津古籍出版社,2008年,455頁)改。

義上按照一定官品等級實行的制度，還是始見於唐代。詔葬在宋代又多被改稱為敕葬，唐、宋《喪葬令》中對於詔葬或敕葬的規定，為我們研究中古詔葬制度提供了契機。數年前，陳戍國在研究宋代喪葬禮儀時已注意到《宋史·禮志》中的"詔葬"條並指出詔葬也有等級之分[1]；稻田奈津子在撰文對日唐喪葬禮儀進行比較時，注意到詔葬（原文作詔喪）問題及其對日令的影響；石見清裕也注意到"監護喪事"的令條[2]。由於詔葬涉及的內容和層面十分豐富，不僅可以藉此對高級官員的喪葬程序和待遇有所瞭解，也可以對中古國家皇帝與官員的關係有進一步認識，這裏便在令文基礎上試對詔葬制度作較全面的探討。

一 詔葬含義的確定及前代詔葬回顧

與《開元禮》三品之上有權貴階層相對應，《喪葬令》中也包含着給這一階層的種種特殊待遇。除了舉哀、臨喪等外，對於《天聖令》的整理和唐令的復原，也使我們注意到詔葬的存在。而詔葬作為制度，施之於親貴大臣，可以認為是漢代始發源，魏晉南北朝沿襲之，發揚之，所謂"如宣帝臨霍光故事"、"一依漢博陸侯（霍光）及安平獻王故事"等說法表明了這一喪葬形式的延續。而長期以來，關於詔葬，也形成了派遣大臣護喪送葬等附有諸多莊嚴豪華規格的喪禮儀式，作為皇帝給權貴和有功者最高喪禮待遇，逐漸固定化和程式化，並為後世所繼承。

---

① 陳戍國：《中國禮制史·宋遼金夏卷》第一章第六節，101—102 頁。
② 稻田奈津子：《日本古代喪葬儀禮の特質》第二章《詔喪與官給》，16—19 頁；石見清裕：《唐代の官僚喪葬儀禮と開元二十五年喪葬令》，181 頁。

(一)唐宋令中的詔葬

《天聖令》反映賵賻原則從唐代的"準品發放"到宋代的"聽旨隨給",明顯是皇帝的意旨突出了,但所説只是一般情況。《宋史》卷一二四《禮志》二七《諸臣喪葬等儀》"凡近臣及帶職事官薨,非詔葬者,如有喪訃及遷葬,皆賜賵贈",就提出了有詔葬和非詔葬者之分,而同卷復第一次在《禮志》中單獨爲詔葬立項,除了依據"禮院例册"引述相關令文之外,並解釋曰:

> 又按《會要》,勳戚大臣薨卒,多命詔葬,遣中使監護,官給其費,以表一時之恩。

這裏説明,詔葬是必須"遣中使監護,官給其費",所面向者是"勳戚大臣"。其所説特徵與《朝野類要》卷五云"敕葬"是"差中貴官監護喪事"非常一致[①],説明詔葬、敕葬乃一回事。而《天聖令》"宋5"在"諸内外文武官遭祖父母、父母喪"及本人身喪並奏、官司會哀的内容之下亦有曰:

> 其在京薨卒應敕葬者,鴻臚卿監護喪事,卿闕則以它官攝。司儀令示禮制。今以太常禮院禮直官攝。

這裏同樣提到了"敕葬",雖然從"鴻臚卿監護"到"遣中使監護"並不完全相同,但畢竟都是遣官監護,只是對於具體何人爲"應敕葬者"沒有交代。

但是,唐令中可以對應"宋5"的是"復原7",此條依據《唐會要》卷三八《葬》(《唐六典》卷一八鴻臚卿條及《舊唐書》卷四四《職官志》略同),並參考《令集解》卷卅《喪葬令》第四"百官在職條"復原:

---

① (宋)趙昇撰,王瑞來點校:《朝野類要》卷五,北京:中華書局,2007年,102頁。

> 諸百官在職薨卒者,當司分番會喪。其詔葬大臣,一品則
> 鴻臚卿監護喪事;二品則少卿,三品丞一人往,皆命司儀令以
> 示禮制。

其中有關詔葬的內容,仁井田陞《唐令拾遺》已經復原,而《天聖令》
進一步證明了它的存在。詔葬有護喪及官給問題,但在唐朝實行
此制之前,值得注意的是《隋書》卷八《禮儀志》在"開皇初,高祖思
定典禮……其喪紀,上自王公,下逮庶人,著令皆為定制,無相差
越"下也記載有如下制度:

> 正一品薨,則鴻臚卿監護喪事,司儀令示禮制。二品已
> 上,則鴻臚丞監護,司儀丞示禮制。五品已上薨、卒,及三品已
> 上有朞親已上喪,並掌儀一人示禮制。

所異者,這裏提到的護喪僅到二品[①],另外隋朝並沒有提出詔葬之
名,且將有監護喪事的二品以上官與無監護喪事、僅予示禮制的五
品以上官一例言之。但根據所述內容,可以認為隋朝也是有詔葬
的,而這一點無疑啟發了我們對於詔葬來源的追溯。

(二)兩漢魏晉之際的詔葬

隋以前雖然很少見到詔葬的明確說法,但若論大臣的喪事風
光和哀榮極備,最早的記載則莫過霍光。《漢書》卷六八本傳在"地
節二年(前68)春,病篤。車駕自臨問光病,上為之涕泣。光上書謝
恩"云云之後便記載了他的死亡和喪事:

> 光薨,上及皇太后親臨光喪。太中大夫任宣與侍御史五
> 人持節護喪事。中二千石治莫府冢上。賜金錢、繒絮、繡被百
> 領,衣五十篋,璧珠璣玉衣,梓宮、便房、黃腸題湊各一具,樅木

---

① 筆者以往的文章中,曾將"二品"誤錄為"三品",特此說明並糾正。

外臧椁十五具。東園温明，皆如乘輿制度。載光尸柩以輼輬車，黃屋左纛，發材官輕車北軍五校士軍陳至茂陵，以送其葬。謚曰宣成侯。發三河卒穿復土，起冢祠堂，置園邑三百家，長丞奉守如舊法。

內除帝與太后臨喪之外，最能表現喪事規格和禮遇的就是"太中大夫任宣與侍御史五人持節護喪事"。這説明大臣重喪有遣官監護喪事的形式，則漢代即已開端。

其後類似規格又見同書卷八一《匡張孔馬傳》所載孔光喪禮。兩例雖然都未見皇帝詔書，但奉皇帝命當無疑。葬事遣官護喪，且帝與太后親臨喪事。喪葬官給，賜贈金錢衣物和東園祕器、葬具，甚至官給墓地、官為發卒起冢，羽林孤兒諸生輓送輼輬車，公卿百官會弔送葬，贈官贈謚，是開後世所見詔葬種種制度之先河。《續漢書·禮儀志》下"大喪"一節，記載帝、后喪禮，均有三公典喪護喪及百官會臨、鹵簿車駕、送葬之儀、東園明器及奉謚哀册等，上述諸儀規格與之相比不過略降耳。楊樹達先生曾舉多例解釋漢代護喪云：

> 為喪家經紀喪事為護喪，護喪者或以朋友，或以門生，或以里中豪傑。有國家使使護喪者，其人或為諸侯王，或為貴戚，或為大臣。而東漢時之宦者，亦有此榮典云。[1]

這裏所涉遣官護喪，正是楊先生所説第二種情況。其所舉例，以《後漢書》所記為多。而東漢的情況與西漢實相去不遠，用此特殊葬制的頗見於王公、貴戚、功臣、宰相。光武中興大將來歙遇刺而死，"使太中大夫贈歙中郎將、征羌侯印綬，謚曰節侯，謁者護喪事。

---

① 楊樹達：《漢代婚喪禮俗考》第一四節《護喪》，上海：商務印書館，1933 年，234—237 頁。

喪還洛陽,乘輿縞素臨弔送葬"①。名臣祭遵"喪至河南縣,詔遣百官先會喪所,車駕素服臨之,望哭哀慟。還幸城門,過其車騎,涕泣不能已。喪禮成,復親祠以太牢,如宣帝臨霍光故事。詔大長秋、謁者、河南尹護喪事,大司農給費"。"至葬,車駕復臨,贈以將軍、侯印綬,朱輪容車,介士軍陳送葬,謚曰成侯。既葬,車駕復臨其墳,存見夫人室家"②。蔡邕為權相胡廣作碑誌稱其建寧五年(172)三月壬戌薨,不但"詔五官中郎將任崇奉册贈以太傅、安樂鄉侯印綬",且"賜東園祕器,賜絲帛、含斂之備。中謁者董謟弔祠護喪,錢布賻賜,率禮有加。賜謚曰文恭,昭顯行迹。四月丁酉,葬於洛陽塋"③。

而儀式重者尤在親王。光武帝子東海恭王彊永平元年(58)卒,"(明帝)從太后出幸津門亭(注謂津門乃"洛陽南面西頭門,一名津陽門")發哀。使司空持節護喪事,大鴻臚副,宗正、將作大匠視喪事,贈以殊禮,升龍、旄頭、鑾輅、龍旂、虎賁百人。詔楚王英、趙王栩、北海王興、館陶公主、比陽公主及京師親戚四姓夫人、小侯皆會葬"。明帝並詔令"將作大匠留起陵廟"。其後著名者又有東平憲王蒼,建初八年(83)薨,"遣大鴻臚持節,五官中郎將副監喪,及將作使者凡六人,令四姓小侯諸國王主悉會詣東平奔喪,賜錢前後一億,布九萬匹"。及葬,又"詔有司加賜鑾輅乘馬,龍旂九旒,虎賁百人,奉送王行"④。其由皇帝下詔葬事和有護喪禮已十分明確。東海恭王曾立為太子,地位甚高,且得到明帝優待,東平憲王亦為

---

① 《後漢書》卷一五《來歙傳》,589 頁。
② 《後漢書》卷二〇《祭遵傳》,741—742 頁。
③ (漢)蔡邕:《蔡中郎集》卷四《太傅安樂鄉文恭侯胡公碑》,上海:中華書局,《四部備要》本,47 頁。
④ 《後漢書》卷四二《光武十王・東海恭王彊、東平憲王蒼傳》,1424、1441 頁。

明帝弟,故其葬儀成為東漢一朝與後來之儀典和參照①。另外漢時護喪的官員除有三公、大鴻臚之外,又有光禄大夫。《晉書》卷二四《職官志》稱:"光禄大夫假銀章青綬者,品秩第三,位在金紫將軍下,諸卿上。漢時所置無定員,多以為拜假賻贈之使,及監護喪事。"

魏晉之制上承兩漢。曹魏明帝青龍元年(233)"三月庚寅,山陽公薨,帝素服發哀,遣使持節典護喪事",山陽公即獻帝,薨仍"以漢天子禮儀葬於禪陵"。不僅有追諡及冊贈璽綬,明帝並下詔哀悼及辦葬事。"命司徒、司空持節弔祭護喪,光禄、大鴻臚為副。將作大匠復土,將軍營成陵墓。及置百官羣吏、車旗服章,喪葬禮儀一如漢氏故事。喪葬所供、羣官之費,皆仰大司農。"②青龍三年中山王袞薨,詔"使大鴻臚持節典護喪事,宗正弔祭,贈賵甚厚",均見於《三國志》③。

兩晉則王公仍多見有高規格和護喪的葬事,如安平獻王孚泰始八年(272)薨,武帝於太極東堂舉哀三日,下詔"其以東園温明祕器、朝服一具、衣一襲、緋練百匹、絹布各五百匹、錢百萬、穀千斛以供喪事。諸所施行皆依漢東平獻(憲)王蒼故事"④,皇帝不僅親臨喪事和葬事,且"給鑾輅輕車,介士武賁百人,吉凶導從二千餘人,前後鼓吹,配饗太廟"。高陽元王珪"(泰始)十年薨,詔遣兼大鴻臚

---

① 如《後漢書》卷五五《清河孝王慶傳》,載安帝朝清河孝王慶薨,"遣司空持節與宗正奉弔祭(按此下《冊府元龜》卷二七五《宗室部·褒寵》有"車騎將軍鄧騭護喪事"一語),又使長樂謁者僕射、中謁者二人副護喪事,賜龍旂九旒,虎賁百人,儀比東海恭王"。1803—1804頁。卷一〇上《皇后紀》上也載鄧皇后母新野君陰氏薨,"贈以長公主赤綬、東園祕器、玉衣繡衾,又賜布三萬匹,錢三千萬","使司空持節護喪事,儀比東海恭王,諡曰敬君"。424頁。

② 參見《後漢書》卷九《孝獻帝紀》,391頁;《三國志》卷三《魏書·明帝紀》,101—102頁;《孝獻皇帝贈冊文》,《全上古三代秦漢三國六朝文·三國》卷一〇,1110頁。

③ 《三國志》卷二〇《魏志·武文世王公·中山恭王袞傳》,584頁。

④ 《晉書》卷三七《宗室·安平獻王孚傳》,1085頁。

持節監護喪事,贈車騎將軍,儀同三司"①。但護喪規格也愈來愈向世家大族和宰相重臣傾斜。太康三年(282)賈充喪,"帝為之慟,使使持節、太常奉策追贈太宰,加袞冕之服、綠綟綬、御劍,賜東園祕器、朝服一具、衣一襲。大鴻臚卿護喪事,假節鉞、前後部羽葆、鼓吹、緹麾,大路、鑾路、輴輬車,帳下司馬、大車,椎斧文衣武賁、輕車介士。葬禮依霍光及安平獻王故事,給塋田一頃"②。東晉王導咸康五年(339)薨,"帝舉哀於朝堂三日,遣大鴻臚持節監護喪事,賵襚之禮,一依漢博陸侯(霍光)及安平獻王故事。及葬,給九游輴輬車、黃屋左纛、前後羽葆鼓吹、武賁班劍百人,中興名臣莫與為比"③。紀瞻、郗鑒、桓豁等喪事均有護喪之儀④。權臣桓溫母死,竟也得"遣侍中弔祭,謁者監護喪事"⑤。中原禮儀也影響到前秦的苻堅。其對王猛之喪,不僅"比斂,三臨",贈以侍中丞相,且"給東園溫明祕器,帛三千匹、穀萬石。謁者僕射監護喪事,葬禮一依漢大將軍霍光故事"⑥。由是而知,兩晉乃至十六國的一些政權為大臣舉辦喪禮也是以仿照漢儀為基礎的。

(三)南北朝時期的詔葬

南朝詔葬仍遵漢魏舊制,其中亦包括對前朝或本朝廢帝。《南史》載劉裕初建國的永初二年九月,零陵王(晉恭帝)被裕所害,但"車駕率百僚臨於朝堂三日,如魏明帝服山陽公(獻帝)故事。使兼

---

① 《晉書》卷三七《宗室‧高陽元王珪傳》,1091 頁。

② 《晉書》卷四○《賈充傳》,1170 頁。

③ 《晉書》卷六五《王導傳》,1753 頁。

④ 《晉書》卷六七《郗鑒傳》、卷六八《紀瞻傳》、卷七四《桓豁傳》,1801、1823、1943 頁。

⑤ 《晉書》卷九八《桓溫傳》,2571 頁。

⑥ 《晉書》卷一一四《載紀‧苻堅》下,2933 頁。

太尉持節護喪事，葬以晉禮"[1]。齊廢帝海陵王以及梁江陰王（梁敬帝）也都得到了幾同帝王的葬禮待遇[2]。

諸王親貴及大族人士的詔葬亦歷歷可見。齊高帝子豫章王蕭嶷卒，詔令"斂以袞冕之服，溫明祕器，命服一具，衣一襲；喪事一依漢東平王故事，大鴻臚持節護喪事，大官朝夕送奠。大司馬、太傅二府文武悉停過葬"。葬前又下詔："可贈假黃鉞、都督中外諸軍事、丞相、揚州牧，綠綟綬，具九服錫命之禮，侍中、大司馬、太傅、王如故。給九旒鸞輅，黃屋左纛，虎賁班劍百人，輼輬車，前後部羽葆鼓吹，葬送儀依東平王故事。"[3]梁鄱陽王恢喪有詔"可贈侍中、司徒、王如故。並給班劍二十人。諡曰忠烈"，遣中書舍人劉顯護喪事[4]。王僧辯"丁母太夫人憂，世祖遣侍中謁者監護喪事，策諡曰貞敬太夫人"[5]。陶弘景卒，竟也得武帝"詔贈中散大夫，諡曰貞白先生，仍遣舍人監護喪事"[6]。陳衡陽王昌，詔："可贈侍中、假黃鉞、都督中外諸軍事、太宰、揚州牧。給東園溫明祕器，九旒鸞輅，黃屋左纛，虎賁班劍百人，輼輬車，前後部羽葆鼓吹。葬送之儀，一依漢東平憲王、齊豫章文獻王故事。仍遣大司空持節迎護喪事，大鴻臚副其羽衛，殯送所須，隨由備辦。"[7]

北朝則王公大臣由皇帝下詔葬事似比南朝更普遍。北魏前廢帝廣陵王、陽平王熙、任城王澄、南安王楨、廣陵王羽、彭城王勰、齊

① 《南史》卷一《宋本紀》上武帝永初二年（421），26頁。
② 分見《南史》卷五《齊本紀》下廢帝延興元年（494）、卷九《陳本紀上》文帝永定二年，140、273頁。
③ 《南齊書》卷二二《豫章文獻王傳》，415—417頁。
④ 《梁書》卷二二《太祖五王·鄱陽忠烈王傳》，351頁。
⑤ 《梁書》卷四五《王僧辯傳》，631頁。
⑥ 《梁書》卷五一《陶弘景傳》，743頁。
⑦ 《陳書》卷一四《衡陽獻王昌傳》，209頁。

獻武王高歡①,北齊清河王岳②,西魏大將軍、大都督宇文導及太子少保宇文測等③,多明確記載有詔命及護喪,内任城王澄神龜二年(519)薨,"賻布一千二百匹、錢六十萬、蠟四百斤,給東園温明祕器、朝服一具、衣一襲,大鴻臚監護喪事,詔百寮會喪;贈假黄鉞、使持節、都督中外諸軍事、太傅,領太尉公;加以殊禮,備九錫,依晉大司馬齊王攸故事;謚曰文宣王。澄之葬也,凶飾甚盛。靈太后親送郊外,停輿悲哭,哀動左右。百官會赴千餘人,莫不歔欷。當時以為哀榮之極"。是當時所見最高級的葬事。宰相重臣如王肅、崔光、楊津、于謹④,還有文明太后弟馮熙、靈太后父胡國珍,恩倖王叡和權宦張祐、劉騰等亦不同程度地獲得類似葬儀⑤。另外如魏章武王元融、安定王元休、武將尉元及入魏的劉宋宗室劉昶等死後也都得以殊禮厚葬⑥,從其多應用鹵簿羽葆鼓吹和送葬的規模看,也很像是詔葬。並且彼時雖然詔葬者多在京城,但亦非全都如此。王肅時為散騎常侍、都督淮南諸軍事、揚州刺史,薨於壽春(今安徽壽縣),遣侍御史為之護喪;宇文導薨於上邽(今甘肅天水),劉亮則自外返京。

---

① 《魏書》卷一一《廢出三帝紀・前廢帝廣陵王》、卷一六《陽平王熙傳》、卷一九中《景穆十二王・任城王澄傳》、卷一九下《景穆十二王・南安王楨傳》、卷二十一上《獻文六王・廣陵王羽傳》、卷二一下《獻文六王・彭城王勰傳》、卷一二《孝靜帝紀》,278、391、480、495、551、583、309—310 頁。

② 《北齊書》卷一三《清河王岳傳》,176 頁。

③ 《周書》卷一〇《邵惠公顥子導傳》、卷二七《宇文測傳》,北京:中華書局,1971年,155、454—455 頁。

④ 《魏書》卷五八《楊津傳》、卷六三《王肅傳》、卷六七《崔光傳》,1299—1300、1411、1498—1499 頁;《周書》卷一五《于謹傳》,250 頁。

⑤ 《魏書》卷八三上《外戚・馮熙傳》、卷八三下《外戚・胡國珍傳》、卷九三《恩倖・王叡傳》、卷九四《閹官・張祐、劉騰傳》,1820、1835、1990、2021、2028 頁。

⑥ 分見《魏書》卷一九下《景穆十二王・章武王太洛附孫融傳》、同卷《安定王元休傳》、卷五〇《尉元傳》、卷五九《劉昶傳》,514、517、1116、1311 頁。並參梁滿倉:《魏晉南北朝軍禮鼓吹芻議》,《中國史研究》2006 年 3 期,55 頁。

　　隋朝葬事以官護喪的實例甚多，如大將軍竇榮定、豆盧勣、宇文述①，觀德王楊雄②，司徒、楚國公楊素③，曾任中書令、蒲州刺史、金紫光禄大夫、致仕趙芬④，魏州刺史元暉，太常少卿、開府趙綽等⑤，涉及的人員似也不止於二品。《隋書》卷三七《李穆傳》記其開皇六年(586)薨，"詔遣黃門侍郎監護喪事，賵馬四匹，粟麥二千斛，布絹一千匹。贈使持節、冀定趙相瀛毛魏衛洛懷十州諸軍事、冀州刺史。謚曰明。賜以石椁、前後部羽葆鼓吹、輼輬車。百僚送之郭外，詔遣太常卿牛弘齎哀册，祭以太牢"。卷四八《楊素傳》載其卒官，"謚曰景武，贈光禄大夫、太尉公、弘農河東絳郡臨汾文城河內汲郡長平上黨西河十郡太守。給輼車，班劍四十人，前後部羽葆鼓吹，粟麥五千石、物五千段。鴻臚監護喪事"。帝又下詔曰："夫銘功彝器，紀德豐碑，所以垂名迹於不朽，樹風聲於没世(下略)。"下令為之"立碑宰隧，以彰盛美"，都是隋朝最典型的大官葬事，其中的内容已與唐代極為接近。

　　綜上所述可以知道，自漢魏兩晉以迄南北朝隋，雖然詔葬一詞還出現甚少，但由所謂漢博陸侯霍光、東平憲王蒼、晉安平獻王孚故事等演變而來的詔葬制度本身其實是存在並逐漸定型的。詔葬以皇帝下詔和官為護喪弔祭為標誌，並有着輟朝、贈官贈謚、賜超等賵贈、東園祕器和葬具、給儀仗鼓吹等内容，並且很多詔葬是完全官給的。在這些方面，歷朝大同小異。詔葬體現皇帝的意旨，由此對象没有絶對的限定，但它是帝后之外最高級的葬禮，其受重視的程度和給官員的榮耀決不下於婚禮。最初只有少數皇親國戚和

　　① 《隋書》卷三九《竇榮定傳》、同卷《豆盧勣傳》、卷六一《宇文述傳》，1151、1157、1467頁。
　　② 《隋書》卷四三《觀德王雄傳》1217頁。
　　③ 《隋書》卷四八《楊素傳》，1292頁。
　　④ 《隋書》卷四六《趙芬傳》，1252頁。
　　⑤ 《隋書》卷四六《元暉傳》、卷六二《趙綽傳》，1256、1486頁。

功臣重望可以享用，受用者一般地位絕高而與皇帝關係密切。兩晉南朝其對象還是以王公大族為主，這説明詔葬也是一種貴族待遇和身分的象徵。

兩晉南北朝以降，總的印象是詔葬對象人員逐漸增加。如以護喪為標誌，則北朝和隋尤顯示了逐漸向官品和職事過渡的態勢，如魏孝文帝朝張白澤，官殿中尚書（二品中），"太和五年（481）卒，詔賜帛一千疋、粟三千石，遣侍御史營護喪事，册贈鎮南將軍、相州刺史、廣平公，謚曰簡"[①]。而西魏令狐虬官郢州刺史、封長城縣子[②]，隋致仕前為蒲州刺史的趙芬、魏州刺史元暉以及大理少卿趙綽是一般朝官而無特殊背景，卻均有護喪待遇。其中趙芬雖有散官金紫光禄大夫從二品，元暉據本傳"進位為公"當為從一品，但實際不過三品職官。趙綽雖云散官"開府"，卻更被文帝視作"卿骨相不當貴"者。這説明詔葬之對象已不止於親貴王公，而開始與品級和職事掛鈎，且隋之皇族喪事反不如某些重臣為顯。另外雖然根據葬者的品級，護喪官也自三公以下不等，如南朝有使中書舍人、舍人、侍中謁者護喪等，北朝和隋根據情況也有使王公、侍中、黃門郎、侍御史護喪者。不過由大鴻臚、鴻臚卿或稱"有司"護喪已漸成常制，例如北魏劉騰之葬事已出現了由鴻臚少卿護喪的情況。由此不難理解，何以隋令中出現依等級規定，一品至二品大臣分別由鴻臚卿和丞監護喪事的制度。隨着與職官的結合，其二品可能還擴大為三品。而隋制雖然沒有指明此即為詔葬，但其實際的存在及繼承北朝與官品結合的特色，卻為唐朝詔葬的實行奠定了基礎。

---

① 《魏書》卷二四《張白澤傳》，617頁。
② 《周書》卷三六《令狐整傳附》，641頁。

二　唐朝詔葬制度的形式與規格

唐朝詔葬在隋制度基礎上形成,已在唐令中明確作了規定,其等級、形式顯然已定式化。且文獻記載自唐初以來,皇家親王公主宗戚和三品以上貴臣的詔葬事例便不斷出現,成為唐史傳特別是墓誌中藉以炫耀的內容。如同霍光卒前有皇帝親至探望,對於這一羣體而言,《開元禮》所規定的禮遇也從病重即開始。傳世史書中不乏唐初皇帝親臨探望大臣及歷朝遣使慰問的記載,但病重不是已喪,且臨終慰問不是詔葬所必須,《喪葬令》並不將此類內容放入其中,因此筆者在討論詔葬時便不再討論病重,而仍以死後舉辦喪葬的規格待遇為主。

唐朝詔葬除有護喪(葬)使的明顯標誌,在其他喪葬待遇方面也有超過一般大臣的規定,這些在禮、令和其他史料中都有極多印證。唐初的詔葬就對象而言,仍顯示了以親貴和功臣為主體的特徵。而詔葬逐漸過渡為完全按照官品劃分等級,及其程式和待遇的規範化,都反映了詔葬應合官僚制度的發展變化。皇帝和唐朝廷依照等級為親貴和詔葬大臣提供一切物質條件,使詔葬制度基本上體現了官辦葬事的最高規格。

(一)唐朝的詔葬與監護使

唐朝官員死後,由皇帝詔敕給以某種特殊待遇的不少,如贈官或者增加賵贈等,但並不是所有下過詔書者都可稱為詔葬。按照唐令,詔葬必須以朝廷所給之特殊規格及監護使的派遣為標誌。且如令所規定,存世史料中詔葬者皆為親貴和三品以上大臣,其絕大多數在朝,少數為派出武將文臣而喪柩還京的大臣;而護喪使及弔祭册贈使的派遣也隨官品及與皇帝的關係而顯示了等級性。

1. 詔葬的規格和程制

唐朝詔葬最早的一例是《舊唐書》卷五三《李密傳》載李密武德元年反於桃林被誅,李勣表請收葬,"詔許之。高祖歸其屍,勣發喪行服,備君臣之禮。大具威儀,三軍皆縞素,葬於黎陽山南五里"。魏徵為之作墓誌,説唐天子"雅重事人之節,方申詔葬之禮"①,就是説李密用的是詔葬。如何詔葬墓誌没有説,但隨着獻陵、昭陵功臣陪葬制度的出現,詔葬一詞開始越來越多地出現於史料之中。而詔葬本身也愈來愈被作為一種有着嚴格意義的禮儀規格出現。《新唐書》卷一一三《唐紹傳》:

> 紹,神龍時為太常博士。遷左臺侍御史、度支員外郎、常兼博士。韋庶人請妃、公主、命婦以上葬給鼓吹,詔可。紹言:"鼓吹本軍容,黄帝戰涿鹿,以為警衞,故曲有《靈夔吼》、《鵰鶚爭》、《石墜崖》、《壯士怒》之類。惟功臣詔葬,得兼用之(下略)。"

《唐代墓誌彙編》開元一七四《大唐故銀青光禄大夫守工部尚書贈荆州大都督清河郡開國公上柱國崔公(泰之)墓誌銘并序》曰:

> 以開元十一年六月七日寢疾,薨於京平康里第……有制追贈荆州大都督,詔葬之禮,事極哀榮。

詔葬所用鼓吹之樂一般喪葬不能用,而詔葬顯然是皇帝給予大臣"事極哀榮"的飾終之典。那麼,唐詔葬具體内容究竟為何?《唐代墓誌彙編續集》貞觀〇五〇《唐故右武衞大將軍贈兵部尚書謚曰順李君(思摩)墓誌銘并序》有曰:

---

① 魏徵:《唐故邢國公李密墓誌銘》,《文苑英華》卷九四八,4989頁。

　　有詔贈兵部尚書，使持節、都督夏銀綏三州諸軍□（事），
夏州刺史，餘官如故。宜令使人持節册命，陪葬昭陵。賜東園
祕器。於司馬院外高顯處葬，冢像白道山。葬事所須，並宜官
給。仍任依蕃法燒訖，然後葬。京官四品、五品內一人攝鴻臚
少卿監護，其儀仗鼓吹等送至墓所，並送還宅。仍為立碑。

李思摩是貞觀初降唐的突厥首領、功臣，獲得太宗信任。墓誌銘中
有"恩隆詔葬，禮備飾終"語，可以表明對李思摩所用為詔葬。而在
貞觀、永徽以降的陪陵大臣喪禮中，多有與李思摩大同小異的規
格，可以斷定也是用了詔葬。如《册府元龜》卷三一九《宰輔部·褒
寵》二載貞觀二十二年（648）七月，房玄齡薨，太宗廢朝三日，賜詔
（《全唐文》卷八作《賜房元（玄）齡陪葬詔》）曰：

　　宜加寵靈，式旌泉路，可贈太尉、使持節、都督并箕嵐勝四
州諸軍事、守并州刺史，所司備禮册命。給班劍四十人，及羽
葆鼓吹。賻絹布二千段，米粟二千石。陪葬昭陵，賜東園祕
器。仍令工部尚書閻立德攝鴻臚卿監護。

此外又如李勣，《唐代墓誌彙編續集》總章〇一〇《大唐故司空太子
太師贈太尉揚州大都督上柱國英國公勣墓誌銘并序》稱：

　　有詔册贈太尉、使持節、大都督、揚和滁宣歙常潤七州諸
軍事、揚州刺史，給班劍卌人，加羽葆鼓吹；賜布帛二千五百
段，米粟副焉；凶事所須，務從優厚，並賜東園祕器；仍令司禮
太常伯、駙馬都尉楊思敬，司稼少卿李行詮監護。粵以（總章）
三年（690）歲次庚午二月甲辰朔六日己酉陪葬於昭陵。儀仗
送至墓所往還。有司考行，謚曰貞武公。其墳象烏德鞬山及
鐵山，以旌平延陀、句麗之功也。

"有詔"或者"有制"的說法，證明詔葬必須由皇帝下詔批准。上揭
《全唐文》所謂賜房玄齡陪葬詔也即詔葬之文。而《唐代墓誌彙編》

顯慶一〇〇《大唐故開府儀同三司鄂國公尉遲君（敬德）墓誌並序》即完整地保留了詔葬之書的全貌（《文苑英華》卷九一一、《全唐文》卷一五二許敬宗《唐并州都督鄂國公尉遲恭碑》略同）：

> 乃下詔曰："飾終之典，實屬於勳賢；追遠之恩，允（碑作"光"）歸於器（碑作"令"）望。故開府儀同三司上柱國鄂國公敬德：志局摽（碑作"標"）舉，基宇沉奧，忠義之事（碑作"節"），歷夷險而不渝；仁勇之風，雖造次而必踐。迺誠申於霸（碑作"伯"）府，茂績展於行陣，西漢元功（碑作"勳"），韓彭非重；東京名將，吳鄧為輕。著恭肅於軒陛，馳聲猷於藩嶽。方隆朝寄之榮，便追止足之分。闡雄圖（碑作"林"）而兼濟，植高操而孤往，道映千古，譽（碑作"舉"）光百辟，與善俄蹇（碑作"騫"），殲良奄洎，永言遺烈，震慟（碑作"動"）於心，宜崇禮命，式旌幽壤。可贈司徒使持節都督并汾箕嵐（碑作"并蔚嵐代"）等四州諸軍事，并州刺史，餘官封（碑下有"並"字）如故，所司備禮冊命。給班劍冊人，羽葆（碑"羽葆"上有"及"字）鼓吹。贈絹一千五百段，米粟一千五百石。陪葬昭陵。葬事所須，並宜官給。並賜東園祕器。儀仗鼓吹，送至墓所，仍送還宅，並為立碑。仍令鴻臚卿、瑯邪郡開國公蕭嗣業監護，光祿少卿殷令名為副（碑下有"使"字）。務從優厚，稱朕意焉。

此件詔書在緬懷死者功績德望的同時，還說明給以許多特殊的待遇並遣使護喪，其"務從優厚，稱朕意焉"尤說明葬禮全由皇帝和朝廷為之舉行，可以作為詔葬之書的代表。許敬宗所作碑文在全文引述上述詔書之下，有"又下諡詔曰"云云語，說明詔葬之書與給諡的詔書分開，是專門和單獨頒下的。而以此為式，便可以知道載入《全唐文》的賜房玄齡、高士廉、李靖等人的陪葬詔其實都是詔葬之書①。

---

① 參見《全唐文》卷八，102—104頁。

　　詔書表明,詔葬是由皇帝下詔的國葬,並且同前朝一樣,有一套完整的程式和待遇,包括給班劍鼓吹和儀仗、東園祕器、超等數量的賵贈、葬事官給、官為立碑和派設監護使等。按照這一程式可以發現唐朝為皇家諸親和大臣行詔葬者數量衆多。如果以墓誌和祭文等史料言明是詔葬或者以監護使的派設為標誌,筆者搜尋到唐朝的詔葬者 146 例(參附表 12.)①,人數以太宗、高宗朝最多,開元中達到頂峰,其中太宗、高宗朝尤以陪陵大臣為突出。考古學者早就注意到一些陪葬墓在墓室形制、墓上和内部設施以及壁畫、隨葬器物等方面的特殊之處,現在看來應將這些墓主都歸併為詔葬的行列。當然唐初陪葬墓很多,如根據前些年的統計,昭陵經核准的就發現了 188 座②,是否都舉行了詔葬尚不能肯定,但陪陵者行

---

　　① 按 146 例包括:李密(以上高祖);杜如晦、竇軌、戴冑、溫彥博、楊恭仁、段志玄、長樂公主、王君愕、李思摩、竇誕、高士廉、房玄齡、馬周、李靖、武士彠(以上太宗);豆盧寬、周護、牛秀、張士貴、張允、尉遲敬德及夫人、新城長公主、蘭陵長公主、崔敦禮、王湛、杜君綽、鄭仁泰、程知節、李震、紀王妃陸氏、紀國太妃韋氏、吳廣、李孟常、彭國太妃王氏、越國太妃燕氏、李勣、趙王李福、房陵大長公主、則天母楊氏、虢王李鳳、泉男生、裴行儉、臨川長公主、李謹行(以上高宗);李晦、黑齒常之、薛元超、契苾明(以上武則天);李賢、韋洞(洞?)及其父韋玄貞和兄弟韋洵、韋浩、韋泚、皇后妹贈韋城縣主、豆盧欽望、楊再思、閻虔福、武懿宗、賀蘭敏之、劉仁景、裴希惇(以上中宗);蘇瓌、唐璿(以上睿宗);讓皇帝李憲、竇希瑊、馬懷素、王仁皎、褚無量、鄎國公主、竇淑、郭知運、李嗣莊、薛談、鄭國夫人(武惠妃母)、高安長公主、涼國長公主、代國長公主、金仙長公主、王仁忠、徐堅、宋璟、張仁愿、論弓仁、崔泰之、阿史那毗伽特勤、韋湊、王君㚟、張説、宋璟、裴光庭、竇希球、李楷洛、倪若水、睿宗王賢妃、睿宗豆盧貴妃、玄宗皇甫德儀、玄宗趙麗妃、節愍太子楊妃、榮王第八女、契苾李中郎、皇第五孫女、姚懿、陳德成、拓拔寂(以上玄宗);靖德太子李琮、李麟、王思禮、恭懿太子李佋(以上肅宗);和政公主、李懷讓、涼王妃張氏、李光弼、苗晉卿、裴冕、奢秉義、薛舒、新平郡王、信王瑝、裴遵慶、田神功(以上代宗);唐安公主、故嗣曹王太妃、顔真卿(?)、張鎰、張延賞、李晟、李抱真、馬燧、渾瑊(以上德宗);德宗韋賢妃、曾王李繒、賈耽、劉澭、張茂昭(以上憲宗);田弘正、韓弘(以上穆宗);劉宏規(以上敬宗);鄜王李經、文安公主、裴度(以上文宗);紀王李言揚(以上武宗);同昌公主(以上懿宗);康王李汶(以上僖宗)。以上詔葬例所用史料與附表 12.一致,不一一説明。

　　② 參見孫東位:《昭陵發現陪葬宮人墓》,《文物》1987 年 1 期,83—94 頁。其分布並參沈睿文:《唐陵的布局:空間與秩序》陸《唐陵陪陵墓地布局》,256—273 頁。

詔葬的可能最大。唐初陪陵者除了皇室親貴和內外重戚，更多是文治武功卓著的大臣，太宗、高宗對陪陵者大行詔葬，如溫彥博、高士廉、房玄齡、杜如晦、李靖、尉遲敬德、李勣等都在其列，為詔葬制度在唐朝建立和實行打下了基礎。

當然在尋找的過程中筆者也發現不少文臣武將的葬事規格與以上詔葬者類似，有些說明有鼓吹儀仗、喪事官給，卻並沒有寫明是詔葬或者有監護使。例如前期的一些陪陵大臣魏徵[1]、蕭瑀、唐儉、阿史那社尔、阿史那忠，以及有皇帝舉哀送葬的彭王元則、河間王孝恭，和"比斂，中使三至，賜內衣服，令尚宮宿於家，以視殯殮。所司備禮冊命，祭以少牢"的高宗宰相張行成，以及"給班劍、西園祕器"的玄宗宰相李林甫一類[2]，也應屬詔葬。安史亂後如杜鴻漸，還有人品及喪事為代宗特別重視的楊綰等一些宰相重臣，葬事都很隆重，頗疑也多行詔葬，估計有不少是失記或者被省略了。更典型是葬事超過一切人臣規格的郭子儀，並未指明有護喪使，卻可謂唐後期大臣詔葬的極限。《舊唐書》卷一二〇本傳載其病重及喪事云：

> 建中二年（780）夏，子儀病甚，德宗令舒王誼傳詔省問。及門，郭氏子弟迎拜於外，王不答拜；子儀臥不能興，以手叩頭謝恩而已。六月十四日薨，時年八十五，德宗聞之震悼，廢朝五日，詔曰："天地以四時成物，元首以股肱作輔……故太尉兼中書令、上柱國、汾陽郡王、尚父子儀……雖賵禮加等，輟朝增日，悼之流涕，曷可弭忘。更議追崇，名位斯極……斂

---

① 按《舊唐書》卷七一《魏徵傳》（2561頁）稱"太宗親臨慟哭，廢朝五日，贈司空、相州都督，諡曰文貞，給羽葆鼓吹，班劍四十人。賻絹布千段，米粟千石，陪葬昭陵"。然其妻以"徵平生儉素，今以一品禮葬，羽儀甚盛，非亡者之志，悉辭不受"，最終"竟以布車載柩，無文彩之飾"。是其規格亦本為詔葬。

② 《舊唐書》卷七八《張行成傳》、卷一〇六《李林甫傳》，2705、3240頁。

以袞冕，旌我元臣。聖祖園陵，所宜陪葬……冊命之禮，有司備焉。可贈太師，陪葬建陵。仍令所司備禮冊命，賻絹三千匹、布三千端、米麥三千石。"舊令一品墳高丈八，而詔特加十尺。羣臣以次赴宅弔哭。凶喪所須，並令官給。及葬，上御安福門臨哭送之，百寮陪位隕泣，賜謚曰忠武，配饗代宗廟庭。

從郭子儀病中派舒王誼"傳詔省問"，且死後下詔，不僅陪葬建陵和配饗代宗廟庭，墳在一品之上加高十尺，而且"斂以袞冕"的情況來看，所用幾近帝王之禮。此固由郭子儀功績所致，但也說明詔葬是對大臣官員的最高禮遇。由此，可以理解唐朝官僚社會的喪葬等級制度，是由皇帝（后、太子）、詔葬貴臣（包括王公）及不同品級的官員、庶民百姓等不同層次組成，而喪禮也正是按照各自的等級來體現高下尊卑。

圖 25. 唐李勣墓外景

不過總的來看,史料明確的詔葬事例以唐前期為多,後期特別是德宗以降的詔葬人數明顯減少。如王靜指出,《唐會要》卷三八《葬》開元二十九年敕提到了"其別敕優厚官供者,準品數十分加三等,不得別為華飾",說明對所謂"別敕"葬者也提出限制①。這個"別敕"只說是優厚官供,沒有提到其他,但是至少詔葬也包括在內。唐後期詔葬的待遇似乎真的減少和降低了,除了一些有大功者,如李晟、馬燧之輩,墓誌中很少有像唐前期那樣大肆

圖 26. 唐魏徵墓碑

炫耀葬事隆重以及別敕給大量賵贈的內容,並且更少有朝廷專派護喪使者的記載,呈現了很不平衡的趨向。由於涉及的原因複雜,對此,我們將在討論詔葬變化時作進一步研究。

筆者統計的詔葬者 146 例中,以親王、妃主、外戚和一、二品見任在京官員佔絕大多數,其中親貴和一品官員(按散官或職事計)已佔四分之三,加二品更是幾近十分之九(參表 12.)。品級最低者為從三品,只有極個別人品級不夠,但因與皇帝的特殊關係,也得

---

① 王靜:《唐墓石室規制及相關喪葬制度研究——唐〈喪葬令〉復原第 25 條令文釋證》,443—444 頁。

贈三品用詔葬,如薛談以駙馬都尉、光禄員外卿贈光禄卿用詔葬①。
除了朝廷大臣外,立有特殊功勳的邊陲武將如郭知運、王君㚟是運
回京城實行詔葬,而致仕官員僅限與皇帝關係極密切者。且由於
有護喪和示禮制之事,詔葬大多是對京官(包括長安、洛陽兩京)或
雖為外官,但喪柩還至京辦葬事者實行之。其中以文官為主,唐後
期節度使、武將有所增加,但仍為葬在兩京者。

　　詔葬者一般都是始死初葬,但也有個別屬改葬,其中如尉遲敬
德夫人先於其死亡,尉遲敬德死後在皇帝的關照下又行改葬和合
葬。墓誌載"聖上感草昧之鴻勳,聽敀軯而流思,用依同穴之典,式
備文物之儀。乃遣公孫潞王府倉曹參軍循毓馳驛迎夫人神柩於先
塋,仍令所司造靈舉發遣,葬事所須,並令官給。將至京師,又敕所
司整吉凶儀衛迎至於宅,又遣鴻臚卿琅邪郡開國公蕭嗣業監護"②,
與尉遲敬德同時實行了詔葬。又如韋洞(《舊唐書》卷一八三《外
戚·韋温傳》作"洞")是韋后之弟,武則天時隨父配流欽州而死。
墓誌及舊傳表明,中宗反正後與其父及兄弟尸柩皆被"迎置京邑,
具禮改窆"③,所用乃規模盛大的詔葬。因此詔葬的給予及其待遇
和規格雖有品級之限,但與皇帝更有直接關係。

附表 12. 唐朝詔葬官員成分分析(146 例)

時期	皇室(王、妃、公主)、外戚	一品官員(夫人附)	二品官員	三品官員	歷朝總人數
高祖、太宗	1	14		1	16
高宗、武則天	11	8	7	8	34

---

　　① 《册府元龜》卷三〇三《外戚部·褒寵》,3574 頁。
　　② 《唐代墓誌彙編》顯慶〇九六《大唐故司徒公并州都督上柱國鄂國公夫人蘇氏墓
誌銘并序》,288 頁。
　　③ 《唐代墓誌彙編》景龍〇一一《大唐贈衛尉卿并州大都督淮陽郡王京兆韋府君墓
誌銘并序》,1084 頁。

續表

時期	皇室(王、妃、公主)、外戚	一品官員（夫人附）	二品官員	三品官員	歷朝總人數
中宗、睿宗	9	4	1	2	16
玄宗	20	7	9	5	41
肅宗、代宗	5	9	1	1	16
德宗以降	9	13	1		23
分類人數	55	55	19	17	（合）146

2. 監護使的等級派設

唐朝官員的詔葬雖然不能等同帝、后的國葬，但也是朝廷和皇帝給予大臣喪葬的最崇高禮遇，帶有皇帝制命和國家為舉辦的國葬、公葬性質。因此如同皇帝的喪事有山陵使主持，在詔葬大臣的喪事進行中，也必須有朝廷派官監護喪事，並行弔祭。曾有研究者試圖通過懿德、永泰、章懷三座墓的陵園部署、木石結構和榮載等分析陪葬陵、墓的差異；也有人對昭陵的陪葬墓進行分類；更有討論墓室壁畫與墓主身分的關係，以及通過墓室結構來證明墓葬等級的不同[1]。凡此種種都可以說明即使在陪陵的範圍，等級也存在差別。而總結詔葬的諸多例證也可以發現，在不同的人其規模、待遇未必完全相等，例如賵贈數量相差很遠，也不是所有喪事都寫明"凶事葬事所須，並宜官給"。盡管如是，作為詔葬的標誌，有一件

---

[1] 參見昭陵文物管理所：《昭陵陪葬墓調查記》，《文物》1977 年 10 期，33—40 頁；沈睿文：《唐陵的布局：空間與秩序》陸《唐陵陪陵墓地布局》，256—273 頁；宿白：《西安地區唐墓壁畫的布局和內容》，《考古學報》1982 年 2 期，137—153 頁；李求是：《談章懷、懿德兩墓的形制等問題》，《文物》1972 年 7 期，45—50 頁；陝西省乾縣乾陵文物保管所：《對〈談章懷、懿德兩墓的形制等問題〉的幾點意見》，《文物》1973 年 12 期，67—68 頁；齊東方：《試論西安地區唐代墓葬的等級制度》，286—309 頁；同人：《略論西安地區發現的唐代雙室磚墓》，858—862 頁。

事卻必不可少，這就是前揭唐令所規定的監護使或稱護喪（葬）使的派遣：

> 其詔葬大臣，一品則鴻臚卿監護喪事；二品則少卿，三品丞一人往，皆命司儀令以示禮制。

根據唐令規定，詔葬的監護使者分由鴻臚卿、少卿或丞監護喪事。其使者名義是從前朝相沿而來，也是詔葬所必設，可以視作喪事朝廷的最高代表和總負責人，這就如同皇帝的喪事要派設山陵使一樣，有否護喪成為詔葬的標誌之一。

另外由鴻臚監喪自漢代已見，不過魏晉南朝充當護喪使者的官職尚不十分固定。從本書第五章中關於喪葬機構的討論可以知道，鴻臚寺和司儀署的建置是源自北魏北齊，其機構完善後即集中喪葬事務。所以由鴻臚監護的情況也以北朝為多。前揭北魏前廢帝、任城王澄、廣陵王羽、彭城王勰、崔光、楊津、齊獻武王高歡，北齊清河王岳等都是鴻臚監喪。且自北魏，甚至還見到了鴻臚少卿護喪的情況①，説明監護職能已愈來愈歸攏於鴻臚。至隋由於鴻臚監喪已有明令，故鴻臚寺卿、少卿任使逐漸形成定制。

和派設監護使同時，還有以皇帝名義的"敕使弔"已見前述，都是由敕使持節齎璽書至宅弔祭。唐皇帝遣使"齎璽書弔祭（或垂弔）"多見於史料墓誌②。德宗貞元九年（793）八月西平王李晟薨，德宗不僅"震悼出涕，廢朝五日"，且"比大斂，上手書致意，送柩前，曰：'皇帝遣宮闈令第五守進致旨於故太尉、中書令、西平郡王、贈太師之靈（下略）。'"③但所謂敕使，不一定都是宮臣。裴光庭卒，

①　《魏書》卷九四《閹官·劉騰傳》，2028 頁。
②　如《唐代墓誌彙編》永淳〇二五《大唐故臨川郡長公主墓誌銘》，704 頁；並參《冊府元龜》卷三〇三《外戚部·褒寵》竇希瑊、王仁皎條，3573 頁。
③　《舊唐書》卷一三三《李晟傳》，3674—3675 頁。

"制户部尚書杜暹即殯弔祭"①。而由朝臣充當的弔祭使和監護使往往同時派設,亦見於記載。

　　詔葬最隆重者包括册贈有三使,如唐初温彦博喪事,"敕遣民部尚書莒國□(公)唐儉、尚書工部侍郎盧義恭監護喪事,又遣銀青光禄大夫行中書侍郎杜正倫持節弔祭……詔遣尚書禮部侍郎令狐德棻、水部郎中□文紀持節册贈特進,諡曰恭公,禮也"②。武則天母衛國夫人楊氏薨,"司刑太常伯盧承慶攝同文正卿,充使監護。西臺侍郎戴至德持節弔祭"。王仁皎的喪事是"銀青光禄大夫守工部尚書、上柱國、彭城郡開國侯劉知柔攝鴻臚卿監護,通議大夫行京兆尹、上護軍崔琬為副;銀青光禄大夫守太子詹事、上柱國、安南縣開國侯麗承宗持節齎書弔祭,左庶子、上護軍白知慎為副"③;馬燧"詔京兆尹韓皋監護喪事,司農卿嗣吳王巘為弔祭使",並由太常卿裴郁持節册命④。

　　護喪使雖規定由鴻臚卿、少卿、丞擔任,但也可分別由三品、四品、五品官兼攝,弔祭册贈使也相應有品級區別。《開元禮》卷一三四於"策贈"條下特別説明"凡册贈,使者之尊卑並準告授",可以知道使者的品級應當與詔葬大臣的品級有對應。筆者搜尋史傳、墓誌、筆記等史料,計算護喪使派設較為清晰的有 117 例(不完全統計),内另派設弔祭或册贈使的有 13 例(僅派遣弔祭使而未言及護喪者未計在內,見附表 13.)。並且由於詔葬大臣多有品級高於原官的贈官,而唐令規定"贈官同正官",所以從這些實例中,可以發現使者的派設等級基本是隨同贈官的地位高低。除了宗室王公命

────────────

①　張九齡:《大唐金紫光禄大夫行侍中兼吏部尚書弘文館學士贈太師正平忠憲公裴公(光庭)碑銘并序》,《唐丞相曲江張先生文集》卷一九,《四部叢刊》本。

②　歐陽詢:《大唐故特進尚書右僕射上柱國温公(彦博)墓誌》,《唐文拾遺》卷一四,10521 頁。

③　《册府元龜》卷三〇三《外戚部·褒寵》,3572—3574 頁。

④　《册府元龜》卷三一九《宰輔部·褒寵》二,3776 頁。

婦常按爵位,官員一般都是依照職事或散品。原官爵或贈官爵是一品的大臣,監護使可以是一至二人,正使的職事官品級為正、從三品(攝鴻臚卿),副使可以略低;原官或贈官是二品的大臣,監護使一人,用正從四品(攝鴻臚少卿)官,有時兼用五品。原官或贈官是三品的官員,監護使用五品甚至六品官,與令文的規定基本一致。弔祭使品級亦大體如是,但有時比護喪使稍低。護喪弔祭官的等級與死者官品等級一致,同樣顯示了官品在詔葬中的絕對意義。

但是等級的分別不是絕對的。雖然一般而言,監護使的派設可以按逝者的散、職、爵中最高品級為定,所以許多功勳重臣可以依爵位提高等級,如溫彥博、豆盧寬、戴冑都是(生前或追贈追封)官二品、爵國公,卻均按一品待遇。不過也有相反之例,如楊恭仁官、爵皆為一品,段志玄爵褒國公、卒贈輔國公正一品,監護使都只按第二等,而實誕的監護使第三等顯然沒有考慮他的國公銜,而是完全依照他的贈工部尚書三品職事官。馬周、薛元超原官贈官皆三品,而護喪卻都是從四品鴻臚少卿或京兆少尹而非第三等,可能由於他們曾是宰相或另有公爵(史料闕載)。褚無量贈禮部尚書正三品,爵舒國公,官低爵高,監護使的派設取其中,也按第二等。已致仕者,雖然品級仍高,但禮有減降,如宋璟、苗晉卿雖然生前和贈官都是一品,卻用四品官護喪。監護使的派設經由皇帝批准並往往寫進詔書,可見其配比等級與官員本人去世時職務的要重程度、地位資望以及與皇帝關係的遠近等都有關係。

唐初的監護使差攝官員不固定,但玄宗開元以後卻多見由京兆府官員護喪並且以京兆尹或京兆少尹擔任監護使的情況。張說《撥川郡王(論弓仁)碑奉敕撰》稱"長安令總徒以護事,鴻臚卿序賓以觀禮";同人《右羽林大將軍王氏(公)(君奐)神道碑奉敕撰》更有"京尹護喪,史官頌石"語①。肅宗乾元中李麟,"葬日,詔京兆府差官護送"②;代宗永泰中苗晉卿,"令京兆少尹一員護喪事,緣葬諸物並官給"③。德宗貞元中李晟、渾瑊、馬燧,元和中張茂昭的葬事大都以京兆尹監護④。葬事用京兆府官員,關係到在京城地界內的葬事、用地等問題,這和監護使營辦喪事的職能是有關係的。唐後期也有一些由中官護喪的情況,特別是對個別在外的藩鎮節度使(如李抱真)遣"中貴護喪"⑤,可能對後來五代、宋之詔葬產生影響。

　　監護使的派設並没有指明時間,但應是包括整個喪事。個別喪事還有喪、葬兩階段分派監護使的情況。《唐代墓誌彙編續集》乾封〇〇八《大唐太宗文皇帝故貴妃紀國太妃韋氏墓誌銘并序》:

> 麟德二年(665)九月廿八日,薨於河南敦行里地,春秋六十九。皇帝□□玉輿,舉哀洛城門外……詔司稼正卿楊思謙監護喪事,特賜東園祕器,□□弔祭,有優恒典。又遣司平大夫竇孝慈監護靈輿還京。及□日戒期,復令司稼正卿李孝義、司□(稼?)少卿楊思止監護葬事,特給鼓吹儀駕往還。粵以乾封元年歲次景寅十二月壬辰朔廿九日庚申陪葬於昭陵,禮也。

---

　　① 同參見《張說之文集》卷一七,《四部叢刊》本。按:京兆府負責護喪事又如《册府元龜》卷三〇三《外戚部·褒寵》載薛談尚玄宗女常山公主,拜駙馬都尉,卒贈光禄卿,官給葬事,仍令京兆尹(疑當作少尹)充監護使;竇希瑊喪事"將作大匠韋湊充使監護,河南少尹秦守一為副",王仁皎的喪事監護亦是由"通議大夫行京兆尹上護軍崔琬為副",京兆河南尹、少尹皆是京城長官副長官。3574頁。

　　② 《舊唐書》卷一一二《李麟傳》,3339頁。

　　③ 《舊唐書》卷一一三《苗晉卿傳》,3352頁。

　　④ 參見《册府元龜》卷三一九《宰輔部·褒寵》二、卷三八五《將帥部·褒異》一一,3775—3776、4577、4580頁。

　　⑤ 穆員:《相國義陽郡王李公墓誌銘》,《全唐文》卷七八四,8195頁。

同書咸亨〇一二《大唐故越國太妃燕氏墓誌銘并序》：

> 以咸亨二年(671)七月廿七日薨於鄭州之傳舍，春秋六十
> 有三……聖上中官，覽表哀慟。舊制，諸王太妃，自率常禮。
> 言發中旨，特於別次舉哀。凶事所須，隨由官給，務從優厚。
> 仍令工部尚書楊昉監護，率更令張文收為副。賜東園祕器，陪
> 葬昭陵。贈物七百段，米粟七百石，儀仗送至墓所往還，特給
> 鼓吹。仍令京官四品一人攝鴻臚卿監護，五品一人為副，馳驛
> 賵襚，典策隆重。

韋太妃的喪事自喪至還京及陪葬昭陵，都分別遣使，燕太妃薨於鄭
州，其喪在東京和陪葬昭陵的兩階段，顯然也是分遣監護使，這在
王室中也是很少見的。兩位太妃在朝中地位都很高，墓誌載燕氏
於"乾封肇歲，肆覲岱宗"之際"奉褕翟於三獻，宗祀之貴，於斯而
極"，這與《舊唐書·禮儀志》三載高宗封禪，以武后亞獻，越國太妃
燕氏終獻是一致的。説明燕氏是前朝太妃身分最高者。而韋氏在
高宗朝也是"重錫寵章，更崇徽號"，"累歲在□，晨宵謁見。金臺弈
弈，屢奉天歡；□□輝輝，亟陪儲宴"，本打算從皇帝東封而未能成
行。兩太妃與帝、后關係相當好，朝廷與之"哀榮"也是極為特殊
的，不過中間換監護使是否也因其喪葬非在一地所造成，尚不得而
知。總之，監護使在喪事進行的各階段出現，無疑表明死者的身分
不同凡響。可以想見，彼時如有監護使出現的喪葬必然成為長安
（少數洛陽）城中一道特殊的風景，給大臣的葬事增添了極大的榮
耀和光采。

另外，也發現對少數佛、道人士給以詔葬及監護使的情況，
《唐代墓誌彙編續集》貞觀〇四八《大唐故中大夫紫府觀道士薛先
生墓誌銘并序》稱其："以貞觀廿年十月十三日尸化於紫府之觀，
春秋若干。粵以其年十二月十四日陪葬於昭陵之所。王人監護，
事加周給。"《文苑英華》卷八五六張説《荊州玉泉寺大通禪師

碑》曰：

> 神龍二年二月二十八日夜中，顧令扶（《唐文粹》卷六四
> 作"命趺"）坐，泊如化滅……詔使弔喪，侯王歸贈，三月二日，
> 冊諡大通，展飾終之義，禮也。時厥五日，假安闕塞，緩反
> （《唐文粹》作"及"）葬之期，懷也。宸駕臨決（《唐文粹》作
> "訣"）至午橋，王公悲送至伊水，羽儀陳設至山龕。仲秋既
> 望，還詔乃下，帝諾先許，冥遂宿心。太常卿鼓吹導引，城門
> 郎監護喪葬。

以上道士、禪師的葬禮也如同俗界官員由官弔贈監護，允分顯示了
皇帝及朝廷人士附從世俗對大德高僧的崇拜，而佛道人士也因此
享受了相當官員的詔葬之禮。

附表 13. 唐朝官員詔葬護喪（監護）、弔祭冊贈使派設（117 例）[1]

| 時期 | 護喪（監護）使、護葬使 | | | | | 弔祭冊贈使 |
	鴻臚卿（含兼攝）、京兆尹或其他三品以上官	鴻臚少卿（含兼攝）或其他四品官	鴻臚丞或其他五品六品官	內官	副使	
太宗	一品：杜如晦、戴胄、溫彥博、長樂公主李麗質、王君愕、高士廉、房玄齡、李靖、武士彠。（9 人）	一品：楊恭仁、段志玄、李思摩。（3 人）三品：馬周。（1 人）	一品：竇誕。（1 人）		一品：溫彥博、李麗質。（2 人）	一品：溫彥博、楊恭仁、高士廉、武士彠。（4 人）

---

[1] 本表所統計的官員品級，以終官（職、散、爵）的最高品級為定，含追贈官、爵在內。材料取自新、舊《唐書》紀、傳，《冊府元龜》的《帝王》、《宰輔》、《外戚》、《宗室》、《將帥》、《臺省》、《外臣》等部，《文苑英華》、《全唐文》、《唐文拾遺》、《唐文續拾》、《全唐文補遺》、《唐代墓誌彙編》、《唐代墓誌彙編續集》、《新中國出土墓誌》、《張說之文集》、《曲江集》、《顏真卿集》、《西安碑林博物館新藏墓誌彙編》等，不一一注明。

續表

時期	護喪（監護）使、護葬使					弔祭册贈使
	鴻臚卿（含兼攝）、京兆尹或其他三品以上官	鴻臚少卿（含兼攝）或其他四品官	鴻臚丞或其他五品六品官	内官	副使	
高宗	一品：豆盧寬、尉遲敬德及夫人、新城長公主、程知節、紀國太妃韋珪、越國太妃燕氏、李勣、趙王福、衛國夫人（武則天母）楊氏、虢王鳳、臨川公主李孟姜、蘭陵長公主、崔敦禮。（14 人）	一品：彭國太妃王氏、紀國妃陸氏、泉男生、張士貴。（4 人）二品：李孟常、裴行儉、周護①。（3 人）	二品：牛秀、鄭仁泰、杜君綽。（3 人）三品：張允、李震、吳廣。（3 人）		一品：尉遲敬德及夫人、新城長公主、程知節、韋珪、燕氏、李孟姜、李勣、蘭陵長公主、崔敦禮、李鳳、李福。（12 人）	一品：李勣、武則天母楊氏、崔敦禮、泉男生。（4 人）二品：杜君綽。（1 人）
武則天		三品：薛元超。（1 人）	二品：李謹行。（1 人）三品：黑齒常之（改葬）、李晦。（2 人）			

---

① 許敬宗《大唐故輔國大將軍荆州都督上柱國嘉川襄公周君（護）碑文并序》有"可贈輔國大將軍、荆□都督，賻絹布七百段、米粟七百段。葬事所須，並（下闕十一字）季方監護喪事"。（《全唐文補遺》一，西安：三秦出版社，1994 年，21 頁）按季方疑即太子洗馬韋季方，其人見《資治通鑑》卷二〇〇顯慶四年四月條，6312 頁，與墓誌大致同時。上闕字不易判斷，但周護賻贈僅數百段，明不為一等葬事，故暫以韋季方攝鴻臚少卿為定。

時期	護喪（監護）使、護葬使					弔祭册贈使
	鴻臚卿（含兼攝）、京兆尹或其他三品以上官	鴻臚少卿（含兼攝）或其他四品官	鴻臚丞或其他五品六品官	内官	副使	
中宗睿宗	一品:章懷太子賢（改葬）、韋洞（韋玄貞和韋洵、韋浩、韋泚及贈韋城縣主當同）、豆盧欽望、楊再思、蘇瓌。（10 人）	三品:賀蘭敏之（敕歸改葬）、唐璿。（2 人）	二品:武懿宗。（1 人）三品:閻虔福、劉仁景、裴希惇（遷葬）。（3 人）		一品:李賢、韋洞、豆盧欽望、楊再思等。（9人）	一品:蘇瓌。（1 人）
玄宗	一品:讓皇帝憲、竇希瓅、王仁皎、郧國長公主、燕國夫人竇淑、論弓仁、裴光庭、賢妃王芳媚、皇甫德儀、涼國公主、趙麗妃。（11 人）二品:王君㚟、拓拔寂。（2 人）	一品:高安長公主、睿宗豆盧貴妃、宋璟（致仕）、竇希球、褚無量。（5 人）二品:徐堅、姚懿。（重修墓）（2 人）三品:薛談（?）。（1 人）	二品：馬懷素、張仁愿。（2人）三品:郭知運、倪若水①、王仁忠。（3 人）	一品:陳德成。（1 人）三品:阿史那毗伽特勒。（1人）皇第五孫女。（1 人）	一品:竇希瓅、王仁皎、郧國長公主、竇淑。（4人）	一品:竇希瓅、王仁皎。（2 人）

① 按據《舊唐書》卷一八五下《良吏》傳及《唐代墓誌彙編續集》開元〇二八《大唐故尚書右丞倪公墓誌銘并序》,倪若水卒僅贈尚書左丞(正四品上),但"葬事官給,遣六品官一人充使監護"。按倪若水之前任過汴州刺史已是三品官,且以善政知名,疑其散官已達三品,或因名臣而增其等級,故按詔葬待遇。

續表

時期	護喪（監護）使、護葬使					弔祭册贈使
	鴻臚卿（含兼攝）、京兆尹或其他三品以上官	鴻臚少卿（含兼攝）或其他四品官	鴻臚丞或其他五品六品官	内官	副使	
肅宗代宗	一品：昭靖太子琮、恭懿太子佋、王思禮、和政公主、李懷讓、李光弼、裴冕、回紇王子奢秉義、田神功。（9 人）	一品：李麟（?）①、苗晉卿（致仕）。（2 人）		三品：薛舒。（1 人）	一品：昭靖太子琮、恭懿太子佋。（2 人）	
德宗	一品：唐安公主、李晟、馬燧、渾瑊。（4 人）			一品：李抱真。（1 人）		一品：馬燧、李晟。（2 人）
憲宗以下	一品：賈耽、張茂昭、裴度、曾王繕、郯王經、文安公主、紀王言揚、康王汶、同昌公主、韓弘。（10 人）			一品：同昌公主②。（1 人）		
合計	69 人（一品 67 人，二品 2 人）	24 人（一品 14 人，二品 7 人，三品 3 人）	19 人（1 品 1 人，二品 7 人，三品 11 人）	5人（不含同昌公主）	29 人（全部一品）	14 人（一品 13 人，二品 1 人）

① 按《舊唐書》卷一一二《李麟傳》僅言"葬日詔京兆府差官護送，官給所須"未言品級，但李麟卒時官太子少傅，贈官太子太傅，賻絹二百匹，似葬事規格不甚高，護喪使暫置二等内，存疑。

② 按據《唐會要》卷六《雜錄》咸通十二年二月葬衛國（同昌）公主條，以"京兆尹薛能為外監護，供奉官楊復璟為内監護，儀注甚盛"，則同時有外、内官監護。

附表 14. 唐朝詔葬示例(12 例):

姓名	薨卒年月	官職、爵	贈官贈諡	輟朝(日)	賵贈	其他	史料來源
溫彥博	貞觀十一年(637)六月甲寅	尚書右僕射、虞國公	贈特進、上柱國,諡曰恭。		賻贈二千段。	陪葬昭陵。詔民部尚書莒國公唐儉、工部侍郎盧義恭護喪。行中書侍郎杜正倫持節弔祭,尚書禮部侍郎令狐德棻、水部郎中□文紀持節冊贈。賜以祕器及塋地一區。喪葬所須,並令官給。並立碑記德行。	《舊唐書》卷六一《溫彥博傳》,歐陽詢:《大唐故特進尚書右僕射上柱國溫公墓誌》,岑文本:《唐故特進尚書右僕射上柱國虞恭公溫公碑》(《唐文拾遺》卷一四、卷一五)。
高士廉	貞觀二十一年(647)正月壬辰	開府儀同三司平章事、攝太子太傅、申國公	贈司徒、并州都督,諡曰文獻。		賻絹布二千段、米粟二千石。	給班劍四十人,及羽葆鼓吹。賜東園祕器,陪葬獻陵。令攝鴻臚卿監護。	太宗:《賜高士廉陪葬詔》(《全唐文》卷八),《舊唐書》卷六五《高士廉傳》。
李鳳	上元元年(674)十二月廿九日	虢王、使持節青州諸軍事、青州刺史	贈司徒、揚州大都督,諡曰莊。		賻絹布□(一)千段、米粟□(一)千石。	所司備禮冊命,陪葬獻陵。並賜東園祕器。葬日給班劍卌人,羽葆、鼓吹及儀仗,送至墓所往還。葬事所須,並宜官給,務從優厚。三品一人攝鴻臚卿監護,四品一人為副。	《唐代墓誌彙編續集》上元〇一一。

續表

姓名	薨卒年月	官職、爵	贈官贈諡	輟朝(日)	賻贈	其他	史料來源
泉男生	儀鳳四年(679)正月廿九日(薨於安東府)	特進、右衛大將軍、卞國公	贈并州大都督，餘官並如故。	3	贈絹布七百段，米粟七百石。	所司備禮册命。凶事葬事所須，並宜官給，務從優厚。賜東園祕器。差京官四品一人攝鴻臚少卿監護，儀仗鼓吹，送至墓所往還。五品一人持節賚璽書弔祭，靈柩到日，仍令五品以上赴宅。	《唐代墓誌彙編》調露〇二三。
蘇瓌	景雲元年(710)十一月己巳	太子少傅、許國公	贈司空、荊州大都督。	3	賻絹八百段，米粟八百石，皇太子賻物二百段。	臨遣太府卿李從遠策書弔祭，有司備禮發哀。凶事葬事並官給，賜東園祕器。大鴻臚卿監護，官為立碑。皇太子別次發哀，遣洗馬弔祭。建碑於塋。	盧藏用序，張説銘：《太子少傅蘇瓌神道碑》(《文苑英華》卷八八三)。
薛元超	光宅元年(684)十二月二日	中書令兼檢校太子左庶子、戶部尚書，加金紫光禄大夫致仕	贈光禄大夫，秦州都督。		賜物四百段，米粟四百石。	敕賜斂衣一襲，賜東園祕器。凶事葬事所須，並宜官給。儀仗送至墓所往還，京官四品一人攝司賓卿監護，並賚璽書弔祭。還京之日，為造靈輿，給傳遞發遣。陪葬乾陵。	《唐代墓誌彙編續集》垂拱〇〇三。

姓名	薨卒年月	官職、爵	贈官贈諡	輟朝（日）	賵贈	其他	史料來源
王仁皎	開元七年(719)	開府儀同三司、祁國公	贈太尉、益州都督。	3	贈物三千段，米粟二千石。	帝親為舉哀，喪葬事並官供，務從優厚，仍賜東園祕器。令銀青光祿大夫守工部尚書劉知柔攝鴻臚卿監護，通議大夫行京兆尹崔琬為副。銀青光祿大夫守太子詹事厤承宗持節齎書弔祭，左庶子白知慎為副。在京五品已上官就弔。官為立碑，命張説為其文，帝親書石焉。	《舊唐書》卷一八三《外戚傳》，《册府元龜》卷三〇三《外戚部·褒寵》。
王君㚟	開元十五年(727)閏九月二十三日	右羽林大將軍、河西隴右節度使，判涼州都督事	贈特進、荆州大都督。		賻物三百段，粟三百斛。	為吐蕃所殺。帝甚痛惜之，給靈轝遞歸京師。詔葬於萬年縣，葬事並官給。仍令鴻臚卿一人（碑作京尹）充使監護。仍令張説為其碑文，上自書石以寵異之。	《册府元龜》卷一三九《帝王部·旌表》三：《右羽林大將軍王公（君㚟）神道碑奉敕撰》（《張説之文集》卷一七），《舊唐書》卷一〇三《王君㚟傳》。

續表

姓名	薨卒年月	官職、爵	贈官贈諡	輟朝(日)	賵贈	其他	史料來源
裴冕	大曆四年(769)十二月戊戌	左僕射、冀國公、同中書門下平章事充東都留守、河南淮南淮西山南東道副元帥	贈太尉。	3	賻帛五百匹(碑作八百段)、粟五百石。	詔京兆尹護葬事。凶儀葬帛具俾出有司。葬日並許百僚祖送於國門。	元載:《冀國公贈太尉裴冕碑》(《文苑英華》卷八八五),《册府元龜》卷三一九《宰輔部·褒寵》二,《舊唐書》卷一一三《裴冕傳》。
李晟	貞元九年(793)八月庚戌(四日)	太尉、中書令、西平郡王	贈太師,諡忠武。	5	賻絹加等。	德宗震悼出涕。令百官就第臨弔,命太常卿裴郁就第册贈,又命京兆尹李充監護喪事,官給葬具。比大斂,帝遣致書於柩前。及葬,德宗御南望春門臨送之。又令中人宣詔於柩車。文武常參官哭拜於路。及晟祔廟,令所司供少牢,給鹵簿,兼令禮官贊儀。	《册府元龜》卷三一九《宰輔部·褒寵》二,《舊唐書》卷一三《德宗紀》下、卷一三三《李晟傳》,《新唐書》卷一五四《李晟傳》,裴度:《唐故太尉兼中書令西平郡王李公神道碑銘并序》(《全唐文》卷五三八)。

姓名	薨卒年月	官職、爵	贈官贈諡	輟朝(日)	賵贈	其他	史料來源
馬燧	貞元十一年八月辛亥	司徒兼侍中、北平郡王	贈太尉，諡莊武。	4	賵贈絹二千疋布五百端米粟二千石。	詔文武百官就宅弔哭。京兆尹韓皋監護喪事，萬年令為副。司農卿嗣吳王巘為弔祭使，鴻臚少卿王權為副。仍令太常卿裴郁、副使、少府少監路恕備禮持節冊命，上所以待大臣之禮備矣。及葬又廢朝，遣百寮於延興門臨送。十三年十一月祔廟，詔令所司供少牢，仍給鹵簿。從宅至廟，並量給人夫。葬日不受朝賀。	權德輿：《司徒兼侍中上柱國北平郡王贈太傅馬公行狀》《文苑英華》卷九七四)，《册府元龜》卷三一九《宰輔部‧褒寵》二，《舊唐書》卷一三《德宗紀》下、卷一三四《馬燧傳》。
裴度	開成四年(839)三月四日	司徒、中書令	册贈太傅，諡文忠。	4	賵贈加等。	上聞之震悼，以詩置靈几。詔京兆尹鄭復監護喪事，所須皆官給。	《舊唐書》卷一七〇，《新唐書》卷一七三《裴度傳》。

(二)詔葬的諸種待遇及喪事部分的中心內容

除了按等級派設監護使和弔祭等使外，我們還可以發現詔書頒給詔葬者的待遇有多項，如將其中較典型的 12 例列表(參附表14.)，可以得知不外乎以下內容：

一，帝親臨喪事或為之於宮門舉哀，輟朝一至三日，多者可達五日。

二，詔書追贈一品至三品職事官或散官，賜諡號，有司備禮册命。

三，遣弔祭使齎書至宅弔唁，賵賜布帛米粟數百至千不等。

四，制遣百官至宅會喪。

五，制遣百官會葬。

六，贈祭少牢禮料，遣使贈束帛、馬於郭門之外。

七，葬日借幔幕手力及車服器用等。

八，給班劍、羽葆鼓吹及本品鹵簿儀仗，由兵部、太常寺等準備，葬日送至墓所往還。

九，陪葬帝陵，官賜塋地，按品級定墓之大小、墳高。

十，賜東園祕器。

十一，立碑。

十二，喪事（或凶事葬事）所須，並令官給。

十三，如在外還京，官造靈輿，家口給傳遞手力。

諸項次序按照從始死到葬事舉辦的規程排列，自唐初始至唐後期沒有太大差別。事實上如果進行更多例證的比較，會發現其中一些條目如皇帝親臨、陪葬、官給墓地或者官給靈輿手力還京、賜東園祕器等並不是詔葬者俱有，根據情況待遇規格也不完全一樣，但仍然可以發現其中的共同性。所謂等級不過表現在賵賜、明器的多少，護喪、弔祭官的品級、鹵簿的規模等等，形式卻往往大同小異。

唐代詔葬的全部程式，對比漢魏以來大臣詔葬，大都能找到痕跡，因此唐詔葬完全是自前朝制度發展而來。但是與皇帝喪葬相似，全部的內容可以分為兩個階段，第一個階段是始死至入葬前，或可名之為“喪”或弔喪，第二個階段則是“葬”或送葬。其中圍繞“喪”這一階段的中心內容主要是輟朝、舉哀、册贈與弔祭。

1. 輟朝廢朝

得到大臣去世的消息後，皇帝一般首先會舉行輟朝。輟朝也稱廢朝,即皇帝不理政、不上朝。據《開元禮》卷三《序例下·雜制》在"太陽虧,有司預奏"下有:"百官一品喪,皇帝皆不視事三日。國忌日,皇帝本服小功緦麻親、百官五品以上喪,皇帝皆不視事一日。"《通典·開元禮纂類》亦同,仁井田陞將其文復原為《儀制令》第一〇條①。但是,《隋書》卷八《禮儀志》已有"皇帝本服大功已上親,及外祖父母、皇后父母、諸官正一品喪,皇帝不視事三日……太陽虧、國忌日,皇帝本服小功、緦麻親,百官三品以上喪,皇帝皆不視事一日。"從史料中見到唐前期的輟朝也都在三品之內。《册府元龜》卷五九一《掌禮部·奏議》一九大和元(九?)年(827)七月條下載太常博士崔龜從奏輟朝之制,並載中書門下覆奏稱:"謹按《儀制令》,百官正一品喪,皇帝不視朝一(三?)日。又準《官品令》,自一品至三品以上薨殁,通有輟朝之制。"《唐會要》卷二五《輟朝》略同,但依照所說"準《官品令》"的正從三品以上官是從三師三公、太子師傅、三省長官、門下中書侍郎、尚書常侍到左右衛及金吾大將軍,左右神策、神武、龍武、羽林大將軍、卿監、國子祭酒、京兆河南太原尹以上、内侍監等,其中外官還包括三京牧、大都護等②。仁井田陞認為與所復原的開元二十五年令不完全一致,可能是建中以後經過修改③,但所列官仍在三品之內。另外大和九年因尚書左丞庾敬休卒,敕令"應官至丞郎亡殁合有廢朝,況(《册府元龜》卷六一此下有"朝會"二字)班在諸司三品之上,自今以後宜準諸司三品官例處分"④,這裏雖然

① 《唐令拾遺·儀制令第十八》,480—481頁。
② 按大都護後還有"上將軍統將",然此非唐朝官名,存疑。
③ 參見《唐令拾遺·官品令第一》,101—104頁,並見118頁。
④ 《唐會要》卷二五《輟朝》,551頁。按此為敕令大意及節文,詳見《册府元龜》卷六一《帝王部·立制度》二,大和九年三月庚午條並癸酉詔,681頁。又按《唐會要》將崔龜從奏及敕令定尚書丞郎輟朝事皆置於大和元年。但據《舊唐書》卷一七《文宗紀》(557頁)、同書卷一八七下《忠義·庾敬休傳》(4914頁)得知庾敬休卒在大和九年,則崔龜從奏是否亦在同年待考。

加上丞郎,但也説明輟朝原是以三品而非五品定限。"五品"很可能是三品之誤。

近者朱振宏研究隋唐輟朝制度,對二朝制度特色作了研究,内指出唐朝輟朝的對象包括外族國君,而文宗以前文武大臣輟朝資格當為三品以上。輟朝天數多以奇日,以三日和一日為主。但對國家有重大貢獻者,可享有較多輟朝天數。其實關於輟朝對象和天數,唐朝前期都是與令的規定基本一致的[1]。既然輟朝規定是三品,則與皇帝舉哀弔祭一致,唐前期輟朝的主要對象應是諸王親貴和宰相重臣,雖未必僅行於詔葬,但詔葬者一般俱有。依照令中輟朝天數的規定,一品者多為三日,如太宗為房玄齡、杜如晦、戴胄都輟朝三日,高宗宰相許敬宗、劉仁軌及功臣尉遲敬德,武則天宰相狄仁傑卒皆廢朝三日。但與皇帝親近或資望重者根據受恩禮的程度可以不受此限,如魏徵輟朝五日,李勣達七日,玄宗為張説輟朝也達五日。讓皇帝(寧王憲)輟朝竟達十日,更是非尋常可比[2]。

《册府元龜》同上條復載輟朝由太常寺參定後提出:"伏以近日文武三品以上薨卒,皆為輟朝。其有未經親重之官,今任是散列者,為之變禮,誠恐非宜。自今以後,文武三品以上,非曾建功勳及曾任將相,及曾在密近,宜加恩禮者,餘請不在輟朝例。"説明太常的用意是希望提高輟朝的檔次,減少輟朝的人數,而且强調本人的功勳及職能地位。前揭覆奏的令文就減少了開元二十五年令中應有的三品官如太子賓客、詹事和親王傅一類。筆者曾在以往的討論中説明,唐後期的輟朝範圍對象與前期不盡相同,唐前期重内官,很少有為地方一般州刺史行輟朝者。而唐後期輟朝從節度使擴大到觀察、防禦、都團練使等。上述大和元年條即規定"其留守、

---

① 朱振宏:《隋唐輟朝制度研究》,《文史》2010年2輯,總98輯,113—145頁。
② 《唐會要》卷二五《輟朝》,549頁。

節度、觀察、都護、防禦、經略等使，並請各據所兼官為例”，故輟朝
範圍比前期大得多。但大和元年太常寺所指仍主要是朝官，其“親
重之官”及“曾任將相，及曾在密近，宜加恩禮者”的説法，也仍近於
唐前期輟朝的原則，詔葬者和重臣始終在內。

　　唐後期輟朝天數在個別功勳重臣仍有突破，如馬燧四日，李
晟、渾瑊五日，其他皇親也有達七日者。唐後期對這類有特殊貢獻
者，甚至還可能在送葬時再次舉行輟朝。如渾瑊就是“及喪車將
至，又為廢朝”。而渾瑊和王武俊在輟朝五日的同時，又都使“羣臣
詣延英門奉慰”[①]，開大臣喪禮奉慰之先例，也達到了官員喪禮規格
的極限。

　　2. 舉哀和臨弔

　　前章已説明，在輟朝同時，對於國戚重臣，皇帝還有舉哀、親臨
喪事之儀。唐令、宋令關於舉哀儀基本一致，即皇帝舉哀是為“內
命婦二品以上、百官職事二品以上（又有散官一品或‘官’一品）”，
皇太子是為“三師、三少及宮臣三品以上喪”，因此，舉哀也必須二
品或在三品以上，皇帝親臨喪事當然更必須是對地位、官品極高極
重者。《開元禮》卷一三四規定皇帝的舉哀包括為外祖父母、為皇
后父母、為諸王妃主、為宗戚、為貴臣、為蕃國主；臨喪也有臨諸王
妃主、臨外祖父母、臨皇后父母、臨貴臣喪，但有關臨喪記載很少，
只有太宗曾親臨殷嶠、薛收、魏徵之喪，但前二者是在即位之前[②]。
惟有魏徵，太宗不但於其“病篤，興駕再幸其第，撫之流涕，問所欲
言”，而且在其死後“親臨慟哭”。高士廉喪，太宗亦曾“命駕將臨”，
但被房玄齡以“上餌藥石不宜臨喪”的理由“抗表切諫”，長孫無忌

---

　　①　《舊唐書》卷一三四《渾瑊傳》、卷一四二《王武俊傳》，3709、3876頁。
　　②　以上參見《舊唐書》卷五八《殷嶠傳》、卷七三《薛收傳》、卷七一《魏徵傳》，2312、
2589、2561頁。

也伏於馬前流涕阻擋,"帝乃還宮",未能成行①。王珪則是在"太宗素服舉哀於別次,悼惜久之"的同時,"詔魏王泰率百官親往臨哭"②。因此,皇帝親臨大臣喪的機會不多,推測在高宗以後,由於皇帝的獨尊愈來愈被突出和強調,且如皮慶生所說,由於俯從道教不得弔問死喪,禁見死屍血穢等觀念,所以不但皇帝已無"撫屍慟哭"之禮③,趨吉避凶、上不臨下也已形成一貫,唐朝皇帝"臨貴臣喪"逐漸成為具儀。

　　舉哀由於地點就在宮廷之內,所以相對皇帝親臨則較為多見。如太宗為王珪、李大亮、河間王李孝恭、戴胄、馬周④,高宗為唐儉、劉弘基、公孫武達、李勣、尉遲敬德、許敬宗⑤,武則天為狄仁傑⑥,玄宗為王仁皎、張說、源乾曜、馬懷素、褚無量等⑦。另外貞觀二十一年蕭瑀死,太宗"聞而輟膳",而太子(高宗)也曾為之舉哀⑧。從舉哀的對象看,其中至少大部分也在詔葬系列。

　　皇帝舉哀的方式及具體地點,《開元禮》或說是"別殿"("為外祖父母舉哀"),或說是"蕭章門外道東設大次"("為諸王妃主舉哀"),是可以有在別殿或宮門的兩種形式。相應的史料記載中有的只說是"素服舉哀"、"舉哀於別次"⑨。舉哀有時也寫作發哀,如

　　①　《舊唐書》卷六五《高士廉傳》,2444—2445頁。

　　②　《舊唐書》卷七〇《王珪傳》,2530頁。

　　③　皮慶生:《宋代的"車駕臨奠"》,49—50頁。

　　④　分見《舊唐書》卷六〇《河間王孝恭傳》、卷六二《李大亮傳》、卷七〇《王珪傳》、《戴胄傳》、卷七四《馬周傳》,2349、2390、2530、2534、2619頁。

　　⑤　《舊唐書》卷五七《公孫武達傳》,卷五八《唐儉傳》、《劉弘基傳》,卷六七《李勣傳》,卷六八《尉遲敬德傳》,卷八二《許敬宗傳》;2301、2307、2311、2488、2500、2764頁。

　　⑥　《舊唐書》卷八九《狄仁傑傳》,2894頁。

　　⑦　《冊府元龜》卷三〇三《外戚部·褒寵》,3573頁。《舊唐書》卷九七《張說傳》,卷九八《源乾曜傳》,卷一〇二《馬懷素傳》、《褚無量傳》;3056、3072、3164、3167頁。

　　⑧　《舊唐書》卷六三《蕭瑀傳》,2404頁。

　　⑨　參見《舊唐書》卷六〇《河間王孝恭傳》、卷七二《虞世南傳》,2349、2570頁。

高宗為張公謹"出次發哀"①。"出次"在《左傳》文公四年杜預注以為是"避正殿"②,因此別次應即是別殿,但也有不少皇帝於宮門舉哀之例。如崔敦禮卒,"高宗舉哀於(洛陽宮城)東雲龍門"③;郝處俊開耀元年(681)薨,高宗"即於(大明宮內)光順門舉哀,一日不視事"④;武則天為雍王賢"舉哀於(東都)顯福門"⑤;玄宗為竇希瑊、為蘇頲、源乾曜都曾舉哀於洛城南門⑥。《舊唐書》卷八八《蘇頲傳》載蘇頲薨,韋述上疏曰:"臣伏見貞觀永徽之時,每有公卿大臣薨卒,皆輟朝舉哀,所以成終始之恩,厚君臣之義。上有旌賢錄舊之德,下有生榮死哀之美,列於史冊,以示將來。"請求"為之輟朝舉哀,以明同體之義",結果玄宗為之行舉哀之儀並輟朝二日。因此舉哀和輟朝可以認為是兩項皇帝為表君臣之義而親身參加的哀悼儀式,可謂對朝臣的最高恩禮。

3. 冊贈和弔祭會喪

在輟朝和舉哀的同時,皇帝就會下達上述詔書,而贈官贈諡和弔祭也是必有之待遇。由於唐朝三品以上命官實行冊授,死後的贈官贈諡即稱為"冊贈"。冊贈之官在詔書中宣布,而由"敕使"專門將冊書送至宅中,其使者派設已見前述。《大唐開元禮》卷一三四有"策(冊)贈"一目,說明是由敕使備鹵簿行至喪者之門,主人以下哭迎,再由使者向主人讀冊、授冊於柩前。又據唐《喪葬令》("復原26")規定,"王公及職事官三品以上、散官二品以上身亡者",無

① 《舊唐書》卷六八《張公謹傳》,2507 頁。
② 《春秋左傳正義》卷一八,1840 頁。
③ 《舊唐書》卷八一《崔敦禮傳》,2748 頁。
④ 《舊唐書》卷八四《郝處俊傳》,2800 頁。
⑤ 《舊唐書》卷八六《章懷太子賢傳》,2832 頁。
⑥ 李嶠(湛)然:《太子少傅竇希瑊神道碑》,《文苑英華》卷九〇一(《全唐文》卷一〇〇同),4742 頁。

論生前三品官抑或得到三品以上贈官者,都可通過太常請謚,因此,詔葬者幾乎必有贈謚,所謂"義和擇日,太常考行"即指此也(詳第九章)①。但贈謚的時間總的來看比贈官會晚一些。據《續漢書·禮儀志》下關於諸侯王、列侯等喪事有"諸侯王,傅、相、中尉、内史典喪事,大鴻臚奏謚,天子使者贈璧帛,載日命謚如禮"的説法。"載日"即祖載之日,所謂"命謚"和皇帝告謚南郊的時間是一致的。古時啓奠與祖載在同日,後世官員百姓的喪葬亦應如此,所以《開元禮·三品以上喪之一》,"贈謚"一條列在"啓殯"之後,説明"告贈謚於柩"的時間應該是在"設啓奠訖"也即與啓奠同時而在送葬之際。

　　唐前期常有對功臣和元老重臣同時贈以二官的情況。例如魏徵卒贈司空、相州都督,而張行成的贈官則是開府儀同三司、并州都督②。爵也可以與贈官同時追封,如貞觀中王君㢸"贈左衞大將軍,都督幽、易、嬀、平、檀、燕六州諸軍事,幽州刺史,進爵邢國公"③,加上爵已是三官,但爵一般只作為後來(非當時)的追贈或死於王事者的封贈。唐朝安史亂後,贈官者大都只贈以職事官,已經很少有贈兩官的情況。贈官有很大實際意義,前揭附表13.已説明護喪(監護)、弔祭使的派設多是按照贈官品級(無贈者依臨終品級),本書下面部分還將説明,不僅上文已經談到的賻贈,其他詔葬應有的待遇,如立碑、給手力等也是按照贈官的品級發給。

　　對於贈官所贈印綬,《開元禮·策贈》明確規定"凡贈官通以蠟印而畫綬",但對贈册謚册所用材質則言之不詳。從現在已發掘的

①　盧藏用序、張説銘:《太子少傅蘇瓌(環)神道碑》,《文苑英華》卷八八三,4653頁。
②　分見《舊唐書》卷七一《魏徵傳》、卷七八《張行成傳》,2561、2705頁。
③　《唐代墓誌彙編續集》貞觀〇四一《唐故幽州都督邢國公王公(君㢸)墓誌》,32頁。

唐墓來看，大臣的墓中並没有見到贈册或謚册哀册出土。這一點或由於唐朝對諸王三公的册贈已不再用竹簡，或由於册贈之禮已然簡化。《容齋隨筆》"册禮不講"一條道："唐封拜后妃王公及贈官，皆行册禮。文宗大和四年，以裴度守司徒平章重事，度上表辭册命，其言云：'臣此官已三度受册，有覥面目。'從之。然則唐世以為常儀，辭者蓋鮮。唯國朝以此禮為重，自皇后、太子之外，雖王公之貴，率一章乞免即止。典禮益以不講，良為可惜！"[①]

　　洪邁所言乃生時册禮，惟禮儀的規定不完全等同實踐。《通典》卷一五《選舉》三《歷代制下》稱唐"選授之法"："凡諸王及職事正三品以上，若文武散官二品以上及都督、都護、上州刺史之在京師者，册授。五品以上皆制授，六品以下、守五品以上皆敕授。"並在册授下説明"諸王及職事二品以上，若文武散官一品，並臨軒册授；其職事正三品，散官二品以上及都督、都護、上州刺史，並朝堂册。訖，皆拜廟。册用竹簡，書用漆"。又據《開元禮》，臨軒册命的具體有三師、三公、親王、開府儀同三司、太子三師、驃騎大將軍、左右丞相、京兆牧、河南牧；朝堂册命的有太子三少、特進、輔國大將軍、光禄大夫、鎮國大將軍、侍中、中書令、諸衛大將軍、六尚書、太子詹事、太常卿、都督及上州刺史在京者[②]，其品級也都是三品以上。然則從唐朝的實際情況來看，並非有如此之多的官員行册授，更不可能均行册禮並用竹簡。洪邁所言，也僅及后妃王公。實際上册授官不少已為制敕授官所代替，竹簡也换為紙製告身。《舊唐書》卷四二《職官志》一就有"自神龍之後，册禮廢而不用，朝廷命官制勅而已"之説，所以册禮儀式簡化或謂"册禮不講"恐也並非始自宋朝，於是乎影響到贈官與贈謚，所謂"告贈謚於柩"並不意味着還有簡册的贈與，當然哀册就更不會有了。

---

　①　（宋）洪邁：《容齋隨筆》卷一〇，上海古籍出版社，1978 年，136 頁。

　②　《大唐開元禮》卷一〇八《臨軒册命諸王大臣》、《朝堂册命諸臣》，507—508 頁。

《開元禮》卷一三四儀目中在皇帝旨意下進行的還有會喪、會葬,本書第一章中曾考證會喪、會葬是延續前朝已有的名目。而會喪有一種是在官衙之内。宋令有"百官在職薨卒者,當司分番會哀,同設一祭"的規定("宋5"),筆者參考《令集解》復原的唐令是"諸百官在職薨卒者,當司分番會喪"("復原7")。由於唐令規定,三品稱薨,五品稱卒,所以既云"薨卒",則是三品官、五品官都在内,並且分番會哀,同設一祭,似乎都是在本官司内部,與禮所規定的"會喪"、"會葬"還不是一回事。

《開元禮》規定的會喪、會葬屬於另一種,既置於親貴的内容中,基本上可以認爲是也是詔葬者纔有之。"會喪"即"遣百寮會王公以下喪",應有儀式是皇帝並不親自出席,而是制遣"百官應會弔者並赴集於主人(喪主)第大門外",素服,在司儀贊禮下"諸官在位者皆哭十五舉聲","司儀引諸官行首一人,升詣主人前席位展慰"。同卷關於王妃宗戚貴臣等"敕使弔"皆有司儀贊禮,會喪内亦有司儀贊禮,説明唐令中("復原7")"皆命司儀令以示禮制",也主要指詔葬者的會喪會弔諸儀。

會喪見於史載頗多,如高宗爲張行成喪,"哭之甚哀,輟朝三日,令九品已上就第哭"[1]。尉遲敬德卒,高宗"令京官五品以上及朝集使赴宅哭"(或曰"就宅弔慰")[2]。前揭武則天母楊氏薨,命"文武九品以上,及親戚五等以上並外命婦,並聽赴宅弔哭";劉仁軌,"令在京百官以次赴弔";蘇良嗣,"敕百官就宅赴弔"[3]。代宗對田神功,"特許百官弔喪,賜屏風茵褥於靈座,並贈千僧齋以追福"[4];

---

① 《舊唐書》卷七八《張行成傳》,2705頁。

② 《舊唐書》卷六八《尉遲敬德傳》,2500頁;並見《唐代墓誌彙編》顯慶一〇〇《大唐故開府儀同三司鄂國公尉遲君墓誌并序》,290—292頁。

③ 《舊唐書》卷八四《劉仁軌傳》、卷七五《蘇良嗣傳》,2796、2630頁。

④ 《舊唐書》卷一二四《田神功傳》,3533頁。

後因痛惜楊綰之死,"又詔宰相已下文武百官悉就私第弔喪,又遣內常侍吳承倩會弔"①。德宗對郭子儀、嚴震均用此儀②,貞元中馬燧"薨之明日,詔贈太傅,又詔文武百寮就宅弔哭"③。

皇帝遣使弔祭的同時還須帶去體現皇帝心意的賻贈。本章前節已經談到,三品五品以上官員有"敕使弔"時,要帶去朝廷給官員的賻物。對於詔葬者而言,當然更是如此。漢魏以降的詔葬賻贈沒有固定標準,且歷朝贈物不一。唐朝詔葬的贈賻雖然仍看到有符合令文的發放,如竇希球是按照贈太子太師從一品的賻物二百段、米粟二百石④;薛談也是按照贈光祿卿從三品官賻物一百段,米粟一百石⑤,但多數情況仍超過標準,從賻物數百段、米粟數百石至兩者均過千不等,如高士廉、房玄齡都是賻物二千段、米粟二千石⑥;李勣則"賻物二千五百段,米粟副焉"⑦;最高者如王仁皎甚至賻物三千段,米粟二千石⑧。郭子儀"賻絹三千匹,布三千端,米麥三千石"⑨。其多少似乎沒有一定限額,甚至絹帛計算單位(匹、段)也不完全等同,其依據尚不得而知。從碑傳等所載其人事跡,大體可知是據位望、功勞、及與皇帝關係(或血緣遠近)等而完全由詔所定,賻贈多少顯然也體現了級別和受重視的程度。上面已說到監護使的派設也有等級限制,但並不絕對。而詔葬者的賻贈似乎亦

① 《冊府元龜》卷三一九《宰輔部·褒寵》二,3774頁。

② 《舊唐書》卷一二〇《郭子儀傳》、卷一一七《嚴震傳》,3466、3407頁。

③ 權德輿:《司徒兼侍中上柱國北平郡王贈太傅馬公行狀》,《文苑英華》卷九七四,5127頁。

④ 裴耀卿:《太子賓客贈太子太師竇希球神道碑》,《文苑英華》卷九〇二,4748頁。

⑤ 《冊府元龜》卷三〇三《外戚部·褒寵》,3574頁。

⑥ 《冊府元龜》卷三一九《宰輔部·褒寵》二,3769、3770頁。

⑦ 《唐代墓誌彙編續集》總章〇一〇《大唐故司空太子太師贈太尉揚州大都督上柱國英國公勣墓誌銘并序》,179—180頁。

⑧ 《冊府元龜》卷三〇三《外戚部·褒寵》,3574頁。

⑨ 《舊唐書》卷一二〇《郭子儀傳》,3466頁。

不是嚴格按照品級,同品級之内相差很遠,不同時代差別更大,這
説明唐代的詔葬等級問題尚不突出。另外詔葬的贈賻雖然是以皇
帝的名義,但是並没有指出或强調皇帝内庫,所以應該是出自左藏
無疑,這是詔葬與前面所説其他一些皇帝内府贈送的區別,詔葬作
為國葬的性質於此也可見一斑。

(三)送葬與大臣葬禮的展示

如同皇帝山陵一樣,詔葬從"啓殯"開始,"喪"事部分結束,便
進入了葬禮的第二個階段。這個階段的主要節目是送葬和入墓。
護喪使的職責和活動似乎與此更密切,而葬禮的展示性和等級制
度也充分體現在這一過程中。皇帝的"望"送,百官會葬、儀仗鼓吹
及龐大的送葬排場,乃至於送葬器物、墓葬設施種種,構建了親貴
高官葬禮的極度輝煌。以往研究者結合考古發掘的地上地下文
物,對其中的許多内容都已有所發現和説明,這裏只是結合令文與
其他文獻資料對相關者略加闡述。

1. 皇帝登臨眺送及百官會葬

禮、令均没有規定親貴大臣發引之日需要皇帝親臨送葬,因此
史料記載也衹有極少數重臣送葬日有皇帝送別,如魏徵葬日,"太
宗登苑西樓,望喪而哭,詔百官送出郊外"[①];《全唐詩》卷一載太宗
皇帝的《望送魏徵葬》,有"望望情何極,浪浪淚空泫"語。高士廉
卒,"及喪柩出自横橋,太宗登故城西北樓望而慟"[②]。李勣也是"及
葬日,帝(高宗)幸未央古城,登樓臨送,望柳車慟哭,並為設祭。皇
太子亦從駕臨送,哀慟悲感左右。詔百官送至故城西北"[③]。其中

---

① 《舊唐書》卷七一《魏徵傳》,2561頁。
② 《舊唐書》卷六五《高士廉傳》,2445頁。
③ 《舊唐書》卷六七《李勣傳》,2488頁。

所謂橫橋在"長安故城橫門外"①，一曰即中渭橋，與未央古城皆在長安西北。彭王元則，"發引之日，高宗登望春宮望其靈車，哭之甚慟"②。王仁皎亦是"樞車既發，上(玄宗)於望春亭遙望之"。宋敏求《長安志》卷七載"苑中宮亭凡二十四所"兩者皆在內，其中的南望春亭、北望春亭即望春宮所在，是天寶中韋堅通滻水造廣運潭處，樓、亭固適於登高遠望，可以很方便地見到送葬的隊伍。

這裏皇帝的送葬都強調一個"望"字，《舊唐書》卷一八三《外戚·韋溫傳》言韋后父韋玄貞及妻子武則天時被配留欽州而死，中宗反正後的神龍二年(706)返京改葬，"及玄貞等樞將至，上與后登長樂宮，望喪而泣"。其子韋洞(舊《韋溫傳》作"洞")墓誌記其父子盛大的詔葬儀式，也稱"仍迎置京邑，具禮改窆，止之日百官陪列於青門之外，二聖親幸長樂宮以過喪焉。皇后仁愛之心，合於天地；友悌之德，通於神明。望路長號，山川由其變色；憑軒雨泗，嬪御莫能仰視"③。按長樂宮即漢長樂宮，據《元和郡縣志》在渭水之南，屬長安縣，地理位置在長安西北，遠遠離開了唐宮城，是皇帝送葬最遠的。這裏望喪車經過而哭又稱之為"過喪"，其中"望路"、"憑軒"等說法都說明帝后其實只是登高遠望，不用親自下樓出宮，與百官排列在青門之外有所不同。我們又看到在張說《荊州玉泉寺大通禪師碑》的記載中，言禪師葬日"宸駕臨決(訣)至午橋，王公悲送至伊水，羽儀陳設至山龕"，並說"是日天子出龍門，泫金檻，登高停蹕，目盡迴輿"④，可見當時在東都的皇帝雖出了宮門，但也是登高遠望。還有《唐會要》卷三八《葬》記貞元九年(793)十二月，"故太

① 參見《資治通鑑》卷一九八貞觀二十一年(647)正月條胡三省注，6244頁；《元和郡縣志》卷一，14頁。

② 《舊唐書》卷六四《高祖二十二子·彭王元則傳》，2429頁。

③ 《唐代墓誌彙編》景龍〇一一《大唐贈衛尉卿并州大都督淮陽郡王京兆韋府君墓誌銘并序》，1084頁。

④ 張說：《荊州玉泉寺大通禪師碑》，《文苑英華》卷八五六，4522頁。

尉、西平郡王、太師晟,備禮葬於鳳政原。是日廢朝,上御南望春宮(《新唐書》卷一五四《李晟傳》作望春門)臨祭,令中使宣弔於柩車"。雖稱臨祭,但既"令中使宣弔於柩車",也説明皇帝並沒有出宮門,與送葬隊伍及柩車還保持有相當距離。

惟有郭子儀曾被給以殊禮。《舊唐書》卷一二○本傳説子儀薨,"及葬,上御安福門臨哭送之,百僚陪位隕泣"[①],也即郭子儀靈車經過皇城西北(在宮城西南)的安福門時,皇帝似乎是親臨哭別的,可以説是史料所見唐朝大臣葬事中唯一的例外。《杜陽雜編》卷下記同昌公主薨,"及葬送東郊,上與淑妃御延興門","及靈車過延興門,上與淑妃慟哭,中外聞者無不傷泣",似乎是親臨,盡管是公主,也屬極少的特例。按據《大唐元陵儀注》的規定,大行皇帝的靈駕和鹵簿儀仗由山陵使監護,從承天門發遣。嗣皇帝為先皇送葬,親送只到承天門外,而不是像漢代皇帝那樣送至陵墓。大臣靈車由監護使護喪,皇帝在經過距離最近的一處宮門或樓閣憑高遠望,與此也有相似之處,只不過皇帝決不能臨近喪車而只能遠望,顯然也是取至尊之身必須遠避不吉之意。不僅如此,尊不臨卑大約已是當時官僚社會的習俗。《舊唐書》卷一三六《盧邁傳》稱:"邁從父弟記,為劍南西川判官,卒於成都,歸葬於洛陽,路由京師,邁奏請至城東哭於其柩,許之。近代宰臣多自以為崇重,三(五?)服之親,或不過從而弔臨;而邁獨振薄俗,請臨弟喪,士君子是之。"宰臣竟不臨從弟之喪,也可見皇帝為大臣送葬是大臣的特殊榮耀,但同樣不能逾越皇帝和臣子在身分之間的距離。

送葬之際皇帝臨眺靈柩所過也是葬送的最高禮遇,代表了皇帝對親近大臣的痛悼之情。但多數情況下代替皇帝送葬的是百官。《開元禮》卷一三四"會喪"下有"會葬","會葬"是"制遣百寮會

---

① 《舊唐書》卷一二○《郭子儀傳》,3466 頁。

王公以下葬",就是在葬日皇帝下令朝廷官員會集送葬,這種待遇亦多為詔葬所享有。《開元禮》注明"右與百僚會喪禮同",應該是葬前最後的會弔,但地點不一定是在喪者門前。《唐六典》卷四禮部郎中員外郎條:

> 凡內外職事五品已上在兩京薨、卒,及身死王事,將葬,皆祭以少牢,三品已上贈以束帛,一品加乘馬。既引,又遣使贈於郭門之外,皆以束帛,一品加璧。

這一條"將葬"以下與同書卷一八鴻臚寺司儀令條幾乎是完全相同的,筆者整理歸入唐令"復原6",但現在看來可以單獨復原為一條。這個"將葬"即所謂"祖奠"或"祖載",也即靈車發動前一刻的祭祀;"既引"的"引",與《開元禮》"進引"和"引輴"的"引"意同,總的意思就是靈車上道,所以可以肯定這裏所說的均是送葬日的朝廷弔祭,與前之始死奏聞後的"遣使弔"不是一回事,也可以認為是皇帝於葬日再次遣使。這樣的弔祭在前揭《隋書·李穆傳》"百僚送之郭外,詔遣太常卿牛弘齎哀冊,祭以太牢"已經見到,說明也是自前朝有之。《唐六典》此條規定的對象是"凡內外職事五品已上",但後面的贈給束帛和馬是三品以上和一品,所以真正的對象便是三品以上貴臣。內容也可以認為是詔葬者的葬日弔祭。

這次的給贈是象徵性的,亦是前云弔祭使的任務,而會葬的地點應即長安的某城門或曰國門。上述魏徵和李勣在皇帝登臨送葬的同時都有"詔百官送出郊外"或者"詔百官送至故城西北"。有時還要送至郊外或墓地,武則天母楊氏,"其文武官九品以上並至渭橋宿次,外婦諸親婦女並送至墓所"[1]。《册府元龜》卷三一九《宰輔部·褒寵》二載代宗朝"裴冕為左僕射平章事、冀國公,杜鴻漸為中書侍郎平章事、衛國公,大曆五年卒,葬日並許百僚祖送

---

① 《册府元龜》卷三〇三《外戚部·褒寵》,3572頁。

於國門"。李光弼"葬於三原,詔宰臣百官祖送於延平門外"[①],郭子儀在皇帝臨送的同時有"百寮陪位隕泣"。而上引《唐會要》卷三八《葬》在記述德宗為李晟臨祭的同時提到"文武常參官皆素服送至長樂坡,哭拜於路"。只是當時太常卿裴郁誤用令式"隔品致敬"之文,"乃請宰臣及二品以上官者,哭而不拜,乃禮官失也"。貞元十一年馬燧卒,"及葬,又廢朝,遣百僚於延興門臨送"[②],延興門即長安城東之門也。百官送葬的地點並不固定,城門或東(通化門)或西(延平門),根據陵寢所在的方位而定,在皇帝的要求下還可以更遠,可以想見當時車馬喧騰,所謂"卜兆十里,會車千乘"[③],實為百官送葬之勝景。

2. 鹵簿鼓吹及儀仗

與皇帝葬禮相仿,送葬也是官員葬禮過程中向民衆展示的部分,是顯示身分地位和喪事排場的機會場合,也是葬禮中的高潮。屆時不但有朝廷遣使祭奠,百官會葬,更有鐃鐸鼓吹、虎賁衛士、挽歌挽郎組成的鹵簿儀仗,以及諸般送葬器物,甚至擡舁着明器招搖過市,組成龐大的送葬陣容。其中鼓吹造成的動静最大,使葬禮場景顯得更加熱鬧。唐代碑誌記載的詔葬常常是"鼓吹儀仗,送至墓所(往還)"。《宋史》卷一二四《禮志》二七記五代詔葬之儀"太僕寺革輅,兵部本品鹵簿儀仗,太常寺本品鼓吹儀仗,殿中省繖一、曲蓋二、朱漆團扇四,自第導引出城,量遠近各還",也是説整個的送葬隊伍要帶着官家鹵簿鼓吹儀仗的全副執事行道遊街直至墓地,再

---

① 《舊唐書》卷一一〇《李光弼傳》,3311頁。
② 《册府元龜》卷三一九《宰輔部·褒寵》二,3776頁。
③ 吕温:《唐故金紫光禄大夫檢校兵部尚書使持節都督秦州諸軍事兼秦州刺史御史大夫充保義軍節度隴西經略軍等使上柱國彭城郡開國公食邑二千户贈尚書右僕射中山劉公(滋)神道碑銘》,《全唐文》卷六三〇,6361頁。

由墓地返還。《天聖令》"宋
10"有："諸一品二品喪，敕
備本品鹵簿送殯者"的規
定，但是唐《喪葬令》在鹵簿
的問題上卻不甚明確，惟列
在"右令不行"中的"唐 3"
（也即"復原 24"）有曰：

> 諸五品以上薨卒
> 及葬，應合弔祭者，所
> 須布深衣、幘、素三梁
> 六柱輿，皆官借之。其
> 內外命婦應得鹵簿者，
> 亦準此。

其中提到送葬時的命婦鹵
簿問題。命婦的品級多來
自其夫、子，表明某些官員
是應用鹵簿的。那麼什麼

圖 27. 唐金鄉縣主墓騎馬鼓吹儀仗俑

等級的官員可用鹵簿？《開元禮》卷二《序例》中"王公以下鹵簿"
有曰：

> 右應給鹵簿者，職事四品以上，散官二品以上，爵郡王以
> 上，及二王後依品給；國公準三品給；官爵兩應給者，從高給。
> 若京官職事五品身婚葬並尚公主、娶縣主，及職事官三品以上
> 有公爵者嫡子婚；並準四品給。凡自王公以下，在京拜官初
> 上、正冬朝會及婚葬則給之。

此條在《唐會要》卷三八《葬》更明確為"舊制：應給鹵簿，職事四品
以上、散官二品以上及京官職事物品以上，本身婚葬皆給之"，即最

低不過京官五品。《通典》卷一三九《開元禮纂類・三品以上喪中》
"器行序"關於"鼓吹振作而行"有注曰："六品以下無鼓吹。"《新唐
書・儀衛志》也載五品以上鹵簿[①]。這與"唐 3"所説"諸五品以上薨
卒及葬"的範圍是一致的。由於此條已被仁井田陞復原為《鹵簿
令》第三乙條,其喪葬鹵簿的内容也已歸在其中,因此原來的唐《喪
葬令》中應該是没有官員鹵簿的條款。

圖 28. 唐李憲墓跪拜俑

　　根據《開元禮》(或《鹵簿令》)鹵簿的使用不限於詔葬,但詔葬
官員的鹵簿無疑是依官品所給之最高者,而帶有儀仗鼓吹的鹵簿
又是詔葬中最有氣勢的部分。高官葬禮給鹵簿儀仗羽葆鼓吹,前
朝已多如此。梁滿倉認為鼓吹在兩晉時期出現了明顯的制度化特
徵。南朝和北魏孝文帝改革以後,軍禮鼓吹制度進入了比較成熟
的發展時期。他還指出南北朝將領死後被贈武職和鼓吹屢見不
鮮。它是對死者生前軍功的表彰,並通過表彰死者來激勵生者,因
此有着重要的軍事意義,提出鼓吹與贈諡和車服一樣,是表示死者

① 《新唐書》卷二三下《儀衛志》,第 506 頁。

地位的標誌之一①。前揭唐紹所言"鼓吹本軍容","惟功臣詔葬,得兼用之",也是説與軍禮有關,以軍禮表示對死者,尤其是馳騁疆場者的恭敬。而墓誌表明,班劍鹵簿鼓吹實際上成為給詔葬者之特别榮耀,其使用當然也不再限於武人,而是包括不少文臣。而鼓吹等帶給詔葬之聲勢影響,亦可見前揭《唐代墓誌彙編》景龍○一一《大唐贈并州大都督淮陽王韋君(洞)墓誌銘》:

> 葬日給班劍卅人,羽葆鼓吹,儀仗送至墓所往還。長安調卒,將作穿土,會五月之侯家,交兩宫之節使。車徒成列,達靈文之寢園;鐃吹相喧,震京兆之阡陌。

所謂"葬日給班劍卅(或四十)人,羽葆鼓吹"乃前代王及三公所用鹵簿,作為一種定式而唐代沿襲之。不少詔葬者特別是陪陵的王公大臣如魏徵、房玄齡、高士廉、李靖、李勣、趙王福、虢王鳳等墓誌中都能見到。"羽葆鼓吹"皆樂曲分部。《新唐書》卷二十三下《儀衞志》下言:"凡鼓吹五部:一鼓吹,二羽葆,三鐃吹,四大橫吹,五小橫吹,總七十五曲。"各部所用樂器及吹奏曲目不同而有一定。出土金鄉縣主墓的彩繪陶俑中最有特色之一就是鼓吹儀仗俑,共18件,整理者認為這一組鼓吹儀仗俑從使用的樂器來看,比較接近"大橫吹"。並從其墓誌有"山雲寡色,隴樹凝陰,野曠而筛鼓喧聲,林靜而旌旗黯色"來看,判斷"金鄉縣主在下葬時應當使用了鼓吹儀仗,墓中出土的這一組鼓吹儀仗俑正是這種情況的寫照"②。金鄉縣主為高祖子滕王李元嬰女,品級視正二品。墓誌沒有説到詔葬,但棺用石槨,很可能也屬詔葬之列。

詔葬鹵簿也特別給予有功勳的戰將及葬在京城的節度使。

---

① 梁滿倉:《魏晉南北朝軍禮鼓吹芻議》,37—59頁。

② 王自力、孫福喜編著:《唐金鄉縣主墓》拾《金鄉縣主墓彩繪陶俑初探》,北京:文物出版社,2002年,111—112頁。

《張説之文集》卷一七《右羽林大將軍王公(君奐)神道碑奉敕撰》：

> 以(開元)十六年十月,詔葬於萬年縣見子之原。鹵簿齊列,方相雙引;京尹護喪,史官頌石。千乘送葬,觀驃騎之威儀;十里開塋,識龍驤之丘墓。

《文苑英華》卷九五一(《全唐文》卷四一九)常袞撰《華州刺史(同華節度使)李公(懷讓)墓誌銘》也頌揚墓主人的送喪儀仗曰：

> 將軍鹵簿,司空法駕;鉦車介士,前後鼓吹;觀者稱榮,懦夫增氣。百官臨弔,畢集孔光之門;五校送喪,直至鄧弘之墓。

可見有着官員會葬以及鹵簿儀仗鼓吹的送葬之儀備極哀榮,它們的送葬儀式雖然比不上皇帝,但熱鬧程度亦非尋常可比,此是詔葬者和詔葬之家的極度風光,也是長安城内可以見到的一道特別風景。

唐後期的鹵簿範圍比《開元禮》所定範圍似乎有所縮小。《唐會要》卷三八《葬》稱寶應元年(762)建卯月三日定:"婚葬鹵簿,據散官封至一品,職事官正員三品並駙馬都尉,許隨事量給,餘一切權停。"是給鹵簿的官員等級提高,基本以職事官正員三品為限,不再包含四品。《舊唐書》卷一一寶應二年五月癸卯朔條記太常卿杜鴻漸奏"婚葬合給鹵簿,望於國立大功及二等已上親則給,餘不在給限",得皇帝"從之"。據《唐六典》卷一六《宗正寺》宗正卿、少卿之職條規定"皇大功親、皇小功尊屬、太皇太后‧皇太后‧皇后周親為第二等,準四品",也即對於皇親稍優於官員,是按照"準四品"的二等親給鹵簿的。

但以血緣定等級,並不是本人真正的爵品或官品。除了上述近親外,一般情況下須按封爵或官職。《唐會要》同門貞元十三年(797)五月條復記,"宗正卿、嗣義王巇奏:'簡王府諮議參軍嗣寧王子澀葬,請鹵簿。'宰臣等議,以子澀官卑,不合特給。詔令給"。其年七月敕又令"自今已後,嗣王薨,葬日宜令所司並供鹵簿,仍永為常式"①。唐代親王正一品,嗣王、郡王從一品。嗣王是接續原來的封爵,其爵品雖高,但初任官職卻例有減降。《舊唐書》卷八六《高宗中宗諸子傳》稱:"唐法,嗣、郡王但加四品階,親王子例著緋。"按此指選敍時的品階,《唐六典》卷二"吏部郎中"條"凡敍階之法,有以封爵"下注曰:"謂嗣王、郡王初出身,從四品下敍;親王諸子封郡王者,從五品上",即此謂也,故嗣王官職較低。因此這裏嗣王鹵簿其實是按爵品對待的。不過嗣王的官位究竟應從何而算,歷朝曾有不同,如就朝班之位而言,開元中定"與開府儀同三司等致仕官,各居本司之上",貞元二年九月敕定"文武百官朝謁班序",嗣王、郡王是和三太、三公、太子三太及開府儀同三司、國公列在一品班之內,"其嗣王合隨宗正,若有班立,位合依三品"②。至貞元四年七月,又敕"自今以後,嗣郡王宜列於本官班之上"。總之嗣王是按爵品獲得一些優待,也可以算是三品之內,這與後來宋代規定鹵簿只在敕葬的一、二品範圍也已經相對接近了。

3. 送葬器物、墓地和墳高、墓上石刻、碑碣

唐令在喪葬所用人員器物上,如重鬲、銘旌、轜車、引、披、鐸、翣、挽歌、方相、魌頭、纛、帳等都是按品級有嚴格的規定,詔葬無疑是按三品以上的規格,如"諸銘旌,三品以上長九尺"("復原19")、"諸轜車,三品以上油幰,朱絲絡網,施襈,兩廂畫龍,幰竿諸末垂六旒蘇"("復原19")、"諸引、披、鐸、翣、挽歌,三品以上四引、四披、六

---

① 此下接有"(元和)十四年十一月敕:'自今以後,應緣喪葬,俱給鹵簿,即遂(逐)便於街市宿幔'"一條。按此條無主語,無給鹵簿之官品限制。或即接前而言,或因是同類事項故並匯入當時敕格。但"遂(逐)便於街市宿幔"意似乎是可以宿止街市,存疑。

② 以上見《唐會要》卷二五《親王及朝臣行立位》、《文武百官朝謁班序》,558—560頁;並參《通典》卷七五《天子朝位》,2039頁。

鐸、六翣,挽歌六行三十六人"("復原20")等,都將三品以上與三品
以下作了明確區分。

有些品級非以三品為定,如鬼面偶人裝飾的方相車與魌頭車
是"諸四品以上用方相,七品以上用魌頭"("復原21")。驫帳是:
"諸驫,五品以上,竿長九尺;六品以上長五尺。其下帳,五品以上
用素繒,六品以下用練,婦人用綵。"("復原22")說明某些器物不完
全是三品以上高官可以使用,但詔葬也應是享受最高規格者。

唐令之所以要對這些人員器物加以規定,也是由於其中許多
如輀車、引、披、鐸、翣、挽歌、方相、魌頭車、驫、帳等,都是要在送葬
中出現的。詔葬的送葬器物常常可以在規定之上增加裝飾或數
量,送葬隊伍也因此顯得格外五彩繽紛和與衆不同,上述"車徒成
列"、"方相雙引"以及張說在論弓仁神道碑中關於"太常鼓吹,介士
龍騎。虎帳貂裘,封犛殉馬,吉凶之義舉,夷夏之物備"的形容[1],正
反映了詔葬在送葬隊伍和器物上的不同凡響。

葬事最終的結局是送至墓地入葬,而詔葬的特殊性還在於葬
地本身及隨葬器物的賜予和規格。太宗貞觀十一年(627)二月曾
下詔,以"漢氏使將相陪陵,又給以東園祕器,篤終之義,恩意深厚"
而下令:"自今已後,功臣密戚及德業佐時者,如有薨亡,宜賜塋地
一所,及以祕器,使奄歾之時,喪事無闕。所司依此營備,稱朕意
焉。"[2]詔葬中如是陪陵大臣,其墓地固由官給,溫彥博、段志玄、牛秀
等的碑誌中都見到賜塋地的記載,不過除了陪陵,由官賜塋地已經越
來越少。宋代後來允許敕葬者無地可以"聽本家選無妨礙地,申所屬
差官檢定,估價買充",已經同於一般官員埋葬地,只是給予除稅[3],應

---

[1]　張說:《撥川郡王神道碑》,《文苑英華》卷八九一,4689 頁。
[2]　《舊唐書》卷三《太宗紀》下,47 頁。
[3]　楊一凡、田濤主編,戴建國點校:《慶元條法事類》卷七七,《中國珍稀法律典籍續
編》下,哈爾濱:黑龍江出版社,2002 年,835 頁。

當是由唐朝發展來的情況。

墓地之面積和墳高，唐令規定"一品方九十步，墳高一丈八尺；二品方八十步，墳高一丈六尺；三品方七十步，墳高一丈四尺"（復原29）；墓域門及四隅也規定"四（三?）品以上筑闕，五品以上立土堠"（"復原30"），此為按品級量減的一般規定，但本身即保證了三品以上官的特權。此外對於墳高，還有不同的規定。唐令"復原3""諸功臣密戚，請陪陵葬者聽之，以文武分為左右而列"之下，注明"墳高四丈以下、三丈以上"，與開元中宋璟、蘇頲上表所言"準令"一品合陪葬者墳高相同。這已超過令所規定的一品一丈八尺許多，是對陪葬者的特殊待遇。

但是昭陵的一些陪葬墓也已超過這一標準，例如李勣墳高20米，按唐制約近七丈；越國太妃燕氏、長樂公主、城陽公主墳高都合五丈。這些人身分較為特殊，但後來的一些子孫祔葬墓竟超過房玄齡、溫彥博等墓[1]。而《唐会要》和《舊唐書·宋璟傳》都言及玄宗時外戚竇孝諶的墳高五丈一尺，也已經僭越制度。不過陪陵者至少相當多數有詔葬待遇，所以陪陵規定的墳高或也即詔葬的標準。楊思勖為驃騎大將軍兼左校尉大將軍知內侍省事，官從一品，雖非陪葬，但封土地上高至9米，不亞於陪葬之陵。墓誌説他致仕後亡，未言用詔葬，但墓中有石槨，頗疑也比擬詔葬[2]。郭子儀有大功，墳高在"舊令一品墳高丈八"之上"特加十尺"，達二丈八尺，雖趕不上唐前期，但也屬唐後期大臣的特例。

另外依據考古發現對20餘座唐太子、公主、親王及同等級姻親墓的統計，這些親貴（基本可認為是詔葬）雖然不能像帝后因山

---

[1]　昭陵文物管理所：《昭陵陪葬墓調查記》，34—38頁；並參齊東方：《試論西安地區唐代墓葬的等級制度》，305頁。

[2]　中國社會科學院考古研究所編著：《唐長安城西郊隋唐墓》，北京：文物出版社，1980年，65—75頁；墓誌見83—86頁。

為陵,卻都是平地起冢的覆斗形大墓,其中號墓為陵者封土底邊 60
(初、盛唐)—40(中唐以後)米,陵墓四周設矩形單城,南北長 250—
300 米,東西寬 214—220 米。其中李憲墓陵園設内外城,外城各邊
達 1000 米左右。而一般的親王公主墓封土底邊長也在 30—42 米
左右,陵園南北長 144.5—180 米,東西寬 95—143 米①。

　　不僅是佔地面積與墳高,即某些詔葬者在墓室建築上也有不
同。唐令規定官員墓不得用石室(詳下),所以一般只能用磚室。
按照墓葬發掘的形制,一至三品的官員一般是單室磚墓,但是也見
有雙室磚墓的使用。據齊東方考證,目前已經公布的尉遲敬德、鄭
仁泰,蘇□②、李謹行、懿德太子李重潤、永泰公主李仙蕙、雍王(章
懷太子)李賢、韋洞、太平公主女薛氏和唐太宗孫李仁墓等都是雙
室磚墓③。他又結合墓室形制與隨葬品、葬具等施用範圍情況將墓
葬分為三個時期和五個階段,其中高宗至玄宗時期的墓葬可以細分
為"號墓為陵"、一二品高官有特殊功勳、權力者以及三品以上、五品
以上、九品以上和庶人的六個等級。前兩個等級大都使用雙室磚
墓④。而從這些人中,至少尉遲敬德、鄭仁泰、李謹行和韋洞從墓誌
都明確是詔葬,並且多是一、二品的國公、郡公,有陪陵身分;其餘
則皆太子公主,或公主之女。其所享受者也同詔葬,並是最高規
格。雖然如齊東方所說這些雙室墓大多出現在唐高宗至睿宗等級
制度不斷嚴格化的五十餘年中,是特定歷史時期的特殊墓葬,但仍

---

　　① 陝西省考古研究所:《唐李憲墓發掘報告》第八章《結語》,北京:科學出版社,
2005 年,244—246 頁。
　　② 按"蘇□",宿白:《西安地區唐墓壁畫的布局與内容》認為是蘇定方,142 頁注 1。
　　③ 齊東方:《略論西安地區發現的唐代雙室磚墓》,858—862 頁。按據《唐李憲
墓發掘報告》的統計(250—251 頁),皇室和外戚中建立雙室墓的還有高祖第六女房陵大
長公主,第十二女淮南大長公主,太宗韋貴妃,韋洞的兄弟姊妹,節愍太子李重俊等。而
《唐節愍太子墓發掘報告》所列雙室磚墓還有張士貴、尉遲敬德、成王李千里等(166—
167 頁),合應超過 20 人。
　　④ 齊東方:《試論西安地區唐代墓葬的等級制度》,289—295 頁。

然可以反映詔葬的最高等級——陪陵大臣或太子、公主的喪葬特權。

唐令規定五品以上可以立碑，但"官為立碑"卻也是詔葬獨有的待遇①。所謂立碑包括兩方面，即一是碑的製作。《唐六典》卷二三《將作監》"甄官令掌供琢石、陶土之事，丞為之貳"，所謂琢石陶土既包括了一應墓上所用，即"凡石作之類，有石磬、石人、石獸、石柱、碑碣、碾磑，出有方土，用有物宜"，其中就有碑碣。碑應由將作監製作，而既然是"官為立碑"，對詔葬者的碑，就應當是無償提供的。

另一是碑的撰寫。同書卷一〇《秘書省》載著作郎"掌修撰碑誌"，張說為論弓仁作碑說是"有命國史，立碑表墓"，為王君㚟作碑也說是"史官頌石"，當時張說本人有"兼修國史"的名義，他作碑誌是因玄宗指派。所以為重要官員修撰碑誌是著作官、治史官的職務，而詔葬之重者甚至"帝親製碑文，並為書石"②，此又因與皇帝關係親密所致，而非一般可言了。

將作監提供碑碣的同時，還包括墓上石刻。封演《封氏聞見記·羊虎》條指出："秦漢以來帝王陵前有石麒麟、石辟邪、石象、石馬之屬；人臣墓前有石羊、石虎、石人、石柱之屬，皆所以表飾墳壠，如生前之儀衛耳。"③對於唐宋時代陵墓中的石像牲研究者早有考察，現在知道的是李壽墓就有石羊 2 對，石虎 1 對，石柱 1 對；尉遲敬德、鄭仁泰、李勣等人墓也都有石羊石虎一類④。唐令"復原 32"

---

① 見《舊唐書》卷五八《唐儉傳》，2307 頁；《冊府元龜》卷三〇三《外戚部·褒寵》武則天母楊氏、竇希瓏、王仁皎條，3572—3574 頁；《文苑英華》卷八八三《太子少傅蘇瓌神道碑》，4653 頁。

② 《舊唐書》卷七一《魏徵傳》，2561 頁。又如同書卷一〇三《王君㚟傳》言："仍令張說為其碑文，上自書石以寵異之。"3192 頁。《冊府元龜》卷三〇三《外戚部·褒寵》言王仁皎也是"官為立碑，命張說為其文，親書石焉"，3574 頁。

③ 趙貞信：《封氏聞見記校註》卷六，58 頁。

④ 徐蘋芳：《唐宋墓葬中的"明器神煞"與"墓儀"制度》，《考古》1963 年 2 期，96 頁；陝西省博物館、文管會：《唐李壽墓發掘簡報》，《文物》1974 年 9 期，71、78 頁。

規定："其石人石獸之類，三品以上六，五品以上四。"但没有説到石柱。李壽墓合此數，加上石柱應爲八。李勣墓前未見石柱，但有石人二、石虎三、石羊三，也合八之數，諸人皆屬詔葬。《唐代墓誌彙編續集》開元〇〇九《唐故銀青光禄大夫雟州都督長沙郡公贈幽州都督吏部尚書文獻公姚府君玄堂記》載姚崇父祖的墳所都是"石人、石柱、石羊、石獸各二，列在墳南"，由於姚崇父贈幽州都督是正三品，我頗疑石柱也是詔葬者特有的墓上設施。

　　按石柱一般又認爲就是華表，是否即從南朝而來已不能知曉。有説法是"唐帝陵前華表高大宏偉，皇族嫡親墓葬前可用華表，但依等級不同以近二分之一高度逐級遞減，大臣墓前不可樹立華表，所以華表在陵墓前僅用於帝王及嫡系親族"①。但是依據上述規定和文獻例證，似乎某些大臣還是有石柱的。《宋史》卷一二四《禮志》二七載詔葬大臣有"石羊虎、望柱各二"，此望柱當即石柱。現已發現在唐昭陵陪葬的蔣王妃元氏墓上，有清楚標明爲"石柱"字樣的柱形建置，考古工作者認爲"亦爲此類墓前建制稱謂的第一手資料"②。其形制與其他墓上的華表十分相似，都是多角或稱多面形，下有柱礎③。詔葬大臣的品級未必低於王妃，其墓上未必不立石柱。不過，這類石柱是否也可稱爲華表不無疑問。徐乾學《讀禮通考》卷九九《喪具》五並未將石柱和華表皆歸爲一類。他在"石柱"一項下引《隋書》卷八《禮儀志》三梁天監"六年（507），申明葬制，凡墓不得造石人獸碑，唯聽作石柱，記名位而已"一條。蕭梁是不允許臣下立石人獸碑的，但所説允許立"記名位"的石柱

————————————

①　《唐李憲墓發掘報告》，248頁。

②　李浪濤：《唐昭陵陪葬蔣王妃元氏墓發現題記石柱》，《文物》2004年12期，83—85頁。

③　按蔣王妃元氏墓的石柱是"通體八棱柱形"，李憲墓陵前華表也是"通體八棱柱"（前揭發掘報告6頁），節愍太子墓華表雖已殘，但也可證明是多棱柱體形（前揭發掘報告14頁）。

是什麼？唐朝大臣的石柱究為何種形式？是不是僅僅用來記名位？其石柱是不是與宋詔葬大臣的望柱相同？尚待有更多的發現和證明。

　　4. 棺木、明器及"葬事所須，並令官給"

　　葬事給賜東園祕器和明器，當然也是漢魏以降詔葬者的專利。東園乃漢代將作屬下，祕器即棺槨。上述太宗貞觀十一年詔說明"功臣密戚及德業佐時者"薨亡，要賜"祕器"，而在前代和唐代的許多詔葬者都見到賜以東園祕器的記載。實際上"祕器"未必仍應"東園"之名，但官家棺槨的賜給在唐朝的詔葬仍是一項極高的待遇。

　　"祕器"形式雖未見有說明，但一般棺槨的使用材料及形制是有制度規定的。據《通典》卷八五《棺槨制》復原的唐令第 25 條曰："諸葬，不得以石為棺槨及石室。其棺槨皆不得雕鏤彩畫，施戶牖欄檻。棺內又不得有金寶珠玉。"此條"宋 21"幾同唐令。齊東方發現，在雙室墓的墓主中，鄭仁泰、李重潤、李仙蕙、李賢和韋泂都有石棺槨，石槨仿木建築製造出脊瓦、滴水、門窗，還雕刻各種花紋及

圖 29. 唐李壽墓誌

圖30. 唐薛儆墓石門扉

人物。墓主都屬於"號墓為陵"的第一等級,或者是有特殊功勳、勢力高於一般品官的第二等級①。《唐李憲墓發掘報告》列舉的 21 座皇室和外戚墓葬中,甬道都有石門,其中有石棺牀的 9 人,而有石棺槨的 11 人。而王静在前人資料基礎上列表舉證的唐代葬具有石棺槨者則有 20 例。並指出自漢代以來,"石棺、石槨成為葬制奢侈的代表,皇帝作為特權而賞賜予臣子",北朝至隋的考古發現有 8 例,其中也包括少數民族的虞弘、北周史君和婆羅門後裔李誕墓,以及隋李和李静訓墓等。王静還注意到石棺槨與"別敕葬"的關

---

① 齊東方:《試論西安地區唐代墓葬的等級制度》,293 頁。

係,認為"別敕葬在南北朝隋唐時期是比品官更高的埋葬等級,僅次於帝陵。其中一個典型特徵便是多使用石棺、石槨及其他石材,亦即石材是高等級墓葬的一個重要參數"①。筆者的看法是:唐朝王公大臣的石棺槨雖然在令的規定之外,但顯然為皇帝所特別批准,或即官府提供,應屬"東園祕器"一類(當然亦不排除有僭越者)。由皇帝下敕的"別敕葬"不見得就一定等同於派了護喪使的詔葬,但詔葬一定在"別敕"之內。至少鄭仁泰、李重潤等有石棺槨和石牀的是名副其實的詔葬。

其實石棺槨一類也確實能夠體現喪葬的等級。石棺槨的出現多在高宗至玄宗時期,1995年薛儆墓的發掘報告,整理者説明內有彩繪石槨,但發現墓中遺物"下葬時就被攪亂過了"。齊東方對此發表評論,認為薛儆雖貴為皇親國戚(睿宗女婿),但並無聲名,在喪葬禮儀中使用極為特殊的石槨,是借助葬事做現實政治文章的需要。薛家本來與太平公主有親,但玄宗登基後薛儆被貶,死前僅為從四品下的別駕。薛家本準備利用喪禮獲得榮譽,卻没有想到連贈官都没有得到,為了避免違禮僭越之罪,只好毀壞已經繪製完畢的壁畫,打碎石墓表、武士,最後只剩石槨②。雖石槨的來源值得再考,但齊文勾畫出的輪廓,卻説明在這一特定時間之中,權勢和政治的重要性超過官品。

明器的數量在唐令式亦有規定。《唐六典》卷二三《將作監》甄官署令有"凡磚瓦之作,瓶缶之器,大小高下,各有程準",所以墓上所用及明器的樣式、尺寸都由甄官署掌握。此外,唐令"復原23"規定:"諸明器,三品以上九十事,五品以上六十事,九品以上四十事。

---

① 王静:《唐墓石室規制及相關喪葬制度研究——復原唐〈喪葬令〉第25條令文釋證》,440—446頁。

② 齊東方:《〈唐代薛儆墓發掘報告〉書評》,《唐研究》8卷,539—542頁。按原書見山西省考古研究所:《唐代薛儆墓發掘報告》,北京:科學出版社,2000年。

當壙、當野、祖明、地軸、輗馬、偶人，其高各一尺；其餘音聲隊與僮僕之屬，威儀服玩，各視生之品秩所有，以瓦木為之，其長率七寸。"此條也是基本依據甄官署令"凡喪葬則供其明器之屬"之下內容而來。《開元禮》卷三《序例下·雜制》有類似的內容，只是對這類用物的名稱尺寸和數量規定更加具體細緻，更像是唐式的內容。明器雖然有數額，但是齊教授指出上述雙室墓的明器數量遠遠超過了"九十事"的限制，多者甚至達到五、六百甚至上千件。其他墓主人是一、二、三品官，屬於"號墓為陵"和皇親國戚之外的第三等級，其墓葬中也有不少數量超過規定者。現在通過發掘報告知道"讓皇帝"李憲墓中僅陶俑一項就是 870 件，其數量和形制大小均非尋常可比[1]。

於是便有明器的官供問題。《唐六典》在"凡喪葬則供其明器之屬"下注明："別敕葬者供，餘並私備。"此條在筆者後來對復原所作的修改中，已補入"復原23""諸明器"之下作為注文[2]，其意即表明只有"別敕葬"的明器纔由官府供給，餘則自備。筆者如上斷句參考了中華書局陳仲夫點校本《唐六典》和點校本《通典》，但齊東方教授將此句斷為"別敕葬者，供餘並私備"，文意就變成了九品以上官員明器都應由甄官署按照品級供給，獲得特殊待遇的"別敕葬者"[3]，隨葬品可以超越數量規定，所超過部分卻要由其家自備。

那麼究竟應當如何理解這一文句呢？齊教授的解釋似乎亦不無道理。然則有疑問的是《新唐書》卷四八《百官志》竟將此句直改為"敕葬，則供明器"，意思與筆者理解的相同。宋朝稱詔葬為敕葬，難道歐陽修是根據宋朝敕葬的情況來解釋唐朝？

---

① 《唐李憲墓發掘報告》，254—257 頁。
② 見拙文：《關於唐〈喪葬令〉復原的再檢討》，91—97 頁。
③ 齊東方：《略論西安地區發現的唐代雙室磚墓》，859 頁。

《唐會要》卷三八《葬》元和六年（811）十二月"條流文武官及庶人喪葬"説明："伏以喪葬條件明示所司，如五作及工匠之徒捉搦之後，自合准前後敕文科繩，所司不得更之。"已説到喪葬用物與"五作及工匠之徒"有關。會昌元年（841）十一月御史臺"奏請條流京城文武百僚及庶人喪葬事"，末有喪葬違制"先罪供造行人買售之罪，庶其明器並用瓦木，永無僭差"的要求，更明確了明器是由供作行人製造和"買售"。"作"是官府經營的手工業，"五作"不知是否隸屬於將作監。奏文是針對京城一切官民喪事在内，對明器數量、質地的限制既包括官員也包括庶民，"買售"的説法，似乎更傾向於明器都是來自於買賣也即自備。盡管如此，令文關於官員明器的内容含義尚不能十分肯定。

《白氏六帖事類集》卷六六"明器"一條或許更可以解決這個疑惑。其曰："凡喪葬，則供其明器之屬。《唐六典》甄官令。"下一條曰："別敕葬者供。同上注：'別敕葬者供，餘並私備。'"兩條注文皆説明出處是《唐六典》，而後一條正文引至"供"，卻非"別敕葬者"，説明是將供字從上不從下，可以認為唐人（至少唐後期人）對此條的理解與歐陽修一致，也就是説，應當維持原來的標點，解釋為只有詔葬纔供明器，這是詔葬特殊的優惠。當然這裏仍不能排除因唐後期制度變化産生理解差異的可能，不過這一點從文字暫時還無法證明。

另外關於明器的規格也有不同。《開元禮》卷三《序例下·雜制》關於明器在一般的種類、尺寸限定之外有"若三品已上優厚料，則有三梁帳、蚊幬帳、婦人洗梳帳，並準此"。所謂"優厚料"，顯然是針對能夠獲得詔葬的官員給予的，這類明器是一般官員無資格使用者。

唐朝詔葬者的碑誌中常常見到有"葬事所須，並令官給"或"凶事葬事並(令、宜)官給"的説法①。這個"官給"有不少實際内容，不僅包括明器之屬和衛隊，亦包括"葬日借幔幕手力"，借"幔幕手力"不僅有穿墳和葬事需要的人功，亦包括令所説"所須布深衣、幘、素三梁六柱輿，皆官借之"，即臨時借用之車服。《舊唐書》卷八二本傳載李義府"尋請改葬其祖父，營墓於永康陵側。三原令李孝節私課丁夫車牛，為其載土築墳，晝夜不息。於是高陵、櫟陽、富平、雲陽、華原、同官、涇陽等七縣以孝節之故，懼不得已，悉課丁車赴役。高陵令張敬業恭勤怯懦，不堪其勞，死於作所。王公已下，爭致贈遺，其羽儀、導從、轜輴、器服，並窮極奢侈。又會葬車馬、祖奠供帳，自灞橋屬於三原，七十里間，相繼不絶。武德已来，王公葬送之盛，未始有也"。雖未指明是詔葬，但由京兆府縣令親自督役，公然動用大量人功營葬和舉辦奢侈葬禮，正與詔葬十分類似。

對於從外返京的詔葬者，"凶喪葬事，並令官給"，又是與"兼告靈輿，遞運還京"聯繫在一起的②，墓誌中常常可以見到詔敕"仍令所司造靈輿發遣"、"還京之日，為造靈輿，給傳遞發遣"的一些特別規定③。一些官高位重而還鄉歸葬者也是如此。郝處俊在詔令百官赴哭後，"給靈轝並家口遞還鄉，官供葬事。其子秘書郎北叟上表辭所贈賜及葬遞之事，高宗不許"④。《天聖令》"唐2"("復原14")有"諸使人所在身喪，皆給殯斂調度，造輿、差夫遞送至家"，對

---

① 如《唐代墓誌彙編續集》永徽〇〇七《大唐故左驍衛大將軍幽州都督瑯琊公(牛秀)墓誌》，58頁；《文苑英華》卷八八三《太子少傅蘇瓌神道碑》，4653頁。

② 《唐代墓誌彙編》永淳〇二五《大唐故臨川郡長公主墓誌銘并序》，704頁。

③ 《唐代墓誌彙編》顯慶〇九六《大唐故司徒公并州都督上柱國鄂國公夫人蘇氏墓誌銘并序》，288頁；《唐代墓誌彙編續集》垂拱〇〇三《大唐故中書令兼檢校太子左庶子戶部尚書汾陰男贈光禄大夫使持節都督秦渭成武四州諸軍事秦州刺史薛公(震)墓誌並序》，280頁。

④ 《舊唐書》卷八四《郝處俊傳》，2800頁。

於使人之外一般外官靈舉、家口卻没有官為送還的明確規定①。但詔葬者或者得到詔敕特許的歸葬者則例外,明顯是給予特殊優待的。

唐前期詔葬儀式雖然集中於在京城葬者,但有個別葬於家鄉的大臣也得到了專使護喪的詔葬待遇。《全唐文》卷二九一張九齡《大唐金紫光禄大夫行侍中兼吏部尚書弘文館學士贈太師正平忠獻(《曲江集》卷一九作"憲")公裴公(光庭)碑銘并序》:

> 制户部尚書杜暹即殯弔祭,賻物五百段,粟五百石,喪事優厚官供。輟朝三日。丁未,有詔贈太師,謚曰忠獻(憲)。使左庶子攝鴻臚寺卿李□(《曲江集》卷一九作"使某官某")監護喪事,以某月日,葬我忠獻(憲)公於聞喜之舊塋,禮也。

裴光庭葬於河東聞喜的裴氏舊塋,葬地顯然不在長安,但有朝廷遣官弔祭、從京城護喪至家,應當同於詔葬。

最後,唐朝對蕃將和投唐的部落首領喪葬常常也給以詔葬的的待遇,如泉男生、論弓仁、阿史那毗伽特勒與回紇王子奢秉義等,都曾為之派設監護使,而在給他們極高待遇的同時,也尊重其民族習俗。前揭李思摩墓誌稱其"冢像白道山,葬事所須,並宜官給,仍任依蕃法燒訖,然後葬",而張説撰論弓仁碑道其葬事則是"吉凶之義舉,夷夏之物備"。説明禮儀隆重、排場紛揚的詔葬也體現着朝廷和皇帝對"懷遠"政策的考量。另外詔葬一般不給外官,但對蕃將也有例外。如拓拔寂父祖乃世居静邊府的部落酋豪,墓誌説寂"起家襲西平郡開國公、拜右監門衛大將軍、使持節淳恤等一十八州諸軍事、兼静邊州都督,仍充防禦部落使。尋加特進,幹父蠱也"②。拓拔

---

① 《天一閣藏明鈔本天聖令校證——附唐令復原研究》下册,685—686頁;拙文:《關於唐〈喪葬令〉復原的再檢討》,95頁。

② 《全唐文補遺》八《大唐故特進右監門衛大將軍兼静邊州都督贈靈州都督西平郡開國公拓拔公(寂)墓誌銘并序》,34頁。

寂開元二十四年薨於銀州，皇帝不但先下詔贈他使持節都督靈州諸軍事、靈州刺史，按二品給他賵物一百五十段、米粟一百五十石的賵贈，和"應緣喪葬，所在官供"的待遇，而且再次下詔，說明"宜增上卿（鴻臚卿）之位，以飾重泉之禮"，並下令夏州刺史鄭宏之充使監護。此前極少有詔葬行於地方且以刺史監護的先例，這件詔書被鐫刻在誌蓋的陰面，成為唐前期詔葬被施於邊將的一個見證，也可以看成是詔葬向地方官開啟的濫觴。

因此總結唐朝的詔葬，有兩方面極為突出，即一為精神方面的至高崇禮，一為物質方面的超級待遇。前者如皇帝的詔書下達、舉哀、臨喪及輟朝之儀，護喪弔祭使的派設，贈官贈諡，詔命的大臣集體送喪送葬，乃至皇帝親自送葬，以及鹵簿鼓吹的規模、墳墓的高度、墓碑的書寫使用等，無不體現皇帝對詔葬官員的特殊關懷和葬禮的規格等級。

後者則是物質的無償供給，其中"葬事所須，並令官給"，可謂最突出的一項。包括由官家作坊製作的明器甚至"東園祕器"的石棺槨和墓上的設施、送葬的車馬服用乃至於各種裝飾器用、打造墳墓的營墓夫，所謂"優厚料"、"優厚官供者"無一不是出自朝廷和官府。其實，即使這些都不供給，詔書中所允諾的幾百甚至數千匹段也足以應付龐大的喪事。所以唐朝喪葬制度中給予某些官員特殊的優待，是詔葬實行的基礎，而"葬事所須，並令官給"也可以說是與派設監護使一樣的詔葬標誌之一。但完全的官給並非能應對所有詔葬，也不是朝廷的財力都能達到。從監護使的派設和賵物的多少不等，可以看出詔葬還是有等級的，不同等級的詔葬其待遇、排場以及官給的程度也都不同。而且從唐初以來詔葬愈來愈體現為對極少數高官的重視，葬事官給的情況唐後期愈益減少，而詔葬的等級性和不能完全官給的情況恐怕要到宋以後才可以看得更為清楚。

三 唐宋之際詔葬、敕葬的發展與變化

唐代的詔葬,在天聖宋令中被改稱為敕葬,雖然兩詞的運用並不絕對化,如唐代詔葬也屬"別敕葬",宋代敕葬有時也被稱為詔葬,並且兩者都屬王言,但"詔"與"敕"相比,在制度上似乎還是有一定的區別。"詔"在武則天時避諱稱"制",《唐六典》言制書為"行大賞罰,鳌年(革)舊政,赦宥降慮(虜)則用之"以及"保賛賢能、勸勉勤勞"等①。而敕書則多用於增減官員、廢置州縣等日常事務,或者批准百司奏事、慰諭公卿、誡約臣下等,則詔書或者制書明顯比敕書的應用等級更重更高。

但宋"敕葬"的不同,不僅在名稱形式,更在內容。宋令關於"敕葬"的待遇規定雖然是在唐令基礎上形成,但與唐詔葬相比有很大變化,反映在享受詔葬某些物質待遇的對象被縮小了,但總體範圍卻有所擴大,詔葬者已經不限於京官和在京者,而是逐漸向地方藩鎮延伸。原來五品官可有的賻物、弔祭、人徒等待遇已被完全集中於敕葬,並且宋代的敕葬開始劃分等級,出現了大部分敕葬用物並不完全甚至大部分不由公家供給的情況,敕葬的等級性愈加明顯。與此同時,"宣葬"形式開始出現,所謂敕葬在一般情況下愈來愈成為一種名義和形式。

(一)宋令"敕葬"對唐令的修改

前面僅對唐朝詔葬的內容和形式大體作了分析。從中可以知道,詔葬是皇帝指令之下,有着特殊規格和儀式的葬式。詔葬的認

---

① 《唐六典》卷八《中書省》,274 頁。

定標準首先是詔書給以某些葬禮標準或待遇的承諾,所以,雖然唐令"復原7"規定"詔葬大臣"是在三品之內,卻不能認為所有三品以上就都可以獲得詔葬,也不能認為葬事有皇帝下詔贈官、贈諡之類的就一定是詔葬。在一些碑誌或傳記中,寫明死者受到詔令贈官和賵賻卻並沒有詔葬之儀。前不久發現的日本遣唐使者井真成墓誌,説井真成開元二十二年終於官第,"皇上□〔憫?〕傷,追崇有典,詔贈尚衣奉御,葬令官〔給〕。即以其年二月四日,窆於萬年縣滻水〔東〕原,禮也"①。井真成由於是日本使團成員而受到皇帝的關照,甚至給予"葬令官給"的待遇,但井真成官贈尚衣奉御僅是從五品上階,按照唐制,並不屬於詔葬,而且也確實未提到護喪使的派設。又如元和中鄭餘慶雖貴為一品,得詔贈官、諡及特別增加賵賻,卻並未言及用詔葬和相關形式,因此確認是否詔葬,必須結合上述已總結出的條目進行綜合性的分析。

這一點當然也關乎《喪葬令》本身。唐令中有不少條文涉及三品以上內容而與詔葬一致,但是就全部的令文而言,由於並不是明確地按照詔葬和非詔葬嚴格區分,因此有些規定並不僅詔葬有之。就上述十四條常見的詔葬內容來看,除了前已指出的遣使護喪、葬事官給、賜東園祕器、鹵簿鼓吹及制遣百僚會喪、會葬等外,其他如遣使弔祭、册贈官等有時也可以在非詔葬者的喪禮中見到,然而宋朝的法令卻對詔葬做了更為明確的限制和區分。例如《唐六典》卷二吏部郎中員外郎條有:

> 凡內外職事五品已上在兩京薨卒及身死王事,將葬,皆祭

①　按關於井真成的身分,韓昇:《井真成墓誌の再檢討》(專修大学社会知性開発研究センター編《東アジア世界史研究センター年報》第3号,2009年12月)一文考證為遣唐使的"準判官",並從其原國"正六位上"品階"借位"(視作正六品上)而獲得從五品上的贈官,並參同人:《井真成墓誌所反映的唐朝制度》,《復旦大學學報》2009年6期,67—75頁。

> 以少牢,三品已上贈以束帛,一品加乘馬。既引,又遣使贈於
> 郭門之外。皆以束帛,一品加璧。致仕薨卒,並依職事見任之法。

另外同書卷一八鴻臚寺司儀令條中也將"將葬"以下的內容接在三
品五品官員父母、祖父母或本人身喪奏聞之後,筆者曾據以作為唐
令"復原6"的一部分。但現在根據稻田奈津子的意見,應考慮為送
葬弔祭而單獨復原。兩條史料都說明"將葬,皆祭以少牢,司儀率
齋郎、執俎豆以往"是針對五品以上的官員,而葬日弔祭於郭門之
外是三品以上官員纔有的,如前所述在墓誌中,即反映為詔葬的
內容。

對此內容《天聖令》"宋10"更做了修改:

> 諸一品二品喪,敕備本品鹵簿送殯者。以少牢贈祭於都
> 城外,加璧,束帛深青三、纁二。

此條在《宋史》卷一二四《禮志》二七係於"詔葬"的"禮院例冊"之
下,是完全被作為詔葬或者敕葬的重要條例來對待的。內容明顯
是參照唐令而來,只不過將其中的少牢贈祭完規定為一品二品的
敕葬,由此使原來葬日都城外的遣使贈祭,完全限制在高品的敕葬
之中。鹵簿也是同樣的。《文獻通考》關於"皇太子皇子公卿以下
車輦鹵簿"述宋制曰:"王公以下凡大駕六引,用本品鹵簿,奉冊充
使及詔葬皆給之。"[①]結合《天聖令》,原來《開元禮》所定職事官四品
以上、散官二品以上婚喪用鹵簿,已變成只有"王公以下"一、二品
官員(不包括三品)詔葬纔可用的本品鹵簿,這裏的一品、二品固然
已經是宋代的職事品和階官,可以知道不但葬日都門贈祭被縮小
了範圍,而且鹵簿鼓吹也明確為高官重臣詔葬纔有的特權。

另外《天聖令》中列入"右令不行"的"唐3"(唐令"復原24"),

---

① 《文獻通考》卷一一九《王禮考》一四《皇太子皇子公卿以下車輦鹵簿》,1076頁。

"諸五品以上薨卒及葬,應合弔祭者,所須布深衣、幘、素三梁六柱輿,皆官借之。其內外命婦應得鹵簿者亦準此",其實並沒有完全摒棄,而是被修改為"宋20":

> 諸內外命婦應得鹵簿者,葬亦給之。官無鹵簿者,及庶人容車,並以犢車為之。

"唐3"中的"所須布深衣、幘、素三梁六柱輿,皆官借之"就是詔葬中常見的"葬日借幰幕手力"中的"借幰幕"一類,其中包括某些車服器物。"宋20"不僅取消了五品以上薨卒及葬的弔祭內容,也取消了借官家用具等內容,就是由於這些待遇實際上已變成僅能給敕葬者。由於內外命婦中還有屬於高品敕喪的,所以專用為說明命婦鹵簿。

同樣,唐令"復原31"關於給手力是:

> 諸職事官五品以上葬者,皆給營墓夫。一品百人,每品以二十人為差,五品二十人,皆役功十日。

而《天聖令》"宋23"卻是:

> 諸應宗室、皇親及臣僚等敕葬者,所須及賜人徒並從官給。

唐代給人夫範圍是職事五品以上。前揭《唐代墓誌彙編》乾封〇五一《大唐故右驍衛遊擊將軍安義府右果毅都尉上柱國婁府君墓誌銘并序》,墓主人官果毅都尉從五品下,所得"夫二十人"正是按照令的規定。而宋令卻將所謂"賜人徒"改為敕葬的專門待遇。

(二)詔葬、敕葬的變化原因及發展趨勢

宋令的變化,集中體現了兩個問題,一是朝廷除給官員及其家屬發放賻贈之外,可以調動的國家物質資源,也即可以專為官員(包括五品以上官員)喪禮提供的公用支出已經愈來愈向敕葬傾

斜。二是敕葬的對象、範圍有所擴大,但是某些特殊禮遇,卻只集中於最高品級的官員,唐後期更體現於對勳臣藩帥。兩問題提供了唐宋官員葬禮變化的重要信息,那麼,為何唐代原來是實行於五品以上的一些規定,卻被宋令完全集中於敕葬而且是高品敕葬呢?

1. 敕葬待遇集中的原因分析

討論原因,筆者認為主要有以下兩點:

其一,詔葬制度的出現和發展是皇權和官僚社會等級制在喪葬問題上的反映。官員在喪禮制度上的等級和特權需要通過詔葬來認定和延續,皇帝也以詔葬作為在官員喪禮上體現皇恩浩蕩的方式和途徑,但是詔葬制度是逐漸成熟和發展的。從隋令到宋令,表現出詔葬概念含義愈來愈突出。隋令雖有三品以上的護喪,卻並沒有將詔葬與五品以上一般情況完全分開。唐令雖然明確有詔葬,卻由於繼承隋令,仍然保留着一些僅依官品定等第,詔葬與非詔葬不分明的條目與特色。但是在現實生活中,詔葬的名目已經非常明確具體,與非詔葬的劃分也愈來愈清晰。例如前揭葬日官供少牢之祭和遣使弔贈於國門之外、鹵簿鼓吹等,實際上已為詔葬獨有的内容,而唐後期關於賵贈和詔葬用物也有着"其賵贈及緣葬事,所司倍於常式"、"應緣喪事,所司準式支給"的説法①;説明關於官員葬事另有格式法令。從"準式"發展到後來有着敕葬條文的宋代"禮院例册",詔葬也即敕葬的制度要求越來越嚴格,等級性愈益明顯。宋令於是不能不結合實際情況進行修改,突出敕葬的特殊性。

其二,從唐朝實際的情況看,官員的喪葬處處關係財政問題。這是由於原來唐令常見的的"諸職事官五品以上薨卒"涉及一個較

---

① 《舊唐書》卷一○九《李嗣業傳》、卷一三四《渾瑊傳》,3300、3709 頁。

大的官員範疇,五品以上職官按《唐六典》計算約有 1494 人,僅尚書省已經到諸司郎中一級,朝廷不可能有財力、人力對在京官員完全、周到地實行以上一些繁瑣的禮儀制度。更何況,使職差遣制的發展,使官員實際享受五品待遇的範圍在不斷擴大。唐代兩稅法以後的經濟不再是以丁身為本的力役均攤,也不能是色役差科的隨時派遣,而不得不就人身的徵用多行雇募,更何況兩稅是實行"凡百役之費,一錢之斂,先度其數而賦於人"的"量出以制入"①,及"上供、送使、留州"的定額三分制度,使得臨時支出不可能無限擴大,這樣就限制了官員的葬禮費用,各種物質待遇不得不向更小的範圍靠攏,所以即使是敕葬,也要有高下之分。

於是《天聖令》中處處突出敕葬和敕葬待遇,與前述唐後期以降官員賵贈不按規定實施相輔相承,成為一個問題的兩個方面。也即一方面唐後期五代對一般官員的賵贈已沒有條件按制度實施,只有少數官員憑藉"得旨則給",所以便造成前揭"自四品以下無例施行"的結果。另一方面,朝廷不得不將原來高級官員按級別給的一些普遍性待遇,如借葬具、車服,給手力等,縮小實行範圍,提高到敕葬的等級之內,並與賵贈制度結合,便於對官員喪事整體的操作。這樣從唐令到宋令,詔葬相對一般官員的特殊性、崇高性便愈益被突出。因此宋仁宗時期的《天聖令》將賵物、弔祭、人徒等待遇完全集中於敕葬,也可以說是沿襲晚唐五代的舊制。

另外唐朝前期,詔葬興盛首先是與陪陵制度有關,太宗對於隋末戰爭中的武將功臣和對建設政權有着極高貢獻的文臣宰相,一概以陪陵酬之,並實行詔葬,如溫彥博、李勣、李靖、尉遲敬德、房玄齡、魏徵,無不在其內。自此而降詔葬的對象是皇親、外戚、文武大臣和死於王事者,並以在朝大臣為主要對象,此外還有一些蕃將和

---

① 《舊唐書》卷一一八《楊炎傳》,3421 頁。

投唐的部落首領。因此唐朝最初的詔葬雖然以官品劃綫，但體現出親貴特徵。下面將會説明，自唐後期詔葬已向外官節度使延展，而宋代敕葬的範圍在官品方面亦有擴大，敕葬的實際標準被降低了。單純言敕葬已經不足以顯示身分待遇，水漲船高，進一步的變化便是財物的使用愈來愈集中於敕葬官員中的高品，敕葬的等級化便開始鮮明起來。

詔葬或敕葬給予大臣極度的優禮，目的無非是為了顯示朝廷的恩德，並藉以籠絡人心。其以皇帝下詔的名義實施操作，尤其顯示了皇帝對大臣葬事的關懷和恩情所施，所謂“飾終之典，迥日月於佳城；詔葬之儀，濡雨露於泉隧”[①]，因此是皇帝與大臣親密關係的一種體現。詔葬和敕葬在唐、宋高級官員中大加實施，是官品等級決定身分禮制的結果，也是中古中後期官僚社會中皇權凌駕一切，以及官品等級制度下統治階級分層次取得利益在喪葬問題上的一種表象。作為僅次於皇帝葬禮的最高等級，詔葬也為輦轂之下的全體臣民提供了榜樣，上行下效的喪禮形式和排場應該就是這樣形成的。

2. 墓葬的簡化與喪事重心的轉移

唐朝詔葬的實施對象雖然規定在三品之內，並且生前官一般已是三品，但也不是絶對的。由於獲詔葬者多有贈官，而按照慣例，贈官品比原官增加一階二階，所以至少四品以上的官員因此有希望進入三品甚至詔葬範圍。前揭《册府元龜·邦計部》載貞元十年二月詔規定“若諸司三品已上官，及尚書省四品官，仍令有司舉舊令聞奏，行弔祭之禮”，説明能夠給予詔葬的範圍其實會大一些。還有一些人是因為特殊的原因進入詔葬的。如《唐代墓誌彙編》景

----

① 韋建：《黔州刺史薛舒神道碑》，《文苑英華》卷九二四（《全唐文》卷三七五同），4864頁。

龍〇一五《大唐永州刺史束君（良）墓誌銘并序》："敕賜東園祕器、鼓吹、挽歌、鹵簿、牲牢、酒脯致祭。威儀夫役等一千餘人。"永州是邊遠中州，刺史為正四品上，但按規格卻顯然擬於詔葬。墓主人束良死於景龍元年（707），這是景龍三年他與夫人在洛陽北邙的合葬。墓主人生前並不得意，"天子見知，屢垂恩敕，家積貧病，遂遭排抑"。朝廷為何給他如此待遇不得而知，但他曾任九成宮總監攝隴州刺史，去永州很可能是受政治牽連被貶。墓誌既說他為"天子見知"，所以皇帝一紙敕書，他便有了如上待遇作為補償。又如趙明誠《金石錄》卷八記有"第一千四百五十四《唐呂府君敕葬碑》，喻伯僑八分書，大曆六年（771）五月（立）"。同書卷二八有介紹曰："呂府君者名惠恭，僧大濟之父。代宗朝元載王縉用事，宗尚浮圖之法，大濟為帝常修功德使、殿中監，故褒贈其父為兗州刺史，官為營辦葬事，爵賞之濫一至於此。"[①]僧大濟之父原來不可能有官品，但由於贈兗州刺史達到三品以上，成為"官為營辦喪事"的敕葬，這裏所說的敕葬顯然已比令所規定的詔葬更要隨便得多。

　　敕葬或者詔葬的對象雖然因皇帝的關係而有所擴大，但事實是唐後期明確有此名義的人數卻似乎減少。史料和墓誌中已經很少見到那種對官辦葬事的炫耀，而安史叛亂平定初期和德宗朝葬事給以殊榮者雖然仍有一些德高望重的元老重臣，如裴冕、苗晉卿、李麟、賈耽等，但規格卻多不能和前期相比。惟《舊唐書》卷一一九《楊綰傳》有曰：

　　　　及綰疾亟，上日發中使就第存問，尚藥御醫，旦夕在側。上聞其有間，喜見容色。數日而薨，中使在門，馳奏於上，代宗震悼久之，輟朝三日。詔曰："（下略）故朝議大夫、守中書侍

　　① 《金石錄》卷八、卷二八，《石刻史料新編》12冊，臺北：新文豐出版公司，1982年，8849、8946頁。

　　郎、同中書門下平章事、集賢殿大學士、監修國史、上柱國、賜
　　紫金魚袋楊綰……文行忠信,弘於四教……以儒術首於國庠,
　　以禮度掌於高廟……可贈司徒。"又詔文武百僚臨於其第,遣
　　內常侍吳承倩會弔,贈絹千匹、布三百端……宰輔賻贈恩遇哀
　　榮之盛,近年未有其比。

楊綰可以算是唐後期文臣待遇最高者,雖然未提到護喪和葬事,但
從其他情況綜合分析仍可能為詔葬。只是亂後完全由官辦喪事的
情況逐漸減少,所以對文臣也很少用到詔葬名義。齊東方注意到
唐代後期墓葬形制簡化(如不論人物貴賤都廣泛使用土洞墓而不
是磚室墓)、隨葬品(如俑類)數量減少等一些問題,認為原因是安
史之亂造成的動盪和衝擊。亂後原有的經濟、政治、軍事制度不
再依舊,"均田制崩潰,租調制廢止,藩鎮的統治者自行其是。在原
有的精神依托和社會秩序失控情況下,喪葬制度形式上的合理性
也容易受到懷疑,雖然無需全盤否定傳統的禮儀,卻可以在禮儀所
倡揚的精神的前提下,拋棄一些具體的做法,使操作方式發生轉
移"。而他所說的轉移,主要是將對地下厚葬的重視轉到對外在形
式的炫耀,儀仗俑羣、鎮墓獸等消失,代之以生活化的用品,長墓道
和小龕成為不必要的形式,明器內容、數量、材質、處理方式都有不
同等等一些問題。並認為:"趨向於世俗化、大眾化的墓葬建造和
隨葬品受到關注,與禮儀制度有關,又游離於禮儀制度之外的風俗
信仰突出了。"①

　　齊文所說墓葬形制簡化,隨葬品減少這樣一些問題確實與墓
誌反映的一致,似乎已表現為一種趨勢。秦大樹討論宋代喪葬習
俗,也提到厚葬之風消失和藏尸觀念的出現。認為宋人所關心的
並不是豪華的墓葬和豐富的隨葬品,而更關心的是墓葬的安全。

<hr>

　　① 齊東方:《唐代的喪葬觀念習俗與禮儀制度》,72—78頁,引文見72、76頁。

他還提到墓葬中隨葬品減少,但種類豐富、地方特點突出這樣一些變化,以及隨葬器物主要為盟器神煞、明器和墓主生前珍寶完好等幾類內容。他也提出墓室體現了世俗化的傾向,及多元崇拜在墓葬中的出現[1]。

　　以上兩位學者提到的問題很值得深思,他們所論之墓葬變化趨勢是普遍和帶有規律性的,不過對考古發掘墓葬形制、隨葬品種類數量等趨於簡陋和史料記載的厚葬之風形成矛盾,對此必須予以更深入的探討。而就這一點而言,筆者認為,除了觀念習俗之外,使喪葬內容方式發生改變也許還有更直接的經濟原因。唐前期的豪華墓葬大都出現於實行詔葬的功臣權貴,給以超等的賻贈或者根本就是"凶事葬事所須,並令官給"的情況幾乎經常見到。即使不是詔葬,對於高級官員來說,按品給以豐厚賻贈以及營墓夫也是令文明白規定的。

　　但是唐後期稅賦徵收和支出方式的變化,致使中央政府財政來源及支用不足成為常態。試想兩稅的量出制入、定額給資既然保證不了官員的賻贈,又何能再經常舉行那種在相當程度上包辦人力物力的詔葬呢?對詔葬來說,朝廷"官給"程度的下降,一定影響最大。像宋璟所說"金穴玉衣之資,不憂少物;高墳大寢之役,不畏無人;百事皆出於官,一朝亦可以就"的情況已成為歷史[2],如同永州刺史束某那樣"威儀夫役等一千餘人"的優待恐怕也不是輕易就得。葬事官給的說法已經很少見於墓誌,而就賻贈言,上面已說明唐後期四品以下"無例施行"的情況,但即使三品以上賻贈數量與前期也很難相比。除了少數功臣權藩,德宗以後多數傳記、墓誌中已愈來愈少見賻贈的具體記載,說明其數量已經不是很突出,這

---

　　① 秦大樹:《宋代喪葬習俗的變革及其體現的社會意義》,《唐研究》11 卷,321—335 頁。

　　② 《舊唐書》卷九六《宋璟傳》,3034 頁。

種情況與詔葬的減少也是相符的。

因此高等級的墓葬不再豪奢，至少很現實的一個原因是出於少有公家財力作支持。京城的達官貴人，如果不能仰仗朝廷出人出資營建墓地，墓室修築和墓葬設施就必然簡化，包括俑人特別是儀仗俑等官家供給的隨葬品也必然數量減少。

但是反過來，李德裕所説"或結社相資，或息利自辦，生業儲蓄，以之皆空"的情況卻時時發生。要知道無論是結社相資，抑或是息利自辦，完全是出自官員百姓自身，是依仗私家財力而非官府供給。私家財力越充足者，喪事越隆重好看，不過這樣的喪事營辦者應當是民間已經很發達的喪葬業。所以，厚葬之風與達官貴人的墓葬趨於簡陋並不相矛盾且是並行的。試想私人出錢，當然會將錢更多地用於表面風光而不是地下設施，這一方面是為了張揚個人財富，另一方面也是因為唐朝畢竟還是更重官品等級的社會，私人如雇工營造大墓一定會受到限制。這也可以解釋為什麼隨葬品更加世俗化大眾化——因為它們根本就是坊間的製作而並不一定來自官府作坊。唐代的葬作業發達，坊間製作雖然也可以達到很高水平，但必然與民間習俗更接近。另外既然花錢就可以辦到（這一點當然伴隨着僭越制度），官府可給的待遇便已經不那麼突出。所以相比之下，詔葬即使有也達不到前期那樣為人羨慕的效果，這恐怕也是高官墓誌中已經很少見到指明詔葬或是炫耀喪事的一個來由。

當然，如此的變化又是與齊東方總結的"喪葬活動重點的轉移"和觀念變化分不開。但有一個矛盾很難解釋，即本書第五章在討論中晚唐五代喪葬制度時，曾指出法令對於官員百姓在葬物和用品方面的不斷放寬，明器不僅以件數，也以二人擡的"昇"來規定，多者可達數十昇，只能説明明器又大又多。《封氏聞見記》也證實天寶以前，民間習俗已是送葬擡着"假花、假果、粉人、麵粻（原注：一本作"獸"）之屬"招搖過市；"然大不過方丈，室高不踰數尺，

議者猶或非之。喪亂以來，此風大扇，祭盤帳幙，高至八九十尺，用
林三四百張，雕鐫飾畫，窮極技巧；饌具牲牢，復居其外"①。那麼為
何墓葬的發掘卻無法證明甚至與之相反？根據齊教授談到的唐後
期墓葬中的新因素有木製品和紙明器推測，一種可能是這些精美
的民間製品雖大雖巧，卻可能是木製紙糊，一來無法葬入狹小的墓
室，二來原本就不是為了保存，所以葬事結束時已經焚毀處理；另
一種可能是這類製品即使入葬，經上千年也已毀壞而見不到了。
無論如何，這涉及墓葬方式和觀念的變革，特別是如焚毀是否與宗
教影響有關，值得進一步討論和確證。

　　另外，喪事活動重心的轉移，也可與詔葬實施對象的變化聯繫
起來。可以發現，唐後期僅有的喪葬資源或者說詔葬的榮耀被更
多地施予一些武將功臣。《文苑英華》卷九五一載常袞作《華州刺
史李公墓誌》，稱有"佐命功"的李懷讓廣德元年（763）卒，"詔發輴
車，即日迎柩；列辟卿士，咸會喪焉。贈賻襚含，有加故事。京兆尹
監護，内謁者致以詞，即以其年十月四日，陪葬建陵，旌勳臣也"。
雖然史料有限，但從此墓誌可以推測對當時的一些勳臣都會使用
這樣的詔葬儀式。唐後期對於朝臣的褒贈最多不超過數百匹段，
宰相威望極高者如楊綰纔有"贈絹千匹、布三百端"，賈耽不過"賻
絹一千匹，米粟一千石"②，但為了褒獎為國效忠的勳臣藩帥則往往
數可過之。代宗大曆八年（773）田神功於朝觀期間喪亡，"上悼惜，為
之徹樂，廢朝三日；贈司徒，賻絹一千匹，布五百端；特許百官弔喪，賜
屏風茵褥於靈座，並賜千僧齋以追福。至德已來，將帥不兼三事者，
哀榮無比"③。可見當時這種等級極高的"哀榮"盡為武將功臣所有。

---

　　①　《封氏聞見記校注》卷六《道祭》，60 頁。
　　②　分見《舊唐書》卷一一九《楊綰傳》，3436 頁；鄭餘慶：《左僕射賈耽（耽）神道碑》，
《文苑英華》卷八八七，4674 頁。
　　③　《舊唐書》卷一二四《田神功傳》，3533 頁。

　　而德宗以後在天子輦轂脚下的大臣喪事日益顯得萎縮的同時，詔葬的典型事例更集中於個別頂級功勳。除郭子儀外，貞元中大功臣李晟、渾瑊、馬燧和王武俊的葬事已成為其中的代表。渾瑊貞元十五年（799）二月二日薨於鎮，"廢朝五日，羣臣於延英奉慰。詔贈太師。賻贈絹布四千疋，米粟三千石。及喪車將至，又為廢朝。應緣喪事所司準式支給，命京兆尹監護，葬日賜絹五百疋。"① 贈賻之多超過唐前期，而與之多少可以相擬的文臣只有文宗朝李絳等極少數為朝廷捐軀者②。憲宗以後朝廷為了撫循藩鎮以及拉攏與地方的關係，藩鎮大節度使如張茂昭、韓弘、劉總、田布等，也得到了輟朝、弔祭、給賻等賵贈的極高待遇③。其中韓弘、張茂昭是死於京城，但也有一些人並非如此，如能夠效忠唐朝的成德軍節度使王武俊。《舊唐書》卷一四二《王武俊傳》：

　　　（貞元）十七年六月卒，時年六十七。廢朝五日，羣臣詣延英門奉慰，如渾瑊故事。詔左庶子上公持節册贈太師，賻絹三千匹，布千端，米粟三千石。太常謚曰威烈。德宗曰："武俊竭忠奉國，宜賜謚忠烈。"

又《册府元龜》卷三八五《將帥部‧褒異》一一：

　　　朱克融為盧龍軍節度副大使知節度事，兼幽州長史。敬宗寶曆二年（826）五月卒，詔贈司徒，仍令所司擇日備禮册命。仍賻布帛三百段，米粟二百石，差光禄大夫崔芸充弔祭使，通事舍人韋翹充副使，將作監王堪充册贈使，金部郎中蕭澣充副使。

---

　　①　《册府元龜》卷三八五《將帥部‧褒異》一一，4577 頁。
　　②　按李絳任山南西道節度使死於軍亂，"賻布帛三千段，米粟二百石"，事見《舊唐書》卷一六四《李絳傳》，4291—4292 頁。
　　③　《册府元龜》卷一四〇《帝王部‧旌表》四長慶二年正月詔、六月乙酉詔，卷三八五《將帥部‧褒異》一一張茂昭條；1694、4580 頁。《舊唐書》卷一四三《劉總傳》、卷一五六《韓弘傳》，3902、4136 頁。

王武俊是死於本鎮,但喪事"如渾瑊故事"是說得到與渾瑊一樣的待遇。朱克融死後詔書册贈、遣使弔祭也與之相類,惟賻贈趕不上以上功臣名將之多。給贈數量類似朱克融還有德宗貞元末黔中都團練觀察使王礎、憲宗元和末桂管觀察使裴行立、宣宗朝成德軍節度使王紹鼎①,說明對大節鎮的賻贈和數量已形成一定規格。

而喪事的其他待遇也可以給藩鎮。《唐會要》卷三八《葬》還記"大和元年(827)十月敕:'故太尉王武俊妻晉〔國?〕太夫人李氏,以武俊橫流之中,拯定奔潰,屬當葬事,宜加贈恤,宜令有司特給儀仗事。'"唐朝廷對成德軍的安撫及於王武俊身後,這時李氏應在京城。即使不在京城,葬事規格也可以等同敕葬。因為雖然由朝廷遣官護喪、賜東園祕器及給班劍羽葆鼓吹、鹵簿儀仗等没有,但既有弔祭和册贈使可以充當護喪,儀仗鼓吹之類地方無疑可以仿照辦理。所以詔葬名義及各種禮遇開始向地方長官(節度使)延伸和傾斜,在這方面,可以認為唐後期五代已開宋之先河。

當然朝廷所給的待遇又與藩鎮自身的鋪張相輔相成。一些送葬儀式更體現出藩臣節帥家葬事的不同凡響。代宗朝李光進曾"葬母於京城之南原,將相致祭者凡四十四幄,窮極奢靡,城内士庶觀者如堵"②。辛雲京大曆三年(768)八月卒,至"十一月葬,命中使弔祭,時宰相及諸道節度使祭者凡七十餘幄"③。幄即臨時搭建的路之帳。路祭或稱道祭,其盛行是唐後期喪事竟為奢靡的一種表現,而且有中使弔祭有大官送葬本身就是一種特權。雖然開元末曾有敕定"其送葬祭盤,不得作假花果及樓閣,數不得過一牙盤"④,但花

---

① 分見《册府元龜》卷六七三《牧守部·褒寵》二,8043 頁;《元稹集》卷五〇《贈裴行立左散騎常侍》,550 頁;《舊唐書》卷一八《宣宗紀下》,638 頁。

② 《舊唐書》卷一六一《李光進傳》,4217 頁。

③ 《舊唐書》卷一一〇《辛雲京傳》,3315 頁。

④ 《唐會要》卷三八《葬》,811 頁。

樣翻新,屢禁不止。《封氏聞見記》卷六《道祭》有曰:

> 大曆中,太原節度辛雲京葬日,諸道節度使使人脩祭,范陽祭盤最為高大。刻木為尉遲鄂公突厥鬬將之戲,機關動作,不異於生。祭訖,靈車欲過,使者請曰:"對數未盡。"又停車設項羽與漢高祖會鴻門之象,良久乃畢。繚経者皆手擘布幕,收哭觀戲。事畢,孝子陳語與使人:"祭盤大好,賞馬兩匹。"

此正與本傳所載送葬隆重相印證。《封氏記》還載滑州節度令狐(彰)母亡,鄰境致祭,昭義節度使竟然在淇門(衛州汲縣境内)"載(截?)船桅以充幕柱,至時嫌短,特於衛州大河中河船上取長桅代之"。而昭義節度使薛嵩薨,"絳、忻諸方並管内,滏陽城南設祭,每半里一祭,南至漳河,二十餘里,連延相次。大者費千餘貫,小者猶三四百貫,互相窺覘,競為新奇,柩車暫過,皆為棄物矣。蓋自開闢至今,奠祭鬼神,未有如斯之盛者也"。所説三例皆大曆中藩鎮節度使本人或其家屬的喪事,喪事或在京城或在地方,但都同樣鋪張,顯示了地方的豪闊,説明唐後期引領喪葬潮流者已從中朝官移向有權有勢的藩鎮。

另外由於朝廷的姑息和無力監管,地方僭越朝廷制度的情況已經不斷發生。且不言史思明墓"積土為陵"的仿帝陵建制和墓中玉册的出土已經為藩鎮跋扈者肇開其端[1],即其他唐後期五代藩鎮節將在葬制上也是無所不用其極。整理者指出,已經發掘的北京海淀八里莊唐墓,成德節度使王元逵墓、魏博節度使何弘敬墓,都大大超越了自己的等級。而五代兩任朔方節度使的馮暉墓結構複雜,規模宏大;義定節度使王處直墓亦是結構謹嚴,裝飾華麗,更可

---

[1] 北京市文物研究所:《北京豐台唐史思明墓》,《文物》1991年9期,28—39頁。

以説明其時地方藩鎮在喪葬問題上的豪闊和僭越之風①。唐末五代稱霸一方,甚至能夠裹挾天子的鳳翔節度使李茂貞墓也是如此,其不僅依山為陵,墓建多室,磚雕壁畫一應俱全,即墓上石刻也有石羊、獅、虎9個,石人8個,以及石馬2對、華表1對,大大超越大臣詔葬石刻總體不得超過8個的最高限額②。地方藩鎮的勢力之强固然是朝廷在各方面對其加以籠絡姑息的原因,而其自身擁有之經濟實力也是崇飾墓葬的基礎。這是唐朝統治衰落之後,中央官員們的喪事無法與之相比的,於是高等級的喪葬也從中央移到地方。而這一點,是不是也可以解作詔葬制度本身變化的原因之一呢?

圖 31. 五代馮暉墓墓門　　圖 32. 五代王處直墓室

---

① 北京市海淀區文物管理所:《北京海淀區八里莊唐墓》,《文物》1995 年 11 期,43—53 頁;劉友恒等:《唐成德軍節度使王元逵清理簡報》,《考古與文物》1983 年 1 期,46—51 頁;邯鄲市文物保管所:《河北大名發現何弘敬墓誌》,《考古》1984 年 8 期,721—725 頁;並參見咸陽市文物考古研究所編著:《五代馮暉墓·結語》,重慶出版社,2001 年,54—55 頁;河北省文物研究所、保定市文物管理處:《五代王處直墓》五《結語》,北京:文物出版社,1998 年,49—55 頁。

② 寶雞市考古研究所編著:《五代李茂貞夫婦墓》第三章《結語》,北京:科學出版社,2008 年,140—145 頁。

(三)五代、宋的詔葬和敕葬

五代見於詔葬的記載不多，但權臣最高等級的詔葬與前無差，並相沿至宋。宋朝建立之後，敕葬作為官員喪禮的特殊定制重被提出，且覆蓋面被拓寬，在重視高品敕葬的同時，出現了三品之外的敕葬，甚至其名義也明確給予葬於非京城之地的外官，成為國家葬制中十分突出的一個環節。但是與此同時，以內官中使護喪作為特徵，敕葬以皇帝名義支配和體現皇帝意旨的成分更加強了。

1. 五代權臣詔葬

五代的詔葬，《舊五代史》明確提到的至少有三例：其一為卷四六《(後唐)末帝紀》上：“(清泰元年〈934〉十二月)庚午，詔葬庶人從榮。有司上言：‘依貞觀中庶人承乾，以公禮葬。’從之。”所謂“以公禮葬”，即是如太子承乾那樣，葬以國公待遇①。另一為卷四八《末帝紀》下，末帝於晉高祖攻入前，舉族與太后曹氏自焚。“晉高祖入洛，得帝燼骨於火中，來年三月，詔葬於徽陵之封中”。再一為卷九〇《安崇阮傳》：“(後晉)高祖登極之二年，詔葬梁末帝，以崇阮梁之舊臣，令主葬事。崇阮盡哀致禮，以襄其事，時人義之。”此三例雖稱詔葬，但只是“下詔葬事”，且都有特殊背景，後兩例尤屬追葬，不同於一般大臣的詔葬，且亦無具體形式。

同書卷八七《宗室·壽王重乂傳》載晉高祖子石重乂被張從賓所害，“從賓敗，高祖發哀於便殿，輟視朝三日，詔贈太傅。是歲冬十月，詔遣莊宅使張穎監護喪事，葬於河南府萬安山”。卷一二九《劉仁瞻傳》稱其在後周被授天平軍節度使兼中書令，“制出之日，薨於其家，年五十八。世宗聞之，遣使弔祭，命內臣監護喪事，追封

---

① 《舊唐書》卷七六《太宗諸子·恒山王承乾傳》，2649 頁。

彭城郡王"。兩例都有護喪，可以認為也是詔葬。五代史料闕佚，對於官員及其母妻喪事的記載也都十分簡略，大抵僅有賻賜、贈謚、廢朝而很少言及其他身後哀榮。但是《宋史》卷一二四《禮志》二七詔葬條，在"乾德三年(965)六月，中書令秦國公孟昶薨，其母李氏繼亡。命鴻臚卿范禹偁監護喪事，仍詔禮官議定吉凶儀仗禮例以聞"下引太常禮院言，關於五代時期的詔葬方式卻提供了一些綫索。其曰：

> 檢詳故事，晉天福十二年(947)葬故魏王，周廣順元年(951)葬故樞密使楊邠、侍衛使史弘肇、三司使王章例，並用一品禮。墓方圓九十步，墳高一丈八尺，明器九十事，石作六事，音身(聲?)隊二十人。當壙、當野、祖明、祖思、地軸、十二時神、蚊廚帳、暖帳各一，輴車一，挽歌三十六人；拂一、纛一、翣六、輀車、魂車、儀椁車、買道車、誌石車各一；方相氏、鵝毛纛、銘旌、香輿、影輿、蓋輿、錢輿、五穀輿、酒醢輿、衣物輿、庖牲輿各一；黃白紙帳、園宅、象生什物、行幕，並誌文、挽歌詞、啓攢啓奠祝文，並請下有司修製。其儀，太僕寺革輅，兵部本品鹵簿儀仗，太常寺本品鼓吹儀仗，殿中省繖一、曲蓋二、朱漆團扇四，自第導引出城，量遠近各還。贈玉一、纁二、贈祭少牢禮料，亦請下光祿、太府寺、少府監諸司依禮供應。

內所云魏王乃漢高祖子承訓。《舊五代史》卷一〇五本傳載其天福十二年卒，"高祖發哀於太平宮，哭之大慟，以至於不豫。是月，追封魏王，歸葬於太原"。楊邠、史弘肇、王章均被漢隱帝所誅，周廣順元年備禮歸葬，其所葬均為五代詔葬一品禮模式。其中關於墓和明器等，結合前揭唐令"復原23"以及《大唐開元禮》卷三《序例下·雜制》等的一些規定，可以知道內中"墓方圓九十步"以下大都是內外一品官在實行詔葬時可以使用的器物和禮儀規格，鹵簿也是從唐之制，諸種車輿更顯示了喪禮的豪華。因此五代的詔葬無疑是繼承唐代,而其全部儀式在五代也是一直保留着的,其重者又在高品禮葬。

2. 宋代敕葬的實行及擴展

詔葬一目在《宋史·禮志》官員的喪葬儀制中出現,無疑標誌着它作為制度已經成熟和定式化了。但宋代的詔葬形式仍基本延續前朝。《宋史》記宋初宰相趙普薨,太宗聞之震悼,"廢朝五日,為出次發哀。贈尚書令,追封真定王,賜諡忠獻。上撰神道碑銘,親八分書以賜之。遣右諫議大夫范杲攝鴻臚卿護喪事,賻絹布各五百匹,米麪各五百石。葬日,有司設鹵簿鼓吹如式"①,就是如同唐五代之世的一品敕葬。

但是宋朝敕葬的一個特點是覆蓋的層面更寬。特別是承繼晚唐五代,敕葬作為對忠於朝廷者的激勵和褒揚,其對象已不限於朝廷的宰相或是德高望重的宗室大臣,領軍、鈐轄兵馬的武將和鎮居方面的要員尤得到重視,他們的葬事也不一定回到京城。如《續資治通鑑長編》卷一一開寶三年(970)二月己卯條載雄州刺史侯仁矩卒,"仁矩,益之子也,備邊牧民皆稱職,上甚惜之,特遣中使護喪,官給葬事"。《宋史》載應州觀察使判齊州、關南巡檢李漢超,雲州觀察使判邢州、兼西山巡檢郭進,羅州刺史兼靈州路巡檢董遵誨,太宗朝均以戰功及善護守邊陲,卒後遣中使護葬②。保靜軍節度使充天雄軍都部署、知河陽王昭遠真宗咸平二年(999)卒,"時車駕在大名,為廢朝,贈太尉,諡惠和,中使護葬"③。陸游《老學庵筆記》關於邊將姚麟有"西人云:'姚麟敕葬乃絕地,故其家遂衰'"的説法④,

① 《宋史》卷二五六《趙普傳》,8939 頁。
② 參見《宋史》卷二七三《李漢超傳》、《郭進傳》、《董遵誨傳》,9334、9336、9343 頁。
③ 《宋史》卷二七六《王昭遠傳》,9408 頁。
④ 《老學庵筆記》卷九,116—117 頁。

知姚麟就葬於他所在的西北邊陲，不然不可能稱為"絕地"。這種將敕葬名義賜予外官的情況一直持續到南宋。值得注意的是，這裏大多使內官中使護喪，由此顯示出其出自皇帝的特質。而原來詔葬中標誌性的"護喪"宋代史料中有時也被改稱為"護葬"，但兩者的意義似乎沒有太大區別。

宋代史料中不乏見到的是原官抑或贈官一品二品的敕葬，前云天聖宋令強調者也是勳戚大臣和一品二品，然而從實際情況看，敕葬的對象卻似乎不止於此。《宋史》卷一二四"詔葬"條下復曰：

> 凡凶儀皆有買道、方相、引魂車、香、蓋、紙錢、鵝毛、影輿，錦繡虛車，大輿，銘旌；儀棺、行幕，各一；挽歌十六。其明器、牀帳、衣輿、結彩牀皆不定數。墳所有石羊虎、望柱各二，三品以上加石人二人。入墳有當壙、當野、祖思、祖明、地軸、十二時神、誌石、券石、鐵券各一。殯前一日對靈柩，及至墳所下事時，皆設敕祭，監葬官行禮。熙寧初，又著新式，頒於有司。

這一段話前面所說是墳上設施、車服葬具、明器誌石等。下面提到在墳所下葬時，要設"敕祭"和監葬官行禮，這應當是詔葬纔有，因此所說制度似乎都包括在詔葬也即敕葬之內，並且也在後來《熙寧新式》的規定中。其中"墳所有石羊虎、望柱各二，三品以上加石人二人"，應總為八件。唐令"復原 32"稱："其石人石獸之類，三品以上六，五品以上四。""宋 26"改作"其石獸，三品以上六，五品以上四"，雖未言石人，但總數與唐朝相同。另外既說"三品以上"，即意味着還有三品以下，而所說"挽歌十六"在唐令（"復原 20"）是五品以上之數（三品以上三十六人），在天聖宋令（"宋 17"）是四品之數（三品以上同唐）。這似乎表明，宋朝敕葬實際上已不止於三品。而《天聖令》"宋 5""其〔在〕京薨卒應敕葬者，鴻臚卿監護喪事（下略）"，更明確是包括三品五品的"薨（三品以上稱薨）"、"卒（五品以上稱卒）"在內。

《宋史》卷二八七《楊礪傳》：

> 咸平初（998），知貢舉，俄拜工部侍郎、樞密副使。二年卒，年六十九。真宗軫悼……即冒雨臨其喪。礪僦舍委巷中，乘輿不能進，步至其第，嗟憫久之。廢朝，贈兵部尚書，中使護葬。

楊礪原任官工部侍郎唐代前期為正四品下，《職官分紀》卷九稱："國朝《官品令》，工部侍郎從三品。"[①]由於唐後期五代侍郎地位已高，實已按從三品待遇，故當視作宋初已如此。贈官兵部尚書唐宋皆是正三品，是三品官得敕葬。

《宋史》卷二六九《張澹傳》：

> 開寶初，就轉倉部郎中。四年冬，以本官復知制誥……內署闕學士，太祖令澹權直學士院。（開寶）七年長春節攝殿中監，進酒，命賜金紫。六月權點檢三司事，不逾旬，疽發背卒，年五十六。太祖聞其無子，甚愍之，命中使護葬於洛陽。

同上書卷四三九《文苑·趙隣幾傳》：

> 遷左補闕，知制誥，數月卒，年五十九。中使護葬。

張澹所攝殿中監唐為從三品，北宋元祐《官品令》定為正四品，其本官郎中唐代為從五品上，而宋更降為從六品[②]。趙隣幾所任左補闕（雍熙中改為司諫），唐宋皆為七品，卻都得到中使護葬。又右監門衛率府率世堅為太祖皇帝三世孫，慶曆中卒。"有司以品卑，不在詔葬之例。上憐之惻然，見於玉色，特命入內供奉官梁克明往護喪事。以黃金五十兩、白金三百兩賻之，令內史卹，詔贈以右監門衛

---

① （宋）孫逢吉：《職官分紀》卷一一，北京：中華書局，1988 年，283 頁。
② 殿中監見《職官分紀》卷二四，514 頁；郎中見同書卷九，251 頁。

將軍"①。太子諸率府率唐為正四品上,官不為卑。但宋初建隆以後合班之制②,率府率已排在太子中舍、洗馬之下,中舍、洗馬在唐代分別為正五品下和從五品上,則宋初率府率不當高於此,元祐官品令更降為從七品。贈官右監門衛、右領軍衛將軍唐為從三品,元祐《官品令》乃從四品③,宋初不詳,但至少此兩人生前官皆不過五品,恐怕均為皇子皇孫於三品外破格敕葬之例。

《宋史》卷二七三《何承矩傳》:

> (真宗景德三年,1006)乃授承矩齊州團練使,遣之任。至郡裁七日,卒,年六十一。特贈相州觀察使,賻錢五十萬,絹五百匹,中使護葬。

同書卷四六六《宦者·張崇貴傳》:

> 以功拜皇城使、內侍左右班都知,領博州團練使……大中祥符元年(1008),加昭宣使。崇貴久在邊,善識羌戎情偽,西人畏服……復命為都鈐轄提舉榷場……四年八月卒,年五十七。帝悼惜之,贈豐州觀察使,內侍護喪還京師。

團練使、觀察使宋初品不詳,建隆以後合班之制觀察使在"給事中、左右諫議大夫、中書舍人、知制誥、龍圖閣待制、天章閣待制"之下,秘書監之上。秘書監唐雖為從三品,但宋元祐官品令在正四品,給事中、左右諫議大夫、中書舍人唐、宋皆不過四品、五品,則觀察使應與之相當。團練使淳化四年(993)定在太子左右庶子之下,太子左右庶子則唐制正四品上,宋制從五品。因此觀察使、團練使宋初

---

① 胡宿:《右監門衛率府率世堅墓誌銘》,《文恭集》卷三八,《叢書集成本》1889冊,457頁。

② 《宋史》卷一六八《職官》八,3987—3991頁,下同。

③ 率府率見《職官分紀》卷三〇,576頁;右監門衛、右領軍衛將軍見同書卷三五《諸衛將軍》,643頁。

已相當四品或五品,元祐《官品令》分別定為從五品和正五品①。張崇貴是宦官,同卷《王仁睿傳》有云:"國朝以來,内侍都知押班不領他職。淳化、至道後,皆内殿崇班以上兼充,多至諸司使,有領觀察使者,没皆有贈官,官給葬事。"宦官喪事本從優,得有護喪待遇的,定非張崇貴一人。由以上事例看,我推測詔葬的範圍最少擴展到四品、五品,不過得敕葬者或其待遇仍多由帝命,乃是不爭之事實。

(四)敕葬的等級分別和宣葬的出現

如前所述,唐朝詔葬按級別派設的監護使品有高低,給賻贈等其他待遇也有區別,包括墳墓形制、構造、隨葬器物乃至墓上建築均不盡相同,然而等級界綫卻始終不甚分明,特別是由於與皇帝的關係,同等品級的官吏,也可以享受並不完全相同的待遇。但宋代在敕葬官品範圍擴展的同時,卻依照官品明確分出了享受官給待遇的等級,官品作為敕葬標準的意義更突出了。不妨説宋代敕葬的本身其實已經分化出不同的階層,相比令式刻意突出的高品權貴,對於低等級的敕葬而言,其象徵性超過實際待遇,於是宣葬開始作為敕葬的輔助形式出現。依官品分別官給待遇和宣葬出現,是宋代敕葬發展的明顯特點。

1. 等級分別和敕葬待遇

《宋史》卷一二四《諸臣喪葬等儀》關於"輟朝之制"稱:

　　禮院例册:文武官一品、二品喪,輟視朝二日,於便殿舉哀掛服。文武官三品喪,輟視朝一日,不舉哀掛服。然其車駕臨問並特輟朝日數,各繫聖恩。一品、二品喪,皆以翰林學士已下為監護葬事,以内侍都知已下為同監護葬事。葬日輟視朝

---

① 見《職官分紀》卷三九,720、721 頁。

一日，皆取旨後行。

一品二品喪不僅有輟視朝待遇和皇帝舉哀掛服，而且必有翰林學士以下護喪和內侍都知以下擔任副職，由這一點，可以知道一、二品官待遇之高。雖然皇帝的臨問和所增輟朝天數是"各繫聖恩"，但一、二品顯然是一個必要的前提。前揭《天聖令》"宋10""諸一品二品喪，敕備本品鹵簿送殯者"條，將原來至少三品官員詔葬都可以有的葬日遣使"贈於郭門之外"和"鹵簿儀仗，送至墓所往還"變成了衹有一、二品敕葬纔可以有的節目。其實這一點也是由來有漸。前已說明，隋令護喪使的派遣僅限於一、二品官員，唐雖將範圍擴大到三品，但《喪葬令》舉哀條有"皇帝為內命婦二品以上、百官職事二品以上喪、官一品喪"的規定，表明最高的待遇仍給予一、二品官員。近者已有學者撰文指出此條唐宋立法的接近[1]。可以想見都門的送葬和弔祭本來也以一、二品高官大員為主，宋代不過是將此事實更加制度化罷了。南宋時太常寺所掌條令中仍然強調"二品以上薨，出殯日都門合設贈祭"[2]，是將《天聖令》所定制度沿用至南宋，而三品和三品以下的敕葬早已沒有都門贈祭的待遇。宋代傳記文集和墓誌中，對於一、二品官敕葬記載甚多，恐怕也是由於其葬事確實不同凡響而值得炫耀。

　　這裏需要注意的還有一點，即上文提到"一品二品喪，皆以翰林學士已下為監護葬事"，可以理解為只要是一品二品官，就全部按敕葬，這裏的一品二品不含其他身分因素，而是僅以官品而定，說明敕葬已完全建立在官品的基礎上，官品成為唯一標準而更加定式化，這必然使得官供財物被集中在最高等級的官員身上。所以在宋代敕葬的等級不同並不僅在於儀式，還牽涉到官給資費和

---

　　① 見沈宗憲：《宋代喪葬法令初探——以〈天聖喪葬令〉為基礎的討論》，《新史料·新觀點·新視角——天聖令論集》下冊，161頁。

　　② 《中興禮書》卷二九七紹興十八年十月九日條，457頁。

其他待遇（包括借用物品和人力）的多少。對於敕葬用人用物，宋
朝有相應具體的規定。南宋時代的《慶元條法事類》卷七七《喪葬》
引《服制令》有如下條款：

> 諸敕葬無地者，聽本家選無妨礙地，申所屬差官檢定，估
> 價買充。地內有屋半（宅?）林木不願賣者，聽自拆伐。仍除其稅。即官
> 賜地而標佔民田者，準此。

> 諸敕葬所須之物，主管官具數報所屬，即時以所在官物
> 充。闕或不足，給轉運司錢買。工匠闕，即和雇。葬地近官山者，
> 其合用石聽採。應副不足，申轉運司計置，其人從並從官給，隨行
> 人·應給肉者，計價給錢。

> 諸敕葬程頓幕次，主管諸司官闕到親屬及緣葬人數，差官
> 於官地絞縛或寺院店舍計日給賃錢。分貼位次，及安靈舉之所，
> 不得拆移門窗牆壁。仍辦所須之物，每頓差將校、軍曹司主
> 管，前七日其畢備回報。餘官司闕到緣葬排辦事，並準此。其靈舉高
> 闊，預行檢視，經由處有妨者，即時休整，前三日畢。

> 諸敕葬，官司闕到舉（輦?）下逃亡人，即時給官錢和雇，填
> 訖具人數姓名報。凡雇處據預諸（請?）過錢物，勒承攬人備
> 償，不足，責保人均備。

> 諸敕葬，供頓之物付本家主管人，候離頓交點收管。損失
> 者，申所屬，估價闕葬司，勒主管人備償，不得闕禁。

> 諸敕葬，事有著令者，不得用例。若本家別有陳請，聽具
> 奏，或申尚書省，亦不許陳乞石（左?）藏，官吏仍不許於式外受
> 本家遺送。飲食之物非。

> 諸敕葬畢，供頓之物，所在差官點檢，損壞者，申所屬修
> 葺。席薦、瓷瓦器不堪者，除破（破除?）。

另外，同卷所引《吏卒格》曰：

> 敕葬每頓主管人,將校、軍曹司各二人。①

這些條令説明,宋朝敕葬有主管使臣和官司,是一項經常性的、按照制度來操作的常規性事務,是葬制中被分割出來的一個特殊領域。對於敕葬,除了葬地一般要由官府批准和作價,本家出錢購買之外,官家確實要雇請人力工匠,借給靈轝,甚至還有送葬之際置頓賃舍、用物損壞之費。可以看到原來按三品五品共給的一些内容確實已經集中於詔葬,其中的官錢和雇、供頓之物都是不小的開支。

2. 官給減少和宣葬的出現

不過以上之規定似乎不能完全滿足敕葬的花費,而且是否都能兑現也屬可疑。事實上,對於官員的喪事,皇帝有時下詔僅予贈官贈賻卻並不一定給予實際的詔葬待遇。據熙寧七年頒新式時規定:"諸兩府、使相、宣徽使並前任宰臣,問疾或澆奠已賜,不願敕葬者,並宗室不經澆奠支賜,雖不係敕葬,並支賻贈。餘但經問疾或澆奠支賜或敕葬者,更不支賻贈。前兩府如澆奠只支賻贈,仍加絹一百,布一百,羊、酒、米、麪各一十。"②所説是敕葬和賻贈不能兩給,所以不敕葬反倒要支賻贈和給奠祭補助。僅得賻贈在宋代被稱為"宣葬"。《朝野類要》卷五與"差中貴官監護喪事"的敕葬相對,解釋宣葬則是:

> 賜資財令辦葬事。喪家多願宣葬,蓋省費於敕葬也。

也即宣葬是僅賜資財而並不用給予"差中貴官監護"的形式。從史料記載來看,宋代敕葬有一點是明顯不同於唐代詔葬的,即唐詔葬作為朝廷給大臣的飾終之典,是被當作一種榮耀而記録於其本人

---

① 《慶元條法事類》卷七七,835—836、838頁。
② 《宋會要輯稿》禮四四之二六,1445頁;《宋史》卷一二四《禮志》二七,2908頁。

的墓誌行狀之中。而且唐朝承前代給詔葬待遇優越，官辦成分甚重，不但借予葬具車服，不少還有"凶事葬事所須官給"也即全部由官家出資的優待，史料中很少見到有因不堪重負，辭掉敕葬的事例。

但宋代卻出現了喪家因過有所費，甚至不願敕葬的情況。《續資治通鑑長編》卷一〇六記仁宗天聖六年（1028）春正月丁酉朔，"馬軍副都指揮使、武昌節度使彭睿卒，上幸其第臨奠，輟一日朝，贈侍中，遣官監護葬事。法當得謚，其家避都省集官之費而固辭之。庚子，上謂輔臣曰：'大臣之喪，遣官監護葬事，蓋出於恩禮，而近歲喪家過有所費。況祥符詔書，自使相以下皆有定數。今宜稍增其舊，踰者令閤門、御史臺、金吾街仗司糾之。其不願敕葬者，亦聽。"同年二月壬午條載工部尚書、平章事張知白卒，朝廷"為罷社燕，贈太傅、中書令，太后臨奠之。其家以貧辭敕葬，詔送終之具，悉從官給，且諭王曾等，令共恤其家"。同書卷一一八仁宗景祐三年（1036）三月丙午："又詔臣僚應敕葬而其家不願者，聽之。"

敕葬是皇帝給大臣死後的最高榮譽，那麼，為何喪家竟然會辭謝呢？"而近歲喪家過有所費"一語道出了其中的奧妙。喪家之費並不完全由公家支給，至少大部分不由公家支給，纔是喪家辭謝的理由。前揭《宋史》卷一二四在談到《熙寧新式》時說到，為了對大臣"深致其哀榮，而盡其送終之禮"造成"私家之費往往倍於公上"，但是如果減少或者不給其費用，又要按照詔葬的規格舉辦喪事，那麼喪家就實在是不堪其苦，無以支應。《石林燕語》卷五有曰：

> 大臣及近戚有疾，恩禮厚者多宣醫；及薨，例遣內侍監護葬事，謂之"敕葬"。國醫未必皆高手，既被旨，須求面投藥為功，病者不敢辭，偶病藥不相當，往往又為害。"敕葬"，喪家無所預，一聽於監護官，不復更計費，惟其所欲，至罄家資有不能辦者。故諺云："宣醫納命，敕葬破家。"近年"敕葬"多上章乞

免,朝廷知其意,無不從者。(陸游《老學庵筆記》卷九"貴臣"
條略同,但增"慶曆中,始有詔,已降指揮,敕葬而其家不願者
聽之"及前述姚麟事。)

這是説,從宣醫問藥到頒行敕葬,對受其恩榮者未必真有好處。敕
葬喪家辦事一聽監護官,不能不傾其所有,以至於破家。這不是説
敕葬朝廷完全不給財務資助,而是所給大多與所須相距甚遠。前
例張知白卒,在其家以貧辭敕葬後,詔送終之具悉從官給,可見如
不下詔一些費用即不給。《宋朝諸臣奏議》卷一一九常安民《上哲
宗論大臣唱紹述之説》稱:"宣仁聖烈皇后甚得人心,前日陛下駕幸
秦楚國夫人第澆奠及輟朝,並命敕葬諸費從官給,人人無不歡呼。"
更説明"敕葬諸費從官給"並不是一個普遍的鋼性制度。同時很可
能是由於賻贈和詔葬用費皆領皇帝意旨而交於內侍省,所以宋代
是由中使也即內官護喪,而監護官索取喪家財物,或者喪家企圖賄
賂監護官求得朝廷給賜大概也很普遍。上述《慶元條法事類》卷七
七引《儀制令》説敕葬,"事有著令者,不得用例。若本家別有陳請,
聽具奏,或申尚書省,亦不許陳乞石(左?右?)藏,官吏仍不許於式
外受本家遺送。飲食之物非。"就是試圖杜絕陳請和饋送。

　　事實上由於敕葬的大事鋪張,使朝廷和喪家都感到無從支應。
仁宗慶曆四年(1044)正月乙亥荆王元儼薨,歐陽修為此上劄子曰:
"臣謂前後敕葬大臣,浮費枉用之物至多,豈是朝廷本意! 皆為主
司措置之失,致人因緣以為姦爾。今若盡節浮費及絕其侵蠹,而使
用物不廣,則將復以何辭而云不葬?"[1]范仲淹亦上言論葬事,提出
"自來敕葬,多是旋生事端,呼索無算。臣請特傳聖旨,令宋祁、王
守忠與三司使副並禮官聚議,合要物色,務從簡儉,畫一聞奏,與降
敕命。依所定事件應副,更不得於敕外旋生事節,枉費官物。仍出

---

① 《歐陽修全集》卷一〇四《奏議集・論葬荆王劄子》,1585 頁。

聖意,特賜內藏庫錢帛若干備葬事,使三司易為應副"。又以為"自來敕葬,枉費大半,道路供應,民不聊生。臣請特降嚴旨,荊王二子並左右五七人送葬外,其餘婦人,合存合放,便與處分,更不令前去,自然道路易為供頓,大減冗費。既減得費耗,又存得典禮,此國家之正體也"①。可見敕葬"旋生事節,枉費官物"和使"道路供應,民不聊生",是給朝廷造成困擾的兩大問題。所以針對於此,同月庚辰詔:"應敕葬者,自今止量加賜予其家,有大勳勞者令取旨。"意思是祇有"大勳勞者"纔可以由皇帝下敕給以特別優惠,一般敕葬只是"量加賜予"就可以了。

這樣做的結果是一般敕葬無須太多公費,所以在《熙寧新式》制定官員賻贈之後,所謂"窆窆之具,皆給於縣官"的情況已經大為減少。《慶元條法事類》卷七七《喪葬》引雜敕:"諸緣敕葬而主管使臣及官司以所須之物配擾人戶,或減尅所支財物者,徒二年。情重,鄰州編管;命官,勒停。"又曰:"諸故棄毀緣敕葬供頓之物者,許人告。"說明宋朝敕葬勞擾百姓、減尅與糟蹋財物的情況都很嚴重,而政府也試圖加強對敕葬的管理。

與此同時公費待遇的不同使敕葬進一步等級化。南宋嘉定十三年(1220)八月景獻太子的喪事所用是"並乞從敕葬都大主管所行下諸司排辦施行","差都大主管敕葬,隨宜參酌比附,條具申請。數內官吏、諸色祇應人等合用孝贈及節次支賜,並日支食錢及應幹支費,乞依昨來敕葬莊文太子體例,於左藏庫取錢二萬貫文、銀五千兩、絹五千匹,仍免三分減一,全支本色"。在行虞祭之前,文思院造作的器物,要"前期赴敕葬所交納"。太子陵中所用諡冊寶,也是"乞令文思院計會敕葬所,於(出葬)前二日進呈畢降出,付敕葬所收管,於前一日交付禮部職掌"②。可見還有專門的敕葬所這樣

---

① 《續資治通鑑長編》卷一四六記仁宗慶曆四年正月乙亥條,3532頁。
② 《宋會要輯稿》禮四三之一至八,1416—1420頁。

機構，其敕葬用物當然全由朝廷負擔。而紹興二十四年（1154）十月秦檜死，"禮部太常寺條具申尚書省取旨"："一，合於臨安府取次水銀熟白龍腦以斂；一，合於祗候庫取七梁額花冠、貂蟬籠巾、朝服一幅；一，依例差官主管敕葬；一，出殯日都門合排設贈祭；一，合賻贈銀絹；一，合差官護葬；一，出殯日合用本品鹵簿鼓吹儀仗。"①所用當然也是一品敕葬的最高規格，所給用物可以想見。但是史載"紹興元年十一月十日幹辦御藥院陳永錫奏：'準指揮差主管康國福康惠徽夫人蕭氏葬事，應有合行事件比附第四等敕葬，所有左藏庫依條合排辦供應錢物，欲乞更不取索支供。'詔依，止用本家錢物"②。說明詔葬至少發展為四等，而第四等竟然是完全用本家錢物而朝廷不予供應。

　　敕葬"止用本家錢物"做法當然會不同程度地加重喪家的費用，所以前揭《朝野類要》卷五謂喪家歡迎"賜資財令辦葬事"卻無須有宦官主持、營造大排場的宣葬。不過對多數敕葬，朝廷只有少量賜予而主要依靠其家自辦的做法可能一直延續下去，以至於喪事始辦，皇帝竟要先問問本家是不是願意行敕葬，再決定給予何種優惠。《中興禮書》卷二九七《詔葬》一載：

　　　　（紹興）三年正月十一日，故慶遠軍節度使邢煥妻熊氏進狀："伏蒙聖恩特降中使，宣問亡夫邢煥本家願與不願敕葬事。妾不敢上貽聖慮，動煩朝廷，具劄子乞免，已蒙允從。竊緣本家雖已竭力營辦，深慮不前。伏望聖慈特降睿旨，差中使一員主管葬事。"詔："所乞差內侍主管葬事不行，令戶部支賜銀絹各一千四兩。仍令本家一面踏逐葬地，候踏逐到，令所屬軍州量行應副（付？）葬事。"

這裏熊氏先是藉口推託了敕葬，但又以深恐喪事不周的理由請求派中使，結果巧妙地得到了皇帝賜銀絹也即宣葬的結果。同卷記以不願"身後仰累君父"、"恩禮過厚，臣子之義，非所敢當"之類為名辭掉敕葬以及雖是敕葬卻免行都門弔祭的還有多例，都獲得了批准。

上面已經提到，從唐後期開始，敕葬的對象其實已不止於京官和喪葬在京城舉辦的外官，宋代在這一點上更加明確，因此，敕葬的官給費用部分也不完全出自中央政府。《續資治通鑑長編》卷二二太平興國六年（981）九月條載："舊制，賜敕葬者，皆內諸司供帳。或言其不便，戊戌，始令所在州府，以官錢賃僦。"《宋史》卷四五二《郭僎傳》載其"以父任調海州東海縣尉，權祥符縣尉。時童貫子師閔死，敕葬邑境。僎任道途之役。貫命徹民屋之當道者，僎先籍童氏屋數十間欲毀之。貫遽令勿毀，由是民屋得免"，說明敕葬於地方者州縣要承擔費用和力役。不過據前范仲淹所論，北宋京城的敕葬大多還是出自三司和國庫而非內藏。南宋京城敕葬，除了陳永錫奏中提到的左藏庫和為邢煥葬事詔所言戶部支賜銀絹之外，常常還取用於臨安府或"令臨安府應副葬事"[1]。而葬於地方者則如邢煥在選得墓地後，"令所屬軍州量行應副葬事"。紹興十五年正月同簽書樞密院事王倫妻為王倫奉使不還請行招魂葬，"乞於常州選擇墳地，應有合用地段營葬工匠物料等，乞令本州應辦，詔葬事令常州量行應副"。隆興二年（1164）八月秦國大長公主薨，其子潘粹卿等上表以家資貧薄辭敕葬，但云其母遺表"乞葬事止令婺州應辦"，請求"就差本家幹辦官管幹，所有已降敕葬指揮，特賜寢

---

[1] 《中興禮書》卷二九八《詔葬》二紹興十二年十一月十七日、十九日條，紹興二十三年十二月九日條，乾道元年六月詔，淳熙元年十月十六日詔、九年六月十八日詔；457、458、460、462頁。

罷",獲得批准①。這似乎表明,敕葬經費已隨葬事所在被攤派地方。而在官費愈來愈被削減的情況下,其本身除了作為皇帝恩寵的一種虛飾之外,已經没有太多實際的内涵。喪家對於是否需要敕葬,很大程度上出自個人能力的考量,這和漢魏乃至唐時詔葬已不能同日而語。

　　總之,從以上關於詔葬制度的考察,可以知道詔葬乃漢代以後逐漸形成的王公親貴特殊的喪葬儀禮,有着一系列顯示身分和榮耀的繁複形式和内容,是皇帝給臣僚死後的最大恩禮。隨着皇權和官僚社會的發展而定型和延續,在唐代因功臣陪葬而興,並以官品等級為限而對官員實施,使制度大大發展並達到完備成熟,展示了皇帝之外最高統治階層成員喪禮的規格等級。宋代繼唐和五代發展敕葬,使敕葬脱離一般官員喪葬而更加特殊化,並增加和擴大了實行的層面。也即在保證極少數高品特權的同時,通過給更多官員敕葬名義以體現皇恩浩蕩。而在財政不足支應的情況下,敕葬不得不進一步劃分等級,減少用度,使敕葬公給的成分大大削減。因此雖然至南宋時仍由宋政權和大官僚們盡力維繫着其形式化的表面風光,卻没有了昔日那般為人羨煞的絶頂隆重和内在輝煌。

---

①　《中興禮書》卷二九八《詔葬》二隆興二年八月條,457、460 頁。

下編中結語　中古社會的變革與
喪葬禮制研究展望

　　葬禮，是中古社會五禮中凶禮的主要組成部分，而官員葬禮尤其是中古葬禮中的一個重要層面。唐、宋《喪葬令》是關於官員喪葬按照官品等級進行的諸種規定，也是這一時段中國家法令在喪葬制度方面的具體體現。筆者借助對《天聖令》的研究，探討了與高級官員喪葬有關的皇帝舉哀、賻賵和詔葬等三個問題。其中皇帝、皇后、太子的舉哀臨弔是皇帝或其家族對於大臣、親族喪事的親身參與，和對大臣過世的隆重哀悼；賻賵是朝廷對大臣喪事的實物饋贈與補貼；詔葬則是經皇帝下詔，有着最高規格和複雜程序的官員禮葬方式。三個問題包羅涵蓋了官員喪葬禮的一些主要內容，並深刻地體現着時代的變遷和特色，因而具有代表性和典型意義。雖然大多是針對皇親貴戚和高級官員，但是從上行下效和禮儀的等級性出發，所有這些內容其實建構了中古凶禮的框架，對於全部官僚社會和民間大眾都有着支配性的影響。因此關於它們的研究，不但對認識官員喪葬制度本身及其全部喪禮程序有所幫助，也會對唐宋時代和整個中古社會加深理解。

　　舉哀、賻賵、詔葬都涉及官員的喪葬禮儀地位與身後待遇，從中不難瞭解到關於唐宋喪葬制度的許多變化。舉哀禮儀中帝、后對后族長親舉哀內容的減省，以及從"成服"到"掛服"意識的簡化；

賵賻制度從依照爵位官品到按照月俸和職事品級，愈益集中於高官，並最終歸結為"聽旨隨給"；詔葬制度從漢魏以來少數王宮貴臣的特殊典禮逐漸演變為隋唐以降按官品制定的特殊待遇，以及實施範圍的不斷擴大和等級化，都體現着中古社會官僚制度成熟和發展下的喪禮標準和要求，而唐宋喪葬禮令尤體現出圍繞皇權為中心的禮儀特徵。特別是詔葬，詔葬的名義和内容都代表皇帝對親貴大臣的優禮，是皇權和皇帝意旨的體現，也是中古官員在其身後可以取得的最高禮儀地位和榮寵。詔葬的實行等級和待遇雖然代表了國家對官員向皇帝盡忠與服務一生的報償，但由皇帝下旨決定，從一個側面反映着君臣關係，所以仍是皇帝禮儀和皇帝制度的實施與延伸。

詔葬官員是皇帝之下，一般大臣官員之上的一個階層，在實際上享受着國葬的待遇。不過，詔葬的享有者從主要是王公貴臣發展為完全由官品決定，顯示了官僚制度發展下定式化的特徵。唐朝三品以上官員可以享受詔葬資格的限定，即表明了官品等級在葬事中的價值。宋代關於一二品官員敕葬待遇的規定和敕葬本身範圍的擴大，進一步反映詔葬或敕葬已成為官僚制度的一部分。而禮令雖然將敕葬區分於一般官員喪葬，試圖突出敕葬作為皇帝給賜大臣榮譽的特殊意義，但由於原來施於親貴的禮儀已經面向廣大官僚層，所以隨着其實施範圍的擴大待遇不得不降低，實際獲得的經濟資助也按照不同等級而縮減，敕葬或云詔葬反而失去了其最初官辦喪事的内涵。與此同時，敕葬強調由内官主持並由皇帝決定給贈的情況也進一步體現了皇帝對敕葬的支配。

從以上問題的研究也可以看出，禮的變化是複雜的，所變者不僅是它本身的形式儀節。皇權的強化，世家大族的沒落，新官僚層的上升，官僚等級制的深入，世俗觀念及民間好尚，乃至於其他制度的發展變化，都直接間接地影響禮儀。如賵贈的方式與職官制度、財政制度有關，舉哀儀則體現士族社會消亡的影響，而從詔葬到敕葬更是由統治階級的自身性質成分及諸多政治、經濟因素所決定，這說明禮儀必須適應社會總體的要求。因此研究禮儀絕不是一個孤立的問題，通過看起來是細微末節的一些徵象，尋找在它後邊存在着的巨大的、活動着的全部社會生存脈絡與信息，應當是這項研究的目標和價值之所在。而《天聖令》的發現為此提供了新的契機。相信隨着研究的深入，學界還會就相關課題取得別開生面的突破，使我們對於唐宋史的研究有更加出人意料的收穫。

下編下

唐宋贈官制度溯論

　　贈官是古代朝廷在官員死後賜予的一項榮典。贈官從廣義而言，是相對官員生前的封爵和任命，故宋趙昇《朝野類要》稱："生曰封，死曰贈，自有格法典例。"[①]贈官作為官員喪葬禮制中不可缺少的一環，可以認為是萌於先秦，興於漢晉，盛於唐宋。贈官雖然作為高級官員的喪葬待遇也出現於《喪葬令》與《開元禮》中，但由於贈官制度不僅施於死去的官員，且延及其在世的親屬，在實行中已經超出了喪葬範疇，所以不但對於官員本身地位待遇有着重要的標誌作用，亦因此而影響其家族和社會的階級升降；因此我們將贈官研究與上述喪葬問題分開，在本編中另立單元專門進行探討。

---

　　① 《朝野類要》卷三,67頁。

　　贈官問題以往雖在一些討論官制、禮制或政治制度的論著中有所涉及①，但是直到近年始有專論出現。中古前期如窪添慶文《魏晉南北朝官僚制研究》一書，曾就北魏贈官制度立專節加以論述②；張興成《兩晉宗室制度研究》討論宗室成員的贈官③；劉長旭《兩晉南朝贈官研究》④，對兩晉南朝贈官制度進行全面論述；張小穩《魏晉南北朝時期地方官等級管理制度研究》⑤，也從地方官的角度探討了兩漢魏晉南北朝的贈官制度。而中古後期的贈官問題目前也有開展。杜文玉《五代敘封制度初探》一文，專門討論五代敘封與唐制的不同及範圍、對象、期限、擔保制度等，雖以論在世之"封"為主，但實已涉及贈官⑥。這以後孫健復有文專論宋代封贈制度。徐樂帥《中古時期封贈制度的形成》一文（以下簡稱徐文），不僅追溯父祖封贈的淵源和發展，也討論了隋、唐前期的概況乃至唐中後期的"恩例封贈"及其制度化的問題⑦。

　　但相比之下，唐宋時代的贈官問題尚論述較少。由於贈官這

----

　　①　如祝總斌：《兩漢魏晉南北朝宰相制度研究》第六章第一節《曹魏（附蜀、吳）的三公尚書》中國社會科學出版社，1998 年二版，147 頁；黃惠賢：《中國政治制度史·魏晉南北朝卷》第九章，人民出版社，1997 年，478—479 頁；謝寶富：《北朝婚喪禮俗研究》第二章第一節，北京：首都師範大學出版社，1998 年，123—124 頁。

　　②　窪添慶文：《魏晉南北朝官僚制研究》第一部第六章《北魏における贈官をめぐつて》，東京：汲古書院，2003 年，169—186 頁；同人：《關於北魏的贈官》，《文史哲》1993 年 3 期，81—83 頁。

　　③　張興成：《兩晉宗室制度研究》，北京師範大學博士學位論文，2000 年；《兩晉宗室贈官略論》，《浙江學刊》2002 年 3 期，121—124 頁。

　　④　劉長旭：《兩晉南朝贈官研究》，北京師範大學博士學位論文，2003 年。

　　⑤　張小穩：《魏晉南北朝時期地方官等級管理制度研究》第七章《贈官：以地方官為贈》，北京：九州出版社，2010 年，185—235 頁；同人：《北魏贈爵制度的演進》，《歷史教學》2008 年 7 期，40—43 頁。

　　⑥　杜文玉：《五代敘封制度初探》，32—37 頁。

　　⑦　孫健：《宋代"封贈"制度考論》，《中國史研究》2011 年 2 期，117—127 頁；徐樂帥：《中古時期封贈制度的形成》，《唐史論叢》10 輯，西安：三秦出版社，2008 年，89—105 頁。

一事物有過長期發展過程,不下大力氣不能瞭解到它本身的變化及與社會總體變革之間的相互作用,因此有必要對它的整體情況進行追蹤和深入的分析。筆者即試圖從此出發,追溯贈官制度的起源,並延及唐代和唐宋贈官制度的發展,從而對這一制度在中古前後期的發展特點、存在原因、方式及與社會歷史不同階段之對應關係加以探討和總結,庶幾使對中古時期的封贈制度能有一較全面的認識和理解。

第十章　贈官的起源與
唐代官員的自身贈官

　　贈官制度自上古起源，在中古社會充分發展，與在世官制相對，成為主宰喪葬等級和官僚身分的重要內容。研究贈官問題的關鍵在於，從複雜豐富而存在甚久的贈官制度中將獲得怎樣的啓示？就此而言，我們必須遵循着社會的發展規律，尋覓與之相關的制度演進特點。由於不同時代的贈官制度不僅與所在朝代密切相關且銜接性很強，對於後來的社會深有影響，所以中古後期的贈官研究也必須建築在瞭解前期制度的基礎上。本章即首先對中古前期的贈官加以回顧和總結，並在前人研究的基礎上，着重發掘和討論與後代制度發展變化有關的一些內容，由此為唐宋贈官問題的研究作一些鋪墊。

　　其次從以往學者關於中古前後期贈官問題的討論，可以知道贈官問題大體可以分為兩個方面，即一是源於本人官品的官員自身贈官，另一則是來自子孫的官員父祖先世贈官。本章討論的另一主題就是唐代官員的自身封贈問題，將對以不同品級的官員贈官範圍、資格、對象、方式以及其他贈官來源進行考證，以證明唐代贈官既有對前代的繼承，也有制度的發展和新創。而漢魏以降贈官從爵位品級出發到唐宋時代最終圍繞職事官品進行，以及贈官

愈來愈被作為皇帝意旨的體現，應該是贈官制度中最值得關注的
方面。

一　贈官問題回顧

贈官制度濫觴於先秦，歷經兩漢、魏晉南北朝至隋唐，有過長
期的發展。贈官雖然源於古代喪葬制度，但從根本上看，仍是官制
的一部分，從某種角度而言，贈官不過是在世官制的一種照搬和反
襯。因此贈官本身也反映着古代官制的進化。以往的學者曾注意
到封爵制在古代官制中的意義，楊光輝在《漢唐封爵制度》一書中
指出，封爵制直接源於上古的分封制，在先秦兩漢逐漸確立和完
善，魏晉南北朝則是上承秦漢，下啟隋唐，是封爵制度由確立到完
備的中間環節，在爵制發展演變過程中佔據重要地位。而在這一
特殊的歷史環境中，"封爵制度出現某些變異，對諸如封建政治經
濟結構、皇權的地位、封建等級等方面，都形成了不同的干擾和影
響"①。

我們需要瞭解這一變化和影響，特別是結合贈官制度的表現，
因為它們牽連的是整個社會制度、社會意識基礎性的演變。而在
這裏，要說明的是兩個問題，即一是贈官制度如何從贈爵開始，又
怎樣隨着社會的演進，使贈爵從中心的地位而走向邊緣化，被贈官
所代替；二是官的贈與如何從與爵結合到以官為主，並且從贈散官
到圍繞職官進行，使之逐漸成為皇權支配下的工具。

(一)爵贈與諡號

贈官之先，有贈封爵印綬。贈封爵在葬禮中也被加賜以作為

---

①　楊光輝：《漢唐封爵制度·引言》，北京：學苑出版社，1999 年，2 頁。

等級的劃分,在漢以後親貴大臣的喪事中成為必行之事,有着重要意義。與此同時又有贈諡號。古人關於諡有"先王諡以尊名,節以壹惠"、"諡者行之跡,號者功之表"之說①。而《白虎通》論諡法,稱"卿大夫老歸死者有諡何? 諡者,所以別尊卑,彰有德也。卿大夫歸,無過,猶有禄位,故有諡也"②。《通典》於其文下,也引《士冠禮》云"'生無爵,死無諡'。卿大夫有爵,故有諡,士無爵,故無諡"③。可見無爵者無諡是一原則。直到東晉以前,諡號仍以生前爵位的有無作為給贈的前提,說明其時爵位仍是死後贈予的核心。但此後逐漸對有官者也賜以諡號,標誌着在官員死後的贈予中,爵位已向官位轉化。贈官與贈諡是代表官員死後名位不可分割的兩個方面,由於以往研究者對此注意不多,這裏便由此出發,討論先秦至兩晉的爵贈與諡號問題。

1. 爵的贈與

贈官最早源於贈爵,而從此出發,關於封贈的記載便可以追溯到先秦時代。《後漢書》卷五六《种暠附子岱傳》記曰:

> 岱字公祖,好學養志,舉孝廉、茂才,辟公府,皆不就。公車特徵,病卒。初,岱與李固子燮同徵議郎,燮聞岱卒,痛惜甚,乃上書求加禮於岱。曰:"……昔先賢既没,有加贈之典;《周禮》盛德,有銘誄之文。而岱生無印綬之榮,卒無官諡之號,雖未建忠效用,而為聖恩所拔,遐邇具瞻,宜有異賞。"朝廷

---

① 《禮記正義》卷五四《表記》文並注,1641 頁;並參《通典》卷一〇四《帝王諡號議》,2711 頁。

② 《白虎通疏證》卷二《諡》,73—74 頁。

③ 《通典》卷一〇四《諸侯卿大夫諡議》,2716 頁。按標點本《通典》亦將此語統作為《白虎通》之文。

竟不能從。①

按"加贈之典"下原注:"春秋隱公五年,臧僖伯卒,隱公葬之加一等。杜預曰:'加命服之一等。'"命服加等即葬禮按照爵位提高一等,其事見《春秋左傳正義》卷三,又同書卷一二:"許穆公卒於師,葬之以侯,禮也。"注曰:"男而以侯,禮加一等。"又稱:"凡諸侯薨於朝會,加一等;死王事,加二等,於是有以衮斂。""加一等"下注曰:"諸侯命有三等,公為上等,侯伯中等,子男為下等。""死王事,加二等"下注"謂以死勤事"。"衮斂"注謂"衮衣公服也,謂加二等"②。也就是説,如果諸侯死於朝會或王事,葬禮可分別加一等二等,許穆公以男爵加二等按公禮葬,故著以公服衮衣,此可謂後世贈官贈封爵之濫觴。

另外提到贈官還不應忽略至少西周以降就有的帝王、諸侯追贈追封制度。追贈追封是贈以謚號或封爵。如《史記》卷四《周本紀》載西伯受命之年稱王,崩謚為文王。其即位稱王後"改法度,制正朔矣。追尊古公為太王,公季為王季"。追封制度隨着戰國諸侯稱霸被推廣。同書卷四三《趙世家》載烈侯六年(前403)"魏、韓、趙皆相立為諸侯,追尊獻子為獻侯";而魏則"襄王元年(前317),與諸侯會徐州,相王也。追尊父惠王為王"③。秦始皇立,也"追尊莊襄王為太上皇"④。

但是漢初就一般親貴或宰相功臣而言,大多還是只有謚號而無贈官爵,例如蕭何卒謚文忠侯,曹參卒謚懿侯,均無贈官爵印綬。贈官爵印綬大致為宣、元以後始見,但大多是賜生前官爵印綬而不加改變。此點已為前人所注意。李慈銘指出"漢、魏、晉多有贈本

① 《後漢書》卷五六《种暠附子岱傳》,1829 頁。
② 《春秋左傳正義》卷三、卷一二,1728、1793 頁。
③ 《史記》卷四四《魏世家》,1848 頁。
④ 《史記》卷六《秦始皇本紀》,236 頁。

官者,蓋贈以本官章服印綬者"。《東漢會要》作者袁夢麒更認為
"漢自公薨,或追爵,或賜謚,或贈之印綬,以示褒寵之恩,未有以官
追贈者。至賜印綬,亦不過即其生之官爵以贈之焉"。他並舉例證
明直到光武中興,仍以生前官爵印綬贈功臣,逮桓靈之世,纔有劉
寬、袁逢、朱穆等大臣被贈以他官的現象,"悉非先朝舊典,至於後
世大臣有加贈之恩,蓋出於此"①。

　　對於以上二者的説法,劉長旭文已經作了詳細討論。他通過
統計認為袁氏的觀點並無大誤,但指出最少順帝時,贈以他官的情
況已經出現。東漢贈官出現了新的模式之後,舊的模式與之並行
不悖,只是傳統的贈本官印綬逐漸出現萎縮狀態。曹魏已出現了
針對不同官職、爵位加贈的情況。就筆者所見,其時贈官可分三
種。一種是對有官有封者贈以官職和謚號(原爵上加謚),如程昱
薨,"(文)帝為流涕,追贈車騎將軍,謚曰肅侯"②;鍾繇子毓"景元四
年(263)薨,追贈車騎將軍,謚曰惠侯";王肅甘露元年(256)薨,"追
贈衛將軍,謚曰景侯"③。程昱文帝時為衛尉,封安鄉侯,鍾毓和王
肅亦皆有官而襲父爵為侯。其次是對有官無封(或封低)者追贈
官、爵兩項並予謚號,如劉靖官鎮北將軍、假節都督河北諸軍事,原
爵廣陸亭侯,"嘉平六年(254)薨,追贈征北將軍,進封建成鄉侯,謚
曰景侯"④。自蜀歸順的晉陵江將軍、領武陵太守羅憲,"泰始六年
(270)卒,贈使持節安南將軍、武陵太守,追封西鄂侯,謚曰烈"⑤,也
屬於這種情況。第三種是無論生前有封無封,對有官者僅予贈官,

―――――――――――

　　①　李慈銘:《越縵堂讀書記·史部·正史類·南史》"張緒傳"條,上海書店出版社,
2000年,313頁;《東漢會要》卷二五《職官七·恤典贈官》,北京:中華書局,1955年,277頁。
　　②　《三國志》卷一四《魏書·程昱傳》,429頁。
　　③　分見《三國志》卷一三《魏書·鍾毓傳》、《王肅傳》,400、419頁。
　　④　《三國志》卷一五《魏書·劉馥附子靖傳》,465頁。
　　⑤　《晉書》卷五七《羅憲傳》,1552頁。

如王恂歷河南尹、侍中,爵蘭陵侯,卒贈車騎將軍[1]。應璩於曹爽秉政時曾為侍中,典著作,嘉平四年卒,追贈衛尉[2]。後兩種方式逐漸發展起來,特別由於贈官對應的是生前的官職,故單純贈官不再取決於封爵的有無。高級官員無論有無爵位均可以獲贈,而贈官的同時也不一定封爵,這在兩晉以後已經是一種慣常的現象。

2. 生封死贈的對等化

在官爵之贈逐漸興起的同時,也可以看到生封死贈兩者往往並行的情況。例如史載建安元年(196)春正月李傕、郭汜亂後,"封衛將軍董承為(按"為"衍)、輔國將軍伏完等十三人為列侯,贈沮儁為弘農太守"[3]。封贈並列,所謂賞有功旌死節。死者官爵與生之應授者相當,如成帝為母王政君封諸舅為"五侯"的同時,"太后憐弟曼蚤死,獨不封",於是使成帝"復下詔追封曼為新都哀侯"[4]。贈官爵有時被看作對死者的一種慰藉和補償,雖生前犯有罪過而通過贈官爵以示寬待。楚王英建武十三年(37)以謀逆罪自殺國除,但是"詔遣光祿大夫持節弔祠,贈賵如法,加賜列侯印綬,以諸侯禮葬於涇"[5]。

由於贈官封爵既代表着對於死者的肯定和評價,也可以認為是生前任遇的一種延續,所以官爵特別是封爵的加贈已成為喪事中必不可少的一項重要內容,對一些官居重位的大臣外戚尤其如此。《後漢書》卷一六《鄧騭傳》載元初二年(115)鄧弘卒:

---

① 《三國志》卷一三《魏書·王朗傳》及裴注引《世語》,419頁。
② 《三國志》卷二一《魏書·王粲傳》裴注引《文章敘錄》,604頁。
③ 《後漢書》卷九《孝獻帝紀》,380頁;並參同書卷七二《董卓傳》及注引袁宏《後漢紀》,2342頁。
④ 《漢書》卷九八《元后傳》,4018、4026頁。
⑤ 《後漢書》卷四二《光武十王列傳》,1429—1430頁。

　　（弘）初疾病，遺言悉以常服，不得用錦衣玉匣。有司奏贈弘驃騎將軍，位特進，封西平侯。太后追思弘意，不加贈位衣服，但賜錢千萬，布萬匹，騭等復辭不受。詔大鴻臚持節，即弘殯封子廣德為西平侯。將葬，有司復奏發五營輕車騎士，禮儀如霍光故事。太后皆不聽，但白蓋雙騎，門生輓送……五年悝、閻（按弘兄弟）相繼並卒，皆遺言薄葬，不受爵贈，太后並從之。乃封悝子廣宗為葉侯，閻子忠為西華侯。

此處鄧弘乃鄧騭之弟、鄧禹之孫。因其本人又是鄧太后的兄弟，本應享受奢華的喪禮待遇和官爵之贈。只是因為他們深懼"滿盈"，有意減損，纔將這些排場及贈官爵推卻。但這不等於鄧家不在乎對祖先的封諡。《後漢書》卷四六《陳寵附子忠傳》記載了下面一事：

　　初，太尉張禹、司徒徐防欲與忠父寵共奏追封和熹皇后父護羌校尉鄧訓，寵以先世無奏請故事，爭之連日不能奪，乃從二府議。及訓追加封諡，禹、防復約寵俱遣子奉禮於虎賁中郎將鄧隲，寵不從，隲心不平之，故忠不得志於鄧氏。

陳寵在鄧訓加封諡的問題上得罪了鄧隲，竟因此影響了兒子的前途（當然陳忠於鄧隲死後也試圖報復），可見死後封贈在漢代已深入人心。上引李燮說种岱"生無印綬之榮，卒無官諡之號"，表示對种岱生前未得官爵、死後未得贈諡的遺憾，也說明在時人的意識中，是將死後的贈號當作生前的補償。同時贈官爵與葬禮同行在東漢已逐漸成為制度，蔡邕為靈帝宰臣胡廣所作碑文稱：

　　建寧五年（172）三月壬戌薨於位。天子悼惜，羣后傷懷。詔五官中郎將任崇奉册贈以太傅、安樂鄉侯印綬，拜室家子一人郎中，賜東園祕器，賜絲帛含斂之備。中謁者董詡弔祠護喪，錢布賻賜，率禮有加。賜諡曰文恭，昭顯行迹。四月丁酉葬於洛陽塋。①

胡廣身兼宰相外戚,屬於前述賜以生前印綬爵位者,但所授官爵死後仍要隆重地再行册贈,册命隨着死者帶入墳墓,這既代表對逝者的優遇,也代表其人可以生生世世繼續着他的官職,為朝廷服務。因此至少自漢代開始,贈官制度作為家族的榮耀和喪葬禮儀的一部分已經有十分重要的意義,並將隨着朝代的變更被繼續下去。

3. 女性與外戚的封贈

以往關於贈官的討論是以官員為對象的。但是贈官起初僅是喪禮的一部分,而喪禮則是以血緣關係為中心的。所以皇帝除了對王公和本族戚屬的封贈之外,更有對女性和外戚的封贈。不少研究者曾討論過女性和外戚在秦漢時代的地位、作用問題,而封贈顯然也是應當注意的一個方面。

關於女性本人在世給封及死後追贈最早可以追溯至秦漢,曹魏黄初中尚書陳羣曾提出“案典籍之文,無婦人分土命爵之制。在禮典,婦因夫爵。秦違古法,漢氏因之,非先王之令典也”②。可見其制秦已有之。杜佑也指出“凡婦人無爵,從夫之爵,坐以夫之齒。至秦漢婦人始有封君之號,公主有邑司之制”,並因蔡邕《獨斷》“漢異姓婦人以恩澤封者曰君,比長公主”,及《史記》關於景帝王皇后母封平原君、其前夫女金氏封修成君等多例以證之③。所以就漢魏而言婦女的封贈是起於宮廷,其給封或追贈也從公主、皇(太)后母及女性戚屬而擴大到權臣夫人。例如東漢鄧后臨朝,其母被封新野君,薨贈長公主,赤綬,諡曰敬君;外戚梁商夫人陰氏薨追號開封君,靈帝、安帝甚至封其乳母稱“君”,而董卓為相國,其母也被封為

---

①　《蔡中郎集》卷四《太傅安樂鄉文恭侯胡公碑》,《四部備要》本,47頁。

②　《三國志·魏志》卷五《后妃傳·武宣卞皇后》,158頁。

③　《通典》卷三四《后妃及内官命婦附》,948—949頁,下同。

池陽君。

但是一般情況下大臣母妻的封贈並不單獨進行，也無特殊名號。《漢書》卷四《文帝紀》"（前元）七年（前173）冬十月，令列侯太夫人、夫人、諸侯王子及吏二千石無得擅征捕"一條，如淳有説明曰："列侯之妻稱夫人。列侯死子復為列侯，乃得稱太夫人，子不為列侯不得稱也。"由此可見婦女如非特殊"恩澤"稱號從夫從子。此後多數情況如此，死後封號亦一致。如晉朝温嶠死，朝廷於其遷葬之際也贈其二妻夫人印綬[1]。所以對官員母、妻而言，多數情況不過是官員本人官封和爵贈的附屬，特別母與祖母封贈亦成為父祖封贈的一部分，非皇族的異姓婦女包括外戚只有極少數纔能獲得單獨的封贈。

對外戚的封贈漢代以後漸興，恐怕很大程度上是受呂后封王諸呂的影響。《史記》卷九《呂后本紀》稱："（孝惠二年，前193）夏，詔賜酈侯父追諡為令武侯。"酈侯父即呂后長兄周呂侯。呂后稱制，又追尊父為呂宣王，兄周呂侯為悼武王，"欲以王諸呂為漸"。呂后之女魯元公主也被賜諡為魯元太后[2]。此後諸呂雖敗，但太后、皇后父母的封贈形成制度。孝文帝立，母薄太后之父仍追尊為靈文侯，薄太后並下詔追尊文帝竇皇后父為安成侯，母曰安成夫人。景帝王皇后父王仲早死，也被追尊為共侯[3]。昭帝即位，不但追尊母鉤弋倢伃為皇太后，且追封外祖父為順成侯。宣帝追尊母王夫人諡曰悼后，祖母史良娣曰戾后；哀帝祖母傅太后也是追封及父兄弟侄[4]。這種對於帝、后祖先及其戚屬的追贈，與官員的贈官

---

① 《晉書》卷二〇《禮志》中，卷六七《温嶠傳》，644、1796頁。

② 參見《史記》卷九《呂太后本紀》，397、400頁；《漢書》卷九七上《外戚傳》上，3939頁。

③ 《史記》卷四九《外戚世家》，1971、1973、1978頁。

④ 《漢書》卷九七《外戚傳》上、下，3957、3961、4002頁。

以及後來朝代對於官員祖先戚屬的追贈其實没有本質的區別，特別是影響及於官員母妻的封贈，因此也應看作是贈官制度的一個來源。

　　東漢中期以後，由於皇帝多非出身"正嫡"，所以即位後對母親及外家的封贈必不可少。《後漢書》卷一〇下《皇后紀》下載靈帝熹平四年(175)因小黄門趙祐、議郎卑整上言"春秋之義，母以子貴。隆漢盛典，尊崇母氏，凡在外戚，莫不加寵。今沖帝母虞大家、質帝母陳夫人，皆誕生聖皇，而未有稱號。夫臣子雖賤，尚有追贈之典；況二母見在，不蒙崇顯之次，無以述遵先世，垂示後世也"，於是"帝感其言，乃拜虞大家為憲陵貴人，陳夫人為渤海孝王妃，使中常侍持節授印綬，遣太常以三牲告憲陵(順帝)、懷陵(沖帝)、静陵(質帝)焉"。是母以子貴的觀念影響到皇帝即位之後的封贈。沖、質二帝，都是因為在位時間太短不及封母。而和、順、獻三帝，卻是在位時都將其早卒的母親贈為皇后；安帝和桓、靈二帝自偏枝入繼大統，故繼位後更是封贈祖考，重修陵廟。至於皇后父母之贈多比於西漢，如和帝以鄧訓為皇后之父："使謁者持節至訓墓，賜策追封，謚曰平壽敬侯。"①和帝母梁貴人被竇氏所害，故追尊為恭懷皇后，其父梁竦也因下詔"追命外祖，以篤親親"，被追封為褒親愍侯，"比(於前漢的)靈文、順成、恩成侯"②。

　　三國時期外戚贈官封爵仍受到重視，婦女封爵亦有發展。如魏文帝雖然聽從陳羣之説，没有追封卞太后父母，但明帝即位後，不僅追封己母甄后父甄逸，謚曰敬侯，以其嫡孫像襲爵，官虎賁中郎將；及追謚后兄儼為安城鄉穆侯；且於太和四年(230)追謚卞后"祖父廣曰開陽恭侯，父遠曰敬侯，祖母周封陽都君及敬侯夫人，皆贈印綬"。甄像青龍三年(235)薨，"追贈衛將軍，改封魏昌縣，

----

① 《後漢書》卷一六《鄧禹附訓傳》，612頁。
② 《後漢書》卷三四《梁統附梁竦傳》，1174頁。

諡曰貞侯"。子暢等四人皆封列侯,"封儼世婦劉為東鄉君,又追封逸世婦張為安喜君"。"暢薨,追贈車騎將軍,諡曰恭侯"。同樣,文帝郭后父永明帝朝也被追諡為安陽鄉敬侯,母董氏為都鄉君。明帝毛皇后父嘉及弟曾則拜官封侯,"青龍三年,嘉薨,追贈光祿大夫,改封安國侯",又諡曰節侯。"四年,追封后母夏為野王君"。齊王曹芳即位後,追諡明帝郭后父滿為西都定侯,以侄建嗣其爵,母杜為郃陽君。而高貴鄉公不但封皇后父卞隆及妻,復"追封隆前妻劉為順陽鄉君,后親母故也"①。死後的追封順從了漢朝崇重母氏和外戚的風尚,與在世者的封官授爵一道,對於提高后族地位、增重其勢力起了重要的作用。這以後漢代的外戚封贈,兼之皇后太后之母單獨封賜郡君、縣君的做法也被長期延續,直至南朝及北朝前期均相沿不改,形成慣例,構成贈官制度的一個獨特方面。

4. 兩晉的諡號與贈官

兩晉以後,高級文武官無爵而獲得贈官已是一個普遍現象。但贈官從來與諡號不可分。以往多有對諡號起源的研究,如王國維提出西周共王、懿王以後說,郭沫若提出戰國說,而今人又有論證諡號起自周早期,到周孝王時(約前 900—前 895)形成制度②。漢代對官員的諡號最初加於爵號前連稱以別於生前(如前漢蕭何

---

① 以上並見《三國志》卷五《魏書·后妃傳》,158、161—163、166、168 頁。

② 王國維:《觀堂集林》卷一八《遹敦跋》,北京:中華書局,1959 年,895—896 頁;郭沫若:《諡法之起源》,收入《郭沫若全集·考古編》5 卷,北京:中國科技出版社,2002 年,201—226 頁;並參汪受寬:《諡法研究》第一章《諡法的產生》,上海古籍出版社,1995 年,1—16 頁。按關於諡法的研究還有樓勁:《〈玉海〉五四〈藝文部〉所存沈約〈諡例序〉文箋解——漢末魏晉幾種諡法文獻的有關問題》,《文史》2005 年 1 輯,總 70 輯,33—55 頁;吳為民:《南北朝碑刻諡號初探》,《忻州師範學院學報》2008 年,77—78 頁;田冰:《明代官員的諡法研究》,河南大學博士學位論文,2009 年;戴衛紅:《北魏考課制度研究》第六章第三節(北京:中國社會科學出版社,2010 年,272—283 頁)中,也涉及官員諡號的評定。

謚文忠侯,曹參謚懿侯),意義重在對其道德行為的評判,對贈謚的要求也比贈官更嚴格而範圍更小。並且雖然漢代以後無封爵者已逐漸可以贈官,但是大臣有爵位纔可同時賜以謚號的制度卻一直相沿於晉初。《晉書》卷四五《劉毅傳》載劉毅致仕,以光禄大夫歸第。太康六年(285)卒,"武帝撫机驚曰:'失吾名臣,不得生作三公!'即贈儀同三司,使者監護喪事"。雖贈官而不得謚號。於是北海王宮上疏,以為"謚者行之跡,而號者功之表。今毅功德並立,而有號無謚,於義不體"。並謂《春秋》謚法"主於行而不繫爵。然漢魏相承,爵非列侯,則皆没而高行,不加之謚,至使三事之賢臣,不如野戰之將"。意即宰相文臣往往由於無野戰之功不能封侯得謚,故提出"銘跡所殊,臣願聖世舉春秋之遠制,改列爵之舊限,使夫功行之實不相掩替,則莫不率賴",也即以"功行"為劉毅加謚。時八座多同王宮之議,但"奏寝不報",這反映了當時無封爵者不得謚號的傳統是很牢固的。不過晉初大臣謚號已不一定與爵位連稱,如羊祜、杜預皆僅謚曰"成",而陳騫謚曰"武"[①]。

　　但對於大臣贈謚曹魏以來亦逐漸有所突破。《通典》卷一〇四《諸侯卿大夫謚議》載三國曹魏八座大臣討論賜謚,尚書衞覬針對古代贈謚必須考行迹、論功業,而漢以來卻不修古禮,"大臣有寵乃賜之謚",和"舊制,諸王及列侯薨,無少長皆賜謚"的情況,提出"若列侯襲有官位,比大夫以上,其不涖官理事,則當宿衞忠勤,或身死王事,皆宜加謚。其襲餘爵,既無功勞,官小善微,皆不足録"。時八座議以為應遵"太尉荀顗所撰定體統,通敘五等列侯以上,嘗為郡國太守、内史、郡尉、牙門將、騎督以上,薨者皆賜謚"。説明爵秩之外,功勞和官職也開始被增為賜謚附加條件。

　　東晉之初賜謚更有鬆動。周處元康六年(296)西征被梁王肜

────────────

　　① 　《晉書》卷三四《羊祜傳》、《杜預傳》,卷三五《陳騫傳》;1021、1032、1037 頁。

所陷,卒贈平西將軍。周處生前未有封爵,卒時也無謚。但《晉書》卷五八《周處傳》載:"及元帝為晉王,將加處策謚,太常賀循議曰:'處履德清方,才量高出;歷守四郡,安人立政,入司百僚,貞節不撓;在戎致身,見危授命;此皆忠賢之茂實,烈士之遠節。按謚法執德不回曰孝。'遂以謚焉。"按元帝為晉王在建武元年(317),對周處屬追贈,然已破無爵不謚之例。又據同書卷六五《王導傳》言:"自漢魏已來,賜謚多由封爵,雖位通德重,先無爵者,例不加謚。導乃上疏,稱'武官有爵必謚,卿校常伯無爵不謚,甚失制度之本意也'。從之。自後公卿無爵而謚,導所議也。"王導之意與王宮同,是東晉以後,朝臣無爵位軍功者,也可以加謚了①。這說明在死後的加贈中,官職的重要性已等同爵位而開始作為贈謚的標準。

漢魏之際,王公一般多就國食封而不理政,所謂"既徒有國土之名,而無社稷之實","皆使寄地,空名而無其實"②。卒也僅得謚號而無贈官,如西漢之齊悼惠王肥、趙隱王如意,東漢之東海恭王強、東平憲王倉、魏陳思王植、文帝子贊哀王協、北海悼王蕤等③。又如《三國志》卷一九載魏任城王遂從太祖(曹操)征伐,且以北中郎將行驍騎將軍征烏丸。文帝時與諸侯就國,後雖加封為王,但死後僅得謚"威"。蕭懷王熊早薨,黃初二年(221)追封謚蕭懷公,太和三年(229)又追封爵為王。雖一再追封,亦無贈官。

而晉初以後,諸王或在京輔政,或專方面而握軍符、綜民事,有職有權。生前既有官爵,死後亦得贈官。其例如(宣帝弟子)高密文獻王泰,原封高密王,官太尉、守尚書令,元康九年(299)薨,追贈太傅。(宣帝子)扶風武王駿,生前封扶風王,太康初(280?)"進拜驃騎將軍,開府、持節、都督(雍涼等州諸軍事)如故",薨贈大司馬,

---

① 按關於曹魏東晉贈謚標準的變化,亦見汪受寬:《謚法研究》,120—123頁。
② 見《三國志》卷二〇《魏書·武文世王公傳》評及裴注引《袁子》,591頁。
③ 魏文帝子見《三國志》卷二〇《武文世王公傳》,590頁。

加侍中、假黃鉞[1]。這種情況一直延及東晉，如元帝子琅邪孝王裒，曾拜散騎常侍，使持節、都督青徐兗三州諸軍事、車騎將軍，建武元年(317)薨，贈車騎大將軍，加侍中，穆帝時更贈太保。簡文帝子太傅司馬道子及其子驃騎大將軍元顯專權，為桓玄所殺，玄敗復分贈為丞相和太尉[2]。兩晉的宗室王公封贈遂成為常態，對此張興成文中也已有詳細統計和分析。據王導曾謂："昔魏武，達政之主也；荀文若，功臣之最也，封不過亭侯。倉舒，愛子之寵，贈不過別部司馬。以此格萬物，得不局跡乎！今者臨郡，不問賢愚豪賤，皆加重號，輒有鼓蓋，動見相準，時有不得者，或為恥辱。"[3]正可以說明當時王公領州郡者封贈"皆加重號"的時代特色。

　　王公、貴戚死後除封爵外，亦有贈官，說明贈官制度已面向不同身分者實行之，而走向完全的普及和常規化。對此前人已有充分論述，於此不再重複，但這一點也應當是謚號隨同贈官而不是贈爵的基礎。雖然，當時的制度變化是有其具體的原因，如東晉王導提出為沒有爵位的文官加謚，是試圖加強文官地位，改變武人盡以軍功得謚的現象；而晉朝王公普遍贈官，也是因其本有軍政大權而握實權，但這畢竟造成了官爵並重的結果。事實是東晉以後，盡管封爵制仍在繼續，但官的贈給以及單純贈官就可以給謚號的現象卻是愈來愈大量存在的。唐令明確規定"王公及職事官三品以上、散官二品已上身亡者"有資格申請謚號，前者為爵，後者為官，正是這一官爵並重的體現[4]，說明後代對此已從制度上予以保證。由於封贈爵號是與分封及世卿世祿制相聯繫的，爵位的封贈又與子孫

---

　　① 參見《晉書》卷三七《宗室·高密文獻王泰傳》、卷三八《宣五王·扶風王駿傳》，1094—1095、1125 頁。

　　② 《晉書》卷六四《元四王·琅邪孝王裒傳》、《簡文三子·司馬道子傳》，1725—1726 頁、1740 頁。

　　③ 《晉書》卷六五《王導傳》，1746—1747 頁，

　　④ 見《天一閣藏明鈔本天聖令校證——附唐令復原研究》下冊，691、711 頁。

的世襲相對而行,所以,當着"功行"代替了爵位,由是官品與爵秩相當甚至可以代替爵秩成為贈官贈謚的主要依據之時,由爵秩而向官品傾斜的趨勢已經是不可逆轉。

楊光輝《漢唐封爵制度》一書,首次提出兩漢與魏晉以爵為中心的問題,並指出封爵和官秩與禮制的對應關係。閻步克則在《品位與職位》一書中,討論兩漢爵秩與品位(官位官階)的關係,提出"如果從爵秩構成了身分序列一點看,二十等爵依然保留了濃厚的'品位'色彩。但在漢代它與官僚的職位、權責、官資的距離日益遥遠,日益成為一種'功勞之賞',與'吏治'範圍的行政等級分離開來,變得'非恒秩'了"。他的看法是由此爵的"品位"色彩淡薄,而由於'官、爵分離',它越來越不算是一種行政分等,認為只有如此,爵制纔可能衰落而被官品所取代①。他並發揮楊光輝關於封爵與禮制關係對應的看法,認為魏晉之際官品與爵命相對,官品的制定目的,就是要重新安排官員的地位禮遇。而我們恰可以用贈官贈謚的問題為之作補充,因為贈官贈謚也是代表官員地位禮遇的一部分,而如果按照官品與爵命相對在魏晉以降實現的理論,則東晉時王導"武官有爵必謚,卿校常伯無爵不謚,甚失制度之本意"的看法被接受,其實正是以官位而當軍功爵位的體現,從這裏發展為後來官、爵並重的情況,可謂由來有漸。

(二)由爵向官的贈官趨勢與特色

兩晉南北朝的贈官是漢魏以降的發展。這個時期的贈官已趨於制度化和規範化,而對其中的特色學者也發掘最多,計包括贈官的依據、授予方式、等級、資格,請贈程式、主管機構和評議官員,各類官員的授贈情況等。為了方便下面的討論,這裏主要是在前人

---

① 閻步克:《品位與職位》第二章《爵祿與吏祿》,北京:中華書局,2002年,121—122頁。

研究基礎上,就中古前期贈官問題的發展趨勢予以一些總結和探討,其中僅選擇贈官資格位號以及兩晉至南北朝贈官從重爵位到重職官、重功績的變化兩個方面作為重點。

1. 以散官及榮譽位號為主的兩晉南朝贈官

張小穩認為,漢魏至晉,贈官對象有一個由高層官僚到中層官僚、由中央官到地方官的擴展過程,指出三國曹魏時期贈官對象擴展至中級官僚層及地方官是一不爭的事實。而兩晉南朝不僅範圍擴大、層次增加,如地方官贈官中即包括都督、刺史、郡守、內史,而且資格、品級都明確化了[①]。劉長旭對兩晉南朝的贈官資格和原則進行了探討,他的結論是贈官依據的不僅是官員生前官號大小、班品高下,並且是卒前官號而非一生仕宦的最高位。他對《梁書·何佟之傳》"故事,(尚書)左丞無贈官者"的說法加以討論,指出這一說法表明贈官在品級上有所限制,而兩晉及南朝在贈官資格上是以官居五品作為底綫[②]。事實上如從具體情況而言,仍以生前位號三品以上的官員獲贈最多、最普遍,雖有少數是在四品、五品,如晉太原烈王瓌,武帝時遷東中郎將(四品),卒贈前將軍(三品);山濤子該,仕至并州刺史太子左率(五品),卒贈長水校尉(四品);武陵威王晞子綜贈給事中(五品),瑾散騎郎(五品)[③],但也有一些是死於王事的超贈或一段時間後的追贈,這種情況大多不受官品限制,南朝的情況也基本如是,因此四品、五品贈官實際獲贈的比例不是很高。

贈官雖然是依照品級,但品級顯而易見不是唯一的條件和標

---

①　張小穩:《魏晉南北朝時期地方官等級管理制度研究》,185—203 頁。

②　劉長旭:《兩晉南朝贈官研究》,20—27 頁。

③　以上分見《晉書》卷三七《宗室·太原烈王瓌傳》、卷四三《山濤附該傳》、卷六四《武陵威王晞傳》,1091、1228、1727 頁。

準。誠如劉長旭所指出,贈官與門第之間存在一定的關聯。在門
閥時代,父祖的官號對於家族社會地位的高下有着直接的影響。
即便是"冢中枯骨",也會對後世子孫的仕宦起家起重要作用。所
以世家大族的東晉社會,獲贈者也多是高門大族。南朝以後,寒
門、次門獲贈者增加,且贈官品級超過高門子弟,預示着皇權與贈
官有一定關係。"但是門閥社會的殘風餘韻仍然根深蒂固的存在
於社會現實之中",皇帝不過是通過贈官來加强皇權,間接調節門
第,進行社會秩序的重新整合①。

　　世家大族的門閥社會,自然也有其相應的贈官好尚和標準,因
此除了贈官資格,這裏還有究竟以何官為贈的問題。

　　贈官官位最高者是贈以丞相或相國,漸轉為名位在上的"公"
與"位從公"。杜佑指出:"按自魏晉以來,宰相但以他官參掌機密,
或委知政事者則是矣,無有常官。其相國、丞相或為贈官,或則不
置,自為尊崇之位,多非人臣之職。其真為宰相者,不必居此官。"
又說:"大抵漢之丞相,是為三公,於天下無所不統。後漢亦以三公
為宰相,則司徒本西漢丞相也。"②因此三公方是尋常贈官中品級至
高者。此外又有三師。《唐六典》卷一稱三師"故近代多為贈官",
但兩晉以太宰代太師,所以列在第一等的是太宰、太傅、太保、太
尉、司徒、司空,加上大司馬、大將軍共為八公。之下又有"比公"或
者"位從公"。"比公"即《續漢書·百官志》所稱將軍之職。"位從
公"則是晉朝的各種將軍、大將軍和左右光禄、光禄三大夫加開府
者之稱。其中"太宰、太傅、太保、司徒、司空,左右光禄大夫、光禄
大夫,開府位從公者為文官公",而"大司馬、大將軍、太尉、驃騎、車
騎、衛將軍、諸大將軍,開府位從公者為武官公"③。《通典》卷三七

　① 劉長旭:《兩晉南朝贈官研究》,161—170 頁。
　② 《通典》卷二一《職官》三《宰相》、卷二二《僕射》,538、597 頁。
　③ 《晉書》卷二四《職官志》,726 頁。

《秩品·晉官品》將以上將軍稱號分列在二品三品,而惟有帶開府者纔能稱為位從公。諸公及開府位從公者,其品秩均為第一。

　　光禄大夫與特進多數情況下是贈給高級文官之稱。《晉書》卷二四《職官志》稱:"左右光禄大夫,假金章紫綬。光禄大夫加金章紫綬者,品秩第二。禄賜、班位、冠幘、車服、佩玉、置吏卒羽林及卒,諸所賜給皆與特進同。其以為加官者,唯假章綬、禄賜班位而已,不別給車服吏卒也。又卒贈此位,本已有卿官者,不復重給吏卒,其餘皆給。"至於"光禄大夫假銀章青綬者",品秩第三,也可"以為禮贈之位"。特進則是"品秩第二,位次諸公,在開府驃騎上",一般"唯食其禄次,位其班而已,不別給特進吏卒車服",所以也是榮銜。

　　職官中的侍中、散騎常侍可以作贈官,《唐六典》卷八《門下省》注引晉令云侍中品第三,散騎常侍亦品第三,"自魏至晉,散騎常侍、侍郎與侍中、黄門侍郎共平章上書奏事"。中書監、令與之品級相當,南北朝也有以中書監、令作贈官,但人數尚少。九卿也可以作贈官。九卿在魏晉也是品第三[1],並且可用於贈內外文武官員,但是《梁書》卷三八《朱異傳》所説"故事,尚書官不以為贈",可證尚書省官稱在兩晉南朝尚不得用於贈官。

　　還有以地方長官名號作贈官。在兩晉南朝對都督、刺史和郡國守相、內史的贈官中,按照等級不同除了上述朝銜外,還有都督、刺史、太守一類贈予。其可以是獨贈,也常與其他將軍、開府、光禄大夫等榮譽散號同贈,大致可以認為在地方官員中佔有相當比例。

　　以上只是就五品以上官員的正常贈予而言,除此之外,歷朝對死於國事或者遭亂被殺者往往不限等級給予贈官,而贈官亦可以是在常用名號之外。如南朝常將員外散騎常侍、給事黄門侍郎、黄

---

① 見《唐六典》卷一四太常卿條注、卷一六衛尉卿條引荀綽《百官表》,394、459 頁。

門郎、中書郎等作為五品以下給贈官位名號。另外五營校尉也被用來贈予死事者,如晉衛恒被楚王瑋所殺,後贈長水校尉[①];宋明帝泰始中驃騎中兵參軍段僧愛被晉安王子勛叛軍所殺,追贈屯騎校尉[②]。如此之類,實也已開贈官平反昭雪,及褒獎忠義、賞功酬勞之端。

　　從總的情況看,可以作為贈官的官名官號既有真正的職官,如三公、九卿、中書門下長官、刺史、郡守,也有將軍、開府、特進、光祿大夫這樣的加官、榮銜即後世歸為散官者。職官和散官可以同贈,不同的官稱是按照不同的地位、官品授給宗室、大臣、外戚和内外官員,愈是佔據高位的人,愈有可能獲得高品級的贈官,所佔比例亦愈高。前人對於贈官生前及死後官號的對應曾有深入細緻的考證,由於此非本書重點,故不一一羅列重複。但正如論者所總結,兩晉時代,除宗室外,士族高門在最高等級的公和位從公的贈給方面是受到特殊優待的,但是進入劉宋以後,宗室及次門、寒門贈“公”不僅數量、比例增加,而且在原有的基礎上被提升,包括其他品級的贈官,亦愈來愈不是高門士族把持之物。南朝後期,以寒門、將門出身的武幹發跡者獲贈將軍、刺史,意味着武將地位提高[③],這是南北對峙的形勢及社會變化因素所決定的。

　　然而我們更關心的是與後世相沿的贈官的種類、位號,也就是說,兩晉南朝究竟是以何種性質的贈官為主呢?研究情況證明,魏晉以降無論本人官品與贈官品高低,大抵是以散號官位為主。如大將軍和各種散號將軍,是武散官的基礎,對領兵軍將和地方守令大多贈以將軍稱號。而特進(金紫、銀青)、光祿大夫等則已具備後世文散官的雛形,也是内外文官官員中常見之贈官官銜。

---

① 《晉書》卷三六,1066 頁。

② 《宋書》卷八七《殷琰傳》,2206 頁。

③ 劉長旭:《兩晉南朝贈官研究》,63、66、74 頁。

有一些官如公與位從公,雖然不是散位散號,但已經逐漸變成榮銜,甚至並不實授在世大臣而專用於贈官,如南齊就規定相國、太宰、太保、大將軍專用於贈官,而陳也將相國、丞相和太宰、太傅、太保、大司馬、大將軍用為贈官①。又如侍中、散騎常侍等雖為高位,但兩晉以降並没有完全改變秦漢以來的散職地位,《通典》總結説"侍中,漢代為親近之職,魏晉選用稍增華重,而大意不異"。"(南)齊侍中高功者稱侍中祭酒,其朝會,多以美姿容者兼官";梁陳纔有侍中祭酒與散騎侍郎高功者一人對掌禁令的宰相身分,但侍中可以作為加官的性質未改。散騎常侍中的通直散騎常侍和員外散騎常侍由於用衰老人士,"故其官漸替,終非華胄所悦"②,也只是榮銜而已。

而從兩晉南朝贈官位號來看,雖然也有獨贈一職的情況,但大體仍多贈以散號或榮銜。一些地位崇重的高官在贈官時可以略去生前職事,僅贈以"公"或將軍、大夫等散位,有時甚至榮銜散號疊加,如東晉顧衆生前任尚書僕射,卒贈特進、光禄大夫③;南朝王球、褚湛之、陸繕贈官中都有"特進、金紫光禄大夫,加散騎常侍"、"侍中、特進、驃騎將軍"、"侍中、特進、金紫光禄大夫"這樣不止一個榮銜或散號④,這種情況後世極為少見,這標明了贈官實乃以位望為重。兩晉南朝大族社會注重的是門第清華,任官則追求職清位顯,而並非職事要重,散號高位正可以象徵身分,所以贈官其實是與官制的發展及現實社會的價值取向一致的。

---

① 《南齊書》卷一六《百官志》,312 頁;《隋書》卷二六《百官志》上,741 頁。
② 《通典》卷二一《門下省·侍中、散騎常侍》,547—548、552 頁。
③ 《晉書》卷七六《顧衆傳》,2017—2018 頁。
④ 參見《宋書》卷五二《褚叔度傳附褚湛之傳》、卷五八《王球傳》,1506、1595 頁;《陳書》卷二三《陸繕傳》,303 頁。

　　另外東漢以來,贈官常常是官爵並授①。兩晉贈官一般贈以一官,但也有如上所示二官同贈甚至官爵同贈的情況,如前揭武帝朝羅憲卒贈使持節、安南將軍、武陵太守,追封西鄂侯②,已開後世職、散、爵同贈之先河。而權貴重臣身後集數官贈於一身的情況南朝又有發展,如劉宋宗室江夏王劉義恭,王爵之外又有"贈侍中、使持節都督中外諸軍事、丞相、領太尉、中書監、録尚書事如故",是含括內外榮銜、重職,與生前官職一樣,代表王朝給予的最高權力,似乎表明了權勢的特殊價值和意義。且如研究者所指出,梁陳贈官開始出現贈予職事官的傾向,表現在列朝尚書和諸卿大夫已有贈予禁衛武官的情況③,而地方刺史、太守贈官的出現及其本身官名在南朝後期作為贈官的使用尤顯示了贈官的實職化問題,當然這一點還須與北朝的贈官結合來看。

2. 北朝及隋贈官的職官化、功績化傾向

　　一般而言,北朝與南朝在贈官的原則上有相似之處,特別是散官和將軍之號。正如閻步克指出,"至少在蕭梁和北魏,散號將軍已成為一種等級的'符號'"④。由於北魏的將軍號是與職官一起授給的"雙授",所以在贈官也是同樣,同時北朝的贈官又始終以職官為中心。窪添慶文認為,北魏贈官的特色是以將軍號與刺史、太守號的變化為中心,他的研究以地方官為主,統計宣武帝時期以太守終的有8例,其贈官全部是中州刺史。而對19例以刺史為最終官的統計表

---

　　① 如東漢桓帝鄧皇后父鄧香追贈車騎將軍、安陽侯印綬,袁逢不僅"贈以車騎將軍印綬,加號特進",且諡宣文侯;靈帝光和中(178—184)張濟以舊恩贈車騎將軍、關內侯印綬。見《後漢書》卷一〇下《皇后紀》下,卷四五《袁安附逢傳》、《張酺曾孫濟傳》;444、1523、1534頁。

　　② 參見《晉書》卷五七《羅憲傳》,1552頁。

　　③ 劉長旭:《兩晉南朝贈官研究》,85頁。

　　④ 閻步克:《品位與職位》,23頁。

明,他們不但被贈以州刺史,且以將軍號的贈與為提升,提升的範圍不超過 1—2 級,對北魏前期的統計也可以證明這一點。[①]

刺史、太守號的贈與其實並非僅面向地方官,事實上也包括中央官員在內,這一點不僅見諸窪添氏的文章,張小穩也提出北魏贈官自始就呈現出以贈地方官為主的鮮明特點。她通過統計獲贈地方官的人數得出結論,不贊成謝寶富"文成以後,詔贈以將軍號、刺史號的現象逐漸增多"的看法,而認為窪添慶文所說的"北魏前期,以刺史與太守作為贈官的佔大半,後期差不多都是這樣"比較符合實際。她特別指出太和以後三師三公的贈官多兼刺史之贈,另外隨着對南朝的傚仿,都督一稱也開始與刺史並稱,如司馬楚之自宋降魏,生前官"假節、侍中、鎮西大將軍、開府儀同三司、雲中鎮大將、朔州刺史",和平五年(464)卒,贈"都督梁益秦寧四州諸軍事、征南大將軍、領護西戎校尉、揚州刺史",都督之稱一段時間僅給宗室、外戚,但逐漸也贈庶姓[②]。都督、刺史之稱與朝銜並授或者同贈的情況,一方面固然反映所說軍事化特徵及皇權對地方社會的控制,另一方面陳寅恪所揭示的現實社會的"文武不殊途,將相可兼任",也通過贈官得以映照。

與此同時散官在北朝的在世官與贈官的授給中已經規範化。閻步克研究認為,散官在北魏的官階中已斷續存在,而西魏的"九命"將軍號和散階整齊排列,形成了首尾完整的序列,構成了唐代文武散階制度的先聲。其"文武散階的產生及其與職事官品的配合,標誌着一個重大演進的完成:漢代'祿制'那種以'職位分類'為主的單一等級,已經演變為以'品位分類'為主的複合體系了"。而

---

① 窪添慶文:《魏晉南北朝官僚制研究》第一部第六章《北魏における贈官をめぐって》,169—180 頁;同人:《關於北魏的贈官》,81—82 頁。

② 《魏書》卷三七《司馬楚之傳》,855 頁;並參張小穩:《魏晉南北朝時期地方官等級管理制度研究》,218—227 頁。

東魏北齊則不但對承接北魏軍號與散官的"雙授"現象加以整飭，而且借鑑北周的軍號和"九命"成果，使河清制度中軍號與官階序位一致起來①。

因此結合內外，北朝最高等級的贈官大體可以是朝廷榮銜（如太宰、三公）及散官、軍號、內外職官同贈，此外還有爵。如論者所說，官爵同贈也是北魏贈官的特點之一，太和以前贈爵或官爵同贈的情況較多，孝文帝以後有所減少②。爵一般是生前的延續或提升，但也有一些是因功得贈，甚至集體追贈也贈爵。如太武帝神䴥三年（430）以尚書封鐵討滅敕勒，詔令"其所部將士有盡忠竭節以殉軀命者，今皆追贈爵號"，但後來因功贈爵愈來愈被贈官所取代。孝莊帝即位之際尒朱榮上表，請對死於河陰者，"諸王、刺史贈三司，三品者令僕，五品者刺史，七品以下及民郡、鎮，諸死者子孫，聽立後，授封爵"，"詔從之"。③可以看出雖然提到封爵，但對官職五品以上者贈官卻是主要的。

對權貴和功臣以散官（或榮銜）與職事、或內外職事官數職同贈的情況也沿襲至齊、周和隋，成為唐初以前（含唐初）贈官的一大特色。如東魏段榮官山東大行臺、大都督，授儀同三司；元象二年（539）卒，贈使持節、〔都督？〕定冀滄瀛四州諸軍事、定州刺史、太尉、尚書左僕射；北齊清河王岳天保六年（555）薨，"贈使持節、都督冀定滄瀛趙幽濟七州諸軍〔事〕、太宰、太傅、定州刺史"④；侯莫陳

---

①　閻步克：《西魏北周軍號散官雙授制度述論》，《學人》13輯，江蘇文藝出版社，1998年，437—474頁；《周齊軍階散官制度異同論》，《歷史研究》1998年2期，25—38頁。

②　張小穩：《北魏贈爵制度的演進》，40—43頁。按其文還總結了北魏的贈爵由追贈到追封的過程，並指出爵制的變化是北朝學習南朝制度的直接結果。而孝文帝改革爵制的同時，也建立起了一套完整的而健全的官僚體制，使官職成為爵位體系之外衡量官員身分地位的又一重要座標。

③　《魏書》卷四上太武帝神䴥三年五月戊戌條、卷一〇孝莊帝武泰元年夏四月壬寅條，76、256頁。

④　《北齊書》卷一六《段榮傳》、卷一三《清河王岳傳》，208、176頁。

相、封隆之贈官也分別有"贈假黃鉞、使持節、〔都〕督冀定瀛滄濟趙幽并朔恒十州軍事、右丞相、太宰、太尉公、朔州刺史"和"贈使持節、都督滄瀛二州諸軍事、驃騎大將軍、瀛州刺史、司徒公"的稱號①。北周則如驃騎大將軍、都督、大寧郡公宇文興，天和二年(567)薨，贈使持節、柱國大將軍、大都督、恒幽等六州諸軍事、恒州刺史。柱國大將軍、燕國公、太傅于謹，天和三年薨，"贈本官，加使持節、太師、雍恒等二十州諸軍事、雍州刺史"。大將軍李賢，卒也贈使持節、柱國大將軍、大都督、涇原秦等十州諸軍事、原州刺史②。

以上的贈官，最大的特色是內外數職兼贈。到了隋代，則綜合周、齊特點，對權臣仍贈以多種官職。楊素大業元年(605)卒，贈光祿大夫、太尉公、弘農河東絳郡臨汾文城河內汲郡長平上黨西河十郡太守。牛弘大業六年卒於江都，贈開府儀同三司、光祿大夫、文安侯。左候衛大將軍段文振，卒於征遼之師，贈光祿大夫、尚書右僕射、北平侯③。不過，看得出這種情況已逐漸向職、散、爵或二職、一散的三官同贈簡化和統一。並且由於多官或者官爵同贈的情況多限於親貴和權臣，所以北魏以來更多的情況是贈以一官或二官(職官和文武散官一種，或內外二職官)，而以贈一官的情況為主，其中也包括相當多的朝廷高官在內。且僅贈一官雖然可以是散官、職官甚至勳官，但也是以職官的給贈為主。

另外在北朝贈官名號中，"尚書官不以為贈"的禁區已經被打破。與三省中樞機構體制形成的同時，不僅中書、門下的長官，且三公錄尚書事、或尚書令、僕射，乃至各部尚書都在贈官中出現，表

---

① 《北齊書》卷一九《侯莫陳相傳》、卷二一《封隆之傳》，259、303 頁。按封隆之此後又加贈為"使持節、都督冀瀛滄齊濟五州諸軍事、冀州刺史、太保，餘如故"。

② 《周書》卷一〇《虞國公仲附子興傳》、卷一五《于謹傳》、卷二五《李賢傳》，160、250、418 頁。

③ 《隋書》卷四八《楊素傳》、卷四九《牛弘傳》、卷六〇《段文振傳》，1292、1309、1460 頁。

明贈官不再僅僅以名望為標誌,機構職事和實際地位要重的官稱也被考慮在内,意味着贈官制度也開始自品位向職位過渡,下面我們將要討論的唐朝贈官自是步此後塵,漸進而來。因此也可以説唐之制度種種在北朝已初見端倪。

　　隨着朝代的更替和制度的演進,除了官員本人封贈之外,又有對其先世的封贈。先世贈官如追根溯源,從前述西周文王乃至戰國時期諸侯對其先世的追尊、追封,及至兩漢后妃父祖兄弟等外戚的給封和追贈,都可以見到這一制度的蹤跡。然兩晉南朝非屬王室或外戚的大臣官員先世贈官、封者似乎較少,而北朝自北魏始,對"貴臣"的父祖贈官興起,開始作為一種新的贈官形式出現,徐樂帥在討論封贈制度的文章中,列舉北魏權臣、功臣贈父 24 例,並指出西魏北周時期也發現有 19 例,對其崇尚軍功的特點原因作了分析,認為這為隋唐時期的封贈制度打下了堅實的基礎①。

　　從北朝所見諸例來看,追贈官員父官或爵雖然尚不是制度性的措施,其具體原因亦各有不同,但明顯屬於皇帝對貴臣和親信的特殊贈予,是皇帝給親信和權臣的一種殊榮。隋代所見有李穆、鄭譯、高熲、蘇威、李德林、河間王弘、楊處綱、楊汪、趙綽等子貴贈父多例,僅以李德林言之。《隋書》卷四二本傳稱開皇五年(584)敕令其"撰録作相時文翰,勒成五卷,號《霸朝雜集》"。於是:

> 高祖省讀訖,明旦謂德林曰:"自古帝王之興,必有異人輔佐。我昨讀《霸朝集》,方知感應之理。昨宵恨夜長,不能早見公面。必令公貴與國始終。"於是追贈其父恒州刺史。未幾,上曰:"我本意欲深榮之。"復贈定州刺史,安平縣公,諡曰孝,以德林襲焉。

由此,贈父官並加爵贈乃是"深榮"官員本人,而使之貴重與國終始

---

①　徐樂帥:《中古時期封贈制度的形成》,93—97 頁。

的表示。雖然,爵贈本身仍代表門第的提高和延續,但是,由於贈官爵是因子不因父,所以,實際上與前面已論述之意義一致,也即本人的"功行"纔是其中的重心。張小穩前揭文指出,北魏前期生前有爵者,子孫可以承襲,僅死後有爵或死後加封的部分,子孫不能承襲,包括父祖贈爵也是如此,但是太和以後獲贈的虛封爵已有可以承襲的。隋朝則更進一步。雖然父祖贈爵一般仍是從子孫得來的虛贈,且是受中古前期世襲爵制的影響,但"必令公貴,與國始終"的說法卻體現了皇帝的頒贈是有意使子孫承襲而顯貴之。其中特別强調皇帝本人對再造官員門第及其身分的決定性作用,已與南朝單純重家世的門第觀念不可同日而語。這也勢必將對後日唐朝愈來愈壯大的父祖封贈問題産生深遠的影響。

《隋書·李德林傳》還記載了一件有趣的事,稱"初,德林稱父為太尉諮議以取贈官,李元操與陳茂等陰奏之曰:'德林之父終於校書,妄稱諮議。'上甚銜之。"後德林竟因事得罪而被貶。此事説明當初其父贈官高低,生前官位也是有影響的,可見隋朝大臣贈父或已開始形成制度。雖然史料對此並無明確記載,但其參考子孫和本人在世官爵的贈官方式原則或亦開後世父祖封贈之淵渠。

二　唐代贈官的基本狀況及三品以上官員的贈官

漢魏兩晉及南北朝以來,從單純贈以爵位到官爵同贈而以散官為主,再到爵位、散官、內外職事同贈,有着長期的發展過程。贈官與在職官相同,擁有一系列顯赫的稱謂職銜,成為南北朝時期特別是北朝高級官員贈官的一個顯著特色。唐朝繼承了北朝特徵,對於功臣元老給以三官或二官同贈、內外職事合一的待遇。但開、天以後這種情況逐漸減少,安史亂後贈予一職的情況成為贈官的主流,並從親貴和朝官給贈為主而逐漸發展為內外並重、甚至外重於內的趨勢,生前官品和死後贈官相映照,也成為體現朝廷籠絡藩鎮的表示之一。

(一)唐代贈官的對象、來源與基本範圍

就秦漢以降的整個中古時期而言,贈官最初只是作為在世官封的繼續和位重權高的象徵贈給皇朝親貴和少數官員,但是之後它的範圍逐漸擴大了。作為賞功酬勞,既可以是有官者,也可以是無官的死難功烈乃至朝廷刻意標榜的孝子賢孫。而唐朝在贈官的對象和範圍方面更有發展,除了親貴大臣、內外官員,更可見種種不同的對象。其中不僅有本朝素士名流,也不乏前朝大臣先賢(如孔子、比干);既可以是俗界人眾,也可以是大德高僧;本國之外,蕃夷酋長和外國君主也在被贈之列。可以是卒後即贈,也可以是遠年追封;既可作為對平反昭雪者的補償,也可因本人身後的罪罰將贈官回收;在單獨的贈予之外,又有普贈的頒布和實施——贈官對於朝廷和在世官員而言,就像不斷開闢、增延而又同時並存的另一龐大的官僚等級世界。因此贈官在唐朝已經成為波及甚廣、影響巨大的一項功德盛事,作為一種特殊待遇,對於官員及其家屬而言,其重要性某種程度上並不亞於在世的官封。

1. 贈官的對象和方式

唐朝贈官主要還是圍繞在朝職官進行,但是在這方面也出現了新的情況。前代的贈官主要是朝廷於官員死後贈予本人,因此研究者所討論的贈官也大體不出這一範圍,而唐朝的贈官則不止於此。裴光庭開元二十年卒,自侍中兼吏部尚書而"優制贈太師",史官韋述因其改謚之議論及贈官:

> 春秋之義,諸侯死王事者,葬之加一等;嘉其有功而不及

其賞也。爰至漢魏，則襚之印綬，寵被窀穸，唯德是褒，豈虛授也！近代已來，寵贈無紀，或以職位崇顯，一切優錫，或以子孫榮貴，恩例所加，賢愚虛實，為一貫矣。裴光庭以守法之吏，驟登相位，踐歷機衡，豈不多愧，贈以師範，何其濫歟！張燕公有扶翊之勳，居謨訓之舊，秩躋九命，官歷二端，議者猶謂贈之過當，況光庭去斯猶遠，何妄竊之甚哉！蓋名器假人，昔賢之所愾也。[①]

　　他的話雖旨在批評裴先廷因任宰相得贈一品，但提及當時不僅有因自身“職位崇顯”而得優贈的官員本人，也有因“子孫榮貴”而依照“恩例”追贈的官員父祖，這一點也在史料中得到大量證明。前之學者撰文，注意到父祖封贈唐朝因襲北朝，和唐初以來逐漸擴大的過程。事實是自中宗神龍初（705）和玄宗開、天之際，已通過制敕敕文有對三品乃至五品清官贈父的普贈，而安史亂後，對於官員的父祖之贈更成為歷朝皇帝即位、郊天、加尊號、平叛乃至山陵等大禮大赦中最常見的一項待遇和措施[②]。於是父祖贈官大量出現，以至於本人之贈（下簡稱“自贈”）和父祖之贈作為兩種贈官經常混雜並列於大量碑誌之中，成為唐朝贈官的一大特色。

　　但是問題在於，雖然墓誌和各類文字記載的贈官情況常常兼及數代，卻並不一定對官員個人及其祖先的封贈來源都有所交待，於是在這種情況下，如何瞭解一個官員的出身及其家族真正的仕宦史便成為問題。這就要求我們將兩種情況加以區分，而弄清官員自身卒後的贈官（以下簡稱“自贈”）方式和等級範圍，就成為必

　　①　《舊唐書》卷八四《裴光庭傳》，2808 頁。
　　②　見徐樂帥：《中古時期封贈制度的形成》，89—97 頁。並參《唐大詔令集》卷七三《親祀明堂赦》，411 頁；《冊府元龜》卷八四《帝王部·赦宥》三神龍元年九月壬午條、卷一三一《帝王部·延賞》二開元九年十二月敕、卷八五《帝王部·赦宥》四開元十七年條，995、1570、1006 頁。

要的前提。

2. 對官員本人贈官的品級要求

那麼唐朝對官員本人的贈官究竟有何標準呢？

與前朝同樣，唐朝官員自身卒後的贈官和贈謚都不存在必給的問題，而是有嚴格的限制。劉長旭在《兩晉南朝贈官研究》中一再指出，"在兩晉南朝大多數時間内，卒前最後官號在五品以上，是官員去世後獲得贈官的一個必要條件"；"兩晉宋齊時期，官居五品與否是贈官資格有無的一個分界綫；官員去世後要獲得贈官，一般來説，其生前官號的品級至少應該是五品"[①]。而從其文和其他學者關於前代贈官的列表和統計來看，官居三品以上的職事官員得到贈官其實是最多的。唐朝贈官制度延繫前朝，根據筆者對兩《唐書》官員（並含個別佛道人士、外國君主和蕃夷酋長）可確定為是屬自身得獲贈官（不包括平反和死難追贈）的統計，總數約為 800 餘例，四品以下者（含尚書丞郎）不過十分之一[②]，其中尚不排除坐罪貶官、出使未還及個別死於國事或者與皇帝關係特殊的特別優待者。揆諸墓誌的情況也是如此，四品以下官員可以確定是屬自身贈官的情況相對比三品以上者要少得多，因此三品（包括王公、職官、帶職散官）以上可以視為獲取贈官資格的一道主要界限。

由此也牽涉到唐令"復原 26"條，此條對"贈謚"有"王公及職事官三品以上、散官二品以上身亡者"的規定（詳第十一章），但結合

---

① 劉長旭：《兩晉南朝贈官研究》内容提要及第二章第二節，1、22 頁。

② 按此統計包括丞郎在内，並按所在時代的官階計算。如中書、門下侍郎大曆二年纔升為正三品，以前則為四品；雍、洛長史、大都督府長史景雲二年升為從三品，以前則為從四品上，大都護府副都護也是由《開元令》將正四品上升為從三品，參見《舊唐書》卷四二《職官志》一，1792—1793、1849 頁。

上述統計,也可以認為是唐代贈官最主要的範圍和對象。"王公和職事官三品以上、散官二品已上",是唐制中"貴"的一級,而唐令之所以將之作為標準,正是因為這一層次的官員纔最可能獲得贈官贈諡。按照《唐律疏議》的規定,王公應該只包括爵一品的王和國公①,所謂"散官二品",則是指僅有散官而無職事者。有職事官者,則無論職事、散官有一種在三品以上(包括從三品),原則上都可以給贈官,這種情況與贈諡也是一致的。《大唐開元禮》在針對諸王和"貴臣"的"策贈"條中,不但説到"凡册贈,使者之尊卑並準告授",即册贈使者的品級高低要按照死者被贈的官品決定;也説到"凡册贈應諡者,則文兼諡,又致祭焉"②,這間接證明贈官和贈諡對以上對象而言是同時進行的。

贈官的資格仍是依卒時或致仕時品級最高者,如"貞觀中,累遷散騎常侍(從三品),封陽翟縣侯(從三品),老於家"的褚亮雖然已致仕,但死後追仍贈為太常卿(正三品)③。劉幽求開元初已經是尚書左丞相、黄門監,後又授太子少保,但因事貶責,後轉桂陽郡刺史(從三品),"在道憤恚而卒",僅贈禮部尚書(正三品)④。《舊唐書》卷八八《韋承慶傳》:

> 特加銀青光禄大夫。俄授黄門侍郎,仍依舊兼修國史,未拜而卒。中宗傷悼久之……贈秘書監,諡曰温。

韋承慶卒前所授黄門侍郎雖然只是正四品下(《開元令》加入上階,大曆二年纔改為正三品),但散官銀青光禄大夫已是從三品,故加一階得贈正三品秘書監並加諡號。又如德宗朝的柳昱,其官殿中

---

① 《唐律疏議》卷一《名例》"八議"條,18 頁。
② 《大唐開元禮》卷一三四《策贈》,634—635 頁。
③ 《新唐書》卷一〇二《褚亮傳》,3976 頁;闕名:《散騎常侍贈太常卿陽翟侯褚公碑》,《全唐文》卷九九一,10269 頁。
④ 《舊唐書》卷九七《劉幽求傳》,3041 頁。

次監是從四品上,駙馬都尉從五品下,但散官是從三品,也得到了贈工部尚書正三品的待遇①。《唐會要》又載貞元二十年(804)贈故隋(隨)州刺史李惠登洪州都督,是由於他能在李希烈殲殘之後率心為政、增闢田戶的政績。"時于頔為山南東道節度,以其績上聞,加御史大夫,升其州為上。及卒,故有是贈"②。御史大夫僅是加官,李惠登的正官隨州刺史是從三品(《舊唐書》本傳言其"尋加檢校國子祭酒"也從三品),這樣李惠登卒即得到正三品洪州都督的加贈。由上面的分析可以知道,其實大多數官員的贈官是從職事官出發,並且職事三品也是贈官最主要的標準和考慮對象。但也有少數被貶責的官員,可能會考慮到原來的資歷和官品而給以一定的優待,至於得罪平反者獲贈高官更不能等同一般而論。

四品、五品的官員在史料中所見數量不多,但不能說完全不在受贈之限。史傳中其數量少的一個客觀原因是對他們的記載和重視本身就沒有對三品以上高官程度高,但從所發現之例來看,仍在朝官中佔有一定比例。這說明前代以五品為贈官底綫的範圍標準在唐朝仍舊適用。而四品五品官的封贈區別於三品以上,完全可以作為另一個層次來對待,他們的給贈雖不如三品以上普遍,但給贈的官品、官名種類同樣也是有規律可循的。

五品以下官員除了少數例外,贈官大多只在隔年、隔代的追贈中出現,且往往出於平反昭雪或者褒揚的目的。有些雖然屬於卒後即贈,但也是作為對貶官者的寬大處理或者曾經貢獻的補償,個別則出於聲望極高,或於皇帝有特殊關係、特殊貢獻者,或出自對官位不至者的撫慰。總的來看,唐朝的贈官雖主要圍繞職事進行,

---

① 《唐代墓誌彙編續集》貞元〇七八《大唐故銀青光禄大夫行殿中次監駙馬都尉贈工部尚書河東柳府君(昱)墓誌銘并序》,791 頁。

② 《唐會要》卷六八《刺史上》,1422 頁;並參《舊唐書》卷一八五下《良吏·李惠登傳》,4828—4829 頁。

並且有一定的標準,但很多情況下仍可破例。給贈之際需要皇帝的批准,特別是對不在給贈之限的官員。因此唐朝贈官問題既有普遍性,也有特殊性,圍繞朝廷賞功酬勞的需要出發,對死於國難和立功者的給贈尤其不受地位和官品限制,突出皇帝的恩賜,形成唐代官員贈官的特色和趨勢。

(二)從職、散、爵的同贈到贈職事官為主

三品以上官員雖然自身獲得贈官機率較高,但仍不是人人必贈,或給以同等待遇。在這方面,唐代贈官還保持着不少先前朝代的特色,一方面唐初的贈官是以王公親貴和功臣將相為主,另一方面,前代職官散官並贈、内外職官並贈或者官爵同贈的情況還在相當程度上保留着,這使得唐前期重官的封贈仍體現出對前朝的繼承和影響。但是,這種情況開、天以後逐漸減少,隨着唐朝廷統治方式與職官制度的變化,基本統一為僅贈一職,成為贈官制度的發展方向和既成事實。

1. 贈一官、二官和官爵同贈

在唐朝的贈官中,皇帝下詔葬事的詔葬者當然是首要的對象。關於這一點,我們自然也可以找到與唐令的關係。依據天聖《喪葬令》"宋5"和《唐會要》等史料復原的唐令"復原7"稱:"其詔葬大臣,一品則鴻臚卿監護喪事;二品則少卿,三品丞一人往,皆命司儀令以示禮制。"説明詔葬是三品以上大臣纔可能獲得,而由於詔葬的對象又是親貴功臣宰相,所以這部分人獲贈最無懸念。在筆者不完全統計的唐前後期詔葬者中,絕大多數是同時得到贈官與贈謚者,而贈官者幾近百分之百。還有前三朝王公和宗室獲贈者亦極多,所以贈官在很大程度上又是皇朝親貴和功臣宰相必有的待遇之一。

從詔葬者和其他三品以上官員的贈官可以瞭解到唐朝贈官的一些原則。前節指出，南北朝以來，贈官已逐漸發展為以贈職官為主，但贈爵和贈散官也時而有之。唐代的情況對此亦有繼承。贈官一般的情況下是贈一官（參詳附表 15.），並且大多數是贈以職事官，如韋承慶以銀青光禄大夫（從三品）、黃門侍郎（正四品下），卒贈禮部尚書（正三品）①；玄宗宰相張説以開府儀同三司（從一品）、尚書左丞相（從二品），卒贈太師（正一品）②；張九齡原官金紫光禄大夫（正三品）、中書令（正三品），坐事左遷荊州大都督府長史（從三品），卒贈荊州大都督（從二品）③。但也有少數是贈散官，例如貞觀五年太子少師李綱卒，贈開府儀同三司，諡曰貞④。温彥博也是貞觀十年遷尚書右僕射而次年卒，"贈特進（從二品），諡曰恭，陪葬詔陵"⑤。玄宗天寶中張暐年九十餘，以特進卒，贈開府儀同三司⑥。肅宗時王璵亦以太子少師（從二品），卒贈開府儀同三司⑦。不過，散官看來多是贈年高德劭的退位者，有時亦贈予道士高僧或者名儒高士，唐後期也被贈給個別宦官。如德宗時右神策護軍中尉霍仙鳴與右神策中護軍、忠武將軍張尚進，憲宗朝右衛大將軍知內侍省事劉貞亮就都被贈以開府儀同三司⑧，李德裕作左神策護軍中尉劉宏規碑，亦言其卒贈開府儀同三司⑨，而朝官被贈散官的情況幾

---

① 《唐代墓誌彙編續集》神龍〇一九《大唐故黃門侍郎兼修國史贈禮部尚書上柱國扶陽縣開國子韋府君墓誌銘并序》，420—421 頁。

② 《舊唐書》卷九七《張説傳》，3056 頁。

③ 《舊唐書》卷九九《張九齡傳》，3099 頁。

④ 《舊唐書》卷六二《李綱傳》，2377 頁。

⑤ 《舊唐書》卷六一《温彥博傳》，2361—2362 頁。

⑥ 《舊唐書》卷一〇六《張暐傳》，3248 頁；《新唐書》卷一二一同人傳，4334 頁。

⑦ 《新唐書》卷一〇九《王璵傳》，4108 頁。

⑧ 《新唐書》卷二〇七《宦者下》，5867—5868 頁。

⑨ 李德裕：《唐故左神策軍護軍中尉兼左街功德使知內侍省事劉公（弘規）神道碑》，傅璇琮：《李德裕文集校箋·別集》卷六，石家莊：河北教育出版社，2000 年，526 頁。

乎見不到了。

　　北朝那種多官同贈的情況在唐朝已經逐漸減少。唐朝前期還不乏有對親貴和元老重臣同時贈以二官的情況，但主要限於前三朝。高宗一朝，僅王室子孫就有 13 人被贈以二官。武則天以後漸少。中宗、睿宗在位時間短，贈官數量不多，但贈二官者仍佔一定比例。高宗以前的這類贈官者是否完全屬於詔葬尚不能肯定，但詔葬者中贈二官的情況無疑也是最多的，內除了王室子孫和宗戚外戚，也有不少唐初獲得陪陵待遇的功臣將相。玄宗朝贈二官的情況非常少見，只有立大功者如王君㚟和位高權重者如李林甫（太尉、揚州大都督）等個別人有之，安史亂後已經基本不見。

　　贈二官可以是散官、職官各一（如開府儀同三司、特進，驃騎、輔國、鎮軍大將軍與都督刺史或中朝官同贈），也可以是中朝官及外官各一（如三公加都督，或諸衛大將軍加都督），這仍是延續前朝的慣例。例如魏徵卒贈司空、相州都督，而張行成的贈官則是開府儀同三司、并州都督①。贈兩官者多有較高資望，在身官職亦多，並且如同時贈以散官及職事官者，一個基本條件是生前兩官俱在三品之上，並且多數是已有一、二品高官。如段志玄以右衛大將軍（正三品）、鎮軍大將軍（從二品），卒贈輔國大將軍（正二品）、揚州都督（從二品）；阿史那社尒"遷右衛大將軍（正三品），永徽四年加位鎮軍大將軍（從二品）。六年卒，贈輔國大將軍（正二品）、并州都督（從二品），陪葬昭陵"②。得贈兩官顯然都是分別根據原有的職品與散階而有所提升，所贈二官的品級並不完全一致。唐朝還有附贈勳官的情況，如李勣贈特進、上柱國，但勳品多用來獎勵戰士，一般不作為獨贈或主要贈官。

---

　　①　分見《舊唐書》卷七一《魏徵傳》、卷七八《張行成傳》，2561、2705 頁。

　　②　分見《舊唐書》卷六八《段志玄傳》、卷一〇九《阿史那社尒傳》，2505—2506、3290 頁。

　　職官、散官同贈之外,也有少數被加贈封爵者。贈官與贈諡同樣,發展到唐代,爵顯然早已不是必要的條件,而職官纔是給贈的中心,有没有爵位其實已不重要。爵也可以與職官同贈,不過這種情況大都在開元以前。除了皇帝子孫和宗室王公,史料中所見追封、加封或多是針對生前已有官爵者;如貞觀中宰相杜如晦"贈司空,徙封萊國公,諡曰成"。戴胄為吏部尚書參預朝政,進爵為郡公,卒贈尚書右僕射,追封道國公①。個别如王君㠋自左武衛將軍(從三)、縣公(? 從二)"贈左衛大將軍(正三),都督幽、易、嬀、平、檀、燕六州諸軍事,幽州刺史,進爵邢國公(從一)"②,如果將爵也算作贈官之一的話,那麼所贈已是三官。王君㠋是戰死者,所以爵也被作為死於王事者的追贈或加封。武則天時死於戰陣的右武威衛將軍、檢校勝州都督王㑉也得到了"恩制贈左衛大將軍,封全節縣開國公"的封贈③。值得注意的是,唐初的詔敕在給贈官之後,往往有"餘官封如故"或"餘如故"的説法,説明原來的官、爵還是被考慮在内的,只不過對已有者不再追加而已。

　　另外在對皇帝子孫、宗室外戚和個别大臣的追贈中,也都反映有同贈官爵的情況,如太宗朝宰相馬周卒時已有贈官幽州都督,但是高宗朝許敬宗為之作碑,稱"永徽二年詔贈高唐縣公"④,即在贈官後又追贈爵位;中宗對高宗子燕王忠、許王素節、原王孝,韋后父韋玄貞及其子洵、浩、洞(泂)、泚和魏元忠等都追封追贈官爵⑤,且

————————

　　① 《舊唐書》卷六六《杜如晦傳》、卷七〇《戴胄傳》,2469、2533—2534 頁。
　　② 《唐代墓誌彙編續集》貞觀〇四一《唐故幽州都督邢國公王公(君㠋)墓誌》,32 頁。
　　③ 《唐代墓誌彙編》長安〇三一《大周故檢校勝州都督左衛大將軍全節縣開國公上柱國王君(㑉)墓誌銘并序》,1013 頁。
　　④ 許敬宗:《大唐故中書令高唐馬公碑》,《全唐文》卷一五二,1558 頁。
　　⑤ 《舊唐書》卷八六《高宗中宗諸子》、卷一八三《外戚傳》、卷九二《魏元忠傳》,2825—2827、4744、2955 頁。

加爵也都是三官。睿宗朝對外戚竇孝諶的追贈是"太尉、邠國公"，玄宗朝楊國忠父被追贈武部尚書、鄭國公①，可見爵在唐前期的封贈官中，仍具有一定的地位。唐後期雖然還有個別得贈爵者，如李嗣業卒於平定安史的九節度攻圍相州之役，從虢國公詔贈武威郡王②；而貞元中義武軍節度使張孝忠也以"一時之賢將"，卒"追封上谷郡王，贈太傅"③，但顯然已非通例。贈爵只是朝廷對個別功臣的褒寵，或者作為對少數王公，以及皇后（如德宗沈后）、權臣（如唐末朱元忠）父祖的追封追贈，而很少用於在職官員本人了。

2. 僅以職事一官為贈的普及化

爵位和散官的給授都能表現重爵位、重品位觀念的一些延續。但實際情況是，無論是獨贈抑或兼贈，爵與散官作為贈官在開元以後愈來愈少，即使是功勳重臣郭子儀和李晟、渾瑊、馬燧等，卒後亦不過只贈以一品職官（三師三公），而不再有其他的名義。

爵位的不再給贈固然是唐官爵制度長期發展的結果。一方面唐代宗室王公的權力本就受到限制，自從玄宗設十王宅百孫院以後，皇室子孫不僅生前被囚禁宮苑不能有所作為，死後也大都不再贈爵位。至於宗室近枝也不是因其出身獲得重用，從諸如李勉、李皋、李程等人的事跡就可以知道，爵位並不是他們的唯一進身之階，其在世的升遷和卒後的封贈也早與其他內外職事官員完全併入一途，所以卒後亦不再加爵贈。另一方面雖然在世官員也還有封爵之授，但官的作用、價值早已代替了爵，衡量地位高低的是官不是爵，早先爵位的世襲已逐漸演變為官階的降等繼受，故爵位的

---

① 《舊唐書》卷一八三《外戚傳》，4725 頁；《册府元龜》卷一三一《帝王部‧延賞》二，1571—1572 頁。

② 《舊唐書》卷一〇九《李嗣業傳》，3300 頁。

③ 《舊唐書》卷一四一《張孝忠傳》，3858 頁。

贈予對一般官員已無太多實際意義。到了宋代,明確規定只有親王和皇屬近親可以"追加大國"或追加封爵,對於"服疎及諸親之服近者"與一般官僚都不再贈爵①,除了較唐朝重視皇室之外,其實是將一般官員不贈爵的問題更加制度化了。

　　散官散階在唐朝雖一向與職事同行,且五品以上散官尤不輕授,但隨着職事官要重程度的增加,散官不再是官員升遷和取得俸祿的依據,也很難再以之作為地位的標誌,官員的升遷愈來愈圍繞職事進行,以至於職官階官化而在相關記載中竟常常不再提到本人的散官,所以死後除了個別人士(多是致仕者和宦官)很少有人再贈散官,散官的給賜和贈予也變得不再有實際意義。

　　最後,贈以三公、宰相兼都督刺史兩種職官的現象在唐後期亦不再延續,同樣也是唐代制度本身變化所致。官職內外相兼(三公、宰相兼領都督刺史)本始自兩晉南北朝,更以北朝為普遍,是前朝制度的遺存在贈官中的反映,與唐朝初年的職官制度也是相一致的。所謂將相可兼任,文武不殊途,唐前期的官員既可內外、文武相兼,也可由宰相大臣直接指揮軍事。太宗朝曾以親王和功臣兼授世襲刺史②,而如李勣由太子詹事兼左衛率為遼東道行軍總管,李靖、侯君集也分以中書令和兵部尚書討伐吐谷渾③;高宗謂裴行儉"卿文武兼資,今故授卿二職"而"即日拜禮部尚書,兼檢校右衛大將軍"④。受其影響,開、天中甚至還有宰相遙領節度使或親任邊事的情況,如張說兼領朔方郡節度大使,

　　① 見《宋史》卷一七〇《職官志》一〇《贈官》,4083 頁。
　　② 《舊唐書》卷六四《高祖二十二子·荊王元景傳》、卷六五《長孫無忌傳》,2424—2425、2449—2450 頁。
　　③ 參見《舊唐書》卷六七《李靖、李勣傳》、卷六九《侯君集傳》,2483—2487、2480—2481、2509 頁。
　　④ 《舊唐書》卷八四《裴行儉傳》,2803 頁。

"往巡五城,處置兵馬";蕭嵩任中書令甚至"常帶河西節度,遙領之"[①],此為治史者熟知。但是開天以後愈來愈向相反的方向發展,文武的區分愈來愈明確,由內兼外也不再是唐朝統治地方和任官的方式(按:這不妨礙由中朝官改任外官,或由宰相卸任而出居節度使相,中唐以後尤其如此,但兩者一般不再互兼)。而既然在世官員已然如此,那麼贈官又有什麼必要繼續下去? 所以隨着內外兼任於在世職官中的消失,則二職同贈也必然在贈官體系中退出歷史舞臺。這樣,原來的二官或者三官兼贈,就衹能向着僅贈職事一官統一,這使得贈官的標準和方式都更加簡化,此亦為贈官發展的一個方向。

附表 15. 兩《唐書》所見唐朝三品以上初贈官性質類別統計[②]

时期	贈 官 類 別							
	贈三官	贈二官(二職)	贈二官(職、散)	贈二官(職、爵)	贈二官(散、爵)	贈一官(職)	贈一官(散)	贈一官(爵)
高祖	·	1(長平王叔良)		1(竇威)		6		
太宗	2(裴寂、王君愕)	13(河間王孝恭、錢九隴、竇誕、李大亮、蕭瑀、宇文士及、高士廉、房玄齡、李靖、岑文本、魏徵、馮盎、李思摩)	2(楊恭仁、段志玄)	6(杜如晦、戴冑、權萬紀、張平高、李安遠、姜行本)		33	7(周王元方、温彥博、李綱、史大奈、扶餘璋、新羅王金真平、新羅王善德)	1(頡利)

---

① 《舊唐書》卷九七《張說傳》、卷九九《蕭嵩傳》,3053、3095 頁。

② 本表不含追贈、累贈,收入範圍為三品以上官及由三品丞郎者。按以下數表,均以兩《唐書》為限,僅用於對唐朝贈官的輔助說明,雖數字不能準確而有相當遺漏,但庶幾可以反映贈官的趨勢。

时期	贈官類別							
	贈三官	贈二官（二職）	贈二官（職、散）	贈二官（職、爵）	贈二官（散、爵）	贈一官（職）	贈一官（散）	贈一官（爵）
高宗		21（樊興、襄邑王神符、徐王元禮、彭王元則、鄭王元懿、虢王鳳、道王元慶、鄧王元裕、江王元祥、密王元曉、李勣、尉遲敬德、魏王泰、蔣王惲、趙王福、劉德威、閻立德、柳亨、蘇定方、薛仁貴、長孫操）	15（唐儉、劉弘基、隴西王博乂、竇德玄、程知節、戴至德、薛元超、高季輔、張行成、崔敦禮、許敬宗、郝處俊、豆盧寬、阿史那社尒、契苾何力）			36	1（新羅王真德）	
武則天	1（滕王元嬰）	2（劉仁軌、蘇良嗣）	1（王孝傑）			16		
中宗睿宗	1（武攸暨）	2（豆盧欽望、蘇瓌）	2（楊再思、韋巨源）	3（武三思、韋湑）	2（武崇訓、田歸道）	6		
玄宗			2（李林甫、王君㚟）			74	3（蕭嵩、張暐、契丹李失活、）	1（論弓仁）
唐後期			1（劉海賓）	1（張孝忠）		451	4（王璵、張尚進、霍仙鳴、劉貞亮）	2（李嗣業、巢縣公李湊）

(三)三品贈官獲贈的官名品級

三品以上官員的贈官歷來是贈官的主體,也是獲贈品級最高者。一般情況下,三品以上官員獲增比例最大,其獲贈的品級略高於原官。唐前期三品獲贈以親貴和宰相朝官居多,而唐後期則外官節度使比例上升取而代之,同時以贈朝官官銜成為普遍的現象,內外贈官品級的衡量與標準與在世官的升遷已然一致化。另外尚書官中,丞郎作為三品之贈者雖然為數不多,但體現其官位的上升,與在世官同樣,重視官的要重程度和實質性而非僅為品級和榮銜也成為唐代贈官的特色。

1. 內外兼贈的發展和節度使贈官

從唐朝前期贈給二官的情況就可以知道,唐初王公宗室和功臣宰相佔據了贈官的主要部分,逐漸發展為上面所説以三品以上職事官為主的情況。而就官員而言,唐前期得贈者主要是中朝官,以宰相重臣為多,其中宰相 49 人,佔全部贈官人數近五分之一,若加以王公外戚和其他朝臣(不含衛官),便幾佔三分之二(詳附表16.)。武官和地方官受贈者似乎也佔有一定的比例,但武則天以前的贈官,很難完全以文武、內外作區分。其實在唐初獲贈的官員中,更多的人或者曾經有過任宰相的資歷,或者根本就是政權建立之初的原從功臣,贈官幾乎成為宰相及陪陵勳臣們擁有的專利,與其本人所具身分也有着直接的關係。功臣著名者如武德時殷嶠,貞觀時姜行本、張平高、王君愕、屈突通、段志玄、史大奈、龐玉、錢九隴、劉政會、柴紹、丘和、李思摩、張公謹、敬君弘、李安遠、姜謩、秦叔寶、長孫順德、武士彠,高宗時尉遲敬德、程知節、許世緒、李思行、李高遷、公孫武達、劉弘基、樊興、丘行恭等都獲贈官。而太宗朝除了王公貴戚、宰相、功臣之外,真正文士只有虞世南、褚亮、姚思廉、孔穎達等少數得贈，高宗朝更以王公勳貴為主要對象。

但是唐初武官除了功勳將領之外，一般武人得獲贈官機會並不甚多，而和中朝官相比，如果不是帶有都督或者長史的職銜，一般州刺史的外官獲得贈官的機會也相對為少。崔融為曾任密亳二州刺史、卒於武則天朝的鄭仁愷作墓誌，明謂其贈官是來自神龍初皇帝的"特降追榮之禮"，也即因其子而得，說明他雖連任過刺史，卻不曾因己身得贈[①]。類似的情況很多，所以從總體的情況來看，官位職級雖然重要，但僅具備三品資格不一定獲贈。只是隨着時代的發展而贈官更加制度化和日常化，到了玄宗開、天以後，節度使和邊將的封贈屢屢出現和增加，如張仁愿、薛訥、王晙、郭知運、王君㚟等的贈官尤開始了贈官的新生面。

無論如何，贈官與官員本人的功績以及他對朝廷的重要程度是分不開的，唐後期藩鎮格局之下，贈官制度也向節度觀察使傾斜。即以兩《唐書》為計，肅宗朝李嗣業、王思禮、呂諲，代宗朝李光弼、白孝德、辛雲京、李國貞、崔圓、田神功、侯希逸、魏少遊、李抱玉、馬璘、王難得、令狐彰、田承嗣皆從節度使得贈；德宗朝節度使贈官者 50 餘人，順憲二朝約 30 人，歷朝全部節度使（包括使相）贈官人數接近 200 人，約佔唐後期贈官總數的五分之二以上，超過中朝宰相和文官三品以上給贈人數的總和，這還僅是就終時官職而論，不包括曾任而後改他官者。獲贈者既包括忠於朝廷或由宰相出外的重臣，也包括對朝廷造成威脅的強藩悍鎮。節度使和觀察刺史相加，給人外重於內的感覺。不過，就地方官員而言，如不加觀察使的刺史，仍獲贈較少，形成如此格局，正是唐後期藩鎮格局下朝廷對地方勢力加以控制和籠絡的結果。

---

① 崔融：《唐故密亳二州刺史贈安州都督鄭公碑》，《全唐文》卷二二〇，2224—2225 頁。

　　三品贈官所用的職事官銜,較多見的是三師、三公,太子三師三少、尚書左右僕射、尚書、左右散騎常侍、諸衛大將軍、諸衛將軍、都督、刺史;卿監中惟太常卿及秘書監用者較多,其他所見僅為個例。御史大夫等法憲官基本不用。侍中相對中書令用者較多,中書令唐朝很少用於贈官,但五代以後贈中書令者漸多,門下侍郎、中書侍郎唐代也不用於贈官,勳官更是基本不用於高品級的職事官之贈。

　　唐朝初期武官除贈以諸衛大將軍、將軍,也多以都督、刺史為贈,文武之際在贈官的職銜方面區別不是太大。唐後期與在世官同樣,對藩鎮和諸使一律按品級高低贈以內外朝銜,五代十國仍復如此,但也出現了個別以使為贈的特殊現象,如唐末宦官楊復光是以"觀軍容使"為贈[①],而以節度使為贈五代也有所見[②],這為後來宋朝將節度、觀察作為贈官與朝銜一起使用開了先例。

附表 16. 兩《唐書》所見唐前期三品以上獲贈官員成分分析[③]

時期	宗室王公		外戚		宰相及宰相致仕		其他朝臣		武將衛官		都督、長史、刺史、行臺官		其他(外國酋長、道士等)	
	贈一	其他	贈一	其他	贈一	其他	贈一	其他	贈一	其他	贈一	其他	贈一	其他
高祖		3				1			1	1		2		
太宗	2	4		1	6	6	3	13	2	8	1	12	1	5

---

　　① 《新唐書》卷二〇七《宦官傳》,5877 頁。

　　② 如《十國春秋》卷九四《閩》五載王延彬卒贈雲州節度使兼侍中,北京:中華書局,1364 頁。《舊五代史》卷一二九《李建崇傳》稱"(周)太祖即位,授左監門衛上將軍,廣順三年春卒,贈黔南節度使"。同書卷一二四《唐景思傳》載顯德三年周世宗親征淮甸,唐景思"因力戰,為賊鋒所傷,數日而卒。世宗甚憫之,詔贈武清軍節度使",1702、1637 頁。

　　③ 本表所收範圍與附表 15. 同。

續表

時期	宗室王公		外戚		宰相及宰相致仕		其他朝臣		武將衛官		都督、長史、刺史、行臺官		其他(外國酋長、道士等)	
	贈一	其他	贈一	其他	贈一	其他	贈一	其他	贈一	其他	贈一	其他	贈一	其他
高宗	13	1	1	1	7	6	1	13	2	16		9		3
武則天	2	1	1		2	5		4	1	2		2		
中宗睿宗			4	1	2	4		4		1				
玄宗	2	8	2		6	4	1	32	1	3		17	1	3
總計	36		11		49		71		38		43		13	

唐前期宗室王公贈官:

高祖:贈三品永安王孝基、長平王叔良、淮阳王道玄。

太宗:贈一品淮安王神通、河間王孝恭、贈三品孝恭子道彥、新興王德良、周王元方、廣寧郡王道興。

高宗:贈一品襄邑王神符、虢王鳳、鄭王元懿、道王元慶、江王元祥、密王元曉、鄧王元裕、徐王元禮、彭王元則、隴西王博乂、濮王泰、蔣王惲、趙王福、贈二品原王孝。

武則天:贈一品滕王元嬰、雍王賢,贈三品吳恪子琨。

玄宗:贈一品雍王守禮,汝陽郡王璡,贈二品同安郡王珣、許王素節子瑾、素節子璆、蒼梧郡公玢、河東郡王瑾、濟陰王嗣莊,贈三品彭國公思訓、嗣范陽王道堅。

唐前期外戚贈官①:

太宗:贈三品長孫敞。

高宗:贈一品王仁祐,贈三品長孫操。

武則天:贈一品武承嗣。

中宗睿宗:贈一品武三思、武崇訓、武攸暨、韋諝,贈二品武攸寧。

玄宗:贈一品王仁皎、竇希瓘。

---

① 按:唐前期外戚任官及獲贈者眾多,如高祖、太宗朝之竇氏、長孫氏,高宗武則天以後之楊氏等,但其職位或不由外戚而得。故這裏僅以入兩《唐書·外戚傳》者計之,其餘則各按其任官性質分類,唐後期純以外戚身分獲官贈(卒時)極少,見於兩《唐書》僅代宗舅吳湊、吳漵,宣宗舅鄭光以及駙馬都尉郭曖、郭縱等數人,故不再單獨列項。

唐前期宰相(含致仕及罷為僕射者)贈官:

高祖:贈三品竇威。

太宗:贈一品封倫、高士廉、房玄齡、杜如晦、魏徵、李靖,贈二品溫彥博、杜淹、戴冑,贈三品楊師道、岑文本、馬周。

高宗:贈一品李勣、高季輔、張行成、崔敦禮、許敬宗、郝處俊、戴至德,贈二品崔知溫,贈三品劉祥道、張文瓘、薛元超、竇德玄、楊弘武。

武則天:贈一品蘇良嗣、劉仁軌,贈二品狄仁傑、王及善,贈三品韋思謙、周允元、婁師德。

中宗睿宗:贈一品蘇瓌、豆盧欽望,贈二品楊再思、韋巨源、唐休璟,贈三品李懷遠。

玄宗:贈一品:宋璟、張說、裴光廷、裴耀卿、李林甫、蕭嵩,贈二品姚崇、源乾曜、牛仙客、盧懷慎。

附表 17. 兩《唐書》所見唐後期三品以上獲贈官員成分分析[①]

時期	王及嗣王		宰相三公[②]		在朝文官		武職軍將		節度使(含使相)		觀察使、刺史		內官	
	贈一	其他	贈一	其他	贈一	其他	贈一	其他	贈一	其他	贈一	其他	贈一	其他
肅宗	1[③]			3			1	2	1			3		
代宗	4		4		3	8		3	11	2		2	1	
德宗	3[④]		8		9	19	3	15	36	18		18	2[⑤]	3
順宗憲宗			4	2		17	1	6	16	14		12	1	

① 本表所收範圍與附表 15.同,因唐後期宗室基本不以爵位得贈官,故"王及嗣王"一項亦不收一般宗室。

② 宰相三公含在相位或以三公、僕射致仕及以病罷廢者,如杜佑、裴坰、李鄘。

③ 按:《舊唐書》卷九五《睿宗諸子傳》讓皇帝憲子瑀封漢中王,卒贈江陵大都督,然《新唐書》卷八一《三宗諸子傳》作太子太師,或有再贈,存疑。

④ 按:德宗朝宗室諸王的贈爵者唯德宗子肅王詳、嗣曹王皐及嗣吳王巘三人。但李皐官拜荊南、山南東道節度等使,與李巘皆非以王位得贈者。

⑤ 按:德宗朝宦官霍仙鳴、張尚進贈一品,孫榮義、楊志廉贈二品,焦希望贈三品。然《新唐書》卷二〇七《宦者》上言張尚進為右中尉護軍,歷忠武將軍;焦希望為左神策中護軍,歷明威將軍;散官分為從四品上和下,但得贈一品及三品,其生前職事當在三品以上,此處姑依三品計之。

時期	王及嗣王		宰相三公		在朝文官		武職軍將		節度使(含使相)		觀察使、刺史		內官	
	贈一	其他	贈一	其他	贈一	其他	贈一	其他	贈一	其他	贈一	其他	贈一	其他
穆宗					4	5	1	2	7	8	4			
敬宗文宗				5	4	11		1	29	8	19			2
武宗						3			6	2	2			1
宣宗			2	1	4	7	1	1	8	4	1			
懿宗			2		3				8	3	1			
僖宗			1		1				6			3	1①	
昭宗哀帝				5	3	4	1		5	2				
總數	8		34		109		36		196		65		11	

唐後期節度觀察使及使相贈官：

蕭宗：贈一品王思禮、李嗣業,贈三品呂諲。

代宗：贈一品崔圓、李光弼、辛雲京、魏少游、田神功、侯希逸、馬璘、令狐彰、薛嵩、田承嗣、李抱玉,贈二品李峘、嚴武、李國貞。

德宗：贈一品田悅、李正己、朱滔、李元忠、郭子儀、李納、韓滉、李寶臣、田緒、張孝忠、王武俊、張獻甫、曲環、樊澤、嚴震、張鎰、陳少遊、李芃、李澄、尚可孤、張建封、李元諒、杜希權、邢君牙、李抱真、劉昌、劉玄佐、李復、白孝德、陳仙奇、姚南仲、董晉、馬燧、渾瑊、李晟、康日知,贈二品路嗣恭、裴胄、馮河清、程懷直、王虔休、劉全諒、李自良、李說、李觀、王栖曜,贈三品劉怦、盧羣、程日華、盧坦、竇覦、薛珏、任迪簡、王翊。

順宗憲宗：贈一品韋皋、張煦、李師古、田季安、張茂昭、程執恭、劉濟、王士真、吳少誠、杜黃裳、高崇文、范希朝、王鍔、于頔、裴均、嚴礪,贈二品張愔、李惟簡、裴玢、吳少陽、權德輿、朱忠憲、劉昌裔、郗士美、杜羔、衛次公、李光進、徐申、劉澭,贈三品李彙。

穆宗：贈一品王承宗、劉總、田弘正、李愬、嚴綬、韓弘、韓充,贈二品田布、李遜、辛祕、馬摠、王沛、曹華、韋綬,贈三品崔能。

---

① 按：據《新唐書》卷二〇七《楊復光傳》,言其乾符中討朱溫,為天下兵馬都監,總諸軍。京師平,以功加開府儀同三司、同華制置使,封弘農郡公,卒贈觀軍容使,未言品級,暫按一品計。

敬宗文宗:贈一品何進滔、薛平、康志睦、張弘靖、王潛、朱克融、李愿、李光顔、劉悟、高霞寓、李聽、王承元、王廷湊、高承簡、路隨、烏重胤、楊元卿、高瑀、崔弘禮、李絳、柳公綽、殷侑、竇易直、王智興、段文昌、令狐楚、崔從、李載義、史憲誠,贈二品鄭澣、董重質、胡證、崔元略、史孝章、元稹、王源中,贈三品馮宿、杜元穎(貶卒)。

武宗:贈一品王茂元、李程、陳夷行、劉沔、李紳、劉從諫,贈二品王彥威、崔琯。

宣宗:贈一品李珏、王紹鼎、王元逵、史憲忠、王起、李讓夷、周墀、鄭肅,贈二品盧弘正、高元裕,贈三品韋正貫、韋博。

懿宗:贈一品張允深、劉潼、裴識、盧鈞、裴休、何弘敬、何全皞、王紹懿,贈三品盧簡求、李從晦、沈詢。

僖宗:贈一品趙隱、王景崇、杜悰、周寶、韓君雄、令狐綯。

昭宗哀帝:贈一品羅弘信、王處存、王珙、趙犨、王潮,贈二品孫揆,贈三品趙珝。

2. 贈官品的提升

就贈官的階品而言,唐朝和前代相似,除了個別贈官等同原官或位次完全不變之外,大多數贈官都是高於原官,其增加也分為本品本階之內的相應提高位次和增加階品的"加等"。所謂加等,就是在原來的官階之上加上一階兩階(正四品以下),或者一品半品(從三品以上)。唐前期重惜官品,三品官很少直接越級贈一品,贈二品也不多。以筆者對兩《唐書》的統計而言(以下見附表18.),高祖朝見任官(包括王公)贈官8人,贈三品5人,占逾一半;太宗朝和高宗朝贈三品分別為43人和40人,分別超過或接近其時總數(64人與73人)的三分之二與五分之三。三品人數之多,説明從原官三品提升為二品或者一品者是很少的。

但是到得玄宗朝,可以發現贈二品的比例提高了,贈一、二、三品的人數分別是13人、34人和31人,贈二品的數字超過了贈三品。經過實際比對,可以知道出現這樣的變化是由於除了原官二品贈二品和某些嗣王、王子贈二品外,原官三品者贈官升為二品極多,初步統計超過 20 人①。曾任或現任宰相雖有贈一品的,如宋璟、張說、裴光廷、裴耀卿、蕭嵩、李林甫,但更多是贈二品,如姚崇、源乾曜、韓休、盧懷慎、牛仙客、張嘉貞、張九齡都在贈二品之列。

　　安史亂後,唐後期的贈官品則明顯是贈一品者比例大為升高。代宗朝贈一品 24 人,佔總數 39 人近三分之二,德宗朝贈一品 58 人,超過當朝贈官總數 134 人的五分之二,而從所統計的兩《唐書》唐後期贈官總數 459 人,贈一品 217 人已經接近二分之一,而且越接近晚唐,贈一品所佔比例越高。分析不外兩個原因,一個原因是唐後期一些宰相重臣多贈一品。德宗宰相楊綰以中書侍郎(正三品)、崔祐甫以門下侍郎(正三品),贈司徒或太傅(正一品);趙憬以門下侍郎同平章事,卒贈太子太傅(從一品)②;宰相張延賞、李泌、劉從一、關播等卒後亦皆贈一品。憲宗時于頔以太子賓客(正三品)致仕,卒贈太保(正一品)③;文宗時柳公綽以兵部尚書(正三品)卒,贈太子太保(從一品)④。至於藩鎮武臣,不僅中唐以降名如郭子儀、李光弼、田神功、李晟、渾瑊、馬燧等均贈一品,而且一些強藩節鎮也均贈一品。晚唐以後,由於節度使多帶同平章事和檢校三師三公銜,故卒贈一品更是順理成章,事實便是晚唐五代宰相和功臣權藩贈以三師三公銜者最為常見,而唐後期節度使贈一品不僅超過其同類贈官的三分之二,也是宰相和在朝文官贈一品總和的二倍(參附表 17.),這同樣反映了贈官外重於內和優予藩鎮的

---

　　① 按玄宗朝贈二品 34 人,原一品或二品(爵在內)贈二品者 14 人:同安郡王珣、濟陰郡王嗣莊、河東郡王瑾、褒信郡王璆、李昇、陸象先、姚崇、源乾曜、韓休、張仁愿、牛仙客、契丹李失活、崔隱甫、吐蕃贊婆。自三品升為二品者 20 人:許王素節子瓘、蘇頲、韋抗、王晙、讓皇帝憲子玢、盧懷慎、李元紘、杜暹、張嘉貞、張九齡、鄭惟忠、盧從愿、裴寬、王丘(也作邱)、劉知柔、徐堅、王君㚟、席豫、崔翹、韋虛心。
　　② 分見《舊唐書》卷一一九《楊綰傳》、卷一一九《崔祐甫傳》、卷一三八《趙憬傳》,3436、3441、3779—3780 頁。
　　③ 《舊唐書》卷一五六《于頔傳》,4131 頁。
　　④ 《舊唐書》卷一六五《柳公綽傳》,4304 頁。

傾向。

　　另一原因則是贈官明顯向官高位重者傾斜。我們在下面章節將要談到父祖贈官的兩個層次,宰相和節度使相是第一個層次,父祖贈官享受最高待遇。而本章説明,官員本人的贈官也是如此。獲贈官和一品贈官中他們佔有絶大多數。當然筆者的統計僅限兩《唐書》,加上後期史料缺失和史官對權高位重者的過分重視,使得一般官員贈官數字會有不少遺漏。盡管如此,我們仍然可以從中看出趨勢。贈官是官員死亡待遇的一個重要方面,高品贈官的增加,與前面所説唐後期賵贈的集中於高官也是一致的。

　　除了位高權重、聲名卓著及與皇帝關係特殊者可以獲得高品或者超等的贈官之外,其他較高級或次高級官員的給贈其實也還是存在的,並且官員的給贈級別其實也並非絶無規律可循。雖然,如同魏晉南北朝一樣,唐朝的贈官是以其最終的官職品位為基礎,但與其生前位望資歷以及官職之重要程度不是無關。例如從節度使給贈的具體人員可以看出,贈一品者除了是大節鎮之外,多半是資深的文武官員,或本即三公使相,或官銜至少為太子三少或僕射。贈二品雖然原官也有是二品的,但資歷影響次之,故雖給贈官而不予品級的提升。贈二品和三品者都是以一般朝臣領使者居多,跋扈一方者絶少,這也説明朝廷贈官在政治上的考慮。

　　還有一個情況是貶降者或者遇赦歸還者也有獲贈官者,如玄宗朝宇文融配流巖州而卒於路,獲贈從三品台州刺史;高力士寶應中會赦自流放地歸來卒,李峴自江淮南都統坐貶袁州司馬而卒於貶所,都獲贈從二品的揚州大都督。雖然我們根據實際狀況仍將他們列入四品以下贈官(詳附表19.),但從所贈官和品級來看,基本上還是獲得生前三品以上官待遇。又如杜元穎長慶三年(823)帶平章事出鎮蜀州,以不恤邊民導致南蠻入侵坐貶循州司馬,"(大和)六年(832)卒於貶所,臨終上表乞贈官,贈湖州刺史"①。其獲贈顯然不僅是由於照顧其個人請求,也是考慮到原來的任官資歷。當然對於因病卸任或者致仕者的贈官也是從此出發。如韋澳曾任戶部、禮部侍郎,平盧、邠寧節度使等職,後拜河南尹,上章辭疾,踰年復授戶部侍郎,以疾不拜而卒,贈戶部尚書②,同樣是充分地考慮了其任官經歷和貢獻。

　　正是由於考慮到生前的位望和資序,所以贈官的官品位序其實也是比照在世官而進行。如前所說官員獲贈品級有不一,但從一些例證可以知道,中、外官之贈大致都是本着如下規律,即朝官或檢校朝銜為太子賓客、太子詹事以下者(包括卿、監),一般贈以三品官,最多為尚書,其次則是散騎常侍,也可以是諸衛將軍和刺史。官職或檢校官為尚書的,多贈以尚書僕射及太子三少,少數贈都督或諸衛大將軍。生前已經是僕射及太子三少的,則可以贈太子三師或者司空;如已達到司空或者太子三師的,則可贈以三公三師。其贈官序位大體與在世官升遷序位等同。另外同品之內也有高下,遷官贈官也都可以在同品級進行。例如《宋會要輯稿‧職官》一之一〇曰:"五代之制,司徒遷太保,太保遷太傅,太傅遷太尉,太尉遷太師,檢校者亦如之。國朝因之。"此僅就一品的三師三公而言之,其位序大約晚唐已此。這一位次的分別,極便權臣及藩鎮節帥的升遷和贈予。其中贈太師位者最高,開元中如張說、裴光庭作為特例,尚受到批評,但是晚唐時代藩鎮位高者贈太師已經不是個別。這給後來宋代的按資序和磨勘法贈官打下基礎,同時也說明以在世職級作為贈官系統中唯一的評價,在唐末已經走到極致。

---

①　《舊唐書》卷一六三《杜元穎傳》,4264頁。
②　《舊唐書》卷一五八《韋貫之附韋澳傳》,4176—4177頁。

附表 18. 兩《唐書》所見唐朝三品以上官獲贈人數品級①

時期		朝代	數量	贈　官　品			級
				一　品	二　品	三　品	丞　郎
唐前期	（618——755）	高祖	8	1	2	5	
		太宗	64	15	6	43	
		高宗	73	26	7	40	
		武則天	20	6	2	12	
		中宗、睿宗	16	6	5	5	
		玄宗	80	13	34	31	2
		總計	**261**	**67**	**56**	**136**	**2**
唐後期	（756——907）	肅宗	11	5	3	3	
		代宗	39	24	5	9	1
		德宗	134	58	45	31	
		順宗、憲宗	73	23	26	24	
		穆宗	31	12	11	8	
		敬宗、文宗	79	38	17	24	
		武宗	14	6	4	4	
		宣宗	29	15	7	7	
		懿宗	17	13	1	3	
		僖宗	12	9		3	
		昭宗、哀帝	20	14	3	3	
		總計	**459**	**217**	**122**	**119**	**1**

---

　　① 本表兩《唐書》以外的贈官未收。範圍為生前已具三品官者,不含四品以下贈三品官(包括尚書丞郎),亦不含佛道人士。

3. 關於三品官贈以丞郎的問題

劉長旭文中,曾提到兩晉南朝"舊制,尚書官不以為贈"的問題[1],但是北朝及隋唐的情況顯然並非如此。唐朝將僕射、尚書、侍郎用於贈官是最常見的,惟尚書左右丞在官員自身贈官仍舊所用較少[2]。丞郎地位的提高也是影響唐宋贈官的一個重要因素。尚書左、右丞只在武則天永昌元年(689)到如意元年(692)的很短一段時間提升為從三品[3],其他時間則都在正四品;六部侍郎在唐朝官制的正式規定中,則似乎始終是四品官。《舊唐書》卷四三《職官志》二《門下省》引會昌二年(842)中書奏在說明將諫議大夫自正五品上改為正四品下,以備兩省四品之闕的同時,特指出"向後與丞郎出入迭用,以重其選。敕可之",這說明至少到會昌中,丞郎仍是四品官。但是嚴耕望早曾指出"自唐初以來,丞郎本為衣冠之華選",以及安史亂後八座既為勳臣敘位之官而"益失其職",丞郎遂"淩駕僕尚,代當省務",以致在表讓、宣授或廢朝方面地位日隆,實也等同"左右丞相、侍中、中書令、六尚書以上"或者"準諸司三品官例"的待遇問題[4]。所以左右丞、侍郎於在世職官的遷轉回翔之中,也是與其他三品官互為出入,如《舊唐書》卷一四六《薛播傳》載其"尋除晉州刺史、河南尹,遷尚書左丞,轉吏部侍郎",自從三品的上州刺史、河南尹到正四品的尚書丞、郎竟稱為"遷"或者"轉",而不是降或左遷。贈官不過比照而實行之。史書記載有丞郎被贈三品的多例(見附表20.),將在下面討論贈諡時予以詳述。可以肯定的

---

① 劉長旭:《兩晉南朝贈官研究》第四章,59 頁。

② 《唐代墓誌彙編》寶應〇〇七《唐故中大夫趙王府咨議參軍吕府君墓誌銘并序》(1754 頁)有"祖貴成,皇贈尚書左丞",但墓主兄為江陵節度使吕諲,其祖贈官當因孫而得。

③ 《舊唐書》卷四二《職官志》一,1793 頁。

④ 嚴耕望:《唐僕尚丞郎表·述制》,7—12 頁。

是,丞郎很多時候是當作準三品對待的,所以他們所獲的贈官品級也基本等同一般三品官。

正是由於這一原因,所以反過來從三品官卒贈侍郎也有多例。《舊唐書》卷七七《柳澤傳》稱其"開元中,累遷太子右庶子,出為鄭州刺史,未行,病卒,贈兵部侍郎"。鄭州據《新唐書·地理志》為雄州,刺史應為從三品①。柳澤未行而卒,所贈吏部侍郎與上州刺史地位實不相上下。張九齡作《故徐州刺史贈吏部侍郎蘇公挽歌詞三首》②,蘇公乃蘇瓌子、蘇頲弟蘇詵。徐州為上州,刺史從三品。另外,《新唐書》卷一四三《元結傳》載其以道州刺史進授容管經略使,加左金吾衛將軍,罷還京卒,贈禮部侍郎。容管經略使所在容州原為下都督府,乃正四品上,但左金吾衛將軍已是從三品。《新唐書》卷一二五本傳言蘇詵在徐州"治有迹",元結任道州和容管聲望亦高,故二人的贈侍郎皆非貶也。類似的例子是韓佽,開成二年(837)卒於桂州觀察使任,贈工部侍郎③。墓誌中也發現有從常州刺史(上州,從三品)贈為工部侍郎者④,這說明侍郎之地位實在州刺史之上。

尚書侍郎、左右丞作為准三品官的給贈及被贈反映了一個問題,即唐朝後期雖然贈官仍注意一階之內的高下位次,但更重視官職的實際重輕和官職本身為官員帶來的身分性,這進一步證明以職事官取代散階為中心的特點。從這個意義上說,左右丞、侍郎雖非三品而同於三品,此所以宋代以後明確將尚書左右丞定為正二品、六部侍郎定為從三品並正式入於《官品令》⑤,應是宋代官制對

---

① 《新唐書》卷三八《地理志》二,987頁。

② 《唐丞相曲江張先生文集》卷五,《四部叢刊》本。

③ 《舊唐書》卷一○一《韓思復曾孫佽傳》,3150頁。

④ 《唐代墓誌彙編》咸通○五三《□□□□□□□□□□州昆山縣令樂安孫公(嗣初)府君墓誌銘并序》,2418頁。按贈官者乃墓主祖父孫遹。

⑤ 《職官分紀》卷八至卷一一,211、237、256、263、271、278、283頁。

這一變化實質的繼承和肯定。

三　四品、五品官及其他給贈

　　四品、五品官在唐代高官中屬"通貴"一級，無論是在前代還是唐代，並不屬於必贈的範圍，因此能夠得到贈官的人數都要大大少於三品官，並且唐前期得贈者屬於特恩較多。但以上侍郎問題給人的感覺是三品内外的界限並不是絕對嚴格，而實際上四品五品官的贈官通常也包括兩種情況：一種即由四品以下超贈三品或升贈侍郎，另一種則是四品、五品官内給贈，這種給贈，以清官、常參官給贈爲多。與此同時，四品、五品官的給贈或受贈，也常常用於賞功或隔年、遠年的追贈。

　　(一)四品以下贈三品和升贈侍郎

　　四品、五品官的給贈唐初即有之，史料中可以發現不少四品、五品官員給予贈三品的例證。這種情況一般都是僅贈一官（職官），例如太宗朝皇甫無逸，高宗時盧承業、李敬玄都以大都督府長史（時爲從四品下①）贈三品官，唐皎也以益州長史贈太常卿（以上詳表19.）。李沖寂高宗朝制遷中大夫（從四品下）、行兗州都督府（上都督府）長史（正五品上？）"以永淳元年某月日，行次唐州方城縣，遇疾薨。朝廷聞而傷之，贈懷州刺史（從三品）"②。武則天時徐有功判案以公正守法著稱，官司僕少卿（從四品上），卒贈司刑卿

---

①　按此從《舊唐書》卷四二《職官志》（1793頁），《唐六典》卷三〇大都督府條注（743頁）作正四品下。

②　楊炯：《李懷州墓誌銘》，《全唐文》卷一九六，1980頁。

（從三品）①。可見對於一些有貢獻的大臣，朝廷是可以按三品待遇給贈的。

中宗時"召拜國子司業（從四品下），兼修國史"的崔融卒，"以侍讀之恩，追贈衛州刺史（從三品），諡曰文"。其子禹錫，"開元中，中書舍人（正五品上），贈定州刺史（從三品），諡曰貞"②。侯行果"歷國子司業，侍皇太子讀。卒，贈慶王傅（從三品）"③。又"薛談尚玄宗女常山公主，拜駙馬都尉。卒贈光禄卿"④。駙馬都尉官僅從五品下，卻獲得從三品的光禄卿之贈官。由於所見甚少，可以推測唐前期這種情況多出於"特恩"。

唐代後期，也有不少四、五品被贈三品的實例。如趙驊建中初遷秘書少監（從四品上），"涇原兵反，驊竄山谷，病死，贈華州刺史"⑤。崔倕貞元中由吏部郎中（從五品上，諸司郎中同）兼御史中丞（正五品上），卒贈鄭州刺史⑥；功臣馬燧子彙為太僕少卿，卒也贈絳州刺史⑦，皆上州刺史從三品。徐岱貞元初任太子和諸王侍讀，"尋改司封郎中，擢拜給事中（正五品上），加兼史館修撰，並依舊侍讀"。卒贈禮部尚書，並得到皇帝和太子分別賻贈的絹帛⑧。元季方順宗時以兵部郎中出使新羅還，卒贈同州刺史⑨；憲宗時獨孤郁以秘書少監贈絳州刺史⑩，檢校少府少監（從四品下）、駙馬都尉張

① 《新唐書》卷一一三《徐有功傳》，4191頁。
② 《舊唐書》卷九四《崔融傳》，3000頁；《新唐書》卷一一四《崔融傳》，4196頁。
③ 《新唐書》卷二〇〇《侯行果傳》，5702頁。
④ 《册府元龜》卷三〇三《外戚部·褒寵》，3574頁。
⑤ 《新唐書》卷一五一《趙宗儒傳》，4826頁。
⑥ 《劉禹錫集》卷三《唐故朝散大夫檢校尚書吏部郎中兼御史中丞賜紫金魚袋清河縣開國男贈太師崔公神道碑銘》，30頁。
⑦ 《韓昌黎集》卷三七《唐故贈絳州刺史馬府君（彙）行狀》，7册21頁。
⑧ 《舊唐書》卷一八九下《儒學下·徐岱傳》，4975—4976頁。
⑨ 《新唐書》卷二〇一《文藝上·元義方附弟季方傳》，5745頁。
⑩ 《韓昌黎集》卷二九《秘書少監贈絳州刺史獨孤府君墓誌銘》，6册36頁。

怙卒贈衛尉卿①,也是從五品或四品提到三品。對出使途中或出使過程中死亡的人員一般也給以優待。職方郎中張宿,元和十三年正月充淄青宣慰使,至東都,暴病卒,"詔贈祕書監"②。路泌為渾瑊判官,官檢校戶部郎中、兼御史中丞,隨渾瑊至平涼會盟而陷蕃。後卒於吐蕃而喪被送還。"憲宗憫之,贈絳州刺史,賜絹二百匹,至葬日,委所在官給喪事"③。這其中趙驊、路泌實際上也可以算是死於國事或因公而亡者。上面已說到貶降者有卒後獲三品以上贈官的,可見也是一種撫恤。

　　由四品、五品提贈三品,固然是一種加等和特恩,但有一點也值得注意,就是從四品、五品官而直接贈三品者仍是對太子老師、特殊人士或因公死亡之士的優贈。而在這個層面之下,還可以發現唐朝封贈體系的另一個範圍,此即由其他的四品、五品官升贈為侍郎。這種情況唐後期更多一些,如《全唐文》卷三九二獨孤及《唐故給事中贈禮部侍郎蕭公(直)墓誌銘》載蕭直大曆丁酉(按當作己酉)四年(769)二月卒,三月詔贈禮部侍郎。于蕭德宗時"終給事中,贈吏部侍郎"④。盧景亮憲宗時遷中書舍人,"元和初卒,贈禮部侍郎"⑤。薛存誠由給事中為御史中丞,"未視事,暴卒,憲宗深惜之,贈刑部侍郎"。其子薛廷老"拜刑部員外郎,轉郎中,遷給事中,

---

　　① 《唐代墓誌彙編》元和一二三《唐故檢校少府少監駙馬都尉贈衛尉卿范陽張府君墓誌銘》,2035頁。

　　② 《舊唐書》卷一五四《張宿傳》,4108頁。按史料中尚有一些事例不能肯定,如《唐代墓誌彙編》開元四四○《唐故通議大夫持節開州諸軍事開州刺史上柱國滎陽鄭公墓誌銘并序》(1460頁)載墓主人父張詢孝為"銀青光祿大夫、行太常少卿贈殿中監";同書大曆○二一《唐蘇州別駕李公故夫人蔣氏墓誌銘并序》(1773頁)言夫人父蔣岑,"開元中少司農贈汾州刺史";存疑。

　　③ 《舊唐書》卷一五九《路隨傳附》,4191頁。

　　④ 《新唐書》卷一○四《于蕭傳》,4008頁。

　　⑤ 《新唐書》卷一六四《盧景亮傳》,5043頁。

開成三年(838)卒",贈刑部侍郎①。薛存慶以給事中宣慰幽州,"至鎮州,疽發於背而死,贈吏部侍郎"②。《翰苑羣書》卷二亦有"張仲素,元和十三年(818)二月十八日,以司封郎中知制誥、翰林學士,仍賜紫金魚袋。十四年三月二十八日正除,其年卒官,贈禮部侍郎"之記載③。此外文宗朝宇文籍、孔敏行都是自諫議大夫(正五品上)卒官贈工部侍郎④。開成二年卒的朝散大夫守中書舍人鄭居中則是贈禮部侍郎⑤。

以上官贈諸部侍郎者有諫議大夫、中書舍人、給事中、御史中丞和司封郎中知制誥,所有這些卒官者的官品或朝銜大都為四品甚至五品,在朝者乃屬清官和常參官⑥。清官乃官職清要,常參官是參加常日朝參的官員,清官、常參官是唐朝臺省官中實際地位高、職務要重的官員,侍郎也是清官和常參官,其詳細分別可見本書第一二章關於常參官父祖封贈的探討。四品、五品的常參官通過贈官侍郎,已經接近了三品,由此可見六部侍郎是三品以上和四品以下的一個銜接。

(二)其他四品、五品之内的給贈

僅於四品五品官之内的其他給贈唐初以來也有之,武則天時

---

①　《舊唐書》卷一五三《薛存誠並子廷老傳》,4090—4091頁,並參《新唐書》卷一六二本傳,5002—5003頁;《韓昌黎集》卷二二《祭薛中丞文》,5册3頁。

②　《新唐書》卷一四三《薛珏附薛存慶傳》,4689頁。

③　(宋)洪遵編:《翰苑羣書》卷二《元稹承旨學士院記》,《景印文淵閣四庫全書》595册,350頁。

④　《舊唐書》卷一六〇《宇文籍傳》,卷一九二《隱逸·孔述睿子敏行傳》,4209、5131頁。

⑤　《全唐文補遺》八《唐故朝散大夫守中書舍人贈禮部侍郎上柱國賜紫金魚袋滎陽鄭府君(居中)墓誌銘并序》,156頁。

⑥　《唐六典》卷二吏部郎中員外郎條,33頁。

杜景儉"左授司刑少卿,出為并州長史。道病卒,贈相州刺史"①;時長史及相州刺史皆是四品官。《新唐書》卷二〇〇本傳載撰作《大唐開元禮》的王仲丘以禮部員外郎卒,贈秘書少監(從四品上)。《唐代墓誌彙編續集》天寶一〇八《大唐故尚書祠部員外郎裴公夫人滎陽鄭氏墓誌銘并序》:"父希甫,皇尚乘奉御(從五品上),贈太常少卿(正四品下)。"《全唐文》卷三九二獨孤及所作《唐故吏部郎中贈給事中韋公(元魯)墓誌銘》稱墓主大曆二年十二月以吏部郎中卒,次年正月卜葬,"初,執事者議三府高遷,欲以給事黃門待公,既而弗及,僉以為恨,至是詔贈給事中(正五品上),以褒美之"。

以上給予贈官的原因不同,但很多時候四品五品獲贈其實仍是一種特殊待遇,相對三品以上,更有其靈活性,有時候則是對有名望或貢獻而"位不充量"者的一種補償。憲宗宰相權德輿父權皋,大曆元年以著作郎(從五品上)贈秘書少監,權皋據稱"以忠孝致大名"②,李華為其作墓表有"可以分天下善惡,一人而已"之讚,並稱朝廷贈官是"悼賢也"③。《冊府元龜》卷六〇一《學校部·恩獎》言"袁頤為國子博士,貞元十二年卒。德宗謂宰臣曰:'袁頤深於六經,今之碩儒,良可惜也。'特贈國子司業。令中使齎告身及絹五十疋,就宅宣賜,並給傳令達故里"。

四品、五品官職有時還被贈給一些中等級別的蕃官或外國來使,永徽二年(651)死去的突厥頡利可汗咄苾之子阿史那婆羅門原為右屯衛郎將(正五品上),贈官使持節那州諸軍事、那州刺史④。那州乃羈縻小州,刺史當為四品官。開元二十二年死於長安的日

① 《舊唐書》卷九〇《杜景儉傳》,2913頁。
② 《韓昌黎集》卷三〇《唐故相權公墓碑》,6冊47頁。
③ 李華:《著作郎贈秘書少監權君墓表》,《文苑英華》卷九七〇,5101頁。
④ 西安碑林博物館編、趙力光主編:《西安碑林博物館新藏墓誌彙編》(上)〇二三《大唐故右屯衛郎將阿史那婆羅門墓誌銘并序》,北京:綫裝書局,2007年,77頁。

本遣唐使團成員井真成，"詔贈尚衣奉御（從五品上）"[1]；《册府元龜》卷九七五《外臣部·褒異》三載開元"二十三年二月癸卯，新羅賀正副使金榮死，贈光禄少卿（從四品上）"。

四品、五品的給贈有時候還突破了官員自身官品的限制，個别官員雖生前品級不夠，但由於與皇帝或太子的特殊關係也得贈五品官。梁肅德宗朝任右補闕、翰林學士，官僅從七品上，但由於兼任皇太子諸王侍讀，故卒贈禮部郎中[2]。《全唐文》卷三八八載獨孤及《唐故殿中侍御史贈考功郎中蕭府君（立）文章集錄序》，蕭立的殿中侍御史僅從七品上，也被贈以五品。

四品、五品贈官還常常被作為賞功賞勞。《唐代墓誌彙編》開元三八六《唐故冀州棗强縣令贈隨州刺史裴公（同）墓誌銘并序》曰：

> 無何轉復州監利、許州臨潁二縣令，皆以善政聞。天子嘉之，拜朝散大夫、慶州弘化縣令，歷延州金城縣令，又除冀州棗强縣令。會林胡作釁，來侵冀方，負豺狼之心，肆蜂蠆之毒，憑凌我郡邑，撓亂我黔黎。公氣摩青霄，誠貫白日，率疲弊之卒，當勇鋭之師，懸門以拒攻，浚壍以堅守，發言則三軍挾纊，轉鬥則羣兇解圍。嗚呼！執忠不回，司馬俄而握節；臨難無苟，仲由於是結纓。以萬歲通天二年（697）六月廿一日薨於官第……朝廷聞而傷者久之，乃下詔曰：皇帝咨爾故棗强縣令裴某：籌略邁古，義勇冠時……可贈使持節隨州諸軍事、隨州刺史、上柱國。

按墓誌記載，墓主人生前乃冀州棗强縣令。按照《舊唐書·職官

---

① 馬一虹：《日本遣唐使井真成入唐時間與在唐身分考》，《世界歷史》2006 年 1 期，58—65 頁。按關於井真成的身分，韓昇：《井真成墓誌所反映的唐朝制度》一文考證為遣唐使的"準判官"，67—75 頁。
② 《新唐書》卷二〇二《文藝·梁肅傳》，5774 頁。

志》對官品的規定，即使是諸州上縣令不過從六品上，墓主人雖有朝散大夫從五品散官，但職事官甚低，一般情況下，亦不見有給贈官的。但此處卻贈以正四品下的隨(隋)州(下州)刺史。墓主人因何得贈呢？從墓誌來看，是墓主人在與"林胡"的作戰中十分英勇，故朝廷在得到消息後，為獎勵其功勳，給予比其原來散官尚高一級的贈官。

還有武則天永昌年間(689)，由於"專總徒匠，凡三百有餘旬，蘊勞成疾，聘憂損壽"的洛陽尉馬某，死後竟被贈以五品朝散大夫①。

四品、五品官用作隔年或隔朝追贈的情況比較多。劉伯莊子之宏，"則天時累遷著作郎，兼修國史，卒於相王府司馬(從四品下)。睿宗即位，以故吏贈秘書少監(從四品上)"②。《唐代墓誌彙編》開元四四四《唐故寧遠將軍守右驍衛翊府左郎將上柱國贈左清道率府率廣平郡宋府君河內縣君清河張夫人墓誌銘并序》，記墓主人生前官寧遠將軍(正五品下)守右驍衛翊府左郎將(正五品上)，卒於開元十年，開元二十二年詔贈左清道率府率(正四品上)。甄濟安史亂中詐以病拒安祿山，後以朝散大夫秘書省著作郎兼侍御史任於江西觀察使魏少遊幕下，元和中因襄州節度使袁滋奏其節行而詔贈秘書少監③。追贈者多出於特殊原因，對原來的品級其實並沒有限制，如袁朗從祖弟利貞，高宗時以祠部員外郎(從六品上)卒，中宗即位以侍讀恩，追贈秘書少監④；路敬淳武則天天授中歷司禮博士(從七品上)、太子司議郎(正六品上)兼修國史，萬歲通天二

① 《張說之文集》卷一九《故洛陽尉贈朝散大夫馬府君碑》，《四部叢刊》本。
② 《舊唐書》卷一八九上《儒學·劉伯莊傳附》，4955頁。
③ 《舊唐書》卷一八七下《忠義·甄濟傳》，4910頁。
④ 《舊唐書》卷一九〇上《文苑·袁朗附袁利貞傳》，4986頁。

年(697)坐與綦連耀結交下獄死,神龍初亦追贈祕書少監①。官僅
為趙州錄事參軍(從七品上)的陸孝斌卒於聖曆元年(698),"先天
二年(713),皇帝踐祚,以故吏贈齊州司馬(從五品下)"②。

　　四品、五品官用於追贈或酬功與正常贈官有一點不同,即除了
對被贈者原先品級沒有要求之外,其贈官的種類也比較寬泛,例如
各種太子官、卿監官、衛官,乃至州府上佐等,都可以作為贈給的官
職使用,這也使得它們與正常的贈官有一些區別。

　　不過以上品級不夠以及追贈等畢竟屬於一些特殊情況,若將
這類情況排除,那麼五品以上官職(其中主要是三省常參官)基本
上也可認定為一般情況下(不包括追贈和特恩)贈官的最低限(雖
然這一層次的給贈無如三品以上官員乃制度規定之必須,而謚號
尤其與之無涉),所以在宋初,"四品無贈官"總會延續成為一個基
本的準則③。但是《歷代名臣奏議》載宋真宗咸平四年(1001)楊億
奏,"欲乞自今後常參官勳散俱至五品者,許封贈官"④,説明後來一
些五品常參官也可以得贈官,這是宋制對官員本人贈官範圍的擴
大——由此也可以理解上述唐朝的中書舍人、給事中等五品常參
官為何會贈以侍郎,明瞭這種擴大顯然早就濫觴於唐代。

　　這裏官員本人的贈官範圍既大體能夠確定,或許還可以將之與
父祖封贈加以比較。根據徐文指出和筆者考證,安史亂後通過大禮
大赦不斷頒布的父祖封贈標準中,朝官贈父已由之前的三品以上至
四品五品清官增加為常參官以上,這是宰相之外,朝官父祖封贈中的
第二個層次。由於常參官中包括不少六品至八品官員,包括各級御

----

　　① 《舊唐書》卷一八九下《儒學·路敬淳傳》,4962頁。

　　② 《張説之文集》卷一八《唐故贈齊州司馬陸公神道碑》,《四部叢刊》本。

　　③ 《宋大詔令集》卷二二一《襃恤》中《龍圖閣直學士右諫議大夫宋敏求贈禮部侍郎
制》,北京:中華書局,1962年,849頁。

　　④ 《歷代名臣奏議》卷一五九,上海古籍出版社,1989年,3冊2082頁。

史和補闕拾遺等①,所以範圍實比給本人贈官所要求的四品五品要
大,也即本人得贈官條件一般比父祖封贈高得多。不過從上述一些
四品、五品常參官可以得贈,甚至右補闕梁蕭、殿中侍御史蕭立這樣
六品以下的常參官也得到贈官,説明在一定情況下,官員本人的贈官
可以向常參官傾斜,這與父祖贈官某種程度上還是有一致性。

　　而如果回到本節開始部分提到的兩者如何分辨的問題上來,
則由於父祖贈官中對父祖本人有官無官並無要求,所以至少可以
將那些沒有特殊原因的無官或者絕大多數六品以下的贈官分離出
去。當然即使原有三品官者所得贈官也不一定是源於自身,這就
需要根據具體情況加以分析,特別要與其子孫的仕宦和官位結合,
方能做出準確的判斷。

附表 19. 兩《唐書》所見四品以下官員初贈官②

時期	姓名	死亡或贈官年代	原官	贈官(三品以上)	贈官(四品以下)	贈因備註	史料來源
高祖	温大有	武德元年(618)	中書侍郎(正四下)③	鴻臚卿(從三)			《舊唐書》卷六一、《新唐書》卷九一本傳。
	劉感	武德初	驃騎將軍(?品)鎮涇州	瀛州刺史(從三)封平原郡公(正二)		戰死。	《舊唐書》卷一八七上《忠義》上本傳。

---

　　①　按這些官員實包括起居郎、起居舍人、通事舍人、左·右補闕拾遺、侍御史、殿中
侍御史、員外郎、監察御史等。見《唐六典》,33 頁,並詳見下章關於常參官的討論。

　　②　本表以所在朝代官品為依據,被贈者不含尚書丞郎,也不含累贈、追贈,官名下
括號內數字為品級。丞郎贈官另見附表20.

　　③　《舊唐書》卷四二《職官志》一,正四品上有門下、中書侍郎,注云"舊正四品下階,
《開元令》加入上階也"。又同書卷四三《職官志》二,言門下、中書侍郎"大曆二年九月敕
升為正三品",1793、1842 頁。

續表

時期	姓名	死亡或贈官年代	原官	贈官（三品以上）	贈官（四品以下）	贈因備注	史料來源
太宗	吕世衡	武德九年（626）	中郎將（正四下）	右驍衛將軍（從三）		死於玄武門之變。	《舊唐書》卷一八七上《忠義·敬君弘傳附》。
	皇甫無逸	貞觀中	益州大都督府長史（從四上）	禮部尚書（正三）			《舊唐書》卷六二本傳。
	唐皎	貞觀八年（634）以後①	益州長史（四?）	太常卿（從三）			《舊唐書》卷八五《唐臨傳附》，《唐會要》卷七五《選限》。
	權萬紀	貞觀十七年（643）	冀氏男、齊王祐府長史（從四上）	贈齊州都督（正三）、武都公（從二）		為齊王祐所殺。	《舊唐書》卷一八五上《良吏》上本傳。
高宗	來濟	龍朔二年（662）	庭州刺史（正四上?）②		楚州刺史（正四上）	戰殁。	《舊唐書》卷八〇本傳。
	盧承業	總章中（668—670）	揚州大都督府長史（從四上）③	洺州刺史（從三）			《舊唐書》卷八一《盧承慶傳》附。

　　①　按唐皎貞觀八年尚在吏部侍郎任上，後歷益州長史。見《唐僕尚丞郎表》卷九《輯考》三下，545頁。

　　②　按《舊唐書》卷四〇和《新唐書》卷四〇《地理志》皆載北庭大都護府，本庭州，貞觀十四年初置，但未言初置等級。此處以來濟贈官楚州刺史正四品上，推測原官也在四品。

　　③　按據《舊唐書》卷四二《職官志》一"從三品"有五大都督府長史，注曰："舊從四品上，景雲二年加秩為從三品。"

續表

時期	姓名	死亡或贈官年代	原官	贈官（三品以上）	贈官（四品以下）	贈因備注	史料來源
高宗	明崇儼	儀鳳四年（調露元年,679）	正諫大夫（正五上）	侍中（三）			《舊唐書》卷一九一《方伎》本傳。
	陳行焉	永隆元年（680）	使人	睦州刺史（從三）		使吐蕃十年,喪還。	《新唐書》卷二一六上《吐蕃傳》上。
	李敬玄	永淳元年（682）	揚州大都督府長史（從四上）	兗州都督			《舊唐書》卷八一、《新唐書》卷一〇六本傳。
武則天	成三郎	垂拱元年（685）	左豹韜衛長上果毅（從五下至從六下）	左監門將軍（從三）		討徐敬業被殺。	《舊唐書》卷一八七上《忠義》上本傳。
	尹元貞	垂拱元年（685）		潤州刺史（從三）		討徐敬業被殺。	同上。
	許欽寂	萬歲通天元年（696）	夔州都督府長史（正五上）		蘄州刺史（正四上）	死節。	《舊唐書》卷五九、《新唐書》卷九〇本傳。
	李嗣真	萬歲通天（696—697）	右御史中丞知大夫事,配流嶺南	贈濟州刺史（從三）		徵還,道卒。	《舊唐書》卷一九一、《新唐書》卷九一本傳。
	杜景儉	聖曆中（698—700）	出為并州長史（正五上）	相州刺史（從三上）		道病卒。	《舊唐書》卷九〇本傳。
	徐有功	長安二年（702）	司僕少卿（從四上）	司刑卿（從三）			《舊唐書》卷八五、《新唐書》卷一一三本傳。

續表

時期	姓名	死亡或贈官年代	原官	贈官（三品以上）	贈官（四品以下）	贈因備注	史料來源
中宗	蘇味道	神龍初（705）	益州大都督府長史（從四上）	冀州刺史（從三）		未行而卒。	《舊唐書》卷九四本傳。
	崔　融	神龍二年（706）	國子司業（從四下）兼修國史、清河縣子（正五上）	衛州刺史		以侍讀之恩。	《舊唐書》卷九四本傳。
	臧思言	神龍三年（707）五月	行人假鴻臚卿	特贈鴻臚卿（從三）		對默啜不屈節被殺。	《舊唐書》卷一九四上《突厥》上。
	杜審言	神龍中	流峯州，入為國子監主簿修文館直學士（從七上）		著作郎	大學士李嶠等奏請加贈。	《新唐書》卷二〇一本傳。
玄宗	王海賓	開元二年（714）十二月	太子右衛率（正四上）、豐安軍使	左金吾衛大將軍（正三）		戰死。	《舊唐書》卷九三《薛訥傳》、《新唐書》卷一三三《王忠嗣傳》。
	王友貞	開元四年（716）		贈銀青光祿大夫（從三）			《舊唐書》卷一九二《隱逸》本傳。
	崔禹錫	開元中	中書舍人（正五上）	定州刺史（從三）			《新唐書》卷一一四《崔融傳附》。
	宇文融	開元十七年（729）	配流巖州	台州刺史（從三）		卒於路，以舊恩。	《舊唐書》卷一〇五本傳。
	王仲丘	開元中？	禮部員外郎（從六上）	卒贈秘書少監（從四上）			《新唐書》卷二〇〇《儒學》下本傳。

時期	姓名	死亡或贈官年代	原官	贈官(三品以上)	贈官(四品以下)	贈因備注	史料來源
玄宗	侯行果	開元中?	歷國子司業(從四下)皇太子侍讀	慶王傅(從三)			同上。
	尹愔	開元末	諫議大夫(正五上)集賢院學士兼脩國史	左散騎常侍(從三)			同上。
	司馬承禎			銀青光祿大夫(從三)			《舊唐書》卷一九二、《新唐書》卷一九六本傳。
代宗	韋少華	寶應元年(762)	中書舍人(正五上)為元帥判官使回紇	左散騎常侍(從三)			《新唐書》卷二一七上《回鶻傳》上。
	高力士	寶應元年	內侍監、開府儀同三司、齊國公,配流	揚州大都督(從二)		會赦歸。	《舊唐書》卷一八四《宦官》本傳。
	李峘	寶應二年(763)	都統淮南江南江西節度宣慰觀察處置等使,兼御史大夫,坐貶袁州司馬(從六上)	揚州大都督(從二)		病卒於貶所。	《舊唐書》卷一一二本傳。
	權皋	大曆元年(766)	以著作郎(從五上)召不就		秘書少監(從四上)		《新唐書》卷一九四《卓行》本傳。

續表

時期	姓名	死亡或贈官年代	原官	贈官（三品以上）	贈官（四品以下）	贈因備注	史料來源
德宗	邵真	建中二年（781）	恒州節度使判官累加檢校司封郎中兼御史中丞	贈戶部尚書		諫李惟岳被殺。	《舊唐書》卷一八七下《忠義》下本傳。
	趙驊	建中四年（783?）	秘書少監（從四上）	華州刺史（從三）			《新唐書》卷一五一《趙宗儒傳附》。
	石演芬	興元元年（784）	朔方邠寧節度兵馬使兵馬使兼御史大夫①	兵部尚書（正三）		為李懷光殺。	《舊唐書》卷一八七下《忠義》下本傳。
	孔巢父	興元元年	給事中（正五上）兼御史大夫充宣慰使	尚書左僕射（從二）		被李懷光害。	《舊唐書》卷一五四、《新唐書》卷一六三本傳。
	路泌	貞元三年（787）	戶部郎中（從五上）	絳州刺史（從三）		死於平涼會盟，喪還。	《新唐書》卷一四二《路隨傳附》。
	令狐建	貞元六年（790）九月	右領軍大將軍貶施州別駕同正（從五上）	右領軍大將軍（正三）		卒於貶所。	《舊唐書》卷一二四本傳。
	徐岱	貞元中	給事中（正五上）加兼史館修撰、侍讀	禮部尚書（正三）			《舊唐書》卷一八九下《儒學》下本傳。

---

① 按此處兼官御史大夫三品暫不列入正官計算，下同。

續表

時期	姓名	死亡或贈官年代	原官	贈官（三品以上）	贈官（四品以下）	贈因備注	史料來源
	于肅	貞元中（?）	給事中（正五上）		吏部侍郎（正四下）		《新唐書》卷一〇四《于休烈傳附》。
	梁肅	貞元中（?）	右補闕（從七上）翰林學士、皇太子諸王侍讀		禮部郎中（從五上）		《新唐書》卷二〇二《文藝》下本傳。
順宗憲宗	陸贄	永貞元年（805）	貶忠州別駕（從五上）	兵部尚書（正三上）		詔徵還未至，已卒。	《舊唐書》卷一四《順宗紀》、《舊唐書》卷一三九本傳。
	陽城	永貞元年（805）	故道州刺史（正四上）	左散騎常侍（從三）		同上。	《舊唐書》卷一四《順宗紀》、《新唐書》卷一九四《卓行》本傳。
	元季方	永貞元和初（805—806）	兵部郎中（從五上）	同州刺史（從三）		出使新羅還。	《新唐書》卷二〇一《文藝》上本傳。
	盧景亮	元和初（806?）	中書舍人（正五上）		禮部侍郎（正四下）	德宗時廢抑二十年。	《新唐書》卷一六四本傳。
	孔戢	元和五年（810）	衛尉丞（從六上）分司洛陽		駕部員外郎（從六上）	諫盧從史，被誣奏。	《舊唐書》卷一五四本傳。
	獨孤郁	元和八年（812）	徙秘書少監（從四上）屏居鄂	絳州刺史（從三）			《舊唐書》卷一六八、《新唐書》卷一六二本傳。
	張宿	元和十三年(818)	職方郎中（從五上）充淄青宣慰使	秘書監（從三）		至東都暴病卒。	《舊唐書》卷一五四本傳。

續表

時期	姓名	死亡或贈官年代	原官	贈官（三品以上）	贈官（四品以下）	贈因備注	史料來源
穆宗	薛存慶	長慶元年（821）	給事中（正五上）宣慰鎮州		吏部侍郎（正四下）		《舊唐書》卷一六《穆宗紀》，《新唐書》卷一四三本傳。
文宗	宇文籍	大和二年（828）	諫議大夫（正五上）		工部侍郎（正四下）		《舊唐書》卷一六〇本傳。
	杜元穎	大和六年（832）	帶平章事出鎮蜀州坐貶循州司馬（從六上）	湖州刺史（從三）		卒於貶所，臨終上表乞贈。	《舊唐書》卷一七下《文宗紀》下、卷一六三本傳。
	孔敏行	大和九年（835）	諫議大夫（正五上）		工部侍郎（正四下）		《舊唐書》卷一九二、《新唐書》卷一九六《隱逸傳附》。
	韓佽	開成二年（837）	遷給事中（正五上）出為桂州觀察使		工部侍郎（正四下）		《舊唐書》卷一〇一本傳。
	薛廷老	開成三年（838）	給事中（正五上）		刑部侍郎（正四下）		《舊唐書》卷一五三本傳。
武宗以後	薛茂卿	會昌四年（844）	劉稹部將	贈博州刺史（從三）		被殺。	《新唐書》卷二一四《劉稹傳》。
	溫廷皓	咸通九年（868）	徐州觀察使崔彥曾幕府		兵部郎中（從五上）	死於龐勛。	《新唐書》卷九一本傳。

(三)陣亡將士、死於國事和其他贈官

贈官從最初的意義上已有賞功酬勞的内容,所以歷朝都有對功臣和死於王事者的贈官,唐朝在這個意義上大為發展了。從唐初功臣勳戚多獲高品甚至兩官之贈的情況就可以説明,贈官是對其功勳的報答和待遇的延續。對於政權爭奪之際不惜為王業獻出生命者,朝廷自不吝惜物質和精神的獎酬,如隋末光禄大夫裴仁基,"自王世充所謀歸國,被害,贈原州都督,謚曰忠"①。死於玄武門事變的雲麾將軍(從三品)、黔昌縣侯敬君弘,被贈以正三品左屯衛大將軍,中郎將吕世衡也被贈以從三品右驍衛將軍②,如果説前者生前官封尚在三品,後者卻是無封而官纔正四品下。

對於戰死者,朝廷更是給予應有的報答。如劉感以驃騎將軍鎮涇州,與薛仁杲戰死,"高祖購得其屍,祭以少牢,贈瀛州刺史,封平原郡公,謚曰忠壯"③。開元六年死於戰事的岐州望雲府折衝都尉、豐安軍副使鄭玄,贈明威將軍、左衛郎將④。且不僅個別立功將領如是,對戰爭中陣亡將士的贈官唐初也已有普贈形式出現。太宗貞觀十五年(641)十一月征薛延陀,"贈戰亡將士官三轉,聽授一子,遞其尸櫃還鄉,棺斂而葬焉"。十九年征遼,"七月詔,以征遼從行及遼東、平壤二道軍人戰死者各加四級,聽一子承襲,分遣使人就家弔祭"⑤。《新唐書》卷一〇八《劉仁軌傳》載"先是,貞觀永徽中,士戰殁者皆詔使弔祭,或以贈官推授子弟"。武則天改元載初

---

① 《新唐書》卷一〇八《裴行儉傳附》,4085 頁。
② 《舊唐書》卷一八七上《忠義·敬君弘傳》,4872 頁。
③ 《舊唐書》卷一八七上《忠義·劉感傳》,4866 頁。
④ 《西安碑林博物館新藏墓誌彙編》(中)一四二《唐故歧(岐)州望雲府折衝贈左衛郎將鄭公(玄)墓誌并序》,361 頁。
⑤ 《册府元龜》卷一三五《帝王部·愍征役》,1627 頁。

赦文中專有"戰亡人格外贈勳兩轉，回授蕃親"的規定①，可見勳官可以贈將士。玄宗《敕四鎮節度王斛斯書》也提到："前令具奏陣亡將士，欲加褒贈，卿宜識此意，即以實聞。"②

安史之亂和唐後期，與藩鎮的戰爭經常發生，陣亡將士的褒贈和追贈是安撫戰亂的詔敕與大禮大赦（如平亂、即位、改元、南郊、冊尊號）德音中常見內容。肅宗至德二年（757）敕文說明要對陣亡將士"悉收骸骨，埋葬致祭，仍勘責姓名，續行奏聞，將褒贈其官爵，優恤其妻子"；上元改元赦文也要求對"陣亡將士，優加褒贈"③。《唐大詔令集》卷一二三《平朱泚後車駕還京赦》說明："應諸道諸軍將士，有身亡王事，委本道本使具名銜聞奏，即與褒贈。仍以在身官爵，授其子孫。"同書卷一二四憲宗《平劉闢詔》、《平吳元濟詔》及《破淄青李師道德音》也分別有"官軍陣亡將士等，並委（高）崇文與監軍審勘，具名銜事跡申奏，即與褒贈"，"其官軍陣亡將士，並委韓弘、裴度與諸軍審勘，具名銜事跡申奏，即與褒贈"，"其官軍有陣亡將士等，委本軍審勘，具名銜事跡申奏，即與褒贈"的說法和優待。

與此同時，除了對張巡、許遠、段秀實等死節人士不斷的封贈與加贈外，一些有功人員及因忠於朝廷死於叛亂或被藩鎮所殺的官員也成為朝廷褒贈追贈的對象。如《唐大詔令集》卷九《乾元元年冊太上皇尊號赦》所訂標準是："其陷在賊境，為其殺戮未經追贈者，據本官追贈……身歿王事者，三品已上各與追贈，仍各與一子官。五品已上，一子出身。六品已下，量事追贈。"其優贈者還包括"自賊陷兩京"後，"絕脰仰藥，不事叛人"以及為阻止州縣遭受攻擊，堅守不下而亡歿的有功人士。《舊唐書》卷九八《韓休傳》載其

① 《唐大詔令集》卷四《改元載初赦》，19 頁。
② 《唐丞相曲江張先生文集》卷一〇《敕四鎮節度王斛斯書》，《四部叢刊》本。
③ 賈至：《收葬陣亡將士及慰問其家口敕》，《唐大詔令集》卷一一四；并見卷四《改元上元赦》，597、22 頁。

子洪、浩、渾及洪子四人安史亂中與敵軍拼命通衢,"肅宗聞其重臣子,能以忠而死,贈〔洪〕太常卿,浩贈吏部郎中,渾贈太常少卿"。

德宗遭興元兵亂,勤王將領、扈蹕將士並加"奉天定難功臣"之號,給以各種獎勵。順宗、穆宗即位赦和《長慶元年正月南郊改元赦》都提到要對這類功臣和參戰立功將士賜勳爵及"亡歿者與追贈"的問題①。另外上述平朱泚赦文等還提到要對"應有節義著明,無辜受戮者",以"名跡奏聞,當有褒贈"。長慶二年(822)八月誅汴州李齐,下詔以官軍陣亡將士及齐亂以来"有潜謀効順、誠節可嘉並因此遇害者",予以甄獎和加褒贈②。敬宗《寶曆元年正月南郊赦》則要求"元和以来,有因戰伐死於王事,其名迹顯著,未有優贈者,各委本道節度使條録聞奏"③。存世元稹《贈陳憲忠衡州刺史制》、《贈楚繼武等刺史制》④,白居易《故奉天定難功臣、試殿中監陳日榮等一十二人可贈商、鄧、唐、隋等州刺史制》、《鎮州軍將王怡、判官李序先被賊中誅囚並死,各贈官及優恤子孫制》、《贈陣亡軍將等刺史制》等大都是這類産物⑤。《唐代墓誌彙編》建中〇一四《唐故贈戶部郎中太原王君(士林)墓誌銘并序》稱墓主原為定州唐县尉,建中二年(781)秋九月死於成德李惟岳之亂,平定後"追贈戶部郎中兼一子",甚至還得到"官发中使,賵布五十端、绢一百疋"的賻贈,應就是這類的實例。

還有一些贈官也在一般的規定之外。《舊唐書》卷一五四《孔巢父傳》稱其兄子孔戢為盧從史掌書記,為其所怒,上疏論列,請行

① 《唐大詔令集》卷二《順宗即位赦》、《穆宗即位赦》,卷七〇《長慶元年正月南郊改元赦》;10—11、393 頁。

② 《册府元龜》卷六五《帝王部·發號令》四,722 頁。

③ 《唐大詔令集》卷七〇《寶曆元年正月南郊赦》,394—395 頁。

④ 《元稹集》卷五五,550 頁,按《贈楚繼武等刺史制》的"刺史制"三字據《全唐文》卷六四七所加,6558 頁。

⑤ 《白居易集》卷五二、五三,1097、1108、1113 頁。

貶逐。憲宗不得已授衛尉丞分司洛陽。"及戡詔下,給事中吕元膺
執之。上令中使慰喻,元膺制書方下,戡不調而卒,贈駕部員外郎
(從六品上)"。《舊唐書》卷一九《懿宗紀》記咸通九年(868)十一月
龐勛陷滁州,其將"張行簡執刺史高錫望,手刃之,屠其城而去",於
是朝廷贈高錫望諫議大夫①。諫議大夫會昌二年(842)十一月已改
為正四品下,這個贈官雖然品級與生前大致相當,但也形同一種
獎賞。

　　五代政權紛爭,所以更強調殁於王事的給贈,如《舊五代史》卷
一一二《周太祖紀》三廣順二年(952)五月壬午收復兗州赦文有"諸
軍將士殁於王事者,各與賻贈;都頭已上與贈官"。《册府元龜》卷
一二八《帝王部·明賞》二記:"(顯德)二年(955)十一月,秦鳳等
州,詔應馬步軍營將士等,各與恩澤。其有殁於王事者,自副兵馬
使以上並與贈官,仍賜賻贈物。"後來宋制也有"其官秩未至而因勳
舊褒錄或没王事,雖卑秩皆贈官加等者,並係臨時取旨"②,給身分
較低的官員或者雖卑而殁於王事者贈官預留了餘地。

　　唐初以來,還有一些贈官或追贈是出於旌表忠孝目的或者其
他特殊原因,《唐會要》卷五《雜録》:"有王文操者遇賊,二子鳳、賢
以身蔽捍,文操獲全,二子皆死。縣司抑而不申,(霍王)元軌察之,
遣使弔祭,表其事。詔並贈朝散大夫,令加旌表。"又如唐僖宗幸
蜀,左拾遺孟昭圖、右補闕常濬上疏論事被田令孜所殺;《容齋三
筆》"唐昭宗贈諫臣官"條稱《昭宗實録》記其"即位之初,贈昭圖起
居郎、濬禮部員外郎,以其直諫被戮,故褒之"③。《舊五代史》卷一
一六《周世宗紀》三顯德三年(956)十二月"辛巳,故襄邑令劉居方

　　①　孫樵:《祭高諫議文》,《全唐文》卷七九五,8340 頁。並參郁賢浩:《唐刺史考全
編》淮南道滁州,合肥:安徽大學出版社,2000 年,1713 頁。
　　②　《宋史》卷一七〇《職官志》一〇,4083 頁。
　　③　《容齋隨筆·三筆》卷六"唐昭宗贈諫臣官",490 頁。

贈右補闕；男士衡，賜學究出身，獎廉吏也"。

此類褒贈，沒有品級要求，與一般職事官的贈官是完全不一樣的。由於何時給贈，贈給何人，官品高低，決定權在皇帝，所以更被完全看作是皇帝的恩典。並且究其原因雖然各異，但從獎功酬勞出發的目的一也，鼓勵獻身朝廷和"忠孝"的現實用意突出，且因隨時有之而涉及人數衆多，所以無疑擴大了封贈的範圍，也使贈官的意義被擴展了。

附：官員本人贈官小結

以上對於唐代贈官的研究，主要從其自身給贈的範圍、資格、對象、方式及獲贈官級品類等出發，可以得出如下結論：

一、唐代的官員自身贈官繼承前代，以職官三品（附王公及散官二品）以上作為給贈最主要的範圍和對象，並延伸至五品。唐初獲贈者以親貴功臣和宰相重臣為主體，唐後期則以藩鎮節度使的給贈為突出。其中四品五品官員的獲贈除了以五品以上常參官為主之外，某些時候也由一些特殊原因而作為"特恩"給贈。

二、唐初職官、散官和爵都可以作為贈官的品類，甚至職官和散官、職官和爵、內外職官兼贈均延續南北朝而有之，所以唐初不乏二官或三官同贈的情況。但隨着官制系統中職事官取代散官和爵而成為中心，以及唐朝內外兼任的消除，唐朝的贈官基本統一為給贈職事官一官，一方面單純散官和爵的給贈被贈都在減少，另一方面中古前期的贈爵和散官也最終被贈職官所取代。

三、唐朝贈官資格雖有等級的限制，但等級之間並非絕對嚴格，官品資格也並非絕對標準。這分為兩個方面，一方面如三品以下官某些情況可以加等而贈為三品，不足五品官者也有個別贈為五品以上的情況，給贈與否及官品高低須經詔敕批准而體現皇帝意旨；另一方面由於官制的變化，如尚書丞郎以四品官而與三品官相出入；丞郎的給贈或被贈以及四品五品贈官多是常參官的情況，也反映唐朝重職事而超越官品等級的情況。

四、唐朝贈官獎功酬勞的目的日益突出，因此除了高級官員的贈官之外，對死於王事以及在政權爭奪中死於非命的人士乃至普通兵衆也有贈官和普贈、追贈的大量出現，這成爲唐朝贈官中另一個不可忽視的方面。加上業已不斷頒布的官員父祖封贈的制度，使得原來僅面向少數達官貴族的贈官已向下層發展，並波及更多層面。並且，由於所有的封贈都是經皇帝批准，體現了贈官圍繞皇帝意旨和爲皇權、爲官僚政治服務的特徵。

因此僅就某些贈官的基礎問題進行討論，已多少可瞭解到唐朝的贈官制度是在世職官制度的輔助和繼續，也是它的映照和縮影。兩者爲現實政治服務的意義是一致的，贈官從功臣將相和中朝官員向藩鎮地方的傾斜，尤其說明了贈官不能脫離唐朝的現實需要。

另外贈官的變化涉及整個社會由士族世襲制向官僚制轉變的深化進程。事實上唐代以後不僅贈官愈來愈普及而形成嚴格的制度，且由於與在世官制相結合，在以官代爵和以職事爲中心等問題方面與前代相比有相當的突破，在贈給的尺度上愈來愈以本人的現實功績和貢獻爲標準。官僚的職能取代個人身分而成爲贈給的主體，這表明整個官僚社會在尊崇取向和追求上的變化，由此也必將促進官制本身以及門蔭繼承等方面的諸多發展，對此我們還將在下面論述官員父祖封贈問題時予以證明。總之贈官是唐宋之際一個非常複雜而影響深遠的問題，弄清贈官問題，對於瞭解唐宋社會變革有十分重要的意義，關於這一點，還需要我們對中古贈官問題發展脈絡有更深入的發掘和理解。

第十一章　唐代贈官的贈賻與贈謚

　　以上從贈官的對象、範圍、級別等一系列問題出發，對唐朝官員本人贈官進行了討論，贈官作為官員身後朝廷所加的榮典為時人所重顯然毋庸置疑。盡管如此，贈官制度還有許多問題並沒有搞清，如贈官相應的喪葬待遇，以及對高級官員而言，常常與贈官同授的贈謚等等。以往限於材料，人們很少對贈官的實際待遇有所關注，對贈官與贈謚的關係探討亦不多。不久前天一閣藏明本天聖《喪葬令》所存條款，為深入研究這些具體問題提供了契機。因此在得知了贈官的必要條件之後，以下便借助《天聖令》，對贈官的贈賻及其與贈謚的關係做些討論。

一　諸贈官得同正——贈官的賻贈及待遇

　　贈官作為一項榮典，無論是對於官員的生平貢獻抑或其地位，無疑都是一種肯定，從大量的墓誌中不難見到人們對它的重視和推崇。但是贈官在喪葬禮制中會有怎樣實際的作用？天聖《喪葬令》"宋8"有關給贈官賻贈的條款首先引起我們注意：

　　　　諸贈官者，賻物（原作"諸贈官物者，賻"）及供葬所須，並依贈官品給。若賻後得贈者，不合更給。

關於"宋8"，唐史料中未找到相對應的文字。池田温先生在《唐令拾遺補》中，曾依據白居易《唐故湖州長城縣令贈户部侍郎博陵崔府君神道碑銘并序》"按國典，官五品以上，墓廟得立碑。又按《喪葬令》，凡諸贈官，得同正官之制"和《金石萃編》載李宗閔撰《苻璘碑》"按國典，官至三品墓得立碑，又按《喪葬令》，諸追贈官品得同正"，而推斷"諸贈官，得同正官之制"為唐喪葬令文①。今參考《天聖令》"宋22"而根據《唐六典》復原的唐令第26條"諸謚"（詳下）有"贈官同職事"的注文，兩者在精神上是一致的，不知是否就是上述碑文的來源。但賻物的等同也是"諸贈官，得同正官之制"的具體内容，筆者依據宋令直接復原為唐令或許尚欠直接證據，但賵賻的實際執行情况却可以證明"宋8"本身也是來自唐制。

(一)按贈官給賻及官品資格就高不就低

本書第八章中已説明，唐朝的賻贈是按職事官品發放，此即唐令"復原9"所規定：

> 諸職事官薨卒，文武一品賻物二百段，粟二百石；二品物一百五十段，粟一百五十石；三品物百段，粟百石；正四品物七十段，粟七十石；從四品物六十段，粟六十石；正五品物五十段，粟五十石；從五品物四十段，粟四十石；正六品物三十段；從六品物二十六段；正七品物二十二段；從七品物十八段；正八品物十六段；從八品物十四段；正九品物十二段；從九品物十段。行、守者從高。王及二王後若散官及以理去官，三品以上全給；五品以上給半。若身没王事，並依職事品給。其别敕賜者，不在折限。

---

① 《白居易集》卷六九，1460頁；《金石萃編》卷一一三，影印掃葉山房本，北京：中國書店，1985年。並參《唐令拾遺補》第二部《唐令拾遺補訂·喪葬令第三十二》，842頁。

注文"行守者從高",是說兼有職事官和散品者,從品高者執行。另外"復原8"也規定"皇家諸親"賻贈比照職事官實行,雖然只是依照五服的遠近和爵品高低,但有"若官爵高者,從高"一語,因此如爵品高者也應以爵品而論。之外"王及二王後若散官及以理去官",也即無職事者,則以三品、五品之限予以全給或減半待遇。

但是,這只是就臨終時官品而言,如有贈官當如何呢?事實說明,對於贈官,除了極少數例外[1],都是依照"賻物及供葬所須,並依贈官品給"的原則進行的。而由於對官員本人的贈官多數情況下都是超過原來階品,所給賻贈也多比原官應有的待遇相應提高,開元中太子賓客贈太子太師竇希球,生前官為三品,但賻贈按贈官太子太師從一品發放,得到了"賻物二百段、米粟二百石"[2]。天寶末禮部尚書(正三品)裴寬卒,賻贈也是按贈官太子少傅從二品發放,得到了"賻帛一百五十段,粟一百五十石"[3]。還可以舉出的是《文苑英華》卷九一八孫逖作《東都留守韋虛心神道碑》:"以開元二十九年(741)某月日遘疾,薨於東都寧仁里之私第。皇帝悼焉,〔贈〕揚州大都督府印綬,賻物一百五十疋,米粟一百五十石,賜諡曰'貞'。"這裏賻物雖以"疋"(匹)計,但數仍同令所規定的二品段數。據墓誌及《新唐書》本傳,韋虛心生前官乃工部尚書(舊傳作吏部尚書)、東都留守,應為三品;但贈揚州大都督為從二品,賻贈按二品給放。同樣乾元二年(759),以太子少傅卒贈太子太傅的李麟,賻

----

① 個別例如《故銀青光祿大夫、守工部尚書、上柱國、翼城縣開國公贈江陵郡大都督裴府君(仙先)墓誌銘并序》(葛承雍、李穎科:《西安新發現唐裴仙先墓誌考述》,《唐研究》5卷,北京大學出版社,1999年,453—462頁)稱墓主:"追贈江陵郡大都督,賻物一百段,米粟一百石,葬日量借手力、幔幕,昭厥功也。"按江陵郡大都督從二品,賻贈不按贈官二品而按生前官三品,與一般規律不合,存疑。

② 裴耀卿:《太子賓客贈太子太師竇希球神道碑》,《文苑英華》卷九〇二,4747—4748頁。

③ 《舊唐書》卷一〇〇《裴寬傳》,3131頁。

絹二百匹①，數也同於一品應給之段數。

因此可以認為有贈官者按贈官給賻是唐朝的定制，從而可證"宋 8"的内容在唐令應該是有的。

但也有一種情況例外，即如果原來的職事或散官、爵品超過贈官，則可以按照原來官品、爵品最高者發放。高宗總章二年（669）右衛將軍、贈左武衛大將軍、代州都督、柱國、淄川公李孝同卒，"又賜物一百五十段。米粟副焉"②。李孝同贈官三品，但"淄川公"為郡公正二品，故賻贈按二品給。《武懿宗墓誌》稱："神龍二年（706）六月十八日遘疾，薨長安之延壽里第，享年六十六。追贈特進，賜物二百段，米粟二百石。"③按武懿宗贈特進為正二品，但所贈卻按一品。據墓誌言其原封河内郡王，神龍初"降爵為公，徙封於耿"。國公從一品，故此處賻贈是按生前的國公待遇。同樣的情況是開元二年卒，贈為從二品太子少傅的張仁愿，得賻物二百段④，所知其原來也曾封韓國公；還有開元二十四年卒於兗國公、太子少保的陸象先，詔贈尚書左丞相，"賻物二百段，米粟二百石"⑤，顯然也是按先前的一品國公待遇。

又如《唐代墓誌彙編》開元四八二載程伯獻的墓誌稱："上聞震悼，撫事追惜，贈户部尚書，賻物一百五十段，米粟一百五十石，葬日官借手力幔幕，又發内使高品弔祭，前後賻物四百餘匹，仍賜諡曰莊，禮也。"據墓誌程伯獻原來的散官鎮軍大將軍從二品，贈官户

---

① 《舊唐書》卷一一二《李麟傳》，3339 頁。

② 闕名：《右衛將軍贈左武衛大將軍代州都督柱國淄川公李府君碑》，《全唐文》卷九九二，10273 頁。

③ 《唐代墓誌彙編續集》神龍〇一五《大唐故懷州刺史贈特進耿國公武府君墓誌銘并序》，416 頁。

④ 《舊唐書》卷九三《張仁愿傳》，2983 頁。

⑤ 參見《舊唐書》卷八八《陸元方附子象先傳》，2876—2877 頁；玄宗皇帝：《贈兗國公陸象先尚書左丞〔相〕制》，《全唐文》卷二三，273 頁。

部尚書為正三品，因此他最初的賵贈是按照原散官而非贈官，可知賵贈的原則是就高不就低。而之所以會有贈官低於原階品的情況，是因為所贈官大都是職事官，一些功臣外戚，原有的爵和散品常常高於在世時職事官，甚至高於所贈職事品，這樣就有仍按原來最高品級計算的情況。

史料中所見依贈官給賵的實例不多，大都在唐前期[1]，並且均為三品以上，這是由於唐朝贈官本身就多在三品之內。根據前章考察，唐朝對於官員自身（非屬父祖先世封贈）贈官官品限制嚴格。雖然沒有明確規定，但贈官資格基本延續前朝，即除非獎勵功勞戰伐以及一些特殊情況的追贈，一般本人生前官品最低不超過五品，其中又以三品之內贈官為最多，其範圍標準大體與下文贈謚相同。四品五品雖然亦有之，但相對三品而言，人數和贈官比例都要小得多。又由於唐令規定贈官能夠享受贈賵的必須是供葬所須，"若賵後得贈者，不合更給"，也就是原來已經給過的不能再給，當然即使原來沒給，過了喪葬期的也不會再給，這樣追贈者就不能得到賵贈，除非天子特批。如武則天時左衛大將軍泉獻誠天授二年（691）因來俊臣"誣陷他罪，卒以非命"，久視元年（700）八月，下制"可贈右羽林衛大將軍，賜物一百段，葬日量□（給）繐幕手力"[2]。泉獻誠過了多年纔得平反安葬，但制書仍按贈官三品應得之匹段給賵贈。

唐朝的官員母妻雖然並無給賵贈的明確規定，但如獲賵贈也應依照其生前已有的官爵或贈官，呂諲為父作墓誌銘，稱其母乾元二年（759）六月薨，十月葬，"國家廣於孝治，特降殊私，改贈先君鴻

---

① 按唐後期賵贈制度逐漸有所變化，德宗貞元十年下令文武朝臣賵贈以一月俸料為計。參見《冊府元龜》卷五〇六《邦計部·俸祿》二貞元十年（794）二月詔，6080 頁，並參本書關於賵贈的討論。

② 《唐代墓誌彙編》大足〇〇一《大周故左衛大將軍右羽林衛上下上柱國贈右羽林衛大將軍泉君（獻誠）墓誌銘並序》，985 頁。

臚卿，褒贈太夫人衞國太夫人。贈絹布四百端疋，米粟二百石，中使弔祭，羽□官給。存歿哀榮備矣"①。呂諲母生前已是三品郡太夫人，死特贈一品國太夫人。一品《喪葬令》定"賻物二百段，粟二百石"，呂諲母得贈源於其子，但所得贈絹是一品加倍，仍與其身後所贈爵位有關。

除了這類特殊情況，一般能夠按贈官享受賻贈的多是見任三品(職事官最多)以內。但又由於三品以上的官員(特別是親貴和詔葬者)賻贈往往享受特殊待遇，有加倍或者大大超過規格的情況，這就造成所見依贈官品實例不多的情況，如太宗朝高士廉、房玄齡贈物二千段，玄宗朝王仁皎贈物三千段等，出自皇帝特批，都不是按官品給賻贈，並不在制度規定的範圍之內。

除了賻贈之外，可以按照贈官品頒給者，還有"供葬所需"。這些在唐《喪葬令》中仍與官品有關。例如，送葬車輿用品和陪葬的明器、葬墓田與碑碣的規格、官借葬具和手力營葬夫等，事實上也是按照官品，並且大多都是五品以上官所有的，因此當獲得贈官特別是品級超過原來的時候，這些"供葬所需"待遇等級也跟着升高。上述《苻璘碑》"按國典，官至三品墓得立碑，又按《喪葬令》，諸追贈官品得同正"就是"供葬所需"依照贈官的一例，原來資格不夠立碑者只要贈官達到令文所說五品以上就可以照辦。並且由於對一些"供葬所需"不是像賻贈規定那樣嚴格，必須按卒時贈官，所以一些改葬遷葬也可以按追贈官給之。憲宗元和中權德輿請求父遷祔準一品禮數，原因是"贈官是一品，準式合有鹵簿、幔幙、人夫等"，可見雖然遷葬不再給賻贈，其他待遇卻是一如既往②。另外前述唐朝關於送葬有"將葬，皆祭以少牢，司儀率齋郎、執俎豆以往。三品以

①　《唐代墓誌彙編續集》乾元〇〇八《唐贈鴻臚卿先府君墓誌銘并序》，680頁。

②　權德輿：《請遷祔先父準一品儀式狀》，《全唐文》卷四八六，4969頁；《權載之文集》卷四六《應緣遷奉狀制書手詔等》，《四部叢刊》本。

上贈以束帛,一品加乘馬。既引,又遣使贈於郭門之外,皆以束帛,一品加璧";而宋令是"諸一品二品喪,敕備本品鹵簿送殯者,以少牢贈祭於都城外,加璧,束帛深青三、纁二"。可想而知如果不足三品者獲得贈官,或者由贈官提升階品到達規定,就可以得到相同的待遇。

(二)贈官品階和"贈賻加等"

劉長旭與窪添慶文在討論魏晉和南北朝贈官時,都提到"贈賻之禮,有加常典"或者"贈賻之厚,禮越常倫"之類的記載,由此討論官員卒時之官與所贈之官在品級上的差距,尤指出兩晉南北朝制度中"死事加等,抑惟舊章"的問題[1]。但是須知道,所謂"贈賻"主要是指財物饋贈,在唐代言及"贈賻加等"也都是言及賻物。雖然,無論是前朝還是唐朝給予超等賵賻常常是皇帝給親貴特別是詔葬者[2],但是根據"諸贈官得同正"和贈官"賻物及供葬所須,並依贈官品給"的原則,一般情況下,賻物是隨同贈官品級走的。這使我們理解所謂"贈賻之禮,有加常等"是隨着贈官品級的提高,喪葬待遇也要加等。

一般而言,唐代官員本人的贈官品級與前代相似,這分為兩種情況,一種是本品本階之內的調整,即贈官是同品同階之內,排列次序靠前也即略重和略高於原職原官的官銜,這種情況應屬於正常贈官。例如根據《舊唐書》卷四二《職官志》一所列次序,正一品的司空可贈太尉,從二品的太子少師也可贈以同品的尚書左、右僕射;正三品之內,後行尚書可贈前行、中行尚書,中都督、上都護可

---

① 劉長旭:《兩晉南朝贈官研究》第二章第五節《贈官中的"死事加等,抑惟舊章"》,31—36頁;窪添慶文:《關於北魏的贈官》,81—83頁。
② 如《唐大詔令集》卷六三《贈高崇文司徒文》提到"賵襚命數,率禮加等",344頁;《舊唐書》卷一三三《李晟傳》"官給葬具,賵賻加等",3674頁。

贈諸衛大將軍,太子詹事、太子賓客、太常卿可贈尚書。從三品之内,國子祭酒可贈以秘書監,上州刺史也可贈下州都督,武官的諸衛將軍也可以贈為州刺史或三品的朝官。當然也有官銜並没有提高反而不如原官的(例如唐後期使職帶檢校官者,贈官有低於檢校官者),但這種情況較少。

另有一種就是在官員本人卒時所授職事或散官的最高者之上增加一階兩階,或一品二品,這種情況往往被視為加等,如徐浩從銀青光禄大夫(從三)彭王傅(從三)贈為太子少師(從二),增加兩階,被説成是"告第加等"①;薛存慶為給事中,穆宗長慶元年(821)命為幽州宣慰使,卒於鎮州,"詔贈吏部侍郎,以其將命殁於外,加等也"②。從正五品上給事中加為正四品上的吏部侍郎,也是加等。而加等或不該贈而贈的情況又被稱作"優制",如裴光庭官侍中(正三品)兼吏部尚書,"優制贈太師(一品)"③;吏部侍郎李彭年,安史亂中陷於叛軍憂憤卒,"及剋復兩京,優制贈彭年為禮部尚書"④。

但以上的加等或者優制贈官均未明其加幾等。劉長旭討論兩晉南朝的贈官時提出,很多時候贈官中的"加等"就是加一品,但他又認為加等的含義常常不同,例如在梁加等是加一"班",而北朝所見"榮加一等"有時候又是遷升半品。其實這個問題很易理解,魏晉南朝除梁之外,都是官分九品,這樣如在本品之内贈給就是常制,而加等就是加品;梁官品以"班"為定,於是加一等就變為加一班;至於北朝,官品中已出現了正從和上下階,於是加等便

<hr />

① 張式:《大唐故銀青光禄大夫彭王傅上柱國會稽郡開國公贈太子少師東海徐公(浩)神道碑銘》,《全唐文》卷四四五,4543頁。
② 《册府元龜》卷六六一《奉使部·守節》,7915頁。
③ 《舊唐書》卷八四《裴光庭傳》,2807頁。
④ 《舊唐書》卷九〇《李彭年傳》,2921頁。

成為以正從及加階來計算的情況,這就是劉長旭所說"半品"。唐朝官制自北朝脫胎,贈官的等次計算也是相同的。從《舊唐書》卷四二《職官志》關於科舉取官的計法是"諸秀才出身,上上第,正八品上;上中第,正八品下;上下第,從九品上。明經出身,上上第,從八品下;上中第,從九品上;進士明法出身,甲第,從九品上;乙第,從九品下。若通二經已外,每一經加一等";可以瞭解每一等之差是一階,所謂加一等就是加一階,與贈官應該是一致的,不過贈官如在三品內加一等就是加半品而已。雖然如此,但唐代官員何時及怎樣情況下加等並不見有規定。宋代以後,明確了官員是以在世的不同品級按"磨勘法"定贈官(詳下第三部分),則等次的問題就更有章法可循了。

按照前揭《喪葬令》"復原9"的規定,贈賻是依照官員品階,贈官既然同正官,則如贈官屬於上述第二種情況即品階提高,贈賻自然加等。唐、宋《喪葬令》中有這樣的規定筆者推測應當是從前代相沿而來,它表明初亡之際的贈官並非只是徒有虛名,而是有着實際的意義。

另外,由於唐朝給官員本人的贈官,多數是死後即贈,但也有一些是遠年之贈或追加,所以唐令纔有"若賻後得贈者,不合更給"的規定。這一條對於下面所要談的官員父祖封贈也是有效的。

贈官還有其他一些待遇。如唐史料所見贈官蔭子孫問題,已被仁井田陞復原為《選舉令》第二十三條[1]。此外還有贈官子孫在免役和法律上享受的一些優惠與特權等,由於涉及封贈與門蔭制度的關係及變化,故留待下文討論,這裏就不贅述了。

---

[1]　仁井田陞:《唐令拾遺・選舉令第十一》,298頁。

二　贈官與贈謚的關係

　　與贈官同時的還有贈謚問題,高級官員的贈官與謚號常常不可分,因此贈謚也是我們認識贈官問題的突破口。筆者在前面章節曾談到魏晉贈謚的問題。那麼唐宋之際的贈謚如何?《喪葬令》"宋22"條對此有所説明:

　　　　諸謚,王公及職事官三品以上,録行狀申省,考功勘校,下太常禮院擬訖,申省,議定奏聞。贈官亦準此。無爵者稱"子"。若藴德丘園、聲實明著,雖無官爵,亦奏錫謚曰"先生"。

依據《唐六典》考功郎中員外郎條復原的唐令("復原26")稱:

　　　　諸謚,王公及職事官三品以上、散官二品以上身亡者,其佐史録行狀申考功,考功責歷任勘校,下太常寺擬謚訖,覆申考功,於都堂集省内官議定,然後奏聞。贈官同職事。無爵者稱"子"。若藴德丘園,聲實明著,雖無官爵,亦奏賜謚曰"先生"。①

説明唐、宋令中,都有涉及贈官的贈謚内容,且兩者基本相同,惟宋令取消了散官,注文"贈官同職事"也改作"贈官亦準此"。

(一)贈謚資格及宋令取消散官引起的文字變化

　　根據以上復原的唐令,唐代是"王公及職事官三品以上、散官二品以上身亡者"之外不得謚,這裏"王公"與職事官並列,如果僅

───────────

　　① 參見:《天一閣藏明鈔本天聖令校證——附唐令復原研究》下册,691、711頁;《唐六典》卷二考工郎中條,44頁。按"贈官同職事"一語原作正文,現對照宋令改為注文。

以字面理解，按照唐朝九等封爵的規定，可以稱為王公的應當包括前五等，即正一品的王，從一品的郡王與國公，正二品的郡公和從二品的縣公，而不包括三品以下的縣侯、縣伯、縣子、縣男①。不過"王公及職事官三品以上、散官二品已上"的説法似乎與唐律中"議貴"一條規定的"貴"的範圍非常相似。只是唐代的"議貴"乃是"謂職事官三品以上，散官二品以上及爵一品者"②，也即單純爵只能到郡王和國公。這一點《大唐開元禮·序例》中關於王公以下鹵簿"郡王以上及二王後依品給，國公準三品給；官爵兩應給者，從高給"的規定，似乎也可以間接説明③。國公與職事官三品相對應，謚號的給賜應該是在"貴"的這一階層是没有疑問的。宋令在這裏完全一致，只是賜謚範圍改為王公及職事官三品以上，取消了散官，這是因為宋代不再以散官作為標準。唐代王公、職事官、散官三者其實是包括不同身分在内的，例如，王公應主要指皇家及宗室子弟，而高品散官有時是一些致仕官員或者佛、道人士等。不過，按照唐朝官制，親貴和高級官員常常同時獲得爵、職、散三種官銜，所以只要滿足三種中的一種，就可以申請贈謚。

　　當然在三種資格中，職事官三品應當是最基本的。這是因為在唐令的注文中，特注明"贈官同職事"一語，也就是説，如獲贈官三品，其給謚就可比照職事官來進行。與此有關，有一個問題值得辨析，即《大唐開元禮》的凶禮部分，不僅親貴和三品以上官有"策（册）贈"或者"贈謚"的儀目，而且四品五品官竟也有"贈謚"一欄④。在方式上，兩者都是"告贈謚於柩"，並没有太多區別，也没有説明原因，《通典》卷一三八《開元禮纂類》"贈謚"下注明"六品以下無"，

---

① 《唐六典》卷二司封郎中條，37頁。
② 《唐律疏議》卷一《名例》"八議"條，18頁。
③ 《大唐開元禮》卷二《序例》中，27頁。
④ 《大唐開元禮》卷一三四、卷一三八、卷一四二，634—635、662、686頁。

更表明四品、五品可以有贈謚。

那麼何故禮的規定與令不同呢？筆者認為，從史料中的實例來看，唐代官員贈謚一般都在三品以上，之所以四品五品中保有此欄，乃是因一些大德高僧或者特殊人士也可能只有四、五品官而獲謚，如道士王遠知就是贈官太中大夫（散官從四品上），謚曰昇真先生①。另外四品五品還有機會獲得三品贈官，因贈官而得贈謚，這與令所謂"贈官同職事"其實相合。如溫大有，"武德元年(618)，累轉中書侍郎(正四品上)"，卒贈鴻臚卿，謚曰敬②；武則天寵幸的明崇儼，高宗朝官正諫大夫(正五品上)，卒竟"優制贈侍中，謚曰莊"③。李嗣真，武則天永昌中(689)曾官拜右御史中丞，知大夫事。但此後得罪，配流嶺南；卒後"有詔州縣護喪還鄉里，贈濟州刺史，謚曰昭"④。崔禹錫，開元中中書舍人，贈定州刺史，謚曰真⑤，就都是生前不足三品而按贈官品級給謚之例。當然這種情況，下文所論丞郎問題還可給予證明。

唐、宋令中的職事三品均包括正、從三品，但宋令卻完全取消散官，説明散官已不被作為請謚標準，這一點是宋初官制所表現出的絶大變化。《宋史》卷一五二《輿服志》四載仁宗康定二年(1041)禮院奏朝服制度，引《官品令》全無散官，並有"其散官勳爵不繫品位，止從正官為之服"的説明，也證明訂立朝服標準時散官勳爵已經不在考慮之内，散官的取消顯然是應合官制改變後的統一要求，職官的意義也因此更突出了。此處宋《喪葬令》注語的"贈官亦準此"，其意若單獨看或會被理解為宋朝要求贈官也要和贈謚一樣履

① 《舊唐書》卷一九二《隱逸·王遠之傳》，5125—5126頁。
② 《舊唐書》卷六一《温大有傳》，2362頁。
③ 《舊唐書》卷一九一《方伎·明崇儼傳》，5097頁。
④ 《舊唐書》卷一九一《李嗣真傳》，5099頁；《新唐書》卷九一《李嗣真傳》，3797頁。
⑤ 《新唐書》卷一一四《崔融傳附》，4196頁。

行相應的手續,但是將唐、宋令進行對比,乃知兩者文意其實無差。宋令由於取消了散官,惟餘"王公及職事官三品以上",所以後面的注釋便不宜再重複"同職事"而用"亦準此"取代,內容其實都是說贈官可按職事官給贈諡。對此《宋史‧禮志》二七對"定諡"是"王公及職事官三品以上薨(注:贈官同),本家錄行狀上尚書省,考功移太常禮院議定(下略)"的解釋①,也可以給予證明,因此唐、宋令在贈官給諡的原則上是完全一致的。

(二)從唐至宋的贈官給諡

唐宋兩令的文意雖然沒有太多不同,不過對現實中贈官品也可據以贈諡號的問題還是有進一步理解的必要,特別是執行中制度並不是全然未經變化,對此宋敏求《春明退朝錄》下面的一段話頗有啓發:

> 唐制,兼官三品得贈官,如韓文公曾為京兆尹兼御史大夫,後終吏部侍郎而贈禮部尚書是也。又觀察使多贈兩省侍郎,以就三品得諡。國初以來,惟正官三品方得諡,兼官贈三品不得之。真宗命陳彭年詳定,遂詔:"文武官至尚書、節度使卒,許輟朝。贈至正三品,許請諡。"而史失其傳。寶元中,光祿卿知河陽鄭立卒而輟朝,非故事也。②

這裏,宋敏求以韓愈為例,提出唐朝兼官三品就可以得贈官,這也涉及唐朝贈官的標準問題。

唐宋標準有何不同? 值得深究。

---

① 《宋史》卷一二四《禮志》二七,2913 頁。
② (宋)宋敏求撰,誠剛點校:《春明退朝錄》卷中,北京:中華書局,1980 年,29 頁。

1. 唐朝贈三品得諡號

前文已經說明,唐朝官員自身得贈者其標準仍大體延續前朝,以正官三品(職、階或爵)以上為多,四品、五品人數相對較少,至於兼官是否在限尚值得研究,因為確實也見到有少數兼官得贈者。較典型的一例即孔巢父,《舊唐書》卷一五四、《新唐書》卷一六三本傳皆言其因涇原之亂從德宗幸奉天,擢為給事中、河中陝華招討使,"累獻破賊之謀"得到德宗賞識,相繼以"兼御史大夫充宣慰使"宣慰魏博及李懷光,興元元年(784)為李懷光部下所殺,"上聞之震悼,贈尚書左僕射"。又有石演芬,為朔方邠寧節度兵馬使兼御史大夫,也被李懷光殺,卒贈兵部尚書[1]。石演芬是軍將本輪不到贈官,孔巢父正官給事中只有正五品上,給從二品尚書左僕射顯然是超贈。他們的贈官都屬死於國事的特殊褒贈,當然孔巢父、石演芬超贈二品,與原來的兼三品官御史大夫恐怕也不無關係。

但因兼官得贈者畢竟少見,且宋敏求所舉例也並不恰當。這是因為首先,唐宋贈官一般都是以臨終的最後官職為計,而不能以曾任的品級為依據。韓愈生前已因與李紳就臺參的問題引起紛爭罷京兆尹,後命為吏部侍郎也未見再帶兼官[2]。《唐代墓誌彙編》大中一〇二《唐故朝議郎檢校尚書戶部郎中兼襄州別駕上柱國韓昶自為墓誌銘并序》稱"父愈,吏部侍郎贈禮部尚書,諡曰文公",意亦是因吏部侍郎而不是因兼官得贈禮部尚書。其次,宋敏求在韓愈得贈諡的問題上忽略了一個事實,即唐代的贈諡本來就是"贈官同職事",也即贈官三品可以按職事官三品一樣請諡,無論以往是何官職,諡號卻是跟着贈官走的。這種情況不僅已由上面所舉事例,

---

① 《舊唐書》卷一八七下《忠義》下《石演芬傳》,4908 頁。
② 《舊唐書》卷一六《穆宗紀》,503 頁。

也可由下面將要論述的裴積等追贈官被同時加以諡號的情況證明。裴積開元二十九年(741)卒時官職為從六品上祠部員外郎,品級不夠所以不能得諡,但是寶應二年(763)追贈為陝州刺史已是從三品卻可以請諡號①。

這樣看來,韓愈既贈為正三品的尚書,自然可以得諡,與生前是否有兼官沒有關係。並且唐朝尚書丞、郎雖是四品而不是三品,但僅以侍郎終得贈正三品尚書或其他三品官甚至得諡號者,也並非只有韓愈一人。僅以得諡號言之,如裴潾文宗朝出為河南尹,"入為兵部侍郎。(開成)三年(838)四月卒,贈户部尚書,諡曰敬"②。咸通中韋澳"拜河南尹,制出,累上章辭疾。以松檟在秦川,求歸樊川別業,許之。踰年,復授户部侍郎,以疾不拜而卒,贈户部尚書,諡曰貞"③;就都是由侍郎而贈尚書得諡號的同樣例證。唐朝尚書丞郎地位要重,此點嚴耕望早已指出,所以常常於官職升遷中與三品官相出入。文宗時曾因尚書左丞庾敬休卒,下敕"應官至丞、郎亡歿,合有廢朝,況(《册府元龜》下有"朝會"二字)班在諸司三品之上。自今以後,宜準諸司三品官例處分"④。因此丞郎不但朝會班列,在輟朝問題上也逐漸按三品對待,此一趨勢在贈官亦不例外。下表可以清楚地說明由丞郎贈官和贈三品後得諡的情況。

① 獨孤及:《尚書祠部員外郎贈陝州刺史裴公行狀》,《文苑英華》卷九七二,5114—5115頁。

② 《舊唐書》卷一七一《裴潾傳》,4449頁。

③ 《舊唐書》卷一五八《韋澳傳》,4177頁。

④ 參見《唐會要》卷二五《輟朝》,551頁。按此為敕令大意及節文,詳見《册府元龜》卷六一《帝王部·立制度》二,大和九年三月庚午條並癸酉詔,681頁。

附表 20. 唐朝尚書丞郎贈官贈諡①

姓名	卒官年月	卒時官職	贈官贈諡	史料來源
王緒	唐前期年代不詳	吏部侍郎	魏州刺史	《唐代墓誌彙編》開元二九二。
陸元方②	武則天長安元年（701）二月	文昌左丞	越州都督	《舊唐書》卷八八本傳。
李適	睿宗景云二年（711）	工部侍郎	貝州刺史	《新唐書》卷二〇二《文藝》中。
呂向	玄宗開元末或天寶初	工部侍郎	華陰太守	同上。
李進	肅宗時？	兵部侍郎	禮部尚書	《新唐書》卷七八《宗室·李暠傳附》。
王維	肅宗上元初（760）	尚書右丞	秘書監	《新唐書》卷二〇二《文藝》中。
庾準	德宗建中三年（782）	尚書左丞	工部尚書	《舊唐書》卷一一八本傳。
劉迺	興元元年（784）二三月	兵部侍郎	贈禮部尚書，諡曰貞惠	《舊唐書》卷一五三、《新唐書》卷一九三本傳。
趙涓	興元元年四月	尚書左丞知吏部選	戶部尚書	《舊唐書》卷一三七本傳。
薛播	貞元三年（787）正月	禮部侍郎	贈禮部尚書	《舊唐書》卷一四六、《新唐書》卷一五九本傳。
李紓	貞元八年二月	吏部侍郎	禮部尚書	《舊唐書》卷一三《德宗紀》下，同書卷一三七、《新唐書》卷一六一本傳。
奚陟	貞元十五年十月	吏部侍郎	禮部尚書	《舊唐書》卷一四九本傳，《劉禹錫集》卷二《唐故朝議郎守尚書吏部侍郎上柱國賜紫金魚袋贈奚公神道碑》。
張薦	順宗永貞元年（805）（凶問至）	工部侍郎（兼御史大夫）充入蕃使	贈禮部尚書	《舊唐書》卷一四《順宗紀》、卷一四九，《新唐書》卷一六一本傳。

① 按本表卒年並參考嚴耕望《唐僕尚丞郎表》輯考部分，下不一一。

② 按武則天永昌元年（689）進左丞為從三品，如意元年（692）復舊，陸元方任職已不在此限。參見《舊唐書》卷四二《職官志》一，793頁。

姓名	卒官年月	卒時官職	贈官贈謚	史料來源
李建	穆宗長慶二年（822）二月	刑部侍郎	工部尚書	《舊唐書》卷一五五、《新唐書》卷一六二本傳。
武儒衡	敬宗長慶四年四月	兵部侍郎（丁憂免）	工部尚書	《舊唐書》卷一七上《敬宗紀》、《李文公集》卷一五《兵部侍郎贈工部尚書武公墓誌銘》。
韓愈	長慶四年十二月	吏部侍郎	禮部尚書，謚曰文	《舊唐書》卷一六〇本傳。
韋顗	寶歷元年（825）七月	吏部侍郎	禮部尚書	《舊唐書》卷一〇八本傳。
韋表微	文宗大和三年（827）八月後	戶部侍郎	禮部尚書	《新唐書》卷一七七本傳。
孔敏行	大和九年（833）正月	諫議大夫	工部侍郎	《舊唐書》卷一九二、《新唐書》卷一九六本傳。
庾敬休	大和九年三月	尚書左丞	吏部尚書	《舊唐書》卷一八七下本傳。
沈傳師	大和九年四月	吏部侍郎	吏部尚書	《舊唐書》卷一七下《文宗紀》下。
李虞仲	開成元年（836）四月	吏部侍郎	贈吏部尚書	《舊唐書》卷一六三、《新唐書》卷一七七本傳。
郭承嘏	開成二年二月	刑部侍郎	吏部尚書	《舊唐書》卷一六五、《新唐書》卷一三七本傳。
裴潾	開成三年四月	兵部侍郎	戶部尚書，謚曰敬	《舊唐書》卷一七一本傳。
韋澳	懿宗咸通三年（862）以後	授戶部侍郎，以疾不拜而卒	戶部尚書，謚曰貞	《舊唐書》卷一五八本傳。

2. 宋朝"四品無贈官"及贈至正三品許請謚

既然如上所說，那麼宋敏求為什麼還會得出韓愈贈謚是來自兼官贈三品的結論呢？原來宋初的情況與此不同，其不僅在於宋朝因官制變化，在請謚條件中已取消了散官而惟留王公（爵）及職事官，也涉及贈官和贈謚制度。《宋大詔令集》卷二二一載元豐二年(1079)四月贈宋敏求禮部侍郎制稱:"敕:國朝故事,四品無贈官,若學行殊絕,則憼章襃荣,出於一時之恩,所以襃賢厲俗,為天下勸也。"①此四品指宋敏求生前官僅為右諫議大夫,按照曾經的"國朝故事",是"學行殊絕"者纔能得到襃贈的"一時之恩"。制書這樣說是為了強調宋敏求的學問,但說明在他以前的時代,確曾有過生前三品以上纔能得贈官的情況,這樣宋敏求就得出了韓愈自"兼官贈三品"的結論。更兼宋敏求的話中有一點是應當明確的,這就是他所說"國初以来,惟正官三品方得諡,兼官贈三品不得之",也即宋朝起初如果生前正官不夠三品,則不能僅憑贈官的官品得諡。因此宋敏求很可能是以唐朝制度比況宋初,這纔造成了他認為韓愈是從兼官御史大夫得贈三品後纔得贈諡的誤解。另外說唐朝"又觀察使多贈兩省侍郎,以就三品得諡",也不是事實。"兩省"乃中書門下也。唐朝觀察使雖有得贈三品者,然則贈中書、侍郎者,卻未見其例,不知宋敏求何從得出此種印象!

　　不過,真宗已使陳彭年改為"贈至正三品,許請諡",就是從這時宋朝也使贈官基本等同正官了,宋令中"贈官亦準此"應該就是改後的結果。當然按陳彭年所定,所謂"贈至正三品"與唐朝贈官原則上包括正從三品都可以請諡還是有一點差別②。但我們在五代和宋初也見到一些特例,例如後唐莊宗在取得帝位的同光元年(923)四月己巳大赦天下,規定"其戰歿功臣,各加追贈,仍定諡號"③,對戰歿功臣沒有強調官品。又如《十國春秋》卷二八載南唐

---

①　《宋大詔令集》卷二二一《襃恤》中《龍圖閣直學士右諫議大夫宋敏求贈禮部侍郎制》,849 頁。

②　唐朝贈官從三品也可以得諡,如《舊唐書》卷八一《盧承慶傳》載其弟承業"總章中,卒於揚州大都督府長史,贈洺州刺史,諡曰簡,揚州都督府長史與洺州刺史皆從三品。同書卷九四《崔融傳》:"以侍讀之恩,追贈衛州刺史(從三品),諡曰文。"但以從三品得諡的情況相對較少。

③　《舊五代史》卷二九《莊宗紀》三,403 頁。

高遠贈給事中(正五品上),竟也諡曰良;徐鍇"開寶七年(974)七月卒,年五十五,贈禮部侍郎,諡曰文"[1];但此種情況當時和後來都不太多,按照宋敏求的説法,宋真宗以後贈官正三品方能得諡纔是宋朝贈諡的一個基本界限。由此也可以看出,贈諡自唐至宋雖然標準曾經略有變化,但始終限制在很小的範圍之内。對於"諡"的資格要求,顯然比贈官嚴格多了。

三 贈官和贈諡的主管機構、程序 與封贈體制的變化

贈官和贈諡雖然都是朝廷在高級官員死後給予的特殊待遇,且兩者也有着密切關係,但是作用不同。贈官注重官員的品位,而贈諡卻是重在對官員的評價,"蓋以彰善癉惡,激濁揚清,使其身没之後,是非較(皎?)然,用為勸懲"[2]。所以給贈的機構、程序都有不同,而贈官較之魏晉南朝,尤其發生了很大變化。那麼,唐宋贈官贈諡究如何進行,以及相關封贈體制自中古前期到後期發生了怎樣的變化? 這是決定兩者性質分別的一個主要方面。

(一)贈官與贈諡的程式分別及其意義

贈官和贈諡相比較,還有一個問題需要討論,即唐宋贈官和贈諡給贈的方式並不相同。

賜諡需要請示、評議和批准。但是贈官已經取消了這些繁瑣的過程,變得簡單化了。贈官和贈諡不同,不僅是由於兩者注重點不同,也與贈官數量不斷增加和專意體現皇帝"恩澤"有極大關係,

---

① 《十國春秋》卷二八《南唐》一四,404、406頁。
② 語出《宋史》卷一二四《禮志》二七直集賢院王皞言,2913—2914頁。

這造成了兩者在操作和性質上的區別。

1. 請謚的繁複過程及贈官程序的簡化

謚號是對官員生平貢獻和人品行事的一個集中評價,唐代對官員謚號的賜予和使用情況,在《唐會要》卷七九至八〇《謚法》上、下有集中記載。賜謚需要履行手續,也就是必須有"行狀"向考功申請,批准後下太常禮院擬謚,再由尚書省"議定奏聞"。這一點不僅有令的規定,也為存世史料證明。如《文苑英華》卷八四〇載獨孤及《重議呂諲》就説到:"謹按舊議,凡歿者之故吏得以狀請謚於尚書省,而考行定謚,則有司存,〔朝〕廷辨可否,宜在衆議。"卷九七二他所作《尚書祠部員外郎贈陝州刺史裴公(積)行狀》末在"已沐追遠之恩,請遵易名之典"下稱:"寶應二年(763)某月某日,故吏〔某?〕官某謹狀上尚書省考功:夫存以行觀其志,没以謚表其德,則賓(或作名)實不虧,美惡知勸。謹按故尚書祠部員外郎贈使持節陝州諸軍事陝州刺史裴積……命官褒德,寵荷令章,考行飾終,敢徵前典,謹上。"同書卷九七三權德輿作《大中大夫守國子祭酒潁川縣開國男賜紫金魚袋贈户部尚書韓公(洄)行狀》末也有"謹狀:三月日,故大中大夫守國子祭酒潁川縣開國男賜紫金魚袋贈户部尚書韓公故吏某官〔某?〕謹狀尚書考功",以及"大雅明哲,惟公有之,考行飾終,古先令典。謹譔録所履,布諸有司,請徵叔發之謚,以叶周公之法,謹上"諸語,都是由"故吏"上行狀於考功申請加謚。

贈官和贈謚號按照一般的慣例,應該是官員死後即請,贈於葬前。《大唐開元禮》卷一三八"贈謚"條就有"告贈謚於柩"之説,其下有注文説明:"無贈者,設啓奠訖即告謚。"這裏"無贈者"之贈應指贈官,上面已經説明,"啓奠"是"啓殯"也即停殯結束,説明贈官贈謚(或者無贈官而僅有謚號)都應當在柩前也即葬前,並且常常是由皇帝派遣的册贈使或册弔使送去。但是同書卷一三四關於諸王、貴臣等的"策贈"規定説：

> 凡册贈之禮,必因其啓葬之節而加焉。其或既葬者,則主人仍於靈寢受之,禮如初。其或既除服,及追而册贈者,主人受之於廟,禮亦如之……其於靈寢若廟,並預設祭,以存(《通典》卷一三五作"告")神。其未立廟者,則受之於正寢。

此"册贈"所説,顯然還有既葬和追册的情況。由於《開元禮》在此條之前,不但説明"凡册贈,使者之尊卑並準告授",即册贈使者的品級高低要按照死者被贈的官品決定;也説明"凡册贈應謚者,則文兼謚,又致祭焉",所以所説"册贈"也是包括贈官及贈謚兩者。給人的感覺是,贈謚似乎也和贈官一樣,既有葬前贈,也有葬後或者除服後追贈。

但這裏所説的追贈畢竟尚離去世時間不遠,所以謚號到底能不能隔年追贈的問題,後世也引起爭論。永泰初(765)獨孤及曾針對郭知運子郭英乂為父請謚而右司員外郎崔廈關於"郭知運承恩詔葬,向五十餘年,今請易名,竊謂非禮"的駁議,論以為"禮時為大,順次之。將葬易名,時也;有故闕禮,追遠請謚,順也",並稱"新禮(或作制)則死必有謚,不云日月有時",指出郭知運不是一般的"以子之貴,加榮於父",而是"處方面重寄,列位九卿,茂勳崇名,與衛霍侔",且當時請"易名"的苗晉卿、吕諲、盧奕、顏真卿等也都是追遠而謚[①]。上述諸例中,裴積贈謚是因追贈官而得,另外權德輿之父權皋大曆初卒僅贈秘書少監(從四品上)並無謚號,但是元和七年(812)因子而加贈為太子太保纔同時獲謚"貞孝"[②]。這説明,

---

① 《通典》卷一〇四《單複謚議》,2721—2722 頁;崔廈:《駁議郭知運》、獨孤及:《重議郭知運》,並參《文苑英華》卷八四〇,4436—4437 頁。

② 《權載之文集》卷二六《先公先太君靈表》,《四部叢刊》本。

雖然大多數請諡都是由於官員自身卒時的官品或贈官,但少數有
名望或貢獻者也可以是因身後追贈官(包括因子孫獲贈)而補請。
直至元和十四年,纔有"請諡家子弟及門生故吏,請立限,未葬以前
陳狀"的正式規定,即使"其家在遐遠,及別有事故者",陳狀時限也
不得超過一年。雖然當時對於"毓德邱園,節行特異,無官及位卑
者,任所在長吏奏請,仍許不拘年限"①,不過這和贈官允許經遠年
追贈追加還是有所不同。

　　宋代對此也有爭議。《續資治通鑑長編》載治平元年(1064)
九月辛巳"贈安遠軍節度使馬懷德家請諡"②。其時禮院奏其"已
葬,難定諡",提出既葬加諡,出於唐時。以為獨孤及"長於開元之
世,親聞啓奠告諡",所謂新制禮〔始?〕死不必有諡的說法"豈非誣
哉",從而反對追遠請諡,認為有違禮經。又提出"國家給諡,一用
唐令,然請諡之家,例供尚書省官酒食,撰議官又當有贈遺,故或
闕而不請";但由於景祐四年(1037)判都省宋綬建議,"令官給酒
食,其後又罷潤筆",纔有了"自此既葬而請諡者甚眾"的情況。禮
院認為其結果是歲月寖久,官閥行跡士大夫所不能知,有司只憑
藉子孫和門生故吏虛美隱惡來定諡,"是廢周公聖人之法而徇唐
庸有司之議",以此請求"既葬,請諡者更不定諡",獲得批准。這
證明唐宋制度基本延續,但葬前請諡的要求進一步明確,追遠請
諡被制止,請諡過程總的來說較嚴格,從而杜絕了子孫因父祖追
贈官而請諡。

　　請諡的過程在制度和事實都十分清楚,問題在於,贈官和贈諡
是相互關聯的兩項內容,上面曾說明贈官的資格範圍雖主要在三
品而實較贈諡更寬,那麼贈官的程序是否也要像賜諡一樣呢? 這

---

　　①　《唐會要》卷八〇《諡法下·雜錄》,1762—1763 頁。
　　②　《續資治通鑑長編》卷二〇二治平元年九月辛巳,4904 頁;並參《宋史》卷一二四
《禮志》二七,2914 頁。

一點卻是很可懷疑，特別是評議。

劉長旭在《兩晉南朝贈官研究》一文中，曾經用大量的篇幅討論過贈官的手續以及贈官的主管與評議機構問題[1]，其中提到贈官要由死者的親朋好友、門生故吏，或者長官為僚屬先申請，再由尚書八座及中書省門下省、三公府評議決定，乃至京畿長官、地方郡守也參與意見。其中的申請和評議，很像是上述唐宋官員的贈諡號。由於贈諡的請、議一直以來行之，所以贈官與贈諡兩晉南朝看來並無太多區別，其權並不全在皇帝。至北朝對贈官仍見有請贈、求贈之說[2]，甚至個別者皇帝仍聽從臣下建議為之加贈或減贈[3]。但手續不見其詳，嚴格意義上的評議愈益少見，說明兩者給贈的方式、程序已然分道揚鑣。

唐朝贈官不知是否承繼北朝，但顯然完全取消了其間繁瑣的過程。值得注意的是官員（特別是朝官）本人贈官常常是卒後即贈，一般並不需申請。例如史載代宗朝宰相楊綰卒，"即日下詔贈司徒，發使樞前冊授，令及未斂"。楊綰雖身分特殊，但是他的諡號卻有初經太常擬議"文貞"，詔改"文簡"，再經朝議的過程，其間有

---

① 劉長旭：《兩晉南朝贈官研究》第三章，37—58頁。

② 如《北史》卷五〇《辛德源傳》："德源本貧素，因使，薄有資裝，遂餉執事，為父求贈，時論鄙之。"（1824頁）又同書卷四〇《韓子熙傳》言其發疾卒，"遺戒不求贈諡。其子不能遵奉，遂至干謁。武定初，贈驃騎大將軍、儀同三司、幽州刺史"（1444頁）。卷二五《薛琡傳》："天保元年，卒於兼尚書右僕射。臨終敕其子斂以時服，踰月便葬，不聽干求贈官。"（923頁）則贈官也可由干謁得，但周、隋以降，這種情況已不見記載，贈官方式似更直接。

③ 見《魏書》卷二一上《獻文六王傳》載趙郡王幹子諡薨，"高陽王雍，幹之母弟，啓論諡，故超贈假侍中、征南將軍、司州牧，諡曰貞景"（544頁）。又如《北史》卷二四《封隆之傳》："隆之首參神武經略……卒於齊州刺史，贈司徒。神武以追榮未盡，復啓贈太保，諡宣懿。"（894頁）同書卷四三《邢巒傳》："贈車騎大將軍、瀛州刺史。初帝欲贈冀州，黃門甄琛以巒前曾劾己，乃云：'瀛州巒之本郡，人情所欲。'乃從之。及琛為詔，乃云優贈車騎將軍、瀛州刺史，議者笑琛淺薄。"（1584頁）按此說明當時贈官臣下仍可參與意見，"執事"者尤為有權。

人提出異議甚至被貶官①，説明兩者的進行程序完全不同。事實上唐史料中常見有關於諡號的申請和爭議，卻不見有贈官的討論，而記載高官本人事跡的行狀多有請諡内容，卻無請贈（官）之語，並且行狀中語也證明請諡是在已贈官之後②。而存世的一些贈官制書，與贈諡也並不合在一起，文中一般只言贈以何官，而不言擬贈過程。因此，行狀的意義主要在請諡號，不在請贈官。而贈官給贈定級則申報死亡後（父祖封贈則須申請，詳下），由有關部門裁定，當然某些重臣和特殊情況，則由皇帝親自下旨，均不勞朝廷再加討論，這種情況，大約唐初以來都是如此。

2. 贈官與贈諡的意義分别

贈官不再經過評議的過程，或許可以認為是贈官數量增加以後不得不有的程序簡化。相對贈官，贈諡卻由於範圍始終限制在資格很高的極小範圍内，所以其評議始終嚴格，不過這衹是兩者操作不同的一個原因。另一原因則在諡的目的和作用。《通典》引《大戴禮》稱：“諡者行之跡也，號者公之表也。”又引《五經通義》曰：“號者亦所以表功德，號令天下也。諡之言列，陳列所行。善行有善諡，惡行有惡諡，亦以為勸戒也。”③因此“諡”是為了懲惡勸善，“諡”畢竟有諡法可依，按諡法操作，其精髓即在於評。從前引獨孤及所説“謹按舊議，凡歿者之故吏得以狀請諡於尚書省，而考行定諡，則有司存，〔朝？〕廷辨可否，宜在衆議”來看，“諡”是評價官員一生行能功過，請諡定諡的過程也始終被認為是應當通過“有司”和

①　參見《册府元龜》卷三一九《宰輔部・褒寵》二，3774 頁；《舊唐書》卷一一九《楊綰傳》，3435—3437 頁。

②　權德輿：《大中大夫守國子祭酒潁川縣開國男賜紫金魚袋贈户部尚書韓公行狀》，《文苑英華》卷九七三，5121 頁。

③　《通典》卷一〇四《帝王諡號議》，2711 頁。

"衆議"來進行,而不是最高統治者個人的專權行為,所以經常看到
有對某人謚號的討論及駁議。從唐朝的情況看,不僅像行為污濁
的許敬宗以及被武三思和韋后引用的韋巨源之類遭到惡評,即使
張説、楊綰這樣被認為是賢臣甚至道德楷模的人在定謚時也遭到
過批評①,可見謚法激濁揚清的意義始終存在,它似乎還是曾經的
士族社會的"清議"遺留下來的一點餘緒,總之獲得美謚並不是十
分容易之事。

宋代的請謚,真宗大中祥符五年(1012)已詔令不須先奏請而
待"議訖以聞",并且最初也曾因其評議嚴格而令請謚之家生畏。
仁宗時直集賢院王㽛指出"近日臣僚薨卒,雖官品合該擬謚,其家
子弟自知父祖別無善狀,慮定謚之際,斥其繆戾,皆不請謚"的問
題,認為"今若任其遷避,則為惡者肆志而不悛",故"乞今後凡有臣
僚薨謝,不必候本家請謚,並令有司舉行,如此,則隱慝無行之人,
有所沮勸"②。可見代表興論公評的謚法還是有相當權威的,它在
一定程度上是朝廷正氣的象徵。前揭反對葬後謚的討論事實上也
是為了保持定謚的評價作用和優良傳統。

而贈官雖有"禮例",卻並無成法,給贈高低之間也更突出皇帝
的個人感情、願望及與被贈者的關係等,故也愈來愈被作為皇帝的
恩澤來稱頌。墓誌中常常提到的是"優詔"、"寵贈",所謂"聖皇憫
悼,恩禮又加,追贈前勳,方隆後命"、"緬懷近臣,載加追遠,特降恩
制"一類比比皆是③。特別是對父祖封贈,由於大多是出於皇帝即
位、册尊號、平叛、南郊或山陵等大禮大赦的詔制,所以有"追贈出

---

① 《通典》卷一〇四《單複謚議》,2719—2724 頁。

② 《宋會要輯稿·禮》五八之二天聖五年條,1612 頁;並參《宋史》卷一二四《禮志》
二七,2913—2914 頁。

③ 《唐代墓誌彙編續集》神龍〇一七《大唐故銀青光禄大夫行内侍上柱國贈左監門
將軍太原王府君墓誌銘并序》、神龍〇一九《大唐故黄門侍郎兼修國史贈禮部尚書上柱
國扶陽縣開國子韋府君墓誌銘并序》,418、421 頁。

於鴻恩,非緣臣下之求,不繫子孫之便"之説[1],强調的都是皇帝意旨,更體現了圍繞"皇恩"進行的特色。對此,獨孤及在關於郭知運諡議中"贈諡一也,贈者一時之寵,諡者不刊之令"的説法也完全可以證明[2]。由此可見,唐人是將針對官員一生功業德行給出公正評價的贈諡當作為後人提供典範的"不刊之令",卻將贈官視作代表皇帝意旨的一時恩典,兩者雖然同存並立,但也可認為是各行其是。贈官無須評議,高低之間也没有人提反對意見,只要是皇帝批准,或者更由皇帝親定官位等級,就可以執行。所以贈官和贈諡相比,人數要多得多,獲得也相對容易,而贈諡纔是始終代表和引導朝廷道德風範的最高裁定,是少數人纔可獲得的待遇和榮耀。

與贈官的不再經過評議相應和,是無論官員本人抑或父母贈官逐漸已有一定之規可循。《册府元龜》卷四七五《臺省部·奏議》六載後唐明宗長興二年(931)二月,皇帝曾根據度支員外郎吕朋龜關於追贈追封官員父母的敕文"已及周歲,有未霑恩命者,乞賜施行"的奏報,下旨令"所司報在朝文武官員及諸道州府當制内有未霑恩命者,令供申文狀,到者旋即施行,不得停滯";説明只要是符合敕文條件就可以申請,而所司也應當盡快施行,足見當時一定已有很易於操作的辦法。《五代會要》卷一四《司封》長興二年十月敕提到"在朝臣僚及藩侯郡守,據禮例(《册府元龜》卷六一《帝王部·立制度》作"理例",《舊五代史·明宗紀》作"準例")合追贈者",也説明内外官的給贈是"據禮例"或"理例"而有一定的規則,這體現為官員身分、階品和輕重程度的不同。從後來宋代的規定看,正像在任官員的選官制度愈來愈走向所謂"循資格",而應用官員考績、資歷等起決定作用的磨勘之法,贈官也有依生前等級高下所決定

---

① 語出《唐會要》卷五八《司封員外郎》寶曆元年八月膳部員外郎王敦史上言,1182頁。

② 獨孤及:《重議郭知運》,《文苑英華》卷八四〇,4437頁。

的"敘遷"次序。《宋史》卷一七〇《職官志》一〇《贈官》在"建隆已來,凡有恩例"之下曰:

> 親王贈三官,可贈者贈二官,追加大國。皇屬近親如之,
> 追加封爵。服疎及諸親之服近者贈一官。宰相樞密使贈二
> 官。使相、參知政事、樞密副使、尚書已上、三司使、節度使、留
> 後、觀察使、統軍上將軍、内臣任都知副都知者贈一官。此皇
> 族及臣僚薨卒贈官之法也。

這裏的贈"三官"、"二官"、"一官"不是代表職、階、爵等官品種類的不同,而是指升遷的遷次,按照宋朝磨勘之法,官員按階品一次升遷所達的位序是固定的,每一遷只有同等的幾種官職可以選擇,贈官與在世官品對應,按官職不同以遷次為限給贈。其中一次贈三官——贈二官並追加大國僅限於親王和皇屬近親,其次是宰相樞密使贈以二官,其他則只能贈一官;也即從一次贈官相當遷官三次到只遷一次,臣僚受贈者的範圍並非完全依照官品而以職事為定,由此造成上文所說贈官給贈與品級的規律化,其中制度化的因素大為增加,便於操作。雖然唐五代不見有類似規定,但上面所說於本品、本階之内和"加等"給贈已證明贈官始終是有規範的,因此按照升遷次序給贈的辦法應是逐漸形成的,也是贈官始終能夠有序進行的基礎。

(二)贈官與贈諡的機構分別與任務

上面的討論已經説明,贈諡的材料審覈及擬諡機構是考功和太常,但唐代掌管贈官給授的機構,卻主要是吏部司封而非太常或者考功。為了對此進行説明,這裏謹附贈官告身抄件和録文四件如下,一件為鍾紹京本人追贈官告身,另三件分別為顏真卿祖、父、母告身,屬官員父祖告身,為顏真卿所書顏氏制授告身(詳附件)。其中乾元元年(758)顏昭甫贈官告身,"宣奉行"依慣例是中書令、

中書侍郎和中書舍人,這證明像一般在世官員的給授一樣,制敕由中書擬定,但末尾部分"制書如右,符到奉行"下有"涵"字署名,中村裕一認為應當是吏部郎中李涵。李涵不見於郎官石柱題名,《舊唐書》卷一二六本傳也僅載李涵曾為司封郎中,但中村裕一認為有可能是失記①。還有寶應元年(762)顏允南父顏惟真告身,末尾的署名是"郎中〔閻〕伯璵",他在郎官石柱題名中是吏部郎中。但不同的是寶應元年顏允南母殷氏贈邑號告身末尾署名的"郎中楚金"卻是司封郎中張楚金,其人在郎官石柱司封郎中下有題名,岑仲勉考訂為玄、肅間人②。不知當時頒給贈官和追封邑號是否分屬吏部、司封③,不過後來的告身似乎證明贈官的擬贈也與司封有關。史料所見建中元年(780)十一月追贈鍾紹京的太子太傅敕授告身雖然"敕如右,符到奉行"下仍是吏部郎中署名,但原來由中書官員"宣奉行"處,中書舍人的署名卻改為"司封郎中知制誥臣張蔧",這顯然表明贈官的敕實際是由司封郎中知制誥來擬的,由司封郎中任知制誥對於本件告身的授給而言或許不僅是一種巧合,它和司封本身的職責是否有關值得思考。

　　無論如何,後來的史料證明封贈的擬官、封事還是愈來愈歸於司封。如《唐會要》卷五八《司封員外郎》不僅有元和十二年(817)十月,司封關於"文武官五品以上,請準式敘母、妻邑號,乖濫稍多"的奏文,而且將寶曆元年(825)八月膳部員外郎王敦史關於官員"準制封贈,多請迴授祖父母"的上言也歸於此門之下。上面已提到的《五代會要》卷一四《司封》長興二年(931)十月敕,更要求:

　　① 參見中村裕一:《唐代官文書研究》第三章第五節,京都:中文出版社,1991年,212、222頁;以下告身引文並見同書同章第六至八節,226、236、244—245頁。

　　② 岑仲勉:《郎官石柱題名新考訂》,上海古籍出版社,1984年,36—37頁。

　　③ 按《舊唐書》卷一二九本傳載韓滉"大曆中,改吏部郎中"(3599頁),與相關告身在廣德二年不符,存疑。

　　在朝臣僚及藩侯郡守,據禮例合追贈者,新授命後,便於所司投狀,旋與施行。(《册府元龜》卷六一《帝王部·立制度》二此下有"封妻蔭子,準格合得者亦施行"一句)自中興以來,外官曾任朝班,據在朝時品秩格例,合得封贈敍封,未需恩命者,並與施行。其敍封妻室,品蔭子孫,仍令所司一一具格式申奏。其或應得而不與,應不得而與之者,罪在所司。

　　所司即是司封,則封贈事歸司封掌管已是很明確了。《舊五代史》卷一四九《職官志》:"晉天福三年(938)十一月,起居郎殷鵬上言:'竊聞司封格式,內外文武臣寮纔陞朝籍者,無父母便與追封贈。'"雖云封贈父母,但"格式"也由司封掌。《宋會要輯稿·職官》九引《神宗正史·職官志》:"司封郎中、員外郎參掌官封、敍贈之事。宗室賜名授官,親王、內外命婦以下封爵,諸親保任其宗屬,陞朝官褒贈其祖、考、妻,皆隸焉。"[1]《職官分紀》卷九司封郎中條曰:"國朝司封掌封爵、贈官、宗室諸親命婦奏薦承襲之事。凡王公侯及內外命婦宗室諸親之封贈應取旨,則聽中書制授,而奉行其政令。"[2]均明確地説到司封關於贈官的職任,從來源和發展看,唐朝的情況也應當類似。

　　但是還應解釋顔氏贈官告身最末要由吏部郎中署名和加蓋"尚書省吏部"之印的情況。《職官分紀》對於解決這一問題頗有幫助。其書卷九在吏部官告院下説到"淳化五年(994),始專置官署於省內,掌文武官將校告身及封贈"和贈官用紙的情況,由於官告院的職能在唐歸吏部司,從而印證了唐朝贈官主要由司封所掌,同時也要通過吏部司頒發官告的情況,這當然就是吏部郎中還要操作其事的原因。在此之外,上兩書又均載宰相下設之吏房掌"百寮

---

① 《宋會要輯稿·職官》九之一七,2600頁。

② 《職官分紀》卷九,251頁。

贈官追封、敘封"之事。宰相機構下設五房,自開元中始,其職由來已久。這個職責與具體操作的司封也應是相溝通的。總之贈官總體仍歸吏部操作,應該是沒有疑問的。

盡管如此,如上所述由於贈官範圍、人數的不斷擴大,贈官手續唐朝顯然已經簡化,對王公和三品以上高級官員而言,贈諡重於贈官,對於其他官員及其先世封贈而言,贈官更流為一種程式。一般情況下有司只要聽憑皇帝的旨意,或按照規程操作就好,評價體系已經完全不重要了,這不但表明了贈官與贈諡機構在任務上的分別,也是中古前期與後期贈官制度最重要的變化之一。

附件 1. 唐建中元年(780)十一月贈鍾紹京太子太傅告身(抄件)①:

　　敕:古之將相,有功濟於艱危,系於社稷,則身殁之後,其名益彰。唐隆功臣,故光祿大夫、中書令、户部尚書、上柱國、越國公、食實封五百户鍾紹京,昔以運偶云龍,心貞鐵石,扶翊我祖,戡亂定功,一揮妖氣,再清宫闈,成提劍之業,在綴旒之辰;固可以勳銘鼎彝,書美青史,亦已秉鈞西掖,曳履南宫,而旌其功烈,未有寵贈。儲傅之位,次於三公,用以敕終,光乎幽穸,可贈太子太傅。
　　　　　　建中元年庚申十一月五日
　　　　　　　　太尉兼中書令汾陽〔郡〕王〔臣〕　假
　　　　　　　　中書侍郎闕
　　　　　　　　司封郎中知制誥臣　張薦　宣奉行
　　　〔奉
　　敕如右,牒到奉行。〕②
　　　　侍郎(中)闕
　　　　銀青光祿大夫〔守〕門下侍郎〔同〕平章事　炎

---

　　①　本件中村裕一:《唐代公文書研究》第五章第一節據陳柏泉録文(《江西出土墓誌選編》,南昌:江西教育出版社,1991 年)復原,東京:汲古書院,1996 年,368—370 頁。並參劉安志《關於唐代鍾紹京五通告身的初步研究》,嚴耀中主編:《唐代國家與地域社會研究——中國唐史學會第十屆年會論文集》,上海古籍出版社,2008 年,116—119 頁。
　　②　此脱文為中村裕一指出,故補。

　　　　　正議大夫行給事中審①
　　　　　　　十一月六日寅時　都事丁固
　　　　　　　　右(左)司郎中張縈

吏部尚書　闕
朝請大夫權知吏部侍郎輕車都尉　説
吏部侍郎闕
尚書左丞　闕
告贈太子太傅鍾紹京第。奉
敕如右,符到奉行。
　　　　　　　　　主事　思孔
郎中　定國　　　令史　劉光②
　　　　　　　　書令史　趙仁
　　　　　建中元年十一月八日下

附件 2. 乾元元年(758)顔昭甫贈官告身③

1　改(故)曹王屬曹王晉王侍讀顔昭甫
2　　　　右可贈〔使持節華州諸軍事〕華州刺史。
3　〔門〕下:有後之慶,諒存乎義;
4　飾終之典,用彰於錫類。
5　故利州司功參軍嚴方約
6　等,早申嘉績,凤負良才,名

---

　　①　"審"下原有"道奉制書如右,請奉制付外施行。建中元年十一月五日。制可"語,中村裕一已指出為衍文,故不録。

　　②　"劉光",中村裕一作"劉光書",而下行"書令史"之書復另補,此處以"書"字從下。

　　③　以下三件轉録自中村裕一:《唐代官文書研究》第三章第五節,京都:中文出版社,1991 年,210—212、225—227、234—236 頁。下同。按原録文為中村裕一據日本二玄堂《忠義堂帖》顔真卿家族告身五種,除顔惟真和殷氏告身外,還有乾元元年(758)顔真卿、顔杲卿祖顔昭甫贈官告身以及顔元孫和顔真卿自己的在世制授告身。其祖告身説明是與嚴方約等一同贈,制文有"雖舟壑已謝,久淪過隙之期;而子孫皆賢,實積高門之祉。屬恩加令嗣,澤及先臣"語,説明也是來自子孫的贈官,中村裕一推定應與顔真卿或顔杲卿的功勞有關。

7　　器重於當時,聲慶著於遺

8　　烈。雖舟壑已謝,久淪過隙之

9　　期;而子孫皆賢,實積高門

10　　之祉。屬恩加令嗣,澤及先

11　　臣,宜優表贈之禮,俾洽□

12　　榮之命。可依前件,主者施

13　　行。

14　　　　　乾元元年四(二?)月十六日

15　　　　　特進給(?)行中書令上柱國趙國公臣　崔圓　宣

16　　　　　中書侍郎　〔闕〕

17　　　　　〔文散官中書舍人勳封臣　姓名　奉行〕

18　　特進(行)侍中曹(韓)〔國公臣〕　晉〔卿〕

19　　黃門侍郎　闕

20　　朝議大夫行給事中臣　休　等言

21　　制書如右,請奉

22　　制付外施行,謹言。

23　　　　　乾元季(元?)年四(二?)月十六日

24　　制可

25　　　　　　〔四〕(二?)月〔十□日　時〕都〔事姓名〕受

26　　　　　　左司〔郎中付吏部〕

27　　〔司徒〕兼左僕射上柱國代國公　史(使?)

28　　開府〔儀同〕三司行右僕射〔冀〕國公臣　冕

29　　吏部尚書　闕

30　　銀青光祿大夫行吏部侍郎岐陽縣開國男　〔震〕

31　　吏〔部〕侍郎　闕

32　　尚書左丞　闕

33　　告贈〔使持節華州諸軍事〕華州刺史顏昭甫

34　　第。奉被

35　　制書如右,符到奉行。

36　　　　　　　主事〔姓名〕

37　〔吏部郎中〕　涵　　令史〔姓名〕

38　　　　　　　　　〔書令史姓名〕

39　　乾元元年四(二?)月十七日下("尚書省吏部之印"一方)

附件 3. 寶應元年(762)顏惟真贈官告身

1　正議大夫行國子司業顏允南

2　亡父故通議大夫行薛王〔友〕

3　柱國惟貞

4　　右可贈秘書少監。

5　門下：悼往之義，必在於懷賢；飾終

6　之典，允資於錫類。銀青光

7　禄大夫行尚書右丞崔渙

8　亡父贈貝州刺史璩等，才

9　業貞脩，風襟淳茂，或文儒

10　著稱，早踐於周行；或幹用

11　馳聲，備更於歷選。或量才

12　未適，或稟命不融，永惟過

13　陳之悲，是得承家之美。教

14　忠斯在，行慶攸歸，宜覃泉

15　壤之恩，式叶哀榮之命。可

16　依前件，主者施行。

17　　　〔寶應元年七月　日〕

18　　　　〔司徒兼中書令　在使〕

19　　　　〔銀青光禄大夫行中書侍郎同中書門下平章事許昌縣
　　　　　　　開國子臣　元載　宣〕

20　　　　〔文散官中書舍人(臣)□□□　奉行〕

21　〔特進行侍中上柱國韓國公臣　晉卿〕

22　〔銀青光禄大夫行黃門侍郎同中書門下平章事臣　遵慶〕

23　〔文散官給事中(臣)□□　等言〕

24　〔制書如右，請奉〕

25　〔制付外施行,謹言。〕

26　　　　　　　　〔寶應元年七月　　日〕

27　制可

28　　　　　　〔七〕月　日申時都事　〔姓名受〕

29　左司郎中喬　闕

30　尚書左僕射　闕

31　開府儀同三司尚書左僕射兼御史大夫上柱國　冕

32　吏部尚書　闕

33　銀青光祿大夫行吏部侍郎上柱國清河縣開國子　孚

34　銀青光祿大夫行吏部侍郎上柱國博陵縣開〔國〕男　寓

35　銀青光祿大夫行尚書左丞上柱國汝南縣開國伯　冽

36　告贈秘書少監顏惟貞

37　第。奉被

38　制書如右,符到奉行。

39　　　　　　　令史(主事)〔姓名〕

40　　郎中　伯璵　　令史　王涓

41　　　　　　　書令史〔姓名〕

42　寶應元年七月廿七日下("尚書省吏部之印"一方)

附件 4. 寶應元年(762)顏允南母殷氏贈邑號告身

1　正議大夫行國子司業上柱國

2　金鄉縣開國男顏允男亡

3　母贈蘭陵郡太君殷氏

4　　　右可贈蘭陵郡太夫人。

5　門下:禮厚飾終,義殷錫

6　類,永惟泉壤,諒在哀榮。

7　　金紫光祿大夫守太子

8　　少保集賢殿學士副知

9　　院士上柱國昌黎郡開

10　　國公韓擇木亡母贈南

11 陽縣太君張氏等，柔順

12 壼儀，慈和家範，合章

13 內備，純德外昭。遽從邊

14 窒之悲，空聞擇鄰之訓；

15 顧其胤嗣，光我搢紳。或

16 已及追封，或未從表贈，

17 載覃渥澤，爰治（筆者按：“治”當作“洽”）幽明；宜

18 弘休命，俾協彝典。可依

19 前件，主者施行。

20 　　　　　寶應元年十月九日

（以下格式略同顏惟真告身，故略）

·····················

39 告贈蘭陵君太夫人殷

40 氏第，奉被

41 制書如右，符到奉行。

42 　　　　　令史（主事）晙

43 郎中　楚金　　　令史趙清

44 　　　　　書令史　　姓名

45 　　　寶應元年十一月一日下（「尚書省吏部之印」一方）

第十二章　光宗耀祖
——父祖封贈的唐宋實踐

　　與前代不同的是,唐代官員除了自身贈官之外,又有從赦書德音取得的父祖封贈。從贈官制度的發展可以得知,中古前期的贈官制是沿士族制體系發展而來,它與其時在世選官制度兩相映照,從總體上體現着對於皇朝親貴和世族社會地位的維護。進入官僚化程度漸深的唐宋時代,贈官制度與以往相比其意義自然不能同日而語。那麽,與官僚階層切身利益相關的贈官制度又有了怎樣的發展及特點? 特別是作為體現等級身分的一種殊榮,本身已越出喪葬範圍的贈官在適應社會變革的過程中,又能夠起到怎樣的作用? 以上唐代官員的自身贈官雖有變化,但是無如父祖封贈更具時代特色。父祖贈官制度是北朝以降發展起來的新事物,是唐宋贈官制度中最為獨特也最值得重視的方面,不瞭解這一點則無法得知贈官對於唐宋社會變化發展的本質意義,從這裏出發,需要我們對其内容方式予以深入探討。

一　以赦書"德音"封贈為基礎的官員父祖封贈

　　"光宗耀祖"本是晚近的民間社會中一種流行的説法,意思是子孫的功名業績為父祖帶來了榮耀和光輝,但是如果用來形容官員父祖先世的封贈,恐怕最為貼切。洪邁《容齋隨筆》論曰:"封贈先世,自晉宋以來有之,迨唐始備,然率不過一代,其恩延及祖廟者絶鮮,亦未嘗至極品……唐末五季,宰輔貴臣,始追榮三代,國朝因之。"①因子孫為官而追榮三代或者就是"光宗耀祖"的最早淵源。但這裏的封贈並不是趙昇《朝野類要》所謂"生曰封,死曰贈,自有格法典例"的封贈②,而是專指對先世的追贈。由於男性授官,而女性授封號,所以久而久之,兩字既可以各指生前死後,也可以並指追封追榮,於是遂封贈並舉,兩義俱存。這裏所言"封贈"隨文定義,但一般情況下,以後者為主。

　　前已指出,封贈先世雖如洪邁所說晉宋已有,但自北朝北魏至齊、周方有愈來愈多皇帝親信和功臣權要得以追贈父官或爵之實例,而逐漸成為一種顯示官員身分、非常榮耀的贈予。至隋也有鄭譯、蘇威、李德林等一些大臣都得到贈父的優賞,說明官員自身的功德已經可以榮及贈父。

　　封贈先世如僅就男性而言,在先僅僅是作為皇帝殊恩,不曾有普遍性的推廣。但是玄宗時韋述已指出"近代已來,寵贈無紀,或以職位崇顯,一切優錫,或以子孫榮貴,恩例所加,賢愚虛實為一貫矣"的現象③,也即在本人因職位崇顯獲優贈的同時也有父祖沾子孫之光而得到贈官的一貫之例。那麼唐朝的父祖封贈是如何展開? 此前徐樂帥《中古時期封贈制度的形成》一文(以下簡稱徐文)雖然對隋、唐前期的概況乃至唐中後期的"恩例封贈"及其制度化的問題有過論述,但是鑒於唐代父祖封贈的發展是一複雜過程,對其意義也有深入認識和發掘的必要,因此這裏仍就此問題的要點

---

①　《容齋隨筆·四筆》卷一三《宰相贈本生父母官》,767—768 頁。

②　《朝野類要》卷三,67 頁。

③　《舊唐書》卷八四《裴光庭傳》,2807—2808 頁。

與前人未曾注意到的内容再作些討論。

(一)從功臣贈父、"迴恩贈父"到遇赦封贈的出現

唐初的先世封贈一如前朝而有之,外戚如太宗長孫皇后、高宗王皇后及武則天父皆得贈官或加贈,多者已有追贈三代。而如徐樂帥文章指出,凌煙閣功臣之父多追贈刺史,有的兼贈封爵。史料所見貞觀中有房玄齡①、高士廉②、尉遲敬德③、鄭仁泰④、唐儉⑤、程知節⑥、李勣⑦、安興貴⑧等贈父,則贈父大約已是唐初對開國元勳的一項特殊待遇。高宗以後將相功臣或親信中父得贈官者仍有不少,如許敬宗、李義府、大將軍曹欽父都被追贈為州刺史⑨;武則天

---

① 李百藥:《唐故都督徐州五州諸軍事徐州刺史臨淄定公房公碑》,《全唐文》卷一四二,1449—1450頁。

② 陳子昂:《唐故循州司馬申國公高君墓誌》,《全唐文》卷二一五,2178頁。按碑載高士廉父勵,隋授楊、楚、洮三州刺史,"貞觀初贈恒定并趙四州刺史,垂拱中又贈特進",當因高士廉故。

③ 《唐代墓誌彙編》顯慶一〇〇《大唐故開府儀同三司鄂國公尉遲君(敬德)墓誌并序》,291頁。按墓誌言敬德父贈汾州刺史,幽州都督、常寧安公,但據《舊唐書》卷六八《尉遲敬德傳》(2500頁),幽州都督乃顯慶三年所贈,則貞觀所贈乃汾州刺史,常寧安公亦有可能贈於貞觀。

④ 《唐代墓誌彙編》麟德〇一八《大唐故右武衛大將軍使持節都督涼甘肅伊瓜沙等六州諸軍事涼州刺史上柱國同安郡開國公鄭府君(仁泰)墓誌銘并序》,406頁。按鄭仁泰父在隋僅為州錄事參軍,唐朝贈平州刺史。

⑤ 《唐代墓誌彙編續集》顯慶〇〇六《大唐故開府儀同三司特進户部尚書上柱國莒國公唐君(儉)墓誌銘并序》,89頁。按唐儉父贈太常卿、上柱國。

⑥ 《唐代墓誌彙編續集》麟德〇一九《大唐故驃騎大將軍益州大都督上柱國盧國公程使君(知節)墓誌銘并序》,151頁。按程知節父贈瀛州刺史。

⑦ 《唐代墓誌彙編續集》總章〇一〇《大唐故司空太子太師贈太尉揚州大都督上柱國英國公勣墓誌銘并序》,178頁。按李勣父為散騎常侍、封舒國公,贈潭州都督,諡曰節;祖贈濟州刺史。據《舊唐書》卷六七本傳,其父授官亦由李勣。

⑧ 《張說之文集》卷一六《河西節度副大使安公碑銘并序》,《四部叢刊》本;並參《全唐文》卷二三〇,2331頁。按安興貴父贈石州刺史、貴鄉公。

⑨ 《舊唐書》卷八二《許敬宗、李義府傳》,2763,2767頁;《唐代墓誌彙編續集》乾封〇一四《大唐故左驍衛大將軍上柱國雲中縣開國公曹府君(欽)墓誌銘并序》,166頁。

時幸臣張易之、昌宗父希臧,亦由雍州司户贈為襄州刺史①。

官員贈父的恩典最初仍只給有功大臣或個別親信,不過它顯然已是官員顯貴以後的願望,所以有時即出自官員本人請求削官贈父的所謂"迴贈"。史料記載表明即使貴為二品三品的宰相功臣,也不能因官高位重就順理成章地贈父,而只能申請將自己的官爵轉讓予父。但"迴贈"或"削官秩迴恩贈父"一般只是一個説法,如獲批准,大多數情況下並不一定真正削減官員自己的官封②。

然則正如徐文所指出,中宗即位以後的神龍元年(705)九月《親祀明堂赦》卻出現了直接源自皇帝慶賜赦書的普贈,此即"恩制"或者"恩例"封贈,宋代亦稱為大禮封贈。至玄宗朝這種普贈形式獲得發展,除開元九年(721)十二月敕對"中書門下、六尚書、御史大夫、諸衛大將軍,及食實封功臣並二品已上官","其亡父無五品已上官者"予以褒贈之外③,玄宗一朝至少還曾有過五次通過禮慶活動的大赦發布對官員父母普贈的命令,其中開元十七年十一月玄宗謁諸陵還的大赦天下制書最為重要。此後的四次皆在天寶七載(748)以後,也即是天寶後期逐漸密集起來的。由於唐朝這類赦書的發布不僅因即位、南郊等大禮,也包括平叛等的慶祝,又由於皇帝的制詔赦文也可以統名為"德音",因此為了方便起見,本文下面暫將這類封贈一般化地稱之為禮慶封贈或者赦書"德音"封贈。

赦書"德音"普贈的最初範圍是在京五品以上的臺省要職清

---

① 《舊唐書》卷七八《張行成附張易之、昌宗傳》,2706頁。

② 如《舊唐書》卷八九《姚璹傳》武則天延載初(694)姚璹擢拜納言,加秋官尚書同平章事,以監造天樞功當賜爵一等,"璹表請迴贈父一官,乃追贈其父豫州司户參軍處平為博州刺史"。同書卷七七《韋待價傳》垂拱中韋待價拜文昌右相、同鳳閣鸞臺三品,表請削官秩迴恩贈父,於是贈其父韋挺潤州刺史。分見2903、2672頁。

③ 《册府元龜》卷一三一《帝王部‧延賞》二,1570頁。

官。神龍《親祀明堂赦》即有"内外職事官三品已上及四品清官,並中書門下五品(《册府元龜》"五品"下有"官"字),父已亡者,並量加追贈"之明文①。開元十七年赦規定的範圍更為具體:

> 中書門下、丞相、尚書、開府、三省(三公?)、大將軍,父並賜(贈?)三品官。九卿,三監、十二衛、監門羽林軍、五省長官,三府尹、大都督府長史,父各贈四品官。〔五品〕以上清官,父各賜(贈?)五品官。凡所贈官,宜兼贈母邑號。俾夫羣臣受榮,上延父母先帝遺澤,下及幽冥。②

外官中的節度、刺史等最初並不在制書規定父母給贈的範圍内③。直到天寶十三載册尊號赦規定"其内外見任官階俱是三品已上、父未有五品官及無官已亡殁者,宜各贈五品〔官?〕;及母無邑號者,亦與追贈。其見任四品、五品清官,官階俱是五品已上者,亡父母先無官號者,亦準此追贈"④,外官高品纔被列入父母封贈的範圍。可以認為是隨着唐朝廷對外擴張,重内輕外的傾向已逐步有所改變。史料記載已見有封常清天寶十三載入朝,"亡父母皆贈封爵"的例證⑤。封常清官安西副大都護、兼御史大夫,從三品,其父母之贈是否即源於赦書還不能肯定,不過開、天中由詔敕赦書作為封賞來規定官員先世的普贈範圍明顯已成為一種趨勢。而從詔書來看,官

---

① 《唐大詔令集》卷七三《親祀明堂赦》,411 頁;《册府元龜》卷八四《帝王部·赦宥三》,995 頁。按此文《全唐文》卷一六作"大赦雍州制",191 頁。

② 《册府元龜》卷八五《帝王部·赦宥》四,1007—1008 頁。按"三省"不通。《唐大詔令集》卷七七《謁五陵赦》(440 頁)"三省"作"三司",則"開府三司"或即"開府儀同三司"之誤,但文淵閣四庫全書本《唐大詔令集》卷七八《上聖祖大道玄元皇帝號並五聖加謚制》相同内容又作"開府三少"(426 册 593 頁),故疑也有可能是"三公"或"王公"之誤。

③ 韋述:《贈東平郡太守章仇府君神道之碑》載章仇兼瓊父開元二十九年贈宋州司馬,至天寶三載父贈東平郡太守,祖贈汲州司馬;似仍為個别情況。《全唐文》卷三〇二,3068 頁。

④ 《唐大詔令集》卷九《天寶十三載册尊號赦》,55 頁。

⑤ 《舊唐書》卷一〇四《封常清傳》,3209 頁。

員本人封贈的基準雖然仍有階品限制，但基本是依現任職事，在朝官且與職務的清要程度有關，而且也會根據需要調整，這一點，直接影響到唐後期的封贈。

至於贈祖，則唐前期得之者甚少。《唐代墓誌彙編》神龍〇三〇《唐贈太子中舍人丹陽甘府君墓誌》，稱神龍二年二月，下制贈"鴻臚卿、上柱國、丹陽郡開國公甘元柬祖基"太子中舍人，夫人贈酒泉縣君。這裏甘元柬官僅太常卿，但據說為武三思黨羽，祖父母得贈就不奇怪了①。不過多數情況似乎還是給宰相和有功人士。前揭墓誌表明太宗朝李勣即是父祖皆被贈官。劉幽求中宗末參加李隆基與太平公主的政變，"以功擢拜中書舍人，令參知機務"，不僅賜爵並授二子五品官，祖、父亦俱追贈刺史②。前章所言姚崇為父祖重修墳墓的玄堂記中，就記有其兩代因姚崇所得贈官。開元二十四年，牛仙客為工部尚書同中書門下平章事，"明年，特封豳國公，贈其父意為禮部尚書，祖會為涇州刺史"③。唐人有"開元新詔，惟許宰相回贈於祖"的說法，不知何據，但史料所見仍多為個例，宰相因大禮德音而贈祖更多還是唐後期的情況。

附表 21. 神龍元年和開元十七年兩次赦書封贈舉例

年代	子	官職	品級	父	贈官	品級	史料來源
神龍元年	崔挹	國子祭酒	從三	崔仁師	同州刺史	正三	《舊唐書》卷七四《崔仁師傳》。
同上	司馬鍠	中書侍郎	正四下	司馬希奭	懷州長史	從五上	《唐代墓誌彙編》（下簡稱《彙編》）開元三三五。

---

① 分見《舊唐書》卷一八三，4735 頁；《新唐書》卷二〇六《外戚·武三思傳》，5841 頁。
② 《舊唐書》卷九七《劉幽求傳》，3039 頁。
③ 《舊唐書》卷一〇三《牛仙客傳》，3196 頁。

續表

年代	子	官職	品級	父	贈官	品級	史料來源
同上	楊徽 楊洸	兵部郎中 武衛將軍	從五 從三	杨至誠	太州刺史	從三	《張説之文集》卷一六《贈華州刺史楊君碑》。
開元十七年	蕭嵩	中書令	正三	蕭灌	吏部尚書	正三	《册府元龜》一三一《帝王部·延賞》二，《張説之文集》卷二五《贈吏部尚書蕭公神道碑》。
同上	裴光庭	吏部尚書同平章事	正三	裴行儉	太尉(中宗已贈揚州大都督)	正一	《册府元龜》一三一《帝王部·延賞》二。
同上	高力士	右監門衛大將軍	正三	馮君衡 妻麥氏	廣州大都督(原贈潘州刺史) 越國夫人	正四下 正三 正三	《舊唐書》卷一八四、《新唐書》卷二〇七《高力士傳》，《張説之文集》卷一六《贈廣州大都督馮府君神道碑》。
同上	王毛仲	開府儀同三司、殿中監	從一	王某	益州大都督(原贈秦州刺史)	從三 從二	《舊唐書》卷一〇六《王毛仲傳》。
同上	崔沔	左散騎常侍	從三	崔皚	衛尉少卿	從四上	《彙編》大曆〇六二。
同上	程伯獻	左金吾大將軍	正三	程處弼妻	太子詹事鄧國夫人	正三	《彙編》開元四八二。
同上	李瑋	禮部尚書、朔方軍節度使	正三	李琨	工部尚書、吳王	正三	《舊唐書》卷七六《吳王恪附李琨傳》。
同上	源光乘	左衛率府中郎	正四下	源翁歸	相州刺史	從三	《彙編》天寶一〇五。

續表

年代	子	官職	品級	父	贈官	品級	史料來源
同上	馮紹正	少府監		馮昭泰	工部尚書（原贈大理卿）	正三	《張說之文集》卷二五《故括州刺史贈工部尚書馮公神道碑》。
同上	呂玄武	鄜州刺史		呂處貞妻	慶王友河間郡君	從五下五品	《唐丞相曲江張先生文集》卷二○《唐贈慶王友東平呂府君碑銘并序》①。

(二)唐後期赦書德音中父祖封贈的發展

　　安史之亂以後,對於高級文官、武將父母的生封死贈作為一種獎勵和安撫的措施一開始即出現在朝廷平亂的詔書中,此後改元、即位、郊天、册尊號以及一些平亂的各類詔敕赦文中亦不斷有之,徐文統計唐後期從肅宗到昭宗共發布了二十三道包含封贈父祖内容的詔令赦文,認為已經具備制度化的雛形,並總結了安史亂前重内輕外局面的扭轉。指出在肅、代時期的赦文封贈中將"上郡太守"或者州刺史與京官並列的情況,認為反映了地方官地位的明顯上升。此類贈父母條款在後來的赦文中大體蕭規曹隨,且不僅外官,京官所定範圍資格往往也根據需要比五品有所擴大,享有此待遇者是朝廷倚重的内外要官重職或功臣節烈,甚至包括八品以上能夠經常見到皇帝、職繫政事核心的常參官,關於這一點,留待下面再予以詳述。但無論如何,通過大禮大慶的赦書"德音"封贈官員父母已逐漸成為經常性的措施。

---

　　① 《唐丞相曲江張先生文集》卷二○。按文稱呂處貞有四子:"長曰玄知,今左威衛司戈;次曰玄悟,中散大夫使持節鄜州刺史;次曰玄智,左威衛執戟;次曰玄爽,左衛長上,惟悟至大官。"按呂處貞天册二年已卒,墓誌言其"屬恩推子貴,名彰身後",是從子得贈。開元十七年無贈刺史父官者,或呂玄悟彼時尚未出外官,或因他子,存疑。

　　對於祖父母的普贈也出現在《至德二載(757)收復兩京大赦》一類赦文中[1]。徐文亦以德宗《平朱泚後車駕還京赦》和元和十三年(818)正月乙酉大赦為例予以說明,不過最初的範圍還比較含混,至德二載赦說"五品以上清資官,及三品以上官、上郡太守",都是"父祖先亡殁者,贈一人官,祖母亡殁,亦追贈邑號"。平朱泚赦也說是三品以上,祖父母父母亡者,並與追贈,並沒有將父祖單獨分出。但貞元九年(793)南郊大赦規定"宰輔及在方鎮者,祖父各與追贈"[2],方使宰相遇大禮大赦封贈祖父母的問題開始明朗起來。

　　然而對唐朝宰相贈祖的情況,仍存在一些疑問。宋人洪邁即提出:

　　　　唐世贈典唯一品乃及祖,餘官只贈父耳。而長慶中流澤頗異,白樂天制集有戶部尚書楊於陵,回贈其祖為吏部郎中,祖母崔氏為郡夫人。馬總準制贈亡父,亦請回其祖及祖母。散騎常侍張惟素亦然,非常制也。是時,崔植為相,亦有《陳情表》云:"亡父嬰甫,是臣本生,亡伯祐甫,臣今承後;嗣襲雖移,孝心則在。自去年以來,累有慶澤,凡在朝列,再蒙追榮,或有陳乞,皆許回授。臣猥當寵擢,而顯揚之命,獨未及於先人。今請以在身官秩,並前後合敘勳封,特乞回充追贈",則知其時一切之制如此。[3]

洪邁所云"唐世贈典唯一品乃及祖",似乎只就官品而言,從列舉崔植為例來看,宰相也不一定在其內。宋敏求更以"權德輿罷相,為檢校吏部尚書、興元節度使,自潤州改葬其父於東都亡祖之域。其

①　《唐大詔令集》卷一二三,660頁。
②　《册府元龜》卷八一《帝王部·慶賜》三,942頁。
③　《容齋隨筆·五筆》卷八《唐臣乞贈祖》,901頁。

祖倕,終右羽林軍録事參軍,因表納檢校吏部尚書兼御史大夫,請回贈祖一官。詔不許納官,特贈倕尚書禮部郎中"為例,來證明"唐相止贈一代"①。但是宋敏求没有注意到,在憲宗元和十二年閏五月五日給權德輿的敕書中提到"卿位更將相,委重藩方,褒贈自是典章,豈必更迴官秩"②,已表明皇帝承認宰相贈祖是有典制的。既然如此,那麼為何原來不見行呢? 這是因為用宋人的話説,此事當牽涉初拜即贈還是"經恩"後的贈官,後者就是必須經遇普贈的恩准。唐朝的父祖贈官一般只能來自詔敕或赦書德音,德宗平朱泚與憲宗元和十三年平定淮蔡均是非常之大慶,而權德輿任相及遷葬事皆不在遇赦之際,所以仍只能通過請求以己官"回(迴)贈"的方式實現贈祖。

不過,洪邁已經注意到長慶以後"流澤頗異"的變化,而這也已為其時赦書所證明。雖然《唐大詔令集》卷二《穆宗即位赦》規定"中書門下並諸道節度使、諸州府長官、東都留守及京常參官、諸軍使等,父母、祖父祖母並節級與追贈,父母存者與官封,已經追贈者更與改贈",仍未將贈祖父母的官品資格品級嚴格區分;但在長慶元年(821)南郊赦書中"祖父母、父母並與贈官官封"卻再次被明確到"中書門下及節度使帶平章事"範圍內③,此後敬、文、武、宣各朝的南郊乃至懿宗的即位赦文中也均有重複④。另外《册府元龜》卷一三一《帝王部·延賞》載元和十五年六月穆宗關於韓弘、蕭俛、段文昌、田弘正、李夷簡、裴度、劉總等人的父祖封贈,也説明對宰相與河北强藩及淮南、河東等大節度使相父、祖皆贈高官。可見宰

---

① 《春明退朝録》卷中,21—22 頁。

② 《權載之文集》卷四六《應緣遷奉狀制書手詔等》,《四部叢刊》本。

③ 《唐大詔令集》卷七〇《長慶元年正月南郊改元赦》,393 頁。

④ 《文苑英華》卷四二七《寶曆元年正月七日赦文》、卷四二八《大和三年十一月十八日赦文》、卷四二九《會昌五年正月三日南郊赦文》、卷四三〇《大中元年正月十七日赦文》、卷四二〇《大中十三年十月九日嗣登寶位赦》,2165、2170、2176、2181、2127 頁。

相、使相贈祖已形成制度,而"唐相只贈一代"的情況確實在穆宗以後有更顯著的變化。

但有一點也須注意,即其時贈祖似乎深入人心,已有擴大到其他官員的跡象。《唐會要》卷五八《司封員外郎》載寶曆元年(825)八月,膳部員外郎王敦史上言提出"中外官僚準制封贈,多請授祖父母。臣謹詳古禮及國朝故事,追贈出於鴻恩,非由臣下之求,不繫子孫之便",其中"準制封贈",大概就是指寶曆元年(825)正月親祀南郊的赦書①。而王敦史提到"開元新詔,唯許宰相迴贈於祖",針對寶曆初竟然"常僚率援此例",要求仍依"典法",也就是仍按照赦書的原則,將宰相、使相與其他內外官員區別開來。得敕批"從之"。

因此從當時的情況看,除宰相、使相之外,其他朝官可能還是需要通過請求"迴贈"實現贈祖。白居易作有戶部尚書楊於陵祖楊冠俗贈吏部郎中制,說明得贈是由楊於陵申請"迴贈"己官而來,之後他的祖母也因"推恩"贈郡夫人②。李翱作楊於陵墓誌,稱其除祖外還有"曾祖珪辰州司戶,贈膳部員外郎"和"父太清宋州單父縣尉,累贈至太保"③,楊珪據《新唐書》卷七一下《宰相世系表》一下,不載其他子孫,則楊於陵曾祖贈官或也自他而得。楊於陵生前官至檢校左僕射兼太子少傅,父累贈既官品已高,則通過迴贈授予祖與曾祖是可能的。

一些宰相權臣因有"恩制"不但父祖均有贈官,且還可以將多餘者申請迴贈其他非直系親屬。《東觀奏記》卷上載宣宗初加贈李

---

① 《文苑英華》卷四二七《寶曆元年正月七日赦文》,2165 頁;《唐大詔令集》卷七〇《寶曆元年正月南郊赦》,395 頁。

② 《白居易集》卷五二《戶部尚書楊於陵祖、故奉先縣主簿楊冠俗可贈吏部郎中,於陵奏請迴贈制》、卷五四《楊於陵亡祖母崔氏等贈郡夫人制》,1097、1094 頁。

③ 《唐李文公集》卷一四《唐故金紫光祿大夫尚書右僕射致仕上柱國弘農郡開國公食邑二千戶贈司空楊公墓誌銘》,《四部叢刊》本。

德修為禮部尚書。李德修為吉甫長子,寶曆中方徵諫議大夫,"連牧舒、湖、楚三州",原贈工部侍郎。"時吉甫少子德裕任荊南節度使、檢校司徒、平章事,上即位普恩,德裕當追贈祖父,乞回贈其兄,故有是命。"①由於李德裕祖父早有贈官,所以請求將祖父官"回贈"李德修,使之從贈工部侍郎到贈禮部尚書,提高了階品。德宗時于邵姊獲贈隴西郡夫人,謝表稱"豈意詔書下降,聖澤旁流,念微臣之瑣功,封及其姊;迴聖代之茂典,榮彼重泉"②,頗疑也是申請"回贈"或出於殊恩。

(三)女性隨夫、子封贈和禮慶封贈的確立

王敦史的上言強調"追贈出於鴻恩",而由於赦書德音形成普贈的情況,所以唐後期的一些贈官制書中常有一制數人甚至數十人的情況,如白居易作贈柳公綽父等制和韓愈、鄭餘慶等母追贈制等③,後者提到"朕去年仲月統御之初,發號推恩,先降是命",說明母追贈也是執行禮慶封贈的結果,而且已開始走向常規化、定式化了。另外唐朝女性與男性生封死贈在五代得以統一,而大禮封贈作為封贈的主要方式,以及按官員級別的三代封贈之法也在宋朝得以確立。

1. 女性的封贈和禮慶封贈的定型

這裏在男性贈官之外,或許還應說明一下女性的封贈情況。

---

① 《東觀奏記》卷上,87頁;并參《唐語林校證》卷七《補遺》,632頁。
② 于邵:《謝贈姊隴西郡夫人表》,《全唐文》卷四二四,4329頁。
③ 《白居易集》卷四八《鄭餘慶、楊同懸等十人亡母,追贈郡國夫人制》、卷四九《柳公綽父子溫贈尚書右僕射,竇侔父叔向贈工部尚書,薛伯高父懌贈尚書司封郎中,元宗簡父鋸贈尚書刑部侍郎,皇甫鏞父愉贈尚書右僕射,韋文恪父漸贈太子少保,王正雅父翊贈太子太師,范季睦父彦贈禮部郎中,八人亡父同制》、卷五〇《韓愈等二十九人亡母,追贈國、郡太夫人制》,1015、1035、1049頁。

女性的封贈一向是以已婚婦女為主，而附屬男性進行的。不同的是，唐朝前期官員的在世父祖本無敘封，五品以上母妻在世邑封卻早有制度規定。《唐六典》卷二司封郎中員外郎條規定："王母、妻為妃一品及國公母、妻為國夫人；三品已上母、妻為郡夫人；四品、若勳官二品有封，母、妻為郡君；五品、若勳官三品有封，母、妻為縣君。散官並同職事。勳官四品有封，母、妻為鄉君。其母邑號皆加'太'字，各視其夫及子之品，若兩有官爵者，皆從高。"官員有官爵符合要求，就可以申請在世母妻的邑封。且與前代相仿，除內宮妃嬪及公主郡主等因身分封贈之外，婦女在世邑號，一般隨夫或子，死後封贈亦同。《唐六典》所謂"若兩有官爵者，皆從高"，也即不限從夫從子，皆按就高不就低的原則進行①。雖然如此，婦女死後的封贈，一般也多借重大禮而行。由於妻如從夫封號一般是在世時已授，赦文德音中也很少有贈妻的內容，所以制度涉及更多的，往往是借子孫為地的官員母及祖母之贈。

在女性的各種封爵中，唯國夫人不輕授。《唐會要》卷八一《階》元和十三年（818）制書規定外命婦封，"三品已上階為郡夫人即止。其國夫人，須待特恩，不在敘例"。代宗時于休烈妻韋氏卒，"上以休烈父子儒行著聞，特詔贈韋氏國夫人，葬日給鹵簿鼓吹"②。韋氏死於于休烈之前，當時于休烈官金紫光祿大夫、工部尚書、東海郡公，官、階均不過三品，加爵亦才二品，妻在世封不過郡夫人，韋氏卒贈國夫人之號，正是皇帝敕批的特例。

唐代的在世敘封本來不包括男性，父祖敘封和追贈都是後來

---

① 並參見《唐會要》卷二六《命婦朝皇后》景云四年六月條，574頁；但五代後漢又改父在母"敘封亦不合用子蔭之限"，即父在世如從子得官已高，可以蔭妻；但如官階卑下，其母亦不能單獨因子得封。《五代會要》卷一四《司封》，242—243頁。並參見杜文玉：《五代敘封制度初探》，32—33頁。

② 《舊唐書》卷一四九《于休烈傳》，4009頁。

通過南郊大赦、新帝即位或者其他原因頒布的詔敕纔得以實行的[①]，所以德音便成為官員封贈父祖的主要來源。但五代之際，卻發現官員已據慣例在初上任或改官之際就申請封贈父祖。上章所引述《五代會要》長興二年(931)十月丙寅敕，即要求內外官員"新授命後，便於所司投狀，旋興施行"[②]。《冊府元龜》卷四七六《臺省部‧奏議》七載天福二年(937)十二月(《舊五代史》卷一四九《職官志》作天福三年十一月)起居郎殷鵬上言也稱："切(竊?)聞司封格式，內外文武臣寮纔陞朝籍者，無父母便與追封追贈，父母在即未敘未封。""纔陞朝籍者"即下文所要討論的升朝官，《資治通鑑》胡三省注又謂"唐末藩鎮列將帶朝銜者，著之朝籍"[③]，應指帶檢校御史、郎官之類官銜，這裏亦是指命官伊始即可申請封贈。由於唐朝以來敘封制度本無父祖，而殷鵬的建議雖然父母並列卻主要是針對父在卻不給封，認為是輕生重死；而且從不當尊母卑父出發提出也給父敘封，所以杜文玉指出是對敘封制度的一次大改革。

但這裏其實還涉及父母追封追贈是不是也可以不因德音而日常化的問題。所謂據"理例"和"司封格式"似乎是說初除官就可封贈父祖，不過唐代似乎只有宰相父祖封贈不一定要等待大禮，其他都要有禮赦之普贈為前提。五代"纔陞朝籍"即可贈父母的制度不知是否與大禮封贈有關，但"新受命後，便於所司投狀，旋與施行"的做法顯然是混亂和不嚴格的。宋朝對於初任官封贈和大禮封贈始嚴格等級之分。《宋史‧職官志》在"封贈之典，舊制有三代、二代、一代之等，因其官之高下而次第焉"的概括之後，說明"凡初除

---

① 杜文玉：《五代敘封制度初探》，34 頁。

② 並參見《五代會要》卷一四《司封》，240 頁；《舊五代史》卷四二《明宗紀》八，583 頁。

③ 《資治通鑑》卷二四二，7812 頁。

及每遇大禮封贈三代者"，只有"太師、太傅、太保、左右丞相、少師、少傅、少保、樞密使、開府儀同三司、知樞密院事、參知政事、同知樞密院事、樞密副使、簽書樞密院事"，即三師（宋稱三公）三少和宰相、知政官；"凡遇大禮封贈三代者"也只有節度使。其餘封贈二代、一代者，都只有大禮封贈，沒有初除官即可封贈的資格①。由此可知，初除官封贈只在很小的一個範圍內進行。唐代是否實行過或在什麼範圍實行尚值得研究，但父祖封贈除了也有平日皇帝對個別官員的特殊褒賞外，始終以大禮為主是沒有疑問的。因此從神龍、開元始至唐後期，可以說已基本上形成了通過大禮大赦制敕德音追封追贈官員父母、祖父母的常規，充分地體現了贈官圍繞皇命，在原則上完全由皇帝特殊恩典所形成的特點。

2. 宋代的父祖封贈之法

大禮封贈成為父祖封贈之主綫，宋朝已形成規律。大中祥符五年（1012）八月，詔令"自今每覃恩封贈，立限二周年。如限內投納文字，即與施行。出限，即便止絶。今後初敘封者須開說存亡，並録本官告身及妻禮婚正室狀。如已曾敘封者，即録累封官告。在京者納都省，在外者入遞申發，付官告院"②。南宋《慶元條法事類》卷一二《職制門・封贈》引《封贈令》對封贈手續說得更完備：

> 諸遇恩乞封贈者，録白赦有（按"赦有"當作"有赦"）前見任告敕，舉士以上不録。赦後轉官者，別録赦後告敕。奉直、武大夫以上録如意（按"意"似當作"原"）告，兄弟同狀，各準此録白。父母、妻已有官封者，録見任或見封贈官封勳賜告敕，連於狀前，保（"保"字疑當作"如"）父母官告隨葬及亡失或初封妻者，並連保官狀於録白前。與陳乞狀皆

① 《宋史》卷一七〇《職官志》一〇，4085頁。
② 《宋會要輯稿》職官四之二《尚書省》，2437頁。

用印申。無印者,止於背縫及狀後姓名下書字。

這就是說,遇大禮封贈,有資格申請的官員必須在申請時寫明自己的官職以及錄寫父母、妻原有的"封贈官封勳賜告敕"。宋代大禮封贈還明確有妻的封贈問題,其《封贈令》文之內容要求正可以作為參考。另外《慶元條法事類》同卷同門還引有《封贈式》的"文武陞朝官遇恩乞封贈狀"一通,內容如下:

具官姓 名。兄弟同狀,則為長人具官名,下加"等"字。下準此。

伏睹某年月日某赦書云云,某年月日授某官。兄弟同狀,即各據授官年月日。合該赦恩者:父某,見任某官致仕,有無出身,無官,則云不仕;亡,則云故任某官,無官則云故不仕。曾封贈官者,仍云封或贈某官。止封母者,亦稱父存亡。母某氏,有封號者,稱封號,亡,則加"亡"字。更封贈前母或繼母者,各依親母例,唯加"前"或"繼"字。二人以上則依次。其封亡嫡母及無嫡、繼母,封所生母者,亦各加"嫡"或"所生"字。餘依上例。即兄弟同狀,各有所生母或祇一員有所生母者,各加子名。若已封贈父及嫡、繼母,欲各狀陳乞者,亦聽。妻某氏。有封號者,稱封號;亡,則加"亡"字。二人以上,則依次。兄弟同狀者,各加夫名。

右某,別無兄弟同列陞朝,有兄弟俱合封贈,則云某等兄弟幾人,同狀封贈。其封贈所生母者,則云祖父母已亡。若不與父母同狀者,則云亡父母並已經封贈。祇封贈妻,則云父祖已經封贈。所有錄白父或母、妻合用告敕,如父母官告隨葬及遭水火、賊盜之類去(丟)失者,並聲說事因,並召到保官姓名二員。並某加恩或見任告敕並皆詣實。如合封贈父奉直大夫至中奉大夫者,仍亦具父及己出身。文武官乞互換封贈者,具所歷官資。若父贈得文解而乞文資,則云曾得文解。妻某氏,委是禮婚正室,今召到保官姓名一員。已曾敘封,則云妻某氏已曾敘封,更不召保官。謹具申尚書吏部,伏乞準赦施行。謹狀。

年月 日具官姓名。兄弟同狀,則先幼(長?)後長(幼?),最長人稱姓名,餘加"弟"字,不用姓。止應封贈父者,母、妻略説不封贈因依。止應封贈母或妻,亦倣此。

以上狀申請人為"文武陞(升)朝官",是因宋升朝官(即唐常參官)為獲得父母贈官資格之最低標準(詳後)。《封贈式》所引狀的精神與令一致,只是内容規格要求更具體一些,另外令、式中允許兄弟同列任升朝官者,可以"同狀"申請;申請人的任官、父母妻的封贈情況都有詳細説明,並提到原來的告身丢失須有保官或保官狀,也説明宋代的手續更加規範嚴格。

唐代的赦書"德音",規定一般封贈先世只有兩代,唐後期贈三代以上甚至延及旁親者也衹有個别外戚功臣或强藩,如德宗母沈氏及穆宗母郭氏均贈及祖、曾①。禮官歸崇敬被皇帝待以殊恩:"曾祖奥,以崇敬故,追贈秘書監。祖樂,贈房州刺史。父待聘,亦贈秘書監。"②功臣李晟德宗詔為立五廟,實贈及高祖以下四代③。朱泚,"曾祖利,贊善大夫,贈禮部尚書;祖思明,太子洗馬,贈太子太師;父懷珪……大曆元年(766)卒,累贈左僕射。祖、父之贈,皆以泚故也"④。王庭湊曾祖、祖和父也均得三品贈官⑤。五代紛争之際,功臣將相贈三代者相沿行之,如《舊五代史》所載賀瓌、袁象先等⑥。這一點晚唐以降或已為不成文的慣例,所以南唐昇元二年(938)春正月甲戌出現"詔臣僚三品以上追贈父母,將相贈三世"的條令⑦。

後晉對官員先世封贈三代的規定更為明確。《册府元龜》卷一三一《帝王部·延賞》二晉高祖天福二年(948)二月敕有"自在朝文武百僚至見任刺史,先代未封贈者,據品秩與封贈;已封贈三代者,

---

① 以上見《舊唐書》卷五二《后妃傳》下,2189、2196—2197頁。

② 《舊唐書》卷一四九《歸崇敬傳》,4014頁。

③ 《唐會要》卷四五《功臣》,945—946頁。

④ 《舊唐書》卷二〇〇下《朱泚傳》,5385頁。

⑤ 《白居易集》卷五〇《王庭湊曾祖〔五哥之〕可贈越州都督,祖未怛活可贈左散騎常侍,父昇朝可贈禮部尚書制》,1066頁。

⑥ 《舊五代史》卷二三《賀瓌傳》、卷五九《袁象先傳》,313、796頁。

⑦ 《十國春秋》卷一五《南唐》一《烈祖本紀》,189頁。

與加封贈"的規定,《五代會要》卷一四《司封》亦稱:

> 晉天福二年四月,中書門下奏:"準二月二十六日敕,內外臣僚亡父母、祖父母,據品秩未封贈者與封贈,已封贈者三代(按當作"已封贈三代者")更加恩命。按舊制,一品官亡父已上三代,約其子官品第降一等。亡母追封國號,祖母已上第降一等。"敕:"其內外準敕合與三代已下封贈者,並以現居官品比擬,不得第降。付中書門下準此。"

因此五代已開始有三代封贈的正式條令。另外同門載後漢天福十二年尚書司封奏"當司合行事件",也已有皇太后三代祖母,皇太子三代外祖母,宗室郡國王曾祖母,中書門下二品及平章事、在朝一品官、使相曾祖、祖母和母追封、敘封國太夫人(中書門下以下妻為國夫人),以及東宮一品、尚書省二品以下及不帶平章事留守節度使,追封三代或二代祖母及妻的規定。結合南唐"將相贈三世"的說法,並比較《職官分紀》關於宋代贈官有"國朝宰相、使相、正一品,並贈曾祖、祖、父;東宮三師、僕射、留守、節度使,並贈祖、父;餘止贈父。其後,樞密使副、參知政事、宣徽、節度並贈三世;三司使贈二世;見任大兩省並待制,及大卿監、諸衛上將軍,正防禦、遙郡觀察使,景福殿使、客省使以上者,父不以曾與不曾任官,並許封贈"的劃分標準①,知洪邁"唐末五季,宰輔貴臣,始追榮三代"的說法可謂由來有漸。

二 以子孫官品為限約的父祖贈官品級

開元以來詔敕關於父祖封贈,對父祖是否原來有官並無區

---

① 《職官分紀》卷四九,869頁。

分,但對作為子孫的官員本人官品卻從來限制嚴格,而父祖贈官
的等級也由子孫官品所決定。開元赦書根據官品和職位的要重
情況,有與子孫同品和降一品的兩種情況。上揭《五代會要》載晉
天福二年中書門下奏提到將原來父以上三代贈官"約其子官品第
降一等"的舊制,赦改為"並以現居官品比擬,不得第降",意思是
將先世的贈官品完全等同於在任官本人的官品,其制無疑是自開
元發展而來。但父祖的贈官品級也有初贈與累贈之分,且可以在
不同的時段內分別來自不同的子孫,又有將本人原來贈官併入從
子孫得贈的累加方式,使得父祖贈官的品級常常呈現複雜的
狀況。

(一)父祖初贈官與子孫官品的對應

官員父初贈官的品級如何確定? 開元赦書提供了判斷的依
據。但對於贈以何官仍應具體分析,武官贈官尤與文官有別而範
圍單一狹窄。唐後期的父祖初贈雖也依此辦理,但仍相對複雜,應
與累贈嚴格區分。並且生封死贈高低有別,體現了虛擬授官的
性質。

1. 開、天時代的父初贈官品級

父初贈官的品級,據開元十七年赦書的規定,第一等是"中書
門下、丞相、尚書、開府、三省(三公?)、大將軍,父贈三品官"。其實
此前宰相父贈三品已有先例,如墓誌載中書令(正三品)、漢陽郡王
(從一品)張柬之,其父玄弼,原為益州府功曹,贈安州(屬中州)都
督(正三品)①;宋璟、張說等宰相父多贈州刺史,而開元十七年赦文
只是沿此將等級更加規範化。如程伯獻謁五陵,為營幕置頓使,事

①　參見《唐代墓誌彙編》天寶一一一《唐故河南府參軍張君墓誌并序》、天寶二三一
《唐故太中大夫守新定郡太守張公墓誌銘并序》,1609、1685頁。

畢,加鎮軍大將軍(從二品)行右金吾大將軍,進封廣平郡公,父贈太子詹事正三品,母鄧國夫人①,品級符合赦書規定。後來的父母贈官也履行此標準。宦官、驃騎大將軍(從一品)兼左驍衛大將軍知內侍事楊思勗,父贈虢州刺史從三品,母為徐國夫人②。張九齡開元二十年前後以中書侍郎任宰相,其父弘愈,贈廣州刺史③,天寶中楊國忠父珣贈兵部尚書④,左相陳希烈父也贈工部尚書⑤,都是三品,說明無論是不是德音普贈,第一等的規定是照行不誤的。

開元制度第二等是"九卿,三監、十二衛、監門羽林軍、五省長官、三府尹、大都督府長史"父贈四品,第三等是除此外五品以上清官父贈五品。《唐代墓誌彙編》大曆〇六二《有唐朝散大夫守汝州長史上柱國安平縣男贈衛尉少卿崔公(皝)墓誌》末說明:"開元十七年,玄宗親巡五陵,謁九廟,將廣孝道,申命百辟,上其先人之官伐,悉加寵贈。僕射孝公時為常侍,是以有衛尉之命。""僕射孝公"就是崔皝次子崔沔,時為三品散騎常侍,其父贈從四品衛尉少卿符合第二等規定。但是天寶十三載赦文則改為內外官階俱是三品以上,及四品五品清官父均贈以五品,與開元制度略有參差。

弄清父祖贈官所獲品級,與判斷贈官的來源是分不開的。由於贈官中既有本人自身贈官,又有來自子孫的贈官,兩者交織在一起,往往不易判斷。但前章指出唐朝本人贈官沿襲前朝,一般自身

① 《唐代墓誌彙編》開元四八二《唐故鎮軍大將軍行右衛大將軍贈戶部尚書廣平公(程伯獻)墓誌銘并序》,1488 頁。

② 《唐代墓誌彙編》開元五一五《唐故驃騎大將軍兼左驍衛大將軍知內侍事上柱國虢國公楊公(思勗)墓誌銘并序》,1509 頁。

③ 《舊唐書》卷九九《張九齡傳》,3097 頁。

④ 《舊唐書》卷一〇六《楊國忠傳》,3241 頁。

⑤ 《唐代墓誌彙編續集》永泰〇〇三《大唐故左相兼兵部尚書集賢院弘文館學士崇玄館大學士上柱國許國公陳府君(希烈)墓誌》,690 頁。

官品至少在五品以上，所以除了一些特例，六品以下者贈官大多是來自子孫。例如《唐代墓誌彙編》開元三九〇《唐故朝散大夫國子司業上柱國開君墓誌并序》，載墓主開休元，"父承簡，宣州溧陽令，贈秘書丞，君（墓主）即秘書府君之長子"。縣令最高從六品上，無特殊情況自身不可能得贈官，其秘書丞從五品上，應是由其子國子司業從四品下得贈，符合開元第三等之規定。顧況作韓滉行狀稱其祖父智，"皇朝河南府士曹參軍贈吏部郎中"[1]；韓滉父即開元宰相韓休，但開元十七年前後韓休在正四品工部侍郎或尚書左丞任上[2]，所以其父智只得贈從五品吏部郎中。由此可見，在朝文官（包括個別權宦）父贈官可以是中外三品至五品官，且所贈類別也是清官，與朝官本人的贈官相似。

但是，在統計中也不時發現有父、祖贈官超過開元規定，甚至高於官員本人官品的現象，這種情況應具體分析。例如前揭附表21.中崔仁師贈三品而其子僅四品侍郎，又源光乘僅為四品武官，其父贈相州刺史從三品亦與標準不合。但崔仁師生前曾為宰相，後得罪會赦還，仍起授開州刺史。源光乘父據墓誌生前亦是荊州刺史，這說明贈官一般不應低於生前官品，這一點也是考慮的因素。不過由於開元以降詔敕明令官員父祖贈官皆由子孫，故其父祖本人在世曾任官品一般是不計入贈官的，如已有贈官則可以累加。宋代以後父本人在世官品某些情況也計入贈官，可以提高贈官的檔次[3]，與唐代有很大不同。另外更多的情況應當與累贈有關，這一點還要通過下面的論證纔能清楚。

和文官相比，武官父得贈的官職卻相對集中而狹窄。筆者從

---

[1]　顧況：《檢校尚書左僕射同中書門下平章事上柱國晉國公贈太傅韓公行狀》，《文苑英華》卷九七三，5118頁。

[2]　嚴耕望：《唐僕尚丞郎表》卷二二《輯考》八下《工部侍郎》，1070頁。

[3]　參見《宋史》卷一七〇《職官志》一〇"凡文武官父任承直郎以下贈官"，4087頁。

《唐代墓誌彙編》和《唐代墓誌彙編續集》二書統計武官贈父18例，本人品級自正三品至從五品，除一例贈散官遊擊將軍（從五品上），其父無一例外都是贈正五品至從六品的都督府或州司馬，其中以五品官居多，明顯體現出重文輕武的取向①。不過總的來看，其贈官品級與開、天詔敕還是相符的。由此，我們可以斷定開元十七年到天寶中，唐朝的官員贈父確已按敕書實行。

附表 22. 開、天時代武官父初贈官

姓名	官職	品級	父贈官	品級	資料來源
白知禮	右清道率府率（後升左監門衛將軍從三品）以下勳官及爵略	正四上	贈綿州（上州）司馬	從五下	《彙編》開元四〇八、四一五、五二九。
雍智雲	右龍武軍翊府中郎將	正四下	徐州司馬（上州）	從五下	《續集》開元一七六。
郭文喜	雲麾將軍、左龍武將軍	從三	普安郡（上州）司馬	從五下	《全唐文補遺》八《唐故雲麾將軍左龍武將軍郭府君（文喜）墓誌銘并序》。
索思禮	忠武將軍、左清道率府率	正四上	隴西郡（中都督府）司馬	正五下	《彙編》天寶〇五〇。

---

① 比較典型者如《唐代墓誌彙編》開元四一五《大唐故可左監門衛將軍上柱國白府君墓誌銘并序》(1443 頁)之墓主白知禮，父贈綿州（上州）司馬（從五下）。按白知禮卒時官左監門衛將軍，然其開元十七年時官尚居右清道率府率（正四上）。墓誌稱"十七年，敕令内使送紫袍金帶，優獎既重，寵錫孔殷"，則其父贈官當於其時，而根據當年詔令，其父正應贈官五品。又如同書天寶一四五《大唐故冠軍大將軍行左龍武大將軍員外置同正員上柱國薛府君墓誌》(1633 頁)，墓主人薛義散、職官均為正三品而其父僅贈安化郡（中）都督府司馬正五品下，薛義卒於天寶八年載七月，其父贈官年代不詳，但似乎比開元規定為低。

續表

姓名	官職	品級	父贈官	品級	資料來源
薛義	冠軍大將軍行左龍武軍大將軍員外置同正員	正三	安化郡（中）都督府司馬	正五下	《彙編》天寶一四五。
李安樂	冠軍大將軍行左龍武軍將軍員外置同正員	正三	雲南郡（下州）司馬	從六上	《彙編》天寶一七五。
張德①	雲麾將軍、右龍武軍將軍	從三	遊擊將軍	從五下	《彙編》天寶一九八。
劉感	雲麾將軍、左龍武軍將軍	從三	南磧（溪?）郡（戎州，中都督府）司馬	正五下	《彙編》天寶二二九。
劉玄豹	雲麾將軍守（行?）左龍武軍將軍		邢州（上州）司馬	從五下	《彙編》天寶二四九。
張安生	雲麾將軍行右龍武軍將軍	從三	扶風郡（上州）司馬	從五下	《彙編》天寶二六四。
王泰	左龍武軍翊府中郎將	正四下	通州（上州）司馬	從五下	《續集》天寶〇一〇。
徐承嗣	明威將軍守右龍武軍中郎將	從四下	朝散大夫、邠州（上州）司馬	從五下	《續集》天寶〇一七。
史思禮	壯武將軍、右龍武軍翊府中郎將	正四下	青州（上州）司馬	從五下	《續集》天寶〇一九。
施寶	雲麾將軍、左龍武軍將軍	從三	衢州（上州）司馬	從五下	《續集》天寶〇三〇。

① 按據張德墓誌："祖敬仙，皇贈梓州別駕；父元方，皇贈遊擊將軍，並高道得性，恬和養神，雖生前不仕，而歿享榮班。"則其祖也有贈官梓州別駕從五品上，但不知是否因張德得贈。

姓名	官職	品級	父贈官	品級	資料來源
萬行	左龍武軍郎將	正五下	博平郡（上州）司馬	從五下	《續集》天寶○四六。
李忠義	雲麾將軍、左龍武軍將軍同正員	從三	梓潼郡（下州）司馬	從六上	《續集》天寶○五一。
何德	雲麾將軍、右龍武軍將軍同正員	從三	朝散大夫、普安郡（上州）司馬	從五下	《續集》天寶○九四。
李玄德	雲麾將軍行右龍武軍將軍	從三	五原郡（下都督府）司馬	從五下	《續集》天寶一○五。

2. 唐後期父祖初贈官品

至德以降,可以看到個別貴臣和藩鎮豪帥父祖被贈以高官,如宰相苗晉卿"祖夔高道不仕,追贈禮部尚書;父殆庶,官至絳州龍門縣丞,早卒,以晉卿贈太子少保"[1]。襄州節度使來瑱父曜,曾任四鎮節度使、右領軍大將軍等職,名著西陲。但"寶應元年(762),以子貴,贈太子太保"[2]。太子太保、少保分別為從一品、從二品官,但是如果一次封贈如此高品的並非常例(來曜的贈官高不排除其本人生前任職高的因素)。事實上唐後期的多數情況仍參照開、天規定以進行。宰相、使相或功臣權藩,其父初贈官的品級可達三品;其中若祖得贈官者,品級與父相同或略低。如德宗宰相竇參父贈吏部尚書、陸贄父贈禮部尚書[3],而墓誌也載柳慶休"以第二子兵部

---

① 《舊唐書》卷一一三《苗晉卿傳》,3349 頁。

② 《舊唐書》卷一一四《來瑱傳》,3364—3365 頁。

③ 《舊唐書》卷一三六《竇參傳》、卷一三九《陸贄傳》,3745、3791 頁。

侍郎渾平章事,追贈蔡州刺史、工部尚書"①。此外據筆者的統計,曾任宰相或使相的呂諲②、張建封、令狐楚、竇易直、李夷簡,功臣馬燧,權藩或大節度使田弘正、王廷湊,除竇易直父本人原為盧州刺史即三品③,父均得贈三品(個別有贈至尚書僕射從二品或累贈從一品),祖皆贈至三品或四品。

其他三品及四品、五品官者,一般僅可贈父,且父初次獲贈四品、五品較多,最低者可至從六品,與開、天詔敕的規定仍基本相符。如德宗時兵部侍郎劉迺,父如璠晌山丞"以迺貴,贈民部郎中(從五上)"④;京兆尹盧慈,父子騫,潁王府諮議參軍,"以慈贈秘書少監(從四上)"⑤;御史中丞、澧州刺史宇文邈,父絳州翼城縣丞成器,贈禮部員外郎(從六上)⑥;憲宗時商州刺史蕭曾□,父舒州太湖

---

① 《唐代墓誌彙編續集》貞元〇五九《唐故湖南都團練觀察處置使通議大夫使持節都督潭州諸軍事守潭州刺史兼御史中丞賜紫金魚袋贈陝州大都督呂府君夫人河東郡君柳氏墓誌銘并序》,775 頁。

② 《唐代墓誌彙編》寶應〇〇七《唐故中大夫趙王府咨議參軍呂府君墓誌銘并序》(1754 頁):"祖貴成,皇贈尚書左丞;父藏元,皇贈鴻臚卿,皆碩德孔蔓,邦之傑也。"未言其生前有官。墓主官明威將軍、左驍衛中郎將,並散官中大夫不過四品。但其仲弟為"江陵節度兼御史大夫諲",按據《舊唐書》卷一八五下《呂諲傳》,上元元年"七月,授諲荆州大都督府長史、兼御史大夫,充澧、朗、荆、忠、硤五州節度觀察處置等使"。又此年五月以前曾以門下侍郎任宰相,則其父、祖三品官應因其得贈。

③ 《唐代墓誌彙編》大和〇六九《唐故茂州刺史扶風竇君墓誌銘并序》(2146 頁)稱墓主"祖昌,故彭州九隴長,贈工部尚書;父叔彥,故和州烏江丞";九隴令得贈三品應來自子或孫,但祖有贈而父無贈,則顯然不自墓主。而墓誌提到"無何,以從父兄故丞相司空公疾篤於岐陽,遂求休奔問",此從父兄即竇易直,是祖之官職當自竇易直得。據《舊唐書》卷一六七《竇易直傳》,稱"祖元昌,彭州九瀧縣令;父彧,盧州刺史"。《新唐書》卷七一下《宰相世系表》一下也作元昌,則元昌即昌也。又竇易直長慶四年五月以後相繼任宰相司空等職,大和七年四月卒,祖贈官當在長慶四年五月以後。

④ 《舊唐書》卷一五三《劉迺傳》,4083 頁。

⑤ 《舊唐書》卷一二六《盧慈傳》,3566 頁。

⑥ 《唐代墓誌彙編》咸通〇六一《唐秘書省秘書郎李君夫人宇文氏墓誌銘并序》,2426 頁;並參《舊唐書》卷一五八《鄭餘慶傳》,4163 頁。

縣令良玉贈秘書省著作郎(從五上)①。此外又如循王傅(從三品)衛晏,父贈太子洗馬(從五上)②;秘書少監張公儒(從四上),父萊州錄事參軍成則贈諫議大夫(正五上)③。

上面已經說明,唐後期即位郊廟等大禮、平叛災荒等大赦的詔敕中生封與死贈經常是一起進行的,生封者均給致仕官,與贈官(或爵)品也往往對等。《唐代墓誌彙編》元和一四一《唐故朝散大夫秘書省著作郎致仕京兆韋公(端)玄堂誌》稱:"淮夷削平之明年,皇帝在宥,天下方宏孝理,詔百辟父母存有顯擢,歿有褒贈。時(子)繶為工部郎中,由是拜公朝散大夫、秘書省著作郎致仕;先太夫人追贈臨汾縣太君。""淮夷削平",是指元和十二年平定淮蔡,而據前揭《冊府元龜》卷八一《帝王部·慶賜》三記載,元和十三年正月確有皇帝御丹鳳樓大赦詔書,頒布對中書門下和文武常參官等祖父母、父母生封死贈的德音。墓主韋端因子韋繶得授從五品下朝散大夫及從五品上著作郎致仕,而其夫人也即韋繶母已卒,故被追贈為五品縣太君。生者之封與死者之贈都是五品。不過,從後來宋代的規定看,能夠封贈三代、二代的品級較高者父祖在世初封的級別一般低於亡歿的初贈官,特別是能夠封贈三代的宰相、三公三少、樞密使及節度使等,初封與初贈官品相差甚遠,這可能是為了維護在世官品的價值和權威使然。

(二)累贈的方式及官品提升

累贈是官員的父祖封贈中經常出現的問題。累贈既可以是本人贈官兼因子孫贈官的累加,也可以是單純因子孫貴,甚至是來自

---

① 《唐代墓誌彙編續集》元和〇四〇《唐朝請郎前行陝州大都督府文學李瞻亡妻蘭陵蕭氏墓誌》,829頁。

② 《唐代墓誌彙編》會昌〇五一《唐故湖州武康縣主簿衛府君墓誌》,2248頁。

③ 《唐代墓誌彙編》咸通〇二八《唐故揚州海陵縣丞張府君墓誌銘并序》,2399頁。

不同時代不同子孫的加贈。但其前提仍然是皇帝的詔敕或者赦書德音。不斷的赦書造成了官員父祖超過在世官員的高品級，也使大禮大赦的累官封贈之法作為既定方式，被固定和延續下去。

1. 累贈的來源及其複雜性

官員本人或父祖贈官由於種種原因還可以不斷增加其名號品階。一種情況是某些功臣、重臣本人因德音追加或累贈，《唐會要》卷四五《功臣》載(永徽)五年(654)二月四日詔，為屈突通、殷開山、長孫順德、武士彠等多人加贈，原因是"時武昭儀用事，贈其父，故引功臣以贈之"。唐後期功臣死節者如段秀實及顏真卿、顏杲卿、張巡、徐遠等本人及父母歷朝不斷有加贈。《唐代墓誌彙編》大中一一〇《唐故贈隨州刺史太子少詹事殿中監支公墓誌銘并序》，墓主人是因"奮不顧命，戡難於奉天，爰以功賞，累贈隨州刺史、太子少詹事、殿中監"的。有些官員，由於種種原因本身贈官也得累加。

累贈的另一種情況也即更多的是以子孫貴予以加贈。如開元六年侍中宋璟亡父玄撫褒贈邢州刺史(從三)。"初贈岐州長史(從五上?)，及璟登宰輔之任，脩祫廟之禮，帝乃特以伯牧光寵焉"，其母崔氏也贈為安平郡夫人[1]。寵臣王琚，父故下邽丞仲友已贈楚州刺史(從四上)。"琚在帷幄之側，常參聞大政，時人謂之內宰相，無有比者，又贈其父魏州刺史(從三)"[2]。

累贈在唐後期的赦文中，常用"已經追贈者，更與改贈"予以明確，因此在唐後期，官員父母遇禮慶而獲累贈的情況更為普遍。權德輿作韋臯先廟碑言其祖嶽子曾"歷殿中監，剖符八州"，後贈為太子少保，"凡再造(追)命"(兩次追贈)；父賁生前僅藍田尉，贈太子

---

[1] 《冊府元龜》卷一三一《帝王部·延賞二》，1570頁。

[2] 《舊唐書》卷一〇六《王琚傳》，3250—3251頁。

太保，"凡三追命"（三次追贈）①。《唐代墓誌彙編》大和〇六五《唐故正議大夫守殿中監致仕上柱國賜紫金魚袋太原王公府君墓誌銘并序》稱墓主王翼"父智温，皇商州商洛縣令，贈太子左贊善大夫，累贈陳、鄭、同三州刺史；妣彭城劉氏，封襄邑郡太君，累封彭城郡太夫人"。父縣令從六品以下，無贈官資格，初贈太子左贊善大夫正五品上，累贈得從三品刺史，且州的地理位置愈來愈重，所贈皆自子得；夫人也自四品郡太君累贈為郡太夫人，兩者是一致的。

　　累贈的來源一般比較複雜，除了完全因子或孫得贈外，一種情況是本人有贈官，累贈即將自己的贈官品加上因子或孫所得的贈官品。如《舊唐書》卷九二《韋安石傳》："開元十七年，贈蒲州刺史。天寶初以子貴，追贈開府儀同三司、尚書左僕射、郇國公，謚曰文貞。"是追贈不但增加了職事官品，而且所贈包括職、散兩官及一爵和謚號。權德輿父權皋，大曆初卒，以著作郎（從五品上）贈秘書少監（從四品上）。"永貞元年再追命為工部尚書。元和二年三追命為太子少傅。七年四追命為太子太保"，又謚曰"貞孝"②。後三次都是因子得贈。崔倕貞元中官吏部郎兼御史中丞，卒贈鄭州刺史，後因子貴贈太師③；崔沔卒贈禮部尚書，也因其子崔祐甫加為尚書左僕射④。

　　另一種情況是父祖本人原來無官，卻可能不止從子孫一代或

<hr>

① 參見《權載之文集》卷一二《唐故光禄大夫檢校太尉兼中書令成都尹劍南西川節度副大使知節度事並管内支度營田觀察處置統押近界諸蠻西山八國雲南安撫等使上柱國南〔康〕郡王贈太師韋公先廟碑銘并序》，《四部叢刊》本。

② 參見《權載之文集》卷二六《先公先太君靈表》，《四部叢刊》本；李華：《著作郎贈秘書少監權君墓表》，《文苑英華》卷九七〇，5101頁。

③ 《劉禹錫集》卷三《唐故朝散大夫檢校尚書吏部郎中兼御史中丞賜紫金魚袋清河縣開國男贈太師崔公神道碑銘》，29—31頁。

④ 《唐代墓誌彙編》大曆〇六二《有唐朝散大夫守汝州長史上柱國安平縣男贈衛尉少卿崔公（瑝）墓誌》，1802頁；《通議大夫守太子賓客東都副留守雲騎尉贈尚書左僕射博陵崔孝公宅陋室銘記》，《顏真卿集》，94—96頁。

一人得贈。《全唐文》卷四五二邵説《唐故同州河西縣丞贈虢州刺
史太常卿天水趙公神道碑》稱墓主二子，長良器，官至中書舍人；次
良弼，官至陝、華等州刺史、浙東、嶺南兩道節度使。"元（玄）宗朝，
以嗣子參掌綸誥，追贈公虢州刺史，夫人平陽郡太夫人；肅宗朝，以
次子節制方面，累贈公太常卿。"贈官先後來自兩子。《唐代墓誌彙
編續集》咸通一〇〇（《彙編》咸通一一五同）《唐故左拾遺魯國孔府
君墓誌銘》："曾祖岑父，皇任秘書省著作佐郎（從六品上），贈司空。
祖戣，皇任禮部尚書，致仕，贈司徒。父温裕，皇任檢校右僕射、太
常卿，充翰林院侍講學士，册贈司空。"孔岑父贈官一品司空，應不
是一次贈官所得。他先前的官職低，因自身得贈可能極小。據韓
愈作墓誌，孔戣在世時，其父僅贈至尚書左僕射[1]，這應來自孔戣，
此後贈司空則是來自孔温裕。而孔戣卒僅贈户部尚書，贈至司徒
也是由孔温裕。

　　以上贈官情況還給我們一個啓示，即封贈不但對於父祖本人
原來有官無官沒有限制，且對子孫的家族身分顯然也沒有限制，無
論是正庶、長幼，只要是直系子孫，一切以官高為定。劉禹錫作奚
陟神道碑，稱他自吏部侍郎終，"詔贈大宗伯（禮部尚書），後以第三
子在郎位（尚書刑部郎中）被霈澤，再追褒至司空"[2]。墓誌並未言
第三子是嫡子。《唐代墓誌彙編》元和一〇五《唐故朝議大夫守國
子祭酒致仕上騎都尉賜紫金魚袋贈右散騎常侍楊府君墓誌銘并
序》："王考汝州臨汝令贈華州刺史諱燕客……公實臨汝府君之少
子也，厥克顯揚，休有其光，先君先夫人追崇禮命，告第再及者以
子也。"是少子而並非嫡長子。獨孤及作韋縝（按此與前揭韋端父
者非一人）神道碑，墓主韋縝有四子，幼成、幼卿、幼奇、幼章；前三

---

　　① 《韓昌黎集》卷三三《唐正議大夫尚書左丞孔公（戣）墓誌銘》，6 册 81 頁。
　　② 《劉禹錫集》卷二《唐故朝議郎守尚書吏部侍郎上柱國賜紫金魚袋贈奚公神道
碑》，21—24 頁。

子官品皆不如幼章。墓誌謂幼章"自兵部郎中持節典泗、楚二州，錫金印紫綬"，而韋縝"寶應二年春三月，以子為大夫，故詔追贈為太常卿"[1]。韋縝實際是因子為楚州刺史兼御史大夫得贈，其初次贈官未必能達到三品，但無論如何，這最終的贈官是來自少子韋幼章。説明父祖封贈可以按照子孫官品最高者進行，不一定是嫡長子。

還值得注意的是上面引用南宋《慶元條法事類》卷一二中的《文武陞朝官遇恩乞封贈狀》，内中特別指明"兄弟同列陞朝"可以"同狀封贈"的情況，也即兄弟共同申請。緣何如此？除了避免重複申請之外，料想兄弟如果都有贈官資格，那麼父母贈官的官品或許也會相應提高，前揭附表 21. 可以見到神龍元年楊徵、楊泚父贈官之例。兄弟二人分別為從五品兵部郎中和從三品武衞將軍，按資格都只能贈父四品、五品，但其父卻得贈從三品太州（即華州）刺史。這是否即因兩子資格疊加的結果？留疑問於此，尚有待證明。

2. 累贈來自赦書德音的前提

父祖的累贈來自於子孫的官品，但必要前提是仍須經詔敕特批或德音普贈。上述《廣德元年册尊號赦》已提到父母已贈官可以改贈的問題，《長慶元年（821）正月南郊赦》、《寶曆元年正月南郊赦》也有中書門下及節度使帶平章事者，"祖父母、父母先殁，各與追贈；經追贈者，更與改贈"，只是後者還有"官已至一品、邑號已至國夫人者，不在此限"的補充説明。德音的普贈形同於泛勳或者普加官階，有了德音的頒布，即使子孫品級不遷，還是可以加贈或超贈。韓愈父當韓愈為國子祭酒時先後得贈秘書少監和贈吏部侍

---

[1] 獨孤及：《唐故朝議大夫申王府司馬上柱國贈太常卿韋公神道碑銘》，《全唐文》卷三九○，3971 頁。

郎,其後又贈尚書左僕射①。查韓愈元和十五年秋至長慶元年秋任國子祭酒,這兩年中先有穆宗即位赦,次年又有正月南郊改元赦和七月冊尊號赦,都有贈官內容,所以至少是其父前兩次得贈的原因。此後再赦即當敬宗即位的長慶四年。韓愈當此年冬去世,不知其父最後的贈官是否趕上這次機會,但因大禮而得加贈仍是肯定的。

　　不斷因赦書累贈的又一個實例是來自張誠。張誠是穆宗朝戶部侍郎判度支張平叔之父,大曆三年去世,生前官品低微②。墓誌說他"元和十三年,詔贈主客員外郎;明年,贈太常少卿;又明年,贈尚書工部侍郎"。據知張平叔大約元和末曾任商州刺史(中州,正四品上),約長慶元年遷京兆少尹(正四品上)③,張平叔父在大約三年中連續贈官三"遷",其間不能排除張平叔官職升遷的因素,但主要是遇逢德音。從元和十三年正月乙酉大赦文可以知道,這時父祖封贈官的範圍是"中書門下及文武常參官、諸道節度觀察、神策諸軍等使"④,推測其時張平叔可能尚不在商州刺史任上,而是在朝任常參官("常參官"詳下),故父贈主客員外郎。不過,元和十四年雖然有二月二十一日破李師道德音和七月己丑皇帝御宣政殿受冊尊號大赦⑤,今存文本中卻無贈官內容。頗疑白居易此處有誤記,贈太常少卿正四品上當在元和十五年,這時張平叔已是商州刺史,而穆宗即位赦明文規定父母可以追贈和改贈的就有"諸州府長官"。其父"又明年贈尚書工部侍郎",應在長慶元年、張平叔任京

　　① 參見《元稹集》卷五〇《贈韓愈父仲卿尚書吏部侍郎》,544 頁;《唐李文公集》卷一一《故正議大夫行尚書吏部侍郎上柱國賜紫金魚袋贈禮部尚書韓公行狀》,《四部叢刊》本。

　　② 《白居易集》卷四一《唐贈尚書工部侍郎吳郡張公神道碑銘并序》,909 頁。

　　③ 參見《白居易集》卷四九《張平叔可京兆少尹、知府事制》(《文苑英華》卷四〇六同),1030 頁;《舊唐書》卷一六《穆宗紀》,494 頁。

　　④ 《冊府元龜》卷八一《帝王部·慶賜》三,944 頁。

　　⑤ 《唐大詔令集》卷一〇《元和十四年冊尊號赦》、卷一二四《破淄青李師道德音》,59—60、667 頁。

兆少尹(從四品下)知京兆尹事(正三品)之後。如上所説此年正月與七月有兩次大赦,都有贈官内容,即使張平叔的升遷在此年晚些時候,也不會錯過,所以其父的贈官到這時已達到接近三品的侍郎,次年張平叔本人又相繼以鴻臚卿和户部侍郎判度支,正為事業得意之秋,這也是為什麽其父的墓誌會於其時製作的原因①。至於其母,前後追封縣太君和郡太夫人也是與其父追贈相當的。

按照開元規定及後來的情況,父祖的第一次贈官大多不會高於官員本人(個别者及低品常參官除外,詳下),但是,不斷的累贈卻常常會使為父所贈的官爵等同甚至超過本人。如《舊唐書》本傳載代宗宰相常衮"父無為,京兆府三原縣丞,以衮累贈僕射",然據常衮《謝贈官表》又稱其"亡父故京兆府三原縣丞、贈給事中先臣無為,贈太子太保"②,則其父自初贈正五品上給事中,竟加至從二品僕射和從一品太子太保。常衮卒方贈僕射,生前其父贈官階品已在其上。宰相之父例皆贈三品官,但常衮父先前已獲贈官,通過累贈得至二品一品。又前揭韓愈父贈左僕射,也超過韓愈階品。吏部郎中王衮墓誌稱衮父汶,以"殿中少監致仕,贈工部侍郎。工部少有高志,不樂榮官,致仕贈官之命,皆由公顯"③,意致仕和贈官皆因子而得,兩者各為從四品上及正四品下。墓主官僅五品,其父得在世官封和贈官竟均為四品,很可能亦經累封累贈。陳寅恪曾因《李衛公别集》有大中四年(850)祭韋執宜之文而討論韋贈官僕射的問題,認為韋執宜永貞得罪貶官,不太會因平反或子孫削官回贈,而應來自大禮慶典普恩追贈父祖的第三種方式。但韋執宜子

---

① 張平叔父贈官的另一種可能是自元和十五年至長慶二年,即韓愈文之"十三年"或為"十五年"之誤。期間張平叔官自商州刺史、經京兆少尹知尹事升為鴻臚卿或户部侍郎判度支,並趕上元和十五年正月和長慶元年正月、七月三次大禮大赦。

② 參見《舊唐書》卷一一九《常衮傳》,3445頁;《全唐文》卷四一八,4272頁。

③ 《唐代墓誌彙編》大和〇五四《唐故朝散大夫守尚書吏部郎中兼侍御史知雜事上柱國臨沂縣開國男食邑三百户瑯琊王府君墓誌銘并序》,2134頁。

韋絢大中十年尚是江陵少尹，咸通後纔任節度使，故判斷韋之僕射
高官不會贈在大中四年以前，疑文為僞造①。按陳先生此論只是為
證明李德裕死於大中三年而非四年，但僅就贈官一事而言，其實尚
有疑問。韋絢大中初未必没有達到朝廷贈父標準，而除他之外，韋
執宜復另有子韋曈，官居鄭州刺史，雖任官時間亦不詳，但執宜亦
有從其得贈之可能。且如將累贈考慮在内，則執宜大中初年已贈
僕射就不是絶對不可解了。

　　官員的女性先世同樣有此問題，此處不妨以告身來説明。上
章已録有顔真卿親書其祖、父、母贈官告身，三人贈官均來自子或
孫。以其父“故通議大夫行薛王〔友〕柱國惟真”贈秘書少監告身和
其母殷氏“贈蘭陵郡太君殷氏”告身（詳上章附件）為例作比較，兩
件皆屬制授，分別作於代宗寶應元年（762）七月和十月，並以顔真
卿兄、正議大夫行國子司業顔允南亡父、亡母的身分標明。同制都
是多人贈官贈邑號，如與顔惟真同制的還有崔涣亡父、贈貝州刺史
崔璩等，與殷氏同制的也有韓擇木亡母、贈南陽縣太君張氏等，但
從子得贈的性質皆相同。寶應元年建卯月（二月）有南郊赦文，但
肅宗不久去世；代宗同年五月即位復頒赦②。兩件赦文都提到父母
亡殁者與追贈的問題，但前者僅提到“未曾追贈者量與追贈”，似不
包括累贈者，後者則語焉未詳。從時間上看，殷氏贈告身比其夫略
晚，但都在代宗即位後，應來自即位赦書。這一點還要與其所贈品
級結合。顔允南贈官僅四品，其母贈郡夫人卻是三品官纔有的待
遇。為何如此？中村裕一認為與顔真卿當時已是御史大夫有關，
但如其如此，告身中為什麽不直接寫作顔真卿父母呢？其實，從殷
氏告身所録制書“或已及追封，或未從表贈”之文就知道，這次給贈

----

　　①　陳寅恪：《李德裕貶死年月及歸葬傳説辨證》，《金明館叢稿二編》，上海古籍出版
社，1980 年，13—19 頁。
　　②　《唐大詔令集》卷六九《元年建卯月南郊赦》、卷二《代宗即位赦》，384、9 頁。

是包括已贈和未曾贈過者在內的,而殷氏由"郡太君"到"郡太夫人"即表明不是第一次贈邑號。所以,如將其母作為"已贈者更與改贈"的累贈,問題即迎刃而解。結論是對父祖(母)的多次"累贈"可以超過官員本人在世品級。也正是由於這個原因,寶曆南郊赦中總會有贈"官已至一品、邑號已至國夫人者,不在此限"的說明①,就是說,達到這樣官品邑號的先世已經不予再加,也無可再加了。

因此從以上初贈累贈的方式和標準,我們就可以知道父祖封贈是建立在皇帝"恩制"和子孫官品兩者結合的基礎上。但是久而久之,必然形成一種慣例,這就是上面章節已談到的宋朝贈官按資序給贈的"敘贈"之法,按照由高到低的等級,一次贈以三官或二官、一官(即三次升遷或二次、一次升遷的官序)。此應自唐朝發展而來,父祖累官加贈的方式有可能也是相類似的。這類程式如依例而行,將會使無論本人還是父祖的封贈都有法可循,便於有司操作,也是在世官制的翻版與襯托。

三　父祖贈官範圍資格及常參官
——升朝官贈父的標準變化

神龍和開、天制敕的規定,給人以大禮慶赦的封贈中官員本人的官品不低於五品的印象。以上我們討論的父祖封贈,也基本上沒有超出這一範圍。唐後期有父祖贈官內容的制敕德音不斷頒發,對子孫必備的官品資格似乎也因此早已明確,但史料中關於這一點卻有不盡相同的說法。那麼禮慶封贈的範圍品級是否有所變化,特別是其中從常參官到升朝官在唐五代作為父贈官標

---

① 《唐大詔令集》卷七〇《寶曆元年正月南郊赦》,395 頁。

準的出現,對於唐宋贈官制度又發生了怎樣的影響? 是值得進一步關注的。

(一)從清官到常參官的封贈標準變化

大量的事例證明,如同給官員本人贈官一樣,唐代父祖封贈,五品是一個基本的標準,所以官員五品以上的父祖封贈仍是最多的。從唐後期的詔敕可以看出,五品以上封贈父母的制度甚至延至中晚唐及五代。這之中有時甚至仍有一些官階的限制,《唐會要》卷八一《階》元和十三年(818)六月制書不但規定官員敘爵必須有三品以上散官,且曰:"其外命婦封,内外官母、妻,各視其夫及子散官品,令不得約職事官品。"同卷《用蔭》有曰:

> 大中十四年(咸通元年,860)十二月,鄭薰为吏部侍郎。時有德音,官階至朝散大夫(從五品下),許封贈;至正議大夫(正四品上),蔭一子;至光禄大夫,門設棨戟。

大中十四年即咸通元年,據兩《唐書·懿宗紀》,此年的十一月南郊,大赦,改元。所謂"時有德音"即指此。這裏以散官從五品下的朝散大夫作為對"許封贈"者官階的限定,雖然没有説明對象是誰,但既稱"封贈"自然是指父母而不會是本人。元和與大中不知是不是為了減少封贈過多過濫的情況纔以散階五品為限,及至到了五代後晉天福十二年殷鵬上奏,竟仍然有"臣又聞司封令式,内外臣僚官階及五品已上者,即封妻蔭子,故不分於清濁,但只言其品秩"的説法[①],當然這裏涉及的主要是母妻邑號,但説明官階"五品"的限制仍對後來有所影響。

不過大多數時候,"德音"關於父母或者父祖贈官對象範圍的限定卻並不一定按散階,而殷鵬所説的階品其實已不止於散階或

---

① 《册府元龜》卷四七六《臺省部·奏議》七,5681頁。

本品(詳下)。從唐朝的實際情況看,雖然父祖封贈要求官員本人多是五品以上,但如是大禮封贈也是按照職事品而非散階。與此相應從神龍元年《親祀明堂赦》和開元十七年巡陵赦書開始,又有四品或者五品以上"清官"的説法。

查《唐六典》卷二吏部郎中員外郎條,有清望官和"四品已下、八品已上清官"兩條。清望官"謂内外三品已上官及中書·黄門侍郎、尚書左·右丞、諸司侍郎,並太常少卿、秘書少監、太子少詹事、左·右庶子、左·右率及國子司業"。清官則具體是:

> 四品謂太子左、右諭德,左·右衛、左·右千牛衛中郎將,左·右副率,率府中郎將。五品謂御史中丞,諫議大夫,給事中,中書舍人,贊善大夫,太子洗馬,國子博士,諸司郎中,秘書丞,著作郎,太常丞,左、右衛郎將,左、右率府郎將。六品謂起居郎、舍人,太子司議郎、舍人,諸司員外郎,侍御史,秘書郎,著作佐郎,太學博士,詹事丞,太子文學,國子助教。七品:左、右補闕,殿中侍御史,太常博士,詹事司直,四門博士,太學助教。八品:左、右拾遺,監察御史,四門助教。

清望官和清官都是清官,兩者的不同只在位望品級。清官魏晉以來原是指士族多欲佔取的清貴、清顯之官,所謂"人門兼美"。唐朝仍要求"凡出身非清流者,不注清資之官"[1],但從這裏來看,所謂出身"清流"和"清官"的説法已經是從實際的任官資歷和職官地位出發。正如閻步克《品位與職位》一書所指出,唐朝的清官其實是繼承北魏以來的概念,是皇權和以法令形式規定的臺省要職,不是門閥制度下的"官以人為清"而是"人以官為清"[2]。胡寶華也提出唐代循資制度的"以資次遷授","還包括由根據職務性質重要與否的

---

① 《唐六典》卷二吏部尚書侍郎條,27—28 頁。

② 閻步克:《品位與職位》,第十章《東西官階互動與南北清濁異同》,547—557 頁。

一種循資内容"①。與此相應,杜文玉則指出五代敘封制度在以官員本品高低為依據的同時,還十分重視區分官員所任職事官的高低及其性質,並指出其做法並非源於五代,而是自唐以來均是如此。他舉殷鵬上奏提出五品官中朝廷委任、中外瞻望相差甚遠,請求對"當職尤重,責望非輕"的三署(指中書門下兩省、尚書省和御史臺)"清望官"六品以上母、妻皆給敘封,以便實現"清濁既異,秩品宜升"的建議;認為如果朝廷採納其說,"將會徹底推翻自唐以來施行數百年的以五品官為界進行敘封的制度"②。

　　杜文玉關於敘封制度中重視職事官的看法無疑是一重要的發現,其實在贈官問題上唐以來也反映了同樣的傾向。最明顯的一個變化就是安史亂後,雖然文獻中的例證以五品以上官居多,並且在赦書德音中,仍有對清官和清資官的强調,但是從這時開始某些具體官職的規定已逐漸超過了原來的界限,而且說法也有些不同了。例如前揭《(寶應)元年建卯月南郊赦》關於追贈父母,就在"其京清資正員文官五品已上、武官三品已上"外增加了"並兩省供奉官、御史,諸州刺史、諸道節度使"等官③,其中"兩省供奉官、御史"品級顯然不一定在五品限制之内。值得注意的是之後的《廣德元年册尊號赦》中,規定可贈父母的官員已改成"文武正員常參官並諸州刺史",並提到"贈者更與改贈"④,而"文武常參官"取代清官作為中朝官標準,且與作為外官的刺史相提並論,便逐漸在赦文德音中形成慣例。《平朱泚後車駕還京赦》就專門說到"若常參官,祖父母、父母先無官封者,量授致仕官及邑號;亡者,並與追贈",《順宗

①　胡寶華:《試論唐代循資制度》,《唐史論叢》4輯,西安:三秦出版社,1988年,186頁。
②　杜文玉:《五代敘封制度初探》,34頁。
③　《唐大詔令集》卷六九《元年建卯月南郊赦》,384頁。内"武官三品已上"據《册府元龜》卷八〇《帝王部·慶賜》補,939頁。
④　《唐大詔令集》卷九《廣德元年册尊號赦》,58頁。

即位赦》、《改元元和赦》都有文武常參官父母存歿的封贈條款①。

更值得注意的是自《長慶元年正月南郊改元赦》開始，贈官資格開始被明確劃分為兩個層次：前一層次即上面已經說到的"中書門下及節度使帶平章事"者，"祖父母、父母並與贈官官封，父沒母存者與邑號，已贈已封者，更與追贈及邑號"，也即可以追贈父母、祖父母和一贈再贈。後一層次則是"文武常參官並致仕官，及諸道節度觀察經略等使，及神策等諸軍使"；"父見存者量與致仕，母存者與邑號。父母亡歿，與贈官及邑號"，也即只能封贈父母②。後來的寶曆、大和南郊赦文等大體也是如此，只不過在"常參官、諸州府長官"外，更加上不帶平章事的節度使與"東都留守，度支、鹽鐵使，觀察、處置、都團練、都防禦、經略、招討等使，及神策金吾六軍將軍、大將軍、上將軍、統軍，威遠鎮國軍等使，皇城留守"和京兆尹等③。而五代後唐同光二年(924)二月郊祀制也提到"文武常參官、節度、觀察、防禦、刺史、軍主、都虞候、指揮使，父母亡歿者，並與追贈；在者，各與加爵增封"④。因此，基本上可以認定，所謂"文武常參官"纔是一個對朝官常用的標準，其封贈僅次於宰相使相之類的一等文武官，而與諸種內外使職待遇大略等同。

唐朝的文官常參官，在前已述，是包括五品以上職事官和八品以上供奉官，包括員外郎(從六品上)、太常博士(從七品上)、起居郎、起居舍人、通事舍人(以上從六品上)、左・右補闕(從七品上)、拾遺(從八品上)、侍御史(從六品下)、殿中侍御史(從七品下)、監察御史(正八品上)等。而據胡三省說"南牙(衙)常參武官"是十六

---

① 《唐大詔令集》卷一二三《平朱泚車駕還京赦》，661 頁；卷二《順宗即位赦》、卷五《改元元和赦》，10、29 頁。

② 《唐大詔令集》卷七〇《長慶元年正月南郊改元赦》，392—393 頁。

③ 參見《文苑英華》卷四二七《寶曆元年正月七日赦文》、卷四二八《大和三年十一月十八日赦文》，2165、2170 頁。

④ 《舊五代史》卷三一同光二年二月己巳條，428 頁。

衛上將軍、大將軍、將軍,與之並列的應還有北衙神策六軍使等①。
但與文官一樣,其常參官之名是源自常日(非僅朔望和大朝會)朝
參,顯然都是與皇帝接近而與朝廷政務有關的要職或重職,至少
《唐六典》和《舊唐書》所說四品五品清官中的左右衛、左右千牛衛
中郎將,太子左右率府、左右內率府率及副,率府中郎將、左右衛郎
將、左右率府郎將都應該在內。至於常參武官是否對品級低者也
有擴充,尚不得而知。

　　以常參官劃綫作為朝官封贈父祖標準,說明唐後期比原來更
重視官員的職能和實際作用而不是階品,這個職能和實際作用當
然也代表了皇帝的信任程度和與之接觸距離的遠近。當然相對中
朝貴臣與常參官,外官的節度刺史也是封贈的另一主要對象和層
面②,安史亂後的赦書德音說明,節度刺史的先世封贈與中朝官同
樣被重視,並得到實施,對藩鎮武人的先世封贈更是朝廷加以撫懷
和刻意籠絡的手段之一。因此所謂封贈是涵蓋了朝廷文武內外之
主要職事官員的,他們是唐後期朝廷的依靠對象,是維繫統治機器
存在及運轉的主要力量。而常參官作為中朝標準的出現,無論是
作為實際的政治需要還是制度轉型而言,都有著特殊的意義。

(二)常參官的待遇區別及封贈的實行

　　以常參官為禮慶赦書封贈定限的說法取代了所謂清官。這一
劃綫標準雖然沒有達到殷鵬所說五品以上也要區分清濁的程度,
但以職事為重的內容卻顯然更加突出,由此也反映了封贈制度乃
至官制中一系列的變化。

---

　　①　《資治通鑑》卷二四二穆宗長慶二年二月條,7811 頁。
　　②　按關於外官刺史與常參官並舉,成為內外官的重要等級分界綫並享受封贈父母
資格,參見陳文龍:《北宋本官形成述論——唐後期至北宋前期官僚品位結構研究》第四
章,北京大學博士學位論文,2011 年。

1. 常參官政策的具體表現

以常參官定限首先是封贈範圍的擴大，由於常參官的規定，除了常見五品之外，又有一些六品到八品的官員，因此可以獲得父母封贈的官員增加了。

其次是表現出常參官和非常參官的區別。由於五品以上都是常參官，所以待遇的分別主要見諸六品以下、八品之上，可以見出前者比後者要重程度均有不同。除了封贈之外，從上述詔敕德音還可以看到對常參官本人的賞賜、升遷及選限等的規定，例如乾元元年(758)十月《立成王為皇太子德音》有明令新鑄錢"其京官文武五品以上，及常參官、六軍將士、東北京留守，及諸道節度將士等，各賜有差"；《貞元二十一年册皇太子赦》和《元和七年册皇太子赦》都有"文武常參官並州縣府官（或諸州府長官），子為父後者，賜勳兩轉"[1]。《貞元元年南郊大赦天下制》定："内外五品以上及常參官，在任年考已深者，即量才收用與改，中外迭處，以觀其能。"《順宗即位赦》規定："内外五品已上文官及臺省常參官，宜至四考滿與改轉，中外遞遷，量才敘用。其中政績尤異，須甄升者，不在此限。常參官及諸州刺史有先得替，及假百日、經喪去官未授官者，並即與進擬。"[2]説明一旦得為常參官，官職轉換期間竟用不着停官待選，可見任用和待遇都是不一樣的。

常參官由於常參而得入朝，故一旦在册即被目為"升朝籍"，所以後來也被稱為升朝官或登朝官[3]，此即陸游《老學庵筆記》卷八言

---

① 《唐大詔令集》卷二九《立成王為皇太子德音》、《貞元二十一年册皇太子赦》、《元和七年册皇太子赦》，104—105 頁。

② 《唐大詔令集》卷六九《貞元元年南郊大赦天下制》、卷二《順宗即位赦》，387、10 頁。

③ 見《舊唐書》卷一四八《裴垍傳》載其元和中奏，3990 頁。

宋朝"元豐官制行,以通直郎以上朝預宴坐,仍謂之升朝官"也①。宋代的升朝官與非升朝官在朝參次序、車服、宴會座位、立廟、喪禮等待遇方面皆有高下,筆者曾在前面章節中討論過有關升朝官與非升朝官在五代葬制的區別,如後唐長興二年十二月二十六日的御史臺奏中專門就五品至六品升朝官、七品至八品升朝官和六品至九品不(非)升朝官作了區分,其中喪車、送葬用品和明器方面的標準都很不一樣。《天聖令》"宋17"引披鐸翣挽歌條關於"五品六品,挽歌八人"和"七品八品,挽歌六人",也分別有"謂升朝者皆準此"和"謂非升朝者"的説明,可見喪葬標準是以升朝官與非升朝官劃綫的,所以常參官——升朝官作為朝官等級待遇的界綫是唐宋官制中的新問題。

　　唐朝常參官區別於宰相和使相,無論高低遇大禮慶赦均只可封贈父母。從上面所舉唐朝的詔敕德音來看,至少從中晚唐始,遇即位、郊廟等大禮大赦贈官就開始以常參官或者登(升)朝官作為朝官標準。宋朝的升朝官不過是唐制常參官的接續和發展而已。

　　唐朝以常參官五品或五品以下而封贈父母者史料中不乏其例,前面説到的《唐故朝散大夫秘書省著作郎致仕京兆韋公玄堂誌》中墓主韋端得贈就是因為其子韋縝任工部郎中,是德音規定的常參官。元稹作《告贈皇考皇妣文》和《告贈皇祖祖妣文》提到其父祖封贈是因元和十五年二月五日制書或"今皇帝"嗣位之初"澤被幽顯"②,元稹此年初在膳部員外郎(從六上)任上,五月,為祠部郎中(從五上)知制誥③,是京常參官,而正是這件制書有常參官父母與祖父母贈官規定④。同書卷五○《贈韋審規父漸等》制,也強調了

---

① 《老學庵筆記》卷八,109 頁。
② 《元稹集》卷五九《告贈皇考皇妣文》、《告贈皇祖祖妣文》,616—618 頁。
③ 卞孝萱:《元稹年譜》,濟南:齊魯書社,1980 年,416—426 頁。
④ 《唐大詔令集》卷二《穆宗即位赦》,11 頁。

二月五日制書,韋審規時官左司郎中同樣是五品常參官。白居易作有"起居郎高鈇"等一十人亡母和"通事舍人楊造、翰林待詔某"等亡母追贈太君的制書,起居郎、通事舍人從六品上,前者說明追贈的理由是"或左右以書吾言動,前後以補吾闕遺;森然在庭,各舉其職";後者說明是"或相禮彤庭,或待詔金馬,咸居禁近,率有忠勤"①,實際均是常參官贈母。

與這類情況有關,《唐代墓誌彙編》大中○六○《唐故朝議郎(正六上)行尚書刑部員外郎(從六上)會稽余公夫人河南方氏合祔墓誌銘并序》是一方很值得研究的墓誌:

> 白相國嘗從容以君姓字為上言曰:其人精密可居翰林。因使攝左千牛衛中郎將,冀稍昇殿,得親侍左右,欲使上自知之……父諱憑,仕為蘇州吳縣尉,因君贈秘書省著作佐郎(從六上)。著作娶洪氏,實杭州餘杭丞如筠之女,因君贈宣城太君;君著作之長子也。

墓主人官朝議郎行尚書刑部員外郎分別為正六品上和從六品上,如按一般五品標準,本來是沒有資格給父母贈官封的。但是,他有攝官左千牛衛中郎將正四品下,顯然已是武官中的常參官;而尚書刑部員外郎更是文官常參官,遇大禮可以封贈。類似者還有孫景商,按同書會昌○一一《唐故滑州白馬縣令贈尚書刑部郎中樂安孫府君繼夫人河東縣太君裴氏墓誌銘并序》稱:"前年(開成五年,840),天子初即位,詔贈叔祖府君(起)為尚書刑部郎中,贈先夫人為隴西縣太君,封夫人為河東縣太君,以度支之齒朝也。"按"度支"即孫起子、度支員外郎孫景商,據同書開成○四六《唐故滑州白馬縣令贈尚書刑部郎中樂安孫府君夫人贈隴西縣太君隴西李氏遷祔

---

① 《白居易集》卷四八《高鈇等一十人亡母鄭氏等贈太君制》、卷五一《楊造等亡母追贈太君制》,1020、1072頁。

墓誌》，"今皇帝嗣位"也即武宗臨朝時孫景商不過任殿中侍御史，所任也是常參官，所以是常參官贈母。又同書會昌〇〇三《唐故太原府參軍贈尚書工部員外郎苗府君夫人河內縣太君玄堂誌銘并序》載墓主子自言："愔之既昇朝籍，再為御史郎官，朝廷覃大慶，詔以尚書郎為皇考贈，而夫人得啓封邑，為命婦於內朝。"更清楚地說明子"昇朝籍"也即任為常參官御史郎官後，父母因大禮慶赦分別得贈六品員外郎和縣太君封號的情況。

　　也有極個別的情況甚至是在常參官以外。如《唐代墓誌彙編》建中〇〇三《唐贈太子司議郎皇甫府君墓誌銘并序》：

> 乃恬素賣於丘園，從容優游以懺（傲）世，高尚名節，不事王侯……有其子芬，珪璋特達，天姿文藝，顯揚先祖，光榮其親。學誠理家，忠勤事上，功勳盃績，累遷朝議郎，賜緋魚袋、上柱國、行大理寺主簿。皇帝觀其行跡，以其有子，幹父用譽，追念遺美，大曆十二年，□贈公太子司議郎。夫人清河張氏，……國有禮命，所以后王，追贈清河縣太君。

墓主人是不出仕而終老於家的，因子而得贈正六品上的太子司議郎。但據墓誌其子階僅為正六品上的朝議郎，職從七品上的大理寺主簿也並非常參官，其父何以得贈頗值得研究，或者即因某些緣故得到特殊獎賜。當然我們看到的還有因品級不夠而申請回官贈父的情況，《唐代墓誌彙編》貞元〇二七《唐贈涇州司馬李府君改葬墓銘并序》言墓主子嶼官滎澤尉，"去年軍例賞功，嶼請迴追贈，故有涇州之命錫，類者榮之"，即是如此。

　　相應的六品以下常參官父贈官品也值得研究。從上述"會稽余公"之例看，子六品而父亦贈從六品，是父子官品相當；但孫景商官殿中侍御史僅從七品上，父孫起卻贈刑部郎中從五品。《文苑英華》卷八八七鄭餘慶作《左僕射賈躭神道碑》："公為御史，先府君追贈太子中允（正五品上），先夫人鞠氏贈東萊縣太君，歸本郡遷葬，

鄉邦榮之。"這個御史即使是官階最高的侍御史也只有從六品下
(最低為監察御史正八品上),父亦被贈五品,可見對六品以下常參
官的贈父甚至可以按五品官來對待。《五代會要》卷一四《司封》載
後漢乾祐元年(948)七月三日尚書省奏,提到"司封檢詳前後敕
例","近例有中書舍人艾穎,於天福五年十二月任殿中侍御史(從
七上),父在,繼母李封縣君"和"尚書司門郎中尹倔(按當作"拙"),
於天福八年三月任尚書倉部員外郎,父在,母宋封縣君"的兩事,則
從七品上的殿中侍御史和從六品上的倉部員外郎之母竟都可以獲
封五品縣君稱號。兩者都是常參官,所以亦可證五品以下常參官
的父母、祖父母封贈實際至少某些時候已等同五品,這一點在唐五
代也是相沿已久。

2. 宋代以常參官為基的封贈方式

大禮父母封贈以常參官或曰升朝官作為贈官標準和底限,到
宋以後更加清楚。《宋史》卷一七〇《職官志》一〇"敘封"條有:"凡
遇大禮封贈一代者,文臣通直郎以上,武臣脩武郎以上。一代初封
贈父,文臣承事郎,武臣、內侍、伎術官、將校並忠訓郎,母、妻孺
人。"文官通直郎、武官修武郎皆正八品,乃文、武升朝官最低品。
宋代以之作為大禮父母封贈官的底綫,且僅可以封贈一代。

為了說明這一點,《宋史·職官志》還在"凡文臣贈官,通直郎
以上"之下有注文曰:"寺、監官以上未升朝者,雜壓在通直郎之上
同",也就是說寺、監官如果不是升朝官,則朝位必須是列在通直郎
之上的纔可以等同而取得資格。《宋會要輯稿·職官》一一之六三
《官告院》載"天禧元年(1017)八月,翰林學士晁迥、秘書監楊億、直
龍圖閣馮元詳定敘封所生母及致仕官封贈母妻事",稱"國朝已來,
每因降赦,應預升朝,並許封贈,蓋是一時覃慶,固非定格",以此
"臣等議定,乞今後如遇恩澤,其陞朝官在堂無嫡、繼母者,許敘封

所生母”。而致仕官也是必須曾任陞朝官後致仕者，纔許封贈，如自京官幕職州縣轉朝官致仕者不行，可見升朝官是被作為基本的封贈資格。同門《司封部》載大觀元年（1107）七月七日，廣親北宅宗子博士葉莘等狀，請求將新增的國子博士、宗子博士比類大理評事，遇大禮準予父母贈官。但之後的吏部狀“契勘宣德郎任大理評事、國子博士，係寺監官，雜壓在寄禄官通直郎之上，遇大禮依條合該封贈外，其宗子博士序位班在太學博士之上，係在通直郎之下，不該封贈。兼契勘宗子博士亦不係寺監之官”，結果詔定“宗子博士序位立班在國子博士之上，餘依所乞”①，也是説是否給贈要看其立班位置在寄禄官通直郎之上還是在其下。前面部分引録《慶元條法事類》卷一二《封贈式》中的《文武陞朝官遇恩乞封贈狀》，更是“文武陞（升）朝官”有資格上狀申請父母封贈的實證。

當然到了宋代，父祖封贈的級別更加複雜，且除三公宰相等，初贈品級往往較低，如《宋史·職官志》所定，八品文武升朝官父初贈官只能分別達到九品承事郎和忠訓郎，母、妻封贈孺人。但是，經過多次累贈，官品同樣可以迅速提升。此即《宋史·職官志》所説：“凡文臣贈官，通直郎以上，每贈兩官，至奉直大夫一官。太子太師、太子太傅……龍圖天章寶文顯謨徽猷敷文閣直學士，每贈三官，至奉直大夫二官，至通議大夫一官（以上注文略）。”由於這段話連接着上文官員的父祖封贈之典，所以其實不是説官員本人而是父祖贈官。意思是文臣遇大禮普贈，其父可以一次再次地加贈，但累贈官品愈高，提升的餘地愈小。一官、二官、三官是生前一次、二次、三次可以提升的官品或官階，本人官任通直郎以上的，其父遇大禮從承事郎贈起，可以一次贈兩次的官，再遇再贈，贈至正六品奉直大夫便上了一個臺階，一次只能贈一官了。此外對太子太師

---

① 《宋會要輯稿·職官》九之四、之五《司封部》載大觀元年七月條，2593—2594頁。

以下而言,因為官高其父(或祖)一次可以贈三官,再遇再贈,上面有正六品奉直大夫與正四品的通議大夫兩個提升檔次,到限分別改為贈兩官和一官,武官由於有"文武臣封贈對換"的制度,也可以仿照文官處理。因此到得宋代以後,以升朝官為底限的大禮父祖贈官制度已經十分完善了。

四　贈官的用蔭與其他特權

　　唐朝獨孤及曾謂:"乾元已来,累有詔追贈百官祖、父。内外文武,具寮之先,悉蒙恩錫,或音徽久沬,或墓木已拱,受大名貴位於九原者以萬數,未嘗以没代遠近為限。"[①]說明唐後期以皇帝的恩賞為原則,對官員父祖先世的封贈使得其封贈官所及遠遠超過了以往任何朝代的範圍和規模。不妨這樣認為,由於朝廷對高級官員及對其父祖的不斷封贈,使得死去的歷任皇帝及贈官們組成了極其龐大的地下王國,或稱虛擬的朝廷和官僚世界,其人數要大大超乎地上的王朝。雖然,父母生前得封或死後得贈的官員人數在整個官僚羣體中畢竟還是少數,但唐後期屢屢宣布的赦書德音已經大大擴展了其範圍,並且從封贈(包括生前和死後)作為其中必不可少的内容得知,它在唐後期一定已經成為影響官員政治地位和社會生活的一件大事。隋文帝贈李德林父官爵曾有"必令公貴與國始終"和"我本意欲深榮之"的説法[②],表明先世贈官在朝廷本作為極大榮耀,而從官員本身亦認為能使先世贈官是彰顯宗族和對祖先最大的孝道,所以子孫如張九齡、元稹者得贈典後都有告贈父母、祖父母之文。《唐代墓誌彙編》天寶二六四《唐故雲麾將軍行右

---

① 獨孤及:《重議郭知運》,《文苑英華》卷八四〇,4437頁。
② 《隋書》卷四二《李德林傳》,1202—1203頁。

龍武軍將軍上柱國開國侯南陽張公墓誌銘并序》稱墓主父得追贈扶風郡司馬，是"父因子貴，以忠彰孝"；而前揭韋縝墓誌亦曰其因子楚州刺史韋幼章得贈是"君子謂公之義方，慶及其身；而楚州之孝誠，格於宗祐，禮也"。父祖封贈在唐人看來，是家聲有裕、門慶無疆的表現①，是"慶鍾於後胤"、"慶傳於子孫"②，又是"父之能教，必賢其子；子之移忠，必榮其父"的結果③。從大量墓誌開頭多有關於父祖贈官的交待可知，此事本身不僅可以彌補先世不曾為官或者官品抑屈的闕憾，使作為孝子賢孫的官員本人極感安慰；且亦營造了其出身來歷，改變了家族門庭的卑微面貌，特別是有時父祖通過累贈，官品反而可以超過子孫本人，這就更會給人造成累世宦達的假象。

　　問題在於，封贈除了是一項禮儀和榮譽從而帶來這些表面風光之外，還能夠帶給被封贈者在世的親屬以怎樣的實際利益和影響呢？

(一)關於贈官用蔭的規定

　　唐宋《喪葬令》中有關條目表明，唐朝的賵賻數量取決於官品，而贈官待遇等同正官，所以品級愈高者贈賻愈多，包括送葬規格、葬墓田、立碑、明器等也受品級制約，這一點，從子孫得贈者也不例外。此類排場須動用人力官物，個人力量很難達到，對於子孫光宗耀祖不能不説是錦上添花；不過就賵贈而言最多只是一次性給贈，

<hr>

　　① 《唐代墓誌彙編續集》總章〇一〇《大唐故司空太子太師贈太尉揚州大都督上柱國英國公勣墓誌銘并序》，178 頁。

　　② 《唐代墓誌彙編》貞元〇二七(殘志〇一〇同)《唐贈涇州司馬李府君改葬墓誌銘并序》，1857、2545 頁；《唐代墓誌彙編續集》元和〇三二《故左羽林軍胄曹參軍崔君墓誌銘并序》，823 頁。

　　③ 《唐代墓誌彙編續集》天寶〇三〇《大唐故雲麾將軍左龍武軍將軍上柱國吳興施府君墓誌銘并序》，602 頁。

且官員父母大都是喪期過後的追贈,按照《喪葬令》"若賻後得贈者,不合更給"的規定不能再得,所以父祖贈官本身作為物質補償或資助的意義微乎其微。

然而這並不等於贈官只是虛有其表。因為官員本人的贈官與在世官的官封意義相同,前人研究曾指出贈官對保持門第和子孫任官的關係。唐代的贈官仍保留着這方面的影響,而與之相聯繫的最要癥結乃是子孫的用蔭問題。《唐律疏議》卷二《名例》二"贈官及視品官,與正官同"下,《疏議》曰:"贈官者,死而加贈也。令云:'養素丘園,徵聘不赴,子孫得以徵官為蔭,並同正官。'"並注明"視六品以下,不在蔭親之例"。其"養素丘園"以下,仁井田陞《唐令拾遺》復原為《選舉令》第二十七條①。《疏議》顯然是以前條比後條,意即贈官也可以等同生前得官而實未至者。

《唐六典》卷二吏部郎中員外郎條"凡敘階之法……有以資蔭"注曰:

> 三品以上蔭曾孫,五品已上蔭孫。孫降子一等,曾孫降孫一等。贈官降正官一等,散官同職事。

《唐會要》卷二一《諸僭號陵》載景龍三年(709)三月十六日,太常博士唐紹上疏曰:

> 又親王守墓舊制,例準得十人。梁、魯近追加贈,不可越於本爵。準令:贈官用蔭,各減正官一等。故知贈之與正,義有抑揚,禮不可踰,理須裁制(下略)。

這裏"(諸)贈官用蔭,各減正官一等",亦被仁井田陞復原為《選舉令》第二十三條。但是,據《唐會要》卷八一《用蔭》開元四年十二月敕,諸用蔭"贈官降正官蔭一等",注明"死王事者,與正官同"來看,

---

其注語也應在其内。雖然《天聖令》中《選舉令》部分已經遺失，無從發現直接的證據，但日本《令義解》卷四《選敘令第十二》"贈官"條"凡贈官，死王事者，與生官同，餘降一等"與之同①，可知唐令原文應大致同於《會要》的内容。即原文當作：

> 諸贈官用蔭，各減正官一等。死王事者，與正官同。

這條令文表明，有贈官者可以蔭子孫，死於王事者都可以得到與正官一樣的優待；即使不是死於王事，也不過比正官只低一等。這樣子孫可以憑藉贈官之蔭待選，從而步入官僚行列，因此唐代贈官子孫用蔭也是選官的一大來源。唐史料中用贈官蔭的實例如裴行儉，《舊唐書》卷八四本傳稱其父裴仁基為隋左光禄大夫，死於王世充，武德中贈原州都督，"行儉幼以門蔭補弘文生"。業師王永興先生論以為正是按照原州都督正三品降一等用蔭②。大理寺卿徐有功卒於武則天長安二年(702)，中宗即位，追贈越州刺史，授一子為官③。燕欽融景龍末為許州司户參軍，因奏韋后事被殺，睿宗即位贈諫議大夫，"仍令備禮改葬，特授一子官"④。張柬之中宗末流瀧州，憂憤卒。景雲元年(710)贈中書令，授一子官⑤。唐後期則德宗宰相盧杞父盧奕天寶中任東臺御史中丞，安史亂中以忠於朝廷被害。《唐大詔令集》卷一二三《收復兩京大赦》要求對盧奕、顔杲卿等"即與追贈，訪其子孫，厚其官爵"。《舊唐書》卷一三五《盧杞傳》說他"以門蔭解褐清道率府兵曹，朔方節度使僕固懷恩辟為掌書

① 《令義解》卷四，國史大系本，東京：吉川弘文館，1985年，144頁。
② 王永興：《關於唐代門蔭制的一些史料校釋》，收入《陳門問學叢稿》，南昌：江西人民出版社，1993年，379—380頁。
③ 《舊唐書》卷八五《徐有功傳》，2820頁；《册府元龜》卷一三〇《帝王部·延賞》一，1569頁。
④ 《舊唐書》卷一八七《燕欽融傳》，4884頁。
⑤ 《新唐書》卷一二〇《張柬之傳》，4323頁。

記",當用其父贈官之蔭。

但是問題在於,唐令的規定中,並没有對被贈官者本人是否原來有官的限制。據知貞觀永徽初已有將戰殁者"贈官推授子弟"的情況[1],而唐令既將"養素丘園,徵聘不赴"者與贈官比並,則是類似情況的得贈者似乎也可以蔭子孫。"養素丘園"而得贈者自然也有從己身得官及因子孫得贈的兩種情況,後者如《唐代墓誌彙編續集》天寶〇四六《唐故壯武將軍左龍武軍將軍賜紫金魚袋上柱國東平郡萬府君墓誌銘并序》:

> 曾祖禮,祖懷,並華封擊壤,不仕堯年。父璲,養素丘園,守真終世。開元初,贈博平郡司馬,公之力也。

墓主人之父、祖顯然都是一般的平民百姓,他們得贈官,完全是因墓主人有官位之故。這種情況在唐代有很多,而墓誌為了掩飾其身分,便説成是"養素丘園"。問題是,如果贈官都可以蔭子孫,那麼因子孫得贈的"養素丘園"者,是否也可以反過來蔭其他的子孫?這一點從史料中很難得到答案,但我認為由於唐律和《疏議》所引令實際都定於永徽以前,這個期間能夠獲得贈官的大都是原來有官爵的官員本人,父母獲贈的人數極少,所以上述贈官條令,主要指本人得贈。從子孫得贈者原則上也應包括在內,但這不意味着後來凡從子孫得贈者都可以再蔭其他子孫。

事實上我們在史料中並没有發現從子孫得贈又反過來再蔭其他子孫入仕之例,唐後期德音中明確可以直接授與子孫官或者出身的,除了死於王事者只有見任官。且隨着皇家大禮大赦德音中贈官範圍、數量的擴大,作為常制的以蔭補官顯然亦愈來愈受到限制。如《唐會要》卷七一《十二衛》貞元七年十二月五日兵部奏事條,提到兵部選用人的資蔭,要"取門地清華、容儀整肅","其蔭取

---

[1] 《新唐書》卷一〇八《劉仁軌傳》,4083頁。

嗣王、任常品四品以上清資官、宰輔及文武職事正二品已上官、御史大夫、諸司卿監、國子祭酒、京兆河南尹子孫主男，見任左右丞、諸司侍郎，及左右庶子，應前任並身役蔭者"，内又提到"應用贈蔭者"是"須承前歷任清資事，兼門地與格文相當者，其贈蔭降品，請準格式處分"。因此知道用贈官蔭者是本着"格式"的具體規定，而且必須是曾有歷任清資官兼門地合乎要求的，即獲贈官者本人也實際任過清資職事官，與在任者的條件差不多，其子孫纔可以用蔭補官。

據《舊五代史》卷一四九《職官志》，後周顯德六年(959)冬十二月壬辰，尚書兵部上言本司蔭補千牛、進馬，針對所説"在漢乾祐中散失敕文，自來只準晉編敕及堂帖施行，伏緣前後不同"的問題，詔令"今後應蔭補子孫，宜令逐品許補一人，直候轉品，方得收補，不得於本品内重疊收補"。還規定用蔭範圍："太子進馬、太子千牛不用收補，詹事依祭酒例施行。兵部尚書、侍郎舊例不許收補，宜許收補。致仕官歷任中曾任在朝文班三品、武班二品及丞郎給舍已上，金吾大將軍、節度、防禦、團練、留後者，方得補蔭（蔭補？）。皇蔭人，其祖、父曾授著皇朝官秩，方得收補。應合收補人須是本官親子孫，年貌合格，別無渝濫，方許施行。餘從舊例處分。"由此可見，蔭補的範圍被限制在現任或曾任的某些文武要職中，"皇蔭人"的祖、父即皇親，也必須是授過官的。這雖然是指在世官，但也應是父祖有贈官者用門蔭入仕參照具備之起碼條件。

(二)贈官之家的法律、經濟特權

盡管如此，我們仍不能認為父祖贈官的授給毫無實際意義。首先，就《唐律疏議·名例》中涉及贈官的一條來看，其原來内容為官員犯罪可以因議、請、減而獲得優待時，"贈官及視品官，與正官同。用蔭者,存亡同"①,也即贈官子孫對此都有份享受。具體則"諸應議、請、減及九品以上之官,若官品得減者之祖父母、父母、妻、子孫,犯流罪以下,聽贖"條,《疏議》有"'若官品得減者',謂七品以上之官,蔭及祖父母、父母、妻、子孫,犯流罪以下,並聽贖"的解釋,唐律同卷還規定"有蔭犯罪,無蔭事發;無蔭犯罪,有蔭事發,並從官蔭之法",按照上述贈官與正官同的原則,贈官子孫有蔭無疑也可以劃在內。而由於《選舉令》有生前不曾為官而死後得贈者的子孫也可以類比的原則,所以家族中可以得到照顧的人數或者涉及面是比較廣的。而就律法言,贈官子孫得到的優惠可能還不止於此。《舊唐書》卷九八《裴耀卿傳》載其上書稱:"決杖者,五刑之末,只施於扶扑徒隸之間,官蔭稍高,即免鞭撻。"有官蔭的可以免予鞭撻,可以減罪聽贖,是完全可以肯定的。

其次贈官子孫有蔭還會得到免役的優待。據《通典》卷七《丁中》引開元二十五年令本有"諸視流內九品以上官……皆為不課户"的規定,而且即使六品以下的品官子弟也可服色役或納資代役。《唐律疏議》卷一二《户婚律》"諸相冒合户條"《疏議》有"依《賦役令》:'文武職事官三品以上若郡王期親及同居大功親,五品以上及國公同居期親,並免課役'"的規定,《新唐書》卷五一《食貨志》也有"太皇太后、皇太后、皇后緦麻以上親,內命婦一品以上親,郡王及五品以上祖父兄弟,職事勳官三品以上有封者若縣男父子,國子太學四門學生俊士、孝子賢孫、義夫節婦,同籍者皆免課役"的記載。王永興先生認為"祖父兄弟"、"父子"、"同籍"都是以血緣關係為基礎的親屬稱謂,所以"也可以解釋為用蔭免課役的規定"②。其

---

① 《唐律疏議》卷二《名例》二,40頁。
② 王永興:《關於唐代門蔭制的一些史料校釋》,388—389頁。按關於《賦役令》免課役內容,並參《天一閣藏明鈔本天聖令校證——附唐令復原研究》下册,《賦役令》復原21—24條,476頁。

"同居期親"和"同籍"的含義顯然已不止直系子孫而包括兄弟、叔姪在內。不僅如此，符合以上規定者，其生前死後親屬用蔭皆同，史料所見如劉仁軌子劉濬，武則天朝官至太子中舍人（正五品下），垂拱二年(686)為酷吏所陷被殺，後得平反[1]。《唐代墓誌彙編》開元三〇四劉濬墓誌稱："太后自永昌(689)之後，寬典刑焉，如公數家，例還資蔭。夫人誡其子曰：用蔭足免征役，不可輒趁身名。"

　　用蔭既無論官員生前死後，並且由於是以"同居"、"同籍"為限，所以"用蔭足免征役"這一點對贈官家屬即也適用。《冊府元龜》卷五〇九《邦計部·鬻爵贖罪》載至德二年(757)七月宣諭使侍御史鄭叔清奏，稱"應授職事官並勳、階、邑號、贈官等，有合蔭子孫者，如戶內兼蔭丁、中，三人以上免課役者，加百千文；每加一丁、中，累加三千文"。這說明此前贈官也可以蔭子孫甚至同籍者免課役，而且蔭者不限人數，只是人多加代役錢而已。宋朝徽宗時"內降指揮"明確說到："臣僚之家，霑被恩典，澤及祖先，最為榮遇。其追贈官爵，雖是寵以虛名，緣直下子孫，皆得用蔭，及本戶差科輸納之類，便為管(官?)戶，故所贈三代愈多，即所庇子孫愈衆，不特虛名而已。"[2]父祖是贈官而子孫為官戶在差科賦役方面享受優待，顯然仍是承唐朝遺制。南宋孝宗時一度曾規定"封贈官子孫同編戶差役"，這個"封贈官"按宋制指明是"謂父母生前無官，因伯叔或兄弟封贈者"[3]。但實行不久又予改變，[4]說明多數情況下封贈官子孫差役都是不同編戶而有優惠的。所以實際上唐朝以來贈官之家在法律和經濟方面都享有官吏特權。

---

①　《舊唐書》卷八四《劉仁軌傳》，2796 頁。

②　《政和五禮新儀》卷首大觀四年三月條，16 頁；《宋會要輯稿·職官》九之五《司封部》，2594 頁。

③　《宋史》卷一七八《食貨志上》六，4334 頁。

④　《宋會要輯稿·食貨》六之六，4882 頁；並參孫健：《宋代封贈制度研究》，44—46 頁。

　　法律、經濟的特權意味着身分地位的改變,雖然如上述《唐會要》貞元七年兵部奏事規定,對用贈蔭入仕者常常有所限制,使得贈官子孫不一定都能任官,但所帶來的身分地位的變化及相應的法律經濟之類的特權卻是都可以享受得到的。因此可以認為享受贈官好處的,是能夠得到父、祖之蔭的所有子孫及其家族,宋制封贈官子孫"皆得用蔭"、"故所贈三代愈多,即所庇子孫愈衆"也説明這一點。

　　另外這裏就蔭官問題還要特別提請注意的是,父祖贈官和子孫用蔭入仕其實是一而二、二而一的兩件事,相應的父祖封贈也可以稱為是從子孫得"蔭",如前揭《五代會要·司封》乾祐元年條就有"其父在母承子蔭敘封、追封"的説法。父祖(母)承子孫蔭、子孫承父祖蔭,性質沒有不同,所以,正像父祖取得贈官可以不必來自一個子孫,唐朝從父祖門蔭入仕也常常不止一人。上述唐朝敘階之法"三品已上蔭曾孫,五品已上蔭孫",並沒有規定蔭子孫的數量,而唐後期的德音雖然定出蔭子官的範圍數量卻也不限制人選。例如《長慶元年正月改元南郊赦》中,除了有對功臣郭子儀、李晟等"各與一子八品官"和顏真卿、顏杲卿、張巡等"各與一子出身"之外,還有"中書門下及節度使帶平章事,各與一子八品正員官"、"禮儀使、大禮使、度〔支〕使、鹽鐵使、京兆尹,各與一子出身"和"東都留守,及諸道節度觀察經略等使、神策金吾六軍將軍、威遠鎮國軍等使各與一子出身"之類的規定。這些給官、給出身在德音中多是與父祖封贈官寫在一起的,均作為給功臣或在職官員的待遇,但都沒有指定必須是子孫某一人。《舊唐書》卷一三三《李晟傳》稱李晟的兒子李愻、李憑、李恕都是"以父蔭起家"或"並以蔭授官",内中至少李愻寫明是庶出,可見子孫繼承父祖門蔭也無身分限制,這是與以往襲爵必由嫡子嫡孫很不一樣的現象。

　　由於官員的父祖封贈和蔭子孫都是圍繞官品進行,所以在任的高級文武官員可以根據級別上封贈父母,下蔭庇子孫,不僅可以光宗耀祖,惠及兒孫,且通過上掛下聯的關係而使整個家族近親作為官僚族屬,改變出身和社會歸屬。這期間,一方面封(在世)贈(去世)與蔭補相結合,可以使更多的子弟走入仕途;另一方面,也使整個家族獲得更多的方便和特權,從平民階層上升為"衣冠戶"和有權勢的官宦之家。

附:父祖贈官小結

以上從父祖贈官制度的建立和發展、贈官品級、告身,範圍的變化與常參官作為標準的出現以及贈官的用蔭等方面討論了唐朝官員的祖先封贈。父祖封贈作為贈官制度的擴大化,在實行的意義上早已超出了葬禮範圍。總結其中內容,筆者認為有三點值得注意:

第一,是父祖贈官的目的、方式和來源。唐朝官員的父祖贈官作為一種普贈方式,在開、天中通過大禮慶赦德音開始定式化,並在安史亂後作為賞功酬勞的長效措施不斷頒布,成為唐後期以降贈官制度中的一項新發展。陸贄指出:"天寶季年,嬖幸傾國,爵以情授,賞以寵加,天下蕩然,紀綱始紊。逆羯乘釁,遂亂中原,遣戍歲增,策勳日廣。財賦不足以供賜,而職、官之賞興焉;職員不足以容功,而散諡之號作焉。"①官職作為鼓勵機制似乎已不足用,所以如上所述安史之亂後,加大封賜、褒賞的力度,是即位、冊尊號、郊廟等許多詔敕赦文中的一項必行措施。從赦文宣布的時間和給贈的範圍來看都可以知道,父母贈官本身是朝廷作為對功臣、對在職官員封賞的一部分來進行的,也可以認為是官、職之賞的擴大化,是一定級別官員的待遇,也是對他們忠於朝廷和職事的報答和補

① 《陸贄集》卷一四《又論進瓜果人擬官狀》,448頁。

償。另外，與官員本人贈官基本依照制度進入一般日常化流程不同，父祖封贈的實行完全以詔敕和大禮大赦的德音為基礎，雖然不無官品限制，但作為"恩制"，體現了受之於皇帝的特殊意義，其實行顯然也是以皇帝意志為轉移。

第二，是父祖贈官的範圍和標準。唐後期父祖贈官除了藉以褒揚死於王事的忠臣節烈和挽救朝廷於危亡之際的有大功勞者之外，其實行對象就是與朝廷利益休戚相關的内外文武官員。這裏既有文臣也有朝廷借重的武人，他們中的第一等是在朝宰相重臣和朝廷着意籠絡的節度使相，第二等是有着重要職務的内外文武高級官員，總之是對朝廷貢獻越大、職務越高越重者獲得待遇越高。特別是這其中朝官的父母封贈標準從開元、天寶中五品以上"清官"、"清資官"一變而為唐後期五代包含中、下品級的"常參官"或者"升朝官"，無疑是一項涉及官制的重大變化。不完全依照品級劃分的文武常參官形成了朝廷中最接近皇帝的核心官僚層，再加上德音常常同時強調的度支鹽鐵、節度觀察刺史、軍使等，完全是朝廷不得不依靠借重的權勢力量。這一階層範圍以職事而非階品為標準，反映在封贈問題上，是更加從朝廷的現實利益出發，更加注重官員的實際職務和作用及其與皇帝的遠近程度，而不是單純以出身、官位為中心；個中原因不僅來自於應對唐後期複雜政局的需要，也反映了社會階級升降和民眾總體價值觀的變化。這一點牽涉到唐宋之際的變遷，容後再做討論。

第三，是父祖封贈與子孫用蔭的取得和對應。子孫用蔭是來自於父祖的官封，而父祖封贈又是借重子孫的官蔭，其來源也是圍繞官品。如上所述唐後期德音中功臣宰相及要官"與一子官"或者"與一子出身"，常常是和父母贈官同時出現的，所以唐代的子孫用蔭可以認為是與父祖封贈相對而行，兩者並没有本質上的不同。一個變化了的社會重視的仍是可以保證或者改變自身社會地位的政治資源或者經濟利益——雖然單純的贈官並不一定能夠使子孫入仕，但至少會有法律和經濟等方面的特權，其共同的效應是個人和家族的權益。

　　唐朝父祖封贈與子孫用蔭以官品為定的標準和取得途徑，決定了享受兩種特權的是作為朝廷內外職要的同一類人。對官員而言，上封贈父母、下蔭庇子孫是朝廷除了本人加官晉爵外給予的超級禮遇。父祖封贈既不限制來源，子孫用蔭也沒有特定人選（即不一定為嫡長子），一切圍繞官員本人官品進行，是其中的最大特色。

下編下結語　唐代贈官制度的再分析與中古世界的新秩序

　　本編對唐代官員本人贈官及父祖贈官的兩種贈官做了探討，前者繼承南北朝，作為葬禮待遇的一項重要内容，進一步發揮了以職官為贈和賞功酬勞的特點，並且贈官與贈賻和贈諡相結合，圍繞官品等級而秩序化，成為體現皇恩的工具。後者則在北朝基礎上大為擴張，通過赦書德音不斷頒布的普贈，將以功臣權貴為對象發展為以官品職事為基準的方式原則，是為唐宋之際贈官制度的最大特色，不但超出葬禮範圍，某種程度也可以認為是對魏晉南北朝大族社會制度、習俗的顛覆。由於唐朝贈官涉及門蔭制度的擴大和發展，又進而影響官制和官爵轉換等問題，因此為了進一步認識其來源、實行原因和社會意義，這裏便擬以父祖封贈為側重點，對贈官制度的内涵進行再分析，以此作為本編的結束語。

　　(一)世襲和門蔭制度的自上而下與自下而上

　　封贈和門蔭，看起來似乎是毫不相關的兩種制度，封贈是靠着官員本人的努力和地位使父祖得官，而門蔭卻有着享受天生特權的意義，是從父祖得恩惠，兩者意義完全相反。但是，從上面的討論，我們已經知道兩者其實可以互補，是既相反又相成的。南宋《慶元條法事類·職制門》將"封贈"列於"蔭補"之後，尤説明兩者

不是没有關係。那麼,由享受"門蔭"到封贈父祖,究竟有着怎樣的
發展,各自代表了怎樣的觀念,其間又經歷了怎樣的社會變化而一
致化,顯然是我們在對封贈制度進行了具體的研究之後,必須加以
瞭解和總結的。

　　門蔭制度的核心原是子孫用父祖官蔭而參加選舉,發展到五
代和宋便明確稱為"蔭補",成為與科舉並立的另一大選官途徑。
以往論者在研究唐代的官僚士大夫階層或所謂"衣冠户",注意到
他們與科舉制的關係及取代門閥士族的同時,也注意到唐宋門蔭
制度的發達。張澤咸指出門蔭入仕保證既得利益者的合法傳襲,
唐五代門蔭之法在兩漢、魏晉南北朝基礎上有了新發展①。寧欣則
進一步分析了唐代的門蔭與魏晉南北朝的門第的區別和聯繫,認
為唐朝的"族望門第不具有享受門蔭特權的法律地位",並指出"唐
代門蔭處在隋唐五代這一帶有轉折性及變革性特點的歷史時期,
具有明顯的雙重性,它既是幾百年來世襲、世蔭特權的法律體現,
又是對魏晉以來以族望門第確定在選官體系中的地位的原則的帶
有傾向性的否定"②。近年游彪《宋代蔭補制度研究》一書也對宋代
蔭補發展和施行的各個方面作了深入細緻的論述③。王曾瑜和近
藤一成在各自為其書所作的序中都指出宋朝蔭補作為官僚世襲
制,造成入仕的官僚人數遠遠超過了科舉出身者而導致冗官的現
象;而游彪本人討論來源亦指出,蔭補制度雖是從世卿世禄的制度
中衍生出來,但由於官位不具有世襲性,因此"蔭補制度絶不能與
世卿世禄制度等同"。其實行是由於皇帝必須依靠文武百官治理、

---

　　① 張澤咸:《唐代的衣冠户和形勢户——兼論唐代徭役的復除問題》,《中華文史論
叢》1980 年 3 期,160 頁;《唐代的門蔭》,《文史》27 輯,1986 年,47—60 頁。
　　② 寧欣:《唐代門蔭制與選官》,《中國史研究》1993 年 3 期,77—82 頁;引文見 77、
80 頁。
　　③ 游彪:《宋代蔭補制度研究》,北京:中國社會科學出版社,2001 年,以下引文見
7、426 頁。

管理國家,因而不得不給予適當照顧和特權,以維護官員的既得利益。

竊以為,說蔭補制度繼承了前代的世襲制卻不再與世卿世禄的意味等同,無疑是正確的。因為相對中古前期,唐朝的門蔭制已經發生了本質的變化。它顯然已經不是以世襲的門第為基礎,也不是以入仕者原來的出身和任官前的社會地位為決定因素,而是純粹以入仕後的官品職事和所建功業為標準,以致它所面向的人羣是完全不同的。從唐代後來規定的用蔭者必須是"門地清華"、"歷任清資事兼門地"來看,這個"門地"已不是原來世卿世禄概念的"門第",而是建立在當世官品權勢基礎上的門蔭和政治地位。用已經佔據高位的官僚們的子弟填補整個官制的空缺,不能不說是擴大和延伸了對這個官僚層的倚重及任用。

當然,認為蔭補或謂門蔭制度維護了朝廷統治並保證了官員的既得利益也是毫無疑問的,而其擴大化其實還應與父祖封贈放在一起來考量。前所述唐人提到父祖封贈,大都是從忠孝出發,所謂"忠以奉上,孝以榮親"、"由孝所以榮親,踐忠所以事主"[1];開元十七年制書稱"祀之大者,莫尊於嚴享;德之至者,莫加於孝敬",由謁陵延及孝道,成為封贈的一個契機;《唐大詔令集》卷九《乾元元年册太上皇尊號赦》開篇即言:"古者父有天下,傳歸於子;子有天下,尊歸於父。有國所以繼統,立身莫若揚親,其義遠矣。"宋人亦有"蓋朝廷之典以義制恩,人子之心奉先以孝"的説法[2]。可見其意義在於提倡以忠彰孝、忠孝合一,並且要借助大禮德音施加額外優惠以貫徹此種意識,團結、拉攏所依靠的核心官僚層,自家而國,圍

① 參見《唐代墓誌彙編》天寶一一八《唐故上黨郡大都督府長史宋公墓誌銘并序》,1615頁;《唐代墓誌彙編續集》天宝〇一〇《大唐左龍武軍翊府中郎將王府君墓誌銘并序》,588頁。
② 《宋會要輯稿‧職官》九之六,2594頁。

繞皇帝形成板塊型的利益集團;通過他們輻射其家族、社會關係,同時利用周圍人眾對獲得者的羨艷之心和追求,以擴大影響,鞏固王朝的統治,維持整個社會的穩定。這樣恩蔭與封贈便成為朝廷加強凝聚力的兩大手段。苗書梅《宋代官員選任和管理制度》一書指出,"恩蔭制度是最高統治者利用賞賜官爵,從政治上籠絡官僚隊伍的人心,使他們更加忠心耿耿地為封建王朝效力的重要手段"①。封贈制度也是如此。從政權的需要而言,朝廷不但可以通過此舉加強對職務要重者乃至其他政務人員的籠絡,而且可以通過大禮大赦德音隨時對封贈對象加以調整,其實用色彩更強,目的更加直接。

而由於官員是其中最大的受益者,所以亦如苗書梅所言,所謂蔭補、或曰恩蔭畢竟是以官僚士大夫的要求為實行基礎。對官員個人而言,物質利益外最重要的,是子孫得蔭與父祖封贈也為其家族興起創造了條件。既然"父因子貴、克大吾門"②,被看作是家門有德和整個家族的光彩及榮耀,而由此形成的世代宦達之假象,也是由皇帝重新為之打造,所以新的門蔭取代舊的門蔭就是順理成章。它既可以使子孫富貴,更可以使官員從改變出身到更換門庭,在原來的門閥制度衰落以後,這種圍繞子孫而一切立足於當世官品的做法與新的門第觀念逐漸為朝廷乃至社會全體習慣和接受。從這個意義上來説,封贈制度也好,蔭補制度也好,在原來的世襲制之上早已推陳出新,它們為官僚階層所帶來的好處是帶有根本性的。而與蔭補制度同存並立的父祖封贈制度,後來也正是在這樣的背景之下不斷發展。到了宋代,盡管由於官員在世官封和蔭子的經常化、嚴密化,在官員死後再通過贈官蔭子

---

① 苗書梅:《宋代官員選任和管理制度》,開封:河南大學出版社,1996年,69頁。

② 《唐代墓誌彙編》天寶二二九《唐故雲麾將軍左龍武軍將軍彭城劉公墓誌銘并序》,1690頁。

入仕的情況相形已不突出,但是官員本人贈官和父母封贈都有了更為嚴密而規範化的制度,《宋史·職官志》以大量的篇幅詳細記載了其中的基本規定。無論是初授官封贈還是大禮封贈,抑或是由官品、職事高低為定規的本人三官、二官、一官之贈及父母三代、二代、一代之封,都有了明確具體的條制,總之與蔭補一樣,封贈制度不但沒有在規模上縮小,其所給官稱也愈益成為官員地位、官階的另一種標誌。

(二)從爵到官的轉換及以職級和功勞為基點的封贈原則

在基本瞭解了中古贈官制度的大趨勢之後,有一個問題尚須反思,即說到世襲和門蔭,不能不涉及作為其中背景的官、爵之轉換與變化。這是因為官位之前,本有封爵,爵的繼承曾經是封贈和門蔭制度的基礎,它的來源就是在先秦分封制基礎上建立的封爵制。封爵制在一定程度上保證了士族門蔭的繼續,而作為嫡子繼承制度的體現,也在兩漢以降為歷代遵守不疑和行之無替。楊光輝《漢唐封爵制度》一書中曾經指出,"封爵與官秩在一定程度上的合一,為世襲任官創造了條件",他將東晉異姓有爵者和無爵者的子孫加以比較,得出結論是爵能夠代代相承,世襲相因,因此在家世的承襲中爵是至關重要的[1]。而爵所建立的秩序對社會也起到支配作用,如西嶋定生所說:"自天子以至於庶人都含攝於爵制中,所以爵制不只是形成民間秩序的原理,以皇帝為頂點的國家結構也利用爵制組成為一個秩序體。"當然官與爵隨後逐漸發生分離和並存,即閻步克所指出,當官僚制度逐漸走上正軌的時候,各種權益便開始從重爵逐漸向重官傾斜,而與士族政治相關的"爵本位"

---

[1] 楊光輝:《漢唐封爵制度》第四章《封爵制度與其它政治制度的關係》,166—167頁。

則被"官本位"所取代①。

"爵本位"被"官本位"完全取代自然有其有長期的過程。其中爵的承襲在魏晉南北朝始終突出,隋文帝為李德林父敬族和蘇威父蘇綽贈官的同時都予贈爵,並指定由二人分別承襲,這說明,當時仍將賜爵襲爵作為家門繼承的條件②。而從兩《唐書》的記載可知,即使一直到唐朝開、天時代,功臣將相和親貴大臣的子孫襲爵仍有延續。但是安史之亂以後,不但爵的授予本身已成為官位的一種附庸,而且子孫襲爵的記載也已經愈來愈少。雖然德宗《貞元九年冬至大禮大赦制》下令"應九廟配享功臣,及武德以來將相,名節特高,有封爵廢絕,祠廟無主者,宜許子孫一人紹封,以時享祀",但相應也只在個別功臣權藩或者名相名帥中尚能見到一點襲爵餘緒③,至於父祖贈官當然更不牽扯爵的問題。《宋史》卷一○九《禮志》一二稱:"唐原周制,崇尚私廟。五季之亂,禮文大壞,士大夫無襲爵,故不建廟,而四時寓祭宗室。"將五代羣臣不建家廟完全歸因於無襲爵制度恐怕不是一個完全合理的解釋。因為事情總有個發展過程,除了宗室王公外,一般官員子孫不再以父祖的爵秩為蔭已經是很久的事,並不是由於"五季之亂"纔開始。然而所說宗廟無人打理,卻是一個深可注意的事實,其變化雖不在本文的論述範圍之內,但也能夠說明無襲爵所帶來的影響。與此相對的是,唐後期文獻中雖然常見"襲"的說法,卻常常是指權藩子弟請求或謀襲其

① 西嶋定生:《中國古代統一國家的特質——皇帝統治之出現》,《中國上古史論文選集》(下),臺北:華世出版社,1979年;並參閻步克《品位與職位》,107—108頁。

② 《隋書》卷四一《蘇威傳》、卷四二《李德林傳》,1185、1203頁。

③ 按見《陸贄集》卷三,78—79頁;《唐大詔令集》卷七○,391頁;並參甘懷真《唐代家廟禮制研究》,90頁。按:兩《唐書》所見功臣權藩如李嗣業、郭子儀、田悅子,此外又如西平王李晟愿;開元宰相蕭嵩曾孫蕭俛,文宗宰相裴度子裴識,亦為將帥名相子孫,均得襲爵。參見《新唐書》卷一三八《李嗣業傳》,4617頁;《舊唐書》卷一二○《郭子儀附郭仲文傳》、卷一四一《田悅附田季安傳》、卷一四《順宗紀》上、卷一六《穆宗紀》、卷一八下《宣宗紀》,3473、3847、407、475、637頁。

父節鉞,例如稱河北藩鎮為"世襲"者,乃是世襲節度使權力與官位,與以往爵位之因襲已經不是一個概念。

因此以官品為蔭的門蔭制度盛行,是與以爵秩為蔭的制度衰落同時發生的。閻步克討論兩漢爵秩與品位(官位官階)逐漸分離,爵制衰落而被官品取代的關係,並提出魏晉以後官階九品的制度就是將許多使用過的官職納入一個新的等級框架,以彌補封爵之不足[1]。而封贈之法其實也是同樣走着自爵而官的過程,這一點不但已可從研究者討論漢魏之際贈官的變化窺知[2],還表現在與贈官有關的贈諡問題上。根據筆者的考證,兩漢以來的贈諡本來圍繞有爵者實行,後來雖然另有贈官,但只是生前有爵者纔有贈諡。東晉以後由於王導的提議纔予以改變,無爵而有官者也可以得諡號[3],並且隨着贈官的實施和普及化,贈諡隨同贈官的資格被確立下來。官、爵基本對等,如與中古前期有爵就可給贈的情況對照,單純爵可以得贈諡的範圍被大大縮小;且爵的高低也是以官品衡量,說明原來的以爵為標準已逐漸轉化為以官為標準。

不過,如果將時段拉得更長一些,對整個中古時期作一鳥瞰,則可以發現與贈官聯繫在一起的官位變化或者還可以分為兩個階段,其劃分應該在開元、天寶前後,也就是說第一個階段當從漢魏以來至唐朝前期,第二個階段則是從此以下而涵蓋整個唐後期及宋。在第一個階段中,仍可以明顯地看到魏晉南北朝以降官制的影響,此即閻步克所謂從"品位"到"職位"的變化。劉長旭總結提出,兩晉南朝贈官"職事官與散號的分工日益明顯。一般說來,職

---

① 閻步克:《品位與職位》第二章《爵祿與吏祿》、第五章《官品的創制》,121—122、256—271頁。

② 見《東漢會要》卷二五《職官》七《恤典贈官》袁孟麒所論,並參劉長旭:《兩晉南朝贈官制度》第一章《兩晉南朝贈官的歷史追溯》,7—16頁。

③ 《晉書》卷六五《王導傳》,1750頁。

事官很少作為贈官”；但是“與南朝這一特點相反，北朝在贈官中所體現出來的特點是贈予地方刺史加將軍號為主，具有較為明顯的贈予職事官的特點”，並且這一特點也為唐朝所繼承[①]。另外早先一些唐史學者已指出“以職為實，以散為號”的明確區分自隋代始，以及散官結合職事官轉為“本品”，消除職、散分離的情況[②]。這期間一方面唐朝門蔭已經“否定了門閥專政時期以門第高低作為享有世襲特權的原則”[③]；另一方面結合職事官級的散官階——“本品”仍起着主導的作用，用以標識“貴”與“通貴”身分的三品、五品界分實際是以散階為基礎的。與此相應，開、天時期作為父母贈官標準的所謂“清官”、“清望官”，方自南北朝的門第窠臼中脱胎。前揭《天寶十三載册尊號敕》，定父母封贈標準有“見任四品、五品清官官階是五品已上者”，不僅所任職事是清官中的四品、五品，而且必須是散官階五品。《唐會要》卷八一大中十四年“官階至朝散大夫許封贈”一條也已説明即使到了唐後期，散官作為衡量標準也沒有完全退出歷史舞臺，這仍然與重視門蔭的舊制有關，也是官位更重“個人身分”的體現[④]。

但是在第二階段中，所謂“貴”與“通貴”的限約更多被職務之劃分所突破所取代。官員的職事，即所謂“行政職位”愈來愈成為品評地位與待遇的標尺，其中常參官——升朝官作為朝官衡量基準的出現，應該認為是這一階段的新特色。根據上面的研究，唐後

<hr>

① 劉長旭：《兩晉南朝贈官研究》，170—171 頁。

② 參見楊志玖、張國剛：《“辨貴賤，敘勞能”——隋唐五代品階勛爵制度》，《文史知識·中國歷代官制講座》二二，1985 年 12 期，76 頁；馬小紅：《試論唐代散官制度》，《晉陽學刊》1985 年 4 期，52 頁。

③ 寧欣：《唐代選官研究》，臺北：文津出版社，1995 年，138—139 頁；《唐代門蔭制與選官》，77 頁。

④ 按閻步克先生有論官、職在表現“個人身分”和“行政職位”的區別，見《品位與職位》第一章二《禄秩與散階》，17—28 頁。

期即使是權臣本人的給贈也基本是職事官,很少同時贈散官和爵;
而父祖封贈的資格,在官員本人也已經愈來愈體現爲職事官的範
圍。且所定官品標準不是唯一的,常參官職務的要重超過自身所
居官品,更表明晚唐五代贈官制度中愈益以"職"爲重。天聖宋令
的"贈諡"條,只取消了"散官二品以上",其他完全相同,也明確了
這種變化。

　另外在這個階段中,起決定作用的是資序與差遣,其來源則是
建功立業。陸贄就提出"伏以爵位者,天下之公器,而國之大柄也。
唯功勳、才德,所宜處之,非此二途,不在賞典"①,從而徹底否定門
第在其中的作用;並且指出唐代雖職、散、勳、爵以類爲分,"然其掌
務而授俸者,唯繫於職事之一官,以序才能,以位賢德,此所謂施實
利而寓之虛名者也"的本質②。但由於使職出現而職官作爲寄禄階
官化,故宋代發生了官與差遣、資與職的分離,據鄧小南《宋代文官
選任制度諸層面》一書考察,宋代確定文官的範疇,就不僅要看某
人是否文資、文階,更要注意其實際職任與功能。她指出宋代的寄
禄官"以省部寺監官階組成爲不同序列,以此寓示人們各自不同的出
身、經歷、流品等背景内容,有寄禄官作爲社會地位、待遇的基本保
證,實際差遣職務的任免獲得了更大的迴旋餘地"③。元豐改革建立
新的階官制度,但並不是唐代散官的翻版。其轉遷主要受磨勘法之
制約,也即依據對資歷、業績的審覈,而不是以門蔭結品。所以這不
僅是由於以往所説的官制發展,其實也是社會性質、官員性質的變化
使然,職能化的官僚代替了身分制的官僚,官職在唐宋封贈體系中超
過散位爵秩而成爲一切的中心是顯而易見的。

　以官代爵並不僅僅是標準的變化,而是涉及方方面面,且因立

---

① 《陸贄集》卷一四《駕幸梁州論進獻瓜果人擬官狀》,446 頁。
② 《陸贄集》卷一四《又論進瓜果人擬官狀》,450 頁。
③ 鄧小南:《宋代文官選任制度諸層面》,21—27 頁。

足於官員所在的職場（或曰官場）和家族兩端，故也直接影響到家族的繼承。前面已經指出官、爵的襲封對象、來源有別，爵的承襲是嫡長子，自上而下保證了家族和宗廟從父祖手中得到延續和繼承。但是唐宋官僚制下的封贈和用蔭沒有對子孫身分來源甚至數量的限制，嫡、庶都可以用蔭，反之嫡、庶也都可以贈父祖，特別是贈父祖採取的是自下而上的相反途徑，其結果可以說是從根本上動搖了封爵制下的嫡長子繼承制。

這一問題也可與宗廟建置相對照。《開元禮》引《祠令》規定，"凡文武官二品以上祠四廟，五品以上祠三廟"，並說明四品、五品必須同時有兼爵方可立廟。但是到了天寶十載正月的大赦天下制，卻下令"其京官正員四品清望官，及四品、五品清官，並許立私廟"，放寬了兼爵的限制。值得注意的是這裏規定的範圍正與同期父母贈官的要求等同。甘懷真《唐代家廟禮制研究》一書總結認為："唐立廟的資格，完全是依據政治身分。此即以皇帝為頂點，而官人依據官品的高下建立崇卑有序的宗廟。"他並指出，兼爵、勳官等都已成為立廟的附帶條件，不能成為必要條件，立廟的品級依據，當是職事官品。在這樣的原則之下，立廟不分嫡庶，只是圍繞官品進行，官品高的庶子可以代替品級低的嫡子為父祖立廟承嗣，並且"立廟的官人，無論原來是不是宗子，只要立廟後，即是法定的大宗"①。這樣建置的宗廟已是家廟，與過去那種按照爵位和宗子承襲的族廟已然不同②。其建立的基礎既然是官品，且僅及於一

---

① 《大唐開元禮》卷三《序例下·雜制》，34 頁；《唐會要》卷一九《百官家廟》（並見《册府元龜》卷八六《帝王部·赦宥》五），450 頁。以上並參見甘懷真《唐代家廟禮制研究》，37—45、83—88 頁，引文見 41、86 頁。

② 按據章羣《唐代祠祭論稿》上篇《宗廟與家廟》："家廟所奉神主，並無昭穆之分，縱有之，亦為虛名，因不聞後世有神主遞遷、遷祔之事。又彼等家人，多有官職，所奉神主，自高祖而下，不及旁枝，既不足以反映家庭情況，亦不足以顯示家族在政治及社會上的影響。"臺北：學海出版社，1996 年，44 頁。

支,則子孫衰微,家廟便不能繼承,這一點與爵位承襲者甚少相應,於是便出現了宗廟無人打理的情況。這説明無論是贈官還是立廟,都是圍繞着子孫職位而不是父祖原有的官爵或地位出發,繼承關係被顛倒了,以致與出身或者門資之關係愈來愈小,可見父祖封贈與家廟的建置、家族的繼承取向一致,從爵到官導致了相同的結果。

盡管如此,以官職為中心體現在世襲的意義上還是遠較過去更為寬泛。有學者對比爵和官的不同曾提出,爵不同於官,官從屬於個人,而且為時短暫,升降不定,爵卻是終身制①。但正是以官職為核心及主體的蔭補和封贈制度將爵的延續最終變成了官的某種延續,使官的繼承有了相對的穩定性或定向性。這一以現實官制為核心的封贈和門蔭之法或者可以認為是對舊制度的"揚棄",是新形勢之下世襲制的一種變革,它將原來只有少數個人和家族可以享受的特權擴大化了,可以籠罩的範圍也大大推廣,由此折射出從士族社會到官僚社會統治基礎發生更迭轉換的過程。因為一方面,士大夫階品地位的上升主要是憑藉所擔任的職務與功勞;另一方面,即雖然唐宋的現時社會仍是學者所説的皇帝與士大夫共治天下,但卻不是"王與馬共天下"的世家大族聯合政治——這裏士族換成了官僚,而高居其上的皇帝亦不是司馬氏那一類出自"諸生家"的世族成員。而官僚的職能化,使得皇帝與官員之間的關係變得更加簡單和直接——官員本人及其父祖的封贈和蔭子來源,包括立廟既不是因"世資",也就只能是皇帝的恩澤與當世的職事階品,所以蔭補和封贈的核心是"恩蔭",它最特別的意義便是皇恩浩蕩——皇帝的恩澤光輝直接照耀到這些官員及其家族,於是官員與其家族感謝的也就只能是皇帝和朝廷,這是皇權至高無上的官

---

① 羅新:《試論曹操的爵制改革》,《文史》2007 年 3 輯,總 80 輯,57 頁。

僚制度之下封贈與門蔭制度的本質。

　　而唐朝開、天以降從現實政治出發的封贈方式及以官員職級和功勞為基點的封贈原則就是這樣確立的，它由此揭開了唐宋封贈史上新的一頁。不僅如此，它帶給官員之家的影響也是多重的，這當然是一些富豪之家可以利用來提高身分和標榜家世、取得特權的依據。總之父祖贈官和蔭子可謂是朝廷對官員施加的雙向優惠，是統治階層及其權勢的擴大和延伸，是皇帝為中心的官僚政權鞏固統治的保證。而就思想觀念而言，其間雖仍不無世襲的意向和痕跡，但圍繞子孫的官品而不是父祖的門楣其實已轉移了繼承的重心，在子孫單純依仗父祖門庭建立基業的舊觀念之上，增添了由子孫創業、用子孫的在世官績以光榮父祖、改變門庭的新内涵。這些變化無疑也是與唐宋社會發展中的經濟與平民化意識相適應的。無論如何，其做法從形式到内容完全打破了以出身決定一切的傳統，使所謂"顯揚先祖，光榮其親"①或稱光宗耀祖的觀念有了真正的意義和實效。這一新的家族意識代替了舊的家族觀念，也為平民階層帶來了希望。所以，如果説父祖贈官或者廣義的封贈制度與門蔭之法一樣，不但證實了士族制的瓦解和官僚制的成熟，也是促成階級升降與唐宋以後官紳社會形成的因素之一，應該是沒有疑義的。總之，可以認為它在一定的意義上其實是與科舉制相輔相成，並因此推動後來社會習俗觀念的發展變化，這一點恐怕也是完全能夠斷定的。

---

① 《唐代墓誌彙編》建中〇〇三《唐贈太子司議郎皇甫府君墓誌銘并序》，1822 頁。

總　論

關於中古"終極之典"的若干思考

自古以來，死亡便一直是人們試圖迴避的話題，卻又是無法避免的人生歸宿和永恒主題。人們期待永生而無法獲得永生，但是"飾終"的典禮卻會通過不斷的再造和實踐顯示永恒。典禮的莊嚴可以用來表達人們對死亡的敬畏，幫助他們撫平永別的創傷，寄托哀思和告慰死者的靈魂，因此飾終之典不可或缺。而當上古的禮學家們在面對死亡，創造出原始典儀之際，他們也許永遠想不到在日後的歷史進程中此類經典將會被如何演繹，更不會知道其中的繁瑣程式將被怎樣地延傳和改造。

中古(秦汉至唐宋)的喪葬禮制便是銜接上古，經過再造的終極之典，它在一定層面上回答了這一問題。回顧這一時期的典禮，我們既可以看到上古禮制的承傳軌跡，也可以追尋到中古社會不斷變遷的發展線索。人們在對上古的精神原則奉行不疑的同時，也在不斷以時代的需求解讀古禮,終級之典的存續可謂遷延一脈,不絕如縷,而新舊對照之下,中國中古喪葬凶禮儀制的來源和全貌便展現在面前。在綿延不絕的歷史長河中,中古的喪葬禮制承上啓下,成為整個中國古代禮制文明豐富多彩的一部分。

那麼,中古的終極之典究竟有怎樣的特色? 換言之,對於中古的終級典禮而言,什麼是最重要的呢? 竊以為若要説明這一點,中古皇帝與皇帝制度下的等級建構無疑是第一要義。秦漢之際,皇帝、官員(含皇親貴族)、庶民的排列順序是禮法實行的基礎,不僅生者如是,死者亦如是,這幾乎構成了中古等級社會中顛撲不破的原則。賴以維護社會秩序的禮儀從來以皇帝及圍繞皇帝的士族官僚羣體為中心和主要實施對象,且層層習學,上行下效,因此研究喪葬制度,不能不以高端的皇帝禮和官員禮為主要的關注點。

但是皇帝葬禮正是以往研究中的一個空闕和盲點。皇帝葬禮雖然在兩漢之際已經吸收古禮而建立了基本的規程,歷經魏晉南北朝發展豐富,卻由於史料的闕失難以窺其堂奥。就唐朝而言,正當《貞觀禮》吸收隋禮和南北制度,將皇帝和皇家喪儀一總於"國恤"之目的時候,對死亡的刻意迴避配合着高宗、武則天神化皇權的需要卻終於壓倒一切,導致這一新修禮儀在《顯慶禮》被徹底清除,使得對唐禮內容淵源的探索幾乎陷入無從深入的境地。

"典"的服務對象從來是皇帝。喪禮,首先要顯示的是王者風範。不瞭解皇帝喪禮,即是不瞭解中古喪制的本質及其出發點。因此皇帝喪禮的來源及其在中古前期的發展動向無疑是必須面對的第一難題,也可以説是本課題研究中的第一回合。對於皇帝喪禮如何入手? 簡單地羅列史料顯然很難令人發現其中的關聯和奥秘,而當筆者對比南朝喪葬禮書的大量記載以及品味牛弘在修撰《開皇禮》時關於"就廬非東階之位,凶門豈設重之禮"的批評時,才終于捕捉到一絲曙光。牛弘畫龍點睛的斷語是我們暸解皇帝喪禮淵源的鑰匙,隋唐繼承北朝而"微採王儉禮"的傳統觀念影響及於《貞觀禮》,但可以肯定的是,唐朝國家的統一和南朝皇帝葬禮的完備,將會使"國恤"有進一步綜合南北制度的必然。

　　研究皇帝喪禮的第二回合是唐後期國恤禮的再造和重建,這一問題其實是關於皇帝喪禮的理論思考。當着國恤禮的取消在《開元禮》制定後形成定局,以及安史之亂尤加重其實施的困擾時,顔真卿卻借代宗喪禮之機擎起重建"國恤"之大旗,採用為大行皇帝量身定做的方式,取代了原來《國恤》對皇帝凶禮的"預備"之儀。對於《大唐元陵儀注》,東西方學者此前已有一些研究,然則《儀注》製作的目的和禮儀依據是什麽? 特別是《儀注》對於《開元禮》和漢魏制度的吸收在細節上如何表現? 以儒學為基的《儀注》創作與建中之際《開元禮》的復興和回歸有着怎樣的關係?《儀注》與《開元禮》儀目中的不同又是基於何種原因? 諸如此類啓發了我們對問題的深入思考。

　　然則一個時代的學術必有一個時代的特色。如果説《儀注》堅持的精神是復舊,那麽,當時局和社會需求有着更多變化發生時,統治階層與禮學之士會有怎樣的應對? 與此有關,元和初期出現的另一部皇帝喪禮儀注——《崇豐二陵集禮》,同樣引起了筆者的關注。有了《儀注》為何還要修《集禮》? 已經佚失了的《崇豐二陵集禮》究竟應有如何的内容及針對性?《集禮》的内涵與貞元元和時代政治和學術學風有何關係? 它代表了怎樣的思想傾向? 相關問題的考察或者可以對《集禮》創作作出合理的推測而對之"趨新"的變革價值多一分理解。應當説,以樹立和加强皇權為本的《儀注》與《集禮》的創作正是"國恤"得以重建的開始,但是這一次,卻絶不是以空洞的理論而是以其明確具體的可操作性為目標的。

　　第三個回合乃是考察喪禮的實踐過程。在這方面，兩漢以來吉凶二儀並行的程序首先引起筆者的思考，皇帝即位和喪禮進行中的矛盾客觀存在，而觀察唐宋之際皇帝二次即位授冊寶儀式的逐漸淡化消失的過程更令人增進了對皇權政治的理解。但在此之後，對皇帝二重喪制的研討引發了筆者更大的興趣。以日易月的皇帝喪禮“權制”不但是漢魏以來所行，也是中唐再建國恤的原則和依據。但“權制”歷來與三年“心喪”形成對比。以往學者或將關注點置於三年二十五月、二十七月的學術之爭以及權制實行的過程，但是，一直以來兩重喪制的出發點有何不同？為何前朝多有三年祥、禫是否必行的爭論和分別？特別是宋代以後與儒家典禮並行的大量宗教儀式的出現，以及對三年祥、禫的明確規定，究竟意味着什麼？順着這一綫索思索下去，唐宋時代皇帝喪禮中的公私兩重意義和兩條軌跡便明晰起來。皇帝的家禮與國禮同時並存，由此不難理解，皇帝的三年喪制與宗教儀式大張旗鼓地進入國家禮制，從而私儀國禮化，正是皇權至尊至上社會之中的一道獨特風景。

　　和皇帝喪禮相比，皇后（或太后）和太子喪禮大約經常是被忽略的對象，但是，有一個現象不得不注意，即一方面，貞元元和時代在皇帝喪禮逐漸定式化的同時，皇后（或太后）與太子的喪禮服制實際上也開始有了規制，成為國恤禮完善的一個部分。然則另一方面，其中的過程卻處處充滿玄機。皇后與太后的喪禮舉辦究竟有何特色？惠昭太子的喪服如何建立標準？義安太后的服制與入廟有何關聯？後唐曹太后的三年服制因何被定為小祥釋服？宋代多后祔廟的原則究竟與唐朝廟制有怎樣的不同？在剖析帝后權力和宮廷政治的同時，同樣不難發現社會變遷的深層原因。

　　當然在莊嚴繁複的國恤禮進行同時，相關組織和舉辦的官員機構也是關注的對象。中古的帝、后喪禮以及陵墓建築是如何在數月之內便在一個有如現代的"治喪委員會"一樣的臨時班子領導下完成? 山陵五使是如何在唐宋之際形成而成為皇帝喪禮中不可或缺的部分? 其各自的職能與相互的配合有怎樣的特點? 這些固然是應當一一考察的內容。而伴隨葬禮的大臣奉慰儀的傾注卻給人以傳統中國社會制度人情的雙重啓迪。敦煌書儀中的奉慰表啓與現實生活中的凶禮奉慰有何聯繫? 而奉慰本身又怎樣從士人和民間的喪禮弔慰成長為官僚社會的國家制度,並成為凶禮朝儀的象徵? 有着深厚歷史傳統和社會基礎的國家禮儀制度自有其存在的必要,透過大臣官員集體奉慰皇帝的程式化內容,不難理解這既是官僚國家中君臣關係的特殊表達,也是儒家禮儀可以容納吸收和刻意發揚的一種形式。

官員是中古國家的統治基礎,官員禮是皇帝禮之下的第二層次。當着皇帝喪禮被禮典取消之時,官員喪禮卻始終作為凶禮存在。筆者對官員喪禮的考察分為一般性的禮法與專題研究兩個方面,兩方面都是以新發現的天聖《喪葬令》為契機而結合《開元禮》進行的。

對於理解官員喪禮而言,禮法是不可分的。就官員的喪禮制度而言,如果也以"回合"而論之,那麼第一個回合乃是對禮令等級內容構成和來源的理解。官員是唐前期禮令針對的基本對象,在這方面,禮、令各自有着怎樣的內容和等級規定? 兩者有着怎樣的呼應? 特別是,禮、令所表現的一致性之下,又各自有着怎樣的來源? 如果說與皇帝禮同樣,官員禮令同樣是吸收南北朝禮儀的產物,那麼其淵源是怎樣在禮、令之中得到體現? 透過細微的觀察,不難發現其既延續上古原則和傳統,又有不同朝代禮儀制度留存的痕跡。而以重冠冕、重貴戚為共同方向和基本特徵的唐初禮、令,也在通過嚴格區分官品等級,顯示着皇權和官僚制度對於世族門閥制的逐漸取代。

唐前期的禮、令是以王公貴臣和高等級的官員喪禮作為實施重心的。但皇權和官僚制度的發展,社會經濟發展後下層士民對喪禮的要求,都在不斷質疑舊有的標準。因此研究官員喪禮制度的第二回合是以中晚唐和五代的喪葬禮法變化為目標和中心的。唐後期五代格敕為此提供了綫索,我們要觀察的過程和解答的問題是:作為"令法"也即唐法的格敕是怎樣從破令破禮到幾乎取代禮令,成為立法執行的主體;而升朝官作為等級標準和檢校試官、庶人等低等級的喪葬標準進入格敕為唐宋之際的禮法增加了怎樣的新鮮要素,而對這個世俗化的社會和禮儀下漸提供了怎樣的回應和證明。通過研究可以證明,令、格、式、制敕共同組建的喪葬制度,經唐後期五代與宋制接軌,而皇帝、官員、庶民之禮在等級制下的發展和銜接,也是葬禮在這個官僚制和走向世俗化、平民化的社會中不得不有的趨勢。

借助《天聖令》的發現,本書還在最後的兩個單元中分別探討了官員喪葬的一些專題以及贈官制度的發展演變。這些問題可以算是皇帝制度之外本書的另一重點,它們在以往喪制的研究中很少得到關注,卻是最可以反映官員禮儀和待遇的一些典型內容。其中禮、令中都有的舉哀臨喪之儀是皇帝和皇家賜予親貴大臣的最高典禮。它們有着來自漢魏南北朝禮儀的明顯痕跡,但也有着令人不宜解讀的淵深內涵。為什麼《開元禮》中對於本族"無期喪"的天子對外家的皇太后、皇后父母會有成服之儀,而宋代卻將此"成服"完全改為臨時只需服素的"掛服"?結合唐令"五服之內親"和"五服之內皇親"的一字之別,對它的解讀就不止於服制的變化,而可以理解為是與皇權和皇家宗親地位的整體提高形成映照,也與喪服禮中婦女為舅姑增服和為本家父母降服的原則相應,是士族衰落而妻族不再成為婚姻依靠的必然,男權社會的建立其實也是世族門閥社會消亡的産品。

購贈和詔葬制度也同樣給人以極大的啓發。購贈在唐前期的令文中以親貴和九品以上京官的發放為主,而唐後期改為依官俸計算,至宋代購贈愈來愈與官員職事相結合,購贈的發放方式也從唐朝的報尚書省批准和"準品而料上於(鴻臚)寺",而變為《天聖令》的"聽旨隨給"。官員購贈的發放標準和方式變遷究竟意味着怎樣的變化? 它們與皇權的實施有何關聯? 這也許可以作為官員物質待遇中的一項特別觀察。

而詔葬卻是從唐宋禮令對比中可以獲得理解的另一項突出内容。詔葬從漢代以後已形成為由皇帝下詔對親貴功臣所行的一套特殊喪葬儀式和標準,或者可以認為是皇帝之下的另一種國葬,詔葬的出現使中古王朝的葬事等級性表現得更完整。但是,從士族制脱胎的唐朝詔葬如何實施? 唐朝詔葬不同於一般官員喪葬的程序和待遇是什麼? 宋代敕葬與唐朝詔葬相比之下有何變化? 於是以護喪使的等級派設入手,將唐前期詔葬種種奢華待遇對照考古的發掘和印證,一點點尋覓過去,便不難瞭解這項在精神和物質層面都曾經充分向士族傾斜的制度,如何在唐初發展為以官品為中心而臻於極盛。問題在於唐代後期詔葬的萎縮卻分明與宋代敕葬的擴大形成對比。宋代敕葬卻為何在擴大官員受衆面的同時縮小了實際的補貼? 從國家財政的角度和官僚化的進程尋求原因,令人感到,宋代敕葬的發展雖然是為了體現"皇恩浩蕩"之下的"雨露均霑",但士族社會曾經足以令人自豪的特權和身分性卻被大大地打了折扣,愈來愈有名無實的敕葬不僅是表現在詔敕文書規格上的差别,似乎也被徹底變了味道。

贈官可以認為在以上問題之外更有其獨特性,值得作專門的研究。贈官的產生源於喪葬,但顯然已逐漸超越喪葬的範圍。應當如何認識這個現實官品社會的副產品? 波及面日益深廣的贈官問題在唐社會中究竟有着怎樣的目標和意義？為了全面地瞭解贈官及其在中古前後期的發展歷程，筆者將官員自身贈官、贈官與贈諡的關係以及父祖贈官，設為本書研究贈官的三大主題。在前二問題上，我們都可以發現贈官結合贈諡，從以爵為重到以官為贈，與從贈榮衛和散位向職事官發展以及不斷功績化的過程，以三品為主、五品為底限，以本人的現實功績和官職為標準，職能化的官僚取代身分制的官僚而成為贈給的主體與核心。

然則源於北朝的父祖封贈，發展為通過赦書德音對官員父祖實行普贈，乃是唐朝的一大發明和創造。這一宋代稱之為"大禮封贈"的贈官方式因何得以實行？它和以往的贈官有何不同？大量的史料使我們意識到，封贈以誰為主體是此中的關鍵。大禮父祖封贈的特色就在於不是以祖先門第為重心而是以子孫官品為限約，當朝官品職事的要重程度和赦書的不斷頒布纔是父祖獲贈和提高品級的條件；更關鍵的是非屬喪禮施與的封贈來自於"恩制"，受之皇帝纔是其中要表達的要義。皇權的關照不僅使封贈父祖與蔭補子孫一起，成為對官員的雙向優惠，且在自上而下的傳統門第觀之外，以子孫官品為父祖改換門庭，實現了自下而上的門第再造，這不能不說是破舊立新、重建等級的良法，因而也可以說是社會性質發生轉換之際，最具顛覆性的制度和措施了！

研究總是由問題構成的，以上問題在構建中古喪制基礎的同時，也為我們提供了深入領會的門徑與綜合思索的空間。我們知道它們的產生都有現實的機遇和因緣。中古時代無論是皇帝抑或官員的喪禮及相關制度都有着極為豐富、深切的內涵，所有的問題都像百川歸海一樣符合總體的進程與方向，葬禮所體現的皇權和官品等級是統治秩序的象徵，所以它們的改變即是統治秩序的變更。但社會的上層與下層之間沒有絕然的分界，社會流行方式必然關聯制度主體核心，對喪葬禮制的觀察,就是對國家體制的觀察,而對它的理解,也同樣是對社會觀念及其變遷的通體性理解。

終極之典是對亡者的追念,但似乎從來不是單純為死亡準備的,繁瑣程式和細微末節永遠代表着生者的價值觀和社會總體取向,是其表達信念和意願的符號。所以,如果就本書討論的問題再作一點總結的話,那麼可以說唐代作為中古時代的分水嶺,從對大族社會的繼承到取代,表現了前後社會轉型期的特色與發展趨勢。皇帝禮、官員禮乃至在他們影響之下的庶民禮,雖然變化的內容方面並不完全一樣,但總體看來,都是逐漸打破了舊的門閥制樊籬,而創建了新的標準和秩序。這個以皇權為中心而以官僚制為基礎,以士民百姓情趣好尚為習染和追求而不斷世俗化的"新"社會,決定了唐宋之際禮法的大方向。本書的所有討論證明了它們之間的聯繫,也證明禮的演變永遠是社會的靈魂,是時代的選擇。

附　録

一　附表目録

二　插圖目録

圖 13. 唐睿宗橋陵遠景。朱玉麒提供。

圖 14. 割耳劈面——敦煌莫高窟 158 窟北壁西側涅槃經變中的各國王子舉哀圖。《中國石窟·敦煌莫高窟》，平凡社、文物出版社，1982 年。

圖 15. 割耳劈面——新疆克孜爾 224 窟後甬道前壁荼毗圖綫描。宮治昭《涅槃と彌勒の圖像學——インドから中央アジア》，東京：吉川弘文館，1992 年。

圖 16. 唐懿德太子墓鹵簿圖。陝西歷史博物館：《盛唐氣象——恢宏燦爛的華美樂章》，浙江美術出版社，1999 年。

圖 17. 唐貞順皇后武氏石槨。葛承雍提供。

圖 18. 唐代帝陵地理分布圖。中國歷史地圖集編輯組：《中國歷史地圖集》第五冊（隋、唐、五代十國時期）圖版，中華地圖學社，1975 年。

圖 19. 敦煌 P.3442《吉凶書儀·表凶儀》。《法藏敦煌西域文獻》24 冊，上海古籍出版社，2002 年。

圖 20-1. 天一閣藏明抄本《天聖令·喪葬令》書影。天一閣博物館、中國社會科學院歷史研究所所天聖令課題組：《天一閣藏明鈔本天聖令校證——附唐令復原研究》，中華書局，2006 年。

圖 20-2. 天一閣藏明抄本《天聖令·唐喪葬令》書影。《天一閣藏明鈔本天聖令校證——附唐令復原研究》。

圖 21. 方相車上的方相氏。《三禮圖集注》卷一九。

圖 22. 披髮剪髮人物——北周安伽墓圍屏石榻正面屏風。陝西省考古研究所：《西安北周安伽墓》，文物出版社，2003 年。

圖 23. 唐張士貴墓白陶鞁馬。陝西省咸陽市文物局：《咸陽文物精華》，文物出版社，2002 年。

圖 24-1. 陶繪鎮墓神獸祖明正面與背面。鄭州市文物考古研究所：《中國古代鎮墓神物》，文物出版社，2004 年。

三　參考文獻

（一）古籍文獻與碑誌文書

《尚書正義》，北京：中華書局，《十三經注疏》本，1980 年。

《儀禮注疏》，北京：中華書局，《十三經注疏》本，1980 年。

《禮記正義》，北京：中華書局，《十三經注疏》本，1980 年。

《周禮注疏》，北京：中華書局，《十三經注疏》本，1980 年。

《爾雅注疏》，北京：中華書局，《十三經注疏》本，1980 年。

《春秋穀梁傳注疏》，北京：中華書局，《十三經注疏》本，1980 年。

《春秋左傳正義》，北京：中華書局，《十三經注疏》本，1980 年。

楊伯峻：《春秋左傳注》，北京：中華書局，1981 年。

程樹德：《論語集釋》，北京：中華書局，1990 年。

陸德明：《經典釋文》，北京：中華書局，1983 年。

王先謙：《荀子集解》，北京：中華書局，《新編諸子集成》本，1988 年。

（清）秦蕙田：《五禮通考》，上海古籍出版社，《景印文淵閣四庫全書》135—142 冊。

（清）徐乾學：《讀禮通考》，上海古籍出版社，《景印文淵閣四庫全書》112—114 冊。

（宋）聶崇義：《三禮圖集注》，《景印文淵閣四庫全書》129 冊。

（清）陳立撰、吳則虞點校：《白虎通疏證》，北京：中華書局，1994 年。

《史記》，北京：中華書局，1959 年。

《漢書》,北京:中華書局,1962 年。

《後漢書》,北京:中華書局,1965 年。

《晉書》,北京:中華書局,1974 年。

《宋書》,北京:中華書局,1974 年。

《南齊書》,北京:中華書局,1972 年。

《梁書》,北京:中華書局,1973 年。

《陳書》,北京:中華書局,1972 年

《魏書》,北京:中華書局,1974 年。

《北齊書》,北京:中華書局,1972 年。

《周書》,北京:中華書局,1971 年。

《隋書》,北京:中華書局,1973 年。

《南史》,北京:中華書局,1975 年。

《北史》,北京:中華書局,1974 年。

《舊唐書》,北京:中華書局,1975 年。

《新唐書》,北京:中華書局,1975 年。

《舊五代史》,北京:中華書局,1976 年。

《新五代史》,北京:中華書局,1974 年。

《宋史》,北京:中華書局,1985 年。

《資治通鑒》,北京:中華書局,1956 年。

《十國春秋》,北京:中華書局,1983 年。

《續資治通鑑長編》,北京:中華書局,1979—1995 年。

(宋)李心傳:《建炎以來繫年要錄》,北京:中華書局,1988 年(《景印文淵閣四庫全書》326 冊)。

(元)郝經:《續後漢書》,上海古籍出版社,《景印文淵閣四庫全書》385 冊。

《華陽國志校注》,成都:巴蜀書社,1984 年。

《唐六典》,北京：中華書局,1992 年。

《唐律疏議》,北京：中華書局,1983 年。

《宋刑統》,北京：中華書局,1984 年。

楊一凡、田濤主編,戴建國點校：《慶元條法事類》,《中國珍稀法律
　　典籍續編》下,哈爾濱：黑龍江出版社,2002 年。

《唐大詔令集》,北京：商務印書館,1959 年。

《宋大詔令集》,北京：中華書局,1962 年。

《通典》,北京：中華書局,1988 年。

《通志》,北京：中華書局十通本,1987 年。

《文獻通考》,北京：中華書局十通本,1986 年。

《唐會要》,上海古籍出版社,1991 年。

《東漢會要》,北京：中華書局,1955 年。

《五代會要》,上海古籍出版社,1978 年。

《宋會要輯稿》,北京：中華書局,1957 年。

(宋)孫逢吉：《職官分紀》,北京：中華書局,1988 年。

《大唐開元禮》,影印洪氏公善堂本,北京：民族出版社,2000 年。

(唐)王涇：《大唐郊祀録》,影印《适園叢書》本,北京：民族出版社,
　　2000 年。

《太常因革禮》,《叢書集成》本,上海商務印書館。

《中興禮書》,《續修四庫全書》823 册,上海古籍出版社。

《政和五禮新儀》,《景印文淵閣四庫全書》647 册。

《元和郡縣圖志》,北京：中華書局,1983 年。

《宋元方志叢刊》,北京：中華書局,1990 年。

《全唐文》,北京：中華書局,1983 年。

《唐文拾遺》(《全唐文》附),北京：中華書局,1983 年。

《唐文續拾》(《全唐文》附),北京：中華書局,1983 年。

(清)嚴可均校輯：《全上古三代秦漢三國六朝文》,北京：中華書局,

1958 年。

《宋朝諸臣奏議》,上海古籍出版社,1999 年。

《令集解》,東京:吉川弘文館,1981 年。

《令義解》,東京:吉川弘文館,1962 年。

《册府元龜》,北京:中華書局,1960 年。

《太平御覽》,北京:中華書局,1960 年。

《文苑英華》,北京:中華書局,1966 年、1982 年。

《初學記》,北京:中華書局,1962 年。

《玉海》,江蘇古籍和上海書店影印浙江書局本,1988 年。

(唐)林寶:《元和姓纂(附岑仲勉:《四校記)》,北京:中華書局,
　　1994 年。

《太平廣記》,北京:中華書局,1961 年。

謝保成:《貞觀政要集校》,北京:中華書局,2003 年。

(宋)釋道誠:《釋氏要覽》,《大正藏》54 册,東京:大正一切經刊會。

(北齊)顔之推撰、王利器著:《顔氏家訓集解》,上海古籍出版社,
　　1980 年。

余嘉錫:《世説新語箋疏》,北京:中華書局,1983 年。

(唐)張彦遠:《法書要錄》,《叢書集成》本,上海商務印書館。

(漢)蔡邕:《蔡中郎集》,上海中華書局,《四部備要》本。

(北周)庾信撰、許逸民點校:《庾子山集注》,北京:中華書局,中國
　　古典文學基本叢書,1980 年。

(唐)張説:《張説之文集》,《四部叢刊》本,上海商務印書館,
　　1936 年。

熊飛:《張九齡集校注》,北京:中華書局,2008 年。

《唐丞相曲江張先生文集》,《四部叢刊》本,上海商務印書館。

(清)黄本驥編訂、淩家民點校《顔真卿集》,哈爾濱:黑龍江人民出

版社,1993 年。

(唐)柳宗元:《柳河東集》,北京:中華書局,1961 年。

(唐)呂温:《呂和叔文集》,《四部叢刊》本,上海商務印書館。

王素點校:《陸贄集》,北京:中華書局,2006 年。

(唐)權德輿:《權載之文集》,《四部叢刊》本,上海商務印書館。

顧學頡點校:《白居易集》,北京:中華書局,1979 年。

冀勤點校:《元稹集》,北京:中華書局,1982 年。

(唐)李翱:《李文公集》,《四部叢刊》本,上海商務印書館。

(唐)韓愈:《韓昌黎集》,《國學基本叢書》本,上海商務印書館,
　　1958 年。

(唐)杜牧:《樊川文集》,上海古籍出版社,1978 年。

劉學鍇、余恕誠:《李商隱文編年校注》,北京:中華書局,2002 年。

圓仁撰,顧承甫、何泉達點校:《入唐求法巡禮行記》,上海古籍出版
　　社,1986 年。

(五代)杜光庭:《廣成集》,《正統道藏》18 册,臺北:藝文印書館,
　　1977 年。

(宋)歐陽修撰、李逸安點校:《歐陽修全集》,北京:中華書局,
　　2001 年。

(宋)胡宿:《文恭集》,《叢書集成》本 1889 册,上海商務印書館。

(梁)任昉(?):《文章緣起》,《景印文淵閣四庫全書》1478 册,上海古
　　籍出版社。

(唐)張鷟撰,趙守儼點校:《朝野僉載》,北京:中華書局,1979 年。

(唐)劉肅撰,許德楠、李鼎霞點校:《大唐新語》,北京:中華書局,
　　1984 年。

(唐)張固:《幽閑鼓吹》,北京:中華書局,1958 年。

(唐)封演撰,趙貞信校注:《封氏聞見記》,北京:中華書局,2005 年。

(唐)李肇:《翰林志》,《景印文淵閣四庫全書》595 册。

（唐）裴庭裕撰、田廷柱點校：《東觀奏記》，北京：中華書局，1994 年。

（唐）蘇鶚：《杜陽雜編》，北京：中華書局，1958 年。

（唐）李涪《刊誤》，《景印文淵閣四庫全書》850 冊。

（宋）王讜撰，周勛初校證：《唐語林校證》，北京：中華書局，1987 年。

（宋）宋敏求撰，誠剛點校：《春明退朝錄》，北京：中華書局，1980 年。

（宋）錢易撰，黃壽臣點校：《南部新書》，北京：中華書局，2002 年。

（宋）程大昌撰，黃永年點校：《雍錄》，北京：中華書局，2002 年。

（宋）葉夢得撰，宇文紹奕考異、侯忠義點校：《石林燕語》卷六，北京：中華書局，1984 年。

（宋）龐元英：《文昌雜錄》，《叢書集成》本 2792 冊，上海商務印書館。

（宋）陸游：《老學庵筆記》，北京：中華書局，1979 年。

（宋）洪邁：《容齋隨筆》，上海古籍出版社，1978 年。

（宋）吳曾：《能改齋漫錄》，北京：中華書局，1960 年。

（宋）司馬光：《書儀》，《景印文淵閣四庫全書》142 冊，上海古籍出版社。

（宋）趙昇撰、王瑞來點校：《朝野類要》，北京：中華書局，2007 年。

（宋）洪遵編：《翰苑羣書》，《景印文淵閣四庫全書》595 冊，上海古籍出版社。

（宋）晁公武：《直齋書錄解題》，上海古籍出版社，1987 年。

（清）黃汝成：《日知錄集釋》，石家莊：花山文藝出版社，1991 年。

　　　《日知錄集釋》，長沙：嶽麓書社，1994 年。

（清）趙翼：《陔餘叢考》，北京：中華書局，1963 年。

（清）趙翼撰、王樹民：《廿二史札記校證》，北京：中華書局，1984 年。

（清）李慈銘：《越縵堂讀書記》，上海書店出版社，2000 年。

《朱子語類》，北京：中華書局，1988 年。

《八瓊室金石補正》，北京：文物出版社，1985 年。

《金石萃編》，影印掃葉山房本，北京：中國書店，1985 年。

《北京圖書館藏中國歷代石刻拓本彙編》，鄭州：中州古籍出版社，
　　　1989 年。

《隋唐五代墓誌彙編》陝西卷，天津古籍出版社，1991 年。

陝西省古籍整理辦公室編：《全唐文補遺》1—9 輯，西安：三秦出版
　　　社，1994—2007 年。

《道家金石略》（唐部分），北京：文物出版社，1988 年。

《金石錄》，《石刻史料新編》12 冊，臺北：新文豐出版公司，1982 年。

周紹良、趙超主編：《唐代墓誌彙編》，上海古籍出版社，1992 年。

周紹良、趙超主編：《唐代墓誌彙編續集》，上海古籍出版社，
　　　2001 年。

《新中國出土墓誌》陝西卷，北京：文物出版社，2003 年。

西安碑林博物館編、趙力光主編：《西安碑林博物館新藏墓誌彙
　　　編》，北京：綫裝書局，2007 年。

陈柏泉、秦光杰《江西出土墓誌選編》，南昌：江西教育出版社，
　　　1991 年。

《英藏敦煌文献》，成都：四川人民出版社，1990—1995 年。

《法藏敦煌西域文献》，上海古籍出版社，1995—2005 年。

《俄藏敦煌文献》，上海古籍出版社，1992—2001 年。

《上海博物館藏敦煌吐魯番文獻》，上海古籍出版社，1993 年。

（二）大型圖册及考古發掘報告

《中國石窟·敦煌莫高窟》，平凡社、文物出版社，1982 年。

《中國美術分類全集》，《中國建築藝術全集六·元代前陵墓建築》，
　　　北京：中國建築出版社，1999 年。

《中國古代鎮墓神獸》，北京：文物出版社，2004 年。

陝西歷史博物館編:《盛唐氣象——恢宏燦爛的華美樂章》,杭州:
　　浙江美術出版社,1999年。

陝西省咸陽市文物局:《咸陽文物精華》,北京:文物出版社,
　　2002年。

陝西省博物館:《隋唐文化》,香港中華書局、上海學林出版社,
　　1997年。

北京市海淀區文物管理所:《北京海淀區八里莊唐墓》,《文物》1995
　　年11期。

北京市文物研究所:《北京豐台唐史思明墓》,《文物》1991年9期。

寶雞市考古研究所編著:《五代李茂貞夫婦墓》,北京:科學出版社,
　　2008年。

馮漢驥編著:《前蜀王建墓發掘報告》,北京:文物出版社,2002
　　年版。

甘肅省博物館、中國社會科學院考古研究所:《武威漢簡》,北京:中
　　華書局,1964年。

邯鄲市文物保管所:《河北大名發現何弘敬墓誌》,《考古》1984年
　　8期。

河北省文物研究所、保定市文物管理處:《五代王處直墓》,北京:文
　　物出版社,1998年。

李浪濤:《唐昭陵陪葬蔣王妃元氏墓發現題記石柱》,《文物》2004年
　　12期。

劉友恒等:《唐成德軍節度使王元逵清理簡報》,《考古與文物》1983
　　年1期。

羅豐:《固原南郊隋唐墓地》,北京:文物出版社,1996年。

陝西省博物館、文管會:《唐李壽墓發掘簡報》,《文物》1974年9期。

陝西省考古研究所編著:《西安北周安伽墓》,北京:文物出版社,
　　2003年。

陝西省考古研究所、臨潼縣文物園林局編:《唐惠昭太子陵發掘報告》,西安:三秦出版社,1992 年。

陝西省考古研究所、陝西歷史博物館、禮泉縣昭陵博物館編著:《唐新城長公主墓發掘報告》,北京:科學出版社,2004 年。

陝西省考古研究所、富平縣文物管理委員會編著:《唐節愍太子墓發掘報告》,北京:科學出版社,2004 年。

陝西省考古研究所:《唐李憲墓發掘報告》,北京:科學出版社,2005 年。

山西省考古研究所:《唐代薛儆墓發掘報告》,北京:科學出版社,2000 年。

山西省考古研究所、太原市文物考古研究所、太原市晉源區文物旅遊局:《太原隋虞弘墓》,北京:文物出版社,2005 年。

王自力、孫福喜編著:《唐金鄉縣主墓》,北京:文物出版社,2002 年。

咸陽市文物考古研究所編著:《五代馮暉墓》,重慶出版社,2001 年。

昭陵文物管理所:《昭陵陪葬墓調查記》,《文物》1977 年 10 期。

中國社會科學院考古研究所編著:《唐長安城西郊隋唐墓》,北京:文物出版社,1980 年。

(三)近人研究論著

1. 中文

坂上康俊:《關於唐格的若干問題》,《唐宋法律史論集》,上海辭書出版社,2007 年。

包弼德(Peter Bol)著,劉寧譯:《斯文:唐宋思想的轉型》,南京:江蘇人民出版社,2001 年。

卞孝萱:《劉禹錫年譜》,北京:中華書局,1963 年。

　　　《元稹年譜》,煙臺:齊魯書社,1980 年。

岑仲勉:《郎官石柱題名新考訂》,上海古籍出版社,1984 年。

陳財經:《隋李和石棺綫刻圖反映的祆教文化特徵》,西安碑林博物
　　館編:《碑林集刊》8 集,太原:山西人民美術出版社,2002 年。

陳弱水:《唐代的婦女文化與家庭生活》,臺北:允晨文化公司,
　　2007 年。

　　　《唐代文士與中國思想的轉型》,桂林:廣西師範大學出版
　　社,2009 年。

陳戍國:《中國禮制史》先秦卷、秦漢卷、魏晉南北朝卷、隋唐卷、宋
　　遼金夏卷,長沙:湖南教育出版社,1991—2001 年。

陳文龍:《北宋本官形成述論——唐後期至北宋前期官僚品位結構
　　研究》,北京大學博士學位論文,2011 年。

陳寅恪:《隋唐制度淵源略論稿》,北京:中華書局,1963 年。

　　　《唐代政治史述論稿》,北京:三聯書店,1957 年。

　　　《陳寅恪讀書札記·舊唐書新唐書之部》,上海古籍出版
　　社,1989 年。

　　　《李德裕貶死年月及歸葬傳說辨證》,《金明舘叢稿二編》,
　　上海古籍出版社,1980 年。

陳志堅:《唐代散試官問題再探》,《北大史學》8 輯,北京大學出版
　　社,2001 年。

池田温:《中國古代物價初探——關於天寶二年交河郡市估案片
　　段》,收入氏著《唐研究論文選集》,北京:中國社會科學出版
　　社,1999 年。

戴建國:《唐宋時期法律形式的傳承與演變》,臺北:中研院審判史
　　研讀會講稿,中研院史語所,2004 年 10 月 30 日。

　　　《從〈天聖令〉看唐和北宋的法典製作》,《文史》2010 年 2
　　輯,總 91 輯。

戴衛紅:《北魏考課制度研究》,北京:中國社會科學出版社,
　　2010 年。

黨燕妮:《晚唐五代敦煌的十王信仰》,鄭炳林主編:《敦煌歸義軍史專題研究三編》,蘭州:甘肅文化出版社,2005 年。

鄧小南:《宋代文官選任制度諸層面》,石家莊:河北教育出版社,1993 年。

　　《祖宗之法——北宋前期政治述略》,北京:三聯書店,2006 年。

丁鼎:《〈儀禮·喪服〉考論》,北京:社會科學文獻出版社,2003 年。

丁淩華:《中國喪服制度史》,上海人民出版社,2001 年。

丁曉雷:《五代十國的墓葬》,北京大學碩士學位論文,2001 年 5 月。

杜斗城:《敦煌本佛説十王經校錄研究》,蘭州:甘肅教育出版社,1989 年。

杜文玉:《五代敘封制度初探》,《史學月刊》2003 年 10 期。

傅璇琮:《李德裕文集校箋》,石家莊:河北教育出版社,2000 年。

甘懷真:《唐代家廟禮制研究》,臺北:商務印書館,1991 年。

高崇文:《楚"鎮墓獸"為"祖重"解》,《文物》2008 年 9 期。

高明士:《論武德到貞觀禮的成立——唐朝立國政策的研究之一》,《第二屆國際唐代學術會議論文集》,臺北:文津出版社,1993 年。

　　《皇帝制度下的廟制系統——以秦漢至隋唐作為考察中心》,《國立臺灣大學文史哲學報》40 期,1993 年。

　　《〈天聖令〉的發現及其歷史意義》,臺灣師範大學歷史系等編:《新史料·新觀點·新視角——天聖令論集》上冊,臺北:元照出版公司,2011 年。

葛承雍、李穎科:《西安新發現唐裴仙先墓誌考述》,《唐研究》5 卷,北京大學出版社,1999 年。

郭沫若《諡法的研究》,收入《郭沫若全集·考古編》,北京:中國科技出版社,2002 年。

郭正忠主編:《中國鹽業史·古代編》,北京:人民出版社,1997年。

韓昇:《井真成墓誌所反映的唐朝制度》,《復旦大學學報》2009年6期。

郝春文:《〈上海博物館藏敦煌吐魯番文獻〉讀後》,《敦煌學輯刊》1994年2期。

何漢南:《南朝陵墓石柱的來歷》,《文博》1992年1期。

賀西林:《北朝畫像石葬具的發現與研究》,巫鴻主編:《漢唐之間的視覺文化與物質文化》,北京:文物出版社,2003年。

侯旭東:《漢魏六朝父系意識的成長與"宗族"問題——從北朝百姓的聚居狀況談起》,《中國社會科學院歷史研究所學刊》3集,北京:商務印書館,2004年。

黃惠賢:《中國政治制度史·魏晉南北朝卷》,北京:人民出版社,1997年。

黃樓:《唐宣宗大中政局研究》,天津古籍出版社,2011年。

黃正建:《唐式摭遺(一)——兼論〈式〉與唐代社會生活的關係》,《'98法門寺唐文化國際學術討論會論文集》,西安:陝西人民出版社,2000年。

　　《王涯奏文與唐後期車服制度的變化》,《唐研究》10卷,北京大學出版社,2004年。

黃正建主編:《中晚唐社會與政治研究》,北京:中國社會科學出版社,2006年。

霍存福:《令式分辨與唐令的復原——〈唐令拾遺〉編譯墨餘錄》,《當代法學》1990年3期。

　　《唐祠部式遺文匯考》,《中國法制史考證》甲編四卷,北京:中國社會科學出版社,2003年。

胡寶華:《試論唐代循資制度》,史念海主編:《唐史論叢》4輯,西安:三秦出版社,1988年。

（美）賈志揚（John Chaffee）著、趙冬梅譯：《天潢貴胄》，南京：江蘇人民出版社，2005 年。

姜伯勤：《唐貞元、元和間禮的變遷——兼論唐禮的變遷與敦煌元和書儀文書》，黃約瑟、劉建明編：《隋唐史論集》，香港大學亞洲研究中心，1993 年。

《唐禮與敦煌發現的書儀——〈大唐開元禮〉與開元時期的書儀》，收入氏著《敦煌藝術宗教與禮樂文明·禮樂篇》上編《敦煌禮論》，北京：中國社會科學出版社，1996 年。

《王涯與中唐時期的令與禮》，《中國古代社會研究——慶祝韓國磐先生八十華誕紀念論文集》，廈門大學出版社，1998 年。

《中國祆教畫像石的"語境"》，收入《中外關係史：新史料與新問題》，北京：科學出版社，2003 年。

金正植：《唐代官員喪葬研究——以《大唐开元礼》为比较的基础》，清華大學博士學位論文，2011 年。

金子修一：《關於魏晉到隋唐的郊祀、宗廟制度》，《日本中青年學者論中國史·六朝隋唐卷》，上海古籍出版社，1995 年。

金子修一撰、黃正建譯：《日本戰後對漢唐皇帝制度的研究》，《中國史研究動態》1998 年 2 期。

金子修一、江川式部：《從唐代儀禮制度看〈大唐元陵儀注〉研究的意義》，發表於雲南昆明："中國唐史學會第九屆年會暨'唐宋社會變遷問題研究'國際學術會議"，2004 年。

《〈大唐元陵儀注〉概説》，《文史》2008 年 4 輯，總 85 輯。

金子修一撰、博明妹編譯：《圍繞〈大唐元陵儀注〉的諸多問題》，《中國史研究動態》2011 年 4 期。

雷聞：《唐代道教與國家禮儀——以高宗封禪活動為中心》，《中華文史論叢》2001 年 4 輯，總 68 輯。

《郊廟之外——隋唐國家祭祀與宗教》,北京:三聯書店,
　2009 年。

李斌城、张泽咸等:《隋唐五代社會生活史》,北京:中國社會科學出
　版社,1998 年。

李斌城主编:《唐代文化》,北京:中國社會科學出版社,2002 年。

李錦繡:《唐"王言之制"初探》,收入《季羨林教授八十華誕紀念論
　文集》,南昌:江西人民出版社,1991 年。

　　《唐代財政史稿(上卷)》,北京大學出版社,1995 年。

　　《唐代財政史稿(下卷)》,北京大學出版社,2001 年。

　　《唐代制度史略論稿》,北京:中國政法大學出版社,
　1998 年。

　　《俄藏 Дх. 3558 唐〈格式律令事類〉殘卷試考》,《文史》2002
　年 3 輯,總 60 輯。

李求是:《談章懷、懿德兩墓的形制等問題》,《文物》1972 年 7 期。

李如森:《漢代喪葬禮俗》,瀋陽出版社,2003 年。

李玉潔:《先秦喪葬制度研究》,鄭州:中州古籍出版社,1991 年。

李玉生:《唐令與禮關係析論》,《陝西師範大學學報》2007 年 2 期。

　　《唐令與中華法系研究》,南京師範大學出版社,2005 年。

梁滿倉:《魏晉南北朝軍禮鼓吹芻議》,《中国史研究》2006 年 3 期。

　　《魏晉南北朝五禮制度考論》,北京:社會科學文獻出版社,
　2009 年。

劉長旭:《兩晉南朝贈官研究》,北京師範大學博士學位論文,
　2003 年。

劉安志:《關於唐代鍾紹京五通告身的初步研究》,嚴耀中主編:《唐
　代國家與地域社會研究——中國唐史學會第十屆年會論文
　集》,上海古籍出版社,2008 年。

劉後濱:《唐代中書門下體制研究》,濟南:齊魯書社,2004 年。

劉靜貞：《從皇后干政到太后攝政——北宋真仁之際女主政治權力試探》，《國際宋史研討會論文集》，臺北：中國文化大學，1988年。

劉俊文：《論唐格——敦煌寫本唐格殘卷研究》，《敦煌吐魯番學研究論文集》，北京：漢語大詞典出版社，1990年。

　　　《唐律疏議箋解》，北京：中華書局，1996年。

劉屹：《上博本〈曹元深祭神文〉的幾個問題》，國家圖書館善本特藏部編：《敦煌學國際研討會論文集》，北京圖書館出版社，2005年。

樓勁：《北齊令篇目疑》，《文史》2000年4輯，總53輯。

　　　《關於北魏後期令的班行問題》，《中國史研究》2001年2期。

　　　《北齊初年立法與〈麟趾格〉》，《文史》2002年4輯，總61輯。

　　　《〈玉海〉五四〈藝文部〉所存沈約〈謚例序〉文箋解——漢末魏晉幾種謚法文獻的有關問題》，《文史》2005年1輯，總70輯。

　　　《關於〈開寶通禮〉若干問題的考察》，《中國社會科學院歷史所學刊》4集，北京：商務印書館，2007年。

盧向前：《唐代前期市估法研究》，中國敦煌吐魯番學會編：《敦煌吐魯番學論文集》，北京：漢語大詞典出版社，1990年。

　　　《唐代胡化婚姻關係試論——兼論突厥世系》，收入氏著《敦煌吐魯番文書論稿》，南昌：江西人民出版社，1992年。

羅豐：《一件關於柔然民族的重要史料》，《文物》2002年6期，

羅世平：《地藏十王圖像的遺存及其信仰》，《唐研究》4卷，北京大學出版社，1998年。

羅彤華：《唐代官人的父母喪制——以〈假寧令〉‘諸喪解官’條為中心》，臺灣師範大學歷史系等編：《新史料・新觀點・新視角——天聖令論集》下冊，臺北：元照出版公司，2011年。

羅新：《試論曹操的爵制改革》，《文史》2007年3輯，總80輯。

馬冬：《唐代大駕鹵簿服飾研究》，《文史》2009 年 2 輯，總 87 輯。

馬小紅：《試論唐代散官制度》，《晉陽學刊》1985 年 4 期。

馬怡：《武威漢墓之旒——墓葬幡物的名稱、特徵與沿革》，《中國史研究》2011 年 4 期。

馬一虹：《日本遣唐使井真成入唐時間與在唐身分考》，《世界歷史》2006 年 1 期。

妹尾達彦：《唐代後期的長安與傳奇小説——以〈李娃傳〉的分析為中心》，收入《日本中青年學者論中國史·六朝隋唐卷》，上海古籍出版社，1995 年。

　　《長安：禮儀之都》，《唐研究》15 卷，北京大學出版社，2009 年。

苗書梅：《宋代官員選任和管理制度》，開封：河南大學出版社，1996 年。

寧可、郝春文：《敦煌社會的喪葬互助》，《首都師範大學學報》1995 年 6 期。

寧欣：《唐代門蔭制與選官》，《中國史研究》1993 年 3 期。

　　《唐代選官研究》，臺北：文津出版社，1995 年。

牛來穎：《詔敕入令與唐令復原》，《文史哲》2008 年 4 期。

牛志平：《唐代的厚葬之風》，《文博》1993 年 5 期。

皮慶生：《宋代的"車駕臨奠"》，《臺大歷史學報》33 期，2004 年 6 月。

　　《唐宋時期五服制度入令過程試探——以〈喪葬令〉所附〈喪服年月〉為中心》，《唐研究》14 卷，北京大學出版社，2008 年。

齊東方：《試論西安地區唐代墓葬的等級制度》，《紀念北京大學考古專業三十周年論文集》，北京：文物出版社，1990 年。

　　《略論西安地區唐代的雙室磚墓》，《考古》1990 年 9 期。

《〈唐代薛儆墓發掘報告〉書評》,《唐研究》8 卷,北京大學出版社,2002 年。

《唐代的喪葬觀念習俗與禮儀制度》,《考古學報》2006 年 1 期。

錢基博:《經學通志》,《錢基博學術論著選》,武昌:華中師範大學出版社,1997 年。

錢穆:《略論魏晉南北朝學術文化與當時門第之關係》,《中國學術思想史論叢》(三),北京:三聯書店,2009 年。

秦大樹:《宋代喪葬習俗的變革及其體現的社會意義》,《唐研究》11 卷,北京大學出版社,2005 年。

丘衍文:《唐開元禮中喪禮之研究》,臺北:財團法人郁氏印書及獎學基金會,1984 年。

任爽:《唐代禮制研究》,長春:東北師範大學出版社,1999 年。

榮新江:《隋及唐初的薩寶府與粟特聚落》,《文物》2001 年 4 期。

《北朝隋唐粟特聚落的內部形態》,收入氏著《中古中國與外來文明》,北京:三聯書店,2001 年。

榮新江、史睿:《俄藏敦煌寫本〈唐令〉殘卷(Дx. 3558)考釋》,《敦煌學輯刊》1999 年 1 期。

《俄藏 Дx. 3558 唐代令式殘卷再研究》,《敦煌吐魯番研究》9 卷,北京:中華書局,2006 年。

陝西省乾縣乾陵文物保管所:《對〈談章懷、懿德兩墓的形制等問題〉的幾點意見》,《文物》1973 年 12 期。

沈睿文:《夷俗並從——安伽墓和北朝燒物葬》,《中國歷史文物》2006 年 4 期。

《唐陵的布局——空間與秩序》,北京大學出版社,2009 年。

沈文倬:《喪服經文釋例》,國學會編:《國學論衡》,1934 年 3、4 期。

《漢簡〈服傳〉考》,《文史》24、25 輯,1985 年。

《宗周歲時祭考實》,收入氏著:《莉閣文存》,北京:商務印
書館,2006年。

沈宗憲:《宋代喪葬法令初探——以〈天聖令〉為基礎的討論》,《新
史料·新觀點·新視角——天聖令論集》下册,臺北:元照出
版公司,2011年。

史睿:《北周後期至唐初禮制的變遷與學術文化的統一》,《唐研究》
3卷,北京大學出版社,1997年。

《敦煌吉凶書儀與東晉南朝禮俗》,《敦煌文獻論集——紀念
敦煌藏經洞發現一百周年國際學術研討會論文集》,瀋陽:遼
寧人民出版社,2001年。

《〈顯慶禮〉所見唐代禮典與法典的關係》,收入《唐代宗教文
化與制度》,京都大學人文科學研究所,2007年。

宿白:《白沙宋墓》,北京:文物出版社,1957年。

《西安地區唐墓壁畫的佈局和内容》,《考古學報》1982年
2期。

《西安地區的唐墓形制》,《文物》1995年12期。

孫秉根:《西安隋唐墓葬的形制》,《中國考古學研究——紀念夏鼐
先生考古五十年紀念論文集(二)》,北京:科學出版社,
1986年。

孫東位:《昭陵發現陪葬宮人墓》,《文物》1987年1期。

孫健:《宋代封贈制度考論》,《中國史研究》2011年2期。

孫新科:《試論唐代皇室埋葬制度問題》,《中原文物》1995年4期。

譚蟬雪:《三教融合的敦煌喪俗》,《敦煌研究》1991年3期。

《喪祭與齋忌》,《敦煌學與中國史研究論集——紀念孫修
身先生逝世一周年》,蘭州:甘肅人民出版社,2001年。

《敦煌民俗——絲路明珠傳風情》,蘭州:甘肅教育出版社,
2006年。

田冰:《明代官員的諡法研究》,河南大學博士學位論文,2009 年。

天一閣博物館、中國社會科學院歷史研究所天聖令整理課題組:
《天一閣藏明鈔本天聖令校證——附唐令復原研究》,北京:中
華書局,2006 年。

窪添慶文:《關於北魏的贈官》,《文史哲》1993 年 3 期。

丸山裕美子:《唐宋節假制度的變遷——兼論"令"和"格敕"》,《中
國社會歷史評論》3 卷,北京:中華書局,2001 年。

王卡:《敦煌道教文獻研究——綜述·目錄·索引》,北京:中國社
會科學出版社,2004 年。

王國維:《觀堂集林》,北京:中華書局,1959 年。

王靜:《唐墓石室規制及相關喪葬制度研究——唐〈喪葬令〉復原 25
令文釋證》,《唐研究》14 卷,北京大學出版社,2008 年。

王銘:《亡魂的宇宙圖示:唐宋喪葬儀制與信仰研究》,清華大學博
士學位論文,2011 年。

王楠:《唐代女性在家族中地位的變遷——對父權到夫權轉變的考
察》,《中國社會歷史評論》3 卷,北京:中華書局,2001 年。

汪受寬:《諡法研究》,上海古籍出版社,1995 年。

王永平:《道教與唐代社會》,北京:首都師範大學出版社,2002 年。

王永興:《關於唐代門蔭制的一些史料校釋》,收入《陳門問學叢
稿》,南昌:江西人民出版社,1993 年。

王育龍、程蕊萍:《唐代哀册發現述要》,《文博》1996 年 6 期。

王育龍:《唐惠莊太子李撝墓哀册簡論》,《文博》2001 年 6 月。

王振芳:《唐安史兵興後到大曆制俸時官俸探析》,《山西大學學報》
1990 年 3 期。

吳麗娛:《淺談大曆高物價與虛實估起源》,《'98 法門寺唐文化國
際學術討論會論文集》,西安:陝西人民出版社,2000 年。

《唐禮摭遺》,北京:商務印書館,2002 年。

《論九宮祭祀與道教崇拜》,《唐研究》9 卷,北京大學出版社,2003 年。

《營造盛世:〈大唐開元禮〉的撰作緣起》,《中國史研究》2005 年 3 期。

《禮用之辨:〈大唐開元禮〉的行用釋疑》,《文史》2005 年 2 輯,總 71 輯。

《唐宋之際的禮儀新秩序——以唐代的公卿巡陵和陵廟薦食為中心》,《唐研究》11 卷,北京大學出版社,2005 年。

《從敦煌書儀的表狀箋啟看唐五代官場禮儀的轉移變遷》,《中國社會歷史評論》3 卷,北京:中華書局,2001 年。

《關於敦煌 S.5566 書儀的研究——兼論書儀中的"狀"》,《敦煌學國際研討會論文集》,北京圖書館出版社,2005 年。

《朝賀皇后——〈大唐開元禮〉的則天舊儀》,《文史》2006 年 1 輯,總 74 輯。

《從〈天聖令〉對唐令的修改看唐宋制度之變遷——〈喪葬令〉研讀筆記三篇》,《唐研究》12 卷,北京大學出版社,2006 年。

《正禮與時俗——論民間書儀與唐朝禮制的同期互動》,《敦煌吐魯番研究》9 卷,北京:中華書局,2006 年。

《兼融南北:〈大唐開元禮〉的册后之源》,武漢大學中國三至九世紀研究所編:《魏晉南北朝隋唐史資料》23 輯,武漢大學文科學報編輯部,2007 年。

《唐朝的〈喪葬令〉與唐五代的喪葬法式》,《文史》2007 年 3 輯,總 80 輯。

《試論唐五代的起居儀》(《中國社會科學院歷史研究所學刊》4 集,北京:商務印書館,2007 年。

《關於〈貞觀禮〉的一些問題——以所增"二十九條"為中

　　心》,《中國史研究》2008 年 2 期。

　　《關於唐〈喪葬令〉復原的再檢討》,《文史哲》2008 年 4 期。

　　《唐代的禮儀使和大禮使》,《中國社會科學院歷史研究所學刊》5 集,北京:商務印書館,2008 年。

　　《漢唐盛世的郊祀比較——試析玄宗朝國家祭祀中的道教化和神仙崇拜問題》,《汉唐盛世的歷史解讀——漢唐盛世學術研討會論文集》,北京:中國人民大學出版社,2009 年。

　　《關於〈喪葬令〉整理復原的幾個問題》,臺灣師範大學歷史系等編:《新史料・新觀點・新視角——天聖令論集》下冊,臺北:元照出版公司,2011 年。

　　《中祥考——兼論中古喪制的祥忌遇閏與齋祭合一》,待發表於《中國社會科學院歷史所學刊》8 集,北京:商務印書館。

　　吳麗娛、陳麗萍:《從太后改姓看晚唐后妃的結構變遷與帝位繼承》,《唐研究》17 卷,北京大學出版社,2011 年。

吳為民:《南北朝碑刻諡號初探》,《忻州師範學院學報》2008 年 1 期。

吳羽:《今佚唐代韋彤〈五禮精義〉的學術特點及影響——兼論中晚唐禮學新趨向對宋代禮儀的影響》,武漢大學中國三至九世紀研究所編:《魏晉南北朝隋唐史資料》25 輯,武漢大學文科學報編輯部,2009 年。

西嶋定生:《中國古代統一國家的特質——皇帝統治之出現》,《中國上古史論文選集》(下),臺北:華世出版社,1979 年。

謝寶富:《北朝婚喪禮俗研究》,北京:首都師範大學出版社,1998 年。

辛德勇:《兩京新記輯校》,西安:三秦出版社,2006 年。

徐樂帥:《中古時期封贈制度的形成》,《唐史論叢》10 輯,西安:三秦出版社,2008 年。

徐吉軍、賀云翔:《中國喪葬禮俗》,杭州:浙江人民出版社,1991 年。

徐吉軍:《中國喪葬史》,南昌:江西高校出版社,1998 年。

徐蘋芳:《唐宋墓葬中的"明器神煞"與"墓儀"制度》,《考古》1963 年
　　2 期。

閻步克:《西魏北周軍號散官雙授制度述論》,《學人》13 輯,江蘇文
　　藝出版社,1998 年。

　　　《周齊軍階散官制度異同論》,《歷史研究》1998 年 2 期。

　　　《品位與職位》,北京:中華書局,2002 年。

嚴耕望:《唐僕尚丞郎表》,北京:中華書局,1986 年。

嚴耀中:《從行香看禮制演變——兼析唐開成年間廢行香風波》,同
　　人主編:《論史談經》,上海古籍出版社,2004 年。

楊華:《論〈開元禮〉對鄭玄和王肅禮學的擇從》,《中國史研究》2003
　　年 1 期。

楊光輝:《漢唐封爵制度》,北京:學苑出版社,1999 年。

楊寬:《中國古代陵寢制度史研究》,上海人民出版社,2003 年。

楊梅:《唐宋宮廷藏冰制度研究》,《唐研究》14 卷,北京大學出版社,
　　2008 年。

楊樹達:《漢代婚喪禮俗考》,上海:商務印書館,1933 年。

楊廷福:《〈唐律疏議〉制作年代考》,《文史》5 輯;收入《唐律初探》,
　　天津人民出版社,1982 年。

楊志玖、張國剛:《"辨貴賤,敍勞能"——隋唐五代品階勛爵制度》,
　　《文史知識》1985 年 12 期。

游彪:《宋代蔭補制度研究》,北京:中國社會科學出版社,2001 年。

郁賢浩:《唐刺史考全編》,合肥:安徽大學出版社,2000 年。

　　　《唐九卿考》,北京:中國社會科學出版社,2003 年。

余欣:《唐宋敦煌墓葬神煞研究》,《敦煌學輯刊》2003 年 1 期。

湛如:《敦煌佛教喪葬律儀研究——以晚唐五代的七七齋會為中
　　心》,《戒幢佛學》2 卷,長沙:岳麓書社,2002 年。

張邦煒:《兩宋時期的喪葬俗》,《四川師範大學學報》1997 年 3 期。

張長臺:《唐代喪禮研究》,臺北:私立東吳大學中國文學研究所博士論文,1990 年。

尾形勇撰、張鶴泉譯:《中國古代的"家"與國家》,吉林文史出版社,1993 年。

張國剛:《漢唐"家法"觀念的演變》,牟發松主編:《社會與國家關係視野下的漢唐歷史變遷》,上海:華東師範大學出版社,2006 年。

張淩:《安伽、虞弘和史君等墓出土石葬具圖像中的器物研究》,北京大學碩士學位論文,2006 年。

張捷夫:《中國喪葬史》,臺北:文津出版社,1995 年。

章景明:《先秦喪服制度考》,《〈儀禮〉復原研究叢刊》,臺北:中華書局,1971 年。

章羣:《唐代祠祭論稿》,臺北:學海出版社,1996 年。

章太炎:《太炎文錄續編》,上海書店,1992 年。

張文昌:《服屬、親屬與國家——以〈天聖·喪葬令〉為中心》,臺灣師範大學歷史系等編:《新史料·新觀點·新視角——天聖令論集》下冊,臺北:元照出版公司,2011 年。

張小穩:《魏晉南北朝時期地方官等級管理制度研究》北京:九州出版社,2010 年。

　　《北魏贈爵制度的演進》,《歷史教學》2008 年 7 期。

張興成:《兩晉宗室制度研究》,北京師範大學博士學位論文,2000 年。

　　《兩晉宗室贈官略論》,《浙江學刊》2002 年 3 期。

張澤咸:《唐代的衣冠户和形勢户——兼論唐代徭役的復除問題》,《中華文史論叢》1980 年 3 期。

　　《唐代的門蔭》,《文史》27 輯,1986 年。

張總:《〈閻羅王授記經〉綴補研考》,《敦煌吐魯番研究》5 卷,北京大學出版社,2001 年。

《地藏信仰研究》,北京:宗教文化出版社,2003 年。

趙大瑩:《唐假寧令復原研究》,天一閣博物館、中國社會科學院歷史研究所天聖令整理課題組:《天一閣藏明鈔本天聖令校證——附唐令復原研究》,北京:中華書局,2006 年。

趙和平:《敦煌寫本書儀研究》,臺北:新文豐出版公司,1993 年。

　　《敦煌表狀牋啓書儀輯校》,南京:江蘇古籍出版社,1997 年。

趙瀾:《唐代喪服改制述論》,《福建師範大學學報》2000 年 1 期。

　　《唐代喪服制度建設對婦女家庭身份地位的構建》,《唐史論叢》8 輯,西安:三秦出版社,2006 年。

　　《儒家喪服制度對唐代社會的文化整合》,《唐史論叢》12 集,西安:三秦出版社,2010 年。

　　《唐代官員服喪行為的全面制度化及其社會意義》,《唐史論叢》13 集,西安:三秦出版社,2011 年。

鄭學檬:《吐魯番出土文書"隨葬衣物書"初探》,韓國磐主編:《敦煌吐魯番出土經濟文書研究》,廈門大學出版社,1986 年。

周一良:《敦煌寫本書儀中所見的唐代婚喪禮俗》,原載《文物》1985 年 7 期,收入氏著:《魏晉南北朝史論集續編》,北京大學出版社,1991 年。

周一良、赵和平:《唐五代書儀研究》,北京:中國社會科學出版社,1995 年。

朱大渭、梁滿倉等:《魏晉南北朝社會生活史》,北京:中國社會科學出版社,1998 年。

朱瑞熙:《宋代喪葬習俗》,《學術月刊》1997 年 2 期。

朱振宏:《隋唐輟朝制度研究》,《文史》2010 年 2 輯,總 98 輯。

祝總斌:《兩漢魏晉南北朝宰相制度研究》,北京:中國社會科學出版社,1990 年。

2. 日、英文：

坂上康俊：《〈令集解〉に引用された唐の格・格後敕について》，《史淵》128 卷，1991 年。

池田温：《唐・日喪葬令の一考察——條文排列の相異を中心として——》，《法制史研究》45，1995 年。

池田温編：《唐令拾遺補》，東京大學出版會，1997 年。

《中國禮法と日本律令制》，東京：東方書店，1992 年。

《日中律令制の諸相》，東京：東方書店，2002 年。

稻田奈津子：《日本古代喪葬儀禮の特質——喪葬令からみた天皇と氏》，《史學雜誌》109 編 9 號，2000 年。

《喪葬令と禮の受容》，《日中律令制の諸相》，東京：東方書店，2002 年。

《喪葬令皇都條の再檢討》，《延喜式研究》22 號，2006 年。

《奈良時代の天皇喪葬儀禮——大唐元陵儀注の檢討を通して》，《東方學》114 輯，2007 年。譯文《日本古代對中國禮制受容的一個斷面》，收入戴建國主編：《唐宋法律史論集》，上海辭書出版社，2007 年。

《北宋天聖令による唐喪葬令復原研究の再檢討——條文排列を中心に》，《東京大學史料編纂所研究紀要》18 號，2008 年。

《慶元條法事類と天聖令——唐令復原の新たな可能性に向けて》，大津透編：《日唐律令比較研究の新段階》，東京：山川出版社，2008 年。

渡邊信一郎：《天空の玉座——中國古代帝國の朝政と儀禮》，東京：柏書房，1996 年。

宮治昭：《涅槃と彌勒の圖像學——インドから中央アジアへ》，東京：吉川弘文館，1992 年。

谷田孝之：《中國古代喪服の基礎的研究》，東京：風間書房，
　　1970 年。

韓昇：《井真成墓誌の再檢討》（專修大学社会知性開発研究センタ
　　ー編《東アジア世界史研究センター年報》第 3 号，2009 年。

户崎哲彥：《唐代における褅袷論爭とその意義》，《東方學》80 輯，
　　1990 年。

菊池英夫：《唐代史料における令文と詔敕文との關係 につい
　　て──〈唐令復原研究序說〉の一章》，《北海道大學文學部紀
　　要》32，1973 年。

江川式部：《唐代の上墓儀禮──墓葬習俗の禮典編入とその意義
　　について》，《東方學》112 集，2006 年。
　　　　　《唐朝の喪葬儀禮における哀册と諡册──出土例を中
　　心に──》，明治大學《古代學研究所紀要》5 號，2007 年。

金子修一：《唐の太極殿と大明宮──即位儀禮におけるその役割
　　について》，《山梨大學教育學部研究報告》44 號，1993 年。
　　　　　《唐の太宗・肅宗等の即位について──讓位による即
　　位の手續きの檢討》，《山梨大學教育學部研究報告》46 號，
　　1996 年。
　　　　　《唐朝帝室の謁廟について──皇帝? 皇太子－皇
　　后──》，《堀敏一先生古稀記念・中國古代の國家と民衆》，
　　汲古書院，1995 年。
　　　　　《中國の皇帝制度──とくに唐代の皇帝祭祀を中心
　　に》，《講座前近代天皇》五卷，東京：青木書店，1995 年。
　　　　　《唐後半期の郊廟親祭について──唐代にぉける皇帝
　　の郊廟親祭 その(3)》，《東洋史研究》55 卷 2 號，1996 年。
　　　　　《中國古代の即位儀禮の場所について》，《山梨大學教育

學部研究報告》,49 號,1998 年。

　　《即位儀禮から見た皇帝權力》,《唐代史研究》8 期,
2005 年。

　　《中國古代皇帝祭祀の研究》,東京:岩波書店,2006 年。

金子修一、河内春人、江川式部等:《大唐元陵儀注試釋》(一)、
　　(二)、(三)、(四)、(五)、《山梨大學教育人間科學部紀要》3 卷
　　2 號、4 卷 2 號、5 卷 2 號、6 卷 2 號、7 卷 1 號,2002－05 年。
　　《大唐元陵儀注試釋》(六)、(八)、(終章),《國學院大學大學院
　　紀要(文學研究科)》38、39、41 輯,2007、2008、2010 年。

金子修一、稲田奈津子等:《大唐元陵儀注試釋》(七),國學院大學
　　文學部共同研究費シンポジウム《東アジア世界における王
　　權の樣態(陵墓・王權儀禮の視點から)》報告集,國學院大學
　　文學部古代王權研究會,2007 年。《大唐元陵儀注祔祭註釋》,
　　《國學院大學紀要》47 卷,2009 年。

來村多加史:《唐代皇帝陵の研究》,東京:學生社,2001 年。

妹尾達彦:《唐長安城の儀禮空間——皇帝儀禮の舞臺を中心に》,
　　《東洋文化》72,1992 年。

　　《唐代長安の都市生活と墓域》,《東アジアの古代文化》
　　123,2005 年。

氣賀澤保規:《唐代皇后の地位についての一考察》,《明大アジア史
　　論集》八,2002 年。

清木場東:《帝賜の構造——唐代財政史 支出編——》,福岡:中國
　　書店,1997 年。

仁井田陞:《唐令拾遺》,東京:東方文化學院東京研究所,1933 年。

仁井田陞、牧野巽:《故唐律疏議製作年代考》,《東方學報》1,
　　1930 年。

杉本憲司:《唐代の葬制について——唐代墓葬考序節》,末永(雅

雄)先生古稀紀念會編:《末永先生古稀紀念・古代學論叢》,吹田:末永先生古稀紀念會,1967 年。

松浦千春:《漢より至る唐に帝位繼承と皇太子——謁廟の禮を中心に》,《歷史》80 輯,1993 年。

　　　《唐代后半期の即位儀禮について》,《一関工業高等專門學校紀要》28 號,1993 年。

石見清裕:《唐代凶禮の構造——〈大唐開元禮〉官僚喪葬儀禮を中心に——》,福井文雅博士古稀紀念論集:《アジア文化の思想と儀禮》,東京:春秋社,2005 年。

　　　《唐代官僚の喪葬儀禮について》,發表於日本東方學會第 51 回國際東方學者會議:《古代東アジアにわける王權和喪葬儀禮》,2006 年 5 月。

　　　《唐代の官僚喪葬儀禮と開元二十五年喪葬令》,《関西大學アジア文化交流研究叢刊》3 輯,吾妻重二、二階堂善弘編:《東アジアの儀禮と宗教》,東京:雄松堂,2008 年。

藤川正數:《魏晉時代における喪服禮の研究》,東京:敬文社,1960 年。

窪添慶文:《魏晉南北朝官僚制研究》,東京:汲古書院,2003 年(並參《關於北魏的贈官》,《文史哲》1993 年 3 期)。

丸山裕美子:《敦煌寫本書儀にみる唐代法制資料》,《國學院大學日本文化研究所報》196 號,1999 年;收入律令制研究會編:《律令法とその周辺》,東京:汲古書院,2004 年。

尾形勇:《中國の即位儀禮》,收入井上光貞等編日本古代史講座 9 卷《東アジア世界における儀禮と國家》,東京:學生社,1982 年。

西嶋定生:《漢代における即位儀禮——とくに帝位繼承のばあいについて——》,《榎博士還暦紀念東洋史論叢》,東京:山川出版社,1975 年。並收入《中國古代國家と東アジア世界》,東京大學出版會,1983 年。

　　　《皇帝支配の成立》,收入《中國古代國家と東アジア世界》,東京大學出版會,1983 年。

西脇常紀:《唐代の葬俗——特に葬法について》,收入氏著《唐代の思想と文化》,東京:創文社,2000 年。

小田義久:《吐魯番出土葬送儀禮關係文書の一考察——隨葬衣物疏から功德疏へ——》,《東洋史苑》30、31 期,1988 年。

新城理惠:《先蠶儀禮と唐代の皇后》,《史論》46,1993 年。

　　　《唐代先蠶儀禮の復元——〈大唐開元禮〉の先蠶條訳註を中心に》,《史峯》7,1994 年。

　　　《唐代にわける國家儀禮と皇太后——皇后、皇太后受朝賀を中心に》,《社會文化史學》39,1998 年。

　　　《絹と皇后——中國の國家儀禮和養蠶》,收入《岩波講座:天皇と王權を考える》3 卷《生産和流通》,2002 年。

　　　《唐宋期の皇后・皇太后——太廟制度と皇后》,野口鐵郎先生古稀記念論集刊行委員會編:《中華世界の歷史的展開》,東京:汲古書院,2002 年。

永田知之:《唐代喪服儀禮の一斑——書儀に見える'禫'をめぐって》,京都大學人文科學研究所西陲發現中國中世寫本研究班:《敦煌寫本研究年報》創刊號,2007 年。

中村裕一:《唐代制敕研究》,東京:汲古書院,1991 年。

　　　《唐代官文書研究》,京都:中文出版社,1991 年。

　　　《唐代公文書研究》,東京:汲古書院,1996 年。

中砂明德:《唐代の墓葬と墓誌》,礪波護編:《中國中世の文物》,京都大學人文科學研究所,1993 年。

佐藤和彦:《唐代について皇后・皇太后の册位に関する一問

題——〈大唐開元禮〉所見の〈皇后正殿〉を手がかりに》,《立正大學大學院年報》17,2000 年。

David L. Mcmullen（麥大維）："The Death Rites of Tang Daizong"（《唐代宗的葬儀》, *State and Court Ritual in China*, Cambridge University,1999.

   "Bureaucrats and Cosmology: the Ritual Code of t'ang China", in *Rituals of Royaty: Power and Ceremonial in Traditional Sociaties*, ed. David Cannadine & Simon Price,Cambridge Universiti Press, 1987.

   State and Scholars in T' ang China, Cambridge University Press,1988.

後　記

　　舊曆年后，本稿的校訂終于曙光漸現。其實書稿作為課題大前年(2009)已經結項，但是交付出版的時間卻由盛夏拖到了隆冬，等到正式履約，已經是前年的春末夏初。之後為了使之盡可能完善，又不得不花費大量時間加以修訂增補，以致再經寒暑，直至今日才有望付梓。

　　記得完成《唐禮摭遺》一書時說過，在寫作中留下了諸多不足和遺憾，希望將糾正一切疏誤和個人學養的提高寄託於未來——我期待自己能奉獻給社會更精良的作品。將近十年的時間過去了，個人確實在唐代和中古禮制研究的方面進行了更多的嘗試，但不滿的感覺依舊。喪葬禮是2006年以後借助整理校勘《天聖令》的契機而進行的，由於時間不長，相關問題的論述和思考還很不全面，且粗疏之處多有，其中也包括未能將中古喪葬禮制，特別是官員禮系統化的遺憾。這或許是本書存在的最大問題，但一切的彌補恐怕也要期待來日了。

　　不過寫作和修改文稿的本身就是挑戰自我和超越自我，在不斷有所發現和慢慢將細節充實的過程中，也開始真正地體味和享受到筆削的快樂。雖然，不知道距離真正的完美到底有多遠，但是相信如果有時間，我還會繼續修改並拓展自己的研究。

　　在近年的諸多研究中，禮幾乎是最少為人涉足者。但竊以為

"禮"是最具魅力的課題,在禮經、禮學之外還有禮儀史、禮制史的廣闊天地。而我真想把中古禮制史這個前人留下最大發揮餘地和思索空間的課題做成規模,做出風格。但是面對如此宏博高深的領域,個人所為永遠渺小如滄海一粟。2009 年是我的"退食"之年,所中同仁和學界友好為我舉辦了"榮退"的學術討論會,大家以熱情的話語鼓勵我不要放棄。但惟其如此,我纔最深切地感到時間的寶貴,和應當做的事情之多,壓力之大。也明白了為什麼二十多年前在初次見到 84 歲、著作等身的日野開三郎先生時,他卻說如果再有一輩子,還要研究唐史。人生為何只有到了老年纔能更明白自己最想做什麼,纔能有對事業最充分的理解和追求,此乃幸也,抑不幸歟?

我最大的願望是按照自己的方式完成課題。此書初成之際,也是 95 歲高齡去世的業師王永興先生紀念文集出版之時。這部紀念文集與拙稿一起交付中華書局出版或者是一巧合,但我卻覺得冥冥中自有天意。先生為學術所做的主要貢獻都是在他 64 歲調職北大後纔開始,其一生付出的艱苦努力非常人可以想象。先生曾對我的研究給以深深期待,本書出版他已不能再為我作序,但他在《唐禮摭遺》序中希望我完成禮制研究的教導我會永遠銘記,我因此將這部書獻給先生作為永久的紀念。

在臺灣開《天聖令》會議時曾見到旅居海外,已年屆八旬的張廣達先生,張先生正因接到臺灣各大學的聘請而身處繁忙的教學之中,他還要參加各種學術會議並承擔學術著作的寫作。我真為我們的老師如此高齡還能站在學術的前沿感到驕傲。身為學者,張先生難道不是最好的榜樣嗎?

然人生也許還有另一途徑。夫君趙珩平日與我兩不相擾,他的人生以"玩"為主,消閒之外,寫字讀書、集郵旅行概不耽誤,不似我每日苦苦"伏案"於電腦之前。但就在我校稿的忙亂之中,他的兩部"玩書"——《舊時風物》和《老饕續筆》卻已先后出版,其書受關注程度與我等"荒江野老"不可同日而語。我因此經常受他嘲笑,彼時惟謹記"人不堪其憂,回也不改其樂",不為所動。不過我們生活在同一屋簷下,窗外的鳥鳴,屋中的貓鼾時時都在提醒着大千世界對生命的共同美好。我們按照各自的理解和追求享受人生,在這一點上,深感老天待人也不算不公平。

此書編校、出版承蒙徐俊總編、李静責編和中華書局各位先生的熱情幫助。數年來不斷得到金子修一先生贈送的《大唐元陵儀注校釋》的最新成果。在筆者寫作過程中,經常與所中同仁一起探討,其中尤吸取了樓勁、侯旭東、雷聞等先生的許多中肯意見。此外,本書的示意圖由方誠峰先生幫助製作,齊東方、胡戟、葛承雍、陸揚先生都為本書惠贈了照片。在此一併致以衷心的感謝。

吳麗娛

2012 年 5 月

中華學術文庫